"百城千县万村"调研丛书

全面建成小康社会与中国县域发展

（上 卷）

—— 本 书 编 写 组 ——

人民出版社

责任编辑：励　始

图书在版编目（CIP）数据

全面建成小康社会与中国县域发展 /《全面建成小康社会与中国县域发展》
编写组 编 . — 北京：人民出版社，2022.5
ISBN 978 - 7 - 01 - 023227 - 0

I. ①全… II. ①全… III. ①小康建设 - 调查研究 - 研究报告 - 汇编 - 中国
②县级经济 - 区域经济发展 - 调查研究 - 研究报告 - 汇编 - 中国
IV. ① F124.7 ② F127

中国版本图书馆 CIP 数据核字（2021）第 040726 号

全面建成小康社会与中国县域发展

QUANMIAN JIANCHENG XIAOKANG SHEHUI YU ZHONGGUO XIANYU FAZHAN

《全面建成小康社会与中国县域发展》编写组　编

人民出版社 出版发行

（100706　北京市东城区隆福寺街 99 号）

北京盛通印刷股份有限公司印刷　新华书店经销

2022 年 5 月第 1 版　2022 年 5 月北京第 1 次印刷
开本：710 毫米 ×1000 毫米 1/16　印张：63.5
字数：1002 千字

ISBN 978 - 7 - 01 - 023227 - 0　定价：318.00 元（上、下卷）

邮购地址 100706　北京市东城区隆福寺街 99 号
人民东方图书销售中心　电话（010）65250042　65289539

出版说明

　　全面建成小康社会，承载着中华民族孜孜以求的美好梦想，是实现中华民族伟大复兴中国梦的必由之路。2020 年是决胜全面建成小康社会、实现第一个百年奋斗目标的伟大征程中具有里程碑意义的一年。为记录好、呈现好全面建成小康社会的伟大壮举，经党中央批准，中共中央宣传部组织开展了全面建成小康社会"百城千县万村"调研活动。

　　为用好调研成果，讲好艰苦创业的奋斗故事，我们精选 200 篇优秀调研报告，组织编纂了"百城千县万村"调研丛书，包括《全面建成小康社会与中国城市发展》《全面建成小康社会与中国县域发展》《全面建成小康社会与中国乡村振兴》3 种共 6 册。丛书聚焦 20 个城市、80 个县域、100 个乡村全面建成小康社会的实践经验，以点带面梳理总结党的十八大以来全面建成小康社会的辉煌成就，记录以习近平同志为核心的党中央团结带领全国各族人民共建美好家园、共创幸福生活、勠力同心实现全面小康的非凡历程，充分彰显了我们党的初心使命。全面建成小康社会的理论和实践，成功走出了中国式现代化道路，为开启全面建设社会主义现代化国家新征程、实现第二个百年奋斗目标打下了坚实基础，也为世界上发展中国家探索和选择适合自己的发展道路提供了中国经验，为人类社会发展和世界社会主义发展贡献了中国方案和中国智慧。

本书编写组

2021 年 12 月

目　录

上　卷

【北京市
经济技术开发区】　建设高品质产业新城的"亦庄样本"　　002

【北京市
东城区】　让老胡同居民过上现代生活　　024

【天津市
宁河区】　保卫"京津绿肺"　共享生态效益　　034
　　　　　　——七里海湿地生态保护的经验与思考

【天津市
北辰区】　党建引领风帆劲　决胜小康党旗红　　054
　　　　　　——天津北辰构建基层党建新格局的
　　　　　　　　实践与思考

【河北省
保定市阜平县】　从"贫中之贫"到"黄土生金"　　080

【 河北省
石家庄市正定县 】　城乡统筹、文旅融合、产业发展、旅游兴县
发挥特色优势全面建成高质量小康社会　092

【 河北省
唐山市迁安市 】　谱写迁安"两个率先"奋进新篇章　106

【 上海市
徐汇区 】　惠民生　慧产业　绘美景　汇治理　122
——徐汇区全面建成小康社会的"汇模式"

【 上海市
虹口区 】　家门口的市民驿站　高品质的美好生活　130

【 江苏省
南通市崇川区 】　"小康梦"全面实现　"邻里+"提升水平　138
——南通市崇川区创新基层社会精细治理的
调研报告

【 江苏省
无锡市宜兴市 】　强富美高　砥砺争先　走好高水平全面
小康特色之路　150

【 浙江省
嘉兴市嘉善县 】　牢记嘱托勇担使命　率先高水平全面建成
小康社会的嘉善实践　164

【浙江省丽水市
景宁畲族自治县】　沿着习近平总书记指引的方向　奋力走出
一条高水平全面建成小康社会之路　　180
——浙江省景宁畲族自治县"小康样本"

【浙江省
衢州市开化县】　走好绿色小康路　建设生态好地方　190

【福建省
泉州市晋江市】　传承创新发展"晋江经验"　打造国际化
创新型品质城市　196

【福建省
三明市宁化县】　创新"三全三扶一档"　教育扶贫全面
助推脱贫攻坚　208

【福建省
漳州市东山县】　弘扬谷文昌精神　建设富美新东山　216
——东山县"生态+"推动实现全面建成
小康社会的实践与思考

【山东省
济南市章丘区】　扛起两面大旗　助力全面小康　222

【山东省青岛市
西海岸新区】　勇担使命一马当先　230
——西海岸新区跃进高质量发展新征程

【山东省 滨州市阳信县】 做好富民强县"牛文章" 238
——来自中国第一"牛"县阳信的调查报告

【广东省 惠州市博罗县】 凝心聚力补短板 让全面小康成色更足 248

【广东省 汕头市南澳县】 聚焦全域旅游 加快小康进程 256

【广东省 深圳市南山区】 以科技创新推动高质量发展 探索全面建成
小康社会新路径 282

【海南省 海口市美兰区】 "六送"奏响乡村振兴最强音 288

【海南省 昌江黎族自治县】 从"百年矿都"到山海黎乡 304
——一个资源枯竭型市县的绿色转型样本

【辽宁省 大连市金普新区】 充分发挥国家级新区引领示范作用 奋力走出
全面建成小康社会的金普之路 318

【辽宁省沈阳市辽中区】　以"五抓五促进"走好新时代乡村振兴路　334

【辽宁省锦州市义县】　"三变"改革变出富民强村新天地　342

【山西省吕梁市临县】　打赢"两场战役"　蹚出一条新路　350

【山西省阳泉市平定县】　文旅融合助转型　全面发力奔小康　366

【安徽省淮北市濉溪县】　创新推行"五个一"　书写全面小康的民生答卷　384

【安徽省马鞍山市当涂县】　在产业梯度转移中"换道超车"　400

【安徽省安庆市岳西县】　发扬红色精神坚持绿色发展　革命老区人民的小康幸福路　414

【 江西省
上饶市婺源县 】　　乡村旅游发展的"婺源样本"　　　　434

【 江西省
赣州市信丰县 】　　融入大湾区　奋进新长征　建设革命老区
高质量发展示范先行区　　　　444

【 江西省
鹰潭市余江区 】　　两道难题一道解　　　　452
——余江"宅改"激发乡村治理活力的
探索与实践

【 河南省
开封市兰考县 】　　汇聚力量创新模式　打赢打好脱贫攻坚战　　　　462
——兰考脱贫攻坚的实践与探索

【 河南省
郑州市新郑市 】　　打造县域经济高质量发展"河南样本"　　　　474

【 河南省
南阳市淅川县 】　　"两山"理念催生"短中长"脱贫路径　　　　498

下　卷

【湖北省
宜昌市宜都市】　双基强化、三治融合　打造善治宜都　514

【湖北省
十堰市郧阳区】　"两山"实践的郧阳答卷　522

【湖北省
荆门市沙洋县】　整县推进"按户连片耕种"　加快推动
农业农村转型升级　534

【湖南省
湘潭市韶山市】　韶山杜鹃别样红　544
——伟人故里决胜全面小康的奋进之路

【湖南省
常德市桃源县】　发展扶贫"小车间"　撑起小康"大梦想"　556

【湖南省
株洲市醴陵市】　加快建设富强、美丽、幸福、文明新醴陵　564
——统筹城乡一体发展的全面小康建设之路

【 内蒙古自治区
呼和浩特市
玉泉区 】　　以"融合党建"为引领　建设魅力玉泉　　　578

【 内蒙古自治区
呼伦贝尔市
鄂温克旗 】　　深化民族团结　共建小康社会　　　588

【 内蒙古自治区
赤峰市宁城县 】　　播下"金点子"　结出"致富果"　　　598
　　——内蒙古自治区赤峰市宁城县农牧
　　业产业化发展调查

【 广西壮族自治区
桂林市阳朔县 】　　一乡一张图　全县一幅画　　　606
　　——阳朔县以最美乡村建设助推全面建成
　　小康调研报告

【 广西壮族自治区
钦州市浦北县 】　　让世界寿乡群众触摸幸福小康的心跳　　　616
　　——广西壮族自治区浦北县引导乡村脱贫攻坚
　　奔小康实践调查

【 广西壮族自治区
柳州市鱼峰区 】　　小螺蛳粉撬动大产业　有力助推乡村振兴　　　624

【 重庆市
合川区 】　　融合共治　和谐共享　　　632
　　——合川区以社会治理现代化助推
　　全面建成小康社会

【 重庆市
忠县 】　奋力跑出"病有所医"改革加速度　　648

【 重庆市
江津区 】　发展消费品工业　满足群众消费需求　　656

【 四川省
广元市苍溪县 】　实施"三园联动"　实现农业产业精准减贫　　664

【 四川省绵阳市
北川羌族自治县 】　多措并举抓创建　乡风文明展新貌　　676
　　　　　　　　——北川羌族自治县农村精神文明建设调研

【 贵州省
遵义市正安县 】　贵州正安：一把吉他连接世界　　688

【 贵州省
黔南布依族
苗族自治州
龙里县 】　新时代文明实践中心试点建设的"龙里探索"　　698

【 云南省
昭通市鲁甸县 】　废墟之上崛起新家园　　708

【云南省文山壮族苗族自治州西畴县】 弘扬"西畴精神" 走出石漠化地区脱贫攻坚新路子　　722

【云南省曲靖市会泽县】 引导十万人进城 再建一座新城市　　736
——会泽县打赢易地扶贫搬迁攻坚战调研报告

【西藏自治区昌都市贡觉县】 下足"绣花"功夫决胜脱贫攻坚坚决夺取全面小康伟大胜利　　756

【西藏自治区阿里地区札达县】 边陲巨变　　764

【陕西省铜川市宜君县】 陕西宜君的小康影像　　776

【陕西省西安市雁塔区】 全面小康"领头雁" 塔入云霄"六强区"　　782
——西部第一强区西安市雁塔区全面小康社会调研报告

【甘肃省定西市陇西县】 一株中药材如何嬗变为县域大产业　　806
——陇西县中医药产业发展助推脱贫攻坚调查报告

【甘肃省
庆阳市环县】　大发羊财育金羊　喜喜洋洋奔小康　　　816
　　　　　　　　——环县大力发展肉羊产业助力脱贫攻坚纪实

【青海省
玉树藏族
自治州称多县】　感恩奋进砥砺前行　　　822

【青海省
海西蒙古族藏族
自治州格尔木市】　坚持以人民为中心践行新发展理念　坚定不移
　　　　　　　　走好高质量发展高品质生活之路　　　838

【宁夏回族自治区
吴忠市盐池县】　攻克贫困追求美好生活的"盐池答卷"　　　848

【宁夏回族自治区
固原市彭阳县】　绿水青山就是金山银山　　　860
　　　　　　　　——彭阳县生态文明建设的生动实践

【宁夏回族自治区
中卫市海原县】　海原县走出脱贫致富"牛"路子　　　874

【新疆维吾尔
自治区
喀什地区喀什市】　"五个精准"助推就业扶贫见实效　　　880

【新疆维吾尔自治区阿克苏地区柯坪县】 脱贫攻坚与乡村振兴有机衔接的"柯坪探索" 888

【新疆生产建设兵团三师四十四团】 以连队居住区综合整治为抓手　助力脱贫攻坚 896

【吉林省长春市宽城区】 "五治融合"构建基层社会治理新格局 904
——长春市宽城区推广"长山花园社区模式"基层治理创新经验

【吉林省吉林市桦甸市】 做好绿水青山大文章 928

【黑龙江省牡丹江市绥芬河市】 敢为人先砥砺奋进　从边陲小镇迈向国际口岸名城 942

【黑龙江省伊春市铁力市】 铁力市立足"四大特色产业"加速全面建成小康社会 962

【黑龙江省大庆市肇州县】 打造工业强县建设高质小康　全力谱写肇州富民强县新篇章 974

全面建成小康社会与中国县域发展

北京市
经济技术开发区

建设高品质产业新城的"亦庄样本"

中共北京市委经济技术开发区工委宣传文化部

北京市经济技术开发区(以下简称"经开区")是北京市唯一的国家级经济技术开发区。1992 年 10 月正式开工建设,1994 年 8 月经国务院批准成为国家级经济技术开发区。28 年来,经开区经过 4 次扩区,管辖面积从 3.8 平方公里增加到 225 平方公里,工业总产值、工业增加值的总量和增速均居全市第一,产业集聚、科技创新、区域带动、生态环保等方面处于全国领先水平。这 28 年,经开区坚守为民初心、坚定改革信心、坚持高质量发展恒心,一张蓝图绘到底、一张规划干到底,以产业建城、以科技强城、以服务立城、以文化兴城、以生态绿城、以党建润城,为产业注入城市活力、为城市提供产业支撑,走出了一条工业反哺农业、城市带动乡村、协同发展奔小康的高品质产业新城之路。

一、产业建城——从"工业小区"到"世界工厂"

经开区的前身是北京市亦庄工业小区,是 1991 年 8 月,北京市委、市政府借鉴东南沿海地区发展模式,利用外资、发展外向型经济而设立的。相比广州、上海等 14 个沿海城市的第一批国家级经济技术开发区,北京经开区的起步晚了近 10 年,是全国第 33 个国家级经济技术开发区。虽然起步晚,但始终坚持高精尖产业发展方向,坚定扛起首都实体经济主阵地职责使命,海纳百

川汇聚全球高精尖企业,逐步建成一座高端化、国际化现代产业新城。截至
目前,共汇聚全球 40 多个国家和地区的企业 2 万多家,投资总额超过 1000 亿
美元,其中包括奔驰、通用电气、拜耳等 90 多个世界 500 强企业投资的项目
130 余个,成为名副其实的"世界工厂"。

(一)首都改革开放的窗口

经开区因改革开放而生、因改革开放而兴。党的十一届三中全会后,经
开区筹建地——国营红星公社和南郊农场乡镇企业异军突起,为亦庄工业小区
成立奠定了良好经济基础。1982 年,中共中央、国务院对《北京城市建设总
体规划方案》的批复指出:"北京城乡经济的繁荣和发展,要服从和服务于北
京作为全国的政治中心和文化中心的要求。工业建设规模要严加控制,工业发
展主要应当依靠技术改造。今后不再发展重工业,应着重发展高精尖的、技术
密集型工业。"这为北京发展工业指明方向。1986 年,北京"七五"计划提出,
"关于工业的发展,要继续调整工业结构,积极发展适合首都特点的工业"。
北京郊区为疏散城市人口、调整工业布局提供了广阔天地。1991 年 8 月 15
日,北京市第 18 次常务会议研究决定正式成立北京市亦庄工业小区,并提
出建设项目以"高新技术、出口创汇、利用外资项目"为主,建设现代化开
发区,吸引国内外各界客商来开发区投资,兴办企业。至此,经开区以势不
可挡的气势打开了通向外界的窗口,开启改革开放、创新发展的壮阔历程。
1992 年至今,经开区的规模、体量、面貌都发生翻天覆地的巨变,但唯一没
变的是经开区始终是首都体制机制改革、扩大对外开放、链接全球经济的窗
口。比如,从 2005 年至今,北京奔驰以"中国速度"、德国品质,建成了梅
赛德斯—奔驰汽车总装工厂、首个德国本土以外的梅赛德斯—奔驰汽车发动
机制造工厂、全球最领先的前驱车工厂,形成全球面积最大、综合性最强、产
量最大的梅赛德斯—奔驰乘用车生产制造基地。SMC 在经开区建厂至今,日
本总部 7 次增资,如今累计在华投资 480 亿日元,为 81 个国家和地区,提供 1.2
万种基本型、70 多万种扩展类的气缸及元件,成为全球气动技术领域产销量
最大、技术最领先的基地。2019 年,尽管受中美经贸摩擦不利因素影响,经
开区仍新增外资企业 39 家,外商投资企业达到 1100 余家。2020 年以来,虽然

受新冠肺炎疫情影响，但经开区市场依然活跃，新注册企业 3278 户，同比增长 48.6%。

（二）高精尖产业发展高地

从"五少两高"（能耗少、水耗少、物耗少、占地少、污染少和附加值高、技术密集程度高）到高精尖、"白菜心"，经开区长期积淀、致力发展的四大主导产业，是全球研发投入最高、产业边界最模糊、产业组织演进最深刻的产业。

新一代信息技术产业，以大数据、云计算、互联网、人工智能为代表，形成了以中芯国际为龙头的集成电路产业集群、以京东方为龙头的新型显示产业集群、以京东为龙头的产业互联网集群。2019 年实现产值 861.7 亿元。

高端汽车和新能源智能汽车产业，包括高端汽车及零部件、新能源汽车、燃料电池和智能网联汽车 4 个细分领域，拥有国家新能源汽车技术创新中心、北汽新能源总部和戴姆勒全球研发中心等技术机构和平台。2019 年实现产值 1967.2 亿元。

生物技术和大健康产业，以拜耳制药等百亿级企业为依托，以生物医药创新平台等 4 个技术创新平台为支撑，推动 14 个重大科技成果产业化项目落地建设，聚集生物医药企业 1120 余家，占到全市企业总数一半以上，规模以上工业产值已连续六年占全市 40% 以上。2019 年实现产值 510.9 亿元。

机器人和智能制造产业，已形成以智能制造装备为核心，高端能源装备和节能环保装备为两翼的发展格局。2019 年实现产值 536.9 亿元。

（三）实体经济撑起"世界工厂"

经开区是振兴实体经济，推动制造业高质量发展的重要抓手之一。自 1984 年建立之时起，我国经济技术开发区便立足制造业，积极引进外资参与国际分工，逐渐发展成为先进制造业集聚区。北京经开区作为北京实体经济发展的前沿阵地，坚定不移推动"亦庄制造"转向"亦庄智造"，打造以北京为核心的世界级城市群的产业支点城市。

最为典型的做法就是立足先进制造全产业链发展，围绕 32 条细分产业链，

从发展规模、发展水平、发展方式、政策需求、区域协同等方面谋划产业在亦
庄新城范围内战略性安排。围绕重点项目，关注科技含量高、附加值高的关键
核心环节，层层分解，瞄准细分领域，在每个关键节点上通过引入、培育龙头
企业，储备一批项目，明确一个细分领域，吸引相关配套企业、相临组团间配
套产业彼此呼应，产业链上下游互相支持，打造完整的产业链，切实降低企业
综合商务成本，集聚产业优势，形成产业集群。比如电子信息产业，以中芯国
际、集创北方、京东方为例，集创北方做研发设计，中芯国际是晶圆厂，负责
芯片制造，产品最终用于京东方生产面板。这些电子信息产业龙头企业，通过
紧密协作，在上下游各个环节聚合了众多企业，形成了完整的全产业链条，并
实现了产业链精准布局，为产业腾飞提速。比如，经开区作为北京市汽车制造
产业的重点承载平台，已布局了包括北京奔驰、北汽新能源在内的一批汽车制
造头部企业。同时，还引进了类似小马智行这样的智能汽车独角兽企业。未来
经开区还将大力推动无人驾驶的测试及应用，形成集上中下游产业全力运行的
产业闭环。

　　此外，经开区内共有上市企业 23 家，成为北京市发展实体经济的重要
力量。

2015—2019 年经开区规模以上工业总产值及增速情况

数据来源：开发区 2019 年国民经济和社会发展统计公报。

二、科技强城——从"改革窗口"到"创新雨林"

经开区天然具有创新基因特别是科技创新基因，为城市发展提供不竭动力。与其他 218 个国家级开发区相比，北京经开区又被赋予了更为特殊的职责使命。2017 年 2 月 24 日，习近平总书记视察北京工作时指出，"要以建设具有全球影响力的科技创新中心为引领，加快培育金融、科技、信息、文化创意、商务服务等现代服务业，发展节能环保、集成电路、新能源等新兴产业和高技术产业，支持传统优势企业实施绿色制造和智能制造技术改造"，"要抓好中关村科学城、怀柔科学城、未来科学城、北京经济技术开发区这'三城一区'建设，深化科技体制改革，努力打造成北京经济发展新高地"。2017 年 11 月 4 日，蔡奇书记、陈吉宁市长在党的十九大以后"双调研"的第一站就来到经开区，明确指出，"要紧扣'科技创新'、'高精尖'等关键词，在全国重大战略产业的核心技术、核心设备上取得突破，培育一批具有全球影响力的创新型企业，着力打造具有全球影响力的科技成果转化承载区、技术创新示范区、深化改革先行区、'高精尖'产业主阵地、宜居宜业绿色城区"。作为"三城一区"中的"一区"，经开区在全球产业调整中找定位，在国家面向未来的产业布局中找位置，在科技竞争的领先一步中找先机，在与三大科学城的互动中找呼应，始终是北京创新驱动发展的前沿阵地。

（一）瞄准科技前沿，服务国家战略

经开区一直着眼国家战略需求，主动承接国家重大产业项目，着力攻破"卡脖子"技术，成为国家战略力量的代表。特别是四大主导产业担当了国家关键战略产业攻坚使命。以新一代信息技术产业为例，在集成电路领域，经开区是全国集成电路产业最集中、最先进的区域之一，布局的 28 纳米 12 英寸生产线月产能达到了 12 万片，正加快推进集成电路 DRAM 储存器、国家集成电路创新中心等重大项目建设，不断解决"缺芯少屏"这一"芯"的问题。在新型显示方面，从国家战略上解决了"缺芯少屏"这一"屏"的问题，京东方 8.5 代线在电视、手机，平板电脑等领域一直占据着全球最大的市场份额。在物联

网领域，已经掌握了传感器核心元器件技术，通过海外并购收购了全球最大的
MEMS 生产企业瑞典 Silex，实现了 8 英寸 MEMS 代工线的国内化生产，燕东、
耐威等特色工艺生产线的研发建设，弥补了我国在该领域规模化产业空白；全
球第三大图像传感器芯片设计企业豪威科技落地开发区。围绕 IPv6 根服务器
聚集了一批具有国际影响力的下一代互联网研究机构和骨干企业，在互联网标
准、芯片、终端、网络设备等领域掌握了关键核心技术。此外，为贯彻落实国
家信息技术产业"自主可控、安全可靠"战略部署，提高我国网络安全保障能
力，经开区还承担了国家网络安全产业园项目，代表国家参与全球产业竞争。

2020 年 6 月，《北京经济技术开发区关于加快四大主导产业发展的实施意
见》（以下简称《意见》）正式印发。根据《意见》，经开区四大主导产业将实
施"6688"计划：即达到"6 千亿规模"、实现"6 个一批"、实施"8 大工程"、
出台四项"8 条政策"。每年安排 100 亿元资金支持高精尖产业落地发展，到
2022 年初步建成"具有全球影响力的创新型产业集群和科技服务中心"。

（二）坚持创新驱动，引领高质量发展

从建区伊始，创新始终是经开区持续快速发展的第一推动力。创新兴城，
也是时代赋予经开区的使命和要求。围绕科技创新，从人才到资金，再到体制
机制，经开区集聚各种创新要素，创新服务企业的方式，科技创新成绩显著。
目前，经开区聚集了国家级高新技术企业 1100 多家，国家级研发机构 26 家，
技术创新中心 23 个，承担国家重大科技专项 66 项，万人有效发明专利拥有量
462 件，累计转化各类专利技术 4 万件，专利转化率居全市之首。在技术创新
领域，政府与市场合力推动，打造"先导基地—中试基地—双创基地—技术创
新中心"全程创新链，提升高精尖产业创新活力，创下多项国际、国内"先进"
甚至"第一"：全国第一条 8.5 代液晶显示生产线，2016 年建设了全球最先进
的显示技术研发中心（京东方）；全球首条智能网联汽车潮汐实验道路，全国
第一条奔驰发动机生产线（北汽奔驰）；全国唯一 IPv6 根服务器工程中心（天
地互联）；全球最大的重组蛋白库（义翘神州）；全球首张用于临床诊断的致聋
基因检测芯片（博奥生物）；全国首个全人源化抗体新药（百泰生物）；中芯国
际、大基康明、中冶京城、悦康药业、同仁医院南院区等 5 家单位分别获得 6

项国家科学技术进步奖。据统计，经开区现有国际领先、填补国内空白的新技术 143 项，新产品 125 项。

（三）集聚高端人才，永葆竞争优势

人才是第一资源，是高质量发展的"战略资产"。SMC（中国）有限公司总经理赵彤是经开区成长起来的"百分之百的外资企业，百分之百的中国人管理"的人才，他认为"改革开放，外资企业来到中国，带来的不仅是先进技术与管理经验，也不仅是一流产品与广阔的全球市场，外资企业对中国社会最大的贡献是搭建了一个很好的平台，在这个平台上，为中国从计划经济到市场经济的变革，培养了大批实用型人才，而人才是社会发展最宝贵的财富，更是留在这片国土上永远带不走的财富"。经开区高度重视高端人才引进、培养、服务，完善人才政策体系，组建人才发展集团，实施人才安居工程，提供国际化、市场化、个性化的全链条服务。建设国际人才社区和国际人才公寓，推动外国人办事服务大厅建设，营造类海外工作和生活环境。加强资金支持，每年设立专项资金 2 亿元用于奖励和扶持领军人才创新创业发展，在全市首发人才基金。四大主导产业集群与规模化的英才队伍，凝聚了强大的自主创新竞争力。截至目前，北京亦庄人才总量超过 27 万人，拥有"两院"院士 38 名（其中芯创智公司吴汉明博士新当选为中国工程院院士，成为开发区本土成长的首位民企院士）、海外学人超过 3700 余人，入选国家新世纪百千万人才工程国家级人选 2 人、市级人选 6 人，获得北京市留学人员创新创业特别贡献奖 9 人。

三、服务立城——从"筑巢引凤"到"服务管家"

服务就是营商环境，是经开区吸引企业、留住人才的"金字招牌"。从帮助企业画图纸、建厂房到帮助企业应对危机、共克时艰，从提出"投资者的成功开发区的繁荣"到唱响"选择北京亦庄机遇"，从设立专门服务企业机构到项目"七促"（促签约、促摘牌、促开工、促竣工、促投产、促达产、促技改）、"四个一"（一把哨子、一张清单、一顿早餐、一场发布）政企直通，再到出台

"一线工作法"（即情况在一线掌握、问题在一线解决、工作在一线调度、干部在一线考察、作风在一线锤炼、改革在一线实践），经开区"花式"服务企业成就服务立城佳话。以"一线工作法"为例：2020年2月，经开区建立"工委、管委会领导＋牵头部门＋配合部门＋服务管家"的走访调研团队，走访调研300家重点企业，构建"营商合作局总管家＋各主责部门服务管家"的下沉式服务队伍，落实经济稳增长措施，进一步加大经济运行调度和服务保障力度。半年内，建立了500家区内重点企业服务清单，逐企走访并明确服务管家，从"医、食、住、行、供、销、外、保、审、奖"等10个方面切实帮助企业解决实际问题。

（一）科技服务注重精准

一方面，搭建各类服务平台。依托区内企业建立多个技术创新中心，通过政府扶持将其打造为产业共性技术的研发交流平台；依托技术创新中心对企业进行定期走访调研，对行业内新产品、新技术进行调查摸底，并利用创新中心平台，为行业内技术研发骨干申报进京指标。推动成立科技商会、京津冀公共服务平台等非营利社会中介机构，并创新公共服务提供方式，通过政府购买公共服务的形式，委托商会和公共服务平台开展企业间的技术交流活动，帮助企业提升研发和创新能力。建立"北京亦庄创新发布"服务企业新平台，为"创新发声"，定期为企业发布融资、人才等创新需求清单，仅2019年就推介合作需求56项、释放投融资需求超100亿元。

另一方面，引聚科技服务企业。经开区各大产业不仅有行业龙头企业，既引聚了一批配套企业形成较为完整的产业链条，也聚集了一批优质的科技服务企业，优化了产业发展生态。特别是2020年新冠肺炎疫情发生后，经开区布局的第三产业发挥了作用，在经开区的支持与扶持下，各企业提前复工，实现了一季度收入逆势增长。经开区2020年一季度统计数据显示，第三产业收入与2019年同期相比增长了17.5%，其中，信息传输软件和信息技术服务业、交通运输仓储和邮政业、租赁和商务服务业等科技服务业收入增长较为突出。科技服务业逆势增长的同时，也创造了良好的产业服务环境，支撑了区内各企业各产业实现复产满产，全区规模以上企业在全市率先100%复工复产。

比如，在云族佳以信息传输、软件和信息技术服务企业复工复产的同时，北京盛世华人供应链管理有限公司也在交通运输仓储和邮政服务方面，为企业复产满产发挥着重要作用。盛世华人集冷链设备、设施研发、物联网技术应用与现代供应链管理于一体，提供专业化第三方物流与供应链管理服务，在经开区的协调与支持下，从春节期间为拜耳医药保健有限公司紧急运送药品支援疫情防控开始，先后为泰德、赛诺菲、京东方等区内多家重点企业提供药品、特殊产品专业运输服务，补齐了企业运营所需的运输环节，支撑各企业快速复产满产，其自身一季度营业收入也实现了增长。

（二）政务服务注重效率

经开区在全国首创设立公共服务机构，打破机关和事业界限，重构以职能属性和职权运行方式划分分工体系，114 项业务事项纳入"一窗式"服务，实现只进一门、只对一窗、只上一网、只跑一次、只填一表、只拨一号、只盖一章。社会投资项目审批环节实现立项环节 3 天、规划许可 5 天、施工许可 3 天、招投标 1 天的快速审批。不动产登记办结业务实现 3 小时内完成，司法查封登记率先实现网上办理。税务服务方面，实现 66 个办税事项"全程网上办"，网厅办理率达 98.17%，全市排名第一。实施投资项目承诺制，建立"标准 + 承诺"模式，20 项审批事项列入承诺事项清单。变"先批后建"为"先建后验"，由 50 天变当天领取营业执照。

政务服务的效率在疫情期间得到企业高度赞赏。为加强防疫物资保障，多渠道为企业筹措口罩、额温仪等防护物资，累计向企业配售口罩 168 万只，累计帮助 1491 家企业及时购置口罩、消毒液、测温枪等防疫物资 421.82 万件。

为加强用工保障，推广跨产业共享员工、线上招聘，提供蓝领公寓、人才公租房，开通定制公交，方便员工通勤。通过协调周边镇街、蓝领公寓周转用房等，累计解决 65 家企业共计 3324 人住宿问题。

为加强生产链服务保障，协调上下游产业链，协调奔驰、京东方、SMC、施耐德、和路雪等 70 余家京外供应商复工复产，全力保障产业链、供应链稳定。

为加强融资保障，落实低息贷款政策，组织联合康力、神州细胞等 68 家企业申请纳入信贷支持全国性或地方性名单，融资需求总额 55.58 亿元；为近

2000 家中小微企业协调落实普惠金融贷款超 22 亿元；外贸高质量发展奖励基金奖励金额 1.4 亿元。

2020 年以来，已落实对企业免征养老、失业、工伤保险单位费，截至 5 月底，为 3000 余家单位缓缴社保费 2.26 亿元，1.2 万家参保单位减免社保费 21 亿元，为中小微企业返还失业保险费、发放临时性岗位补贴等各类政策性补贴 1.0 亿元。

（三）公共服务注重覆盖

住房保障方面，建立了"蓝领工人有保障、中层次人才有支持、高层次人才有市场"的多层次多种类住房保障体系。深挖住房供给潜力，多主体供给、多层次覆盖，以空间要素为基础，区域统筹协作，建成国际化、一体化的职住环境。

教育方面，完成和在建学校 13 所，幼儿园 13 所，建成后可实现基础教育学位 2.2 万余个，学前教育 5000 余个。先后引入人大附中、十一学校、北京二中、建华实验、中芯幼儿园、耀华国际学校、北京东方蒙特梭利研究院等优质办学主体办学办园，满足高水平多样化需求。

医疗方面，引进同仁医院、东方医院、爱育华妇幼医院、国家康复医院、陆道培血液病医院等知名医院，共建设 4 家三级医院、1 家二级医院、2 家一级医院、3 所社区卫生服务站和 1 个北京市 120 直属急救站，实现基本医疗和公共卫生服务全覆盖。

商务及生活服务方面，建有高档宾馆及经济型酒店近 70 家，大型商业综合体 4 家，影院剧场 5 家，引入 7FRESH 和盒马鲜生等新零售新业态。规模以上餐饮、零售企业 54 家，小区生活性服务业网点 194 个。居民可实时享受到时尚便利、品质多元的商业服务。

四、文化兴城——从"文化富矿"到"文化智谷"

文化是一个国家、一个民族的灵魂，也是一个地方的根与魂。经开区产业文化、科技文化、创新文化、国际文化相互交融、多姿多彩，亦庄新城范围内又积淀了南海子地区皇家文化、苑囿文化、麋鹿文化，青云店、采育、长子营于明朝初期沿凤河流域建造"七十二连营"所形成的移民文化等，可谓"文化富矿"。一直以来，经开区一手抓科技创新，一手抓文化提升，努力实现科技与文化双轮驱动的发展格局。特别是近年来，经开区守正创新推动文化兴城，加快培育以工匠精神和工程师文化为核心的创新文化，加大高品质公共文化供给，不断提升广大职工群众文化获得感、幸福感，努力把"文化富矿"打造成为"文化智谷"。目前，经开区通过共享机制，将区域内的场地资源、文化设施资源统一盘活，用新共享形成文化空间社会化运营的"亦庄模式"，建有1家图书馆、1家首图分馆、90余家亦庄书屋，1座容纳8000余人田径体育场、18片全民健身专项球类场地、38套全民健身路径，扶持24家文体基地低价优惠向社会开放，每年组织专业演出60余场，承办和组织市区两级体育赛事30余场。2019年，经开区规模以上文化产业企业数量43家，规模以下文化产业企业数量3055家。2019年经开区实现规模以上文化收入189.8亿元，占全市1.5%，排名全市第六。

（一）打造创新文化之城

在经开区由"区"转"城"的过程中，坚持把建立满足多元需求的高质量公共服务体系、打造具有创新文化特色的高品质亦庄新城作为重要课题，立足人民对精神文化的追求、对美好生活的向往，针对区内企业高管、各类人才、海外人士、产业工人、本地居民和新市民等共同工作生活的特点，广泛听取意见建议，把握地区多元文化需求，打造具有经开区特色的"创新文化地图"。以"一带一廊，四主八副"为轴（一带一廊：凤河生态彩带、凉水河文化生态走廊；四主八副：南海子公园、国际企业文化园等四个城市级公园，博大公园、北神树公园等八个特色组团级公园），结合绿地规划建设开放式文化设施，规划建设大型城市级文化综合体"亦城之心"，打造多个以"创新"为主题的城市雕塑群，精心布局包括T1书香线、创新主题书店、智能书屋等在内的多个特色服务设施，让亦城人民在家门口享受到高品质文化艺术空间和高品位精神文化生活。

同时，经开区努力把亦庄新城打造成为产业经济题材文学作品的创作采风地、产业城市外景基地，着力讲好经开区高精尖企业克服国际封锁、突破"卡脖子"技术的创新故事；海外学人坚持产业报国、研制老百姓用得起的救命药的爱国故事；高技能人才刻苦钻研、征服洋专家的拼搏故事；快递小哥爱岗敬业、30 万件快递无差错的励志故事，以及亦庄新市民亲历新城变化、共建美丽家园的幸福故事；等等，生动诠释在党的创新理论指引下，各方面发展取得的巨大成就和人民群众的幸福感获得感，营造创新文化氛围，有效提升创新文化之城的品牌效应。

（二）深化文化体制机制改革

深化文化机构改革，把宣传文化工作机构改革作为全区深化机构改革的重要组成部分，统筹宣传、网络信息安全、文旅事业管理和文创产业发展促进等职能，组建宣传文化部，以"大部门"统筹"大宣传"格局、推进"大文化"建设。把宣传文化部作为"准入—审批—监管—执法"链条式管理中的"监管"环节，履行文化旅游、出版广电、网信、文物等方面 114 项监管职责，打出意识形态管理"组合拳"，形成维护意识形态安全和文化安全"工作链"。

深入推进融媒体改革。成立尚亦城科技文化集团有限公司，以专业化力量、市场化方式，推动传统媒体与新兴媒体深度融合、科技与文化深度融合，助力首都全国文化中心建设。着力打造尚亦城 APP"一站式"综合生活服务平台，完善"新闻＋政务＋服务＋社交＋电商"功能，全面打通面向企业、社区、居民的精准服务通道，更好服务基层治理。疫情期间，在尚亦城 APP 推出"战疫金盾"系统，发挥"融媒＋大数据"优势，建成疫情防控的"数字底座"。从线上防疫报备、权威信息发布、企业服务通道、免费医生咨询、北京空中课堂、公众防控指南到线下体温监测，有效实现信息"一次上报、多场景调用"，为社区综合治理、企业复工复产、政府科学决策提供了精准的数据支撑。截至目前，"战疫金盾"系统已汇聚区内 56 个小区、17 万居民员工个人信息和 7700 余家企业的实时数据，实现全部社区和重点企业双覆盖。

深入推进文化动能改革。高质量推进科文融合产业发展，聚焦高新视听、动漫游戏、电子竞技等领域，充分利用 5G、大数据、区块链等前沿科技优势，引进"5G＋8K"高清视频国家级重点实验室，建设北京网络游戏新技术应用中心，形成"标准引领、技术引领"的新格局。大力支持区内企业从传统媒体、印刷产业向新媒体、数字出版、高新视听、游戏电竞等方向转型，吸引 WCG、皇室战争总决赛等国际顶级电竞赛事落户，成为首都南部视听和游戏产业聚集高地。

（三）积极推动文化"走出去"

党的十八大以来，经开区贯彻落实中央、北京市促进"文化走出去"的决策部署，依托自身产业优势，促进文化和科技深度融合，积极推动文化产业"香飘海外"。如今，经开区已涌现出一批走出国门的文化企业，走出一条中国文化"走出去、走进去、走深入"之路。在 2019—2020 年国家文化出口重点企业目录中，经开区就有四达时代等 5 家企业入选。同时，一大批具有"走出去"潜力的企业快速成长，使经开区"文化走出去"具有更加强大的优势。以京东方、冠捷、利亚德、康宁、赢康、东方嘉禾以及具有智能终端业务板块的小米、云狐时代等为代表的文化终端企业，根据自身实力展开文化终端产品的跨国交易、文化品牌的跨地域传播，形成了文化要素国际化配置。2012—2017年，经开区文化产业营业收入年均增速超过 25%，成为支撑经开区区域产业版图中的一支生力军，为北京市文化产业蓬勃发展增添了新兴力量。

在具体工作中，推行"四个＋"模式，探索文化"走出去"新路径。推行"科技＋"，立足高精尖产业和外向型经济优势，积极引导区内科技企业与文化企业协同创新；推行"龙头＋"，积极发挥龙头企业带动作用，在开拓国际市场的过程中，传播好中国声音、讲好中国故事，提高中华文化的国际影响力；推行"渠道＋"，积极引进渠道企业，打造经开区"文化走出去"航母战斗群；推行"服务＋"，结合自身的资源条件及未来发展趋势，优化服务，推动经开区文化企业"走出去"。比如，文化"走出去"渠道的拓展，带动文化装备"走出去"，而文化装备"走出去"，将带动文化"走出去"走向深入。经开区立足高精尖产业和外向型经济优势，积极引导区内科技企业与文化企业协同创新，走经济效益和文化传播的双赢路线，用精品文化塑造良好的国际形象。2015 年，经开区工委、管委主动牵线搭桥，促成四达时代与经开区文化装备制造企业京东

方联手完成了 24 英寸、32 英寸和 43 英寸等电视机的研发和生产，截至 2019
年出口超 15 万台。随后，四达时代又与区内装备制造企业积极合作，联合研
发了新的智能电视产品，将小型太阳能家用设备、投影电视等产品整合进智能
电视产品体系，进一步提升了产品功能及附加值，实现电视转播车等文化产品
出口总额达 1.85 亿元。

五、生态绿城——从"阡陌农田"到"宜居宜业"

良好生态环境是最普惠的民生福祉。经开区从一片阡陌农田发展成为一
座宜居宜业的现代产业新城，从产业约束到清洁能源节约利用，再到加强大气
污染治理和污水处理、落实清洁空气行动计划，再到"无废城市"建设，绿色
始终是发展底色、底线。绿色亦庄不仅营造了美丽的景色，也催生了品牌影响
力，给北京亦庄增加了吸引力，被誉为坚持低密度发展、基本没有城市病的标
杆。早在 2011 年经开区就被批准为国家生态工业示范园区。2019 年 4 月，入
选全国"无废城市"建设试点名单，将作为 5 个区域特例之一，推动"无废城
市"建设。2019 年 11 月，工业和信息化部网站公布了第三批绿色制造示范名单，
经开区因在高效的能源利用、多循环的资源利用、完善的基础设施、良好的生
态环境等方面的突出成绩入围，并成为北京市唯一获得国家级绿色园区称号的
产业园区。

（一）一以贯之高标准规划建设

经开区始终秉持了较为超前的规划建设理念。筹建阶段便提出"原有污染
要消除，新兴产业不增污，生态环境要改善"的口号。2019 年 1 月公布的《亦
庄新城规划（国土空间规划）（2017 年—2035 年）》，突出科技创新、绿色高效
经济效应带来的"绿色动力"。规划打造出"生态绿城、科技智城、活力乐城"
三位一体的世界一流产业综合新城，为经开区未来发展奠定基础。同年 3 月，
经开区提出从森林、绿道、碧水、湿地、公园、农田、景观、文化 8 个维度推
动亦庄新城绿色规划升级，全力建设生态文明建设的引领区、宜居宜业的绿色

新城，将生态优势转化为经济发展优势推动高质量发展。一方面，在污染治理和环境改善方面进行大量投入。在筹建之初管委会率先开展的工作不是招商引资，而是对亦庄地区的生态环境进行修复。在启动运营资金几乎全部靠银行信贷的条件下，经开区仍斥资 1.2 亿元彻底修复治理区域污染顽疾大羊坊沟，通过地下管道将排污沟渠从地上转地下，并在上方建设绿地或绿化等。此后，经开区历届班子持续强化亦庄辖区内生态环境建设，对城市森林、绿地面积、污水处理、垃圾处理等公共服务持续加大投入，先后在经开区北侧改造自然生态景观公园形成生态屏障，将原有的垃圾填埋场建成南海子公园，并在核心区内建设博大公园。另一方面，在招商引资环节严格把控，拒绝高污染高能耗企业。据统计，2015—2017 年三年间累计审批项目 781 个，均按照北京市及经开区制定的禁限目录执行，严禁污染和淘汰项目入区。2019 年，加大腾退一般制造业和高污染企业力度，淘汰 4 家企业污染工序，实现了"散乱污"企业动态清零。

（二）毫不动摇坚持绿色发展

绿色是永续发展的必要条件和人民对美好生活追求的重要体现。习近平总书记指出，生态环境没有替代品，用之不觉，失之难存。经开区牢固树立"绿水青山就是金山银山"的理念，成立了生态文明建设委员会，以绿色为底色、创新为动力，推动高质量跨越式发展。2019 年，经开区区域单位土地投资、产出强度和科技、创新、生态环保等主要经济指标稳居全国开发区前列，用全市 0.35% 的土地、1.1% 的工业用水支持了全市 18.3% 的工业总产值。万元 GDP 能耗 0.14 吨标准煤，是全北京市平均能耗的 40%，达到国际领先水平；万元 GDP 水耗 4 立方米，是全市平均水平的 1/4；人均绿地面积 104.9 平方米，远高于全市人均 16.2 平方米的水平。

坚持绿色发展集中体现在发展绿色经济、推进"无废城市"建设上。经开区大力引进"绿色建筑"，积极申报"绿色工厂""绿色供应链"，腾退污染企业，一引一申一退，为产业发展布下了绿色底色。在绿色建筑方面，京东方 8.5 代线是典型代表。厂房光伏发电工程为目前北京市最大的单体厂房屋顶光伏项目，也是目前北京市最大"金太阳"示范工程项目。2014 年企业工程产量为每月 9 万片，全年用电量 8.7 亿度；2019 年，月产量提高至 15 万片，用电量反而降到 7.9 亿度。绿色建筑为城市节能降耗，2019 年，经开区完成了 3 项公共建筑节能绿色化改造，涉及 36.5 万平方米。在绿色供应链方面，经开区汽车制造业和电子信息产业的龙头企业已经构建了完整的绿色供应链。通过发布并签署绿色承诺书、建立驻场供应商绿色服务标准、开展供应商碳排放核查、设立绿色管理绩效等带动全区超过 50 家配套企业以及国内外百余家企业工业固废的优化管理，实现 95% 以上供应商的提升整改。超过 95% 的供应商获得 ISO14001 体系认证并成为绿色供应商。在实施绿色供应链管理的基础上，经开区鼓励生产企业建设绿色工厂。通过优化厂区设计，预留可再生能源应用场所和设计负荷，合理布局厂区内能量流、物质流路径，采用绿色建筑技术建设改造厂房，实现用能结构优化。要求企业建立资源回收循环利用机制，采用先进适用的清洁生产工艺技术和高效末端治理装备，推广绿色设计和绿色采购，开发生产绿色产品，不断提升自身生产的绿色水平。目前，区内已有 3 家北京市级绿色供应链企业获批、10 家绿色工厂获批。

坚持绿色发展还体现在大力抓好生态建设上。经开区按照森林城市、海绵城市设计，推进景观绿化、绿地公园建设，已经建成大型公园绿地项目 7 个，占地面积 1.8 万亩，区域绿地覆盖率达 32%。现有的南海子公园、文化园公园、凉水河公园让居民有了设在家门口的公园。各色各样的口袋公园、园区绿色空间让工作在这里的职工享受到高品质绿色空间体系。凉水河公园二期建设在河岸打造了花海景观，种植了金鸡菊、美人蕉、白玉簪、红运萱草、千屈菜等 50 余种地被花卉，打造一片花的海洋。同时，河水通过大水车及引水渠引入花海，最终流至湿地净化，凸显出海绵城市的理念。通明湖公园于 2019 年开园，水域面积 43 公顷，在湖面和护坡上密集种植了黄菖蒲、水葱、水莲等 10 余种水生植物，不仅可以为白鹭等水鸟提供优质的栖息环境，还能净化湖水水质，有利于小鱼小虾的繁殖。通明湖占地 73 公顷，是路东区最大景观湿地。围绕湖面，建设了总长度 5.2 公里的健身步道，对于周边群众来说，这里是"天然氧吧"。

此外，经开区以垃圾分类为突破，在全区 32 个社区实现厨余垃圾源头分类。以工业固废循环利用为重点，推广橡胶沥青使用，累计消耗废旧轮胎超 270 万条，减少二氧化碳排放超 30 万吨，成为亚洲首个城市道路运用橡胶沥青达百万平方米的区域。污染防治攻坚战成效显著。三年来大气环境持续改善，PM2.5 年均浓度由 81 微克 / 立方米下降到 43 微克 / 立方米，累计下降 47%。

（三）积极争得周边镇村支持

经开区在发展产业的同时，本着服务周边镇村人民群众的理念，加快基础设施和民生项目建设，提升公共服务水平，全面升级区域形象，切实增强群众获得感。生态建设作为重要民生工程，积极引导周边镇村参与，特别是将城市养护工作直接委托周边镇村来完成（每年投入城市养护费及交通运营费约 3.2 亿元，其中，环卫保洁养护费年均约 1.2 亿元，园林绿化养护费年均约 1.1 亿元，交通运营、市政道路及路灯年均费用共约 0.9 亿元，共涉及养护单位 11 家），让周边镇村体验到了实实在在的获得感、幸福感，从而赢得他们对建设生态新城的支持。

早在建设初期，经开区就意识到周边群众特别是征地拆迁农民能否分享发展成果，直接关系到社会稳定、影响招商引资环境。从 1993 年开始，经开区便着手从产业、住房、就业、教育、医疗等多方面入手，全方位改善经开区所在亦庄乡群众的生产生活条件。随着经开区覆盖范围的陆续拓展，惠及范围也逐步扩大到大兴区、通州区。2007 年，为两区拆迁农村劳动力提供 6181 个就业岗位，培训 8805 人次；2008 年提供的就业岗位达到近 1.4 万个。2010 年大兴区、经开区行政资源整合后，安排拆迁农村劳动力就业的力度进一步加大，仅 2011 年提供的岗位就超过 3 万个；融合后 3 年累计解决的就业人数达 3 万多人，此后每年解决的就业人数也都在 4000 人以上。2019 年，积极将就业与扩区紧密衔接，建立与周边两区八镇就业工作协调机制，支持周边 7 个镇开通就业班车 42 辆，年内共有 3372 名周边劳动力在经开区企业实现就业。

六、党建润城——从"红色地标"到"红色地图"

坚持党的领导是改革开放事业取得成功的关键和根本。经开区是以非公经济为主的特殊区域，以"非公党建"为重要抓手，不断夯实党建之根、筑牢发展之本，不断强化凝聚力、创造力、服务力、战斗力、公信力，始终走在引领创新发展的前列，始终立于推动高质量发展的潮头。近年来，经开区规划建设了全国首个面向非公企业的党群活动服务中心，把500多个非公企业党组织、2.5万名党员紧紧凝聚在党旗之下，汇聚起推动非公企业创新发展的强大正能量，成为经开区鲜明的"红色地标"。以"红色地标"为基础，经开区按行政区划设立了9个亦企服务港、在32家重点非公企业建立了党群活动室，在企业职工、社区群众身边建立了11个新时代文明实践所、60余个新时代文明实践站，成为经开区基层党建工作的一张"红色地图"。从"红色地标"到"红色地图"，经开区党建工作以点带面、以面织网，形成大党建工作格局，为创新发展注入红色动力、为城市建设凝心铸魂。2019年，经开区工委成立亦庄新城党建工作协调委员会，党建统领升级版经开区和亦庄新城建设再上新台阶。截至目前，驻区非公企业4000多家，驻区企业员工人数29.1万，党员2.5万人。经开区非公企业党组织覆盖率达90.2%，规模50人以上企业实现了全部有党员，规模100人以上企业全部成立党组织，实现党员全覆盖。

（一）抓赋权强基层，破解"走进难"

要想让党组织有威信、有作为，就要首先让党组织有权力有资源。经开区工委通过合理的制度设计，赋予党组织荣誉的推荐权、资源的分配权、解困的发言权、决策的参与权，让基层党组织成为企业的"代言人"和核心竞争力。经开区工委2018年9月出台《北京经济技术开发区优秀人才培养资助工作实施办法（试行）》，其中最重要的特点就是依托企业党组织开展该项工作，这是给党组织赋能的典型例子。通过这项人才培养政策，达到了为非公企业提供话语权、提供支持力度；扩大组织覆盖，促进还未建立党组织的企业按要求成立党组织；建立党员人才信息库，对其中具有技术优势的项目加以培育，形成经开区的科技储备力量等目的。

抓赋权强基层最典型的例子是党建引领"企业吹哨、部门报到"机制。按照行政区划、企业分布情况，经开区工委将经开区划分为9个区块，每个区块设立一个"亦企服务港"。在企业吹了"服务哨"后，相关部门"闻哨必动，有求必应，凡事必达，应办必办"。将服务触角延伸到"厂门口"，让企业多动嘴少跑路，让部门多办事少设槛，实现"小事不出厂，大事不出港"。此外，还确定每月第二个周五为"企业党组织书记接待日"，由一名工委领导接待企业党组织书记，进一步畅通政企沟通渠道。这一机制的目的是进一步破解服务企业力量分散、缺乏统筹、对企业问题和需求的收集即时性不够、反馈响应机制不健全以及非公企业党组织发挥作用不明显等问题，以建强组织体系、提升组织力为重点，树立到基层一线解决问题的导向，重构全域覆盖、公平公开、顺畅有序的为企服务网络，让企业党组织成为与政府链接的纽带，承接政府资源的载体，企业发展的依靠。为了让"吹哨报到"更好地落到实处，除了"亦企服务港"这一实体平台外，还建立了虚拟综合信息平台为企业提供信息化支持，实现虚实结合无死角服务。

2020年新冠肺炎疫情发生以来，经开区各级党组织特别是企业党组织和广大党员第一时间响应党中央号召，冲锋在前、迎难而上，开辟员工返岗快捷通道，助力打通上下游产业链。从融资支持到法律援助，推动提供精准服务；从防疫物资到生活服务，努力当好后勤保障部，为打赢疫情防控阻击战提供了坚强政治保证。目前，经开区形成双报到党员队伍、下沉干部队伍和34支社区志愿者队伍、10支青年突击队、115支园区楼宇志愿巡逻队等多支队伍共同参与防控的工作格局。

（二）建阵地促融合，破解"满足需求难"

党的工作覆盖要从有形向有实转化，需要进一步建强阵地、延伸工作触角，突出"党建在身边"，强化引领、促进融合，破解"满足需求难"。除了"亦企服务港"外，经开区以新时代文明实践中心为统领，着力用好"三种资源"、强化"三个抓手"，不断满足企业职工精神文化需求。

这"三种资源"分别是党政资源、企业资源、网络资源。党政资源，充分发挥党群工作一体化工作优势，按照"教育培训共抓、阵地设施共享、组织活动共搞、文体活动共办"的要求，抽调职能部门处级干部担任企业党建工作指导员，积极有效推进新时代文明实践所和企业党群活动室建设，统筹开展各项活动，努力形成合力。活动统筹开展，不仅提高了党建资源配置水平，也降低了党建工作成本。同时，减少了活动多头组织、忙于应付的情况，较好缓解了企业党群组织的工作压力，确保企业健康发展。企业资源，每年近 800 万元预算用于非公企业党建工作，确保每个非公企业党支部每年不低于 5000 元的活动经费预算，引导非公企业主动建立党群活动室。"四站合一"的"党群活动室"，是一个综合性办事服务场所，采用开放式集中办公、"一站式"服务的方式，设立党群工作站、团建工作站、工会工作站、社区工作站窗口，方便了职工群众办事，实现了企业资源利用的最大化。网络资源，建立"非公企业党建网站"、党群数字化管理 APP 系统、党群活动服务中心和"非公党建 +"，构成了"四位一体"的"红色网络"。其中，企业党建 APP 运用互联网和手机媒体开展党建宣传，实现党员教育、党务管理的即时化和远程化。该系划分为党建时讯、在线办公、通知公告、透明捐赠、在线学习、沟通交流、照片墙、团员天地等多个功能模块。

"三个抓手"是文化活动、志愿服务、典型选树。以文化活动为抓手，让企业文化"动"起来。巩固拓展文化亦庄工程成果，以经开区文化艺术节为平台，利用五一、中秋、国庆等中国传统节日，举办"企业党组织负责人、企业高管健步行"、"企业基层党组织篮球联谊赛"、"我为企业健康发展献计献策"、趣味运动会等系列文化活动，让企业文化走出围墙，参与到区域文化建设中，增强区域归属感。以志愿服务为抓手，让企业文化"活"起来。推动非公企业积极履行社会责任，发挥基层党团组织在学雷锋志愿服务中的天然优势，大力开展志愿服务和社会公益活动。以典型选树为抓手，让企业文化"亮起来"。深挖非公企业创新创业、"一心向党"、诚实守信等典型，讲好典型故事，通过文明单位评选、百姓宣讲、"双爱双评"、道德模范评选命名等平台宣传出去，让企业文化焕发出时代光芒。近年来，经开区共推出首都精神文明建设奖获得者 3 人，"双优"14 个，"北京榜样"3 人、提名奖 1 人、月度榜样 3 人。

此外，亦庄新城建设涉及大兴区和通州区的多个街道、乡镇，为了将亦庄新城打造成党组织凝聚力和战斗力的重要舞台，形成各部门合作共赢的强大力量，在合作配合中推动亦庄新城的大发展，经开区工委推动成立了亦庄新城党建工作协调委员会，属地镇街、重点企业和"两新"组织共同参与，建立分工明确、密切配合、共建共享的沟通协作机制，以推动区域发展的重点难点问题为突破口，更好履行抓党建促发展的主体责任，进一步推进以党建促合作、以党建促发展的目标。2020 年，将出台《关于在加快推进经开区和亦庄新城高质量发展中进一步加强党的建设的实施意见》《经开区基层党建工作指引（试行）》《共建亦庄新城协同发展先锋区的实施方案》《加强亦庄新城廉政风险防控体系建设的实施意见》等文件，更好发挥经开区工委对亦庄新城范围内党建引领的领导作用，切实发挥党建引领作用，真正让党的建设和业务工作融为一体，促进经开区和亦庄新城高质量发展。

全面建成小康社会与中国县域发展

北京市东城区

让老胡同居民过上现代生活

中共北京市东城区委宣传部

北京市东城区是首都功能核心区，面积 41.84 平方公里，常住人口 79.4 万人，管辖 17 个街道办事处、3 个地区。辖区内 14 个街道的 504 条胡同位于老城内。其中，历史文化街区 348 条，占全区胡同总数的 69%，其他成片平房区 147 条，占全区胡同总数的 29%；一般建成区 9 条，占全区胡同总数的 2%。习近平总书记在北京调研时指出，老北京的一个显著特色就是胡同，要注意保留胡同特色，让城市留住记忆，让人们记住乡愁；要构建超大城市有效治理体系，加强精治共治法治，既要管好主要大街，又要治理好背街小巷，让老胡同居民也过上现代生活。

按照习近平总书记的指引，秉承"崇文争先"理念，东城区发起了胡同改造升级的新时代革命，各部门、各街道积极行动，"小巷管家""停车自管会""花友会"等志愿组织纷纷涌现，齐心协力改善人居环境、保护历史风貌、优化公共环境、重塑社区生态，向"五个东城"（文化东城、活力东城、精致东城、创新东城、幸福东城）和现代化胡同生活目标不断迈进。如今，昔日拥挤不堪的老胡同华丽转身，"架空线入地"让天空亮起来，"胡同不停车"让生活静下来，"共生院""厕所革命"让生活环境美起来，"水穿街巷、庭院人家"景观重现东城胡同，让人们随时随地感受胡同里的现代小康生活，成为名副其实的和谐宜居之都首善之区。

新冠肺炎疫情期间，东城区群策群力，胡同里群防群治，一方面紧抓疫情防控，一方面保障群众生活，一方面促进复工复产，有效控制疫情影响，病毒感染人数为北京各区最低，居民生产生活安全平稳有序，胡同保持了安宁祥和与生机活力。

一、东城胡同现代化生活新路径

随着城市快速发展，老城区管理曾日显滞后，背街小巷胡同一度变成"脏乱差"的代名词。东城区深入探索胡同更新改造路径，着力破解老大难问题，以绣花功夫抓好精细化管理，打造出雨儿胡同、三眼井胡同、东四四条、西总布胡同、青龙胡同等一批精品胡同，使老胡同居民也过上了现代生活。

（一）规划先行，保留好胡同特色

遵循"老城不能再拆了"这一胡同更新改造基本原则，东城区成立区级规划设计专家顾问团队，先后完成 12 项风貌管控导则编制和重点大街城市设计工作，组建具有双甲级资质的 38 家优秀设计团队库，在北京市首创为街道配备责任规划师队伍，组织开展"线上线下"设计方案竞赛、民意征集等活动，构建"区级统筹协调、专家审查把关、优秀团队支持、社会各界参与"的胡同环境整治提升规划设计工作机制。转变以往老城区改造征收拆迁、大拆大建的旧思路，注意保留胡同特色，最大限度拆除影响胡同历史风貌的违法建设，保护院落规制和传统格局，做到科学规划、有机更新和渐进式修复紧密结合，切实做到在保护中发展，在发展中保护。

（二）民生为本，建设好"胡同人家"

坚持"以人民为中心"的发展思想，始终把群众利益放在优先位置，科学探索胡同"共生院"模式。2015 年起，东城区以南锣鼓巷地区雨儿、帽儿、蓑衣、福祥四条胡同为试点，通过"申请式腾退"的创新政策，把选择权交给胡同居民，居民自愿选择"去或留"，一部分居民外迁改善，留住居民生活同步提升，真正让外迁腾退的居民走得顺心，让留住改善的居民满意。对居住于外区，其所租住直管公房转租转借的，加大执法回收力度；对长期空置的直管公房，积极进行回购，从而腾出更多空间改善胡同居住条件。东城区坚持"共生院"的修缮定位，对胡同里的院落进行保护和改造，着力打造"胡同人家"，改善留住居民生活环境。如今，"天棚鱼缸石榴树"的四合院景致渐渐回归，胡同居民迎来了现代生活。"共生院"已成为老城保护复兴、胡同院落改造的重要模式。

（三）优化环境，改造好胡同设施

结合"百街千巷"整治工作，东城区着力加强老城基础设施改造升级，解决"空中蜘蛛网、地下老鼠洞"以及私搭乱建等顽疾。2017 年以来，东城区清理（架空）缆线 2 万余公里、拔杆 1.1 万余根，成为北京市第一个基本无凌乱通信架空线的地区。拆除违法建设 75.8 万余平方米，封堵违规"开墙打洞"7800 余处，拆除及规范牌匾 9.3 万余块，整饰外立面 135 万余平方米，整修道路 75 万余平方米，新增绿化面积 11 万余平方米，新建或规范提升各类便民商业网点 213 个。同时加大力度推进"海绵城市"和综合管廊试点工作，一方面改造提升 706 座公厕，另一方面针对一些胡同院内管线与市政管线高差小、距离远等老大难问题，引进新技术、新标准，采取雨水控制与利用措施，采用专业环保化粪池、新式马桶、生物降解技术等新方法解决污水排出问题，让具备条件的平房住户实现"如厕不出院"。以往上厕所，顶风冒雪都得奔胡同口，汛期下雨还得蹚水进出院儿，如今新居里上户厕方便卫生，连绵雨水落地淌走，青砖地干干净净。在雨儿胡同住了大半辈子的 70 岁老人崇宝财说："这两年，我家生活翻天覆地！"

（四）共治共享，解决好胡同问题

东城区坚持将党委领导、政府主导、社会组织和居民共同参与紧密结合，构建新时代人民城市"共建共治共管"新机制、新模式，推动各街区胡同治理主体协同合作，实现政府治理和社会调节、居民自治良性互动，极大提高了居民参与胡同治理的积极性。通过建立集合居民议事、公共活动、社区服务、展览展陈等功能的社区治理空间，运用"社区议事厅"、"小院议事厅"、"开放空间讨论会"、微信平台等多种方式，搭建居民议事平台。胡同改造提升过程中，胡同里安装什么样的路灯才符合胡同风貌，胡同花箱里的宠物粪便箱该如何放置等种种细节的改造意见，都在居民们讨论后，得以拍板"出炉"。

居民自主成立停车自管会，实现"单行单停""停车入位"，并协调区域社会
单位、公配建停车设施提供共享停车位，先后打造了39条"不停车"胡同
和北京市首个"不停车"街区。在"街巷长"制基础上，东城区形成并推广"小
巷管家""花友会""周末卫生大扫除"等一系列公众参与平台，胡同里涌现出
一批热心城市管理事业、弘扬志愿服务精神的模范典型。东城区是北京市第一
个实现"小巷管家"和"周末卫生大扫除"全覆盖的地区。2017年以来，在全
区2064名"小巷管家"近480万小时的巡访，以及"周末卫生大扫除"活动
的带动下，共解决环境问题29万余件，清理胡同、院落、楼房9.9万个（栋），
转运垃圾杂物6610吨，有效促进了城市文明指数的提升。新修订的《北京市
生活垃圾管理条例》2020年5月全面实施，东城全区总动员，撤除了胡同内
所有垃圾桶，改由保洁员定时收取垃圾，实现"垃圾不落地"。胡同居民都说，
通过参与街巷整治活动，环境美了，生活好了，不仅增强了胡同主人翁感，更
增强了参与感、幸福感和获得感。

（五）精细管理，服务好胡同生活

东城区通过不断完善平房区和老旧小区物业管理服务体系，采取"政府支
持引导、产权单位配合、院落集体申请、居民费用共担"方式，推动平房区物
业进院，实现胡同居民个体需求与物业服务精准对接。推行社区协商"五民"
群众工作法，建立居民需求反馈落实机制，畅通居民利益诉求表达渠道。加强
协商成果运用和转化，鼓励街道、社区将协商意见转化为社区民生"微实事"
项目，通过统筹打包使用社区各类服务资金，支持社区"微实事"项目实施，
推动社区治理精细化和民生服务精准化。特别是新冠肺炎疫情期间，成千上万
的街道、社区干部以及胡同居民，"舍小家，顾大家"，积极加入"东城社工"
队伍，成为一个个"小巷总理""胡同管家"，对胡同疫情进行精细化防控。"东
城社工"了解登记每一户情况和信息，对进出人群进行检测，对胡同居民提供
24小时在线服务，运用现代化通信和服务设施，给胡同生活装上"安全阀"。
为保障老年人和特殊群体的健康需求、情感需求，"东城社工"还免费提供代
购、代办、代送服务，组建线上陪聊小组，缓解居民心理压力，确保特殊时期
胡同里的生活服务到位。一时间，"东城社工"成为胡同里乃至北京城闪闪发

亮的品牌。

（六）提升品位，传承好胡同文化

胡同文化延续着老北京的城市脉络，承载着老北京的地域精神。东城区深入落实"崇文争先"发展理念，坚持历史文化挖掘与文艺精品创作相结合，坚持历史文化街区保护与功能活化利用相结合，挖掘胡同文化内涵，实现传统文化和现代文明相互交融、历史文脉与时代新风交相辉映。在全市率先出台《东城区实施"文化强区"战略推进全国文化中心建设行动计划（2017年—2020年）》，集中塑造培育南锣鼓巷、雍和宫—国子监、张自忠路南、东四三条至八条、东四南、鲜鱼口6片"历史文化精华区"。制定《东城区历史文化传承展示工作方案》，深入推进胡同保护和历史文化挖掘工作，打造《隆福寺》《胡同12号》《炒肝》等彰显"首都风范、古都风韵、时代风貌"的特色文艺作品。三眼井、草厂等地区的胡同把名称由来、名人故居等内容信息，整合生成二维码，通过文字、影像等方式讲述胡同发生过的历史文化故事。东城区已有7个街道建立了"小而美"的胡同博物馆，"十分钟文化圈"让居民不出胡同就能享受内容丰富、形态多样的公共文化服务。

（七）提高质量，发展好胡同经济

经济高质量发展是东城区各项事业的活力源泉。近年来，东城区在发挥产业优势方面锐意进取，着力打造"创新东城""活力东城"。对于胡同而言，重点是激发人的活力、老城的活力、经济的活力，让胡同各种经济资源和经济元素亮出来、活起来、动起来。东城区因地制宜引入文化展示、文创办公业态，推出"故宫以东"文商旅概念，打造隆福寺文化经济圈、"77"文创园、南锣鼓巷文化经济带及前门西打磨厂"西打工坊"、青龙胡同文化创新一条街等项目，胡同里的创意工厂如雨后春笋般层出不穷，更读书社、角楼图书馆、布衣南锣书房等一批特色书店、网红书店也在胡同中安家落户。位于香饵胡同内的念念行旅酒店是老旧建筑改造而来，由共享际与春风习习书店共同孵化建设，现在已经成为网红新型酒店。创新创意为胡同带来了新的经济活力和文化气息，探索了一条以商养文、以文促商的胡同文商旅发展新路。

二、东城胡同实现现代化生活的主要经验

东城区在老城胡同改造升级、不断推动"国际一流的和谐宜居之都"首善之区建设中的经验主要有以下几点。

（一）"党建引领"是根本工作方法

在老城胡同改造、建设、发展过程中，东城区不断强化党建引领机制，坚持以习近平新时代中国特色社会主义思想为指导，全面贯彻党的十九大和十九届二中、三中、四中全会及中央经济工作会议精神，认真落实市委、市政府工作部署，坚持稳中求进工作总基调，坚持新发展理念，突出高标准、精细化，落实"崇文争先"理念，着力提高"四个服务"工作水平，积极建立和落实"街道吹哨、部门报到"机制，健全"三级管理、五方联动"机制。推动每个街区、胡同以及志愿者团体、社区工作者群体建立党支部、党小组，及时准确传达中央、市委和区委指示精神，保证党员干部思想和行动步调一致，群众工作组织有序、措施有力。

（二）"共同参与"是有效治理手段

胡同的建设离不开居民的参与，只有引导动员居民参与治理，才能保证工作顺利开展，保证胡同充满生机和活力。在胡同改造升级过程中，东城区一方面加大政府购买服务力度，另一方面不断深化与商会、风貌保护协会等社会组织的合作，将物业管理、民意立项等机制引入胡同环境整治提升工作中，引导、支持各种社会力量发挥积极重要作用，逐步培育、形成了"专业支撑、居民自治、行业自律"的治理氛围，取得了相当良好的成效。通过"巷议站""崇雍会客厅"等共管共建共治平台，不断推动胡同治理工作向现代化社会治理模式转变，使东城区在提升胡同精细化管理水平、推进历史文化街区保护特别是崇雍大街、簋街、南锣鼓巷、王府井等重点地区胡同优化升级方面取得了十分可喜的成果。

（三）"和谐共生"是重要改造方式

胡同改造不能简单用推倒重建的办法平地起高楼，重新建立一个"新世

界"，而是在现状基础上有机更新和微修复，使得风貌得以保护、文化得以传承、文脉得以延续，让胡同焕发新生机、新活力。东城区通过探索和细化胡同"共生院"模式，破解老城街区更新改造难题，推进首都功能核心区功能疏解、风貌保护、文化传承和民生改善。老胡同居民是胡同生活的主体，是老北京历史变迁的见证者，他们大都在胡同里居住生活了一辈子，对胡同有着深厚感情。东城区充分尊重老百姓意愿，通过"申请式腾退"，使愿意外迁的居民生活得以改善；通过"申请式改善"，使愿意留住的居民在胡同里过上现代生活，同时留住老城历史文化传承的灵魂，实现建筑共生、居民共生、文化共生。对院落房屋进行保护性修缮和恢复性修建是东城"共生院"建设的基础，在修缮的同时，利用腾退空间为留住居民改善居住条件，装配现代化厨卫浴设施，实现传统院落居住文化与现代居住文化共生。又通过引入新市民、新文化、新项目，为新时代传承、光大老城文脉及文化发展注入了新活力。新老建筑结合、新老居民融合，使得承载着深厚文化底蕴的胡同、四合院展现出新时代风貌，焕发新动能、新生机。

三、进一步提升东城胡同生活现代化水平的几点思考

东城区胡同现代化升级改造取得了一定成效，但胡同数量多、分布广，遗留问题多，情况十分复杂，一些胡同仍存在着腾退难、保护难、修缮难、发展活力不足等问题，在胡同治理现代化和长效发展方面还有进一步改善和提升空间。

（一）定准胡同改造升级方向和目标

提高胡同生活现代化水平，必须与北京市特别是东城区整体发展方向和目标相契合，把握好一个总目标和"五个东城"建设。总目标就是建设"国际一流的和谐宜居之都"首善之区，"五个东城"建设就是着力打造"文化东城""活力东城""精致东城""创新东城""幸福东城"。一是对标对表中央和市委市政府要求、广大人民群众诉求，以打好"三大攻坚战"的决心和勇气推进"疏整

促"工作，突出高标准、精细化，抓住胡同升级改造的难点、重点问题和关键环节，推进实施精细化整治提升工作，最大限度保护好、发展好胡同，为实现总目标和"五个东城"建设打好基础。二是突出党建引领，把党建工作延伸进胡同、延伸进院落，扎实做好群众工作，统一思想、统一方向、统一目标，为推动胡同向现代化迈进提供扎实政治保障和群众基础。三是锐意改革创新，解放思想、提高认识，有勇气、有胆量对标国际一流标准，主动对标对表北京市制定的"七有""五性"监测评价指标体系，创新机制和办法，积极实践新理念、新思想，有针对性地补短板、强弱项，推进老城保护、胡同治理和现代化高质量发展。

（二）积极探索胡同发展路径和模式

习近平总书记指出，要树立"全周期管理"意识，努力探索超大城市现代化治理新路子。胡同改造升级是一项长期而艰巨的任务，不能整治起来一阵子、一刀切，也不能苛求一蹴而就，而是要切实树立"全周期管理"意识，着力完善城区胡同治理体系，加强长效治理、过程治理，不断提升治理能力和胡同自我完善自我发展能力，切实保障和改善民生，促进胡同生活现代化水平不断提高。东城区在推进胡同现代化升级改造过程中，已经探索出"共生院""胡同人家"等路子。下一步还要加大胡同更新改造力度，推进重点民生项目，着力破解胡同医疗卫生、教育、养老等群众最关心最直接的利益问题，完成结对帮扶、脱贫攻坚任务，这就需要进一步深化"吹哨报到"改革，健全 12345 市民服务热线"接诉即办"工作长效机制，特别是在疫情常态化形势下，进一步发挥"东城社工"包括"小巷管家""社区专员""周末卫生大扫除""小院议事厅"等群众自治品牌作用，用好新时代文明实践中心等平台，不断提升市民文明素质，形成良性工作模式、生活模式、互动模式，推动胡同治理体系和治理能力现代化。

（三）切实用好胡同内部外部资源

胡同是东城的丰厚历史遗产，是东城的宝贵财富和优势资源。一是珍惜和保护好胡同资源。做好清理、腾退、修缮，"注意保留胡同特色，让城市留住记忆，让人们记住乡愁"，使胡同更富有历史风貌和文化底蕴。做好留白增绿，用好物业管理和垃圾分类等抓手，把"精致东城"理念贯穿胡同整治全过程，持续打造精品胡同。二是活化利用好胡同资源。落实"崇文争先"理念，发掘胡同中丰厚的红色文化、皇城文化、民俗文化、戏剧文化等多种文化资源，打造一批有广泛影响力的文化 IP，特别是要创作一批深入生活、扎根人民、有着浓郁东城特色、胡同特色的经典文艺作品，让"文化东城"和东城胡同文化深入人心、家喻户晓。三是引进外部资源，增强创新活力，推动胡同全面高质量发展。加强和发动社会参与，形成合力推进胡同保护复兴。在资金投入和运营上，创新方式、拓宽渠道，引入社会资本，探索市场化运营模式，破解政府资金单一投入难题，促进胡同自我可持续更新；在文化传承和发展上，引入有文化、有情怀、爱胡同、专业性强的社会主体参与历史文化挖掘、保护和推广宣传，增强胡同活力，持续提升胡同文化魅力，不断提高胡同生活整体品质和幸福指数。

全面建成小康社会与中国县域发展

天津市宁河区

保卫"京津绿肺" 共享生态效益

——七里海湿地生态保护的经验与思考

南开大学马克思主义学院

党的十九大报告明确提出,"建设生态文明是中华民族永续发展的千年大计。必须树立和践行绿水青山就是金山银山的理念,坚持节约资源和保护环境的基本国策,像对待生命一样对待生态环境,统筹山水林田湖草系统治理,实行最严格的生态环境保护制度,形成绿色发展方式和生活方式,坚定走生产发展、生活富裕、生态良好的文明发展道路,建设美丽中国"。习近平总书记提出"绿水青山就是金山银山"的"两山"理念,打破了经济发展与生态环境保护对立的传统思维,深刻阐明了"保护生态环境就是保护生产力,改善生态环境就是发展生产力"的内涵逻辑,为推进我国生态文明建设和绿色发展指明了发展方向和实践遵循。

天津市宁河区始终以习近平新时代中国特色社会主义思想为指导,深入贯彻习近平生态文明思想,坚定不移践行"绿水青山就是金山银山"的发展理念,始终保持绿色定力,坚持生态优先、绿色发展,全面加强生态环境保护,一以贯之抓好生态环境保护与绿色发展的战略工程。自 2017 年以来,宁河区政府坚持绿色导向和生态底线,重点推进七里海湿地生态保护修复工程,狠抓污染防治,从战略与系统高度呵护绿水青山,打造"湿地水乡"生态环境,走出了生产发展、生活富裕、生态良好的高质量发展之路;严守生态底线,加快筑牢生态绿色屏障,实施精细化、科学化管理,打牢责任链条,增进绿色福祉，提高群众的绿色满意度和获得感，实现了长效化、系统化的绿色治理之路；推进绿色产业转型，从和谐与共生角度呵护绿水青山，以深化供给侧结构性改革为抓手，推进绿色农旅产业发展，推进了智能转型与集约发展的绿色产业发展之路，以保护和修复七里海湿地保护区为核心，推进宁河区生态文明建设。科学系统地总结天津市宁河区以保卫"京津绿肺"为核心，统筹生态文明建设与经济社会协调发展的经验做法，有利于为全国其他地区的生态保护工作提供有益借鉴与现实启示，从而为新时代生态文明建设作出应有贡献。

一、保卫"京津绿肺"：湿地保护修复的宁河样板

宁河区是天津的东大门，临海而生，因水而名，依水而兴。雍正九年（1731）析宝坻置县，据《河北省县名考原》称："蓟运河纵贯县境，时多水患，故县以宁河名。"境内河湖水系纵横交错，拥有5条一级河道、12条二级河道，素有"北国江南"之称。宁河区地处京津冀城市群几何中心，面向广阔的华北、东北平原。区域总面积1296平方公里，下辖14个镇、270个行政村、33个居委会，总人口42万，主城区设在芦台镇，芦台镇距天津市区80公里，距北京210公里，距唐山45公里，距天津经济技术开发区40公里。

宁河区地貌属海积、冲积平原区，地势北高南低，县域地处九河下梢，地势低平开阔。宁河区属大陆性季风气候、暖温带半干旱半湿润风带，四季分明，春季干旱多风，夏季气温较高，雨水集中，秋季天高气爽，冬季较为干燥寒冷。全年主导风向为西南风，夏季主导风向为东南风，冬季主导风向为西北风。年平均风速为3.4米/秒。全年平均气温11.2℃，平均湿度66%，最低气温平均 –5.8℃，出现在1月份，最高气温平均25.7℃，出现在7月份，最大冻土深度0.57米。年平均降水量642毫米，降水量70%集中在6月、7月、8月三个月。全年无霜期240天。宁河区有丰富的自然资源，粮食、蔬菜以及动植物资源种类丰富。其中银鱼、紫蟹、芦苇被称为宁河"三宝"。境内还有丰富的地热资源，开发利用前景广阔。县内有文物古迹100多处，主要景点有天尊

阁、于方舟烈士故居、七里海湿地自然保护区等。

宁河区是国家批准的沿海开放县之一，是全国无公害农产品生产基地示范县，冶金、食品、化工、机械加工制造是宁河区的四大主导行业。2018年，宁河区实现地区生产总值438亿元；公共财政预算收入21.26亿元；固定资产投资115.10亿元；居民人均可支配收入达到26558元。如今，宁河区作为京津冀协同发展示范区，已成为承接北京非首都功能的"价值洼地"，天津未来科技城坐落于此，是全国四大未来科技城之一。

七里海湿地是1992年经国务院批准的天津古海岸与湿地国家级自然保护区的核心组成部分，是世界上最著名三大古海岸湿地之一。素有"京津绿肺""天然氧吧"之称，是天津市"南北"生态安全格局的重要节点。七里海湿地自然保护区面积达233平方公里，核心区全部由苇海和水域组成。区域内，河道纵横，沟汊交织，沼泽遍地，洼地广布，苇草丛生，草木竞秀，百鸟云集，鱼美蟹肥。其最大特点是野草、野花、野鸟、野鱼、野景。大面积天然湿地制造出大量新鲜空气，负氧离子含量是中心城区的30—60倍，成为"京津绿肺"。夏末秋初，七里海湿地绿色环抱，水天一色，芦苇轻舞，宛如一块镶嵌在天津宁河原野上的绿色宝玉，静谧而秀美。但由于历史原因，多年前，七里海湿地处于分割经营状态，到处都是农家乐和垂钓园，过度开发经营严重破坏了七里海湿地生态。因无序开发、保护乏力，七里海湿地曾遭遇严重的生态破坏。

对此，天津市委、市政府高度重视，相关领导多次深入宁河区七里海湿地调研生态保护修复情况，并强调"要深入贯彻落实习近平生态文明思想，坚决落实习近平总书记重要指示精神，以强烈的政治担当和更高的工作标准，加大生态保护力度，落实管护举措，扎实推进七里海湿地生态保护修复工作，扎扎实实做好遏制退化、巩固成果、恢复生态的工作，精心呵护好'京津绿肺'"。宁河区根据《天津市湿地自然保护区规划（2017—2025年)》及《七里海湿地生态保护修复规划（2017—2025年)》要求，从2017年开始加快实施历史遗留问题清理、土地流转、生态移民、引水调蓄、苇海修复、鸟类保护、湿地生物链恢复等"十大工程"。截至目前，已按期完成了230处违规建设的整改任务，结束了长达 30 多年"村自为战、割据管理"的局面，核心区生态修复系列工程成效明显，缓冲区内造甲镇大王台村、北淮淀镇乐善庄、七里海镇齐家埠村、潘庄镇西塘坨村和东塘坨村等 5 个村庄约 2.5 万人口，2020 年底将启动生态移民搬迁。

宁河区本着高点站位、积极推进的原则，坚守"绿水青山就是金山银山"的生态文明理念，主动作为，以壮士断腕的勇气，采取最有力的措施，坚决打好打赢七里海湿地生态保护修复攻坚战，使七里海生态环境在短短几年时间里就有了质的飞跃。经过大力修复，如今的七里海湿地水草丰茂，鱼蟹肥美，百鸟云集，每年 2 月和 11 月，是七里海的鸟类最密集的时候，除苍鹭、白鹭、白琵鹭、野鸭等常见鸟类外，还有东方白鹳、天鹅、鸿雁等诸多稀有珍禽。过去多年不见的震旦鸦雀、文须雀、中华攀雀等珍稀鸟类也重返湿地。目前，七里海鸟类品种已由十年前的 182 种，增加到 258 种，每年停留的数量也由 20 万—30 万只，增加到近 50 万只，而且呈现出逐年增加的态势。

《七里海湿地生态保护修复规划（2017—2025 年）》明确了将七里海湿地打造成全国湿地生态修复样板、国际知名鸟类栖息地与国际古海岸湿地科普教育基地的工作目标。践行"绿水青山就是金山银山"理念，做好七里海湿地生态保护的后半篇文章，守护好湿地原生态环境，使七里海湿地变得天更蓝、地更绿、水更清、鸟更多、环境更美，成为天津市生态文明建设的一张亮丽名片。

二、宁河区保卫"京津绿肺"的典型举措

宁河区以绿色发展理念为引领，坚持保护优先、坚持问题导向、坚持绿色发展和坚持创新驱动四个原则，坚持走生态促发展、发展保生态、生态利民生之路，切实把生态文明建设与绿色发展等工作有机融合起来。宁河区为保卫"京津绿肺"，实施了七里海湿地生态保护修复工程、绿色生态屏障工程、培育绿色农旅产业等典型举措，并取得了显著的生态效益、经济效益和社会效益。

（一）坚持生态优先，实施七里海湿地生态保护修复工程

过去，由于长期由承包大户生产经营，七里海湿地核心区被人为分割成若干块，多数承包户从事渔业生产，大量投放饵料，对水环境造成一定程度的污染；有些承包户为了扩大养殖水面，私自毁苇问题也时有发生。此外，在核心区内外还兴建了大量旅游设施和宾馆、饭店、农家院等，常年开展旅游业务，大量游人进入核心区。所有这些，都对七里海湿地的生态环境造成了极大影响。

对此，宁河区委、区政府牢固树立"四个意识"，坚决做到"两个维护"，积极践行"两山"理念，以绿色发展理念为引领，以保护湿地资源及生态功能为目标，以创新生态保护管理体制机制为突破口，坚持绿色发展、高质量发展。按照国家级湿地保护区的要求开展规划、建设、管理、保护工作，坚定不移实施主体功能区战略和制度，坚持以水源涵养和生物多样性保护为核心的生态功能定位，坚持以保护优先、永续利用和自然修复为主，落实生态保护红线制度，确保现有的保护区面积不减少、保护强度不降低。全面构建并完善湿地保护和管理体系，落实保护责任，妥善解决保护区建设与群众生活改善的关系，将生态保护与民生改善有机结合，建立健全长效机制，推进湿地自然保护区与当地经济社会发展相协调，切实抓好湿地生态恢复与修复、移民搬迁、土地流转、引水补水、护林保湿、污染和环境整治、资源合理利用、宣教培训等重点任务，扎实做好湿地类型保护区遏制退化、巩固成果、恢复生态工作，促进自然资源有效保护和永续利用，精心呵护好"京津绿肺"，全面构建"南北生态"安全格局，打造七里海湿地建设升级版。区委、区政府依托七里海湿地这块天然美玉，以推进乡村振兴为抓手，以打造湿地水乡为基础，以发展生态旅游为契机，实施生态保护修复工程。从2017年起，宁河区对核心区、缓冲区土地以及全部苇田水面实行统一流转，从而结束了长达近40年"村自为战、割据管理"的局面，为统一规划、统一保护、统一修复、统一管理创造了条件。

案例 1

践行"两山"理念，呵护绿水青山

秋高气爽，蓝天白云。放眼七里海湿地自然保护区，绵延无际的苇淀，满目葱绿；纵横交错的水塘，清波荡漾。飞舞的白天鹅、丹顶鹤，诉说着远方世界的精彩；深埋于泥土中的牡蛎，默默回忆着沧海桑田的变迁……

七里海位于宁河区境内，是天津市"南北生态"发展战略的重要节点。湿地核心区 44.85 平方公里，连片苇海 6 万亩、水域面积 3.5 万亩。

"为了还七里海湿地一个原生态面貌，我们前期拆除了核心区 230 处违建，迁出了 856 座坟茔，完成了 6.8 万亩土地流转和 34 条通往核心区道路的拆除封堵等工作。现在，我们又组建了 90 人的全天候巡防巡护队伍，每天加强巡查巡护，确保完成苇海修复、鸟类保护、湿地生物链修复与构建等项目。"正在七里海核心区带队巡查巡护的七里海管委会党组书记、主任陈力介绍。

宁河区积极践行"两山"理念，算大账、算长远账、算民心账，坚定走生产发展、生活富裕、生态良好的高质量发展之路。从确定"双城双带、湿地生态"的总体战略到打造大水大绿大美生态格局，始终将保护好"绿水青山"作为头等大事。"如今的七里海，沙鸥翔集，锦鳞游泳，水、苇、鸟和谐共生，浑然天成。153 种野生植物、258 种鸟类和 30 种鱼类，呈现出一派生机盎然的原生态画面。"七里海保护区顾问于增会说。据悉，目前，潘庄、北淮淀两个生态移民工程稳步推进，预计到 2020 年湿地核心区、缓冲区将全部变成无人干扰的生态乐园。

在顶层设计方面，按照天津市湿地自然保护区"1+4"规划体系要求，宁河区相继编制了《国土空间总体规划》《美丽宁河建设纲要》，制定完善了《乡村振兴战略规划》《七里海湿地生态保护修复规划（2017—2025 年)》《农村人居环境整治规划导则》等专项规划，形成了较为完备的生态文明建设的"路线图"和"施工图"。在制度保障上，制定出台了《环境保护工作责任规定(试行)》

《环境整治攻坚战的实施方案》等制度规定70多项，并严格落实生态保护责任制，建立了环境信用评价、信息强制披露及生态环境失信联合惩戒机制，重拳打击环境违法行为，倒逼各级党员干部始终把生态保护工作抓在手上、落实在行动上。为了保护与修复七里海湿地自然保护区，宁河区政府实施了历史遗留清理规划、生态移民规划、土地流转规划、引水调蓄规划、苇海修复规划、鸟类保护规划、湿地生物链修复与构建规划、巡护防护及科普教育规划、缓冲区生态修复规划、实验区人工湿地建设规划等十大重点规划项目，从表1十大重点规划项目的投入情况可见，政府对七里海湿地自然保护区的政策及资金投入支持力度是非常大的，足见政府对七里海生态环境保护的高度重视。

一系列保护修复项目实施后，就生态效益而言，使得湿地生态环境和水环境得到明显改善，湿地生态功能有效恢复，"京津绿肺"功能得到明显提升，负氧离子每立方米由2500个增加到3000个，生物多样性呈现良好态势，水质也由劣5（Ⅴ）类提升至近4（Ⅳ）类，生态环境质量大幅提升。就经济效益而言，随着乡村振兴战略的实施，依托七里海湿地资源，结合湿地水乡的打造和生态旅游的适度开展以及高科技农业的推广实施，走出了一条绿色发展、高质量发展路子。这些举措必将带动人流、物流、资金流，推动七里海周边镇乡村振兴发展，实现乡村振兴与湿地保护有机融合，借势发展宁河区经济，带动宁河百姓向小康致富的方向蓬勃发展，增加人民福祉。

表1　十大重点规划项目投入情况汇总表

序号	规划名称	投资估算（万元）	百分比（%）
1	历史遗留清理规划	—	0
2	生态移民规划	1081371	72.77
3	土地流转规划	60227	4.05
4	引水调蓄规划	69300	4.66
5	苇海修复规划	28280	1.90

续表

序号	规划名称	投资估算（万元）	百分比（%）
6	鸟类保护规划	6000	0.40
7	湿地生物链修复与构建规划	36625	2.46
8	巡护防护及科普教育规划	6597	0.44
9	缓冲区生态修复规划	74028	4.98
10	实验区人工湿地建设规划	123630	8.32
11	合计	1486058	100

（二）坚持生态底线，实施绿色生态屏障工程

为大力推进生态文明建设，深入贯彻习近平生态文明思想和习近平总书记关于生态环境建设的重要指示精神，天津市第十一次党代会作出加强滨海新区与中心城区中间地带规划管控，建设绿色森林屏障的战略决策，宁河区政府作出了《天津市宁河区双城中间绿色生态屏障区规划（2018—2035年)》，坚持生态优先、绿色发展不动摇，打造绿色生态屏障工程，是天津践行"绿水青山就是金山银山"理念的具体体现和实际行动，是生态文明建设的新时代作品，探索出了以生态优先、绿色发展为导向的高质量发展新路子。

宁河区绿色生态屏障建设是天津市绿色生态屏障区"天"字形生态空间骨架结构的北部门户，宁河区紧紧围绕永定新河林水生态片区定位，通过造林绿化、水系连通、道路建设等，恢复"大水、大绿、成林、成片"的景观特色。绿色生态屏障建设工程共分三期实施，总面积1804.6万平方米（含生态屏障衔接段39.4万平方米），总投资额约10.13亿元。一期工程范围为永定新河北岸由七里海大道向东约7公里处，西起七里海大道，东至距七里海大道约7公里处，北至未来科技城规划最南端规划路，南至永定新河北岸河坡。主要建设内容包括厂区硬化拆除、移除现状死树、绿化种植、道路铺装、园林景观建设及泵站提升等，总面积167.9万平方米，2019年实施。二期工程范围为永定新河北岸由未来科技城中央绿廊与永定新河交汇处向东至长深高速，西起未来科技城中央绿廊与永定新河交汇处，东至长深高速，北至未来科技城规划最南端规划路，南至永定新河北岸河坡。主要建设内容包括绿化种植、道路铺装、园林景观建设及泵站提升等，总面积 297.3 万平方米，2020 年实施。三期工程范围为永定新河南岸西起七里海大道，东至金钟河与永定新河交汇处，北至永定新河南岸河坡，南抵东丽区界。主要建设内容包括绿化种植、道路铺装、园林景观建设及泵站提升等，总面积 1339.4 万平方米，2021 年实施。

宁河区政府坚持生态底线，采取"留白留朴留绿"的原则，实施绿色生态屏障工程。宁河区在新的绿色发展战略下，重视土地的合理利用，坚持打造绿色空间，规划空间结构为"一廊两带两片区"，"一廊"是与上位规划对应的古海岸湿地廊道，"两带"为区段内沿永定新河和金钟河布局的生态带，"两片区"为三级管控区内的海航建设片区以及位于永久生态保护区内的金钟河湿地片区。通过植树造林，保护堤岸，防止水土流失，改善土壤条件，打造层次分明、错落有致的自然景观，丰富林水生态效果，提升周边生态环境，突出大林、大绿、大写意的生态品质。适量建设亲水平台、木栈道、游览路等配套服务设施，实现人与自然和谐共生。

（三）加快绿色发展，大力培育绿色农旅产业

生态环境问题归根到底是经济发展方式问题，协调两者之间的关系，最关键的就是要转变发展方式，形成绿色发展方式。经济发展必须是在资源环境生态承载力约束下的发展，要加快形成绿色循环低碳发展的经济体系，构建科技含量高、资源消耗低、环境污染少的产业结构和生产方式，其实现途径，一是通过技术创新和转型升级优化存量，二是大力发展绿色产业培育增量。同时，要注意将绿色循环低碳理念引入物质生产全过程以及产品生命的全周期，融入产品设计和原材料选择，产品生产、运输、使用、回收利用等各个环节，推进生产系统和生活系统循环链接，实现生态保护和经济发展双赢。

为此，宁河区以深化供给侧结构性改革为抓手，加快推进产业绿色转型，促进经济生态化、生态经济化，推动经济发展与生态保护实现和谐共生、互促双赢。一方面，全力推进集约发展。通过大力抢抓乡村振兴战略新机遇，大力发展现代都市型农业和特色农旅产业。另一方面，推进一二三产业深度融合，

特别是借助七里海周边 33 个村庄的市级美丽乡村建设契机，全力打造"湿地水乡"，并围绕七里海湿地、蓟运河两条生态带，规划建设了一批特色小镇，推出了一批田园综合体，培育了一批中高档民宿，打造了一批特色旅游项目，着力打造全域旅游新格局，让绿水青山的生态效应源源不断转化为经济效益。

案 例 2

北淮淀示范镇：定位生态、健康、文旅综合科技服务小镇

天津未来科技城为国家科创发展战略下启动的四大科技城之一，规划区包括六个组团，北淮淀组团为其中之一。北淮淀组团规划占地总面积 897 公顷，共分为四个单元。其中，北淮淀示范镇项目规划占地总面积 625 公顷。

"目前，南部安置区项目正在施工，一期规划 14 个住宅小区、219 栋精装小高层进行主体工程建设，2020 年底乐善、大王台、齐家埠的生态移民户即可拎包入住。"天津宁投小城镇建设开发有限公司董事长陈强介绍。据了解，南部安置区的建设对照国内高端绿色品质标准进行，规划容积率仅为 1.2，绿地率 40% 以上，旨在打造绿色、生态高品质的舒适生活区。

北淮淀示范镇项目依托未来科技城，功能定位为生态、健康、文旅综合科技服务小镇，总体规划布局为"一心一廊两区六组团"，即公共服务中心、中央生态共享绿廊、西部新型产业区和东部城市生活区。特别值得一提的是，在生活配套区设有中小学、都市风情商业街、国际幼儿园、青年活力娱乐区和老年活动中心；在公共服务区设有儿童教育成长中心、文化活动中心、社区诊所和便民服务项目，将成为蓝绿交织的产城融合社区。北淮淀示范镇项目预计开发总投资为 324.2 亿元，产业及企业发展成熟后，预计每年可实现总产值 50 亿—60 亿元。

三、宁河区保卫"京津绿肺"的经验启示

宁河区在保卫"京津绿肺"的生动实践中，注重以生态文明建设为核心、生态优先、绿色发展，深入践行"两山"理念，在保护自然生态环境、推动城乡融合发展，补齐农村经济社会建设短板，走绿色可持续发展道路方面贡献了宁河智慧，提供了宁河方案。尤其是在修复七里海湿地的有效实践中，不懈探索和创新发展理念、定位选择、战略措施等，形成了丰富的有益经验。主要有以下几个方面。

（一）坚持"以人民为中心"的生态文明建设理念

习近平总书记指出："良好生态环境是最公平的公共产品，是最普惠的民生福祉。"保护生态环境，关系最广大人民的根本利益，关系中华民族发展的长远利益，是功在当代、利在千秋的事业。因此，生态文明建设要体现"以人民为中心"的发展理念。坚持以人民为中心进行生态文明建设，就是要坚持人民在生态文明建设中的主体地位，没有全体人民的参与和支持，生态文明建设就会失去群众基础，就会脱离满足人民日益增长的美好生活需要的奋斗目标而迷失方向。宁河区生态文明建设之所以能够获得广大人民群众的支持，最重要的原因就是生态文明建设项目和工程始终坚持以人民为中心的发展理念不动摇。

为呵护绿水青山，宁河区在对七里海湿地的生态环境保护工作中积累了丰富的实践经验。其一，坚持科学化管护生态环境。每项工作都明确责任人、拧紧责任链，全区所有水体全部"挂长"管理，河长制管理使水环境质量不断提升。其二，充分发挥河长制管理作用，实现网格化管理。加大对河道生态修复，以"全面排查、发现一处、清除一处"为目标，对河道内渔船、地笼和拦网等非法捕鱼设施开展全覆盖、地毯式清网行动，维护好水安全，保护好水环境。不但治水"挂长"管理，而且大气污染防治全部纳入"网格"管控。其三，坚持"以人民为中心"，把解决环境问题作为民生优先领域，实施精细化管理。一方面，通过实施巡护防护、引水调蓄、苇海修复、鸟类保护等一系列生态工程，全力打造大水大绿大美生态环境，不断提高群众的绿色满意度和获得感，

使区域内生态环境不断改善，增进人民的绿色福祉。另一方面，落实土地流转、生态移民等生态补偿机制。以提高流转费的形式，对涵养湿地的农民给予生态补偿，从百姓切身利益出发，坚持"不让百姓吃亏、不怕百姓占便宜"的基本理念，最大限度地满足百姓的切实需求。其中流转核心区土地，流转费均高于农民承包收入，让群众得到实实在在的生态补偿。老百姓从过去的"盼温饱"到今天的"盼环保"，从过去的"求生存"到今天的"求生态"，百姓们从参与七里海湿地生态保护管理中获益，真正体会到了"绿水青山就是金山银山"的重要意义。

（二）深入践行"两山"理念，拓宽绿色发展之路

习近平总书记曾明确指出，"我们既要绿水青山，也要金山银山。宁要绿水青山，不要金山银山，而且绿水青山就是金山银山"。实践证明，经济发展不能以破坏生态为代价，生态本身就是经济，保护生态就是发展生产力。宁河区在实践中牢固树立"绿水青山就是金山银山"的"两山"理念，正确把握"绿水青山"与"金山银山"之间的辩证关系。从战略与系统高度呵护绿水青山，严守生态底线，推进绿色产业转型，从和谐与共生角度呵护绿水青山，推进了智能转型与集约发展的绿色产业发展，通过深入实施七里海湿地生态保护修复工程，筑牢生态绿色屏障，打造"湿地水乡"生态环境，大力发展农旅产业等，实现了生产发展、生活富裕、生态良好的经济高质量发展。

绿色发展是宁河区高质量发展的本质内涵和关键纽结，换句话说，经济发展的"高质量"必须是"绿色"的，必须是以生态环境保护为前提和基础的，失去这个前提和基础，发展将不可持续。宁河区绿色生态屏障建设，严格限制管控区内开发活动，表面上看挤占了可用于开发建设的空间，实则将提升发展内涵，对高质量发展形成强大生态环境支撑，带动的将是绿色产业发展、绿色财富聚集以及绿色生态体验的提升。改善生态质量、拓展绿色空间，拓展的是高质量发展空间，它的战略意义是非常深远的。绿色发展高质量发展是可持续的长远发展，协调好生态保护和经济发展的关系至关重要，这就要求我们做到统筹兼顾，找准它们之间的平衡点和着力点。经过三年规划建设，在中心城区和滨海新区之间，一片山水林田湖草交相辉映的生态"绿谷"雏形初现、效果

初显。天津市宁河区抓紧抓实绿色生态屏障建设，紧密结合生态湿地修复保护、海岸线生态综合治理等生态工程，在绿色发展、高质量发展新路上迈出稳健步伐，探索以生态优先、绿色发展为导向的高质量发展新路子。

（三）实施乡村振兴战略，建设美丽新农村

党的十九大报告指出，"实施乡村振兴战略。农业农村农民问题是关系国计民生的根本性问题，必须始终把解决好'三农'问题作为全党工作重中之重"。要坚持农业农村优先发展，按照产业兴旺、生态宜居、乡风文明、治理有效、生活富裕的总要求，建立健全城乡融合发展体制机制和政策体系，加快推进农业农村现代化。

宁河区全方位启动实施乡村振兴战略三年行动计划、五年规划，深化农村集体产权制度、农业经营制度和农村管理体制改革，夯实乡村振兴组织基础。宁河区积极借鉴浙江"千村示范、万村整治"经验，严格落实《农村人居环境整治三年行动方案》，坚持社会化服务常态管护和镇村集中整治相结合，确保乡村环境常抓、常管、常治。持续用力整治城乡环境，全力实施农村环境连方成片整治，坚持种大树、植大绿、"见缝插绿"，以村街里巷、主干道路、坑塘沟渠为重点，联合市、区林业等部门，着力做好规划和植树等工作，完成了10个美丽乡村创建任务；区垃圾焚烧发电厂投入运营，"村收集、镇运输、区处理"的垃圾处理体系初步建成。基础设施建设水平不断提升，完成改燃7.8万户、实施改电1.2万户，高标准建成"四好农村路"47条、95公里，开通优化公交线路21条，完成农村危房改造756户。同时，宁河区全方位实施"垃圾不落地"举措，村村成立保洁队伍、建立保洁机制，广泛发动群众参与环境卫生整治，倡导"门前三包"，努力构建生态环境保护的共治共建共享工作格局。目前，正在加快构建垃圾管理闭环，已实现餐厨垃圾无害化处理、建筑垃圾有效处置、生活垃圾日产日清。宁河区着力补齐环境欠账和短板，实施长效整治行动，相继启动实施农村环境连方成片整治、污水处理设施、"厕所革命"、煤改燃和煤改电"双替代"全覆盖工程，同步用好国家储备林等政策，强力推进农村"四旁"绿化等工作，见缝插绿、能绿尽绿。2017年以来，累计新增造林面积8.5万亩，林木绿化率达22.9%，是天津最"绿"地区之一。

宁河区通过树立绿色发展理念，坚持绿色发展，久久为功、持之以恒，深入实施乡村振兴战略，实施生态移民，不断完善制度保障，建设湿地水乡，适度发展生态旅游，增加农民收入，乡村生态环境得到明显提升，始终以生态宜居为建设目标，致力于打造在全国有影响力的美丽村庄标杆，建设一个青山常在、清水长流、空气常新的美丽新乡村。

（四）创新体制机制，健全生态文明建设制度体系

体制机制是生态文明建设能否有效实施的制度前提和保障。只有构建健全完善的体制机制，才能实现生态环境保护的既定目标。为此，宁河区不断创新、健全体制机制，构建了行之有效的生态文明建设制度体系。

针对生态保护管理权责不清、部门协调复杂问题，宁河区打破行政界限，构建了七里海湿地生态保护的制度体系。第一，建立了明确的责任分工管理制度。严格落实属地责任，按照精简、统一、高效的原则，在现有七里海保护区建设管理委员会的基础上整合组建七里海保护区管理委员会，明确管理权责，统筹保护修复，实现条块管理结合，最大限度解决好管理界限不清、责任不明问题。成立七里海湿地管理咨询委员会，由七里海管理委员会牵头，区水务局、区林业局、区诚惠农服务中心、区旅游局、区财政局等相关政府部门，各有关乡镇，以及相关科研院所、环保公益组织、当地社区等组织共同参与组建，为七里海湿地保护修复工作提供顾问支持。第二，建立全民参与机制，构建社会共治绿色行动体系。宁河区引导保护区周边社区群众树立保护湿地的生态理念，有计划地吸纳村社干部和湿地爱好者开展湿地保护、巡护工作，鼓励社区居民积极参与湿地保护，同时积极主动地引导社区逐步进行生产生活方式优化，建立良好的湿地保护社区共管关系，积极推动并建立湿地社区共管共建示范点，带动其他社区湿地保护工作的有效推进。优先安排原住居民特别是建档立卡贫困人口，对七里海湿地进行日常巡护。开展法律法规和政策宣传，充分发挥群众管护作用。第三，完善动态监测网络体系。综合运用地面调查、遥感监测、无人机等技术手段，形成天地空一体化生态环境监测网络。七里海湿地监测工作应在继续坚持每年组织一次监测，五年开展一次综合调查的同时，加强基础数据的整理、分析和评价工作。通过科学评价七里海湿地生态系统变

化情况和趋势，确定重点监测区域，并在下一次监测中有针对性地增加监测指标或提高监测要求。

四、宁河区保卫"京津绿肺"的努力方向

在生态文明建设中实现绿色发展，从根本上就是在保护中发展、在发展中保护，必须正确处理好经济发展同生态环境保护的关系，实现二者双赢局面。宁河区针对在生态保护和经济发展过程中出现的经济结构不协调、过剩产能、城乡二元结构矛盾、创新驱动力不足、生态产业开发不足、品牌效应缺乏等众多现实问题，面向未来，宁河区在统筹生态环保与经济协调发展时，应从以下几方面着手。

（一）加快推进产业融合发展

面对宁河区经济结构不协调、过剩产能、城乡二元化矛盾等问题，宁河区应加快推进产业融合发展，致力于打造以农业为基础、以服务业为龙头、以新型工业为骨干的产业融合发展新格局，搭建完整的一二三产业链条。首先，打造高标准现代农业。加大农业供给侧结构性改革力度，加快现代农业产业园建设，启动实施农业重点项目，建成智慧农业平台、农产品展示中心，建设电商平台、销售平台等。打造特色农产品优势区，继续推广稻蟹混养生态养殖模式、林下经济、设施农业等，完成高标准农田改造任务，最大限度发挥高标准农田建设的综合效益，提升产品附加值，真正实现亩增产、户增收、地增值的经济效益。大力实施质量强区战略和品牌强农战略，发挥百利种苗、换新渔场、天祥水产等龙头企业带动作用，推动七里海河蟹、天河种猪等区域品牌走向全国，创建知名农产品品牌，推动农业大区向一流农业强区转变。其次，宁河区要加力推动工业产业升级，加快新动能引育、战略性新兴产业培育，做大做强实体经济，全面提升产业整体竞争力，在提高发展质量上实现新突破。宁河区要紧跟京津冀协同发展战略，积极承接北京非首都功能疏解，加快实施中央公园、城市展馆等工程，加快天津未来科技城拓展区建设，编制京津冀协同

发展示范区控规，适时启动大北特色镇基础设施建设，打造三次产业融合发展示范镇。最后，宁河区要强化服务业升级，要推进生产性服务业向专业化和价值链高端延伸，注重发展数字经济，壮大电子商务、现代物流等业态，加快实施华谊物联网创业中心项目，建设经济开发区电商园、电商物流园等。推进生活性服务业向高品质和多元化升级，并围绕七里海湿地、蓟运河两条生态带，规划建设一批"特色小镇"项目，推出田园综合体，推进一批特色旅游项目，着力打造全域旅游新格局，让绿水青山的生态效应源源不断转化为经济效益，从而全面带动城乡一体化融合发展。

（二）培育特色生态产业，打造品牌影响力

"绿水青山就是金山银山"，但"绿水青山"不会自动转化为"金山银山"，在立足生态保护的基础上，必须要综合考量资源禀赋、比较优势等因素来经营生态，发展绿色产业，借助错位发展、融合发展等，走产业生态化、生态产业化的路子，推动生态环境优势向生态经济优势的长效转化。良好生态是经济发展的基础，以生态优先倒逼产业结构优化升级和发展方式绿色转型，培育的是经济社会发展的潜力和后劲，这对高质量发展而言是一种持久推动力。

面对当前宁河区出现的生态产业发展结构单一，开发能力和承载能力不够，旅游资源开发和利用率不高，农旅产品品牌缺乏知名度等众多问题，宁河区要以几个方面为着力点。其一，大力推进农业提质增效，以现代都市型农业为发展方向，大力培育绿色支柱产业，发展高效设施农业、绿色生态农业、休闲观光农业。其二，打造高端服务业。加快特色小镇、人居环境示范工程等项目建设，结合乡村实际特点，进行精细化打造，创新模式，全方位总体规划各项建设内容，做出规模、做出特色、做出效益。其三，在现有工业企业完成提升改造的基础上，进一步抓好转型升级和更新换代，鼓励企业加强自主研发，增强核心竞争力，培育本土名优品牌和产品，进一步打造品牌影响力。

（三）坚持党的领导，加强和改善政府自身建设

面对新的形势和任务，宁河区要始终将政府工作置于党的领导之下，坚持"党领导一切"的原则，深入落实全面从严治党要求，努力加强和改善政府自身建设。认真落实党中央决策部署，不断增强"四个意识"，坚决做到"两

个维护"，守初心、担使命。具体而言，一是加强党的政治建设，深入开展"不忘初心、牢记使命"主题教育。不断强化宁河区政府领导班子、各部门人员的理论水平和政治素养，全力打造思想过硬、能力过硬的党员干部队伍，为政府工作夯实组织保障。二是加强政府系统作风建设。强化广大党员干部有作为、敢担当的意识和能力，严格执行中央八项规定要求，坚持不懈地改"四风"、转作风，保持密切联系群众，切实推进政府职能进一步转变、效能进一步增强。三是加强政府系统廉政建设。严格遵守廉政准则，强化党员干部廉洁自律，确保政治清明、政府清廉、干部清正。认真落实"三重一大"等制度，坚持依法行政，确保政务、村务公开透明、规范高效运行，树立政府系统清廉务实的良好形象。

（四）加大环保科普宣传力度，以法治思维推动生态文明建设

宁河区应当依托七里海湿地自然保护区积极搭建湿地保护科普教育平台，开展各类科普宣传活动，广泛宣传普及《中华人民共和国自然保护区条例》《天津市湿地保护条例》《湿地保护管理规定》等法律法规以及环保知识，让群众认识到生态环境保护的重要性，自觉参与到生态环境保护工作中，切实形成常态化管护综合机制。面对人民日益增长的美好生活需要和不平衡不充分的发展之间的矛盾，运用法治思维和法治方式去解决。宁河区应当进一步强化地方法治建设，提高以法治思维、法治方式推动生态文明建设的能力，是必不可少的措施。要强化地方生态法治体系建设，不断提升宁河区生态文明建设的系统性、协调性和长效性。

五、结　语

湿地是水陆相互作用的特殊自然综合体，是世界上最具生产力和人类最重要的生存环境之一，与人类的生存、繁衍、发展息息相关。

七里海湿地孕育了丰富的湿地资源和多样的生态环境，是东亚—澳大利亚候鸟迁徙路线上的重要停歇地和中转站，以及众多珍稀水鸟的栖息繁殖地，面

积巨大，位置重要。七里海湿地素有"京津绿肺"之称，具有涵养水源、净化水质、蓄洪防旱、调节气候、维持生物多样性等重要作用，在实现人与自然和谐发展、促进区域经济社会可持续发展等方面具有重要意义。

加强七里海湿地生态保护工作，保卫"京津绿肺"，对维持天津生态平衡，促进首都生态环境养护，推动京津冀协同发展，提升七里海湿地的生态价值具有不可估量的作用。为此，要深入贯彻落实习近平生态文明思想，坚决落实习近平总书记重要指示精神，牢固树立"尊重自然、顺应自然、保护自然"的生态文明理念，严格遵循"绿水青山就是金山银山"的"两山"理念，以强烈的政治担当和更高的工作标准，加大七里海湿地生态保护力度，保卫好"京津绿肺"，为子孙后代守护好永续发展的宝贵财富。

（调研组成员：盛林、李煜、孙艳美、信欣、
辛艺萱、梁志勇、何晓岳）

全面建成小康社会与中国县域发展

天津市北辰区

党建引领风帆劲　决胜小康党旗红

——天津北辰构建基层党建新格局的实践与思考

中共天津市委党校基层党建教研部

习近平总书记指出："基层是党的执政之基、力量之源。只有基层党组织坚强有力，党员发挥应有作用，党的根基才能牢固，党才能有战斗力。"党的十八大以来，在习近平新时代中国特色社会主义思想的指引下，天津北辰立足环城区县实际，坚持把加强基层党建作为全面建成小康社会的"总抓手"，认真贯彻落实新时代党的建设总要求和新时代党的组织路线，着力发挥党建引领核心作用，推动构建基层党建新格局，在农村党建、社区党建、"两新"党建等领域探索建立了一系列新模式新方法新路径，有力提升了全区党建工作整体水平，推动了北辰经济社会的快速发展、城市面貌的巨大变化和人民获得感幸福感安全感的显著提升。因此，研究北辰构建基层党建新格局的典型做法，提炼形成基层党建的"北辰经验""北辰样板"，对于决胜全面建成小康社会，推动城郊区域经济社会发展，为全市乃至全国基层党的建设提供有益借鉴，具有直接而重大的现实意义。

一、北辰区的概况及特点

（一）北辰区概况

北辰是天津环城四区之一，区名出自《论语》："为政以德，譬如北辰，居其所，而众星共之。"地处中心城区北部，总面积 478.5 平方公里，下辖 9 镇 7 街和一个国家级开发区，121 个行政村，130 个社区，户籍人口 42.9 万人，常住人口 86.5 万人，其中农村户籍人口 26.6 万人，常住人口 33.3 万人，是天津北部开发建设的重点区域。

北辰地处京津发展轴核心位置，向北可以承接首都生产要素转移，向南可以承接中心城区功能转移，区位优势得天独厚，是连接京津两个特大型城市的黄金走廊和展示天津形象的重要门户，被誉为美丽天津北大门。历史上北辰就是天津的老工业基地，实体经济特别是先进制造业优势明显，现有企业 3 万余家，世界 500 强企业 28 家，形成了高端装备制造、生物医药、新能源新材料、电子信息四大支柱产业。2019 年，全区实现地区生产总值 618.5 亿元，同比增长 3%，二三产业比重分别达到 45.5% 和 53.5%，区级一般公共预算收入增长 3.5%，全社会固定资产投资增长 20%，居民人均可支配收入达到 39698 元，增长 7.1%。全区上市挂牌企业、科技型企业、国家级高新技术企业和名牌产品、驰著名商标、专利拥有量等主要经济指标均位居全市前列。

当前，天津正处在"一带一路"、京津冀协同发展等多重战略机遇叠加的历史性窗口期，北辰坐拥 95 平方公里城市建设管理体制改革试点区、68 平方公里国家级产城融合示范区、天津北部新区开发建设等多个优势载体，已经成为天津发展最快、活力最强、融合度最高的地区之一。区内有河北工业大学等 6 所高校和一批优质教育医疗资源，社会局面和谐稳定，治安状况良好。近年来，北辰区先后荣获全国双拥模范城、全国文明城区创建区、全国卫生区创建区、全国公共文化服务体系示范区、国家级先进制造业研发转化基地、国家级科技进步先进区、国家产城融合示范区、国家社会治理创新示范区、全国文化先进区等 17 项国家级荣誉称号。

北辰区历来高度重视加强党的建设，全区党建工作始终走在天津市前列，特别是基层党建亮点突出。目前，全区共有基层党组织 1826 个（其中党委 131 个，党总支 143 个，党支部 1552 个）。121 个行政村中有 31 个党委建制，54 个党总支建制，36 个党支部建制；130 个社区中有 44 个党委建制，41 个党总支建制，45 个党支部建制；302 个"两新"党组织中有 9 个党委建制，6 个

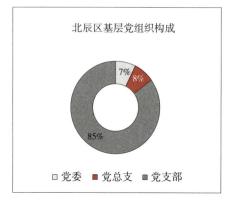

北辰区基层党组织构成

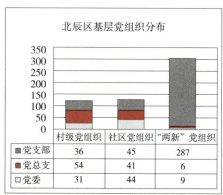

北辰区基层党组织分布

	村级党组织	社区党组织	"两新"党组织
党支部	36	45	287
党总支	54	41	6
党委	31	44	9

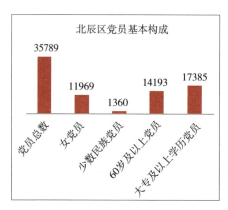

北辰区党员基本构成

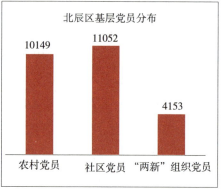

北辰区基层党员分布

党总支建制，287 个党支部建制。

全区党员总数 35789 人，其中女党员 11969 人，占党员总数的 33.4%；少数民族党员 1360 人，占党员总数的 3.8%；60 岁及以上党员 14193 人，占党员总数的 40%；大专及以上学历党员 17385 人，占党员总数的 48.6%；农村党员 10149 人，占党员总数的 28.4%；社区党员 11052 人，占党员总数的 30.9%；"两新"组织党员 4153 人，占党员总数的 11.6%。北辰区非常重视基层党建创新，多项工作得到市领导肯定并被全市推广，其中城市基层党建工作获评第五届全国基层党建创新最佳案例，成为天津市唯一获评的区。

（二）北辰区的发展特点

环城区县是我国社会治理格局的重要单元，也是城乡类型混杂、经济要素聚集、各种矛盾交织的重点区域。作为由城市向乡村过渡的接合部，环城区县以城带村镇、以工带农副的城乡二元特点非常突出，正处在产业向高端转型、城郊向都市转型的关键阶段，城乡转换的治理张力逐渐显现，形成了既不同于中心城区，又不同于远郊区县的独特发展模式和社会结构，天津北辰就是其中的典型代表。

当前，随着中国特色社会主义进入新时代，北辰发展迎来了新的契机。工业化和城镇化在拉动北辰经济社会发展的同时，也改变着全区的人口结构、产业结构和观念结构，推动了北辰社会治理形态的整体重塑，对加强基层党的建设提出了更多新的课题。

1.快速城镇化所带来的乡村治理问题要靠党建来消解

随着北辰工业化和城镇化的推进，农村的"空心化""老龄化"问题逐步凸显，产生了许多乡村治理的现实问题。一是乡村振兴人才匮乏。2018年全区城镇化率已经达到91.6%，农村常住人口持续减少，青壮年劳动力外流严重，农村30岁以下劳动力占比已经不足19%，而且大多为初中及以下学历，文化程度总体偏低，思想意识相对落后，难以承担起乡村振兴的时代重任。二是乡村治理基础减弱。改革开放以来，农村生产生活方式发生质的改变，农民对土地和村集体的生计依存、利益依存、情感依存逐步降低，农村利益格局的碎片化、分散化、多元化日益突出，村党组织和村干部难以像过去一样有效凝聚和管理村民，乡村治理的现实基础日渐消解。三是村民思想复杂多样。随着手机、电脑和无线网络在农村的普及，村民的思想意识异常活跃，传统社会的治理模式已经难以满足信息社会的群众需求。加上北辰信教人口众多，仅信奉伊斯兰教、基督教、天主教的群众就高达2.5万人，宗教对人们的价值观念影响颇深。如何占领农村的意识形态阵地，扩大党在乡村治理中的影响力，成为新时代农村党建的重要内容。

2.城乡社区转换产生的城市治理需求要靠党建来承接

作为市区周边重要的新型城区，近年来，北辰城乡转换的速率明显加快，城市社区的多元化、人口构成的复杂性特征明显，对城市基层治理提出了新的要求。一是城乡转换带来新的问题。城乡社区改造是北辰区的重点工作，全区121个村中，有94个村列入了城中村改造和示范镇建设，已完成拆迁、还迁的村子分别占总量的 80% 和 53%，征地拆迁、还迁安置、集体土地流转、农村集体产权改革等工作，既给村民带来了实实在在的好处，也产生了许多需要化解的矛盾和问题。二是城乡融合产生新的需求。在快速城镇化的过程中，北辰的人口聚集效应逐步显现，城市社区的类型日益丰富，既有高档社区、普通社区，也有公租房、经济适用房和还迁房社区，还有多种类型搭配的混合社区，在钢筋水泥的楼群中，单纯的居住型、潮汐型社区已经难以满足城市居民多样化的需求。三是老旧社区需要新的模式。北辰全区 77 个城市社区 103 个自然小区中，有近一半为老旧小区，这些小区建成年代久远、居住人口密集、老龄人口比重较大。过去由于没有物业管理，环境脏乱没人管、小商小贩满楼串、私搭乱盖随处见，安全隐患大，群众怨言多。2012 年以来，北辰区投入 4 亿多元，对 96 个旧楼区和 29 个旧小区进行了提升改造，老旧小区环境焕然一新，对社区服务的需求也更多了，要求基层党建必须发挥更大作用，更好服务社区居民。

3.“两新”组织快速发展出现的实际问题要靠党建来引领

在北辰的快速发展中，新经济组织和新社会组织扮演了非常重要的角色，但有一些问题也在逐步显现。一是“两新”组织方向需要引领。改革开放以来，“两新”组织如雨后春笋般不断涌现，成为创新创业人才的富集地和经济社会发展的重要动力源，在促进经济社会发展、服务人民群众生活、强化社会治理的同时，“两新”组织无序发展、方向迷失、作用局限等问题也逐步凸显，需要加强党建引领。二是“两新”组织党建基础需要夯实。近年来，虽然基层党建不断加强，但与其他领域相比，“两新”组织党建普遍起步晚、架构小、基础弱，作用发挥有限，党建活动形式单一，对青年群体组织吸纳能力不足，社会认可度不高，党组织运行质量需要全面提升。三是“两新”组织党员作用需要发挥。作为社会新生力量，与机关国企相比，“两新”组织党员普遍密度不高，新发展党员较少，党员的存在感、参与感、荣誉感总体偏低，党员身份意识不强，作用发挥受到局限，需要“两新”组织党建有所作为。

针对上述问题，北辰区坚持以新时代党的组织路线为统领，突出问题导向、目标引领，通过构建基层党建新格局，有效发挥党建引领基层治理的“轴心"作用和推动"两新"组织发展的"引擎"作用，推动北辰各项事业取得迅猛发展，为全面建成小康社会升级加力。

二、北辰区构建基层党建新格局的主要做法和成效

党的十八大以来，北辰区立足环城区县党建工作的新变化新特点新规律，认真贯彻落实中央和市委、市政府关于加强基层党建工作的各项部署要求，坚持把抓基层、打基础，构建基层党建新格局摆在突出位置，紧紧扭住农村、城市社区、"两新"组织三大党建领域，突出政治属性、强化政治引领、发挥政治功能，全面提升基层党的建设质量，开创了全区基层党建工作的新路径和新境界。

（一）坚持党建引领农村发展，以"穿石本领"绘就乡村振兴"秀美画卷"

习近平总书记指出："办好农村的事情，实现乡村振兴，基层党组织必须坚强，党员队伍必须过硬。"面对新时代农村发展的新形势新任务，要决胜全面建成小康社会、推动乡村实现全面振兴，农村党建必须加强引领、提升质量。近年来，北辰区结合自身特点，探索建立了"头雁引领、组织重塑、功能提升"的农村党建新路径，绘就呈现了一幅实现乡村振兴的"北辰蓝图"。

1.选好农村发展领头雁，变"群雁无首"为"头雁引航"

俗话说，群雁高飞头雁领，船载万斤靠舵人。习近平总书记指出，农村要发展好，很重要的一点就是要有好班子和好带头人。选好农村党组织带头人，既是带强党政班子、带好党员队伍、带领村民致富的关键，更是抓实农村党建、实现乡村振兴的关键。北辰区始终坚持把加强农村党组织书记队伍建设作为提升农村党组织领导力、组织力、引领力的大事来抓，努力打造乡村振兴的坚强领导核心。

一是选好农村发展带头人。在 2018 年村"两委"班子换届选举中，北辰区把村党组织书记和村委会主任"一肩挑"作为换届的重要目标，通过构建挂图作战、领导征战、镇街主战、派驻会战、部门助战、巡查督战的"六战格

局"，采取内举、下派、外聘、回请等多种方式，补齐年富力强党员外流多、人才资源少的短板，把群众拥护、素质过硬的好干部选为乡村振兴的带头人，推动北辰全区 121 个村全部实现"一肩挑"，实现了农村利益格局、权力结构和政治生态的整体重塑。一些群众感慨地说，党的领导又回来了，我们心里更踏实了。北辰的实践证明，实行"一肩挑"有力彰显了党在农村的全面领导，巩固了村党组织的领导地位，实现了农村基层政治生态和党群干群关系的有效修复。群众都发自内心地讲，以前是什么人都能当村干部，现在有了"九不能"，"一肩挑"都是高标准，我们很服气。

北辰区天穆村是华北地区最大的回族聚集区，人员构成复杂、信教群众众多、各种矛盾交织，村委会 30 多年没有正常换届。2016 年由于不稳定因素频发，时任班子成员纷纷辞职。经过层层筛选，天穆骨科医院院长穆瑞芳临危受命，担任天穆村党委书记，成为这个民族村发展的"领头雁"。面对历史遗留问题众多、党员群众人心涣散的客观实际，穆瑞芳主动出击、直面群众，采取请上来、走下去的方式与党员干部进行交流谈心，化解矛盾问题、解开群众心结，把穿着"白坎肩"的"维权者"转化成了穿着"红马甲"的志愿者，最终实现了天穆村从"乱"到"治"，人心从"散"到"聚"的重大转变，把这个积弊深重的民族村变成了全市闻名的"五星村"。穆瑞芳也在 2018 年村级组织换届中再次高票当选村党委书记，并实现"一肩挑"，充分体现了穆斯林群众对其工作的高度认可和支持。

二是突出典型示范引领。双街镇双街村党委书记刘春东作为全国先进村镇和学习塔元庄经验试点村的当家人，在带领村民致富的道路上思路宽、招法多。从 2012 年当选村党委副书记开始，他就带领双街村民搞农业开发，建立起了综合性的农业示范园区。2015 年当选双街村党委书记后，他又与北京中关村对接成立了天津双街可信产业园，建设了双街生活广场、双街古街、双新大道等商业区。2018 年实现"一肩挑"后，刘春东又积极推进农业现代化、工业园区化、农村城镇化，形成了农业示范区、工业聚集区、农民居住区"三区联动"的发展模式，带领双街村实现了新的腾飞。

青光镇韩家墅村党委书记胡震刚注重通过党建引领创新创业，激发乡村发展活力，2018 年当选村党委书记、村委会主任后，带领韩家墅村形成了"两区四场一基地"加资本运作的产业模式，打造了"电商超市""墅外桃源"等产业项目，实现了一二三产业深度融合、村集体经济持续壮大、美丽乡村特色鲜明的发展新格局。

西堤头镇赵庄子村党总支书记赵绍军坚持以旧村改造带动乡村振兴，在将全村 422 户、1221 名村民全部搬入宽敞明亮的住宅楼后，又为村民做了道路硬化、生活垃圾无害化处理、供热站煤改燃等 20 件民生实事，实现了村庄四季常绿、三季有花、污染零排放。在产业发展上，他积极规划建设"曙光水镇""都市渔业产业园"等乡村旅游品牌，形成了农业采摘、垂钓、渔业博览等 10 个支柱项目，实现了村民 100% 就业，真正发挥了引领乡村振兴的"头雁"作用。

三是加强后备队伍培养。为解决乡村振兴人才匮乏、"头雁"引领后继无人的问题，2018 年以来，北辰区把加强农村专职党务工作者培养作为一项重大的任务来抓，在第一批招录 126 名的基础上，2020 年又招录 16 名农村专职党务工作者。并选取天穆村、双街村等 9 个村作为"孵化"基地对优秀农村专职党务工作者进行孵化培养，探索建立成长导师"3+1"帮带制度，推行异村挂职、跨村兼职等新的培养模式，大力提升农村专职党务工作者独当一面、引领发展的能力，为明年村级组织换届和农村发展做好人才储备。

2. 打通农村党建组织链，通过"体系重塑"锻造"钢筋铁骨"

习近平总书记指出："党的力量来自组织。党的全面领导、党的全部工作要靠党的坚强组织体系去实现。"农村党组织既是确保党的路线方针政策和决策部署贯彻落实的重要基础，也是发挥书记"头雁"作用、带动实现乡村振兴的关键支撑。北辰区在加强农村党组织建设方面，探索创新了很多招法，通过政治、思想、组织、作风等多种方式打通农村党建组织链条，着力锻造农村党组织的"钢筋铁骨"。

一是针对农村党组织经济功能凸显，政治功能相对弱化的问题，北辰区在抓实理论武装、严肃党内政治生活的同时，把固化主题党日作为政治建设的重要抓手，通过固定每月的具体时点为政治生日，引导党员自己选择党日主题，以多种形式开展政治学习、体验式教育、交流讨论、观展观影、承诺践诺、志愿服务等活动，把主题党日作为强化党员归属感、增强支部凝聚力的有效载体。北辰区前堡村曾经是有名的上访村，新一届村党组织着眼于化解矛盾、提升凝聚力，通过固化主题党日开展党性教育，有效解开了思想疙瘩、取得了相互谅解，全体党员拧成一股绳，把有名的上访村变成了发展经济的先进村。二是针对农村党建"上热中温下冷"的问题，北辰区把压实基层党建主体责任作为突破口，通过制定出台《关于镇村两级落实主体责任的实施方案》《关于镇处级党员领导干部参加所包联村党组织生活的实施意见》等制度文件，厘清了各级党委书记和班子成员的工作职责，形成了责任、任务"两张清单"，建立了镇一级主体责任监管平台，实现了清单化明责、痕迹化履责、台账化记责，并通过日常检查、年中述职、年底考核等方式深化考核结果运用，提升激励效能，实现基层党建上下贯通。三是针对作风不实、农村"微腐败"的问题，北辰区通过聘任特约监督员、设立纪检监察联络站等方式加强基层纪检监察队伍建设，实现纪检监察从有形覆盖向有效覆盖转变。重点紧盯农村集体"三资"管理、征地拆迁、扶贫助困等腐败易发多发领域，深入推进"扫黑除恶""打伞破网"，用好监督执纪"四种形态"，教育党员干部知敬畏、明底线、存戒惧，全面提升农村党建组织力、战斗力、防范力。

3. 打造乡村振兴"红色堡垒"，推动党建业务从"方枘圆凿"到"水乳交融"

基层党组织是贯彻落实党中央决策部署的"最后一公里"。选好农村发展领头雁，建强农村党建组织体系归根到底都要落实到作用发挥上，体现在推动乡村振兴的实际作为上。北辰区坚持把推进党建工作与重点任务相融合作为抓实农村党建的落脚点，着力把农村党组织打造成实现乡村振兴的"红色堡垒"，推动党建与经济发展、城市建设、社会治理融合并进、"水乳交融"。

一是在党建与经济发展融合上，北辰区双街村建立了以村党委为核心，村委会、村监会、集体经济组织、群团组织和社会组织共同参与的村级组织架构，整合形成农业科技、双街置业、双盈地产、双盈物业 4 个产业链，把党支部建在产业上，支部书记兼任产业负责人，实现了党的全面领导与农村经济发展深度融合、同步推进。北辰区韩家墅村确立了"党建 + 产业"的发展项目，把党组织的政治优势、组织优势转化融入产业协同发展各个环节，建成了天津北部最大的农产品批发市场和苗木种植基地，2019 年就实现村集体收入过 2 亿元，利税 4800 万元，村民福利和分红达 1 亿多元。二是在党建与城市建设融合上，针对城镇化建设矛盾纠纷多、信访诉求多、疑难问题多的实际，北辰区丁兆村党组织在拆迁工作一度被迫停滞的情况下，通过建立村干部包片联户、难题会诊等制度，组成党员义务动迁组，说理、讲情、释法、解难，百日攻坚内即完成剩余 113 户、1.5 万平方米的拆迁工作。三是在党建与社会治理融合上，北辰区天穆村最有发言权。为加强对宗教工作的正确引导，天穆村连续两年举办沃尔兹演讲比赛，引导阿訇等教职人员在讲经释经中与社会主义核心价值观相适应，避免出现"沙化""阿化"和"泛清真化"倾向。天穆村党委书记穆瑞芳还多次深入清真寺宣讲党的十九大精神和宗教政策，教育引导教职人员和信教群众爱国爱教、听党话跟党走，有效促进了民族村和谐稳定。

此外，在疫情防控、创文创卫、人居环境整治、扶贫攻坚等领域，北辰区党建与农村工作融合发展的案例比比皆是，农村党组织的"红色堡垒"作用得到了充分彰显，绘就了一幅展现北辰乡村振兴成果的"秀美画卷"。

（二）创新社区党建工作模式，以"绣花功夫"写出城市治理"锦绣文章"

党建工作难点在基层，亮点也在基层。加强城市基层党建一直是北辰区党建工作的重中之重。近年来，北辰区立足城市基层党建工作实际，认真落实中央和市委部署要求，坚持政治引领，突出抓好机制创新、服务提升、体系保障三大任务，走出了一条符合城郊区县特点和规律的城市基层党建新路径。

1.统筹抓好区域化大党建，变"一轮明月"为"众星拱月"

为打破过去各自为战、单打独斗、基层自转的固有党建模式，北辰区制定出台了《关于全面加强城市基层党建工作的实施意见》，依托"战区体制"，探索建立了区委统领、街道主战、职能部门协同、社区党组织一线攻坚的区域化大党建格局，实现了从"月明星稀"到"月明星灿"的根本转变。一是构建三级联动机制。发挥区委"一线指挥部"作用，定期召开党建领导小组会、党建联席会议，研究谋划党建工作，协调解决重点问题，督促落实重点任务。发挥街道党工委"龙头"作用，建立职责、需求、服务"三张清单"，推动街道社区与辖区单位深度融合、握指成拳、形成合力。发挥社区党组织"战斗堡垒"作用，通过书记带领、干部带头、党员带动，把居民群众组织起来，共建美丽社区。二是健全融合互动机制。全面推行街道"大工委"、社区"大党委"工作机制，推动各领域党组织互联互通互动，形成叠加倍增效应。将全区184家机关企事业单位和"两新"组织动员起来，聘任488名兼职委员、133名民警担任社区党组织副书记或居委会主任助理，明确兼职委员5项职责，建立议事决策5项制度，将参与共驻共建纳入绩效考核和文明单位创建，真正把辖区各类资源统筹利用起来，形成重心下移、力量下沉、劲头下使的工作态势。三是推行"双报到"机制。深入开展驻区单位和在职党员到社区"双报到"活动，145个党组织和3500余名在职党员到社区报到，并根据各自职能和优势，主动认领政策宣传、困难救助、志愿服务等10类岗位，积极参与社区各类公益宣传、联合党日、主题实践、文明城区创建等活动。通过组织联建、活动联办、资源联享，真正把各级党组织的活力激发出来，实现城市基层党建体系强化、功能优化、作用显化。北辰区江南春色社区依托区域大党建工作机制，探索建立了社区"五联党建"工作模式，社区党组织通过联系驻区单位、周边企事业单位、社会组织、党员和群众，建立"党员智库"，打造"红色+"党建等方式，加强党对社区工作的全面领导，丰富拓展了各类党组织和党员发挥作用的平台。

2.探索党建引领基层治理新路径，使老旧社区不"伤筋动骨"就实现"脱胎换骨"

基层善治，关键在于党的引领。针对老旧社区存在的顽瘴痼疾，北辰区在投入巨资进行提升改造的基础上，引导基层党组织秉持"社区靠群众、群众靠发动、发动靠活动、活动靠带动"的理念，探索党建引领社区基层治理模式，推进社区党组织领导下的"一核多元"群治共治体系建设，创新党组织、居委会、楼门长、服务队"四位一体"老旧楼区服务管理模式，使老旧社区焕发了新的生机与活力。一是发挥党组织领导核心作用。强化党组织对社区各类组织和工作的领导，通过年底述职会、党建联席会、民情恳谈会、问题调处会等多种形式，把社区各类组织拢在一起，采取组织设岗、党员认岗、群众督岗等方式，深入开展为民服务争当法规政策宣传员、知识传播辅导员、美化环境建设员、矛盾纠纷调解员、社情民意收集员"五大员"实践活动，真正帮助群众解决实际问题。北辰区新华里社区积极创新工作招法，通过发挥党组织领导"1核"作用，开展党员传习讲堂、网格化管理、贴心驿站、特色党员大会、党员特色服务队"5项"工作，发展新时代文明实践志愿者"N个"队伍，探索创造了以"1+5+N"工作法提升党建引领基层治理水平的"新华经验"，被新华社等数十家权威媒体采访报道。二是发挥居委会主体作用。坚持"群众永远都不错，我们永远有不足"的理念，建立"一口式"受理、"一站式"办结、"一条龙"服务工作模式，使居民不出社区就能解决大部分民生诉求。在没有物业管理的居民社区成立居民自管会、社区自治管理监督组、社区管理服务队、社区志愿者队伍和社区综合服务中心，以互帮互助方式对社区进行准物业管理，走出了一条自我管理、自我监督、自我服务的社区居民自治管理新路子。北辰区佳荣里社区以打造"红色佳荣"为目标，依托社区"红色物业"建设，持续深化"清晨问候"助老品牌，创新实施了以1个支部，1名党员，网格、楼栋、楼门"3长"，宣传、监督、卫生"3员"为特色的"1133"网格治理精细化新举措，构筑起以服务"一老一小"为核心的社区大党委共建共治新格局。佳荣里老旧社区服务管理经验得到全市推广，并在2019年天津市旧楼区综合考核中荣获全市第一。三是发挥楼门长桥梁纽带作用。把楼门长作为社区党组织"眼""腿""嘴"，坚持做到"三必到四必访"，主动开展关注特殊群体、融合邻里关系、美化生活环境、打造特色楼门等活动，弘扬主旋律，传播正能量，打通服务居民"最后一公里"。北辰区秋怡家园社区针对辖区孤寡老人、精神病人、残疾人、社区矫正和帮教人员、低保收入群体多，户籍居民和党员少的特点，构建了"社区党总支—网格党支部—楼栋小组长—楼层先锋兵"的网格管理体系，探索实施以"红色网格全覆盖、党员群众全参与、矛盾纠纷全化解、民生服务全方位、社区治理全囊括"为内容的"五全红色网格"工作法，有效提升了复杂社区"微治理"水平。四是发挥服务队综合服务作用。以社区志愿者、热心公益人士为基础，倡导"有时间做志愿者、有困难找服务队"，在每个社区成立保洁维修、家政服务、文明劝导、文艺社团等特色志愿服务队，谁家有什么问题，一个电话就能帮着解决。佳荣里社区的"红色物业"就是以服务队为基础，通过错峰上下班贴心服务、预约上门服务、共建服务等多种方式实现了"红色服务"无死角。安达里社区以关注班子建设、志愿者队伍、服务群体、服务难题中的"四老四小"，有力实现了老社区的新管理模式、老居民与新市民的顺畅融合、老小区打造新面貌的治理目标。

3. 强化基础保障体系建设，由"一厢情愿"到"两情相悦"

针对过去社区活动场所小、干部待遇低、服务意识差等问题，北辰区坚持以发挥党组织政治功能为牵引，通过兜底线、破难题、补短板等方式，将人财物等资源更多向基层倾斜，大力夯实基层基础，提升社区服务功能，真正让社区干部有尊严、党员活动有阵地、服务群众有平台。一是建好社区活动场所。为强化党员活动保障，北辰将社区工作经费纳入区级财政预算，社区党组织活动经费按照 150 元 / 人标准拨付，平均每年每个社区办公活动经费、服务群众专项经费分别不少于 10 万元。开展街道社区办公和活动场所提升，采取新建、调剂、置换、购买、租赁等方式，推动街道社区党群服务中心提挡升级。北辰区江南春色社区以"党建引领、空间共享、服务多元"为理念，高标准打造了 2000 多平方米的社区党群服务中心，已经成为社区党组织宣传党的主张、承载党群活动、服务社区群众的"红色阵地"。瑞益园社区把红色教育基地从室内搬到室外，由"地上"延伸至"地下"，围绕党建、文化、民俗等 15 个板块打造了 6 个主题园，实现了景在园中、人在景中、党在心中。二是强化社区干部激励。坚持用事业、感情和适当待遇留住人才，积极拓宽社区工作者晋升渠道，连续两年选拔优秀社区干部到街道机关任职，9 名社区干部进入公务员队伍。提高社区工作者待遇，参照新入职公务员标准，建立"三档十八级"岗位等级序列，增强工作吸附力和岗位吸引力。建立社区工作者事务所，与辖区内社区工作者建立劳动合同关系、依法签订劳动合同，协助抓好社区工作者薪酬管理、教育培训、绩效考核、档案管理等工作，为加强城市党建、完善社区治理提供有力保障。三是提升社区服务水平。引导党员干部树宗旨、亮身份、强服务，着力打造党员志愿服务品牌，坚持"一年一载体、一队一特色、一项一品牌"，组织 6100 余名党员建立环境整治、矛盾调解、医疗保健等 455 支志愿服务队，为群众做好事办实事解难事。北辰区宝翠花都社区按照瑞景街实施"十小工程"、争创"五星社区"的工作要求，开展以"常敲空巢老人门，嘘寒问暖送贴心；常串困难群众门，排忧解难送爱心；常叩重点人群门，沟通疏导送舒心；常守居民小区门，打防管控送安心；常开休闲文明门，和谐追梦送欢心"为主要内容的"五常五送"活动，探索建立了"13579"新型社区工作法，通过基层治理民情图、"六类"党员管理法等创新举措，发挥党员作用、帮扶困难群众、化解邻里纠纷，使群众看到党的形象、听到党的声音、感受党的温暖。宝翠花都社区先后获得全市"基层党建示范点""文明社区"等 16 项荣誉，真正实现了"小社区、大治理"。

（三）夯实"两新"组织党建基础，以"工匠精神"打造"两新"党建"精品工程"

"两新"组织党建是党的建设新的伟大工程的重要组成部分，是党的组织体系建设的重要内容，也是各级党委所面临的一个崭新课题。北辰区针对全区"两新"组织数量众多、类型多样的客观实际，以填补"两个覆盖"空白点、确保"新兴领域"高起点、聚力"党建＋"中心点、发挥"两个作用"关键点为工作重心，串起"两新"组织党建引领高质量发展这一主线，通过"四点连线"推动"两新"组织党建全面进步全面过硬。

1. 加强"两新"组织党建引领，变"单人独舞"为"同频共振"

作为社会主义市场经济的有力补充和国家治理体系的重要组成，"两新"组织市场性突出、政治性不强，党建工作整体偏弱的情况比较普遍，如何解决这一问题成为加强"两新"组织党建的关键。北辰区紧紧抓住党建引领这一主线，从增强"两新"组织党建吸附力入手，让"两新"组织真正尝到党建引领的"甜头"，实现党组织与"两新"组织同频共振。一是突出"两个覆盖"，提升"两新"党组织组建率。对全区"两新"组织进行全面摸底排查，本着应建尽建、能建快建的原则，推动具备条件的"两新"组织单独组建，暂不具备条件的孵化培养、先"联"后"分"、梯次组建，努力填补"两新"组织党建空白点。北辰开发区 5 年来先后新建"两新"党组织 56 个，实现了党的组织和党的工作 100% 全覆盖。二是打造优质阵地，提升"两新"党建承载力。全区投入 500 多万元，在 3 个国家级开发区和市级园区建成总面积近万平方米的党群服务中心，在 9 个商圈市场及商务楼宇建成党建工作指导站，面向全国招录了 50 名"两新"组织专职党务工作者，打造形成功能一体化、使用多样化、管理规范化的"党员之家"，彻底解决"两新"党组织活动开展无阵地、党建工作无场地、组织建设无载体的情况，真正把党建引领体现为有形架构。三是挖掘红色基因，增强党建典型示范力。结合"两新"组织党建工作实际，深入挖掘"两新"组织背后的红色基因，打造形成了天士力集团、北门医院等一批具有红色传承、红色烙印的先进典型，有效发挥了"两新"组织党建典型的示范引领作用。

北辰区北门医院是天津市"两新"组织党建的先进典型。作为一家民营医院，北门医院从最早的一个单元房开诊，如今已经发展成为拥有一所总院、两所分院的中医特色专科医院。医院院长王维栋一直认为，"越是民营医院越要重视党建，离开了党建，民办医院想持续发展是不可能的"。在 30 年的发展历程中，北门医院始终坚持以政治建院为统领，坚持医院发展到哪，党组织就建到哪，党的工作就覆盖到哪，把红色基因和党建触角延伸到医院建设的方方面面。通过发挥党总支的政治核心作用，认真落实民主集中制、组织生活会等 10 项制度，每月固定主题党日、党费收缴日、志愿服务日和谈心谈话日等方式，把党员"红色细胞"吸引、团结、聚拢起来，真正形成了推动医院跨越式发展的"红色力量"。

2.提升"两新"党组织运行质量，实现"两新"组织党建从"被动接受"到"主动开展"

加强党的组织体系建设，提升"两新"党组织运行质量是抓好"两新"组织党建的关键所在。针对"两新"组织党建宽松软、标准低等问题，北辰区出台了一系列举措，通过多种形式提升"两新"组织党建质量。一是着力提升"两新"党组织组织力。紧紧围绕"两新"党组织工作实际，创新开展了"主题党日＋政治生日"、"党组织书记轮值"、建立"党建联盟"等多种方式，全面加强"两新"党组织组织链、组织力建设。北辰开发区在全区规定的政治生日 8 项规定动作的基础上，又结合区域特点，创造性开展了"建立一本生日簿、赠送一份能量包、开展一次实践锻炼、回馈一个金点子"的4项个性化自选动作，让党组织的活动更能体现时代要求、贴近企业实际、符合党员意愿。二是积极发挥党组织书记"头雁"作用。把加强党组织书记队伍建设，作为抓好"两新"组织党建的有力抓手，创造条件推进"两新"组织负责人和党组织书记"一肩挑"，真正实现"两新"党建和组织发展融入、融通、融合。成立于2010年的北辰拓甫网络科技开发有限公司是一家集信息化专业设计、行业软件开发、运维服务、系统集成于一体的综合性信息服务商。公司负责人深刻认识到，互联网企业要想实现"企业发展、员工幸福"，必须坚持党的领导，发挥党建引领作用。从2017年12月成立党支部以来，拓甫科技一直坚持党支部书记由企业负责人担任、中层以上由党员优先、日常工作由党员带头的优良传统。在党支部书记"一肩挑"的示范带动下，公司发展很快驶入了"快车道"，2019年营业额达到了1.3个亿，纳税900多万元，获评天津市"瞪羚"企业，成为全市"两新"组织党建的优秀代表。三是充分发挥党员的先锋模范作用。创新"双培养"工作模式，注重把党员培育成管理经验多、有一定技术、助力组织发展的业务骨干，着力在政治觉悟高、业务能力强的人才中发展党员，在把人才聚集在党组织周围的同时，充分发挥党员推动"两新"组织发展的先锋模范和中流砥柱作用。在新冠肺炎疫情防控中，"两新"党组织和党员的作用得到了充分彰显，众多企业党组织踊跃捐款捐物支持防疫工作。北辰开发区2394名党员自愿捐款，120余名党员、入党积极分子在党组织的号召下进行无偿献血，40余名党员志愿者在防疫物资生产企业需要人员时挺身而出。党员的先锋模范作用也得到了众多企业的认可，雷沃重工、沃德公司、金隅水泥等企业纷纷把"党员优先"写进了招聘公告，有的还把"学习强国"平台分数作为录用参考。

3. 推动"两新"组织党建业务深度融合，通过"党建赋能"增强"发展动能"

抓好"两新"组织党建，提升党建运行质量，最终目的还是要落实到推动企业发展上。北辰区抓"两新"组织党建的最大特点就是注重在推动党建与业务深度融合上下功夫，注重通过抓实党的建设，为"两新"组织发展增能聚力、提质增效，真正把党的政治优势、组织优势转化为效能优势，努力打造推动

"两新"组织发展的"红色引擎"。

坐落在北辰开发区的天士力集团是一家以大健康产业为主线，全面推进国际化的大型混合所有制企业，拥有数十家控股公司、两万余名员工、近千名党员。作为脱胎于部队医院的大型企业，天士力的发展历程，始终是企业党建与公司治理融合发展的过程，党建工作在企业发展中扮演了非常重要的角色。多年以来，集团党委始终坚持把党建引领融入企业发展全过程，确立了党委班子与经营班子融合、支部建设与业务活动融合、党建工作与企业文化融合的工作思路，集团党委所属 24 个党支部、31 个省市大区办事处党小组、1286 名党员都在各自岗位上发挥了"酵母"作用，成为团队中思想政治工作的"宣传员"和"主心骨"，在推动企业产业升级、疫情防控、精准扶贫、志愿服务等工作中都发挥了不可替代的关键作用。在党建的引领带动下，2019 年天士力工业产值达到 97 亿元，实现销售收入 357 亿元，完成利税 39 亿元，资产总额高达762 亿元。

不仅大型企业党建与业务实现了高度融合，在中小企业的党建赋能上，北辰区也用力颇多。针对新冠肺炎疫情所导致的中小企业生产订单减少、产品销售困难等现实问题，北辰开发区积极创新"党建联盟"工作机制，通过加强联盟内部企业的沟通交流，推动企业资源共享、抱团取暖。在前期对接防疫物资生产取得初步成效的基础上，又推动日用品企业以党组织共建为依托建立产业联盟，通过生产企业发起、联合园区物流企业搭建供销平台，实现资源渠道共享、销售成本降低，形成产品价格竞争优势，实现党建与企业发展相互促进、相得益彰，真正把"两新"组织党建这个大工程做实做细做成精品。

三、北辰区构建基层党建新格局的主要经验和启示

党的十八大以来，北辰区的经济社会发展和城市建设之所以能够取得如此显著的成就，从根本上讲就在于北辰区始终坚持以党建统领全区各项事业发展，把做好农村、城市社区和"两新"组织党的建设作为推动经济社会发展、

决胜全面建成小康社会的根本抓手，实现了党建引领与经济增长、党的建设与城市建设、党建工作与社会治理的深度融合。总结北辰区近年来在构建基层党建新格局方面的成功经验，可以概括为以下四点。

（一）坚持党建引领事业发展，不断强化政治功能，是北辰区抓好基层党建的首要经验

党政军民学，东西南北中，党是领导一切的。看一个地区的发展速度如何，发展质量如何，首先就看该地区党的领导如何，党建抓得如何，看党建对各项事业发展的引领如何。近年来，北辰区的基层党建之所以能够取得丰硕成果，经济社会之所以能够实现快速发展，很重要的一点就是始终坚持以党建来引领各项事业发展，不断凸显政治属性，强化政治功能，全面提升农村、城市社区和"两新"组织党建工作质量，有力增强全区发展的后劲和动能。

在农村，坚持以党建引领乡村振兴，通过村党组织书记"一肩挑"、农村专职党务工作者"孵化培养"等方式，选好农村发展"领头雁"，推动农村党组织政治、思想、组织、作风全面过硬，打造形成了像天穆村、双街村、韩家墅村等一大批推动乡村振兴的"红色堡垒"。在城市，坚持以党建引领城市治理，通过构建区域大党建格局，实现区、镇街、社区三级联动，发挥街道"大工委"、社区"大党委"作用，实现了资源整合、力量融合、功能聚合，带动老旧社区"脱胎换骨"，基础保障体系日益健全，社区服务水平不断提升，打造形成了宝翠花都、佳荣里、新华里、秋怡家园等一批社区治理的"红色典型"，有效推动了城市治理精细化。在"两新"组织，坚持以党建引领"两新"组织发展，通过提升"两新"党建覆盖率、强化先进典型示范力、增强"两新"党组织组织力等多种方式，全面提升"两新"组织党建运行质量，推动党建与业务深度融合，打造形成了天士力集团、拓甫科技、北门医院等"两新"组织党建典型，实现了通过"党建赋能"增强"两新"组织发展动能的目的。

北辰的成功经验表明，坚持党建引领不是一句空话，只有加强基层党组织建设，全面提升各领域党建工作质量，更好发挥党建引领事业发展的关键作用，乡村振兴才能基础扎实，城市治理才能根基稳固，全面建成小康社会的质量成色才能充分保证，基层的未来发展才能行稳致远。

（二）抓好基层党组织书记选用，着力发挥"头雁"效应，是北辰区抓好基层党建的关键招法

组织强不强，关键看头羊。选好用好基层党组织书记，发挥"头雁"的示范引领作用，对于党建引领事业发展至关重要。近年来，北辰区始终坚持把带头人队伍建设作为抓实基层党建的"一号工程"，通过内选、外派、培养等多种方式选育培养了一大批能够带好队伍、引领发展、发挥作用的基层党建"领头雁"，打通了贯彻党中央决策部署的"最后一公里"。北辰区天穆村党委书记穆瑞芳、双街村党委书记刘春东、北门医院党总支副书记王维栋等都是发挥"头雁"效应的书记典范。穆瑞芳2016年临危受命担任天穆村党委书记后，不仅通过扎实细致的工作解决了困扰天穆多年的社会治理难题，而且带领村"两委"班子做了很多民生实事，实现了天穆东苑的还迁回迁，确定了民族风情街的规划建设方案，为这个华北地区最大的回族村描绘了新的发展未来。双街村党委书记刘春东，上任伊始就把带领村民致富、村集体增收作为目标任务，创新思路招法，打造了"三区联动"发展模式，2018年村集体收入就达到1.14亿元，村民人均收入达到6万余元，真正实现了产业兴旺、生态宜居、乡风文明、治理有效、生活富裕的有机统一。北门医院党总支副书记、院长王维栋，作为新中国成立70周年受到检阅的退役英模代表，把军队的红色基因和光荣传统融入民营医院建设全过程，探索形成了具有北门特色的党建工作方法，实现了党建与医院发展的有机融合。北门医院凭着会抓党建在北京、天津地区众多医院的竞争中繁荣生存30年。

北辰的实践证明，书记选得好，基层自然强。选好用好基层党组织书记，发挥书记的"头雁"引领作用是抓好基层党建的关键一招，要善于把党组织意图变成各类组织参与治理的举措，善于把党组织推荐的人选通过一定程序明确为各类组织的负责人，善于通过书记引领更好发挥党员先锋模范作用，善于把党的主张转化为群众的自觉行动，通过以点带面、"头雁"引领，全面提升基层党建工作质量，推动北辰各项事业取得更大发展。

（三）创新党建工作机制，大力提升治理能力，是北辰区做好基层党建的有力抓手

党建工作归根到底是做人的工作，是争取凝聚人心的工作，党建工作的效果如何最终要以人民群众的支持和拥护来检验。当前，面对工业化和城镇化高歌猛进，城乡社区转换加速发展，新经济新业态、新思想新观念层出不穷的客观现实，墨守成规、一成不变的党建方式已经不能适应现代社会发展的需要。北辰区的经验是要把创新党建工作机制、提升社会治理能力作为抓好基层党建的有力抓手，推动党建工作适应利益格局变革、治理体系变革、价值观念变革的现实需要，不断增强党建工作的吸引力、感召力、凝聚力。

近年来，在基层党建方面，北辰区先后实施了以固化"主题党日＋政治生日"、构建区域大党建格局、推动"两新"党组织书记轮值等多项创新举措，取得了丰硕的实践成果。在全区层面，北辰区全面推行了固化"主题党日＋政治生日"制度，探索建立了以"赠送一份生日祝福、开展一次谈心谈话、组织一次政治学习、进行一次政治体检、许下一个生日愿望、分享一段生日感言、重温一次入党誓词、完成一件好事实事"为主要内容的政治生日"八个一"固定动作，通过强化庄重感、增强仪式感，有力严肃了党内政治生活，激活了党员"红色细胞"。在后备人才培养上，创新提出了农村专职党务工作者到先进村"孵化锻炼"的培养思路，为2021年的换届选举做好了人才储备。在城市治理层面，全区统筹构建了区域大党建格局，实现了资源整合、力量下沉，有效提升了城市基层治理效能。北辰区瑞景街创新提出了"五星社区＋十小工程"工作机制，细化分解出了"核心、惠民、文明、和谐、自治"五星，通过突出党建引领，实施以"小书记带出大担当、小办公实现大服务、小网格托起大民生、小心愿化解大难题、小公约树立大规矩、小民主推动大公开、小调解促进大团结、小平安筑牢大稳定、小名人凝聚大能量、小家训营造大氛围"为内容的"十小工程"，深化"五星社区"创建，努力打造社区生活共同体、情感共同体、文化共同体和利益共同体。在"两新"党建层面，探索建立了"党建联盟"和"党组织书记轮值"两项制度，通过党建联盟把不同的"两新"党组织凝聚起来，实现资源共享、活动共建；通过党组织书记定期轮值，实现互

学互鉴、以强带弱、共同提升，有力提升了"两新"组织党建质量。

北辰的做法启示我们，面对基层党建的新形势新任务，必须要积极创新党建工作机制，以灵活多变、丰富多彩的形式适应基层党建工作的现实需要，大力提升治理能力，切实增强基层党建的政治领导力、思想引领力、群众组织力和社会号召力，不断扩大党的社会影响，更好服务中心工作。

（四）加强党群服务中心建设，高标准打造红色阵地，是北辰区做好基层党建的重要保障

党建工作不是抽象的，而是具体的。抓好基层党建既要靠政治引领、思想引领，也要靠坚强的组织体系和党建阵地来承接。针对过去党的建设无阵地、党员活动无场地、党建工作无载体的问题，北辰区的做法是，加强党群服务中心建设，在全区高标准打造一批红色阵地。近两年，北辰区按照中央和市委部署要求，举全区之力，高标准推进村和社区党群服务中心建设，打造党味浓、服务好、人气旺的红色阵地。截至 2018 年 10 月底，全区 121 个村和 130个社区党群服务中心全部建成达标，总面积近 19 万平方米，最大面积 2800 平方米，平均面积 760 平方米，充分彰显了党的政治存在、实体存在。2019 年北辰区又拿出 1 亿多元专项资金用于达标建设，并编制了党群服务中心设置和运行标准，明确了功能设置、使用原则和运行规范，按照"小办公、大服务"的理念，推行"一口式"受理、"一站式"受理、"一条龙"服务的集约化办公模式。北辰区还在全市率先建成环卫工人行业党群服务中心，让全区 2000 多名环卫工人有了温馨家园。结合"战区制、主官上、权下放"工作机制，北辰区以村居党群服务中心为关键节点，在全区架设了 1362 个综合全科网格，将党建、综治、环保、民政、市容、安全等各类网格对接到党群服务中心，实现进中心门、办所有事，形成"一核一网、一网多格、一格多元"的闭合链条，变"群众跑腿"为"信息跑路"，真正实现了党群服务中心的高效运行、严格管理、便捷服务，有效提升了人民群众的获得感幸福感安全感。

北辰的经验告诉我们，做好基层党建工作既要有理论引领，也要有实体依托，要把党建工作变成群众看得见、摸得着、有感知的实际存在，真正让党的形象、党的声音、党的工作立起来、实起来，让红色阵地强起来、用起来，把党群服务中心建设成凝聚人心、服务群众的红色家园，实现党的领导"一根钢钎插到底"。

四、北辰区基层党建的未来发展及前景展望

"欲筑室者，先治其基。"基层党组织是党执政大厦的地基，地基固则大厦坚，地基松则大厦倾。回顾近几年北辰基层党建的发展历程，重视党建引领、创新工作机制、推动党建融合一直是其鲜明特色。在决胜全面建成小康社会，实现"两个一百年"奋斗目标的伟大征程上，北辰区要实现跨越式发展，开创未来发展新局面，必须牢固树立大抓基层的鲜明导向，用心用力用情抓好基层党的建设，努力把基层党建打造成推动北辰发展的"红色品牌"和"亮丽名片"。

（一）超前谋划提前着手，做好明年村级组织换届工作

做好村级组织换届是基层党建工作的重中之重，是持续巩固深化基层党建成果、筑牢农村红色阵地的重要举措。北辰区要立足换届工作实际，早动手早研判、早介入早化解，先行做好调研摸底、风险研判、专项整治、人选培育、深度宣传等工作，全面掌握选情民意和村干部履职等翔实资料，建立完善换届选举"三色"台账、村"两委"班子违纪违法"负面"台账和农村专职党务工作者"育苗"台账，对重难点村基本情况、相对后进村整顿、农村专职党务工作者"一肩挑"人选等做到心中有数。要提前做好换届人选物色培养，逐村研究确定各村特别是重难点村"一肩挑"人选，注重从农村专职党务工作者、外出务工经商人员和致富能手中发现好苗子、培养后备力量。要继续加强农村专职党务工作者孵化培养，按照不低于40%比例进行"孵化"，通过异村挂职、跨村兼职等方式，定向选派他们到拆迁拆违、生态环保、乡村振兴、信访维稳等吃劲较劲岗位蹲苗淬火、提升素质，倒逼农村专职党务工作者磨出铁肩膀、练出真担当、学到真本领，为明年换届选举做好准备、积聚力量，确保能够选出引领农村发展的"领头雁"，推动乡村振兴战略在北辰落地见效、开花结果。

（二）把握政策创新举措，深入推进星级管理各项工作

全面实行村和社区评星定级，是继全面实现"一肩挑"后，天津市完善村和社区治理体系的又一重大制度设计，是党建引领基层治理的重大创新举措。未来北辰要抓好基层党建工作，必须用足用好这一政策工具，进一步完善考核指标体系，持续深化村和社区评星定级工作。在农村聚焦"党建＋乡村振兴"，重点围绕党的建设、集体经济发展、基础设施建设、拆迁还迁、环境整治、疫情防控等方面进行考核评星；在社区聚焦"党建＋治理服务"，重点围绕党的建设、居民自治、管理服务、联建共建等方面进行考核评分，充分发挥星级管理的"牵引绳"和"指挥棒"作用，以星级评定带动基层治理水平全面提升。要持续抓好无星村（居）、三星村（居）挂牌整顿，促进晋位升级。要推动星级评定向机关、国企和"两新"组织延伸，坚持抓两头带中间，探索建立适用全区的综合星级评定规范，全面提升基层党组织组织力，努力使党建工作成为引领高质量发展的"红色引擎"。

（三）强化硬件提升软件，抓好党群服务中心后续建设

加强基层党群服务中心建设，是巩固党的长期执政基础、补齐基层党建平台短板等重要政治任务。虽然前期工作已经取得重大成果，村社区党群服务中心建设基本达标，但仍需在软硬件建设上持续用力，不断提升党群服务中心运行质量。要瞄准全市一流，以4000平方米场所为依托，全力打造有温度、有色彩、有情怀的区级党群服务中心，通过开展"红色光影·电影党课"、举办系列红色主题党课等方式，突出影厅声画体验和"全沉浸"电影审美感受，打响党员干部教育培训品牌。要着眼建党100周年，以对党忠诚为主线，谋划举办"北辰百年主题展"，向党的百年华诞献礼。要针对条件具备、人口较多的村和社区，在达标建设的基础上持续扩建改造，争取更多资源、扩大使用面积，满足群众多方面需求。要不断探索提升党群服务中心功能种类，在物理达标的基础上，加大软环境建设，加强创新引领，丰富服务功能，真正把党群服务中心建设成为村和社区的新地标、基层党建的新载体、服务群众的新标杆。

（四）总结经验健全制度，扎实做好"党建"备考工作

这次的新冠肺炎疫情防控犹如一面镜子，既照出了优势，也照出了短板。

要认真总结疫情防控经验，以"战时"促"平时"，深刻检视查找基层党建存在的问题和不足，健全基层党建各项工作机制，让非常时期的非常之举转化为推动工作的日常机制。要更好发挥党建引领基层治理的核心作用，健全党组织统一领导、党员一线攻坚、各级组织协调联动的党建引领工作机制，助推乡村振兴、城市治理、"两新"组织发展提质增效。要探索建立党员日常发挥作用的机制，通过积分管理、评星定级等方式，亮身份、亮承诺、亮行动，有效解决一些党员"关键时刻能站出来、危急时刻能豁出去、但平常时刻看不出来"的问题，让党员真正成为引领群众、服务群众、攻坚克难的一面鲜红旗帜。

回望党的十八大以来，北辰区经济社会发展的光辉历程，坚持党的领导、加强基层党的建设始终是北辰快速发展的一条基本经验。站在新的历史起点上，面对决胜全面建成小康社会、推动京津冀协同发展的重大历史机遇，北辰区要推进产业转型、加快城镇建设，实现经济高质量发展和社会治理能力的显著提升，必须紧紧抓住基层党建这一核心任务，继续深化构建基层党建新格局，充分发挥党建引领的核心作用，为全面建成小康社会升级加力，努力开创北辰未来发展新局面。

新时代新使命，新机遇新前景。在习近平新时代中国特色社会主义思想的科学指引下，在高质量基层党建格局的助力推动下，在全区人民的共同努力下，北辰的未来发展值得期待。

（调研组成员：贾锡萍、鞠振强、祝国清、张国亚）

河北省保定市阜平县

从"贫中之贫"到"黄土生金"

中共保定市委宣传部全面建成小康社会调研组

2020 年，注定是不平凡的一年。经过长期艰辛探索和不懈努力，我国即将全面建成小康社会。

在这个历史关键节点，曾经的"贫中之贫"——阜平县提交了一份亮眼的答卷。

——全县贫困人口由 2014 年的 10.81 万人减少到 2019 年底的 832 人，综合贫困发生率由 2014 年的 54.4% 下降到 0.45%。

——2020 年 2 月 29 日，河北省政府正式宣布阜平退出贫困县序列。

——6 月底，阜平剩余贫困人口全部脱贫。

党的十八大以来，这里的富民产业、公共服务、基础设施建设、群众精神面貌等都发生了翻天覆地的变化。阜平人、所有心系阜平的人，拧成一股绳，心往一处想，劲往一处使，汗往一处流，把习近平总书记寄予的"让乡亲们过上好日子"的殷切嘱托逐步变成生动现实。

一、"贫中之贫"蝶变奔小康

阜平位于保定西部，太行深山区，总面积 2496 平方公里，辖 6 镇 7 乡、209 个行政村、1208 个自然村，人口 23.04 万人。

曾经，这里土地贫瘠，全县山场面积 326 万亩，占总面积的 87%，耕地面积仅 21.9 万亩，人均 0.96 亩，俗称"九山半水半分田"。

曾经，这里深度贫困，2014 年建档立卡时全县 209 个行政村中有 164 个贫困村，占 78.5%；建档立卡贫困人口 44415 户、108121 人，贫困发生率 54.4%，是河北省 10 个深度贫困县之一，是真正的贫中之贫、困中之困。

2012 年 12 月底，党的十八大后仅 40 多天，习近平总书记冒着严寒、踏着冰雪来到阜平县，深入龙泉关镇骆驼湾村和顾家台村看望革命老区困难群众，共商脱贫之策。在这里，习近平总书记向全党全国发出了脱贫攻坚的动员令：没有农村的小康，特别是没有贫困地区的小康，就没有全面建成小康社会。

7 年多时间，曾经的"贫中之贫"蝶变为"黄土生金"之地，曾经的绿水青山蝶变为"金山银山"。

腰包鼓了。截至 2020 年 6 月底，阜平全县农村居民人均可支配收入增长到 9844 元，是 2012 年 3262 元的 3.1 倍；全县居民储蓄存款余额达到 115.14 亿元，是 2012 年 44.45 亿元的 2.6 倍。

产业活了。以食用菌、高效林果、中药材、规模养殖、家庭手工业、生态旅游为主导的"长短结合、多点支撑、绿色循环"的 6 大脱贫产业体系，覆盖全县 164 个贫困村，实现每个贫困户两个以上的产业就业覆盖。

房子新了。高标准建成 41 个搬迁安置区，共搬迁建档立卡贫困人口 10313 户、31850 人，对 25 个特色保留村的 2322 户民居实施了提升，改造农村危房 19290 户，实现全县农村不安全住房清零。

服务好了。新建 13 所农村寄宿制学校，教育扶贫政策全面落实，义务教育阶段毛入学率、巩固率均为 100%。完成县乡村三级医疗机构硬件升级，慢性病救助和家庭签约医生服务全面落实。识别确认农村低保 12112 户、15223 人（建档立卡贫困人口 10101 户、12972 人），实现应保尽保、应助尽助。

设施优了。实施总投资 2.27 亿元的农村饮水安全巩固提升工程，建成三级以上公路 455.3 公里，完成通村公路及街道硬化 710 公里，完成总投资 1.5 亿元的贫困村电网升级改造工程，建设通信基站 1176 座，解决了群众出行难、吃水难、用电难、通信难等问题。

二、阜平县决战脱贫攻坚的具体举措

阜平，老区、山区、贫困地区三区合一，脱贫难在哪儿？难在自然条件恶劣、基础设施薄弱、人才资金匮乏，但最根本难在没有发展思路。

"宜农则农、宜林则林、宜牧则牧、宜开发生态旅游则搞生态旅游，真正把自身比较优势发挥好，使贫困地区发展扎实建立在自身有利条件的基础之上。"按照习近平总书记的重要指示精神，阜平结合自身独特的自然资源和气候条件，大力发展现代食用菌、高效林果、中药材、规模养殖、家庭手工业、生态旅游等6大主导产业，基本形成"长短结合、多点支撑、绿色循环"的扶贫产业体系，实现全县164个贫困村产业全覆盖，让贫困群众真正富起来。

推进精准扶贫脱贫，培育壮大脱贫产业是基础，落实"两不愁三保障"是关键。从衣食住行到医疗教育，从道路交通到农村面貌……阜平紧紧扭住农村公共服务体系建设这个基本保障，编织一张兜住贫困群众基本生活的民生安全网，让他们享受到更多民生福利，有更多获得感。

（一）培育壮大脱贫产业，拉动群众收入持续增长

现代食用菌产业让贫困户"借船出海"。2019年，阜平食用菌产业扶贫做法入选农业农村部和国务院扶贫办联合评选的产业扶贫典型案例。阜平县没有发展食用菌产业的传统，把食用菌培育为脱贫主导产业，靠的就是因地制宜、科学规划。

当地依托李玉院士工作站、太行山食用菌研究院、阜平产业研究院和6个太行山农业创新驿站，依靠科技引领增加产业可持续发展能力，在选材、种植、包装、销售等全链条进行创新，同时举办各类技术培训，为食用菌产业高质量发展提供科技支撑。食用菌核心园区以当地贫困群众为种菇主力军，聘请省内知名食用菌专家长期驻点现场指导，按照六位一体（政府＋金融＋科研＋企业＋园区＋农户形成产业联盟）、六统一分（棚室、品种、菌棒、技术、品牌、销售六统一，农户分户经营）模式，统筹美丽乡村、示范园区和乡村旅游有机结合，推动周边产业结构转型升级和一二三产业融合发展，带动贫困农

户融入现代农业发展的生产实践中。目前，阜平共建食用菌产业园区 102 个，
高标准大棚 4610 栋，种植面积达 2.1 万亩，年增收达到 2.5 亿元，覆盖全县
140 个行政村，带动群众 15131 户、37232 人，其中建档立卡贫困户 6620 户、
14750 人，人均年增收 6700 元。2020 年上半年，种植香菇 4200 万棒、种植春
耳菌 400 万棒、种植羊肚菌等其他小品种 200 万棒。

从无到有、从有到优，阜平食用菌产业走上集约化、规模化、品牌化的
可持续发展道路。

高效林果产业印证"绿水青山就是金山银山"。在阜平，耕地仅占全县土
地面积的 5.84%，人均耕地仅 0.96 亩，70% 的未利用地都在荒坡上。在原国
土资源部和省、市大力支持下，阜平严格选取坡度 25% 以下、未利用的片麻
岩坡地，引进客土进行土地整理，高标准实施农业综合开发，并确立了"集中
建设西部高山苹果种植、中北部晚熟桃树种植、东南部葡萄种植三条林果种
植产业带"的发展目标。目前，苹果、桃、梨等发展到 9.7 万亩，年增收达到
2.04 亿元，通过土地流转及园区务工等方式，覆盖全县 121 个行政村，带动群
众 20631 户、62097 人，其中建档立卡贫困户 9482 户、27420 人，人均年增收
3285 元。随着林果种植面积扩大，全县森林覆盖率提高了 5.3 个百分点。昔日
裸露的荒坡变成了"花果山"，进一步筑牢太行山区生态安全屏障。

中药材产业凸显生态优势。阜平坡地面积广、土壤有机质含量高，适合
多种药材生长。近年来，阜平根据气候、土壤、水分等自然条件，大力发展黄
芩、桔梗、板蓝根、柴胡等仿野生中药材种植，并通过金融扶持、奖补扶持等
各种扶持政策推动产业发展，带动群众增收。目前全县中药材种植面积达到 9
万亩，年增收 0.81 亿元，覆盖 153 个行政村，带动群众 15117 户、22157 人，
其中建档立卡贫困户 6750 户、9321 人，人均年增收 3655 元。

规模养殖盘活乡村农业资源。2018 年 4 月，引入北京野谷健康产业集团
旗下硒鸽项目，合资成立阜平硒鸽实业有限公司，共同打造以肉鸽养殖为纽带
的生态循环产业集合体，目前已建设完成存栏 55 万对全国最大的硒鸽养殖基
地。包含种鸽繁育、硒鸽养殖、食品深加工、果蔬种植、观光旅游等在内的硒
鸽产业，实现循环生态农业与一二三产业联动，为全县特色养殖业起到示范和

引领作用，2019 年，阜平硒鸽扶贫项目获评中国脱贫攻坚与精准扶贫十佳案例奖。此外，阜平还引进新希望六和生猪、玖兴肉鸡、康达肉鸡等一批龙头企业，打造饲料生产、畜牧养殖、屠宰加工、冷链物流等各要素聚集的全产业链条。目前全县新建生猪、硒鸽、肉鸡等养殖小区 370 个，年增收 2.6 亿元，覆盖全县 93 个行政村，带动群众 9815 户、27635 人，其中建档立卡贫困户 3954 户、11781 人，人均年增收 9370 元。

家庭手工业就地转移剩余劳动力。针对全县农村留守妇女劳动力大量闲置的实际情况，阜平确定"四个一批"（建立一批家庭手工业产业基地、培育一批带动家庭手工业发展的龙头企业、壮大一批家庭手工业专业化合作组织、发展一批家庭手工业公共服务平台）目标，成立专门领导小组，出台多项优惠政策，采取多项举措，以增加农村家庭收入和实现农民在家门口就业为目的，全力推进农村家庭手工业发展壮大。目前，全县 15 人以上加工点发展到 223 家，插花、纸盒、手工编织等"小手工活"进农户项目 3245 户，年增收 1.1 亿元，覆盖 113 个行政村，其中贫困村 84 个，带动群众 10045 户、13500 人，其中建档立卡贫困户 4869 户、6755 人，家庭手工业加工厂人均年增收 1.8 万元，"小手工活"进农户项目人均年增收 3000 元。

生态旅游深挖生态与红色历史双禀赋。阜平旅游资源丰富，特色鲜明，红色和绿色旅游资源交相辉映，品位高，种类多。除了天生桥、晋察冀边区革命纪念馆等精品旅游景区，阜平重点发展骆驼湾、顾家台、平石头、花山等 12 个"乡村旅游示范村"。2019 年，骆驼湾村人均可支配收入达 13620 元，顾家台村人均可支配收入达 16109 元，现在两个村通过旅游驱动三产融合，已是脱贫攻坚实践观摩点。2019 年，全县接待游客 64.64 万人次，实现旅游综合收入 3.7 亿元，覆盖带动群众 3230 户、8720 人，其中建档立卡贫困户 1811 户、4886 人，人均年增收 9000 元左右。

（二）推进住房安全保障，改善群众生产生活条件

"有的地方实在是穷山恶水，可以整体搬迁，也可以分散移民，但一定要选好搬迁和移民的地点。""农村危房改造，要因地制宜，可以细化一点，要使房子整体上有些改观。"——按照习近平总书记视察阜平时作出的指示要求，阜平以实现"城乡基础设施一体化、社会公共服务均等化"为目标，充分利用易地扶贫搬迁、美丽乡村建设、危房改造等政策，着力解决群众住房安全问题。

2016 年启动易地扶贫搬迁以来，共建成 37 个搬迁安置小区，17714 户53748 人（建档立卡贫困户 10313 户、31850 人，同步搬迁人口 7401 户、21898 人）住进了新楼房。37 个集中安置区，其中 1 个紧邻工业园区、5 个紧邻旅游景区；按照"两区同建"，在集中安置区配套建设 35 个标准化手工业加工厂、39 个养殖园区、79 个食用菌种植园区、87 个高效林果基地，确保有劳动能力的搬迁家庭至少有 1 人实现稳定就业。并在所有搬迁集中安置区设立"就业之家"基层服务站，提供技能培训和就业服务。

7 年多来，阜平共改造农村危房 19290 户，并对花山、马兰、平石头等25 个特色保留村的 2322 户民居实施提升。同时，组织对所有非搬迁建档立卡户进行住房安全鉴定，通过搬迁、提升、危改三项措施实现不安全住房清零目标。

（三）教育健康同步推进，落实各项兜底保障政策

2013 年以来，阜平紧紧扭住教育扶贫、健康扶贫和综合性保障扶贫精准发力，力促政策落实、群众受益。

教育扶贫方面，新建 13 所农村寄宿制学校，新建 2 所城区学校，改造提升 93 所乡村小规模学校和薄弱学校确保贫困孩子们就近上学；全面落实"两免一补""三免一助"等国家贫困学生救助政策，做到了所有贫困学生资助全覆盖、无辍学。在国管局大力支持下，建成"梦翔汽车培训基地"，成立北京—燕太片区职教扶贫协作区，燕太片区 3 省 33 个国家级贫困县和北京 13 所中高职学校及 14 家企业实现了职教资源共享。1935 名学生依托"梦翔汽车培训基地"到车企就业，人均年收入 4 万—5 万元，实现了"一人就业，全家脱贫"。新华社、人民日报社把阜平职教中心依靠企业帮助贫困家庭孩子靠技术脱贫的做法写成了内参。

医疗保障方面，完善提升 13 所乡镇卫生院和 209 个村卫生室，河北医科大学第二医院托管阜平县医院，中国中医科学院深度帮扶县中医院，提升医疗

技术水平。建档立卡人口医保参保率和资助率均达到100%，"先诊疗后付费"、"一站式、一票制、一窗口"即时结算、医疗"三重保障"政策全面落实。常态化开展慢性病排查鉴定，落实政策服务。安排407名医生成立237个（县10个，乡卫生院18个，209个村团队）家庭医生签约服务团队，实现建档立卡贫困人口家庭医生签约服务全覆盖。

兜底保障方面，按照"社会保障兜底一批"的要求，抓好低保、养老、残疾人保障等社会保障体系建设。截至2020年6月底，识别确认农村低保12427户、15638人（建档立卡贫困人口13189人），实现了应保尽保、应助尽助。已有192名五保人员到县城养老中心集中养老。

（四）基础设施提挡升级，增强农村持续发展支撑

坚持基础设施建设先行，为持续稳定脱贫奠定坚实基础。

道路交通方面，建成三级以上公路455.3公里，完成通村公路及街道硬化等建设710公里，全县公路通车总里程达到1820.2公里。"一心（县城路网）、两环（县城绕城环线和县域旅游环线）、七射（以县城为中心的七条放射状公路）、八联（县域内八条乡镇、景区、交通节点之间的联接公路）"的交通路网发展格局基本形成。

安全饮水方面，实施了总投资2.27亿元的农村饮水安全巩固提升工程，修建水源井431眼，修建蓄水池616座，铺设管路255.23万米，饮水安全问题全面解决。

电力通信方面，完成了总投资1.5亿元的贫困村电网升级改造工程，建设通信基站1176座，电网、通信全面升级。

光伏扶贫方面，全县完成光伏扶贫电站总装机量102.61兆瓦，实现了全县164个贫困村和45个非贫困村光伏扶贫全覆盖，带动增收0.754亿元，覆盖带动建档立卡贫困户11750户、27025人，户均年增收3000元。

（五）扶贫与扶志相结合，激发贫困群众内生动力

随着全县富民产业的兴起、群众住房条件的改善、基础设施的完善、旅游产业的发展，广大群众不仅摆脱了物质贫困，更重要的是实现了思想脱贫、精神脱贫。贫困群众由之前的"要我干"向"我要干"转变，由之前"揣着手等"

到"背着手看"再到"甩开手干"转变，由之前的"要我脱贫"向"我要脱贫"转变。

贫困群众脱贫致富的内生动力起来了，田间、大棚、手工业厂房热火朝天，村里没有了闲人，一派忙碌景象。全县已有近 5000 名年轻人回乡创业，农村的人气越来越旺，群众对未来美好生活的憧憬更坚定，过上好日子的信心更充足。

三、阜平县奋进全面小康之路的经验启示

"脱贫摘帽不是终点，而是新生活、新奋斗的起点。"2020 年 3 月 6 日，习近平总书记在决战决胜脱贫攻坚座谈会上强调。

脱贫摘帽后，阜平上下接续奋斗，坚决落实"四个不摘"要求，统筹疫情防控与脱贫攻坚工作，聚焦剩余贫困人口脱贫、巩固提升脱贫成果、完善脱贫防贫长效机制三大任务，集中资源力量打好脱贫攻坚战，稳步走向小康生活，走向乡村振兴。

从坐等救济到发展个体经济，再到融入市场经济大潮，再生造血机制，阜平闯出一条可学习、可复制、可推广的精准扶贫、精准脱贫的全面建成小康之路。

（一）党建引领，发挥基层党组织的战斗堡垒作用

农村要发展、农民要致富，关键靠支部。

2013 年，阜平县村党支部书记平均年龄 56.3 岁，初中以下学历的占 60%，全县部分村班子软弱涣散……立足县情，阜平直面短板，紧抓"党建"这个牛鼻子，强党建促脱贫。围绕"三年大见成效、五年稳定脱贫、八年建成小康"的奋斗目标，阜平实行县委书记、县长"双组长"负责制，将全县划分为 8 个片区，实行常委负责制。乡镇干部包联本辖区所有贫困村，村干部分组包联贫困户。

以村"两委"换届为契机调整班子，充实进有点子、有办法、有担当、有

威信的带头人，形成以党支部为核心的村级治理体系；健全村党支部工作制度，加强集体学习，组织外出观摩，坚持民主决策，现场解决问题，使一项项脱贫攻坚任务落地生根；把党性强、作风好、会经营、善管理、守法纪作为选拔标准，使热心农村工作、实绩突出、群众公认的人才脱颖而出；从农村致富带头人、优秀大学生村干部、复员退伍军人、返乡农民工中，选拔致富领富能力强的优秀党员人才担任村党支部书记；从后备干部、有农村工作经验干部、能干事会干事干部中选人才，从乡镇、县直机关选人派驻。

据不完全统计，近几年，50 余名村优秀党员担任村党支部书记，19 名党群干部被选派到班子软弱村，12 名政法干部被选派到信访问题突出村，5 名懂旅游的干部被选派到自然资源优越村，帮助建强基层组织、谋划脱贫攻坚。501 名党员致富带头人发挥精准帮带和示范引领作用，把基层党组织建成脱贫奔小康的"战斗堡垒"。

（二）凝聚合力，发挥集中力量办大事的制度优势

扶贫开发是全党全社会的共同责任，只有动员和凝聚全社会力量广泛参与，才能合力打赢这场攻坚战。

在脱贫攻坚进程中，阜平得到以国家机关事务管理局为代表的中直单位、以国防动员部为代表的部队单位、以北京市西城区为代表的东西部扶贫协作单位，以及省市各部门、兄弟市县和社会各界的倾力帮扶。

京保协作、对口支援、"千企帮千村"行动、社会组织下乡扶贫、志愿者参与扶贫等各种力量齐聚阜平，上上下下合力攻坚，群策群力，共同构建起大扶贫格局，发挥全社会合力脱贫攻坚的巨大能量。在健全组织动员机制、培育多元扶贫主体、搭建社会参与平台、拓宽扶贫合作渠道基础上，打破部门界限，精准配套政策，把扶贫工作由"撒芝麻盐"变为"打组合拳"，将各方资源汇聚到阜平，为阜平引入更为先进的扶贫理念和方法，不断优化扶贫内容和方式。

与此同时，为做好省市县三级驻村帮扶力量的科学分配、精准发力，合力打赢脱贫攻坚战，阜平县对脱贫攻坚驻村工作队作出调整，除省市安排 62 个帮扶村外，其他 102 个贫困村和 45 个非贫困村全部安排县级扶贫脱贫驻村

工作队。脱贫攻坚期内，贫困村脱贫退出的，驻村工作队不撤离，帮扶力度不减弱。

（三）精准施策，变"大水漫灌"为"精准滴灌"

脱贫攻坚是一项庞大复杂的工程，必须做到精准，坚持因人因地施策，因贫困原因施策，因贫困类型施策，区别不同情况，做到对症下药、精准滴灌、靶向治疗。

围绕"两不愁三保障"目标，阜平始终聚焦"六个精准"，逐户精准识别、摸清底数，因村、因户、因人精准施策，精准扶贫资金的投向，把致富产业找准，把脱贫路子找对。做到了致富产业、利益联结、基本社会保障、结对帮扶对贫困户的全覆盖，让惠民政策的水真正流到了户里、涸到了地里。

按照习近平总书记提出的"五个一批"精准扶贫精准脱贫新思想，阜平探索出以"老乡菇"为典型的产业扶贫模式、以"顾家台、骆驼湾乡村旅游"为示范的旅游扶贫模式，依托当地资源因地制宜，发展适合贫困地区的脱贫产业，引导、支持有劳动能力的贫困群众就地脱贫；对难以实现就地脱贫的贫困人口，严格按照易地搬迁标准，逐村逐户摸底调查，精准确定搬迁人数，实施易地扶贫搬迁，通过产业园区与安置区同步建设，确保搬得出、能致富；创新"荒山绿化"土地扶贫模式及"太行山农业创新驿站"科技扶贫模式，通过荒山开发、发展高效林果产业等加大生态保护修复力度，让有劳动能力的贫困人口就地转成护林员等生态保护人员；通过"集团化职业教育＋精准扶贫＋区域协同发展"职教扶贫模式，帮助贫困家庭孩子掌握一门技术，实现"一人就业，全家脱贫"；对完全或部分丧失劳动能力的贫困人口，由政府兜底保障，做到应保尽保、应助尽助。

（四）创新机制，提高脱贫质量巩固脱贫成果

对退出的贫困县、贫困村、贫困人口，要保持现有帮扶政策总体稳定，扶上马送一程。

剩余贫困人口脱贫方面，研究制定《阜平县2020年剩余贫困人口脱贫方案》和《阜平县2020年剩余贫困人口如期高质量脱贫推进方案》，逐户建立了一个领导干部、一个帮扶责任人、一个家庭医生、一个工商户、一个防贫保

险、一个社保兜底、一个产业利益联结的"七个一"帮扶台账，逐户明确帮扶措施和脱贫路径。

持续巩固脱贫成果方面，坚持"抓产业就是抓脱贫"，对县 6 大主导产业扶持政策及金融保险政策进行了调整完善。科学统筹使用财政用于产业扶贫项目发展 5.06 亿元，占比 80% 以上，进一步扩大产业规模，延伸产业链条扶贫资金，继续向县 6 大主导产业倾斜，2020 年第一批财政涉农整合资金 6.2 亿元，提高带贫益贫能力。特别是疫情期间，出台各种政策扶持脱贫企业，做到产业发展壮大不减速，群众收入不降低。

完善防返贫致贫工作机制方面，坚决落实"四个不摘"要求，对有劳动能力和弱半劳动能力者，通过持续加大产业就业帮扶力度，提高贫困人口生产经营性和工资性收入。对丧失劳动能力和无劳动能力的，统筹落实医保、低保、特困供养、养老保险、收益直补、临时救助等综合保障政策，提高转移性收入。建好用好"智慧信息网"平台。实现扶贫、农业、住建、医保、教育、民政、人社、残联、金融、人保财险等 10 个部门数据资源共享，落实每半月一更新动态管理制度，奠定精准分析预警信息基础。构建了"防贫保险""阜民安康保""助老健康御险""农户平安综合险""社会救助基金"互为支撑的"四险一金"防贫保障体系，实现所有农户全覆盖，有效化解返贫致贫风险，确保小康路上不落一户一人。

全面建成小康社会与中国县域发展

河北省
石家庄市正定县

城乡统筹、文旅融合、产业发展、旅游兴县　发挥特色优势全面建成高质量小康社会

中共正定县委宣传部

一、正定县基本情况

正定县（正定新区）辖 8 个乡镇、3 个街道办事处，174 个行政村，面积 487 平方公里，人口 51.7 万人，是国家历史文化名城。2020 年 7 月，正定被命名为国家卫生县城，这是继 2017 年成功创建全国文明县城、2019 年创建国家园林县城后的又一国字号荣誉！

2019 年，全县全部财政收入首次突破 50 亿元大关，完成 51.9 亿元，增长 20.8%；一般公共预算收入完成 37.4 亿元，增长 28.8%。地区生产总值完成 280.39 亿元，实际人均 GDP 为 4.77 万元；城乡居民人均可支配收入分别达到 34862 元和 20310 元，分别增长 9% 和 9.6%；城镇新增就业 5832 人；服务业增加值占 GDP 比重达到 61.8%；恩格尔系数为 25.04%；基本社会保险参保率指数达到 95.62%；城乡医保参保率达到 97%；"三馆一站"及村（社区）综合性文化中心覆盖率达到 125.46%；生活垃圾处理指数自 2016 年以来一直保持 100%；农村自来水普及率为 100%。正定全面建成小康社会的目标已经基本实现。

二、发挥优势，城乡融合，建设高质量小康社会

"小康"一词最早出自《诗·大雅·民劳》："民亦劳止，汔可小康"，表达了人民对美好安定生活的向往。党的十六大提出了在 21 世纪头 20 年全面建设小康社会的奋斗目标。全面建成小康社会，是我们党向人民、向历史作出的庄严承诺。正定县"十三五"规划中，就确定了率先全面建成小康社会的经济社会发展目标。小康路上，社会和谐、民生幸福，群众获得感倍增，是正定全面建成小康社会的具体体现。

习近平同志 1982 年 3 月—1985 年 5 月在正定工作，对正定知之深、爱之切。在正定工作 3 年多时间里，习近平同志跑遍了正定的每一个村，与人民群众同吃、同住、同劳动，确定了"半城郊型"经济、"旅游兴县"县域发展战略，做了许多打基础、管长远的大事、要事和群众广为传颂的好事、实事，留下了实实在在的、人民群众满意的政绩，给我们留下了弥足珍贵的思想财富、精神财富和工作成果，是我们取之不尽、用之不竭的思想宝库和动力源泉。"老书记"的工作精神，激励着今日正定全体党员干部。

正定县委、县政府领导班子一任接着一任干，带领全县 50 万人民，牢记习近平总书记的殷切嘱托，以习近平新时代中国特色社会主义思想为指导，深入贯彻党的十九大精神，落实省、市对正定建设发展的一系列指示要求，立足京津冀协同发展大局，充分发挥正定的政治优势、区位优势、文化优势、市场优势，加快产业结构调整，优化产业布局，扎实推进正定高质量发展，使这座千年古城焕发出新的蓬勃生机。

（一）经济实力大幅跃升，经济发展活力不断迸发，为全面建成高质量小康社会提供了强大物质基础

乘时代东风，扬发展之翼，经济腾飞汇聚磅礴力量。正定坚持以人民为中心的发展思想，主动融入京津冀协同发展大局，发扬"大胆闯、大胆试、自主改"的改革创新精神，积极发展"4+4"现代产业，精准招商、靶向招商，持续加大政策扶持力度，有力推动"放管服"改革，促进了经济高质量发展。

自贸区正定片区（综保区）建设全力推进。正定片区自 2019 年 8 月 31 日挂牌以来，以培育市场主体、加快制度创新为抓手，累计新注册企业 705 家，共签约圆通速递、口岸医药物流、进口药品展示交易中心等项目 26 个。2019 年进出口贸易额完成 112 亿元，是年总任务量的 2.7 倍，在全省海关特殊监管区域中位列第一。2020 年新增市场主体 330 家；完成固定资产投资 80 亿元。出台 20 条政策，积极推进商事登记制度改革和企业注册登记远程指导模式，减少企业"入场"时间和成本，进一步释放企业发展潜力和活力。加快推进自贸区正定片区高质量发展，承担《中国（河北）自贸试验区总体方案》中的 62 项改革试点任务已完成 37 项，243 项创新清单任务已完成 146 项。全面完善钻石口岸申建各项设施，已完成省质检院珠宝玉石实验室搬迁及认证工作。建设进口商品店 9 家，高质量发展的自贸试验片区雏形初步形成。

新区建设不断提质增速。对标雄安新区规划建设，公共服务设施不断完善。2017 年以来，共签约砂之船奥莱综合体、河北星光文化产业园等 16 个重大项目。河北奥体中心、会展中心、城市馆等功能性场馆和安悦酒店、云瑞酒店高标准建成投用。加快智慧中心建设，形成了配套齐全、功能完善的公共服务设施体系。新建管廊廊体 30.86 公里。新区地铁开通，正定迈入"地铁时代"。中国首届数字经济博览会成功举办，永久落户正定，习近平总书记亲自致电祝贺。国际先进的国家级数字经济产业园规划已完成，6 个项目已签约。成功举办中国国际物流发展大会等各类展会 134 场，累计参展商 1.1 万家，客流量 500 万人次，累计签约额 30 亿元，营业收入 6870 万元，积极克服疫情影响探索实施"云展会"。中国石家庄（正定）国际小商品博览会荣获"2019 年度中国十佳优秀特色展会"。正定国际会展中心荣获"新世纪 20 年最具影响力会展中心金手指奖"。加快人力资源服务产业园建设，入驻 44 家企业。2019 年，全部财政收入 23.1 亿元，较 2016 年增长 280.82%；一般公共预算收入 18.8 亿元，较 2016 年增长 272.86%。

高新区建设实现新突破。2017 年以来共引进北摩高科、盾石磁能、玥云数字产业园等 8 个重点项目，2020 年北摩高科在中小板上市。现有国家火炬计划重点高新技术企业 1 家。2020 年以来主营业务收入 350 亿元，增长

11.13%。获批省新型工业化示范基地和省级先进开发区，荣获全省民营经济发展先进县。高新技术企业达 42 家，市级以上创新中心 19 家，院士工作站 3 家，跃升为全省县域科技创新能力监测评价 A 类县，荣获全省民营经济发展先进县。

（二）恢复古城风貌，传承历史文化，提升县城建设水平，文旅融合创新发展，为全面建成小康社会提供不竭动力

正定是国家历史文化名城，文物资源丰富。在古城 6.6 平方公里的范围内，如珍珠般分布着隆兴寺、开元寺等 38 处文物古迹，其中国家级文物保护单位 10 处，省级文保单位 5 处，被誉为"文物宝库、旅游胜地"。这里有中华文明兴盛时期的文化符号，元曲从这里走向辉煌；这里激荡出了一部千年中国文化史，《祭侄文稿》就是这座城市性格的写照；这里是新中国人民教育的起航地，新中国文艺经典在这里诞生。从颜真卿到丁玲，从梁思成到铁凝，从白朴到贾大山……他们，都在颂传着正定，为正定留下无数美好的记忆。这是一个古老而又年轻的城市，传统与现代在这里完美融合。

恢复古城风貌，让文物活起来。2013 年 8 月 24 日，习近平总书记对正定古城保护作出批示：充分肯定近年来正定古城保护工作。要继续做好这项工作，秉持正确的古城保护理念，即切实保护好其历史文化价值。2017 年 1 月，习近平总书记亲自审定《正定县（正定新区）总体规划及古城风貌恢复提升规划与实施》。正定坚决贯彻落实习近平总书记对正定古城保护重要批示指示精神，按照省、市委要求，加快推进古城保护风貌恢复提升。对古城保护项目实行县级领导分包。2019 年底，《正定县（正定新区）总体规划及古城风貌恢复提升规划与实施》涉及 24 项古城保护工程全部高质量完工。《石家庄市正定古城保护条例》正式实施，古城保护有法可依。抓好文物本体保护，梁氏宗祠升为国家级文物保护单位，国保达到 10 处。文物有尊严，文化有传承，千年古郡、北方雄镇历史风貌有效恢复。

修旧如旧，重现文物风采。切实抓好文物本体保护和修缮工作，对 10 处国保和 5 处省保文物全部制定科学详尽的保护规划和修缮方案，相继实施隆兴寺摩尼殿明代壁画修复等文物保护重点工程。亮化城墙、城门、城楼、古塔和沿街 130 个单体建筑，形成独特夜色正定。对开元寺实行精准考古，首次发现唐、五代、北宋、金、元、明、清等 7 个历史时期的连续文化层叠压，出土可复原器物 7672 件，为展示"一目千年"打下基础，丰富了正定古城文化内涵。

片区联动，恢复历史风貌。依托"九朝不断代"古建筑群落，加强片区保护，推动整体保护。古城南部以古城墙和中山路、历史文化街一环两线为框架，以隆兴寺、凌霄塔等古寺古塔为支点，连接众多文化节点，形成具有代表性的历史文化风貌展示区。实施户外广告、立面包装、夜景亮化"三位一体"改造提升，古城文物以及古建筑群在活化中实现空间完美，处处呈现"古城古韵、自在正定"美景。"登得上城楼、望得见古塔、记得住乡愁"已成现实。古城保护建设受到国家住建部、国家文物局通报表彰。

传承历史文化，让文化立起来。习近平总书记在党的十九大报告中指出："文化是一个国家、一个民族的灵魂。文化兴国运兴，文化强民族强。"就正定而言，正定的灵魂在古城古迹，古城的核心在历史文化遗存。正定是元曲发祥地，中国戏曲发端地；龙藏寺碑为"楷书第一碑"，是佛教临济宗祖庭。依托这些丰厚的历史文化资源，深入整理挖掘历史文化，大力发展古城休闲文化游，打造一个核心、十条街道、百家民宿、千家店铺，让古城记忆可见可触，历史文化可感可知，百姓家园可商可居。精心打造红色文化，以县委党校和"玉华鞋庄""高平地道战遗址""岸下惨案死难同胞纪念碑"等革命遗址和新农村塔元庄村为支撑，推出以追寻习近平总书记足迹为特色的红色研学路线，展示"中国梦从这里起航"的独特魅力。倾力培育红楼文化，以纪念 1987 年版《红楼梦》播出 30 周年为契机，进一步擦亮荣国府这一正定旅游名片，深度挖掘红楼梦文化元素，充分发挥荣国府传承传播优秀传统文化的优势。2019 年 6 月，根据《红楼梦》原著描述的场景建设的荣国府大观楼落成，举办丰富文化活动，古城再添新景。

提升县城建设水平，让城区美起来。推进公共资源向游客开放。沿街机关单位拆掉围墙、打开大门、停车、开水间、卫生间开放。实行免费停车，新建 22 个免费停车场，去掉路沿石，便道施划停车位，同向规范停车，3.1 万个车位免费共享，市民游客切实感受"自在正定"。城市停车设施建设列入河北

省试点，全省县城建设品质提升暨停车设施建设现场观摩会在我县召开。以
"开放、共享"理念推进"厕所革命"，新建改造提升厕所 625 座（间），免费
开放所有机关单位厕所。2018 年，全国厕所革命工作现场会在正定召开。公
共交通体系全面升级。2019 年 6 月，石家庄市中心到正定的地铁开通。提升
城区 15 条主要道路和 609 条小街巷，投放共享汽车、免费观光车 113 辆，县
城安装 16 台免费直饮水机、930 个便民座椅、30 个共享轮椅，打造城市家居。
2019 年，县城建设综合考评全省第三、全市第一，城市形象品位全面提升。

　　发展全域旅游，让产业强起来。习近平同志在正定工作期间，确定了"旅
游兴县"发展战略。兴建了全国第一个影视拍摄基地——荣国府，被称为"中
国旅游正定模式"。30 多年来，旅游人次 1318 万人，在此拍摄了影视剧 198 部，
门票收入 12074 万元。带动了发展，富裕了百姓。

　　坚定不移沿着"旅游兴县"发展战略前进。创新体制机制。成立县全域旅
游发展工作领导小组，构建大文化、大旅游格局。加强部门协调联动，整合统
筹旅游资源，为广大游客提供全流程、全要素服务，实现旅游目的地资源的主
客共享目标。改革管理机构，将文化、体育、文物和旅游四局合并，成立文化
广电体育和旅游局，组建公安队伍、市场管理队伍，建立联合执法机制，健全
景区养护、安全防火、应急处置、交通疏导、人员疏散、值班值守等一系列工
作方案和预案，为游客提供更安全、更便捷的旅游观光体验。

　　完善旅游要素。围绕"吃住行游购娱"六要素，从薄弱环节入手，建成南
关古镇、阳和楼、旺泉街等 3 个集观光、美食、演艺、购物于一体的仿古旅
游街区。发展"旅游＋文化""旅游＋体育""旅游＋互联网""旅游＋美丽乡
村"等新业态新模式，开辟古城文化体验、新区都市等片区，打造"古城＋新
区""美丽乡村＋古城＋滹沱河景区"等精品旅游线路，实现观光游向休闲度
假体验游、景点游向全域目的地游转变；依托古城文化元素，注重文化旅游创
意产品开发，制作梁思成老照片系列、五彩倒坐观音扇屏、荣国府红楼系列等
9 大旅游文宣产品，14 个系列 200 余种旅游纪念品。实践证明，发展全域旅游，
综合带动了环境、建筑、通信、住宿、娱乐、餐饮、金融、交通等 30 多个行
业的发展，进一步刺激了消费，拉动了经济增长。

旅游接待能力全面提升。将迁到新区的 9 个原机关单位办公楼改建为快捷酒店，提高了旅游接待服务能力。在会展中心西侧配套建设了具有精致田园风光的休闲度假体验的五星级酒店——安悦酒店。对东门里村回迁房改造提升，打造新中式风格民宿，将其建设成河北省民宿产业发展示范区。

创新旅游供给，产业发展活力增强。突出新项目、新景点、新业态，文旅融合，建设了一批品质高端的旅游新业态项目，吸引了众多战略投资者参与市场化运作，增强了旅游产业发展活力。竣工后的博物馆成为正定新地标，城隍庙复建工程填补了正定道教文化的空白，重点对荣国府景区进行提升改造，打造红楼文化，设立红楼协会，增加智慧旅游功能。2018 年正定县荣获"十大中国旅游影响力旅游县区"，2019 年 7 月，正定入选首届中国文化百强县。2019 年接待游客 1496.8 万人，增长 15.5%；旅游收入 78.3 亿元，增长 28.2%。旅游业成为强县富民支柱产业。

（三）文化建设全民参与，让有影响力的人办有影响力的事，发挥文化品牌力量，提升正定影响力和美誉度，为全面建成小康社会打造精神家园

作为古城正定的一项品牌文化活动，彩色周末一直是广大群众喜闻乐见的一项文化品牌，在丰富群众文化生活，培育文艺人才，增强文化交流，打造"文化强县"建设等方面发挥了积极作用。2019 年以来，本着文化、旅游深度融合原则，为群众文化活动需求提供阵地的同时，带动夜经济发展，为广大市民送上了一场场精彩的文化盛宴，提升了古城正定的文化品位。

提升影响，演艺文化多姿多彩，好戏连台。让有影响力的人办有影响力的事，故宫博物院原院长单霁翔在正定举办公益讲座，并受聘为正定县博物馆名誉馆长。中国艺术研究院红楼梦研究所所长、中国红楼梦学会会长张庆善在"自在正定·文旅发展研讨会"上作交流发言。2019 年的彩色周末文化活动以"璀璨常山夜、群星耀古城"为主题，在南关古桥、阳和楼、广慧寺音乐广场等景区设立分会场，开展"帝王礼佛、千手观音、元妃省亲、刘姥姥进大观园"等文化演出，周周有看点，各地有亮点，推动文化旅游深度融合，2019 年共举办 152 场，参与演员 5000 多人，观众达 500 余万人。

在中秋佳节，举办"月上阳和、花好正定"中秋赏月大型古筝表演活动。

在国庆之夜，璀璨绚丽的烟花在南城门、会展中心和塔元庄木屋小镇三地倾情绽放。2019 年以来，先后举办国际少儿模特大赛河北赛区总决赛，河北省第二届民族器乐琵琶、二胡、笛子、钢琴演奏会，"七夕定情缘"、《中华好诗词》大学季第二季"恰同学少年"总决赛暨盛典、《中华好诗词》研讨会、"少年中国说"河北赛区颁奖典礼等全国性、省市级的演出活动共计 70 余场，扩大了"自在正定"品牌影响力。

创新旅游形式和载体。结合时代发展和需求，不断创新旅游形式和载体，推出古文化主题旅游新产品，把文化、科技、时尚、美的元素植入景区，让古老文化与现代文明在这里交相辉映。创新开展"跟着抖音逛正定"。与抖音公司合作，邀请抖音达人体验团来正定深度体验，实现全民参与对家乡的宣传与推介。开展动漫精灵古城秀活动。动漫网红乍现古城，增添了穿越千年的氛围，吸引了动漫粉丝迷们竞相合影留念。开展风筝节和机车巡游活动、旗袍秀古城活动，让这座千年古郡焕发出勃勃生机。

传承经典，让传统民俗文化焕发新活力。深入挖掘自身历史文化资源优势，精心策划，推出了丰富多样的民俗文化体验活动，使传统景区焕发出新生机、新活力。2019 年成功举办的"走，去正定"系列——91 档主题宣传文化活动，电子烟花秀、星光音乐节等精彩纷呈。景区文化演艺活动丰富多彩，塔元庄灯光艺术节嘉年华、野槐林丰收节、园博园花灯艺术节，会展中心的张学友演唱会、奥体中心的五月天演唱会等专场文艺汇演，2020 年中央电视台《唱响新时代》在正定录制，国庆期间在央视播出。这一系列活动充实了文化内涵，让游客畅游古城、"醉"于千年文化之美。

（四）发展成果全民共享，乡村振兴战略加速推进，全力推进脱贫攻坚，农村人居环境改善成效显著，这是全面建成小康社会的突出标志

习近平同志在正定工作期间，针对正定紧邻省会的区位特点，提出了"半城郊型"发展理念："依托城市，服务城市，大搞农工商、农民变工人、离土不离乡"，"城市需要什么，我们就种什么；城市需要什么，我们就加工什么"，念好"投其所好，供其所需，取其所长，补其所短，应其所变"二十字经。

2013 年 7 月，习近平总书记在塔元庄作出"把农业做成产业化，养老做成市场化，旅游做成规范化，在全国率先建成小康村"的具体指示。近年来，正定县不断扩大现代版"半城郊型"经济外延，通过创新培育古新融合的旅游新业态、错位发展不同类型的现代都市农业、因地制宜建设特色乡村旅游项目等多种形式，促进城乡经济健康发展，带动当地群众增收致富。同时，解民生之忧，谋民生之福。正定人居环境整治、生态环境改善等惠民工程深入推进，农村环境发生了显著变化，群众幸福指数持续攀升。正定县连续多年获得全省美丽乡村建设先进县的称号，农村人居环境整治获国务院表彰，美丽乡村新景象已经在古城大地上悄然崛起。

实施产业振兴，夯实乡村振兴的经济基础。大力发展现代都市农业。投资 500 万元对石门制造、大鸣荷韵等现代农业园区升级改造，狠抓农业产业化重点项目建设。积极培育农业产业化联合体，完成了天天乳业、惠康食品等8 家市级联合体的申报。大力发展"半城郊型"经济。调整产业结构，依托西关、益农蔬菜批发市场，扩大农产品销售，依靠科技创新支持农业发展，大力发展无土栽培。成功举办正博会，推进电子商务进农村，正定镇被命名为中国淘宝镇。积极推动梦乡、裤业小镇等特色小镇建设，大力发展现代服务业，呈现"购销两旺"。发展全域游，打造古城、新区、美丽乡村全域游重点区域。全面推进医养结合，持续打造西柏棠医院＋塔元庄劲松养老公寓。全市医养结合养老服务现场会在我县召开。大力发展农村集体经济。认真落实省市部署，通过清理承包合同、发展乡村游等，壮大农村集体经济。截至目前，正定县农村土地流转率47.9%，流转总面积 13.7 万亩。县级以上现代农业园区、农业产业化龙头企业分别达到 28 家和 33 家，惠康食品荣获农业产业化国家重点龙头企业称号。粮食总产 29.3 万吨，肉、蛋、奶产量分别达 6.2 万吨、8.6 万吨和 7.3 万吨。被农业农村部命名为全国第三批率先基本实现主要农作物生产全程机械化示范县。

实施人才振兴，壮大新农民队伍。贯彻落实习近平总书记关于人才的重要论述，围绕全域旅游、重点产业等招才引智，开展农村人才素质提升工程。发放人才绿卡，预留人才房；为"名校英才入冀"人员落实房租补助；引进高等院校优秀毕业生、公务员，充实到一线历练；3 批 34 名农村后备干部到河北农大学习。积极组织开展面向农村人才的各类培训活动和专题讲座。与中国农业大学等高校院所建立全方位合作关系，引进顶尖专家组成专家顾问团，大力开展新型职业农民培育工程。正定被评为全国科技进步先进县。

实施生态振兴，做优做美乡村环境。大力发展绿化生态农业，实施国土绿化行动，实现环省会经济林、美丽乡村环村林、县域所有道路绿化、高铁两侧绿化"四个闭合"，2017年以来共植树造林6.06万亩，全县森林覆盖率28.63%，被评为全国生态示范县，周家庄村被评为国家森林乡村。做好大气污染防治工作。严控扬尘污染，做好高速路、国省干道洗扫工作。对"散乱污"企业采取"两断三清"，严厉打击违规排放。完成全县145个村、99666户煤改气和12个村、472户煤改电工程，清洁能源普及率100%。认真落实"河长制"，实施周汉河水利综合整治工程；严厉打击非法采砂行为；清理河道垃圾、违建，河道生态修复初见成效。关停自备井148眼，地下水平均水位上升2.8米，曲阳桥周家庄水稻试种成功，入选水利部第二批节水型社会建设达标县（区）。荣获"2019年大气污染综合治理先进县（区）"，空气质量和生态环境得到明显改善。持续开展农村人居环境整治行动。加快农村基础设施建设，打通农村"最后一公里"，实现村村通。认真落实国家农村人居环境整治三年行动方案，推进农村"厕所革命"，7245座农村厕所全部完成无害化改造。聘请天津领军公司和桑德公司对全县140个村的垃圾进行处理，生活垃圾无害化处理率100%。建立农村"垃圾兑换银行"，推进农村垃圾初步分类和减量化、资源化、无害化处理。建设集中式污水处理站46座，市场化管理，基本覆盖了全县具有收水条件的村庄和新民居小区。农村人居环境整治受到国务院通报表彰，是河北省唯一获奖县。成功获批河北省2019年农村人居环境整治全域完成示范县。

实施组织振兴，为农业农村发展提供坚强组织保障。扎实推进乡镇党委书记、村党组织书记、农村致富带头人"三支队伍"建设。配强配壮"两委"班子。圆满完成县乡两级换届，完成174个村（社区）"两委"换届，59个村（社区）村党支部书记、村委会主任"一人兼"，占比34%。切实发挥基层党组织在农村各类经济、社会组织中的领导核心作用。认真开展村"两委"干部培训、交流。建强农村党组织，着力抓好农村干部特别是村党组织书记的教育培训。组织各乡镇（街道办）、村（社区）干部到塔元庄、园博园等地现场参观学习，观摩旅游项目；赴新村、木厂村观摩村民环境整治提升、煤改电煤改气等工作。结合各乡镇、村街实际情况，认真研究，制定适合自身发展路子，进一步壮大集体经济。加强村级组织规范化建设。健全完善村"两委"班子运行和管理机制。严肃党的组织生活，认真落实"三会一课"等制度。深化村民自治，健全党组织领导的充满活力的村民自治机制，发挥自治章程和村规民约作用，推行村级事务阳光工程。

持续改善民生，让群众共享美好生活。财政资金加大对民生投入，每年兴办一批利民实事。完善优质医疗资源，2017年以来新建医院1家，改、扩建医院3家。实施医疗改革，取消县医院普通门诊挂号费和一般诊疗费，符合条件的所有村卫生室实现医保报销，有效缓解"看病难、看病贵"。不断增加优质教育资源供给，2017年以来新建学校6所；迁建第一中学、新建第九中学、新改扩建5所公办幼儿园有序推进，有效解决"大班额"，不断满足群众对高质量教育的需求。优化现有路、打通断头路，2017年以来实施了河北大道西延、城东街北延、树林北路、河北大道穿越京广铁路等163个项目，总里程247公里。积极推进中华大街北延、新城大道北延、新元高速正定出口改造工程等3个项目，进一步促进城乡融合发展。认真做好疫情防控工作，全面落实常态化疫情防控措施，加强入境人员管控，正定国际航班经停分流医院观察点被推荐国家级表彰。

精准扶贫脱贫，打赢脱贫攻坚战。正定是非贫困县，2018年实现建档立卡贫困户全部稳定脱贫，建档立卡国扶系统现有脱贫人口1599户、3382人。落实"两不愁三保障"政策。截至2020年6月底，建档立卡脱贫人口（享受政策）普通门诊就诊12973人次，基本医保、提高待遇报销24.44万元；门诊慢性病及重点慢性病就诊4376人次，基本医保报销18.68万元，医疗救助报销3.67万元。2018年以来，我县所有脱贫户居住房屋全部为安全住房。所有脱贫户用水全部自来水入户，全部达到安全饮水标准。落实产业、就业扶贫政策。脱贫人口全部享受到资产收益入股分红，实现建档立卡脱贫户全覆盖。实施贫困残疾人帮扶。建立长效扶贫机制。将建档立卡脱贫户中符合低保（1561人）、特困（123人）

的全部纳入，并进行动态管理。县扶贫办与保险公司签订《正定县精准防贫保险协议书》。成立正定县救助基金会，对在落实各项社会保障（社会救助）政策或扶贫政策后，基本生活依然困难的脱贫户、低保对象、特困人员及其他符合救助条件的困难群众进行救助，进一步防止返贫致贫，不留死角。2018—2020年连续三年，省直部门、市级检查验收结果为最高评分等次"好"。

2020年上半年，全县经济运行回升强劲、向好态势坚定有力，地区生产总值完成146.2亿元，增长4.2%，增速全市第二；外贸进出口总额完成109亿元，增长449.2%，增速全市第一；规模以上工业增加值增长10.0%，增速全市第一，为全市经济社会发展作出积极贡献。旅游和各项产业的融合逐步深入，产业布局更加均衡，产业结构更趋合理，旅游业的带动作用日益增强，人民群众福祉持续增进。"古城古韵、自在正定"的品牌形象逐步树立，居民幸福感更加饱满，正定向着国际旅游目的地不断迈进。小康路上，我们一个也不少。

三、经验启示

明确发展思路，把准方向是建设高质量小康社会的前提条件。习近平同志在正定工作期间，提出"半城郊型"经济和"旅游兴县"发展思路，为正定发展指明了方向。正定始终沿着习近平同志确定的发展思路阔步前进，坚持新发展理念，建立健全了城乡融合发展的体制机制，做好规划布局，深化各项改革。以城乡融合为统揽，以转变农村生产生活方式为目标，以发展现代庄园项目为基础，以一二三产业融合发展为措施，扩大对外开放，推进乡村振兴，大力发展"4+4"现代产业，加快古城区、自贸区正定片区、新区、综保区和高新区建设，大力发展高新技术产业，县域经济实力不断提升，走出一条具有正定特色的小康建设之路。

立足产业支撑，以特色优势促进乡村振兴是建设高质量小康社会的有效举措。正定牢牢抓住农民增收这个"牛鼻子"，发展壮大农村经济及集体经济，调优调整农业种植结构，做大做强优势特色产业，培育壮大特色龙头企业，支持建立企业集群，加快现代农业园区建设，拓宽了农民增收渠道，增加了农民收入，让农民更踏实、更有获得感。发挥古城保护优势，落实习近平总书记"旅游兴县"发展思路，依托古城优势发展旅游业，增加就业，拉动经济；把全域旅游与实施乡村振兴战略结合起来，建设美丽乡村，发展民宿、驿站，大力发展乡村旅游、现代农业游，促进一二三产业融合发展，带动了集体增收、农民致富。

深化精神文明创建，持之以恒巩固创城成果是建设高质量小康社会的有效载体。全面建成小康社会，不仅需要丰富的物质基础，也需要精神文明创建作为保障，必须两手抓，两手硬。正定多措并举，以创建全国文明县城为契机，健全乡村公共文化服务体系，组织开展"彩色周末"、文化下乡、文化惠民工程等活动，充分发挥农村书屋、文化广场作用，广泛开展文明村镇、星级文明户、文明家庭等群众性精神文明创建活动；挖掘农村传统道德教育资源，移风易俗，注重培育和践行社会主义核心价值观，丰富了农民群众精神文化生活，形成了崇德向善、见贤思齐的社会风尚，为建设高质量小康社会注入不竭精神动力。

着力改善民生，久久为功共享美好生活是建设高质量小康社会的核心所在。人民对美好生活的向往，就是我们的奋斗目标。正定坚持以人民为中心的发展思想，财政资金加大对民生投入，每年兴办一批利民实事。完善优质医疗资源，实施医疗改革，有效缓解了"看病难、看病贵"。不断增加优质教育资源供给，逐步完善城市交通网络，让群众享受高效便民交通。坚持"绿水青山就是金山银山"，生态效益与经济效益相结合，深入开展城乡爱国卫生运动，城乡环境整治成效明显，群众幸福感、获得感、安全感不断提升，让广大群众共享改革开放成果。

加强班子建设，凝心聚力抓好党的建设是建设高质量小康社会的重要保障。全面建成小康社会，加强党的领导是根本保证。正定不断加强和改进党的建设，进一步规范村干部工作行为；创新组织设置和活动方式，以点带面，引导农村党员发挥先锋模范作用，使领导班子形成梯次配备、搭配合理、上下贯通、优势互补的结构，党组织的凝聚力和战斗力显著增强，为建设高质量小康社会提供了有力支撑。

全面建成小康社会与中国县域发展

河北省唐山市迁安市

谱写迁安"两个率先"奋进新篇章

中共迁安市委全面建成小康社会调研组

党的十八大以来，迁安认真践行新发展理念，以加快资源型城市转型为主线，抢抓新型工业化和新型城镇化加速期，顺应阶段性规律，接续奋斗，推进创新发展绿色发展高质量发展，实现了因钢而强、靠转而美。2019 年中国县级市全面建成小康社会指数排名中迁安位列榜单第 40 名，为 121.27，标志着迁安率先全面建成小康社会。2019 年迁安人均 GDP 按年平均汇率折合 1.9 万美元，已达到高收入国家水平，标志着迁安进入初等发达经济地区行列、率先实现基本现代化，在唐山"三个努力建成"和"两个率先"中勇立潮头、走在前列。

一、迁安基本情况与优势

迁安市位于河北省东北部，燕山脚下、滦水之滨，1996 年撤县设市，辖 17 个镇乡，4 个城区办事处，534 个行政村，总面积 1208 平方公里，总人口 77.8 万人，建成区面积 44.4 平方公里，建成区人口 35 万人，全市常住人口城镇化率 59.0%，户籍人口城镇化率 37%，位列全国新型城镇化质量百强县第 12 位。

第一，历史悠久，文脉悠长。早在 4.5 万年前的旧石器时代晚期，境内就有人类繁衍生息，是中华文明的起源地之一。有 4 万多年前的旧石器时期遗址

7 处，有 1 万多年前的新石器时期遗址 18 处，有夏商周时期遗址 42 处。其中，爪村遗址出土的骨锥、骨针，被誉为"华夏第一锥"。长城穿越境内 45 公里，1.5 公里大理石长城被誉为万里长城中的绝景。经黄帝族徽天鼋等出土文物和文献考证，迁安是轩辕故里、黄帝古都，中华炎黄文化研究会迁安轩辕黄帝文化研究院正式落户。

第二，资源富饶，物华天宝。境内已探明矿藏有铁、石灰石等 20 多种，其中铁矿石储量 27 亿吨。河北第一大河滦河等 17 条河流贯穿境内，水资源总量 3.6 亿立方米。驰名中外的"京东板栗"产于此地，书画纸享有"北迁南宣"的美誉，是宝贵的非物质文化遗产。有长城、溶洞、温泉等旅游资源 20 余处，黄柏峪古老岩石距今 38.5 亿年，被誉为"地球岩石鼻祖"，山叶口国家地质公园被誉为"全息太古时代地质地貌档案馆"，古菱齿象化石是亚洲体型最大、保存最完好的两具古象化石之一。

第三，区位优越，交通便捷。西距北京 195 公里、天津 160 公里。境内公路密度是全国平均水平的 6 倍，铁路密度是全国平均水平的 11.8 倍，可直达秦皇岛、曹妃甸、京唐港、天津四大海港。津秦高铁在迁安设有客运站，形成了辐射晋、冀、辽、蒙的"3 小时经济圈"和通达京津大中城市的"1 小时通勤圈"，处在京津冀都市圈核心位置。

第四，改制到位、民资雄厚。1997 年迁安在全省率先开启企业彻底改制，全市 105 家市属企业和 564 家乡村集体企业全部民营化，加快建立现代企业制度，使之真正成为市场主体。此后以"双创"示范建设为中心，全力推动民营经济涉足新领域勇攀新高峰。到 2019 年底，全市共有民营经济户数 79057 家，同比增长 23.53%，其中民营企业 11036 家，同比增加 16.9%；新增中小微企业 2449 家，同比增长 24.5%，超年度目标 482 家。民营市场经济主体实现营业收入 3419.95 亿元，同比增长 19.84%；民营市场主体纳税 113.7 亿元，实现利润 288.6 亿元，4 家企业入选省民企百强系列榜单，蝉联省民营经济发展先进县。

第五，便利营商、项目强劲。迁安优化软硬环境建设，在全省率先运行了行政审批中介服务超市，推行"四个办"行政审批制度改革，打造"四最"

营商环境，园区 18 个审批事项统一下放，区域化评估"打包审批"开通了项目建设快车道；落实项目分包责任制，靠项目促转型谋发展，坚持把项目攻坚作为打赢经济社会发展"绝地反击战"的第一仗。截至 2020 年 5 月，共谋划实施重点项目 226 个，计划总投资 916.4 亿元，当年完成投资 207 亿元，省市重点项目全部开工复工，完成投资 98.6 亿元。全市 357 家"四上"企业、2778 家商贸企业及 17494 户个体工商户已全部复工复产。同时牢牢把握"疫情后"产业发展新趋势，坚持内激外引，通过云招商等形式，成功签约 29 个项目，65 个项目达成合作意向。

二、迁安重大成就与特点

第一，产业发达，经济强市。现有首钢、浙江物产、芬兰斯道拉恩索等 7 家世界 500 强企业和浙江中唐、正大管业等 40 多家行业领军企业，正加快培育"4+5+1"现代产业体系，是北方最大的硅钢生产基地、亚洲最大的单体线材生产基地、全国最大的彩印包装基地，2019 年全国工业百强第 26 位、科技创新百强第 25 位，是国家新型工业化示范基地、国家全域旅游示范区创建单位，2019 年全国中小城市百强第 17 位、投资潜力百强县第 5 位；2019 年，全市地区生产总值达到 957.8 亿元，"十三五"以来年均增长 6.5%；人均生产总值 11.9 万元，年均增长 5.6%；规模以上工业增加值年均增长 6.9%；一般公共预算收入完成 63 亿元，年均增长 15.7%；城镇居民人均可支配收入达到 43674 元，年均增长 8%；农村居民人均可支配收入 25418 元，年均增长 8.3%。

第二，产城融合，平台优越。坚持"依城建园、以园兴城"，按照板块式布局、链条式集聚、集约式发展的思路，投资 170 多亿元建成 4 家省级园区，其中 3 个与中心城区有机衔接，1 个位于沙河驿城镇组团。园区既为城镇化提供产业支撑，又为城镇人口集聚创造条件。目前，园区集聚了全市 90% 的规模以上企业，创造了 80% 的经济总量，提供了 50% 的就业岗位，带动了农村劳动力转移，提高了城镇人口聚集度，推动了城市经济增长和发展繁荣。同时围绕做强园区、激发活力，组建了国有控股集团，下辖园区开发、土地开发多家子公司，设立了产业引导、京冀股权投资多支基金，实行项目容缺审批、以租代建，为项目建设搭建了优越承载平台。

第三，山水融城，宜居宜业。三面环山、植被丰茂，全市森林覆盖率达到44.9%。城区规划滦河、三里河穿城而过，龙山、佛山、黄台山三山拱卫，建有大小城市公园65个，绿地率40.7%、绿化覆盖率42.04%。黄台湖景区是"国家级重点水利风景区"，三里河生态走廊获"中国人居环境范例奖"和"世界景观奖"。滦河综合治理工程形成了14平方公里大湖美景，获评国家文明城市、国家卫生城市、国家园林城市、中国宜居城市、世界健康城市，是国家海绵城市、智慧城市创建单位，晋级绿色发展百强县第43位、2020中国最具绿意百佳县市第17位。

第四，海绵城市，全国示范。迁安作为全国唯一一个海绵城市县级建设试点和河北省唯一一个全国海绵城市试点城市，自2015年起，运用"海绵+"理念，启动"五个一"创新模式（一个规划管全局、一个大包清责任、一个基金做支撑、一个服务满三年、一套制度作保障），在21.5平方公里示范区内，以"渗、滞、蓄、净、用、排"六字方针为指导，投资近25亿元，实施城市低影响开发、内涝防治、水质改善、供水保障与能力建设五大类共189项工程，完成69个小区海绵化改造、新增绿地30万平方米、改造雨污水管网50公里，高标准实现"小雨不积水、大雨不内涝、水体不黑臭、热岛有缓解"的海绵城市目标。目前，城区86%的区域实现了海绵化改造，城市排水防涝达到20年一遇暴雨不成灾的水平，彻底告别"雨季看海"。

第五，质量强市、品质迁安。自2017年获"全国质量强市示范城市"创建资格以来，迁安市积极贯彻落实高质量发展理念，在产业发展质量、生态质量、社会事业质量、城乡建设管理质量、公共文化服务质量、政府服务质量等六大领域实施转型提升，在全省率先设立县级政府质量奖，设立10亿元产业引导基金，实施标准化、品牌化战略。目前迁安共有15项产品采用国际先进标准，参与制修订了《连续铸钢方坯和巨型坯》等20余项国家标准、《行政（审批）服务综合考评规范》等40余项地方标准、《旅游景区特色采摘服务规范》

等 130 余项企业标准及《迁安桑皮纸》等 3 项地理标志商标和保护产品。拥有国家级"社会管理和公共服务综合标准化试点"项目 1 个，国家新型工业化基地 1 个，全国社会救助综合改革试点 1 个，海绵城市建设试点 1 个，唐山市政府质量奖组织奖 2 项，连续 5 年在唐山市质量考核中名列前茅，因"推进质量工作成效突出"受国办通报表扬。

三、迁安典型做法与成效

第一，壮大转型转行产业，让产业新城"强"起来。近年来，迁安市坚持以推进供给侧结构性改革为动力，坚持依托钢、延伸钢、不惟钢的思路，转型与转行接续，传统产业技改提升、新兴产业蓬勃兴起，发展质量和效益明显提升。一是坚决去，打赢化解钢铁产能攻坚战。在全省率先制定了《钢铁企业压减装备综合评价办法》，设置了环境保护、工资社保、链条延伸等 8 项指标，由环保、发展改革、人力资源社会保障等部门对纳入压减范围的装备进行综合评价，按照评价分数高低确定压减顺序，去谁不去谁、先去谁后去谁，办法说了算，一把尺子量到底，累计化解钢铁产能各 1000 万吨，淘汰和取缔高污染企业 2000 余家，提前 3 年完成"十三五"目标。二是主动调，推进钢铁产业量减值增。实施燕阳 800 万吨冷轧基地、首钢 100 万吨硅钢、首钢新能源汽车材料等一大批链条延伸项目等项目。同时，大力发展钢铁初深加工产业，实施了正大 350 万吨焊管、凯诺特航空装备等重点项目，装备制造业成为全市发展最快的产业，铁钢材实现全部配套，精品钢材产量达到 1220 万吨，耗钢能力提高到 752 万吨，精品钢材比重提高到 35%，实现了钢铁产品就地转化升值。三是加快转，着力构建现代产业体系。坚持以创建国家新型工业化示范基地、国家全域旅游示范区、全省工业转型升级试点示范县等为契机，改造提升传统产业、培育壮大新兴产业。先后实施了首钢 120 万吨冷轧硅钢、天道仓储物流、迁鹤 3D 玻璃盖板、中唐·天元谷文化旅游综合体、金岭矿山公园、生物医药产业园等项目，新兴产业年均增速 16.8%，成为全市新的经济增长点，构建了"4+5+1"现代产业发展体系，实现了精深、新兴、清新、高端发展。四是大胆接，推动协同创新发展。对接京津创新源头，深化与中国生物工程学会等大学院所合作，实现更多"京津孵化、迁安转化"。推进研创基地建设，重点深化与国家"千人计划"专家卫宏远团队、中科院天津生物技术研究所张东远教授合作，力促年产50万吨环保可降解高分子材料研发及生产项目尽快落户。抓好京津冀钢铁联盟（迁安）研究院、中科康源生物健康产业研究院建设，共创京津冀协同发展的标杆和样板，打造协同创新的"迁安模式"。目前，全市已有院士工作站3家，科技型中小企业607家，高新技术企业55家。迁安市坚决化解钢铁过剩产能推进产业转型升级典型经验做法受到国务院通报表扬。

第二，创新规划建设管理，让品质名城"靓"起来。一是顶层设计，高起点抓好城市规划。迁安把全市1208平方公里作为一个整体来规划，确立了1个中心城区、3个城镇组团、38个新型农村社区、48个特色保留村的"1—3—38—48"四级城镇发展体系，分类施策。中心城区着力扩大规模、提升形象、完备功能，增强区域辐射带动能力，打造城镇化"龙头"；城镇组团坚持基础设施先行，提高综合承载能力，加速产业、人口集聚，引领城镇化趋势；新型农村社区遵循"合、搬、建、改"四种模式，分批有序推进村庄撤并，实现就地城镇化；48个特色保留村庄突出乡土特色、传承历史文化，最大限度保留田园风光，让城镇化记得住乡愁。为确保四级城镇体系统筹推进，迁安扣好规划"第一粒扣子"，高标准编制了控制性详规、修建性详规、乡村规划等各类规划80余项，形成了覆盖城乡的规划体系。强化机制保障，制定了城乡一体化发展战略，把全域划分为产业聚集、生活服务、生态涵养三大主体功能区，不同功能分区实行不同的要素配置和考核评价机制，咬定规划不放松，一张蓝图绘到底。二是精雕细刻，高标准抓好城市建设。坚持"沿河布局、跨河发展"，确立了"一河两区两城"城市空间格局，拉开城市框架，老城新城一起建、面子里子一起抓、加法减法一起做。新城区不断做加法，进行内涵填充。奥体中心、天洋城城市综合体、红星美凯龙等翩然栖落，成为城市会客厅，华北理工大学迁安学院、迁安技师学院、衡水桃城中学迁安分校睿德学校先后建成，2020 年又投资 1.9 亿元的青少年宫及科技馆、投资 8000 万元的公交综合枢纽站、投资 1 亿元的健康管理中心、投资 1 亿元的新党校等重点项目加快建设，新城区功能日益完善。老城区做加减法，进行功能疏解转换提升。机关单位基本上从老城区疏解到南部办公新区，原有旧址转换为学校和公益用房，同步计划改造老旧小区 16 个，惠及群众 2.2 万人，启动兴安大街地下人防工程及周边改造项目，加快实施城市北延工程和城中村改造，远期可拓展城市空间 20 平方公里，公共服务水平和城市品位品质显著提高。三是精益求精，高水平抓好城市管理。抓好全国文明城市、国家卫生城市、国家森林城市、国家节水型城市、国家生态园林城市、全国质量强市示范市"六城"同创，推进城市品牌化科学化管理。理顺管理机构，改革执法体制、落实文明城常态化管理，围绕居民最关心的身边事，制定近千条精细化管理标准，推进社区网格化、数字化、长效化管理。以河北省第一批新型智慧城市建设试点申报为契机，加强新基建，积极与中国电子集团、华为公司等国家顶尖电子信息企业进行深度对接，拓展 5G 应用场景；将雪亮工程、森林防火平台、环保在线监控系统、智慧城管和海绵中心管理平台等各行业领域智能化信息平台建设成果与智慧城市平台建设有效整合，建设大数据管理中心，加快推进城市管理服务与现代信息技术融合，引进城市 E 管家，打造聪明的城市大脑，提升城市管理的数字化智能化智慧化水平，水城打造上当标杆。

第三，倾力再造绿水青山，让生态绿城"美"起来。牢固树立"两山"理念，严格落实"清、准、高、快、狠"要求，坚持标本兼治，植绿造林、理水润城、净土治山、清气提标，生态建设上当标兵。一是持续开展造林绿化攻坚。86 个街头绿地公园星罗棋布，投资 2 亿元的龙行、云型绿化带点缀现代标志区，滨湖植被缓冲带纵贯城区滦河左岸，截至 2019 年底，建成区绿化覆盖率、绿地率分别达到 42.9%、41.55%；按照"高大密厚彩"标准，以"四环、三沿、两山"为重点，每年投入近亿元，实施退耕还林、封山育林、人工造林等工程，完成营造林 4 万亩以上。目前全市有林地面积达到 77.3 万亩，森林覆盖率达到 44.9%，实现了人均一亩林，争创国家森林城市。二是全域治水清水润城。聚焦治水兴水、释放生态红利，完成投资近 130 亿元的滦河综合治理工程，总体形成 4 平方公里的黄台湖景区;投资 6.5 亿元完成三里河修复改造,成为一条"会呼吸的河道";投入 7.3 亿元实施西沙河综合治理、滦河—西沙河连通工程,惠及 39 个村、6 万余名群众,顺势谋远引青入滦工程即将启动,实现河湖水系全域贯通、清水润城。三是推进矿山治理培育生态产业。直面矿山历史欠账,完成矿山治理 4300 多亩,积极探索"矿山修复+"模式,鑫达固废利用、利合农业耕养投入运营,金岭矿山公园、棒磨山现代农庄等项目加速推进,昔日生态包袱正蝶变为生机勃勃的"绿水青山"、孕育产业的"金山银山"。四是开启空气质量"40 时代"。开展八大专项行动,推进"散乱污"企业深度整治,确保全市环境安全。迁安累计投入 100 多亿元,率先完成全流程超低排放改造,鑫达集团、九江线材、燕山钢铁 3 家企业获批省级绿色工厂,首钢迁钢更是成功创建全国首家钢铁环保 A 类企业。聚焦优化能源结构、运输结构,完成"双代"改造 4 万户,铁路专用线建设覆盖全部钢企,全市 PM2.5 平均浓度达到 49 微克/立方米,比 2013 年下降约 56%,实现了有环保记录以来的最好水平;2019 年全年空气质量优良天数 241 天,优良天数占比超 66%。以湖为心、以山为骨、以水为脉、以绿为韵、以文为魂、以林为网,经济低碳化、城市园林化、城郊森林化、绿道休闲化、农田林网化、村庄花园化,遵循着人与自然共生、共存、共荣、共乐、共雅、共享的天人合一的境界追求,突出生态之韵,体现现代之美,生态绿城魅力无限。

第四,补齐"三农"短板,让乡村振兴"实"起来。2019 年开展农村人居环境全面整治。依托投资 3 亿元的桑德垃圾焚烧发电项目,将农村卫生保洁、垃圾转运整体打包、委托运营,彻底解决农村垃圾围村现象。投资 4585 万元实施 3 个城镇污水处理厂等项目,新增污水处理设施 901 套,解决农村生活污水处理难题。全面实施村庄清洁工程,组织开展了"五清"行动专项拉练,彻底根除农村环境死角死面。深入推进"厕所革命",年内完成 1.6 万座扫尾任务,率先实现卫生厕所全覆盖。投资 1.5 亿元的中广核生物燃气项目正式签约,竣工后年可处理玉米秸秆 4 万吨、畜禽粪便 10 万吨,将有效解决农村污染物排放问题。2020 年迁安市按照乡村振兴"20 字方针"的总要求,补短板、强基础、壮实力,计划投资 5 亿元,点、片、线、面相结合,推进"2+5+4"任务目标体系，即打赢农村人居环境整治三年行动和脱贫攻坚两个收官战，高标准完成省级乡村振兴示范片区、省级村庄清洁行动示范市、省级农村人居环境整治项目、省级"两高"沿线村庄环境整治项目、省级乡村振兴精品路线五项重点工作，实现乡村振兴"数字化"、基础设施"标准化"、产业升级"模式化"、乡村治理"现代化""四化"目标，全域推进乡村振兴战略，成功跻身国家"四好农村路"示范县、中国美丽乡村建设示范县，努力打造全国有位置、全省一流的乡村振兴"迁安样板"。

第五，聚力提升公共服务，让幸福之城"高"起来。坚持以为民实事工程为载体，一批群众的操心事、烦心事、揪心事得到有效解决。坚持"幼小中高民职"六位一体，加快推进 42 所中小学、幼儿园新改扩建，持续解决"大班额""入园难"等问题，壮大民办教育，组建初高中教育集团，精心办好优质教育。加快基层区域医疗中心与市级医疗机构医共体建设，8 大基层医疗服务中心辐射全域，全市药品零差率销售让利群众 3540 万元，"三医联动"改革扎实推进，获评河北省县级公立医院综合改革示范县、中医药强县，全力推进健康管理中心建设、大力发展医疗康养产业、加强健康促进县和国家卫生城市建设，投资 460 万元，率先在唐山市建成了市人民医院、中医医院和疾控中心三个核酸检测实验室，为打赢疫情防控战提供医疗保障。精准实施扶贫扶助措施，115 户、302 人建档立卡贫困户提前一年实现脱贫，3 万农村困难人口免费享受防贫保险。高质量完成全省唯一的全国社会救助综合改革试点任务，发放各类救助资金 5900 万元，民生保障兜底网络越织越密。在全省率先实现医疗保险、养老保险、生育保险全覆盖，城乡低保标准保持全省领先水平，位列全国义务教育发展基本均衡市和全国健康城市创建试点，晋级 2018 年全国幸福百强县第 55 位，中国大陆最佳县级城市第 28 位。2019 年又先后获评国家公共文化服务体系示范项目、首批省级公共文化服务体系示范区和首批省级全域旅游示范区，"双创双服"公共文化服务工程在唐山市综合排名中位列第一。实现了幼有善育、学有优教、老有厚得、病有良医、老有颐养、住有宜居、弱有众扶，百姓幸福感、获得感、安全感与日俱增。

四、迁安基本经验与启示

第一，树牢政治意识实现创新发展。一个地区的发展，关键在于能否敏锐地认识机遇，牢牢把握机遇，努力用好机遇，并实现思路创新。1984年，胡耀邦同志来迁讲话题词"解放思想提前致富"，迁安"三大工厂"建设奔小康，"围山转"工程开启生态农业新起点。1992年党的十四大，江泽民同志提出社会主义市场经济体制改革目标，1997年党的十五大，在邓小平理论指导下，迁安民营化改制彻底全面走在了全省前列。2001年北京申奥成功、2002年党的十六大，在江泽民"三个代表"重要思想指引下，"钢铁迁安中等城市"奔富强，奠定了工业化和城镇化的"四梁八柱"。2007年在党的十七大上，胡锦涛同志提出科学发展观，迁安探索11例科学发展示范模式，2010年顺势开启"四五"转型攻坚新征程，"魅力钢城绿色迁安"探索绿色转型新实践。2012年党的十八大后，迁安确立"12336"发展新思路，走上加快转型绿色发展跨越提升新路，"魅力水城绿色迁安"踏上生态文明建设新征途；党的十九大提出支持资源型地区经济转型发展，迁安在习近平新时代中国特色社会主义思想指引下，提出"4169"转型中国范例"三步走"发展新部署，2019年又科学确立"51567""北方水城美丽迁安"新方略，开启全面高质量发展走在前列新时代。紧跟总书记，紧跟党中央，结合本地实际制定切实可行发展思路，创新发展推动了思想激荡、智慧涌流、源源不断。

第二，把握阶段规律实现阶梯发展。事物发展规律不仅有螺旋式上升、波浪式前进，更有阶梯式发展。迁安领导人谋大势，观全局，以开放格局、全球视野、战略思维，每逢重要阶段和关键节点，都能做出顺应大势、符合规律、制定出切合实际的方针政策。迁安在工业化起飞阶段（1984—2001年）确立了矿业主导型城市，"三大工厂"建设使矿产资源、农业资源和劳动力资源全部激活，工业化、城镇化、民营化"三化"改革全省领先，"科教推动、外向带动、城建启动""三动战略"动力强劲，为加速期做了全面准备。工业化加速阶段（2001—2007年）形成了双轮驱动型城市，"依托首钢、服务首钢、发展迁安"为迁安加速发展插上了两翼，"钢铁迁安中等城市"两大主体战略的实施奠定了工业化、城镇化的总体框架。工业化转型阶段（2007—2018 年）衍生出经济全面转型城市，当人均 GDP 达到 5000 美元到 8000 美元时，迁安在资源型城市发展进入成熟期及时确立"四五"转型攻坚计划，"依托钢、延伸钢、不惟钢""对接京津、服务京津、发展迁安"开启主动式转、自主式转、同步式转、增强式转的先例。工业化再生阶段（2018—2050 年）又蜕变成生态文明型城市，打造资源型城市转型的中国范例、建设"北方水城美丽迁安"开启了迁安高质量发展、生态文明建设新时代。因此顺应阶段性规律和特征顺势实现阶梯发展，就能赢得主动、赢得优势、赢得未来。

第三，推进三产优化实现多元发展。迁安市 2016—2019 年三产占比依次为 4.8∶59.2∶36.0、3.6∶57.6∶38.8、3.3∶57.9∶38.8、3.4∶63.3∶33.4，四个年度工业占比一直高于 50%，矢志不渝做大做强以第二产业为主导的实体经济，彰显工业强则城市恒强的特有发展规律，成为一个成熟稳健的经济体，提高了抗风险能力，不断打造韧性经济体，确保百强县位次不断攀升。依托产业门类齐全的优势，推进产业迭代升级。2010 年提出"三足鼎立、两翼齐飞"产业转型新格局，到 2013 年提出构建"3+5+6"现代产业体系，到 2018 年提出五大板块，再到 2019 年构建"4+5+1"现代产业体系，劳动力密集型、资本密集型、技术密集型产业梯次演进，多元驱动促成了无中生有、有中生新，生生不息。

第四，打造五大板块实现融合发展。"十三五"期间，迁安打造园区经济板块推进新型工业化，打造城市经济板块推进新型城镇化，打造绿道经济板块推进农业现代化，打造"互联网+"经济板块推进新型信息化，打造特色小镇经济板块推进城乡一体化。五大经济板块承载了迁安转型升级的新希望，园区板块主要体现了工业经济的转型，城市板块主要体现了城市服务业的转型、绿道板块体现了农业的转型，"互联网+"板块体现了信息化智能化的发展方向，特色小镇板块体现了城乡一体化、产业融合化的新趋势。五大经济板块深度融合，串起西部工业区、中部生活服务区和东部、北部农业生态区三大功能区，带动三次产业协调发展同频共振，促进整个产业的转型升级，"五化"融合发展释放出 1+1>2 的综合倍增效应，加快了质量变革、效率变革、动力变革。

第五，落实以人为本实现全面发展。一个地方的发展就是引资本引产业引人的发展。迁安通过链条延伸向多元并进、推动转型转行引来工人，通过有限资源向无限资源、布局全域旅游引来游人，通过有形纸质向一网通办、便利营商环境引来商人，通过城乡统筹向城区引领、做强中心城区引来农人，通过有学可上向好校可选、打造教育强市引来学人，通过有病可治向治病更好、培育名医名院引来病人，通过绿水青山向金山银山、做活山水绿文引来文人，通过老有所养向颐养天年、发展休闲养生引来老人，通过有形资产向无形资产、扮靓城市名片引来客人，通过京津研发向迁安智造、设置产业基金引来智人。全面发展既依靠人又为了人的发展，实现了动力和目标的相互促进、相互统一、相生相合。

五、迁安发展建议与思考

第一，坚持安全发展构建生命健康产业集群。生命健康产业是与人的身心健康相关的一切产业活动的总称，是横跨第一二三产业的综合产业体系，由健康农业、健康制造业和健康服务业三大板块组成，具有产业内容丰富、产业链条长、科技含量高、带动能力强、低碳环保等特点，主要包括医药、医疗器械、医疗服务、健康管理、养生保健、健康旅游等产业形态。要围绕"医、药、械、养、健、游、食"七位一体生命健康产业发展体系，积极布局基因＋精准医疗、新药研发、中医中药现代化建设、食品安全防控技术、新型移动医疗、介入治疗和可穿戴智能设备制造等行业，打造"一城三地"战略格局：建设冀东北健康享寿城、长寿有机食品供应链基地、京津唐休闲旅游目的地、京东大健康产业聚集地。

第二，坚持扩大内需形成内外双循环新发展格局。抢抓疫情后经济发展契机，引资本补链强链壮链，以迁安西部经济开发区为核心，在半小时到 1 小时车程半径内（5—20 公里半径）形成整个上中下游 70% 以上的零部件、半成品的集群化生产基地，修建闭合铁路网络构建绿色供应链，把上庄循环产业园、宏奥工贸、太平庄循环产业园三个地块 4.45 平方公里纳入经济开发区托管，推动精品钢铁、装备制造、现代物流、现代化工四大产业链集群式发展、数字化转型，最大限度降低运输成本，缩短物流时间，提高物流调度效率，最大限度地避免各种自然灾害、疫情灾难的冲击，强化产业链的抗风险能力，构建生产大循环格局。着眼提高从事公共服务行业低收入群体（社区工作者、辅警、环卫工人等）的工资水平，提标农民养老保险基础金，提升这些群体的消费能力。同时围绕"吃、穿、用、游、养、娱"消费层次，大力生产终端消费产品及服务，提高消费品品质和服务层级，扩大自产自销范围，打造生产强市、消费强市、创新强市和外贸强市。

第三，强抓"两新一重"政策契机壮大第三产业发展。按照钱纳里工业化发展阶段理论，迁安 2019 年人均 GDP 折合为 1.9 万美元，处在发达经济体高级发展阶段，核心圈层以服务业、高端制造业为主，中外圈层加快建设先进制造业基地，大力提高自主创新能力，三次产业结构中由于产业升级转型迫切需要发展资金密集型和技术密集型的行业，对服务业的发展有广阔的需求空间。迁安市 2016 年至 2019 年四个年度三产占比平均为 36.75%，远低于同期全国水平和发达省水平，2019 年不升反降仅为 33.4%，可见平稳增长的基础还不稳固，提升潜力还很大。因此要强抓"两新一重"政策契机，加强县城城镇化补短板强弱项工作，加快项目谋划包装申报，争取更多国债资金支持，加大投入打造教育、医疗康养高地，提升政府公共产品和服务的供给能力及水平。同时大力发展生产性新兴服务业，如金融、信息、广告、咨询服务、研发设计等，提高第三产业的增幅。

第四，构建三级城镇规划体系做强中心城区。中国未来城市化及经济发展是以中心城市带动都市圈、城市群的模式为核心，大中城市人口将持续增长，小城市人口在不断缩减。官方统计，2017 年至 2019 年三个年度，迁安总人口一直维持在 77.8 万人，仅比 1996 年撤县设市净增 10 万人，建成区面积 44.4 平方公里，依据 1 平方公里 1 万人、正负 20% 均在合理范围的标准，理想城区人口应为 40 万人，现城区人口约 35 万人，2019 年常住人口城镇化率

59.0%，低于全国 60.6%，人口城市化滞后于土地城市化，因此在旧标准出台的"1—3—38—48"四级城镇发展体系，要顺应我国城市化发展趋势特征，结合"十四五"规划编制，提高中心城区比重，削减农村社区，调整为 1 个中心城区、若干特色小镇、若干特色保留村三级体系，同时推动撤乡设镇进程，加快聚集中心城区人口，做大城市经济。

第五，做好传承提炼培塑"16 字"迁安精神。习近平总书记特别强调要弘扬"四位一体"的伟大民族精神，即创造精神、奋斗精神、团结精神和梦想精神。迁安作为黄帝故都、龙的传人，基因中传承着"开拓创新、以人为本、崇德弘道、协和天下"的黄帝精神内核，20 世纪八九十年代形成了"团结、求实、拼争、奉献"的迁安精神。2007 年后在科学发展示范市创建过程中，形成了"厚德、自强、开放、创新"的新时期迁安人文精神。2019 年又形成了"转型典范、品质迁安"的迁安城市质量精神。因此，新时代迁安精神可概括为"厚德为民、自强奋斗、开放创新、绿色发展"，其中厚德为民是规律遵循和核心使命、自强奋斗是基因情结和支点支撑、开放创新是必备条件和第一动力、绿色发展是底色根基和路径目标。新时代"16 字"迁安精神诠释了迁安人积极改造主观世界与客观世界的辩证统一，践行着开放创新的动力支撑，恪守着绿色发展的路径抉择，"四位一体"系统而完备，统一于迁安高质量发展的伟大实践中，体现了继承性、连续性、创新性和时代性，必将成为推动迁安全面高质量发展走在前列的强大精神支撑和不竭动力源泉。

迁安，从成绩中转身，拥抱了机遇；从历史中转身，拥抱了转型；从安逸中转身，拥抱了趋势。拥抱新生、拥抱希望、拥抱时代、拥抱未来！

上海市徐汇区

惠民生　慧产业　绘美景　汇治理

——徐汇区全面建成小康社会的"汇模式"

中共上海市徐汇区委宣传部

2020年是我国全面建成小康社会的收官之年。党的十八大以来，以习近平同志为核心的党中央坚持以人民为中心的发展思想，习近平总书记在上海考察时还提出"人民城市人民建，人民城市为人民"的重要理念，赋予全面小康社会以人民利益至上的价值取向。

承千年龙华江南古韵，汇百年海派文化之源，徐汇是上海连通世界、对话未来的一扇窗口。近年来，徐汇区立足现代化国际大都市一流中心城区定位，践行"人民城市"的重要理念，全力建设创新徐汇、幸福徐汇、文化徐汇、美丽徐汇。依托医疗教育优势资源，不断加大民生普惠力度；构筑人工智能新高地，让产业发展更加智慧更有内涵；用好徐汇滨江这块"大衣料子"，绘出世界级的滨水生活岸线；打通部门壁垒打破条块分割，推动"汇治理"平台实现"民有所呼，我有所应"……一系列基层创新，谱写新时代"城市，让生活更美好"的徐汇篇章。

一、水岸汇，秀"双 A"，构筑发展新地标

"这是上海中心城区一块珍贵的大衣料子"——黄浦江畔的徐汇滨江岸线

长达 11.4 公里，面积 9.4 平方公里，开发总量 950 万平方米。从 2012 年起，徐汇滨江有了一个全新的品牌——WEST BUND 上海西岸。

珍贵的大衣料子，就要精裁细剪。从全球直播的路易威登滨江大秀，到巍然矗立的西岸国际人工智能中心。从环境高"颜值"，到经济高价值。徐汇滨江打造的"AI（人工智能）+ART（艺术）"引擎，成为区域高质量发展的一张闪亮名片。

科技创新将为滨江建设注入新的活力和动力，徐汇区正在全力推进人工智能与滨江融合发展这一"一号工程"，打造徐汇发展的新增长极，也构筑起上海发展的新地标。为上海建设国家人工智能高地贡献徐汇智慧和徐汇力量，西岸智慧谷建成了西岸国际人工智能中心（AI Tower）等载体，央视、微软、腾讯、华为、商汤等行业龙头企业落户，上海期智研究院、上海树图区块链研究院等高端研究平台已签约入驻，顶尖科学家和人才也在这里汇聚，一条集"产、学、研、用"为一体的人工智能产业链正在加速形成。同时，向南延伸打造北杨人工智能小镇（AI Town），规划总建筑容量超 100 万平方米，对标全球科创社区样本，培育 AI 总部生态，为徐汇区的发展提供科技引擎。

遵循文化先导的理念，对标巴黎左岸和伦敦南岸，徐汇滨江开启生产型岸线向生活型岸线的华丽转身。西岸建成了风光秀丽的景观大道，建设世界级滨水开放空间。沿江龙美术馆、余德耀美术馆、西岸美术馆、星美术馆、油罐艺术公园、西岸剧场群等众多文化艺术空间连片发展，让西岸这张上海的名片更加耀眼璀璨，也极大地丰富了市民的文化生活。

在打造科技和艺术高地的同时，西岸为无敌江景添上了有温度的综合服务，围绕"人"做文章，为打造市民的美好生活而不懈努力。在 8.4 公里的岸线建设 20 个固定的"水岸汇"，推进公共服务站点建设，面向市民游客开放。水岸汇的 logo 是六滴水构成的，有三层含义：一是代表滨水特征，把沿江二十多处公共空间打造成水岸汇。二是代表六大服务功能，包括卫生、资讯、休憩、活动、寄存和应急服务，满足市民的点滴需求。三是代表六种颜色，水岸汇改变了传统的政府主导的单一运作模式，最大限度整合政府、社会、市场资源，发挥徐汇消费品牌总部集聚的优势，与百胜、星巴克等国际品牌以及乔家栅等老字号合作，引入专业化、市场化、品牌化的团队，实现优势品牌、优质空间和优良服务的强强联合。

"品得了江，看得见绿"——水岸汇正在建设成为既有卓越水岸品质又有西岸文化特色，更有生活服务温度的公共服务新品牌，让市民游客真正共享卓越西岸新生活。

二、邻里汇，汇邻里，美好生活共同体

"城，所以盛民也。"——城市是老百姓的幸福乐园。更美好的生活不仅要瞄准市民群众基本的民生需求，还要更好满足多层次、个性化、高品质的民生需求。建设一流中心城区，徐汇在"品质民生"方面同样冲在一线。

百姓百样事，家门口都能"搞定"——徐汇区坚持以民为本，打造社区15分钟生活圈和"一站式"服务综合体，建成街镇邻里汇18家、居民区邻里小汇306个，正在启动建设漕河泾地区4万平方米国际邻里中心，形成"1+18+306"三级网络体系。2020年年中的上海市委全会上，徐汇"邻里汇"作为民生服务品牌被写进市委文件中。

斜土街道江南新村"邻里汇"是徐汇区第一家"邻里汇"，江南新村是20世纪五六十年代为江南造船厂职工们建立的工人新村，居住在这里的人大多数是曾经在江南造船厂工作过的老职工。为了实现自我管理、自我服务、自我教育、自我监督，江南居民区党组织和居委会将社区志愿者团队中的骨干成员以及物业经理、业委会主任、党组织和居委会骨干组成一支议事队伍，最终定名为"匠心舫"，居民有了共同的情感记忆和文化认同，大家群策群力、共建共享，有效整合公共资源、打造公共空间，共同协商公共事务，以"小平台"聚集"大能量"。

江南新村邻里汇是这样一个公共议事的载体和提供公共服务和公共空间的综合体，邻里汇是党群工作的连心桥、居民活动的"会客厅"、家门口的"托老所"和社区服务的"加油站"。邻里汇整个建筑共有四层，总体设计明快简洁，

色调以橙色为主，呈现出温馨活泼的氛围，让"小空间"激发服务"大创新"。

长桥街道将邻里小汇在 32 个居民区全面铺开，邻里小汇正逐步成为实现居民梦想的舞台。中海瀛台的邻里小汇是长桥最早的一个，它将"瀛台拾贝湾悦读馆""芳邻客堂""楼道会客厅""瀛台管家驿站"等一系列特色自治项目汇聚于此，吸引小区全年龄层人群参与家园事务，形成线上线下自治联动的"小空间大治理"格局。还有，园南一村"心园汇"辟出"纺织角"，让非遗文化走进小区。港口居委打造"安馨汇"，为小区各支巡逻队伍开辟安心温馨的休息点。邻里小汇成立由居民组成的"自治管理委员会"，把使用权和管理权完全交给居民，挖掘、集聚"能人""达人"参与家园治理，共建美丽家园。

三、汇治理，共参与，良性互动增效能

在线上，打通部门之间的数据壁垒，让群众从"找部门"到"找政府"；在线下，打破条块藩篱，跳出各自为战的"小视野"，形成条条协同、条块联动的"大格局"。通过推动政务服务"一网通办"和城市治理"一网统管"相互融合，徐汇正在形成独具区域特色的"汇治理"模式。乐山新村位于徐家汇街道的西北角，这个地块是 20 世纪 80 年代由棚户区改造出来的，硬件设施比较薄弱、环境空间杂乱。难以想象的是这里就在繁华的徐家汇中心背后！如何开展乐山新村综合治理工作，如何赢得这场硬仗，如何把难点变成亮点？

街道在乐山新村组建了临时的联合党支部，发挥统筹协调的作用。联合党支部由街道领导担任书记，城管中队队长、派出所副所长、房管局物业科科长等职能部门负责同志担任副书记，乐山新村所有居民区党组织书记担任支部成员。联合党支部统筹推进综合治理工作，协调解决"拆建管治"中的难题。

首先开展的工作是大走访大调研，掌握需求和资源。社区治理不仅注重问题导向，还要注重资产为本，也就是说要了解问题和资源。在调查居民需求的同时，梳理了 3 张清单，第一张是党员清单。发动和组织群众，要发挥党员作用，这次梳理出了 628 名党员。第二张是居民骨干清单。要挖掘社区达人、

能人，社区自治要靠这些骨干。第三张是困难家庭清单，共梳理 197 户。

打破小区之间的隔离，构筑乐山大社区。乐山新村的公共设施本身就不足，小区之间的围墙隔离更让公共设施服务资源捉襟见肘。为了推进各小区公共资源的统筹整合，打破小区之间不必要的隔离，将分散的小社区整合成一个大社区，共建共治共享。着力打造了乐山二三村的邻里汇，开设了乐山六七村两网融合服务示范点，开设了街道社区受理服务中心延伸服务点等。

为了改变脏乱差的状况，一共拆除了 1185 平方米的违章建筑，不少居民感叹"拆违后，小区变宽敞干净了"。拆建并举、管治并重。先后推进了小区生活垃圾库房升级改造、非机动车棚智能化改造、小区供水改造、小区出入口改造等实事项目 35 项。与此同时，还成立了居民自治理事会，通过民主协商，讨论社区事务，先后开展了"美丽楼道""乐居生活""乐活社区"等一系列的自治项目。还有两栋楼顺利推进了既有住宅加装电梯的成功签约。

乐山新村的综合治理改变了以往传统的单一做法，从调研开始就注重群众力量的挖掘，不仅要坚持问题导向、需求导向，还引导资产为本的社区治理。不仅实施拆除违章建筑、修缮道路的硬治理，还注重开展居民自治、营造社区文化的软治理。这种一体化的治理模式很好地将党的制度优势转化为治理效能。

四、汇文化，传文脉，活化利用展魅力

"文化是城市的灵魂""要像善待老人一样尊重和善待城市中的老建筑""实现老建筑、原风貌、新价值的'活态保护'"……遵循"活化利用"的思路，徐汇努力在历史建筑的"活化利用"上形成长效机制，让历史街区既可赏，又可游，还宜居，更好地延续城市文脉、保留城市记忆。

徐汇是海派文化的发源地，衡复历史文化风貌区有 4.3 平方公里，优秀的历史建筑有 1074 幢，上海"永不拓宽的道路"64 条，其中 31 条就在徐汇。衡复风貌区是海派文化最具特征的地理标识，也是徐汇最重要的一张城市文化

名片。

近年来，徐汇区大力推行微设计、微更新、微治理的城市风貌保护和活化的理念，推动风貌品质提升和城区治理双向赋能，打造"全球城市的衡复样本"。通过"工笔画"设计激活"老房子"。"由点及面"，做精历史建筑的修缮，加强城区城市设计，以精品项目带动片区品质提升，打造业态、生态、形态、文态"四态融合"的特色街区。建业里为代表的成片石库门里弄，构成了岳阳路—建国西路慢生活街区静、雅、柔的时尚底色；黑石 M+ 园区的建成和东平路的改造提升，将助力汾阳路—复兴中路音乐街区成为亮眼的城市音乐名片。"由表及里"，延续城市历史文脉，叙说老房子的百年故事，先后开放了巴金、张乐平、柯灵、夏衍、草婴等名人故居（旧居），推动"建筑可阅读"，开发 30 余条文旅线路，让市民游客充分体验风貌区的历史文化魅力。

通过"精细化"治理留住"烟火气"，统筹推进历史建筑修缮和小区治理，特别是针对风貌区业态治理，没有简单用行政命令的方法，而是充分听取商家、居民业主和专家意见，街道提出"便民小店优先发展、特色小店鼓励支持、无证小店有效管理"的工作思路，为元龙音乐书店等文化小店纾困解难，为伊丽包子铺等便民小店风貌更新，打造了一批"和美小店"，留住了街区的烟火气和人情味。

五、结　语

率先打造在线新经济"生态群落"，全力跑出人工智能"马赫级"加速度，徐汇用高质量发展夯实人民城市建设的物质根基。

从老人就餐到长者照护，从文化休闲到亲子活动，徐汇在家门口为百姓提供高品质的民生服务，以大民生视野增进百姓福祉。

既有有形的"邻里汇"，又有无形的共同体。坚持共建共治共享，徐汇让人民群众真正成为城市发展的积极参与者、最大受益者、最终评判者。

把握好制度、审美和治理三维统一，让"建筑可阅读、街区宜漫步、城市有温度"，在徐汇随手一拍，就能留下"里弄小巷石库门，梧桐树下小洋房"的美丽剪影。

人民城市，就是把城市建设成"人民想要的样子"。推动高质量发展、创造高品质生活、提升高水平治理，"卓越徐汇、典范城区"正向你我加速走来。

全面建成小康社会与中国县域发展

上海市虹口区

家门口的市民驿站　高品质的美好生活

中共上海市虹口区委宣传部

虹口区作为上海市的中心城区，一直以来就是上海乃至全国人口密度最大的城区之一，也是老龄化程度最高的城区之一，市民群众特别是老年人，对就近咨询、办事、看病、就餐、助老、助幼、心理慰藉等社区服务需求十分强烈。

虹口区委、区政府坚持以人民为中心的发展思想，从 2015 年下半年开始，全面在辖区内划片布点、因地制宜布局建设市民驿站。到 2018 年 8 月，全区 35 个市民驿站全部建成。2018 年 11 月 6 日，习近平总书记亲临虹口区市民驿站嘉兴路街道第一分站视察，充分肯定市民驿站工作，指出"继续这么干，继续这么完善，社区搞好了，上海就能搞好，国家也能搞好"。

一、群众的需求就是我们的工作目标

（一）认识不断提升，标准不断优化

面对人民群众对"家门口"服务的殷切期盼和上海新一轮城市发展规划打造 15 分钟生活服务圈的要求，面对市民驿站初期存在的硬件较差、功能单一、群众不满意、基层有畏难情绪等现实问题，区委、区政府带领全区上下团结一心，主动对接市委"1+6"文件精神，2016 年"解放思想大讨论"解决了思想认识问题，2017 年"全面推进高标准管理"基本完善了市民驿站的建设标准，2018 年"大调研"和"制度建设年"进一步提升了市民驿站的服务能级，2019

年"不忘初心、牢记使命"主题教育进一步深化了为人民谋幸福的初衷。

（二）牢记殷殷嘱托，强化思想认识

2018 年，习近平总书记视察市民驿站后，区委、区政府以习近平总书记的殷切嘱托为使命，先后制定落实《关于深入学习贯彻落实习近平总书记考察上海重要讲话精神奋力开创新时代虹口高质量发展高品质生活新局面的实施意见》《虹口区深化市民驿站功能建设的实施意见》等文件，着力将市民驿站建设成为打通城市治理"最后一公里"的有效载体，作为践行"城市让生活更美好"理念的实际行动。2019 年 10 月 23 日，区四套班子成员、各街道办事处负责人及嘉兴路街道居民 60 余人重温习近平总书记视察嘉兴路街道第一分站的重要讲话精神，现场发布《虹口区市民驿站高标准建设导则》，进一步深化市民驿站建设，优化服务功能体系，打造高品质生活。

（三）形成工作品牌，总结推广经验

近年来，虹口区市民驿站得到了上级和群众的高度认可，也受到了社会各界的广泛关注，从央媒到市媒都进行了大量的报道，如 2019 年 10 月 23 日，《新闻联播》头条用时 3 分钟，对虹口落实习近平总书记嘱托的工作进展情况进行了报道。区委、区政府及时总结推广相关经验，编撰了一本书《总书记来到了市民驿站》，创作了一首歌《我们的市民驿站》，讲述了一堂课《不忘初心牢记使命实现人民对美好生活的向往》；在市委宣传部指导下，在友谊会堂举办"牢记嘱托　践行使命——我们的市民驿站"情景式宣讲报告会，获得各方高度认可，相关作品将纳入 2020 年上海市各界人士春节团拜会。近年来，市民驿站接待了来自兄弟区县、全国各地的学习考察，已经成为虹口乃至上海在社会治理领域的一张闪亮的名片，为"人民城市人民建，人民城市为人民"提供了虹口样板。

二、再困难也要办好"市民驿站"这一民生工程

虹口在建设市民驿站的过程中面临财政预算有限、可用空间不足、人员

队伍紧缺、承载能力较弱等客观困难，区委、区政府坚持"再困难也要搞民生"，全区上下团结一心、迎难而上，切实贯彻落实习近平总书记关于"要及时感知社区居民的操心事、烦心事、揪心事，一件一件加以解决"的重要指示精神，努力做到三个实现。

（一）空间上，实现"15 分钟就能走到"

习近平总书记强调，要"把服务管理的触角延伸到城市的每一个角落"。虹口区总面积 23.45 平方千米、常住人口 80 万人，存在人多、地少、可以用于驿站建设的空间更少的现实问题，导致市民驿站建设中最难解决的问题就是"找地方"。为突破土地资源瓶颈、有效满足广泛群众需求，区委、区政府组织开展了全面的调研走访，全区上下动了不少脑筋、想了不少办法，形成"四个一批"工作模式（公益配套落实一批、剥离街道招商引资职能划转一批、"五违四必"整治腾出一批、撬动社会资源共享一批），成功实现市民驿站在辖区的全覆盖。建成后，每个市民驿站平均覆盖 0.67 平方公里、服务 2.3 万人，让每一个虹口人走出家门步行最多 15 分钟便能享受便捷的服务，成功构建"15 分钟社区生活服务圈、网格管理圈和党建活力圈"。

在此基础上，2019 年起，区委、区政府充分发挥市民驿站服务空间、服务品牌溢出效应，将社区内的家庭医生诊所、就业服务站、助餐点、阳光之家（助残）、长者照护之家、老年人日间照护中心、居民区活动室、物管中心等具有一定规模的服务设施及其服务项目纳入市民驿站服务版图，实行统一冠名、统一标识、统筹管理，高标准打造富有服务特色、具有品牌效应、深受群众欢迎的市民驿站延伸服务点，进一步拓展市民驿站的承载能力和社区资源的服务效能。通过延伸服务点建设，全区市民驿站服务空间拓展 3.2 万平方米，总面积达 7.7 万平方米。

（二）时间上，实现"全年无休"

市民驿站陆续建成后，越来越多的上班族反映工作日没办法享受到市民驿站温馨的服务，十分"眼红"。但是，以街道的实际情况，无论是工作人员数量，还是专业服务能力，都难以满足此类需求。为此，在总结北外滩街道市民驿站探索实践经验的基础上，2018 年起，全区所有市民驿站通过整合政府、社会、市场等各类资源和力量，特别是引入志愿者服务机制、错时制、轮休制，全面推进全年无休模式，2019 年超过一半实现全年"不打烊"，2020 年底前所有站点全部落实到位。

在做实线下服务的基础上，为了更好地满足广大群众的需求，区委、区政府打造了市民驿站云平台，全天候提供信息发布、活动展示、咨询预约、居民互动等服务功能。特别是 2020 年 2 月至 4 月，受新冠肺炎疫情影响，市民驿站虽然线下闭站，但仍然坚持在线上提供服务，并对重点对象开展因需制宜的点对点、送上门的送餐、送药等关怀服务。如江湾镇街道打造了"指尖驿站"，为社区居民提供在线疫情防控知识宣传以及亲子早教、烘焙等课程服务。

（三）运行上，实现"政府 + 市场 + 社会"

市民驿站通过政府负责主体运行、条线部门垂直管理、引进市场专业资源、组织志愿公益服务等模式，构建"党建群建、生活服务、就业服务、事务办理、心灵港湾、网格化管理 + 特色服务""6+X"服务功能体系，集助老、助幼、助医、助乐等 280 多项服务事项为一体，实现社会各界共建服务平台、共享服务资源。如曲阳路街道 4 个市民驿站都开办了社区食堂，街道给予租金、水电补贴，辖区内学校、医院、养老院等单位的后勤部门负责运作，在满足群众需求的同时，也扩大了供给规模，实现良性循环。据统计，35 个市民驿站在 2018 年共计服务群众 550 多万人次，2019 年提升至 720 多万人次。

三、家门口的"温馨港湾"

"老百姓心里有杆秤"。习近平总书记视察市民驿站时强调，"我们把老百姓放在心中，老百姓才会把我们放在心中"。市民驿站始终聚焦民生需求，不断提升服务能级，全面建成后，居民群众办事方便了，享受服务方便了，驿站的人气也持续提升，市民亲切地称之为家门口的"温馨港湾"。

（一）提供更加便捷的事务办理

市民驿站建设初期便在部分站点试点建设社区事务延伸服务点，2018年全市通办的172项社区事务，有38项可当场办理，剩余134项可站内受理，为市民群众有效提供"一站式"解决方案。2019年，在将现场受理或办理的社区事务从172项增加到187项的基础上，充分发挥虹口作为"全球双千兆宽带第一区""上海5G综合应用先导示范区"的优势，贯彻落实上海政务服务"一网通办"和城市运行"一网统管"要求，与中国电信合作建设5G与双千兆宽带应用场景"社区事务办理空间站"，通过开展远程视频业务办理，将社区事务受理点从社区事务受理服务中心延伸至全区的市民驿站，为居民提供了更便捷、更贴心的服务。刚退休不久的刘阿姨为领取一次性独生子女补贴来到市民驿站，她说："以前，要专门去街道社区事务受理中心才能办理。现在走几分钟来市民驿站就可以了。"这些事无巨细的工作，让社区服务从"最后一公里"逐渐走向"零距离"。

（二）提供更加贴心的为老服务

"我看他们都很高兴。"习近平总书记在市民驿站与社区老人交谈时指出，"人民的幸福生活里边很重要的一个就是老年人的幸福怎么样，老有所养怎么样，老年人的健康怎么样。"市民驿站特别关注老年人的生活品质，全面提供各类为老服务。目前具备助餐功能的有33个，其中社区食堂8个，驿站延伸点建成助餐点33个，日均提供助餐服务8万余人次；建成助医点46个，1200余名医护人员为市民群众看病配药，并实现"养老顾问点"全覆盖……以市民驿站嘉兴路街道第一分站为例：一楼社区食堂，一日三餐、每天开放，最贵的荤菜不会超过10元，20元内吃得又香又饱；边上的天宝社区家庭医生诊所，3个全科1个中医科，化验放射科齐全，老人们刷着医保卡配着药，都说"方便"；走上楼，不同的区域里，老人们做着手工、看着书、打着康乐球、唱着歌，还有陪着孙辈一起玩耍的……87岁的王永年老人是一位独居老人，市民驿站日间照护中心不仅帮助他解决吃饭洗澡的问题，还两次在他生重病时及时将他送到医院，避免更为严重的后果。老人们从市民驿站切实得到了实惠，社区居民吕小梅阿姨隔三岔五就要来报到，她说："在这里不仅可以解决很多生活需求，还可以结交到很多新朋友。老人们一起做伴，老开心的。"和吕小梅阿姨有一样感受的老人有很多，市民驿站已经成为他们生活中重要的一部分。

（三）提供更加精细的特色服务

市民驿站通过拓展服务项目、延长服务时间、提升服务能级，吸引了大量人气。特别是各站点的特色服务项目，经常需要排队预约，现场活动几乎场场爆满，成为一个个"网红"。如，在温馨活泼的亲子园里，孩子们在一起玩耍，父母、长辈有的担任志愿者、有的交流育儿经；由社会组织服务、社区文化团队带来的各类特色活动项目，琴棋书画、手工缝纫、绿植栽培、健康养生等主题应有尽有，不但社区老人争相报名，社区白领也都来组团预约……嘉兴路街道第一分站的社区食堂一大早就会排起长队，从耄耋老人到青年白领，都是为了价格亲民、品种多样的包子、粢饭糕、发糕、麻球而来，每每推出新货色，总会被一抢而空。北外滩街道发挥区域优势，在市民驿站推出"周末驿客空间"，邀请商会企业、区域化单位的企业老总、高管担任轮值站长，其中不乏外国友人，既加强了企业和社区的联系，也促进了中外文化的交流。广中路街道第一分站科技范十足，能够通过视频监控，后厨食品加工卫生情况一览无遗；通过安全智能系统，电梯、消防报警等运行状态一览无余；通过人脸识别系统，可采集识别访客信息；物联传感系统在老人护理区域可实时监测老人呼吸、心率，监测在床和离床时间。

（四）提供更加有效的党建引领

虹口坚持在党建引领下建设市民驿站，广泛为各类党群活动提供场地、人员、资源等服务，使之成为各级党组织开展党性教育的平台、组织生活的平台、社区宣传的平台、文明实践的平台和文化活动的平台。如四川北路街道充分发挥辖区内红色文化资源，推进市民驿站示范型党群服务站建设；江湾镇街道通过动员退休党组织书记出山，将党建经验植入市民驿站，参照居民公约，制定"驿站公约"，引领居民文明参与驿站活动。

群众工作永远在路上，面对新形势、新任务、新要求，市民驿站还存在承载功能不平衡、市场化运作程度不够高等短板和不足。下一步，区委、区政府将始终牢记习近平总书记的殷殷嘱托，深入贯彻落实"人民城市人民建，人民城市为人民"重要理念，推动人人参与、人人负责、人人奉献、人人共享，回应市民需求、尊重市民首创、依靠市民力量，围绕"高标准、深拓展、广覆盖"，推动市民驿站功能再升级、布局更合理、服务更温馨，团结带领全区广大党员干部群众共同创造更加幸福的美好生活。

全面建成小康社会与中国县域发展

江苏省南通市崇川区

"小康梦"全面实现 "邻里+"提升水平

——南通市崇川区创新基层社会精细治理的调研报告

中共南通市崇川区委宣传部

崇川区是南通市的中心城区，2020 年 7 月经国务院批准，原崇川区、港闸区合并成立崇川区，辖区面积 234 平方公里，人口 108 万人，下辖 16 个街道，2 个省级开发区，166 个社区，1074 个邻里。2019 年，全区实现地区生产总值 1370 亿元，一般公共预算收入 117.5 亿元，综合实力居长三角地级市中心城区前列。

在经济高质量发展的同时，崇川区深刻认识到，全面建成小康社会的重点在于经济、政治、文化、社会和生态文明全面发展，全体人民共建共享小康社会。而创新基层社会治理是全面小康的重要支撑和必备条件；基层社会治理的核心在于以居民群众为中心，创新思想观念、体制机制、路径方法，提升社会治理科学化的水平，推动社会治理能力现代化。崇川全面建成小康社会之时，在基层社会治理方面将呈现六个"更加显著"的建设成效：即"和谐社会""平安社会""信用社会""法治社会""健康社会""幸福社会"更加显著，社会成员共建、共享、共治"三位一体"的新格局初步形成。本着这一认识，我们以省、市委宣传部文件精神为指导，以原崇川区、港闸区"邻里+"创新社会治理，提升基层社会治理能力建设为主要内容，形成本调研报告。

一、从"邻里自理"到"邻里+"，社会治理水平不断提升

崇川探索基层社会治理创新是从邻里自理开始的，"邻里自理"源于党的十八大社会治理的创新理论，"邻里+"是在党的十九届四中全会精神指导下，社会治理体系现代化、治理能力提升的再探索、再实践，目标是最大范围的动员吸引群众参与社会治理，最大可能的缩短政府与居民的距离，打通服务群众最后 500 米，这是崇川创新"邻里自理"到"邻里+"的根本动因。

（一）邻里自理：补齐基层社会治理"短板"

崇川区的"邻里自理"，是在社区居委会以下设置"邻里"，构建"区—街道—社区—邻里"四级组织架构。具体的做法是涉农社区村组结构基本完整的，按原村民小组建制、150 户左右设置邻里；城市社区以 3—10 个楼幢、300 户左右设置邻里；拆迁安置小区参照城市社区设置邻里。邻里划分一般以现有小区为基础，以居民共同居住空间和习惯为要素，一般以路、河、标志性建筑等为界，包括机关、企业、学校、商店、居民户等，各邻里之间有机衔接。依托社区邻里，组织广大人民群众参与，把管理对象转化为管理主体或参与者，形成政府与群众协调同向的效应，崇川这种新型基层组织"邻里"是在社区居委会下的自治单元"邻里"，开展的"实体化"建设，是支撑崇川基层治理的重要基础。

"相邻几幢楼，亲近三百户。有个理事长，还有九大员。互助又互爱，幸福一家人。家长里短日日侃，孤老病残人人帮。大事小事议一议，邻里有事齐出力。居民代表动动嘴，邻里社干跑跑腿。志愿团队撸撸袖，温馨家园事事美。"邻里群众自编的顺口溜生动地诠释了崇川邻里的定义、内涵、运作机制。

（二）邻里自理：基层治理的初级创新模式

崇川区社区居委会下邻里自理模式创新，对照党的十九届四中全会关于提高社会治理能力现代化要求，是初级的创新模式，但这种模式属全国首创，具有率先试水意义，且取得了一定成效。

1. 邻里自理为社邻良性互动提供了可能。崇川在社区层面设立"邻里"，

形成政府—社区—邻里这一模式填补了过去社区居委会下缺少自治组织，承接各项活动的"空白"，有利于社区党组织、社区居委会将引导群众与依靠群众有机对接起来，从而激发居民的参与热情。

2. 邻里自理实体呈现拉近了服务居民的距离。崇川在全区 1074 个邻里设置邻里服务处 493 个，为邻里居民提供各类便捷化的服务。初步构建了崇川区社区邻里"一中心多点"覆盖的服务网络，打造了具有崇川特色的服务社区居民的实体化平台，缩短了为社区邻里居民服务的距离。

3. 邻里自理为各类社会组织发展提供了舞台。推进邻里自理以来，崇川区登记备案的社会组织 1552 个，其中社区社会组织 1100 余家，较邻里自理启动前分别提高了 86% 和 200%。几年来，通过持续开展"公益创投"等活动，投入项目资金 1000 余万元，支持服务项目 200 余个，惠及居民群众 20 万人次。

4. 邻里自理推动社工队伍持续优化。全区三分之一以上的社区工作者下沉邻里担任专职邻里干事，承担协调联络、汇集信息、服务居民等基本职能，社工下沉邻里增长了本领，锻炼了才干。

（三）"邻里 +"：破解邻里自理探索中存在的问题，实现更高水平的治理参与

崇川牢牢把握基层社会治理的方向，必须以习近平新时代中国特色社会主义思想为指导，以党的十九届四中全会精神为方向，以人民群众根本利益需求为宗旨，着力优化与重建邻里现代治理组织体系、制度体系、运行机制。"邻里 +"是实现这一方向的有效载体。

1. "邻里 +"在架构上的"深度"解读：打造治理共同体。崇川深刻认识到，构建基层社会治理新格局，是适应社会主要矛盾转化和建设社会治理共同体的必然要求。我国社会主要矛盾的转化，群众不仅对物质文化生活提出了更高要求，而且在民主、法治、公平、正义、安全、环境等方面的要求日益增长，更加重视知情权、参与权、表达权、监督权，参与社会治理的意愿更加强烈。"邻里 +"适应这种需求应运而生。在体制重构和优化上，崇川区针对社区、邻里不同的功能定位，设置了不同的组织架构。在社区层面，实现了"一委一居一站一办"新型组织架构的全覆盖，并在此基础上，以网格化服务管理工作的推进为契机，每个邻里选举产生"邻里和谐促进会"理事长、理事（楼道、楼栋长），配备 1 名专职社工担任邻里干事，履行"信息、服务、自治"三项基本职能。通过基层治理末梢重构，让邻里成为社区的下一级治理单元，既是"实体化"的居民小组，也是赋予边界的网格空间；既通过居民小组自治实践来推动社区居委会的自治能力提升，又通过区、街、社区资源力量的下沉来实现网格化服务管理的有机覆盖和功能叠加。

2."邻里+"在运行机制上的"温度"内涵：打造柔性自治多元主体。崇川的邻里在地域单元上，与居民小组和社区网格相重合，"邻里+"不是延伸行政手臂和网格化管理的组成部分，是在管理性网格基础上，更加强调自治性的区域单元、内聚性的群体结构等内生性要素，是社区治理单元谱系和线条上的一个重要环节。"邻里+"最重要的内涵是培育居民自治，通过加强居民之间的联系，引导居民多元参与和广泛协商，积极营造"守望相助、和谐相亲"的邻里氛围。所以，"邻里+"更是一种有温度的柔性治理。通过"邻里+"进一步拓展和完善群众参与基层群众自治的制度化渠道，先后编制下发了《崇川区社区邻里基层治理文件汇编》《"邻里+"城市基层治理的崇川方案》；发挥法治保障作用，推动法律服务下沉，166 个社区全部建成法律服务站，三分之一的邻里建有律师服务点，为群众自治提供法律保障；发挥道德引领作用，评选崇川好人、道德模范，让自治有制可参、有法可依、有样可学。

3."邻里+"在服务上的"精度"对接：满足多样化需求。社会的复杂性决定了社会治理的复杂性，社会治理的复杂性又决定了邻里的复杂性。邻里的特点决定了不同的邻里需要面对千差万别的问题和侧重不同的服务需求。"邻里+"通过推进资源下沉邻里、信息化等措施的支撑，提升邻里治理的精细化程度，探索以邻里空间治理为基础的"绣花针"治理模式，实现从邻里到"邻里+"的跃升。

二、"邻里+"：社会基层治理跃升模式的内容体系

"邻里+"聚焦邻里治理结构的重塑优化，邻里文化价值体系的培育认同，

邻里服务供给体系的增加扩充以及邻里标准建设等方面，放大"邻里+"的辐射效应、整合效应和连带效应，将邻里的信息、服务和自治功能与共建共治共享的社会治理格局贯通起来，具象到组织体系更优、信息渠道更畅、服务距离更短、自治程度更高、地缘文化更浓、基层基础更稳的内容上来。

（一）"邻里+党建"，让核心更有力、架构更完善

坚持党建引领邻里治理，着力完善三大治理体系。一是构建社区党委→邻里党支部→楼道党小组→党员中心户的邻里党组织架构。目前，崇川已建立149个社区（村）大党委，782个（网格）邻里党支部，1389个楼道党小组，2737个党员中心户，成为邻里治理的核心。二是做实基础治理单元——邻里，根据城市、涉农社区的不同情况，叠加邻里、居民小组和网格职能，推进邻里、居民小组以及网格"三合一"改革，推进邻里、居民小组、网格形成有机统一体，缩小治理单元和空间。三是着力构建以邻里党支部为核心、以"邻里和谐促进会"为主体，形成专业、志愿、共管三组力量，履行信息、调解、秩序等九大员职责的"一心一会三组力量九大员"的邻里自治组织架构体系。2018年原港闸区制定下发《港闸区诚信邻里建设"C19"（诚要久）行动实施方案》，2019年，原崇川区制定下发《关于加强"四有"邻里党组织建设意见》、邻里和谐促进会自治章程、邻里理事长、理事、楼道长推选办法等文件。

（二）"邻里+服务"，让供给更丰富、服务更精准

着力培育三大类服务。一是延伸公共服务。采取"共性+个性"的方式因地因需提供"3+X"服务项目，包括"帮困助残、为老为小、文化体育"三类公共服务项目，以及借助社会资源和社区内生资源在邻里设置个性服务项目。制定基本公共服务清单，配备基本服务团队，常态开展服务进邻里活动，不断提高居民的获得感。二是加强社会服务。健全社会组织参与治理机制，实施一邻一品邻里公益微项目，每年区财政安排不少于250万元、街道层面安排不少于20万元、社区党建为民服务资金列支5万元，实施公益助力计划以及向社会组织、市场主体购买服务，丰富邻里服务供给。三是倡导志愿服务。通过培育邻里价值认同，塑造"守望相助，和谐相亲"邻里文化，倡导楼道文化、院落文化、家庭文化等凝聚志愿服务力量。整合邻里能工巧匠和教师、律师、医师及党员干部等志愿服务力量，编辑公布邻里服务资源录，搭建志愿者、服务对象和服务项目对接平台。发现和整理邻里故事、邻里人物小传，评选和宣传邻里道德模范、好人好事，用身边事教育身边人，引导邻里居民崇德向善。在崇川邻里，常年活跃着 2100 多支各类服务队伍，每年完成各类服务项目 6000 多个。培育出闻名全国的新城桥街道"小老"帮"老老"巾帼挽霞助老服务、和平桥街道北濠桥社区"康伴计划邻里行"、观音山街道青龙桥社区残疾人葡萄园、唐家闸街道高店社区"三诚八互"、永兴街道永兴社区"睦邻拾年"等服务品牌。

（三）"邻里＋自治"，让参与更广泛、形式更多样

一是开展邻里"议事式协商"自治。充分发挥邻里和谐促进会作用，支持和帮助邻里居民养成协商意识、掌握协商方法、提高协商能力，推动形成既有民主又有集中、既尊重多数人意愿又保护少数人合法权益的邻里协商自治。钟秀街道中心村社区天勤邻里打造的"书记下午茶"民主协商形式，邀请共建单位、辖区企业、社会团体、邻里代表，在邻里服务处，用喝茶的办法，面对面协商解决问题，听取意见。一年多来，共议事协商邻里拆违、绿化、治安等问题 15 件。二是开展"一事一联盟"自治。以解决实际问题为导向，融合邻里辖区内企事业单位、社会组织、邻里骨干等多元共治力量组成议事联盟，以共同参与治理的方式，推动居民群众公共领域的问题解决和落实，形成常态联盟机制，推动社区居民自治。虹桥街道跃龙社区建立梦想家园项目联盟，建成 12 个空中花园、绿化面积 7000 多平方米。三是推动群众评议自治。组织和引导居民依法依规对社区邻里公共服务、社区干部、社区邻里好人好事进行评议、评选，营造"邻里事、邻里议，邻里人、邻里评"氛围，充分激发邻里自治潜能。虹桥街道桃坞路社区群众评议团，集思广益，提出错时交通、限时单行等办法，解决了困扰机关幼儿园 15 年的门前拥堵难题。一年多来，崇川通过群众评议解决各类文明创建、城市建设、老小区改造、交通等事项 620 多件。

（四）"邻里＋价值"，让认同更同向、归属更强烈

根据崇川邻里实际，倡导积极向上的乡土文化、睦邻文化，深入开展诚信邻里建设。每年组织邻里文化活动 10000 余场，参与人次 300 余万。崇川区打造的"邻里文化大串门""四季风采靓崇川""诚要久"邻里文化品牌闻名遐迩。着力发挥好邻里文化的凝聚、引导、娱乐、约束、激励功能，形成各具特色、共同认可、遵守、倡导的邻里口号、邻里公约、邻里诚信，厚植邻里文化土壤。充分利用邻里资源，因邻制宜，做到每个邻里有文化活动场所。大力倡导诚信文化、楼道文化、院落文化、家庭文化，建立邻里文化兴趣小组、阅读小组，建设邻里家庭文化室、邻里诚信小屋。近几年新修、改造小游园 72 个、成立各类文化兴趣小组、阅读社团近 700 个。将 5 月 20 日（我爱邻）定为崇川邻里志愿服务日。发现和整理邻里故事、邻里人物小传、评选和宣传邻里道德模范、好人好事，用身边事教育身边人，引导邻里居民崇德向善。编辑出版邻里故事、邻里画册。以"邻里守望、和谐相亲"为主题，围绕"邻里学、邻里帮、邻里安、邻里和、邻里乐、邻里美"等方面，广泛开展各类睦邻活动，积极构建"主动融入多、各自为政少，相互保护多、彼此伤害少，服务创造多、索取消耗少"的邻里和谐新局面。群众广泛参与提炼的新时代崇川精神"登高望远、勇毅精进""相邻、相亲、相照应，互信、互助、不互扰"的邻里精神深入人心。

（五）"邻里 + 信息"，让渠道更畅通、流转更高效

放大"邻里 + 信息"效应，促进资源下沉，贯通信息流转渠道，实现信息在邻里掌握、问题在邻里解决、矛盾在邻里化解的目标。一是前移信息人员。按照每 2—3 个左右邻里配备一名社区干部的要求，配齐邻里社干，负责协调处理邻里事务。区、街、社区结合管理重心下移，将外口协管员、社区民警、综合执法人员安排到邻里，明确其下沉频次、职责范围、相关要求和评价标准，建立服务协调机制。二是强化信息互动。建立专兼职邻里信息员队伍，邻里社干为专职信息员，实行轨迹化管理，邻里理事会成员为兼职信息员，实行巡防式联动，专兼职信息员之间运用语音快报、实时共享等方式实时互动。定期发布社区邻里动态信息，动员居民关注社会管理、积极反映社情民意、共同建言献策、参与协商议事。三是整合信息平台。科学整合社会治理、数字化城管、"12345"等信息化平台，建设联动指挥中心，集中信息采集、分析研判、

分类流转、调度处理、结果反馈等功能，实现社会治理协同联动"一窗受理、一体派单、一网运行"。

（六）"邻里＋社工"，让队伍更专业、精力更专注

一是制定出台系列文件。先后制定出台《关于进一步加强社区邻里工作者队伍建设的实施办法》《社工管理办法》，建立公正、择优的社工录用机制，在全省率先实行通过面试优先录用优秀退伍军人加入社工。二是科学配备、使用邻里社工。邻里按照"7+N"模式配备社工，落实社工待遇自然增长机制，建立有序、有效的交流、上升和淘汰机制，鼓励社工参加全国社工师职业资格考试，2020 年全区社区工作者持证率达 50％以上。推行"全科社工"服务模式，将区街两级 62 项公共服务事项全部下沉社区，社区设置全科服务窗口，全科社工持证上岗。每个邻里网格配备 1 名邻里社工，全天候下沉邻里，落实 5 项职责，完成好 25 项工作任务。三是开展党员干部"志愿服务进邻里"活动。以"助力邻里九项行动"（协助邻里做好信息、保洁、保安、调解、巡防、宣传、评议、秩序、帮扶九项工作）为依托，健全邻里党员"1+N"认岗定责制度，即每名党员至少认领一个岗位、开展一项行动，区级机关党支部和邻里党支部每年党员参加邻里志愿服务不少于 25 小时，2019 年，全区共有 9000 多名各级干部参加邻里志愿服务活动。四是大力度提拔、奖励表现突出的社工。2020 年抗疫期间，由于邻里"距离近、信息快、服务精、情况熟"；更由于通过"邻里＋"邻里组织架构系统完善，邻里运行机制自治灵活，邻里参与主体多元自律，邻里服务贴心快捷，邻里信息掌握准确，"邻里＋"崇川基层治理模式，充分显示了它的优势，在抗疫中有 40 名社工受到晋级进档的奖励。

三、"邻里＋"社会治理的启示

（一）"邻里＋"治理体系重构有利于基层治理赋能

在社区下设实体化邻里，"邻里＋"完善了三大系列治理组织，体现了党的十九大"推动社会治理重心向基层下移"、十九届四中全会提升社会治理现代化，构建社会治理体系，建设社会治理共治共享共同体的要求。崇川首创的邻里社会治理组织机构是基层治理体系建设在社区治理层面的探索实践。通过多元主体的参与自治，调动了群众参与治理的积极性，是社会治理的自觉。崇川区以邻里党支部、党小组、党员中心户、理事长、理事的形式，加上邻里社会组织的参与，吸纳数万名党员、居民群众参与，放大了社会治理的组织层面，拓展了社会治理渠道。调查显示，在崇川超过七成的干部和居民群众认可"邻里+"治理模式。

（二）"邻里+"标准化建设有利于提升治理功能

近五年，崇川区出台社区邻里建设意见、社区标准化建设实施意见等指导性文件 32 件，形成较为完整的社区邻里建设制度体系，体现了新时代"完善党委领导、政府负责、社会协同、公众参与、法治保障、科技支撑的社会治理体制"的要求。在邻里自理、"邻里+"实践中规范了社区邻里的标准设置，制定了社区邻里准入制度，从制度上、机制上消除了在社区邻里任意设置机构、挂牌、增加功能等现象，有利于社区减负、明确职能和集中精力服务群众。调查显示，70.3%的社区干部认为社区标准化建设提升了群众认可度。

（三）"邻里+"激活治理队伍专业化有利于提升治理动能

以邻里社工专业化、职业化为例，区财政增加 3000 万元制定并落实"四岗十二级"（社区岗位分 A、B、C、D 四岗，每岗岗位工资划分三个档次，可根据服务年限、考核结果等次晋级）薪酬体系，全科社工持证上岗成为全省首例并获江苏卫视专题报道，邻里社工持全要素 APP 履职，推行群众评议，体现了十九届四中全会"提高社会治理社会化、法治化、智能化、专业化水平"的要求。目前，崇川社工总数达 1407 人，平均年龄 37.8 岁，45 周岁以下占比72.2%，大专及以上文化程度人数占 91%以上、本科学历占 56%，党员人数占 56%，通过全国社会工作职业资格考试人数超过 400 人。

（四）"邻里+"精准智治有利于提升群众获得感

"邻里+"从"有用性、参与度、获得感"三个维度，制定评分标准，通过群众评议团评议社区功能布局实效。调查显示，85%的居民对社区服务表示满意，公共服务大厅、社区卫生服务站、文体活动室使用率较高。邻里服务处成了居民群众爱去、想去、自觉去的共享空间。

（调研组成员：张宣武、王成龙、沈海波、张玉涛）

全面建成小康社会与中国县域发展

江苏省无锡市宜兴市

强富美高　砥砺争先　走好高水平全面小康特色之路

中共宜兴市委宣传部

党的十八大以来，江苏宜兴深入贯彻习近平新时代中国特色社会主义思想，全面领会习近平总书记提出的建设"强富美高"新江苏的深刻内涵，坚持以人民为中心，深入实施乡村振兴战略，推动城乡高质量发展，切实发挥"环保之乡""中国陶都""书画之乡""教授之乡""院士之乡"独特人文优势，彰显放大"陶的古都、茶的绿洲、竹的海洋、洞的世界"生态旅游资源优势，统筹推进政治、经济、文化、社会和生态协同发展，擘画了太湖西岸中国陶都、东方水城的秀美图景，展现了一个经济实力强、百姓生活富、生态环境美、社会文明程度高的国家生态城市、中国人居环境示范样本，铺就了一条具有宜兴特色的高水平全面小康之路。

一、"绿水青山就是金山银山"的高水平全面小康画卷

近年来，宜兴依托良好的自然生态条件，践行"人与自然和谐发展、绿水青山就是金山银山"的发展理念，突出"生态宜"和"产业兴"两个特色，坚定不移走生态优先、绿色发展之路，成就了一幅"强""富""美""高"、蓬勃向上的宜兴高水平全面小康画卷。

（一）强在经济·携手共迎东风上，扬帆勇立浪潮头

实体经济是宜兴发展的基础。党的十八大以来，宜兴着力发挥产业、生态、乡贤多方优势，推动产业发展从"以传统产业为主"向"传统优势产业、战略性新兴产业并驾齐驱"转变，构建了以先进制造业、新能源产业为主导，高端线缆、节能环保、现代服务业竞相发展的现代产业体系，长期稳居全国百强县前十，其中 2020 年排名第七位。

1. 经济运行稳中有进。始终将产业强市作为主导战略，围绕"坚决完成年度目标任务、坚决扭转经济运行态势"的目标，推动经济运行争先进位。2019 年实现地区生产总值 1770.1 亿元、可比价增长 7%；一般公共预算收入 123.9 亿元、增长 3.2%；固定资产投资增长 6.6%；社会消费品零售总额 727.7 亿元、增长 9.1%；城镇居民、农村居民人均可支配收入分别为 58515 元、30434 元，分别增长 8.6%、9.2%。13 个主要经济指标中，12 个指标增幅超无锡平均，7 个指标增幅处于领跑地位。高质量发展监测评价结果继续走在全省前列，在无锡综合考核中再次获评优秀等次。

2. 项目建设持续发力。近三年来，引育超 10 亿元项目 21 个，其中超 50 亿元项目 8 个、超 100 亿元项目 3 个。总投资 210 亿元的宜兴国际旅游度假区和雅达健康生态产业园项目有序推进，总投资 30 亿美元的中环领先大硅片项目 8 英寸生产线顺利投产，2019 年"中环系"3 个项目应税销售超 100 亿元，项目建设从后劲不足向"三个一批"滚动投入转变。同时，三年累计新开工、竣工超亿元项目 194 个和 47 个，其中超 10 亿元项目 19 个和 2 个。规模以上工业企业数量突破千家大关达 1037 家，前 100 位工业企业产值增幅高于面上平均 4 个百分点。规模以上工业企业利润增幅达 7.4%。

3. 产业结构转型升级。制定"促进高质量发展""科技创新 30 条""推进资本经营""工业企业资源利用绩效评价""资源差别化配置"等政策，2019 年税收超 2000 万元企业数量、税收总额分别比 2016 年增加 19 家、19.1 亿元。落户建设江南大学宜兴校区，引进产学研项目 425 项，助推企业转型升级。2019 年，高新技术产业产值同比增长 18.6%、增幅全无锡大市第一。三年来，新增上市企业 5 家；规模以上工业增加值率从 15.6% 提至 16.9%，规模以上工业企业亩均税收从 11.3 万元提至 17.4 万元。

（二）富在百姓·欣看丰年人乐业，家和风暖意尽安

习近平总书记指出："全面建成小康社会，一个也不能少。"近年来，宜兴始终坚持民生优先、普惠共享，站稳群众立场，聚焦群众高度关注的领域和事项，把群众冷暖记在心上、把民生保障抓在手上，量力而行、尽力而为，办好民生实事，致力用更好发展成效实现群众对美好生活的向往，全力打造幸福指数更高、群众获得感更强的幸福家园。

1. 富民指标逐年攀升。"小康不小康，关键看老乡。" 2016 年，宜兴市城镇居民、农村居民人均可支配收入分别为 46092 元、23709 元（无锡为 48628 元、26158 元）；至 2019 年，两项居民可支配收入分别为 58515 元和 30434 元（无锡为 61915 元、33574 元），增幅分别为 27% 和 28.4%，增幅基本和无锡大市持平。

2. 民生保障稳步提标。城乡低保标准，由 2017 年的 700 元，增至 2019 年的 910 元；基础养老金标准，由 2017 年的 170 元，增至 2019 年的 230 元；就业总量由 2017 年初的 35.27 万人增加到目前的 39.22 万人。城乡基本养老保险参保人数由 2017 年初的 87.04 万人增加到目前的 92.05 万人；最低缴费基数由 2017 年的 2550 元 / 月增加到目前的 3368 元 / 月；企业退休人员月均养老金由 2017 年的 2144 元增加到目前的 2295 元；城乡居民基础养老金由 2017 年的每人每月 185 元增加到目前的每人每月 260 元。社会保障卡累计发卡约 130 万张。每年新增就业岗位约 3.4 万个，实现就业约 3.1 万人，城镇登记失业率控制在 3% 以内；创业培训 1600 人以上，支持成功自主创业 4000 人以上，带动就业 1.8 万人以上。

3. 公共服务提挡升级。教育方面，宜兴市制定实施义务教育学校及幼儿园布点规划，近三年投资 9.86 亿元，新建、改扩建 31 个学校项目，其中东氿小学、东氿幼儿园等 23 个项目已经完工、8 个项目扎实推进之中；深化城乡集团化办学等改革，高考纯文化本一达线率从 2017 年的 34% 提升至 2019 年的 42.7%。卫生方面，投资 23.3 亿元建设宜兴市医疗中心，每年投入 1.25 亿元加强公立医院资金保障和医卫人才队伍建设，推动社区卫生服务中心、村卫生服务站增挂"卫生院（室）"牌子、强化医疗职能。文化方面，推动文化服务

普惠均衡、文化产业繁荣发展。投资 20 多亿元打造了聚大剧院、图书馆、美术馆、博物馆、科技馆、青少年活动中心于一身的文化中心。近三年，累计完成 18 个镇（园区、街道）、292 个行政村（社区）公共文化设施标准化建设任务，建成综合性文化服务中心，创建 58 家五星级农家书屋，公共文化设施实现城乡覆盖，文化设施数量、水平和人均拥有量均处于全省领先水平，宜兴市获评"国家级公共文化服务体系示范区"。

（三）美在生态·禅茶竹海生绿波，湖光山色诗意浓

宜兴拥有江苏省乃至长三角最优越的生态禀赋、最优美的自然环境。近年来，宜兴始终坚持"生态宜居、生态惠民"的发展理念，坚决打好污染防治攻坚战、推动生态文明建设迈上新台阶，着力打造生态文明建设的"宜兴样板"，满足人民群众对美好宜居生活的向往，2020 年被列入江苏省 4 个县级美丽宜居城市综合试点城市之一。

1. 科学规划秀美灵动城市形态。宜兴地处太湖之滨，国家级生态保护红线、省级生态空间管控区域、太湖一级保护区面积分别占到市域面积的 15.15%、36.31%、26.75%，保护比例位居江苏省最前列，土地开发强度只有 20%，远低于苏南其他县市。始终坚持"把保护作为最大的开发、在保护中开发"的理念，用足用好境内圩区、渎区、山区地貌多样，生态、生产、生活功能相对均衡，山水相依、广袤田园、连片村庄等在城市形态塑造上得天独厚的优势。坚持"先有规划、再有项目"的思路，把城市作为最大的景区、把生态作为最美的景观，依托南部山区的自然肌理、东部渎区的太湖综合治理工程，全力打造宜兴国际旅游度假区、雅达健康生态产业园、大拈花湾等重大旅游项目。加强旅游发展规划与经济社会发展、城乡建设、土地利用、环境保护等规划的有机衔接，以多规合一推动创建国家全域旅游示范区，打造最美宜居城市、长三角旅游目的地，塑造了"山在城中、城在水中、人在园中"的城市形态。

2. 打好攻坚战筑牢发展基础。始终把生态环境作为高质量发展鲜明底色，着力打好污染防治攻坚战。治水上，围绕实现"两个确保"，把控源截污工程作为重中之重，加快推进太湖一级保护区、入湖河道周边、水源地保护区污

水治理全覆盖，近年来总投资约 9.94 亿元，推进实施殷村港、社渎港综合整治示范工程；与央企合作投资 50 多亿元实施控源截污工程，新建污水管网约1100 公里，治理村庄 1380 个村。2020 年底，将实现村庄污水治理覆盖率 80%以上、太湖一级保护区治理全覆盖。全力做好太湖安全度夏应急防控，推动蓝藻"应捞尽捞、日产日清"，确保不发生大面积湖泛，太湖西部区总磷指标同比下降。扎实开展水源地保护和应急水源建设，确保宜兴群众饮用水安全。目前，宜兴市 18 个国省考断面水质达标 16 个，达到 Ⅲ 类以上水质断面 13 个，达标率为 88.9%，优 Ⅲ 类比例为 72.2%。治气上，打好蓝天保卫战，加快推进"减煤减化"任务，深度开展重点行业 VOCs 专项治理，强化臭氧污染管控。在全省县级市率先开展 PM2.5 自动监测，PM2.5 平均浓度为 30.8 微克 / 立方米，城市空气质量优良率保持在 95% 以上，走在全省前列。治固废上，坚持对标找差、精准施策，科学研究制定《宜兴市固危废物处置工作方案》，综合推进生活垃圾焚烧、水泥窑协同处置、危险废物处置以及医疗、建筑垃圾处理工程，至 2020 年底，危废年处置能力可达 13.9 万吨，最大限度降低环境风险。

3. 环境整治擦亮城市生态底色。在蓝天保卫战两年行动中，累计减煤 57.1万吨，推动隶属央企的华润热电正式停运、年减煤量 44 万吨，大气质量持续改善。推动停滞 7 年的光大垃圾焚烧发电二期项目建成投运，垃圾日处理规模由 500 吨提升到 1700 吨，彻底解决困扰宜兴多年的生活垃圾出路问题。此外，6 万吨 / 年水泥窑协同处置、1.3 万吨 / 年危废焚烧项目、2000 吨 / 年医疗垃圾处置中心、100 吨 / 天餐厨垃圾处置，以及建筑垃圾综合利用处置等项目加快推进，覆盖生活垃圾、建筑垃圾、餐厨垃圾、固危废垃圾收集处置体系加快构建。与此同时，还大力开展矿山复绿、湿地保护、水体修复等工作，努力构筑绿色生态屏障、恢复秀美生态本底。

4. 打造美丽乡村建设宜兴样本。"十二五"期间投入 200 多亿元用于改善农村"硬件"，交通、供水、供气、污水处理、垃圾处理的五个"城乡一体化"水平走在了全省前列。设立美丽乡村创建专项奖补资金，修订差别化考核细则，排定总投资近 20 亿元、712 个整治提升项目，为农村人居环境整治提升和农房建设工作提供资金保障。以"一推三治五化"行动为抓手，实施农村人居

环境整治提升行动，积极创建"美丽乡村"，累计投入资金55.8亿元，14个村获
评省农村人居环境整治综合示范村，3个村正在创建省级特色田园乡村。218个自
然村达到省"三星级康居乡村"标准，张渚镇善卷村、湖㳇镇张阳村和西渚镇
白塔村跻身"江苏省最美乡村"，宜兴市获评"中国美丽乡村建设示范县"。

5.充分挖掘运用旅游文化资源。充分发挥传统文化特色优势，将竹、茶、
陶、洞、禅等元素与现代生态风情旅游相结合，通过举办"茶禅四月到宜兴"
国际素食文化节、梁祝戏剧节、观蝶节、目莲文化节、风筝节、茶叶节、湖㳇
杨梅节等，将各个镇（街道）的风情特色充分挖掘，吸引国内外游客来到宜
兴，拉动旅游、餐饮、住宿、交通等多项产业，在增产增收、促进就业方面发
挥越来越显著的作用。宜兴用宜居宜业的生态风貌与深厚绵长的历史文脉诠释
着这座城市的初心与传承。

（四）高在文明·风帆正举绘新景，杜鹃花开分外红

文明，是社会进步的标志，是一座城市的梦想和追求。宜兴始终牢记
习近平总书记对江苏"社会文明程度高"的谆谆嘱托，率先推动文明创建向基
层基础延伸，以城带乡、以点带面，全力打造全域文明、全面文明、全体文
明、全程文明，实现城乡文明一体化发展，让社会文明程度高成为美丽陶都的
鲜明气质。

1.公民道德建设不断深化。深入开展乡风评议、道德讲堂、志愿服务等
各类道德实践活动，不断夯实思想道德建设基础，凝练和倡导优良民风。近年
来，选树出中国好人17人，江苏好人31人（组），无锡好人102人（组），陶
都好人近300人（组），全国道德模范提名奖1人，全国文明家庭1户，江苏
省道德模范2人，江苏省道德模范提名奖3人，道德典型硕果累累，在省内排
名位于前列。用身边人说身边事，通过身边典型传达文明好风尚，充分发挥姜
达敖、费炳华、徐芳等200多位来自宜兴乡间的中国、省、市身边好人的模范
作用，倡导市民做好人、做好事。未成年人思想道德建设得到进一步加强，未
成年人校外教育实践基地网格化功能不断完善。

2.全国文明城市建设常态长效开展。在2017年成功创建全国文明城市的
基础上不断完善文明城市常态长效管理机制，针对薄弱环节，开展十大专项提

升行动，城市交通秩序、小区管理、环境面貌焕然一新，大力实施禁止燃放烟花爆竹、倡导移风易俗攻坚行动，2018 年社会文明程度测评指数全省第三、无锡第一；2019 年社会文明程度测评指数全省第二、无锡第一，群众文明素养、城乡文明程度全面提升。

3. 文明示范创建成果丰硕。积极开展文明镇村、文明实践示范基地、示范点、示范项目、示范团队、文明实践示范户等创建工作，宜兴市级文明村、文明镇实现全覆盖。创成无锡市级文明镇 13 个、创成率 100%，创成无锡市文明村 50 个。创成江苏省文明镇 11 个、江苏省文明村 30 个。官林镇、万石镇、周铁镇、和桥镇获评全国文明镇，北庄村、善卷村、白塔村获评全国文明村。创建成功文明实践示范基地 100 多个，示范点 500 多个，示范团队 1000 多支，示范项目 60 多个，市级文明示范家庭达 10000 多户。

4. 农村文明程度大幅提升。2015 年起，创新开展"一村一文化·文明沐农家——家园守护行动""乡风文明建设提升行动"，建成 100 多个乡风文明特色村，形成善卷村"德文化"、洑西村"诚敬文化"、万石镇"善文化"等众多乡风品牌，并持续扩大乡风文明示范村覆盖面。连续举办四届"情牵陶都梦歌飞新农村"优秀村歌村谣大赛，涌现出洑西村《龙山坳》、查林村《查林之梦》等一批优美动听、易于传唱的作品，"每个村庄都有村歌，每位村民都能哼唱村歌"成了宜兴农村的"标配"。持续开展优秀村庄宣传语征集评选活动，西望村"寻壶江南 问陶西望"、下邾村"千年儒风芳菲 一卷画里乡愁"等一批优秀宣传语，激发了农民群众热爱家乡、建设家乡的热情，展示村庄良好形象。常态推进"我们的中国梦 文化进万家"新时代文明实践文化服务村村行暨文化服务新行动文艺小分队惠民演出，每年镇际互动交流演出约 100 场，文化志愿服务小分队下乡送演出 200 多场，演出戏曲 200 多场，放映公益电影近 3000 多场，惠及群众 100 多万人次。

5. 新时代文明实践建设走在全国前列。作为全国首批 50 个新时代文明实践中心建设试点单位之一，宜兴全域推进新时代文明实践中心建设试点工作，使文明实践活动覆盖城乡大地、贯穿发展始终，让文明实践成果惠及广大群众、推动高质量发展，着力打通宣传群众、教育群众、关心群众、服务群众的

"最后一公里"。统筹各部门、各板块力量，整合各种资源、各类阵地，打造理论宣讲、教育服务、文化服务、科技科普服务和文明健康服务五大平台，形成了 50 个可操作可复制的示范案例，建立的"文明实践智慧频道"覆盖 30 多万用户，累计开展新时代文明实践活动 30000 多场次。开设新时代文明实践网上平台，与江南大学（马克思主义学院）牵手"市校结对共建"工程，建设新时代文明实践课堂，设立新时代文明实践研究院，推动文明实践走深走实。2018年 12 月 1 日，中宣部副部长孙志军带队来宜调研新时代文明实践中心建设工作，并在宜召开座谈会；2018 年 12 月 24 日至 28 日，全国新时代文明实践志愿服务培训班在宜兴召开；2020 年 8 月 27 日，江苏省新时代文明实践中心建设工作推进会在宜兴召开；宜兴的新时代文明实践成效被央视、《人民日报》等 30 多家媒体报道。

二、决胜高水平全面小康的特色做法

近年来，宜兴市紧扣"打造无锡'一体两翼'更为坚强一翼"的定位，围绕"争当全省高质量发展领跑者"的目标，狠抓产业强市、生态文明、乡村振兴、民生改善、精神文明等重点领域，坚持解放思想、求真务实，大胆探索、顺应民意，使宜兴经济社会发展不断实现新飞跃，走出了一条经济、政治、文化、社会、生态文明"五位一体"的高质量发展、全面小康特色之路。其特色做法主要有以下几方面。

（一）坚持不懈推进产业强市战略

坚定实施产业强市主导战略，持之以恒抓产业项目、抓实体经济、抓服务保障，稳住发展势头、稳步提升质效，经济稳定向好的基本面更加巩固。强攻项目招引。因地制宜制定《宜兴市招商引资工作意见》，完善招商引资考核办法、招商人员奖励机制，提升招商工作系统性、针对性。立足深耕上海，建强宜沪投资促进会和驻沪招商基地，推动重点板块在沪设点布局、结对共建，办好求洽会、高质量发展大会等活动，挖掘用好招商信息、签约一批优质项目；坚持园区助力，经开区、环科园有效发挥招商主力军作用，在强链、扩链、延链等领域招商成效显著；用好平台招商，利用鹏鹞制造、模架科技、中南高科、赫联科创、雅创高科、联东 U 谷等产业园平台招引项目，加快形成项目集群效应。倒逼产业转型。以新旧动能转换为抓手，鲜明确立"以贡献论英雄、以亩产论英雄"导向，激励企业科技创新、战略合作、资本经营、多作贡献，三年中新增上市企业 5 家，规模以上工业增加值率从 15.6% 提至 2018 年的 16.9%，规模以上工业企业亩均税收从 11.3 万元提至 17.4 万元；2019 年宜兴税收超 2000 万元企业数量、税收分别比 2016 年增加 19 家、19.1 亿元；规模以上工业企业数量达到 1090 家，高新技术产业产值同比增长 18.6%、增幅无锡第一。优化服务保障。防范化解金融风险，抓好打击恶意逃废债务行为、建强诚信体系、加强风险处置、压降不良贷款等工作；深化行政审批制度改革，巩固"3550"改革成果，完善模拟审批、全程代办等机制，加快推进审批服务便民化；坚决执行国家减税降费政策，仅 2019 年度减免规模达 34 亿元，持续调优高质量发展政策，高效兑现奖补资金 3.9 亿元，营商环境得到进一步优化。

（二）坚定不移走生态文明发展之路

保护生态环境就是保护生产力，改善生态环境就是发展生产力。宜兴市秉持"既要绿水青山，又要金山银山，绿水青山就是金山银山"的理念，牢固确立"环境立市、生态立市"的发展路径。坚持生态优先。全面落实长江经济带发展战略，深入推进全省生态保护引领区建设，生态文明建设取得历史性突破，社会公众环保意识持续增强，环境基础设施建设持续改善，综合环境质量持续提升。做好绿色发展的"加减法"，坚持铁腕整治、标本兼治，基本解决治水、治气、治固废领域突出问题，建立健全成熟完备、高效运作的治理体系，推动环境高质量发展。实施民生环保。率先提出"民生环保"理念，打响民生环保战役，大力开展民生环保专项整治行动，实施"美丽宜兴"建设工程，通过推进治太保源、实施蓝天工程、开展绿色创建、加强环保宣传、加快推进农村环境连片整治、提升环保基础设施能级等措施，打造生活空间宜居适度、生态空间山清水秀的美丽宜兴。打造生态品牌。以争创国家全域旅游示范区为目标，依托美丽的山水、深厚的人文、丰饶的物产，打造了一批主题旅游精品，做足做精江南山区游、太湖水乡游、历史文化游、都市农业游等特色文章，进一步丰富陶都、洞天、茶洲、竹海等传统旅游品牌内涵。同时，依托正在实施的跨域重大交通基础设施，加快完善旅游服务枢纽，以更优美的旅游资源、更优质的旅游产品、更优良的旅游环境，打造长三角区域休闲度假康养的重要目的地。

（三）毫不动摇贯彻实施乡村振兴战略

牢固确立"乡村振兴就是宜兴振兴"理念，按照"产业兴旺、生态宜居、乡风文明、治理有效、生活富裕"的战略要求，落实"五级书记抓乡村振兴"责任，加快推动"三农"工作高质量。产业兴旺上，瞄准一二三产融合发展方向，积极探索农业深加工、休闲农业、乡村旅游、农村电商等"农业+"发展模式，加快稻米、蔬菜、茶叶、水产、休闲观光等产业发展，持续推进农业园区建设和新型经营主体培育，进一步做大绿色农业、品牌农业份额，着力提升农业发展的质量和效益。生态宜居上，紧扣"新江南模式"目标定位，以"一推三治五化"为抓手，充分发挥湖㳇张阳、张渚善卷、西渚白塔等国家级、省级美丽乡村示范引领作用，统筹推进农房建设试点、特色田园乡村建设、农村生活污水治理等工作，致力展现秀美村庄风貌。乡风文明上，以新时代文明实践中心全国试点建设为带动，大力推进市镇村三级文明实践中心（所、站）建设，持续加强公共文化服务体系建设、推动文化资源下沉，积极培育和弘扬优良社风民风。治理有效上，深刻把握治理体系和治理能力现代化要求，深化落实"进编制、建年金"和"一肩挑"等制度，持续加强基层"带头人"队伍建设；同时，突出平安自治要求，加快建立并用好"有事好商量"议事室等协调平台，持续扩大基层协商民主有效覆盖范围。生活富裕上，在已经实现所有经济薄弱村脱困转化的基础上，坚持"宜工则工、宜农则农、宜商则商、宜游则游"思路，因地制宜发展村级产业，加快提升强村富民工作水平；突出"镇级主导、镇村联动、多村联合"，统筹镇村资源、联合实施项目，推动资源优化配置、不断增强"造血"功能。鼓励农民利用资源资产开展经营合作、参与农业适度规模经营，持续推进农村劳动力技能培训和就业转移，助推农民多渠道获取稳定收入。

（四）创新开展新时代文明实践中心建设

建设新时代文明实践中心，是时代所需、使命所系、群众所盼，是守正创新做好基层宣传思想工作的战略举措。优化体制机制。专门成立了副科级建制事业机构——宜兴市新时代文明实践服务指导中心，负责协调开展新时代文明实践工作。建立由28个单位组成的联席会议制度，每季度召开一次联席会议，协调解决部门之间、乡镇板块之间相互分隔、工作重叠等问题。建立督导考核制度，新时代文明实践工作作为市定重点工作纳入市委、市政府对各级各部门的年度绩效考核。加强政策保障。制定出台了《宜兴市新时代文明实践中心建设工作实施方案》《宜兴市新时代文明实践中心建设工作考核办法》《宜兴市新时代文明实践中心建设工作联席会议制度》《宜兴市新时代文明实践志愿服务活动实施意见》《开展宜兴市新时代志愿服务项目大赛的通知》等文件，从组织领导、考核激励、协调联动等方面加强顶层设计，制度化引领文明实践中心建设各项工作。建优组织网络。创立"杜鹃花开"新时代文明实践品牌，建立"三级五建五平台"组织架构，按照"六有"标准，在市级、18个镇（街道）、310个行政村（城市社区）分别建设新时代文明实践中心、所、站；100多个部门单位建成500个新时代文明实践点、100个实践基地、1170支志愿服务团队，充分整合、统筹调配各类阵地、人员、项目资源，接受市级中心统一安排调度，并推动文明实践活动向所有村（社区）延伸。强化志愿服务。积极打造"组织发动、行政推动、党员带动、社会联动"四动模式，创新开展"五大行动""五个创建"项目建设，重点推出"点出你的需求、亮出我的服务"志愿服务行动，倾力打造"爱沐陶都"志愿服务工作品牌，实现"点单—制单—派单"的良好循环，将各项惠民服务送到百姓家门口，第一时间解决和满足广大群众的实际需求。

三、宜兴走好全面小康特色之路的经验启示

宜兴的发展实践充分说明，以习近平新时代中国特色社会主义思想为指导，

坚持新发展理念、充分发挥特色优势，积极转变发展方式，因地制宜统筹协调城乡经济社会高质量发展，就能探索出全面建成小康社会的发展之路。

（一）始终坚持在党的领导下做好顶层设计

党的领导是中国特色社会主义的最本质特征，是做好一切工作的根本保证。全面建成小康社会，是在中国共产党领导下逐步实现的。宜兴市委毫不动摇地把高水平决胜全面建成小康社会，作为"十三五"时期的重大历史任务，明确提出决胜高水平全面小康，是争当省高质量发展领跑者、建设"强富美高"新宜兴的硬任务与标志性指标，把思想认识统一到中央和省委对决胜全面建成小康社会的重大决策部署上来，集中精力把好方向、谋划大局、定好政策、促进改革。同时，坚决把加强和改善党的领导贯彻决胜全面小康全过程，充分发挥市委总揽全局、协调各方的领导作用，建立起各负其责、各司其职的责任体系，精准分析、精准施策的工作体系，上下联动、统一协调的政策体系，保障资金、强化人力的投入体系，广泛参与、合力攻坚的社会动员体系，科学分类、全面监管的监督评估机制，为决胜全面小康提供强有力的组织保障。

（二）始终坚持以人民为中心的"全面小康"

习近平总书记指出："不断提高人民生活质量和水平，是我们一切工作的出发点和落脚点，也是全面建成小康社会的根本目的。"宜兴市委牢固树立新发展理念，践行以人民为中心的发展思想，始终站稳人民立场，牢固树立执政为民的正确政绩观，坚持把人民至上作为价值取向，把群众是否满意作为衡量工作成效的标尺，自觉站在群众角度想问题、做决策、干事业，真心实意地为群众做好事、办实事、解难事，用党员干部的"辛苦指数"换取群众的"幸福指数"。坚持以民为本、共建共享，既追求平均数，也关注极少数，既要解决"有没有"的问题，又要实现"好不好"的目标，既要数字达标，更要群众认可，积极顺应人民群众对美好生活的向往，从群众最关心的问题入手，从最薄弱的环节发力，树立"民生工作优先考虑、民生事项优先落实、民生投入优先保障"的宗旨，聚焦民生痛点、难点、堵点问题，切实优化公共服务、扩大公共供给、补齐公共短板，着力解决人民群众最关心的教育、医疗、文化、养老、就业等一批民生问题，织密扎牢民生保障网，让发展成果更多惠及广大群众，确保小康成果经得起实践、人民和历史的检验。

（三）始终坚持改革创新激发发展活力

惟改革者进，惟创新者强，惟改革创新者胜。宜兴市委始终坚持以改革积蓄势能，以创新催化动能，把改革创新作为决胜全面小康的关键抓手，切实增强改革意识，鼓足改革干劲，强化改革措施，深化改革攻坚，自觉用改革思维和改革办法推进各项工作，紧紧围绕全面建成小康社会的关键环节，坚持问题导向、目标导向、效果导向，奔着问题"改"、瞄准成效"攻"，妥善处理好整体推进和重点突破的关系、全局和局部的关系、胆子要大和步子要稳的关系，切实加快新旧动能转换、在发展质量效益上实现新突破，推进重点领域关键环节改革、在发展活力动力上实现新突破，促进城乡统筹发展、在区域联动上实现新突破，提升治理效能、在治理体系和治理能力现代化上实现新突破，兜牢民生底线、在保障改善民生上实现新突破，在破立并举中探索符合宜兴实际的决胜全面小康发展路径。

全面建成小康社会与中国县域发展

浙江省嘉兴市嘉善县

牢记嘱托勇担使命　率先高水平全面建成小康社会的嘉善实践

中共嘉兴市委宣传部

嘉善承担着县域科学发展示范点和长三角生态绿色一体化发展示范区建设的"两大"国家战略重任，示范点着重在县域发展，示范区着重在区域发展，两者都是习近平新时代中国特色社会主义思想的重大实践，推动着嘉善率先高水平全面建成小康社会，在"双示范"建设新征程中干在实处、走在前列、勇立潮头。

一、嘉善县基本情况

嘉善是长三角核心区一个 507 平方公里的平原小县，辖 6 镇 3 街道、104 个村、62 个社区，户籍人口 41 万人、流动人口约 40 万人，历史上因"民风淳朴、地嘉人善"而得名。2019 年，全县实现地区生产总值 626.8 亿元，增长 7.3%；人均 GDP 达 10.6 万元。总的来说，有四个特点。

第一，嘉善是国家战略叠加的示范点、示范区。嘉善是习近平总书记曾经的基层联系点和全国唯一的县域科学发展示范点。2013 年、2017 年国家先后批复实施《浙江嘉善县域科学发展示范点建设方案》《浙江嘉善县域科学发展示范点发展改革方案》，随着长三角一体化发展上升为国家战略，2019 年嘉善又全域被纳入长三角生态绿色一体化发展示范区。

第二，嘉善是浙江接轨上海的桥头堡、第一站。嘉善位于江浙沪两省一市交界处，地处上海、杭州、苏州、宁波四大城市"一小时生活圈"，高铁高速交通便捷，同城效应明显，是长三角一体化、长江经济带、杭州湾大湾区、沪嘉杭 G60 科创走廊、浙江省全面接轨上海示范区等重大战略实施的重要节点城市。

第三，嘉善是强劲活跃和谐的增长极、宜居地。嘉善是全国百强县和浙江省经济强县，2016 年规模以上工业总产值跨过千亿元。拥有西塘古镇国家 5A 级景区、3 个国家 4A 级景区和省级大云温泉旅游度假区，连续 15 年创成浙江省平安县，摘得平安金鼎。

第四，嘉善是人文底蕴深厚的文之邦、善之城。嘉善历史悠久，是马家浜文化的发祥地之一，孕育了"善文化"地域人文精神，"善文化"建设被中央文明办列入培育和践行社会主义核心价值观重点工程。

二、嘉善贯彻落实新发展理念，高水平建成全面小康社会的实践探索

嘉善全面建成小康社会的过程和县域科学发展示范点建设是紧密结合在一起的。2013 年 2 月 28 日，《浙江嘉善县域科学发展示范点建设方案》经国务院同意，由国家发改委批复实施。《建设方案》按照习近平总书记对嘉善提出的"三点希望""三篇文章"的要求，提出建设产业转型升级引领区、城乡统筹先行区、开放合作先导区、民生幸福新家园"三区一园"发展任务。2017 年 2 月 9 日，经国务院审定，由国家发改委正式批复《浙江嘉善县域科学发展示范点发展改革方案》。《发展改革方案》全面贯彻五大发展理念，提出了建设产业转型升级引领区、城乡统筹先行区、生态文明样板区、开放合作先导区、民生幸福新家园"四区一园"核心任务，明确到 2020 年全面完成示范点建成任务、率先高水平全面建成小康社会，到 2030 年现代化进程走在全国前列，明确了嘉善的使命就是建设县域践行新发展理念的示范点。

我们围绕新发展理念，突出"四区一园"和党的建设等重点，积极探索县域发展新路径，具体举措可以概括为"334455"，创新——三项变革、协调——三化联动、绿色——四美集成、开放——四大并进、共享——五善惠民、党建——五力聚合。

（一）围绕创新发展，建设产业转型升级引领区

习近平总书记当年给我们指出：过去嘉善以"无中生有"出名，如不产木材，却形成了木业。我不是说你们木业不好，但总的来说，靠资源消耗来发展经济，这不是浙江的优势。

习近平总书记的教导，使我们下定决心转型升级，淘汰整治落后产能。坚持以亩均、人均、科技论英雄，推动经济发展质量变革、效率变革、动力变革。

1. 推动质量变革。深入分析嘉善的产业优势的基础上，改造提升木业家居、高端装备制造、纺织服饰 3 大传统产业，大力培育数字经济、生命健康、新能源新材料 3 大新兴产业，形成"3+3"产业定位。比如，实施数字经济"一号工程"。数字经济是浙江的优势产业，也是我们重点培育的产业，数字经济不仅本身具有重大发展潜力，而且还能赋能传统产业转型升级。这些年，我们通过引进头部企业，引领数字经济产业集聚发展，引进了格科微电子、立讯智造、富鼎电子、富通集团等一批标杆性项目，1—5 月数字经济核心产业制造业投资完成 35.1 亿元，同比增长 31.8%，数字经济制造业增加值实现 22 亿元，增长 69.6%。

2. 推动效率变革。综合运用亩均绩效评价、"腾笼换鸟"、"退散进集"、"机器换人"等方式，推动企业转型升级。

比如，深化实施亩均论英雄改革。为了既有效发挥市场决定性作用，又更好发挥政府作用，推动资源要素向优质高效领域集中，2014 年开始，嘉善县开始工业企业亩均绩效综合评价改革，把亩均税收、亩均工业增加值、研发投入占主营业务收入占比、单位能耗工业增加值、单位排污权工业增加值、全员劳动生产率作为主要指标，将全县范围内除发电、燃气、给排水等特殊领域外，所有实际占用工业土地的企业都纳入评价范围，至今已经顺利平稳开展了六轮评价工作。按照 A 类优先发展、B 类提升发展、C 类帮扶转型、D 类倒逼整治，对不同类型企业在用地、用水、用电、用能、排污、信贷等资源要素配置上实施差异化措施。

比如，壮士断腕推动"腾笼换鸟"。嘉善作为市场先发地区，我们率先遇到了"成长的烦恼"和"转型的阵痛"，尤其是土地资源严重紧缺。2004 年开始实施"腾笼换鸟"政策。对低效用地进行二次开发，培育"吃得少、产蛋多、飞得远的俊鸟"。对"低散乱"企业、低效落后产能进行规范提升一批、整合入园一批、合理转移一批、关停淘汰一批，倒逼企业转型升级、转产转业。

3.推动动力变革。持续实施人才强县、科技强县战略，结合一体化示范区建设，高标准建设祥符荡科创绿谷，正在积极引进中科院、之江实验室、浙江大学未来实验室等高端科创载体。累计引育国家"千人计划"专家 82 名，省"千人计划"专家 42 名。

（二）围绕协调发展，建设城乡统筹先行区

习近平总书记当年给我们指出，推进城乡一体化，关键是要以改革为突破口，要围绕体制性、机制性的一些障碍，深入剖析，逐个破解。

聚焦城乡"均衡性、一体化"，重点在新型城镇化、"三农"现代化、城乡一体化"三化"上下功夫，进入城乡发展全面融合阶段。

1.推动新型城镇化。抓住城镇化建设重点，逐步破解新型城镇化推进过程中的难题，分层次建设符合新时代要求的新型城镇。

打造精致城市。实施中心城区"老城区、高铁新城"共推共建，精心打造全面融入上海大都市的现代新城。2013 年与华夏幸福集团合作，以 PPP 模式建设产城融合的高铁新城，入选了国家"重大市政工程领域 PPP 创新工作重点城市"。

建设节点型中心镇。把小城镇作为联结城乡、补齐短板的战略节点和重要突破口。一方面，开展小城市培育，从 2010 年底开始，浙江率先开展小城市培育试点。嘉善姚庄镇被确定为全省首批 27 个试点之一。加快推进人口集中、产业集聚、功能集成、要素集约，全力打造"姚庄城乡一体化发展示范片区"，均衡发展的"姚庄模式"被省发改委列为浙江小城市培育可复制可推广的"八大模式"之一。西塘镇、天凝镇也分别入选省、市小城市培育试点。另一方面，开展小城镇环境综合整治，自2016年9月开始，全面实施小城镇环境综合整治三年行动，着力破解小城镇环境"脏"、秩序"乱"、设施"差"等问题，重点实施"八个一"标准化工程，样板镇比例高达54.5%，全省领先。2019年9月开始，又部署实施新时代美丽城镇建设，实施设施、服务、产业、品质、治理五大提升行动，打造环境美、功能美、生活美、产业美、人文美和治理美"五美"的江南美丽城镇。

培育特色小镇。谋划实施特色小镇梯度培育计划，2015年，我们整合巧克力、温泉、花海、旅游等元素，打造巧克力甜蜜小镇，成为一二三产业和生产、生态、生活融合发展的样板，2019年获省级特色小镇命名。全县共有5个小镇列入省、市特色小镇培育创建名单。

2.推动"三农"现代化。我们按照乡村振兴"产业兴旺、生态宜居、乡风文明、治理有效、生活富裕"的总要求，积极推进农业增效、农村增强、农民增收。

推进农业增效。嘉善曾被称为"浙江的米袋子、上海的菜篮子"，是国家粮食生产先进县和国家新增千亿斤粮食生产能力重点县。我们通过不断探索和实践，走出了一条"千斤粮万元钱""千亩基地、万亩产业"为核心的"两千两万"发展模式（"千斤粮万元钱"发展模式通过水旱轮作、瓜菜水稻轮作，最终实现平均每亩田，每年产出1千斤稻谷和1万元收入）。在此基础上，我们重点做了四件事：一是发展现代高效农业，全县已建立粮油作物、淡水养殖、经济作物、花卉苗木、特色果蔬等五大农业主导产业示范区20万亩。二是建设农业经济开发区，我们整合优化原有的特色农业园区，形成"1+4"农业经济开发区总体布局（由魏塘分区、惠民分区、干窑分区和天凝分区四个核心分区共同形成1核，总面积约6.55万亩，其中核心区面积2.5万亩），借鉴工业发展理念，开展农业大招商。三是开展全域土地综合整治，坚持全域规划、全域设计、全域整治，探索实施全域土地综合整治的"一保四化"模式（严守"耕地保护"红线，通过结构优化、资源节化双轮驱动，实现产业美化、红利转化）。四是创设"银加善"农产品区域公用品牌，2011年成功注册"银加善"集体商标，实行品牌使用准入制度，已拥有 25 个子品牌。

推进农村增强。不断优化资源配置，加快推进新农村建设。一手抓"强村计划"。嘉善村级集体经济发展原来也很不平衡，为了帮扶经济薄弱村发展壮大，从 2008 年起，连续实施四轮"强村计划"，每年安排一定的土地指标和扶持资金建设强村项目。强村发展经历了 5 个阶段：一是以强村带弱村抱团发展1.0 版，二是镇域联建发展优质物业"飞地抱团"2.0 版（如干窑镇 9 村联建"两创中心"项目），三是县域"飞地抱团"3.0 版（如建在中德生态产业园 B 区的全县跨区域 22 村联建强村抱团项目），四是跨市"飞地抱团"4.0 版，五是跨省"飞地抱团"5.0 版，比如，通过与浙江庆元、四川九寨沟共建嘉善中德产业园，每年为两县的贫困村增加 2200 万元收益，该做法被评为浙江省公共管理创新优秀案例。一手抓农房改造集聚。2008 年以来，我们优化村庄规划布点，将原先分散的 1669 个自然村居民点，调整为 21 个城镇新社区、66 个农村新社区、162 个农村自然村落，共 249 个规划布点，按照"政府能承受、农民可接受、发展可持续"的原则，在姚庄镇试点开展"两分两换"，既推动人口集中、促进农村居民就地城镇化，又推动要素集约、有效节约土地空间资源。推进农民增收。我们通过推动农业现代化、实施百姓致富工程、壮大村集体经济、提高社会保障等举措，不断增加农村居民的工资性收入、经营净收入、财产净收入和转移净收入"四项收入"。

3. 推动城乡一体化。2004 年，出台《嘉善县城乡一体化发展规划纲要》，全面推动城乡规划布局、交通、供水、污水收集处理、垃圾收集处理、天然气管网建设等六个"一体化"。

（三）围绕绿色发展，建设生态文明样板区

习近平总书记在浙江工作时就提出"绿水青山就是金山银山"。我们牢固树立"两山"理念，着力推动生态优势转化为发展优势。

生态绿色是一体化示范区建设的核心要义，从示范点到示范区，我们一以贯之打好绿色发展组合拳，抓好美丽嘉善、美丽环境、美丽经济、美丽生活，打造宜居宜业宜游的精致江南水乡。

1. 以"美丽嘉善"为龙头。2003 年，习近平总书记在浙江工作期间，亲自部署实施"千村示范、万村整治"工程，计划从全省选择 1 万个左右的行政村进行全面整治，把其中 1000 个左右的中心村建设成全面小康示范村。按照习近平总书记的指引，建立了集镇、村庄、道路、河流"四位一体"的城乡长效保洁工作机制，并统筹推进农村人居环境建设，实现行政村村庄整治全覆盖。2010 年以来，按照"村庄景区化"的要求，推进美丽乡村建设，打造"千万工程"2.0 版，目前，共创成 A 级景区村庄 42 个，其中 3A 级景区村庄 6 个，农村人居环境全域秀美达标率达到 92.7%。2019 年以来，打造"千万工程"3.0 版，对标"世界级生态湖区"建设，构建"湖区碧心、一廊筑基、多脉连网"的生态格局。

2. 以"美丽环境"为重点。习近平总书记在浙江工作期间提出生态省建设、打造"绿色浙江"。2004 年至今，浙江省委、省政府相继部署实施四轮"811"生态环保专项行动。以"五水共治""五气共治""五废共治""三改一拆"为重要抓手，严格执行环保"四条铁律"，持续打好城乡环境综合整治攻坚战。

"五水共治"治出一片碧水。以改善水环境质量为核心，推行河长治水，聚焦三河（黑河、臭河、垃圾河）治理，坚持攻坚治标、全面剿劣、水岸同治、控源截污、标本兼治；开展"污水革命"，2020 年将建成"污水零直排县"。11 个市控以上断面 Ⅲ 类水占比达到 100%，被授予全省"五水共治"大禹鼎。比如，干窑镇新泾港，曾是典型的"黑臭河"，我们坚持治河、治岸、治产业同步推进，通过百日攻坚，目前已转变成为国家 3A 级景区，成为全省"五水共治"样板。

"五气共治"治出一片蓝天。突出精准治气，围绕"有机废气、燃煤烟气、车船尾气、城市扬尘、油烟废气"整治，深入实施大气污染防治计划，对印刷、包装、家具涂装等 321 家大气重污染企业实施关停搬迁；全面实施 7 个 100% 管理机制，减少建筑工地扬尘；完善大气环境监测预警机制，"五气共治"治出"嘉善蓝"。

"五废共治"治出一方净土。聚焦生活垃圾、建筑垃圾、工业固废、医疗废物和农业固废五大固废，构建了政府主导、企业施治、市场驱动、公众参与的污染防治机制，进一步提升了五废处置能力，基本实现了固废垃圾资源化、无害化处置。

"三改一拆"拆出美丽新天地。从 2013 年开始，全面开展旧住宅区、旧厂区、城中村改造和拆除违法建筑"三改一拆"，累计完成"三改一拆"4400 多万平方米，创成省级"基本无违建县"。

3. 以"美丽经济"为支撑。注重农旅文结合、产加销一体，推动农村一二三产业融合发展，实现"田园变公园、农业区变风景区、美丽乡村变美丽经济"。2019 年，乡村旅游接待游客 240 万人次，旅游经营总收入 2 亿元，分别增长 105%、75%。比如，刚刚讲到的干窑新泾港整治之后，我们利用腾退的 100 多亩土地，建立现代农业孵化园，并引进投资近 20 亿元的嘉佑农业田园共同体项目，带动周边 7000 多亩土地集中流转，形成现代农旅基地。

4. 以"美丽生活"为导向。大力倡导绿色出行，形成了覆盖县城的公共自行车系统，利用本地氢能源产业，建设运行全省首座氢电综合供能服务站，开通运营全省首条氢燃料电池公交线。全县 37.5% 的公交车实现新能源化。

（四）围绕开放发展，建设开放合作先导区

习近平总书记当年提出"主动接轨上海、积极参与长江三角洲的交流与合作，是浙江在新世纪实现新发展的一大举措"。并对我们指出，接轨上海，就是要善于取长补短，借助上海这个大平台，更好地融入国际国内经济大循环。接轨是个共赢问题，是一个共同促进，相得益彰，互惠互利，互相提携的关系。

按照习近平总书记的指引，充分发挥毗邻上海的区位优势，深入推进开放合作，实现了小县大开放。

1. 全面融入大上海。我们把上海作为"最大的海"，借船出海、借梯登高。重点抓好产业融合、民生共享和机制合作三个方面。

在产业融合上，发挥"上海价值、嘉善价格"优势，念好转化、流动、外溢、回归、转移"十字经"，形成了独特的"13579"现象。比如，依托国家级综合保税区 B 区，建立上海自贸区嘉善协作区，成功复制通关便利化、保税监管等 11 项政策，大力发展跨境电商、数字贸易等新业态，2020 年 5 月 28 日，在全国率先实施跨境电商首票实单测试。最近还引进了奥特莱斯项目，建设进口免税商品直销中心。又如，2017 年投入 7.1 亿元，在上海大虹桥核心区设立嘉善国际创新中心（上海）。

在交通互联上，坚持交通接轨先行，我们在开通 6 条省际公交、通勤巴士的基础上，按照"50 年不落后"的要求，通过 3 年努力达到 1000 亿元投资规模，谋划推进沪嘉城际铁路（嘉善段）、沪昆铁路高架改造、通苏嘉甬、上海地铁 17 号线延伸工程等 4 条铁路，建设轨道上的示范区，建设"三横三纵"省际高快速路，实现条条大路通上海，形成了与上海的半小时交通圈。

在机制合作上，我们与上海市政府发展研究中心建立战略合作关系，全面深化与上海方面的战略协作，2015 年我们与上海签署了太浦河饮用水水源地共建共享协议，两地互为备用水源，2017 年又共同建设总投资 380 亿元的"上海之窗·智慧科学城"项目，全力打造"产、城、人"在区域内融合、流动的枢纽。

2. 构建产业大平台。拥有嘉善经济技术开发区、嘉兴综合保税区 B 区两个"国字号"平台，中新嘉善现代产业园、浙江姚庄经济开发区两个省级平台，形成支撑开放型经济的重大平台体系。

比如嘉善经济技术开发区：规划面积为 18.2 平方公里，2011 年 6 月升格为国家级开发区，成为当时全市第 1 家、全省第 2 家县一级国家级开发区。引进了格科半导体、云顶新耀两个投资超百亿元项目。

比如中新嘉善现代产业园：2018 年 12 月，我们与苏州中新集团合作开发产业园，规划面积 16.5 平方公里，是长三角一体化发展上升为国家战略后首个区域重大合作平台，也是浙江省首批"万亩千亿"新产业平台之一，采取园区管委会和园区开发有限公司（嘉善县国投公司、中新集团共同出资成立）"双主体"运行模式，力争到 2025 年，形成千亿级智能传感产业集群。目前，设立总规模 100 亿元产业专项基金，引进了投资超百亿元的光环新网等 10 多个高精尖项目。

3. 拼抢优质大项目。嘉善是国务院批准的首批沿海开放县之一。一直以来坚持招商引资"一号工程""一把手"工程，在招商引资上，坚持外商、台商、浙商、国资四管齐下，建立全县"一盘棋"招商机制，建立"1+5+5+X"招商体系，成立招商服务公司、五大产业招商局、五大招商推进部和 N 个招商合作机构，走出了一条"开放兴县"的发展路子。

深化外商合作。累计引进外资企业 652 家，形成了中荷、中德、中意等一批国别产业园。2018 年，在李克强总理和荷兰首相的共同见证下，签约了投资 16 亿欧元的利天万世锂电池和荷兰绿港现代农业项目。在此基础上，在荷兰设立嘉善国际创新中心（欧洲）。

推动台商集聚。嘉善是浙江省台商投资最集聚的县之一。从 1987 年引进第一家台资企业以来，全县台资企业数已达 343 家，常住台商近 3 千人。

吸引国资进驻。积极与浙江物产中大、上海建工、上海城建等国有企业合作，依托国企优势，推动嘉善县城市建设运营。比如，物产中大集团是一家世界 500 强企业，2020 年落户嘉善县，实现当月洽谈、当月签约、当月投产，预计年销售额将达 20 亿元左右。

4. 改善营商大环境。对标世界银行标准，一手抓改革，一手抓服务，大力实施优化营商环境"10+N"行动，全力打造长三角营商环境最优县。

深入实施"放管服"改革。建设"企业服务直通车"平台，一般投资项目审批实现"最多 80 天"、项目备案"零上门、不见面"，企业全生命周期服务实现一日开办、一网注销。同时，推动示范区政务服务一体化，发出首张冠名示范区的企业营业执照。

深入实施"三服务"。在这次疫情中，县四套班子齐上阵，实行"领导联挂、专班服务、驻企指导"机制，实现规模以上企业最快全面复工。拿出 18 亿元，在全国县一级率先出台"暖企十六条"，大力实施"五减一补"专项行动，建立 5 亿元纾困基金，为企业减免税费 20 亿元。

（五）围绕共享发展，建设民生幸福新家园

习近平总书记当年叮嘱嘉善县委、县政府和广大党员干部，要坚持把人民群众的安危冷暖时刻挂在心头，自觉以民生为先、民生为重、民生为本，使人民群众共享改革发展成果。并要求嘉善要把关系民生的实事一件一件办好，真正让人民群众满意。

始终围绕群众关心的热点难点问题，既抓总体布局，又抓"关键小事"，使人民群众在共建共享中不断提高幸福感、获得感、安全感。

1. 让老百姓精神更富有。充分挖掘嘉善历史传统和地域人文，大力弘扬"善文化"，培育打造以"地嘉人善、敬业争先"为核心内涵的"善文化"人文品牌，"善文化"成为浙江省最早形成的区域文化道德品牌，被中央文明办列入培育和践行社会主义核心价值观重点工程。全面构建覆盖城乡的公共文化服务体系，推进文化礼堂、综合文化站、休闲广场、农家书屋等文化平台建设，全县村级公共文化阵地覆盖率达 100%，被评为浙江省农村文化礼堂建设先进县。比如，我们的姚庄体育馆，各种比赛、演出基本上是每天不断，农村在家门就能看到来自各国内国际的顶尖赛事和演出。鼓励社会力量参与公共文化服务，创新村企文化共建、民间文艺团队"竞争上岗"、群众"点题"等模式。比如，我们天凝镇的洪溪村，从农民篮球赛的啦啦队开始，自发组织村文艺队，成立了"辣妈宝贝"民间文艺队伍，带动村级文化建设，登上中国达人秀总决赛舞台，还应邀赴西班牙演出，注册了"辣妈宝贝"商标，成立传媒公司，品牌不断打响。

2. 善政理念便民利民。深入推进"最多跑一次"改革，按照"一窗受理、集成服务、一次办结"的要求，在全省率先实现全域无差别全科受理，积极探索部门间最多跑一次、创业一件事、出生一件事等改革，政务服务事项全部实现"网上办""掌上办"，民生事项全部"一证办"。同时，向乡镇街道、村（社区）、银行、邮政网点延伸，实现"就近能办"，形成"15 分钟办事圈"。

3. 善德育人城乡均衡。围绕办学集团化、资源高端化、流动常态化，实现城乡办学条件零差异、城乡师资水平零差距、城乡教育质量零差别，被评为全国首批义务教育发展基本均衡县。

推动办学集团化。2015 年吴镇小学、泗洲小学、硕士小学组建成立嘉善首个教育集团——吴镇教育集团，形成以强带弱、以老带新，整体提升办学水平的集团化办学模式，同时采取"城区学校 + 农村学校"合作共建形式，实现管理互动、师资交流、资源共享、捆绑考核，有效缩小城乡校际差距。

推动资源高端化。紧盯沪浙优质教育资源，不断创新合作方式，以高校助推、名校托管的方式，新建浙师大、上海大学、上海理工大学附属实验学校等 20 所学校，与上海世外教育集团签署合作协议，对西塘镇内的学校进行委托管理。公办义务教育学校全部成为省标准化学校，培育智慧校园 13 所、"互联网＋义务教育"学校已实现全县小学段学校全覆盖。

推动流动常态化。2010 年起实施义务教育教师流动国家级改革试点，名师、骨干教师由县城学校流入农村学校，实现全县农村学校名师全覆盖，改变了原来名师三分之二集中在县城的状况。2017 年起开展中小学教师"县管校聘"管理改革，探索构建教师编制县级"总量控制、动态管理"机制和教师科学评价、岗位管理、绩效考核、教师退出等机制，优先保障农村学校师资，配套实施教师职称评审制度改革。

4. 善医体系健康嘉善。深入实施浙江省"双下沉、两提升"工程，推进县级公立医院综合改革和基层医改，建立县镇村三级公共卫生服务网络，实现乡镇、村社卫生所（站）全覆盖，着力在构建县域医共体、发展智慧医疗、强化开放办医、推动医保互通上下功夫，不断健全基层医疗服务体系。

5. 善养孝老幸福生活。嘉善县是全国老龄化程度最高的县(市、区) 之一。习近平同志在 2008 年到嘉善老年公寓视察并指出，"要实现老有所养、老有所教、老有所学、老有所为、老有所乐、老有所医"。嘉善不断深化省级养老服务业综合试点、国家级养老服务业标准化建设试点，完成了省级养老服务示范区建设，实现了区域养老机构、养老流动服务车、居家养老服务照料中心及社会化运营"四个全覆盖"。

2016 年，在全省率先出台长期护理保险制度，把全县职工基本医疗保险和城乡居民基本医疗保险的参保人员，全部纳入长期护理保险覆盖范围，将重度失能参保人员列为受益对象。长护险参保人数 48 万人，有效实现"老有所养、病有所护"。

6. 善治平安地嘉人和。创新基层社会治理方式，健全完善立体化社会治安防控体系，着力构建"互联网＋"社会治理新模式，不断推进县域治理现代化。

深化"三治融合"。嘉兴是自治、法治、德治"三治融合"的发源地，我们探索形成以乡规民约、村民议事会、乡贤参事会、百姓参政团、道德评判团、百事服务团"一约两会三团"为标准配置的"三治融合"新模式，全面实行村务公决制度，创新开展村务民主协商，推动从"为民做主"到"由民做主"。比如，2013年嘉善县惠民街道优家村成立全省首家村务协商议事会，倡导"大家的事大家商量着办"，累计协商议题1000多个。又如，创新推出"三治信农贷"产品，为农户提供30万元低息信用贷款，通过金融信用杠杆进一步提高"三治"约束力。截至目前，已授信户数3447户，授信金额5.67亿元，使用金额1234万元。

比如，推进社会治理领域"最多跑一地"。在全市率先建成县级矛盾纠纷调处化解中心，实现信访、仲裁、诉讼等20个部门62名人员整建制进驻、无差别受理、全链式服务，将平安综治、信访、调解、劳动仲裁等条线业务系统联网集成接入中心，实现矛盾纠纷调处"只进一扇门""最多跑一地"。中心运行以来，累计办理各类诉求事项1.2万件，按时办结率、群众满意率分别达到99.1%和99.2%，平安考核实现"三级跳"，2019年列全省第三。

又如，深入推进"智安小区"建设，2014年以来，已建成"智安小区"210个，实现县域全覆盖，刑事警情下降50%以上，其中72个小区实现"零发案"。2020年疫情期间，嘉善县"健康码＋智安小区"实现精密智控的做法，得到袁家军省长充分肯定。目前，我们正在与阿里巴巴合作建设城市大脑，推进治理智慧化。

（六）突出党建引领，营造示范点建设奋进环境

通过增投入强基础、抓班子带队伍、改作风树形象，使全县上下呈现心齐气顺、标高劲足的良好局面。

1.增强党建引领力。认真领会习近平总书记关于"把抓好党建作为最大的政绩"的指示要求，县里每部署一项工作，每制定一份文件，每召开一次大会，都要强调党的领导和党的建设。比如，在2020年疫情防控中，县委发挥一线指挥部作用，在全市率先成立县镇两级由党委、政府主要领导任双组长的领导小组，下设"一办十组"，系统构建科学指挥、全面排查、重点管控、重点监测、医疗防治、分类处置、疫情保障、宣传引导、畅通信息、强化纪律等疫情联防联控"工作十法"，该做法在全市推广。

2.增强干部战斗力。在选准、用活、育强、培优、管好上全面发力，着力

打造一支具备志气、朝气、锐气、大气、正气"五种气度"的新型干部队伍。比如，在干部选用上，严把政治标准，制定《科级领导干部政治素质考察办法》，细化 40 项正反评价指标，对政治上不合格的干部实行"一票否决"。在干部教育上，建立领导干部善政学堂、机关干部善思讲堂、村社干部善治论坛等学习平台。推动学习贯彻习近平新时代中国特色社会主义思想往深里走、往实里走、往心里走。在干部历练上，每年选派 200 名左右干部到征地拆迁、全国文明城市创建等一线进行"赛马"。在干部关爱上，探索开展干部心理健康"向日葵"行动，建立县镇村三级心理健康服务中心。

3.增强基层组织力。嘉善村（社区）平均户籍人口在 2400 人以上，常住人口平均在 4600 人以上，最大的魏中村常住人口超过 4 万人。为此，我们深化"网格连心、组团服务"机制，把党支部或党小组建在网格上，划分微网格10094 个，选优配强微网格长 10134 名，做到农村一长联十户、城市一长联一楼，实现微网格长联系群众全覆盖。比如，新冠肺炎疫情防控中，天凝镇新联村出现了嘉兴市首例疑似病例，我们第一时间实行整村整建制管控，依托 35个微网格和党员联户"1+10"工作机制，做好隔离管控和生活服务工作，确保不出现二代病例，该村做法在全省新闻发布会上进行了交流。

4.增强清廉免疫力。扎实抓好落实中央八项规定精神常态化、正风肃纪常态化、领导干部直接联系服务群众常态化。县委带头实行阳光决策、阳光人事、阳光工程、阳光支出、阳光处置。近年来，干部群众满意度持续提高。比如，针对村级小微工程较多、风险点集中的问题，建立农村集体经济数字管理平台、工程项目全生命周期监管平台、乡镇内控信息化系统"三大"平台，将20 万元至 400 万元的工程项目纳入平台系统，从源头防止村级工程微腐败。

5.增强同心凝聚力。深入实施同心工程，开展"同心聚合力、共建双示范"活动，全面整合县内、县外统战资源，助推县域高质量发展。比如，我们与欧美同学会、上海市欧美同学会连续 5 年合作举办创新创业大赛，参赛的海内外项目近 1000 个，并设立"留学报国基地"和"海归创业学院"，统战条线牵线引进富通光通信全产业链等重大项目 20 多个、科创平台 6 个、科技人才项目140 多个。促成 6 所高校、9 家省级医院与嘉善合作。

三、嘉善示范点建设的启示

嘉善全面贯彻落实新发展理念的实践，是习近平新时代中国特色社会主义思想的生动实践，在这些年发展中，我们感到主要有三方面启示，这也是中办调研室给我们总结提炼的：第一，习近平新时代中国特色社会主义思想作为马克思主义中国化最新成果，实践证明具有强大的真理力量，是新时代推进改革发展必须坚持和运用的科学理论；第二，按照新发展理念推动县域发展是一篇大有可为的大文章，做好这篇文章必须持之以恒，牢固树立"钉钉子"精神；第三，贯彻落实新发展理念的过程是一个破旧立新的过程，必须树立改革思维，把改革创新贯彻始终。

示范点是一体化示范区的基础和优势所在，一体化示范区是示范点的提升和重大机遇。嘉善的发展变化，是浙江全省发展变化的一个缩影，是长三角地区发展变化的一个缩影，也是全国发展变化的一个缩影。2020年，浙江省委书记车俊也强调，"嘉善不仅是嘉兴嘉善、浙江嘉善，也是长三角的嘉善，做得好也可以说是全国的嘉善、世界的嘉善"。嘉善将继续沿着习近平总书记指引的路子走下去，努力推进"双示范"建设，打造"重要窗口的重要窗口"，为全国县域高质量发展贡献更多嘉善力量。

全面建成小康社会与中国县域发展

浙江省丽水市
景宁畲族自治县

沿着习近平总书记指引的方向奋力走出一条高水平全面建成小康社会之路

——浙江省景宁畲族自治县"小康样本"

中共丽水市委宣传部

一、引 言

景宁是全国唯一的畲族自治县，总人口 17.2 万人，少数民族人口 1.99 万人。1984 年自治县成立以来，特别是 2002 年习近平同志亲临景宁调研以来，景宁沿着习近平总书记指引的方向，坚持一张蓝图绘到底，一任接着一任干，摘掉了贫困县帽子，全面消除了年人均收入 4600 元以下的低收入农户和集体经济年收入 10 万元以下的薄弱村。2019 年，城乡常住居民人均可支配收入达到 40014 元和 20005 元，分别比 2000 年增长了 4.8 倍和 6.5 倍，城乡收入倍差下降到 2.0。县域综合实力跃升至全国 120 个民族自治县（旗）前列。2018 年5 月，全国民族自治县全面建成小康社会经验交流现场会在景宁召开。2019 年9 月 27 日，在全国民族团结进步表彰大会上，中共景宁畲族自治县委会荣获全国民族团结进步模范集体，作为模范集体代表在会上发言。

二、奋力书写民族自治县"小康样本"

景宁深入践行习近平总书记对景宁提出的"跟上时代步伐""努力在推动
科学发展、促进社会和谐、增进民族团结上走在全国民族自治县的前列""志
不求易、事不避难"等殷切勉励，坚持新发展理念，坚持"八八战略"再深化、
改革开放再出发，紧扣"诗画畲乡、和美景宁"县域定位，打开"两山"新通
道，富民兴县再赶超，加快建设美丽幸福新景宁。

**（一）发挥自身优势，找准发展路子，坚定不移走好生态优先、绿色发展
道路**

2002 年 11 月，习近平同志首次来景宁调研，指示景宁"生态的优势不能
丢""畲乡的特色要把它充分展示出来"。景宁以此为遵循，始终保持生态优先、
绿色发展的战略定力，积极探索生态产品价值实现机制，推动 GEP 和 GDP 规
模总量协同较快增长，加快建设现代化生态经济体系。

致力把山水变优。坚持最顶格的生态标准，扎实推进国家重点生态功能
区建设，高标准打好蓝天、碧水、净土、清废"四大战役"，创成国家级生态
县和省级生态文明建设示范县，夺取"五水共治"大禹鼎。2016—2018 年，生
态环境质量和"五水共治"公众满意度连续三年位列全省第二。2019 年，"五
水共治"群众满意度跃居全省第一。2020 年一季度，全县 6 个市控及以上断
面水质达标率 100%，岭根交接断面Ⅰ、Ⅱ类水体占比 100%，空气质量优良
率 100%，在省市均并列第一，生态环境质量持续实现好中更优。

致力把文化变现。积极保护传承畲族文化，大力发展风情旅游。把全域
旅游作为第一战略支柱性产业来培育，在政策优化、项目招引、环境提升、市
场营销、区域合作等方面下功夫，全域旅游破题起势。成功引进港中旅战略合
作，谋划推动"那云·天空之城""李宝洞宫畲王寨""惠明禅茶文化产业园"
等核心景区景点落地建设，创成全省首批全市唯一的 4A 级景区城，打造东弄
畲家田园综合体，实现 A 级景区村所有乡镇（街道）全覆盖，整合推出"畲
家十大碗""畲乡十小碟""畲家婚俗演艺""四季景宁"等特色旅游产品，串

珠成链打造"畲族风情大花园"。引导群众因地制宜发展"咸菜经济""采摘经济""多肉经济""绿道经济""农家乐和民宿经济"，带动群众在家门口增收致富。

致力把经济变绿。聚力打造澄照创业园和丽景民族创业园县内外两大生态工业平台，成功引进娃哈哈、上海飞科电器、宇海幼教木玩等 53 家实体企业，全力推进产业链集聚建设，实体经济规模和水平得到全面提升。做深品质农业内涵挖掘文章，大力发展"海拔经济"，成功打响"景宁 600"区域公共品牌，将 60% 以上行政村在海拔 600 米以上的区位劣势转变为生态农产品品质优势。高标准建成海拔 600 米以上生态基地 9.53 万亩，打造金奖惠明、深山野蜜、畲五味等"景宁 600"产品 105 款，创新推出"山海协作飞柜联盟"、"邮乐购"、网络直播、直播带货等销售渠道，"景宁 600"持续畅销杭州、上海等大城市，品牌认可度进一步增强，累计销售额达 15.33 亿元，平均溢价率超过 30%，农民收入实现两位数增长。"景宁 600"品牌建设先后三次在省委经济工作报告、省政府工作报告中提及。发挥民族政策优势，累计注册总部经济企业 457 家，实现税收 14.8 亿元。抢抓《电子商务法》出台机遇，大力发展平台经济，注册个体工商户 2100 余户，个人独资企业 198 家，成为景宁新的经济增长点。

（二）坚持改革破难、开放发展，用好创新引领、跨山统筹、问海借力三把"金钥匙"

把改革开放作为民族地区奋发赶超的关键一招，着力打破阻碍民族山区发展的各类壁垒，改革开放的路子越走越宽广。

改革强活力。大力推进政府数字化转型，扎实推进群众、企业全生命周期一件事改革，所有政务服务事项实现"网上办"、"掌上办"、即时办、跑零次，1378 个事项实现一窗受理、全域通办。设立 18 个域外服务中心，为 6.8 万在外就业创业景宁人提供办事便利。全面铺开"标准地"制度供地和省级以上平台"区域评估"，实现一般企业投资项目审批"最多 80 天"，在全市率先推进政府投资项目审批"最多 90 天"。国家发改委《改革内参》刊登景宁检察网格化经验做法，省委改革办《领跑者》《竞跑者》刊发景宁警务集市、智慧法院等做法。

创新增优势。着眼城乡发展不平衡不充分问题，主动请缨，先行先试，聚焦资源要素、特色产业、公共服务、居民收入等八大领域，全面开展全国民族地区城乡融合发展改革试点。高标准谋划建设"畲乡幸福河"，成功入围全国首批 55 个水系连通及农村水系综合整治先行试点县。高质量落实全市生态产品价值实现机制试点建设任务，完成大均乡全国首个乡级 GEP 核算评估试点。以改革创新推动便民利民，形成"政银保"小额扶贫信贷、农村产权流转交易服务标准化、社保待遇领取资格"刷脸认证"等一批可推广可复制的改革经验。"政银保"扶贫模式得到省委肯定，列入全省 26 条经济领域改革典型经验。2018 年 4 月，在全省县委书记工作交流会上围绕改革专题作典型发言。

开放出实招。以静安区为桥头堡，积极融入长三角一体化发展国家战略。与静安区签订十方面战略合作协议，推进"景宁 600"抢滩上海市场，促成长三角企业在景投资设立企业 51 家，推动惠明禅茶文化产业园、百鸟朝凤旅游度假区、畲族风情康养度假综合体等重大旅游项目合作建设，其中总投资 11.5 亿元的惠明禅茶文化产业园即将开工。浙江省委书记车俊在推进长三角一体化发展大会上肯定景宁主动对接上海做法。聚力打造山海协作工程升级版，与温岭、上虞、海盐、宁海构建"五县联盟"协作新模式，有序推进"飞地""飞柜"经济。2018 年 5 月，在全省山海协作工程推进会上作交流发言。

（三）坚持"安暖和"民生情怀，坚定不移保障和改善民生

始终践行以人民为中心的发展思想，以"安暖和"的民生情怀引领民生发展，办好民生实事，让发展成果更多惠及畲乡人民。

在教育利民上，创成浙江省教育基本现代化县，深化与杭州学军中学、天长小学等省级优质教育资源合作办学，推动民办教育和公办教育齐头并进，2019 年高考一本（一段）上线率高出全省平均水平 5.7 个百分点，高考一本（一段）文化上线人数从 2016 年的 60 人上升到 2019 年的 138 人。农村小规模学校建设和小班化教学成果得到教育部部长陈宝生肯定点赞，两次在全国教育发展工作会议上作经验交流，相关做法在全国推广。

在医疗惠民上，深化公立医院综合改革，新建民族医院，建立县域医共体。深入推进"双下沉、两提升"，引进浙大一院开展合作办医，县域就诊率超过 90%。

在交通便民上，实现农村渡运公交化，高标准建设"四好农村路"，开工建设景文高速、322 国道、235 国道，谋划推进温武吉铁路、通用机场、庆景青公路提升等重大交通项目。2019 年交通项目完成投资 26.4 亿元，占全市三分之一。

在保障安民上，大力实施"大搬快治""大搬快聚"富民安居工程，三年来累计搬迁 2258 户、7915 人。部署开展农村留守儿童困境儿童"365"关爱行动，统筹推进省市县各类民生实事和"关键小事"，城乡居民养老保险、医疗保险参保率分别达 97.5% 和 99.4%，民生保障水平不断提升。

（四）坚持共同团结奋斗、共同繁荣发展，坚定不移巩固深化民族团结进步

坚持从政治上把握民族关系，从全局上看待民族问题，进一步健全完善党领导民族工作制度机制，坚持和完善民族区域自治制度，推动畲汉等各族群众和睦相处、和衷共济、和谐发展。

用足用好差别化扶持政策。积极争取国家、省、市对民族地区的帮扶支持。历任省委、省政府主要领导都十分重视景宁发展，分别于 2008 年、2012 年、2018 年专门出台三轮帮扶景宁加快发展政策。省市各部门都对景宁发展给予重点关注、悉心指导、特别支持。景宁坚持用好每一项帮扶政策和每一笔帮扶资金，做到上下精准承接，力争实现帮扶效益最大化。

着力提升民族事务治理法治化水平。积极推动依法自治，推进《景宁畲族自治县自治条例》《景宁畲族自治县促进惠明茶产业发展条例》等 5 部自治法规和民族工作"新十条"等政策文件落实。设立少数民族专项发展资金，将上年度地方财政收入的 3% 用于当年少数民族事业发展。出台扶持少数民族村寨基础设施建设、生态产业发展、教育医疗、公共服务、社会保障等方面的差别化政策，不断加快少数民族经济社会事业发展。

不断巩固民族团结进步局面。大力培育弘扬社会主义核心价值观，深入践行守望相助理念，深化民族团结进步教育和创建，铸牢中华民族共同体意识。积极促进畲族文化的传承保护和创新发展，稳步推进全国畲族文化生态保护实验区创建，努力打造全国畲族文化总部，促进畲汉等各民族像石榴籽一样

紧紧抱在一起，不断巩固民族团结、社会稳定的良好局面。

（五）坚持深化社会治理创新，坚定不移推动县域治理现代化

认真贯彻党的十九届四中全会、省委十四届六次全会精神，积极构建系统完备、科学规范、运行有效的县域治理体系，争当推进县域治理现代化的全省模范生和全国自治县排头兵。

切实抓好"大治理"体系建设。深入开展平安景宁、法治景宁建设，坚持和发展新时代"枫桥经验"，创设"四个平台"、"全科网格"、"域外网格"、域外服务中心等共建共治共享的社会综合治理新模式。健全完善公共医疗卫生、社会应急、防灾减灾、食品安全等管理体系，积极构建全县一盘棋、县级抓统筹、部门担主业、乡村强管理的县域大治理格局。深入开展扫黑除恶专项斗争。连续 15 年获评浙江省"平安县"，夺得全省首批"平安金鼎"后再夺全省首批"一星平安金鼎"，获评"全国社会治安综合治理创新优秀县"。

着力推进"最多跑一地"治理实践。把"最多跑一次"改革所蕴含的理念、方法、作风运用到县域治理当中。整合大数据、调处化解、诉讼服务、司法确认、速裁审理、法律服务、劳动仲裁、社会心理等功能，建成县社会矛盾纠纷调处化解中心，打造全省首个诉调业务立体衔接、矛盾纠纷一站调处、诉源治理协同推进的"和美景宁·平安小巷"，推进群众诉求解决"只进一扇门""最多跑一地"。矛调中心成立以来，累计受理各类群众诉求 1930 件，办结 1915 件，办结率达 99.2%。

（六）坚持加强党的领导，坚定不移纵深推进全面从严治党

牢牢把握新时代党的建设总要求，坚持把党的领导贯穿落实到自治县发展的全过程和各方面。

持续推进"三服务"。结合主题教育、巡视巡察、"大赶考"等工作，县领导带领全县党员干部深入开展"三服务"。全方位整合"精专服企""下派第一书记""暖心服务队"等载体，健全县四套班子挂钩联系重点企业、网格服务包干、定期联系走访、面对面现场办公、服务成效评价等机制，通过督查暗访、电话问询、问题查询等方式强化督查问效，不断增强服务实效。2019 年以来，各级各单位累计走访重点企业 270 余家次，解决企业各类困难问题 582

件，累计办理"三服务"事项 2123 件，办结 2103 件，办结率 99.1%。

深入推进"大赶考"。始终把党员干部作为民族地区发展的决定性因素，以习近平总书记勉励景宁"志不求易、事不避难"为主题，三年来持续深入推进创新实干大赶考，有效破除山区和民族地区以往部分干部存在的"等靠要"思想和"慵懒散"作风。通过科学定标明方向、公开晾晒表决心、健全机制抓落实、述考结合定绩效、赶考一线辨干部，形成了"躺着的站起来、站着的跑起来、跑着的争第一"的浓厚干事创业氛围。"大赶考"经验做法被新华社内参、中组部《组工信息》、省组部《组工情况》刊发，在全省各地推广，云南、陕西等地纷纷组团到景宁考察学习。

着力提升基层党组织组织力。把提升组织力、引领"大赶考"作为抓基层党建工作的主要任务和主攻方向，创新推出"县委书记面对面点评、责任一对一传导"基层党建季度考评、党委书记党建政绩评审，建立驻外党组织、域内外党群服务中心，统筹抓好农村、机关、企业、学校、社区、"两新"组织等各领域基层党建工作，推进责任传导机制化、组织覆盖网格化、思想教育有形化、党内关爱具体化、职责考评指数化，不断提升基层党组织的凝聚力、向心力和战斗力，以高质量的党建工作引领推动高质量的赶超发展。"县委书记面对面点评、责任一对一传导"压实党建责任做法在全市推广，党委书记党建政绩评审构建党建责任闭环做法被列入中组部《抓党建促脱贫攻坚案例选》。

全面推进"清廉畲乡"建设。认真履行党风廉政建设主体责任，切实抓好省委巡视反馈问题整改，全面部署推进"清廉畲乡"建设。加强县委政治巡察，落实好监督执纪"四种形态"，认真开展主体责任点评质询、主体责任半年督查和扶贫民生领域专项整治、重点领域廉政风险防控等工作。创新推行"清廉指数"评价体系，构建区域政治生态"体检表"和"坐标尺"。严肃查处违反中央八项规定精神，形式主义、官僚主义突出问题，侵害群众利益不正之风和腐败问题，健全权力运行制约监督机制，加快形成不敢腐、不能腐、不想腐的体制机制。

三、结　语

　　景宁是浙江建设"重要窗口"的有机组成部分，景宁将继续认真贯彻落实省委部署要求，坚决扛起责任、加压奋进，以更加努力拼搏的赶考状态争先创优，奋力夺取疫情防控和经济社会发展双胜利，继续在浙江建设"重要窗口"进程中发挥民族自治县独特作用，交出与全省同步高水平全面建成小康社会的高分答卷。

全面建成小康社会与中国县域发展

浙江省衢州市开化县

走好绿色小康路　建设生态好地方

中共衢州市委宣传部

　　开化地处浙西山区、钱江源头，是习近平总书记深情点赞的"好地方"，也是全国十个、长三角地区唯一的国家公园体制试点区。习近平总书记曾于2003年、2006年两度到开化视察，勉励我们"一定要把钱江源头生态环境保护好"，"变种种砍砍为走走看看"，嘱托我们要"人人有活干，户户有收入"。多年来，开化县作为生态文明建设先行先试的排头兵，始终立足重点生态功能区主体功能定位，创新"多规合一"工作架构，坚持生态文明发展，努力探索"绿水青山就是金山银山"的转化路径，铺就了一条绿色小康之路。

一、在"国家公园"建设中，坚决守牢绿色小康路的生态底色

　　建立国家公园体制是党的十八届三中全会提出的重点改革任务，是我国生态文明制度建设的重要内容，对于推进自然资源科学保护和合理利用，促进人与自然和谐共生，推进美丽中国建设，具有极其重要的意义。20多年来，开化始终坚持"生态立县、特色兴县、产业强县"战略，精准识变、科学应变、主动求变，成功拿下首批国家公园体制试点，为开化的经济社会发展创造了巨大的成长空间。

　　创全新模式，着力推进国家公园体制试点规范化管理。开化成立了由省政府垂直管理、纳入省一级预算单位的钱江源国家公园管理局，下设综合行政

执法队和基层执法所，明确了钱江源国家公园管理局和地方政府相关职责。同时，开化县政府和管理局建立每两月一次的例会制度，管理局两位副局长兼任县政府党组成员，县级有关部门和管理局制度化解决体制试点中遇到的问题，形成了"垂直管理、政区协同"的管理体制，为我国推进以国家公园为主体的自然保护地体系建设提供了全新的模式选择。体制创新以"减少管理层级，增强执行能力，提高管理效率"为思路，形成统一规范、机构精简、运行高效的钱江源国家公园管理体制，对国家公园实施统一保护、统一管理、统一建设。

建科学机制，着力破解国家公园体制试点难点问题。集体土地比例高是试点区面临的突出实际问题，也是管理难题。结合国际经验积极探索适合东部发达地区的保护地役权模式，实施地役权改革，在不改变森林、林木、林地所有权的基础上，实现管理权的全面和高效统一。试点区内地役权改革的对象主要涉及集体林地、农地和宅基地三大块。通过签订合同明确权利义务，建立科学合理的地役权补偿机制和共同管理机制，以此引导农户转变生产方式，提高农产品附加值，促进村集体增收。农田地役权改革后，集体土地所有权权属关系不变，承包经营权实行分区管理，尊重农民土地经营权，鼓励村集体对承包土地实行统一的经营管理，让更多农户享受到钱江源国家公园建设带来的生态红利。

跨区域合作，着力提升国家公园体制试点运行效果。试点区地处三省交界处，除省内统筹以外，还需打破行政边界、建立跨省统筹机制才能实现生态系统完整性保护的目标。围绕跨行政区域合作保护的议题，试点区采取了理念引领、机制保障、技术援助、联合巡护四大措施。试点区各镇村与毗连的江西、安徽3镇6村及休宁岭南省级自然保护区全部签订了合作保护协议。开化、婺源、德兴、休宁四地达成绿色发展共同谋划、情报信息共同分享、边界纠纷共同化解、生态案件共同协办、整治修复联合行动、巡防队伍共建联防六项护航钱江源国家公园合作机制，并签署了《开化宣言》。在江西、安徽毗邻区域159平方公里内安装红外相机219台，实现红外相机网格化监测全覆盖。建立跨省联合保护站，设立联合巡护点，组建巡护队伍。

二、在"多规合一"改革中，深度挖掘绿色小康路的发展绿色

目前，开化"多规合一"改革取得了"一张蓝图、一本规划、一套技术规程、一个信息平台、一套机制体制"的"五个一"阶段性改革成果。"一张蓝图"在党的十九大《砥砺奋进的五年》成就展中展出，"三线"划定写进了党的十九大报告，《开化县空间规划》成为全省首部由省政府批复的县级空间规划，试点经验得到中央深改组肯定。

精准开展"双评价"，摸清了发展家底。按照习近平总书记"要把每一寸土地都规划得清清楚楚后再开工建设，不要留历史遗憾"的要求，开化以水源涵养、水土流失等 8 大指数作为生态评价指标和以坡度、通达度等 6 大指标作为开发强度评价标准，确定县域最大的开发上限为 152 平方公里。通过现场勘察和图斑对比，发现并消除了矛盾图斑 1800 余处、17.39 平方公里，归并腾出用地空间 3000 多亩，有效避免了同一地块有不同的属性和用途。

科学划定"三区三线"，厘清了发展空间。在摸清发展家底的基础上，将土地利用科学规划为"三区"（生态空间、农业空间、城镇空间）、"三线"（生态保护红线、永久基本农田红线、城镇开发边界），厘清了发展空间。其中生态空间从 50.8% 提升至 80.43%，划定生态保护红线 805.05 平方公里，最大限度保护绿水青山。农业空间占比 17.23%，永久基本农田面积为 149.21 平方公里，既保护最需要严格保护的、耕地质量最高的用地，又保证必要的乡村发展空间。城镇空间从 10.25% 降低到 2.34%，强化"亩产论英雄"导向，解决规划的碎片化、土地资源的浪费和亩产效益低下等问题。

实施差异化分级管控，管出了发展潜能。针对空间管控不同程度存在的职责不明、标准不一、多头管理等问题，开化将各部门分区管控的办法整合成一套以空间分类为基础、以功能定位为依据、以用途管控为核心的三级管控原则。通过差异化分级管控，淘汰了一批落后产能，坚持该退出的坚决退出、该关停的果断关停，累计整治 200 多家"低小散"企业，叫停了一批与功能分区不相匹配的项目。大力推进城区工业功能疏解，盘活了一批闲置或低效用地，

依法处置了一批"僵尸企业"，腾出了发展空间，比如传化集团投资20亿元的两新产业园项目，可以为城区腾出城市建设用地400多亩。

三、在"两山"理念践行中，不断提亮绿色小康路的幸福成色

开化不断强化国家公园试点建设、"三区三线"架构、开化生态文明建设高质量发展的"一盘棋"意识，通过盘活、改造、提升现有资源，市场化推进"两山银行"建设，打响钱江源区域公用品牌，力促"计划"向"市场"转变，努力下好群众对美好生活向往的"棋子"。

下好重大基础设施"先手棋"。构建了"四纵三横"的综合交通体系，九景衢铁路、黄衢南高速、杭新景高速已经建成通车，205国道改建、351国道正在建设，衢黄铁路、杭淳开高速已经预留了足够的空间和廊道，为积极融入长三角、主动对接闽赣皖打通了交通命脉。开化水库年底开工。天然气管道工程年底完工。

打好公共服务设施"攻坚战"。从办好人民满意的教育出发，科学规划城乡教育规模，形成"高中向县城集聚，初中向中心镇集聚，小学向中心村集聚"的城乡教育格局，2019年10月中旬教育部部长陈宝生到开化考察，对开化的教育布局调整和城乡均衡发展给予了充分肯定。从方便群众就医入手，根据城乡发展需要和人口集中集聚趋势，推动县级医院、乡镇卫生院与村卫生室合理布局、优化提升，实现"小病不出乡、大病少出县"。从丰富老百姓精神文化生活着想，建立"以文化艺术中心为龙头、乡镇综合文化站为依托和村文化礼堂为支撑"的县乡村三级文化服务网络，中心城区形成"15分钟文体活动圈"。

建好重大产业平台"主引擎"。开化"3+1"产业（新材料、新能源、大健康＋数字经济）向"一带四平台"集中集约集聚。"一带"是百里金溪画廊，以发源于开化的钱塘江上游为轴，以构建水岸同建、两岸同进的拥江发展架构，将城镇、人口、产业沿线而布，打造县域经济转型发展的主引擎。"四平台"即生态工业平台，着力打造经济开发区和高质量的小微企业创业示范区。

特色小镇平台，根缘小镇通过省级认定，智驿小镇列入省级培育名单。城市经济平台，依托凤凰新城，打造城市新客厅；依托朝阳健康城，打造健康服务产业基地；依托高铁新城，打造浙皖赣三省边际高能级智慧物流枢纽。田园经济平台，以美丽集镇、美丽乡村、美丽田园、美丽绿道、美丽山谷、美丽河滩、古村落为基底，有机植入现代农业、乡村旅游、文化创意、运动休闲、健康养生、田园教育等田园综合体，致力于打造高质量乡村慢生活体验区。

走好全域旅游发展"新路子"。经营好青山绿水，实现环境资源向经济资产转变，成功创建省 A 级景区村庄 163 个，其中 3A 级 23 个，2A 级 59 个，A 级 81 个，占行政村总数达 64%，金星村获评全国乡村旅游重点村，下淤村获评中国十大最美乡村，景区村数量和质量全市领航，成功创建省全域旅游示范县。坚持以产业带动为导向实现"家家有事干、户户有收入"，成功构建"两茶一鱼两中"、红高粱等特色富民产业发展格局，实现农户、村集体双增收。截至目前，全县 138 个村村集体总收入超 10 万元，48 个村经营性收入超 5 万元。美丽乡村经济已经成为乡村产业发展新的强劲增长极，2017 年至 2019 年，全县农家乐接待游客数量从 373 万人次增长到 736.38 万人次，增长了 97.4%，直接营业收入从 28195 万元增长至 59193.32 万元，增长了 109.9%。2020 年一季度虽然受疫情影响，但是全县 587 家农家乐仍实现接待游客 12 万人次，直接营业收入 1214 万元。

全面建成小康社会与中国县域发展

福建省泉州市晋江市

传承创新发展"晋江经验"
打造国际化创新型品质城市

"晋江市全面建成小康社会的实验探索"课题组

2020 年是决胜全面建成小康社会、决战脱贫攻坚之年，在中华民族历史上具有划时代意义。晋江不但见证了这一伟大时刻，而且也为其到来贡献了晋江力量。在县域发展上，晋江长期领跑福建全省，在全国百强县中处于领先地位。习近平总书记在福建工作期间，曾先后 7 次考察晋江发展，亲自总结和提出了"晋江经验"。在 2019 年参加十三届全国人大二次会议福建代表团审议时指出，"福建如果有若干个晋江，福建就不一样了，应该说，'晋江经验'现在仍然有指导意义"。"晋江经验"是晋江的行动指南和制胜法宝，将继续指导晋江全方位推动高质量发展超越、向着建设国际化创新型品质城市前进。

一、晋江全面建成小康社会的实践历程

改革开放前，晋江是一个"人稠山谷瘠"、基础薄弱的农业穷县，改革开放后却以凤凰涅槃之姿，于 1995 年基本实现小康目标，此后连续 26 年居于福建全省综合经济实力首位；进入 21 世纪连续 20 年跻身全国百强县市前十之列，2020 年更是跃升至第四位。

过去 40 多年，晋江在全面建成小康社会的进程中先后经历了三个重要阶段：第一阶段从 1978 年到 1991 年，以农村改革为起点，成功打造了一条独特

的乡村工业化道路——"晋江模式",实现了经济的跨越式发展。第二阶段以
1992年撤县设市为标志,晋江开始县域现代化和城市化的新探索,实现了新
的发展跃升,奠定了"晋江经验"的基底:经济发展接近世界中上等水平,城
乡基本实现统筹发展,现代社会结构初步形成,以工业化、城市化、社会事业
现代化促进城乡协调发展、经济社会协调发展,基本实现了现代化。第三阶段
从2002年开始,特别是党的十八大以来,在"晋江经验"的指导下再次跃升,
晋江进入探索更加全面、更高质量的现代化发展阶段,现代化发展有了明显的
总体提升,除经济增长依旧强劲外,在社会、文化、生态、营商环境、治理体
系等方面也都取得了长足改善。

一是综合经济实力持续增强、健康发展。2019年末,晋江县域经济基本
竞争力升至全国第四,城市投资潜力、营商环境位居全国县域第二;实现地
区生产总值2546.18亿元,比上年增长8.0%;2020年上半年在疫情冲击下
坚挺完成1116.44亿元,同比增长0.5%,预计全年将突破2600亿元;相比
1978年的1.45亿元、2006年的502.69亿元,晋江的发展速度可谓相当惊人。
目前,晋江传统优势产业不断壮大、产业链条持续优化,新兴产业也开始集
聚成势;9家"国字号"科研机构、一批龙头项目和各类、各级重大创新平台
带动下,晋江科创能力稳步增强,持续助力产业加速转型升级,科技创新对经
济增长的贡献率明显上升。2019年,晋江常住人口人均GDP达12.1万元,已
接近上中等收入国家和地区水平,超过了全国全面小康社会建设和发展的经济
目标。

二是深化改革开放不断取得重要突破。晋江深入推进放管服改革,全面
推广服务理念,持续优化营商环境;获批全省首批县域集成改革试点;圆满完
成全国农村集体产权制度改革试点、集体经营性建设用地入市试点,多项成果
成为全国典型;完成村务(社区)专职工作者队伍管理体制改革,在全国首创
农村治理人才认定机制,获评全国乡村治理体系试点示范县,乡村善治工作成
为全省典型;成功获批四个国家级外贸转型升级基地,泉州出口加工区升级为
综合保税区,晋江陆地港升级为国际港口,成功申办第18届世界中学生运动
会等系列国际赛事,对内对外开放水平进一步提高。

三是城乡建设一体推进、提质升级。2019 年末，晋江常住人口 211.9 万人、城镇化率达 67.4%，中心城区建成面积超过 110 平方公里。城乡基础设施体系不断完善，重大市政交通项目加快推进，基本建成"152030"快速交通圈，公共交通全面实现新能源替代；加快危旧房屋改造、安置房建设回迁、二次供水改造、污水管网铺设等；城市品质持续彰显，坚持"为民建城、为民管城、为民创城"，推动"面子""里子"双提升；全市"多规合一"有序推进，"多图共管"向"全市一图"管理总体实现，市镇总规实现全覆盖；城市精细管理专项行动扎实推进；乡村振兴实现提质升级，打造"5515"现代农业产业园体系，稳步推进 42 个最美乡村建设；2017 年获评"全国文明城市"，城镇化质量不断提升。

四是民生福祉持续明显改善。2019 年，晋江民生财政支出占本级支出达 71.13%，较 2015 年提高 5 个百分点，民生投入力度不断加大，进入"中国幸福百县"前十榜单。2016—2019 年城镇累计新增就业 8.4 万人，城镇登记失业率从 2015 年的 0.3% 下降到 2019 年的 0.18%，城乡就业更加充分，就业服务和保障体系更加健全。全市居民人均可支配收入达到 43441 元，城乡居民收入比由 2015 年的 2.2 降至 2019 年的 2.05；2020 年上半年城乡居民人均可支配收入达到 22949 元，同比增长 0.9%，人民生活水平不断提高。全民参保登记完成率居泉州首位，全市 70 岁以上老人享有意外伤害和长期照护保险，社会保障体系不断优化。教育、医疗服务持续强基础、提质量，国科大、福大科教园等各层次优质教育资源陆续落地晋江，获福建省教育强市称号；与上海六院合作共建国家区域医疗中心，拥有全省首家县级三甲中医院和首家通过 JCI 认证二级公立医院。文旅体育方面，入选全国县域旅游竞争力百强，草庵摩尼光佛造像、磁灶窑系金交椅山窑址和安平桥纳入"泉州：宋元中国的世界海洋商贸中心"参与申报世界文化遗产，打造五店市传统街区、梧林传统古村落等一批城市地标；市全民健身中心、市体育中心等场馆面向社会开放，公共服务全面改善。

五是相对贫困帮扶有序推进。晋江已率先完成市定以上贫困人口脱贫任务，减贫主要针对相对贫困人群，截至 2020 年 3 月共有帮扶对象 251 户、717

人，病、残、缺劳动力是群众致贫返贫主因；退出标准提至家庭人均年收入达
8640元，同时实现"两不愁三保障"及饮水安全保障。新冠肺炎疫情发生后，
晋江及时出台政策、组织开展"五个一"活动，帮助相对贫困人群度过困难期。
晋江也扎实推进脱贫攻坚与乡村振兴统筹衔接，针对城乡低收入边缘群体制定
一套认定和扶持办法，切实维护其基本生活权益，增强其抗风险能力，进一步
完善社会保护体系，促进社会和谐。

六是生态环境保护严控之下显成效。晋江近年严格落实主体功能区划，
搭建全市统一的生态环境监测数据平台和网格环保监管体系，扎实推进全行业
整治、全过程监管、全流域治理、全市域绿化，全面推进水、大气、土壤污
染治理，制定全市水系工业污染源排查销号制度，在全省率先实行"河长制"，
率先建立"湖长制"，探索自然资源资产产权制度和用途管制制度，率先推进
自然资源资产负债表试点，稳步实施资源有偿使用和生态补偿机制，空气质
量、水质、绿地率、规模以上企业综合能源消费量、单位增加值能耗等各项生
态指标显著改善，绿色低碳发展有序推进，获评国家生态城市。

发展至今，晋江已在经济上创造了具有特色的经济社会发展模式，初步
构筑了具有一定国际竞争力的现代经济体系；在政治文明建设中取得重要进
展，以"亲清"新型政商关系不断优化营商环境，以党建引领持续带动县域治
理；在城乡社会建设和社会事业上取得长足发展，各项制度不断成熟、社会综
治全面加强、"三治融合"深入推进、县域社会治理体系持续完善、治理效
能不断提升；在文化发展上秉持固态保护、活态传承、业态提升，在现代社
会中坚持传递传统文化生命力，以城乡文化、社会文明带动国民素养不断提
升；在生态文明建设上全面推进，人居环境明显改善，生态系统稳定性不断
增强，资源节约型、环境友好型社会初步形成。对照全面小康社会目标要求
和指标，践行"新发展理念"，"十三五"期末，晋江已顺利建成全面小康社
会，高质量完成第一个百年奋斗目标，在现代化建设中持续走在前列，为
地区和国家全面建成小康社会和高质量发展作出了"晋江贡献"。

二、"晋江经验"：晋江建设更高水平全面小康社会、迈向现代化建设新征程的法宝

2002 年 6 月，时任福建省省长的习近平同志到晋江调研，后于 8 月 20 日在《人民日报》上发表题为《研究借鉴晋江经验，加快县域经济发展》的文章，提出以"六个始终坚持"和"正确处理好五个关系"为核心内涵的"晋江经验"。"晋江经验"不但充分概括了晋江在全面小康社会建设伟大实践中的鲜活经验，而且为晋江今后的发展提供了方法、路径和方向的指引。特别是面对百年未有之大变局，面对新冠肺炎疫情和中美贸易摩擦等不确定因素，一段时间以来晋江各界的努力和实践所取得的成效，进一步验证了"晋江经验"对于晋江发展所具有的价值。

（一）长期坚守"实业"本分、壮大优化产业链条，是地方经济有韧性、发展可持续的坚实基础

实践证明，实体经济和制造业是我国经济韧性的重要保证，也是应对危机可持续发展的重要基石。县域产业发展的一大痛点就在于缺乏定力，难以形成产业集群，严重影响市场主体的预期和信心。坚守实体经济正是"晋江经验"最鲜明的特色，尤其是一心一意深耕发展与民生高度相关的制造业，为晋江实现经济增速、产业水平"双中高"夯实了发展基础。目前，晋江围绕鞋、服和食品等相关产业形成了从机械、原料、设计、研发、制造到销售的完整产业链条。因此，面对重大公共卫生危机，尽管晋江历史上没有生产过口罩、医用防护服，但却具备迅捷转产能力，从机械、车间、熔喷布到纺织技术等制造基础一应俱全，迅速实现抗疫物资生产的从无到有，乃至产业化的突破。迄今为止，晋江实体经济创造的产值、税收和就业机会占比都达 95% 以上。正因晋江一心坚守做实业，产业链条齐全，且与民生高度相关，长期品牌建设与诚信发展赢得了广大消费者的信任，才能有效顶住危机，全面满足国内超大市场的吃、穿、用基本需求，实现逆势增长。

（二）立足本地优势改革创新、充分调动"协作"资源，为地方产业开拓提供源源不断的核心内生动力

立足本地优势与持续改革创新是"晋江经验"的核心双驱动。晋江的产业集群具有鲜明的"中国特色"，带有改革开放 40 余年积累的中国产业基因，其中一点就是善加运用本地优势、充分调动各种资源进行社会协作，创新发展出具有晋江特色的产业组织模式。尽管晋江经济的起步、腾飞都有外贸发展大背景，但晋江却能在开放与改革中将其转化为县域社会的内发型发展和晋江人民的自主性发展动力，这是与一些地方产业衰败、空心化严重，缺乏发展内生动力、主要靠外部输入最大的不同。例如，晋江有底蕴深厚的宗族文化、家国观念、台海优势，在创业初期和产业发展中充分利用了家族观念，选择符合自身条件的发展方式，形成了互帮互助的产业连带关系和特殊的产业组织模式，即所谓"垂直产业分工"，形成了"大企业 + 小企业"的企业合作协同发展网络。正是这种基于文化认同和协作优势诞生的"产业生态"，生成了晋江产业链"转不走"的"根茎网络"。疫情期间，一些生产环节甚至出现回流趋势，正与晋江这种内生的、转不走的产业网络密切相关。本土资源成为晋江发展不可替代的优势。

（三）始终发扬"拼搏"精神、坚持物质精神文明双提升，是一个地方能够永葆活力并在市场大潮中取胜的精神法宝

"晋江经验"指出，要始终坚持在顽强拼搏中取胜。面对日益复杂的形势，今天尤其要强调拼搏精神。关键在于人。晋江经济和社会活力就存于"敢为天下先、爱拼才会赢"的晋江人身上，存于优秀的企业家队伍中。离开了晋江人的艰苦创业、锐意进取精神，在晋江这种人多地少的落后地区，要想发展起来肯定非常困难；而只要爱拼搏的晋江人还在，这种精神就能够一代代地传递下去，这个地方的未来就有希望。晋江经济活力深深根植于晋江的社会基础，存于宗族文化和海洋文化基础上形成的"爱拼才会赢"精神气质中。用晋江人的话说，"哪怕只剩下一把花生，也想着怎么卖出去，想着怎么翻本"，这充分体现了晋江人的不服输精神；但它也不是"非赢不可"的顽固，"输赢笑笑"也很重要，这实际上强调一种勇于尝试，既不患得患失、也不畏手畏脚的拼搏精神。也正因此，晋江人始终保有很强的上进心、积极性和主动性，善于在各种情势下勇立潮头、发现机遇，凝聚起推动个人上进并取得全面发展的强大动能，不断发现并实现新的人生价值，同步提升个人物质文明、精神文明，积极推动晋江经济社会与时俱进、稳健发展。由此可见，继承和发扬优秀文化传统，为晋江的发展提供了强大的内生动力和文化基因。

（四）尊重市场主体、坚持"有为"政府，打造营商环境软环境，发挥无形通道的力量

全面深化改革的重点是经济体制改革，核心问题是处理好政府和市场的关系，其中的关键又在于转变政府职能，推进简政放权、放管结合、优化服务改革。晋江始终贯彻"晋江经验"提出的坚持以市场为导向发展经济、坚持政府对市场经济的引导与服务。当前一些地方政府在招商引资、改善营商环境的过程中，只重视基础设施等"硬环境"的改善，片面注重"有形通道"的作用。晋江敏锐注意到，打造营商环境，必须高度重视"软环境"的建设。在县域经济发展初期阶段，晋江基层政府就在用地、税收等方面为县域产业发展提供了诸多便利条件。随着县域产业的发展壮大，建设新型服务型政府，为县域经济打造优良外部环境显得尤为重要；尤其是，正确处理政府与市场的关系，在与市场主体的互动中打造"亲、清"新型政商关系，尊重市场主体经营的主体地位，把该管的管到位，该放的放彻底，全力当好"引路人、推车手、服务员"三种角色，落实好"不叫不到、随叫随到、服务周到、说到做到"服务理念，不断为企业发展提供优良服务。作为全省乃至全国改革试点最多、成果最丰富的县级城市之一，晋江正全力推动县域集成体制改革、不断搭建平台赋能创新创业创造，内外联动提升开放水平，不断为企业发展争创新环境、新优势、新高点和新市场。

（五）全面践行创新、协调、绿色、开放、共享五大发展理念，打造多元、包容的友好型社会，因地制宜发展适合当地的全面支撑体系

晋江进一步将处理政府与市场关系、"政企互动"的优秀经验创新地延伸至政府与社会关系、"政社互动"中，尊重并保障每一位社会成员的共享发展权利，注重全社会的全方位协同发展和城市发展质量的全面提升。在县域社会的发展升级中，人才、城市建设、公共服务、生态环境、文化基底都是重要制约因素。晋江则一直都很重视劳动人口与创新人才对于当地经济发展和产业结构升级的作用，实施包容、多元、有温度的社会政策，民生上每年投入 65%以上本级财力，推动"本地农民市民化、外来人口本地化、城乡一体化"，突出待遇均等化、保障全覆盖，"零门槛"保障 110 万外来创业务工人员享受 30 项市民待遇，真正进得来、留得住、融得入。2019 年晋江新修订人才政策，针对本地企业的人才需求给予企业人才认定的自主权，扩大人才认定范围，提高人才待遇，充分发挥人才在晋江产业转型升级中的驱动作用。同时，晋江正确地处理好了"工业化与城市化"的关系，坚持"以人为本、城乡一体、产城融合"，大力推进新型城镇化试点建设，不断提升城市化质量，加大基础设施和配套建设投入，提高城乡公共服务水平，以吸引各级各类人才，打造"本地人留恋、外地人向往、值得托付终身"的现代化品质城市。更关键的是，在推进城市全面发展中，晋江更加注重文化文明共建共享和生产、生活、生态融合发展，不仅建设了品质城市最美的生态底色，也留住了城市的根脉文脉，跻身全国文明城市之列。

（六）重视"实践探索＋理论研究"同步发力，不断提升治理效能、创新服务晋江县域社会治理现代化

晋江也重视与国家、省地科研单位和学者保持密切合作，推进深度的社会调查，从中总结经验，为科学决策提供客观依据和理论指导。晋江先后与中国社会科学院社会学研究所合作举办了"中国农村发展道路（晋江）"研讨会、"中国县域现代化道路研讨会"等，合作调研出版《中国国情丛书——百县市经济社会调查·晋江卷》（1988）、《晋江精神探索》（1995）、《晋江的现代化之路：从贫穷到富裕》（2000）、《晋江模式新发展——中国县域现代化道路探索》（2007）、《中国县域发展：晋江经验》（2012）、《县域现代化的"晋江经验"》（2019），持续深耕晋江县域现代化实践探索，时间跨度之久、调研积累之深厚，在全国的县级市当中也是不多见的。而这样的实践探索与理论研究相结合，十分有益于晋江始终立足人民、立足社会，不断总结吸取好的经验、及时调整欠缺补齐短板，不断积累政府治理创新实践、提升政府和社会治理效能，推动完善县域社会治理体系，取得治理能力现代化的重大进展。

正是在所有这些发展基础之上，晋江才能在新冠肺炎疫情防控中上下齐心、迅速转产，为本地区、为全国、也为国际社会疫情防控贡献晋江力量。晋江顺利全面建成小康，不仅铸造了晋江强大的经济韧性，也更加孕育了晋江一方水土的社会韧性、文化韧性和治理韧性。而晋江力量就蕴于其中。

三、新时代、新征程和新期望："晋江经验"仍将指导晋江全方位推动高质量发展超越

2017年3月18日，《人民日报》头版头条文章《晋江之路》指出，多年来，晋江不断探索、不断创新、不断丰富"晋江经验"，"晋江经验"已经从原来的以经济为主，丰富拓展到经济社会发展各个领域。"晋江经验"的核心内涵是全面发展，这与当前福建省全方位高质量发展超越的使命任务是高度契合的。新时代、新形势和新征程下，晋江要深入学习贯彻习近平新时代中国特色社会主义思想，特别是习近平总书记对福建工作的重要讲话和重要指示批示精神，全方位推动高质量发展超越，不断传承创新发展"晋江经验"新内涵，努力在全方位推动高质量发展超越大局中当好主力领军、持续在高质量的县域发展中当好典范样板，为做大做强国内国际双循环体系，继续作出晋江的贡献。

面对全方位推动高质量发展超越的新形势新任务新要求，晋江需正视当前发展中的相对短板，进一步从改革中找动力、从开放中辟空间，不断推动物质文明、政治文明、精神文明、社会文明、生态文明的全面提升与可持续发展，促进人的全面发展和社会的全面进步，建设国际化创新型品质城市，在实现全方位高质量发展超越中再创"晋江经验"新辉煌。

——机制更活。坚持向改革要活力、向创新要动力、向开放要空间。以点带面全面深化改革，聚焦人、地、钱三大要素，统筹推进集成改革，全力破解要素瓶颈制约和体制机制障碍；实施创新驱动发展战略，不断提升科研平台、科创载体孵化与成果转化，加快建设高水平创新型城市，提升科技创新对经济

增长贡献率，不断推动科技创新超越；扎实推进"国际化"战略，积极响应国家"一带一路"倡议，强化区域合作，探索深化晋台经济、基础设施、社会、文化等领域全面融合发展，推动利用外资提质增效，内引外联推动对外开放超越。

——动力更强。继续保持晋江人的顽强拼搏方能取胜精神，进一步鼓励广大干部群众和企业家要敢拼爱拼善拼，敢为天下先。这种敢拼会赢的精神，是习近平总书记强调的"奋斗幸福观"、新时代斗争精神的生动体现，也是应对风险挑战、实现民族复兴的内在动力。在这次抗击新冠肺炎疫情中晋江人再次彰显了这样的精神，相信晋江人在未来会进一步将这样的精神发扬光大，成为晋江发展取之不尽用之不竭的文化动力源泉。

——产业更优。立足本地优势，持续引导企业开展产品、技术、品牌、管理和商业模式"五个创新"，发力全链条、全流程升级，把纺织鞋服等传统产业做成先进制造业，推动集成电路等高新产业集群发展，现代服务业加速向专业化、个性化、高端化延伸，加快发展"先进制造业立市、高新产业强市、现代服务业兴市"新实体经济，不断推动产业结构优化升级和现代化发展超越。

——生态更美。应对生态环保的长期压力，突出机制创新，继续扎实推进全行业整治、全过程监管、全流域治理、全市域绿化的生态环境综合管理机制，深化探索自然资源资产产权制度和用途管制制度，继续推进自然资源资产负债表试点，稳步实施资源有偿使用和生态补偿机制；突出问题导向，着力解决企业污染问题、农业面源污染问题以及城乡各类垃圾处置问题，一体建设美丽城市、美丽城镇、美丽乡村；突出绿色发展，实施绿色低碳制造工程，探索构建生态经济体系，持续巩固国家生态城市建设成果，不断推动生态文明建设超越。

——生活更好。推进新型城镇化建设，持续完善升级农村基础设施，统筹解决城乡社会管理粗放问题，引导城乡内涵式发展，不断推动城乡协调发展超越；持续加强普惠性、基础性、兜底性民生建设，突出调高、扩中、提低"三轮驱动"，构建更高质量更充分的就业促进机制，扩大优质教育资源供给，补齐人才、床位等医疗卫生领域的短板，完善重大疫情防控体制机制，围绕"民生保障升级、人均收入增加、幸福指数提高"目标，从供给侧的均等化、优质化提升群众获得感，为百姓增利，不断推动民生社会事业超越；着力延续文脉，加强文物保护利用和文化遗产保护传承，加强历史文化名镇名村和传统村落保护，着力文化惠民，推进文化产业发展和本地传播，着力铸魂育人，深化群众性精神文明创建，不断推动文化软实力超越；夯实基层基础，坚持"法治、德治、自治、智治"结合，不断创新社会治理，健全完善应急管理和风险防控体系，不断推动县域社会治理效能超越。

（调研组负责人：林惠玲、王春光；成员：黄华东、吕鹏、

许建林、王晶、张文博、付伟、肖荣荣）

全面建成小康社会与中国县域发展

福建省三明市宁化县

创新"三全三扶一档" 教育扶贫 全面助推脱贫攻坚

中共宁化县委宣传部

扶贫必扶智。让贫困地区的孩子们接受良好教育,是扶贫开发的重要任务,也是阻断贫困代际传递的重要途径。近年来,宁化县认真贯彻落实习近平总书记关于扶贫工作的重要论述和关于教育扶贫的重要指示精神,增强"四个意识"、坚定"四个自信"、做到"两个维护",重视发挥教育在扶贫开发中的基础性、先决性和关键性作用,把教育扶贫作为脱贫攻坚的治本之策,多措并举、综合施策,精准发力,不断创新教育扶贫机制、规范教育扶贫工作管理、优化教育资源配置,实现了扶贫工作的全学段、多渠道、个性化、高质量,真正让每一位建档立卡贫困家庭孩子"有书读、读好书""有学上、上好学",走出一条贫困山区、革命老区教育精准扶贫的新路子。

一、宁化县教育基本情况

2019年,宁化县有高级中学1所,完全中学2所,初中15所,小学48所,全县幼儿园共128所(其中公办园100所)。全县在编教师3095人,学生48691人,其中建档立卡、低保、残疾贫困学生共2325人。2015年以来,全县中高考各项指标等连年位居全市前列,本一上线2320人,本科上线7171人,考取"985""211"院校334人、872人,其中清华、北大共有17人。宁化县基础教育改革、"初中壮腰工程"、"书墨两香"教育、"三全三扶一档"教育精准扶贫等经验做法在省市推广。

二、宁化县"三全三扶一档"教育精准扶贫做法

（一）主要内容

1.突出"三全"。全员参与：组织教育系统全体党员干部、教师全部参与教育精准扶贫工作。全面覆盖：全面兑现学前教育到大学教育阶段 2325 名建档立卡、低保、残疾贫困学生资助政策。全程管理：对 2325 名建档立卡、低保、残疾贫困学生，在学习、生活、思想等方面进行全程管理。

2.做实"三扶"。把"扶志""扶智""扶助"相结合。校级班子"1 对 N 扶志"：各校校级班子成员"1 对 N"进行"扶志"，通过谈心交流座谈、励志感恩专题讲座、助学仪式等，促进学生身心健康发展，帮助树立学习信心，激发学习动力。科任教师"1+X 对 1 扶智"：选定 2325 名责任教师及部分科任教师，采取"1+X 对 1"方式"扶智"，定期做好成绩分析，制订学业帮扶计划，帮扶贫困学生提高学业成绩。学校资助人员"一对 N 扶助"：建设学生资助工作试点校 38 个，通过学校资助管理专兼职人员"一对 N 扶助"，确保资助政策落实。

截至 2019 年 12 月，全县 38 所学校全部已通过县学生资助办公室标准化建设验收。2020 年春季，为进一步加强"三全三扶一档"示范校建设，做好"三全三扶一档"，在原有客家学校、湖村中心学校两所示范校建设的基础上，新增城区城东中学、城南小学、城东小学、宁化五中、特校等 5 所学校作为"三全三扶一档"示范校建设，并对全县 7 所示范校下拨奖补资金 16 万元。

3.建好"一档"。建立"一生一档"，动态跟踪资助兑现、思想表现、学业成绩，以及个性发展、综合素质评价等情况，做到"档随人走"。"一卡"："宁化县教育精准扶贫学生信息卡"，记录贫困学生基本信息情况和可享受的政策。

"一册"：学生学业评价手册，记录学生学业变化情况。"一表"：学生帮扶记录表，记录学生个性发展和综合素质评价等。"一APP"：开发教育精准扶贫手机APP，动态掌握帮扶工作情况。

（二）推进举措："四零四有四化四力"

1."四个零"目标。即零失误、零遗漏、零辍学、零违规"四个零"工作目标。"零失误"：确保各类学生资助款项及时、准确、足额发放。"零遗漏"：确保不漏一个家庭、不少一个学生。"零辍学"：确保不出现建档立卡贫困学生辍学现象。"零违规"：确保每一笔资金花得明白，每一分钱都落到实处。

2."四个有"要求。在教育精准扶贫中做到四个有：有完整的过程性材料记录、有完善的工作机制、有经验的总结交流、有典型的帮扶案例。

3."四个化"推进。一是工作开展"常态化"。推进"三全三扶一档"常态化，常态化落实"五步工作法"（即明确一批帮扶人、描好一幅个性画像、制定一个详细帮扶措施、做好一套帮扶过程记录、进行一次学期总结）。二是助学金发放"定期化"。建立助学金定期发放制度，建档立卡大学生助学金，分两期发放到位，其中，大一新生助学金在每年春节初十前兑现到位，大二至大四学生助学金在8月20—25日兑现到位。学前教育、义务教育和高中教育阶段每学期开学时兑现到位。三是发放程序"规范化"。按"公布助学金发放信息—信息核实反馈—资助款项发放—受助人确认回执"四步程序规范发放建档立卡大学生助学金。学前教育、义务教育和高中教育阶段由学校向建档立卡学生发放免缴相关费用的注册通知单，明确减免款项。四是工作考核"实效化"。出台考核制度，把扶贫工作纳入校长年度责任目标考核和教师个人绩效考核。出台《宁化县"三全三扶一档"教育精准扶贫工作考核方案》，把资助工作作为学校年度综合评估等级的前置条件，即资助工作考核为"合格"的学校年度综合评估才有评奖的资格；考核为"优秀"的学校年度综合评估才有评"一等奖"的资格。

4."四个力"保障。一是大力改善村级教学点条件。县财政每年统筹安排一定经费（按20—50人每年1万元，50—100人每年2万元，100—200人每年4万元，200人以上每年6万元标准），用于村完小和教学点校舍修缮及设施设备添置，创建农村标准化教学点 18 个，县内所有农村教学点实现"数字教育资源全覆盖"，让乡村孩子同享城区优质教育资源。二是着力支持乡村教师队伍建设。落实乡村教师乡镇工作补贴和生活补助，实施乡村教师"安居工程"等。三是有力保证易地搬迁人员子女"就近入学"。加快城区中小学、幼儿园新改扩建，着力保证易地搬迁人员子女"就近入学"。四是全力推进城乡教育质量均衡。深入实施县域"适合教育"综合改革，着力打造"质量""阅读""书法"教育名片，探索出一条"小学打基础、初中练好腰、高中求突破"的山区基础教育特色发展的新路子，努力"为每个孩子提供最适合的教育"。

三、扶贫成效

（一）实现"全学段"精准扶贫

在全面兑现国家助学政策基础上，向学前教育和大学教育两头延伸。大学教育"45810 资助"：县财政对在省内、省外就读的建档立卡大专生、本科生，分别给予每学年 4000 元、5000 元、8000 元、10000 元资金帮扶。目前共发放资助金 699.6 万元、惠及 972 人次。学前教育"保教费补差"：在落实国家资助标准基础上，由县财政补助发放建档立卡贫困幼儿"保教费补差"资金，2018—2019 学年共发放 14.08 万元，惠及 332 人次，保障贫困幼儿顺利入园。

（二）实现"多渠道"精准扶贫

建立政府、企业、个人等多渠道教育扶贫助学投入机制，成立县教育发展基金，一中教育发展基金等，近年来通过"春蕾计划""金秋助学""关爱女孩、育才助学"等社会捐资助学 900 余万元、惠及 800 余人。

（三）实现"高质量"精准扶贫

2016 年以来，帮助 350 名贫困生（"985""211"大学 13 人）进入大学，其中 1 位贫困生考取北大医学部，160 人顺利毕业、就业。

四、"三全三扶一档"教育精准扶贫的启示

（一）实施"三全三扶一档"教育精准扶贫，是阻隔宁化县贫困代际传递的长效机制

"扶贫必扶智"，实施教育精准扶贫是阻断贫困代际传递的重要途径，更是决胜全面建成小康社会、全面建设社会主义现代化国家的重大历史任务。宁化县坚定不移推进教育扶贫，不断完善"三全三扶一档"教育精准扶贫机制，把"扶志、扶智、扶助"与"立德树人"有机结合、整体推进，不仅关注贫困学生的学业成长，而且关注学生身心健康发展，帮助树立学习信心，激发学习动力，让每一个孩子都能"读好书"，让更多山区孩子走出大山、进入中等职业学校或高等院校、顺利毕业就业，实现"培养一人、脱贫一户、一人就业"，带动整个家庭稳定脱贫和高质量脱贫，实现阻断贫困代际传递的目的。因此，教育精准扶贫也是巩固脱贫攻坚成果最有效的方法、最长效的机制。

（二）实施"三全三扶一档"教育精准扶贫，是促进宁化县教育公平的必然要求

宁化县"三全三扶一档"教育精准扶贫模式，立足于促进教育公平和社会公平，重视发挥教育在扶贫开发中的基础性、先导性和关键性作用，把教育精准扶贫作为脱贫攻坚的治本之策。把建档立卡家庭经济困难学生"上好学"的问题摆在重要位置，精准落实国家各项资助政策，完善教育硬件设施，出台符合县域实际的"扶志、扶智、持助"帮扶措施，保障"不让一个学生因家庭经济困难而失学""让贫困家庭子女都能接受公平有质量的教育"实现从学前阶段到大学阶段的教育精准扶贫"全覆盖"，走出贫困山区、革命老区，通过教育发展促进教育扶贫和教育公平的新路子。

（三）实施"三全三扶一档"教育精准扶贫，是打好宁化县乡村振兴战略的重要渠道

宁化县持续深入实施"三全三扶一档"教育精准扶贫，充分发挥教育精准扶贫的"造血"功能，进一步发挥乡村教师主体力量、丰富乡村学校教学形

式、推进"扶志、扶智、扶助"三位一体，帮助乡村孩子健康成长且回馈乡村，提升贫困群体自我发展能力等，能够为打好乡村振兴战略提供强有力的人才支撑。

全面建成小康社会与中国县域发展

福建省漳州市东山县

弘扬谷文昌精神　建设富美新东山

——东山县"生态+"推动实现全面建成小康社会的实践与思考

中共东山县委办公室、县委宣传部

党的十八大以来，全国上下深入贯彻落实以习近平同志为核心的党中央决策部署，牢固树立"绿水青山就是金山银山"的理念，绿色发展按下快进键，生态文明建设驶入快车道。东山历届县委、县政府深入贯彻习近平生态文明思想，增强"四个意识"、坚定"四个自信"、做到"两个维护"，接好谷文昌老书记生态文明"接力棒"，探索走出一条独具东山特色和海岛实际的绿色发展之路，为全面建成小康社会赋能加力。

一、主要成效

东山是全国第六、全省第二大海岛县，是谷文昌精神的发祥地，总面积248.9平方公里，人口22.17万人。新中国成立前，东山岛生态脆弱、发展落后、风沙肆虐。谷文昌同志带领东山人民战天斗地14年，改善生态、拔掉穷根。习近平总书记称赞谷文昌老书记"为子孙后代建起一道沿海防护林，在老百姓心中树立一座不朽的丰碑"。谷文昌精神也感召着一代代东山人倍加呵护生态、重视生态、建设生态，把生态作为"生命线"和"发展轴"，以"生态+"

理念融入东山经济社会发展全过程，推动东山获评全国首批海洋生态文明示范区、全国防沙治沙综合示范区、国家级海洋牧场示范区、国家生态县，全国十大美丽海岛评选第一，连续五年蝉联"全国深呼吸小城 100 佳"等荣誉，被作为 33 个全国生态保护和建设典型示范区之一向全国推广。优越的自然禀赋和生态环境为高质量发展赋能，助推东山成为全省县域经济发展"十佳县"、中国最具投资潜力特色示范县 200 强。

二、"生态 +"在东山的实践经验

（一）突出"一个愿景"，以生态引领发展始终

作为县域基层，东山县始终把习近平生态文明思想贯穿经济社会发展的全过程。在 2016 年的县委十三次党代会上谋定建设"生态旅游岛·富美新东山"的美好愿景，推动东山建设"生态旅游岛"连续进入省"十二五""十三五"规划，突出将"生态"放在重要位置、关键环节，作为引领方向、凝聚人心的重要目标。2020 年以来，坚持"生态文明也是生产力"，把"生态环境治理行动"放在统筹全县发展"八大行动"的重要战略位置，与工业发展、全域旅游等中心工作同部署、同落实、同考核，为生态文明建设谋篇布局、凝结共识、聚力推动。

（二）建好"两套机制"，为生态建设强化保障

一是推动机制。以县委全会、县委常委会、政府常务会、年度工作会等形式，专题推进生态文明建设，进一步厘清组织架构，增强协同动力。坚持"生态东山、规划先行"，以进入全省"多规合一"试点县为契机，编制并颁布实施土地利用、水土保持、海洋功能区划、森林县城、城乡污水、旅游发展、乡村振兴等专项规划，将生态理念融入东山每一寸土地、每一项工作。二是保障机制。在资金保障上，生态环境保护经费列入年度预算并逐年增加，安排多项环保专项资金，整合各部门涉及基地建设专项资金，近五年来累计投入环保资金占 GDP 比重达 3.66%；在责任保障上，实行"党政同抓、上下齐抓、全

域深抓"的党政领导生态环保目标责任制，生态文明建设方面考核比重提升到12%，创新乡镇"6+4"考核机制，突出以绿色发展为导向，根据部门及乡镇功能与定位，将生态文明建设纳入"6+4"乡镇考核，实施差异化考核，以考核倒逼生态责任落实、形成生态责任；在司法保障上，出台《网格化环保监管体系实施方案》等制度文件，成立全国首个由最高法院、省法院、市法院、县法院四级法院环境资源审判庭，成立"县公安局森林警察大队""县公安局生态环境资源管理大队"，为生态保护提供强有力的司法支持，东山法院生态司法、检察院生态公益诉讼走在全省前列。

（三）调和"三色基调"，为发展打好生态基础

一是打造绿色海岛。坚持"每年至少投入 5000 万元、绿化 1 万亩"，全岛绿化率超过 94%。2019 年，全县现有林业用地 10.6 万亩，生态林 7.1 万亩，木麻黄种植 1.6 万亩，各类森林蓄积量 36.53 万立方米。城区方面，投资近6000 万元建设金銮花海、迎宾大道绿化景观工程，五年来，累计实施市政绿化面积近 2000 亩，投入 2500 万元实施总长 38.35 公里的主干道两侧绿化和景观提升。乡村方面，投资 1122.3 万元抓村庄绿化、景观提升，全县拥有乡村景观林 146 亩，村道两侧绿化面积 1332 亩。二是打造蓝色湾区。坚决守护好海岸、海湾、海岛、海滩、海水"五海"资源，下大力气推进海洋生态综合整治。海岸保护方面，率先在全省划定海洋生态保护红线，划设高潮位内侧 200米限建区。突破停滞十多年的马銮湾养殖清退，央级主流权威媒体聚焦报道。推进下西坑规范化养殖试点，重拳开展鲍鱼、虾池等无序养殖乱象整治，规划乌礁湾大型塑胶网箱海水养殖基地，开展综合整治盗采海砂专项行动，重拳打击盗采海砂等违法行为，推进八尺门贯通工程、乌礁湾等海岸带保护修复工程，引导湾区养殖规范化、湾区保护制度化。三年来累计清退或迁移对面屿、东门屿、大坪屿等无人岛周边渔排超 3.5 万格、筏式吊养约 4000 亩，真正让"无人岛、有人管、有人治"。三是打造暖色家园。着眼生态宜居、生态惠民，建立健全"三张网"：第一是全岛覆盖的生态安全网，持续抓污染源大排查大整治，313 个污染源整治到位。投入 5.6 亿元建设岛外引水第二水源工程，投建日产 5 万吨的第二水厂，完成遗留 9 年的红旗水库内坑自然村搬迁安置，从源头上保护东山唯一水源地（红旗水库）生态水质安全。第二是城乡统一的环卫保洁网，财政每年安排超过 2000 万元保洁经费，按照全县人口的 1.5‰—2.5‰、3‰配备城区、乡村保洁员，城乡垃圾实现当天村收集、镇转运、县处理。重点路段实施"全天候"保洁，西埔、铜陵城区推行"垃圾不落地"模式，垃圾无害化处理率达 100%。2020 年以来，探索垃圾处理外包模式，逐步推动城乡环境卫生、园林绿化、垃圾处理实行市场化运营、一体化整合、精细化管理。第三是全域一体的污水处理网，编制《东山县城乡污水专项规划》，投资 5.14 亿元，改造提升双东污水处理厂，新建长山尾、城垵、陈城污水处理厂和 9 个村级小型污水处理设施，建成后日处理污水能力达 7.25 万吨，可实现全县污水 100% 处理。投资 5.8 亿元，建设 133.6 公里污水管网和 16 座污水提升泵站，建成后全县基本构成城乡污水收集网。

（四）打通"四个通道"，为产业提升"生态＋"效益

一是打通"生态＋水产"的转换通道。坚持向远洋要资源，扶持发展远洋渔业，形成全市最大的远洋捕捞船队，2019 年产量 3.4 万吨。坚持向规范要潜力，实施《东山县养殖水域滩涂规划》，成为"国家海捕水产品质量安全示范区""国家级外贸转型升级示范基地"，进入"国家海洋牧场示范区"创建名单。坚持向线上要空间，扶持壮大水产电商，拥有 129 家电商企业、近千家网店微商，电商从业人员总数 3500 多人，打造上捷电商产业园、西海岸电商产业园、澳角水产电商一条街等新兴产业基地。在疫情冲击下，持续保持强劲发展态势，2020 年上半年电商交易额突破 11 亿元，增长 33.98%，入选全国农村电子商务示范县。二是打通"生态＋农业"的转换通道。依靠海岛良好的土质、水质及气候优势，发展现代特色农业，引入推广台湾青枣、莲雾、百香果、凤梨释迦等优新水果种植，涌现一批新型农业专业合作社、家庭农场，有力带动农民就业增收，建成 2 个农业标准化示范区，拥有无公害、绿色食品生产基地 2 万亩，2019 年，全县农民人均纯收入达 2.24 万元，已多年稳居全市第一。三是打通"生态＋工业"的转换通道。坚持工业服从生态、服从环境，在主岛东北、西北部布局海洋生物科技园、玻璃及新材料产业园，严把工业项目环保关，实施工业企业"退城入园"，实现集中排放、集约发展，为城市绿色发展

腾空间。2019 年规模工业产值 373.8 亿元，增长 9.8%；规模工业增加值 101.2 亿元，增长 9.5%。四是打通"生态＋旅游"的转换通道。围绕创建"国家全域旅游示范区"，推动生态与旅游深度融合。突出"浪漫东山"品牌，挖掘整合谷公、关帝、黄道周"三公"文化，成功举办海峡两岸（福建漳州）融晴文化艺术展、环东山湾汽车拉力赛、帆船赛、国际半程马拉松等重要赛事。高标准建设帆船帆板、汽车拉力、文旅影视、摄影写生、研学旅培训"五个基地"；推进南门湾片区、关公广场、鱼骨沙洲综合体、海湾公园等高端旅游度假休闲项目落户东山，拓展东山特色的生态旅游业态。打造生态前何、岐下渔家傲等乡村旅游项目。近年来，全县游客人数、旅游收入以 20% 的速度快速增长，2019 年接待游客 721 万人次，实现旅游收入 74.92 亿元。

在全面建成小康社会的进程中，东山县以习近平新时代中国特色社会主义思想为指导，传承生态理念，厚植生态优势，释放生态效益，接力奋进、砥砺奋斗，推动东山从"荒凉海岛"走向"东海绿洲"，从"百业待兴"走向"欣欣向荣"，从"凋敝欠账"走向"共建共享"，从"海防前线"走向"开放前沿"，绘就一幅奋进崛起、日新月异的壮美画卷。

全面建成小康社会与中国县域发展

山东省济南市章丘区

扛起两面大旗　助力全面小康

中共济南市章丘区委宣传部

章丘区总面积 1719 平方公里，辖 17 个街道 1 个镇，907 个村（居），户籍人口 105 万人，境内山区、滩区、平原各占三分之一，耕地面积 117.8 万亩，农村人口 82.5 万人。章丘是千年古县，是龙山文化的发现地和命名地，孕育了唐代名相房玄龄、一代词宗李清照、近代商业资本家孟洛川等历史名人。章丘生态秀美，素有"小泉城"的美誉，被评为中国优秀旅游城市、国家园林城市、国家环保模范城、国家生态市、国家卫生城市。章丘交通便捷，济青高铁、胶济铁路及正在建设的济莱高铁在章丘分设站点，2 条高速横穿境内。章丘产业发达，建有国家级明水经济技术开发区，集聚了中国重汽等一批知名企业。2019 年位列全国综合实力百强区第 66 位。

2020 年是全面建成小康社会的收官之年。近年来，章丘区全面落实市委决策部署，完善全区"1266"工作思路，加快齐鲁科创大走廊、齐鲁智造大走廊、沿黄生态走廊和齐鲁古道·文旅走廊规划建设，扛起实体经济和乡村振兴齐鲁样板两面大旗，扎实推进脱贫攻坚工作任务，经济社会各项事业取得丰硕成果，全面小康成效显著。

一、实体经济提能级，筑牢全面小康的经济基础

实体经济是立身之本、财富之源，是群众安居乐业的基础。作为济南工

业强区，章丘区全面对标济南市"工业强市"部署，聚力"六攻"（攻集群、攻平台、攻项目、攻招商、攻队伍、攻服务）不动摇，推动工业经济逆势向上、转型蓄力，坚定不移扛稳实体经济大旗。

一是产业稳链延链。统筹编制"十四五"产业规划，把握发展预期，谋细做实"一高带三新"（高端制造，新材料、新医药、新信息）产业集群发展路径，实施三年倍增行动计划，坚定不移推动工业经济规模向 2000 亿元进军。围绕产业链、供应链稳定，"一链一策"打通堵点，协助重汽、圣泉等龙头企业接通断点，推动企业持续健康发展。围绕延链强链，坚持存量与增量并举，出台产业招商新政，编制产业招商地图，建立北京、上海等 5 个招商工作站，在疫情防控严重影响下，开展 2 次集中签约活动，参加第二届儒商大会、"云招商"推介等活动，签约项目 36 个，总投资 364.2 亿元，实现实际利用外资 5400 万美元。围绕集群集聚，启动重汽配套产业园、大汉高端建筑机械产业园规划，加快建设生物医药产业园、医疗器械巨型工厂。

二是企业扶优扶新。以培育"十百千"企业为抓手，以重点工业项目为支撑，加强分类指导，推动大树壮主干、小树快成长、老树发新枝、众树成森林。开展"技改攻坚突破年"活动，实施技改项目，机器换人、设备换芯、生产换线步伐持续加快。建立工业大数据监测平台，实现数据贯通、业务联通、管理畅通。实施千家小印刷、小铸造等特色产业治理提升，靶向指导小微企业升规纳统，积极培育专精特新、瞪羚企业、单项冠军企业，推动高新技术企业、数字化工厂（车间）认定及企业上市工作，助力企业快速发展。上半年完成工业产值 544.41 亿元，增长 13.2%。

三是项目做大做强。牵住项目建设"牛鼻子"，发挥大项目专班作用，健全"四个一批"推进机制，克服疫情影响，打通绿色通道，2020 年 276 个区级以上重点项目全部开工复工，其中 12 个市级以上重点项目完成投资 70.8 亿元，超时间进度 12 个百分点。依托齐鲁科创大走廊，持续填实产业平台，北京中材人工晶体研究院等 30 个项目落户龙山人工智能谷，汉诺威技术研究院等 14 个项目落户中意高端前沿产业园，泉城科技金融小镇吸引 20 家企业入驻。中白新材料产业园成为全省首个新型产业用地 M0 示范园区。控股集团信用评级获"2A+"资质。

四是服务提质提效。加快新政务大厅建设，围绕手续最简、环节最少、成本最低、效率最高，持续推进流程再造，推出 205 项容缺办理事项，公布第一批行政审批告知清单，一事办、"网上办"、"掌上办"、自助办、就近办、帮代办更加便民高效。推行并联审批和"一业一证"改革，创新推出全省首个"四证齐发"的审批新模式，审批提速 60% 以上，打造动心、放心、舒心、安心的营商环境。出台《关于关心关爱企业家支持企业家干事创业的实施意见(试行)》，推行企业家问需"早餐会"制度，实现有诉必应、首接即办；设立企业家日，定期组织开展优秀企业家评选活动，激发企业家干事创业的热情。出台修订"人才新政 25 条"，升级高端人才管理服务办法，新引进各类高端人才 30 余名。

二、乡村振兴提特色，激发全面小康的内生动力

"小康不小康，关键看老乡"。乡村振兴是推动全面小康建设的重要着力点。2018 年 6 月，习近平总书记视察章丘三涧溪村时指出，"农业农村工作，说一千道一万，增加农民收入是关键"。两年来，章丘区以城乡融合发展试验区为契机，牵住组织振兴与产业振兴两头，统筹推进"五大振兴"，在打造齐鲁样板中凸显特色。

一是组织调优做强。深入开展"头雁"培育，调整村级党组织书记 198 人次，公开遴选 30 名村党组织书记，抓好 26 个软弱涣散基层党组织整顿，用好乡村振兴专员，发掘一批能力强、劲头足、能干事的优秀带头人。扎实推进农村"三资"清理，收回各类款项 5814 万元。启动"双百人才、下乡兴农"，确定 17 个乡村人才振兴示范点，扶持 35 个优秀人才回乡创业项目，建设省级专业技术人员继续教育基地、市级乡村振兴专家服务基地，1 人当选全省"齐鲁乡村之星"。

二是产业上下联动。聚力"八大名品"培育，实施产业数字化转型和"新六产"融合发展双轮驱动，上线中国大葱网，签约拼多多电商，推进"网红"赋能，联合中国物媒平台，打造线上名优特产品商城。完成章丘大葱传统种植

保护区提升及智慧农业系统建设，高官甜瓜现代农业产业园建成运营，中国农科院龙山小米首席专家博士工作站揭牌。建设高标准农田 7 万亩，夏粮总产 32.6 万吨，增长 2.4%。2 个品牌入选"省第五批知名农产品企业产品品牌"，3 个品牌入选市双"十佳"。办结全市首笔"地押云贷"业务，农贷资金一键流向田间地头。

三是环境内外兼修。科学分类、合理规划，尊重民意、精准算账，打开美丽宜居乡村建设新空间。深化三大示范片区（三涧溪、东方商人、白云湖）和样板村庄建设，扩大三涧溪村连带示范效应，推广官庄街道"党员领着群众干"经验，全面开展农村人居环境综合整治，全域展现美丽宜居乡村风貌。强力推进"三大革命"和基础设施建设，逐村逐户完成改厕验收，开工 124 座农村公厕，饮水安全工程整体收尾，"四好农村路"建设即将全面完工，207 个村街道硬化工程、100 处乡村客运站点建成，实现城乡公交全覆盖。加快实施荒山绿化、山体修复和退耕还林还果，全区森林覆盖率达到 25.6%。

四是文明劲吹城乡。深入实施以"百家媒体瞰章丘、百名作家写章丘、百名书画家绘章丘、百件歌舞曲艺作品颂章丘、百名宣讲员赞章丘、百名摄影家拍章丘"为主要内容的"文艺六百"工程，加强文艺创作，丰富群众文化生活。实施"百姓舞台"提升工程，全区基层文艺队伍达到 1000 多支、文艺骨干 5000 余人，每年举办文化惠民演出 200 余场次。以创建文明城市、打造全国新时代文明实践中心试点为契机，建成 18 个镇街新时代文明实践所，823 个村（社区）新时代文明实践站，37 个新时代文明实践基地，文明村镇达标覆盖率达到 85%。常态化开展道德模范、十佳文明市民等先模人物评选活动，涌现出全国见义勇为道德模范提名奖朱守营、全国诚实守信道德模范提名奖高淑贞、全国孝老爱亲先进个人党明英等道德模范、好人之星 36 人。深化移风易俗，树立新风正气，发挥党员干部、红白理事会作用，疏导结合治理乱埋乱葬，引导群众移风易俗，白事简办、红事新办蔚然成风，被确定为全市唯一省级婚俗改革试点。

五是人才扎根聚集。制定鼓励回乡创业政策 22 条、人才新政 20 条，以招募乡村振兴合伙人、特色产业联合体等形式，吸引 500 余名人才回乡，100 多人在特色种养、社区服务等项目上结出成果。加强与驻济驻章高等院校合作，开展农村电商、品牌营销等针对性培训。建立省级专业技术人员继续教育基地、市级乡村振兴专家服务基地各1处，围绕现代农业、乡村旅游等重点，采取财政补助、委托培养等方式，培育急需人才。开展"双百人才下乡兴农"行动，聘请百名专家包村共建、百名实用人才入户帮扶。聘请各界优秀企业家作为创业导师，对年轻创业者实施"传帮带"。设立500万元专项资金，每年筛选扶持30名优秀创业人才，坚持落实人才住房、户口迁转、生活补贴等服务，实现待遇留人。

三、群众生活提品质，擦亮全面小康的鲜明底色

群众的获得感、幸福感是检验全面小康成色的重要标尺。章丘区认真践行以人民为中心的发展理念，以十件民生实事为重点，认真办好群众牵肠挂肚的事情。

一是基础设施快速推进。胶济铁路章丘站、青银高速改扩建工程建成投用，济南绕城高速二环线东环段即将通车，济莱高铁、小清河复航、济高高速等工程加快建设，轨道交通8号线、济潍高速、济南绕城公路二环线等项目即将开工，互联互通、内外联通的综合交通网络进一步拓展。"三河两湖"治理工程、"两横五纵十二冲沟"水网体系建设有序推进，东湖水库改造、白云水库工程加快建设，白云湖增容1500万立方米，生态防洪综合功能全面提升。

二是生态环境持续改善。坚决打好蓝天、碧水、净土攻坚战，淘汰落后工业炉窑90台，完成1.1万户"煤改气""煤改电"入户核查，购置60辆新能源公交车，生活垃圾焚烧发电项目投入运行，日处理生活垃圾1200吨，年可发电1.63亿度，833家涉气企业列入应急减排清单，提前完成济南市下达的2020年目标。开展涉水重点污染源达标百日攻坚行动和土壤污染状况调查，完成18处破损山体治理。

三是十件实事顺利实施。开工安置房1500万平方米，竣工近120万平方

米，老旧小区改造开工。成立青未了幼教集团，东城实验学校、章丘中学初中部等 16 个中小学、幼儿园项目进展顺利，教育资源更加优化。东部医疗中心、精神卫生中心基本建成，290 个村卫生室完成标准化建设，大病保险、医疗救助制度更加完善，入选"2020 年中国医疗服务百佳县市"十佳榜。坚持把就业摆在优先位置，加大援企稳岗、减免社保缴费等力度，推进专业劳务合作组织向农村延伸。完善提升养老服务设施，对区级养老服务中心、6 处街道综合养老服务中心、18 处社区日间照料中心和农村幸福院进行改建扩建，提升群众获得感幸福感。

四是城市治理更加精细。坚持"四城"共建，深入推进十大行动，常态化开展文明城市创建。启动"巷长制"，疏通城市"毛细血管"，加速网格下沉，城市管理更加精细。发布"中国龙山泉韵章丘"省内首个城市区域品牌，凝练三大硬核精神，内聚外引效果凸显。坚持党建引领、网格下沉、力量整合，强化服务导向、问题导向、结果导向，探索"五治融合、五化同步"社会治理综合服务新模式，打造新时代"章丘经验"升级版。深入开展平安建设，开展多元矛盾纠纷化解，以《民法典》为重点深化"法治六进"，扎实开展法治政府建设示范创建活动，全力维护政治安全和社会大局稳定。

四、脱贫攻坚提质量，确保全面小康路上一个不少

脱贫攻坚是全面建成小康社会的关键战、攻坚战。章丘区认真贯彻落实中央关于脱贫攻坚工作的决策部署和省、市工作要求，统筹抓好党建引领、产业扶贫、扶志扶智、行业扶贫，脱贫质量和贫困群众获得感不断提升。

一是突出抓好党建引领。开展以"单位联百村、干部带万户"为主要内容的连带扶贫行动，统筹安排 190 个机关企事业单位、3992 名党员干部包联所有贫困村、贫困户，每月至少一次入户走访帮扶；选派 160 名优秀后备干部、业务骨干担任驻贫困村第一书记，全部脱产驻村，非贫困村以责任片区为单位派驻工作队，确保了帮扶体系完备、帮扶工作顺畅。

二是重点抓好产业扶贫。按照"村有产业、家有就业、户有分红"的目标，整合各类资金，集中新上一批产业扶贫大项目、好项目。2016年至2020年，全区累计实施产业扶贫项目141个，总投资1.39亿元，截至2019年底产生收益1366.54万元；大力实施光伏电站项目，总投资6300万元，建成光伏电站83个，实现贫困村全覆盖，产生收益2300多万元，惠及全部建档立卡贫困群众，带贫益贫成效显著。

三是全力抓好扶志扶智。创新实施孝善扶贫模式，通过发放孝善扶贫补贴金，激励贫困老人子女主动承担赡养义务。大力开发扶贫专岗，由政府购买服务的方式为贫困群众量身打造了就近增收平台。全力做好就业服务，通过免费技能培训、组织定向招聘、设立就业扶贫车间等方式，带动近700名贫困人口就业，为脱贫攻坚打下坚实基础。

四是统筹抓好行业及社会扶贫。紧紧聚焦"两不愁三保障"和饮水安全，推进贫困群众对行业帮扶政策应享尽享，织密返贫防护网。建立完善的义务教育分类控辍保学动态监测机制，加强建档立卡贫困家庭学生资助体系建设，实现资助政策从学前教育到高等教育全覆盖。全面实行慢病签约帮扶、住院"先诊疗、后付费"和"一站式"即时结算服务，有效防止贫困群众因病返贫。坚持全面排查、应改尽改、动态监管，实现贫困群众危房鉴定全覆盖，全力保障贫困群众住房安全。发挥社会组织力量，对爱心企业、创新项目加大表扬力度，全区人人关心扶贫、人人参与扶贫的氛围更加浓厚。

下一步，章丘区将围绕全面建成小康社会目标任务，坚持稳中求进工作总基调，对标"大强美富通"现代化国际大都市和科创济南、智造济南、文化济南、生态济南、康养济南建设，统筹推进疫情防控和经济社会发展，坚持全面推进产业升级、乡村振兴、民生事业、城市品质、社会治理实现新突破，为实现济东新区强势崛起奠定坚实基础。

全面建成小康社会与中国县域发展

山东省
青岛市西海岸新区

勇担使命一马当先

——西海岸新区跃进高质量发展新征程

中共青岛市委宣传部

中共青岛西海岸新区工委宣传部

2128 平方公里的青岛西海岸，自春秋时期便有琅琊古港通达四海，明末清初马濠运河疏通南北漕运，千百年来始终是中华大地上开发开放的热土。2014 年 6 月起，这片土地又有了一个响亮的名字——青岛西海岸新区，成功获批第九个国家级新区，被赋予经略海洋、自贸试验区、国家级新区体制机制创新等一系列国家战略使命，西海岸开发开放跃入国家战略层面。西海岸新区获批六年来，地区生产总值年均增长 10.3%，经济总量位居 19 个国家级新区前三强、山东省 137 个县区市首位，撑起青岛经济总量的三分之一。当前，西海岸新区正以习近平新时代中国特色社会主义思想为指引，深入贯彻习近平总书记视察山东重要讲话和重要指示批示精神，认真落实国家和省市部署要求，按照"瞄准一个目标定位，实施四大国家战略，建设四大新区，擦靓四张名片，发起十二大攻坚战"的总体发展思路，主动融入国内国际双循环，以一马当先的姿态，跃进高质量发展的新征程。

一、勇担"打造海洋强国战略支点"国家使命，在全面经略海洋中扬帆远航

习近平总书记强调，"建设海洋强国，我一直有这样的一个信念"。以海洋

经济发展为主题、打造海洋强国战略支点，是国家赋予西海岸新区的重大使命。因海而生、向海而兴的青岛西海岸新区，海域面积 5000 平方公里，获批六年来，海洋生产总值年均增长 17.6%，总量超过 1300 亿元，占地区生产总值比重达到 36.6%。

精准聚焦、握指成拳，率先构建现代海洋产业体系。习近平总书记多次指出，要加快培育新兴海洋产业，着力推动海洋经济向质量效益型转变。西海岸新区海洋产业门类多、分布广，有涉海规模以上企业 513 家，全国海洋经济发展"十三五"规划提出的"545"产业分类均有布局。坚持"高端化、特色化、集聚化、品牌化"产业发展方向，集中精力、握指成拳，重点发展海工装备、船舶制造、海洋新能源、海洋生物医药四大主导产业。制定海洋产业突破发展三年行动方案，出台支持海洋产业强链补链 16 条政策，为海洋产业发展注入了"强心剂"。全国三大造船基地之一的海西湾船舶与海洋工程产业基地陆续驶出了我国首次自主集成的世界级"海上石油工厂"、全球首艘 10 万吨级智慧渔业大型养殖船"国信 1 号"等明星产品。总投资 360 亿元的三峡新能源项目，建设 660 万千瓦深水区海上风电，成为海洋新能源产业发展的重要突破口。正大制药等 20 余家海洋生物医药企业集聚于此。

以港兴产、以产带城，推进港产城融合发展。习近平总书记强调，要加快建设世界一流的海洋港口。西海岸新区坐拥前湾港、董家口港两个亿吨级深水大港，与世界 180 多个国家和地区 700 多个港口建立了贸易往来。乘着国家九部委出台实施《关于建设世界一流港口的指导意见》这一东风，抢抓青岛港加快建设第四代国际贸易港、打造东北亚国际航运中心的机遇，西海岸新区与山东港口集团签订战略合作协议，与黄岛海关、山东港口集团建立区港关联席会议制度，区港关联动发展；港产城深度融合，山东港口集团贸易、产城融合、装备制造、海外四大板块总部落户西海岸。围绕董家口港建设循环经济区，对港区周边的泊里镇，聘请同济大学吴志强院士领衔的城市规划研究团队，精心设计港口周边的泊里镇，编制《泊里小城市控规与城市设计方案》，打造董家口港城片区的居住和服务配套核心区，实现港产城一体化发展。2020年上半年，青岛港完成货物吞吐量 2.96 亿吨、增长 5.3%，集装箱吞吐量 1034

万标箱、增长 0.3%；董家口港口岸正式对外开放启用，青岛迈入"双港口口岸"城市之列。

创新机制、强化支撑，为海洋经济发展提供坚实保障。聚焦"九龙治水"难题深化制度创新，率先在县区市级层面成立海洋发展委员会，统筹全区海洋发展资源力量，发起经略海洋攻坚战。组建海洋经济工作专班，形成"海洋委员会主导、委员会办公室统筹、政府部门抓落实、工作专班抓攻坚"的高效工作体系，有效解决了涉海机构多、分而不统的历史"顽疾"。聚焦关键核心技术深化科技创新，依托青岛雄厚的海洋科技基础优势，集聚市级以上创新平台422 家、驻区高校 20 所，构建起政产学研用一体化的海洋科技创新体系。投资 70 亿元的中国科学院海洋大科学研究中心，整合中科院海洋所、南海所、深海所等 13 个涉海科研院所力量，开展从基础研究到产业化的全链条协同创新，打造具有重要国际影响力的科学研究中心。聚焦实体经济需求强化海洋金融创新，瞄准海洋新能源、生态环保、海洋工程、港口公共基础设施、航运物流等领域，引进设立了总规模 79.2 亿元的 4 支海洋类产业基金，加快组建总规模 50 亿元的海洋产业发展基金，为海洋经济提供持续、稳定、高效、精准的金融助力。

二、勇担"山东自贸试验区青岛片区建设"历史使命，在更高水平开放中勇立潮头

历史的车轮滚滚向前，开放的大势不可阻挡。习近平总书记反复强调，中国开放的大门只会越开越大。习近平总书记亲自擘画了青岛开放发展的大势，使青岛历史性地站在了中国更高水平对外开放的最前沿。2019 年 8 月，中国（山东）自由贸易试验区获批设立，52 平方公里的青岛片区全部位于青岛西海岸新区，是山东三个片区中面积最大、承担试点任务最多、基础最好的片区。好风凭借力，扬帆正当时。西海岸新区以青岛自贸片区建设引领更高水平开放，在国内国际双循环中育新机、开新局，努力担当山东对外开放新高地

的"主峰"、青岛开放发展桥头堡的"门户"。

深耕青岛自贸片区"试验田"，创出多个全国第一。全国首创保税原油混兑调和业务新模式，混兑业务突破百万吨大关；原油期货保税交割业务正式启动，181万桶阿曼原油在青岛片区进行实物交割；完成全国首票20号胶期货保税交割，20号胶期货库容占全国总库容的70%。全国首创海铁联运货物"全程联运提单"模式，率先开展舱单状态下国际中转集拼业务。落地全国首笔中国—新加坡货币互换项下新元融资业务；中欧国际交易所在中国设立的首个资本市场服务基地——中欧国际交易所中国（北方）资本市场服务基地落户。推出全国首个基于关税大数据的线上融资产品——关税e贷，以无抵押、免担保、利率低的优势，有效解决了进出口企业尤其是中小微企业的融资难题。中日韩消费专区电商体验中心加快建设，跨境电商产业园投入运营，2020年上半年保税备货一线进口货值占全省货值的90%以上。青岛自贸片区承担的106项试点任务已实施86项，保税混矿、油品混兑调和等创新经验上报商务部。

平台思维做发展乘法，构筑起一批具有国际影响力的开放平台。高水平运营青岛德国、日本"国际客厅"，改变传统的点式、线式合作模式，提供集展示、推介、路演、接洽、交易等功能为一体的平台以及全方位配套服务，与德国黑森州、奥尔登堡市等10余个州市及商会建立常态化合作机制，引进日本隔震技术生产基地等总投资35亿元的20个重点项目，中日（青岛）地方发展合作示范区获国家发改委批复。着眼增强开放的联动性，与山东省16个地市21家功能区联合发起成立山东功能区对外开放合作联盟，扩大"国际客厅"的辐射带动力。擦"靓"影视之都、音乐之岛、啤酒之城、会展之滨"四张国际名片"，举办重大国际性活动100余项，博鳌亚洲论坛全球健康论坛大会、东亚海洋合作平台青岛论坛、电影金凤凰奖颁奖典礼三大活动的永久性会址落户西海岸新区。2020年第30届青岛国际啤酒节，历时17天、吸引国内外游客122万人次，创出了常态化疫情防控下安全办节、成功办节的世界经验，央视《新闻联播》、新加坡《联合早报》、法国《费加罗报》、英国《每日邮报》等予以重点报道。

决胜"双招双引"第一战场，汇聚一批高端项目、领军人才。组建专业招商公司、人才生态产业集团，推进市场化专业化招商引才。2020 年 2 月 7 日率先启动"网上签约"，1—7 月引进富士康半导体高端封测、国际半导体产业园、幸汇智慧矿山设备、无锋科技、优刻得、优必选等亿元以上项目 230 个、总投资 2507 亿元，"四新"经济投资占比达到 52%。77 个工业互联网示范平台蓬勃发展，海尔卡奥斯是全球首家引入用户全流程参与体验的工业互联网平台，上线注册规模以上工业企业 742 家、中小企业 3576 家；赛轮集团成为国内轮胎行业唯一一家工业互联网试点企业。西海岸新区获批六年来，累计引进产业项目 1500 余个、总投资超过 1.5 万亿元，百亿级大项目 41 个，世界 500 强投资项目 271 个；人才总量达到 62 万人，其中院士 62 人。

三、勇担"国家级新区体制机制创新"战略使命，在改革创新上率先突破

惟改革者进，惟创新者强，惟改革创新者胜。习近平总书记强调，要拿出"敢为天下先"的勇气，锐意改革，激励创新，积极探索适合自身发展需要的新道路、新模式。西海岸新区先后有 72 项改革列入国家省市试点，综合执法改革等 20 项创新举措创出全国经验，努力把先行先试的优势转化为高质量发展的胜势。

用好改革"冲击钻"，激发制度新活力。《山东省青岛西海岸新区条例》正式实施，240 项省级行政权力事项调整下放，市级行政权力事项能放尽放，实现了"新区事情新区办"。深化功能区管理体制改革，"小管委、大企业"，全员聘任、竞争上岗，激发了干部队伍活力。全国综合行政执法改革试点率先展开，城市管理、国土资源等 7 个领域、1400 余项执法权限集中统一行使，实现了"一支队伍管全部"。在全国率先成立区级退役军人服务中心，构建起区、镇街、村居三级服务网络，经验做法在全国推广。全面推行"一次办好"改革，实施政务服务流程再造，在全国首创"一证（照）通"、破解"准入不准营"难题，95% 的企业登记事项全程电子化，市场主体总量达到 34.2

万户；率先上线工程建设项目审批管理平台，审批事项在线"一条龙"办理，投资 150 亿元的芯恩项目从洽谈到开工仅用 83 天，投资 35 亿元的智能设备和半导体项目从洽谈到签约仅用 26 天，不断刷新"新区速度"。

发力要素供给侧，释放市场新动力。以"亩产效益"提升为牵引，打破传统项目招引模式，推出"标准地"改革，落地企业与政府签订对赌协议，承诺产出效益，2020 年上半年产业用地增长 397%。瞄准企业融资"饥渴处"，支持银行在西海岸新区设立法人机构或分支机构，打造金融零风险区，2020 年以来引进平安银行青岛自贸区分行等总投资 381 亿元的 18 个金融项目，上半年存款余额 2400 亿元、增长 11%，贷款余额 2700 亿元、增长 17%。着眼畅通区域产业"微循环"，完善提升产业链，组织"地产地配"政企对接会，推动海尔、海信、双星、上汽通用五菱等重点工业企业与本地配套企业抱团发展，供需两端资源精准对接、高效匹配。

调节治理"稳压器"，增强社会凝聚力。在全国率先构建起区、镇街、社区三级社会治理组织架构，"街呼区应、上下联动"，"民有所呼、我有所应"。将常态化疫情防控与社会治理有机融合，让更多治理资源服务下沉村居，搭建起末端"微网格"，实现社会治理"触角"全覆盖，做到"群防群治、联勤联动"。开展"办好百姓身边事"集中行动、民声倾听主题活动、企业诉求"接诉即办"活动，让"民声"决定"民生"。西海岸新区先后获评全国社区治理和服务创新实验区、全国基层改革创新优秀案例，连续三年被评为全国创新社会治理优秀城市。

四、牢记"为人民谋幸福"初心使命，奋力书写富有"温度"的民生答卷

人民对美好生活的向往，就是我们的奋斗目标。西海岸新区不仅注重经济发展的高质量，更注重人民生活的高质量；不仅努力提升城市建设的速度，更奋力提升民生福祉的"温度"。

就业是最大的民生。"六稳"之首是稳就业，"六保"之首是保居民就业。"饭碗"端稳了，日子才能安定、踏实、有奔头；就业稳住了，发展才能从容、坚定、有底气。西海岸新区始终把市场主体作为稳增长的关键，把就业作为民生的根本，时刻关注新冠肺炎疫情对企业生产、群众生活的影响。成立专班"一企一策"解决实际困难，出台"服务保障企业发展10条"等一揽子举措，为企业减免税款、社保、租金等费用20多亿元，为3828家企业融资140亿元。打造"春风行动网络招聘平台"、启用农民工招聘大集，"共享员工"模式获央视《新闻联播》点赞。2020年上半年，8.3万人怀揣梦想，踏上新的工作岗位，与西海岸新区一起走、一起干、一起打拼。

人民满意是最大的政绩。新区建设人人尽力，新区发展成果人人共享。西海岸新区获批六年来，新建、改扩建中小学、幼儿园227所，学校成为西海岸最美的建筑；引进清华大学附属医院等高端医疗项目18个，小病不出社区、大病及时转诊的"健康服务共同体"医疗体系顺畅运行；社区居家养老服务工作试点全面展开，获批省级医养结合示范区；建成各类文化场馆80余家，打造了"城区三公里、镇村十五分钟"公共文化服务圈。"一核引领、三点支撑"产业布局与"三山九水"城市布局深度融合，林木覆盖率超过50%，一座新城半城绿；投资100亿元实施蓝色海湾整治行动，人在海边走、仿佛画中游；空气质量优良天数278天，蓝天白云、繁星闪烁，群众获得感幸福感显著提升。

小康路上一个都不能少。小康不小康，关键看老乡。西海岸新区农村面积1090平方公里，占陆域面积的一半，坚决落实习近平总书记关于打造乡村振兴齐鲁样板的重要指示要求，积极探索以"全域赋能、协同发展、组团共建、党建统领"为特色的都市郊区乡村振兴新路径，12个涉农镇街中10个镇财政收入突破亿元，96%以上村庄村集体收入超过10万元，13万农民转变为产业工人，在家门口就业创业，享受土地流转租金、工资收入、收益分红，农民人均可支配收入增长到2.28万元。坚决打赢脱贫攻坚战，贫困人口全部脱贫，贫困薄弱村全部摘帽，真正实现小康路上不让一个人掉队。

全面建成小康社会与中国县域发展

山东省滨州市阳信县

做好富民强县"牛文章"

——来自中国第一"牛"县阳信的调查报告

中共滨州市委宣传部

中共阳信县委宣传部

山东省阳信县总人口 46.8 万人，其中回族群众 1.3 万多人，是鲁北最大的回族群众聚居县。2000 年发生的"阳信事件"，使这个县的经济遭受重创，一度下滑。为扭转落后局面，阳信县委、县政府立足回民传统肉牛产业，以民族团结进步为抓手，力促产业振兴，推动肉牛产业规模由小到大、布局由散到聚、产能由低到高、品牌由弱到强、民生由穷到富的"蝶变转身"。经过十几年的发展，阳信的肉牛存栏量达到全国前列，年屠宰能力跃居全国县级第一位，先后培育出多个全国知名牛肉品牌，产品直供北京奥运会、上海世博会、G20 杭州峰会、上合青岛峰会，中国第一"牛"县的品牌影响力越来越大。随着民族经济的迅猛发展，阳信的民族团结进步事业也得到了前所未有的推动，2009 年、2019 年先后两次被国务院表彰为"全国民族团结进步模范集体"。

全国脱贫攻坚战打响以来，阳信县相继承接了"千牛万羊进山东、牛县牛企联内蒙"对口援助青海祁连县、内蒙古科右中旗的跨区域扶贫协作任务，这篇"一牛联三地"的"牛文章"，得到了上级领导的充分肯定和高度赞赏。一头头绿色肉牛，承载着阳信人民的梦想，演绎出携手致富、共谋发展的"阳信实践"。

一、以"打铁还需自身硬"的底气推动"牛县更牛"

2013 年 5 月，东方卫视一则"山东阳信假羊肉流入上海"的消息将阳信县卷入了舆论旋涡。得知消息后，阳信积极配合警方展开调查。经过全程监控回溯，最终将事实调查清楚。原来，个别商贩为牟取暴利，以次充好，私自篡改产品检疫证照。

树欲静而风不止。不大不小一起舆情风波，在让阳信蒙受经济效益、品牌信誉双重损失的同时，也给他们上了深刻一课。县委书记栾兴刚说："食品安全大于天，打铁还需自身硬。面对面大量广、点多线长的行业环境，只有夯实基础、提升品质，才能赢得市场。"

痛定思痛后，阳信着手对全县食品药品相关企业采取拉网式检查，尤其是肉牛支柱产业，从养殖、屠宰、加工、仓储、销售各个环节进行管控，通过完善台账、责任人管理等制度，促进行业全面提质。

"其实，阳信肉牛产业历史久远，基础良好，技术手段也较同行相对领先。"县委副书记、县长刘荩一介绍，"早在 20 世纪八九十年代，阳信就存栏肉牛 18 万头，户均 2 头。到 20 世纪末，已呈现'有钱没钱都养牛、买牛卖牛不出村、回汉联手谋发展'的良好态势"。然而，正在阳信经济爬坡过坎的关键时期，2000 年底，由一起在逃犯罪分子蓄意制造的伤害回族群众感情案件，引发了大规模民族冲突，后称为"阳信事件"，给全县肉牛产业造成重创，也让人民群众损失惨重。为扭转局面，阳信县果断采取措施，从传统肉牛产业入手，发展民族经济，修复民族团结，短短几年时间，经济就有了明显起色。到 2016 年，阳信存栏肉牛已达 27.8 万头，规模肉牛养殖企业 130 余家。

行业迅速发展，也隐藏了诸多问题。例如，行业从业人数多、门槛低、经营主体参差不齐、生产流通环节复杂，成为监管盲区。如何让"牛县更牛"，成为重要课题。栾兴刚说："为此，县里组建畜牧业联席会议，由县长牵头，协调发改、财政等部门，建设标准化示范场、合作社和龙头企业，并邀请养殖大户介绍经验，从而培育出 3 个专业化乡镇、28 个专业村、42 个专业合作社，培育国家级、省级、市级标准化肉牛养殖示范场 56 个，建立优质肉牛养殖、繁育基地 42 个，直接带动养殖、屠宰加工、运销、餐饮行业等 7 万人就业。"

"高山群峰"效应逐步显现，带动牛肉品质、人员素质、产业链条、市场反应同步提升，为产业长远发展夯实基础。阳信肉牛是由渤海黑牛、鲁西黄牛、利鲁牛、西鲁牛等优质品种培育而来，肉质好、品质高，价格和利润均高于同类肉牛三成左右。再加上坚实的产业基础和专业的购销团队，使牛肉产品占到天津清真市场份额的 50%，北京清真市场份额的 30% 以上。

二、"牛人"有品行"牛业"有品质"牛县"有品牌

山东肉牛看阳信，阳信肉牛看刘庙。经过一系列事件之后，回汉两族群众更加珍惜今天来之不易的大好局面。广富畜产品有限公司董事长杨广富，从放牛娃、牛贩子成为牛专家、企业家，见证着整个阳信肉牛产业的发展变迁。

杨广富 1973 年生于一个回民家庭，从小从事牛羊买卖生意。秉持"做事先做人"的祖训，他年纪不大就练就一手绝活：搭眼一看，用手一摸，就能知道牛的重量。杨广富被选为村委会主任，带领大伙一起致富。他 2002 年成立广富畜产品有限公司，学习并掌握肉牛精细分割技术，经济效益显著提高，并很快打开国内国际市场，品牌影响力同步提升。

步入发展快车道后，杨广富投入更大精力进行食品安全和品牌建设。一方面，投资 4000 万元建成鸿安优质肉牛养殖基地，尝试绿色无抗生素养殖，使"零药物残留"品牌"鸿安肥牛"走进千家万户；另一方面，联手高校组建"中国农业大学鸿安肉牛研究基地""国家十二五计划肉牛低排放饲料配制关键技术研发基地"，并引进德国冷链物流技术，使产品跻身全球高端牛肉行列。

"一人富不算富，大家富才是富"。先富起来的杨广富还主动出资成立教育基金、修好进村路、扩建清真寺，为全村百姓装上有线电视、办理医疗保险、修建体育设施，"好人杨广富"的美名传遍十里八乡。目前，鸿安肥牛直接吸纳就业 1100 余人，带动超过 1 万农户年增收近 3000 万元。

　　鸿安的砥砺前行，为阳信牛业转型提升作出诠释。县委副书记、县长刘
荩一说："为政之道，在顺民心。肉牛产业对于阳信，既是传统产业，也是朝
阳产业；既是全县的希望，也是民生所向。多年来，我们盘活政府、社会、企
业、农户、市场五方主体，算好民生、环境、发展三笔账，通过典型示范、品
牌引领、产业提升，实现经济效益、社会效益双丰收，为产业带动县域发展、
百姓增收探出新路。"

　　为促进民族繁荣，帮助回民乡亲均衡发展，阳信还打造了"养牛联合体"
模式。就是让回民将购得的架子牛或牛犊以高于市场 10% 的价格赊养给汉民，
待养大育肥后再进行回购，从而形成"一方出钱、一方养牛、一方运销、优势
互补、互利互惠"的新型产业化养牛新路。同时，阳信县还于 2013 年成立畜
产品行业协会，吸纳 51 家清真肉类企业"抱团发展"。通过信息共享、资金互
助、诚信互鉴，争取银行贷款 2 亿多元，并借助现代传媒，借力专家外脑，提
升品质形象。先后与中国农科院、山东农业大学、青岛农业大学等科研院校及
国家"千人计划"专家等高层次人才展开合作，让更多企业沉下心来，致力于
从"粗制滥造、急功近利"向"注重品质、讲求诚信"转变，呈现出绿色创新
发展的健康生态。目前，全县拥有中国名牌 1 个、全国优秀牛肉产品品牌 4 个、
"食安山东"畜牧示范品牌 8 个，中国驰名商标 1 个、山东著名商标 3 个，获"三
品"认证 32 个。2020 年，阳信以肉牛产业为主体，成功争创国家级现代农业示
范园。在前不久阳信举办的"聚牛人·造牛势·建牛县"产才融合对接大会上，
县委书记栾兴刚说："这次对接大会，标志着阳信在产业与人才互促共进、融
合发展方面又向前迈出了关键一步，必将进一步擦亮阳信中国第一牛县品牌。"

三、巧借外力让富民"牛产业"拉动强县"幸福车"

　　初秋季节，走进刘庙村，但见 5000 多亩"粮改饲"试点青贮玉米含须抱穗、
迎风摇摆，远处天高云淡，近处秋收忙碌，一片喜人景象。

　　作为全国畜牧百强县、全国农业标准化肉牛示范县和全国适度规模化母

牛养殖示范县，如何让近 30 万头肉牛吃饱"口粮"，考验着从业者的智慧。2014 年，"粮改饲"技术推广，为阳信带来思路：用青贮玉米以及秸秆废料解决肉牛"温饱问题"。

试点企业之一的借箭牛业有限公司，首批种植 5000 亩订单全株青贮玉米，通过从"粮食—经济作物"向"粮食—经济作物—饲料作物"三元结构转变，让企业收益颇丰。总经理冯玉在说："过去，一头牛一天需要 5 公斤玉米面和 10 公斤黄贮，成本约 10.5 元。现在只要 15 公斤青贮玉米和部分营养物，仅 7.5 元。"

"一头牛一天节省 3 元，全县近 28 万头牛，一年经济效益可想而知。"阳信鸿安集团董事长杨广富说，"不仅企业，农户更受益。公司按 350 元每吨回购，订单农户一亩地至少增收 200—300 元。再通过'统一供种、统一供肥、统一播种、统一收割'，效率大大提升，每亩产量超过 4 吨，比粮食丰年收入还高。"此外，阳信还探索实施"土地流转—订单种植—企业务工—合同养殖—买牛托管—养牛合作""六位一体"扶贫模式，将农户增收与肉牛养殖、农业生产周期相结合，分类分层开展帮扶，让贫困户一年到头有稳定收入。荣获农业农村部畜牧业司"中国畜牧产业扶贫优秀模式"。

一是订单种植脱贫模式。引导实施"粮改饲"肉牛企业与贫困村签订青贮专用玉米订单种植回收协议，亩均增收 300 元，全县 25 家养殖企业合同收贮 5.8 万亩，增收 1740 万元。由养牛企业兑付种植补助，帮助贫困户脱贫，累计发放补助资金 174 万元，带动 940 名贫困人口脱贫。

二是企业务工脱贫模式。积极协调规模以上养殖企业优先吸纳贫困户到养殖场或屠宰场打工，从而实现"收入固定，一人就业，全家脱贫"，带动贫困人口 726 户、1235 人，年收入 15000 元以上。

三是合同养殖脱贫模式。采取"赊小收大、赊瘦收肥、赊母收犊"的模式，引导肉牛企业将犊牛、肉牛、母牛赊销给贫困户，签订回收协议，实现养殖脱贫，全县共有 165 户贫困户签订了赊养协议，每户每头牛年可增收 3000 元。

四是买牛托管脱贫模式。对无劳动能力的贫困户，通过企业担保和政府支持贷款、贷款贴息等方式获得买牛资金，由企业代养牛，利润分成，共为贫困户代养肉牛 1056 头，受益贫困人口 352 人。

五是合作养牛脱贫模式。成立肉牛养殖合作社，与肉牛龙头企业签订养殖回收协议，由合作社统一种植青贮玉米、统一购牛、统一防疫、统一销售，实现贫困户增收脱贫。广富、借箭、亿利源等多家龙头畜产品公司相继开展了合作养牛方式，发展社员 300 余户。

六是土地流转脱贫模式。贫困户将土地流转给肉牛龙头企业发展"粮改饲"养牛，农户通过土地出让金增收实现脱贫，带动全县"粮改饲"收贮 8 万亩。

创新脱贫模式也让阳信"粮改饲"事业硕果连连。2015 年全国畜牧业发展高层论坛上，阳信农区养牛模式喜获"全国优秀创新模式奖"；2016 年成为全国"粮改饲"示范县。借此东风，阳信县在《全县肉牛产业"十三五"发展规划》中，通过规划打造肉牛养殖重点发展区、肉牛屠宰加工及冷链物流配送区、皮革精深加工区、生物科技研发区和伊斯兰风情小镇生态畜牧示范区 5 个功能园区，真正叫响"阳信清真牛肉"品牌，让中国"第一牛县"真正落地生根。

此外，阳信还将"循环经济"延伸到产业各个层面：利用秸秆"过腹还田"形成的有机肥发展有机农业，提升经济效益；将秸秆废料做成食用菌基料，发展菌菇产业，开辟扶贫富民新路；粪肥废料再回收，进行生物质能发电、产生沼气，为整个产业提供能源，从而形成了"饲草种植—犊牛繁育—标准化养殖—屠宰加工—冷链物流配送—餐饮—皮革深加工及牛血、牛骨、牛皮、生物制药、科技研发、牛文化"于一体的绿色全产业链条，使得牛县"牛产业"真正拉动富民强县"幸福车"。

四、一"牛"联三地谱写跨省扶贫协作新篇章

2020 年 5 月 1 日，内蒙古科右中旗首个肉牛交易市场——鸿安现代肉牛交易中心开市，开市当天肉牛入场量达 7306 头，当日交易 1716 头，交易额过 2000 万元。该中心是山东阳信县一家肉牛企业投资建设的，这是阳信县与科右中旗异地扶贫协作的一大成果。

科尔沁右翼中旗是国家扶贫开发工作重点旗，是大兴安岭南麓集中连片深度贫困地区的代表旗县，是中央宣传部定点帮扶县。2018 年 6 月 1 日，中宣部向滨州市委宣传部交办定点帮扶内蒙古自治区兴安盟科右中旗肉牛产业发展的任务后，山东省委书记刘家义同志作出批示，要求全力以赴推进项目，为当地扶贫做贡献，同时也要抓住机遇，促进山东企业发展。阳信县在自身脱贫攻坚取得成效的基础上，聚焦"吃生态饭、做牛文章、念文旅经"工作思路，立足全县先进屠宰加工技术、广阔销售市场，结合科右中旗天然牧场丰富、繁殖母牛存栏量大、肉牛养殖成本低等优势，从本县优选亿利源、鸿安两家国内肉牛行业领军企业入驻科右中旗，把一家一户的传统散养繁殖母牛方式，变为养殖合作社或嘎查集体经济托管养殖，带动广大农牧民通过"粮改饲"玉米种植、肉牛养殖实现增收脱贫。根据科右中旗地域南北狭长 320 公里、处于三个不同积温带等生产实际，提出中、南部开展"禁牧舍饲"及北部"轮牧补饲"的养殖方式。示范引导广大繁殖母牛养殖场、户加快品种改良步伐，推行"奶牛补贴保险＋犊牛商业保险"模式，从而保证建档立卡贫困户政府补贴母牛繁殖增收，提高牛肉品质，增加养殖效益。

通过建设牲畜交易市场、数字化牧场、肉牛冷链深加工等项目，带动科右中旗 20 个嘎查集体经济、200 家合作社和 1 万余养殖户发展肉牛养殖，全旗肉牛存栏量达到 26.5 万头，同比增加 15％，肉牛良种改良率达 50％以上。加强科右中旗产业带头人队伍建设，确保每个有贫困户的嘎查村至少配置 1—3 名产业指导员，实现了产业指导员对贫困户的全覆盖。2019 年 4 月，科右中旗顺利脱贫摘帽，1.7 万贫困人口通过产业精准施策实现脱贫。

2016 年 11 月 7 日，经过 40 多个小时、近 2000 公里的长途奔波，青海省海北州首批 100 头牦牛和 1000 只藏羊活体运抵山东阳信借箭牛业公司，拉开了海北州"千牛万羊进山东"帷幕。近年来，阳信县按照山东省委、省政府关于发动政府和社会两股力量支持海北州畜牧业发展的部署要求，多次前往祁连县考察对接，积极支持建设"州有高原示范园、县有示范区、镇村有示范点"的高原现代生态畜牧业生产体系，帮助建设舍饲半舍饲暖棚 150 余个，帮助培训专业技术人员 200 多人次，选派 19 名畜牧专家到现场挂职、讲学、指导。

　　2020年4月5日，一部以"千牛万羊进山东"创新援青模式为背景的电影《牛王》在阳信开机，深情诠释了"魅力牛县、爱洒祁连"的援青精神。通过开展"千牛万羊进山东"活动，组织借箭、福安等肉牛屠宰加工企业与当地达成藏牦牛、藏系羊等活畜收购意向，购买的牛羊每斤价格高于当地收购价3元左右，给当地牧民带来了实实在在的收益。截至目前，累计收购青海省藏系羊65万余只、藏牦牛2200余头，销售收入达4亿元，带动鲁青两地农牧民增收5000余万元，有效解决了青海省藏牦牛、藏系羊销路不畅的问题，为当地牧民脱贫奔小康和成功脱贫摘帽贡献了阳信力量。

全面建成小康社会与中国县域发展

广东省惠州市博罗县

凝心聚力补短板　让全面小康成色更足

博罗县政策研究中心

"民亦劳止，汔可小康。惠此中国，以绥四方。"从 2000 多年前的《诗经》开始，"小康"作为丰衣足食、安居乐业的代名词，就成为中华民族追求美好生活的朴素愿望和社会理想。党的十八大以来，我们党把人民对美好生活的向往作为奋斗目标，一以贯之、接续奋斗，攻坚克难、砥砺前行，全面建成小康社会取得历史性成就。

博罗县位于珠三角东北部，全县总面积 2858 平方公里，辖 15 个镇、2 个街道、1 个风景名胜区管委会，有 378 个行政村（社区），东连惠州城区，西接广州，南临东莞，北邻河源，交通便利，常住人口 107 万人。近年来，在习近平新时代中国特色社会主义思想的指引下，博罗县始终紧扣全面建成小康社会目标任务，坚持问题导向，全力补上全面小康的短板弱项，奋力跑好全面建成小康社会"最后一公里"。

一、越是胜利在望，越见慎终如始，我们越发注重补齐脱贫攻坚短板

千年梦想，百年奋斗，今朝梦圆。目前，博罗县共有建档立卡贫困户 4179 户 7972 人，相对贫困人口已全面达到"三保障""八有"脱贫退出标准，贫困发生率从 2016 年初的 1.31% 下降至 0%，实现 100% 脱贫，100% 退出，

相对贫困村 100% 摘帽出列。今天的博罗，前所未有地接近实现全面建成小康社会的目标。但我们深知，越是胜利在望，越是危机潜伏，2020 年是脱贫攻坚战最后一年，收官之年又遭遇疫情影响，不稳定不确定因素显著增多，更需要一鼓作气、连续作战，以更加有力的举措、更加精细的工作，确保脱贫攻坚任务全面高质量完成。

一是坚持精益求精，切实做到"走访十遍""效果十成""满意十分"。坚持家家到、户户清，因户因人、排查问题，因贫因困、分类解决，坚决做到脱贫工作务实、脱贫过程扎实、脱贫结果真实，在子女教育上实现"幼有善育"，在住房安全上实现"住有安居"，在劳动保障上实现"劳有应得"，在医疗保障上实现"病有良医"，在饮水安全上实现"饮有净水"，在社会保障上实现"弱有众扶"，让脱贫成效真正获得群众认可、经得起实践和历史检验。目前，全县贫困户满意度达到 98% 以上。

二是坚持产业上门，努力实现户户有增收项目、人人有脱贫门路。坚持把脱贫攻坚同实施乡村振兴战略有机结合起来，把脱贫攻坚的过程变成乡村振兴特别是产业振兴的过程。比如，在省定贫困村——杨村镇羊和村，因地制宜引进花卉企业发展"彩色经济"，建设超千亩的兰花基地，吸纳大批贫困户在"家门口"就业。该项目全部投产后有望成为全国最大的蝴蝶兰种植基地，实现"省级贫困村"到"国家级兰花特色小村"的蜕变。

三是坚持志智双扶，全面激发内生动力。积极开展大培训大上岗帮扶活动，增强贫困户"造血"功能，2016 年以来累计提供贫困人口就业项目 3000 多个，举办 36 批次技能培训班和就业培训，培训建档立卡贫困人口 1200 多人次，帮扶贫困户就业 315 人次。为脱贫注入"源头活水"，制定《博罗县扶贫小额信贷工作实施方案（2016—2018 年)》，累计发放扶贫小额信用贷款 329 笔 1500 万元，有效解决贫困户融资难问题。

四是坚持未雨绸缪，坚决防止脱贫户返贫和边缘户掉队。疫情期间，第一时间建立返贫致贫动态监测机制和帮扶机制，对受到疫情影响的 618 户贫困户以及边缘户，"一对一"实施精准帮扶举措，在每月发放临时补助的同时，通过政企联动及时解决了因疫情就业困难等问题，截至目前，无一脱贫户返贫、无一边缘户致贫。

二、越是有所突破，越见气势如虹，我们越发注重补齐生态环境短板

生态文明建设是关系中华民族永续发展的根本大计，也是全面建成小康社会的重要"拼图"。习近平总书记 2018 年视察广东时指出我省存在国考断面水质不达标河流的突出问题。博罗县自觉将自己摆进去，将沙河污染防治攻坚作为做到"两个维护"的重要政治任务和具体行动，成立了由县委书记任组长的攻坚领导小组，带头"挑最重的担子"，以较真碰硬的斗争精神，推动沙河国考断面水质实现从劣 V 类到 III 类连跳三级的大转变，2019 年水质均值稳定达标，提前一年完成国家水质考核目标任务。

凡是过往，皆为序章。对取得的成绩，我们自豪但不自满，坚决摒弃"喘口气、歇歇脚"的思想，以"归零心态"重新出发，鼓足干劲，趁势而上，努力把生态环境领域的短板弱项逐一补齐，全力以赴把污染防治攻坚战这场硬仗干净、漂亮、彻底拿下来。

一是牢固树立"上游意识"，不断巩固提升水污染防治攻坚成果。东江是珠江水系干流之一，虽然博罗位于东江的中下游，但在工作中博罗自觉以"上游"的标准来要求自己，不断强化"责任上游""工作标准上游"的意识，充分发挥河长制湖长制关键作用，全力抓好县内重要河流沙河、东江河、公庄河等水质达标巩固提升工作，2020 年以来这几条河流水质持续稳定向好，全县水环境质量得到明显改善，切实站好保护广东母亲河的博罗岗哨。坚持源头治理，采取法律与经济手段并用，推动 56 家重污染排放企业转产转型，为高质量发展腾出了环境容量和发展空间。二是牢固树立"共同体意识"，全面统筹打好污染防治攻坚战。在抓好水污染防治攻坚的同时，坚持统筹推进大气、土壤污染防治工作，从战略上全方位、全地域、全过程开展生态文明建设。在工作格局上，从环保部门单打独斗的"小环保"，向地方党委、政府及其有关部

门落实"党政同责""一岗双责"的"大环保"转变；在工作保障上，着力强化环境法治、科技支撑、资金投入等保障，并取得显著进展。三是牢固树立"两山"理念，全力建设美丽乡村。呵护绿水青山，持续推进村庄绿化、亮化、净化、美化工作，将生态资源保护写入村规民约，扎实推进全国垃圾分类与资源化利用试点工作，探索实行垃圾分类定时投放，实现污水纳管集中处理全覆盖。目前，全县343个行政村已全部达到干净整洁村标准，71个示范村基本达到美丽宜居村标准。做大金山银山，大力发展生态休闲乡村旅游，2019年实现旅游综合收入76.12亿元，增长13.3%，实现美丽环境与美丽经济的共建共赢。通过生态环境的不断改善，进一步提升了全县群众的幸福感、获得感，绿色发展理念已经成为全县上下的主流思想和核心价值观，引领和改变着群众的生产生活方式。

三、越是一心为民，越见初心如旧，我们越发注重补齐民生事业短板

全面小康，是以人民为中心的小康，是实实在在的小康。只有在解决好人民群众普遍关心的突出问题上不断取得进展，人民群众才能有真切的获得感。这是博罗一直以来坚持的发展理念，也是博罗一直以来都在抓的工作，博罗县每年财政用于民生领域的比例都持续稳定在70%以上。一是坚持办好人民满意教育。2019年以来，博罗县新建、改扩建中小学校22所，新增公办学位16000个，"大班额"问题得到有效解决，推动教育事业总体发展水平迈上新台阶。坚持推动职业教育和普通教育协调发展、民办教育和公办教育共同发展，努力完善更加合理的教育结构。大力支持和推动全县三大职业院校新校区建设，中职、高职就业率连年保持在95%以上。推动民办教育加快发展，正积极引进深圳一流的民办学校——百合外国语学校在博罗建设分校，着力打造教育领域知名品牌。不断深化教联体改革，推动市属惠州中学与县内杨侨中学、百年名校博罗中学与石湾镇石湾中学分别组建教联体，让优质教育资源下

沉到基层，推动教育优质均衡发展。二是从战略上抓好医疗卫生事业发展。大胆实施医疗体制改革，实现县级医疗水平的跨越式提升。2017年6月建成惠州市首个紧密型医联体，将县人民医院整体移交给市中心医院管理运营，直接嫁接市中心医院优质医疗资源，让博罗老百姓在"家门口"就能享受"三甲"医疗服务。投入20多亿元，在县城、博罗东部和博罗西部片区分别建设县人民医院新院、县第二人民医院和县第三人民医院，推动全县医疗卫生事业优质均衡发展。突出中医药特色，打造"罗浮山"中医药品牌。在全省率先实现基层医疗卫生机构中医馆全覆盖的同时，投入3亿元建设县中医院新院，明年年底前将完成一期工程建设。积极推动湖南中医药大学与县中医院新院建设紧密型合作医院，跨省调配优质医疗资源，在合作运营、技术指导、人才支持等方面开展全方位合作，借力突破县级医院发展水平，着力打造服务粤港澳大湾区的高水平中医院。三是全力打造由"丰"到"满"的大好交通格局。立足博罗未来十年乃至更长时期发展需要，主动对接《惠州市"丰"字交通主框架总体布局规划》，着力畅通关系博罗民生、影响群众生活质量的民生路、幸福路。当前，根据博罗城市发展走向、民生发展需要，博罗正全力实施"五四三"计划，即加快推进"五条跨县道路、四座跨江大桥、三个高铁站场"建设，全县由"丰"到"满"的大好交通局面正在加速形成。

四、越是对标对表，越见责任如山，我们越发注重补齐精神文明短板

博罗县是全国文明城市（县级），2018年8月承接了全国新时代文明实践中心试点工作。但对照全面建成小康社会的标准和要求，博罗县精神文明建设仍然存在不少短板和问题。为进一步深化提升精神文明建设成果，博罗县坚持把精神文明建设摆在突出位置，积极努力当好"摸着石头过河"的先行者，为决胜全面建成小康社会提供强大精神支撑。一是加强思想引领，推动让党的理论飞入寻常百姓家。以"新思想引领群众奋进新时代"为引领，依托全国新时

代文明实践中心（站）、学习强国、县融媒体中心、微信公众号等平台载体，广泛深入开展学习宣传活动。制定《博罗县新时代文明实践中心理论政策宣传宣讲工作制度》，组建"3+19+N"理论政策宣传宣讲队伍，选拔、培训200名"新时代宣讲员"，深入镇街、机关、社区、企业，创新"方言＋文艺"理论宣讲方式，用"群众语言"诠释"理论话语"。编印《新思想飞入寻常百姓家》等书籍画册，通过"干部讲政策、专家讲理论、能人讲知识、百姓讲故事"，有效推动习近平新时代中国特色社会主义思想深入人心，并积极转化为行动自觉。

二是加强教育引导，深入培育和践行社会主义核心价值观。持续深入开展文明镇村、文明单位、文明学校等文明细胞创建活动，打造了一批核心价值观主题广场、公园，创作了《文明实践焕发乡村新活力》等一批电视作品，推动核心价值观融入城市血脉。注重把博罗红色基因注入文明创建工作，深入开展爱国主义教育，编撰印发了《罗浮山下战旗红》等红色教育读本，充分激发了广大干部群众的爱国热情和民族自豪感。充分发挥新时代文明实践志愿公益项目创投大赛等平台作用，开展了博罗首届村歌比赛、农民趣味运动会、博艾健康乡村行等活动，不仅满足人民群众对美好文化生活的需求，也进一步提升群众文明素养和城市文明程度。

三是加强资源整合，推动志愿服务活动制度化常态化开展。建立了由县委书记、镇委书记、村支部书记三级书记抓文明的工作格局、县镇领导挂钩指导工作机制，构建了由县委书记任总队长的"1+37+N"文明实践志愿服务队伍体系。全县共有实名注册志愿者20万名、志愿服务队1448支，开展惠民服务活动3万场次，打造精品项目105个，有力推动形成了文明创建共建共管共促共享格局。同时，博罗县还积极探索文明创建政府社会互动模式，成立新时代文明实践基金会，统筹整合各项资金，着力打造文明实践的"蓄水池"与"活源泉"，推动志愿服务从"大水漫灌"转变为"细水长流"，常态长效、务实有效开展。

全面建成小康社会与中国县域发展

广东省汕头市南澳县

聚焦全域旅游　加快小康进程

汕头市社会科学界联合会

为充分展现党带领人民努力奋斗，实现全面小康的非凡进程，生动呈现人民群众建设美好家园，共享幸福生活的生动实践，2020 年 8 月，汕头市社科联调研组通过与南澳县政府各职能部门举行调研座谈会，到典型村镇进行实地走访，与居民面对面开展入户调查等方式，深入了解南澳县小康社会建设现状和居民旅游业影响感知情况，并对南澳县小康社会建设经验进行了探讨，提出进一步改善发展的对策建议。

一、南澳县基本情况

汕头市南澳县自然风光优美、历史文化悠久，是广东省唯一的海岛县，也是目前全国（包括台湾地区）14 个海岛县（区）中唯一的全岛域国家 4A 级旅游景区，素有"潮汕屏障、闽粤咽喉"之称。陆地总面积约 114.74 平方公里，由南澳岛及周边 35 个岛屿组成，其中主岛 111.73 平方公里，海域 4600 平方公里。全县设后宅、云澳、深澳三个镇和青澳旅游度假区、海岛国家森林公园两个管委会，共 41 个行政村、5 个社区、82 个自然村。2019 年末户籍总人口 7.62 万人，常住人口 6.26 万人。

"十二五"和"十三五"时期，是南澳岛发展历程中极不平凡的时期。十年来，南澳县委、县政府坚持以习近平新时代中国特色社会主义思想为指导，

全面贯彻落实党的各项方针政策，深入贯彻落实新发展理念，践行"绿水青山
就是金山银山"理念，以民生幸福为指向，以全面规划为引领，以改革创新为
驱动，以基础建设和配套建设为基石，以环境美化和生态保护为支撑，以重点
项目和特色产业为抓手，全力以赴稳增长、促改革、调结构、惠民生、防风
险、保稳定，推动了经济社会高质量发展。"十二五"期间，跨海大桥、引韩
（江）供水工程和过海电缆"三大跨海工程"的建成，实现了路通、水通、电通，
为南澳县经济发展和建成小康社会夯实了基础，南澳县迈上了"大桥新时代"。
"十三五"期间，环岛岸线整治工程、环岛景观工程、环岛旅游工程三大环岛
工程建设带动了南澳形象、旅游景观、经济发展大提升，南澳县进入了"旅游+"
时代。

"十二五"期末，南澳县实现地区生产总值 15.75 亿元，比 2010 年增长
49.3%；人均 GDP 2.55 万元，比 2010 年增长 48.7%；社会消费品零售总额
19.9 亿元，比 2010 年增长 63.5%；三次产业比重从 31.5∶38.5∶30.0（2010 年）
优化为 25.3∶35.4∶39.3（2015 年），旅游主导产业地位基本确定。"十三五"
期末，实现地区生产总值 29.33 亿元，比 2015 年增长 86.22%；人均 GDP 4.69
万元，比 2015 年增长 83.92%；社会消费品零售总额 28.54 亿元，比 2015 年增
长 79.27%；三次产业结构比重优化为 34.5∶10.7∶54.8，旅游业支柱产业地位
凸显。

二、南澳县全面建成小康社会现状分析

（一）经济实力不断壮大，发展质量持续提升

南澳县坚持新发展理念，全县经济行稳致远，不断迈向高质量发展。
"十三五"期间，南澳县经济发展稳中有进、进中有优，经济增长亮点纷呈。
2016—2019 年国内生产总值逐年稳定增长（见表 1），2019 年，实现地区生产
总值 29.33 亿元，相较于 2015 年增长了 86.22%。

表1   2015—2019 年南澳经济发展情况

年份	GDP（亿元）	增速（%）	社会消费品零售总额（亿元）	增长率（%）	进出口总额（亿元）	增长率（%）	出口总额（亿元）	增长率（%）
2015	15.75	7.8	15.92	14.0	—	—	0.26	48.8
2016	17.12	6.0	22.04	10.1	0.59	141.7	0.42	09.8
2017	19.24	7.1	24.38	10.6	0.82	22.8	0.58	36.0
2018	24.66	5.0	26.62	0.9	0.99	17.1	0.79	31.4
2019	29.33	5.8	28.54	7.2	1.26	27.5	1.05	32.8

南澳县党委、政府带领全县人民共同奋斗，在"十三五"期末完成了脱贫攻坚任务，建成了生态宜居、经济发达、人民幸福的花园海岛线，基本达到全面建成小康社会目标。据南澳县国民经济发展数据显示，2019 年，南澳县人均 GDP 4.69 万元，比 2015 年的人均 GDP（2.55 万元）增长 83.92%，达到全面小康社会的根本要求；城镇居民人均可支配收入 1.72 万元，农村居民人均可支配收入 1.34 万元。全面建成小康社会所有指标均已达到或超过标准。

（二）产业结构不断优化，旅游业成为主导产业

"十二五"和"十三五"期间，南澳县围绕"生态型海洋经济强县"和"国际知名旅游海岛"发展定位，推动旅游业蓬勃发展，促进生态渔农业平稳发展，风电工业发展态势亦趋良好。三次产业比重由 2010 年的 31.0∶35.4∶33.6 优化为 2019 年的 34.5∶10.7∶54.8，产业结构持续优化。

2019 年，南澳县服务业增加值占 GDP 比重为 54.8%，占比高于第二产业 44.1 个百分点，对经济增长的贡献率为 73.3%。服务业"稳定器"作用不断显现，支撑效应日益突出。旅游业是现代服务业的重要组成部分，已成为南澳县的主导产业，经济带动作用明显。在南澳大桥通车的带动下，旅游业呈现跨越式发展。2015 年，进岛游客猛增到 456 万人次，旅游综合收入 12.2 亿元，分别比"十一五"期末增长了 5.6 倍和 4.2 倍。2016—2019 年，旅游开发更加规范有序，旅游产业高位推进。游客总量从 2015 年的 455.6 万人次增长到 2019 年的 776.6 万人次，旅游总收入从 2015 年的 12.22 亿元增长至 2019 年的 23.6

亿元（见表2）。

南澳县已连续6年登上"广东省旅游综合竞争力十强县（市）"榜单；"南澳岛慢生活乡村路线"入选"广东省乡村旅游精品线路"；黄花山村被认定为第一批"国家森林乡村"，后花园村被认定为全国"一村一品"示范村镇和广东美丽乡村特色村。目前正在进行广东省休闲农业与乡村旅游示范点等多项省级示范试点创建。岛上现有旅游酒店20家，其中五星在建1家、四星标准改造3家、三星3家；特色民宿共76家；全县总接待床位约6500个；旅行社6家，导游员和讲解员65名。旅游行业创造直接就业岗位3500个、间接就业岗位15000个。

表2　2015—2019年南澳旅游业发展情况

年份	进岛游客数（万人次）	增长率（%）	旅游总收入（亿元）	增长率（%）
2015	455.6	382.8	12.22	187.4
2016	537.2	17.9	14.58	19.3
2017	593.0	10.5	17.49	20.6
2018	670.0	12.9	20.76	18.6
2019	776.6	16.0	23.60	14.4

（三）全域旅游惠及民生，人民生活日益向好

"十三五"期间，伴随着南澳岛经济整体向上向好，政府大力营造良好的创业环境，岛内创业热潮高涨，民生福祉不断改善，群众收入不断增加，城乡居民可支配收入差距进一步缩小。2019年，南澳县人均可自由支配收入增长至16000元，较2015年增长45.7%，其中农村居民人均可支配收入13400元，较2015年增长44.83%。

在调研中发现，近年来，南澳县的民众深切感受因发展全域旅游而带来的交通、通信、医疗、教育、金融、购物、资讯等公共服务体系设施的完善和服务水平的提高。南澳县旅游业的快速发展及其对相关产业的带动、引领作用，大大提高了当地居民的就业率，增加了当地居民的收入。据统计资料显示，2019年全县城镇新增就业847人，城镇登记失业率控制在3%以内。本次

调研中的问卷调查结果显示，近 80%的被调查者对旅游经营活动兴趣和意愿较高，超过 70%的被调查者表示家庭年收入增加与旅游收入有关。

三、南澳居民对旅游产业发展感知分析

十年间，南澳县旅游总收入从 2.33 亿元（2010 年）增加至 23.6 亿元（2019 年），进岛旅游人数从 69.57 万人次（2010 年）增加至 776.6 万人次（2019 年），旅游业迎来了跨越式发展。为了解当地居民对南澳县旅游业发展的感知情况，汕头市社科联调研组在后宅镇、云澳镇、深澳镇、青澳管委会等地工作人员的陪同下，深入近 400 户居民，采取随机抽样形式进行问卷调查，并对问卷进行了数据信度、效度检验，旅游产业发展感知均值分析、旅游收入构成分析和社会人口学特征频次等方面的分析。

数据统计分析表明：（1）居民对旅游业发展带来的经济、社会、生态影响感知都较为显著。大部分居民认为，旅游业发展主要带来了"增加就业机会""环境得到美化和绿化""促进了对外交流与合作""提高了家庭经济收入"等方面的正面影响，也带来了"生活成本提高""物价上涨""造成交通拥挤"等方面的负面影响。（2）居民对旅游业发展态度为正向支持，居民参与旅游经营活动意愿较高。区别于国内很多成熟的旅游目的地存在参与旅游经营活动的居民人数占比不高，居民在旅游产业链中处于比较底端的环节，多从事一些劳动附加值比较低的工作等情况，南澳县居民中的旅游业从业经营者数量占比达到 20.9%，正在准备从事旅游经营活动的居民人数达到 18.3%，以后可能会从事旅游经营活动的居民人数达到 32.6%，近八成居民正在进行旅游经营活动或以后有可能从事旅游经营活动，超七成居民家庭因旅游发展而增收。由此可见，南澳县居民是南澳县旅游业发展的切实受益者、主动支持者、积极参与者。

四、南澳县聚焦全域旅游建成小康社会经验分析

十年间，南澳县小康社会建设成绩显著，人民生活水平大力提升。南澳大桥修通之前，南澳县受制于交通不发达和土地资源稀缺等因素，面临实体经济基础薄弱、三次产业占比均等、主导产业地位不突出、渔农业和风力发电业受自然条件限制增长乏力等困境。随着 2015 年南澳大桥通车，交通条件日益改善。南澳县委、县政府抓住机会，基于"一带一路"倡议、粤港澳大湾区建设和中国全域旅游发展的时代背景，紧抓大众旅游时代发展新机遇，坚持以科学规划为引领，以基础设施和公共服务提升为基石，以产业融合发展为路径，以乡村振兴为亮点，以生态保护为前提，布局发展全域旅游，确定以旅游业为主导产业，并深入挖掘旅游业的综合带动作用，以旅游业引领促进多产业融合发展，以旅游业为纽带推动城乡互动发展，推动南澳县实现产业转型升级，经济结构优化，经济社会协同发展，人民生活水平提高，确保如期全面建成小康社会。

（一）党委、政府加强引领，推进各项规划落地实施

"十三五"期间，南澳县按照"五位一体"总体布局和"四个全面"战略布局，围绕建设"生态型海洋经济强县""国际知名旅游海岛"和"美丽健康幸福南澳"的目标，坚持"旅游强县、海洋强县"战略，以创建全国文明县城和国家 5A 级旅游区为抓手，编制了《美丽南澳发展战略规划（2018—2050 年）》《南澳县全域旅游发展总体规划（2019—2035 年）》《南澳县实施乡村振兴战略总体规划（2018—2022 年）》《汕头市南澳县养殖水域滩涂规划（2018—2030 年）》等规划，把旅游业发展摆在重要的战略位置，锚定发展方向、找准发展路径，践行创新、协调、绿色、开放和共享的新发展理念，努力促进经济健康协调发展和社会全面进步。

一是制定战略规划引领全县发展。为进一步深入落实习近平新时代中国特色社会主义思想，全面贯彻党的十九大精神和习近平总书记系列重要讲话精神，开创南澳发展新局面，南澳县政府委托有关单位编制了《美丽南澳发展战

略规划（2018—2050 年）》，立足南澳实际，基于现有的资源和发展状况，突出旅游资源、海洋、生态特色和区位优势，科学确定了南澳县的发展方向、规划布局，实现了旅游、土地、交通、生态、海洋等规划"多规合一"，为加快打造南澳国际旅游岛，全面实现美丽南澳跨越式发展，谱写新时代南澳发展篇章提供重要指引。

二是制定发展规划总体部署全域旅游发展。为贯彻落实国家、广东省对全域旅游示范区创建的新理念，推进南澳县打造全域旅游示范区和国家 5A 级旅游景区，南澳县政府编制《南澳县促进全域旅游发展实施方案》《南澳县全域旅游发展总体规划（2019—2035 年）》，作为指导南澳县域旅游发展的纲领性文件和编制相关专项规划、布局重大项目的重要依据，也是南澳县建成海岛旅游目的地、全域旅游示范区、绿色经济循环示范岛的总体蓝图。规划明确了南澳县旅游发展新目标与新任务，突出旅游发展空间打造、旅游产品体系构建、旅游产业要素提升、旅游市场营销创新以及发展保障措施，对形成旅游产业引导下的多产业融合发展与城乡互动发展作出总体部署。

（二）加强基础设施建设，优化旅游业发展基础

近年来，南澳县坚持基础设施先行，持续推动基础设施建设，配套完善公共旅游资源，提升产业要素品质，夯实优化发展基础，推动旅游业提速扩量、提质增效。

一是岛内交通条件日益改善。交通等基础条件不佳曾经是制约南澳发展的瓶颈。2015 年，南澳大桥通车，南澳迈上"大桥新时代"。十年间，南澳县坚持把基础设施建设作为县政府一号工程，积极向上争取资金项目，着力改善发展环境；"三大跨海工程"基本建成，"三大环岛工程"有序推进，基础设施日臻完善。随着环岛 LED 路灯亮灯，海滨路、龙滨路、中兴路、长山尾至黄花山路段路面黑化完成，南澳连接汕头市区公交线路的建立，环岛南线、环岛北线、县城至大桥西 3 条公交线路的形成，G539 连接线（澳岓隧道）通车；居民受益的同时，为进岛游客提供了更为便利的交通条件，为发展旅游业扩大了客源市场。

二是游客停车难问题日益缓解。南澳岛上 90% 以上是山，土地资源严重缺乏。虽然南澳常住人口不多，但随着旅游业的发展，进岛游客人数渐增，停车难成为瓶颈问题，直接导致游客驻留时间减少，从而使旅游业对购物、住宿、餐饮等相关行业的带动力不足。为解决这个问题，南澳县政府一方面通过优化城镇空间布局，推进"多规合一"，全面提升交通规划的科学性和精致度；另一方面，加大土地收储力度，盘活利用现有码头、闲置土地等资源，拓展发展空间，较好地缓解了游客的停车难问题。

三是公共旅游资源加强配套。近年来，南澳县每年投入近 10 亿财政资金，改造和新建了南澳游客服务中心、田仔景观平台、青澳湾景观平台、展南亭、贝沙湾观海栈道、前江湾观海长廊、北回归线标志塔"自然之门"、深澳古城公园、祥云广场、海丝文化广场、十里银滩、竹栖肚湾等旅游公共资源。随着旅游公共服务设施、海滨栈道、观景平台、公共广场等旅游配套项目的建成，游客体验得到了极大提升，旅游吸引力逐渐增强，游客进岛后驻留时间延长，由此带动购物、住宿、餐饮等相关行业的发展，促进当地经济快速增长。

（三）推动资源高效整合，促进产业深度融合发展

一是旅体融合发展，带旺海岛淡季旅游。旅游需求市场已经从大众观光进入休闲体验经济时代，"旅游 + 体育"融合发展已成为趋势和潮流。南澳县及时调整发展思路，以游客新需求为导向，积极培育赛事运动旅游市场，以此作为旅游业新的消费吸引核。

2019 年，南澳县举办了亚洲冲浪暨全国冲浪锦标赛、汕头南澳铁人三项亚洲杯暨全国铁人三项锦标赛等 5 项国际国内专业运动赛事，以及"中国旅游日"汕头主题活动暨第三届汕头南澳岛相思花节"悦行汕头"登山徒步活动、汕头南澳越野挑战赛等 20 项群众性体育活动，吸引了来自世界和全国各地 1800 多名专业运动员、教练员参加比赛。特别是有 12 项赛事活动在旅游淡季举办，共吸引来自世界各地运动员、教练员和体育爱好者 8580 人，带动 40 多万人次进岛观看比赛和旅游，由此带旺海岛淡季旅游，也带动相关行业的快速发展。

未来，南澳县计划以承办亚青会比赛项目为契机，探索水上运动等特色旅游体育项目，谋划打造一批高端旅游体育精品线路、精品赛事和示范基地，

加快亚青会场馆和城市品质提升工程建设，推进前江湾帆船帆板训练基地、青澳湾冲浪基地以及健身广场体育综合改造工程建设，争取国家级、省级专业运动队冬训基地落户南澳，实现以"旅"兴"体"、以"体"促"旅"。

二是文旅融合发展，推动旅游产品提质升级。文化是旅游的灵魂，旅游是文化的载体。南澳县以宋井、总兵府、雄镇关等 60 多处文物古迹作为重要的历史文化旅游资源，结合海防军事文化等文化形态，讲好历史故事，传承优秀文化。同时，借助丰富的丝路文化、海洋文化、民俗文化等资源来推动旅游业和当地经济发展，走出文旅融合的发展新路，并注重旅游宣传推介，优化旅游宣传营销体系，办好旅游节庆等活动，聚揽人气，提升名气。

（1）依托海洋文化，设立以"海岛"课程为特色，以潮汕精神为导向的"半岛研学基地"。该基地设立在南澳岛青澳湾半岛假日酒店，由南澳县注资 1100 万元精心打造。目前已成为"汕头市社会科学普及基地"和"南澳县中小学研学实践教育基地"。基地以"南澳海岛文化"为载体，划分为南澳地质地貌、海岸动力、历史经济、海洋军事、海洋风能、海洋经济、海洋救生、海上运动八大板块，通过研学课程的开发和相关课程知识的融入，打造为南澳文化旅游的一张新名片。

（2）依托红色文化资源，打造党性教育的"红色阵地"。将党建元素、红色文化与新农村建设紧密融合，把新农村精品旅游线路、红色展馆以及文化广场等串点成线、连线成画，形成一条以山顶渔村红色历史文化旅游为核心的红色文化宣教带。该村对革命遗址进行保护、修复和还原，打造红色革命展览馆，对山顶渔村革命时期的有关文献、照片等进行还原和展示，结合设置村史馆，打造具有参观体验、研学教育等多种功能的红色教育基地。

未来南澳县将对文旅进一步深入融合，特别是将源远流长的潮汕文化作为重要元素融入旅游开发，深度挖掘南澳海防文化、总兵文化、红色文化、海商文化、宗教文化内涵，开发具有海岛特色的旅游文化产品，不断丰富旅游业态。

（四）高效推进乡村振兴，引导全民积极参与建设

南澳县在全面建成小康社会进程中，依托自然资源优势，扶持特色种植、生态养殖、乡村旅游等产业项目做大做强，大力推进农副产品精深加工，通过乡村旅游与海岛旅游的联动发展，发展"旅游＋渔业""旅游＋农业"，带动当地渔民和村民积极参与建设和发展，丰富了旅游产品类型，实现了渔民和农民增产增收，全面实现乡村振兴。

一是打造"农家乐""渔家乐"项目，丰富游客旅游体验。南澳县通过生态宜居美丽乡村示范县以及"九溪澳—后兰—后花园""西畔—南台—中柱—澳前"乡村振兴示范片建设，正在打造精彩纷呈的乡村旅游资源，丰富南澳县旅游产品，实现乡村旅游和海岛旅游的联动发展。黄花山村、后花园村的"农家乐"，西畔村、金山村、三澳村的"渔家乐"，以及南澳蓝帆休闲渔业旅游基地等，逐渐成为海岛特色乡村旅游的热门目的地。以海洋牧场带动现代渔业相关产业，并与旅游业联动发展，也是南澳旅游的特色之一。海洋牧场示范区内划定了休闲渔业区，包括礁区海上垂钓、海底潜水观光等休闲旅游项目，将结合南澳岛南部旅游区的开发利用，形成"沿岸沙滩—人工鱼礁区—岛屿"的精品休闲渔业旅游路线。

项目建成后，南澳县旅游接待能力大大提升，有效增加了就业，提升村民和渔民的收入水平，也充分调动广大村民和渔民加入建设的热情和激情，使当地村民和渔民成为乡村经济发展的积极参与者和主要获益者。

二是打造"一村一品、一镇一业"，活跃旅游购物市场。南澳县因地制宜发展"一村一品、一镇一业"，大力培育农民专业合作社等新型农业经营主体。2019 年，全年新增注册农民专业合作社 20 个，累计达到 80 个，其中 7 个荣获市级农民专业合作社示范社，南澳县青澳管委会后兰村（茶叶）、青澳管委会后窑村（香蕉）、后宅镇羊屿村（水产品加工）、后宅镇山顶农村（海产品加工）和深澳镇后花园村（茶叶）等专业村被广东省农业农村厅于 2020 年发布的《首批省级"一村一品、一镇一业"专业村名单》收录其中。

后花园村的"宋茶"，松岭村、圆山村、云祥村的"金薯"，青澳"乌壳米"等一批质量好、市场效益高的农产品在村里相继"崭露头角"。这些从各个合作社里走出来的"明星"产品受到越来越多游客的青睐，活跃了旅游购物市场，实现了农民增收。

后花园村是基层党建引领带动村民脱贫致富的典型例子。12 年前，该村没有村集体收入，村民人均年收入不足 1000 元。在驻村扶贫工作队和党员群众的共同努力下，"输血"变"造血"，因地制宜种植无公害有机茶叶，经营"宋茶"品牌；兴建光伏村级电站作为帮扶项目，让贫困户受益；建造观光景点，发展生态旅游，走出了一条以茶富农、生态兴农的致富路。在茶叶产业村的发展过程中，南澳县农业局带动村民打造了现代化产业种植合作社，通过科学的种植技术、产业化生产线的方式，帮助茶农提高茶叶生产效率和生产质量。后花园村现已有茶园近千亩，茶叶制作加工厂近 20 家，"宋茶"备受游客欢迎。近年来，已有超过七成外出务工的村民返乡种茶，其中包括很多年轻人返回家乡从事茶叶制作、销售和经营。村民们通过特色茶叶产业的发展增加了收入，实现脱贫致富奔小康。

三是特色民宿吸引客源，村居体验带动消费。民宿作为深度旅游的标志性产物，是较高层次休闲度假旅游的重要载体。民宿业通过与文化创意产业结合，以知识经济为基础、以自然生态环境为依托，在提高当地就业率、增强游客体验感，有效推动旅游业转型升级。近年来，南澳县发展民宿等新业态迅速发展。据 2020 年南澳县对各乡镇民宿普查的数据显示，经工商注册登记的个体住宿经营户 128 户，接待总床位数约 3000 个，其中乡村特色民宿 102 家，约 70% 以上分布在青澳湾周围村落。总体上看，岛上民宿多为村民自建房，具有海岛朴素民居特色，其发展前景可观，行业规范也正逐步完善。

以后兰村为例，随着美丽乡村建设的推进，交通条件和村容村貌都有了极大的改变，也因此成为南澳县民宿业发展的先行者，"书野家""后兰知道"等品牌民宿使南澳县后兰村由一个"养在深闺人未识"的山村成为众多游客慕名而来的旅游聚集地，尤其吸引了消费水平较高的休闲体验客源。民宿客房供不应求，村民利用闲置住房经营民宿业的热情高涨。同时，游客停留住宿带动了周边的农家餐饮、渔农活动体验、渔农产品的销售等业态的经营，提高了村民就业率，有效实现了村民增收。

（五）推进生态环境保护，实现全域旅游可持续发展

生态优势是南澳发展之基。南澳县在发展中坚持以习近平生态文明思想为指导，并作为生态环境保护工作的总方针、总依据和总要求。

一是专项整治修复生态。近年来，南澳县开展了中小河流治理、后江污水处理厂提标改造、青澳污水处理站扩容、深澳污水处理设施及管网建设、"蓝色海湾"岸线整治等项目。组织有关部门对全县入海排污口、海水养殖场、海上餐厅进行清理整顿，全面开展"散乱污"工业企业（场所）专项整治和第二次全国污染源普查工作，整治率达100%。巩固提升"河长制"工作，扎实推进"湾长制"试点工作。落实汕头市创建国家森林城市工作部署，启动生态检察督查，完成南澳大桥入岛、田安山采石场、金东海片区和下田安片区裸露山体复绿施工，补植复绿管养机制进一步健全。

二是"净海养殖"保护生态。南澳县有关职能部门积极开展"净海2019"专项行动，严格休渔期执法；开展海域养殖区域及沿岸清理整治专项行动，制定《南澳县海域养殖区及沿岸清理整治工作方案》和《汕头市南澳县养殖水域滩涂规划（2018—2030年)》，合理规划和调整养殖生产布局，在全省率先由财政补贴推广使用生态环保浮球，促进海域养殖生态化、规范化。

三是绿色出行美化生态。南澳县大力发展以"公交＋慢行"为主导的绿色交通模式，构建连续安全的步行和自行车网络体系，加强其与公共交通间的无缝衔接，推进汽车、船舶等交通工具纯电动化，实现全域交通零排放。此外，还积极开展禁塑、生态文明宣传教育等活动，鼓励游客带垃圾离岛。

五、进一步改善发展的建议

南澳旅游业的发展已经打下了坚实的基础，通过规划全域旅游发展，全面推进小康社会建设。但通过调研发现，目前仍存在全域旅游发展体制机制不健全、资金筹措渠道比较单一、缺乏旅游行业管理体系等问题，尚未能完全形成旅游景观全域优化、旅游服务全域配套、旅游产业全域联动、旅游治理全域覆盖、相关行业协同发展、建设成果全民共享的发展局面。

为进一步实现南澳县旅游业全域共建、全域共融、全域共享，促进南澳县经济高质量发展，加快推进小康社会建设进程，调研组提出以下建议。

（一）建立健全体制机制，全面协调统筹推进

一是建议由南澳县政府牵头成立南澳县全域旅游发展运营公司，根据南澳岛旅游发展目标，拟设置景区开发运营部、特色产业运营部、公共服务建设运营部、旅游房地产开发运营部、乡村旅游综合体运营部、民宿旅游运营部、海洋旅游运营部、策划营销运营部等。南澳县全域旅游发展运营公司主要负责招商引资、对外经营、策划营销等全方位旅游服务，同时整合现有景区、景点资源，合理布局、高效开发。

二是建议由政府引导，设立旅游用地保障小组，负责协调、回收高价值可利用土地，积极保障旅游业发展用地，根据规划布局合理开发。有效落实旅游重点项目新增建设用地，支持使用未利用地、废弃地、边远海岛等土地建设旅游项目；依法实行旅游业用地分类管理制度；多方式供应建设用地。明确旅游新业态用地政策：引导乡村旅游规划（民宿改建等）发展；促进自驾车、山野营地旅游有序发展；支持邮轮、游艇旅游优化发展；促进文化、科教研学旅游发展。加强旅游业用地服务监督：做好确权登记服务；建立部门联动与共同监管机制；严格旅游业用地供应和利用监管。

三是构筑旅游业各行业管理体系。鉴于旅游产品需求的整体性与供给的分散性，可通过建立行业协调管理机制，统一规划、协调各旅游供给主体的生产经营活动。发达国家较为有效的行业管理体系采取的是产业界与政府相互作用的行业管理模式。在这一模式下，政府行业管理机关代表国家履行行业管理职能，主要以法规和产业政策为手段，实行宏观调控性管理；而行业管理组织（如行业协会）以协调服务为手段，实行自主协调、引导推动性管理。通过政府引导、行业协会规范管理，并实现与行业经营者之间的有效沟通对接，大力促进各相关行业有序发展。

（二）拓宽资金投入渠道，促进全域旅游提挡升级

一是建议设立南澳全域旅游发展年度资金。该资金用于扶持旅游各项事业发展。主要用于进一步完善基础设施建设、景区和景点配套设施改造提升、公共服务点功能要素完备配套，旅游龙头项目招商引进、各类旅游项目的建设

和开发、智慧旅游信息管理系统的建设与维护等，切实提升旅游服务综合承载能力与服务水平。

二是加大招商引资力度，采取社会融资、金融机构贷款、发展旅游债券等方式筹集资金。建立以专业投融资机构为基本构架的投融资平台，如旅游金融财务公司或信托投资公司、融资担保公司等，通过上述以专业金融机构为基本构架的投融资平台，提升投资能力，提高投资效益，使旅游开发项目大型化、集约化，从而提升旅游业的档次和规模。

三是引入民营资本投资，逐步推进景区经营企业化、景区运作市场化、市场主体多元化，增强发展活力。鼓励非企业性的国有旅游景点通过拍卖、竞标等方式出让开发权和经营权，交换经营主体，盘活旅游资源。通过改组、改制、控股、联合重组等形式，组建专业化的旅游运营机构。

（三）树立"大旅游"观念，构建旅游发展大格局

一是加强区域行业协作，促进形成全域旅游多方联动。大力开拓全方位、多层次、高效益的"大旅游"，将南澳旅游业作为汕头市旅游业的一个有机组成部分，推动各相关职能部门齐抓共管，实现全区域规划、全产业发展、全要素配套、全社会推进，并加强与汕头市周边城市相互联合，推动建立全域旅游战略合作关系，加大力度进行全域旅游宣传推介，实现区域合作、行业联动、协同发展，打响擦亮南澳县全域旅游品牌，大力提升汕头市的知名度和美誉度。

二是引导社会文明共建，推动公共整体旅游营销。发展全域旅游的过程中，通过对区域内旅游资源、相关产业、生态环境、公共服务、体制机制、政策法规进行全方位、系统化的优化提升，使当地的历史、文化、风俗和大街小巷、社区空间乃至居民家庭等都变成旅游吸引力，社区内的居民都成为东道主。因此，亟须大力提高民众文明素质，推动引导社会文明共建，使当地民众真正成为地方旅游文化宣传大使，地方文明形象代表，有效推动公共整体旅游营销。

附 录 1

南澳县居民参与旅游业活动调查问卷

亲爱的朋友：

您好，感谢您在百忙之中配合我们的调查活动，本问卷主要是为了了解当地旅游业推动小康社会建设情况，以便为南澳小康社会建设提供建议。本课题承诺您提供的信息仅供研究使用。请您在您认可的选项上打"√"，感谢您的支持与配合！

一、请认真阅读以下题项，在您认为的符合程度上面打√，数字越大表示越符合

序号	您认为本地旅游业发展：	不符合	不太符合	基本符合	比较符合	很符合
1	增加了就业机会	1	2	3	4	5
2	提高了家庭经济收入	1	2	3	4	5
3	加快了本地脱贫致富	1	2	3	4	5
4	促进了对外交流与合作	1	2	3	4	5
5	促进了民俗的保护和传承	1	2	3	4	5
6	促进了历史文化的保护和传承	1	2	3	4	5
7	居民的思想观念进步	1	2	3	4	5
8	改善了本地的医疗救治水平	1	2	3	4	5
9	改善了本地的道路和水利等基础设施	1	2	3	4	5
10	水体得到了保护和污染治理	1	2	3	4	5

续表

序号	您认为本地旅游业发展：	不符合	不太符合	基本符合	比较符合	很符合
11	动植物等生物资源得到了保护	1	2	3	4	5
12	环境得到了美化和绿化	1	2	3	4	5
13	拉大了村民之间的贫富差距	1	2	3	4	5
14	物价上涨	1	2	3	4	5
15	生活成本提高了	1	2	3	4	5
16	社会风气变差了	1	2	3	4	5
17	噪声污染严重	1	2	3	4	5
18	造成交通拥挤	1	2	3	4	5

二、您参与旅游的情况

1.您或您的家人有参与本地旅游发展规划的重要决策吗？

A.没有参加过　　　　　B.偶尔参与　　　　　C.经常参与

2.近三年，您或您的家人有参与旅游相关的培训吗？

A.没有参加过　　　　　B.参加过 1—2 次　　　　C.参加过 3—5 次

D.参加过 6 次及以上

3.您或您的家人有参与旅游相关的行业合作组织吗？

A.没有　　　　　　　　B.参与 1 个　　　　　C.参与 2 个

D.参与多个

4.您或您的家人所从事的旅游活动是：

A.没有　　　　　　　　B.经营餐饮接待　　　　C.经营民宿或者酒店

D.农产品、海产品、旅游纪念品的加工、售卖

E.经营摩托艇或其他海上娱乐项目　　　　　F.旅游服务业员工

G.其他

三、请认真阅读以下题项，在您认为的符合程度上面打√，数字越大表示越符合

序号	题项	不符合	不太符合	基本符合	比较符合	很符合
1	我觉得从事旅游经营活动能让别人尊重我	1	2	3	4	5
2	我觉得从事旅游经营活动能改善生活水平	1	2	3	4	5
3	我喜欢从事旅游经营活动	1	2	3	4	5
4	我或我的家庭具备从事旅游经营活动的知识和技能	1	2	3	4	5
5	我或我的家庭从事旅游经营活动能为我们村的发展做贡献	1	2	3	4	5
6	我或我的家庭能筹措到旅游经营活动启动资金	1	2	3	4	5
7	我或我的家庭能承担旅游经营活动可能带来的亏损	1	2	3	4	5
8	我或我的家庭自有或能租赁到旅游经营活动场地	1	2	3	4	5
9	我能及时地获取从事旅游经营活动的有效信息	1	2	3	4	5
10	我知道如何获得旅游经营活动行政许可	1	2	3	4	5
11	政府对于恶性竞争等不当经营行为会进行监管	1	2	3	4	5
12	我经常会和邻居商量旅游经营问题，一起谋求发展	1	2	3	4	5

四、您的基本信息

1.您的性别是：

A.男　　　　　　　　B.女

2.您的年龄是：

A.18岁及以下　　　　B.19—29岁　　　　C.30—39岁

D.40—49岁　　　　　E.50—59岁　　　　F.60岁及以上

3.您的教育程度是：

A.小学及以下　　　　B.初中　　　　C.高中（含中专、技校等）

D.大专　　　　　　　　E.大学本科及以上

4.您的职业是：

A.事业单位　　　　　B.国企员工　　　　　C.私企员工

D.个体户　　　　　　E.学生　　　　　　　F.农民（渔民）

G.退休人员　　　　　H.其他

5.您的家庭年收入：

A.2万元以下　　　　　B.2万—4万元　　　　C.4万—6万元

D.6万—8万元　　　　　E.8万—10万元

F.10万元以上

6.您家庭收入的主要来源是（多选）：

A.旅游经营　　　　　B.商品销售　　　　　C.工资

D.务农（渔业）　　　E.土地流转　　　　　F.政府补贴

G.分红　　　　　　　H.其他

7.您家庭一年的总收入中，与旅游有关的收入大概有多少？

A.0　　　　　　　　　B.0%—15%　　　　　C.16%—30%

D.31%—50%　　　　　E.51%—70%　　　　　F.71%及以上

8.您或您的家人以后会从事旅游经营活动吗？

A.正在经营　　　　　B.正在准备　　　　　C.可能会

D.可能不会　　　　　E.绝对不会

附 录 2

问卷统计分析

一、问卷设计和数据分析

(一) 问卷设计

本研究调研中所使用的问卷的内容包括了以下几个部分：(1) 居民对旅游产业发展感知；(2) 居民对旅游经营的兴趣；(3) 居民个人基本资料。旅游产业发展感知主要包括经济影响、社会文化影响、生态环境影响三个方面。其中，经济影响主要从就业机会、经济收入、贫富差距、物价水平等方面进行分析；社会文化影响主要考虑旅游业对于对外交流与合作、传统文化保护、日常生活的影响等方面；生态环境影响则主要包括基础设施建设、环境改变、资源保护、噪音增加等方面的内容。居民个人基本资料包括性别、年龄、学历、职业等方面。居民对旅游经营的兴趣则主要了解旅游收入在家庭收入中占比，以后从事旅游经营的可能性等。

(二) 数据收集和分析

1. 数据收集

本次调研共计发放 398 份问卷。调查方式采取随机抽样的形式，与调查对象面对面填答问卷及交流，调查对象对问卷中的某些问题不理解时，调研人员及时解答，保证问卷填写的有效性。

2. 数据分析

课题组成员在问卷回收后，对问卷进行了初步筛查，对 16 份无效问卷进行了剔除，剔除原因包括对问卷的问题回答不完整，对所有问题的兴趣度值一致等。回收的有效问卷共计 383 份，有效问卷回收率为 96.23%。随后，课题组成员将有效问卷数据录入 SPSS 19.0，并对数据进行了信度、效度检验，旅游产业发展感知均值分析、旅游收入构成分析，社会人口学特征频次分析。本研究在对调查问卷进行结果统计分析前，对其进行信度和效度的分析。

（1）信度：本研究的旅游产业发展居民感知量表的系数为 0.909，由此可以判定本研究的调查指标——旅游产业发展居民感知测量量表具有较高的可靠性。

（2）效度：对旅游产业发展居民感知 18 个观测项进行因子分析结果显示 KMO 值为 0.894，Bartlett's 球检验值为 4855.851，且 Sig. 值为 0.000，说明问卷效度较好。

表 1　可靠性统计量

Cronbach's Alpha	项数
0.909	18

表 2　KMO 和 Bartlett 的检验

取样足够度的 Kaiser-Meyer-Olkin 度量		0.894
Bartlett 的球形度检验	近似卡方	4855.851
	df	153
	Sig.	0

综上所述，南澳旅游产业发展居民感知调查问卷有着较好的信度和效度，可以全面地获取本研究所需相关数据，利用该问卷获得的数据适宜进行下一步的研究。

二、被调查居民的社会人口学特征分析

被调查居民的社会人口学特征主要包括性别、年龄、职业、学历等。问卷回收后，应用 SPSS 20.0 统计了各变量频率与所占百分比。

表 3　被调查居民的社会人口学特征分析

内容	项目（N=153）	频数	频率（%）
性别	男	204	53.3
	女	179	46.7
受教育程度	小学及以下	24	6.3
	初中	77	20.1
	高中及中专	136	36.0
	大专	96	25.1
	本科及以上	48	12.5
职业	事业单位或公务员	43	11.2
	国企员工	21	5.5
	私企员工	36	9.4
	个体户	104	27.4
	学生	22	5.7
	农民（渔民）	65	17.0
	退休人员	4	1.0
	其他	88	22.8
年龄	18 岁及以下	14	3.7
	19—29 岁	114	29.8
	30—39 岁	112	29.2
	40—49 岁	93	24.3
	50—59 岁	45	11.7
	60 岁及以上	5	1.3

数据显示：

1. 性别方面：男性 204 人，占有效样本总数的 53.3%，女性 179 人，占有效样本总数的 46.7%，男性被调查者人数略多于女性。

2. 年龄方面：19—49 岁之间的居民占有效样本数的 83.3%；18 岁及以下和 60 岁及以上的被调查者占比较少。

3. 职业方面：个体户占比最高，占比 27.4%；其次是农民（渔民）17.0%；私企员工占比 9.4%。南澳县旅游业在 GDP 中占比超过了 50%，渔农业占比超过 30%，旅游业的发展为居民提供了丰富的个体经营的就业机会，得天独厚的自然资源为渔业养殖和农业种植提供了天然条件。

4. 受教育水平：初中及以下学历的被调查者占比 26.4%，高中和中专学历的被调查者占比 36.0%，大专及以上被调查者占比 37.6%。

三、南澳旅游业发展影响居民感知分析

本研究采用李克特 5 刻度制量表进行南澳旅游业发展影响居民感知测量，量表得分均值在 3.5—5 分表示感知较为显著，2.5—3.4 分表示中立，1—2.4 分表示感知不显著。

数据统计分析结果表明：居民对旅游带来的影响感知较为显著，其中，经济影响感知（3.74）最为显著，其次为生态环境影响感知（3.64），最后为社会文化影响感知（3.55）。

在旅游发展带来的正面影响中，感知均值超过 3.7 的测量题项包括"增加就业机会"(3.78)、环境得到美化和绿化(3.75)、"促进对外交流与合作"(3.73)、"提高家庭经济收入"(3.70)。在旅游发展带来的负面影响中，感知均值超过 3.7 的测量题项包括了"生活成本提高"（3.91）、"物价上涨"（3.89）、"造成交通拥挤"（3.85）。

（一）经济影响感知分析

居民对旅游带来的经济影响平均感知为 3.74 分，较为显著，旅游对经济的促进作用总体上得到了居民的认可。各正面影响题项感知均值从高到低依次为"增加就业机会""提高家庭经济收入""加快本地脱贫致富"；在负面影响题项中感知均值从高到低依次是"生活成本提高""物价上涨""拉大村民之间的贫富差距"。居民对物价上涨和生活成本提高感知较为明显（见表 4）。

表4 经济影响感知分析

序号	调查项目	均值
1	增加就业机会	3.78
2	提高家庭经济收入	3.70
3	加快本地脱贫致富	3.64
4	拉大村民之间的贫富差距	3.53
5	物价上涨	3.89
6	生活成本提高	3.91
	经济影响感知均值	3.74

（二）社会文化影响感知分析

居民对旅游带来的社会文化正面影响感知较为显著，旅游对社会文化的正面影响总体上得到了居民的认可。各评价维度得分均值均在3.5分以上，按平均得分从高到低依次为"促进对外交流与合作""促进历史文化的保护和传承""促进民俗的保护和传承""居民的思想观念进步""改善本地的医疗救治水平"。社会文化负面影响感知较为中立（见表5）。

表5 社会文化影响感知分析

序号	调查项目	均值
1	促进对外交流与合作	3.73
2	促进民俗的保护和传承	3.64
3	促进历史文化的保护和传承	3.67
4	居民的思想观念进步	3.57
5	改善本地的医疗救治水平	3.50
6	社会风气变差了	3.20
	社会文化影响感知均值	3.55

（三）生态环境影响感知分析

居民对旅游带来的生态环境影响感知较为显著，旅游对生态环境的正面影响总体上得到了居民的认可。各正面影响题项感知均值从高到低依次为"环境得到美化和绿化""改善本地的道路和水利等基础设施""动植物等生物资源得到保护""水体得到保护和污染治理"。在负面影响中,"造成交通拥挤"感知较为明显(见表6)。

表6 生态环境影响感知分析

序号	调查项目	均值
1	改善本地的道路和水利等基础设施	3.66
2	水体得到保护和污染治理	3.48
3	动植物等生物资源得到保护	3.51
4	环境得到美化和绿化	3.75
5	噪声污染严重	3.60
6	造成交通拥挤	3.85
	生态环境影响感知均值	3.64

四、居民对旅游业发展态度分析

数据分析表明,超七成的居民已经参与到了旅游业发展中,近八成居民正在进行经营活动或以后有可能从事旅游经营活动,居民对旅游业发展态度为正向支持态度。

(一)旅游收入在家庭收入中的占比

27.90%的被调查者家庭年收入中没有与旅游有关的收入;与旅游有关的收入在家庭收入中所占比重为1%—15%的被调查占比25.30%;与旅游有关的收入在家庭收入中所占比重为16%—30%的被调查占比23.20%;与旅游有关的收入在家庭收入中所占比重为31%—50%的被调查占比15.40%;与旅游有关的收入在家庭收入中所占比重超过50%的被调查占比8.00%。

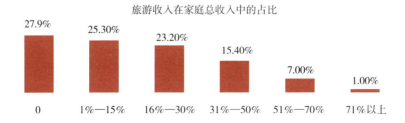
旅游收入在家庭总收入中的占比

（二）对旅游经营活动的兴趣度

被调查者对旅游经营活动兴趣度较高。20.90％的家庭正在从事旅游经营活动；18.30％的家庭正在准备进行旅游经营活动，32.60％的家庭以后可能会从事旅游经营活动；仅有8.60％的被调查者表示自己和家人以后绝对不会从事旅游经营活动。

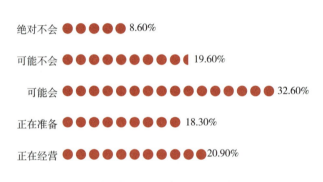

您或您的家人以后会从事旅游经营活动吗？

绝对不会 8.60%
可能不会 19.60%
可能会 32.60%
正在准备 18.30%
正在经营 20.90%

全面建成小康社会与中国县域发展

广东省深圳市南山区

以科技创新推动高质量发展
探索全面建成小康社会新路径

中共深圳市委宣传部

2020 年是具有里程碑式意义的一年，我国将全面建成小康社会，实现第一个百年奋斗目标。全面建成小康社会道路有千条万条，深圳市南山区始终高举中国特色社会主义伟大旗帜，坚持以习近平新时代中国特色社会主义思想为指导，全面加强党的领导，将科技创新作为"发力点"，推动经济社会高质量发展，闯出了一条全面建成小康社会的"科技创新之路"。

全国科技创新看深圳，深圳科技创新看南山。南山区地处粤港澳大湾区黄金入海口，与香港、澳门隔海相望。1990 年 1 月 4 日，经国务院批准，深圳市南头管理区和蛇口管理局合并成立南山区，陆域面积 187.5 平方公里，是中国改革开放发源地和先锋区，也是国内外知名的高新技术产业的集聚区。科技创新赋予了南山区高质量发展强大动能。2019 年，南山区 GDP 总量为 6103 亿元，连续 7 年位列全国区（县）第三、广东区（县）第一；人均 GDP 达到 40.16 万元，折合 5.82 万美元，发展质量位居全国前列。产业价值链向高端迈进，经济增量以新兴产业为主，对 GDP 增长贡献率超过 50%；工业以先进制造业为主，占工业比重超过 70%；第三产业以现代服务业为主，占第三产业比重达 84%。区内培育国家级高新技术企业超 4000 家，国内外上市企业 174 家，每万人发明专利拥有量 397 件，是全国的 3.7 倍；PCT 国际专利申请量占全国的 12.9%；全社会研发投入占 GDP 比重达 5.87%。"创新南山"成为习近平新时代中国特色社会主义经济思想的鲜活样板，为全国、全省决胜全面建成小康社会贡献了"南山智慧"和"南山方案"。

通过深入调研，我们发现南山区坚持把创新作为全面建成小康社会的主导战略，以产业创新牵引科技创新，以科技创新推动产业创新，着力打造新时代高质量发展的科技创新引擎，为全国、全省加快全面建成小康社会作出了重要的探索和实践。

一、注重企业技术创新，激发创新主体"动力"，闯出一条"创新驱动"之路

南山区充分发挥市场的决定性作用和政府的引导作用，建立以企业为主体、市场为导向、产学研用深度融合的技术创新体系。

紧扣国家科技发展战略，促进科技创新与产业集聚深度融合。南山区先后引导布局了新一代信息技术、高端装备制造、绿色低碳、生物医药、数字经济、新材料、海洋经济等战略性新兴产业，规划了西丽湖科教城、深圳湾超级总部基地、留仙洞战略性新兴产业基地、高新北等产业集聚区和46个专业产业园区，形成了以中兴、腾讯等重点骨干企业为核心的新一代信息技术、数字经济千亿级产业集群，以迈瑞医疗、大族激光、中集海工等行业领军企业为主力的高端装备百亿级产业集群，以大疆、优必选、奥比中光等高成长企业为支撑的新兴产业集群。

深化企业导向的技术创新体制改革，引导各类创新资源要素向企业集聚。南山区大力实施企业导向的技术创新支持计划，坚持需求导向、分门别类、精准扶持，促进企业成为技术创新决策、研发投入、科研组织和成果转化的主体。比如，南山区实施企业研发投入支持计划，帮助企业降低成本，2019年科技创新资金增加到7亿元，全年资助项目3244个，受资助企业近2500家。又如，支持区内企事业单位承担建设国家重点实验室、企业技术中心等创新载体，支持区内龙头企业承担国家重点研发计划、国家重大科技专项项目，联合高校和科研机构实施高新技术攻关。再如，开发国高自评系统，对复议企业开

展专题辅导，全面提升认定通过率。2019年，新增国高企业470余家，总数超过4000家，绩效指标并列全市第一。

深化产学研用一体化改革，促进"大学—政府—企业"三方深度合作。搭建高校科技成果转化、创新企业孵化、创新创业人才培养"三个平台"，建设自主创新重点基地、产学研合作示范基地、高校师生创业实践基地、战略性新兴产业培育基地"四大基地"，以"西丽湖国际科教城"为核心引擎，增强源头创新能力。2019年底，区内共拥有工程实验室、企业技术中心等各类创新载体1207家，其中国家级70家、省部级279家、市级858家；集聚了22位院士、1800多名科研人员；诺贝尔奖科学家实验室达到9家，超过全市80%。区内90%的科技型企业设立了研发机构，全社会研发投入占GDP比重达5%，上市企业中90%为高科技企业。

集中发力开放式创新，全球布局建设科技创新平台。积极引进格拉布斯研究院、中村修二激光照明研究院等诺贝尔奖科学家实验室，支持建设鹏城实验室（深圳网络空间科学与技术广东省实验室）等科技创新平台，在美国硅谷、英国伦敦、以色列特拉维夫等全球创新高地布局建设国际化开放创新中心，以"直通车"机制引导资本、技术、人才、产业汇聚南山。目前，南山区支持企业和科研机构建设7个海外创新中心，50多家龙头企业在全球主要创新区域设有研发中心，吸引ARM、空客、高通等一批世界科技巨头在南山设立研发中心。

紧抓科技防疫有利契机，乘势而上培育创新动能。面对突如其来的新冠肺炎疫情，南山区上半年经济逆市增长，GDP同比增长2.5%；软件和信息技术服务业增长10.4%；规模以上工业总产值2613亿元，增长1.0%，比上一季度高20.3%。辖区内企业凭借科技优势转"危"为"机"，在助力抗疫的同时，加快培育创新动能，实现了跨越式发展。2020年6月，在工信部公布的79家"科技战疫"表现突出的人工智能企业名单中，深圳企业占8家，其中6家来自南山，分别是普渡科技、优必选科技、景阳科技、商汤科技、腾讯和北科瑞声。

二、注重人才第一资源，激发创新大脑"潜力"，闯出一条"人才引领"之路

南山区坚持人才优先发展战略，筑巢引才、创业用才、环境留才，突出"高精尖缺"导向，激发人才创新动力、活力和潜力。

创新人才引进机制，拓宽高层次人才引进渠道。实施人才"领航计划"，结合产业需求，引进培育扶持一批拥有核心技术的海归人才和国内顶尖专业人才。目前，南山区集聚了深圳70%以上的高层次人才，其中，院士28名，国家"千人计划"人才279名。大量人才的集聚带来了国际最前沿的科技成果，填补了不少国内技术空白。比如，奥比中光的核心技术团队全部来自海外，公司现已成为3D传感器领域的"独角兽"企业。

优化人才激励机制，构建精准高效的人才服务体系。注重实施"编制到岗""股权激励"等人才创新管理方式，释放了人才创新动力和活力。依托全区101个党群服务中心，实施人才服务"一卡通"制度、人才安居工程，建立了全方位、全覆盖的人才服务网络。利用人才集聚的优势，构建完整的人力资源服务产业链，开展猎头、测评、咨询、创业辅导、流程外包等人才服务，打造了国内领先的南山区人力资源服务产业园。

提升人才发展环境，构建宜居宜业的创新型滨海中心城区。每年拿出80%以上的财政收入用于九大类民生投入，为创新人才提供一流的教育、医疗、交通等配套服务和环境保障。2017年规划建成的总面积70万平方米、永久性人才激励阵地——深圳人才公园，成为全国首个以人才为主题的高品质市政公园，营造了全社会识才爱才用才容才聚才的浓厚氛围。

三、注重引进金融活水，激发创新血脉"活力"，闯出一条"加速发展"之路

南山区通过一系列创新金融政策安排，让创新成为有源之水，不断孵化

新的成果，为区域创新发展提供不竭动力。

搭建科技金融平台，培育科技金融生态圈。建立"1+1+3+8"科技金融新模式，建立"南山科技金融在线平台"，在全市率先推出孵化贷、成长贷、集合发债、集合担保信贷、知识产权质押贷、研发贷、科技保理贷、上市促进贷等丰富的科技金融产品，推动形成"政企联动、银保联动、投贷联动"的科技金融生态圈。截至 2020 年上半年（6 月 30 日），南山科技金融平台，累计帮助 5132 家次企业获得银行贷款，贷款总金额超 270 亿元。近期，南山区在城区最核心、最繁华的地段打造总面积 37.5 万平方米的南山科技金融城，吸引了来自海内外的 70 余家优秀企业入驻，其中包括 7 家世界 500 强企业，未来将吸引不少于 300 家金融及高新技术企业落户，创造 2.3 万个就业岗位，贡献约 800 亿元年产值。

设立政府引导基金，提升创投机构服务效能。成立区属产业引导基金，注册资本 160 亿元，以"双创天使 +PE"基金为抓手，专注于种子期、初创期的优质创新创业项目，帮助创业企业解决融资难题。截至 2019 年底，汇通金控累计过会子基金 40 支，总规模 1012.16 亿元，认缴规模 102.34 亿元，初步形成贯穿企业全生命周期的股权投资基金体系。南山区聚集了深圳 80% 的创投机构，为了让好的创意、好的点子可以快速获得资本支持，南山区联合各类投融资、孵化器、银行等机构，连续举办十届"创业之星"大赛，已促成各类合作 3500 余项，带动近百家投资机构对 300 余个项目超过 40 亿元的投资，培育金信诺、茂硕电源等 6 家上市公司，以及大疆创新、光峰光电等一批行业领军企业。

四、注重创新生态系统，激发创新环境"魅力"，闯出一条"利企惠企"之路

南山区通过完善科技服务体系、加大知识产权保护力度，助力打造高质量的综合创新生态体系。

大力优化营商环境，完善科技创新服务体系。率先在与国际规则对接、湾区城市营商环境、企业服务新路径、市场监管、融资难融资贵、包容审慎监管、社会信用、政务数据连通等 8 大领域试行区级先行先试改革项目，在提升政务服务环境、产业发展环境、法治化营商环境方面实施了一大批改革，推动所有区级事项 100％实现"一次跑"、499 个事项实现"零跑动"；行政许可事项即办数达到 125 项，即办率从 18.1％提高到 61％；147 个政务服务事项"秒批"，数量居全市之首。在 2019 年智慧中国年会上，南山区获得"营商环境示范引领奖"和"政务服务创新奖"，是全国唯一获得该奖项的区县级单位。

完善知识产权服务体系，实施最严格知识产权保护战略。以保护中心平台为基础、联席会议制度为抓手、知识产权联盟为支撑的知识产权综合管理体系，联席会议为辖区实施知识产权工作的最高决策形式，由区委书记担任联席会议召集人。加强知识产权中介服务机构能力建设，高标准建成面积 6600 平方米的南山知识产权保护中心，6 家保护机构、4 家行业组织、10 余家国内外知名服务机构进驻，开设 38 个知识产权服务窗口，打造全国首家"6+4+N"知识产权一站式综合服务平台，推动 100 家国内外企业和 50 家服务机构参与成立南山知识产权联盟，与省市知识产权保护中心签署合作备忘录，发布中国（南山）海外知识产权服务协同平台，获批广东省首个省、市、区三级共建商业秘密基地，获批国家知识产权信用体系唯一一个区县级重点推进地区，支撑知识产权价值实现。2019 年，南山区国内专利申请量 69084 件，占全市 26.4％；授权量 36600 件，占全市 22％，每万人发明专利拥有量达到 397 件；PCT 国际专利申请量 7351 件，占全市 42.1％。

当前，南山已成为一株科技创新的"蒲公英"，把种子撒向了整个粤港澳大湾区，服务国家战略，实现自身发展。未来，在全面建成小康社会道路上，南山区将继续以创新发展引领时代潮流，以创新发展服务发展大局，坚持把人才作为引领科技创新的核心要素，把核心技术突破作为科技创新的主攻方向，充分发挥市场在创新资源配置中的决定性作用，以全球视野谋划和推动科技创新，为决胜全面建成小康社会，实现中华民族伟大复兴，贡献"南山力量"。

全面建成小康社会与中国县域发展

海南省海口市美兰区

"六送"奏响乡村振兴最强音

中共海口市美兰区委宣传部

2018年7月6日，习近平总书记主持召开中央全面深化改革委员会第三次会议，审议通过了《关于建设新时代文明实践中心试点工作的指导意见》。8月下旬，海口市美兰区入选全国首批50个试点建设单位。建设新时代文明实践中心，是以习近平同志为核心的党中央作出的重大决策部署，是推动习近平新时代中国特色社会主义思想深入人心、落地生根的重大举措，是推动乡村全面振兴、满足农民精神文化生活新期待的战略之举。美兰区紧紧抓住全国首批试点的契机，坚持整合资源、守正创新，特别是不断深化拓展实践内涵，将试点建设工作与乡村振兴、脱贫攻坚这一中心工作深度融合，区、镇、村三级文明实践的阵地作用、聚力作用和辐射作用得到凸显，成为新时代文明实践与脱贫攻坚、乡村振兴有机结合的良好实践。

为记录好、呈现好全面建成小康社会的伟大壮举，根据省委宣传部《关于开展全面建成小康社会"百城千县万村"调研活动的工作方案》要求，美兰区委宣传部组建专题调研组，深入辖区各镇、村，通过实地访谈、查阅资料等方式，对美兰区如何用好新时代文明实践试点平台，助推乡村振兴、脱贫攻坚工作进行深入调研，并形成调研报告如下：

海口市美兰区位于海南省东北部，总面积581平方公里，人口71.12万人，其中农村地区面积475.37平方公里，人口17.17万人。美兰区下辖4镇9街，其中灵山镇、演丰镇、三江镇辖区位于海南自由贸易港建设的重点区域——

海口江东新区区域范围内。美兰区推进脱贫攻坚、乡村振兴，建设富裕、文明、和谐的新农村，对营造良好社会环境、助力海南自由贸易港建设具有重要意义。

自开展新时代文明实践试点工作以来，美兰区坚持以习近平新时代中国特色社会主义思想为指导，建好用好新时代文明实践载体平台，送思想、送志气、送关爱、送新风、送典型，凝聚起干部群众的脱贫信心和精神力量，激励更多贫困群众"站起来""跑起来""富起来"，共同绘就全面奔小康的幸福底色。2016—2019年，美兰区共实现贫困人口脱贫365户、1357人，4个整村推进贫困村（灵山镇爱群村、三江镇茄芮村、大致坡镇昌福村、金堆村）脱贫出列。全区现有存量贫困人口0户0人，贫困发生率为0%。

一、送资源进村，满足广大群众幸福生活需求

中国特色社会主义进入了新时代，人民对美好生活的需要日益广泛，对物质文化生活提出了更高要求。美兰区坚持统筹整合城乡现有场地设施、人员队伍、服务项目，使其发挥最大效用，充分满足广大百姓对幸福生活的需求。

盘活实践阵地，满足群众活动需求。美兰区充分整合场地资源，不搞大拆大建，将文化馆、图书馆、文化室、日间照料中心、文化广场、闲置学校、琼剧基地等场地资源，实现统筹使用。特别是利用各村中的农村闲置学校，将原有校舍等进行翻新，配套活动设施，使教室变成活动室、操场变成活动广场，将原来荒芜的校区逐步改造成了乡村老百姓活动休闲的新时代文明实践站。根据群众需求，在各所、站推行文明礼堂、长者乐园、儿童之家、文化广场等群众最常用的功能配置，并利用海南村村都有大榕树的特点，把活动场所延伸至户外。在节假日对外免费开放全区中小学校体育场所和设施，实现公共场所资源共建共享。整合乡村书店、公共展馆、革命纪念园等各类公共阵地，打造助残扶困、生态文明等9类主题基地，形成功能互补的文明实践阵地群。

美兰区新时代文明实践中心是在区文化馆、图书馆、档案馆的基础上整

合而成的，总建筑面积近 2 万平方米，设有演艺厅、多功能厅、档案室、图书室、党群活动中心、健康宣传体验馆、长者饭堂等多个功能室。为了更好地给群众提供服务，中心将周边的围墙拆除，改建成了小广场，给周边群众提供休闲活动的场地。实践中心开设了常态化音乐、舞蹈、书法等各种公益课程，还经常开展免费的文艺演出活动，深得附近群众喜爱。

组建实践队伍，增强服务群众力量。整合全区资源，把来自不同单位的党员干部（如扶贫干部、第一书记、乡村振兴工作队员、党建指导员等）、政府购买服务的队伍（如文艺演出团体、专业社工、农业技术人员等）、志愿者、农村能人贤人（如乡贤、农村企业家、致富带头人等）都纳入新时代文明实践队伍管理中来，加强联动、分工协作。整合驻村的乡村振兴工作队员，成立 59 支乡村振兴志愿服务队，解决村"两委"干部开展志愿服务活动年龄过大、能力不足、创新不够的问题，成为文明实践的"先锋队"。各职能部门分别发动本行业人员，牵头组建就业创业、法律援助、医疗健康等 14 支行业志愿服务支队。各实践所、站根据工作需求，因事找人、借项目招人、按区域聚人，发动社会力量特别是本乡本土志愿者，组建"午间哥哥"志愿服务队、"邻家小修"电器维修志愿服务队等 127 支社会志愿服务队。截至目前，全区已组建各类志愿服务队 399 支、服务人员 38000 多人。

打造实践项目，为群众提供精准服务。整合全区各级各部门资源，收集各单位可提供的文化、文艺、科技科普、卫生健康、法律援助等服务资源，形成服务项目库。各基层所、站因地制宜、因人制宜、因时制宜，根据群众需求和本地特色，策划推出面向广大群众的常态化服务项目、面向困难群体的特惠性服务项目以及节假日开展的综合性服务项目。自试点工作以来，全区已开展了 6000 多场次的文明实践活动。

二、送"思想"入脑，凝聚乡村振兴强大精神动力

"经济脱贫首先要思想脱贫。"美兰区始终坚持把学习宣传习近平总书记关

于扶贫工作重要论述贯穿脱贫攻坚全过程各环节，把群众思想脱贫放在脱贫攻坚战的重要位置，组织老百姓学习党的创新理论，了解党的大政方针，增强了他们的政治自觉、思想自觉和行动自觉，用实际行动凝聚起全区上下推进脱贫攻坚的强大精神动力。

思想强引领，科学理论指引方向。把习近平总书记关于扶贫工作重要论述作为指导脱贫攻坚工作的指导思想，制定印发区委理论学习中心组学习意见、学习计划等，明确各级党组织理论学习中心组学习要求，提升党员领导干部指导脱贫攻坚战的理论水平和实战能力。制定基层党组织学习习近平总书记关于扶贫工作重要论述的时序进度表，组织区、镇、村各级基层党组织，广泛深入开展《习近平扶贫论述摘编》学习和讨论，进一步提高筑牢基层党组织和基层干部脱贫攻坚战的方法和技巧。

开设"电视夜校半小时课堂"，各村在观看电视夜校前半小时，组织帮扶责任人、贫困户、村干部学习扶贫理论、政策，尽可能把扶贫政策理论和当地的扶贫实际情况有机结合起来，做到理论有效指导实践，实践实地检验理论。"我们坚持每周看电视夜校前，组织大家学习总书记的扶贫理论。我们还开展有奖知识问答，贫困户们参学的积极性都很高。"大致坡镇金堆村委会第一书记唐其良表示，习近平总书记关于扶贫工作重要论述，为全区党员干部干好扶贫工作指明了方向，激励大家以必胜信心打赢脱贫攻坚最终决战。

基层全覆盖，扶贫宣讲提振信心。按照"领导干部讲政策、专家学者讲理论、百姓群众讲故事"原则，组织各类志愿服务队伍，开展系列扶贫宣讲活动，把习近平总书记关于扶贫工作重要论述送到田间地头、送到贫困群众家中。演丰镇招募老教师、老党员、村干部等，开通"演中发布""演丰发布""昌城之声"乡村广播，以海南话广播的形式固定播报"四个一"内容，即每天播送一篇理论文章、一条重要新闻、一条科技知识、一首正能量歌曲，传理论、讲政策、话发展。以本地著名志愿达人"龙哥哥"郑兴杰为主角，当地群众为演员，拍摄"龙哥开讲"系列小视频，并在各所、站广为播放，用最朴实的海南话、最朴素的道理，把理论政策讲出来，让老百姓潜移默化中入脑入心。

开展"我是新时代文明实践者"组合式宣讲活动，每期围绕习近平总书记关于脱贫攻坚、生态文明、乡村振兴等方面论述为主题，招募镇村干部、乡村振兴工作队、脱贫户等本土宣讲员，并发动当地群众上台表演文艺节目，通过"演、播、讲、诵、宣、帮"六字诀引导群众自演、自讲、自唱，让广大群众愿意看、喜欢看、看得懂，在土味宣讲理论的同时，大力传播脱贫励志故事。此外，联合海南大学马克思主义学院，编印新时代文明实践微宣讲手册，用通俗易懂的语言诠释大道理，篇幅短小精练，基层宣讲员利用开会、文艺演出等契机开展"插入式"宣讲，形式新颖，效果良好，群众认可度高。

三、送"志气"入心，激发群众脱贫致富内生动力

脱贫攻坚贵在立志，扶贫必先扶志。美兰区各新时代文明实践所、站通过思想教育与引导，将扶贫同扶志、扶智相结合，创新"田教授"和文艺扶贫方式，激发贫困群众积极性和主动性，激励和引导他们靠自己的努力改变命运。

互帮互助，创新推出"田教授"做法。从全区的"领头人"（党支部书记）、"甜蜜户"（脱贫户）、"勤劳人"（脱贫致富能手）、"企业家"（本土企业）、"海峡客"（文创企业）等能人中推选出 32 名致富能手，聘请其为"田教授"，志愿为周边贫困户教授致富技能。这些"田教授"手把手、面对面进行种养技术"传、帮、带"，讲土话开土方，让贫困群众"听得懂、学得会、用得上"，累计举办培训 40 期 800 人次。"田教授"做法真正做到"依托身边的产业、遴选身边的能人、传授身边的技术、带富身边的群众"，实现"授人以鱼"向"授人以渔"的转变。在政府的帮扶下，大致坡镇曾经的贫困户曾传满成为远近闻名的养牛"达人"，并成功脱贫。2020 年 6 月，他在自家的养牛基地里举办了一场接地气的养牛培训班，把他的"养牛经"毫无保留地传授给当地其他养殖户，成为一个言传身教的地地道道的"田教授"。

在"田教授"的教授和影响下，不仅有效激发其他贫困户脱贫致富主动性，接受帮助的贫困户脱贫后还主动变身"田教授"帮助他人。大致坡镇金堆村的冯所勇就是一个典型例子，他作为贫困户在镇里"田教授"的帮助下成功脱了

贫，在 2019 年还当上了"田教授"。在冯所勇的带动下，他的儿子深受感染，寒暑假期间主动报名当起了志愿者，帮助村里开展扶贫集市，做志愿宣传等。在帮扶他人的过程中，各个"田教授"更是产生了向党组织靠近的想法，积极递交了入党申请书。2018 年以来先后有 10 名脱贫户（其中 4 名"田教授"）提交了入党申请书。崇德村淋水村民小组的邝必传就是其中之一，他说，在最困难的时候党帮助了他，当他脱贫致富后，他也想成为党的一员，去帮助别人。

"田教授"做法也得到人民日报等主流媒体的宣传报道，"田教授"志愿服务项目荣获了 2019 年海南省志愿服务项目大赛金奖，以及 2019 年全国青年社会组织"伙伴计划"三星项目。

"文艺＋扶贫"，提振贫困群众精气神。开设"扶志音乐课"，观看电视夜校前，各镇组织各村委会村干部、帮扶责任人及贫困户集中合唱《歌唱祖国》《没有共产党就没有新中国》等爱国歌曲。群众从不会到会、从哼唱到放声高歌，唱出了精气神，唱出了新风貌，极大提振了群众打赢脱贫攻坚战的士气。乡村振兴工作队队员文静创作《扶贫，我们在路上》，与广大帮扶干部、贫困户同心唱响精准脱贫"同一首歌"。举办"贯彻落实十九大打赢脱贫攻坚战"文化扶贫进万家、"我们的中国梦"文化扶贫巡回演出等，在文艺演出中穿插扶贫知识问答、脱贫先进典型采访等内容，同时在各村组织扶贫电影放映进基层，为广大农民群众带去脱贫攻坚的"精神食粮"。

结合本地群众喜闻乐见的琼剧艺术形式，编排巡演脱贫攻坚主题琼剧《春暖花开》，通过讲述乡村振兴工作队帮助贫困户扶志、扶智、脱懒，走上致富路的故事，激励广大贫困户勤劳致富。该戏分别在各乡镇进行巡演，剧中诙谐有趣的剧情、剧中描绘的新农村新气象深深感染了当地群众，受到了百姓的交口称赞。

四、送"关爱"到家，打通服务群众"最后一公里"

坚持"群众需要什么，我们就提供什么"的原则，美兰区精准对接老百姓

"生老病死""柴米油盐"等实际需求，着力围绕服务民生方面做实做细，用"润物细无声"的方式让习近平新时代中国特色社会主义思想深入人心，教育引导广大人民群众真正感党恩、听党话、跟党走。

党建引领，送"爱"到家。美兰区出台了新时代文明实践党员探访联系困难群众制度，推动各级党员干部常态化走访帮扶困难群众。各乡村振兴工作队成立志愿服务队，开展"瓦来哦鲁"（即海南话"我来看你"）志愿服务活动，每周常态化走访贫困户等困难群众，为群众送关怀、送健康。组织开展"共建美丽家园"志愿服务项目，志愿者们进村入户，帮助贫困户整治房前屋后卫生环境。连续两年在春节期间开展"千名党员进万家真情实意暖民心"活动，改变以往直接将慰问金打到卡上的惯例，全区各级党员干部逐一走访慰问了贫困户、低保户、优抚对象等困难群众，并送上"连心卡""慰问信"，将党的关怀关爱送到百姓家中，让群众不仅领到"物质红包"，也能领取"精神红包"。

抽调 161 名优秀党员干部组建党员先锋队，分成 40 个工作组进驻江东新区范围内的全部农村（社区）。各工作组深入百姓家中，宣理论、讲政策、解疑虑，以真情暖人心、以服务聚民意。此外，工作组还帮助群众解决了送戏下乡、修建路灯、打水井、硬化道路等各类实际困难。通过面对面交流、心贴心服务，干群之间搭起了"连心桥"。

工作方式的转变带来的是党群关系的融洽升温，在广大群众的大力支持下，海口江东新区的动迁工作多次刷新"美兰速度"。白驹大道延长线项目仅用 15 天完成征地任务，文明东越江通道项目仅用 3 天完成租地工作。美兰机场二期项目建设亟须搬迁公庙，村民们表示不用另外选日子了，"党和政府定的搬迁日子就是'良辰吉日'"。随着集体公庙等顺利完成征拆，项目建设迈入了快车道。

需求导向，送"菜"上门。利用日常走访、微实事征集等方式，广泛征集群众需求，特别是老人、孩子的需求，为其量身定制志愿服务项目。举办志愿服务项目金点子大赛，深入征集群众需求，根据群众需求选出并实施了"有颗栗子"尤克里里陪伴计划、"家庭亲子成长营"、"红树芽小课堂"等志愿服务项目，让农村孩子特别是贫困孩子在家门口就能上起兴趣班。开展"点亮微心愿""圆梦女孩""护航筑梦"等活动，为困境儿童定期送去关爱。2019 年暑假期间，全区开展了 266 场乡村青少年暑期活动，活动惠及乡村儿童 5528 人次。

2020 年的"六一"儿童节前夕，在三江镇新时代文明实践所的礼堂内，一场特殊的"微心愿"圆梦仪式正在举行。在社会各界爱心人士的帮助下，美兰区为全区 167 名建档立卡贫困家庭、部分农村低保家庭子女圆梦微心愿。这些暖心举动不仅帮助这些孩子们实现他们的小小微心愿，更是让他们感受到社会大家庭的温暖，让他们拥有一个健康快乐的童年。

根据农村人赶早市的习惯，演丰镇在集贸市场开设了"志愿早市"，为村民提供义剪、义诊、缝补等服务。大致坡镇针对群众电器维修不方便的状况，组建"邻家小修"电器维修队，走村串户为老百姓维修电器。随着农村城镇化的发展，三江镇相当部分家在农村的学生集中到镇墟的中心小学上学。由于离家太远父母又无暇接送，这些学生中午放学后无法回家，长时间无人监管。为此，三江镇实践所开设了"午悠无虑"午托班，党员干部、学校老师、个体户组成"午间哥哥"志愿服务队，提供午间休息、学习辅导等志愿服务，让农村家长们再无"后顾之忧"。

百姓点单，政府买单。美兰区依托"微实事"社区参与式预算，创新为民办实事方式。2019 年春节刚过，海口市灵山镇桥东村村民吴坤民就赶到文明实践站，在"微实事"投票箱里投进了一份"饮水管道改造"的建议，这是美兰区开展"微实事"的一个剪影。"微实事"就是通过向老百姓征集他们最在乎的诉求，用投票的方式选出落实事项，把资金用于解决大多数老百姓最关心的问题，实现"政府配菜"向"百姓点菜"、"为民做主"向"由民做主"、"单元供给"向"多元参与"三个根本性转变。"微实事"可以是村里的硬件建设，也可以是很小却又是群众亟须的服务。如三江镇茄芮村根据"微实事"征集提议，开设了"教老人使用智能设备"服务项目，就深受当地老人的喜爱。

自 2017 年以来，区级财政资金共投入 4050 万元，先后选取 6 个街道 4 个镇共 37 个村（居）作为试点单位，通过"全民提议、民主协商、全民投票"，实施了 543 个居民最关心的"微、急、难"公共服务项目。所有项目完成率100%，群众满意率 90% 以上。"微实事"项目得到了新华社、光明日报、参考消息、华尔街日报等国内外媒体的广泛赞誉，入选了 2019 年第六批中国（海南）自由贸易试验区社会治理类制度创新案例。

五、送新风下乡，倡导社会主义新农村文明新风尚

"脱贫新风成为自贸港建设的又一股清流"。随着海南自由贸易港建设的深入推进，结合美兰区农村地区位于自贸港重点区域——海口江东新区的实际，新时代文明实践致力推动乡村地区形成文明、和谐的乡风民风，为自贸港建设提供良好的环境氛围。

移风易俗，倡导文明新风。成立红树林护鸟队、渔民护湾护河志愿服务队，配合监管部门开展执法行动。开设 3 间环保教育站，常态化的环保宣教活动带动越来越多辖区群众和企业共建生态文明区。建在红树林边上的演丰镇连理枝渔家乐主动自费安装生物污水处理设备，对污水环保处理，引来周围店家纷纷前来取经，"绿水青山就是金山银山"的理念在江东新区逐步落地生根。以文化志愿者为主体，组织开展孝亲礼、结婚礼等美兰"新风礼"系列活动，倡导时代新风尚。开展移风易俗专项行动，积极倡导"烟花爆竹禁放，婚事喜事简办，传统习俗新办"。

在演丰镇演中村，村里的文明大礼堂悬挂着文明公约，要求礼堂内开展的活动须是村民喜闻乐见、利民惠民的公益性活动，村民自办酒席、婚宴等活动，须符合村规民约，不得大操大办。灵山镇儒堂村开展外嫁女回乡活动，主动以集资回乡慰问村庄孤寡老人、做志愿服务替代放鞭炮、村中巡游等惯例。大致坡镇昌福村委会大道湖村村民主动退还烟花爆竹，并用退款集资购买休闲公共石桌、石凳等。移风易俗让以往烟熏火燎、鞭炮喧天的海口春节成了绿色春节、静心春节。

在演丰镇，有一支特色的"follow me"志愿服务队，这是由来自国外的志愿者们组成的。这些志愿者们定期对镇干部、小学生等进行英语培训，还不时会与镇志愿者共同开展生态环境保护、爱心帮扶、医疗就诊等志愿服务活动。

区志联结合海南候鸟人员众多，且多为高素质人才，具有文艺、法律等特长实际，发动和引导他们组建起爱岛艺术团、美丽沙公益中心等候鸟志愿服务队，成为抗雾保运、疫情防控等工作的有效助力。

推进"六治"，摒弃不良风气。开展治懒散、治酗酒、治私彩、治浪费、治不孝、治脏乱等"六治"专项活动。多部门联合发布通告，规定子女不得住在好房里，而让父母住破屋中，督促赡养人切实履行赡养扶助父母的义务。编印"六治"活动漫画，生动形象地介绍了"六治"内容，营造出良好的氛围。瞄准"重点人群"排查"六治"对象，选派出 77 名转化指导员，成功转化 39 名"六治"对象。在各村设置道德红黑榜，表扬在思想及行动上有突出转变的典型，曝光反面典型，用身边人身边事影响和教育村民，带动形成勤劳、奋进、节俭、孝亲的民风。

"我由衷地感谢党和政府，正是有国家扶贫的各项政策，有各级政府和帮扶责任人家人般无微不至的关怀和帮助，让我能够及时地走出困境。"在美兰区的"六治"之星颁奖仪式上，三江镇银盘村罗二破村脱贫户黎森十分激动地说。美兰区结合新时代文明实践工作，创新开展"六治"之星评选活动，通过自下而上、联合提名、民主评议、最终审议的方式，评选出 20 名在勤劳、健康、奋进、节俭、孝亲、净美等方面有突出思想及行动上转变的"六治"之星。颁奖仪式上还成立了"六治"之星志愿服务队，队员们将积极走到田间地头开展宣讲，倡导乡村文明新风尚。

六、送"典型"上榜，打造乡村振兴强力"火车头"

"'党建＋扶贫'成为落实脱贫攻坚，推进乡村振兴的样板力量"。美兰区始终重视扶贫先进典型在示范、激励和引导方面的作用，充分发挥基层先进党支部以及乡村能人、强人的作用，以先进带后进、能人助脱贫、强人帮致富，助推脱贫攻坚全面提速升级。

"党建＋扶贫"，优秀党支部引领产业扶贫。推行"党建＋扶贫"模式，通过选优配强村"两委"干部，打造坚强的战斗堡垒，让党员群众听党话、跟党走。通过先进典型示范带动，不断放大党组织和党员在产业链条上"兴村富民"的模范作用，带领群众走出特色产业发展之路。大致坡镇昌福村党支部发起成立海口市昌福星光种养专业合作社，发挥基层党组织带头致富作用，带动 159 户贫困户和 31 户农户加入合作社，集体合作种桑发展养蚕产业。目前合作社共整合土地 580 亩，已种植桑苗 580 亩。除了昌福村，大致坡镇大东村蜜柚扶贫基地、金堆村万众扶贫基地、美桐村蜜柚扶贫基地、三江镇莲雾扶贫基地都是"党建＋扶贫"模式的好例子。

在脱贫致富电视夜校，不仅传授脱贫经，也搭建集市平台，让消费扶贫的爱心惠及更多贫困户。金堆村第一书记、乡村振兴志愿服务队队长唐其良成了脱贫攻坚"带货王"，他不仅每周组织开展扶贫夜校集市，还积极对接超市、海口"菜篮子"集团等在线上线下多种销售管道。他还组织帮扶单位，连续两年在金堆村举办"扶贫迎新春金堆游乐园"扶贫集市暨迎春游园活动，组织村民参与拔河、盲人敲锣、套鸭子等游戏，并开设扶贫集市。活动当天不到两小时，参加活动的爱心人士即购买了万余元的扶贫产品。2019 年至今该村共举办 62 期"扶贫爱心夜校集市"，贫困户销售额达 28.8 万元。

能人带动，老乡携手共奔小康路。充分发挥各村致富能人、强人的引领带动作用。采取建立合作社、土地入股、基地打工、助产助销等方式，吸纳和带动周边农户、贫困户参与到其种养产业，共同脱贫致富。大致坡镇美桐村致富能人李承杰，在自己发家致富后，便一直琢磨着如何带动全村群众共同致富。经过多方调研，他发现本村的红土富含硒等微量元素，适宜种植更抗风且效益更好的蜜橙。他便决心带领村民种植蜜橙，踏上致富路。在大致坡镇党委的支持下，美桐村成立了道统蜜橙特色产业扶贫创业基地，基地总投资 400 万元，可年产蜜橙 50 万斤。截至目前，该基地已有 99 户农户共 306 人入股，同时还带动周边农户一起发展蜜橙种植 300 亩。到基地打工的美桐村委会村民符策祥表示："在这里工作一天能挣 150 元。我不定期过来打工，一年下来挣 1 万块钱不成问题！"

三江镇茄芮村的能人王琼，家庭贫困的他 15 岁就独自外出闯荡，历经挫折终获创业成功。创业成功的王琼首先想到的是如何回报家乡。2017 年，王琼回到茄苪村成立了海口福宝红宝石莲雾种养合作社，免费为村中农户传授种植技术。该合作社以壮大村集体经济、增加农民收益为宗旨，以种植红宝石莲雾为主。经过近几年发展，莲雾种植总面积 800 余亩。合作社累计吸纳建档立卡贫困户 93 户、370 人，入股资金 98.1 万元，带动劳动就业人员 138 人，每年增加包括贫困户在内的灵活就业人员务工收入 143 万元。

"求木之长者，必固其根本；欲流之远者，必浚其泉源。"实现贫困群众真正脱贫，实现全面建成小康社会，需要精神的力量支撑前行。新时代文明实践中心试点工作的推进，让习近平新时代中国特色社会主义思想更加深入人心，农村群众精神文化生活更加丰富，党群干群关系更加融洽，乡风民风更加文明，民心民意更加凝聚。我们有理由相信，在各级党委的坚强领导下，美兰区广大农民群众发展的脚步会越迈越有力，乡村振兴的道路会越走越宽阔！

海南省
昌江黎族自治县

从"百年矿都"到山海黎乡
——一个资源枯竭型市县的绿色转型样本

中共昌江黎族自治县委宣传部

引 言

每个资源型市县自诞生之初，都将面对一个终极问题：资源枯竭之后，地区命运该何去何从？20 世纪 80 年代以来，国内越来越多依靠单一资源发展的市县陷入经济增长陷阱，被学界形象地称为"自然资源的诅咒"。

转型，由此成为资源枯竭型市县经济社会发展面临的重大课题，而这也是该类型地区与全国同步全面建成小康社会的必经之路。

以"亚洲第一露天富铁矿"——石碌铁矿闻名于世的昌江黎族自治县，长期以来采矿业占据其财税收入比重的"半壁江山"，是一座因矿而兴的典型资源型市县。随着露天铁矿趋于枯竭，同样陷入经济转型困境。

资源枯竭不是发展"天花板"。借力国家资源枯竭城市转型战略部署，近年来昌江抓住机遇，明确使命，扭住重点，负重赶超，厘清发展之困、改变格局巧施策、打好转型组合拳，正努力跳出"资源富城兴、资源竭城衰"的怪圈。

与普通地区经济转型相比，资源枯竭型市县由于发展后劲乏力、替代产业薄弱、生态环境恶化等种种原因，转型难度更大、任务更艰巨，时间更紧迫，因此转型之路具有其自身的独特内涵。

基于上述背景，本调研报告将通过梳理昌江经济转型的背景、模式、做法与成效，总结经验，提炼亮点，以期为国内其他亟待转型的资源枯竭型或"一业独大"市县，提供有益镜鉴。

一、昌江经济转型背景

（一）三产发展概况

静静流淌的石碌河穿城而过，将昌江县城石碌镇一分为二：河北侧是城区，河南侧则分布着约占全国富铁矿储量71%、平均品位达51.2%的石碌铁矿。坐拥这一巨大的自然资源宝库，石碌镇随矿产资源的开采而兴起，昌江由此也成为一个典型的资源型市县。

多年来，以露天铁矿石采掘加工为主导的工业产值在昌江全县 GDP 中占比高达65%以上，财政贡献达50%以上。相较之下，昌江第一、第三产业长期处于低迷状态，农村常住居民人均可支配收入远远低于全省、全国平均水平，呈现出"县富民穷"的尴尬境况。

这种"一产独大"的发展格局，伴生"铁矿打喷嚏，经济就感冒"的高度风险，而一旦资源开发接近枯竭，势必将面临"矿竭城衰"的魔咒。

从明清时期作为铜矿进行开发，到抗战时期日寇大规模掠夺性开采铁矿，再到1957年恢复生产，石碌铁矿历经长达百年的开采后，矿产资源保有储量逐年减少。至2011年，昌江被国务院列入全国第三批资源枯竭城市，仅有的露天采矿场于2016年正式闭坑。

荣光黯淡后的"矿竭"，给昌江带来的影响很快显现——2015年，全县地区生产总值90.5亿元，同比增长7.5%，增幅低于全省平均水平，全县工业全口径税收 8.865亿元，同比下降33%。

赖以发展的资源优势不复存在，昌江转型发展如箭在弦。

（二）产业转型困境

我国资源型市县大多兴起于计划经济时期，曾为社会经济的飞速发展作出不可磨灭的贡献，但随着资源逐渐枯竭，进入转型期的它们将面临各种历史遗留问题。

具体到昌江而言，主要体现在以下几方面：

1.非资源型产业发展空间受限。铁矿产业的比较优势及竞争优势，造成资金、技术、人才和劳动力等经济要素的非均衡性流动。非资源型产业处于弱势和从属地位，难以形成产业吸引力，由此呈现出单一资源、单一产业和单一经济的特征。

2.资源型工业产业独大但链条短。采矿业长期占据昌江财税收入比重的"半壁江山"，但该产业主要以初级加工为主，矿产综合利用能力和深加工水平不高，随着开采从露天到井下，成本不断加大，逐渐丧失原有的经济增长优势。

3.高耗能企业面临节能减排压力大。在昌江，水泥制造业是仅次于采矿业的"拳头产业"，这类企业随着产能的不断扩大，其节能降耗工作也日益艰巨。

4.第一、第三产业长期处于结构失衡。昌江农业产业结构长期以甘蔗等低效经济作物为主，呈现出产量低、质量低、效益低的"三低"特点；而在昌江第三产业中，非营利性服务业占大头，旅游、房地产、科技、文化、信息服务等服务业规模较小，同样呈现出内部行业结构失衡状态。

5.基础配套设施与人才储备欠缺。资源型市县往往是计划经济下的产物，一切经济活动以支撑国家经济建设和提供各种资源为目的，这种特殊的历史地位，导致其发展过程中出现了城市功能欠缺、基础设施不足、生态环境问题凸显等历史遗留问题。

二、昌江经济转型探索

（一）资源枯竭型市县的三种转型模式

资源枯竭型城市的转型核心是接续替代产业的培育，这种产业结构演变，一般包括产业接续、产业替代和产业接替复合等三种模式。

1.产业接续，即在资源开发的基础上，发展下游加工业，建立起资源深度加工和利用的产业群。

2.产业替代，即利用资源开发所积累的资金、技术和人才，或借助外部力量，建立起基本不依赖原有资源的全新产业群。

3.产业接替复合，即以上两种模式的复合。

（二）昌江转型模式的选择依据

资源枯竭型市县的转型路径选择，没有千篇一律的固定模式，培育接续替代产业应坚持因地制宜、扬长避短的原则，选择有利于形成竞争优势的产业转型模式，以实现资源的优化配置和替代产业的协调发展。

从昌江县情来看，具体优势如下：

1.旅游资源禀赋优越。经普查，昌江拥有205个景区景点及旅游景观元素，既包括山、海、林、江、湿地、洞穴、喀斯特地貌等自然风光，也有海南最早的人类生活遗迹、保存完整的古老黎族文化遗珍，以及其作为千年郡县所沉淀的厚重历史文化底蕴，涵盖了海南岛的主要旅游元素。

2.交通区位优势突出。昌江地处海南西部沿海地区中心，是海上丝绸之路北部湾海域联南接北的战略支点，省内环岛西线高速公路、西环粤海铁路和海榆西线三大交通干线穿过县境，交通便利。

3.原生态"处女地"待开发。昌江是"一业独大"的典型资源型市县，非资源型产业长期处于滞后开发阶段，客观上保留了大量未被开发的原生态"处女地"，蕴藏着巨大的后发优势和发展潜力。

4.工业基础较为扎实。作为海南传统工业重镇，昌江具备较为完整的工业体系基础和浓厚的工业产业发展氛围，对后续发展其他工业产业有一定的积极作用。另外，矿山文化给昌江留下了大批有形的工业遗产，这是该类地区独有、稀缺、不可复制的文化资源。

（三）昌江转型模式与路径探索

党中央、国务院对资源枯竭型市县的经济转型工作一直非常重视。党的十六大报告首次提出支持以资源开采为主的城市和地区发展接续产业；党的十七大报告再次强调要"帮助资源枯竭地区实现经济转型"；2007年至2012年，国务院陆续出台《关于促进资源型城市可持续发展的若干意见》《全国资源型城市可持续发展规划（2013—2020 年)》等政策，采取相应措施保障资源型城市转型发展。党的十九大报告指出，支持资源型地区经济转型发展。

借力政策支持，昌江在 2011 年被国务院确定为全国第三批资源枯竭型城市之前，就已及时调整发展思路，以科学发展为主题，以加快转变经济发展方式为主线，以保障和改善民生为目标，开始了艰苦卓绝的路径探索，大致可分为四个阶段：

1. 2007 年至 2011 年，昌江转变方式大力发展特色产业，国家级循环经济示范园区获得批准、核电项目开工建设、省重点太坡农产品加工园区开始起步，初步形成矿产采掘深加工、生态建材、新能源生产和农产品深加工的工业产业格局，绿色生态农业发展初见成效，旅游资源开发建设也取得实质性进展。

2. 在"十二五"规划中，昌江立足县情实际，提出"一区四地"概念，即国家级循环经济示范区、海南国际旅游岛新兴旅游目的地、海南最大的新能源生产基地、海南最大的生态建材生产基地和海南绿色生态农产品深加工基地，为昌江全面转型发展指明了方向。经过 5 年的爬坡过坎，昌江三次产业结构由 2010 年的 26.3∶55∶18.7 调整为 2015 年的 28.2∶41.7∶30.1，产业结构优化明显。

3. 在"十三五"规划中，昌江抢抓海南环岛高铁开通等发展机遇，提出实施"三地一县"发展战略，即海南国际旅游岛山海互动特色旅游目的地、海南新型工业和新能源基地、海南绿色农业基地和海南基本公共服务均等化示范县，同时要求积极推动"山海黎乡·纯美昌江"建设，做优做特第一产业，提升做强第二产业，加快发展第三产业，形成引领经济发展新常态的体制机制和发展方式。

4. 随着海南自贸试验区和自由贸易港建设稳步推进，昌江在"三地一县"的基础之上，又进一步细化与调整，提出"五地两县"发展布局，即海南西部一流旅游目的地、以核电为龙头的海南新能源创新产业基地、海南热带高效农业产业基地、特色文化产业聚集基地、覆盖全产业链的现代海洋渔业综合基地和海南省生态文明示范县、海南省基本公共服务均等化示范县。

经过梳理可以发现，十余年来，昌江的经济转型工作始终围绕"培育替代产业"这一条主线，以可持续发展为目标，因地制宜，依托优势，转型初期尝试由采掘业转变为以资源深加工业为主导的产业群，之后逐渐降低对资源的依赖程度，新型工业和第一、第三产业发展迅速，基本符合产业接替复合这一转型模式。

三、昌江经济转型实践

（一）强化顶层设计，谋定而后动

资源枯竭型市县经济转型是一个庞大的系统工程，转型能否成功，在一定程度上取决于规划编制是否科学、是否符合本地实际。着眼于可持续发展目标，昌江借力国家资源枯竭城市转型战略部署，在把握世界经济走向、明确国家产业发展政策、结合地区情况的基础上，不断摸索、调整转型思路和重点，并将转型总体战略和阶段性目标通过文件的形式落实下来，为走好转型发展新路绘好蓝图。

从《昌江黎族自治县城市总体规划（2005—2020）》《昌江黎族自治县总体规划（空间类 2015—2030）》《昌江黎族自治县全域旅游总体发展规划（2018—2025）》，再到每年的政府工作报告，昌江将产业转型升级与生态红线、城市功能区划分、基础设施建设等内容一体化布局，实现规划"一张图"、建设"一盘棋"。

（二）高效利用资源，老树开新花

昌江在探索经济转型时，并非完全抛弃原有资源型产业，而是在已有的工业基础上进行"扬弃"，通过技术改造、高效利用，延长老工业的生命周期，使其焕发新活力。

早在"十二五"初期，昌江便开始尝试综合科学利用矿产资源，制定合理的矿产资源开发利用的"三率"指标（铁矿实际开采回采率、采矿贫化率、选矿回收率），推动集约化开采、规模化发展，依托矿业集团公司，大力发展以铁、水泥产业为基础的矿区产业集群，并横向拓展产业链，以铁贫矿、废弃资源深度开发利用为切入点，不断提升资源综合利用的档次。

随着百年老矿资源逐渐枯竭，大量矿坑、厂房、石场等工业遗址给城市留下一块块"伤疤"，是走"修复、改造、治理、再造"的科学发展之路，还是任由这些"伤疤"给城市"添堵"，同样考验着决策者的智慧。

昌江的做法是，对废弃的工业遗址进行修复、改造、治理、再造，将工业旅游作为经济转型的一个支点，以特色工业文化旅游重塑资源型工业城市新形象。

2017年，国土资源部公布第四批国家矿山公园资格名单，昌江石碌铁矿在列。随后，昌江编制出台《海南石碌铁矿国家矿山公园总体规划（2018—2030）》，为保护矿山遗迹、展示工业历史、传承地域文化、彰显地方特色提供科学依据和长远谋划。

（三）淘汰落后产能，做好加减法

淘汰落后产能是践行新发展理念的重要抓手，对调整经济结构、转变发展方式具有十分重要的意义。"十二五"以来，昌江严格落实节能减排目标责任制，以壮士断腕的决心淘汰一批落后钢铁、水泥产能，为先进产能发展腾出空间。

什么才算先进产能？剖析资源枯竭型市县的危机根源，会发现矿产资源的有限性和不可再生性决定了其衰退的必然性，加上产业结构单一，极易陷入"路径依赖"。换句话说，当运用生态经济规律来指导经济活动，通过资源的循环利用，使自然利用率最大化和废物排放量最小化时，这一产业或产业群便蕴含先进产能。

以此为标准，昌江高水平打造循环经济工业园区，构建从矿产开采、尾矿贫矿精选、成品矿深加工、废矿渣利用、水泥生产至环保建材的产业循环链，形成产业之间、企业之间及区内与区外部分项目之间相互关联、协作配套、循环发展的增长方式和循环发展模式。

与此同时，昌江加快推进以核电关联产业为主导的清洁能源产业园建设，目前已成立园区管委会，编制园区发展规划，组建"清洁能源产业联盟",引进上海核电海南服务基地等头部机构落户,为加快新旧动能转换提供强大"引擎"。

(四)抢抓后发优势,短板变样板

资源型市县在非资源型产业开发上的相对滞后,客观上为这些产业发展环境保留了较多原生态性。为将这一后发优势转换为现实竞争力,昌江主要采取了"腾笼换新鸟"和保持资源稀缺性两种做法。

位于昌江西部的棋子湾,旅游规划长期"看图说话",因没有过度包装打造,被誉为"海南西海岸线上最后一片原生处女海湾"。近年来,在进行旅游开发建设时,昌江加强生态环境保护工作,善于利用自然景观、自然风物进行高标准规划建设,不过度引进建设酒店房屋与配套设施,有效保持了"原生处女海湾"这一资源的稀缺性。

昌江拥有耕地面积 56.6 万亩,长期种植低效经济作物,农业产业化发展落后,但也避免了过度耕作引起的土壤板结、耕地污染等现象。为提升耕地效益,过去几年来,昌江累计调减甘蔗、桉树等低效经济作物约 15 万亩,改种冬季瓜菜、芒果、香蕉等高效热带特色作物,并逐年扩大种植规模,让芒果、圣女果、香水菠萝、毛豆、哈密瓜、菠萝蜜、火龙果、霸王岭山鸡、乌烈羊、奶牛"十大特色种养产业"格局初现。

(五)资源连点成片,全局一盘棋

翻开昌江地图,会发现旅游资源在该县几乎遍地开花:西部有碧浪银沙的棋子湾,西北部有海尾湿地公园,东北部有霸王岭热带雨林,南部有十里画廊、皇帝洞,昌化江畔有木棉红……依托得天独厚的旅游资源禀赋,如何整合规划才能释放最大合力?

跳出传统旅游谋划现代旅游、跳出小旅游谋划大旅游,昌江加快旅游供给侧结构性改革,整合全县 205 个景区景点及旅游景观元素,串珠成线、连点成面,对旅游资源按时域、地域进行梳理分类,推出"全域全季旅游"这一概念,即春赏木棉红、夏品芒果香、秋游棋子湾、冬登霸王岭,全力打造"山海黎乡·纯美昌江"旅游品牌。

具体来说,做法有以下几点:

1. 规划先行。为推动旅游项目有序开发，昌江高标准编制全县文化和旅游融合发展总体规划和相应合理的空间规划，全力抓好棋子湾、霸王岭、海尾湿地公园、七叉温泉和王下黎乡等旅游景区、景点的规划编制工作，为该县发展旅游业奠定坚实基础。

2. 精耕细作。20余年的"慢功夫"打造和生态恢复，让海尾的昔日荒滩恢复湿地生机；28年间种下338万株、1.88万亩木麻黄海防林，棋子湾创造绿色奇迹……不急于求成，不"带病"闯关，昌江从谋篇布局的"大写意"转入精耕细作的"工笔画"，逐步调整优化现有旅游资源，让棋子湾国家级海洋公园、霸王岭国家森林公园、国家矿山公园、海尾国家湿地公园四大"国字号"公园品牌体系形成，霸王岭国家森林公园获评国家3A级景区，棋子湾旅游公路、叉霸旅游公路、沿昌化江旅游公路、滨海旅游公路等"旅游路网"逐步完善，实现从量到质的转变。

3. 品牌铸造。旅游是一个地区综合形象的展示，体现着旅游产品的个性及消费者对此的高度认同。"久在深闺"的昌江旅游，要想"一朝出闺天下闻"，必须加大旅游宣传营销力度，提升旅游品牌的知名度和美誉度。近年来，昌江策划包装宝山村木棉红文化艺术公园、昌江自驾车房车营地项目等一批旅游招商项目，通过旅游推介会、媒体合作等形式加强旅游品牌宣传，并推出昌江冬登春赏黄金旅游季系列旅游文化活动、霸王岭国际山地超级马拉松赛、芒果飘香昌江情旅游活动、棋子湾沙滩狂欢节等一系列主题旅游文化活动，不断扩大"山海黎乡·纯美昌江"的品牌影响力，并形成旅游与其他产业互促发展的新格局。

四、昌江经济转型成效与启示

（一）转型成效：从工业独大到三产并进

10多年前，提及昌江，"铁矿""水泥""工业"是许多人的第一印象。

10多年后的今天，再次提及昌江，脑海中首先蹦出的是"木棉花""霸王岭""棋子湾""中国第一黎乡"等词汇。

公众对昌江既定印象的转变，折射出当地的经济转型成效。

在党中央、国务院和省委、省政府的大力支持下，昌江没有等到资源完全枯竭的生死关头再被迫转型，而是选择在"红灯前转弯"，放弃原有的资源依赖型发展模式，打破旧体制的坛坛罐罐，痛下决心，以破促立，近年来通过深化供给侧结构性改革，加快调整、优化产业结构步伐，在全域全季旅游、绿色低碳工业、热带特色高效农业等多领域取得了令人瞩目的发展成绩。

通过一组数据，可以直观感受到昌江产业结构调整成效——

2019 年，全县三产结构比由 2012 年的 24∶57.5∶18.5 调整为25.6∶41.8∶32.7，三产比重分别提升 1.6、下降 15.7、提升 14.2，经济结构实现从"一矿为主、工业独大"到"三产并进、协调发展"的转变。

工业方面，循环经济工业园区基础设施日趋完善，300 万吨尾矿综合利用生态示范线等 7 个招商项目落地开工，国家大宗固体废弃物综合利用基地申报获批；以核电为龙头的清洁能源产业扛起绿色低碳工业大旗，全县清洁能源累计发电量超过 300 亿千瓦时，占全省年度发电量 1/3，核电二期、核电小堆等一批清洁能源项目开工建设，其中核电二期总投资达 390 亿元，为建省以来单体投资量最大的项目。

农业方面，持续扩大冬季瓜菜、花卉、芒果、毛豆等特色高效产业规模，十月田保平村获评全国"一村一品"示范村镇，乌烈美滋泉等 3 个生产示范基地获批省级现代农业产业园，花溪谷、聚源等 6 家花卉企业初具规模，热带高效农业迈向品牌化、规模化。

旅游业方面，霸王岭国家森林公园、海尾国家湿地公园等"国字号"公园和棋子湾旅游度假区建设稳步推进，芒果飘香昌江情、玩海体验棋子湾等系列活动成功举办，全域全季旅游品牌名气渐响。2019 年，昌江接待过夜游客101.3 万人次，首次突破百万大关，全年旅游总收入 7.1 亿元、同比增长 7.5%。

囿于资源型产业的特殊性，过去昌江长期处于"县富民穷"的尴尬境况。随着单一产业结构的打破，越来越多的群众可以参与到其他产业发展中，享受经济转型带来的红利。2019 年，昌江城乡居民人均可支配收入分别达 36656

元和 14817 元，较 2011 年分别增长 103.6% 和 167.9%。

（二）转型范例：从偏远山寨到第一黎乡

在昌江黎族自治县王下乡政府办公大楼前，一块金色的牌匾静静悬挂——"'绿水青山就是金山银山'实践创新基地"。这是目前海南唯一获此殊荣的乡镇，也是昌江以"两山"理念为指导，资源消耗型发展向生态友好型发展转型的一次有益尝试。

地处霸王岭腹地的王下乡，曾是海南最贫困的乡镇之一。穷到什么程度？过去，王下乡不通公路、电和光纤，一遇台风天几乎就会与世隔绝，全乡 790 户、3248 人中建档立卡贫困户高达 262 户、1129 人，年轻人在外不敢说自己是王下乡人，许多老人甚至一辈子也没走出过深山。

依靠矿产开发这一支柱产业，昌江在 2006 年地区生产总值达到 29.1 亿元，地方财政收入突破 2 亿元大关。这一年，王下乡的农民人均纯收入却只有 600 余元，不少村民仍过着"三个石头垒一灶，一条竹竿挂衣裳"的贫困生活。

一富一穷的矛盾，交织出这座资源型市县推进经济转型的最终落脚点：为民谋福祉。突破口的打开，则是从还清基础设施欠账开始。

2016 年 9 月，省委书记、时任省长刘赐贵到王下乡调研防灾减灾和脱贫攻坚工作时，提出"要进一步加强'五网'基础设施建设，着力提升电网、光网、路网的灾害保障能力"的要求。昌江县委、县政府对此高度重视、认真执行，近年来在王下乡狠抓基础设施建设，让乡里终于亮了灯、通了路，用上 4G 网络、接通卫星电视。

王下乡浪伦村村民刘桂芳是一名外来媳妇，她还记得，25 年前的那一天，自己爬了几个小时的泥泞山路嫁到村里，看到一排排破烂不堪的茅草屋时，几乎"哇"的一声哭出来。这些年，浪伦村的一点一滴变化，刘桂芳都看在眼里，他们一家人也从茅草屋搬到瓦房，又从瓦房搬到了全村统一样式的新式民居。

这些基础设施的改善，带来的是产业发展的新可能。

地处深山条件所限加上"刀耕火种"旧观念的存在，过去王下乡村民长期以砍山种农作物为生，经济效益低的同时也对生态造成破坏。基于这一背景，昌江于 2007 年开始对王下乡实施森林生态效益补偿，率先在全省启动生态补偿机制，并围绕橡胶、花梨"两棵树"的发展思路，通过技术引导、资金扶持、免费送苗等方式，为当地村民建起一座座"绿色银行"。

而随着昌江将旅游作为经济转型的发力点，王下乡也开始积极融入全域全季旅游格局，让自己成为这盘"棋"中的一枚重要棋子。

2019年初，根据省委"百镇千村"工作部署要求，昌江高位谋划，以建设"中国第一黎乡"为目标，整合美丽乡村、特色村寨、扶贫资金共3000万元投入基础设施建设，带动企业投入社会资金2000万元建设"浪悦黎奢"民宿，"黎山麓"驿站、山兰酒作坊、黎家生态餐厅、浪悦酒吧、浪悦咖啡驿站等一批消费类项目也纷纷落户，让以"深山藏王下，黎花三里寻，一步一里一风情"为主线的"黎花里"文旅小镇轮廓渐现。

在进行旅游化改造的过程中，王下乡遵循"两就两化"和"三护五变"的工作思路，即就地取景、就地取材，不乱拆迁也不乱造景，实现村民生活旅游化和村民生活场景景区化，通过保护好当地的原生态文化、保护好原生态环境和保护好原真的民风民俗，实现乡村变舞台、村民变服务员、百姓变演员、田园变市集、特产变文创产品。

这一思路与昌江生态优先、绿色发展的转型路径相契合，其可行性和强大生命力也在实践中得到验证。2020年"五一"小长假至今，王下乡"黎花里"文旅小镇吸引游客近6万人次。

眼看游客一波波朝村里涌来，村民刘桂芳在自家院子门口挂上农家乐的招牌，腾出家里多余的房间供游客住宿，并摆出了蜂蜜、寄生茶、本地鸡等土特产进行兜售。今年以来，他们一家光靠"旅游饭"便挣了1万余元。

在王下乡，刘桂芳并非个例。据统计，光今年"五一"小长假期间，王下乡村民通过出售手工艺品和农产品，就已创造营收超过30万元。

实实在在的好处，带来的是村民们思想上的转变。如今，王下乡人不再羞于提起自己的家乡，不少通过教育移民走出大山的年轻人更是纷纷返乡，希望能和父辈们一起将王下乡打造成一个可复制、可借鉴、可推广的乡村振兴样板。

（三）转型启示：从路径依赖到绿色转身

资源枯竭型市县的转型，发轫于现实之痛，顺乎于时代之变。这是一个庞大的系统工程，每一个问题都涉及多个部门、多种因素，注定不可能一蹴而就。经过长达十多年的摸索，昌江以体制机制创新作为动力，实现经济社会全面协调可持续发展，经济转型工作成效初显。

昌江的破局和转型实践，可以为其他亟待转型的资源枯竭型或"一业独大"市县带来以下几点启示：

1.解放思想，未雨绸缪。矿产等资源不可再生，一旦枯竭，城市的发展优势就不复存在。越早谋划，越能以较小的代价实现平稳转型。昌江在入选全国第三批资源枯竭城市之前，就已形成"大资源观"，充分调动和激活广大干部群众的积极性、创造性，提前规划转型方向、转型战略，并进行基础设施、生态环境、投资环境、市场环境的营造，较好把握了转型时机。

2.民生为大，政民同富。衡量和检验资源枯竭型市县转型成功与否、经济发展方式转变效果好坏，关键在于人民群众能否从中得到实惠。昌江在转型发展的每一步，都把民生问题考虑进去，带动百姓参与到热带高效农业、全域全季旅游等产业中，有效扭转"县富民穷"的局面。

3.因地制宜，用活资源。资源枯竭型市县谋求转型，最重要的是充分认识自己的优势。在选择接替产业时，一是要在原有产业基础上延伸产业链条，做好二次利用文章；二是应注重实行差异化转型，科学地选择转型接续产业，坚持以本地区的发展阶段为立足点，处理好资源禀赋及经济基础带来的成本和效率的差异，充分发挥自身的特色优势。

4.低投高产，筑巢引凤。资源枯竭型市县在转型时，往往面临财政资金紧张的问题。要想用有限的资金投入换来大产出，必须得"好钢用在刀刃上"。譬如，昌江在对王下乡进行旅游开发时，资金投入主要用于基础配套设施改善上，筑好"巢"后，如今已有三四家旅游企业争相表达投资意向。

全面建成小康社会与中国县域发展

辽宁省
大连市金普新区

充分发挥国家级新区引领示范作用
奋力走出全面建成小康社会的金普之路

中共金普新区工作委员会

金普新区位于辽宁省大连市中南部，总面积 2299 平方公里。是我国第 10 个国家级新区，也是东北地区第一个国家级新区，地理区位优越，战略地位突出，经济基础雄厚。金普新区坚持以习近平新时代中国特色社会主义思想为指导，深入贯彻党的十八大、十九大精神，深入落实习近平总书记"四个着力""三个推进""两先区"建设重要指示精神，紧紧围绕"一地一极三区"国家战略定位，坚持稳中求进工作总基调，坚定践行新发展理念和高质量发展要求，统筹推进稳增长、促改革、调结构、惠民生、防风险各项工作，以开放促改革，以改革促发展，在全面建成小康社会的发展道路上留下了一串串坚实的足印。

一、全面建成小康社会取得成效

多年来，金普新区建设者们站在改革开放前沿阵地，砥砺奋进、敢为人先，经济社会各项事业取得丰硕成果，加快了全面建成小康社会的步伐。

（一）改革创新体制机制

作为国家级新区，金普新区多年来牢牢抓住经济建设这个中心不动摇，切实转变经济发展方式，锐意进取、深化改革，建立了机构精简、运行高效的管理体制和运行机制。

从 2018 年下半年开始，深化干部人事制度改革，创新薪酬制度，调整党政机构 29 个，将 167 个公益性事业单位优化重组为 16 个，27 个街道调减为 25 个，21 个开发区压缩至 3 个。完善"新区统领、三区协同"工作运行机制，强化新区统筹管理，赋予园区更大发展自主权，剥离社会事务，保证园区轻装上阵；聚焦主责主业，实现错位发展，使区域发展活力进一步提高。

创新城市管理机制，在东北率先开展行政执法权和执法人员的"双下放"，在街道实现"一支队伍管执法"。深化"放管服"改革，推行容缺受理、审批导航等服务新举措，在大连率先实行"清单之外无权力，大厅之外无审批"；创新工程建设项目审批机制，推行分段施工许可模式，施工图审查实行"双承诺"。银行网点代办企业注册登记的"政银合作"形式开东北先河；完善"互联网 + 政务服务"机制，推出"网上办事大厅""全程网上办、审批不见面"以及"审批结果全国免费邮寄"等，极大地激发了市场主体活力，新增市场主体屡创新高。

推进商事制度改革，一次性推出 28 项创新举措，取消 300 平方米以下餐饮经营企业的现场审核环节，取消食品经营许可的现场审核环节，实施"一址多照"，变"一日办结"为"即时办结"，提高即时发照率。对申报材料有欠缺的审批事项，实行"容缺受理"。大连自贸片区在全国率先推出"24 小时线上审批"、176 项职权"一章审批""无障碍、不干扰"审批监管等一批创新举措，率先探索检疫证云签发、符合性认证、货物委内加工、全球中心仓、乙类非处方药品经营等一批新模式，贸易投资自由化、便利化水平明显提升。2020 年 1—6 月份，大连自贸片区累计新增注册企业 3358 家，其中，新增外资企业 40 家、内资企业 3318 家、注册资本超亿元企业 31 家。

（二）对外开放步伐加快

建设成为"中国面向东北亚区域开放合作的战略高地"，是国家赋予金普新区的使命。地处东北亚地理中心位置的金普新区，良好的区位优势、港口优势，叠加的国家级新区、自贸区、构建开放型经济新体制综合试点试验区、跨境电商综合试验区等政策优势，为其提升开放水平创造了天时地利的条件。

把对日经贸合作作为对外开放的主攻方向，打造对外开放新前沿。金普新区是东北地区日资企业最大集聚地，日本累计在金普新区设立企业1800余家，投资总额超亿美元的企业有20余家。为更好地把对日的地缘优势、人文优势、合作优势充分发挥出来，从2019年开始坚持"每月一访"赴日开展招商，规划建设了28平方公里新日本工业团地，作为新一轮对日合作的项目承载地，在投资奖励、减税降费、人才引进、产业配套上予以全力支持，力争打造成为中日产业合作的新样板、大连乃至全国开放发展的新标杆。2020年3月4日，新日本工业团地第一个龙头项目——日本电产大连新工厂项目奠基，员工数量达1000人规模的日本电产新能源汽车马达研发中心也落户到这里。项目总投资1000亿日元，规划面积40万平方米，将带动30多家日资配套企业入驻。今年5月，中日（大连）地方发展合作示范区核心区也落户在金普新区。

全力推动自贸区建设，迎来"自贸新时代"。2017年4月10日，中国（辽宁）自由贸易试验区大连片区正式挂牌。三年多来，自贸区在对外开放、营商环境、市场活力、招商引资、经济发展等多个方面不断迸发新动能，成为推动新时代东北全面振兴、全方位振兴整体竞争力和对外开放的新引擎。大连片区在全国第三批7个自贸区21个片区中率先完成总体方案确定的119项改革试点任务，在全国第三批自贸区制度创新排名中位居第四。在全国首创"保税混矿"监管新模式，入选"2017中国自贸试验区十大创新案例"，成为"30项在全国范围内复制推广的改革试点经验"。"进境粮食全流程监管"作为国务院第五批试点经验之一在全国复制推广，"集装箱码头股权整合新路径"和"大连冰山集团混合所有制改革"2项国企改革案例入选商务部第三批全国自贸区"最佳实践案例"，"海关归类智能导航体系"以评估总分第一的成绩位居"制度创新十佳案例"之首，片区39项制度创新经验在全省推广，"五位一体"商事登记确认制、"以审代查"和"非侵入式稽查"海关稽查制度等多项制度创新成果在全国率先落地，全球首个"区块链电子放货平台"正式运行。528项央地涉企经营许可事项"证照分离"改革全覆盖试点全面展开。

目前，金普新区已成为我国经济外向性和开放度最高的地区之一。随着全球经济一体化进程的不断加深，作为开放合作的"国际港口城市"，新区参与国际竞争与合作的能力也将得到进一步增强。

（三）产业结构不断优化

作为东北振兴发展的排头兵，金普新区紧抓新一轮开放机遇，将优化项目投资、推进转型升级、转换发展动力作为新一轮高质量发展的引擎，推进产业结构由资源要素型高速增长向内涵式高质量发展转变，抢占现代产业的制高点。

提升传统产业，推进产业转型升级。提升石化产业，推动逸盛大化新建年产 50 万吨聚酯平片和 100 万吨聚酯薄膜项目、嘉盛新材料增资 12 亿元建设年产 24 万吨聚苯乙烯项目，积极向下游延伸聚酯、医药、香料、油墨等生产原料产业链，加快打造完整的炼油—PX—PTA—聚酯—差别化纤维产业链。提升汽车及零部件产业，加快推进以新能源汽车动力系统为核心的技术研发和创新力度，推进本田与东软睿驰合资成立海纳新思智行服务公司，填补新区汽车智能网联技术与服务行业空白。提升先进装备制造产业，依托光洋科技、斯凯孚精密、格劳博机床、三菱电机等龙头企业，以高档数控机床、模具制造、新能源装备制造为主攻方向，推动装备制造业向高端化、集约化、智能化、绿色化、服务化发展。

培育新兴产业，加快新旧动能转换。一是培育壮大数字经济产业。与中电科、百度合作建设数字经济产业园，5G 物联智慧灯杆和新一代信息基础设施建设项目全面启动。与移动、联通、电信三大运营商合作建设东北 5G 发展先行区，与北京创头条科技共建 5G 创新孵化中心，与华为、中兴以及中能建、中航信息、阿里云等 5G 产业链企业推进深度合作。新区数字城市运行管理中心已部分投入使用，打造东北"第一数字城市大脑"。天港大数据产业园项目投入使用，大连商品交易所同城数据中心、中国金融期货交易所异地灾备中心等项目入驻。大连·中关村信息谷创新中心项目签约落地。二是发展通用航空产业。发挥省级通用航空产业高技术产业基地、全国首批通航产业综合示范区的政策优势，争取空客 A220 机型总装生产线项目落户大连。三是发展生命健康产业，立足爱丽思、瑞光非织造布、科兴疫苗、欧姆龙等近 300 家关联企业，在新日本工业团地、松木岛化工园区、小窑湾国际商务区等四个区域，布局生命健康、防疫制造与设计等五大防疫防护产业，推动生命健康产业升级。精心谋划设计金州产业新园项目，吸引 7 家国内知名上市公司总投资 406 亿元的汽车小镇、康养基地、健康科技城、智慧文化城等七个项目，签约金州产业新园，并约定前三年投资达 75%，超前布局 5G、无人驾驶和金牌教育园，打造要素集聚、动能转换的产业新园。四是大力发展文旅产业。谋划推进了北方国家版权交易中心、勒芒（大连）赛车文化产业园、"大连 V+ 网络直播"产业园区、中国传媒岛、"盛文·北方新生活"文化商业综合体、中国网络文学港、大白鲸航海时代、鲁能欧洲文旅小镇等 10 余个重大文旅项目，打造文化创意旅游产业集群。

（四）综合实力大幅提升

金普新区自成立以来，始终坚持对外开放，积极参与国际合作，引进国外资金、先进技术和管理经验，城市的总体营商环境与国际接轨程度较高，已经形成全方位开放的外向型经济格局。金普新区现有企业近 8 万家，其中外资企业近 6000 家，70 多家世界 500 强企业投资 100 余个项目。规模以上工业企业 820 家，其中外资企业 387 家，形成了石油化工、电子信息、装备制造、汽车整车及零部件、生物医药、港航物流等六大产业集群。

金普新区发展的一条鲜明主线就是创新。如今，大量科技创新成果已取得显著的经济、社会效益，新区的自主创新能力和科研水平不断提升，科技创新成果不断涌现。实施中小微科技型企业、高新技术企业、瞪羚独角兽三级梯度培育工程，预计新增高新技术企业 134 家、瞪羚企业 25 家、潜在独角兽企业 1 家、市级工程技术研究中心 13 家。15 个科技项目、3 个防疫防护产业项目列入市重点研发计划。加大企业研发补贴力度，累计投入扶持资金 8280.2 万元；推进知识产权和技术转让，大额技术交易合同完成 34 亿元；加快推进科技孵化，"十三五"重大新药支持项目抗癌新药普那布林获批量产。强化技术人才队伍建设，出台了金普新区人才引进"金十条"，政策含金量高、科技人才指向性强；举办了人才网络招聘大会，引进技能人才、高端人才、前沿人才。

金普新区服务业亮点纷呈，线下零售、住宿餐饮行业增长均位居全市前三名，新区居民"剁手力"在淘宝官方排名中位居全市前列，阿里巴巴旗下大连第二家盒马鲜生门店落户金普，全国第四家、东北唯一的北方国家版权交易中心正式运营，中国网络文学港项目成功引进，国际沙滩文化节、国际大樱桃节、金普购物节等节庆活动成功举办。金石滩国家旅游度假区作为东北唯一上榜景区跻身"2019 年度中国国家旅游最佳休闲旅游目的地"榜单。都市现代农业质量更优，"两水一菜一花"成为农业优势主导产业，西部大樱桃、东部设施农业产业集聚效应进一步增强，新增 2 个国家级海洋牧场示范区、2 个农业产业化国家重点龙头企业，"电商＋乡村品牌"试点正式启动，"大连金州大樱桃"被评为"2019 中国十大好吃樱桃"，拉树山村跻身第九批全国"一村一品"示范村镇。

2019 年，金普新区地区生产总值达 2242.8 亿元，占大连市 32%，占辽宁省 9%；规模以上工业总产值 3472.6 亿元，占大连市近 50%，固定资产投资 355.5 亿元，占大连市 24.4%；一般公共预算地方收入 242.8 亿元，占大连市 35%，占辽宁省 9.2%；实际利用外资 3.38 亿美元，占大连市 38.9%，占辽宁省 10.2%；进出口总额 2774.3 亿元，占大连市 63.7%，占辽宁省 38.3%。金普新区在辽宁省及东北经济版图中占有举足轻重的地位。

（五）城市功能不断优化

本着科学规划引领、基础设施先行、加快改造扩容、不断完善功能的原则，金普新区扎实推进老城区改造提升和新城区开发建设，完善市政公用设施和公共服务设施，健全社会服务及居住服务功能，优化人居环境，增强城镇集聚要素、吸纳人口的支撑能力。

完善市政公用设施和公共服务设施。推进城市清洁能源供应设施建设，完善燃气输配、储备和供应保障系统。加强城镇污水处理及再生利用设施建设，提高城镇生活垃圾分类及无害化处理能力。根据城镇常住人口增长趋势和空间分布，统筹布局建设学校、医疗卫生机构、文化设施、体育场所等公共服务设施，优化社区生活设施布局，完善便民利民服务网络，构建运行高效、供给充分、安全便捷的市政设施体系和生活服务网络。实施金州老城道路、燃气、供热、供水等市政设施改造，改善居住生活环境。加快开发区老工业区搬迁改造，推进旧住宅小区综合整治、危旧住房和非成套住房改造，实施了棚户区和城中村改造工程。

提出"向湾挺进、拥湾发展"的工作思路，启动"双湾联动"建设，从规划设计调整、基础项目先行、整顿土地秩序入手，激活存量，引进增量，充分释放区域发展潜力。目前，金牌教育园、中交城、中国传媒岛等22个引领性项目加速推进，万科、富力、金科、绿地等一批知名地产企业纷纷进驻，小窑湾的开发建设呈现"爆发"之势；金普科创学园、足球小镇、生态康养城等50余个项目加快推进，普湾正走上发展新路。

大力实施"宽带中国"战略，实施智慧新区、宽带新区、无线新区等重大工程，实施"宽带乡村"示范工程，推动光纤入户和网络宽带光纤化改造升级。加快新一代移动互联网基础设施建设，促进光缆、管道、基站等通信基础设施的共建共享。推动云计算、物联网、大数据等新一代信息技术在城市运行管理和基础设施建设中的应用，发展智能交通、智能电网、智能水务和智能管网等智能化管理系统。推进政府社会管理信息系统综合集成和信息共享，提高市民生活信息化水平，引领生活服务智能化。

（六）保障民生卓有成效

"小康不小康，关键看老乡"。在经济发展的同时，金普新区注重社会事业发展，把保障和改善民生作为落脚点，连续实施"民生双十工程""五个一工程""惠民实事"等系列举措，全区实现了"幼有所育、学有所教、劳有所得、病有所医、老有所养、住有所居、弱有所扶"，人民群众的获得感、幸福感不断增强。

树立教育强区目标，使教育改革发展取得显著成就，中高考优秀率和全科及格率稳步提高；仅2019年就投资1.6亿元，完成校舍维修改造工程146项，开办公办普惠制幼儿园4所，社区教育被评为全国"终身学习品牌项目"。

围绕健康、均衡、提升这三大关键词，金普新区持续深化家庭医生服务，在全市率先推行"家庭医生服务车进社区"；在东北率先开展"日间手术"模式，有效解决患者住院难、看病难、手术迟等问题，改善百姓就医感受；中医药发展取得长足进步，省级以上"名老中医专家工作室"达到3个。

为满足不同群体精神文化需求，新区着力打造"人文之城"，在高标准建设的图书馆、美术馆、文化馆、大剧馆、市民文化活动中心、市民健身中心、妇女儿童活动中心等地，定期开展市民文化大讲堂、书画展览、读书月、读书季等系列文化活动。在社区和农村，建设有文化广场、农家书屋、文化大院等，为常年开展的文化惠民活动和群众性文化活动提供舞台。全国书香城市、辽宁省"七个一百"特色群众文化基地等也陆续落户新区。

党的十八大以来，新区养老保险参保人数由 2013 年的 30.5 万人提高到 33.06 万人；医疗保险参保人数由 2013 年的 67.1 万人提高到 82.15 万人；退休职工养老金从 2013 年的月人均 1700 元增长到 2600 元；城乡居民养老保险基础养老金标准始终处于东北三省首位。金普新区先后投入 6.5 亿元，为超过 30 万人次发放就业创业补贴，城镇新增就业 21.7 万人，稳定就业率达到 55% 以上，城镇登记失业率始终控制在 3% 以内。举办各类招聘会，为用人单位和求职者牵线搭桥，并落实高校毕业生就业扶持政策，使高校毕业生就业率达到 96% 以上、困难家庭高校毕业生就业率达到 100%。审核发放小额担保贷款 2.388 亿元，扶持创业带头人 3602 人，创业带动就业 1.93 万人，小额担保贷款发放额度连续多年位列大连市第一。2013—2019 年，完成 20 个职种的职业技能培训 60212 人。建设创业孵化平台 9 家，投入人才资金 1.52 亿元，引进、培养国家"万人计划"等海内外各类高层次人才 810 名。据不完全统计，新区目前现有硕士以上学历人员 7061 人，高级职称以上专业技术人员 8670 人。

（七）城乡统筹协同发展

加大城乡统筹发展力度，逐步缩小城乡差距，推动城乡要素平等交换和公共资源均衡配置，促进新型城镇化和社会主义新农村建设协调推进。

建设城乡统一要素市场。近年来，金普新区充分发挥市场配置资源的决定性作用，建立城乡统一的人力资源市场，落实城乡劳动者平等就业、同工同酬的制度。逐步建立城乡统一的建设用地市场，保障农民公平分享土地增值收益。加大工业反哺农业、城市反哺农村的力度，建立健全有利于农业科技人员下乡、农业科技成果转化、先进农业技术推广的激励和利益分享机制。创新面向"三农"的金融产品和服务，保障金融机构农村存款主要用于农业农村。加快农业保险产品创新和经营组织形式创新，完善农业保险制度。鼓励社会资本投向农村建设，引导更多人才、技术、资金等要素投向农业农村。

推进城乡基本公共服务均等化。为适应全域城市化发展趋势要求，金普新区优化中小学布局，在财政投入、学校建设、师资调配等方面进一步向相对薄弱学校倾斜。促进区际组团办学，实施名校办分校、学校联盟、对口合作、委托管理等改革试点，新区获评国家义务教育均衡发展示范区。依据金普新区总体规划和人口分布变化，引进优质医疗卫生资源，提升区域性医疗中心功能。加强社区等基层医疗卫生机构建设，满足基本医疗和公共卫生的服务需求。完善社区、行政村劳动保障服务站（室）建设，将社会保险和就业服务网络平台向街道、社区延伸。

强化规划和设施建设一体化。加强城区规划与周边乡村规划的统筹衔接，促进城乡产业布局、基础设施网络、公共服务设施、生态空间布局等方面的联系协调。加快推进城乡水利基础设施体系建设，协调城乡防洪排涝、引调水工程建设。完善城乡供水管网，逐步实现城乡供水同水源、同管网、同水质、同服务。继续实施农村电网改造升级工程，实现城乡用电同网同价。提升农村路网等级和畅通水平，大力发展农村公交，增加涉农街道与主城区的公交线路。

加强新型美丽乡村建设。科学编制村庄规划，保持乡村风貌、民族文化和地域文化特色，维护农村居住、生产、生态、文化等多重功能。出台《金普新区美丽乡村建设工作实施方案》，启动 18 个美丽示范村村庄规划编制。探索美丽乡村建设土地盘活、投资融资、开发建设和经营管理新模式。实施农村人居环境整治，推进农村垃圾治理、污水治理和改厕工作，仅 2019 年就绿化造林 3095 亩，新建及维修农村公路 43 条 68 公里，提前一年实现"屯屯通油路"，惠及 32 个行政村 62 个自然屯 1100 户近 3 万农村居民，荣获省级"四好农村路"示范县称号。环保治理取得重大进展。中央环保督察交办案件整改销号率 97.8%，环保督察"回头看"及渤海生态保护修复专项督察交办案件整改完成率 89.7%，国家海洋督察反馈整改任务全部完成。

社会综合治理能力显著增强。面对 2020 年年初突如其来的新冠肺炎疫情，金普新区落实落细中央和省市要求，提出"九个落细到位、三个严惩不贷"，对 611 个小区、191 个村、1071 个屯封闭管理；各级领导干部对 192 个签约项目、139 个重点在建项目、840 个规模以上企业、310 个限上商贸企业共计 1481 个重点企业项目对接服务……160 万新区人筑起疫情防控的铜墙铁壁。在织紧织密织牢"联防联控网"、确保人民群众生命安全和身体健康的同时，早抓、快抓、稳抓，踩准统筹疫情防控和经济社会发展的节拍，有力度、有温度地"两手抓"，为"双胜利"提供坚强保障。全区 2020 年上半年重点在谈项目 257 个，总投资约 2306 亿元；签约项目 76 个，总投资约 1750 亿元；已落地各类产业项目 75 个，总投资约 192 亿元。在疫情防控常态化形势下，全区加快"双胜利"步伐，数据显示，2020 年上半年工业经济呈现企稳回升、逐月向好态势，1—5 月，规模以上企业有 241 家产值保持 5% 以上增长；5 月，规模以上工业完成工业总产值 263.3 亿元，环比增长 8.5%。其中，占规模以上工业企业总数 80% 的中小企业，同比增长 4.1%，增速高于全区平均速度，部分企业 1—5 月累计完成工业总产值同比增长甚至超过 400%。

（八）精神文明建设成果丰硕

在矢志不渝夯实物质文明建设"硬实力"的同时，金普新区也不忘对"城市精神"这样的"软实力"的孜孜追求。在多年的发展实践中，金普新区始终把精神文明建设作为品质立区的重要内容，始终坚持"为城市立德、为时代立心"，用精神文明建设凝聚起属于这一时代的城市精神、城市价值和城市力量，倾力打造"尚德之城、大爱之城、文明之城"。

目前，金普新区共有各类道德典型 283 人，其中 16 位"中国好人"，1 位"全国道德模范提名奖"；23 位"辽宁好人"，3 位"辽宁省道德模范"，2 位"辽宁省道德模范提名奖"；98 位"大连好人"，9 位"大连市道德模范"，4 位"大连市文明的感动人物"；451 位"金州好人"。1 家全国文明单位，1 个全国文明村；3 家"辽宁省文明单位标兵"，18 家"辽宁省文明单位"；23 家"大连市文明单位（标兵）"及 4 家省市"文明村（标兵）"……新区道德建设阔步走在了大连市各区市县的前列。金普新区也先后获评"辽宁省文明城区""辽宁省文明城区标兵"，成为大连市蝉联全国文明城市"五连冠""军功章"里不可或缺的重要组成部分。

2019 年，金普新区被确定为新时代文明实践中心全国试点单位。以此为契机，金普新区充分整合各方资源，组建金普新区新时代文明实践"六大联盟"，投入资金 3000 多万元，计划用 3 年时间完成全区新时代文明实践中心、所、站建设，今年已纳入预算 1464.8 万元。目前，新时代文明实践中心已经完成前期规划设计，建设工作正在有序推进中；现已建成文明实践所 25 个、站 120 个，先后开展各类志愿服务活动近万次，特别是在今年迎战新冠肺炎疫情战斗中，依托区、街道、村（社区）三级新时代文明实践体系，打造全民抗疫综合平台，使新时代文明实践在"疫"线广泛开展，为打赢疫情防控阻击战和经济发展保卫战凝聚了强大的战"疫"志愿力量。

二、全面建成小康社会经验启示

成绩是干出来的。这个"干"的过程，是金普新区切实提高政治站位的过程，同时也是努力践行习近平新时代中国特色社会主义思想的过程，金普新区获得了推动高质量发展和全面建成小康社会的宝贵经验与启示。

（一）始终坚持党的领导

在全面建成小康社会，开创中国特色社会主义事业新局面的新形势下，中国共产党的正确领导是取得胜利的根本保证。在多年的改革开放和经济社会发展实践中，金普新区始终把党的政治建设摆在首位，进一步增强树牢"四个意识"、坚定"四个自信"、坚决做到"两个维护"的政治自觉。完善制度体系提升治理能力，坚定不移坚持中国特色社会主义根本制度、基本制度、重要制度，做制度的自觉尊崇者、严格执行者、坚决维护者。建设忠诚干净担当的高素质干部队伍，大力弘扬"敢闯敢试、敢为人先"的新区精神，强化"事业为上、实绩为重"的鲜明导向。充分发挥基层组织战斗堡垒作用，严格落实基层党建工作责任制，充分发挥好党员的先锋模范作用。持续推进正风肃纪反腐倡廉建设，推动党风政风持续向好。充分发挥党总揽全局、协调各方的领导核心作用，形成推动发展的强大合力，为新区全面建成小康社会提供强大的组织保证。

（二）始终重视发展机遇

国家级新区担负着先行先试职责，也是国家对外开放的前沿窗口，每到发展关键期，都能抓住开放的机遇，勇立潮头。党的十八大以来，金普新区以"一带一路"倡议为契机，将自身置于全球序列，打造我国面向东北亚区域开放合作的战略高地；2016年，成为首批构建开放型经济新体制综合试点试验区，发展跨境电子商务综合试验区合作区；2017年4月，中国（辽宁）自由贸易试验区大连片区的正式挂牌；2020年5月，中日（大连）地方发展合作示范区核心区也落户在金普新区。由此，金普新区登上了开放新高地，抓住了新一轮开放的机遇。

（三）始终坚持创新驱动

"千帆竞发，唯创新者强。"作为大连改革开放的"火车头"，无论是"神州第一开发区"还是东北第一个国家级新区，其解放思想、先行先试的每一步尝试，都在为东北体制机制改革摸索道路、提供经验，引领大连及东北腹地的开放不断走向深入。推行机制体制改革，成为国家体制机制创新与自主创新的示范区。创新产业政策、产业基地，推进转型升级，创新要素不断集聚，创新路径不断清晰，在辽宁老工业基地振兴工程中，金普新区的示范引领作用日渐突出。大连自贸片区挂牌三年，形成一批可复制、可推广的制度创新成果，努力营造了法治化、国际化、便利化的营商环境。创新贯穿了大连开发区的发展史，也为新区带来巨大的红利，是开发区发展的一条重要经验。

（四）始终保持"闯"字精神

无论是"神州第一开发区"还是国家级新区，它们在全国都没有多少先例，缺少参照物。要建设一个崭新的区域，必须要有敢闯敢冒、敢想敢干的"闯"字精神。进入新时代，金普新区还要将"闯"字精神、拓荒牛精神延续下去，在城市管理、行政审批、人才引进、自贸区建设、产业升级等领域勇立潮头，大胆闯、大胆试、自主改，跨越发展再迎良机。

三、全面建成小康社会的建议与展望

展望未来，作为大连经济的发动机、东北振兴的火车头、东北亚重要的港口城市以及中国对外贸易尤其是对日贸易的重要窗口，金普新区地位重要，责任重大。根据自身的定位和实际，金普新区提出了"在大连'两先区'建设中走在前列，在东北全面振兴全方位振兴中走在前列，在全国19个国家级新区开发建设中走在前列"的奋斗目标。推动这一目标顺利完成，实现金普新区的跨越发展，必须把握好四大关键词。

关键词一：创新。创新是金普新区的生命线。金普新区的发展一直与"创新"二字密不可分。金普新区成立以来取得的巨大成就，无不得益于新区在体制机制、思想观念上的不断创新。创新无止境，发展生动力。只有拿出"一直被模仿，从未被超越"的创新精神，金普新区才能勇立潮头，先人一步。

关键词二：开放。金普新区既是政策先行先试的试验区，也是中国连接世界的形象和窗口之一。金普新区发展壮大的历史，是中国改革开放不断深化，外向型经济蓬勃发展历程的一个缩影。在当前国际环境复杂多变的形势下，如何更好地开放，更好地利用好开放，是金普新区需要认真解决的问题。

关键词三：产业。产业是城市发展的基石。石油化工、电子信息、装备制造、生物医药、文化旅游等一批产业集群支撑了金普新区过去几十年的发展。在当前东北地区经济下行压力增大，产业脱实向虚倾向严重，人口外流加剧的外部环境下，金普新区要实现长期稳定发展，必须在保障产业稳定发展、不断吸引更多更好的产业落户方面做更多的文章。

关键词四：地利。靠山吃山，靠水吃水。优越的地理区位，为金普新区繁荣发展提供了得天独厚的便利条件。金普新区位于辽东半岛的最南端，是东北地区面向全国的桥头堡。金普新区拥有东北亚地区天然深水良港大连港和欧亚铁路，是中国连接俄、日、朝、韩的重要贸易节点。美丽的自然风景、舒适宜人的海洋气候也都为金普新区打造宜居宜业的现代化城市奠定了良好的基础。

立足金普新区发展实际，把握创新、开放、产业、地利四大关键，金普新区未来应重点做好以下几方面的工作。

一是全面深化改革，理顺体制机制，理顺区划关系。推进三个园区法定机构改革，完善"新区统领、三区协同"工作运行机制，强化新区统筹管理，赋予园区更大发展自主权，剥离社会事务，保证园区轻装上阵；聚焦主责主业，实现错位发展。借鉴国际经验，探索人员聘任制等措施，提高人员使用的灵活性，实现专业人做专业事的目的。鼓励工作创新，改变机关事业人员吃"大锅饭"平均主义的薪酬制度，建立合理的收入分配制度，提高人员待遇福利，全面调动工作积极性。

二是持续解放思想，敢于先行先试。充分利用国家政策赋予的政策权限，积极进行各项制度改革和创新探索，通过更加开放的经济社会措施引领发展，通过深化市场经济的作用来推动社会进步，使金普新区成为自主创新的示范区。

三是优化产业布局，提升技术水平。金普新区作为国家级新区，其成立的主要任务之一就是通过产业组织和产业结构整合，形成有竞争力的产业集群，为东北工业基地振兴提供前沿阵地。

四是扩大对外开放，加强深入交流。金普新区拥有国家级经济技术开发区、保税区、出口加工区、旅游度假区等重要开放功能区。在未来建设中，金普新区应致力于成为服务东北的综合性枢纽和中国与东北亚各国合作的战略基地。

五是提升城建水平，打造宜居环境。充分利用大连依山靠海的地理优势，通过优化城市布局，改善城市功能，把金普新区打造成为宜居宜业的城市典范。

未来，金普新区以习近平新时代中国特色社会主义思想为指引，全面贯彻落实中央、省、市决策部署，坚决破除一切不合时宜的思想观念和体制机制弊端，突破利益固化的藩篱，吸收人类文明有益成果，构建系统完备、科学规范、运行有效的制度体系，坚定不移地贯彻创新、协调、绿色、开放、共享的发展理念，坚持和完善我国社会主义基本经济制度和分配制度，毫不动摇地巩固和发展公有制经济，毫不动摇地鼓励、支持、引导非公有制经济发展，使市场在资源配置中起决定性作用，更好发挥政府作用，推动新型工业化、信息化、城镇化、农业现代化同步发展，主动参与和推动经济全球化进程，发展更高层次的开放型经济，不断壮大金普新区的经济实力和综合竞争力。小康蓝图已然绘就，金普新区一定能在这一重要发展机遇期，在先行先试中实现新的、更大的突破，走出一条具有金普特色的小康之路。

全面建成小康社会与中国县域发展

辽宁省
沈阳市辽中区

以"五抓五促进"走好新时代
乡村振兴路

中共沈阳市辽中区委宣传部

沈阳市辽中区充分依托本地环境资源优势，坚持以党建为引领，全面强化三级书记抓乡村振兴的制度保障，坚定不移走绿色发展之路，积极打造体验农业、定制农业等新业态新模式，推动优势农产品产业化、规模化、品牌化，通过完善社会救助体系、提升医疗卫生水平、加强镇（街道）综合文化站建设使用等方式，不断提升社会治理能力，走出了一条以乡村振兴促进区域全面发展之路。

一、基本情况

辽中区地处辽宁中部，辽河下游冲积平原，现有 13 个镇、4 个街道，辖 18 个城镇社区、23 个涉农社区、163 个行政村，农村人口 321403 人。国土面积 145585 公顷，其中耕地 89545 公顷。粮食、果蔬、花卉、淡水鱼养殖、畜牧业等基础产业发达，素有"鱼米之乡"之称。

二、主要举措

近年来，在全面建成小康社会过程中，辽中区明确思路、创新举措，坚持"五抓五促进",取得明显成效,呈现以下特点。

(一)抓党的领导,促进全面小康社会建设有力推进

成立并充分发挥推进区乡村振兴领导小组作用,建立健全党委、政府、社会、市场、农民协同推进机制,汇聚起实施乡村振兴强大合力。全面强化三级书记抓乡村振兴的制度保障,压实镇(街道)、部门党政一把手的第一责任人责任,制定乡村振兴考核指标体系和考评办法,强化结果运用,树牢鲜明导向。抓好《沈阳市乡村振兴战略规划(2018—2022年)》贯彻落实,紧密结合实际,制定本地区乡村振兴的目标任务、具体举措,严格落实优先考虑"三农"干部配备、优先满足"三农"发展要素配置、优先保障资金投入、优先安排农村公共服务"四个优先"要求,做到层层落实责任,跟踪督查问效,实现有序推进。

(二)抓特色产业,促进乡村振兴基础不断夯实

"产业兴旺"是乡村振兴的前提和基础,辽中区坚持以高质量发展为主题,以项目为支撑,一手抓招商引资上项目、一手抓现有产业促转型,锁定重点产业开展定向招商,大力实施"飞地经济",培育壮大了一批乡村振兴的支撑型、龙头型企业,不断增强吸纳就业能力,夯实振兴产业基石。坚持一镇一策,兼顾产业、生态资源、空间布局,破解资金难题,给予招商政策倾斜,加快特色镇建设,促进产城融合,提升区域辐射力和带动力。推动农业转型,深化农业供给侧结构性改革,大力发展现代都市农业,积极打造体验农业、定制农业等新业态新模式。推进农业标准化、规模化、产业化、品牌化,鼓励壮大新型农业经营主体,促进农村一、二、三产业融合发展。以农产品产业园为载体,大力发展农产品精深加工产业,扶持农业龙头企业发展壮大,提高就地加工转化率。依托现代农业、生态资源等基础,支持发展星级采摘园、农家乐,培育乡村旅游示范镇村,初步形成现代农业为基础,二、三产业为补充的产业发展格局。全区粮食生产功能区和重要农产品生产保护区"两区"划定总面积109万亩,粮食作物播种面积稳定在106万亩以上,产量60万吨以上。绿色水稻、淡水养殖、设施蔬菜、寒富苹果等优势特色产业规模不断扩大,年产淡水鱼11万吨,设施蔬菜面积15万亩,肉牛存栏量26万头,拥有辽中大米等5个国家地理标志保护产品。围绕粮食、果蔬、淡水鱼等主要优势农产品,大

力培育农业产业化龙头企业，农业产业化加工企业达到 162 家，有国家级龙头企业 1 家、省级龙头企业 5 家、市级龙头企业 14 家。依托现代农业基础，大力发展果蔬采摘、生态观光、温泉度假等休闲农业。其中，冷子堡镇的社甲村依托自有的现代农业、自然资源景观及民俗旅游资源大力发展农业休闲旅游，目前已基本形成集休闲旅游、采摘、垂钓、农家乐于一体的新型农业专业村，现有采摘园面积 200 亩、农家乐 7 处，城市居民可以来此实现"乡村游"的愿望。大力推进电商平台建设，拓展农产品销售渠道，促进农业与第三产业加速融合。其中，潘家堡镇于家台村就以强党建为引领，促进农业与第三产业融合发展，村干部带领全村 76 名青年共同出资 100 万元，成立沈阳市于台印象电子商务有限公司，并在营销模式上大胆探索，引入"网红"直播线上销售，今年成为全区首批电商村，让于家台走上了现代农业发展的新征程。

（三）抓绿色发展，促进环境建设持续改善

围绕"生态宜居"要求，充分利用全国文明城市创建、中央环保督查契机，坚定不移地抓全域环境建设、生态文明提升。加快基础设施建设和生态保护力度，大力改善生产生活条件，建设宜居美丽乡村。实施宜居乡村工程，推进人居环境整治 PPP 项目，提升美化绿化亮化水平。深入推进"四好农村路"建设行动，构建外通内联、遍布农村的公路交通网络。实施农村电网改造升级行动，提升电网建设标准化水平。树牢"绿水青山就是金山银山"理念，深入开展蓝天、碧水、净土和农村环境治理工程，深入实施土壤污染防治行动计划，加强畜禽粪便治理和资源化利用，严格实施"河长制"，大力开展增绿补绿复绿造绿行动，打造生态优美的乡村环境。环境整治常态化机制逐步建立，"村收、镇运、区处理"的垃圾处理模式更加完善，一批农村人居环境整治、美丽乡村建设项目已经惠及百姓。尤其是，妈妈街村养殖污染治理取得进展，生活垃圾分类处理"五指法"试点启动实施。开展"美丽乡村、清洁家园"行动，推动农村污水处理设施正常运转，绿色发展理念得到落实。

（四）抓乡村改革，促进发展活力全面激发

不断深化农村综合改革，推行土地全托管、服务大包干等土地流转模式，成立"政银担"农业金融服务中心。实施乡镇财税体制改革，恢复镇（街道）

金库，健全独立财政、分灶吃饭、增量返还等机制，在开发区设立"飞地经济"产业园，实行"镇招区谈、财税分成"体制，创新实施镇街"四个一"工程（即每个镇街引进一个 3000 万元以上项目、打造一条精品示范街路、培育一个特色主导产业、培育一批党建示范村），镇域内生动力增强。鼓励支持发展村集体经济，集中开展集体资产清产核资，强化集体资产管理运营，村集体经济薄弱的局面逐步扭转。改革鼓励创新的体制机制，推动农村经济、社会全面进步，优良的环境、政策为农村的产业发展提供了良好发展空间。比如，刘二堡镇皮家堡村党支部和村委会把精力更多投入到发展产业上，产业结构发展思路更加清晰，大力开展科学种植、科学养殖，为确保农业生产、农民增收打下了坚实基础。目前，皮家堡村共发展暖棚蔬菜、冷棚葡萄等设施农业总面积达 3400 亩，年创产值 2 亿余元。

（五）抓公共服务，促进社会治理能力大幅增强

不断完善社会救助体系，持续加大救助力度，临时救助、残疾人、低保五保、危房改造等工作有效开展。认真落实"五个一批"工程，有效巩固了脱贫成果。医疗卫生水平不断提升，公共卫生安全管理得到加强。薄弱学校改造、数字校园建设等工程顺利实施，教育事业均衡发展。镇（街道）综合文化站实现全覆盖，建成村级文化广场 212 个、农家（社区）书屋 194 个，十五分钟文化娱乐圈基本形成。乡村文化活动蓬勃开展，每年组织开展大型文化活动 70 多场，基层文化活动 700 多场。基层治理全面加强，17 个镇（街道）综治中心投入使用，网格化社会管理体系初步形成。比如，养士堡镇养前村聚焦农村社会治理任务重、矛盾多、人员少等突出问题，大胆创新管理服务理念，积极推进基层社会治理体制改革，以养前村疫情防控"街长制"试点为切口，按照"平安不出事、矛盾不上交、服务不缺位"总体目标，依靠党员干部群众，整合各方资源力量，探索推行了网格精细化管理、全程式服务的总街长—网格长—街长三级管理模式，形成了排查全覆盖、纠纷全介入、问题不激化、矛盾不上交的良好局面。精神文明创建不断深化，积极践行社会主义核心价值观，广泛开展公民道德讲堂、学雷锋志愿服务活动，群众文明素质得到提升。

三、几点启示

全面建成小康社会重点在涉农区县，难点在广大乡村，通过调研，形成以下几点启示。

（一）推进全面建成小康社会，党建保障是核心

全面建成小康社会离不开农村基层党组织作用的发挥。这就要求，需进一步加强农村基层党组织建设，充分发挥派驻村第一书记作用，稳步推进"软弱涣散村"整顿工程，以党建的高质量引领乡村振兴战略落地落实，推进全面小康社会建设。需进一步加强基层党组织带头人队伍建设，注重从回乡大学毕业生、致富能人中发展村干部，选优配强村党组织书记，定期组织开展基层干部培训，提升镇村干部抓党建、促发展的能力。需进一步打造新农村宣传思想文化阵地，讲好乡村振兴故事，选树乡村振兴先进典型，营造乡村振兴良好氛围，激发基层干部干事创业活力，形成全面建成小康社会的强大合力。

（二）推进全面建成小康社会，投入保障是根本

全面建成小康社会离不开资金的投入，而目前区县财政比较困难，自身资金投入存在不足。需进一步探索设立省市层级融资担保基金，利用融资平台帮助区县置换政府债务、降低财务成本，减小还本付息、财政运转的压力，让区县能够腾出手来抓乡村振兴。需进一步在省市级层面建立涉农资金统筹整合长效机制，加大"三农"资金统筹力度，集中资金办大事，提升资金投入的精准性、实效性。公共财政预算资金，主要用于乡村公共文化、公用设施、公共卫生等方面配套建设和具有较强引领示范作用产业的奖补。省市级层面需要研究金融服务乡村振兴的具体的、管用的好举措，加强与相关金融机构的沟通衔接，明确相关金融机构在金融支持乡村振兴中的目标任务，制定金融机构服务乡村振兴具体考核评估办法，充分激发金融机构在乡村振兴中支持作用。探索推动地方政府专项债券发行及项目配套融资工作有效途径，用于支持符合条件、有一定收益的乡村公益性项目建设。

（三）推进全面建成小康社会，人才保障是关键

从调研情况看，农村目前人才比较短缺，需要制定详尽的鼓励激励各类人才参与乡村振兴的具体政策措施，细化实化乡村振兴的"人才保障工程"，有效引导外流人员带着资金、信息、市场、技术回乡创业；鼓励公职人员回乡到村兼职、任职、志愿服务、带资带头和技术承包等；允许事业单位专技人员到农村通过提供增值服务取得合理报酬、职称晋升向基层一线专技人员倾斜，优先保障工资福利、社会保障等方面的权益。应立足于培育本土、"草根人才"，加大农村实用人才、新型经营主体负责人等培训力度，确保人才队伍的稳定性、实用性。加大从优秀年轻村支部书记中选拔干部的力度，让基层干部有奔头、有盼头。

（四）推进全面建成小康社会，改革保障是重点

改革是重要法宝，全面建成小康社会，必须强化改革手段和措施，破除体制机制障碍，激发农村要素活力。因此，必须抓实农村综合改革这篇大文章，加大政策支持、资金扶持力度，切实做到改革到哪里，政策触角就深入到哪里，资金就流向哪里。省市级层面需要研究制定落实集体土地征收、集体经营性建设用地入市、宅基地制度改革政策具体操作办法，积极探索开展改革试点，激活农村土地资源，唤醒农村"沉睡资源"。

辽宁省锦州市义县

"三变"改革变出富民强村新天地

中共义县委员会宣传部

"资源变资产，资金变股金，农民变股东"。农村"三变"改革作为全面深化农村改革的总抓手，是实施乡村振兴战略、加快推进农业农村现代化的重大举措，是完善农村基层经营制度、深化农村集体产权制度改革的重大创新，是脱贫攻坚、决胜全面建成小康社会的重要引擎，对于进一步发展农村生产力，培育农业、农村发展新动能，巩固党的执政基础具有重要意义。近日，调研组围绕义县的改革创新如何推进，如何把脱贫攻坚和党的建设、产业调整紧密结合起来，让集体受益，让农民增收，让基层党组织的凝聚力更强，实现农村经济社会发展的"第二次革命"，进行了走访调研。形成如下调研报告。

一、义县"三变"改革的现状及发展历程

义县面积 2476 平方公里，下辖 18 个乡镇，239 个行政村，人口 45 万人，其中农业人口 36 万人。全县有可耕种面积 140 万亩，林地 195 万亩，草原 124 万亩。截至 2015 年底，全县有贫困村 151 个，建档立卡贫困人口 46698 人，是辽宁省扶贫开发重点县，也是全省 10 个深度贫困县之一。在决胜脱贫攻坚和推动乡村振兴的重要历史阶段，义县面临着如何提高农民收入水平、如何发展壮大村集体经济、如何决胜脱贫攻坚、如何巩固脱贫成果和迎接脱贫攻坚胜利后的新发展等一系列新课题。

2018 年 7 月，义县组织学习考察团赴贵州六盘水市学习农村"三变"改革经验，通过学习考察，提高了认识、开阔了视野、启迪了思维。结合本地多年的扶贫工作经验，县委、县政府进一步明确——把"三变"改革作为当前和今后一个时期"三农"工作的总抓手。通过"三变"改革，进一步解决资源散、资金散、农民散的"三散"问题，使之成为激活农村生产要素的一把"金钥匙"，把握"股份合作"这一核心要义，通过无物不股、无奇不股、无事不股、无人不股，打造"股份农民"，在"耕者有其田"的基础上实现"耕者有其股"。

"三变"改革是农村产权制度的一次重大变革，也是一项系统工程，牵一发而动全身。2018 年 8 月，义县召开全县农村"三变"改革动员大会，成立以县委书记、县长为双组长的"三变"改革领导小组，制定并下发《义县农村"三变"改革工作实施方案》《关于贵州省六盘水市"三变"改革经验和启示》。全县各乡镇、各相关部门把"三变"改革纳入重要议事日程，层层成立主要领导担任组长的"三变"改革组织机构。农发、财政、扶贫等县直有关部门按照职责分工，加强指导、协调配合、统筹推进。全县完成了土地确权 111 万亩，流转土地 55 万亩。全面开展集体资产清产核资工作，摸清家底，做到心中有数、精准掌握。

经过一年多的探索推进，各乡镇立足自身资源优势和产业基础，紧密结合连年实施的农业"111"工程、服务业"一带四区"建设和工业"双十双百"工程，按照"联产联业、联股连心、变多股多、占多红多"的发展思路，不断完善股权联结机制，坚持"保底分红＋收益分红""固定分红＋收益分红"的利益分配原则，把"三变"改革不断推向深入，取得了卓越成效。

二、义县"三变"改革的主体框架形式分析

资源变资产，就是把土地、林地、荒山、水域等自然资源，集体房屋、建设用地、基础设施等集体经营性资产，个人技术技艺、劳动力等资源，通过核查清理、评估认定等步骤，以股权为纽带，入股到合作社、家庭农场、龙头

企业等经营主体，按合同约定获得分红。经过一年多的改革，全县有近 35 万亩集体和农户土地、5 万亩荒山荒坡荒滩，水利、电力、房屋、农机具等设施设备，以及管理、技术、品牌等无形资产，折价入股到经营主体。

资金变股金，就是把各级财政投入到农村的发展类、扶持类资金，村集体经营主体和农民的自有资金，及信贷资金和社会资金入股发展产业，按股份比例分享收益。启动"三变"改革以来，义县整合了 5416 万上级扶持专项资金、8940 万扶贫资金、4500 万信贷资金入股经营主体。

农民变股东，就是引导、推动和支持农民自愿将个人的资源包括土地、资产、资金、劳动力等，入股到经营主体，成为股权投资人，参与分红。目前，全县已有 2.8 万户农民变为股东，占全县农户总数的 30%，建档立卡贫困户基本实现了股东全覆盖。

三、义县"三变"改革的经验值得借鉴推广

——筑巢引凤，激活资源。针对具有潜在自然资源优势的地区，通过因地制宜、扬长避短、合理利用、科学规划，资源得到了合理高效利用，资产得到了进一步的优化配置。

七里河镇辖区内林地荒地、荒山荒沟、荒丘荒滩等自然资源较丰富，把原生优质资源和传统养殖项目有机结合进行高效开发利用是一篇大文章。羊草甸子村率先垂范，根据自身拥有的传统养鸡经验，村里成立了合作社，吸引了村民入股，与九丰集团合作投资建设年出栏 120 万羽的规模养殖场。围绕农村资产资源，他们还择优包装了一批适合"三变"改革的发展项目，通过招商引资，引进规模大、实力强、市场竞争优势明显的农产品加工企业参与"三变"改革，"联股连心"，有力推动了农村经济规模化，一方面让农民在企业发展中有固定分红，另一方面让农民在产业平台上就业创业，实现财产性、工资性、经营性收入"三条腿"走路，全面拓宽了农民增收渠道。

位于义县大榆树堡镇东 10 公里处的大石头沟村，与北镇市隔山相望，这

里山地多，森林面积较大，鞍羊线在此穿过，交通便捷。村里有好几位喜欢根雕并从事根雕工艺的艺人，其中不乏从艺多年、手艺精湛、市场看好的领头者。大石头沟村充分利用自己独有的资源，成立了以集体为主导、村民为主体、产业为平台、股权为纽带的"木缘根艺雕刻专业合作社"——村委会以村文化广场入股；农民以老梨树根、奇石等原材料折价入股；6 名根雕老艺人以根雕工具及薪酬入股；同时注入扶贫资金入股。合作社制作的根雕工艺品，通过订单、网络、微信等方式进行销售。

义县高台子镇桑土营子村依托辽西活畜交易中心项目，通过资产、土地、劳务入股形式，将村集体所有的辽西活畜交易中心资产和 12 户农户的劳力、23 户农户的土地有机融合，并吸纳全村 114 户肉牛养殖户、周边 65 名肉牛经纪人入社，成立了由村集体为主导、村民为主体、产业为平台、股权为纽带、项目为龙头的辽西活畜交易互助合作社，将肉牛养殖、流通作为村内主导产业发展。全村参与到互助社的村民达到 140 户，占总户数的 1/3，肉牛存栏量近5000 头，年流通量超过 3 万头，交易额达到 2 亿元。

——入股分红，全民受益。通过"三变"改革，集聚各方资源，把资产和资金投入乡村，延长农业产业链、提升价值链，促进第一产业"接二连三"、向后延伸，犹如为农村和农民引入一股源源不断的"致富泉水"。

一年多来，义县准确把握国家金融扶贫方面的利好政策，以金融活水助力"三变"改革，加大对规模化特色产业发展的支持力度，对新发展的达到规模标准的高效田、经济林和养殖小区的经营主体，给予政策性资金补贴，同时，以金融活水助力"三变"改革，2019 年农行义县支行等四家金融机构累计发放扶贫贷款 1.3 亿元，全力推进金融扶贫。

为防范资金安全风险，防止财政资金特别是扶贫资金违规入股，义县还强化合同签订和履行的法律服务，支持采取"保底分红 + 收益分红""固定分红 + 收益分红"的股份联结机制。加大农业保险的支持力度，针对未脱贫人口实行"脱贫保"，由县人保财险公司聘请第三方评估公司，按照比当年退出收入标准高 10 个百分点进行确认，差额部分由保险公司赔付，让贫困人口的脱贫收入有根本保障。总之就是用法治思维和法治方式推进改革，加强风险防控，确保集体资产不流失、农民权益不受损，真正让改革成果惠及农民。

城关街道高家屯村的高效棚室，种植的是受人青睐的山之珍品——黑皮鸡枞菌和羊肚菌。为了调整种植业结构，带动村民致富，增加农民收入，高家屯村通过土地入股等方式，和荟江源公司合作，荟江源公司集食用菌种植、收购、销售于一体，主要经营黑皮鸡枞菌和羊肚菌两个珍稀菌类品种。目前已建成日光温室大棚 22 栋和生产车间等附属设施，完成投资 1100 万元，年生产食用菌 50 万斤，年产值达 700 万元，纯利润 300 万元。2019 年以来使用扶贫资金 41 万元，以每户 1 万元形式加入公司成为股东，带动建档立卡贫困户 41 户 91 人，每户年增收 1000 元。安排劳动力就业 40 人，年人均收入 3 万元左右。

城关街道实行"三变"改革的村每年集体收入能实现 5—8 万元，村民在"三变"改革项目中每年务工收入达 1.5—2 万元；由土地流转的村民每年每亩的土地流转费在 600—800 元不等。各村的经济实力得到明显提升，每个村集体都有 50—80 万元的存款。城关街道通过"三变"改革已经步入经济发展的快车道。

稍户营子镇紧密结合镇村实际，立足独特的自然禀赋、资源优势和产业基础，食用油加工业、文化旅游业等都在"三变"改革和产业发展中找到了紧密结合点：把握"股份合作"核心要义，合理确定各方股份份额和收益分配比例，建立健全贫困户和"三变"经营主体的利益联结机制。

走进坐落在铁河嘴子村的韩家大院，浓郁的田园气息，整洁明亮的农家田舍，点缀在庭院里的果树、景致，展览厅中琳琅满目的蜂产品和山珍特产，都让人感觉到不同于印象中的农家乐或者采摘园。成立于 2017 年的义县韩家大院旅游发展有限公司，由两家公司共同投资建成。公司实行"民营企业＋村集体＋农民"的股份制经营，村集体以 120 亩荒山、烽火台旧址、村路、闲置的房屋和 50 万元政策扶持资金入股。这些以往效益微薄或没有效益的资产，借助"三变"改革，实现了资产增值，获得了可观的资产性收入。

——巩固提升，夯实产业。转变思路，尝试改革。发展农业产业化首先需要土地集中连片，否则很难实现规模化经营。在义县县委、县政府的引导下，农民和龙头企业通过"三变"改革连在一起。农民不仅拿到土地流转费，还能以土地入股分红，同时还可以在企业务工获得工资，一举多得，从而解决了农业产业化、规模化问题。

七里河镇七里河村成立了"村社合一经营主体＋村集体＋普通农户＋贫困户"形式的存仁花卉种植合作社，总投资720万元，村民以资金、劳动力和308亩土地折价入股154万元，整合170户贫困户的扶贫资金入股178万元，以上资金以1万元为一股，各方按持股比例进行分红。合作社长期安排就业人员30人，招募临时工40多人，转化富余劳力，将农民变成了产业工人。通过科学管理、精心培育，合作社年产鲜花300多万支，畅销北京、沈阳、大连等地，市场供不应求。股份合作社的成功，带动了周边乡镇共同发展扶郎花产业，使义县成为东北最大的扶郎花生产基地。

同样受益的，还有以盛产葡萄闻名的大榆树堡镇旧站村。每年金秋时节，这里的葡萄硕果累累，果香怡人，吸引着四面八方的商客。去年栽种的葡萄长势挺好，今年已经见果，来年能全部收回本钱，农民得80%，村上合作社有5%的提成，剩下的村上留下做流动资金。之前种的都是大苞米，除去投资也就挣个几百块钱，种上葡萄效益能增加好几倍。

聚粮屯镇的"三变"改革深入人心，做到村村有特色，村村有项目，家家有干劲，人人肯争先。全镇土地流转面积达到27000多亩，种植业结构进行了重大调整，村民改变了旧的耕作观念：聚粮屯村实施"公有制公司＋村党支部＋合作社＋农户"的模式，种植地瓜230亩；李家台村土壤贫瘠，水源匮乏，通过土地集中到村社，村社投入到公有制公司，公司投入资金兴办了100亩的育肥牛养殖场，预计年出栏200头；徐三家、羊圈子等12个村分别种植了甜菜、辣椒、药材等经济作物，运用不同的收益分红手段进行着"三变"改革。

四、义县"三变"改革成效评估

"三变"＋高效农业模式、"三变"＋规模养殖模式、"三变"＋林果经济模式、"三变"＋产业融合模式……一项项立足实际、因地制宜的举措，走出了具有义县特色、切实可行的农村"三变"改革之路，形成了义县"三变"改革的"金字招牌"。

通过实施"三变"改革，义县成为辽宁省寒富苹果生产基地示范县、全国早金酥梨生产示范县。规模养殖小区达到136个，奶牛、肉牛、肉鸡、生猪存栏量持续快速增长。农业产业结构调整实现了历史性突破。

通过"三变"搭建的股权平台，把贫困户与企业、合作社、家庭农场等经营主体有机结合起来，改变过去点对点的扶贫模式，放大了贫困群众狭隘的生产空间、生存空间和发展空间，变"输血"为"造血"，使贫困群众获得长期、稳定、可持续的收入。实现建档立卡贫困人口全部脱贫、贫困村全部销号，戴了多年的"贫困县"帽子终于摘掉。

集体经济实力明显增强，全县全部消灭了"空壳村"，解决了村级组织无钱办事这一顽疾，提高了在乡村振兴中的统筹服务能力；农村常住居民人均可支配收入增幅高于全省平均水平，基层组织凝聚能力提升，乡、村两级党组织引领农村经济发展，使广大农民特别是贫困群众分享到了改革和发展的红利，赢得了群众的信服和拥护。

"三变"改革正在让义县的农村闲置资源活起来、分散资金聚起来、增收产业强起来、群众日子好起来，广阔的乡村正在成为全面振兴、充满希望的沃野和家园。

全面建成小康社会与中国县域发展

山西省吕梁市临县

打赢"两场战役" 蹚出一条新路

中共吕梁市委宣传部
中共临县委员会宣传部

2017年6月，习近平总书记视察山西第一站就来到了吕梁。他深情地说："我在从北京来的飞机上往下看，看到吕梁山不少地方开始见绿了，生态效益显现。"总书记看到的地方，也包括吕梁临县这个全国知名全市第一的贫困大县、生态弱县。

经过长期艰苦奋斗，特别是全面推进脱贫攻坚以来坚定不移地大搞生态扶贫的临县，如期完成了80893户207006人的脱贫攻坚总任务。2020年2月27日，经山西省人民政府批准，临县退出了贫困县序列，实现了脱贫摘帽目标。按照总书记"一个不落"的要求，与全国一道步入了全面建成小康社会的发展轨道，临县人民千百年来的梦想得到了历史性解决。

一、深入践行习近平生态文明思想 找准打赢打好全县脱贫攻坚战的突破口

临县位于晋陕黄河峡谷中部、吕梁山西侧，总面积2979平方公里，辖23个乡镇631个行政村1027个自然村，总人口66.06万人（其中农业人口54.54万人），耕地面积154万亩，面积和人口均居山西省第二位。临县是革命老区。1926年建立党组织，1940年解放并建立抗日民主政府，是全国最早的解放区

之一。革命战争年代，中央后委驻扎临县。毛泽东、周恩来、刘少奇、朱德、贺龙、叶剑英、杨尚昆、习仲勋等老一辈无产阶级革命家均在这里战斗生活过。临县是贫困山区，首批国定贫困县，是山西省确定的 10 个深度贫困县之一，也是吕梁山集中连片特困地区贫困人口最多、脱贫攻坚任务最重的贫困县。到 2013 年底，全县仍有贫困人口 232391 人。

临县积弱积贫有多方面的原因，但归根到底是其落后的生态环境。"九曲黄河万里沙，浪淘风簸自天涯"，既是对黄河大峡谷的描述，也是临县生活生存环境的真实写照。以 2013 年为例，全县林草植被覆盖率仅为 18%，低于全省全市平均水平；水土流失仍较严重，流失面积 2580 平方公里，占全县总面积的 86.6%，占全省黄河流域水土流失的 6.8%，全年流入黄河的泥沙至少在 1400 万吨左右；全年优良天气 300 天，低于全省、全市平均水平，2009—2013 年五年平均降雨量为 572.6 毫米，最高 2012 年为 657.9 毫米最低 2010 年为 508.7 毫米，十年九旱的局面仍未根本改观。

临县要想富，生态建设要起步。勤劳善良勇敢顽强的临县人民，在恶劣的自然资源面前并没有止步不前，而是不断开展改天换地、治山治水的探索和实践，不断在稳定脱贫的道路上奋力前行。1990 年，时任县委书记樊吉厚，徒步 7 天时间，考察了临县沿黄 7 个乡镇，找到了以红枣为主的经济林发展方向，拉开了全县发展红枣林的历史大幕。此后历任县委书记都把红枣为主的经济林建设牢牢抓在手上，并与时俱进地丰富和拓展，开始了生态建设的初步探索。2013 年，全县红枣林总面积达到 80 万亩，总产量达到 3800 万公斤，枣区农民仅红枣一项，人均增收达到 400 元。同时核桃、仁用杏等其他经济林也得到了一定程度的发展，显示出了生态建设在农民稳定脱贫中的巨大作用。

党的十八大以来，习近平总书记总结经济发达地区"绿水青山就是金山银山"的成功经验，把生态建设提高到生态文明的高度，纳入"五位一体"总体布局和"四个全面"战略布局，再次给临县人民指明了脱贫攻坚的主攻方向和金光大道。

习近平主席 2015 年 10 月在减贫与发展高层论坛上指出，坚持分类施策，因人因地施策，因贫困原因施策，因贫困类型施策，首次提出包括生态保护脱贫一批在内的"五个一批"脱贫措施，为打通脱贫"最后一公里"开出破题药方。

领袖的殷切期望，党中央的明确要求，省委、市委紧锣密鼓的落实行动，使得临县决胜脱贫攻坚更加刻不容缓。临县县委一班人共思良策，与各级党委、政府和广大人民群众坚持目标导向和问题导向，开展了深刻反思和深入的论证。

2016年初，临县县委连续组织3次中心组学习，认真学习习近平总书记治国理政思想，学习习近平生态文明建设思想，在习近平新时代中国特色社会主义思想宝库中找寻临县脱贫攻坚的妙药良方和科学答案。同时发动全县党员干部大调研、大讨论、献策献计，进一步把总书记思想、党中央精神和临县实际结合起来，内化于心，外化于行，有力地把全县党员干部和广大人民群众的思想统一到党中央的精神上来。在当年召开的中共临县十四次党代会上，县委号召全县上下万众一心、众志成城，彻底打破深度贫困和生态脆弱互为因果的历史怪圈，把生态扶贫作为全县脱贫攻坚的战略引擎来抓，将生态扶贫与县域发展相结合、与扶贫产业相结合、与易地搬迁相结合、与文旅融合相结合，努力做大做强生态县域、生态农业、生态乡村、生态旅游，坚持走生态扶贫之路，坚持用生态扶贫的伟大成果，奋力夺取脱贫攻坚全面建成小康社会的新胜利，建设实力、活力、魅力、生态、文明、和谐的"六新临县"。

工作有了方向，行动就有力量。2016年下半年开始，一场24800多名党员率先行动，省市县2058名驻村工作队员和第一书记助力攻坚，13157名结对帮扶干部倾心帮扶，50余万人民群众积极参战，以全新意义的、规模宏大的生态扶贫和脱贫攻坚为主要内容的人民战争在全县近3000平方公里的大地上全面打响。

二、绿色发展和绿色惠民同步抓　集中精力打好"增绿"和"增收"两大战役

生态扶贫战略实施以来，临县深入贯彻"绿水青山就是金山银山"的发展理念，把绿色发展和绿色惠民作为生态扶贫的首要目标，用足用活山西省委、

省政府将造林项目由招标制改为议标制、由专业队实施改为合作社实施的政策，落细落实吕梁市委、市政府进一步规范提升造林专业合作社的十条意见，改变以往就林业抓林业、就增收抓增收的做法，强化党的领导，明确政府职责，政策引领、规划先行、项目推动、全民会战，较好地实现了生态改变、经济发展和农民增收一体推进。

继续加大退耕还林力度。坚持农民自愿，政府引导的原则，尊重规律，因地制宜，不限定还生态林和经济林比例，重在增加植被覆盖率，严格退耕范围，稳步推进，确保质量。通过签订合同，采取转包、装让、互换、出租、入股等形式，将退耕还林地向专业大户、家庭林场、龙头企业、专业合作社、股份制林场等新型经营主体流转，发展适度规模经营，放活承包经营权，使退耕还林工作真正做到退得下、稳得住、能致富、不反弹。2017 年至 2019 年共实施退耕还林 78.55 万亩，占山西省全省的 22%，应补助资金 117825 万元，分五年兑现。目前兑现 52167.5 万元，惠及 11.3 万户 30.7 万人，其中贫困户 4.9 万户 13.2 万人，年户均增收 1358 元，人均增收 525 元。

按流域推进集中连片治理。坚持"做好重点、打造亮点、以点带面、模式引领"的工作方法，按照"近期规划与远期规划结合""经济效益与生态效益结合""景观效益与生态效益结合"的基本原则，生态扶贫和旅游扶贫共建，荒山绿化和农民增收齐抓，实施了碛口景区绿化美化和城区东山绿化工程，按片区推进白文李家湾 8000 亩生态经济综合治理工程，白文张朝、白道坪 30000 亩生态修复工程，城庄小马坊 30000 亩生态经济型林业建设工程，安业 10000 亩玉露香、核桃经济林建设工程，大禹乡 30000 亩核桃林经济林规模化建设工程，临泉、青凉寺 15000 亩仁用杏经济林栽植工程。工程投资累计达到 30388 万元，参建农民 12250 人，仅劳务收入就达人均 6000 元以上，并带动 7350 人贫困人口稳定脱贫，探索出了生态综合治理新方法，开辟了特色产业发展新路径，实现了"生态建设 + 经济发展 + 农民增收"的新模式。

大面积实施经济林提质增效工程。针对红枣为主的经济林低产低效的问题，临县以振兴红枣产业为切入点，以"一转二增四强化"为引领，强基础、补短板、破难题，着力破解红枣产业瓶颈制约，相继制定出台了《临县红枣三年行动计划》《促进临县红枣产业振兴若干意见》《关于进一步推进红枣经济林提质增效后续管护等相关责任落实的实施意见》等指导性文件。以品种改良、精细管理为重点，以技术服务队为主要实施形式，全面实施整形修剪、高接换优、科学施肥、有害生物防治等综合管理，开展了"红枣振兴攻坚战"，重点在八堡、克虎等 13 个红枣主产区乡镇实施红枣经济林提质增效 38 万亩，精心打造碛口红千年枣林综合性示范基地、十品老农枣花蜜基地、三交镇罗家山村、曲峪镇开阳村、丛罗峪镇杨家山村、克虎镇崔家垛村、薛家垛村、八堡乡马家湾村、桃堡洼村、新庄则村等 10 个集中连片红枣经济林提质增效示范园区，累计助推贫困户 29177 户、贫困人口 81131 人脱贫增收，红枣收入约占农户总收入的 30%。

"一业振兴百业跟"，红枣振兴计划带动了全县经济林全面增效提质。全县核桃经济林总面积达到 16 万亩，玉露香梨 3838 亩、油用牡丹 2500 亩、大果沙棘 1034 亩、仁用杏 44225.2 亩，其中品种改良 2 万亩，经济效益提高 2 倍多；实施精细管理 14 万亩，创建 2 个有机核桃基地和 4 个核桃标准化管理示范园区，为当地农民提供了长期稳定的收入来源，正常年景户均增收大约 500 元左右。

大力推广合作社造林。着眼于保证造林绿化质量和效果，最大限度地拓宽农民就业渠道，创建科学管用的营林机制和农民收入通道，临县大力度推行专业合作社造林的做法，效果十分显著。具体是由村支部牵头，村集体经济组织和成员入资，充分发动贫困群众广泛参与，目前专业合作社 291 家，社员 1.3 万人，其中贫困劳力 1.14 万人，贫困占比 80%，居山西全省之首。2016 年至 2019 年，全县专业合作社累计完成造林 102.64 万亩，占了山西省全省的 7.2%，完成投资 165422 万元，全部由 291 个扶贫造林合作社实施。参与劳力达 1.68 万人，其中贫困劳力 1.01 万人，贫困占比 60%，贫困劳务费 44600 万元，每年通过参与造林务工可带动 8000 户贫困户人均增收 5160 元。同时切实加强公益林管理和保护，全县公益林管护面积为 141.99 万亩，国有紫金山林场 4.77 万亩，公益林管护员共计达到 2562 人，100% 全部来源于建档立卡贫困户。同时，通过规范一批合作社、提升一批合作社、推广一批合作社，扩大了"党支部＋合作社""联合社＋农户"等模式的覆盖面，有效提高了全县农民专业合作社的整体发展水平。

抓好通道绿化工程建设。2017 年以来，临县按照"绿色发展、绿色惠民"的理念，坚持"大交通驱动大发展"的思路，加快通道绿化工程建设。先后启动了以高速公路、旅游公路为主的重点通道绿化工程。投资 8360.2 万元新建太佳高速两侧绿化 3.2 万亩；投资 13489.7 万元新建右芮高速两侧绿化（一期）3.0万亩；投资 2644.5 万元新建岢大线两侧绿化 0.5 万亩；投资 11333.0 万元新建三交至碛口旅游线山体造林绿化 2.4 万亩；投资 7111.5 万元新建右芮高速两侧第一山脊线（二期）造林绿化 2.5 万亩；投资 3903.2 万元新建新国道太克线两侧的山体绿化 2.9 万亩；投资 3000 万元新建"黄河一号"旅游公路碛口试验段可视山体绿化 0.5 万亩，架起了森林县城建设的绿色框架，为"绿色临县"提供生态保障和持久动力，为群众得实惠，企业得发展，社会得效益，政府得生态，走出了一条增绿增收并重，造林造景并举，内涵发展、提质增效的新路子。

发展林下经济，增加林区产出，向林地要收入。推行林粮间作、林药间作、林下养殖模式，大力发展大豆、马铃薯、中药材等林下经济。2018 年至2019 年在临县白文、城庄等重点工程范围内共安排种植连翘 6 万亩，在雷家碛、青凉寺、木瓜坪、林家坪、城庄等乡镇及光伏下安排种植连翘、胡枝子、知母、柴胡等 1.26 万亩；在大禹、车赶、城庄、白文等 7 乡镇、右芮高速沿线乡镇安排种植大豆 5.7 万亩；2020 年在白文、城庄、临泉等乡镇安排种植大豆2.7 万亩。目前已形成以城庄、白文、雷家碛、青凉寺等地为主的中药材基地，右芮、太佳高速沿线林下中药材也已形成规模，其中大豆种植当年受益，中药材在 3—5 年后开始受益，受益群众达到 4020 户 10856 人，年人均增收 477 元。

三、优化调整生态农业为导向的供给侧结构 构建生态临县的产业支撑格局

着力打造传统农业升级版。一是实现马铃薯产业绿色无公害发展。马铃薯是临县的传统优势产业，2012 年被列为山西省"一县一业"生产县。临县

以提质增效为目标，按照"良种化、规模化、标准化、产业化、品牌化"的理念，依托国家产业扶贫政策，连年实施绿色有机马铃薯产业扶贫示范项目，以白文、城庄、木瓜坪、临泉、安业、玉坪、大禹、青凉寺等东西冷凉山区乡镇为重点，建立马铃薯标准化生产示范基地和种薯繁育基地，不断培育健全马铃薯生产体系、种薯繁育体系、农技推广体系、仓储加工体系、产业市场体系等"五大产业支撑体系"，推动马铃薯产业高效发展。2019年，全县20万亩马铃薯种植已经全部实现了绿色无公害标准化生产。二是构建特色杂粮产业优势产区。临县是绿色小杂粮生产优势产区。境内梁峁连绵，沟壑纵横，光照充足，雨量集中，无霜期时间长，适宜各种生态类型的小杂粮生长。尤其是境内山多沟深，隔离条件好，工业欠发达少污染，为绿色无公害小杂粮的生产提供了良好的环境。近年来，随着社会经济的发展和人民生活水平的不断提高，绿色保健功能性农产品越来越受到消费者们的青睐，在市场和政策的推动下，临县小杂粮产业得到了快速发展，初步形成了以三交、湍水头、大禹、安家庄、刘家会、青凉寺、雷家碛等乡镇为中心的谷子、高粱、大豆等优质小杂粮优势产区。2018年，山西省功能食品协会组织太原3户企业在临县青凉寺、大禹、湍水头3个乡镇建立1.2万亩绿色富硒谷子基地。2019年，全县小杂粮播种面积41.3万亩，其中32.2万亩杂粮实现绿色无公害种植，优质率达78%。三是推进蔬菜产业的稳步发展。按照临县"东山核桃西山枣，沿川蔬菜大棚包"的产业布局，蔬菜产业已经成为临县继红枣、核桃之后的又一特色主导产业。2019年全县蔬菜种植面积4.22万亩，其中设施蔬菜种植面积达到1.02万亩，极大地丰富了人民群众的"菜篮子"。四是推动食用菌产业的发展壮大。食用菌产业是临县新兴发展的集约型农业。通过不断创新产业发展思路，大胆实践尝试，食用菌产业从无到有逐步发展为临县的主导产业。2019年，全县食用菌产业已发展到12个乡镇42个村46个专业合作社51个产业园区和生产基地，从业人员达到6000多人，种植面积700多亩，全年累计完成食用菌种植1800万棒，总产量1350万公斤，产值10800万元，在农民增收脱贫中发挥了重要作用。

着力培植农产品加工企业新龙头。临县按照"扶大、扶强、扶优、扶特"

的思路，大力培育农产品精深加工企业，重点推进红枣、核桃、马铃薯、杂粮、食用菌、饲料、豆类等农产品的加工转化，不断推进农产品加工的高品质发展。2016年实施农产品加工龙头企业"513"工程，组织企业参加了北京、昆明、太原、汾阳等地的特色农产品展销，组织举办了中国碛口"枣儿红了"旅游文化节临县特色农产品展销活动，有力地促进了农产品加工业的快速发展，全年农产品"513"龙头企业完成加工销售收入2.95亿元。2017年投资2500万元对农产品加工企业实施产业扶贫周转金项目，大力培育农产品精深加工龙头企业，以绿色食品为方向，积极推进农产品加工标准化体系建设。全年完成农产品加工销售收入3亿元。2018年分别投资292万元和113万元对山西万里红生物科技有限公司、山西克虎红枣业科技有限公司、山西天然林食品有限公司、临县朝阳农牧有限公司等32家农产品深加工企业和19家省市级龙头企业进行贴息贷款扶持。全年完成农产品加工销售收入3.2亿元。2019年投资1291万元对农产品加工企业实施产业扶贫周转金项目，推动农产品加工业快速发展壮大，全年完成农产品加工销售收入3.2亿元。

全县共发展注册的红枣加工销售企业74户。2019年以红枣为原材料生产的"红枣宴"荣获山西省第七届特色宴席比赛金奖。特别是近两年开发生产的枣芽茶、枣木香菇、红枣酒、红枣醋、红枣饮料、红枣口红、红枣面膜等保健产品市场前景十分看好。其中，枣芽茶已经成为山西六大药茶之一。吕梁药茶的主打产品，正在成为几十万枣农致富的"金叶子"。发展核桃加工销售企业、合作社5户，专业文玩核桃生产企业1户。发展饲料加工企业3户，其中晋泰饲料为省级龙头企业，年销售量近亿元，其研发的残次红枣饲料粉技术获9项国家专利，产品已成熟上市。

着力创建生态农业产品新品牌。临县立足本县资源禀赋和传统产业优势，挖掘和创建具有本县地域特色的农产品品牌。县委、县政府加大投资力度，鼓励龙头企业、农民专业合作社等生产单位和个人积极开展农产品品牌创建活动，对农产品品牌创建工程有突出贡献的给予奖励支持；加大品牌宣传力度，2018年投资130万元开展临县红枣品牌宣传取得了较好的效果。近年来打造的农产品知名品牌有中国驰名商标"天渊"红枣产品系列、山西省著名商标"晋奥华"红枣产品系列、中国优秀品牌企业评选中国蜂产业行业质量可信品牌"十品老农"蜂蜜产品系列、中国生态原产地知名品牌"石骆驼山"核桃产品系列等，通过参加国家各级举办的农产品展销会和品牌宣传，使临县特色产业市场竞争力不断加强。

着力创建生产发展与农民增收的新机制。一是通过"龙头企业＋贫困户""龙头企业＋合作社＋贫困户"等产业扶贫模式，建立贫困户与龙头企业的利益联结机制。白文镇庙坪村丰林现代农业科技有限公司通过流转土地230亩，带动贫困户年人均增收430元；吸纳周边12个贫困村聘用长期务工人员80人、季节性务工人150多人从事食用菌棒加工、种植、收购、筛捡、运输、销售等工作，人均日工资60—100元，年人均收入达26000多元；公司与全县51个食用菌生产基地建立合作关系，通过统一规划指导、统一菌棒供应、统一技术服务对全县食用菌种植农民专业合作社和大户进行产前、产中、产后全程服务，带动全县3000多菇农增收，其中带动贫困人口达1500余人。二是通过采用"基地＋合作社＋贫困户"的产业扶贫模式，建立贫困户与合作社的利益联结机制实施特色产业扶贫带动贫困户增收脱贫。由农艺白豆腐专业合作社牵头在刘家会镇李家山村实施有机旱作肾型大豆示范项目300亩，通过土地托管、技术服务、订单农业等方式带动42户农户增收，其中贫困户34户。三是通过集体经济组织牵头，统一提供种子、肥料、技术、统防统治等服务实施产业扶贫项目带动贫困户增收脱贫。由雷家碛乡乔家坪村集体经济组织牵头在本村按照相对集中连片的原则实施绿色马铃薯项目300亩，带动本村357户农户增收，其中贫困户246户。

临县三交镇罗家山村村民张福荣，在村党支部的支持下，积极响应习近平总书记和党中央实施乡村振兴战略的号召，2017年返回家乡利用600亩撂荒的红枣林资源，创办临县罗家山红枣专业合作社，对枣林进行品种改良、品质提升，施用有机肥，采用生物措施进行管理，打造有机产品品牌，引资成立山西罗家山农林牧集团有限公司，解决销路问题。创办食品加工有限公司，让农民在农忙之余在家门口务工，助力罗家山实现整村脱贫。临县大禹乡府底村村民曹秋明自主创办漱水河食品有限公司，生产具有临县特色"漱水河"品牌的无污染生态辣酱、苦菜、西红柿酱，一方面解决农村农产品难卖问题，另一方面通过利用当地苦菜等资源丰富的可食用野菜为农民创收增收，同时可以在农闲时节为农户提供一定的工作岗位，激发了老百姓脱贫致富的内生动力。通过能人带头，乡村产业发展呈现出新的生机与活力，人民群众特别是困难群众实现了在家门口增收。

四、推动生态扶贫和文化旅游产业深度融合　蹚出临县农村脱贫攻坚转型发展的新路子

大抓生态林业建设，推动生态农业发展，增加了农民收入，积累了农村转型发展的物质基础和思想准备。特别是围绕贯彻落实习近平总书记黄河流域生态保护和高质量发展重要讲话精神以及省委、省政府打造三大旅游板块的战略部署，县委、县政府因势利导，趁势而上，将生态扶贫和乡村振兴战略相衔接，和美丽乡村建设相衔接，和生态休闲旅游观光相衔接，引导传统产业和传统发展模式以及区位条件优越、自然资源独特、文化资源丰富的农村，开展了全新的转型，在不同层面上形成了一道道亮丽的风景线，为沿黄县市高质量发展做出了极有意义的大胆探索。2020年8月17日，省委书记楼阳生来临县调研碛口古镇和新建成的"黄河一号"旅游公路临县段，肯定了临县的工作，要求临县坚持保护优先，立足生态资源，发展乡村旅游，促进致富增收，不断开拓高质量转型发展新局面。

加大生态移民搬迁力度，建设宜居移民社区。把生态移民纳入易地扶贫搬迁"十三五"整体规划，统筹解决人、钱、地、房、树、村和稳等7个问题。全县建成移民搬迁社区18个，完成自然村搬迁283个，13337户40004人住进了宽敞文明、配套齐全的宜居楼房，158个村完成了旧村拆除复垦，复垦面积7000余亩，增减挂钩节余指标跨省交易1514亩，已到位交易额3.29亿元。"一方水土养不好一方人"的问题得到了有效解决，群众生活真正实现了历史性的重大改变。位于城区范围内的湫水柏林苑和湫水万安苑移民社区是县委、县政

府重点打造的两个最大的易地扶贫搬迁集中安置工程。湫水柏林苑移民社区位于城庄镇东柏村，总占地 252 亩，总建筑面积 155157 平方米，总投资 3.87 亿元，共安置 9 乡镇 67 个自然村的 4944 人，其中贫困人口 3595 人，同步搬迁 1349 人。湫水万安苑移民社区位于临泉镇万安坪村，总占地 192.6 亩，总建筑面积 176976 平方米，总投资 4.38 亿元。共安置 13 个乡镇 94 个自然村的 7194 人，其中贫困人口 4395 人，同步搬迁人口 2799 人。

加强城乡卫生整治和美化绿化，推进美丽乡村建设。坚持因地制宜、规划引领、特色设计、分步创建的思路，掀起了美丽乡村建设的新高潮。2018 年以来，全县累计投资 23115.91 万元，建成 14 个县级美丽乡村，18 个市级美丽乡村，农村面貌同样发生了划时代的变化。临县城庄镇上城庄村，本着美丽宜居、因地制宜、简洁实用和突出晋西北农村特色的原则，对全村个户庭院、公共设施进行了全面改造。新建护村护田河坝 120 米、过河小桥 1 座，新打深井一口，新建污水处理设施 2 处，铺设上水管道 3760 米、下水管渠 5400 米，铺设环村 8 米宽沥青路面 1300 米，水泥硬化户巷道 4100 米，新建水冲式公共厕所 1 座，个户改卫生旱厕 120 座，改建健身活动广场 1 个，村内主干道和巷道全部进行了乔冠配套绿化。同时全面制定完善了村规民约、环境卫生管理等制度，配制了专门的管理保洁人员和垃圾车等设施，由专人定时定点进行垃圾收集，确保垃圾不落地。村容村貌整洁干净、焕然一新，村居环境全面改善提升。

传承红色基因，彰显文化元素，初步形成文化引领、文旅融合的发展雏形。一是依托红色文化资源，着力打造红色革命教育基地。南圪垛村位于临县林家坪镇南 3 公里处，为中共中央西北局旧址所在地。1947 年 8 月，贺龙、习仲勋率领中共中央西北局、陕甘宁晋绥联防军驻扎在临县林家坪镇南圪垛村、沙垣村。习仲勋夫人齐心在当地居住期间，与村民同住一个院子，教孩子们写字画画，带他们看无声电影和戏剧。当地至今还流传着当时齐心与老百姓同甘共苦，共同劳作，积极帮助接济村民的感人故事。一些年长村民至今仍感慨："要不是齐心，我连自己的名字都不认识。"2015 年，为进一步传承红色基因、打造爱国主义教育基地、推动红色旅游产业、提高当地人民收入水平，开始对中共中央西北局旧址进行了保护维修及布展。2016 年 6 月被山西省人民政府公布为省级文物保护单位；2017 年被确定为山西省党史教育基地和吕梁市、临县爱国主义教育基地及吕梁市党员干部教育基地，同年，正式对外开放。双塔村位于三交镇镇区西南 1 公里处的三碛公路沿线。1947 年到 1948 年，双塔村曾为中共中央后委机关驻地，毛泽东路居处。中央后委机关旧址是国家级文物保护单位，是省级"爱国主义教育基地"，是吕梁市首批党员干部教育基地。1947 年 4 月 11 日，由叶剑英、杨尚昆率领的中央后委进驻临县三交镇双塔村，后委是党中央转战陕北的后勤保障部和军委参谋部。

二是借助历史文化，发展文化产业。山西临县碛口镇李家山村位于碛口古镇南 3 公里处，历史悠久，沿黄河而居，依托山势走向设计和修建住宅群，因整村建筑别致、布局奇特、造型美观、保存完整，被誉为北方的"小布达拉宫"。2008 年被住建部评为第四批中国历史文化名村之一，2017 年入选中国美丽休闲乡村，2019 年被评为全省旅游扶贫示范村，也是吕梁市旅游扶贫的重点村，2020 年 4 月被评为吕梁市乡村旅游示范村。著名画家吴冠中 1989 年 10 月到李家山采风时惊呼这里像"汉墓"，他说："从外部看像一座荒凉的汉墓，一进去是很古老讲究的窑洞，古村相对封闭，像与世隔绝的桃花源。"李家山村围绕民居旅游产业，完善旅游基础设施，美化村内环境，打造良好的旅游品牌，旅游产业得到较大发展，每年可吸引各地游客十几万人，安排就业岗位二十多人，实现旅游收入达 100 多万元，成为李家山脱贫攻坚、振兴乡村的支柱产业。

三是依托城庄境内引领全县食用菌行业发展的千山菌业、温室种植面积最大的惠农蔬菜园区、临县最大的核桃深加工企业欧莱特、正在开发的休闲农业旅游区大渡山、新建的爱亿农有机旱作蔬菜基地、特色杭白菊和万寿菊种植，结合新建的移民安置小区五和居，打造了集种植、加工、观光为一体的休闲农业旅游产业园区。

四是依托安业境内飞峰薯业、祥和薯业、鑫特薯业、妙香源醋业、七发醋厂、锦绣休闲农业示范园和前青塘村、青塘粽子、"苇叶"观光、采摘、餐饮、编织、苇画等新型产业的强势崛起。特别是青塘村，依托芦苇荡，不仅发展了旅游观光产业，而且培育了青塘粽子知名品牌，全村有 1 个加工厂、83 家作坊，2020 年生产销售粽子 1300 万个，产值达 3000 多万元。"吕梁山上鱼米乡，不信你来前青塘。要问青塘啥最好，芦苇海眼粽飘香。""青青芦苇荡，深深海眼亮。悠悠粽飘香，家家奔小康！"山西省政协副主席、吕梁市委书记李正印为青塘村作的这两首诗，如今在当地已是琅琅上口，老少皆知。

五是以古村落保护开发为依托，引入高品位文化，让艺术点亮乡村。孙家沟村位于三交镇东部，依山傍水，距镇区 2.8 公里。村内明清古建筑成群且保存基本完好，总体布局错落有致，为典型的北方民居窑洞，13 个院落，院院相通，别具风格。2014 年 11 月，被住建部等部门授予"中国传统古村落"称号；2019 年 1 月，被住建部、文化和旅游部等部门评为"中国历史文化名村"。1947 年 3 月至 1948 年 3 月，中央机要处和中央军委三局驻扎于此。当时，中央军委 90% 以上的电台都搬到了这里，党中央毛主席以及中央军委的命令指示绝大部分由此转达全国，各战略区和国民党统治区地下党的许多电报也都是由此通过后委转报党中央毛主席和中央军委，孙家沟被誉为"没有硝烟的主战场"，当地干部群众为了保障电台运转作出了无私的奉献。

就是这个深藏于大山的孙家沟村，以厚重的文化资源吸引了一批批学者、艺术家到此采风、创作。2018 年 3 月，三晋文化研究会吕梁红色文化促进会孙家沟工作站挂牌成立。2019 年，谢永增孙家沟艺术馆和吕梁市美术、写生、摄影采风和培训基地相继在孙家沟村揭牌，一幅幅作品散发着浓郁的生活气息，给当地群众营造了浓厚的艺术氛围，带来全新的感受。根据旅游需要，村里发展起 5 个农家客栈、1 个农家乐，可同时容纳 300 人吃住，增加了农民创收渠道，为打赢脱贫攻坚战注入了新活力。

沉舟侧畔千帆过，脱贫攻坚万户春。临县生态扶贫战略尽管仅仅是开了头、起了步，还存在一定的差距需要赶超，但已经显示出其无比的生机和活力，增加了农民收入，促进了脱贫攻坚，改变了生存环境。截至 2019 年底，生态扶贫收入占到农民收入的 37% 以上，全县森林覆盖率提高到目前的 24.5%，到 2027 年全部保存合格，森林覆盖率可达 41.3%。特别是近几年来降水量最高年份 2017 年达到了最高水平 829.8 毫米，整体气候环境和人民群众生产生活环境不断向好发展，得到上级有关部门的肯定和表扬，2017 年 3 月国家林业局等部门专门召开现场会，对临县经验进行了总结推广。同年，在北京展览馆举办的"砥砺奋进的五年"大型成就展中，展出了临县生态扶贫的图片。在今年全国脱贫网络展中，展出了临县环城黄土高原上大规模造林绿化图片和临县扶贫攻坚造林合作社春季造林启动大会。

大打生态扶贫攻坚战，推动稳定脱贫奔小康，是 60 多万临县人民的美好愿望和不断实践，是县委带领全县 2.48 万名党员和广大人民群众学习贯彻习近平新时代中国特色社会主义思想，践行执政为民理念的永恒主题党课。今后要继续保持在"一个战场"打赢"两场战役"的勇气和精神，蹚出一条贫困地区生态美、产业兴、百姓富、社会安的转型发展全面奔小康之路。

全面建成小康社会与中国县域发展

山西省阳泉市平定县

文旅融合助转型　全面发力奔小康

中共阳泉市委宣传部

平定县隶属阳泉市，位于阳泉东南部，北接盂县、阳泉市郊区，西邻寿阳县，南毗昔阳县，东与河北省井陉县交界，是晋冀通衢要道，有山西省东大门之称，是太原及山西省中部腹地区域便捷的出省通道。平定县下辖8镇2乡2社区，截至2019年底，全县共有304个行政村，现常住人口34.58万人。自秦朝以来，3000年的文明史，2000年的州县史，造就了古州平定厚重的文化底蕴，平定武迓鼓、刻花瓷、砂器等承载着古州人民的劳动智慧，娘子关、固关、冠山等历史文化遗产更是平定亮丽的名片。平定还拥有丰富的地下矿藏，资源大县，现已探明的矿种有无烟煤、硫铁矿、铝土矿、铅锌矿、石英砂、大理石等30多种，其中尤以无烟煤、高铝黏土、硫铁矿、石灰石为最。长期以来平定以煤炭生产等占主导的产业结构所积累的结构性、体制性、素质性矛盾逐步凸显。随着煤炭去产能，资源型经济转型发展，传统产业转型不快、优势减弱，新兴产业培育不足、新旧动能转换不够充分、改革开放相对滞后、创新动力仍显不足，导致经济总量不大、发展不快、活力不足、新的增长点少等问题日益显现，严重制约了平定的发展，对全面建成小康社会造成一定影响。

"民亦劳止，汔可小康。"小康社会是老百姓对宽裕、殷实的理想生活的追求。随着我国经济社会发展，综合国力不断提升，党的十九大在党和国家事业取得历史性成就、发生历史性变革基础上，发出了决胜全面建成小康社会的动员令。平定县党政领导班子和基层干部群众很快达成了共识、凝聚了力

量，把思想和行动统一到习近平总书记指出的道路上来，贯彻落实党中央关
于全面建成小康社会的决策部署，主动担当，积极作为，让小康之花开遍平
定每一寸土地。

一、小康建设成效显著

习近平总书记多次强调"绿水青山就是金山银山"，提出"走生态优先、
绿色发展之路"，为坐拥丰厚历史文化资源和生态资源的平定县指出了一条转
型发展、决胜全面小康的新路径。党的十八大以来，平定县高举习近平新时
代中国特色社会主义思想伟大旗帜，按照中央决策部署和省委、市委要求，
主动担当，积极作为，贯彻落实新发展理念，立足丰厚文化资源优势，以文
化旅游深度融合为突破口，在"转"字上破难题，在"变"字上谋发展，在"创"
字上做文章，助推转型发展，全县呈现出经济持续发展、事业不断进步、社会
和谐安全的良好局面，书写出古州平定新时代浓墨重彩的一页。

经济发展快速增长。经济发展稳中有进，产业结构不断优化，全县地区生
产总值完成额连续增长，到 2019 年为 111.8 亿元。中能建投 100 兆瓦风电等一
批重大绿色项目加快推进，新能源装机容量占比达到 17.5%。"六新"产业项目
发展迅速；13 家优质企业在"晋兴板"挂牌，并成为全省首批资本市场县域工
程示范县。以文旅融合带动的现代物流、电子商务、康养休闲等产业发展势头
良好，服务业总产值占比达到 43.8%，经济贡献率同比增长 27.1 个百分点，在
全省经济转型升级考核评价中，排名第 5 位，高质量转型发展迈出了坚实步伐。

平定县主要经济指标

类目	2017 年		2018 年		2019 年	
	完成额	同比增长率（%）	完成额	同比增长率（%）	完成额	同比增长率（%）
地区生产总值（亿元）	100.05	3.40	105.2	5.1	111.8	6.3

续表

类目	2017 年		2018 年		2019 年	
	完成额	同比增长率（%）	完成额	同比增长率（%）	完成额	同比增长率（%）
全社会固定资产投资（亿元）	61.09	6.60	55.15	−9.7	59.6	8.1
社会消费品零售总额（亿元）	36	5.50	38.48	6.9	41.5	7.8
城镇居民人均可支配收入（元）	27259	6.10	28949	6.2	30928	6.8
农村居民人均可支配收入（元）	12427	6.50	13483	8 .5	14743	9.3

居民收入显著提高。以近三年为例，城乡居民人均可支配收入从 2017 年的 27259 元、12427 元增长到 2019 年的 30928 元、14743 元，并且农村居民收入增幅持续快于城镇居民。

决战脱贫攻坚取得阶段性胜利。平定县聚焦"三落实""三精准""两不愁三保障"，坚持问题导向，查漏洞、补短板、强弱项、抓提升，全县脱贫攻坚工作取得新进展，贫困发生率降至 0.017%，脱贫成果得到进一步巩固提升，获得"全省脱贫攻坚先进集体"荣誉称号。

人居环境持续改善。大力改善农村人居环境，全国传统村落总数达到 34 个，位列全省第 3；创建全国绿色村庄 53 个，占全省总数的 1/4；平定县代表山西省接受了国家农村危房改造专项督查验收，名列全国第一。

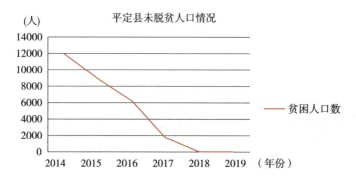

医疗教育保障水平持续提高。加快推进城乡教育一体化发展，全县基本实现了"四统一全覆盖"；实施农村寄宿制小学三餐免费工程，每生每天补助 7 元；对义务教育阶段农村寄宿生公交免费接送，《山西日报》头版头条进行了报道，配发了"学平定做法、向平定看齐"的短评。提高人均基本公共卫生服务经费补助标准，由 2018 年的 55 元增至 2019 年的 69 元，新增经费全部用于村和社区基本公共卫生服务项目，家庭医生签约 22 万人。村卫生室覆盖率达到 73%，对没有村医或村医服务能力弱的村，通过组建 2 支县级和 10 支乡镇巡回医疗队，解决偏远群众看病难题。截至 2019 年底，建成并投入运营的农村老年人日间照料中心达到 215 个，覆盖面为 70%，基本解决了全县农村空巢、高龄老人日间照料特别是就餐需求。三年来，每一年的民生支出都占到财政总支出的 80% 以上。

平定县农村建立日间照料中心情况　　平定县民生支出占财政支出情况

建立日间照料中心的村 29%

未建立日间照料中心的村 71%

其他 20%

民生支出 80%

文化事业日益繁荣。大力开展免费送戏下乡、公益数字电影放映等文化惠民工程。仅 2018 年就免费送戏下乡 239 场，公益数字电影放映 4743 场。平定武迓鼓《保卫娘子关》荣获全国第十八届群星奖音乐类作品最高奖，是山西省唯一获奖作品。冠山镇被授予"山西省民间文化艺术之乡"称号，刻花瓷亮相外交部举办的山西全球推介活动。

全县各项事业得到全面发展，先后获得全国城乡交通运输一体化示范县、全国群众体育工作先进集体、全国避暑旅游标准城市、省级健康促进示范县、省级卫生县城和全省"四好农村路"示范县等荣誉称号，人民群众获得感、幸福感、安全感持续增强。

二、文化发力，为决胜全面小康筑牢精神根基

党的十九大报告中指出："文化是一个国家、一个民族的灵魂。"习近平总书记强调："中华优秀传统文化是中华民族的突出优势，中华民族伟大复兴需要以中华文化发展繁荣为条件，必须结合新的时代条件传承和弘扬好中华优秀传统文化。"这些都充分说明了文化对于当前阶段社会主义建设的重要性。平定县充分发挥本地丰厚文化资源和生态资源优势，传承、保护非物质文化遗产，弘扬红色文化和现代文明，以文化繁荣、文明新风为建成全面小康社会提供坚强保障。

（一）致力传承保护，发扬古州文化

平定县坚持"创造性转化，创新性发展"，以娘子关、固关、冠山等平定传统文化中最著名的文化符号为主打品牌，深入挖掘、传承、保护优秀传统文化资源，不断提升文化软实力。在文化传承保护中，平定县深挖34个中国传统古村落的文化宝藏，在古宅、古院、古驿道上挖掘典故，在民风、祖训、牌匾上提取精华，使之成为平定文化的重要支撑。平定县非物质文化遗产品类繁多，武迓鼓、刻花瓷制作技艺、砂器制作技艺名列国家非物质文化遗产名录，此外，还有皇杠、三八席等18项省级非遗项目。积极创新武迓鼓、皇杠、跑马排等传统表演形式，平定武迓鼓《保卫娘子关》荣登全国第十八届群星奖音乐类作品榜首，成为全省唯一的获奖作品。2019年全国乡村特色产品和能工巧匠目录发布，平定刻花瓷、冠窑砂器和张文亮、张宏亮兄弟两人榜上有名。2019年4月，平定刻花瓷非遗博物馆开馆，同年7月，平定砂器博物馆揭牌。这两个民营博物馆的成立，展现出民众对平定文化发展的满腔热情和积极参与，体现党委和政府对文化事业产业的大力支持，共同推动全县文化繁荣发展。

（二）挖掘乡村资源，弘扬红色文化

平定不仅拥有数量众多的历史文化村，还有南庄村、七亘村等因抗战而闻名遐迩的红色文化村。在文化建设中，平定县弘扬红色文化和发展旅游产业有机结合，大力建设七亘大捷和南庄红色旅游等项目，助力乡村振兴和小康建

设。南庄村新建 3400 平方米的"小延安英烈园"以及革命烈士纪念碑和抗战
英雄纪念展览室，先后被命名为省级历史文化名村和国家级传统村落，并已成
功申报国家级历史文化名村。七亘大捷发生地——七亘村在带头人董新河的带
领下，现已成为阳泉乃至石家庄地区机关企事业单位职工和普通群众接受爱国
主义教育的首选之地，年接待游客 2.5 万人次，年旅游综合收入 100 余万元，
被命名为山西省国防教育基地、党史教育基地。

（三）强化文明实践，助力乡村振兴

建设新时代文明实践中心，是推动习近平新时代中国特色社会主义思想
深入人心、落地生根的重大举措。在全面建成小康社会实践中，平定县充分发
挥好新时代文明实践阵地作用，聚焦引领文明风尚、弘扬时代新风，坚持文明
实践植根于群众、服务于群众，通过开展形式多样的志愿服务，全力打通宣传
群众、教育群众、关心群众、服务群众的"最后一公里"。强化阵地建设构筑
文明实践的前沿哨所，通过整合公共服务阵地资源，形成固定的实践场所，配
套升级活动设施，按照有场所、有标识、有机制、有队伍、有菜单、有成效的
"六有"标准打造，依托县、乡镇（社区办事处）、村（社区）三级网络宣讲团、
道德讲堂、科普大篷车、文体活动中心、图书馆、爱国主义教育基地等场所以
及微信公众号、学习强国平台把新时代文明实践中心建成融"思想引领、文化
传承、道德教化、服务惠民"等多项功能于一体的综合性宣传思想文化阵地，
为文明实践活动的开展和传播提供有效载体。强化志愿服务组建文明实践的服
务体系，建立起"总队＋大队＋中队＋特色分队＋品牌志愿服务队"的专兼
职文明实践志愿服务队伍网络，打造一批优质高效、服务周到的品牌志愿服务
队，开展形式多样的志愿服务。倡导文明风尚激发文明实践的内在动力，广泛
开展社会主义核心价值观和中国梦宣传教育。实施文明单位、村镇、校园、社
区、家庭"五大文明创建"工程，让群众享受到文明创建的成果；定期组织开
展最美教师、最美志愿者、最美扶贫干部等评比活动；开展"爱国型""致富
型""美德型"等十星级文明户评选，通过小家带大家、家风带乡风、乡风促
民风。深入推进"移风易俗"，遏制大操大办、铺张浪费、封建迷信等陈风陋
俗，形成"婚事新办、白事简办、节俭养德"的文明理念。

案例一

七亘村的跨越和发展

2014 年，发展起起落落的七亘村召回了在外做生意的董新河和董桃红，分别担任村党支部书记和村委会主任。时年 44 岁的董新河撇下收入上百万元的"金石硅"企业，回村参加换届选举，当然不是为了图名图利，而是乡情难却。他还把自己多年的好友——在外包工程的董桃红请了回来，并选择村里愿意干事的党员们，共同重建了七亘村的"两委"班子，共谋发展大计。思路决定出路。村委会主任董桃红说，2015 年开春，面对村集体账上的欠款，七亘村多次召开支部班子、党员和村民代表"圆桌会"，在几天几夜面红耳赤的"争吵"中，确定了"红色"与"绿色"相融发展的工作思路和目标——"红色"即依托七亘大捷主战场遗址，下大力挖掘和发展红色旅游业；"绿色"即利用当地丰富的土地资源，倾力打造集采摘、观光于一体的高效农业。村妇联主席董文鱼回忆说，在发展旅游的过程中，起先村里没钱，董新河带头垫资，在自家企业急需资金周转的情况下，挤出了 50 多万元。董桃红把外出打工新买的工具车卖掉，钱不够，又把闺女出嫁的 8 万元彩礼钱拿出来救急。在村干部的带头下，七亘村男女老少齐上阵，打响了开发旅游产业的攻坚战。有些外村人来七亘村看，留下一句"修这些东西干啥，栽这么多树干啥，眼下能当饭吃？"一句话把董桃红噎得够呛。"虽然不高兴，但只能忍了下来。别的村的人不懂，咱自己村的人明白就行。"董桃红说。村干部带头干，村民们看在眼里。村民武便祥说，自从 2014 年以后，七亘村里没了闲人，大家踏着先辈的红色足迹，再次开始了奋斗。武便祥记得，2017 年七亘村实施引水工程时，又得挖渠又得埋管，村民们抛开报酬，义务跟着党员突击队、青年突击队一起干。经过多年建设，七亘村依托平定县广源种植专业合作社和七亘大捷旅游开发有限公司，先后完成烈士公墓园及高层台阶、绿化等配套工程；完成烈士纪念馆展厅及装修、灯光、布展工程；劈山填沟新建起 5000 平方米的停车场；修建了景区标准化水冲厕所；打通

了七亘伏击战半山腰 1700 米的红色走廊；修缮了七七一团、七七二团团
部旧址及平东抗日政府旧址、陈赓住宅旧址；新建了刘伯承广场，安装了
刘伯承雕像；建起了占地 370 多亩的休闲采摘园，栽植了桃树、杏树、苹
果树等经济林，全部采用滴水灌溉技术……

　　8 月是七亘村的旅游旺季，老党员董瑞生义务当起了讲解员，村民
董建绒开办农家乐笑迎八方客，村民蒋元娥售卖亲手制作的布老虎……
如今的七亘村依托红色和绿色旅游资源发展正劲，董新河还有更多打
算——建一个玻璃栈道、一座铁索桥，打造一台以七亘大捷为主题的实景
剧，建一条涵盖小吃、农产品、文创产品的特色街……要让红色精神代
代接力，也要让七亘人过上更好的日子。

三、旅游助推，为决胜全面小康增添动力

　　近年来，平定县以娘子关景区为龙头，以 34 个中国传统村落和 53 个中国
绿色村庄为依托，以刻花瓷、紫砂、砂器为产业重点，全力推进文化和旅游融
合发展，为转型发展提供新的增长点，为全面建成小康社会增添新的动力。

（一）打造龙头景区，牵动全县旅游业发展

　　娘子关以"天下第九关"闻名，是阳泉市乃至山西省的一张亮丽的名片。
平定县以打造娘子关景区为牵引，带动全县旅游业发展。2018 年，娘子关与
山西文旅集团达成战略合作，投资组建山西娘子关旅游发展有限公司，致力于
开发、投资、建设、运营娘子关景区，开展娘子关景区水磨一条街民宿开发和
游客接待中心、瀑布公园、过街天桥、花海梯田等基础设施项目以及环境整治
提升工程。在娘子关景区建设带动下，全县各乡各村大力发展文化旅游。红
岩岭开发了玉皇洞景区，大前村建成了石头村景点，宁艾村建设了莲花山景
区……全县共有 46 个旅游项目列入市旅游项目库，34 个旅游项目列入省旅游
项目库，其中 6 个旅游扶贫项目被确定为国家级支持项目。目前，县域范围内
已形成以"关隘文化＋山水＋古村落游"的娘子关片区为龙头，"山水风光＋

古村落游"的冶西片区、"红色文化＋古村落游"的东回片区、"书院文化＋文化产业游"的冠山片区、"地质遗址＋古村落＋红色文化游"的岔口片区、"莲花山＋药岭寺＋浮山人祖文化自然风光游"的张庄片区共同推进的旅游发展新格局。2018 年，仅娘子关景区全年共接待 9 游客 80 万人次，门票收入达 2700 万元，综合效益 2.1 亿元，旅游业蓬勃发展，全域旅游迈出实质性步伐。

（二）建设美丽乡村，提升旅游品质

平定县以发展文化旅游推动生态文明建设，目前已打造省、市两级乡村振兴示范村 40 个。娘子关村入选全国第一批乡村旅游重点村，甘泉井村荣获中国美丽休闲乡村，红岩岭等 5 个村成为全省首批 3A 级乡村旅游示范村，张庄镇圣堂村、冶西镇赵家村、岔口乡大前村入选第二批国家森林乡村。同时积

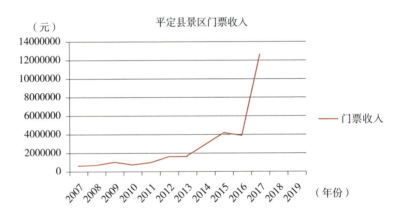

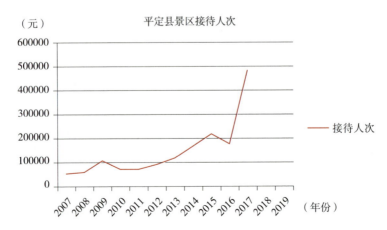

极开展各类民俗节庆活动，加大对文化旅游艺术节、非遗民俗艺术节、固关冰雪节、娘子关河灯节、下董寨跑马节、半沟红薯节等文旅活动的推介力度，以"太行深处有人家"为主题，推进下董寨、西岭、甘泉井等乡村生态旅游项目建设，将独特的历史文化、自然风光、民俗风情融入乡村休闲旅游中，不断提升旅游品质。

（三）丰富文化产品，做大紫砂品牌

发展文化旅游，离不开特色文化产品。近年来，平定县把"平定砂器"特别是平定紫砂作为龙头文化产品，倾力支持相关产业发展，为文旅融合提供有力支撑。平定县陶土资源丰富，工艺技术历史悠久，平定砂器制作技艺、刻花瓷制作技艺名列国家级非物质遗产项目，然而由于种种原因，平定砂器几经兴衰，终没有形成大气候。2017 年 11 月，原国家质检总局批准对"平定砂器"实施地理标志产品保护。近年来，以莹玉陶瓷和亮晶晶砂锅为代表的民营企业日益走强，产品远销国外，但平定砂器的总体知名度、规模和效益还不够强。为了让平定砂器重焕光彩，平定县将紫砂产业放在优先发展的战略位置。专门出台《平定县关于扶持紫砂产业发展的办法》《平定县紫砂产业专项扶持基金管理办法》等，提出了明确的紫砂产业发展目标，连续成功举办三届"中国紫砂南宜兴·北平定"高层研讨会，设立每年 500 万紫砂产业专项扶持基金，加强紫砂专业人才培训，扶持紫砂产业向全域化、集群化、规模化的方向发展。平定县冶西镇苇池村、张庄镇北阳胜村、冠山镇大峪村、巨城镇东小麻村等村子纷纷行动起来，借助平定县发展紫砂产业的东风，引回紫砂公司，开设紫砂培训班，鼓励村民学习，通过实施文化产业和手工业融合示范工程，振兴乡村。截至目前，共注册成立紫砂企业、工作室 70 多个，累计培训紫砂工匠 2200 余人，发展手工作坊和企业 90 家，正在成为全县经济转型的新兴产业和富民强县的民生产业。目前，平定县正在积极申报"中国砂器之都"。

（四）延伸产业链条，发展特色农业

促进农产品销售，是文旅融合发展的一项重要功能。平定县以文旅融合发展推动农业供给侧结构性改革，推进农业特色化、精细化、功能化发展，大力发展特色优势农业，有效促进了农业增效、农民增收。2019 年，平定县巨

城镇半沟村入选第九批全国"一村一品"示范村镇名单，源于半沟村的乡土特色产业——红薯。作为一道美食，半沟村烤红薯跟随平定旅游的壮大也声名远扬。半沟人抓住有利契机，联合周边 6 个村共同修建育苗棚、深加工车间、恒温库等，开展深加工。制作的红薯面可卖到 25 元每斤。半沟红薯产业日渐做大做强，不仅让村民有活干，提高了收入，更为村里的年轻人留下长远发展的产业。目前，平定县有机旱作薯类种植示范区达到 1.05 万亩，打造了薯类、中草药、干鲜果、蜜蜂养殖 4 个万亩（箱）特色产业基地。搭乘山西省大力发展药茶产业的政策快车，平定县连翘种植达到 3.5 万亩。2020 年，阳泉市委整合资源、统筹推进，提出"紫砂＋连翘"一体化发展思路，为平定县紫砂产业和药茶产来勾画了更广阔的发展蓝图。

案例二

平定县张庄镇打造全域旅游新格局

平定县张庄镇交通便利，旅游资源丰富，发展全域旅游有着得天独厚的优势。近年来，张庄镇利用乡村的田园风光、古村风貌、民俗风情等资源，大力发展全域旅游。2017 年，张庄镇成功举办了"谁不说咱张庄好"首届张庄乡村旅游文化节，共接待游客 5 万余人次，旅游创收突破百万元，为全镇发展全域旅游奠定了基础。南阳胜村是张庄镇建设美丽乡村的典范。村内的南阳胜植物观光园，是张庄镇发展休闲观光农业，带动乡村旅游的项目之一。目前，观光园已建成了初具规模的果蔬采摘、动植物观赏、休闲娱乐、餐饮服务四大功能区。2017 年，张庄镇推进了宁艾、南阳胜、南后峪、北阳胜、鸦洼、圣堂、赵家庄等村的美丽乡村建设，打造了胜茂、宝宏、上艾、草帽山等 9 个特色山庄。2020 年，张庄镇将继续推进美丽乡村建设，完善提升山庄的规模和服务水平，推动桃叶坡村明清古院、岳家山村红色大院、郭家垴村知青大院三座特色院落建设。位于宁艾村的莲花山生态观光旅游园，是张庄镇境内的一个自然景区，也是引领全镇发展生态旅游的"龙头"。目前，莲花山生态观光旅游园已完成了道路建设、环境美化等基础设施建设。再过三到五年，这里将是一个集餐饮、垂钓、游乐、采摘、登山步道等为一体的综合型健身娱乐森林公园，成为供游客休闲度假的生态旅游景区。保护传统村落发展乡村旅游，是张庄镇发展全域旅游的抓手之一。如今，张庄镇的全域旅游新格局已经形成。下一步，张庄镇将以全域旅游为抓手，深度挖掘本土旅游资源，推进环药林寺森林公园和阳胜河流域的康养产业建设以及紫砂工作坊建设，进一步带动全镇旅游产业发展。

四、多措并举，增进群众获得感、幸福感、安全感

（一）做好民生实事

发展最终要体现在保障和改善民生上。习近平总书记多次强调，要坚持以人民为中心的发展思想，扎实办好民生实事。近年来，平定县以创建国家卫生县城和省级文明县城为抓手，强力推进了一批改变城乡面貌的基础设施项目。突出开展国道 307、207 绕城改线工程平定段拆迁扫障工作，全面推开太行一号旅游公路平定段、"四好农村路"等重点工程，统筹实施建制村通硬化路、县乡公路改造提质、危桥改造等重点工程。开展县城旧城区旱厕清零、改

造农村户厕、环境绿化、大气污染治理等工程，特别是农村煤改电、煤改气、垃圾污水治理、工作的推进，大幅提高了城乡环境质量，改善了城乡人居环境。深化县乡医疗卫生机构一体化改革，有效推进分级诊疗制度，做实做细家庭医生签约，促进优质医疗资源下沉。乡居民养老、医保和困难群众低保、五保提标升级。农村老年人日间照料中心建成运行，农村留守儿童日间照料实现全覆盖。深入推进全民参保计划，做好企业职工基本养老保险和城乡居民养老保险统筹，提高工伤保险和失业保险参保率，完善统一的城乡居民基本医疗保险和大病保险制度。

（二）打好脱贫攻坚战役

习近平总书记指出，"中国要富，农民必须富""全面建成小康社会，最艰巨最繁重的任务在农村，特别是在贫困地区。没有农村的小康，特别是没有贫困地区的小康，就没有全面建成小康社会"。打响脱贫攻坚战以来，平定县聚焦"三落实""三精准""两不愁三保障"，严格落实"四不摘"要求，坚持问题导向，查漏洞、补短板、强弱项、抓提升，切实发挥好包村干部、驻村工作队和第一书记"三支队伍"的作用，选好配优贫困村"领头雁"，继续落实"领导包带、单位包村、党员包户"的帮扶机制，县级领导和42个市直单位帮扶42个贫困村，98个县级帮扶单位帮扶208个低收入村，实现了全覆盖；42名第一书记和292名驻村帮扶队员，严格执行"五天四夜"驻村要求，实现了驻村帮扶全覆盖；市、县两级4600余名党员干部结对贫困户，实现了贫困户帮扶全覆盖。抓好产业脱贫，东回镇里洪水村实施山楂树高接换优项目，岔口乡大前村发展枸杞地套种菊花项目，柏井镇将军峪村发展反季节蛋鹅养殖规模再扩大项目，娘子关镇井沟村35户贫困户依靠花椒产业全部脱贫，白家地掌村积极发展150亩玉露香梨，2018年底平定县扶贫产业园开园后，共带动1147名建档立卡贫困人员脱贫增收。全县共有292个产业扶贫项目，变"一次输血"为"长期造血"，增强建档立卡贫困村和贫困户自我发展、长期发展的能力，真正实现播下"富种子"，摘掉"穷帽子"。2019年，42个贫困村整体退出，5597户、12073名贫困人口脱贫，平定县获得"全省脱贫攻坚先进集体"荣誉称号。

（三）抓好基层党的建设

习近平总书记指出，党的工作最坚实的力量支撑在基层，经济社会发展和民生最突出的矛盾和问题也在基层，必须把抓基层打基础作为长远之计和固本之策，丝毫不能放松。全县产业发展、乡村振兴、民生改善、精准脱贫、人居环境整治、疫情防控等各项事业发展取得新成果，离不开党的领导和党建工作。近年来，平定县委严格落实党建责任制，通过强化基层党组织的政治引领和基层治理能力，引导和推动基层经济组织、自治组织、群团组织、社会组织积极落实党和国家各项决策部署；加大对软弱涣散党组织整顿力度和农村不称职主干的调整力度，充分发挥基层党支部战斗堡垒作用，组建村村联建、村企联建党组织 34 个，推动好村领差村、富村帮穷村、强村带弱村；坚持重实干、重实绩的选人用人导向，全面加强各级领导班子和干部队伍建设，为推动全县改革发展稳定提供了坚强保证。平定县的党建工作，融入乡村振兴、脱贫攻坚、社会治理、小康建设等各领域各环节，克服了党建、业务"两张皮"的问题，使基层党组织成为推动经济社会发展的核心力量，促使经济社会发展更加有质量、基层治理更加有水平，使人民群众更加有获得感、幸福感、安全感。

案 例 三

振兴路宽了幸福感强了
——平定县岔口乡甘泉井村乡村振兴再上新台阶

夏日炎炎，平定县岔口乡甘泉井村村民王丽琴在自家承包的设施蔬菜大棚里忙活。高温炙烤让这栋日光温室大棚闷热难耐，还没干几下，王丽琴已汗流浃背，可她脸上一直带着笑容。"加入村里的蔬菜种植专业合作社，俺的菜不出村就能卖光，每年收入几万元。生活条件越来越好，村里也越来越美，生活越来越幸福。"王丽琴喜滋滋地说。王丽琴加入的合作社是甘泉井村集体成立的平定县兴盛蔬菜种植专业合作社。成立以来，合作社以规模化种植设施蔬菜为主，采用"合作社＋基地＋农户"的模式带领本村村民及周边农户增收。"合作社年生产 260 万公斤新鲜蔬菜，年收入有 200 万元，纯收入 80 万元左右。"甘泉井村党支部书记、村委会主任刘建平骄傲地说。在刘建平的带领下，我们来到甘泉井河平原蔬菜基地。"这儿有 12 栋大棚，是合作社建起不久的春秋棚，里面种着西瓜、黄瓜等瓜果蔬菜。"在村里早年建好的日光温室大棚里，村民王云平正在更换黄板。"俺种的蔬菜不打农药，就靠这黄板除虫。你看这菜长得怎么样，俺可是按合作社的要求不用化肥，用的是咱村鸡场里的鸡粪。"王云平说。如今，平定县兴盛蔬菜种植专业合作社大部分日光温室大棚里安装了水肥一体化设备和自动防风卷帘系统，种植灌溉用水全部来自村里的深井水，肥料以鸡粪为主，种植的蔬菜优质、新鲜。甘泉井村种植设施蔬菜是村支"两委"带领全村百姓振兴乡村的其中一条路。这些年，平定县兴盛蔬菜种植专业合作社引导 80 户农户入社，生产人员达到 90 人，蔬菜种植面积达 200 亩，种植西红柿、西葫芦、黄瓜、大白菜、尖椒、青椒、甜瓜、草莓等 10 多个品种。其中，西红柿、黄瓜成功申请了无公害农产品认证。"除了种蔬菜，俺村还有核桃种植基地、蛋鸡养殖基地等。全村已经形成了户均 1 亩大棚菜、2 亩核桃树、600 只蛋鸡的产业格局。"介绍完村里的产业，刘建平又谈起了振兴"奥秘"，"'多条腿'走路，振兴路才能越走越宽"。甘泉井村不仅产业兴旺，人居环境也在逐步完善。如今，干净平坦的乡村路直通农家，村民吃水、用电不愁，做饭洗澡用上了天然气，村里还铺设了生活污水管网，村民的生活条件越来越好。"全国美丽乡村""全国文明村镇""全国生态文化村""中国最美休闲乡村""全国乡村治理示范村"……甘泉井村的荣誉多了，村里人这样概括自己的生活：人人有活儿干，幸福感嗖嗖往上涨。

五、启示与思考

以文旅融合发展推动转型升级和全面建成小康社会，是当前很多县、乡的共同选择。平定县文化旅游产业融合发展的成功实践，对于推进地方高质量转型、全面建成小康社会具有一定的启示意义。

（一）学好用好党的创新理论是根本

平定县始终把学习贯彻习近平新时代中国特色社会主义思想作为首要任务，在学懂弄通做实上下功夫，切实用党的创新理论武装头脑、指导实践、推动工作。以文化旅游融合发展带动经济转型、实现全面建成小康社会，正是平定县在习近平总书记"两山"理念和两次视察山西重要讲话重要指示的指引下，紧密结合自身实际，立足资源禀赋，做出的正确选择。这几年平定县文化旅游事业和产业发展的显著成效，充分体现了党的创新理论的指导作用，进一步坚定了全县上下团结一致、大力推进文化旅游深度融合的信心与决心。

（二）科学规划是基础

平定县之所以能够强力推进文化和旅游融合，与顶层设计、规划到位是密不可分的。县委、县政府把文化和旅游融合发展作为推进全面建成小康社会的重要抓手，根据各乡各村资源禀赋存在差异和小康建设实际，找准本地的特色文化旅游资源，进行科学规划、重点开发、分片打造，走差异化和特色化发展之路，形成了各具特色的发展路径，满足了不同地域干部群众的发展需求，实现了统筹推进、平衡发展。

（三）发掘特色是前提

文化旅游融合发展的基础在于文化资源和旅游资源在特色上的共融共通。平定县文化旅游融合发展之所以能产生实实在在的致富效果，就在于能够很好地挖掘传统文化、红色文化的特色亮点，使之能融入旅游市场，使旅游者充分体验和感受平定深厚的文化底蕴和鲜亮的文化形象，从而吸引游客，拉动消费，促进产业兴旺、群众致富。

（四）打造品牌是重点

品牌是文化旅游的名片。旅游市场已经全面进入了一个以品牌为核心的竞争时代，各地都在致力于研发和打造自己的文化品牌。在文化和旅游融合的过程中，平定县响亮地打出"天下第九关""南宜兴、北平定""中国刻花瓷"等自己的品牌，增强了自身的美誉度和影响力，为做大做强产业发展提供了长久的动力。

（五）项目带动是关键

文化旅游的融合发展需要一批影响力大、带动性强、综合效益好的项目作为示范和支撑。平定县能够在文化旅游市场上做强做大，关键是以市场为导向、以项目为抓手，鼓励多元化经营与多元化资金投入，建立财政投入、社会资本、民营资本多渠道投融资机制，做强做精一批具有创新性竞争力、专业水平高、特色明显的文旅企业、农业企业、工艺美术品企业、文化创意企业，提高了文化旅游产业综合服务能力和水平，带动了从业者走上小康之路。

如今的平定发展迈上了"时代快车"，城市干净亮丽，楼宇鳞次栉比，商业繁荣；乡镇公路宽阔畅通，风光旖旎；特色民居引人注目，村容村貌焕然一新，景观绿地生机勃勃；园区内机器轰鸣、塔吊高立，各项重点项目跑出"加速度"、按下"快捷键"……城乡面貌悄然蝶变。在迈向全面小康社会的道路上，平定县将初心和使命变成锐意进取、开拓创新的精气神，奋勇争先、实干担当，为了对美好生活的向往，重整行装再出发。

安徽省淮北市濉溪县

创新推行"五个一"
书写全面小康的民生答卷

中共濉溪县委宣传部调研组

"民惟邦本，本固邦宁。"习近平总书记多次指出，"以百姓心为心，与人民同呼吸、共命运、心连心，是党的初心，也是党的恒心"。保障和改善民生是经济社会发展的出发点和落脚点，也是全面建成小康社会的核心要义所在。濉溪县位于安徽省北部，是淮北市唯一辖县，是中原经济区、淮海经济区和徐州经济圈重要县域，是闻名遐迩的"口子窖"原产地，素有"酒乡煤城""中原粮仓"之美誉，全县辖11个镇和1个省级经济开发区，国土面积1987平方公里，人口112万人。党的十八大以来，濉溪县坚持以习近平新时代中国特色社会主义思想为指导，坚持以人民为中心的发展思想，围绕三大攻坚战、城乡协调发展、医疗教育和社会保障等群众最关心、最迫切、最现实的热点难点痛点问题，集中力量办了一批顺民意、惠民生、暖民心、解民忧、聚民力的大事实事，交出了一份温暖的民生答卷。2017年，濉溪县义务教育发展基本均衡通过国家级评估认定；2018年，获评全国园林县城；2019年，获评安徽省卫生县城；2020年，综合医改真抓实干成效明显，连续三年受省政府督查激励；获评省乡村振兴战略实绩考核非重点贫困县优秀单位，安徽省文明城市……一件件，一桩桩，承载着人民群众对美好生活的向往，绘就一幅悠长的民生画卷。

一、守正创新的探索与实践

习近平总书记强调，全面建成小康社会，在保持经济增长的同时，更重要的是落实以人民为中心的发展思想，想群众之所想、急群众之所急、解群众之所困。近年来，濉溪县始终坚持把人民群众利益放在首位，以小老板培育工程、紧密型医共体建设、棚户区改造、开通城乡一元公交、"一杯茶"调解法等一系列实招硬招，着力解决人民群众就业、医疗、住房、出行、矛盾纠纷处理等方面的突出困难，切实筑牢民生之基，持续增进民生福祉。

（一）创业富民：一项工程育新机

濉溪县铁佛镇茂铺村村民朱兰曾在外务工多年，在返乡创业扶持政策支持下，她在村里创办馨兰袜子厂，主要生产棉麻毛丝、化纤及混纺交织的单针筒、双针筒、毛巾袜等袜类产品，实现年销售额 2000 万元，吸纳包括贫困户在内的当地 100 多名村民就近就业，成为返乡创业的典型。四铺镇五铺村的庞雷，同样是在濉溪县"小老板培育工程"的政策扶持下，自己的小箱包加工厂已经发展成为集研发、生产、销售"一条龙"的大公司，走上了发展的快车道。

朱兰、庞雷的成功创业只是濉溪县"小老板培育工程"的一个缩影。近年来，作为人口大县的濉溪县围绕高质量发展目标，依托"小老板培育工程"，以农民工返乡创业试点县建设为契机，不断加大创业政策扶持力度、完善创业服务扶持体系、提升创业环境优化水平，推进大众创业、万众创新，促进人才政策由"助凤展翅"向"引凤还巢"转变，走出一条独具濉溪特色的返乡创业新路。2016 年以来，全县新增私营企业 8044 家、个体工商户 31598 户，其中返乡创业人员 11893 人，实现创业带动就业 15.2 万人。

完善政策，枝繁巢暖百凤栖。出台《关于进一步推进"小老板培育工程"的意见》《濉溪县结合新型城镇化开展支持农民工等人员返乡创业试点工作方案》等配套文件，在资金、场地、技能等方面给予支持，优化返乡创业发展环境。县财政按照人均 10 元、乡镇按人均 5 元的标准设立创业专项扶持资金，专门用于扶持小老板创业工作。注入 3000 万元创业贷款担保资金，为小老板贷款提供担保。加大创业担保贷款扶持力度，将重点创业典型户贷款额度提高到 20 万元，超过国家规定部分利息由县财政贴息。2016 年以来，全县发放创业担保贴息贷款 8.14 亿元，帮助 7599 户创业者解决资金难题。对创业小老板放宽市场准入，按规定免收管理类、登记类和证照类等行政事业性收费。

优化服务，年年玉叶长新枝。健全县、镇、村三级服务网，成立 1 个县级创业服务指导中心，11 个镇、2 个园区成立就业和社会保障事务所，213 个行政村和 25 个社区设立就业和社会保障服务站，形成了信息互通、资源共享、运转协调的三级服务网络，基层就业和社会保障服务平台实现全覆盖。聘任 20 名创业服务专家，组建创业服务专家团和创业技能服务团，提供创业投资信息、创业项目等服务。依托工业集中区和乡镇办公楼、学校教学楼、旧厂房等闲置资源，新建改建农民工返乡创业园 11 个、村级创业点 44 个、省级返乡创业示范园 2 个，共入驻企业 81 家，吸纳就业 1200 余人，通过初创期"孵化"和政策扶持，促进小老板创业实体发展壮大。创立濉溪创业促进会，设立乡镇分会和行业分会，协调整合各方面资源，为创业者、企业家提供经验交流、创业培训等服务。目前，创业促进会已发展会员企业 300 余家。

提升能力，一花开后百花艳。建立 1 个县级创业服务指导中心、12 个创业服务指导站、30 个创业实训基地，形成以县级中心为主体，镇级指导站为分支的创业服务指导网络体系。紧密结合小老板和返乡创业人员特点、需求和地域经济特色，开展创业意识培训、创办企业培训、创业模拟实训和电子商务培训等不同形式的创业培训 439 期，培训创业学员 29148 人，帮助找准创业方向、理清创业思路。邀请社科院、浙江大学等高校专家学者、知名教授，举办"濉溪创业大讲堂"8 期。组织优秀的返乡创业代表，走进北京大学、复旦大学等国内优秀高校，开展投资策划、市场营销、企业管理等素质提升培训班 6 期，培训优秀返乡创业人员 280 人次。开展创业明星和返乡创业之星评选活动，每年评选出 40 名创业明星、20 名返乡创业之星，分别奖励资金 2 万元并给予表彰，激发全民创业热情。

（二）医保惠民：一套体系保健康

2020 年 6 月，濉溪县孙疃镇杨柳卫生院燕头村卫生室村医任军带着检查设备，来到该村小东家庄贫困户董福林家中，开展家庭医生签约服务。如今，在濉溪县广大农村，像董福林一样，签约服务对象都能享受到优质的医疗服务，为疾病的早发现、早预防、早治疗提供了支持，这得益于濉溪县紧密型医共体的建设。

自 2016 年被列为安徽省第二批县域医共体试点县以来，濉溪县坚持以紧密型医共体建设为抓手，深化医疗体系改革，经过 5 年的建设，全县医共体基本政策框架、运行机制已经初步形成，县、乡、村三级医疗机构分工协作机制基本建立，群众"看病难、看病贵"的问题有了很大程度的缓解。2019 年，全省紧密型县域医共体暨智医助理建设推进现场会在濉溪县召开。

下沉优质资源，基层看病不难。为了给群众提供更加优质的医疗资源，濉溪县设立 350 万元医师培训统筹资金，积极聘请院外专家来开展手术、会诊，邀请省内外知名专家在县级医院设立名医工作室，定期邀请皖籍上海中西医团队、安医附院专家团队等开展义诊活动，实现了老百姓不出县就能免费享受大城市优质医疗资源的愿望。到今年 7 月，全县共聘请专家会诊手术 1258人次，在县医院、县中医院分别设立上海市（复旦大学附属）公共卫生临床中心卢洪洲教授、上海东方肝胆医院杨广顺副院长等 5 个名医工作室，基本实现小病不出村，大病不出县。

提高政府投入，看病负担大减。濉溪县有县级公立医院 2 家、乡镇卫生院18 家、村卫生室 255 家。近年来，县政府加大资金投入，筹集资金 3.8 亿元实施乡镇卫生院能力提升工程，对村卫生室全部配备有资质的村医执业，配置乡村一体化信息系统、健康一体机以及移动公卫办公终端、智医助理，为基层群众看病提供了更好的保障。同时，通过全民健康平台，实现县乡村医疗信息互联互通，检查检验结果可在上下级医疗机构间进行传输，做到让信息多跑路，群众少跑腿，降低了群众的就医成本。结合综合医疗保障政策和分级诊疗政策落实，从根本上阻断了因病致贫的发生，"看病难、看病贵"在濉溪县域内得到初步解决。

平衡医疗布局，就医更加方便。制定《濉溪县医疗卫生服务体系规划》，根据医疗资源结构布局和群众健康需求，按照二级医院标准重点建设 6 个医疗服务区，住院服务向重点卫生院集中。按照分级规划、择优设置、辐射带动的原则，启动基层 12 个急救站点建设，对辖区居民急救转诊全部实行免费服务，打造 15 分钟优质医疗服务圈，解决了边远地区群众"看病难"问题。自 2018 年至今已经免费转运辖区居民近万人。在突如其来的新冠疫情面前，濉溪县迅速行动，加快推进县中医院、县疾控中心核酸检验室建设，着力健全公共卫生应急管理体系，提高农村、社区等基层防控能力建设。疫情防控期间，县医院、县中医院和 18 家卫生院（分院）全部设置发热门诊，对辖区发热人员进行预检分诊和核酸检测，切实筑牢疫情防控的坚实防线。

转变健康观念，优化医疗服务。依托紧密型医共体建设，围绕"户户拥有家庭指导医生，人人享有基本卫生服务"的目标，坚持以重点人群管理为主线，在县、乡、村三级结成了 256 个"1+1+1+N"师带徒签约团队，开展家庭医生签约服务，2020 年共计开展有偿签约 105237 人，其中重点管理人员 74348 人，重点人群签约率 70.6%。家庭医生签约服务改变了从坐等患者上门到入户为居民提供基本卫生服务和健康管理的服务模式，实现了由"以治病为中心"向"以健康为中心"的观念转变，全县居民的健康水平有了很大提升。国家死因监测网数据分析显示，2019 年濉溪县居民人均寿命达 82.54 岁，高于中国人均寿命 5.24 岁。

（三）棚改利民：一片新居暖人心

宽敞明亮的楼房里，赵先良正在喂养金鱼，之前住在濉溪镇八里村，雨天一身泥、晴天一身灰的居住环境让他非常烦恼，随着棚户区改造政策的实施，他搬到了濉溪县合欢家园小区二期的楼房里，追求生活品质的他没事养养金鱼，莳弄花草，如今的居住环境和便利交通让他非常满意。

2015 年以来，濉溪县顺应老百姓对"安居梦"的热切期盼，抓住国家实施棚户区改造的政策机遇，推进旧城改造，完善基础配套，提升居住环境，以"大改大建"换"精彩蝶变"，一大批跟赵先良一样的棚户区居民搬进了新建小区，实现了从"旧居"变"新居"、从"蜗居"变"宜居"的夙愿。"十三五"期间，濉溪县完成改造项目 39 个，涉及 27709 户，完成房屋征收面积 425 万平方米；正在实施项目 18 个，涉及 13600 户。

老城旧貌换新颜。根据群众需求，围绕改造老城区面貌、提升群众生活质量的目标，高标准、高质量编制全县棚改工作"十三五"规划和2015—2017年三年发展计划，把棚户区改造与优化城市布局、完善城市功能、促进产城融合紧密结合，科学规划土地用途，合理安排建设用地，有序进行开发建设。实施过程中，针对棚户区零星分散、单独运作成本高、难度大的实际情况，通过将城市棚户区、危旧房就近整合，进行统一规划、连片开发、配套建设、系统改造，同步实施交通路网、水电气管网、停车场和学校、幼儿园、医院、购物中心等配套设施建设，棚改安置区环境变美了、功能完善了。目前，老城区总体改造面积达150万平方米，人口3.5万人，通过整体连片改造，实现了老城区的涅槃再造。

百姓住上满意房。棚户区改造事关民心、事关稳定，顶层设计是否贴近民心、安置方案是否顺应民意是棚改工作能否顺利推进的关键。县委、县政府坚持把以人民为中心的理念贯穿到棚改工作的每个环节，在安置点选择、房屋征收补偿标准、安置房规划设计等各个方面，广泛听取和充分吸纳群众的意见和建议，根据涉改群众家庭经济状况、人口及年龄分布、对住房的需求意愿及接受程度、生活居住习惯等，科学制定安置方案，预约定制安置房型，实现了顶层设计贴近民心，政策落地符合民意，使百姓对实施棚改的热情更加高涨，出现了居民连夜排队签约的盛况。

架起干群连心桥。濉溪县的棚改工作量大点多，拆迁是否顺利直接影响工程实施。为做好老百姓的思想工作，争取群众的支持，牢牢抓住房屋征收这个"牛鼻子"，县委、县政府抽调30名责任心强、熟悉政策，做事沉稳、贴心百姓的干部，投入到棚改一线工作，通过走村入户、沟通谈心、政策宣讲，帮助老百姓算清"明白账"，拆除了干群之间的"隔心墙"，在棚改群众心中种下了"棚改利民、支持棚改"的情结，"钉子户"变少了，支持者变多了，棚改工程实施得更加顺利了。截至目前，已经实施的39个棚改项目，涉及被征收户27709户，未发生一起因棚改问题去市赴省进京上访事件，棚改工程已成为实现百姓幸福安居梦的民心工程和安居工程。其中，濉溪镇老濉河东酒厂项目，涉及被征收户390户，1个月内全部完成协议签订、审核、资金拨付及拆迁工作，完成净地交付，实现开工建设。

一把尺子量到底。棚改工作政策性强、群众和媒体关注度高，工作中能否做到公平、公开、公正，是能否让群众满意的关键。濉溪县在推进棚改工作时，创新设立自改委，坚持"一把尺子量到底、一个标准执行到底"，在房屋丈量、协议签订、安置补偿等棚改问题上绝不开口子，绝不搞特殊，坚决查处和打击优亲厚友、有失公平的行为，并做到补偿标准、安置补偿方案、三榜数据、评估机构选定、安置房源和选择房源及补偿资金等六个公开，让所有拆迁户了解拆迁安置过程中的基本情况，赢得群众的广泛理解。在统计棚改数据时，自主研发了征收补偿工作软件，将原始数据录入、三榜数据公示、安置补偿明细等自动生成，并实现一键查询，有效解决了人工统计计算容易出现错漏的问题，机制的创新、软件的创新，为濉溪县棚改工作提供了坚实保障。

（四）交通便民：一元公交通南北

长期以来，濉溪各镇农班线一直由个体运输业户经营，在营运线路、服务质量等方面产生了诸多局限，随着经济社会的不断发展，已无法满足广大群众对方便、高效出行方式的需求，特别是偏远地区群众对公交化出行有了更加热切的期盼。为此，2016 年，濉溪县开通城市新能源电动公交车，改写了建县 66 年以来无自己公交公司的历史；2017 年获批"全省第二批城乡道路客运一体化示范县"；2018 年正式启动了覆盖全县的城乡道路客运一体化运营项目，通过"政府购买服务"方式，引进并"零"尾气排放、无二次污染的新能源汽车，打造便捷高效的公交出行网络，既为基层百姓提供了更加安全、舒适的出行服务，也为县域经济发展打开了新局面。

顺民心，规范交通秩序。公交出行牵动民心，为了早日办好这件惠民实事，县政府多次组织专业技术人员到外地学习先进经验和做法，并深入全县各镇村和客运企业进行调研，广泛征求社会各界意见和建议。同时，成立了由县政府负责同志任组长的城乡道路客运一体化领导小组，组织专人对全县公路状况、通行条件进行全面调查，并把基础资料作为城乡道路客运一体化建设可行性研究论证的依据。根据研究成果，结合全县实际，出台了《濉溪县城乡道路客运一体化工作实施方案》等规范性文件，为客运改革提供了政策支撑。

开通城乡公交，需要涉及资源重新配置和利益调整，极易引发不稳定和群体事件,如何解决原有农村客运班线的车辆收购和线路回收,在这方面,濉溪县走在了前列。县政府投入近 5000 万元资金,对原有农村客运班线经营权进行一次性买断,给予适当经济补偿,引导农村客运班线经营者退出客运市场。原车辆经营者可优先安排在新能源公交公司上岗,解决了后顾之忧。在公交化改造期间,县交通局还专门抽调 50 余人,成立了宣传发动、政策解读、后勤事务、应急保障、秩序维护、信访维稳等 6 个工作组,采取"白 + 黑""5+2"全无休攻坚,集中力量完成了 199 辆客运班线的收购工作。由于措施得当、保障有力,实现了平稳交接、有序过渡、顺利开通。

听民意,优化交通线路。2019 年,濉溪县专门聘请安徽省城乡规划设计研究院专家,赴各镇(园区)实地调研,对全县公共交通现状、城乡公交线网规划、站点布局等进行论证分析,综合考虑各方建议之后,编制了《濉溪县城乡道路客运一体化规划》,在濉芜产业园建设占地 80 亩的综合服务(公交总)站,除濉溪镇、刘桥镇外,其余各镇已经在镇政府驻地建设交通综合服务站。同时,结合濉溪县煤矿企业多且较为分散、红色旅游资源丰富、部分镇联系紧密等实际,统筹规划制定公交线路和车辆运营方案,覆盖 40 个美丽乡村中心村和 22 个贫困村;开通红色旅游班线,并逐步向 3 个革命老区重点镇增加班次和车辆。县运输管理所还依据全县运营数据,多次召开线路规划研讨会,发布线路征求意见公告,广泛听取各镇(园区)和基层群众意见,不断完善公交线路和车辆运营方案,在全省率先实现了县域城镇公交一次性全部开通,濉溪县正式进入电动公交"镇镇通"时代。通过两年多的建设,全县实现城镇、建制村通车率 100%,新能源公交覆盖率 100%,实现了县与镇、镇与镇、村与村之间的互联互通,县、镇、村之间完善的城乡客运公交网络逐步形成,荣获 2018 年度全省度城乡道路客运一体化水平县级第一。

察民情,加大补贴支持。坚持共享发展理念,通过财政补贴方式,每年投入近 4300 万元,支持新能源公交运行,为老百姓提供优惠的公交票价。目前,公交票价为普通车 1 元、空调车 2 元,除了实行低票价和银行卡打折优惠政策外,70 岁以上老人、二级以上肢体残疾人、残疾军人等 7 类人群可免费乘坐公交车,经济实惠的票价激发了偏远群众的出行愿望,打通了县城与农村之间"人流、物流、商流"的便捷通道，特别是加强了南部乡镇居民与县城的沟通联系。据不完全统计，自城乡公交试运营以来，全县客运总量同比增长100%以上，年均运送乘客约2000万余人次，较农班线出现相比，每年为老百姓节省出行费用1.5亿元。客流量的快速增长，极大地促进了城乡居民流动，带动了旅游休闲业的发展，增强了县城辐射能力，拉动了城乡居民消费，促进了全县服务业全面提升。日趋完善的农村路网和安全通畅的出行环境，在满足基层百姓出行需求的同时，也为镇域经济发展打开了新局面。

解民忧，完善设施配套。城乡客运一体化能否顺利实施，农村公路是前提、是保障。近年来，濉溪县按照习近平总书记关于"建好、管好、护好、运营好"农村公路的重要指示精神，结合城乡客运一体化的实际需要，持续加大投入，高质量推进农村公路建、管、护、运协调可持续发展，着力在精细上下功夫、在出彩上做文章，全县农村公路建设成效明显，为公交线路的开通创造了便利条件。2016年以来，濉溪县农村公路基础设施累计投入约17亿元，改扩建农村公路约1500公里，农村公路总里程超2700公里，路容路貌极大改善，为城乡公交的运营提供了基础。2018年濉溪县获评安徽省"四好农村路"示范县称号。

（五）调解安民：一杯清茶化纠纷

乡村治，百姓安，国家稳。濉溪县通过对民俗文化的充分挖掘，打造"茶馆调解室"，创新"一杯茶"调解法，延伸了乡村治理体系的"神经末梢"。

草根心系调解情，创新调解"一杯茶"。自古以来，濉溪县临涣镇当地民众之间出现纠纷，大都习惯去茶馆找民间有声望的人士调解说理，前来喝茶的茶客充当调解员，对事情进行评议。经过一番辨析，最后定分止争，双方握手言和。怀揣调解梦想，热爱家乡文化的草根人王士宏就在这里三十年如一日的坚守着初心，坚持着"有理进茶馆说"的文化传统，坚定着茶馆调解纠纷不写状子、不交费用、不限案由、不限时间的服务信念。

在调解工作中，通过对民俗文化的充分挖掘，王士宏创新了"一杯茶调解法"：第一步，以茶暖人心：调解主持人陪当事人喝茶，先喝茶聊家常，问生活，建立平等关系，给予当事人亲切感、温暖感，平静当事人心态，稳定当事人的情绪；第二步，以茶说人生：通过心理疏导，以理服人、以情感人，为调解奠定基础；第三步，以茶述纠纷：调解员重在倾听当事人对纠纷的陈述，辨别事实真相，明确当事人心理状态和个性特征，通过技巧性发问了解当事人深层次的需求，以求达到共情；第四步，以茶找支点：调解员共同讲事实、摆道理、明政策、寻法律，从中找准解决问题的支点；第五步，以茶拆面子：中国人以面子为重，举事例作比喻，为面子争口气，假面子害死人，必须拆除这种观念，才能退一步，才能包容他人；第六步，以茶置梯子：置梯子，拉距离，拟方案，这一步注重换位思考，解决实质性问题，各退一步就是给对方台阶，求的是双方共同达到心理平衡；第七步，以茶达协议：双方互敬一杯茶，体现互谅互解，争取形成书面协议，确保案件成功化解。

"不去衙门去茶馆"，五个对接党建牵。现如今的茶馆调解早已远近闻名，濉溪县抓住机遇，在基层社会治理中探索创新矛盾纠纷排查化解的新模式，充分利用独具特色的茶馆调解文化，倾力打造"南有六尺巷，礼让共和谐；北有一杯茶，一笑泯恩仇"调解品牌，着力打造由"人大谈心室"、"政协连心茶室"、派出所"平安茶室"、司法所"茶馆调委会"、百善法庭"和谐茶室"、妇联"姑嫂调解室"组成的调解细胞群，让矛盾纠纷及时转接茶馆调解，时刻保持激活状态，站好第一班岗，牢牢筑起化解矛盾纠纷的第一道防线。

在这道防线上，"一杯茶"调解法得到了充分的施展发挥，和诉前调解、警民联调、法律服务、信访维稳、一组一会"五个对接"，实现了矛盾纠纷"小事不出村，大事不出镇，矛盾不上交"，形成了多部门协同、法理情融合的矛盾纠纷多元化解机制。

提壶安民显身手，金牌调解第一团。"一花独放不是春，百花齐放春满园"，长久流传下的淳朴说理习俗和茶馆调解逐步扩大的影响力，让一位又一位满腔热忱，心怀调解梦想的调解员激情高涨，按捺不住的热爱像火炉上翻滚的开水，勃勃地掀动着壶盖。"街长"、"百事通"、"茶博士"、"闻风到"、"德爷"、"贤爷"、"铁嘴"、调解"姊妹花"等众多民间调解能手活跃在大小茶馆，涌现在化解矛盾纠纷的第一现场。乡贤参与调解，精英发挥力量，濉溪县第一支"金牌调解团队"就此应运而生。

二、为民惠民的经验与启示

思深方益远，谋定而后动。民生之计重于泰山，必须经过科学系统的谋划，并持之以恒推动各项民生举措落地见效。近年来，濉溪县始终保持坚如磐石的战略定力，广大干群勠力同心、攻坚克难，取得了一张张群众满意的民生"成绩单"。通过实践，我们深刻感受到：

第一，惠及民生的发展才是硬道理。民生系着民心，是党执政之本、人民幸福之基、社会和谐之源，是最大的政治。保障和改善民生永远是政府执政最大的主题，在群众心里，惠及民生的发展才是硬道理。为提升群众的安全感、获得感、幸福感，濉溪县始终以"让人民群众满意"为出发点和落脚点，从群众关心关注的小事、难事、急事做起，排群众日常忧、解群众身边难，集中财力人力物力，创新实施创业扶持、一元公交、棚户区改造、紧密型医共体建设等民生项目建设，让广大群众在民生实事中感到了变化、享到了实惠。这种把关注和保障民生摆在更加突出位置的做法，凸显了政府关心民生、重视民生、保障民生、改善民生的民本意识，又为城市发展打下了最为坚实的基础，凝聚了最为广泛的力量。

第二，好钢用在刀刃上才能把好事办好。集中力量办大事，只有将有限的财政资金更多的用到民生的"刀刃"上，才能有效提高老百姓的幸福感和获得感，真正满足群众对美好生活的向往。随着综合实力的不断提升，濉溪县财政收支不断加大，收支矛盾也较为明显，但涉及民生领域支出始终是财政保障的重点，特别是对就业、教育、养老、卫生健康、社会救助等重点领域的保障力度明显加强，民生支出占比持续提高。2015—2019 年，累计涉及民生支出达 258.9 亿元，年均增长 5.5 亿元；2020 年 1—7 月，全县涉及民生支出达 32.5 亿元，占一般预算支出的 83.3%，超出同期财政收入 8.5 亿元，财政资金的全力支持为民生改善提供了根本保障。

第三，咬定青山不放松才能久久为功。近年来，濉溪县坚持不忘初心、牢记使命，先后编制《濉溪县棚改工作"十三五"规划》《濉溪县棚改工作

2015—2017 三年计划》，印发了《濉溪县县域医疗服务共同体试点实施方案（试行）》《濉溪县城乡道路客运一体化工作实施方案》等文件，各级干部按照规划和文件要求，以钉钉子的精神，一件件落实、一年年见效，推动各项工作实现了更高质量的发展。实践一再证明，只有始终胸怀以人民为中心的发展理念，秉持"功成不必在我，功成必定有我"的坚定信念，一张蓝图绘到底，一以贯之保定力，一任接着一任干，接续奋斗，濉溪的高质量发展才能从蓝图变成现实。

第四，汇聚民智民力才能更好惠及民生。满足人们日益增长的美好生活需要，在发挥政府主导作用的同时，要积极建立和完善社会资本参与机制，拓展资金筹措的来源和方式，把那些适合市场、社会提供的公共服务，交给各类市场机构主体，通过市场化竞争激励机制，丰富公共产品供给，提高公共服务效率，确保民生改善工作的可持续。棚户区改造资金需求大，仅依靠县级财政难以承受，濉溪县通过抢抓国家政策机遇，积极申报中央和省级棚改资金支持，主动与省市农发行和国开行沟通协调，加大政策性贷款资金申请力度，累计筹集资金 120.5 亿元，全县棚改项目总投资达 157 亿元，解决了棚改工程的资金问题，为棚改工程全面实施提供了保障。实施城乡公交一体化，既需要专业经营管理机构，也需要资金技术支持，濉溪县通过引进社会资本参与，既解决了管理和经营问题，又缓解了财政压力，实现了借力发展与惠企惠民多方共赢，展现了众人拾柴火焰高的巨大能量。

三、接续奋斗的方向与路径

民生连着民心，民心凝聚民力。在奋力书写濉溪民生答卷的历史进程中，无处不凝聚着濉溪干部群众的智慧和汗水。初心如磐，使命在肩，保障和改善民生没有终点，只有连续不断的新起点，要始终践行以人民为中心的发展思想，听民声、察民情、汇民智、解民忧，让发展更有"温度"，让群众的幸福更有"质感"。

（一）听民之声，集民之智

我们党来自人民、植根人民、服务人民，要从人民关心的事情做起，从人民满意的事情抓起，始终坚持人民立场，虚心向人民学习，倾听人民呼声，汲取人民智慧。一是收集民意。畅通民意收集渠道，坚持民意导向，动员各级干部开展常态化走访活动，主动收集民情民意；探索开展"网络问政""电视问政"，问计于民，鼓励市民为濉溪发展献计献策；实施"我为发展献一策"活动，主动征集群众"金点子""银点子""好点子"。二是开发民智。完善各类基础教育、职业教育、成人教育，营造全社会浓厚的学习氛围，提升人民群众智力水平；开展蓝领创新行动，激发一线企业工人创新创造活力；探索实施工匠创新竞赛，激励各行各业充分发扬工匠精神。三是汲取民力。善于发现人民群众在生产生活实践中的创造，及时提炼群众解决实际问题的新举措好办法；持续打造开放式服务型政府，通过发布征求意见稿、召开群众座谈会等方式收集社会各方代表意见建议，真正把群众的智慧融入政府决策中、融入政府各项工作创新中。

（二）想民之想，应民之需

人民对美好生活的向往就是我们的奋斗目标，真正了解人民群众所思所想所需，从解决"有没有"的问题，变成解决"好不好"的问题。一是树牢宗旨意识。始终牢记全心全意为人民服务的根本宗旨，做到民有所呼、我有所应，民有所盼、我有所办。突出党建引领，充分发挥党组织的战斗堡垒作用，以党建引领乡村振兴建设，引领基层治理，引领科技创新带动解决人民群众所期所盼的事情。在严格制度管理、充实村级党建力量、完善激励机制等方面下大力气，切实提升村级党建质量，着力解决农村基层党建普遍存在建设质量不高、发挥作用不明显等问题。二是满足基础性需求。切实保障和改善民生，努力满足人民群众在就业、住房、教育、医疗等方面的基本需求；深化供给侧结构性改革，充分发挥政府在弥补市场失灵方面的优势，综合利用市场、法治、技术等多种手段，提高供给机制的灵活性、针对性和创新性；在供给质量方面，严格制定和执行产品与服务质量标准，加强质量监管和处罚，切实保障基础设施的供给质量。三是满足个性化需求。生产方式、生活习惯的更新换代，带来了群众观念、需求不断改造升级，个性化、差异性越来越受到群众推崇，满足群众当下个性化需求成为党和政府的"新课题"，必须攻克。探索制定群众"需求菜单"，提供"订单式服务"，形成精准对接群众需求的机制和需求清单动态调整机制，广泛采集群众需求信息，对信息进行梳理，建立群众需求档案，开展个性化服务。

（三）察民之情，治民之恶

为政之道，修身为本。全县党员干部强化自我修炼、自我约束、自我改造，怀着强烈的爱民、忧民、为民、惠民之心，恪守政治规矩，真心对群众负责，热心为群众服务，诚心接受群众监督。一是杜绝形象工程。"形象工程"是形式主义、官僚主义的一种表现，必须坚决反对。领导干部必须要严防"拍脑袋"决策，以精准化、精细化的思维来进行治理，在处理实际问题的过程中坚持实事求是，因地制宜，始终把握好政策执行的度量，立足规范，一心一意谋发展，求真务实搞建设。二是强化资金监管。目前的资金监管表面上看似完善，实则仍有不少漏洞和欠缺，尤其是民生领域项目资金监管方面还有一些"跑、冒、滴、漏"的问题。强化对民生资金的监管可以抽调纪检、司法、财政、审计等部门联合成立民生资金监管办公室，采取民生资金全流程公开，明确所有民生资金由银行直接拨付到农户账户，实现资金支付"零环节""零距离"。三是严惩各类贪腐。民生领域属于腐败行为易发多发的领域。诸如扶贫、低保、项目建设等，审批权往往下放到县、镇，甚至村一级，少数领导干部、村干部利用手中权力，以权谋私，贪污腐化，中饱私囊，极大地损害了国家和群众的利益。对于民生领域的腐败，对于侵害人民群众利益的行为，坚决做到"零容忍"，敢于亮剑，敢于深查深挖，从严从快立案调查、处理，决不能姑息纵容。

"民亦劳止，汔可小康。惠此中国，以绥四方"。踏着经济社会发展的强劲鼓点，濉溪县民生工作留下了一串串扎实脚印。但我们深知，现代化的新征程还很漫长，我们肩负的责任依然很重，唯有坚定不移、坚忍不拔、坚持不懈，不断增强人民群众的获得感，打造民生事业的"升级版"，才能稳稳托起百万濉溪人民的幸福感，书写无愧时代、不负人民的辉煌。

安徽省
马鞍山市当涂县

在产业梯度转移中"换道超车"

中共当涂县委宣传部调研组

党的十八大以来，当涂县以习近平新时代中国特色社会主义思想为指导，深入学习贯彻党的十九大和十九届二中、三中、四中全会精神，紧扣全面建成小康社会目标，以融入长三角一体化发展为动力，在产业梯度转移中实现"换道超车"，为中西部地区高质量承接产业转移提供了一个可复制的"县域样本"。

2019 年，当涂县入围全国百强县全部五大榜单，位列全国综合实力百强县第 67 位、全国投资潜力百强县第 28 位、全国科技创新百强县第 76 位、全国绿色发展百强县第 76 位，首次跻身全国新型城镇化质量百强县，农村居民人均可支配收入连续 17 年位居安徽省县级第一，在推进全面小康进程中发生了翻天覆地的变化。

一、基本情况

当涂县位于安徽省东部，属马鞍山市管辖，与南京市接壤，总面积 1002 公里，总人口 48 万人。当涂县主要有以下特点：

文化底蕴深厚。当涂是千年古县，有 2200 多年置县史，秦代设为丹阳县，隋开皇九年（589）定名当涂。县城历史上曾为宋代太平州、明清太平府、清代长江水师、安徽学政署所在地，拥有古老的黄山塔、凌云塔、金柱塔和全国县城保存最完整的古护城河。自秦代以来，共吸引 600 多位诗人在这里留下了

1000多首脍炙人口的诗文。南朝大诗人谢朓称之为"山水都",诗仙李白七次游历当涂,写就《望天门山》等56首千古绝唱,晚年定居当涂,终老长眠青山。北宋著名词人李之仪,写下了"我住长江头,君住长江尾。日日思君不见君,共饮长江水"这首传唱千年的经典诗词。南朝当涂才子周兴嗣,一夜著就中国蒙学经典《千字文》。

生态环境优美。当涂属典型的江南"鱼米之乡",境内"一山四水五分田",是"中国生态养蟹第一县"。"姑溪河"牌大闸蟹金脚红毛,古代为皇室贡品,被誉为中华"三只蟹"之一,入列国家地理标志保护产品。当涂依山傍水,拥有国家4A级旅游区——李白文化旅游区。近年来,当涂县在全省率先启动美丽乡村建设,持续开展农村人居环境整治行动和农村"三大革命",城乡面貌焕然一新,人居环境明显改善。先后被评为中国最美县域、国家生态文明建设示范县、国家园林县城、全国绿化模范县城、国家卫生县城。

产业基础雄厚。当涂县始终坚持工业强县、智造强县不动摇,统筹推进三次产业协调发展,有力促进县域经济高质量发展。实施制造业升级行动计划,一批国内外知名企业纷纷落户,初步形成了以奥克斯空调为龙头的智能家电产业集聚区、以世界500强英国利洁时为龙头的生物医药产业集聚区、以顺丰速运为龙头的智慧物流产业集聚区,生物医药特色产业基地入选国家火炬特色产业基地,获批省级智能家电特色产业集群(基地)。大力实施乡村振兴战略,加快发展现代农业,基本形成了优质水产品、优质畜禽、优质粮油、优质蔬菜和高效林业等五大农业经济板块。加快发展现代服务业,基本形成了以商贸服务业为支撑,以现代金融业为保障,以休闲旅游、文化创意等为配套的现代服务业产业体系。

城乡面貌一新。党的十八大以来,是当涂城市建设资金投入最大、城建项目实施最多、县城面貌变化最快的时期。截至2019年底,县城建成区面积扩展到32平方公里,常住人口增加到22万人,建成区绿化覆盖率达39.5%,全县人均道路面积15.2平方米,人均住房建筑面积36平方米,县城聚集、辐射、带动功能明显增强,一座彰显江南水乡特色、太白文化、古城韵味的中等现代化滨江山水园林城市初步形成。

民生持续改善。2010—2020年期间，全县累计实施89项省民生工程，累计投入197.58亿元（含县级财政投入48.46亿元）。每年民生投入始终占到全县财政支出的80%以上，新增财力用于民生支出也占到80%。"七有"民生工程项目涉及就业、就学、养老、住房、医疗、困难群体保障、农业等领域，惠及全县城乡群众。推进城乡基础设施一体化，实行城乡交通、供水、供气、污水和垃圾处理设施统一布局、同步建设，县内行政村公交通达率100%。推进城乡公共服务均等化，全县教育、医疗、社保等基本公共服务资源共享，人民群众幸福感、获得感和满意度不断增强。

发展势头强劲。近年来，当涂县紧紧围绕"挺进全省前三强、冲刺全国五十强"的奋斗目标，坚持走以生态优先、绿色发展为导向的高质量发展新路子，各项工作持续走在安徽省县级第一方阵前列。2019年，全县实现GDP 445亿元、财政收入50.5亿元、社会消费品零售总额110.4亿元、城镇居民人均可支配收入41017元、农村居民人均可支配收入26563元，分别比2010年增长307.95%、294.18%、400%、264.3%、288.32%（均按现行价计算）。三次产业比重为7.3：51.8：40.9。2020年上半年，当涂县统筹做好疫情防控和防汛救灾工作，较好地保持了经济平稳发展的势头。全县完成GDP 214亿元，增长2.4%；财政收入24.1亿元，规模工业增加值增长4.5%，固定资产投资增长8%，进出口总额增长15.2%，战略性新兴产业产值增长38.9%，高新技术产业增加值增长32.3%，城镇居民人均可支配收入、农村居民人均可支配收入分别增长2.1%、6.9%。

二、承接产业转移与科技创新

县域是城乡一体化发展的战略支点，是展示城市文明、建设和谐社会的最佳实践区，是推进新型城镇化的主要战场，是全面建成小康社会的重要载体。改革开放以来，当涂县域经济大致经历了四个发展阶段：第一阶段（1978年至1988年），家庭联产承包到户极大激发了农民的积极性，基本解决了温饱问题。第二阶段（1989 年至 2002 年），乡镇企业的发展和民工潮的出现是这段时期的显著特征。第三阶段（2003 年至 2011 年），最为突出的是，工业化成为促进全县经济社会发展的主要力量。第四阶段（2012 年至今），工业强县进入智造强县新阶段，统筹推进三次产业协调发展，坚持创新驱动，开放带动，努力实现高质量发展。

产业兴，百业旺。党的十八大以来，当涂县坚持把先进制造业作为立县之基，统筹推进三次产业融合协调发展，找到符合县情的发展路子，培育出具有市场竞争力的产业，当涂县域经济呈现出高质量发展的生动局面。

（一）三年崛起三大产业集群，工业制造在"育集群"中"换道超车"

当下区域经济的发展，土地、人口、政策红利等要素正日益式微，战新产业集群的崛起才是核心竞争力所在。党的十九大以来，当涂县已形成智能家电、生物医药、智慧物流三大产业集群。智能家电获批安徽省智能家电特色产业集群（基地），生物医药上榜国家火炬特色产业基地，智慧物流搭上"顺丰"快车。作为全县的首位度产业，智能家电基地已集聚各类上下游企业超百家，年实现产值 56.3 亿元、主营业务收入 57.09 亿元。

三大产业集群的快速崛起，得益于长三角一体化发展，当涂虽然是安徽省的十大工业强县之一，但放到长三角的平台上，无论是总量还是质量，都相形见绌，原因就在于没有一定量级的产业集群。以原有发展模式只能永远跟跑，只有在长三角一体化发展的大协作中"锻"出自己的产业链，才能迎头赶上，换句话说，要变"弯道超车"为"换道超车"。

说到奥克斯集团再次在当涂布局，当涂奥克斯智能家电产业园总经理赵亚兵用一连串奥克斯的"当涂喜遇"来解释。当涂奥克斯智能家电产业园总投资超 100 亿元，其中一期投资 45 亿元、用地 1500 亩，是奥克斯集团全球 8 个生产基地中最大的一个。从 2017 年 8 月安徽奥克斯智能电气有限公司在当涂注册成立，到 2019 年 10 月 8 日当涂奥克斯项目第一套成品空调成功下线，再到春节后复工复产遭遇疫情，安徽生产基地项目建设速度最快，政府帮扶力度最大，营商环境自然最优。

奥克斯的一连串"当涂喜遇"背后，是当涂县在长三角一体化中找准了自身的定位。奥克斯项目，面向 5G 时代，属战略性新兴产业，从计划订单到生产制造、物流送货全程智能控制，自动化率为全国空调行业最高。其实，奥克斯落户之前，当涂县已拥有一定规模的智能家电上中游企业，但缺少大规模的下游企业，尤其是龙头企业。不仅是智能家电，其他产业也是如此。该县一位与工业经济打了多年交道的人士坦言，4 年前，省里要遴选一批集中度高的产业，县里找出在本地还不错的产业，可拿到省里一比，就败下阵来。一个核心产业就是一个区域的核心竞争力。这个产业既要长体量，更要长肌肉。以高质量发展为标尺，像剥菜心那样，剥出既有前瞻性又有可行性的优质产业，成为懂产业、抓产业的"明白人"，是当涂县党委和政府一班人近年来的思考主题。在参与长三角产业分工合作中，该县以定力和悟性，用速度和激情，打造出以奥克斯空调为龙头的智能家电产业集聚区、以利洁时桂龙药业为龙头的生物医药产业集聚区，以顺丰速运为龙头的智慧物流产业集聚区。全县 304 家规模工业企业中，70% 是三大产业集群产业链企业，70% 来自沪苏浙，未来两年，智能家电、生物医药将成长为两个百亿级产业。

当涂县在着力提升战新产业集聚力的同时，着力提升传统产业竞争力。坚持"以亩均论英雄"，建立"高进低退、扶优扶强"机制，不断做活存量、做优增量、做大总量。通过正向激励，把有限的政策、土地等资源集中到亩均效益高的企业，推动装备制造、冶金压延等传统产业"凤凰涅槃""老树发新枝"。通过反向倒逼，执行差别化政策，加大"散乱污"企业关闭力度和低效用地置换力度，坚决淘汰落后产能，加快实现"腾笼换鸟"和"动能转化"。

2020 年，受国外疫情蔓延和中美经贸摩擦影响，绝大多数外贸企业"订单荒""履约难"问题突出，中央提出"加快形成以国内大循环为主体、国内国际双循环相互促进的新发展格局"。当涂高新产业在"双循环"中抢先机、开新局，1—6 月份，该县规模以上高新产业产值达 84 亿元，占全市总量的 16.8%，高新产业增加值增长 32.3%，其中 6 月份当月增长 55.6%。

要在"双循环"新发展格局中寻求突破，不能仅仅局限于企业层面。长三角一体化发展已经为当下"双循环新发展格局"奠定了一块基石。落实落细"六稳""六保"工作任务，全力稳住工业经济基本盘，首先需要在长三角一体化发展中寻找答案。当涂县以推进园区共建为抓手,高水平、深层次融入长三角一体化发展。与南京红太阳集团合作共建循环工业园区,与宁波奥克斯集团合作共建智能家电产城一体新城区,与上海漕河泾开发区合作共建"园中园",与上海临港集团编制园区共建发展规划。

随着长三角一体化在"双循环"新发展格局中的作用日益凸显,已深度参与长三角一体化分工合作的当涂县域经济,既是贡献者,更是受益者。

(二)制造单项冠军不断涌现,科技创新在"建平台"中"换道超车"

习近平总书记多次强调,发展是第一要务,创新是第一动力。实践也充分证明,科技创新在哪里兴起,发展动力就在哪里迸发。

作为相对后发地区,如何让科技创新实现"换道超车"?党的十八大以来,当涂县把科技创新的基点放在"建平台"上,坚持企业创新主体地位,支持企业加快技术创新、模式创新、管理创新、产品创新,实现由"借科技"到"种科技"的转变,塑造出更多依靠创新驱动的引领型发展,多次获得全国科技进步先进县称号。

国星生化公司就是受益于科技创新平台建设的一个典型。该公司围绕吡啶碱上下游一体化产业链国家级科技攻关项目,通过研发平台建设,产学研攻关,总产能占据全球 35% 以上的份额,占国内 65% 以上的份额,打破了国外长达 60 余年的技术垄断,入选全国第二批制造业单项冠军企业名单,并获得安徽省政府质量奖、安徽省发明专利金奖。

当涂县重点围绕打造智造强县,全力支持企业与中科院、南京大学、东南大学等高校院所深化产学研合作,建立工程(技术)研究中心、企业技术中心、重点实验室等研发平台,鼓励企业加大投入、打磨匠心,研发具有核心竞争力和自主知识产权的产品。截至 2020 年 8 月,拥有高新技术企业 67 家、科技"小巨人"企业 46 家、高新技术产品 451 个、各类研发平台 137 家、科技型企业中小企业入库 62 家。

从"制造大县"到"智造强县"的转变有个市场参数,那就是行业单项冠军。目前,该县拥有的 451 个高新技术产品中,已有近 10% 的工业精品成为一定市场区域内的单项冠军。除了入选全国第二批制造业单项冠军企业名单的国星生化公司外，安徽桑瑞斯环保新材料有限公司开发的粉末涂料颠覆了传统形态，广泛应用于铝材、汽车、IT、家电领域，每批产品都需量身定制，在300公里区域半径内，成为细分目标市场上的"单打冠军"，也是全国同行业前十强。安徽超美化工科技有限公司则是目前国内唯一一家具有发动机测试油研发、生产和销售资质的企业，自然成为市场上的"单打冠军"。

越来越多的当涂县域内企业认识到，当代工业已进入细分目标市场时代，企业面临的市场竞争正在呈现新的特点，过去主要是数量扩张和价格竞争，现在正逐步转向质量型、差异化为主的竞争，模仿型、跟随型的发展思路和产品路线已经难以适应。当涂县域内企业正在将这一共识转化为实实在在的行动，高新产品成为企业开拓市场的"利器"。

当涂县拿出真金白银支持科技创新平台建设。2019年，R&D投入8.32亿元，财政科技支出1.05亿元，分别比2012年增长145%、48%。从2017年开始实施为期3年的制造业升级行动，每年设立1亿元制造业升级专项资金，到2020年设立各类投资基金达到10亿元规模，在促进科技创新、加大工业投资力度、推进项目建设、支持培大育强、完善中小企业服务体系等方面给予政策扶持。《当涂县制造业升级行动计划（2017—2020年）》，旨在引领制造业向高端化、智能化、品牌化、集群化、绿色化转型，加快构建新型工业体系。

与此同时，当涂县还打出了一套引领制造业升级的"组合拳"。

加快推进企业服务创新。坚持企业创新主体地位，强化服务企业创新，将创新作为经济社会发展的第一动力。实施高企培育倍增计划。开展"小升高"行动，建立高新技术企业培育库，计划用三年的时间让高新技术企业数量成倍增长，到2021年，全县高企数量突破100家。实施全方位人才引进；一方面，围绕项目引进人才，采取"人才柔性流动"的形式，引进来自日本、法国、马来西亚等10多名外国专家，帮助企业解决技术难题，提高生产效率。另一方面，实施"青年人才"工程，大力引进紧缺专业人才，建立紧缺专业人才需求目录，积极做好紧缺人才申报、审核、审定等工作，对符合条件的人才实行资金补贴，近几年共引进紧缺专业人才100人，引进"骏马工程"人员256人。促进人才与产业对接、智力与资本融合，构建全方位人才服务体系，打造"园区有大学，企业有大师"的人才环境。实施多渠道创新平台搭建。组建工程技术研究中心、重点实验室等省级以上研发平台，力争达到 50 家，到 2021 年覆盖率达到 100%。

加快推进政策服务创新。先后出台了《当涂县加快自主创新推动产业转型升级若干奖励政策的通知》《扶持产业发展若干政策》《推进供给侧结构性改革相关实施意见》《加快当涂经济开发区改革和创新发展实施意见》《推进新时代高质量发展的若干意见》《当涂县专利资助办法》等一系列政策措施，对高新技术企业、重点研发平台等予以政策、资金支持。

加快推进成果转化创新。整合现有各类科技载体和平台，着力加快推进当涂经济开发区建设，切实增强园区引进转化科技成果的承接能力，加强园区产业对接，主动对接长三角发达地区，加快推进与南京、上海、宁波等长三角重点区域开发园区、龙头企业、商会、行业协会合作共建园区。重点引进和转化一批节能环保、资源利用、新材料、高端制造、电子信息、生态农业等领域的重大科技成果。支持国星生化、超美科技等企业与复旦大学、南京大学、浙江大学等沪苏浙知名高校深化产学研合作，设立实验室、研发中心、院士工作站等研发平台，加快科技成果转化。加强公共服务对接，推进长三角政务服务"一网通办"窗口建设，不断扩大应用范围。积极引进沪苏浙优质教育、医疗等资源，鼓励马鞍山学院与沪苏浙知名大学开展合作，支持县人民医院与南京知名医院合作共建医联体及专科联盟。

（三）新型农业主体层出不穷，三次产业在"大融合"中"换道超车"

2013 年 12 月，习近平总书记在中央农村工作会议上指出，小康不小康，关键看老乡。一定要看到，农业还是"四化同步"的短腿，农村还是全面建成小康社会的短板。

党的十八大以来，当涂县大力实施乡村振兴战略，推进农村一、二、三产业融合发展，以农村一、二、三产业之间的融合渗透和交叉重组为路径，以产业链延伸、产业范围拓展和产业功能转型为表征，以产业发展和发展方式转变为结果，通过形成新技术、新业态、新商业模式，带动资源、要素、技术、市场需求在农村的整合集成和优化重组。

位于护河镇兴禾村的金色田园休闲农业产业园是当涂县一、二、三产业融合发展的"浓缩版"。百亩荷花盛开，千亩稻浪飘香，四季花海绽放，游客纷至沓来。同样一块田园，5年前的这里却是环境凋敝，传统农业日益萎缩，村庄环境缺乏治理，更谈不上吸引游客。2015年，该村打造集循环农业、现代农业、农耕文化、旅游度假、休闲观光为一体的田园综合体，走一、二、三产业融合之路。产业园流转土地5000亩，投资2.6亿元，按三期规划为五大功能区：农业景观区、休闲娱乐区、农产品生产区、农耕文化区、农副产品销售区。项目一期、二期规划项目已全面建成，形成了春季可赏花、夏季可纳凉、秋季可采摘、冬季可体验农趣的休闲农业和乡村旅游示范园区，基本完成了一次和三次产业的有效融合。当前，正着手打造二次产业，开发荷叶茶、莲子酒、菜籽油等各类特色农产品，打通产业融合全链条。田园综合体是农村一、二、三产业融合的产物，特色是田园，关键在综合。作为乡村振兴的新业态，有效保护了农民就业创业权益、产业发展收益权益、农村生态环境权益以及乡村文化遗产权益。田园综合体做强了产业，做响了品牌。在保证流转土地农户权益的前提下，提供给农民再就业的机会，增加了农民工资性收入，为有能力的农民提供了创业平台。由于田园综合体具有先天的生态建设特征，还成为重塑乡村环境的建设体。

当涂县把农村培育新型农业经营主体作为一、二、三产业融合发展的主抓手，突出主体联动，培育多元互补经营主体。扶持一批"大龙头"。按照"扶优、扶大、扶强"的工作思路，实施农业龙头企业扶持壮大工程，截至2019年底，全县共培育市级以上龙头企业42家，其中国家级1家、省级9家，金菜地食品、快来香食品、神农种业、连丰种业等龙头企业示范带动能力显著增强。发展一批"新主体"。实施主体培育行动，大力推进新型职业农民培训，引导农民规范流转土地经营权，发展适度规模经营，全县累计流转土地面积25.8万亩，发展适度规模经营种养大户达1100余户、家庭农场468家，培育农民专业合作社511家。培育一批"联合体"。大力推广以农业企业为龙头，以合作社为纽带，以专业大户、家庭农场、小农户为基础，以规模化、标准化生产基地为支撑的农业产业化发展模式，不断提高农民组织化程度，全县累计培育省级以上产业化联合体 7 家，带动农民人均增收 1800 元。新型农业经营主体在推进农村一、二、三产业融合发展中，发挥主力军作用。同时，注意协调好新型农业经营主体与普通农户、不同类型新型农业经营主体两个关系。通过新型农业经营主体更好地发挥引领、示范和带动作用，带动更多的普通农户增强参与农村一、二、三产业融合发展的能力，更好地分享农村一、二、三产业融合发展的成果。

当涂县突出融合促动，推动优势产业全产业链发展。充分发挥特色主导产业链条前端优势，以优质农产品生产基地为依托，以延伸产业链条为重点，大力发展农产品精深加工和商贸流通，积极挖掘拓展农业多种功能和价值，着力构建链条齐全、功能多样、业态丰富的农村一、二、三产业融合发展格局。建设绿色原料"大基地"。以品牌粮油、生态水产、精品果蔬、健康畜禽等主导产业为重点，大力实施绿色增效行动，全县累计建设优质粮油种植基地 45 万亩，生态水产养殖基地 23 万亩，绿色蔬菜生产基地 7.8 万亩，特色果品生产基地 2 万亩，发展了一批生猪、家禽规模养殖基地，基本形成了布局区域化、生产专业化、配套标准化的农业生产格局。培育精深加工"大集群"。以"农头工尾，粮头食尾"为抓手，以突出主业、做强产业、带动行业为路径，大力推动农产品加工业集群化发展，已形成"一区三园"农产品加工园区布局，即以蔬菜加工为主的黄池农产品加工区，以畜禽加工为主的县经济开发区农产品加工园，以水产品加工为主的石桥工业集中区农产品加工园，以粮油加工为主的姑孰工业集中区农产品加工园。2019 年，示范区农产品加工企业产值达 49 亿元。搞活商贸流通"大市场"。积极发展农超、农旅、农批、电商、会展等多种业态的产销衔接模式，组织农业产业化龙头企业到北京、上海、深圳、合肥等城市参加农产品展销活动；举办农民丰收节、螃蟹节、蟹苗节等农业节庆活动，帮助企业和农户开拓市场；大力发展农产品电子商务，建成农产品电商平台 2 个，乡镇级电商网点 10 个和村级电商网点 117 个，基本形成了城镇村联动的农产品电商销售网络，其中"一对活宝"农业品牌年网络销售额达 1000 多万元。推动农产品智慧物流发展，投资 20 亿元的中合华东农产品物流园、投资 15 亿元的顺丰创新产业园相继落户并投入运营。

做精农旅融合"大景区"。当涂以田园风光、自然山水、历史古迹、农耕文化为依托，促进休闲农业和乡村旅游精品化发展，推动乡村旅游全域联建，建成安徽省最大的野生动物园，打造了"大青山李白游、大公圩水乡游、江心洲花海游、石臼湖生态游"四大乡村旅游片区及绿野、甑山、桃花缘、金色田园等一批休闲生态农业园。

三、思考与启示

2020年8月20日，习近平总书记考察安徽并主持召开扎实推进长三角一体化发展座谈会时强调，要深刻认识长三角区域在国家经济社会发展中的地位和作用，结合长三角一体化发展面临的新形势新要求，坚持目标导向、问题导向相统一，紧扣一体化和高质量两个关键词抓好重点工作，真抓实干、埋头苦干，推动长三角一体化发展不断取得成效。

从以前的中部地区，到现在的长三角尾部，如何抓住机遇实现赶超？在产业梯度转移中，这已成为许多地区思考的课题。当涂县的认识和选择是，以原有发展模式只能永远跟跑，只有在长三角一体化发展的大协作中"锻"出自己的产业链，才能迎头赶上，换句话说，要变"弯道超车"为"换道超车"。工业制造在"育集群"中"换道超车"；科技创新在"建平台"中"换道超车"；三次产业在"大融合"中"换道超车"。当涂县的产业创新、科技创新之所以成效显著、后劲勃发，还有更深层面的"动力源"。

（一）必须坚持以人民为中心的发展思想

人民对美好生活的向往，就是我们的奋斗目标。党的十八大以来，当涂县坚持以民为本谋福祉，文化馆、图书馆、博物馆和全民健身服务中心等公共服务设施建成开放，人均居民收入、退休人员工资等都得到了进一步提升，烟花爆竹禁放、老旧小区改造等一批群众反映强烈的突出问题有效解决，全县人民的获得感更多、幸福感更强，为经济社会发展提供了源源不竭的动能。

（二）必须坚持以新发展理念引领高质量发展

新发展理念作为管全局管根本管长远的鲜明导向，是经济社会高质量发展的指挥棒。当涂县始终遵循这个指挥棒，紧紧围绕转型升级、加快发展工作主题，大力实施创新驱动战略，深入实施制造业升级行动计划，培育壮大战略性新兴产业，改造提升传统产业，着力推进动能转换、产业升级、结构调整，经济发展的质量和效益进一步提升。在"双循环"中抢先机、开新局，当涂高新产业一路高歌猛进。2020年上半年，当涂县规模以上高新产业产值达84.47亿元，占全市总量的16.8%，高新产业增加值增长32.3%。近年来，当涂县改变以往全面出击的做法，让创新要素供给由分散到集中，让土地、资金和创新要素流向科技型企业，加快形成产业体系和产业集群。

（三）必须坚持开放创新激发发展新活力

改革是发展的强大动力，开放是发展的必然要求，创新是发展的根本之策。长三角地区是中国经济发展最活跃、开放程度最高、创新能力最强的区域之一，更是中国改革开放的前沿阵地。当涂县充分发挥区位优势，以全面对接服务南京作为深度融入长三角的切入点，坚持眼睛向东看、目标跟东比、身子往东靠、步伐朝东迈，着力打造长三角一体化发展先行区。近年来，当涂县不仅派出招商组，而且依靠原有存量企业实行"以商招商"，把承接产业转移作为招商理念和重要方向。2020年上半年，累计签约来自长三角地区项目9个，总投资23.74亿元。当涂县一切服从服务于一体化发展大局，更加积极有为地对接长三角、融入长三角、服务长三角。

（四）必须立足县情走特色发展之路

科学的工作方法，是破解问题的"桥"和"船"。当涂县瞄准在全国百强县和全省十强县争先进位的目标，坚持全要素、全产业链与全供应链、全地域谋划布局和发展县域经济，因地制宜提出了坚定不移走智造强县之路、坚定不移走开放活县之路、坚定不移走生态立县之路、坚定不移走文明润县之路、坚定不移走人才兴县之路，走出了一条错位发展、特色发展之路。

（五）必须坚持发展实体经济

实体经济是经济的立身之本，是财富创造的根本源泉，是县域经济的重要支柱。当涂县始终把发展好实体经济作为主攻方向，把招商引资作为第一要事，把项目建设作为重要抓手，把服务企业作为关键举措，制定出台当涂县促进实体经济发展若干意见，大力弘扬优秀企业家精神，为实体经济健康发展营造了良好环境。

全面建成小康社会与中国县域发展

安徽省安庆市岳西县

发扬红色精神坚持绿色发展
革命老区人民的小康幸福路

中共岳西县委宣传部调研组

为记录好、呈现好全面建成小康社会的伟大壮举，全景展示全面建成小康社会的非凡历程、辉煌成就和成功经验，向第二个百年奋斗目标进军，根据上级部署安排，岳西县委宣传部组织开展全面建成小康社会"百城千县万村"调研活动，深入部分乡镇村组开展调研，实地走访并与干部群众面对面交流，充分交换意见建议。现将调研情况报告如下。

一、岳西县情介绍及全面建成小康社会现状

（一）岳西县情介绍

岳西位于大别山腹地、皖西南边陲，地跨长江、淮河两大流域，与湖北省接壤。1936 年划并潜山、霍山、太湖、舒城四个县的边界接合部设置建县。全县面积 2372 平方公里，现辖 24 个乡镇、182 个行政村、6 个社区，总人口 40.1 万人。岳西是全省唯一一个集革命老区、纯山区、贫困地区、生态示范区、生态功能区"五区"于一体的县份。

一是著名的革命老区。1924 年境内就有党的活动，1927 年建立党的组织。土地革命时期，岳西是鄂豫皖革命根据地的重要组成部分，红 34 师在这里组建，红 25 军在这里驻扎，红 11 军、红 27 军在这里战斗，红 28 军在这里重建。

战争年代，岳西牺牲的烈士和死难群众达 4 万人，占当时人口的 1/4，中共安徽省委首任书记王步文烈士就出生和战斗在岳西。二是安徽唯一的纯山区。全县平均海拔 600 米，境内最高海拔 1755 米，为大别山第二高峰驮尖；千米以上山峰 69 座。林地面积 278 万亩，人均 7 亩；耕地面积 18 万亩，人均 0.5 亩。素有"八山一水半分田，半分道路和庄园"之说。三是国家重点贫困地区。由于历史、自然等因素，岳西县一直是安徽省以及大别山区 29 个国家级贫困县中贫困人口最多、贫困面最大、贫困程度最深的县份之一。1985 年被列为首批国家重点贫困县，当时绝对贫困人口 24.7 万人，占总人口的 72.3%。2014 年，建档立卡贫困户 36367 户 110473 人，贫困村 65 个。2018 年 8 月通过国家专项考核评估，成为安徽省首个脱贫摘帽的国家级贫困县。四是国家级生态示范区。境内自然资源丰富，森林覆盖率达 76.1%，动植物 2160 多种，被专家称为"天然花园""天然氧吧""物种基因库"。拥有集"山林泉瀑、奇花珍木、古寺石刻、峡谷山寨、革命纪念地"于一体的综合性旅游资源。其中，司空山是中华禅文化发源地，被赵朴初先生称为"中华禅宗第一山"。2019 年荣获全国生态文明建设示范县。五是国家重点生态功能区。岳西是江淮流域皖河、潜河等水系重要发源地，承担着为周边及下游地区发展提供重要生态屏障和优质水资源的重任，负离子单位含量是城市的 10 倍以上，地表水质达Ⅱ类以上。国务院将岳西列入国家重点生态功能区，安徽省将岳西定位为大别山森林生态安全屏障。

（二）岳西县全面建成小康社会现状

1985 年岳西县被列入国家级贫困县，是大别山区和安徽省贫困面最大、贫困程度最深的县之一，是连续八任安徽省委书记的扶贫联系点。1985 年绝对贫困人口 24.7 万人，占农村总人口的 72.3%，2012 年被列为大别山片区和国家扶贫开发工作重点县。2014 年，建档立卡贫困村 65 个，贫困户 36367 户 110473 人，贫困发生率 30.5%。2018 年 6 月中旬，岳西县接受了国务院扶贫开发领导小组组织的贫困县退出评估检查；2018 年 8 月 8 日，安徽省政府正式批准岳西县退出贫困县行列，岳西县成为安徽省首个"摘帽"的国家级贫困县。截至目前，贫困人口由 1985 年的 24.7 万人下降到当前的 782 户 2118 人，贫困率从 72% 下降到 0.59%。2019 年居民储蓄存款余额突破 1279699 万元，人均 3.2 万元，农民人均纯收入达到 12861 元，人均可支配收入 11676 元，年均增幅 10% 以上，全县农村楼房率达 97%，村组道路硬化率 100%。

2014 年以来，岳西县坚持精准扶贫、精准脱贫的总体方略，把脱贫攻坚作为头等大事和中心任务，按照"五个一批""六个精准"的要求，发扬红色精神，传承红色基因，特别是弘扬老区人民信念坚定、不怕牺牲、艰苦奋斗、敢于争先的精神，坚决打赢打好脱贫攻坚战。基层党建、大学生回乡工程的经验获中央领导批示肯定、期权扶贫、涉农资金整合的经验获中央领导批示推广；产业扶贫、光伏扶贫、易地扶贫搬迁等经验全国交流，新华社、人民日报、央视新闻联播、凤凰卫视等主流媒体多次对该县典型经验多次宣传报道；同时，茶产业入选全国"一县一业"典型，茭白产业成为全国产业扶贫案例，构树列入全国十项精准扶贫工程之一，蚕桑成为全省最大产出县等，易地扶贫搬迁、健康脱贫经验在全国扶贫日做交流推广，易地扶贫搬迁工作写入《中国的易地扶贫搬迁政策》白皮书，连续两年荣获全国财政管理工作先进典型县。"扶贫夜校"工作经验得到省委主要领导批示肯定、国务院扶贫办宣传推介，抓党建促脱贫、光伏扶贫、产业扶贫、教育扶贫、社会扶贫、水利扶贫、生态扶贫、引智扶贫等工作经验全国全省交流。温泉镇获全国首批特色小镇，金盆村等一批村获得中国农村人居环境范例奖，水畈村等一批村荣获全国最美十大乡村、生态示范村、休闲宜居村庄等。2017 年度、2018 年度考核分别位居全省县级第一名、第四名。《安徽岳西："六项坚持"探索扶贫工作机制》荣获 2019 年"大国攻坚·聚力扶贫——第二届中国优秀扶贫案例扶志与扶智项目奖"。2019 年入选全国脱贫攻坚经典案例县，2020 年国务院扶贫办将岳西和兰考、井冈山三个县（市）的脱贫攻坚经验在全国首推，国务院扶贫办组织编写出版发行《中国脱贫攻坚——岳西故事》和《岳西：发展带动扶贫脱贫》两本图书，向国内外展示中国减贫战略取得的巨大成就；2018 年以来，先后荣获"四好农村路"全国示范县、全国"绿水青山就是金山银山"实践创新基地、国家农业绿色发展先行区等多项国家级荣誉。2019 年，岳西县被中宣部、中央文明办列为全国新时代文明实践工作试点县。

二、脱贫攻坚的实践和探索

习近平总书记提出的坚持"六个精准""五个一批""三个落实"减贫事业的"中国方案"等精准扶贫、精准脱贫重要论述引领着全国脱贫攻坚。在全国共性做法基础上，我们结合岳西县情特点，以问题为导向，走出岳西特点的脱贫攻坚之路。

（一）坚持实事求是，推进脱贫攻坚全覆盖，做到精准识别和精准帮扶相衔接

脱贫攻坚重在精准，坚决扣好第一粒"扣子"。精准扶贫既要在精准识别上精准，也要在精准帮扶上精准，岳西县坚持以动态识别、严格程序、层层把关将贫困户、边缘户等精准识别出来。

一是识别精准。2014 年建档立卡时，以农民人均纯收入为基本依据，综合考虑住房、教育、健康等情况，实行"五比五看三优先"（比家庭收入、看经济来源，比家庭资产、看消费水平，比家庭劳力、看劳动观念，比生活环境、看居住条件，比贫困程度、看致贫原因；有残疾人的家庭、独生子女家庭、纯女户家庭优先）。2015 年 6 月进行"四个回头看"（评选程序回头看、评选标准回头看、相关信息回头看、档案资料回头看）。2016 年开展"三清行动"（清家庭状况、清家庭收入、清脱贫措施）。2017 年开展"精准核查月"活动，坚决杜绝"两该两不该"（该进的未进，不该进的进了；该脱的未脱，不该脱的脱了）。增加贫困户申请、村民小组评议的程序，集中设立申请日、票决日、公示日。

二是帮扶精准。坚持因村精准选派，实行党群部门联系弱村、政法部门联系乱村、经济部门联系穷村、涉农部门联系专业村，驻村工作队向全县 182 个村全覆盖，确保全县 182 个村至少有一名选派第一书记或驻村扶贫工作队长，确保每个村至少有 1 个帮扶单位，形成单位专班、第一书记或工作队、乡镇、村、帮扶干部等共同扶持的精准帮扶架构。针对贫困户，由选派单位或乡镇安排每户贫困户不少于 1 个帮扶干部开展结对帮扶工作。每户贫困户均采取政策兜底、带资入股、长短结合等不少于 1 项帮扶措施。健全防范返贫系列机制（农业保险、新农合大病保险、大病医疗补充商业保险、农房保险、扶贫小额意外伤害保险、光伏扶贫电站财产保险、治安保险），出台后续帮扶计划，确保稳定脱贫。首创脱贫光荣证制度，对出列贫困村和脱贫户安排项目、资金奖励，实行"扶上马、送一程"。

三是发力精准。重点围绕"两不愁三保障"打好组合拳。实行县、乡、村"三级梯度"搬迁安置，采取"易地扶贫搬迁＋种植养殖、就近务工、城镇就业、发展乡村旅游"等多种模式，"一户一策"量身制定脱贫致富方案，打造一批产业发展增长点、乡村旅游风景点、集体经济发展点、美丽乡村建设示范点"四点合一"的易地扶贫搬迁示范点，共搬迁 2147 户 6838 人。按照"应建尽建、应修尽修、应拆尽拆"的原则，改造危房 16464 户，拨付补助资金 2.33 亿元。完成退宅还耕 25391 户，复垦土地 14636 亩，增减挂钩结余指标累计交易 4374.6 亩，资金达 17 亿余元。通过易地扶贫搬迁、危房改造、退宅还耕三项举措，全面消除农村危房，全县农村楼房率达 96％以上。建立"保、治、防、提、创"五道防线推进健康脱贫（即"医疗保障，大病救治，疾病预防，服务能力提升，创建国家级健康脱贫示范县"），让农村居民特别是贫困人口看得起病、看得上病、看得好病、预防少生病。全面落实"351""180"政策，贫困人口参加新型农村合作医疗率 100％，县域内就诊率提升至 90.07％，综合补偿比达 91.23％。围绕"控辍保学"推进教育扶贫，2018 年累计发放教育资助补助资金 2744 万元，受资助学生 31739 人次，生源地信用助学贷款 4903.35 万元，九年义务教育巩固率 100％，实现了没有一个贫困人口因为贫困而辍学。

（二）坚持特色发展，推进发展新模式，实行稳定脱贫与增收致富相衔接

产业发展是稳定脱贫和致富的根本因素，为此，岳西县始终做到第一任务紧抓不放。

一是调整产业结构，提升产业层级、提高抗风险能力。岳西县山高水冷，夏凉冬冻，森林覆盖率达 76.4％，过去产业单一的水稻，产量低、成本高、不赚钱，遇天灾就亏本。根据岳西独特的资源禀赋和自然条件，县里出台了一系列政策，重点扶持茶桑菜果药、构树、旅游、电商等十大扶贫产业，到 2010

年全县基本不种水稻，形成了特色产业体系，实现了天干有旱菜、天涝有茭白，不旱不涝有茶叶，春有茶桑夏有果，秋有茭白冬有药，一年四季都有果、有旅游。全县共有茶叶 17.4 万亩，蚕桑 7.5 万亩，茭白 5.83 万亩，高山蔬菜 14.55 万亩，已建成的构树基地 5124 亩，地道药材 23 万亩，有机猪、鸡 9.5 万头（只），创成国家地理标志保护产品 4 个、中国驰名商标 6 个。特色产业收入占贫困户收入 53% 以上，成为脱贫的支撑。国家级 4A 景区 5 个，星级农家乐、民宿 105 家，2019 年旅游突破 1050 万人次，收入 65 亿元，带动 22414 名贫困人口增收。岳西茶叶作为国礼送给外国政要，高山蔬菜成为亚丁湾护航舰队专供产品，彩色蚕丝品成为中央政府送西藏建区周年礼品，有机黑猪肉在南京武汉上海大型超市供不应求。

二是推进"四带一自""三有一网""三业一岗"发展模式。"四带一自"即园区带动、龙头企业带动、农民合作社带动、能人大户带动和贫困户自种自养；"三有一网"即每个村都有 2 个以上特色主导产业，贫困户都有 2 个以上"长短结合"的稳定致富门路，有劳动能力的贫困人口都有一技之长，全面推进电商扶贫；"三业一岗"即针对贫困户的素质和能力，组织发展特色产业、务业就业和创新创业，开发公益性岗位，目前已开发贫困户辅助性和公益性岗位 3600 余个，重新认定的就业扶贫车间 31 个，解决 1018 人、577 户贫困户就业，带动贫困户人均增收 1500 元。

三是以"三变"和市场方式发展集体经济。完成了 188 个村（居）集体经营资产改革，盘活集体林地、耕地、水域资源 1.4 万亩，水电站、空置小学、房产等集体资产 5420 万元，整合涉农产业项目资金 4200 万元，吸收农户入股 1200 万元，以"支部＋公司＋农户""支部＋扶贫工厂＋贫困户"方式运作，所有集体经济组织领办人都必须是村（居）"两委"成员，如来榜镇关河村委会副主任、回乡大学生吴松青以中石化 145 万元扶贫资金作为该村公司的资本金，并吸收其他 7 个贫困村集体资金或闲置土地入股、流转群众土地入股、贫困户小额信贷入股，资产按折股分红，资金按 6% 收益固定分红，带动 280 户贫困户年均增收 8000 元以上、800 户群众年均增收 1000 元以上，8 个贫困村集体经济年均增收 10 万元。

四是以政策资金引导市场投融资。除"三变"改革融资方式以外，县财政每年拿 300 万元由县委组织部作为银行风险保证金放大融资倍数，重点支持大学生回乡工程人员创办领办集体经济；退宅还耕土地增减挂交易村均奖金 70 万元，作为村集体经济资本金；县农投公司利用农发行扶贫政策融资 5 亿元、8 年期，支持村集体发展特色优势产业。2019 年底，全县 188 个村（居）集体经济村均收 22.39 万元，有 2 个村超 100 万元，65 个贫困村均 24.8 万元，进入国家重点贫困县消灭空白村且超 10 万元的前列。同时，制定集体经济发展防范风险、强化监管、合理分配的系列规定，确保持续健康发展。如集体经济收入分配县里规定除分红和成本后收益，按 20% 奖励、30% 积累、50% "双基"建设。

（三）坚持"房必安，村必净"，推进三大革命，实行脱贫攻坚与乡村振兴相衔接

危旧房屋改造和人居环境整治，是脱贫攻坚的关键点和难点，既难在投入大，也难在千年生活习惯难改。

一是以退宅还耕推动危房改造和破旧房屋拆除。一户多宅必拆旧留新，重建新房必拆危房退宅，原宅基地都必退为耕地，新增土地指标在市场交易，每亩 40 万元，全县共拆 25391 户，复垦土地 14636 亩，交易收益 17 亿元，除国家省危房补助外，在土地交易收入中给贫困户 1 人补助 1—2 万元，对所拆危旧房每平方米奖励 60 元，既调动了贫困户积极性，又促进危房改造和村貌改善。把握原则，切实做到"危旧房必鉴定、房鉴定必规范、有人住必安全、不安全必改造"，同时又规定三不拆，即有文物价值的不拆，有建筑文化价值的不拆，能作生产用房的不拆，改造后产权归村集体，村民使用或集体使用。

二是强力推进"三大革命"和"四净两规范"。三大革命即农村厕所、污水、垃圾革命，动员全民参与，政策补助每个厕所 600—1000 元，拆除旱厕 10005 个，改造旱厕 11700 多个，拆改破旧牛栏、猪圈、柴棚和脚屋 10062 个；政策补助每个化粪池 2000 元，新建三格式化粪池 15000 个，中心村微动力污水处理厂和自然氧化塘 188 个；清理陈年垃圾 4400 吨。"四净两规范"即所有贫困户和非贫困户都要做到室内净、室外净、厕所净、个人卫生净，生产生活

资料摆放规范，生活家居配套规范，全面动员有劳动能力的群众主动开展自家房前屋后、室内室外环境卫生整治，通过志愿者服务等方式帮助解决生活不能自理的家庭开展环境整治，动员社会力量捐资捐物，帮助贫困户生活家具配置规范。

三是实施城乡环卫一体化。通过招商引资，运用 PPP 项目模式，招商引进玉禾田集团，实施城乡环卫一体化，服务范围覆盖全县 24 个乡镇 188 个村（居），实现全天候保洁，同时该公司吸收贫困人口就业 763 人，人均增收 11000 元。以前是"垃圾靠风刮、污水靠蒸发、晴天一身灰、雨天一身泥"，现在是"走路不湿鞋、做饭不烧柴、吃水不用抬、垃圾不乱摆、污水不乱排""村在翠绿中、屋在茶园中、人在画景中"，建成省级美丽乡村 61 个。

（四）坚持效益与公平兼顾，推进区域均衡发展，实行脱贫攻坚与小康社会相衔接

一是积极争取和有效整合。岳西县在 2009 年之前仅有 318 国道、105 国道，县委、县政府紧抓省委书记联系点优势，向中央省市争取修建高速公路，于 2010 年修通六潜高速、2015 修通岳武高速，两条高速通车后岳西经济社会发展发生聚变。2020 年岳武高速东延线已启动动工，全县"米字形"高速路网已基本形成。2020 年六安景高铁项目已立项，并开展勘查工作，带动岳西的将不仅仅是出行上的高铁，也让岳西发展走上了高速路。在"双基"建设方面，县里整合资金，按照"多个龙头进水、一个龙头出水"的原则，把 16 个部门 39 项资金纳入整合范围，整合统筹资金达 30 亿元，同时推进贫困村和非贫困村水电路网房等五大基础设施和八大基本公共服务建设，实施农村道路畅通工程 2053 公里，提前一年完成省下达计划，完成 300 公里非建档立卡贫困村通村硬化路工程，通组路硬化率达到 95% 以上。完成 2018 年农田水利"最后一公里"项目投资 6970 万元，治理面积 4.98 万亩。实施农村饮水安全巩固提升工程 237 处，完成投资 2331.28 万元，非贫困村占 70% 以上，40 个省级美丽乡村中非贫困村占三分之二。改善公共服务水平，卫星通信、宽带、广播电视村村通等实现全覆盖。建成村级综合文化服务中心 51 个，农家书屋、文化信息共享工程室和小型室外活动场所实现村级全覆盖。

二是贯彻"两山"理论。原来生态是"痛点"，制约了岳西发展，现在生态是"卖点"，推动了岳西前进。坚持围绕生态有机狠下功夫，近年已形成了茶、桑、菜、生态养殖等十大产业为主导的高山有机农业结构。岳西县是全国重点产茶县、中国茶叶百强县、中国十大生态产茶县、中国名茶之乡、全国茶乡旅游特色区，岳西"茶业＋休闲农业"入选"一县一业"全国农产品加工发展典型。岳西翠兰地理标志证明商标是中国驰名商标、安徽省十佳地理标志商标。岳西翠兰是国家地理标志保护产品，2020 年，岳西翠兰上榜 2020 年地理标志运用促进工程项目，品牌价值达 19.63 亿元。全县扶持近 3 万户贫困户改造和新建茶园 5.4 万亩，带动贫困人口 8.72 万人，人均增收 1600 元，支持贫困村新建和改造清洁化茶厂 43 座。全县桑园总面积达 7.7 万亩，2019 年产茧 4239 吨，鲜茧产值 1.63 亿元，生产规模连续 11 年位居全省第一。在 2018 年 10 月 11 日中国蚕学会第十届二次理事会上，理事会表决一致同意授予岳西县为"中国蚕桑之乡"，这是全国第二个、中部地区第一个获此称号的县份。全县扶持 6911 户贫困户改造和新建桑园 2 万多亩，直接带动贫困人口 24431 人实现脱贫致富。"岳西茭白"作为十大产业扶贫案例在全国产业扶贫（湖北罗田）现场观摩会上交流印发，并被农业部安排在第十五届中国国际农产品交易会产业扶贫展厅参展。岳西县荣获"中国高山茭白之乡"称号。扶持 13260 户贫困户发展高山蔬菜 36420 亩，户均增收 3850 元。通过项目推动、龙头带动、服务联动等举措发展种养业，带动贫困户 3175 户，养殖畜禽 54.05 万头（只）。岳西黑猪通过全国第一个有机认证并获中国地理标志保护产品。围绕生态资源，岳西已经形成春赏百花、夏有清凉、秋赏红叶、冬有温暖的四季休闲旅游度假格局。岳西县 5 个乡镇被网友评为安徽夏季最值得度假的地方，夏季的清凉岳西经济已成为大别山区网红必到打卡点，岳西县入围"2020 年全国县域旅游发展潜力百家县"。

三是有效均衡推进。近几年，中央、省市对贫困户、贫困村的政策倾斜与叠加，非贫困村和非贫困户认为"原本差距不大，现在出现断崖"，非贫困户满意度持续下降，岳西县考虑到不能为脱贫而脱贫，克服县级财政困难，创新投入机制，以市场手段实现均衡性。在集体经济发展上，2016 年首创 PPP

模式运作光伏扶贫项目，非贫困村全部安装集体光伏电站，"太阳高空照、在家数钞票"，仅此一项为非贫困村每年经营性收入 10 万元。如发展其他产业项目，每个非贫困村可支持 100 万元贴息贷款。在产业发展上，县政府拿出 2000 万元建立风险保证金，撬动农发行 5 亿元产业发展批发贷款，对非贫困户发展特色产业和农家乐、民宿旅游等给予每亩 180—1800 元的产业奖补，和每户 1000—2000 元的设施改造奖补。在危房改造上，县财政拿出 400 万元，与国元保险公司合作，并从退宅还耕新增土地交易收益中拿出 2500 万元，对非贫困户每户危房改造补助 1—2 万元，全县无论是贫困户还是非贫困户没有一户危房。在教育保障上，非贫困户子女上高中、大学，县里动员社会力量建立助学基金和慈善资金。这样非贫困户和非贫困村"眼不红、也不争"，群众的获得感、幸福感平衡上升。

（五）坚持思想引领，推进"三新"扶智，实行政策外在帮扶和激发内生动力相衔接

一是新教育宣传新思想。所有村党组织都建立新时代文明实践所、站，组织县乡干部、优秀党员和各类先进典型，走进农家小院，宣传党的理论思想、路线方针、四个全面、五大发展理念，结合大别山老区精神和王步文烈士事迹、脱贫攻坚政策、农业科技等，采取有奖问答、现场讨论、现身说法等各种群众喜闻乐见的形式，讲政策、授技能、解矛盾、明道德、树新风、传帮带。新时代文明实践中心（所、站）已成为群众学习宣传贯彻习近平新时代中国特色社会主义思想的主阵地，作为传承红色基因、增强技能、激发内生动力的重要载体，让群众"围着党组织转"。2018 年以来，先后组织新时代文明实践活动 2000 多场次，受众 4 万多人。2019 年，岳西县被中宣部、中央文明办列为全国第二批新时代文明实践工作试点县。自脱贫攻坚以来，举办"扶贫夜校"6000 多场次，参学群众 12 万人次，中办专门来岳西调研扶贫夜校，国务院扶贫办、新华社、中央电视台及省市媒体广泛宣传推介。田头村沈千书虽左腿残疾，但村里的扶贫夜校每场必到，学习了科学养蚕和薏仁米、茶叶种植技术，不断提高了农业种养技术水平，年增收 1.5 万元，领到了第一张脱贫光荣证。

二是新民风带变新面貌。制定岳西县红白喜事指导性标准，村党组织牵头，制定村规民约，成立红白理事会，倡导婚事新办、丧事简办、小事不办。党员带头，西美村书记李京龙适逢县指导性标准刚印发时女儿结婚，他二话不说带头执行，在他带动下全村新风活动迅速推行，贫困户郑卫标说："少了人情债，脱贫跑得快"，全县农户每年减少人情往礼支出户均3000元。弘扬慈孝文化，村党组织牵头成立以"五老"、新乡贤组成的村道德评议制度，对不孝之人进行评议，以评促孝；县公检法发布《关于敦促将被赡养人接入安全住房共同生活的通告》，由司法机关纳入失信"黑名单"，在县电视台开辟"不孝榜"曝光台，以法促孝；同时，各乡镇持续组织开展"最美岳西人""道德模范""好儿媳""好家庭"评选活动，以身边典型引领农村新风文明，有效解决了"儿女住高楼，老人住破房，儿女吃香喝辣，父母生活生病不给钱"的不孝顺不赡养问题。尊老爱幼、邻里和睦蔚然成风，党的十八大以来涌现出全国道德模范提名奖1人、"中国好人"5人、"安徽好人"21人、"安庆好人"201人、"最美岳西人"123人。

三是新机制培育新先锋。实行网格化服务机制。根据各村面积和人口分布划分若干网格，每个网格由乡村党员、干部包保，走进群众开展服务。荣获"全省优秀扶贫干部"、年仅29岁的驻村工作队长刘扬彧，在周六周日走访完包保网格29户后，由于交通事故因公殉职，他的微信朋友圈最后一条微信永远停留在村开会至凌晨2时上。荣获市优秀共产党员的川岭村原村主任华同春，每年考核都名列前茅，因做危房拆除工作，山高路险、过度劳累，坠下山崖不幸殉职。创"1+5"帮扶机制。山区农户居住分散，每名农村党员和致富带头人就近联系5户贫困户，力所能及、全力帮扶。省劳模、市优秀共产党员刘根焰，成立公司带动群众种杭椒和茭白，免费给农户发种苗、教技术、带销售，不仅自己包保5户贫困户脱贫，还带动周边其他贫困户20户年均增收8000元。刘扬彧、华同春、刘根焰等一批基层党员的先进事迹，在群众中引起强烈反响，纷纷向他们学习。

（六）坚持机制创新，推进正负两面结合，实行脱贫攻坚与基层党建相促进

一是创新人才机制，激励脱贫一线干部。开展"十佳村党组织书记"和

"十佳村委会主任"评选，从脱贫优秀"十佳村党组织书记"中先后选拔挂任乡镇党委委员16人、解决事业身份12人、享受事业副科待遇7人，比照新聘事业单位人员享受待遇3人，公开比选8人进入乡镇领导班子，破了上升"天花板"，解了后顾之忧。出台脱贫攻坚干部正向关怀激励八条措施、在脱贫攻坚一线考察识别干部操作办法，先后提拔重用扶贫一线干部215名，119名优秀年轻干部进入乡镇领导班子；职级晋升向乡镇干部倾斜，确定四级调研员11人、晋升一级主任科员109人、三级主任科员117人。先后两批选派48名优秀年轻科级干部到乡镇担任脱贫攻坚专职副书记，专抓脱贫攻坚工作。设立100万元关心关爱基金，帮扶扶贫一线有困难的干部家庭。实施"大学生回村工程"，一方面吸引大学生回村参与脱贫攻坚创业争当"创客"，另一方面作为村级后备干部。每人每年财政补贴2.4万元，成为村干部后，每年工作报酬4万元，并参加城镇职工养老保险、工伤保险和医疗保险。先后选聘400多名，其中185名全日制大学生进村（社区）班子，含硕士研究生2名，当选村党组织书记5名、村委会主任20名；全日制本科生比照新录用公务员工资标准享受报酬待遇。

二是创容错纠错机制，为担当者撑腰鼓劲。认真贯彻习近平总书记关于"三个区分开来"的重要讲话和重要指示精神，岳西县及时研究了容错纠错机制，向市委主要领导汇报，并报市纪委把关备案，2016年在全省第一个出台了容错纠错机制。岳西是大别山区暴雨中心且冰冻较早，扶贫的水利项目在汛期不能施工，通村组路项目上冻不能施工，如果按照公开招投标，至少要延期3个月，这样年度任务不能完成，扶贫资金滞留在账上，群众意见就会大。如一个村被举报200万的水利和村组路项目没有公开招标问题，县纪委调查了解到他们因上述客观原因采用了公开邀标，且没有非法利益和损失，对乡和村责任人进行了容错。同时，无问题不耽误，有问题不放过，2019年全县扶贫领域违纪违法问题党纪政务处分或组织处理85人。

三是创"蜗牛奖"，倒逼干事创业机制。基层任务繁重，问责事项繁多，如何解决问责过多出现干部"死猪不怕开水烫"的消极行为，问责过少又难以"以儆效尤"推动工作的问题。"人要脸、树要皮"，我们2016年创"蜗牛奖"，就是将目标任务按季度进行过程考核，没有达到进度的在县委全委扩大会上颁发，如果连续三次"获奖"的才问责，否则不问责不考核，目前已经对脱贫攻坚未按时完成任务的 6 个乡镇颁发"蜗牛奖"，倒逼任务完成。2017 年岳西县脱贫攻坚成效考核在全省位列第一名，2018 年顺利通过国家第三方评估验收，没有一个干部在完成脱贫攻坚任务上被问责。

三、工作启示和建议

（一）始终坚持党的领导

一是全面贯彻落实上级决策部署。1985 年岳西被确定为国家贫困县，不论是省市，还是岳西县乡村各级党组织、广大党员，都是始终坚持党的领导，切切实实以实际行动履行"为人民服务"的宗旨。从 1985 年确定为国家贫困县以来，连续八任安徽省委书记将岳西作为扶贫联系点，县委、县政府始终以坚持扶贫开发为中心任务和脱贫攻坚为头等大事，三十五年如一日，始终坚持以人民为中心，推进"一号工程"，坚持以脱贫攻坚统揽经济社会发展全局。2008 年以来连续 12 年以县委、县政府 1 号文件锁定精准扶贫、精准脱贫，无论风云变化，我自岿然不动，绝不翻烧饼，玩新花样，一届接着一届干，一任接着一任抓，棒棒接力，薪火相传，久久为功。"书记行不行，关键看脱贫"已成铁律。

二是提供坚强的组织保证。抓县级干部，县四套班子全体负责同志各联系 1 个乡镇，县委书记、副书记各增加联系 1 个最偏远乡镇。选派 49 名县干到村任"脱贫攻坚专职书记（主任）"，今年又安排 46 名县级干部叠加帮扶 229 户未脱贫户、279 户脱贫监测户、436 户边缘易致贫户、25 户收入骤减支出骤增户，实行"一户一方案""一人一措施"，开展"四帮"（对有劳动力户重点帮就业，帮产业，帮创业，帮销售，对弱劳动力或无劳动力户重点帮政策落实、帮问题解决、帮联系社会力量帮扶、帮内生动力激发）。2020 年 3 月 21 日，县长江春生同志化身"江大叔"，网上销售岳西翠兰近 500 万元。中石化挂职副县长艾中华"直播"带货销售岳西桑枝木耳 150 单，并帮助销售桑枝木耳 100 万元。抓乡镇干部，出台脱贫攻坚干部正向关怀激励八条措施、在脱贫攻坚一线考察识别干部操作办法，先后提拔重用扶贫一线干部 215 名，119 名优秀年轻干部进入乡镇领导班子；职级晋升向乡镇干部倾斜，确定四级调研员 11 人，晋升一级主任科员 109 人、三级主任科员 117 人。先后两批选派 48 名优秀年轻科级干部到乡镇担任脱贫攻坚专职副书记，专抓脱贫攻坚工作。设立 100 万元关心关爱基金，帮扶扶贫一线有困难的干部家庭。抓村级和驻村帮扶干部，坚持因村精准选派，实行党群部门联系弱村、政法部门联系乱村、经济部门联系穷村、涉农部门联系专业村，驻村工作队向全县 182 个村全覆盖。出台《关于在决战决胜脱贫攻坚中进一步加强选派帮扶干部和结对帮扶干部管理的实施细则》，实行县委组织部备案管理、乡镇党委日常管理、派出单位跟踪管理，确保选派帮扶干部吃住在村，做到全日制、全脱产、"五天四夜"驻村工作。2014 年以来，提拔重用选派帮扶干部 126 名。将表现突出的 20 名第六批选派干部继续选派到村，其中 6 人就地提拔任乡镇班子成员，不参与乡镇班子分工，以便全身心投入在村里扎实干。

三是落实严格的纪律保障。制定《岳西县扶贫领域问题线索移交工作机制》，县纪委监委优先处置扶贫领域问题线索，直查直办重要问题线索，对"涉贫"问题线索"清仓见底"，严肃查处了一批扶贫领域截留挪用、虚报冒领、优亲厚友的典型问题，对涉嫌违法的移交司法机关处理，2019 年全县扶贫领域违纪违法问题党纪政务处分或组织处理 85 人。坚守亮丑不护短，制作《全县脱贫攻坚问题专访纪实片》在全县大会上播放，指出 57 个具体问题，开展"回头看"督促限期整改落实；开展"三个以案"警示教育，选取近年来 24 个扶贫领域典型案例，编印《警钟长鸣——扶贫领域腐败和作风问题典型案例选编》；出台《岳西县坚决防止脱贫攻坚松劲懈怠问责办法》，坚决防止松劲懈怠、精力转移、盲目自满、工作漂浮等四种倾向。

（二）推动全面建成小康社会高质量发展

2018 年 8 月 8 日，安徽省委宣布岳西县贫困县摘帽。县委、县政府始终坚持以习近平新时代中国特色社会主义思想为指导，脱贫摘帽不是终点，而是带领全县 40 万人民迈入小康社会向高质量、高层次发展的起点。

一是持续推进"一号工程"。2008 年以来，岳西县一直以连续 12 年推进"一号工程"，2018 年脱贫摘帽后，不松劲，围绕乡村振兴，继续推动"三农"建设。将全面建成小康社会、乡村振兴作为头等工程，切切实实将产业发展好、生态保护好，乡村治理好、乡风提升好、生活改善好为目标，推动美丽乡村建设。目前已建成省级美丽乡村 61 个。下一步将逐步提高美丽乡村建设的人气和活力。民生政策覆盖面逐渐扩大，政策保障力越发有力，岳西县始终将 33 项民生工程列为全县第一大工程。围绕农业产业发展，岳西县先后制定了《岳西县支持农村产业发展资金使用办法》（岳政办〔2017〕4 号）、印发《岳西县 2020年特色种养业带贫减贫奖补暂行办法》（岳政办秘〔2020〕51 号）和《岳西县培育农村产业发展带头人工作方案》（岳政办秘〔2020〕29 号）、《岳西县关于构建"三有"型稳定脱贫新模式的实施意见的通知》（岳政办秘〔2018〕108 号）、《岳西县 2020 年"四带一自"产业扶贫实施方案》《岳西县 2020 年特色种养业带贫减贫奖补办法》（岳政办秘〔2020〕51 号）等政策文件，扎实推进产业扶贫工作。

二是推动新时代文明实践走深走实。坚持以习近平新时代中国特色社会主义思想为指导，以志愿服务为基本形式，以资源整合为抓手，以群众满意为根本。按照"12345678"工作模式，即围绕学习宣传贯彻习近平新时代中国特色社会主义思想、做深做实岳西新时代文明实践中心全国试点这一主线，建设线上"彩云中心"、线下"绿地中心"等两个中心，构建县、乡镇、村三级工作体系，建设四大平台，把新时代文明实践中心建设成为学习传播科学理论的大众平台、基层思想政治工作的坚强阵地、培养时代新人和弘扬时代新风的精神家园、开展中国特色志愿服务的广阔舞台；贯彻五大任务，落实学习实践科学理论、宣传宣讲党的政策、培育践行主流价值、丰富活跃文化生活、持续深入移风易俗；开展"讲理论、传思想，讲道德、传典型，讲自治、传新风，讲文化、传文明，讲科学、传技能，讲法治、传正气"等"六讲六传"活动；实施有机制、有阵地、有队伍、有宣传、有计划、有活动、有亮点等"七有"标准；充分发挥理论政策宣讲、文化文艺服务、助学支教、医疗健身、科学

普及、法律服务、卫生环保、扶贫帮困等八类新时代文明实践志愿服务队伍
作用，着力探索一条群众参与、群众受益、群众满意的文明实践路径。建成
新时代文明实践中心 1 个、所 24 个、站 188 个，部分村组探索设立文明实
践点，把文明实践阵地建到群众家门口。特别是在 2020 年抗击新冠肺炎疫
情期间，各地文明实践志愿队伍积极参与疫情防控，当好疫情防控宣传员、
社区入户排查员、卡口防控值班员、隔离群众的代购员、复工复产安全员，
切实打通了文明实践所站服务群众的"最后一公里"。

三是更加深入的群众路线。中央和省市帮扶单位大力支持，社会各界全
面参与，共同构建大扶贫格局。所有县干、乡镇党政主要负责人和部分乡镇人
大主席担任行政村脱贫攻坚专职书记或主任，全县选派科级干部任乡镇脱贫攻
坚专职副书记，单位选派扶贫工作队队长，打造了一支"扎根基层的扶贫工作
队"，涌现了"心动安徽最美人物"刘扬彧等一批先进典型。在践行群众路线
中，既有流汗流泪的付出，也有付出生命的贡献，该县荣获"全省优秀扶贫干
部"、年仅 29 岁的驻村工作队长刘扬彧；荣获市优秀共产党员的川岭村原村主
任华同春；在扶贫路上牺牲的同志是一代代脱贫工作者中的代表，更多的是广
大干部、群众用自己的血汗和实际行动挣脱贫困、奔向小康的自强不息精神。
党的十九大后，结合脱贫攻坚，从县直单位抽调三分之二人员约 1500 名干部，
组成 186 个工作专班，和群众同吃、同住、同劳动，按照"认真学、户户到、
事事清、问题解、不过夜、回头看"六项工作法，人在家必进门，人在外（地）
必通话，全县所有贫困户和非贫困户一户不漏，每户情况全部搞清楚，累计征
集发现问题 42062 个，特别是在脱贫攻坚、农村党建、信访维稳、"双基"建
设、扫黑除恶、环保安全等方面的诉求和问题，列成清单，白天走访晚上会
商，乡、村能解决的当晚交办，需县里解决当晚上报，县指挥部当晚研究翌日
答复，对进户走访、问题解决、群众满意度等情况，县里组织明察暗访回头
看，集中"三同"活动，其意义既在脱贫攻坚之中，更在脱贫攻坚之外，极大
地密切了干群关系，群众满意度大幅上升。

（三）让人民群众有更多的获得感幸福感

一是让群众有更多的获得感。在全县大走访中，暗访组在岳西县主簿镇

南田村槐树组时，偶遇一位叫陈修焰的脱贫老人，他在说村里家里大变化后，主动向暗访组念了一首自己作的诗，"梦中想起习主席，半夜三更太阳起；走路想起习主席，千斤担子都不累；做活想起习主席，周身上下顿力气；吃饭想起习主席，蒸馍炒菜添香气；开会欢呼习主席，千万拳头齐举起；墙上挂着习主席，党的光辉照屋里；中国有了习主席，天南海北飘红旗……"暗访组称赞他写得很好并问他是不是退休教师，陈修焰老人说他不识字。由此可见，近年的脱贫攻坚政策以及成效在群众中切切实实有获得感、有幸福感。

二是让群众有更多的幸福感。"农民收入看银行，农村变化看楼房，幸福指数看脸庞"，2018年岳西县脱贫评估检查错退率、漏评率均为0，贫困发生率下降至0.18%，高质量通过了国家验收，在全省率先脱贫，成为全省标杆。2018年9月，中央巡视组的组长、副组长、专家成员分别到该县三次暗访后，反馈时对岳西脱贫攻坚工作质量给予充分肯定。2019年，岳西县居民储蓄存款余额突破1279699万元，人均3.2万元，农民人均纯收入达到12861元，人均可支配收入11676元，年均增幅10%以上，全县农村楼房率达97%，村组道路硬化率100%。现在，岳西的乡村日落之后，村庄文化广场群众的笑声回荡夜空，音乐响彻山谷，舞步震动田野，幸福之情溢于脸上。脱贫政策好发自老区群众的内心！

三是让群众有更多的参与感。进一步推进群众内生动力大提升，树立"争贫可耻，脱贫光荣"的良性社会氛围。岳西县在群众申请的基础上经过严格审核程序后，对脱贫的贫困户颁发脱贫光荣证，脱贫光荣的浓厚氛围不断在良性拓展。岳西老区人也以全省第一个脱贫摘帽为光荣，在这些群众中还有一些贫困户向党组织递交了入党申请书。通过大力出台帮扶政策、激活激发内生动力、群众的参与度更高，群众自身的内在动力更加强劲。能人大户带动、脱贫户变致富带头人等数不胜数。基层党员干部脱贫攻坚积极性大提升，特别是从基层群众中选出的党员干部，如菖蒲镇水畈村书记王卫东说出基层干部的心声。"死干有盼头，干死无忧愁，不死往死里干"，把"5+2""白加黑"视为常态，涌现了一批如刘扬彧、华同春等先进人物，可以说是拼搏到感天动地，努力到感动自己，真正做到了干部脱皮、群众脱贫、全县"脱帽"。

　　以上是近年岳西县脱贫攻坚工作的实施路线、基本做法，围绕此次调研主题，筛选其中突出的几种做法，当然也存在一定不足之处，所调研亦尚不够深入、确切，但对于当前实现第一个百年奋斗目标，围绕下一个百年奋斗目标提供当前一段时间的大致参考，有不足之处尚需更深更准调查研究。

全面建成小康社会与中国县域发展

江西省上饶市婺源县

乡村旅游发展的"婺源样本"

中共上饶市委宣传部

婺源县位于江西省东北部，与皖、浙两省交界，原属古徽州"一府六县"之一。婺源有句古话："前世不修，生在徽州，十三四岁，往外一丢。"过去的婺源十分贫穷，要想过上好日子，必须走出大山。20世纪90年代以来，上饶市委、市政府和婺源县委、县政府高度重视、高位推动，依托丰富的乡村旅游资源优势，因地制宜，把乡村旅游作为核心产业、主导产业、第一产业，围绕"发展全域旅游、建设最美乡村"，坚持"以村兴旅、以花作媒、以绿当底、以文铸魂、以客为先"，打响了婺源最美乡村品牌。乡村旅游的发展，让婺源农民在家门口吃上"旅游饭"，带动了全县三分之二群众就业创业，成为开启乡村振兴的"金钥匙"。如今，因为走出了独具特色的乡村旅游发展之路，婺源成为人人向往的旅游胜地。

一、婺源乡村旅游资源概况

（一）婺源，人杰地灵

婺源是徽文化的重要发源地，养育了朱熹、詹天佑等一大批历史文化名人。婺源是中国茶叶之乡，婺源绿茶是香天下的江西茶"四绿一红"之一。婺源是中国古村落保存最多、最完好的地方之一，全县拥有传统村落101个，拥有理坑、汪口、篁岭等7个国家级历史文化名村，凤山、晓起、江湾等27个中国传统村落。婺源非遗文化绚丽多彩，有源于远古的傩舞、历史悠久的徽剧，体现"敬、和、俭、静"的茶道，还有别具情趣的抬阁、灯彩、鼓吹等，其中徽剧、傩舞、徽州三雕、歙砚制作技艺、婺源绿茶制作技艺 5 项入选国家级非物质文化遗产。

（二）婺源，山清水秀

森林覆盖率达 82.6%，是国家生态县、国家生态文明先行示范县、全国"绿水青山就是金山银山"实践创新基地。全县共开发精品景区 30 多个，有 5A 级景区 1 个，4A 级景区 14 个，4A 级以上景区数量居全国县级之最，也是全国唯一的以县命名的全域 3A 级景区；有江西省 5A 级乡村旅游点 3 家，4A 级乡村旅游点 3 家，3A 级乡村旅游点 19 个，省级工业旅游点 3 个；先后荣获中国旅游强县、国家乡村旅游度假实验区、中国优秀国际乡村旅游目的地、全国休闲农业与乡村旅游示范县等 30 多张国家级旅游名片。

（三）婺源，交通便利

地处我国黄金旅游圈的腹地，周边有黄山、三清山、庐山、武夷山、千岛湖、鄱阳湖、景德镇等名山、名水、名镇。交通网络四通八达，县内一小时通达所有景区和建制村，是全国首批"四好农村路"示范县；有景婺黄、景婺常两条高速公路，一小时车程内有黄山、景德镇和三清山三个机场；京福高铁纵贯南北，九景衢铁路横亘东西，四小时内可达南昌、上海、杭州、武汉、福州、合肥等城市，婺源正成为江西对接长三角和海西经济区的前沿。

（四）婺源，宜居宜业

近年来，婺源经济社会持续健康发展，2019 年，全县完成地区生产总值 131.5 亿元，增长 8.6%；财政总收入 17.08 亿元，增长 7%；固定资产投资增速 10.3%；工业投资增速 34.6%；社会消费品零售总额 62.7 亿元，增长 11.3%；城镇居民人均可支配收入 28330 元，增长 9.3%；农村居民人均可支配收入 14304 元，增长 10.2%。社会事业全面进步，家风民风持续优化，投资环境不断提升，连续 6 年获得全省科学发展、高质量发展先进县。

二、婺源乡村旅游发展的主要做法

（一）以"村"兴旅，在差异发展中找准定位

婺源旅游从 2001 年起步，立足当地丰富的资源优势，探索出了一条符合婺源实际的乡村发展之路。一是确立"以村兴旅"的定位。经过科学分析，确立了建设"中国最美乡村"的定位，通过差异化发展，与周边旅游区形成旅游产品的良性互补，联合而成"名山、名水、名镇、名村"的乡村旅游发展新格局。二是形成"三步走"的路径。第一步，放手民营、放开发展。为民间资本投资旅游产业大开绿灯，长期沉睡的乡村旅游资源逐渐苏醒，出台了一系列鼓励社会资本参与乡村旅游发展的政策措施，使民营企业撑起了婺源旅游产业的一片天空。第二步，组建集团、规范发展。按照"一个集团、一张门票、一大品牌"的思路，整合全县景区（点）资源，极大地增强了婺源乡村旅游的综合实力和总体竞争力。第三步，整体提升，全面发展。2019 年 9 月，斥资 4.11 亿元完成了对江西婺源旅游股份公司股权回购，把最好的旅游资源掌握在政府手中。以此为标志，婺源旅游重新再起步，加快推进旅游产业实现第三次跨越，即推动由门票经济向产业经济、由资源竞争向文化竞争、由观光旅游向休闲度假旅游转变。目前，婺源已成功打造了一批休闲度假旅游产品，旅游产品的转型已初具雏形，上海翼天集团打造的山水实景演出《梦里老家》、水墨上河文化度假村、篁岭民俗文化村、星江河国际乡村旅游度假区等成为婺源乡村旅游新名片。三是打响"全域旅游"的品牌。2016 年，提出"发展全域旅游、建设最美乡村"的目标，加快推进产品全面升级、环境全面美化、业态全面丰富，形成村村是景，让全域群众都能享受旅游带来的活力。

（二）以"花"作媒，在全域融合中做旺四季

油菜花是婺源乡村旅游的成名曲。始终坚持以花为媒，大力实施"油菜花+"战略，种植了 12 万亩史上最大的梯田花海。一是从一季花到四季景。春探人间花海、夏走研学之旅、秋观红叶晒秋、冬寻梦里老家，实现四季精彩不落幕。尤其是挖掘"晒秋"民俗，篁岭是一个濒临消失的古村，如今成

为"中国最美符号"，2018 年与中青旅合作后，景区品位进一步提升，去年接待游客近 150 万人，综合收入达 2 亿元，"晒秋"成为婺源乡村旅游发展又一张亮丽名片。二是从白天游到全天乐。围绕度假小镇、文化小镇、演艺小镇、健康小镇和体育小镇，加快打造婺女洲、梦里老家、丛溪等一批 10 亿元以上旅游综合体，全面启动千年古城改造工程和城市夜景夜游提升工程，补齐了夜游短板，将成为婺源乡村旅游新热点。三是从一业兴到百业旺。民宿旅游初具潜力，古宅庄园型、精品小筑型、乡间野趣型百花齐放，全县高端度假民宿达100 余家，变古宅保护"包袱"为经济效益"财富"。体育旅游迸发活力，连续三年举办国际马拉松比赛，去年承办国家级、省级体育赛事 40 余项，吸引参赛选手 20 多万人，获评国家体育产业示范基地。文化旅游彰显魅力，每年吸引 50 多万摄影爱好者、10 多万写生大军来婺源创作，20 多部影视作品来婺源取景，成为全国知名写生基地、摄影基地、影视基地、文创基地。

（三）以"绿"当底，在强化保护中厚植优势

始终坚持生态是婺源最大的底色，把绿水青山作为幸福生活的重要内容，爱绿护绿添绿，打造宜居宜业宜游的乡村生态环境。一是建设环保体系。深入推进县、乡、村三级污水处理设施建设，先后推进了 120 个自然村的生活污水处理设施建设，生活垃圾做到村收集、乡转运、县处理，日产日清。二是完善环保机制。成立"环保警察"，创新开展"环保 360"行动，县财政安排 20 万元专项资金进行举报奖励，实现环保监管执法全覆盖。深入推进林长制、河长制、街长制、路长制，县、乡、村三级干部担任生态监管员，对全域生态资源进行网格化管理。三是落实环保禁令。坚持"招商引资、环保先行"，严禁一切有污染的企业落户婺源，多年来主动关闭近 200 家企业。树立生态文明新标杆样板，示范引领全国生态文明建设，婺源荣获全国第二批"绿水青山就是金山银山"实践创新基地。

（四）以"文"铸魂，在挖掘传承中丰富内涵

树立"旅是文化的载体，文化是旅游的灵魂"的理念，在厚植人文上求突破，以文铸魂，以文兴业，推动文化与乡村旅游深度融合发展。一是传承地域文化。大力弘扬朱子文化，建成了文公庙、朱子学数据库，打造《朱子还乡》

原创徽剧大戏，开发"朱子研学"旅游产品，朱子文化成为婺源乡村旅游新名片。推进婺源徽剧、傩舞、三雕、歙砚和绿茶制作等非遗项目的传承与保护，并进入各大景区、乡村旅游点展示。积极开展纪念朱子诞辰 888 周年、红枫节、油菜花节等各种文化活动，打造特色文旅品牌。二是彰显徽派古韵。徽派建筑不仅是徽文化的传承，也是游客眼里的风景。先后启动三轮徽改，累计投资 3 亿多元，改造非徽派建筑 1 万余幢，切实维护好"徽派建筑大观园"的传统风貌。出台古村古建保护办法，创新了古村保护四大模式：整村搬迁的"篁岭模式"、异地安置的"汪口模式"、建新如旧的"严田模式"、民宿开发的"九思堂模式"。2018 年，新增中国历史文化名村 2 个，中国传统村落 5 个，总数分别位居全省第一、第二。三是打造秀美乡村。按照"每一个村落就是一个景点"的要求，投入 2.2 亿元，打造 487 个秀美乡村点和 25 个高品质示范点，实现两年"扫一遍"，建成了瑶湾、漳村、马家、官桥等一批高品质示范点，其中马家、瑶湾成为全省乡村振兴示范点。因地制宜发展村级集体经济，村均 35.54 万元，实现村村过 5 万元，为村级事业发展提供了有力支撑。四是体现"党建+"特色。按照"党建＋全域旅游"的理念，不断深化拓展景区党建新内涵，打造"景村"党建工作品牌，把党员作用发挥在服务游客微岗位上。

（五）以"客"为先，在优化服务中提升形象

把旅游体验作为乡村旅游核心竞争力，聚焦交通、市场、服务三大重点，提升游客满意度。一是"赏花不堵路"。高峰期拥堵是十多年来困扰婺源的"幸福的烦恼"，为此，在婺源主要拥堵路段建设 7 个停车场、5000 个停车位，在热门景区实行高峰期换乘，沿途安装雪亮工程，实行人防加技防，解决了拥堵重大难题。2019 年 3 月，篁岭景区单日接待游客量突破 3 万人次，平稳有序度过了赏花最高峰。二是"开心又放心"。创新旅游管理机制，在全国率先成立了"旅游 110"，整合了 19 个涉旅单位职能，联合 18 个乡（镇、街道、园区）150 余个涉旅村庄，构建了县、乡、村三级联动机制，重拳整治旅游市场乱象。在全国率先成立了旅游诚信退赔中心，专门设立 30 万元退赔基金，推行旅游购物 30 天无理由退货，努力做到"不让一位游客在婺源受委屈"。三是"景美人更美"。深入推进全国旅游标准化示范县建设，启动了优质旅游服务提升

年活动，开展了优质服务"十大重点"工作，组建了优质服务"五大员"，喊出了"优质旅游让婺源更美丽"的响亮口号，争做"最美乡村最美的人"，营造人人服务旅游，人人都是旅游形象的氛围。大力践行"厕所革命"，把旅游公厕作为旅游产品来打造，完成旅游公厕 100 多座。

三、婺源乡村旅游发展的主要成效

婺源乡村旅游的发展主要成效体现在对旅游业自身发展的作用，对脱贫攻坚、乡村振兴、决胜全面小康的强大推动力，对全国乡村旅游发展的示范作用等几个方面。

（一）推动了旅游业的发展

婺源乡村旅游经过近二十年的发展，在质和量上均取得了较大的飞跃，全县接待游客从 1993 年的 2.64 万人次增至 2019 年的 2463 万人次，旅游综合收入从 1993 年的 53.4 万元增至 2019 年的 244.3 亿元，2019 年的门票收入占比仅为 2.25%，旅游业在国民经济中的比重不断上升，旅游产业结构不断优化，与旅游业发展相配套的"食住行游购娱"等比重升幅速度不断增快。乡村旅游的发展也不仅直接促进了第三产业的发展，也拉动了第一、第二产业，形成了"一业兴而百业旺"的效益。

（二）推动了脱贫攻坚、乡村振兴

婺源始终把旅游作为推动农民增收、助力精准扶贫、促进乡村振兴的重要产业，带领更多群众参与旅游发展，共享旅游红利。截至目前，全县直接从事旅游人员突破 8 万人，人均年收入超过 3 万元，排名位于全省前列；间接受益者突破 25 万人，占全县总人口近 70%。广大农民群众通过资源分红、景区务工、自主创业等多种方式，在家门口找到了工作岗位。乡村旅游的兴起为农家乐的发展提供了广阔的舞台，目前，全县有宾招酒店 310 家、2.2 万张床位，农家乐（民宿）2397 家、2.9 万张床位，形成了严田古樟民俗园、李坑新村、浮溪村、江湾村等一批特色农家乐村点。如秋口镇李坑村，2000 年全村有近 400 人外出打工，几乎每两人中就有 1 人外出打工，到 2016 年，除本村农民都直接或间接参与旅游业外，还吸引了众多外来人员纷纷加入该村从事旅游业，"劳务输出"变成了"劳务输入"。以旅游产业为抓手，全力实施精准扶贫工程，带动当地贫困群众脱贫。如篁岭景区通过"整体搬迁、精准返迁、产业致富"三部曲，仅用 3 年时间，就让篁岭村从一个濒临消亡的贫困村一跃成为全国知名小康示范村，当地群众人均收入也从旅游开发前的 3500 元提至近 3 万元，最多的家庭一年旅游收入近 30 万元。

（三）提升了乡村社会文明新风

红火的乡村旅游，也为婺源乡村文明建设注入了新的内涵。步入婺源，但觉乡村邻里和睦，百姓安居乐业。多年来，全县无重大治安案件、无群体越级上访、无群体性事件、无重大刑事案件、无边界重大纠纷的"五无"村达 85% 以上，先后被评为全国村民自治模范县和全国"平安杯"平安建设先进县。同时，各景区、镇村自发成立的龙灯、腰鼓等表演队，经常开展健康有益的活动，活跃了农村文化生活，淳化了民风，促进了精神文明建设，拾金不昧、见义勇为、救助游客的行为层出不穷。

四、婺源乡村旅游发展的几点启示

婺源乡村旅游从起步至今，通过"政策引导、市场运作、集团开发、品牌打造"等手段，实现了从无到有、从小到大、从大到强的巨变，走出了一条被誉为"婺源模式"的乡村旅游发展之路，具有典型的示范意义，也为全国其他地区发展乡村旅游带来了有益启示。

（一）发展的基本理念：坚守核心理念和不断改革创新的结合

从婺源乡村旅游业发展的理念来看，始终围绕着"中国最美的乡村"主题来发展乡村旅游。与此同时，在坚持"中国最美的乡村"总的建设发展目标不变的同时，根据旅游业的发展阶段、发展形势和要求，对政策、体制机制、发展模式、任务目标进行不断的调试，使之更好地符合建设"中国最美的乡村"

发展需要。在发展中不断改革创新之路，以全国旅游标准化示范县、国家全域旅游示范县为依托，积极提升旅游产业整体素质；以建设国家乡村旅游度假实验区为核心，加快推动旅游业的转型升级。正是由于坚守了核心理论和不断改革创新的结合，婺源的旅游业发展才能取得今天的良好成效。

（二）发展的动力机制：政府和市场有效结合

从婺源乡村旅游的发展历程来看，政府与市场的关系经历了市场自发经营——政府引导，市场自主——政府主导、集团运作、市场规范——政府有为，市场在资源配置中发挥决定性作用的四个阶段，既有国家时代的大背景，也反映了婺源自身经济社会发展的特点。乡村旅游发展过程中政府更加有为，主要体现在：各级党委、政府对婺源乡村旅游发展高度重视，将乡村旅游作为经济工作的中心来抓，给予了较多的政策支持；建立健全与乡村旅游发展相适应的旅游行政管理体制；注重发挥旅游规划的作用；制定了县级旅游行业标准体系，积极提升旅游服务品质；加强乡村旅游基础设施和公共服务体系建设。与此同时，顺"市"而为，充分发挥市场在资源配置中的决定性作用，鼓励民营企业积极参与旅游业的发展，积极培育市场主体，组建旅游集团，规范景区经营，创新经营模式，鼓励社区精英和农村社区居民积极参与旅游业的开发。可以说，正是由于国家政策的扶持，各级领导的高度重视，精英人物的有力推动，社会的广泛参与，才推动了婺源旅游业的积极向前发展。

（三）发展的基本路径：旅游发展和美丽乡村建设的有效结合

从婺源乡村旅游发展的基本路径来看，主要做到了"四个注重"：一是注重旅游发展与生态环境保护的结合，以良好的生态环境作为旅游业的重要吸引力；二是注重旅游业发展与新农村建设的结合，促进当地农民就地解决就业增收，促进农业的转型发展，带动涉农产业的发展；三是注重旅游业发展与农村公共服务建设的结合，加快农村基础设施的建设，提升农村旅游公共服务水平，同时，农村公共服务建设夯实了乡村旅游发展的基础；四是注重乡村旅游与农村文化的结合，旅游发展促进了传统文化的传承和保护，旅游发展传播了现代文明，旅游发展着力打造诚信文化。

（四）发展的空间特征：保持整体优势和逐步重点推进的有效结合

从婺源乡村旅游的空间布局来看，主要采取全域化的旅游业开发和旅游产品开发的全资源化的两种模式。全域化的乡村旅游时空开发使得婺源从单纯的乡村旅游发展成为城乡旅游统筹协调发展；从少数的景区景点旅游为主发展成为以"一城二轴、二环三线、三区四镇"为核心的空间格局；从白天观光到夜间娱乐项目。全域化的旅游产业发展使得旅游产业结构从纯景点打造向综合要素发展的转变，推动了旅游业向特色产业融合发展转变，使得一、二、三产业均围绕旅游业这个中心来发展。与此同时，旅游产品开发的全资源化推动旅游产品开发从传统旅游资源向广义的旅游资源转变，从单一的观光型产品向休闲度假型产品转变，更加注重"一村一品"产业发展布局，以提升文化内涵作为全域旅游产品开发的内核。

（五）发展的营销模式：做产品和做品牌的有效结合

从婺源乡村旅游的营销模式来看，其将产品开发和品牌营销有效结合起来，建立了完善的旅游营销推广体系，强力塑造统一的乡村旅游形象，政府在营销过程中发挥积极作用，依托重大节事活动为宣传促销载体，加大区域营销资源的整合，重视国内外旅游市场的营销细分。通过营销整体环境、整体品牌，取得了显著的成效。婺源旅游市场的品牌效应凸显，知名度持续提升，乡村旅游形象不断提升，区域旅游合作不断加强，旅游市场联合营销成为常态。

全面建成小康社会与中国县域发展

江西省赣州市信丰县

融入大湾区　奋进新长征
建设革命老区高质量发展示范先行区

中共赣州市委宣传部

信丰地处江西南部，全县面积 2878 平方公里，辖 16 个乡镇、1 个省级高新技术产业园区、304 个村（居）委会，总人口 80 万人。作为中央苏区全红县，该县深入贯彻落实习近平总书记视察江西和赣州重要讲话精神，牢记习近平总书记的嘱托，传承红色基因，走好新时代长征路，奏响了决胜全面小康的奋进号音，迈出了建设革命老区高质量发展示范先行区的铿锵步伐。

一、基本情况

近年来，信丰县用好《国务院关于支持赣南等原中央苏区振兴发展的若干意见》东风和国家农业农村部、国家能源局对口支援帮扶的"阳光雨露"，主动对接融入粤港澳大湾区，感恩奋进建设革命老区高质量发展示范先行区，着力擦亮"守信之地、世界橙乡、北江源头、红色圣地"四张名片，连续三年获评全省高质量发展先进县，连续六年夺得全省加速工业崛起年度贡献奖，连续两年评为全省农业农村工作先进县，连续多年在全市六大攻坚战评比中取得好成绩，交出了"振兴发展谱新篇，小康路上结硕果"的奋进答卷和喜人成绩。2020 年上半年，该县战"疫"不懈怠，发展不松劲，工业增加值增速一直稳居全市第一，规模以上工业营收增速全市第一，实际利用外资全市第一，多数主要经济指标逆势上扬，实现由负转正，取得了"疫情空白县"和"发展先进县"的良好成效。今年4月，着力建设革命老区高质量发展示范区的赣州市明确提出"支持信丰县建设高质量发展示范先行区"，8月，《中共赣州市委、赣州市人民政府关于支持信丰县建设高质量发展示范先行区的意见》正式印发，为推动信丰高质量发展、决胜全面小康注入了更加强劲的动力。

二、主要举措和成效

（一）聚焦"党建更强"，政治保障更加有力

坚持新时代党的建设总要求，突出政治建设，全面提升党建质量，以高质量党建为高质量跨越式发展和决胜全面小康提供坚强保障。一是充分凝聚合力。通过开展"永远热爱党，永远跟党走""铭党恩、听党话、跟党走""脱贫攻坚扶德扶志、感恩奋进教育""我的初心故事"等系列主题教育活动，发挥融媒体中心龙头作用，推动"决战脱贫攻坚，决胜全面小康"更加深入人心。充分挖掘和传承红色基因，扎实推进百石"长征第一仗"核心展示园、赣南游击词纪念园、阮啸仙红色教育基地等红色旅游项目，讲好用好"信丰整纪"故事，激发了广大党员干部不负先烈厚望，把信丰这块红土地建设得更加美丽的热情和干劲。二是建强组织堡垒。扎实做好"党建引领凝聚乡贤力量，助力高质量发展和决胜全面小康"、党建指导员和党建"三化"工作，基层党组织凝聚力、战斗力进一步增强。选优配强村级班子，打造决胜全面小康坚实的基层党组织堡垒。村集体经济持续壮大，夯实了基层基础。创设发展党员"1+N"志愿服务体系，党员投身决胜全面小康的主动性和积极性得到进一步激发。三是加强队伍建设。积极开展干部培训，今年以来选调7批26人次参加市委组织部、国家能源局干部调训工作，举办乡镇干部履职能力培训班3期190人次；扎实推进人才强县战略，今年引进硕士研究生以上学历高层次人才29名，高素质的干部人才队伍为全县高质量发展提供了坚强有力的保障。

（二）聚焦"产业更旺"，产业支撑更加有力

坚定不移抓产业促发展，以产业兴旺引领经济社会高质量发展，决胜全面小康。一是全力以赴主攻工业。主动对接融入粤港澳大湾区，按照"育龙头、补链条、建平台、保要素、强集群"的工作思路，奋力打造"京九（江西）电子信息产业带"璀璨明珠和"赣州电子信息产业带"前沿区、核心区，先后评为2019年度全省工业高质量发展先进县、2017—2019年度全省开放型经济综合先进县。坚持招大引强、扶优抚强。紧盯"5020"项目，深化专业招商、以商招商、环境招商，举办首届中国新基建产业峰会暨江西信丰投融资洽谈会，今年以来签约项目35个，其中20亿元以上项目9个，50亿元以上项目5个，签约资金502.6亿元，签约总额创历史新高。实施龙头企业培育计划，持续推进"十个一批"分类精准扶企，现有规模以上企业122家，其中规模以上电子信息企业52家。坚持建强平台、完善体系。充分发挥政府主导作用和市场、企业的主体作用，建好做优各类配套和服务平台，全省首个5G科技产业园建成投用，58科创、京东众创等创新平台入驻5G科技产业园，赣州5G产业发展研究院成立运行，首位产业配套体系更加完善；行政审批服务中心入驻园区，新泓职教园建成开园。紧盯5G产业、智能制造2个细分领域，坚持有方向、有目标地引进上下游企业，精准强链补链延链，构建起上下游完整配套的5G产业、智能制造产业体系。坚持保障要素、优化环境。紧紧围绕形成和扩大电子信息首位产业发展的比较优势，着力强化资金、用工、用地、能源、人才等要素保障。开展降成本优环境专项行动，落实减税降费政策和降成本优环境措施，助企减负约6.69亿元；开展"企业用工网络招聘月"活动，实施"20万人大回流"工程，今年以来累计为企业新招员工1万多人，园区就业人数近3.5万人，比疫情前增长近两成。坚持突出首位、强壮集群。突出打造电子信息首位产业、5G产业、智能制造产业和数字经济发展高地，以最优政策吸引、最优平台接纳、最优服务帮扶，推动电子信息首位产业加速集聚壮大。全省第一个启动建设县级5G基站，14家5G企业入驻5G科技产业园，5G产业发展及应用示范县建设走在省市前列；着力实施"5年聚焦5G产业五大板块，年产值达到500亿元"的"555"计划，奋力打造全省数字经济发展新高地，信

丰县电子信息产业基地入选"第二批江西省新型工业化产业示范基地"。二是持续发力做强农业。突出脐橙、蔬菜、生猪三大主导产业，奋力打造现代农业强县。发挥国家现代农业示范区、国家现代农业产业园、国家现代农业科技示范展示基地三大"国字号"平台作用，农业主导产业加快全产业链发展，新增脐橙面积2.65万亩，全县脐橙种植面积恢复到23万亩，创建标准化示范果园119个；新发展露天蔬菜1.2万亩，建成设施蔬菜基地76个2.3万亩，粤港澳大湾区"菜篮子"产品赣州配送分中心、国家蔬菜质量标准中心赣州分中心、赣南蔬菜配套产业园加快建设，努力打造粤港澳大湾区优质农产品供应基地；上半年生猪出栏30.42万头，列全市第二位，存栏40.26万头，列全市第一位，100万头生猪屠宰及食品深加工项目、30万头楼层式一体化生猪养殖项目和畜禽粪污资源化综合利用（沼气发电）项目加快建设。粮食生产更加有力，出台早稻种植奖励办法，加大"单改双"力度，县级统筹5.43亿元资金用于粮食生产，种植早稻25.64万亩、中稻7.9万亩、晚稻31.8万亩。特色农业产业扩面增效，甜玉米、信丰萝卜、红瓜子、中药材等产业种植规模8.5万亩，总产值2.7亿元。三是千方百计兴旺三产。坚持规划先行，合理规划布局了一批医疗、教育、养老、城市综合体、物流等项目，实现自身资源禀赋和产业基础利用的最大化；出台《信丰县养老服务体系建设发展实施方案》《关于2020年旅游产业发展工作意见》等系列政策，为现代服务业发展提供有力政策支撑，累计建成国家4A级旅游景区2个、3A级旅游景区1个、省4A级乡村旅游点1个、3A级乡村旅游点3个，县级电商产业孵化园1个、县级运营中心3个；加速推进项目建设，现代服务业重点项目增加到40个，总投资额192.7亿元，落地了温泉康养小镇、信丰中体城全民健身综合体、信丰钢琴艺术城、美江生态综合体等一批大优项目，格兰云天五星级酒店暨九方购物中心、县妇幼治疗保健康复中心、中医院城南分院、冷链物流园等项目正在加紧施工，现代服务业项目在数量、体量、质量方面显著增长。

（三）聚焦"民生更实"，百姓福祉不断厚植

始终把保障和改善民生放在更加突出的位置，不断提升群众获得感、幸福感，让群众共享更多高质量发展成果。一是全力决战脱贫攻坚。建立脱贫攻坚责任、政策、帮扶、督查、考核等五大体系，确保主体责任压紧压实；坚持聚焦对象识别、"两业"扶贫、"两不愁三保障"、项目资金管理"四个聚焦"，确保政策措施落细落实；建成赣州首家中国消费扶贫生活馆，探索特色产业培植型、优势资源开发型、强村帮带弱村型、支部联建引领型、固定资产经营型等5种村集体经济发展新路径，推行奖教助学教育扶贫新模式，探索设立边缘户帮扶基金，创新农村网格化管理的新方式，成立扶贫济困促进会，在赣州全市率先实现村级公有产权卫生计生服务室全覆盖，以多重帮扶全方位、立体式力促脱贫攻坚工作实效。以突出抓好中央、省委专项巡视反馈问题整改为抓手，纵深推进脱贫攻坚"十大行动"，强化两业扶贫工作成效，新增扶贫基地304个，吸纳贫困户3108人就业；安排贫困劳动力"进园入企"528人；扶贫车间总数已达37家，吸纳贫困劳动力就业382人；新增588个公益性岗位，累计安置贫困劳力就业2164人。截至目前，累计实现13747户43671人顺利脱贫，贫困发生率降至0.10%以下。二是推动城乡融合发展。县城建成区面积达35.88平方公里，人口34.3万人，城镇化率58.1%。全面推进国家卫生县城和省级文明城市创建工作，持续改善城乡环境和提升城乡品质位。探索创新"做准城市主定位、做优城市主轴线、做活两江主水系、做旺城市主街道、做强城市主建筑、做靓城市主路网、做美城市主入口、做全城市主功能、做精城市主花木、做大城市主产业"的城市建设"十个主"模式，"一条景观示范街道、一座生活污水处理厂、一个农贸市场、一个公共停车场、一个公园、一个运动健身广场、一批公厕、一批雨污分流管网、一个文化综合站、一个社区党建示范点"的圩镇建设"十个一"模式和"有布局合理的村庄规划、有设施完善的'七改三网'、有功能齐全的'8+4'平台、有带动致富的增收产业、有示范引领的乡土人才、有绿色生态的宜居环境、有行为规范的乡风文明、有人文沉淀的村庄底蕴、有平安和谐的乡村治理、有务实管用的长效机制"的乡村振兴示范村建设"十个有"模式，以及"家禽圈养好、空坪利用好、建材归整好、柴草堆放好、农具摆放好、垃圾治理好、污水处理好、庭院整治好、路域管护好、长效机制好"的农村人居环境整治"十个好"模式，统一乡村建筑"新唐风"、城市建筑"新现代"设计风格，城乡面貌焕然一新。全县16个乡镇，3924个村小组基本完成人居环境突出问题整治"清零"，36 个乡村振兴示范点加快推进。三是推进民生社会事业加快发展。重点实施 60 件民生实事，支出 20.53 亿元，占公共预算支出的 81.53%，着力解决群众"出行难""入学难""停车难"等民生问题。深化"放管服"改革，积极推进"互联网＋政务服务"，"赣服通"信丰分厅平台上线运行，85% 以上服务事项实现"掌上办"，全面推行错时延时预约服务，全年不打烊，"最多跑一次"事项办理率达到 96%。稳步推进县域综合医改，正在组建紧密型县域医共体；投资近 2 亿元建设 8 个农村标准化敬老院，城乡居民健康服务环境持续改善。信丰电厂建设加速，农网改造工程项目扎实推进，赣粤运河、信雄高速等项目前期工作有序开展，赣深客专信丰段等项目快速推进；加快 5G 基础设施建设，建设 5G 基站 163 个、开通投运 87 个，实现高新区核心区 5G 信号全覆盖，全县基础设施逐步完善。

三、几点启示

（一）决胜全面小康，要用全面加强党的领导来引领

在党员干部层面，用信丰红色故事、红色文化，激励他们传承红色基因，奋力走好新时代长征路，感恩奋进，砥砺前行，奋力建设高质量发展示范先行区，决战脱贫攻坚，决胜全面小康。该县近年来形成了"晴天大干、雨天巧干、晚上挑灯干、节假日加班干""今天再晚也是早，明天再早也是晚""示范先行，不干不行"的干部作风，为决胜全面小康提供了坚实的作风保障；在广大群众层面，注重对广大群众，尤其是贫困群众加强"听党话、铭党恩、跟党走""感恩共产党奋进新时代"的感恩奋进教育，凝聚了决胜全面小康的强大向心力。

（二）决胜全面小康，要用大力发展产业来支撑

全面小康要有产业支撑。信丰近年来在决胜全面小康中，在工业产业上，始终咬定主攻工业不放松，咬定电子信息首位产业，如今又与时俱进咬定 5G 产业和打造数字经济高地不放松，努力实现工业产业更旺，用工业来促进就业，促进县域经济高质量发展；在农业产业上，信丰作为传统农业大县，努力

实现脐橙、蔬菜、生猪三大农业主导产业更旺，为全面小康、乡村振兴、产业兴旺打下坚实基础；在第三产业上，信丰近年来力促现代服务业蓬勃发展，也为增强县域经济活力打下了坚实基础。

（三）决胜全面小康，要用人民群众认可来检验

全面小康是全民共建共享的小康。作为一个革命老区县，信丰近年来始终坚持经济发展与改善民生并进，做到发展成果惠及人民，社会民生事业全面进步，通过做到"民生更实"，进一步体现"共享"理念，让老百姓真真切切享受到了经济社会发展成果，进一步激发了全民共建共享全面小康的强大合力。作为一个人口大县，信丰坚持人民至上、生命至上，落实落细疫情防控措施，强化组织调度，统筹应急保障，全力保障人民生命安全和身体健康，成为全省人口大县少有的"疫情三无县"之一。作为一个地域广阔的大县，信丰持续完善基础设施，统筹城乡发展，全县路电水网气更加健全、生态更加宜居，人民群众幸福感获得感显著增强。

全面建成小康社会与中国县域发展

江西省鹰潭市余江区

两道难题一道解

——余江"宅改"激发乡村治理活力的探索与实践

中共鹰潭市委宣传部

自古以来，郡县治，天下安；乡村治，郡县稳。党的十九届四中全会对推进国家治理体系和治理能力现代化作出了重大战略部署。乡村治理是国家治理体系和治理能力现代化的重要组成部分，也是人民群众安居乐业、社会安定有序、国家长治久安的重要保障。没有乡村治理体系和治理能力现代化，就不可能实现国家治理体系和治理能力现代化；没有乡村的有效治理，就没有乡村的全面振兴。近年来，江西省鹰潭市余江区以全国宅基地制度改革试点（以下简称"宅改"）为切入点，协调做好乡村治理的"后半篇文章"，不断激发乡村治理活力，初步探索走出了一条"法治、自治、德治"三治融合的乡村善治之路，为同步全面建成小康社会打下了扎实基础。

一、如何破题？余江宅改牵引乡村治理

余江地处赣东北、信江中下游，是毛主席赋诗深情颂扬过的热土，是血防精神的发源地。2018 年撤县设区，为原中央苏区县，面积 932 平方公里，下辖 11 个乡镇、7 个农垦场，土地面积 932.8 平方公里，总人口 38.5 万人，农业人口 30 万人，是典型的传统农业县。

"宅改"触及乡村治理难题。"宅改"前，余江农村宅基地管理处于"管不了""没管好"的状态，存在"一户多宅、房屋面积大、布局朝向杂、违法建房多、私下买卖乱、空心化严重"的问题。全区 7.3 万户农户中，一户多宅 2.9 万户，占 39.7%，超标准面积 1.7 万户，占 38.6%；农村宅基地 9.24 万宗，闲置房屋 2.3 万栋，危房 0.83 万栋，倒塌房 0.72 万间；露天厕、猪牛栏等附属房舍 10.2 万间。同时，集体土地"不占白不占""你占我也占""占到就是得到"、宅基地是"老祖业"的思想严重，"留着老房、住着新房、占着空房"的现象较为普遍，直接导致村庄严重空心化、宅基地资源严重浪费、村庄环境脏乱差，成为农村矛盾纠纷的引发点，农村社会不和谐、不稳定的爆发点，乡村治理的难点与痛点。

"宅改"催化乡村治理破题。问题倒逼改革，改革破解问题。"谁来治理""如何治理"，是乡村治理要解决的关键问题。2015 年，余江被列入全国农村宅基地制度改革试点县，2016 年 9 月，承担了农村宅基地、集体经营性建设用地入市、土地征收制度改革三项试点。改革试点以来，余江始终坚守"土地公有制性质不改变、耕地红线不突破、粮食生产能力不减弱、农民利益不受损"四条底线，大力弘扬"战天斗地，敢为人先，不达目的，决不罢休"的血防精神，发挥好党建引领作用，坚持以人民为中心，紧紧依靠群众，坚持公平导向、统筹导向和效能导向，因地施策、分步实施，经历了"前期准备—先行探索—整村推进—全面覆盖—统筹推进"5 个阶段，从破解"空心村"难题开始，不断触及乡村人居环境整治、陈规陋习破除、不良风气抵制等乡村治理问题。

"宅改"走在全国前列。余江"宅改"已完成 98%，共退出宅基地 4.12 万宗、4946 亩，其中 80% 为"无偿退出"，全部回归集体；宅改试点村新修村内道路 526 公里，沟渠 539 公里，清运建筑垃圾 108.9 万吨，绿化村内面积 946 亩，687 个试点村绿化率达到 20% 以上，村庄人居环境、卫生环境明显改善；1258 亩复垦为耕地，退出的宅基地可满足 10—15 年的农民建房需求。"宅改"促进了乡村生产、生活、生态三生共融，群众获得感、幸福感、安全感明显增强，一幅幅美丽乡村新画卷徐徐展开。2019 年 11 月 16—17 日，农业农村部部长韩长赋亲临余江调研指导，给予了"路子很多、工作很细、效果很好、经验很多"的肯定和鼓励。更重要的是，"宅改"极大调动村民参与乡村治理的积极性，为乡村振兴提供了蓬勃力量。

"宅改"激发乡村治理效能。"宅改"牵涉着矛盾纠纷，裹挟着利益纠葛，单兵突进难以成功。余江在推进"宅改"过程中协同推进乡村治理，跳出为宅改而宅改的羁绊，围绕"宅改"做好外延拓展的文章，出台《深入推进"一改促六化"全面建设美丽乡村实施方案》，以"宅改"促进农业发展现代化、基础设施标准化、公共服务均等化、村庄面貌靓丽化、转移人口市民化、农村治理规范化的系统推进，把乡村治理各项工作与"宅改"相结合，以宅改促治理，以治理带宅改，形成强大推动力，释放统筹改革综合效应，探索出破解当前乡村治理难题的有效路径。2019 年 6 月，农业农村部将余江"抓'宅改'促治理"作为首批推介的 20 个中国乡村治理典型案例之一，余江潢溪镇获全国乡村治理示范镇，潢溪镇渡口村、锦江镇范家村、中童镇徐张村、春涛镇滩头村 4 个村庄获全国乡村治理示范村。

二、如何解题？余江宅改促乡村治理的探索

乡村治理是国家现代治理体系中极为重要的课题，推进国家治理体系和治理能力现代化，离不开乡村治理体系的完善和治理能力的提升。乡村治理的难点在哪里？抓手有哪些？余江协同推进"宅改"和乡村治理进行了有益的探索。

（一）党建引领，基层党组织强起来了

党管农村工作是我党的传统，也是我们的优势。把党建引领列为"书记工程"和"头等大事"，为村级党组织强根铸魂，是余江协同推进"宅改"和乡村治理的重要抓手。

强化基层党组织战斗堡垒作用。优选配强"领头雁"，把那些靠得住、有本事、肯干事、群众公认的优秀人才充实到村党支部书记岗位上来，常态化开展基层党建"三化"建设，村级党组织战斗堡垒作用不断夯实。截至 2020 年

6月底，选派驻村"第一书记"36人，75%的行政村实现了村党支部书记、村委会主任"一肩挑"，17个试点村已推进标准化、规范化、信息化建设，所有试点村打造成为"共产党员示范村"。春涛镇滩头村是远近有名的"刺头村"，是余江最后一个没有"宅改"的村。村党支部软弱涣散，民风彪悍，村子"脏乱差"。村容村貌不堪入目，村民们在村内有怨气，在村外很丧气。为改变这一现状，春涛镇选派年轻班子成员担任滩头村党支部书记，党支部有了"主心骨"，把村庄治理得一派生机、一团和气，如今滩头村成了远近有名的文明村，2019年12月被评为全国乡村治理示范村。

充分发挥党员干部的先锋模范作用。"我是党员我先上，我是党员我先干！"余江在协同推进"宅改"和乡村治理过程中，基层党员自觉做到"三亮五带头"，生动诠释了"做合格党员"的时代新内涵。马荃镇岩前村党支部书记王冬香，带头退出三宗500平方米的超面积宅基地。党员做示范，村民有响应。在较短时间里，岩前村便拆除房屋250宗，收回宅基地3万平方米，打造成远近闻名的乡村旅游村。有着40年党龄的老退伍军人肖来发，担任黄庄乡沙湾村肖家"宅改"理事长以来，不仅主动拆除了自家一间未超面积但影响村貌的小屋，还先后垫资19万元修路砌沟、美化村庄。

通过党建引领，把基层党建的政治优势转化为乡村治理的工作优势，党的领导已深深融入"宅改"和乡村治理的全过程，基层党组织、党员和群众走得更近，心贴得更紧。

（二）村务自治，群众参与感浓起来了

在农村，办成一件事什么最难？得到广大农民群众的支持最难。余江始终注重发扬我党的优良传统，大力宣传群众、发动群众、依靠群众，办法由群众想，事情由群众办，让群众在参与、付出中有更多获得感。

注重村民事务理事会骨干作用。在"宅改"过程中，坚持在基层党组织领导下，余江1040个村小组全部建立由党员干部、乡贤能人、村民代表等组成的村民事务理事会，赋予理事会12项权力和15项职责，按照共商、共识、共建、共担、共享"五共"工作法，主动带头干、带着群众干、公平公正干，激发和调动了群众自觉参与的积极性，变"要我改"为"我要改""无偿退出也

要改"。村民事务理事会成为以自然村为单元的乡村治理实施主体，实现了农民讲话有人听、农村建设有人理、农民事务有人管，做到了"大事不出村、小事不出组"，理出了乡村治理新天地。截至 2020 年 6 月底，1040 个自然村的村民事务理事会优化改选，1142 名党员和一大批返乡能人、致富能手等通过村民推选进入村民事务理事会，一些返乡能人甚至"不当董事长、宁当理事长"，畅通了乡村治理"毛细血管"。

注重乡贤的榜样力量。通过建立乡贤信息库、乡贤微信群，每年在春节、清明节、端午节等节日期间举办乡贤恳谈会，搭建联络感情平台，吸引外地乡贤引资引智回乡回报桑梓，先后 50 多位乡贤返乡投身"宅改"，担任理事长或理事，捐资 5500 多万元支援家乡建设，成为推动"宅改"的中坚力量。在美丽乡村建设中，乡贤也是一个个美丽的身影。平定乡蓝田村宋家组的宋和红捐资 80 万元，用于建设村内基础设施、休闲广场；在外经商的中童镇徐张村乡贤心系桑梓、回报家乡，助力家乡"宅改"、修沟修路，先后捐资捐物 180 余万元。

注重制度体系建设。余江"宅改"共出台了 23 项制度，乡镇制定了 11 项运行办法，村组制定完善了 9 项相关制度和村规民约且都必须经过村民讨论协商决定的，制度办法由群众想出、实际操作让群众实施。这一制度体系不断向乡村治理"毛细血管"延伸，在决策中让群众"唱主角"，在实施中让群众"当主力"，呈现了"新农村建设群众筹资投工投劳""矛盾纠纷群众调解化解""农村养老互帮互助"等良好局面。

在村民事务理事会和乡贤带动下，在制度体系保障下，农民自愿参与乡村治理的良好氛围渐渐浓了起来，乡村治理拥有了原生动力，乡村治理成本不断降低，乡村治理效能有效激发，为治理乡村事务提供了一个特色鲜明、亮点突出的范例。

（三）文明实践，乡村新风树起来了

文明新风、淳朴民风，是乡村振兴的重要标志，也是乡村治理的重要方面。余江聚焦群众集中反映的民生难事、烦忧心事、关键急事，依托"3+4+N"新时代文明实践平台，充分发挥党员干部、团员、妇女、志愿者的作用，把

"宅改"过程中探索形成村民自治组织的模式，延伸到养老、托幼、调解、婚丧嫁娶等乡村事务，与普通百姓说心里话，做知心人，为群众送雪中炭、解身边忧，用情用心打动群众，淳化质朴乡风民风。

积分制激励向善。村民事务理事会首创的文明积分制，引导村民做好事，行善事。春涛镇滩头村采取积分制管理办法，村民每做一件好事善事都能换取文明积分，凭积分可到村里的"文明银行"兑换生活用品。

文明自治组织润乡风。各村成立"和事堂""个人调解工作室"等特色调解组织，为村民提供法律咨询、矛盾调解等服务；很多村开设了"假日课堂"，建起了"留守儿童之家"等，为留守儿童提供学习辅导，解决幼有所育。利用退出的闲置宅基地，建起来"幸福楼"，解决五保户、特困户等群体住房问题；按照"政府筹措一点、老人自己出一点、社会赞助一点"的方式，创新探索"公办＋民助"的模式，多个村建立了村级互助养老中心，为老人提供照料服务，解决老有所养。成立了巾帼志愿服务队，开展"清洁之家""干净村庄"行动，探索"物业进乡村"的村庄环境长效管护模式，村庄美化了；遍布乡村的"新时代文明实践中心""红白理事会"，引导乡村摒弃"天价彩礼""厚葬薄养"陋习，文明新风润乡风，催生乡村振兴内生动力，助推村美民富风气新。

（四）产业发展，村民生活富起来了

产业兴、村民富，是乡村振兴的重中之重，也是乡村治理的重要目标。余江以"宅改"为抓手，始终坚持以人民为中心，通过有偿使用、有偿退出、流转、出租、增减挂钩、农房抵押贷款，宅基地资产得到盘活利用，乡村沉睡资产得到有效激活。

宅基地权益盘活流转，农民收入不断增加。通过"增减挂钩"复垦1258亩，流转宅基地1132宗，面积14.72公顷。另外，收取有偿使用费1144万元，发放农民住房财产权抵押贷款5251万元。2017年6月12日，余江平定乡洪桥村吴家村小组首宗20亩土地以82万元成功出让成交，沉睡的"死资产"变成"活资产"，农民共享土地改革红利变成了现实。

因地制宜，乡村特色产业蓬勃发展。余江依托眼镜、雕刻、精密元件等传统优势产业，利用"宅改"形成的资产，建成"产业下沉"车间36家，带

动 1412 人就业，增收 2795 万元，带动 26 个行政村增加村集体经济 109 万元，实现了群众增收、集体增益、企业增效、产业增强的"四增效应"。"我们要的不是拆了多少房子，而是保护了多少老房子。"余江"宅改"始终注重历史文化价值的古建筑、老房子的抢救和保护，把拆下的旧青砖、旧瓦片等"宅改"中留下来的"边角料"，完美地融入了秀美乡村建设当中，整体搬迁的古建筑、老房子建设"红糖小镇"，不仅留下乡愁，也为发展乡村休闲旅游提供了文化资源和载体，"一村一品"庭院经济、休闲农业、乡村旅游等新业态如雨后春笋般涌现，农村一、二、三产业融合发展态势趋好，农民的"口袋"和"脑袋"都富了起来。

三、答好时代问卷！余江宅改促乡村治理的经验与启示

余江"宅改"的意义已超出"宅改"本身，极大地激发了乡村治理效能，这为新时代乡村治理体系和治理能力现代化亟待解决的瓶颈问题、关键问题、急迫问题，提供了有益参考。

（一）始终坚持党的领导，是提高乡村治理体系和治理能力现代化的法宝

当前，我国乡村基层党组织"软弱涣散"、党员年龄偏大、学历偏低等问题严重制约了农村基层党组织的领导力、战斗力和执行力，对乡村治理体系的构建和治理能力的提升形成了严峻考验。余江从"宅改"到乡村治理，始终坚持党的领导，不断配齐增强基层党组织，发挥党员干部先锋模范作用，做了许多地方想做而不敢做、敢做而难做成的事。新时代，要毫不动摇地坚持和加强党对乡村治理工作的领导，落实县乡党委抓农村基层党组织建设和乡村治理的主体责任，确保党在乡村治理工作中始终总揽、协调各方。要实施村党组织带头人整体优化提升行动，持续整顿软弱涣散村党组织，发展壮大村级集体经济。要继承和发扬我们党联系群众的传统，发挥党员在乡村治理中的先锋模范作用，在联系服务群众上多用情、在宣传教育群众上多用心、在组织凝聚群众上多用力，把党在农村的阵地建到农民群众心里，把政治优势转化为实际

效果。

（二）始终坚持群众路线，是提高乡村治理体系和治理能力现代化的密码

农村改革发展中"干部干、群众看"的现象比较突出，农民群众参与乡村治理积极性不够、途径不多，各类社会组织、志愿者力量比较弱，这是乡村治理的一个现实短板。余江从"宅改"到乡村治理，始终坚持群众路线，把尊重群众首创精神、激发群众内生动力作为推进"宅改"和乡村治理的关键一招。农民是乡村治理的主体，要充分发挥农民主体地位，尊重基层和农民的首创精神，鼓励基层和农民群众大胆创新，充分调动和发挥好广大群众的积极性、主动性，组织和引导农民群众广泛参与，让农民自己"说事、议事、主事"，做到村里的事情村民商量着办，形成民事民议、民事民办、民事民管的治理格局。

（三）始终坚持"三治"融合，是提高乡村治理体系和治理能力现代化的重点

当前，村民自治组织形式大于内容、天价彩礼"娶不起"、豪华丧葬"死不起"、名目繁多的人情礼金"还不起"、农村老人"老无所养"、村民法律意识淡薄等问题还大量存在，扭曲了乡村社会的价值观。余江从"宅改"到乡村治理，一切从实际出发，不搞形式主义，不大包大揽，不铺张浪费，不堆盆景，不断创新村民自治模式，深入推进法治乡村建设，大力开展移风易俗行动，探索出了一条自治、法治、德治相融合的乡村治理新路径。实现乡村治理有效，既不能靠一两个部门"拳打天下"，也不能靠政府部门"大包大揽"，要坚持自治、法治、德治相结合，牢固树立"人人有责、人人尽责、人人享有的社会治理共同体"理念，加快法治乡村建设，创新村民自治组织，在法律法规指导下开展村民说事、百姓议事等自主协商活动，探索积分制等自治管理方式，利用村规民约、道德公约、族谱家训等道德资源，弘扬中华优秀传统文化，引导社会主义核心价值观深入民心，文明乡风蔚然成风。

（四）始终坚持治理重心下沉，是提高乡村治理体系和治理能力现代化的途径

乡村公共服务和管理的整体水平仍然不高，服务内容和权利责任有待细化，服务方式和管理机制还不完善，成为当前我国乡村治理的突出弱项。余江始终按照"党建统领、群众主体、村民自治"的工作思路，设计村民事务理事会制度，赋予权力和清单，深入推进"放管服"改革，实现了区镇村三级联通，为群众提供便捷、高效的公共服务，解决群众办事难问题。乡镇、村是农民群众和政府、党员干部打交道的主要渠道。要推动治理重心向基层下移、干部力量向基层充实、财政投入向基层倾斜、治理资源向基层下沉，切实提高基层的治理能力。要建立县乡联动机制，探索县直部门与乡镇（街道）的联动机制，增强乡镇统筹协调和治理能力；要充分考虑基层工作实际，清理整顿村级组织承担的行政事务多、各种检查评比事项多等问题，切实减轻村级组织负担，使其集中精力解决村内事务，让村级事务"既看得见也管得着"。

（五）始终坚持运用智慧化，是提高乡村治理体系和治理能力现代化的方向

随着以互联网、云计算、大数据和人工智能为代表的现代信息科技迅猛发展，人民群众的思维方式、生产方式和生活方式发生了深刻的改变，传统治理方式已很难适应乡村治理体系和治理能力现代化的需要。余江在"宅改"和乡村治理过程中，深入推进数字乡村建设，推广"村村享"平台，打通乡村治理"最后一公里"，真正做到让村民办事"只跑一次"甚至"一次不跑"。要持续推进"放管服"改革和"最多跑一次"改革向基层延伸，探索健全基层服务一体化平台，加大农村综合服务设施建设，为农民提供"一门式办理""一站式服务"，真正做到为农民多办事，让农民少跑腿。要充分利用现代信息技术推进乡村治理方式和治理手段的转变，探索建立"互联网＋"治理模式，推进各部门信息资源的整合共享，提升乡村治理的智能化、信息化、精准化、高效化水平。

改革仍在继续，余江依然奔跑在改革的路上。下一步，余江深入学习贯彻习近平新时代中国特色社会主义思想，继续弘扬"战天斗地，敢为人先，不达目的，决不罢休"的血防精神，巩固提升宅改工作成果，健全乡村治理工作体系，持续释放改革乘数效应，努力走出一条完善乡村治理、强化基层建设、提升执政能力、统筹城乡发展的新路子，确保与全国全省一道全面建成小康社会，开启第二个百年奋斗目标新征程。

河南省开封市兰考县

汇聚力量创新模式
打赢打好脱贫攻坚战
——兰考脱贫攻坚的实践与探索

中共兰考县委宣传部

　　兰考地处豫东平原，下辖 13 个乡镇、3 个街道，454 个行政村（社区），总面积 1116 平方公里，总人口 85 万人。作为焦裕禄精神的发源地、习近平总书记第二批党的群众路线教育实践活动的联系点。近年来，兰考县深入学习贯彻习近平总书记关于扶贫工作的重要论述，按照习近平总书记调研兰考时提出的"三起来"指示精神，坚持以脱贫攻坚统揽经济社会发展全局，全县经济发展城乡面貌发生显著变化。回顾这几年的脱贫攻坚实践，兰考县最鲜明的特色就是坚定不移地把习近平总书记关于扶贫工作的重要论述学懂弄通、落实落细。当脱贫攻坚遇到困难时，当工作打不开局面时，当遇到新情况新问题时，就从习近平总书记的重要论述中找方向、找方法、找标准。兰考县以社会扶贫为切入，探索创新以"爱心美德公益超市"为平台，以"巧媳妇工程""人居环境扶贫""助学扶贫"为支撑的"1+3"社会扶贫工作新模式，有效激发了贫困群众脱贫致富的内生动力，凝聚了全社会各方面积极参与脱贫攻坚的强大合力，该做法被国务院扶贫办推广，并被写入《中共中央国务院关于打赢脱贫攻坚战三年行动的指导意见》中。

一、起因和背景

中国特色社会主义进入新时代，我国社会的主要矛盾已经转化为"人民日益增长的美好生活需要和不平衡不充分的发展之间的矛盾"，贫困家庭对美好生活的需要也在变化。党的十九大报告强调，要坚持大扶贫格局。

兰考县在专项扶贫、行业扶贫工作成效初步显现，但社会扶贫仍是短板。长期以来，社会扶贫作为"三位一体"大扶贫格局中的重要一环，工作中存在应急式帮扶多、长效性不足，共性帮扶多、精准帮扶少，工作碎片化、力量整合不到位等现象。鉴于此，兰考县整合工青妇群团组织和工商联资源，广泛地动员党政机关、社会组织、企业（商会组织）和专业技术人员等各方面社会力量参与社会扶贫，探索创新以"爱心美德公益超市"为平台，以"巧媳妇工程""人居环境扶贫""助学扶贫"为支撑的"1+3"社会扶贫工作模式，实行"以劳动换积分，以积分换物品"的帮扶模式，达到"积分改变习惯、勤劳改变生活"的目的，为兰考县全面建成小康社会带来新动力、注入新活力。

二、做法和成效

"1+3"社会扶贫模式的工作思路是动员和凝聚全社会力量共同参与脱贫攻坚，让社会爱心捐助和贫困群众的真正需求在"爱心美德公益超市"这个平台上实现精准对接。具体措施包括："爱心美德公益超市"助力精准帮扶、人居环境扶贫激发贫困群众内生动力、"巧媳妇工程"稳定就业、助学扶贫筑梦未来。同时，依靠光彩事业建设，建立人居环境改善微心愿、出彩巧媳妇、"不断线的风筝·三帮一"助学、"最美 +"、爱心美德公益超市冠名等 5 个公益项目，鼓励引导非公经济人士、爱心人士、新乡贤等积极认筹，参与社会扶贫，构建了大扶贫格局，兰考县"1+3"社会扶贫工作模式，努力实现社会扶贫由兰考县"一枝独秀"到开封市的"全面开花"。

（一）"精准扶贫＋扶志"打造"爱心美德公益超市"

以往对贫困群众的帮扶方式大多是送物送钱，但所赠送物品却不一定是贫困户所急需的，经常出现"你送的不一定是我要的"等帮扶不对称的问题。而且每家每户的需求也不尽相同，有的希望得到就业、教育等方面的支持与帮助，有的贫困户需要心理关怀、重新树立对生活的信心以及对自身价值的重新认识。因此，扶贫需要"精准"，更需要"扶志"。

为了达到"精准扶贫＋扶志"的目标，兰考县充分发挥工会组织的独特优势和职能作用，成立工会社会扶贫组织，制定了《兰考县爱心美德公益超市实施方案》，整合各类社会救济、救助资源，在全县16个乡镇设立37个爱心美德公益超市（以下简称"爱心超市"）。遍布全县乡镇的37个爱心超市统一实行贫困户"积分兑物"的运营模式。兰考县为贫困户建立了统一的"积分评价"体系，贫困户可以通过日常在人居环境改善、"最美巧媳妇"、"最美阳光少年"等评选中获得积分，所获的积分均可到爱心超市中按照自己的需求换取家庭所需要的物品。现在爱心超市的积分体系越来越完善，贫困人员还可以通过服务乡里、做公益等形式换取积分，在"扶贫、扶志"的同时，更能让贫困户为美丽乡村建设出一份力，贫困户通过劳动不仅换取生活所需的物品，更能为自己的美丽家园建设贡献一分力量，让贫困群众被帮扶的同时，真真实实感受到了劳动所产生的价值和自身的价值所在。

为了保证爱心超市的正常运转，充分调动兰考企业家参与社会扶贫的积极性，动员鼓励全县爱心企业主动承担社会责任，构建了货物供给的长效机制。在统战部门的号召下，海马集团、永旺置业、兰大集团、天地鸭业等一批有实力有爱心的新乡贤、知名企业纷纷慷慨解囊，出资出物为爱心超市提供了坚实的物质基础。爱心超市同时具备线上线下功能，线下功能是指超市的实体店，为贫困群众提供日常生活用品；线上功能是指中国扶贫网和"爱心e家"互联网功能，通过搜集困难群众的微心愿、救助信息、用工信息等，在网上公开发布，让更多的爱心人士了解并参与进来，使捐赠更具有针对性。对于"兜底户"每月还可领到"爱心卡"，持卡到爱心超市兑换所需的日常生活用品，成功破解了长期存在于扶贫工作中存在的供需不对称、扶贫不精准的难题。三年累计发放积分 573 万分，受益群众 2.2 万户。

（二）改善人居小环境，构建美丽乡村大环境

从人居环境的"小层面"和美丽乡村建设的"大层面"同时入手，通对环境的改善来改变贫困人口的生产生活习惯，通过物质环境的改变促进贫困人口精神面貌的改变。

首先是帮助贫困群众改善家庭居住环境，提出贫困户家庭人居环境"五净一规范"的目标（即院内净、卧室净、厨房净、厕所净、个人卫生净和院内摆放规范），积极发挥工商联联系服务企业的优势，鼓励引导企业（商会组织）参与到贫困群众人居环境改善中来，通过制定下发《兰考县人居环境改善实施方案》，严格按照"四议两公开"工作法，确定人居环境改善帮扶对象，由爱心企业提供资金和工人，就地取材、因地制宜，利用贫困户家中旧砖旧瓦改变就面貌，帮助贫困群众的家庭环境都达到"五净一规范"的要求。同时，探索建立了积分考核制度，由驻村工作队每周对人居环境改造户的日常保洁情况进行督导验收，对合格户进行积分奖励，凭积分券可到爱心超市兑换所需的日常生活用品，发挥"积分改变习惯，勤劳改变生活，自强改变形象"的积极作用，实现了贫困户改变习惯、增添干劲，从被动改善人居环境到积极争取积分的转变，从改善人居"小环境"向构建美丽乡村"大环境"过渡，鼓励贫困户在清洁小家之余，积极参与清洁村容村貌，参与清洁乡村的贫困户均可按劳动多少换取积分。贫困户通过自身劳动不仅转变家庭贫困现状，而且也为村里出工、出力，实现人的社会价值，让贫困群众脱贫脱得有尊严。如惠安街道司野村的曾庆霞四年前丈夫因病花光了家中所有积蓄去世，失去了顶梁柱的她一度失去生活的信心，在爱心企业帮扶下，通过改造其家庭环境，曾庆霞重新燃起了致富的希望，还年年被评为五美家庭。像曾庆霞这样的，我们在全县改造1775 户。

除了改善了人居环境，还要提升贫困户的精神面貌。通过各乡镇（街道）积极开展"快乐星期天·孝老爱亲饺子宴"暨兰考文明户评选表彰活动，每月组织评选"干净整洁星、勤劳致富星、孝老友善星"三星文明户，以及好媳妇、好婆婆、文明家庭等各类先进典型，通过奖励爱心积分，有效助推了乡风文

明，也探索出了精准扶贫与美丽乡村建设相统一的新路子，截至目前，全县累计评选三星文明户 12882 户。

（三）抓实"巧媳妇工程"，留守妇女挣钱顾家两不误

随着外出务工经济的发展，不少妇女因要照顾老人、孩子不得不留在家里，由于缺少信息、技术，留守妇女在农闲时无所事事，常常打牌消遣时光，不但影响生产、生活，又对家庭风气和社会风气造成了不良影响。她们中的许多人有参加生产劳动的意愿和能力，所以如果能在当地为留守妇女创造就业机会，帮助留守妇女就地就业，不仅可以使她们提高经济收入，改善生活质量，同时也能让她们继续照顾家庭。

针对这一问题，兰考县积极发挥妇联组织优势和职能作用，坚持能人带动，鼓励社会参与，整合闲置厂房、院落、学校等，收集、选择适合留守妇女操作的来料加工等项目，实施"巧媳妇工程"。采取包教技术、包销售等管理模式，让留守人员利用闲散时间实现家门口就业，做到挣钱、顾家两不误。新建、改建扶贫车间 126 个，带动就业 5500 人，其中建档立卡户 400 多人。

兰考为帮助"巧媳妇"工作点完善基本生产生活条件，对每个乡镇（街道）都拨付启动资金。研究制定"巧媳妇"工作点认定标准及改造提升标准，修订完善"巧媳妇工程"兴家制度、"四个一"（即"一周一登门、一月一交流、一季一评比、一年一表彰"）服务制度，确保"巧媳妇"工作点规范管理、有序发展。在"巧媳妇工作"点开展"最美巧媳妇"评选活动，对勤劳致富、自强不息、善良仁爱的"巧媳妇"发放积分券，通过获取积分可在爱心超市中按需领取物品，培树进步文明的社会新风。举办"农村妇女致富公开课"，在对农村妇女进行手工加工、种植养殖、电商等信息发布和技术普及培训的同时，加强宣传教育，强化思想引导，引导大家听党话、感党恩、跟党走，探索出了一条党建带妇建、带群建的互促共赢、融合发展新路子。开封市委书记侯红在调研时称赞"巧媳妇工程"："达到了'守住家、留住妈、看住娃、乐开花'的目的和效果。"

（四）开展"助学扶贫"，阻断贫困代际传递

青少年是家庭的希望，国家的未来，对于贫困家庭的孩子来说，获得平

等的受教育的机会是阻断贫困代际传递的关键。为了让贫困家庭的孩子也能接受良好的教育，兰考创新建立"三帮一"帮扶机制，即一名副科级以上干部、一名优秀教师、一名爱心人士3名志愿者共同帮扶一名贫孤儿童。

在推进"三帮一扶"助学扶贫过程中，兰考县充分发挥共青团在青年学生中的积极影响，通过"一听二户三公四库五助六互"的六步工作法，建立贫困生建立信息库。结合学生家庭贫困概况和进步情况，给贫困学生发放"积分券"，可凭积分券到爱心超市领取学习、生活等用品。其中，干部主要负责孩子们的亲情陪护、家庭教育、家庭事务的协调解决，帮助孩子们树立正确的世界观、人生观和价值观；教师主要负责定期走访，及时对孩子们进行心理与学习的教育辅导；爱心人士提供资金救助，解决孩子们的生活和学习难题以及未来的就业问题。如兰考县东坝头镇杨庄村贫困学生刘洋，因父亲去世得早、母亲瘫痪在家，现在爱心公益超市每季度给予其200积分的微心愿，点亮其求学之路。三年共发放助学金357.5万元，惠及学生5860人。

三、探索与推进

着眼脱贫之后的持续发展问题，对照乡村振兴战略20字总方针，延续脱贫攻坚好的做法，进一步提质扩面、做实做细，在五个方面做好与乡村振兴的有效衔接。

（一）从培育特色产业向产业兴旺推进

要推动乡村产业振兴，紧紧围绕发展现代农业，围绕农村一、二、三产业融合发展，构建乡村产业体系，实现产业兴旺，把产业发展落到促进农民增收上来，全力以赴消除农村贫困，推动乡村生活富裕。脱贫攻坚中的产业扶贫，解决的是没有产业、没有收益的问题，主要集中在农业，扶贫模式相对单一、产业链短、附加值较低。乡村振兴的产业兴旺，重心则在产业强不强，不仅仅局限于农业，而应着眼于优化一产，在此基础上大力发展二、三产业，推动农村一、二、三产业融合发展。在实践中，兰考结合供给侧结构性改革，结合本地实际，充分发挥统一战线人才荟萃、智力密集、实力雄厚、联系广泛等优势，围绕中心、服务大局，探索出社会扶贫新模式，汇聚统一战线社会各界力量。通过"百企帮百村带万户""大美兰考公益行"活动，组织引导企业捐赠资金约 6847 万余元，极大地改善了贫困群众生产生活，帮助贫困群众提振了精气神、养成了好习惯。通过创新机制精准切入、整合资源精准发力、搭建平台精准对接，调动非公有制企业参与脱贫攻坚的积极性，凝聚起扶贫攻坚的最大合力，推动全县社会力量参与社会扶贫，取得了初步成效。

（二）从基础设施提升向生态宜居推进

良好生态环境是农村的最大优势和宝贵财富。脱贫攻坚中，重点是在贫困村修路搭桥、通电架网，解决的是"有没有"的问题。乡村振兴中的生态宜居则要以提升群众生活品质为重点，健全农村环境治理长效机制，打造"绿水青山"，并积极转化为"金山银山"。在实践中，兰考在不断完善农村基础设施的基础上，通过实施"五分钱工程""清洁家园"行动，乡村生态和环境明显改观。摘帽之后，持续聚焦农村生活垃圾处理、生活污水治理、村容户貌整治，扎实推进农村人居环境整治行动计划，大力推进农村"厕所革命"，既改善农村环境卫生，又转变农民陈旧的思想观念，群众的环境和卫生意识得到显著提升。特别是连续 4 年开展植树造林，全县苗木面积达到 12 万亩，生态环境持续优化的同时，为兰考品牌家居产业、苗木经济储备了丰富的林业资源。

（三）从激发内生动力向乡风文明推进

要大力弘扬时代新风，加强思想道德建设，推进新时代文明实践中心建设，不断提升人民思想觉悟、道德水准、文明素养和全社会文明程度。乡风文明是乡村振兴在精神层面的直观表现，必须以社会主义核心价值观为引领，深入推进脱贫致富与文化小康的衔接，以乡风文明诠释乡村振兴，以新乡贤文化推动乡村文明跃升，彻底斩断乡村文化中的劣根和愚昧，让懒人文化从农村绝迹，让文明乡风传承致远，实现城乡公共文化服务体系一体推进、一体建设。在脱贫攻坚中，兰考县开展了红白事治理、"新乡贤""好媳妇"评选等活动，红白事大操大办、铺张浪费等陋习得到遏制，文明乡风逐渐浓厚。脱贫之后，为加快推进乡风文明建设，兰考探索开展了"四级文明创建活动"，创建以"兰考文明户"评选为载体，促进群众两个文明齐头并进，引导广大人民群众争做文明人、争当文明户，推动形成乡村文明新风尚。

（四）从依靠各级帮扶向治理有效推进

要创新乡村治理体系，走乡村善治之路。在整个治理体系中，乡村是最基本的单元，是国家治理体系的"神经末梢"。乡村治理有效了，社会治理就有了坚实基础，这也是乡村振兴要实现治理有效的实质意义所在。在实践中，兰考县围绕"健全自治、法治、德治"相结合的乡村治理体系，构建"一中心四平台"县乡治理体系，深化"一约四会"推进村民自治，实施"一警一堂一中心"建设法治乡村，农村社会既充满活力又和谐有序。

（五）从"两不愁三保障"向生活富裕推进

脱贫攻坚解决的是群众基本生活保障问题，生活富裕是要让群众过上更加幸福美好的生活，两者都是群众综合满意度指标体现，不仅要实现富口袋，还要提升公共服务水平，满足群众物质和精神需求。实现生活富裕，提升脱贫质量是基础，坚决打好打赢脱贫攻坚战仍是重中之重，让脱贫人员稳定增收不返贫，让非贫困户持续增收富起来，同时培树社会主义核心价值观，让群众不仅"富口袋"，还要"富脑袋"，不断满足群众对美好生活的向往。

四、启示与体会

兰考县"1+3"社会扶贫工作模式的成功实践，关键就在于学思践悟习近平新时代中国特色社会主义思想，认真落实习近平总书记关于精准扶贫、扶贫先要扶志和"动员社会各方力量共同向贫困宣战"等系列重要指示和要求，时刻坚持以人民为中心的发展思想，积极破解问题，让贫困群众思想脱贫，点燃增收致富的希望，激发主动脱贫的干劲和信心。

（一）必须坚持党建引领，树立正确导向

兰考县成立社会扶贫领导小组，研究制定了工作标准制度，为社会各界参与社会扶贫工作提供了政策支持，营造了浓厚的氛围。群团组织充分发挥桥梁和纽带作用，动员各自联系的群众参与扶贫工作，形成了政府鼓励引导、群团组织联络推动、社会爱心力量积极参与、贫困群众主动配合的扶贫格局。只要党的组织坚强有力，目标清晰明确，决策科学合理，就一定能赢得社会各界的支持和配合，汇聚成落实政策、执行决定，推动社会和谐发展的强大合力。

（二）必须坚持以人民为中心，满足群众需求

兰考县坚持实施的"1+3"社会扶贫模式，实实在在解决了贫困群众闹心的难题，维护了群众利益，只有站稳群众立场，把满足群众需求作为谋划各自的第一标准和基本原则，才能实现党委意图和群众利益的有机统一，才能赢得群众的赞许和支持。

（三）必须动员社会力量参与，形成扶贫合力

兰考县通过宣传发动，充分调动爱心企业、爱心人士积极参与，不断整合壮大社会扶贫力量，使全县脱贫攻坚工作由之前的"单打独斗"变成"联合出击"。扶贫工作需要凝聚共识、汇聚合力、调动各方力量参与其中，只有采取宣传发动、表彰激励等形式，让爱心企业、爱心人士感到回馈社会、奉献爱心的存在感和价值感，才能激励他们积极参与、主动融入。

（四）必须坚持因时因人制宜，做到帮扶精准

兰考县以爱心超市为平台，解决供需不精准、不对称的问题，以"巧媳妇工程"为推手，解决留守妇女就业问题，做到政策既接地气，又暖民心；以人居环境改善为抓手，坚持"一户一方案"，解决贫困户基本生产生活条件差的问题；以助学扶贫为抓手，不但给予经济上的支持，还通过谈心交心给予个性化指导。在扶贫中必须强化精准意识，坚持一把钥匙开一把锁，一个问题有一个对应的解决方案，一个环节有一套对应的化解措施，有的放矢，对症下药，才能使问题圆满解决。

（五）必须建立和完善社会扶贫激励体系

动员社会力量参与到社会扶贫，需要建立和完善社会扶贫激励体系，让参与社会扶贫的各类主体政治上有荣誉、事业上有发展、社会上受尊重。对社会力量承担的社会扶贫和公共服务，政府应加大购买力度。同时定期对社会扶贫先进单位、爱心企业（商会组织）和个人进行表彰，对扶贫工作突出的民营企业、社会组织和个人授予政府荣誉。

（六）必须着力解决思想问题

激发内生动力。兰考县从扶志入手，以干部主动带群众互动，用积分改变习惯、勤劳改变生活、自强改变形象，挖出群众思想贫困的病根。只有帮助引导群众树立信心、看到希望，才能有效调动他们的积极性，变"要我富"为"我要富"。

全面建成小康社会与中国县域发展

河南省郑州市新郑市

打造县域经济高质量发展"河南样本"

中共新郑市委宣传部

新郑市隶属河南省会郑州，面积 873 平方公里（含郑州航空港区代管 182.84 平方公里），辖 15 个乡镇（街道、管委会），户籍人口 63.7 万人，常住人口近 100 万人。

新郑拥有 8000 年的裴李岗文化、5000 年的黄帝文化、2700 年的郑韩文化和神秘的具茨山岩画文化，孕育了中华人文始祖轩辕黄帝、春秋名相子产、战国思想家韩非、唐代大诗人白居易、宋代中国古建筑学鼻祖李诫、明代政治家高拱等历史文化名人，拥有中原工学院、河南工程学院、郑州西亚斯学院、郑州升达经贸管理学院等 19 所大中专院校，常年在校师生达 20 多万人。

党的十八大以来，新郑市坚持以习近平新时代中国特色社会主义思想为指导，全面贯彻新发展理念和以人民为中心的发展思想，认真落实郑州市委"南动"要求，以县域治理"三起来"为遵循，大力实施"九项工程"，统筹做好"六稳""六保"工作，强力推进产业升级、科技创新、环境优化、改革开放，有力推动了县域经济持续健康高质量发展。8 年来，地区生产总值从 486.3 亿元增加到 720.3 亿元，地方一般公共预算收入从 26.96 亿元增加到 80.4 亿元，全国中小城市综合实力百强县（市）排名由第 51 位升至第 39 位，县域经济基本竞争力百强县（市）由第 62 位提升至第 25 位，2018 年荣获河南省唯一一家国家创新型县（市）建设试点市，并被列为科技创新百强县（市）第 48 位，2020 年 4 月被评为河南省制造业高质量发展试点县（市），县域经济发展质量总体评价连续 7 年位居全省县（市）首位。是中国全面小康十大示范县（市）、国家卫生城市、中国优秀旅游城市、全国平安建设先进县（市）、中国特色魅力城市、全国十佳和谐可持续发展城市、国家新型城镇化综合试点县（市）。

一、数字看变化

地区生产总值（万元）

图1　党的十八大以来新郑市地区生产总值变化图

二、走好走稳经济高质量发展之路

（一）以先进制造业为主攻方向，全力加快产业升级

新郑市通过8年的不间断努力，打造龙头，建设园区，狠抓项目、培育产业，初步构建了以现代商贸物流、食品制造、生物医药为主，电子信息、装备制造、高端文旅等新兴产业加速崛起的现代产业体系。2012年时，新郑市全市规模以上企业达到295家，销售收入超10亿元企业13家，食品制造、生物医药、商贸物流初见雏形。2016年，全市规模以上工业企业达300家，25家企业销售收入超10亿元，26家企业上市挂牌融资。2020年上市挂牌企业共89家，销售收入超亿元企业59家，专精特新企业22家、高新技术企业32

地方公共财政预算收入（万元）

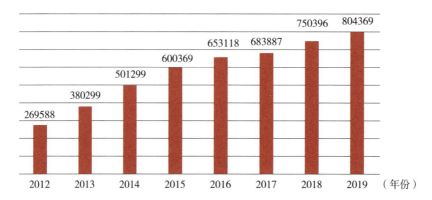

图2　党的十八大以来新郑市地方公共财政预算收入变化图

社会消费品零售总额（万元）

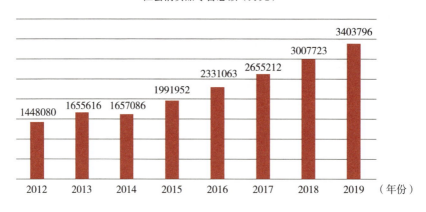

图3　党的十八大以来新郑市社会消费品零售总额变化图

家、科技型企业 157 家，拥有省级以上研发中心 19 家、郑州市级研发中心 37 家。一是制造业高质量发展。新旧动能加速转换，引进锐杰微芯片、威斯荻克柔性电路板等电子信息产业项目 20 个，总投资 130 亿元的 Micro-led、160 亿元的合丰泰显示面板、30 亿元的鑫达辉柔性线路板等一批项目正在加紧对接，亚利韦智能终端、力坤科技触摸屏 2 个项目实现当年签约投产、当年签出口订单 1 亿元，电子信息和高端装备制造业集群初步形成。以"4115"工程为抓手，强力推进项目建设，开建智能终端产业港等产业项目 50 个，遂成药业扩建等

进出口总值（万美元）

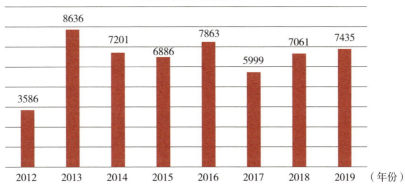

图4　党的十八大以来新郑市进出口总值变化图

实际利用外商直接投资（万美元）

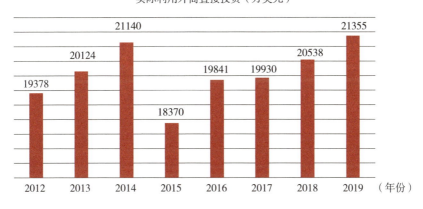

图5　党的十八大以来新郑市实际利用外商直接投资变化图

41个项目投产运营。加快推进好想你健康食品、光明乳业、雪花啤酒扩建等高端食品产业项目9个，努力打造千亿级现代食品制造特色板块。外贸进出口累计达到40.6亿元，河南正佳环保能源股份有限公司、郑州格德格瑞工程机械有限公司等外贸企业不断壮大。力坤科技项目投产当天，深圳市仁信盛科技有限公司、深圳市鑫鹏达光电有限公司、云南省科泰丰集团三家企业也同步签约。这三家企业均是力坤科技举荐而来。之所以引荐这几家企业，除了完善其自身企业的产业链，实现上下游企业共谋发展，还有一个重要的原因，是出于

"信任""信心"。为了帮企业解决各项难题，新郑市主要领导多次召开专题会议、现场办公。招商时的承诺都一一兑现，"我们对政府和华夏幸福的服务团队有信心，也就自然介绍其他企业来投资"。目前，力坤科技已介绍七八家电子信息产业集群上下游企业来新郑洽谈落地。二是高端商贸物流业蓬勃发展。华南城九大高端商业项目开建面积达 112 万平方米，T-Park 科创产业园建成运营，华南城特色商业区晋升省三星服务业"两区"；红星美凯龙中原家居城建成招商，全省首家 5G 智慧物流园区传化中原物流小镇建设快速推进。传化中原物流小镇项目建成后将成为亚洲最大的超级分拨中心，打造成中国"新物流"行业的标杆，降低区域物流成本 20%，直接服务 2000 家物流企业，间接服务相关供应链企业 2 万家以上，直接产生税收 5 亿元以上，直接带动就业 1 万人，间接拉动产业就业 20 万人。未来，项目将运用互联网、大数据、人工智能等技术，辐射中部地区并连接全国，快速编制起中部地区高效、智能的区域物流网络，打通供应链各环节，服务区域生产制造业和商贸业的快速发展，为实体经济降本增效，助力中部崛起和河南经济社会的转型发展。三是高端文旅产业日益壮大。深入挖掘黄帝文化、红枣文化等新郑特色文化资源，打造高端文旅产业新支柱。连年高规格举办黄帝故里拜祖大典和枣乡风情游活动，高标准规划建设黄帝故里园区，宋城·黄帝千古情开业在即；规划建设 3.5 万平方米历史文化风貌区，修缮考院、县衙等历史建筑 38 处，南街古巷重现传统街巷面貌；规划建设五星级酒店 4 家。2013 年时接待游客 421.7 万人次，实现旅游收入 11 亿元；第三产业增加值 137.2 亿元。2019 年时接待游客 540 万人次，实现旅游收入 20.6 亿元；第三产业增加值 420.9 亿元，总量排名郑州县（市）第一。

（二）以开放创新为引领，持续增强发展活力

一是提高对外开放水平。紧紧围绕高水平"动"起来，拔高目标定位，学习借鉴杭沪深先进地区经验，聘请高水平专业团队指导谋划，以先进制造业为主攻方向，以电子信息、高端装备、高端商贸服务、高端文旅产业为重点的产业发展定位，推动产业发展高端化，紧盯行业龙头、"独角兽""隐形冠军""头部"企业，瞄准长三角、珠三角重点区域，积极吸引国际国内先进制造、高端文旅、商贸企业入驻。创新招商引资方式方法，加强以商招商、基金公司招

商、专业团队招商，着力打造产业链、创新链、服务链。连年筹办黄帝故里拜祖大典经贸洽谈活动，全面打造对外开放新窗口。抢抓"一带一路"建设及郑洛新国家自主创新示范区、河南自贸区、郑州国家中心城市建设重大机遇，积极争取国家、省、郑州市重点项目布局新郑。二是强化科技创新支撑。以国家创新型县（市）建设为抓手，加快创新创业载体建设，建成创新创业综合体、众创空间、科技企业孵化器23个、公共服务平台3家，入驻企业项目670个、团队331个。加快电子商务综合体"一带一路"国际合作示范园区建设，签约南非、韩国等11个国家41家外资企业。加大科技创新投入，新申请专利15件、转化科技成果15项，2家企业荣获中国专利优秀奖，成为郑州首次获此奖项的县（市）。高规格举办"科技赋能经济、校地共谋发展"高峰论坛，与电子科大等3所高校签订合作协议，合作共建知识产权交易中心、轨道交通5G网络平台及人工智能与机器人研究中心。三是加大招才引智力度。陆续引进中原工学院等大中专院校24所，全省县市拥有高校数量第一位，在校生达26万余人，每年各类高校毕业生近8万人。深入推进"政产学研用"协同创新，认真落实"智汇郑州·1125聚才计划"，大力实施"五彩"人才计划，引进培育领军人才和高层次紧缺人才6名，培养优秀地方特色人才100名、优秀企业家人才30名，帮助推动企业、高校合作项目39个（域内高校合作项目7个，域外高校32个），累计转化高科技成果35项。其中，好想你、瑞泰耐火材料分别荣获河南省科技进步二等奖，两个项目实现产值5000余万元。持续加大科技三项经费扶持力度，全社会研发投入强度达到1%，顺利通过国家创新型县（市）验收。

新郑市不断加强招商引资管理，规范招商引资流程，先后出台《新郑市招商引资奖励办法》《新郑市招商引资准入若干规定》《新郑市重大招商引资项目评估机制》等一系列文件，着力提升招商引资水平，积极承接沿海产业转移和郑州产业辐射，紧盯国内外500强和行业20强企业，深入实施登门招商、以商招商、五职招商、节会招商，积极扩大对外交流，深化商贸物流、科技创新、文化等领域交流合作，不断提升新郑知名度、影响力。党的十八大以来，共签约项目127个，签约金额1577.9亿元，引进传化物流、华夏幸福、达利园等国内外 500 强企业投资项目 5 个（全市累计 12 个），引进宋城演艺、仟吉食品等行业 20 强企业投资项目 4 个。引进郑州市以外境内资金累计 822 亿元，年平均增长 4.3%，其中引进省外资金 755.7 亿元，年平均增长 4%。实际吸收外资累计达到 14.8 亿美元，先后引进华润雪花啤酒、光大垃圾发电、民生金融电商等知名外资企业投资项目。

（三）以优化营商环境为突破，全面提高服务效能

一是打造高效透明的政务环境。对标国内一流城市标准，在全省率先建成县级现代化综合性政务服务中心。持续深化"放管服"改革，1118 项审批服务事项全部进驻政务服务大厅办理，梳理"一次办妥"事项 855 项、"不见面"审批服务事项 50 个，持续减材料、减环节、减时限、减"跑动"，企业开办时间压缩至 1 个工作日，工程建设项目流程审批时限压缩至 74 个工作日，政务服务"一网通办"覆盖率达 97%，致力于让新郑成为"审批事项最少、办事效率最高、群众体验最优"的政务服务标杆城市。二是打造公平公正的法治环境。全面落实《优化营商环境条例》，依法平等保护各类企业合法权益，大力弘扬契约精神和诚信文化，加快完善社会信用体系，全力营造一流的商务环境、法治环境、社会环境。坚持规范公共资源交易管理，是全省唯一县获得召开世界银行、亚洲开发银行"中国省级电子采购系统评估项目"启动会资格的县级市。三是打造宜居宜业的生态环境。以国家生态园林城市、省级森林城市创建为抓手，千方百计造绿添绿，提升绿化的生态功能，让"河畅、水净、地绿、景美"的自然风光与城市交相辉映，切实增强城市的吸引力和凝聚力，全力把新郑打造成安商、兴商、富商的投资宝地。四是不断提升产业发展承载力。加快资源承接、产业集聚和功能提升，着力增强产业集聚区发展能级，按照"一区两园、南北组团"发展格局，全面推进新港产业集聚区"二次创业"，科学调整新港产业集聚区总体发展规划，编制电子信息产业园规划，为战略性新兴产业提供充足发展空间加快华南城特色商业区建设，积极承接郑州专业市场外迁，认真做好规下企业转规模以上企业、注册地变更等业务指导，迅速提升发展指标，力争跻身省"十快"服务业特色商业区行列。坚持要素向项目集聚、资源向产业整合、项目向园区集中，加快建设辛店绿色建材产业园、乡镇农民创业园，逐步完善产业集聚区、专业园区、农民创业园互为补充、联动发展的园区发展格局。

党的十八大以来，新郑市着力优化营商环境，激发市场主体活力，新注册个体工商户5.2万、企业2万家；市场主体达7.3万家，年均增长40.7%。引入广发、中信等银行机构15家，成为全省进驻银行最多县市。注重提升产业集聚区承载力，加快集聚区新旧动能转换，新建改造神州路等23条道路，建成投用水厂4座、污水处理厂8座，竣工投用省内唯一电子信息产业园配套污水处理厂，开建双沟变电站、枣园变电站，切实提升集聚区先进制造业承载力，新港产业集聚区入选国家开发区目录，评为省二星级产业集聚区、郑州市"两强"产业集聚区。

（四）统筹疫情防控和经济社会发展，持续推进"三送一强"

坚持统筹推进疫情防控和经济社会发展，扎实做好"六稳"工作，落实"六保"任务，以"六促"活动（促达产、促扩产、促投资、促消费、促招商、促改革）为抓手，主动出击，靠前谋划，健全机制、优化专班，推进"三送一强"活动扎实有效开展，切实服务企业复工复产工作，提振企业发展信心。全市累计帮扶企业1万余家，协调解决事项7.9万余个。其中，帮助企业解决用工18.47万人，减免税费29.89亿元（税收减免163247万元，行政收费减免135734万元），提供资金支持254.34亿元（减免房租4189万元，帮助贷款2115786万元，贷款贴息2466万元，奖补资金85292.4万元，其他类型资金支持335640万元）。

三、以绣花功夫高品质推进城市建设

（一）以推进新型城镇化建设为抓手，不断拉大城市框架

近年来，根据习近平总书记调研指导河南时提出的县域治理"三起来"（把强县和富民统一起来，把改革和发展结合起来，把城镇和乡村贯通起来）的要求，新郑市以建设郑州市国家中心城市副中心为统领，坚持走新型城镇化道

路，不断加快融郑融港步伐，城市框架进一步拉大。2019 年，新郑市城市建成区面积 119.32 平方公里，比 2016 年的 87.01 平方公里增加了 32.31 平方公里。2019 年，新型城镇化率 61.9%，比 2012 年的 47.4% 提高了 14 个百分点。

（二）以更加群众方便生产生活为追求，不断优化服务品质

新郑市积极推进城乡公交一体化，大力实施"村村通客车提质工程"，购置新能源公交车 200 台，增建公交场站、候车站（亭）516 座，增开公交线路 29 条 349 公里，城乡公交总运营里程达 2275 公里，"村村通客车提质工程"圆满完成，互联互通公交网络日益健全。目前，新郑市农村公路共 586 条、1363 公里，通硬化路率 100%，为农村客运事业发展打下了坚实基础；客运公交线路共 50 条，各类客运车辆 854 台。客运公交运营里程达 2275 公里，249 个行政村真通实达率 100%。

如"原来出门是骑自行车、开小三轮，现在出门抬脚就能上公交车，太方便了！""有这趟公交车，夏天热不着、冬天冻不着，出门不'受罪'了，而且很安全，孩子们也都可放心。"今年 70 多岁的王宝财和时金海是新郑市薛店镇包嶂山村村民，两位老人说起从他们村经过的 321 路公交车，很是满意，连连称赞，出行的便利也让他们的生活更有幸福感。

新郑市以"村村通客车提质工程"为抓手，积极推进城乡公交一体化，实现"乡镇建环线、村村通公交，镇区连市区、全市零换乘"，真正把公交车开到老百姓家门口，让乡亲们"幸福乘公交、说走就能走"。

新郑市将突出城乡公交客运的公益属性，建立城乡公交客运公营普惠民生模式，实行"城区 1 元、乡村梯次"票价；推进城乡公交一体化，全面普及新能源公交车辆，城区实现公交"一元价、零换乘"，乡村实现公交"村村通、全覆盖"，公交车辆实现"新能源、全电动"。

统筹推进新型社区建设。2019 年，加快推进白庙范村城中村改造，新建、续建龙湖镇西张寨等社区 28 个，建成郭店镇洪沟等社区 11 个，建设安置房 4254 套、回迁群众 5000 人、网签安置房 3900 套以上，着力改善群众居住条件。积极推进"交房即发证"工作，确保群众按时回迁，满意回迁。

如 7 月 21 日，家住新郑市新烟街道金芒果花苑 C 栋 2 单元四层的居民李治军站在楼下电梯施工工地外激动地说，他所在的楼栋是新烟街道首批首个老旧小区加装电梯项目试点，也是新郑市首家开工的老旧小区加装电梯工程。金芒果花苑是原新郑卷烟厂的家属区，建成于 1999 年，共有 10 栋六层居民楼，居民 1200 多人，其中 70% 为 60 岁以上老人，对电梯加装呼声期盼非常热切。据社区党支部书记尹书民介绍，金芒果花苑小区共设计加装 24 台电梯，目前加装工程先在 C 栋 2 单元试行，预计工期 40 天，完成后将在小区分批分步开工，小区居民的"电梯时代"指日可待。

（三）以提升城市文明程度为基准，不断规范城市管理

"城，所以盛民也。"习近平总书记指出，"城市管理应该像绣花一样精细"。近年来，为做好城市管理工作，新郑市以工匠精神、用"绣花功夫"，锻造钻石品质，走出了一条具有新郑特色的科学化城市精细管理的道路。

一是打造先进智能的"城市大脑"。新郑市将云计算、大数据、人工智能等新技术广泛应用于城市管理服务，打造集城市运行管理、应急协同指挥、辅助决策分析等功能于一体的智慧城市体系。

自新郑市城市管理监督指挥中心成立以来，创新建立了"天网"视频探头抓拍、12319 城管热线电话投诉、"市民随手拍"APP 举报等多种问题发现渠道，实现 40 平方公里主城区全域覆盖，365 天全时值守，让夜间施工噪音、夜宵油烟扰民、道路井盖缺失等关乎民生的问题无处隐藏、立刻解决。2019 年全年共计采集交办城市管理问题 89455 件，处置率达到 98.72%，在全省验收工作中取得同类平台第一名的佳绩，数字化城管新郑模式得到住建部的肯定及推广。

二是打造规范有序的城市秩序。创造性提出"用脚步丈量城市"工作法，全面落实"路长制"，现场查找问题，问题责任到人，确保城市管理区域全覆盖、责任有落实，整改见实效。大力实施疏解腾退工程，重点对城区长期闲置、破旧废弃、边角、影响城市形象的土地进行全面梳理、分类归整，结合实际进行景观绿化和公共设施建设，变闲为用、变废为宝，切实提高土地利用效率。如老城区闲置 6 年的一中老校区等城市空地变废为宝建成多功能游园 15 个，新增城市绿地 30 万平方米、公共停车泊位 3000 个。2019 年，共取缔

占道经营 1.3 万次、拆除大型户外广告 269 处，切实提升城市经营秩序和市容市貌。

（四）以提高人民幸福指数为落脚点，着力打造生态新郑

近年来，新郑市牢固树立"绿水青山就是金山银山"的理念，始终将生态宜居作为城市建设、城市环境塑造的核心观念，以园林城市创建为抓手，努力打造花开满城、清河绕城、蓝天白云的宜居公园城市。党的十八大以来，新郑市建成区绿地总面积 16850 亩，绿化覆盖率 37.66%，绿地率 33.04%，人均公园绿地面积 15.7 平方米，初步形成了以公园、广场、庭院绿地为点，河岸、道路绿化为线，综合性公园为面，街头绿地、社区游园交错相连的城市绿地网络。现已建成郑风苑、轩辕湖公园、黄水河公园、十七里河湿地公园等大型综合性公园 4 个，在建双汲河湿地公园、潮河湿地公园、常青路公园、暖泉河公园等公园 4 个，建成城市公园 13 个，郑公大墓遗址公园等遗址公园 7 个，李诚园等名人游园 15 个，市民避暑游玩、休闲散心有了更多场所可供选择，生活幸福感更加强烈。目前，新郑市已成功创建国家园林城市，有力推动生态环境质量改善、城市形象品位提升。

四、打响擦"靓"黄帝文化名片

（一）铸就拜祖大典"金字招牌"

叶落兮归根，故里兮牵魂。新郑是黄帝的出生、成长、建都立业地，黄帝在这里肇造了辉煌灿烂的中华文化，中华灿烂文化的核心价值体系，构成了中华儿女精神之"魂"。每年的农历三月三，全世界华人都会将目光锁定在同一个地方——"黄帝故里"新郑。无数华夏儿女都要从五湖四海齐聚这里，共赴"心灵之约"，礼拜人文始祖。举办黄帝故里拜祖大典，不仅有广泛的群众基础，更能引起中华民族的共鸣，形成民族昌盛前进的精神内核。海内外华人寻根的轨迹往往是由东南沿海追寻近祖，最终追根到中原祖地。

自 2006 年升格为省级主办以来，黄帝故里拜祖大典已经连续成功举办了

15 年。15 年来，有近 10 万人现场参加大典典礼、共襄盛举，数千万人通过各种媒体收视收听大典或网上参与大典。2008 年，大典被列入国家级非物质文化遗产名录；2014 年，大典被作为国家"保留举办"的节庆活动项目，无须逐年报批，"老家河南"成为海内外华人的共识。

拜祖大典的嘉宾体现了代表性、广泛性。除了每年都有国家领导人参与，连战、吴伯雄、江丙坤、林丰正、蒋孝严、郁慕明等我国台湾政要也跨越海峡，回到祖根圣地寻根拜祖。

来自教育、文艺、体育、科技等领域的社会各界嘉宾，来自澳大利亚、美国、加拿大、法国、意大利等 100 多个国家和地区的社团组织、姓氏宗亲会的华侨华人代表，也跋山涉水回到"心灵家乡"参加盛典。

每年的拜祖大典现场，嘉宾的面孔不尽相同，语言不尽相同，但一样的圣洁气氛，一样的景仰心情，一样的虔诚神态，一样的澎湃激情，定格成一幅幅撼人心魄的万流同源文化归宗图景。

2008 年，大典被列入国家级非物质文化遗产名录；2014 年，大典被作为国家"保留举办"的节庆活动项目，不需逐年报批，可以每年举办。

经过 15 年的打造，拜祖大典已经成为一块金字招牌，把"中原根深、华夏叶茂"的理念，根植于每一个参加和观看大典的华夏子孙心中，进一步加深民族认同感和归属感，也激发了华夏子孙为祖国富强、民族复兴伟大"中国梦"贡献力量的豪情壮志。新郑正在以"世界华人拜祖圣地、中华民族精神家园、中华儿女心灵故乡"的身份走向海内外。

文化搭台，经贸唱戏。连年成功举办的黄帝故里拜祖大典，新郑的根文化、姓氏文化得到了越来越多海内外炎黄子孙的认可，同时前来投资兴业的人络绎不绝，在文化交流的同时，拜祖大典不断促进着新郑乃至郑州、河南经济的发展。仅在己亥年黄帝故里拜祖大典经贸洽谈活动期间，新郑市达成合作意向项目 21 个，意向金额 239 亿元。其中，8 个有代表性的重点项目在当天签约仪式上集中签约。十多年来，借助黄帝故里拜祖大典所搭建的平台，新郑市招商企业累计达到 708 家，到位资金 1098.6 亿元，累计实际利用外资 15.8 亿美元，构建了以现代商贸物流、食品制造、生物医药为主，电子信息、高端装备制造、文化旅游等新兴产业加速崛起的现代产业体系。

（二）13 年传承守望打造"华夏第一论坛"

春日的黄帝故里，阳光明媚，暖风轻拂，百花竞放。来自海内外的知名专家学者每年都会欢聚新郑，共赴一场春天里的文化盛典。

"黄帝文化与强国之路""黄帝文化与新时代""'一带一路'与文明互鉴""黄帝文化与全面小康社会""中华优秀传统文化精神""我们的价值观""中国梦·梦想花开"……被誉为黄帝故里拜祖大典"灵魂工程"的黄帝文化国际论坛，从2007 年探索初创至今，每年的主题都紧扣时代脉搏、融合时代精神，使黄帝文化薪火相传、历久弥新。

13 年传承守望，13 年辛勤耕耘，黄帝文化国际论坛越来越受到全球华人的广泛关注，影响力和知名度与日俱增，成为黄帝故里拜祖大典主题活动之一，被誉为拜祖大典的"灵魂工程""华夏第一论坛"。先后荣获"中国十大影响力会议""全国最受关注的节庆论坛"等殊荣。

经过 13 年的辛勤打磨，黄帝文化国际论坛与时俱进，每届论坛的主题都紧扣时代发展脉搏，充分展现了现代文化与传统文化的深度融合，把古老的中华文明和时代精神融为一体，让黄帝文化薪火相传、历久弥新，对打造中华民族的心灵家园和拜祖圣地具有重要意义。

围绕不同主题，黄帝文化国际论坛被看作炎黄子孙每年向人文始祖黄帝的一次汇报，告诉黄帝今天此时此刻他的后人对他的思想的研究，到了一个什么样的程度。此时此刻我们将他脚下这片土地建设成什么样子。在黄帝诞生之后四千多年，今天的人们没有忘记他，依然用他的思想在指引着生活、在指引着工作。

名家荟萃、思想汇聚。"大咖"烹饪文化大餐，成论坛的最大看点。十届全国人大常委会副委员长、中华炎黄文化研究会会长许嘉璐，中华炎黄文化研究会首席顾问、中共河南省委原书记、中央马克思主义理论研究和建设工程咨询委员会主任徐光春，南京师范大学文学院教授郦波，中央民族大学历史文化学院副教授蒙曼，著名军旅作家、军事理论家、空军少将乔良，台湾智慧大学校长、台湾交通大学教授、台湾兴国管理学院院长曾仕强，台湾大学哲学系教授傅佩荣，国乐大师方锦龙，北京中医药大学国学院院长张其成……70 余位知名专家学者在这里发表真知灼见，10 亿多人次的网络点击量，300 多家传统媒体和 110 多家网络新媒体进行报道，不断增强海内外炎黄子孙民族认同感、增进华夏儿女的凝聚力、向心力。

13 年来，黄帝文化国际论坛留下了一个又一个名家"大咖"余音绕梁的演讲，内容涵盖文学、军事、音乐、诗词、朗诵、中医等各个方面，视角新颖、见解独到、语言生动、引人入胜，表现出深厚的学养、宽广的视野和精深的造诣，对如何使黄帝文化成为激发中华民族投身新时代、创造新作为的精神内核作出精彩解读。

13 届论坛，12 年历程。作为一扇对外窗口，论坛兼容并蓄、开放包容。作为一座学术殿堂，论坛名家云集、高朋满座。作为一个文化品牌，论坛紧跟时代、继承创新。作为一张城市名片，论坛特色鲜明、熠熠生辉。

回望过去成绩，对于未来更充满自信。我们相信，黄帝文化国际论坛将继续不忘文化的根，传承辉煌。坚守时代的路，共筑梦想。迎着未来的光，放飞希望。

（三）黄帝千古情打造文旅新 IP

给我一天，还你千年。如今，新郑正依托黄帝文化大力发展文旅融合，正在建设中的黄帝千古情文化旅游景区，以弘扬黄帝文化为己任，依托中原深厚的文化积淀，深度挖掘以黄帝文化、黄河文化等为代表的人文历史，跨越时空，通过打造一台《黄帝千古情》的标志性演出，与享誉世界的黄帝故里拜祖大典、黄帝文化国际论坛交相辉映。

《黄帝千古情》是中原地区唯一引进宋城演艺千古情系列的项目，旨在通过为大众提供一流的文化旅游产品和服务，让来到这里的人感受不朽的黄帝精神，分享到厚重的中原文化，聆听精彩的黄河故事。将发挥核心 IP 精、合作伙伴强、地理区位优、交通便捷快、游客进入易、市场潜力大等优势，努力把该项目打造成国际型文化旅游精品，打造成河南新的文化高地、文化地标。

景区按功能划分为停车区、主出入口大厅、市井街区、千古情大剧院、科技体验区、后勤配套区、综合体、探险攀爬区等八大功能分区。这里不仅游、购、娱一应俱全，还有目前国内最先进的全息影院，可容纳 1500 人。据了解，所有项目预计 2020 年 12 月底全面完工。《黄帝千古情》剧场演出的剧本目前已经修改完毕，下半年开始招聘演员，计划明年 3 月份实现公演。预计每天演出 5 场，预计年游客达 300 万左右，《黄帝千古情》必将成为向世界展示黄帝文化、中原文化、黄河文化的窗口。

（四）戏曲进乡村唱出大天地

和庄镇老庄刘村位于新郑市东南部，是远近闻名的戏曲村。早在 20 世纪 50 年代，就曾组建有民间戏曲队。近年来，得益于市委、市政府推进的基层文化设施建设三年行动计划，老庄刘村建成了综合性文化服务中心，建起了戏曲大舞台，安装了大屏，并配备了音响灯光、演出道具、戏服等。

特别是新郑市豫剧文化演艺中心在送戏下乡的同时，与老庄刘村结对子搞培训。种戏在村，"种"出了一个老庄刘村剧团，这个剧团如今已有 30 多人。通过市豫剧文化演艺中心专业演员手把手教学，老庄刘村剧团演员的表演水平迅速提高。现已能够演出豫剧《秦香莲》《打金枝》《穆桂英下山》《福满具茨》等剧目，并由政府出资购买服务，到周边各村演出 10 多场，受益观众 3 万多人次。

有了村剧团这一文化引领，近年来，村里群众文化活动长年不断，月月有项目、周周有活动，每项活动有人抓、有人管，群众看戏、唱歌跳舞，尽享其乐。

老庄刘村只是新郑市推进"戏曲进乡村"的缩影。新郑人就爱戏，20 世纪 50 年代就有村办剧团。自 2002 年新郑市出台"政府买单，群众看戏"惠民政策以来，新郑市连续 17 年开展"百场演出送农民"和"共走创业路，同唱和谐曲·百场戏曲巡演"活动，是河南省开展"送戏曲进乡村"工作起步较早的县（市）。

每当华灯初上、夜幕降临，在新郑的街头游园、湿地公园、社区广场、乡村大舞台……各个角落都回荡着戏迷们的唱腔。目前，新郑市拥有业余演出班队 200 余支，自娱自乐演唱活动随处可见，成为群众文化活动的一道亮丽风景线。

随着农民群众对优质文化需求不断增长，新郑市自 2016 年起，在全市实施基层综合文化服务中心建设三年行动计划，对原有的乡镇文化站、村级文化大院等进行全面升级改造，新郑市财政投资 5000 万元，实行创先争优，以奖代补，乡镇累计投入建设经费 1.67 亿元予以保障。目前，三年行动计划已接近尾声，基本实现了乡村两级综合文化服务中心全覆盖。

同时，新郑市坚持把包括"戏曲进乡村"工作在内的公共文化服务体系建设经费，纳入市、乡两级财政预算，给予足额保障。2015 年以来，新郑市财政累计投入文化事业经费 2.97 亿元，年均增幅达到 13.9%。2019 年又增加投资 8 亿元，全面启动市级综合文化艺术中心、图书档案方志馆等大型文化设施项目建设。

新郑市结合当地实际，把补齐农村文化短板作为切入点，坚持从"送戏下乡"到"种戏养戏"，建立乡村戏曲服务平台和机制，激活本地戏曲文化资源，培养本地戏曲人才，扩大和巩固地方戏剧基础，成功开创了"戏曲进乡村，唱出大天地"农村公共服务体系建设的"新郑模式"。

2019 年 12 月，首批 18 个全国农村公共服务典型案例在北京发布，"河南新郑戏曲进乡村"案例入选。专家认为，新郑市充分考虑群众需求，建立了乡村戏曲服务平台和机制，激活本地戏曲文化资源，培养本地戏剧人才，扩大和巩固地方戏剧基础，并且十余年持之以恒。新郑案例对于改进农村公共文化服务供给机制和模式、加强社区参与、激活地方文化资源、激发地方文化内生活力具有很好的参考价值。

五、用真金白银办民生实事

新郑市始终坚持把人民群众对美好生活的向往作为经济发展、城市提质、文明创建的目标，每年办实为民实事，不断补齐民生短板，让人民群众分享发展红利。

（一）增兜底"宽度"提民生"温度"

2019 年 7 月，得知自己被确诊为肺癌后，新郑市具茨山管委会大槐树村村民苏灵仙就满脸愁云："哪有那么多钱看病？"可身体的不适让她寝食难安。从哪弄钱来看病？全家人一筹莫展。

而今年 8 月 22 日清晨，阵阵清风吹拂着大槐树村。吃过早饭，70 岁的苏灵仙和老伴郭成勋有说有笑地打理家里的卫生，脸上的忧愁一扫而光。

苏灵仙的这种变化得益于新郑市的社会保障兜底政策。在治疗过程中，她的医药费被报销了"大头"，自己只用支付"小头"，极大地减轻了经济压力。她对现在的生活很知足："俺俩年龄大了，没法挣钱。掌柜还有糖尿病、冠心病，得常年吃药，慢性疾病补助可以报销一部分。"苏灵仙说："靠着党的好政策，我们的日子一天天好起来。"

为使苏灵仙这类贫困户稳定脱贫，新郑市充分发挥社会救助在脱贫攻坚中的作用，全市符合条件的建档立卡贫困人口全部纳入低保户和五保户的救助范围，最大限度兜住贫困人口生活底线，"兜"住最困难群体，"保"住最基本生活，使他们的生活面貌发生改变。五保老人搬进幸福院、低保户子女上学享补贴、重病兜底保障实现全覆盖……一幕幕涵盖百姓生活多个方面的温暖场景不断在新郑上演。新郑市不断增强底线"宽度"，提高民生"温度"，让群众切实感受到了党和政策的温暖。

为减轻城乡居民及困难群众垫付住院费用的负担，免去报销费用来回奔波的麻烦，在省、市、县、乡四级定点医疗机构实行城乡居民基本医疗保险、大病保险、困难群众大病补充医疗保险"一站式"即时结算，城乡居民和困难群众出院时即可完成报销。目前新郑市县（市）、乡定点医疗机构已全部实现了基本疗保险、大病保险、困难群众大病补充保险的"一站式"即时结算。2019 年以来，共为困难群众报销医疗费用 13110 人次，支付基本医疗保险 4579.58 万元，支付大病保险 945.66 万元，支付困难群众补充保险 352.24 万元。其中建档立卡贫困人口报销医疗费用 4857 人次，支付基本医疗保险 1648.64 万元，支付大病保险 360.55 万元，支付困难群众补充保险 123.19 万元。截至目前，我市城乡居民享受门诊规定病种及重特大疾病共计 13881 人，其中建档立卡贫困人口 3332 人。

为提高参保高龄老人住院医疗费用报销比例，从 2019 年 4 月 1 日起，对全市 80 岁以上参加城乡居民基本医疗保险的居民在政策范围内的住院费用,其报销比例在现行政策基础上提高 5 个百分点。截至目前,我市共为 80 岁以上高龄老人报销 14386 人次,支付基本医疗保险 6636.44 万元,支付大病保险 221.37 万元,支付困难群众大病补充保险 28.50 万元。

此外,新郑市以城乡低保、特困供养为基础,以临时救助、慈善帮扶为补充的社会保障体系基本建立。全市 4000 多户困难家庭每月可按时收到政府给予的最低生活保障资金。救助标准连年提高,救助内容从过去单一的口粮救助、特困补助,增加到现在的教育救助、医疗救助、用电补助、住房保障,困难群众生活难、看病难、住房难问题得到了较好解决。从儿童到老年人,都能享受社会发展成果。投资 1500 万元功能齐全的社会福利中心正式启用,流浪人员、社会弃婴得到及时救助。孤儿每月可领取至少 1000 元的养育资金,留守儿童、困境儿童纳入了全社会关爱保护范围,入户难、入学难、生活难得到有效解决。老年人可免费进行体检、免费乘坐市内公交车、免费游览市内景点、免费佩戴助听器,80 岁、90 岁、100 岁及以上老年人,还可以按月领取 100 元、200 元、500 元不等的高龄补贴。投资 2 亿多元的敬老院提升改造工程走在郑州同行前列,新建和改造的 10 所敬老院以及逐渐普及的社区托老站,让新郑的老人晚年生活更加幸福。困难残疾人生活补贴、重度残疾人护理补贴制度全面建立,惠及 6000 多名残疾人。

(二)就在家门口,来去坐车走

"原来出门,我得骑着三轮车,现在抬脚就能坐公交车,太方便了!"今年 70 多岁的史遂彬是新郑市城关乡贾庄村村民。说起从自己村经过的 207 路公交车,他赞叹有加,公交的通达让他的出行更加方便,幸福感也悄然提升。

在新郑的乡村道路上,一辆辆纯电动公交车穿村而过。农村群众实现了"出门硬化路、抬脚上客车""便捷乘公交、说走就能走"。新郑城乡公交一体化为城乡群众创造了方便快捷的出行环境,从根本上解决了"出行难"问题。

2020 年 7 月,经河南省交通运输厅实地验收和综合考评,全省万村通客车提质工程第二批示范县(市)结果出炉。新郑市成功入围,被授予"河南省万村通客车提质工程示范县"称号。

百姓满满的幸福感，源于新郑市多年来在出行上做文章。按照"北拓东连、统筹西南、纵横通达、内畅外联，融郑融港、完善路网"的交通发展思路，围绕完善城乡路网体系，新建提升茨山路等市域干道235公里，修建鸿鹄路南延、中兴路东延等融港融郑道路16条。市财政出资兜底，将京港澳高速新郑站等10个收费站全部免费，新郑豫A牌照小客车在郑州范围内高速公路实现政府付费、个人免费通行。"十三五"期间共完成道路建设项目64个，总投资21.2亿元，截至2019年，全市公路通车总里程达1864公里，居全省县（市）前列。

同时，为方便群众的出行和提升群众出行的舒适感，新郑市一边加强场站建设，一边优化运营线路。一是增建基础设施。投入1200万元，新建公交场站3个、充电桩66个、充电终端150个，建设城乡候车站牌（亭）513个，每个站牌均标示线路、班次、发车时间、服务电话、监督电话等信息，并设置二维码方便群众查询。二是完善客运网络。在原有18条客运公交线路的基础上，增开线路29条，优化线路3条，现已拥有50条客运公交线路，为新郑公交的"全覆盖、零换乘"夯实了基础。三是构建客运体系。坚持以建制村真通实达为目标，优化客运线网布局，加强运营组织管理，构建了"以市区为中心、乡镇为支撑、建制村为节点、放射和循环互补"的城乡客运体系。

（三）扶贫重"扶智"，扶出新希望

今年，得知考了700分的好成绩后，新郑市辛店镇裴商庙村高考考生赵卓航和家人第一时间给驻村帮扶工作队报喜；拿到清华大学国防专业录取通知书后，赵卓航和家人也第一时间与工作队分享好消息。

赵卓航的家庭是郑州市低收入家庭，2015年脱贫。孩子考上了理想的大学，赵卓航的母亲张莹丽忍不住道出了心中的喜悦与感激："孩子能够有条件读书、安心读书，取得好成绩，与政府长久以来的帮扶政策和扶贫干部们对我家的帮助分不开，谢谢你们！"

近年来，新郑市坚持扶贫与扶志、扶智相结合，充分调动贫困人口的"志""智"内因，由"内"向"外"扶，以多种务实举措强化正向激励、激发内生动力，从"输血式"扶贫到"造血式"扶贫，通过教育等扶贫政策阻断贫困的代际传递。

仅在 2019—2020 学年，截至 2020 年 7 月 10 日，新郑市共为优秀学生和家庭经济困难学生发放奖、补资金 43885 人次，发放资金 340107625 万元。新郑市通过深入广泛宣传切实将各项资助政策宣传到位、健全完善制度不断提高学生资助管理队伍素质、细致排查摸底做好建档立卡贫困家庭学生资助工作、细化规范程序全面落实国家各项资助政策等措施，使贫困家庭孩子上学无忧，也使贫困人口既富"口袋"又富"脑袋"，打开自主脱贫通道，提升自身脱贫致富的信心与能力，早日实现对美好生活的向往。

（四）有线电视免费看，精神娱乐画中来

新郑市在不断提高群众物质生活的同时，还采取各种措施丰富群众的精神文化生活。这一点，从新郑市历年的十大民生实事中就会有重大发现，但从其中的有线电视这一方面就能有很深体会。

2012 年，新郑市加快广播电视事业发展，实施有线电视网络数字化升级改造工程，一期实现有线电视光纤入楼。2014 年，持续提升城乡广播电视服务水平，免收入住新型社区家庭和城区居民家庭有线电视视听费；启动乡镇无线数字广播电视覆盖工程，新建 1 座广播电视塔，到 2015 年底逐步实现城乡数字电视信号全覆盖。2015 年，提升广播电视服务水平，建成投用数字广播电视发射塔，实现城乡数字电视信号全覆盖。

一连串的行动让新郑老百姓大受其益。在新郑市，凡是安装广电有线电视机顶盒的用户都能免费享受有线电视服务。"电视免费看，频道可多，内容也多种多样。"新郑市市民安香枝说："老百姓可以扩大眼界，增长见识。"

据统计，2019 年新郑市财政教育支出 17.47 亿元，让全市 16.39 万名在校生实实在在享受到公共财政的阳光雨露。社会保障和就业支出 9.33 亿元，医疗卫生与计划生育支出 9.45 亿元，拨付资金 16.6 亿元，支持新型社区建设，支持示范村村容村貌提升，持续改善农村人居环境，实现一元公交村村通，使农民出行更加便捷。拨付资金 4.35 亿元用于老旧小区改造，大力实施疏解腾退工程。

六、体会和思考

（一）方向要"准"，始终坚持以人民为中心的价值追求不动摇

习近平总书记指出，人民是历史的创造者，是决定党和国家前途命运的根本力量。必须坚持人民主体地位，坚持立党为公、执政为民，践行全心全意为人民服务的根本宗旨，把党的群众路线贯彻到治国理政全部活动之中，把人民对美好生活的向往作为奋斗目标，依靠人民创造历史伟业。党的十八大以来，新郑市经济高质量发展所带来的巨大变化和成功实践，得益于新郑市委、市政府不断增强"四个意识"，坚定"四个自信"，做到"两个维护"，把人民满意不满意、高兴不高兴、拥护不拥护、支持不支持，作为推进各项工作的根本出发点和落脚点。人民是我们党执政的最大底气，是我们强党兴国的根本所在。新郑市大力发展教育事业、加大社会保障投入、深化医疗体制改革、扎实推进乡村振兴工程和城市品质提升等民生工程，市财政用于民生支出由2012年的15.41亿元增长到2019年的100.28亿元，占公共财政预算支出比例由2012年的29.56%提升到2019年的83.75%。数据的变化折射的是执政以人民为中心的价值追求，民生投入回应的是群众关切，补齐的是发展短板，收获的是民心拥护，得到的是社会和谐经济发展。

（二）决心要"恒"，始终坚持改革创新驱动发展的方式不动摇

开放和创新是县域经济高质量发展的强大引擎和加速器。40年前，新郑靠开放走出传统的故城意识，勇敢走出招商引资、借船出海、加快发展的开放之路，党的十八大以来，新郑市对标国内一流城市标准，在全省率先建成县级现代化综合性政务服务中心，致力于把新郑打造成为"审批事项最少、办事效率最高、群众体验最优"的政务服务标杆城市。持续深化"放管服"改革，持续优化营商环境，1118项审批服务事项全部进驻政务服务大厅办理，审批做"减法"，服务做"加法"，换来的乘法效益。党的十九大以来，新郑市敏锐瞄准电子信息等高端产业，创新发展园区经济，以商招商，成功落地一批电子信息产业，为产业的转型升级迈出坚实步伐。

（三）信心要"大"，充分发挥区域优势文化的引领作用不动摇

新郑是中华人文始祖轩辕黄帝故里，历史文化底蕴丰厚，有着 8000 年裴李岗文化、5000 年黄帝文化、2700 年郑韩文化，孕育了光耀千秋的名人文化、万姓归宗的姓氏文化。13 处国家重点文物保护单位，14 处省级重点文物保护单位，遍布新郑全境。新郑市以传承弘扬黄帝文化，打造中华民族共有精神家园为突破口，高举黄帝文化大旗，连续 14 年高规格举办黄帝故里拜祖大典，连续 13 年举办黄帝文化国际论坛。两大文化盛典，擦亮了黄帝故里、黄帝文化品牌，演绎出文化搭台，经贸唱戏，经济发展、社会和谐、人民幸福安康的县域经济高质量的雄壮交响乐。

全面建成小康社会与中国县域发展

河南省南阳市淅川县

"两山"理念催生"短中长"脱贫路径

中共淅川县委宣传部

作为南水北调中线工程源头和深度贫困县，淅川县近年积极践行习近平总书记提出的"两山"理念，牢牢树立"生态立县"战略，始终坚持水质保护至上原则，咬定青山不放松，坚守生态底线，先行先试，主动作为，努力探索生态经济可持续发展的、水清与民富双赢的脱贫攻坚模式，着力发展食用菌和中药材等产业集群，确保短期可脱贫；着力发展特色林果产业集群，确保中期可致富；着力发展生态旅游等产业集群，确保长远可持续小康，走出了一条水源地生态文明与经济社会融合发展的崭新路径。2018 年以来，全国易地扶贫搬迁现场会、河南省"千企帮千村"精准扶贫行动向深度贫困地区推进现场会、河南省推进生态扶贫工作现场会、河南省产业扶贫观摩现场会等相继在淅川召开，淅川县产业扶贫特色做法作为典型案例被编入焦裕禄干部学院培训教材，"短中长"模式被评为"大国攻坚、聚力扶贫"全国十佳优秀扶贫案例。

一、特殊区位赋予的特殊使命

淅川县地处河南省西南部、豫鄂陕三省接合部，辖 17 个乡镇（街道）、67 万人，土地面积 2820 平方公里，地理特征大体为"七山一水二分田"，是国家重点生态功能区（限制开发区域）、南水北调中线工程源头和核心水源区（国家一级水源保护区），也是南水北调中线工程主要淹没区、全国第一移民大县、国家扶贫开发重点县、河南省深度贫困县，集库区、山区、边缘区、贫困区于一体。

淅川水资源丰富，境内河流 467 条，丹江、鹳河、淇河、滔河、刁河五大河流纵贯全境，年地表径流量 5.6 亿立方米，丹江口水库库容 290.5 亿立方米，其中淅川境内 137.7 亿立方米，占总库容的 47%。全县 2616 平方公里国土在水源区，占全县总面积的 92.8%。

淅川因水而兴。早在 70 万年前人类就在这里聚居生息，尧舜时，淅川是舜的儿子丹朱的封地，西周时，淅川是楚族熊绎的封地，灿烂的楚文化即发源于此，楚国早期都城丹阳就位于淅川丹江岸边，著名爱国主义诗人屈原曾在岵山脚下的秦楚丹阳之战发生地抒写了千古名篇《国殇》。作为古时南方通往古都长安的唯一通道，丹江曾是豫鄂陕交界处的一条黄金航道，著名的荆紫关即因此而繁华一时。

1952 年 10 月，毛泽东同志在听取有关引江济黄的设想汇报时说："南方水多，北方水少，如有可能，借点水来也是可以的。"首次提出了南水北调的惊天构想。自此，淅川的命运变迁与国运命脉紧紧牵连，淅川人也承载起润泽华北大地、托举民族伟大复兴重任的特殊历史使命。

随着 1958 年启动修建南水北调中线一期工程丹江大坝，淅川航运业也逐渐没落。为了国家工程和丹江口水库蓄水至 170 米，淅川县历经了半个多世纪的两次库区大移民"国家行动"，累计约 40 万人移民大搬迁，他们抛家舍业、割舍骨肉，书写了大爱报国、忠诚担当的淅川移民精神丰碑；曾经"一脚踏出四两油，一收十年粮不愁"的富庶之地沿江三大川（丹阳川、顺阳川、板桥川）也基本淹完，最好的 41.6 万亩河谷良田永沉江底，经济元气大伤。

为确保 2014 年南水北调中线工程顺利通水，淅川县秉承"先节水后调水，先治污后通水，先环保后用水"的"三先三后"原则，以壮士断腕的魄力关停工矿企业 338 家，取缔养鱼网箱 5 万多个、畜禽养殖场 600 多家，还投资 5 亿多元在 15 个库区乡镇建立了完善的污水及垃圾处理设施，从此也戴上了有树不能伐、有鱼不能捕、有矿不能开、有畜不能养的"紧箍咒"，为南水北调作出了巨大牺牲，是全省最大深度贫困县。脱贫攻坚战打响伊始，全县统计的建档立卡贫困人口达 28678 户 97110 人，建档立卡贫困村 159 个，其中深度贫困村 98 个。

近年来，淅川县积极践行习近平总书记的"两山"（绿水青山就是金山银山，既要绿水青山又要金山银山）理念和关于脱贫攻坚的重要论述，牢牢树立"生态立县"战略，坚持水质安全至上原则，把生态文明建设融入经济建设、政治建设、文化建设、社会建设的各方面和全过程，严格履行保护水源的国家使命，全面实施生态立县、工业强县、旅游兴县、创新活县等"四大战略"，坚守一级水源地"生态底线、生态红线、生态高压线"，变生态压力为转型动力，以生态经济为主线，因地制宜，发挥优势，培育特色，形成集群，致力于打造"水源""林海""果乡""药库""胜地"等特色生态品牌，探索出"短中长"生态经济可持续发展的脱贫攻坚模式，建立了阻断返贫的"防火墙"，实现了脱贫攻坚与经济发展双赢目标，贫困发生率也由 2015 年底的 10.66% 降至 2019 年底的 0.9%，连续两年位居全省脱贫攻坚综合评估前列，2019 年正式退出贫困县，正式脱贫摘帽。

同时，丹江口水库水体 109 项全因子均符合地表水环境质量达标 Ⅱ 类标准，常规项目 95% 以上符合 Ⅰ 类标准，特定项目 100% 符合水源地水质标准，水质常年稳定保持在 Ⅱ 类以上标准，陶岔取水口水质达到 Ⅰ 类标准。既保证了国家生态水源安全，又打造了群众脱贫致富奔小康"恒业"，实现了水清与民富"双赢"。

二、"短中长"错位嵌合铺就生态致富路

在脱贫攻坚战中，淅川县坚持政府主导，积极实施"志智"双扶工程，创新开展"两弘扬一争做"（弘扬移民精神、弘扬好家风家训，争做"最美淅川人"）教育实践活动，充分激发贫困群众的脱贫致富信心和勇气；依托县内的南阳信息工程学校、淅川县电子中等职业学校、农业技术专家等，强化实用技能学习培训，掌握一技之长以安身立命，为具备一定条件的贫困群众插上了就业创业

的"翅膀"。

与此同时，淅川县统筹谋划水质保护、产业转型、群众致富，将脱贫攻坚与做大做强主导产业融为一体，全力推进产业脱贫攻坚，积极探索"短中长"生态经济可持续发展的脱贫攻坚模式，即"短线"发展食用菌和中药材等特色种植产业集群，确保当年初见成效和当年脱贫；"中线"发展软籽石榴和薄壳核桃等特色林果产业集群，确保三年大见成效和中期致富；"长线"发展生态旅游等产业集群，确保五年持久见效和长期小康。经过几年的努力已经初步实现了乡乡有特色产业、村村有生产基地、户户有增收项目的目标。"短中长"产业集群年综合产值达 138 亿元以上，培育市级以上龙头企业 31 家，扶持农民合作社 1152 个，创建家庭农场 916 家，1/3 贫困户实现稳定脱贫。

（一）着力发展"短线"产业集群，确保贫困户短期（当年）可脱贫

淅川县发挥生态、资源、气候和特色产业等比较优势，大力发展"产业有基础、市场有销路、当期效益高"的特色优势产业，重点打造特种种植、特种养殖、光伏、劳务经济等"短平快"产业集群，确保贫困户有 2 个以上短线增收项目覆盖，户均可增收 1 万元左右，实现当年稳定脱贫。食用菌和中药材是淅川县的传统优势产业，尤其西北部山区乡镇适宜种植香菇和中药材。

一是建设食用菌产业基地。依托龙头企业绿地公司、益瑞农业公司、丹江情公司等，采取"公司＋合作社＋基地＋农户（贫困户）"等模式，建设香菇产业扶贫示范区，2 年内对当地所有贫困户全覆盖，现已发展食用菌 4000 多万袋，带动 6500 余户，户均年增收 5000 元左右。马蹬镇农业龙头企业平发农业开发公司高标准建起 20 个香菇大棚，上线现代化的香菇袋料发酵、烘干设备，贫困群众利用到户增收资金 5000 元购买香菇，公司全程代管并承担全部风险，已带动 676 名贫困群众发展香菇，确保群众旱涝保收。西簧、毛堂等乡镇采用企业租赁贫困户土地建设大棚，贫困户通过小额贷款或到户增收资金向企业购买菌棒发展产业的方法，企业在产业发展中负责技术服务、产品销售，通过"返租倒包"模式，发展香菇 4000 万袋以上，带动 6000 余户贫困户户均年增收 5000 元以上。

二是建设中药产业基地。依托河南福森药业、九州通药业及南阳艾尔康

生物科技公司等，采取"公司＋合作社＋基地＋农户（贫困户）"等模式，持续发展金银花、艾草、连翘、丹参、迷迭香等中药材，全县中药材已达 5 万余亩，贫困户户均种植 1 亩药材，户均年增收 5000 元左右。2018 年，在香港主板上市的"河南福森药业公司"，是全国最大的双黄连类感冒药生产企业，金银花和连翘原材料基地带动 4 乡镇 23 个村 350 多户 2000 余人长期就近务工，用工高峰期日均 6000 人以上，户均年增收 1.8 万元以上。淅川县食用菌和中药材已经实现了"种植基地＋加工基地＋国内外市场"全链条发展壮大。

三是建设小龙虾和白玉蜗牛等特色养殖基地。小龙虾和白玉蜗牛成熟期较短、养殖门槛低、比较效益高，淅川县依托水资源优势布局小龙虾等养殖基地，采取"村支部＋合作社（协会）＋贫困户"等模式，打造中原地区最大的小龙虾、白玉蜗牛养殖基地和交易集散地。目前，全县已发展小龙虾 2 万余亩，户均 1 亩虾，户均年增收 4000 元左右；白玉蜗牛产业已覆盖 5 个乡镇 40 个村，养殖总量达 5000 多万只，户均年增收 6000 元左右。淅川县发改委派驻厚坡镇唐湾村扶贫第一书记严晓峰结合当地自然环境条件，规划建设了唐湾村小龙虾产业扶贫基地，在水浸地上建设 5000 亩虾塘，带动周边 1566 户贫困群众户均年增收 4000 元以上。马蹬镇寇楼村农民寇元钦利用当地优质泉水，发展了 1300 亩蟹塘，养出的大闸蟹膘肥体大，参与养殖的贫困户户均增收 1.6 万元。

四是建设光伏产业基地，对兜底户和贫困村全覆盖。大力实施"农光互补"产业，按照"政府主导、市场运作、抢抓机遇、盘活资源"的要求，将光伏扶贫作为贫困群众脱贫增收的重要举措，全县光伏总装机容量 56 兆瓦，共建分布式光伏电站 553 个，带动低保和五保等兜底贫困户 1.5 万户年均增收 3000 元；贫困村村集体经济每村年增收 2.1 万元，连续受益 20 年。县委办派驻上集镇关帝村的扶贫第一书记赵广奇刚驻村时，了解到村里的一部分贫困户没有劳动能力，即便发展了产业，也很难从中受益最大化，勤于思考的他开始琢磨着发展一种什么产业能一次投入、终身受益。有心的他从电视上看到辽宁、安徽等地的光伏发电项目让群众增收时，带着镇村干部和群众代表，到安徽省六安市金寨县考察学习，淅川县首次划拨 50 万元专款，支持关帝村先行先试发展光伏产业，共建成小型光伏发电站 4 个，装机总量 1100 千瓦，实

现村内贫困户全覆盖。贫困户张须基算了一笔账，他家光伏电站装机容量为 5
千瓦，年总发电量约 6000 千瓦时，每 1 千瓦时可获国家补贴 0.359 元，全年
2154 元；按每 1 千瓦时 0.3675 元向国家电网售电，收入 2205 元，一年下来"躺
赚"4000 多元。光伏发电也随即在全县贫困村推广，已成为无劳力、无资源、
无稳定收入的贫困群众脱贫致富的"绿色银行"。

五是劳务经济对有劳动能力贫困户全覆盖。主要做到"三个一批"：吸纳
一批，即依托扶贫车间和扶贫产业基地，重点吸纳"4050"贫困劳力就业，带
贫率达到 30%以上，人均月工资 1800 元以上；安排一批，开发护林员、护水
员、保洁员等"六员"公益岗位，一半以上用于安置贫困弱劳力，人均年工资
3600 元以上；输出一批，即对青壮年贫困劳力开展免费技能培训，鼓励外出务
工，共组织劳务输出 5000 余人，月工资 3000 元以上。全县已打造县级扶贫产
业示范园 4 个、扶贫产业示范基地 125 个、扶贫就业车间 71 个。2020 年，在
新冠肺炎疫情防控的不利情况下，全县 2.6 万余名有意愿外出务工的贫困劳动
力全部复岗，复岗率 100%，位居河南省先进位次；累计开发公益性岗位 1.9
万余个，基本实现贫困劳动力、有部分劳动能力贫困人口就业全覆盖。

（二）着力发展"中线"产业集群，确保贫困户中期（三年）可致富

脱贫攻坚，在满足当期脱贫的同时，还要巩固短期脱贫成果、统筹考虑
致富奔小康问题。淅川县立足全县 70%以上耕地为岗坡薄地、国土面积 80%
以上处在生态红线以里等县情实际，按照区域化布局、规模化发展、产业化经
营的思路，全方位打造软籽石榴、杏李、薄壳核桃、大樱桃等生态高效林果产
业集群。全县已发展生态经济林果 30 多万亩，林下套种面积达 50%左右，户均
1 亩以上果园，基本实现了贫困户全覆盖，其中 16 万亩果树已经挂果，2 年内
进入盛果期，户均年可增收 6000 元以上，初步实现了大地增绿、农民致富、产
业振兴。因地制宜在三个片区发展三大特色林果产业集群。

一是打造平原丘陵区软籽石榴产业集群。创新土地所有权、承包权、经
营权"三权分置"机制，促进软籽石榴产业规模化。依托河南仁和康源公司、
丹圣源公司、豫淅红公司等龙头企业，在九重镇、香花镇、厚坡镇、老城镇、
盛湾镇等平原或丘陵区，优先发展软籽石榴产业，建设 10 万亩软籽石榴产业

扶贫示范区，亩效益 1.5 万元左右，致力于打造"中国软籽石榴之乡"。河南仁和康源公司投资 13.2 亿元，在渠首区域九重镇张河村等建设万亩林果生态农业观光园，仅在张河村就发展软籽石榴 6000 亩，贫困群众王洪周一家也从中受益匪浅，从此有了 5 份收入：10 亩土地年流转费用 8000 元，生态产业助力贷收益每年 3000 元，到户增收项目每年分红 500 元，返租倒包 49 亩林果管理费每年 2.1 万元，闲暇时，王洪周还在石榴基地务工，日工资 60 元，王洪周家的日子一天天好起来。目前，全县已建成千亩以上基地 8 个，500 亩以下大户 46 个，其中，贫困户发展软籽石榴 8.5 万株，2 万多贫困人口通过产业发展年人均增收 2200 元以上。

二是打造山区薄壳核桃产业集群。充分发挥山区农民种植核桃历史悠久等优势，创新"返租倒包"机制，促进薄壳核桃产业规模化发展。薄壳核桃具有生长周期长、种植成本低、市场前景广阔、经济效益好、营养价值高、耐储存等优良特点，吸引了南阳果然出色公司等龙头企业，在荆紫关镇、寺湾镇、西簧乡、毛堂乡等山区，优先发展薄壳核桃，巩固发展湖桑产业，适度发展大樱桃等产业，建设十万亩薄壳核桃和万亩湖桑产业扶贫示范区，已建成百亩以上的核桃产业基地 37 个，亩均效益 5000 元左右。荆紫关镇庙岭村巧打"丘陵山地"牌，420 户群众发展大樱桃 1200 亩、薄壳核桃 2200 亩，套种何首乌、花生等，户均年增收 3000 元以上。每到核桃成熟季节，来自陕西、湖北的一些外商都不约而同来到淅川县集中收购，在西簧乡形成了豫鄂陕三省交界处大型干杂果集中交易市场。

三是打造南水北调库区杏李产业集群。创新"保底分红"机制，促进杏李产业规模化。依托中线水源杏李林果有限公司等龙头企业，在老城镇、大石桥乡、滔河乡、盛湾镇、金河镇等库区，优先发展杏李、大樱桃等产业，巩固发展薄壳核桃、软籽石榴等产业，打造高效产业示范园、田园综合体，形成特色鲜明的林果产业带、观光带。已建成老城镇冢子坪、黑龙泉等千亩以上杏李产业基地 12 个 6.2 万亩，亩效益 6000 元左右，盛果期亩产超万元。老城镇杏李产业采取"保底分红"模式，引入中线水源杏李林果公司，并为企业协调土地流转，企业负责提供苗木、技术培训和产品销售，农户负责种植、管护，协议约定 3 年后亩净效益保底 3000 元，不足部分由企业补齐，超出部分由村集体、企业、农户分别按 5∶10∶85 的比例分享净收益。

（三）着力发展"长线"产业集群，确保贫困户长远（五年以上）小康可持续

脱贫攻坚既需要短中期产业支撑，又需要长期产业可持续支撑，不能今天脱贫、明天返贫。淅川县持续推进"旅游兴县"战略，把生态旅游这个朝阳产业作为脱贫攻坚长线产业倾力打造，为群众长远致富开辟广阔空间。通过景区拉动、典型带动、融合联动，提升全域旅游水平，让群众在生态旅游产业链上增收致富。目前，全县旅游从业人员达到 3 万多人，年接待游客 500 多万人次，2019 年旅游业综合效益 36 亿元，旅游产业已成为脱贫攻坚可持续的重要支柱，并成为全省旅游扶贫示范县。

一是积极创建 5A 景区，拉动贫困户就业脱贫。淅川县是伏牛山和大丹江旅游圈的核心区，水是淅川旅游的最大亮点。淅川县以创建丹江湖国家 5A 级景区为龙头，以发展全域旅游为目标，着力提挡升级南水北调渠首、丹江大观苑、坐禅谷、香严寺、八仙洞等景区景点。丹江湖旅游区成为全省首批研学旅游示范基地，"淅川梯田"成为库周新景观。高标准建设环库路，加快建设西十高速，着力构建环丹江湖旅游圈。目前，到景区从事旅游服务的贫困户达 500 多户，户均年收入超过 2 万元。

二是大力发展乡村旅游，带动贫困户经营脱贫。积极实施旅游扶贫工程，以沿湖沿路和旅游资源丰富的贫困村为重点，编制乡村旅游扶贫规划，出台乡村旅游扶贫实施方案，设立旅游发展基金，制定农家乐宾馆奖励扶持办法。积极推进乡村旅游发展，建设了马蹬苏庄、仓房刘裴和九重武店等 6 个旅游扶贫试点村，打造了瓦房、横沟等一批乡村旅游示范村，培育了孔雀谷、龙泉等乡村旅游示范园，促进乡村旅游提挡升级。全县共建成旅游重点乡镇 10 个，旅游重点村 36 个，乡村旅游产业园 40 个，农家乐和特色民宿 500 多家，将贫困户嵌入旅游链条精准受益，辐射带动全县 500 多户贫困户 2300 多名贫困人口走上了乡村旅游发展之路。靠近景区、靠近水库的贫困户主动借力旅游扶贫好政策，发展特色农家乐，仓房镇磨沟村民江玉琴利用县里的整合生态移民及应急避险项目，按照贫困户人均补贴 7000 多元的标准，领到 4 万多元后办起了祥程宾馆，每逢周末和节假日生意格外火爆，丹江鲜鱼、山野菜等地方特色备受游客喜爱，营业不到一年，月收入已超万元，还带动两个贫困家庭顺利脱贫。在磨沟村，像江玉琴一样共有 48 户 101 人发展起了农家乐，让好风景变为"好钱景"，也解决了许多群众的就业问题，许多人不出家门就能挣到钱，还能种好田地、照顾老人小孩。

三是拓展全域旅游空间，深度融合联动扶贫。积极推动农旅、林旅、体旅深度融合发展。借助山水林田湖草和荒山荒坡治理项目，高标准打造扶贫产业万亩"哈尼梯田"。围绕全县 30 多万亩生态林果产业，拓展植物园、采摘园、养殖园的旅游功能。实施生态造林工程，造林面积连续 10 年居河南省县级前列。探索"旅游＋体育＋扶贫"模式，先后成功举办了中国丹江公开水域游泳挑战赛、中国丹江徒步越野挑战赛、2018 环中原自行车赛、"龙行中原"全民龙舟赛（淅川站）、河南省第十三届运动会铁人赛（社会组）、Mountain Hard China 2018 中国淅川·丹江湖国际越野赛等多项重大赛事，带动 1000 余名贫困群众人均增收 3000 余元。

三、生态文明建设的成功经验

水源地脱贫攻坚是一项艰巨的政治任务，也是一个世界性难题，淅川县"短中长"生态经济可持续脱贫攻坚模式，对各地脱贫攻坚工作具有借鉴意义。淅川经验总结如下。

（一）以党的建设高质量推动脱贫攻坚高质量可持续，强化脱贫攻坚的组织保障

脱贫攻坚是实现"共享发展"政治大局问题，是一项复杂的系统工程。淅川县敢于政治担当，把加强党的建设高质量与脱贫攻坚高质量有机结合，重点发挥县四大班子领导的示范表率作用、乡镇党委和政府的组织领导作用、村级组织的战斗堡垒作用、驻村第一书记和驻村工作队的先锋模范作用，打造永

不撤退的扶贫铁军。坚持"三个狠抓",狠抓责任落实,责任到人,严格督导,定期考评排序,先进优先提拔,末位约谈甚至淘汰;狠抓作风建设,持续开展"两弘扬一争做""三亮三比三评"和"三清理一公开"活动,这些措施净化了政治生态,凝聚了广大党员干部的力量,收到了良好效果;狠抓顶层设计,构建高效率的领导组织体系,科学规划主导产业体系,将脱贫攻坚与产业发展、生态保护统筹推进,从而凝聚了强大的干事创业合力。

(二)遵循"特色＋绿色"集群化区域经济发展规律,做大做强主导产业,夯实脱贫攻坚的经济基础

县域经济发展的竞争力来自产业集群,做大做强"特色＋绿色"双色产业集群既是县域经济发展的支柱,又是脱贫攻坚的经济基础。淅川县深入实践"两山"理念,持续推进供给侧结构性改革,把脱贫攻坚与做大做强特色主导产业紧密结合起来,把贫困户短期脱贫与中长期致富奔小康结合起来,把经济发展与生态保护结合起来,着力打造"菌、药、果、水产"等四大绿色农业产业集群,打造"农特产、中医药"等两大生态工业产业集群,打造"生态旅游、农村电商"等两大现代服务业产业集群,持续建设环丹江湖生态旅游胜地,大力发展劳务经济,支持返乡创业,促进三次产业融合发展,以短养长、以长促短、长短互补,既破解了水质保护、水源涵养难题,又形成了竞争优势、发展优势。打响渠首水源地品牌,做强有机认证。积极创建国家有机农产品示范区和国家出口农产品安全示范县,"三品一标"生态产业基地认定面积达到98.7万亩,其中绿色食品基地3.7万亩、有机农产品基地65.8万亩,认定绿色食品32个、有机食品53个。争取"淅川软籽石榴"申报中国地理标志产品,注册"渠首"优质农产品36个。2020年6月,策划举办了"汇众智、助脱贫——淅有山川区域公用品牌推介暨产业发展高峰论坛","淅有山川"农产品区域公用品牌正式走向全国。在2017年中国第二届石榴博览会和2018年第三届园艺学会石榴分会上,淅川选送的软籽石榴和衍生品在两次专家匿名评审中获得了4个金奖2个银奖。大力推进"百企帮百村"。从全县820余家企业中筛选139家企业帮扶140个贫困村,发展项目120个,已完成投资1.5亿元以上。福森集团投资开发"福森源"凉茶、金银花茶饮料、果汁饮品加工项目等系列产品十余个，实现年销售收入 60 亿元，利税 8 亿元，打造国内国际知名食品饮料品牌。充分发挥京淅对口协作平台的纽带作用。在京举办中国·淅川丹江核心水源区优质扶贫农产品推介发布会，推动绿色农副产品"随水进京"，成功实现 10 余家企业 78 种农产品进京销售，销售量达 1.7 万吨，销售金额 4 亿多元。推进电商示范带动。创建电子商务示范县，积极探索"互联网 +"销售模式，建成了南阳规模最大的县级电商产业园，先后与阿里巴巴、京东、苏宁、顺丰等多家电商、物流企业达成战略合作，创新实施"消费扶贫"活动，让淅川扶贫生态产品纷纷成了网络热搜产品，畅销国内外市场。

（三）创新"企业 + 合作社 + 农户"多方共赢机制，形成脱贫攻坚合力

脱贫攻坚是一项系统工程，需要调动各方积极性，探索一套行之有效的共赢机制。淅川县充分发挥政府引导作用，发挥龙头企业的带动作用，发挥合作社的纽带作用，发挥贫困户的主体作用，创新"三权分置""保底分红""返租倒包"等利益联结机制，兼顾企业、银行、村集体、农户等各方利益。实践证明，这些模式不仅解决了政府扶贫贷款发放难、产业落地难、土地产出低问题，也解决了村集体经济空壳化、贫困户缺资金技术问题，还解决了涉农企业融资难、发展慢等问题，尤其是实现了贫困户收入最大化、稳固化，实现了多方共赢，形成了脱贫攻坚合力。

（四）加大"1+N"配套政策扶持力度，激发脱贫攻坚的动力和活力

高质量的脱贫攻坚，需要高质量的政策和服务来保障。为加快"短中长"生态产业集群发展，淅川县坚持把扶持政策直接对准龙头企业，广泛整合项目资金，与退耕还林、小流域治理、农业综合开发、水土保持、绿化配套等紧密结合，对前来投资发展的客商提供技术、资金、信息服务全方位支持，并制定出台了《关于推进产业扶贫的实施意见》《支持生态产业发展促进农民增收实施方案》《林果产业补贴办法》等一系列文件，明确了种养、加工、销售等一条龙奖励办法，通过扶持龙头企业，带动基地建设、农户发展，调动了龙头企业、合作社、村集体和贫困户等社会各方的积极性，激发了脱贫攻坚的动力和活力。

（五）坚守风险防控底线，确保当期可脱贫、中期可致富、长远可持续

在当前经济下行压力较大的形势下，能否有效防控产业脱贫中的风险，直接关系贫困群众是否稳定脱贫、扶贫产业是否健康发展。淅川县抓住"风险防控"这个事关产业成败的牛鼻子，不仅在政策支持、人才引进、跟踪服务等方面，给予全方位保障，坚持不懈做大做强产业集群和龙头企业，而且综合施策，多点用力，通过引入农业保险、研究灵活的融资机制，打造多层次增收措施。树立"互联网+""体育+""旅游+"等跨界新思维，线下线上互动、业内业外互通，用广阔的市场空间和现代化的营销理念，为"短中长"绿色产业的发展夯实了基础，把产业发展风险控制到最低，为实现当期能脱贫、中期可致富、长远可持续目标提供了坚实支撑。

四、水源地践行"两山"理念的有益启示

水源地脱贫攻坚是系统工程，也是生态文明创新实践的新课题，应统筹推进"三大攻坚"，将脱贫攻坚与做大做强绿色经济、特色产业、龙头企业紧密结合，协调推进，相互带动，放大脱贫攻坚的多重功效，促进县域经济转型升级和乡村振兴。

启示之一：脱贫攻坚必须兼顾当前和长远，做大做强特色产业集群

脱贫攻坚重在高质量，重在可持续，重在同步致富奔小康。在脱贫攻坚工作中，既不能只顾眼前重短轻长，也不能光谋长远舍短求长，必须兼顾当前和长远，确保"短中长"产业可持续，对贫困户多重覆盖，做大做强区域特色产业集群，真正发挥产业在脱贫攻坚中的支柱作用，实现贫困户稳定增收、持续增收、短线脱贫、中线致富、长线小康现代化，持续巩固脱贫成果，有效防止返贫问题，提高脱贫攻坚质量。

启示之二：脱贫攻坚必须兼顾绿水青山和金山银山，做大做强绿色经济

贫困地区大多数处于偏远山区，均属于水源流域的生态功能区，保护绿水青山生态环境是脱贫攻坚发展的前提条件，必须统筹保护和发展，两者统一

的结合点是发展绿色经济，相辅相成，良性互动。坚决践行"两山"理念，因地制宜，精准施策，走生态建设产业化、产业发展生态化的路子，努力做到"三个坚持"：坚持做大做强生态经济，鼓励发展绿色经济、生态经济、循环经济，大力发展生态文化旅游业，促进一、二、三产业融合发展、链条发展和集群发展；坚持打造生态经济发展载体，鼓励发展田园综合体、农业科技园区、特色小镇、特色村，鼓励创建森林城市、绿色城市、绿色经济示范区；坚持构建生态经济发展制度体系，建立严格的生态环境保护政策、法治、经济、行政和执行体系，严控环境容量，严格项目准入，推动产业园区化集群化发展。

启示之三：脱贫攻坚必须兼顾企业与群众利益，做大做强产业经济

脱贫攻坚必须依赖实体经济，否则，就是无源之水、无本之木。在结合本地实际、资源禀赋、产业特色的基础上，依托企业、合作社，采取引进域外优势农业企业、培育本土骨干农业企业、成立专业合作社等途径，通过土地流转方式，引导企业发展高效种植、养殖产业或者加工业，企业负责生产运营管理，政府引导各种项目资金捆绑支持企业发展，帮助企业开拓销售市场，为企业创造良好的发展环境，确保企业进得来、稳得住、能发展、有钱赚，同时，鼓励贫困户以土地、资金等方式入股，可以返租承包或者在生产基地从事日常管护工作，同时赚取土地租金、经营分红、务工工资等，不断拓宽贫困户收入渠道，最大化激发企业与贫困户的参与积极性。

启示之四：脱贫攻坚必须兼顾发展与防风险，做大做强龙头企业

发展经济离不开金融杠杆，产业脱贫同样离不开金融杠杆，但是由于贫困地区和贫困群众经济实力较弱，承担金融杠杆风险的能力较低，所以应审慎运用金融杠杆。近年来，部分地区急于求成，对龙头企业把关不严，盲目上马科技含量低的大路货项目，导致低层次卖难，大面积亏损，龙头企业和贫困户双双陷入困境，所以产业脱贫攻坚必须遵循市场规律，做大做强优势龙头企业，真正带动贫困群众脱贫致富。在具体操作中，要做到"三个务必"：务必要筛选优势龙头企业，龙头企业的实力和信誉决定贷款融资风险程度，在"百企帮百村"的产业脱贫中，必须选择信誉度高有实力的创新型龙头企业，必须严格筛选，不能临时拼凑，不然后患无穷；务必要引进优势龙头企业和战略投资者，贫困地区的企业大多实力较弱，下大功夫引进龙头企业是一条捷径；务必要引入担保和保险机制，完善政府主导的贷款担保体系，同时引入保险公司对投资项目进行保险，构建"投资＋贷款＋担保＋保险"链条，构建产业做大、企业做强、群众脱贫、各方受益的互利共赢格局。

全面建成小康社会与中国县域发展

（下 卷）

—— 本 书 编 写 组 ——

人 民 出 版 社

目　录

上　卷

【 北京市
经济技术开发区 】　建设高品质产业新城的"亦庄样本"　002

【 北京市
东城区 】　让老胡同居民过上现代生活　024

【 天津市
宁河区 】　保卫"京津绿肺"　共享生态效益　034
　　　　　　——七里海湿地生态保护的经验与思考

【 天津市
北辰区 】　党建引领风帆劲　决胜小康党旗红　054
　　　　　　——天津北辰构建基层党建新格局的
　　　　　　实践与思考

【 河北省
保定市阜平县 】　从"贫中之贫"到"黄土生金"　080

【 河北省
石家庄市正定县 】城乡统筹、文旅融合、产业发展、旅游兴县
发挥特色优势全面建成高质量小康社会　　092

【 河北省
唐山市迁安市 】谱写迁安"两个率先"奋进新篇章　　106

【 上海市
徐汇区 】惠民生　慧产业　绘美景　汇治理　　122
——徐汇区全面建成小康社会的"汇模式"

【 上海市
虹口区 】家门口的市民驿站　高品质的美好生活　　130

【 江苏省
南通市崇川区 】"小康梦"全面实现　"邻里+"提升水平　　138
——南通市崇川区创新基层社会精细治理的
调研报告

【 江苏省
无锡市宜兴市 】强富美高　砥砺争先　走好高水平全面
小康特色之路　　150

【 浙江省
嘉兴市嘉善县 】牢记嘱托勇担使命　率先高水平全面建成
小康社会的嘉善实践　　164

【浙江省丽水市
景宁畲族自治县】　沿着习近平总书记指引的方向　奋力走出
　　　　　　　　　一条高水平全面建成小康社会之路　　　180
　　　　　　　　　　　——浙江省景宁畲族自治县"小康样本"

【浙江省
衢州市开化县】　走好绿色小康路　建设生态好地方　　　190

【福建省
泉州市晋江市】　传承创新发展"晋江经验"　打造国际化
　　　　　　　　创新型品质城市　　　196

【福建省
三明市宁化县】　创新"三全三扶一档"　教育扶贫全面
　　　　　　　　助推脱贫攻坚　　　208

【福建省
漳州市东山县】　弘扬谷文昌精神　建设富美新东山　　　216
　　　　　　　　　——东山县"生态+"推动实现全面建成
　　　　　　　　　　　小康社会的实践与思考

【山东省
济南市章丘区】　扛起两面大旗　助力全面小康　　　222

【山东省青岛市
西海岸新区】　勇担使命一马当先　　　230
　　　　　　　　　——西海岸新区跃进高质量发展新征程

【山东省 滨州市阳信县】 做好富民强县"牛文章" 238
——来自中国第一"牛"县阳信的调查报告

【广东省 惠州市博罗县】 凝心聚力补短板　让全面小康成色更足 248

【广东省 汕头市南澳县】 聚焦全域旅游　加快小康进程 256

【广东省 深圳市南山区】 以科技创新推动高质量发展　探索全面建成小康社会新路径 282

【海南省 海口市美兰区】 "六送"奏响乡村振兴最强音 288

【海南省 昌江黎族自治县】 从"百年矿都"到山海黎乡 304
——一个资源枯竭型市县的绿色转型样本

【辽宁省 大连市金普新区】 充分发挥国家级新区引领示范作用　奋力走出全面建成小康社会的金普之路 318

【 辽宁省沈阳市
辽中区 】　以"五抓五促进"走好新时代乡村振兴路　334

【 辽宁省
锦州市义县 】　"三变"改革变出富民强村新天地　342

【 山西省
吕梁市临县 】　打赢"两场战役"　蹚出一条新路　350

【 山西省
阳泉市平定县 】　文旅融合助转型　全面发力奔小康　366

【 安徽省
淮北市濉溪县 】　创新推行"五个一"　书写全面小康的民生答卷　384

【 安徽省
马鞍山市当涂县 】　在产业梯度转移中"换道超车"　400

【 安徽省
安庆市岳西县 】　发扬红色精神坚持绿色发展　革命老区
人民的小康幸福路　414

【 江西省
上饶市婺源县 】 乡村旅游发展的"婺源样本" 434

【 江西省
赣州市信丰县 】 融入大湾区 奋进新长征 建设革命老区
高质量发展示范先行区 444

【 江西省
鹰潭市余江区 】 两道难题一道解 452
——余江"宅改"激发乡村治理活力的
探索与实践

【 河南省
开封市兰考县 】 汇聚力量创新模式 打赢打好脱贫攻坚战 462
——兰考脱贫攻坚的实践与探索

【 河南省
郑州市新郑市 】 打造县域经济高质量发展"河南样本" 474

【 河南省
南阳市淅川县 】 "两山"理念催生"短中长"脱贫路径 498

下　卷

【湖北省
宜昌市宜都市】　双基强化、三治融合　打造善治宜都　　514

【湖北省
十堰市郧阳区】　"两山"实践的郧阳答卷　　522

【湖北省
荆门市沙洋县】　整县推进"按户连片耕种"　加快推动
农业农村转型升级　　534

【湖南省
湘潭市韶山市】　韶山杜鹃别样红　　544
——伟人故里决胜全面小康的奋进之路

【湖南省
常德市桃源县】　发展扶贫"小车间"　撑起小康"大梦想"　　556

【湖南省
株洲市醴陵市】　加快建设富强、美丽、幸福、文明新醴陵　　564
——统筹城乡一体发展的全面小康建设之路

内蒙古自治区 呼和浩特市 玉泉区　以"融合党建"为引领　建设魅力玉泉　　578

内蒙古自治区 呼伦贝尔市 鄂温克旗　深化民族团结　共建小康社会　　588

内蒙古自治区 赤峰市宁城县　播下"金点子"　结出"致富果"　　598
——内蒙古自治区赤峰市宁城县农牧业产业化发展调查

广西壮族自治区 桂林市阳朔县　一乡一张图　全县一幅画　　606
——阳朔县以最美乡村建设助推全面建成小康调研报告

广西壮族自治区 钦州市浦北县　让世界寿乡群众触摸幸福小康的心跳　　616
——广西壮族自治区浦北县引导乡村脱贫攻坚奔小康实践调查

广西壮族自治区 柳州市鱼峰区　小螺蛳粉撬动大产业　有力助推乡村振兴　　624

重庆市 合川区　融合共治　和谐共享　　632
——合川区以社会治理现代化助推全面建成小康社会

【 重庆市
忠县 】　奋力跑出"病有所医"改革加速度　648

【 重庆市
江津区 】　发展消费品工业　满足群众消费需求　656

【 四川省
广元市苍溪县 】　实施"三园联动"　实现农业产业精准减贫　664

【 四川省绵阳市
北川羌族自治县 】　多措并举抓创建　乡风文明展新貌　676
　　　　　　　　——北川羌族自治县农村精神文明建设调研

【 贵州省
遵义市正安县 】　贵州正安：一把吉他连接世界　688

【 贵州省
黔南布依族
苗族自治州
龙里县 】　新时代文明实践中心试点建设的"龙里探索"　698

【 云南省
昭通市鲁甸县 】　废墟之上崛起新家园　708

【云南省文山壮族苗族自治州西畴县】弘扬"西畴精神" 走出石漠化地区脱贫攻坚新路子   722

【云南省曲靖市会泽县】引导十万人进城 再建一座新城市   736
——会泽县打赢易地扶贫搬迁攻坚战调研报告

【西藏自治区昌都市贡觉县】下足"绣花"功夫决胜脱贫攻坚坚决夺取全面小康伟大胜利   756

【西藏自治区阿里地区札达县】边陲巨变   764

【陕西省铜川市宜君县】陕西宜君的小康影像   776

【陕西省西安市雁塔区】全面小康"领头雁" 塔入云霄"六强区"   782
——西部第一强区西安市雁塔区全面小康社会调研报告

【甘肃省定西市陇西县】一株中药材如何嬗变为县域大产业   806
——陇西县中医药产业发展助推脱贫攻坚调查报告

【甘肃省
庆阳市环县】
大发羊财育金羊　喜喜洋洋奔小康 816
——环县大力发展肉羊产业助力脱贫攻坚纪实

【青海省
玉树藏族
自治州称多县】
感恩奋进砥砺前行 822

【青海省
海西蒙古族藏族
自治州格尔木市】
坚持以人民为中心践行新发展理念　坚定不移
走好高质量发展高品质生活之路 838

【宁夏回族自治区
吴忠市盐池县】
攻克贫困追求美好生活的"盐池答卷" 848

【宁夏回族自治区
固原市彭阳县】
绿水青山就是金山银山 860
——彭阳县生态文明建设的生动实践

【宁夏回族自治区
中卫市海原县】
海原县走出脱贫致富"牛"路子 874

【新疆维吾尔
自治区
喀什地区喀什市】
"五个精准"助推就业扶贫见实效 880

新疆维吾尔
自治区阿克苏
地区柯坪县　　脱贫攻坚与乡村振兴有机衔接的"柯坪探索"　888

新疆
生产建设兵团
三师四十四团　　以连队居住区综合整治为抓手　助力脱贫攻坚　896

吉林省
长春市宽城区　　"五治融合"构建基层社会治理新格局　904
　　　　　　　　——长春市宽城区推广"长山花园社区模式"
　　　　　　　　基层治理创新经验

吉林省
吉林市桦甸市　　做好绿水青山大文章　928

黑龙江省
牡丹江市
绥芬河市　　敢为人先砥砺奋进　从边陲小镇迈向
　　　　　　国际口岸名城　942

黑龙江省
伊春市铁力市　　铁力市立足"四大特色产业"
　　　　　　　　加速全面建成小康社会　962

黑龙江省
大庆市肇州县　　打造工业强县建设高质小康　全力谱写
　　　　　　　　肇州富民强县新篇章　974

全面建成小康社会与中国县域发展

湖北省宜昌市宜都市

双基强化、三治融合　打造善治宜都

中共宜都市委宣传部

宜都市位于长江中游南岸、湖北省西南部，长江、清江在此交汇，是一座具有2200多年历史的古城。全市国土面积1357平方公里，辖8个镇1个乡1个街道办事处、2个管委会、123个村、30个社区，39.6万人。党的十九届四中全会提出，要构建基层社会治理新格局，加快推进市域社会治理现代化。宜都市深入学习贯彻习近平新时代中国特色社会主义思想和党的十九届四中全会精神，以打造善治宜都为目标，坚持党建引领为核心，创新探索"自治为基、法治为本、德治为序"的基层社会治理新模式，全面打造新时代基层社会治理的"湖北样板"，先后成为全国社区治理和服务创新试验区、全国首批乡村社会治理体系建设试点单位、湖北省"双基强化、三治融合"基层社会治理唯一试点。

一、高位推进的"宜都实践"

（一）党建引领，筑牢基层治理堡垒

基层治理事关党的执政根基，必须把党的领导贯穿始终。宜都市将党建引领贯穿基层社会治理全周期、全维度，以红色引擎高位推进基层社会治理，让基层群众思想基础更牢固、基层队伍更有力、治理内容更优质、公共服务更有效。

织密红色网络。充分发挥党组织领导核心作用，按照"发展到哪里、群众

需要在哪里、支部就建在哪里"的原则,织密党建网络。深化"三在"(让党
员干部生活在群众中、让群众生活在集体中、让基层阵地筑牢在百姓心中)工
程,实施基层党建整市推进,开展"五强书记领航""磁铁支部凝心""乡村振
兴聚力"行动,全市培育 50 个"磁铁支部",13 个弱村变强村,党组织成为
群众发展离不开、生活离不开、感情离不开的"主心骨"。建立街道"大工委"、
社区"大党委""片区党委""联村党委"组织体系,强化协同联动机制。王家
畈镇打破地域界限,推行强弱支部互联,成立 7 个"联村党委",实现"抱团
发展",焕发出党建引领基层社会治理的新格局、迸发出经济社会高质量发展
的生机活力。

建强红色网格。村(社区)是社会治理的最小单元,网格是社会治理的神
经末梢。宜都市坚持把支部建在网格上,成立网格支部 494 个,形成以村(社
区)党组织为领导核心、网格党支部为管理主体、网格为支撑的三级管理体
系。在城市小区、农村集中居住点建设"家 + 驿站""党员微家""红色物业"
等红色阵地,利用微阵地、开展微服务、传递微声音、调解微矛盾、实施微治
理,变"上面千条线、下面一根针"为"上面千条线、下面一张网",实现"小
事不出格,大事不出村(社区)"。陆城街道建立 102 个"红色物业",为民解
难 134 件,化解矛盾 53 件。

激发红色细胞。坚持把学习习近平新时代中国特色社会主义思想放在人
民群众思想素质教育首位,在融媒体中心平台开辟专栏,多形式宣传阐释,组
织宣讲队持续开展"六进"宣讲,推动党的创新理论"飞入寻常百姓家"。实
施"双培工程",把能人培养成党员、把党员培养成能人,55 名"五强书记"
成为发展领头雁。注重实践融合,开展党员干部"双报到、双服务"活动,72
家单位下沉小区,成立楼栋党小组 197 个,3791 名党员进小区认岗领责,共
同参与社区治理。推行党员承诺制、党员积分管理,提高党员干部宣传组织群
众和引领带动发展的能力。

(二)自治为基,激活基层治理动能

自治是基层社会治理的目标。宜都市通过修订村规民约(居民公约)、建
立家庭文明诚信档案,着力激活基层组织治理动能,推动人民群众自我教育、

自我管理、自我服务。

村规民约立规矩。全市组织村规民约修订培训，指导 155 个村（社区）将诚信建设、移风易俗等纳入村规民约（居民公约），并通过合法性审查，成为务实管用"小宪法"。搭建家庭文明诚信档案信息系统，建立家庭文明诚信电子及纸质档案，强化文明守礼、诚实守信、遵纪守法等行为记录，纳入评先表彰、村集体经济分红评价体系，提升村规民约激励性和约束力。枝城镇龙王台村率先推行村规民约百分制考核，村民们积极参与村级自治，自评互议广泛监督，自觉维护乡风文明。

乡贤理事破顽疾。按照"有品德、有威望、有见识、有能力、有成就、有公益心"标准，全市推选新乡贤 800 名，引导乡贤勇当乡村发展"参谋员"、矛盾纠纷"调解员"、为民办事"服务员"，用老百姓的话化老百姓的怨、用老百姓的法解老百姓的难。东风社区推行"社区＋乡贤＋社会维稳"模式，成立乡贤调解室，化解矛盾纠纷 140 多起，解决 10 年以上老大难问题 6 件。

多元互动谋共治。搭建以基层党组织为核心、居民自治组织为基础、基层社会组织为补充、居民广泛参与的民主协商平台，组建志愿服务队、红白理事会等自治组织 507 个，定期召开联席会协商解决问题，实现民事民提、民事民议、民事民办、民事民管，构建起党组织领导的"一元多核、多方共治"治理格局。市冬泳协会常年在长江、清江岸边开展义务巡逻，救起落水群众 20 余人，化解纠纷 50 多起。

（三）法治为本，提升基层治理水平

法治是基层社会治理的保障。宜都市秉承"法治是区域核心竞争力"理念，实施法润宜都工程，全力提升依法治市水平。

实施法润宜都工程。大力弘扬良法善治的法治精神，着力打造"党润民、法润村、文润家"法治品牌，五眼泉镇鸡头山村、红花套镇渔洋溪村荣获"全国民主法治示范村"，宜都荣获全国首批法治县市创建先进单位、全省"六五"普法中期先进集体。大力推进依法行政，制定《重大行政决策程序规定》，组建政府法律顾问团，参与政府重大决策，及时预防决策失误。深化"放管服"改革，推进"六多合一""证照分离""不见面审批、无接触服务"等，最大限

度优化审批流程，让数据多跑路、群众少跑腿，全社会形成"办事依法、遇事找法、解决问题用法、化解矛盾靠法"的浓厚氛围。

健全法律服务体系。完善市乡村三级公共法律服务体系，市建立公共法律服务中心，乡镇（街道）建公共法律服务站，村（社区）建公共法律服务室，村（社区）配备法治主任。在农村"四务通"服务平台开通电子法务功能，村民法律援助申请、法律咨询预约等，网格员通过E通及时办理，形成社区一刻钟、农村半小时"法律服务圈"，老百姓真切感受到"法律服务在身边"。

强化社会治安防控。建立"警格对接"机制，引导融合社会力量和公众多元参与社会治安防控，形成警民联防、专群结合的立体化社会治安防控体系。开展"无疫、无毒、无邪、无赌、无访（越级访和非访）""五无"村（社区）创建，提升依法治理效果。建立7名专职调解员和50名相关专家组成的"联合专业调解委员会"，形成"1+N"多元调解模式，实现"专业的问题专家管、大家的事情大家判"，全市信访总量大幅下降。

（四）德治为序，弘扬基层治理新风

德治是长治之基。宜都市大力弘扬和传承中华传统美德、民族精神和时代精神，培育践行社会主义核心价值观，筑牢基层社会治理道德根基。

典型示范推动育德于心。出台《道德模范管理办法》，建立道德模范关爱礼遇机制，每月评选宜都好人，每半年评选宜都楷模，每两年评选宜都道德模范，累计选树楷模好人268人，其中中国好人7人、湖北省道德模范1人、荆楚楷模10人、湖北好人6人。开设市乡村三级道德法治大讲堂，常年开展理论宣讲、法治宣讲、道德宣讲，用榜样示范引领全社会积极向上风尚。

宣传教育推动成德于行。坚持把弘扬家风文化作为推进乡风文明建设的突破口，广泛开展"围炉夜话新家风""五美四福"活动，弘扬"勤、孝、敬、诚、和"五美文化，传承"家谱传福、家训积福、家规惜福、家颜亮福""四福"新家风，全社会形成家家户户传家训、立家规、扬家风的良好氛围。实施公民道德建设工程，宜都"45度让路法"文明出行宣传活动在人民网、中央电视台相继播出，阅读量达1亿人次；2万余名志愿者开展文明餐桌宣传劝导，文明用餐、杜绝浪费已成自觉行动。

文明实践推动弘德于常。充分发挥新时代文明实践活动作用，开展以"六圈四节"（"宣教、文体、科技、法律、卫健、便民"六个志愿服务圈，春和风尚节、夏韵艺术节、秋思读书节、冬艺健身节）为路径的志愿服务，建成城区"一刻钟"和农村"半小时"志愿服务圈。市乡村三级累计开展新时代文明实践活动 3000 多场次，在活动和服务中潜移默化、成风化人，以先进文化引领群众、美化乡风。

二、竞进作为的"宜都担当"

2016 年以来，宜都坚持以人民为中心的发展理念，创新推进"自治为基、法治为本、德治为序"的基层社会治理新模式，实现了社会治理与经济发展、民生改善良性互动。

——经济发展高质领先。宜都不断强化社会治理体系和治理能力建设，以高质量社会治理推动经济社会实现高质量发展。2016 年以来，全市 GDP 年均增长 7.25%，比全国高 0.5 个百分点，累计完成固定资产投资 2177 亿元，形成 2 个过 200 亿元、3 个过 100 亿元、1 个过 70 亿元的产业集群。2019 年，跻身赛迪中国县域经济百强榜第 77 位、全国中小城市综合实力百强榜第 87 位、绿色发展百强第 55 位、投资潜力百强第 50 位、科技创新百强第 70 位。

——城市魅力绽放风采。宜都基层社会治理实践，创造了"磁铁支部""网格支部""五美四福""三贤共治""村规民约百分制管理"等一批基层治理先进经验，并通过社会治理创新把人民群众更加紧密地团结在党的周围，把人民群众对美好生活的向往汇聚成创先争优、推动高质量发展的强大动力。宜都先后荣膺"全国文明城市""国家森林城市"等"金字招牌"，产生 18 名中国好人、湖北省道德模范、荆楚楷模，形成"竞进作为、勇争一流"的百强精神、"众志成城、决战决胜"的创城精神和"守信敬业、融合厉行"的城市精神，城市品位大幅提升。

——绿色生态引领时尚。宜都内修人文、外修生态，坚持绿色发展，倡导绿色生活，全面落实长江经济带绿色发展十大战略性举措，实现沿江一公里化工产业清零，腾退岸线 12 公里，岸线复绿 1200 余亩，复绿长度 38 公里；城市空气质量达标率达到 77.3%，国省控断面水质稳定达标，森林覆盖率达到 60%，拥有 6 个 3A 级以上景区，宜都获评"湖北省生态园林城市"。举办全国首个"5·26"绿色生活日，发布全国首部《绿色生活方式指南》《绿色生活宜都宣言》，绿色生活蔚然成风。

——幸福指数节节攀升。宜都在创新基层社会治理中，始终坚持以人民为主体，不断满足人民群众对美好生活的向往。"十三五"期间，城乡居民人均可支配收入年均增长率分别为 8.6%、8.5%，显著高于人均 GDP 增速。2019 年，全面小康指数排名全国第 29 位、湖北省第 1 位，入选中国率先全面建成小康社会优秀城市 20 强，人民群众获得感幸福感安全感趋优向上。

——疫情防控彰显担当。新冠肺炎疫情发生后，宜都市坚决贯彻落实习近平总书记重要讲话和重要指示批示精神，率先启动联防联控和应急响应机制，依托健康信息采集系统、人口信息管理平台，494 个网格支部群策群力，1.3 万名党员干部、4100 名志愿者众志成城，筑牢"横到边、纵到底、全覆盖、无死角"的人民"战疫"防线，宜都"三治融合"治理模式接受战时大考。2 月 5 日至今，宜都无新增病例，是湖北省首批 11 个低风险地区之一。

三、善作善成的宜都启示

——坚持党建引领，凝聚治理合力。党政军民学，东西南北中，党是领导一切的。坚持党的领导，是所有工作的前提。宜都市在基层社会治理中始终坚持以习近平新时代中国特色社会主义思想为指引，实施党建整市推进、"双指数"管理、"三在"工程和"双报到、双服务"机制，推动资源在一线整合、问题在一线解决、党旗在一线飘扬，党建引领为"双基强化、三治融合"基层社会治理提供了坚强保证。

——坚持发展为先，强化治理保障。党的十九大报告强调："发展是解决我国一切问题的基础和关键"。宜都市坚持抓治理就是抓发展思想，坚定不移贯彻新发展理念，推动高质量发展和基层社会治理深度融合、相互促进，发展的成果为社会治理提供了坚强保障，社会治理现代化水平有力推动了高质量发展。

——坚持人民主体，深化共治共享。人民群众是社会治理的力量源泉，推进社会治理现代化，必须充分体现人民意志、保障人民权益，才能使社会治理拥有坚实的群众基础。宜都市尊崇人民主体地位，准确把握民情、民意、民需，激发群众参与社会治理，打造多元共治、共建共享、和谐有序的社会治理格局，人民群众在参与治理实践中不断增强获得感、幸福感和安全感，社会治理现代化的美好蓝图已变成为群众看得见、摸得着、享受得到的实惠。

——坚持德润民心，实现以文化人。坚持共同的理想信念、价值理念、道德观念，弘扬中华优秀传统文化、革命文化、社会主义先进文化，促进全体人民在思想上精神上紧紧团结在一起，是我国国家制度和国家治理体系的一项显著优势。宜都市深刻把握坚持和完善繁荣发展社会主义先进文化的制度要求，大力培育和践行社会主义核心价值观，持续深化精神文明创建，广泛开展新时代文明实践，以"六圈四节"志愿服务精准对接群众需求，打通宣传群众、教育群众、服务群众"最后一公里"，达到了以文化人、成风化俗的效果。

——坚持求实创新，勇当善治标杆。改革创新，是时代精神的最强音。宜都市在全面建成小康社会进程中，勇于面对基层社会治理面临的风险挑战，克难攻坚、大胆探索、先行先试，推出一系列基层治理新举措，取得了一系列创新成果，让各项决策由"为民做主"变成"由民做主"，极大增强了社会治理的活力和效率，形成了"双基强化、三治融合"基层社会治理"宜都模式"。

全面建成小康社会与中国县域发展

湖北省十堰市郧阳区

"两山"实践的郧阳答卷

中共十堰市郧阳区委

三千里汉江逶迤而来,百万亩山川披绿着彩。十堰市郧阳区地处秦岭余脉,中华"鸡心",版图面积 3863 平方公里,辖 19 个乡镇(场)和 1 个经济开发区,348 个村(居)民委员会,总人口 63 万人,是南水北调中线工程核心水源区、秦巴山集中连片特困地区、国家级深度贫困县。

半个世纪里,郧阳先后经历两次淹没、两次搬迁、三次移城,动迁人口60484 人,经济和实物直接损失达百亿元。危机亦是转机。南水北调中线工程的实施,既赋予郧阳新的政治使命,也给郧阳带来了新的发展机遇。近年来,郧阳深入贯彻习近平生态文明思想,扎实践行"绿水青山就是金山银山"理论,坚持新发展理念,围绕"绿色发展、精准脱贫、全面小康"总目标,乘风破浪,攻坚克难,脱贫攻坚顺利摘帽,经济发展稳中向好,成功创建国家绿色发展先行区、国家农业科技园区、国家农村产业融合发展示范区、中国最美生态文化旅游名区、湖北省水生态文明试点区、省生态文明建设示范区,一座生态滨江新城正在崛起。

绿水青山的颜值更高了。山更绿了,森林覆盖率由 2013 年的 50.66% 增长至 2019 年的 66.24%;天更蓝了,年均空气质量优良天数保持在 90% 以上;水更清了,汉江干流及主要支流水质常年保持在 II 类以上。2018 年 11 月 15 日,国家副主席王岐山乘船考察丹江口水库生态环境保护情况时,直接饮用汉江水。

金山银山的成色更足了。2019 年,实现地区生产总值 166.2 亿元,是 2012年 63.5 亿元的 2.62 倍;财政总收入 16.3 亿元,是 2012 年 9.8 亿元的 1.66 倍,年均净增 1 亿元；固定资产投资 203.5 亿元，是 2012 年 89.5 亿元的 2.27 倍；社会消费品零售总额 135.5 亿元，是 2012 年 42.6 亿元的 3.18 倍；规模以上工业增加值 65 亿元，是 2012 年 24.1 亿元的 2.7 倍；农业增加值 29.1 亿元，是 2012 年 20.9 亿元的 1.39 倍。

群众生活的品质更高了。累计减贫 48519 户 160913 人，贫困发生率由 35.63% 降至 0.21%，85 个重点贫困村全部脱贫出列。教育、卫生等民生事业不断提升，安全饮水、城乡公交、基本养老、广播电视等 10 项公共服务实现全覆盖。2019 年，城镇居民人均可支配收入达到 30551 元，是 2012 年 11462 元的 2.66 倍；农村人均纯收入达到 11365 元，是 2012 年 4493 元的 2.53 倍，群众的幸福感、获得感和安全感逐年提升。

干部群众深刻感受到，绿水青山是郧阳人民最大的靠山，生态福利是郧阳人民最普惠的福利，绿色产业是郧阳人民脱贫致富和乡村振兴最可靠的产业。

一、红色引领：绿色是郧阳的底色，生态是郧阳的生命

习近平生态文明思想系统阐述了"为什么建设生态文明""建设什么样的生态文明""怎样建设生态文明"等重大理论和实践课题，为郧阳生态文明建设提供了根本遵循，郧阳始终把习近平生态文明思想作为发展建设的指南，探索走出了一条郧阳特色的绿色发展之路。

2012 年，党的十八大胜利召开，中国特色社会主义事业总体布局从"四位一体"扩展为"五位一体"，生态文明建设正式上升为国家战略。随即，郧县（2014 年撤县改设郧阳区）县委召开十三届四次全会，审议通过《中共郧县县委郧县人民政府关于加快实施十堰生态滨江新区战略的决定》，确定了"在全市，建成十堰生态滨江新区，率先实现跨越式发展；在全省，'十二五'末走在山区县市经济社会发展前列，'十三五'期间进入县域经济第一方阵；在全国，打造国家级清洁水源地，建设生态型健康滨水城"的梯级发展定位，着力建成

宜人宜居新城区、绿色产业聚集区、城乡统筹示范区、转型发展试验区。

2015年10月，党的十八届五中全会鲜明提出创新、协调、绿色、开放、共享的新发展理念。因势而动，顺势而为，郧阳在编制《国民经济和社会发展第十三个五年规划纲要》时，确定了统筹推进"五位一体"总体布局，协调推进"四个全面"战略布局，认真落实"三维纲要"，牢固树立新发展理念，以转型跨越为基调，以"保水质、促转型、惠民生"为核心，以十堰生态滨江新区建设为引领，以"外修生态，打造汉江绿谷，内修人文，建设五和郧阳"为主题，建设空间布局科学、基础设施完善、公共服务均衡、城乡融合互动、绿色低碳发展、城市特色鲜明的新城区的指导思想。

2016年12月5日，郧阳区委召开第十四次党代会，会议深入贯彻党的十八大及十八届三中、四中、五中、六中全会和习近平总书记系列重要讲话精神，紧紧围绕"五位一体"总体布局和"四个全面"战略布局，认真落实新发展理念，以转型跨越为总基调，以"保水质、促转型、惠民生"为核心，以新型工业化、农业现代化、新型城镇化、信息化、绿色化为路径，以改革创新为动力，全面实施生态立区、工业强区、旅游兴区、人文特区战略，着力打造汉江绿谷，建设美丽、实力、活力、魅力新郧阳。

2017年10月，习近平总书记在党的十九大报告中强调，"必须树立和践行绿水青山就是金山银山的理念，坚持节约资源和保护环境的基本国策，像对待生命一样对待环境"。郧阳认真贯彻落实党的十九大精神，确定了三个阶段的愿景目标。即，到2020年，全面建成小康社会，成功争创国家级高新技术园区，实现与十堰主城区更高层次的融合对接、一体化发展，基本建成宜人宜居新城区、绿色产业聚集区、城乡统筹示范区、转型发展试验区；到2035年，全面建成十堰生态滨江新区，环郧阳湖区域建成十堰转型发展的核心功能区，汉江生态经济带和国省道城镇带建成十堰绿色发展的示范区；从2035年到本世纪中叶，高质量建成富强民主文明和谐美丽的十堰生态滨江新区。

2018年4月，习近平总书记视察湖北，作出了"共抓大保护、不搞大开发"的重要指示，为长江经济带把脉定向、掌舵领航。2019年2月12日，郧阳区委十四届五次全会强调，要深度对接国家汉江生态经济带发展规划、省委"一芯两带三区"区域和产业战略布局以及市委"现代新车城、绿色生态市"目标定位、"一心两翼三高地"区域和产业布局,对位找方向、对标找支撑、对内找动力,进一步明确郧阳区域和产业布局思路,走好郧阳之路,把建设"生态滨江新区、国家清洁水源"作为目标定位,努力争做全市"一心之极、两翼支撑、三高地示范",加快培育以开发区为核心的新能源智能制造、新技术食品药品、新材料科技环保和以乡镇为主导的菇业、袜业等"三新两业"千亿级产业体系,努力形成推动郧阳高质量发展的强大动能。

一路走来,郧阳始终深学笃用习近平生态文明思想,坚定践行"两山"理论,积极探索生态优先、绿色发展的新路子,为打赢三大攻坚战、全面建成小康社会、推动高质量发展奠定了坚实基础。

二、绿色实践:一座青山一条路,一库清水一江情

天上银汉,地上汉江。源自秦巴山的植物涵养,汉江水质清洁,被誉为"东方多瑙河"。三千里汉江过境十堰 216 公里,郧阳境内 136 公里,占 63%;丹江口水库岸线全长 4610 公里,郧阳境内 1720 公里,占 37%;丹江口水库库面 1050 平方公里,郧阳占 46%;库容 300 亿立方米,郧阳境内汇水量占 70%。作为南水北调核心水源区,汉江既是郧阳的祖母河,更是首都的"大水缸",为确保一库净水永续北送,郧阳坚持山、水、气、土同治,生态、产业、经济三化融合,一步步从绿满郧阳走向绿美郧阳,再走向绿富郧阳,奋力书写了"两山"理论的郧阳答卷。

实践之一:绿满郧阳,打牢绿水青山底子

郧阳区严格落实"控改补建"要求,铁腕治绿,见缝插绿,持续复绿,让郧阳满目青山滴翠,一江清水长流。

全域植绿。按照"全盘规划、全域景区、全面动员、全民参与"的要求,成立区林业投资公司,四季挖窝,三季栽树,以交通干道、河流库区沿线、城镇周边、省界口子乡镇等区域为重点,先绿化近山、低山,后绿化远山、高

山，累计完成石漠化治理 182 平方公里、水土流失治理 1498 平方公里，人工造林 25.8 万亩、退耕还林还草 21.6 万亩、裸露山体生态修复 3250 亩。南化塘镇老兵王忠启以库为家，爱树如命，义务守护长新水库 45 载，自费绿化荒山 100 多亩，栽植各种树木超过 13 万株。他说："有我在，任何人休想毁林伐树，污染水库！"

精准补绿。郧阳有岩溶地貌 14.78 万公顷，其中石漠化面积 4.05 万公顷。为了改善土壤，保护水质，全区持续开展"精准灭荒"行动。杨溪铺镇是全区石漠化较为严重的 10 个乡镇之一，山上全是乱石坡，为了挖树窝，当地人民用钢钎子撬、用炸药轰、用编织袋背土上山填坑种树，肩挑背驮，硬是用肩扛、用汗水浇出了一片片绿色森林。石漠化治理改善土质成效明显，原本贫瘠的土地成了孕育财富的源泉，全省石漠化综合治理工作会议在郧阳召开。

全民创绿。扎实推进"五城联创"，积极拆墙透绿、拆违建绿，实施美化净化工程，成功创建国家卫生城市、国家森林城市、省级园林城市，正在积极争创国家文明城市。大力开展绿色社区、绿色企业、绿色机关、绿色家庭创建，推行生活方式"绿色化"，引导市民养成低碳、环保的生产生活习惯，绿色出行、绿色消费，爱水护水节水、植绿爱绿护绿成为郧阳人民的自觉行动。持续开展家庭卫生大清洁、家风家规大培育、家庭万元增收项目大落地"三家"行动，从整治村容村貌入手，建设美丽乡村。茶店镇樱桃沟村 2014 年开始探索实施垃圾分类，农户每天对垃圾进行干湿分类，处理后转化为有机肥循环利用，村庄环境全面改善，先后荣获"中国最美村镇""全国美丽宜居示范村"等 20 余项荣誉称号。谭家湾镇龙泉村入选"全国生态文化村"，安阳镇冷水庙村列入第五批中国传统村落名录，杨溪铺镇卜家河村、大柳乡华家河村被纳入全省美丽乡村建设试点村。全区创建省级生态乡镇 7 个，市级以上的生态乡镇村 280 个。汉江澄碧，青山如画，樱桃沟里，花开如轻云出岫，花落如回风流雪；汉江绿谷四季花开，凤凰岛上绿径通幽。绿色成为郧阳最重要的底色，绿水青山成了郧阳最重要的资源，优良的生态环境成了郧阳经济社会发展最大的底气。

实践之二：绿美郧阳，厚植绿水青山优势

蓝天白云、绿水青山是老百姓对美丽环境最朴素的认识。郧阳区恪守红线底线，全面推进污染防治，坚决担当绿色作为，持续开展"绿美郧阳"行动，着力打造天蓝地绿、水清气爽的美丽郧阳。

坚决打好碧水保卫战。护好源头水，当好"守井人"。郧阳区投入 20 余亿元治水净土增绿，"管住斧头，守住山头，护好源头"，努力不让一滴污水流进汉江。认真落实河湖长制，探索郧阳淅川商南三地联巡联防联控联治丹江流域，实施河长、山长、路长、组长、警长"五长共治"，扎实推进汉江经济带"双十"工程，持续开展河湖"清四乱"专项行动，全力推进汉江、堵河水域退捕禁捕工作，692 艘渔船、1381 位渔民全部上岸安置。高标准建成卧龙岗等 69 个移民新村，修建生活垃圾焚烧无害化处理厂、乡镇污水处理厂 19 座、村级一体化污水处理站 511 个，探索实施垃圾、污水处理第三方运营，污水处理率、垃圾无害化处理率分别达 80%、90% 以上。采取上下左右共治、治污筑景同步的办法，深入实施泗河、神定河等河流综合治理，铁腕整治汉江干流排污口，持续抓好"五河"综合治理，神定河消除劣 V 类，汉江水质稳定保持 Ⅱ 类以上。

"至若春和景明，波澜不惊，上下天光，一碧万顷；沙鸥翔集，锦鳞游泳；岸芷汀兰，郁郁青青。"范仲淹笔下的美景在郧阳有了现实版的图景。郧阳汉江清漂队队长肖安山和他的队员们每天早上 5 点开始，晚上 10 点下船，年均出动船只 800 余次、清理垃圾 2700 多吨，风里来浪里走，水上漂船上捞，虽然很苦很累很脏，但是肖安山说，每当想到北方人民喝上清凌凌的汉江水时，一切付出都值了。

坚决打好蓝天保卫战。以壮士断腕的勇气，投入上亿元关停所有石料开采企业，坚决淘汰落后产能，对重点项目、企业、行业实施脱硝、脱硫、除尘改造工程，出台补贴政策淘汰燃煤锅炉和黄标车、老旧车辆，城市规划区全面"禁鞭"，大力推进秸秆露天禁烧和资源利用，加强各类扬尘、餐饮油烟和露天烧烤等污染防治，在全省率先建成第一家县级 PM2.5 自动空气监测站。晴天的时候到郧阳来，临江远眺，游目骋怀，山若墨染，水似明镜，山峦、绿树、蓝天、白云倒映在碧水之中，山水一体，水天一色，如诗如画。

坚决打好净土保卫战。土净瓜果香，岸绿水清澈。2013年底，在外创业成功人士刘超在青曲镇建设伟超农场，北京对口协作的嘉博文生物科技有限公司指导开展土壤改良、蜜蜂授粉，不施化肥农药，种出的草莓获得"全国十佳草莓"称号，每斤价格由5元涨至50元，供不应求。伟超农场的成功探索，引发郧阳一场土壤改良的革命，吹响了郧阳水土共治、建设环水有机农业示范区的号角。郧阳从"共"字着手，充分发挥政府、企业、市场、农民等各方面积极性，探索环农共举、水土共治、政社共参、市场共推、平台共建、利益共享的水土共治模式，累计完成20余万亩耕地土壤质量提升，建成3家年产2万吨有机肥和4万吨有机废弃物处理厂，建成伟超农场等一批"中关村智慧农场""低碳增汇农业基地"，改良区土壤有机质、碱解氮、速效磷、有效钾含量显著提升。获得国家认证有机产业基地3000亩、绿色基地10万亩、无公害基地26万亩，认证有机产品13个、绿色产品42个、"三品一标"产品110个。郧阳胭脂米、耀荣木瓜果醋、京水源茶叶、郧阳粉丝等20个有机农产品在全国农产品产销会上获奖。连续三年在京举办特色农产品展销会，交易金额达6000余万元。长江流域借鉴国际经验推进环境保护工作研讨会在郧阳召开，郧阳水土共治经验在全国生态文明论坛、循环经济论坛上推介。

实践之三：绿富郧阳，放大绿水青山效益

如何把郧阳连绵不断的绿水青山资源优势，变成致富百姓的金山银山？郧阳植绿、护绿的同时，积极探索发展绿色产业，不断推进产业结构升级，着力构建以新能源智能制造、新技术食品药品、新材料科技环保和香菇、袜业为主导的"三新两业"产业体系。

工业转型提标。2012年以前，郧阳的经济增长主要靠小烟厂、小纸厂、小水泥厂、小化肥厂、小皂素厂和小矿场，发展方式简单粗放。南水北调工程的实施，倒逼郧阳提高招商引资生态门槛，推动工业企业转型升级，先后拒绝近百家共20亿元的不符合环保要求的投资项目，淘汰了一批落后产能，转型升级了一批企业。建成秦巴片区产业扶贫示范园，调整优化产业结构，深入发展新能源智能制造产业，以大运、神河、佳恒、万润、世泰仕等智能化改造项

目和新建项目为重点，着力培育新增长点，全力支持企业科技创新和转型升级，培育天神化工、天圣医药等高新技术企业 42 家，引进汉水九歌、万润新能源等一大批绿色产业项目；深入发展新技术食品医药产业，以长江星医药、兵兵药业、天圣药业项目建设与投产见效为基础，努力发挥产业集聚效应；深入发展新材料科技环保产业，以华林杭萧、华新金龙垃圾焚烧发电等项目建设为重点，争创工业节能环保示范区；深入发展袜业产业，以"香菇小镇"针织产业扶贫项目为龙头，以柳陂袜业产业园建设为支撑，加快打造中西部"袜业之都"；深入发展香菇产业，以裕佳公司为龙头，以谭家湾食用菌扶贫产业园为基础，运用新技术、新工艺，力争形成香菇产品深加工配套体系，初步实现了郧阳产业发展由粗放低效向绿色高质量转变。

农业发展提质。移民之初，我们因地制宜，选择木瓜作为经济林，种植 14 万亩，引进企业深加工，一度成为全国木瓜大县，但是由于冬天落叶，加工达到峰值，生态效益和经济效益均难以再度突破。移民安置后，我们通过调研，广泛论证，选择群众熟悉、适合本土的核桃作为经济林，种植核桃 14 万亩，由于核桃的病虫害防治和生命周期受限，一时难以普及。五年前，鑫橄榄公司在郧阳库周试种油橄榄取得成功，四季常青的橄榄树生态效益和经济效益十分可观，橄榄油是油中"贵族"，每斤 200 多元，市场前景广阔，通过"公司 + 基地 + 农户"办法，引导群众种植油橄榄 4 万余亩。像这样，郧阳历届区委科学谋划，接续奋斗，围绕"蔬果畜药油"特色产业，实施"91"行动计划，建设蔬果、花木、中药材、优质粮油等产业基地 40 余万亩，共建成千亩标准化科技示范园 40 个，省级现代休闲农业示范点 4 个，成功创建全省第一批农产品质量安全县。江面碧波荡漾、库周玉带环绕、林中粉墙黛瓦、路旁花果飘香、山上绿树成荫的汉江画廊和水清河畅岸绿景美人和的幸福新农村画卷正在郧阳徐徐展开。

文化旅游提挡。推动文化与旅游融合发展是习近平生态文明思想的重要内容。郧阳坚持旅游活区，大力开展环郧阳湖 5A 级景区创建，发展乡村旅游，积极构建"一城两区三园四线"全域旅游格局，建成了青龙山国家地质公园、沧浪山国家森林公园等一批招牌景区，涌现了子胥湖、月亮湖、安阳湖等一批乡村田园综合体，连续成功举办"水源颂"龙舟节、"五朵金花"、全民健身运动会等节庆活动，年接待游客达 1000 万人次以上。北京东城区挂职干部总爱这样推介郧阳，"看海不必东奔西走，阳光沙滩郧阳湖应有尽有"；市民普遍反映，"过去节假日到市区购物，到外地旅游，现在周末在家门口游玩打卡"。2019 年，南水北调马拉松国际赛事在郧阳举办，印度尼西亚等 15 个国家万余名选手参赛，大赛组委会说，这是全球最美的赛道之一，营造了最佳的赛事体验；参赛者说，美丽郧阳给了我们美好体验，留下了难忘记忆。

美丽生态催生美丽经济。"小孩盼过年，大人望种田，五峰人民盼春天，春天一季捞全年"，五峰乡引导群众种植有机油菜 5000 亩，一到春天花海烂漫，游客络绎不绝，政府顺势举办油菜花节，每年吸引游客 30 万，户均增收 1 万余元。现在，郧阳广阔的田园变成了花园，民房变成了民宿，农民变成了工人，农产品变成了旅游产品，绿水青山变成了金山银山，群众收入不断增加，绿色红利不断分享。郧阳落实"绿水青山就是金山银山"的实践，得到水利部等上级部门重视和肯定，2020 年 8 月 4 日《中国水利报》、2020 年 8 月 11 日《中国南水北调报》整版，先后报道郧阳"护好汉江水当好守井人"，守护绿水青山、致富金山银山的做法受到全国关注。

三、金色启示：绿水青山是最大的靠山，生态福利是最普惠的福利

作为南水北调中线工程核心水源区，郧阳生态文明建设取得的成就和经验，给了我们重要启示。

（一）绿水青山是最大的靠山。习近平总书记指出，绿水青山就是金山银山。郧阳把生态放在首要位置来抓，摒弃粗放型发展模式，把良好的生态环境资源作为一种财富、一种资本来经营，把生态环境优势转化为生态经济优势，通过优化生态环境助推脱贫攻坚带动经济发展，实现环境保护、脱贫攻坚和经济发展三赢的目标。实践证明，绿水青山是自然财富，也是社会财富，更是经济财富，保护自然就是增值自然价值和自然资本的过程，就是保护和发展生产力。

（二）山水林田湖草是生命共同体。郧阳坚持城乡一体、协调发展，全力推进"一区两带"建设，认真落实"控、改、补、建"，耕地、林地、草地、湿地、水域、岸线等生态空间统筹治理，形成山顶绿树成荫、山腰瓜果飘香、山下布满花草、江面碧波荡漾的美好图景。实践证明，生态文明建设必须深刻把握山水林田湖草的内在联系和客观规律，将其视为一个整体，运用系统的思维方式，全方位、全地域、全过程开展生态修复和生态治理，统筹各要素、各环节，综合治理以达到整体提升的效果。

（三）绿色发展是高质量发展的唯一出路。作为核心水源区，保水质是郧阳的政治使命，经济发展方式必须与之相适应。郧阳坚持生态、经济、产业三化融合，着力打造千亿级绿色产业体系，推进产业向生态化、绿色化升级，走出了一条高质量发展之路。实践证明，高质量发展必须是绿色发展，必须深入贯彻创新、协调、绿色、开放、共享的发展理念，加快形成节约资源和保护环境的空间格局、产业结构、生产方式和生活方式，使绿水青山持续发挥生态效益和经济社会效益。

（四）良好的生态环境是最普惠的民生福祉。郧阳坚持生态为民、生态利民、生态惠民，严守生态底线，建设"同心广场""解放军青年林"等公园场所，将最好的地段回馈给人民，建成了一批"网红"打卡地，让人民共享绿色发展成果，群众的获得感、幸福感不断增强。实践证明，生态文明建设必须以人民为中心，积极回应人民群众所想、所盼、所急，不断满足人民日益增长的美好生活需要。

（五）齐抓严管、久久为功是落实"两山"理论的保障。郧阳实行生态环保"党政同责、一岗双责"和"一票否决制"，将生态文明建设纳入制度化、法治化轨道；以"全国文明城市创建"为抓手，深入持久开展生态文明宣传教育，开展全民绿色创建，形成"人人有责、人人尽责、人人享有"的绿色治理格局；坚持一张蓝图绘到底，持之以恒，久久为功，持续"钉钉子"，真抓实干，锲而不舍，善始善终，善作善成。实践证明，生态文明建设不是一家之事，也不是一时之需，要全民参与、齐抓严管、久久为功，才能使"两山"理论落到实处，才能使绿色红利惠及千秋万代。

全面建成小康社会与中国县域发展

湖北省荆门市沙洋县

整县推进"按户连片耕种"
加快推动农业农村转型升级

中共沙洋县委

改革开放初期推行的家庭联产承包责任制，主要依据距离远近、土质肥瘦、水源好坏来分地。这种方式虽然解决了公平的问题，但由此导致土地"分散化""碎片化"的弊端日益突出，不利于农业机械化，制约了农业生产效率的提高。近年来，沙洋县因地制宜，大胆创新，成功地探索出了土地"按户连片耕种"新模式，大力推动农业农村转型升级，为全国解决土地"分散化""碎片化"探出了一条新路。2016 年、2017 年，沙洋县首创的"按户连片耕种"连续两年写进了中央一号文件。

一、基本内涵

"按户连片耕种"，是指在落实土地集体所有权，稳定家庭承包权的前提下，以灌溉水源等为基本参考依据，由村委会领导，充分尊重农户的意愿，通过村民小组内部的经营权流转、承包权互换和承包地重分三种办法，使农户耕种的土地连成一片、最多不超过两片且不"插花"，在每户耕种土地面积基本不变的条件下，实现农户对土地最低成本、最大利润、最高效益的经营。

"按户连片耕种"的基本原则是，"确权带连片：一调整，两集中，三稳定"。"确权带连片"，是指顺应民意、主动作为，与土地确权同步部署土地按户连片耕种。"一调整"指农户经营的地块调整。"两集中"指土地经营权连片且不插花向单个农户集中,向新型经营主体集中。"三稳定"指家庭承包方式、面积、期限稳定。

"按户连片耕种"的操作方法是:"一主一辅一不得"。"一主"即以村组内部农户之间相互流转经营权为主。"一辅"即以互换承包权为辅。"一不得"即不得整村打乱重分。

二、主要做法

沙洋县耕地面积 95.3 万亩,承包农户 12.4 万户,户均耕地 7.7 亩。过去,由于按照距离远近、土质肥瘦、水源好坏等因素平均分配土地,使承包地块"分散化""碎片化",全县耕地块数达 107.7 万块,户均 8.7 块,每块地约 0.88亩。为破解土地"分散化""碎片化"的难题,沙洋县探索出"按户连片耕种"新模式。沙洋"按户连片耕种"起源于三坪村的自发探索实践,完善于县里的试点示范,成熟于整县全面推开,主要经历了三个阶段。

(一) 总结提炼基层探索

沙洋县毛李镇三坪村地处江汉平原西北和荆山余脉东南的山岗丘陵过渡地带,耕地 2070 亩,塘堰 500 亩,荒山 600 亩;全村 230 户,1009 人;以水稻种植为主,是典型的农业村。三坪村推行按户连片耕种分为四个阶段:一是抢抓时机。率先于一轮承包期即将结束、二轮延包即将开始的 1997 年启动土地按户连片耕种工作,重点对包括在外务工村民在内的全村 230 户进行动员,宣传发动全覆盖,1998 年形成共识,农户全部签订土地按户连片耕种的协议。二是打牢基础。1998 年至 2000 年的 3 年时间里,集中力量解决用水和用电的问题,启动公用设施建设,为连片承包奠定基础。三是集中民意。1999年开始制定方案,召开群众会议近 100 次,挨家挨户征求意见,收集关于面积划分、水源灌溉等意见 1000 余条,于 2002 年形成方案出台。四是稳步实施。2002 年秋全村 5 个组制定各组方案,启动土地丈量工作,对每块地地名、面积等编辑成册，对抗旱设备使用等一系列问题形成决议，记录在案，然后通过抓阄的方式确定地块，在方案上签字确认，核发证件，确权到户。到 2003 年，整村完成土地按户连片耕种，农民劳动强度大幅降低，农业生产成本下降，效益明显提高，邻里关系更加和谐。2002 年至今，全村土地问题实现零上访。

（二）分类开展试点示范

2014 年，湖北省全面启动土地确权颁证试点工作。沙洋县积极落实全省的统一部署，在完成确权、颁证等规定动作的基础上，试水推广三坪村的先进做法，将土地确权颁证工作与推动按户连片耕种结合起来。沙洋县选择官垱镇鄂冢村、马良镇童沙村和拾桥镇马新村三个具有不同代表性的村，同步开展试点工作，边试点、边总结、边完善。试点工作从 2014 年 4 月 30 日至 9 月 30 日，均取得了成功，为全县大面积推广积累了经验。

1.鄂冢村的做法。鄂冢村有 6 个村民小组，223 户农户，耕地 2100 亩。经村民集体协商，鄂冢村按户连片耕种主要采取农户间流转土地经营权，保留原土地承包权的办法，土地按户连片耕种面积达到 1989 亩，完成率 94.71%。

2.童沙村的做法。童沙村有 12 个村民小组，818 户农户，耕地 4855 亩。童沙村根据绝大多数村民意愿和先行先试的原则，按户连片耕种主要采取依据家庭人口数量重新分配土地的办法，土地按户连片耕种面积达到 4817 亩，完成率 99.21%。

3.马新村的做法。马新村有 15 个村民小组，751 户农户，耕地 6347 亩。马新村按户连片耕种主要采取农户间互换土地承包经营权的办法，土地按户连片耕种面积达到 6095 亩，完成率 96.04%。

（三）整县推行按户连片

在试点的同时，沙洋县对推行按户连片耕种工作进行了风险评估。结果表明，这项工作符合现阶段农业农村发展实际，产生了良好的经济和社会效益，得到了广大农民的一致认可和拥护，具有较高的推广价值。沙洋县委、县政府在认真总结试点示范工作成效的基础上，决定从 2015 年开始，在全县范围强力推进土地按户连片耕种。在实际工作中，主要采取六种连片路径。

一是以水源为主要参照的按户连片耕种。将同一水渠、同一个堰塘或同一个水井灌溉的田块连片地向 1 个或数个农户、新型经营主体集中。例如，五里铺镇许场村 1—5 组、7—10 组、12—14 组等。

二是以住房为主要参照的按户连片耕种。对于农户分散居住度大的地方，以农户的住房为中心，将农户耕种的地块连片。例如，拾回桥镇杨场村 1、2 组和 4—6 组等。

三是以最大田块为主要参照的按户连片耕种。根据大块优先的原则，以农户耕种田块中最大的一块为中心，对农户耕种的田块连片集中。例如，后港镇的唐台村、殷集村等。

四是以最集中田块为主要参照的按户连片耕种。此种连片模式，即从农户众多分散的田块中，以该农户相对最集中的田块为中心，对农户耕种的田块连片。例如，毛李镇双店村。

五是以产业为主要参照的按户连片耕种。田块有冷浸田、沙土田等之分，以不同的种植作物为参考依据，得出的等级不完全相同，种植水稻是一类田，但搞稻虾共生可能会是二类田，在具体实践中，根据地块适合发展产业为依据，对地块进行连片。例如，李市镇董场村 2、3 组等。

六是以涉农项目实施为契机引导按户连片耕种。结合农业综合开发、小农水、国土整治、高产农田创建等项目，在尊重农户意愿的前提下，以组为单位，对田块进行连片。例如，拾回桥镇刘店村。

目前，沙洋县已完成按户连片耕地面积 85.3 万亩，总体连片率已达 89.6%。其中，采取"各户承包权不变、农户间协商交换经营权"模式的土地面积约 75.9 万亩，占连片耕种总面积的 89%；采取"农户间协商交换承包经营权"模式的连片面积约 6.8 万亩，占 8%；采取"土地重分"（一般面积不变）模式的连片面积约 2.6 万亩，占 3%。总体看，沙洋县积极推进农村土地承包经营权确权登记颁证工作，并整县推行"按户连片"耕种，使农户耕种的土地连成一片、最多不超过两片，大大方便了农民耕作，农业生产成本约降低二至三成，深受农民群众拥护和支持。"分散种田弊端大，旱涝灾害有得法。东一块来西一块，半天巡回管不来……"曾集镇太山村村民范诗文自发创作了一首《连片耕种颂》赞美按户连片耕种带来的好处。"连片耕种就是好，机械效率提高了。连片耕种就是好，生产成本下降了……"马良镇农民靳良政创作了一首《连片耕种就是好》讲出了农民的心声，并在全县广为流传。

三、工作成效

沙洋县通过推行按户连片耕种，最大限度地实现家庭承包经营层面上的规模经营，在一定程度上解决了农业生产面临的八大困境。

（一）化解了土地承包经营制度"僵"的困境

土地"分散化""碎片化"的弊端日益突出，农民对按户连片耕种的意愿日益强烈，而《中华人民共和国农村土地承包法》中"承包期内不得收回承包地和承包期内不得调整承包地"的政策要遵守。广大分散经营的农户在政策规定和现实需求的冲突中徘徊不前。沙洋县按照"一主一辅一不得"的办法，基本完成了按户连片耕种，很好地解决了这两者之间的矛盾。

（二）化解了农村劳动强度"大"的困境

随着城镇化不断推进，大量农村年轻劳动力转移，留守农村的大多是上了年纪的老人和妇女儿童，是"386199"部队，农活的劳动强度相对来说是很大的。按户连片耕种后，将大幅度提高机械化作业率，农活劳动强度相对大的困境迎刃而解。今年67岁的三坪村民肖家新，家里两个劳动力，连片以前，种了9亩5分田，有26块，分散在四个不同的方位，从夏收到中稻插完，要忙活一个多月，为了给一块不到三分地的田块放水，要用板车把5卷塑料管和3卷电线拖过去，劳动强度相当大，费神又费力。连片以后，他不仅让老伴不再下田，还先后购置了三台插秧机、三台拖拉机，流转了别人家耕地，种植面积达到了35亩。自家农活半个月就可以忙完，然后开着自家的插秧机、拖拉机帮别人整田插秧，业余时间还能到附近打短工"赚外快"，现在种田的积极性非常高。

（三）化解了规模经营基础"差"的困境

由于土地"分散化""碎片化"，在流转土地迈向规模经营的进程中，有两个难以解决的问题:一是与为数众多的农户打交道,致使交易成本增加;二是由于农户土地是分散的,流转过程中农民往往只是部分土地被流转,而仍有分散化的土地无法流转出去,致使农民仍被附着在土地上,降低了农民流转土地的欲望,加大了土地流转的难度。2013 年,襄阳农民左久胜看中了沙洋县马良镇童沙村的沙地,拟流转 200 亩土地种植山药,但忙活了 4 个多月,才从 20 多个农户手中流转了 100 亩地,2014 年,童沙村在沙洋县率先试点实行了按户连片集中后,他在一周内就与该村 7 个农户又签订了 100 多亩的土地流转合同,终于实现了规模经营。据调查,沙洋县分散的土地流转价格仅为 300—400 元 / 亩左右,大户还不愿要;连片的土地流转价格却达到了 700 元 / 亩,而且大户抢着要。

(四)化解了公共设施建管"难"的困境

一是"建"的困境。农户有修建机耕道便于机械作业的愿望,但因土地等协调难而搁置,通过按户连片耕种,可以有效解决机耕道用地协调难的问题。2014 年,鄂冢村借助推行确权颁证及按户连片试点的契机,多渠道筹集资金,修建机耕道 16 条,总长 5 公里。二是"管"的困境。按户连片耕种前,万方大堰灌一亩田因无人及时监管,"一夜底朝天"的现象时有发生,"公地悲剧"蔓延,按户连片耕种后,公共设施责任主体便于明确,厘清了公共设施管护关系,避免了"公地悲剧"的发生。

(五)化解了利益纠纷"多"的困境

一是化解了"远近"利益纠纷。对于城郊村和镇郊村,农地征用的潜在可能性是按户连片耕种的不利因素。农民既有强烈的按户连片耕种"近期意愿",但担心改变承包权后影响以后土地征收补偿的"远期利益"。承包权不变,流转经营权实现按户连片耕种的办法兼顾了两方面的利益。如官垱镇是全省"四化同步"试点镇,紧邻汉宜公路,开发潜力大,未来将与县城连成一片,2014 年沙洋县确权试点的鄂冢村刚好位于其中。对于该村农民强烈的"近期意愿"及"远期利益"顾虑,鄂冢村就提出了"农户间只流转土地经营权,保留原有土地承包权"的创新做法,同时组织流转农户签订规范的流转合同,合同规定"如遇国家或政策性征地,土地赔偿费及土地安置补偿费由承包方所有,地上附属物由转包方所有"等权利和义务条款。二是化解了社会管理纠纷。按户连片耕种前水、电、路等基础设施分散使用、效率低，同一片区农户用水、用电的时间和数量不一致，浪费严重，纠纷时有发生。按户连片耕种后，农户关联协商对象减少，纠纷概率大幅降低。村民张功才用"三个一"（一根水管、一个水泵、一根电线）就解决了用水用电的难题。

（六）化解了种田综合成本"高"的困境

一是节约了时间成本。村民王维林，种有16亩地，分散在6处，通过与5户流转后，现只有两片。以前种植需3天，据测算，现可缩短为1天；太山村留守妇女鲁国金，一个人种9亩田，连片以前，背着40斤的桶子打药就要花3天时间，牵着几百米的管子去放水，连片后，打药、抽水都轻松了很多，至少节约了一半以上的时间。二是降低了费用成本。村民严昌龙，种有13亩地，与3户流转后，13亩地归并在一片。以前田太散、太小，收割机不去小田收割，只能请人帮忙，人难请、费用高、耗时长。连成一片后，收割机大小田一起作业，且收割费用由120元/亩降到100元/亩。

（七）化解了产业结构调整力度"小"的困境

在产业结构调整过程中，由于农户土地是分散化和碎片化的，推广"稻虾共生"等高效稻田综合种养模式时流转土地的谈判对象多，协调难度增加，导致产业结构调整力度小。按户连片之后，相邻的农户既可以联合共建公共设施实现产业结构调整，也可以以更低的交易成本实现土地流转进行产业结构调整。今年50岁的胡旭军在老家潜江有十余亩分块的稻虾田，一年收入勉强维持家用。2019年，他来到后港镇乔湖村承包了100亩连片稻田用于养殖小龙虾，当年收入30多万元。尝到甜头的胡旭军夫妇打算再扩大养殖面积。

（八）化解了农村社会化服务体系底子"虚"的困境

同一片区，农户种植的品种不一致，成熟期不一致，所得的病虫害也不一致，不能用同一种药去解决不同的病虫害，这是"统防统治"等社会化服务体系难以推进的根本原因。实行按户连片耕种之后，农户自己的好统一，因关联对象少，邻近的也好协调。

沙洋县"按户连片耕种"的探索受到广泛关注。新华社《国内动态清样》《人

民日报》、中央电视台、《光明日报》《经济要参》《财经国家周刊》《农民日报》、
新华网、人民网等上千家媒体就沙洋县土地"按户连片耕种"进行了报道。时
任中共中央政治局常委、国务院副总理汪洋等中央领导同志多次对湖北沙洋结
合土地确权推行"按户连片耕种"作出重要批示。

四、经验启示

沙洋县全面推行土地按户连片耕种近 6 年来，取得了良好的经济和社会效
益，得到了群众普遍拥护。通过调研，我们认为按户连片耕种"沙洋模式"具
有较强的可复制性，具备全域推广的可行性和必要性，主要有以下几点经验或
启示。

（一）顺应群众意愿是前提

坚决尊重群众意愿，充分征求群众的意见，不搞强制命令，不搞包办代
替。对有不同意见的群众，做好深入细致的思想工作。充分发动群众参与，所
有重要事项，均通过民主协商的办法决定。比如，不同等级田块的互换系数，
政府不作统一规定，由各村小组农户根据水源、肥力等条件共同协商确定。在
沙洋县 2015 年整县推进"按户连片耕种"入户征求意见阶段，首次入户全县
农户同意率即达 81%，五分之四以上村的同意率在 90% 以上。这项工作顺应
了老百姓的意愿。

（二）符合现行政策是根本

沙洋县的改革是通过"一主一辅一不得"来实现"按户连片耕种"的，符
合现行的所有政策。"一主"即以流转经营权为主。"一辅"即以互换承包权为
辅，符合中发〔2014〕61 号文件中"鼓励农民在自愿前提下采取互换并地方
式解决承包地细碎化问题"的精神，2015 年沙洋互换承包权 74776 亩、占全县
耕地总面积的 8%。"一不得"即按照《中华人民共和国农村土地承包法》第
二十七条规定，不得整村打乱重分。沙洋县严格把握这一条规定，对于因南水
北调兴隆枢纽建成后导致汉江沿岸崩岸加剧农户土地消失等需要进行调整的，

严格遵循村民会议三分之二以上成员或者三分之二以上村民代表同意的规定，并按程序报批。2015年，沙洋全县少数村的少数组根据实际情况、尊重群众意愿、严格遵循程序，重分31055亩，占全县耕地总面积的3%。

（三）政府强力推动是保证

一是处理好"敢"与"稳"的关系。"按户连片耕种"合乎民心，必须"敢"字当头。沙洋的实践证明，与土地确权同步安排这项工作，不仅不会影响稳定，反而有利于稳定，在推动"按户连片耕种"工作期间，沙洋县无一起越级上访事件发生。二是处理好"挺"与"压"的关系。干部是完成这项工作的关键。对于积极支持参与这项工作的干部，沙洋县委、县政府的策略是"挺"，对其予以精神上的鼓励和支持；对于被动应付这项工作的干部，沙洋县委、县政府的策略是"压"，始终保持着高压态势推进。三是处理好"愿"与"导"的关系。对于支持"按户连片耕种"的群众，沙洋县委、县政府积极满足群众的这一愿望。对于部分尚不理解"按户连片耕种"好处的农户，沙洋县的做法是反复劝导。确实不支持，也不强迫，尊重群众的意见。

全面建成小康社会与中国县域发展

湖南省湘潭市韶山市

韶山杜鹃别样红

——伟人故里决胜全面小康的奋进之路

中共韶山市委宣传部

韶山，是一代伟人毛泽东同志的故乡，也是我国著名的四大革命纪念地之一。习近平总书记曾深情寄语韶山这座英雄之城，"要努力把毛主席家乡建设得更加美好，让韶山人民过上更加幸福、安康、富裕的生活"。勤劳朴实的主席家乡人民始终牢记总书记的殷殷嘱托，弘扬"为有牺牲多壮志，敢教日月换新天"的韶山精神，只争朝夕、艰苦奋斗，在这片处处流传着英雄史诗的沃土之上，谱写了一曲决战脱贫攻坚的恢宏乐章，蹚出了一条决胜全面小康的奋进之路。

一、总体情况

党的十八大以来，韶山市深入贯彻落实党中央和湖南省委、湘潭市委的部署要求，瞄准到 2020 年全面建成小康社会的宏伟目标，团结奋进，奋力拼搏，绘就了一幅高水平全面建成小康社会的精美画卷。2016 年，全面小康实现程度 90.4%，率先迈入湖南省一类县"达标县（市区）"行列，开启高水平全面建成小康社会新征程。2017 年，跻身湖南经济 20 强县。2019 年，全面小康实现程度 98.5%，排名湖南省一类县第 4 位，两个翻番、三大攻坚战、社会民生、经济高质量发展实现程度分别达到 100%、100%、96.3%、97.7%。

综合实力明显增强。聚焦"率先迈向基本现代化、建设世界知名文化旅游目的地"目标，大力实施"红色引领、旅游主导、创新驱动、城乡统筹"发展战略，按下产业承接"快进键"，跑出全面小康"加速度"。中铁建、IDG、景城等一批世界知名企业落户韶山，推动韶山走上了富民强市的康庄大道。2019年，地区生产总值为 92.3 亿元，是 2010 年的 3 倍，人均 8.89 万元，高出全省人均值 3.14 万元；全口径税收收入增长 11.8%，高新技术产业增加值占 GDP比重 44.7%。产业投资增长率、产业投资占固定投资比重、利用内外资增长率、农产品加工产值与农业总产值比重等指标均高于省定目标值，入选湖南省首批省级创新型县（市）培育名单，质量强省工作受到湖南省政府表扬激励。

幸福指数大幅提升。聚焦打好打赢脱贫攻坚战，坚持以人民为中心的发展思想，不断增强全市人民获得感、幸福感。"两不愁三保障"全面落实，新型城镇化加速推进，农村危房改造整县推进模式在全省推广，创新创业带动就业成为全省示范，率先在全省实现农村水泥"沥青"通组道路全覆盖。2015年在册贫困人口全部脱贫，2016 年省定贫困村全部出列，2018 年成为湖南率先全面消除绝对贫困典型。2019 年，社会消费品零售总额增长率 10.4%，排名全省一类县市区第 4 位；城镇、农村居民收入分别达到 43577 元、28173 元，其中农村居民人均可支配收入高于全省一类县平均值 544 元；城镇化率 65%，住房安全保障率 99.3%；城乡低保标准已提标至 6000 元 / 年，城乡居民医疗保险参保率 96.6%。

生态环境不断优化。聚焦打好污染防治攻坚战，深入践行"绿水青山就是金山银山"的生态理念，大力推进生态文明建设，扎实做好中央环保督察"回头看"整改工作，实现蓝天常驻四季、碧水畅流城市、净土滋养一方。获评全国绿化模范市，成为全国农村污水处理示范市，配合湘潭市创成全国森林城市，入选全国农村生活垃圾分类和资源化利用示范县，森林资源蓄积量增长率持续排名全省第一，成为名副其实的长株潭城市群"后花园"。2019 年，优良以上空气质量达标率 86.3%，地表水达到Ⅲ类或优于Ⅲ类水体比例 95.8%，城镇污水处理率 96.8%，农村卫生厕所普及率 100%，对农村生活垃圾进行处理的行政村比例 100%。"碧水含情将绿绕，两山排闼送金来"成为韶山这座宜居、宜游、宜商生态城市的真实写照。

公共服务持续改善。聚焦满足人民群众基本公共需求，着力构建以人为本、覆盖城乡、分布合理、功能完备、运转高效的公共服务体系。成为全国义务教育均衡发展县和全省学前教育先进市，入选国家首批城企联动普惠养老试点城市，养老服务体系建设获湖南省政府表彰激励。在全省率先实行 12 年免费教育，义务教育合格学校建设全面完成，乡镇公办中心幼儿园实现全覆盖，义务教育就学保障率 100%，公办幼儿园在园幼儿占比达 50.96%，义务教育大班额清零。医疗服务水平不断提高，健康韶山建设稳步推进，群众看病难、看病贵的问题有效缓解。行政村卫生室标准化达标率达 100%，每万常住人口全科医生数为 2.8 人，每千常住人口注册护士数为 3.2 人，实现乡镇卫生院 2 名以上全科医生全覆盖。保障体系日趋健全，在全省率先实行城乡最低生活保障一体化，城乡居民养老保险实现法定人群全覆盖，每千老年人口养老床位数 39.6 张。

文化事业全面繁荣。聚焦物质文明和精神文明协调发展，大力推进文化和旅游强市建设，不断将韶山的品牌影响力转化为发展竞争力。成功创建全国红色旅游融合发展示范区，红色教育培训规范化、品牌化。跻身首批国家全域旅游示范区，获评中国县域旅游竞争力百强，文化产业增加值占 GDP 比重 8%。深入践行社会主义核心价值观，万众一心创建全国文明城市，十年磨剑，蝶变花开，2017 年创成湖南首个县级全国文明城市，2019 年列入全国新时代文明实践中心试点，探索出"一乡一示范、一村一品牌"的文明实践韶山模式。持续推进文化惠民工程，大力开展全民健身和群众性文化活动，村级文体广场全域覆盖，人均拥有公共文化体育设施面积 11 平方米，成功举办环中国国际公路自行车赛、韶山国际红色马拉松赛等赛事。

社会治理日臻完善。聚焦完善社会治理体系，深入推进平安韶山、法治韶山建设，坚持和发展新时代"枫桥经验"，探索出以政治为引领、以自治为基础、以法治为保障、以德治为先导、以智治为支撑"五治融合"的社会治理韶山模式。"4+×"警务机制成为全省样板，社会大局和谐稳定。连续 12 年获评全国平安建设先进市，夺得全国社会治安综合治理"长安杯"，获评全国青少年普法教育示范市，成为全国"扫黄打非"进基层示范市，入选全国市域社会治理现代化试点、全国乡村治理试点、全省社会治理创新试点。2019 年刑事犯罪率、交通事故死亡率、火灾事故死亡率均低于省定目标值；亿元 GDP 生产安全事故死亡率、群体性食品安全事故年报告发生数均为零；陈案化解率为 100%；公众安全感测评为 92.4%，连续两年排名全省第一。

二、具体做法

1. 创新赋能，高质量发展闯出新路。建设全面小康，根本靠发展。韶山山清水秀、风景迤逦，先天禀赋条件决定了这片区域与高污染、高能耗的工业绝缘，而单纯靠旅游业又不足以支撑发展。韶山市将"绿水青山就是金山银山"厚植于心中，把新发展理念根植于脚下，以创新为源动力，以韶山高新区为主阵地，披荆斩棘、另辟蹊径，全面加快产业结构优化、转型升级，为经济高质量发展注入了强劲动力。

谋定而后动，方能行稳致远。新材料新能源产业作为韶山工业的主攻领域，经历了从无到有、从小到大、从弱到强的艰辛创业历程。如今，全市集聚了 31 家锂电正负极材料、稀有金属材料、发热元件、材料提纯设备制造企业，华进重装精密钢管打破国际垄断，新韶光发热电缆成为南方地暖设备的首选品牌，骏航新材铪类产品国内市场占有率独占鳌头，润泽新能源、鼎熔新材等 12 家碳基材料企业形成了具有极强核心竞争力的产业链。

新材料新能源产业强劲发展，是韶山矢志创新驱动、技术革新结下的累累硕果。截至 2019 年，全市研发经费投入强度超过 3.5%，拥有省级孵化器、技术中心、众创空间、星创天地和产学研基地等 20 个，与谭天伟、欧阳晓平等院士专家合作成立"高新智库"，柔性引进"候鸟型"创新人才 12 名，企业"两化"融合率达 91.7%，恒欣实业新型梭车、鼎熔新材碳化硅防弹片等 12 大创新成果成功转化。创新要素资源的集聚融通，迸发出源源不断的强劲动能，助推韶山工业厚积薄发、华美蝶变，形成了智能制造、新能源新材料、食品医药三大产业集群，成功举办央企国企走进韶山活动，引进建工集团等 9 家央企省企落户韶山，雨韶智能制造产业园开创全省"飞地园"先河。2019 年，全市GDP 增长 7.8%，规模工业增加值增长 8.6%，先进制造业产值增长 25%，高新技术产业增加值占 GDP 的比重达 44.74%，实现工业税收同比增长 16.23%，韶山高新区在省级园区综合评价中排名跃升 35 位、列第 26 位。

乘风破浪，创新攻坚。创新理念的深深根植，引领韶山加快理念转换、动能转换、结构转换、效率转换和环境转换，全方位助推技术革新"精起来"、企业产销"火起来"、项目建设"热起来"，从而构筑起新的发展势能，在决胜全面建成小康的大道征程中越走越宽阔。

2.旅游富民，让群众钱袋子鼓起来。一千个人心里有一千种"小康"，但不管哪种小康，老百姓的钱包鼓起来才是硬道理。红色资源禀赋和文化底蕴交相辉映，让韶山旅游业精彩纷呈，勾勒出一幅幅"处处能旅游、时时可旅游、人人享旅游"的美丽画卷。作为首批国家全域旅游示范区，韶山以全域旅游为契机，聚焦红色主题，探索出一条多业态跨界叠加、深度融合发展的新路径，不仅拓宽了旅游经济渠道，也提升了城乡群众的经济收入。

韶山红色旅游举世闻名，每年到韶山景区瞻仰参观的游客达两千多万人次。如何将得天独厚的旅游资源、庞大的游客体量"变现"，激发富民新活力？韶山以全民共建共享为立足点，寻找红色文化、美丽风景与富民的最佳契合点，推动观光、休闲、研学等新业态蓬勃发展，交出了一份合格的答卷。韶山市银田镇银田村，之前是一个比较贫穷落后的小山村，村民守着"绿水青山"这个金饭碗，却靠天吃饭，外出打工，日子过得紧巴巴。如今，银田村村民利用独特的地理优势和红色文化，从"农民"变身"老板"，种花卉苗木、开农家乐、办研学基地，不断把客源引向乡村，银田乡村旅游品牌逐步打响，村民收入不断增加。

坚持把旅游扶贫作为脱贫攻坚的首要途径，让贫困人口共享旅游发展"红利"。韶山市以核心景区为突破点，对一些经济基础薄弱的村落依托"全域旅游"抓规划，着力打造黄田、大坪等美丽乡村示范片、点，吸引了大量游客进农村，直接带动了 100 余户贫困户增收。抢抓国家实施"全域旅游"重要发展机遇，大力打造银田生态旅游区、韶峰山泉水厂等旅游扶贫项目，吸纳更多的贫困人口参与旅游服务业。鼓励和支持龙头企业、专业合作社依托景区发展种植养殖、餐饮住宿、特色旅游商品等，带动贫困户发展产业、吸纳就业，探索土地资源、财政扶贫资金、社会帮扶资金等折股量化到贫困户，实现按股分红。目前，韶山围绕旅游发展农民专业合作社 201 家，毛家食品等重点产业扶贫项目辐射带动 1700 多贫困人口。

如今，多产融合、高效增长的旅游业已成为韶山名副其实的"富民产业""幸福产业"，以旅游业为主导的产业扶贫让 80% 以上贫困户实现稳定增收，韶山在全省率先告别绝对贫困，正朝着更高水平的小康梦坚定迈进。

3. 文化润心，升腾向上向善精气神。文化是一座城市的气质和风骨。全面小康不仅是物质上的富足，更是精神上的充盈。作为伟人故里、革命圣地，韶山这片红色沃土，流传着无数先辈烈士的奋斗荣光，沁润着"为有牺牲多壮志，敢教日月换新天"的韶山精神。近年来，韶山依托得天独厚的红色资源，以传承红色基因、弘扬红色文化为内核，努力打造爱国主义教育和革命传统教育的红色品牌，探索出了一条特色鲜明的伟人故里红色文化之路。

红色文化的赓续传承，首先得从娃娃抓起。韶山市镇泰小学组织一线教师，以"我是主席小同乡、我为韶山添光彩"为主题开发德育校本教材，荣获 2017 年教育部优秀德育案例，如今这本教材已走进韶山市各中小学，成为一门必修的德育课程。韶山学校引领各学校创建以毛主席 6 位亲人和中共韶山特别支部 5 位烈士等名字命名的英雄中队，"班班学英雄、个个做传人"等活动相继开展，崇尚英雄蔚然成风。从 2008 年起，韶山市在全市中小学开展读红书、看红剧、唱红歌、做红事、争当红色接班人的"五红"活动，通过 12 年的努力，已经形成了编好一本红色教材、唱好一首红色歌曲、喊响一句红色口号、策划一系列红色主题活动、当好一个红色小导游"五个一"红色德育品牌。润物细无声，红色血脉基因在万千韶山学子心中深深扎根、盎然生长、薪火相传。

2017 年 11 月 14 日，韶山成为全省第一个县级全国文明城市，"领袖故里，文明韶山"由目标变成现实！一朝梦圆的背后，是长达 11 年对"讲文明、树新风"的矢志坚守、默默耕耘。《舍小家为"大家"》家风教育、重走"毛泽东成长之路"励志教育课程、《中国出了个毛泽东》大型实景演出、向主席铜像敬献花篮教育观摩活动等成为传播红色文化的新名片，打造了韶山信仰高地的独特"软实力"。"映山红"志愿服务、志愿者之家、党员进社区、阳光五号、文明劝导日等主题志愿服务，近万名志愿者常年活跃在景区、社区、农村、助学、助困、助残一线，"好人之城"在韶山彰显：年过九旬的毛家饭店创始人汤瑞仁用诚信恪守初心，韶山好娭毑彭惠民扶贫济困做公益，退伍军人罗灿危急时刻勇救落水群众，坚守抗洪一线的共产党员牛峰等先后入选"中国好人榜"……正是这一个个普通人的善行义举，增加了韶山城市的道德厚度，让城市充满了温情与大爱。

撒下一粒种子，长成一片绿荫；播下一分希望，成就一番辉煌。红色文化的润泽熏陶，社会主义核心价值观的深耕实践，为韶山这座英雄之城立起了奋发奋进、向上向善的精神图腾，指引着韶山人民朝着更加幸福美好的生活奋勇前行。

4.民生聚力，打通服务"最后一公里"。全面奔小康，关键在民生。韶山始终把保障和改善民生作为出发点和落脚点，聚焦关系老百姓切身利益大事小事、难事烦心事，以"六覆盖"为核心抓手，肩扛责任、倾注真情，全面提升群众获得感、安全感、幸福感。

平里村曾是韶山市 4 个省定贫困村之一，由原韶东、韶西村合并而成。2015 年，平里村原韶东片区通过接入城市供水管网，解决了人饮安全问题，而韶西片区内无大型水库、河流，又因地势较高，村民生产生活用水没有稳定来源。其中，2018 年夏季，全村所有池塘、河坝基本干枯无水可取，村民自打水井也全部干枯，造成西片区324户1314名村民生活饮水严重困难，"生活用水则全靠洒水车送水解决""家里洗衣、淘米的水都要留着冲厕所"，村民要求解决生活饮用水的呼声特别强烈。2018 年底，总投资 140 万元的安全饮水工程启动建设，2019 年上半年完成建设并投入运行，解决平里村 324户1314人（其中贫困户33户104人）的集中供水问题。2018 年底同时启动银园村、梅湖村和新联村安全饮水工程建设，950户村民集中供水问题圆满解决。

2019年，韶山市9件10项省重点民生实事项目全部按时按质交账，其中有4件4项超额完成任务。全力稳就业、促创业，城乡新增就业人员均大幅超额完成目标，"零就业家庭"实现动态清零；扎实推进社保扩面提质，城乡居民养老保险覆盖率达到98.6%；聚焦农村危房改造问题，探索"政府兜底＋多方筹资"新路子，圆满解决"应改尽改"难题；突出通组公路全覆盖，针对乡村出口路、断头路，加大建设力度进度，农村公路成为群众致富奔小康的"幸福路"；以扫黑除恶斗争为着力点，从严从快打击违法犯罪，不断夯实社会治理基础，织牢安全防护网；纵深推进农村人居环境综合整治行动，不断深化全域美丽乡村建设，韶山市入选全国首批乡村治理试点县市，连续三年获评全省美丽乡村建设先进市，韶山乡获评全国文明村镇，清溪镇获评全国美丽宜居小镇，黄田村获评中国美丽乡村百佳；统筹山水林田湖草系统治理，空气质量达标率91.8%、地表水达标率100%，获评全国绿化模范市、全国农村污水处理示范市、农村生活垃圾分类和资源化利用示范县。

一桩桩民生实事落地见效，城乡基础设施面貌日新月异，服务群众"最后一公里"加速畅通，一份份朴实无华的民生答卷直抵人心、浸润温情、撷来信任，将12万韶山人民像石榴籽一样，紧紧地凝聚在了一起。

5.党建铸魂，厚植苦干实干好生态。党的领导是加快高质量发展、引领全民奔小康的根与魂。韶山市在习近平新时代中国特色社会主义思想的指引下，以"党建领航工程"为抓手，以党支部"五化"建设为载体，以提升组织力为重点，全面落实湖南省委"1+5"文件精神，着力夯实基层基础，充分发挥"两个作用"，精诚团结、风清气正、苦干实干的发展氛围与政治生态为决战脱贫攻坚、决胜全面小康奠定了坚实保障。

传承红色基因，铸牢初心使命之魂。韶山充分挖掘、利用红色资源，将中共韶山特别支部陈列馆打造成新时代"政治生活馆"，组织全市党员在革命传统教育中涤荡心尘、淬炼灵魂；集中宣传"全国人民满意的公务员集体"韶山冲派出所、带领群众共同致富的银田村党总支书记徐耀军等新时代韶山党员干部敬业奉献的奋斗故事，激发党员干部见贤思齐、躬身自省；涌现韶山村 90 岁老党员汤瑞仁、杨林乡石屏村 95 岁老党员刘兰香等主题教育学习典型。初心使命在党员心中深深根植，并迸发出加快发展、服务群众的磅礴力量。

火车跑得快，全靠车头带。韶山把基层党组织建设作为重中之重，全面深化"五化"建设，四星以上党支部占比超 90%，五星党支部占比超 1/3，"两新"组织动态组建率 100%，"党支部 +N+ 贫困户"脱贫模式带动 1000 多贫困人口成功脱贫，全市 67% 的村集体经济超 10 万元，12% 的村集体经济超 100 万元，75.8% 的村入列美丽乡村建设省级示范创建村，一个个基层党支部成为引领群众脱贫奔小康的坚强战斗堡垒。坚持"好干部"标准，全面加强基层干部队伍建设，提拔 35 岁以下年轻干部占提拔总数的 43%，实现驻村党组织第一书记、驻村帮扶工作队和产业扶贫全覆盖，乡镇人员年度绩效工资比市直机关同职级干部高 25% 以上，村书记报酬全省领先，切实减轻基层负担，文件、会议、督查检查分别精简 56%、60%、60%，担当向前、务实重行的鲜明导向有效激活了基层一池春水。

创新"123"模式，畅通服务群众"心通道"。打造"家门口"服务，以村（社区）综合服务平台为依托，整合党员活动、便民服务、综治、网格化服务管理等服务功能，全市 38 个村（社区）综合服务场所均达规范化建设标准，实现金融、电商、医疗、旅游、教育等特色服务资源下沉。推行"一站式"服务，用好"映山红"智慧党建 APP、"一件事一次办"综合窗口两个平台，推动各项服务下移到镇村一线，实现惠民政策"一网览尽"，服务申请"一键提交"，事项办理"一次办好"。提升"全方位"服务，注重选拔培养一支以村（社区）党组织书记、便民服务员、网格员等三大力量为主体的基层骨干队伍，率先在湘潭实现年轻专职便民服务员全覆盖，推行"大格长—小格长—格警—理事长—协理员"五级联动的网格化管理机制，通过网格员将服务送进家门、将矛盾化解在网格中，深受群众好评。

三、经验启示

一步步接续奋斗的荣光背后，凝结着无数主席家乡人矢志耕耘的汗水。透视伟人故里韶山的全面小康奋进之路，有五个方面的经验启示值得总结思考。

一是始终把新思想新理念作为阔步迈向全面小康的行动指南。思想是一切行动的先导。韶山市在推进全面小康的征程中，始终把习近平新时代中国特色社会主义思想作为有力武器，深学笃行、入脑入心、知行合一，全力推动新思想新理念在伟人故里落地生根，在面对产业高质量发展、脱贫攻坚、污染防治、民生提质等一场场硬战中，迸发出磅礴的感召力、生命力。实践证明，只要真正坚持从党的创新理论中明方向、强定力、学方法，从五大新发展理念中知底线、找路径、求创新，就一定能为夺取全面小康路上一个又一个胜利厘清攻坚克难的前进方向，积淀强劲勃发的思想动力。

二是始终把坚持人民至上作为阔步迈向全面小康的最终旨归。毛主席曾形象地指出，"娘亲舅大，人民最大"。习近平总书记更深刻强调，"全面建成小康社会，一个都不能少"。韶山市坚持全面小康不仅是经济社会全领域、全方位的小康，更是全民共建共享、共生共荣的小康，聚焦脱贫攻坚重点群体、关键领域，紧扣群众最直接、最关切的烦心事、揪心事，全民发动、全员上阵、全力攻坚，在全省率先全面消除绝对贫困，民生质量不断晋档提标。实践证明，只要真正把人民高高举过头顶，坚持人民主体地位，自始至终紧紧依靠群众、发动群众、为了群众，脚踏实地练苦功、干实事，就一定能赢得群众的信任与支持，人民的幸福生活也会芝麻开花节节高。

三是始终把赓续红色血脉作为阔步迈向全面小康的重大使命。习近平总书记多次强调，"让信仰之火熊熊不息，让红色基因融入血脉，让红色精神激发力量"。作为毛主席家乡，韶山始终把总书记的要求内刻于心、外化于行，将红色作为城市最厚重的底色、最鲜明的特色，将传承红色血脉、弘扬优良传统作为重大职责使命、重大政治任务，突出红色精神引领、红色文化熏陶、红色基因沁润，使之成为砥砺鞭策韶山人民艰苦奋斗、奋勇前行的精神图腾。实践证明，文化育人更育心，党的优良传统永不过时，只要真正把红色文化当作瑰宝，倍加珍爱、矢志传承，如春风化雨一般，深刻融入经济社会发展的全领域、各方面，就一定能激荡出蓬勃向上的生命力。

四是始终把敢想敢试敢干作为阔步迈向全面小康的深刻注脚。"敢教日月换新天"历来是流淌在韶山人血脉里的优良基因。面对全面小康路上的"拦路虎"，韶山没有依赖先天优势"等靠要"，而是坚持思想大解放、观念大转变、精神大提振，靠着创新的思维与谋划、果敢的担当与开拓、艰辛的努力与实干，创造了诸多韶山模式、韶山经验、韶山样板。实践证明，解开思想的扣子，才能迈开发展的步子。只要大胆闯、大胆试，坚决从一切不合时宜的思维定式、固有模式、路径依赖中解放出来，旗帜鲜明抓创新、促改革、重实干、解难题，就一定能蹚出一条属于自己的成功之路。

五是始终把加强党的建设作为阔步迈向全面小康的根本保证。党组织的向心力、凝聚力、战斗力，就是事业长青的生命力。建设全面小康社会，是一项系统工程，要把涉及方方面面的工作抓实抓细抓好，关键在抓牢党的建设。韶山坚持以党的建设总揽全局、协调各方，以提升基层组织组织力为重点，充分发挥各级党组织在全面小康工作中的领导核心作用，着力提高广大党员干部特别是各级领导干部能力素养，切实把党要管党、从严治党落到实处，营造风清气正的政治生态，为全面建成小康社会提供了坚强的组织保证和人才支撑。实践证明，使命越光荣、目标越宏伟，就越要全面加强党的领导，只要把初心牢记在心中，使命落实于行动，毫不动摇加强和改进党的建设，就一定能建强"大堡垒"，挺直"主心骨"，锻造"生力军"，推动全面小康建设蹄疾步稳、行稳致远。

一路风雨兼程，一路芳华绽放。立足繁花似锦、生机盎然的新时代，韶山肩扛"把毛主席家乡建设得更加美好"的重大使命，乘着新时代的浩荡春风，筚路蓝缕、破浪前行，历经华丽嬗变，化茧成蝶，振翅而飞，正昂首朝着建设更高水平的全面小康大步迈进，韶山人民的日子，也如那漫山绽放的杜鹃花，越过越红火。

（调研组成员：李先金、贺凌云、彭学清、沈遠）

全面建成小康社会与中国县域发展

湖南省常德市桃源县

发展扶贫"小车间" 撑起小康"大梦想"

中共桃源县委宣传部

桃源县地处湘西北，县域总面积 4442 平方公里，户籍人口 98.8 万人，共有建档立卡贫困人口 19317 户、56950 人，是省级扶贫工作面上县，贫困人口比例高，就业扶贫压力大。近年来，该县深入挖掘"扶贫车间"潜力，走出了一条以就近就业为原则、特色产业为支撑、扶贫车间为载体的脱贫新路子。截至目前，全县共建成扶贫车间 42 家，吸纳就业近 2000 人，其中贫困劳动力500 余人，人均月工资 2000 元以上，切实助力了脱贫攻坚和县域经济高质量发展，相关做法得到市委和省扶贫办的高度肯定。在扶贫车间的带动下，该县实现群众增收、企业增效、脱贫增速，获评全省全面小康推进工作先进县和全省全面小康考评二类县十快进县奖第一名。

一、主要做法

1.顶层谋划，"多维度"设车间。以"农民增收、企业增效、脱贫增速"为目标，结合县域实际，紧扣乡镇特色，统筹谋划扶贫车间建设蓝图。一是高位推进定好"主基调"。坚持把"扶贫车间"作为推动村集体经济发展的重要抓手，县委、县政府多次开会专题研究，县委主要领导多次深入一线指导扶贫车间建设工作。率先在全市出台《扶贫车间管理办法（试行）》，明确扶贫车间申报流程、建设标准、管理制度和安全要求，确保扶贫车间建设方向不偏、步调不乱、政策不走样。二是统筹联动弹出"和弦音"。成立了桃源县扶贫车间建设工作领导小组，建立了以人社部门牵头，扶贫、财政、妇联、残联等相关部门联动配合的工作机制，明确各乡镇党委副书记为扶贫车间管理主要负责人，劳保专干为第一责任人，将扶贫车间建设情况纳入全县脱贫攻坚成效和乡镇劳保工作考核内容，相关部门根据各自职能为扶贫车间建设运营提供政策支持和服务，营造了各司其职、齐抓共管的良好氛围。三是突出特色演好"地方戏"。紧扣"绿水青山就是金山银山"的发展理念，充分利用农业大县、林业大县、人口大县的资源禀赋和特色优势，坚持"宜工则工、宜养则养、宜种则种、宜游则游"的原则，着力在打造"一村一品"、丰富产品种类、杜绝重复建设等方面求突破，建成了电子元件加工、制鞋、制茶、养蜂等 11 种不同类型的扶贫车间，覆盖加工业、种植业、养殖业等多个行业。

2. 因地制宜，"多业态"建车间。统筹考虑交通、水电等基础设施建设情况，灵活布局三类扶贫车间。一是建设"厂房式"车间，让"乡村"变"厂区"。通过招商引进农产品初加工、服装鞋袜、种植养殖等劳动密集型企业落户乡镇，采取"企业 + 车间 + 贫困劳动力"模式创办扶贫车间，将工作岗位送到群众家门口。目前，全县累计创办"厂房式"扶贫车间 30 个，共吸纳本地劳动力就业 1500 余人，其中贫困劳动力 276 人，人均月收入超过 2500 元。二是建设"合作社式"车间，让"农民"变"股东"。积极引导贫困户以土地、林地、扶贫资金等入股成立合作社，依托合作社创办扶贫车间，除年终领分红外，有劳动能力的贫困户还能在合作社务工获得收入。如理工港镇杨公桥村的富裕合作社，2019 年起通过"养殖基地 + 土地流转 + 贫困户入股 + 基地务工"的模式发展中蜂养殖产业，全村 312 户贫困户实现了分红全覆盖，5 名参加养蜂投劳的贫困户实现了稳定增收，其中 1 户贫困户当年脱贫。三是建设"居家式"车间，让"民房"变"厂房"。鼓励村民利用闲置的农家庭院、民居民宅设置居家式扶贫车间，实现贫困劳动力足不出村就业增收。如茶庵铺镇茶庵铺村创业者舒代斌在家新办的电子元件加工扶贫车间，固定就业人数 31 人，其中本村贫困劳动力 5 名，员工不仅可以在厂加工，还可以将半成品带回家生产，每人每月增收超过 1800 元。目前，该县共有居家式扶贫车间 8 家，还有 4 家车间在申报审批中。

3. 优化环境，"多形式"扶车间。坚持互惠共赢理念，加强政策扶持引导，健全后期管理机制，确保扶贫车间建一个成一个。一是精"减"成本，把车间"引进来"。为鼓励符合条件的企业和经济实体申报认定就业扶贫车间，该县推出优惠减负"大礼包"，对符合条件的扶贫车间，优先给予授信贷款扶持；优先给予扶贫车间建设土地使用权，并在项目审批等方面提供最大便利，想方设法减轻企业经济负担和创业成本，为扶贫车间发展营造良好的营商环境。在系列政策的鼓励引导下，2019 年以来，全县先后有 12 家企业和经济实体、24 个贫困村的产业合作社申报扶贫车间，2020 年还划拨专项建设资金 500 万元，促成西安、理公港、热市等乡镇易地搬迁集中安置点 6 个扶贫车间顺利落地。二是广"加"奖补，把车间"扶上马"。出台扶贫车间奖补办法，落实人、财、物投入，对吸纳贫困人口稳定就业 6 个月以上并开展以工代训的就业扶贫车间，根据贫困劳动力人数，每月每车间给予 2000—4000 元培训补贴。对吸纳贫困劳动力稳定就业 12 个月以上并依法缴纳社会保险费的，按每人每年 1000 元标准给予用人单位岗位补贴，以此引导扶贫车间吸纳带动贫困户就业，让扶贫车间真正扶到实处。截至目前，已累计发放各类奖补资金 20 余万元，发放创业贷款 75 万元，政府贴息 1.03 万元，吸收贫困劳动力就业比例达到 25%以上。三是聚"乘"合力，把车间"送一程"。由人社部门牵头，联合相关职能部门及乡镇（街道）成立 28 支就业扶贫小分队，对所有扶贫车间实行"一厂一策"常态化精准帮扶，积极协调解决扶贫车间在基础设施建设、公共服务配套、融资筹资等方面以及后续发展过程中遇到的困难和问题，让车间专心提效益。2020 年上半年，该县从 65 个县直单位选派了 233 名志愿者，为企业和扶贫车间提供"一对一"蹲点服务，协助所有扶贫车间于 3 月 10 日前全部复工复产。

4. 规范运行，"多环节"管车间。紧盯扶贫车间建设发展各个环节，全面提升管理水平，促进扶贫车间规范健康可持续运行。一是严把准入关。对于申报扶贫车间的经营主体，及时组织县人社局、县扶贫办、县财政局等部门单位进行实地考察，并严格按照省厅关于就业扶贫车间的认定标准和条件对符合条件的及时挂牌运行，对达不到要求的及时督促改进，对没有营业执照和合法场地、吸纳贫困人口就业不足 5 人的，一律不予认定。近年来，因证照不全、岗位不足、经营不善等原因被驳回申请的企业有近 30 家，从源头上杜绝了利用"空壳扶贫车间"套取财政补助的行为。二是强化监管关。加强对扶贫车间的动态管理，各乡镇（街道）负责监测和评估已认定扶贫车间的生产、经营、销售、吸纳贫困动力等情况，劳保专干定期上报扶贫车间吸纳建档立卡贫困劳动力就业、执行安全生产各项法律法规等情况，并每月对扶贫车间进行实地指导、监督和服务 1 次以上，对出现停产、闲置、违法违规生产等重大情况的及时上报县人社部门，督促扶贫车间规范用工。三是畅通退出关。建立完善扶贫车间退出机制，对吸纳就业达不到政策规定奖补人数或存在违法违规经营行为的，及时派人调查研判，并尽力助其解决困难渡过难关，对于确实无法继续运行的，严格按照退出程序予以清退。今年以来，已按程序对 2 家吸纳就业不足 5 人的就业扶贫车间按政策实施退出。

5.完善服务，"多举措"强车间。在发挥扶贫车间长期效力这一着眼点上，采取"保姆式"全过程跟踪服务，帮助车间高效运营，放大带贫减贫倍增效应。一是帮宣传招聘，确保用工有"人"。积极发挥村干部、驻村工作队和帮联干部的作用，加大就业扶贫政策宣传力度，引导贫困劳动力到扶贫车间就近就业，每年举办"春风行动"等暖企惠民招聘会，有效解决车间招工难题。2020 年疫情期间，通过网络平台举办线上招聘月活动，为企业网上推送用工信息 5300 条，达成就业意向 2000 余人，其中为有就业意向的贫困劳动力匹配劳动岗位 476 个，有效缓解了车间复工用工需求。二是帮培训指导，确保生产有"技"。整合人社、工会、妇联、残联等部门培训资源，根据扶贫车间生产加工技能和工艺要求，以集中培训与订单培训相结合方式，快速提升贫困劳动力技能水平，有效解决车间建成初期缺乏熟练工人的问题。2019 年以来，结合"扶贫车间"工种需求，累计组织开展相关技能培训 4 期、152 人次，其中 57 人为建档立卡贫困劳动力。三是帮产品推介，确保销售有"路"。以"成品牌、成特色、成优势"为目标，通过联系下游企业拉订单，帮助扶贫车间入驻"淘宝""拼多多""益农社""供销 e 家"等电商平台，协调产品在县内超市上架，直播带货等方式，帮助扶贫车间产品找销路。目前，全县已形成芭茅洲红薯粉、菊之味富硒皇菊、富裕系列农产品、唐氏胡蜂等多个推得出、叫得响的本土特色品牌，打通了"扶贫车间"成果转化"最后一公里"。

二、取得的成效

从桃源县扶贫车间的探索实践来看，扶贫车间不仅是促进贫困群众增收的有力抓手，也是推动贫困群众脱贫奔小康的务实举措，更是助力乡村振兴的有效支点，取得了多方共赢的综合效益。

1.打造了就业新阵地，助农民实现"脱贫梦"。在车间选址上，该县将 42 个扶贫车间分别建在 5 个易地搬迁集中安置点、24 个贫困村和 9 个 100 人以上的非贫困村，打造家门口的就业平台；在产业门类上，主要是劳动密集型、计件或计时式，技能门槛较低，群众上手快；在工作模式上，实行流水线作业与外包作业相结合，就业时间灵活，让贫困群众挣钱顾家两不误，实现家门口创业就业脱贫。

2.带来了政策新机遇，助企业实现"发展梦"。通过申报创建就业扶贫车间，企业获得了相对低廉的厂房和劳动力，特别是各项财政奖补及金融支持等优惠政策的实行，大大降低了企业生产建设成本，一定程度上解决了招工难、用工贵等问题，提高了经济效益。比如，桃源县金磁电器在夷望溪镇开设幸福苑扶贫车间，镇政府为其提供扶贫项目资金支持，每年仅厂房租金就可节省近 30 万元，经营成本的降低不仅带来更可观的经济效益，还让企业有更多的资金用于扩大产能，推动相关产业长远发展。

3.形成了产业新态势，助乡村实现"振兴梦"。桃源县现有扶贫车间产业内容已涵盖加工业、养殖业、旅游业等多个行业，覆盖面大，带动力强，有效促进了农村一二三产业融合发展，为乡村振兴奠定了产业基础。发展扶贫车间还使得越来越多的人才、技术、资本涌向农村，盘活了农村闲置土地及留守人口红利。此外，还吸引了大量本土人才返乡创业，为家乡带回资本、产业和就业机会，目前全县由返乡人员建立的扶贫车间就有 8 家，还有很多返乡农民在扶贫车间担任管理和技术骨干，为乡村振兴提供了人才支撑。

三、几点启示

1. 发展扶贫车间，群众是主体，必须找准落脚点，让贫困群众充分参与。就业是贫困群众摆脱贫困的重要渠道，扶贫车间则为建档立卡贫困户及农村劳动力实现家门口就业创造了良好条件，提供了参与社会分工、实现自我价值、赢得外部认可的机会。曾经，桃源县部分贫困户因为思想保守，"等靠要"情绪严重，为了让贫困群众主动到扶贫车间就业，该县尤其注重对贫困群众主体作用的挖掘，通过多种形式的宣传动员，鼓励引导贫困群众融入社会、寻找价值，激发他们依靠劳动增收脱贫的内生动力，最终实现扶贫、扶志、扶智有机结合。也只有贫困群众充分参与，扶贫车间才能发挥更大作用，真正达到"拔穷根"的效果。

2. 发展扶贫车间，政府是主导，必须找准突破点，让营商环境充分优化。对扶贫车间这样具有多方面作用的扶贫新业态，政府的扶持和服务至关重要，从调研来看，各经营主体入驻与否，不仅在于政府服务水平和服务质量的高低，还在于能够确保长期稳健发展的体制机制土壤。桃源县扶贫车间之所以能够日益发展壮大并快速发挥扶贫减贫作用，政府的"一揽子"政策和"保姆式"服务在其中起了关键作用。各地应充分发挥政府在扶贫车间建设工作中的主导作用，通过出台和落实财政奖补、金融支持等优惠政策，让企业轻装上阵，精心呵护，真诚服务，促其发展壮大。

3. 发展扶贫车间，长效是根本，必须找准切入点，让乡镇产业充分发展。从桃源县的实践经验来看，发挥扶贫车间对乡镇经济的支撑和拉动作用，关键在于找准切入点，既要适应市场，也要切合本村本地的发展实际，既能安排贫困人口就业，产业本身也能持续发展。因此，各地发展扶贫车间首先要因地制宜，对当地地理环境、产业优势、贫困户情况等进行全面了解和细致分析，全面考虑本地资源优势和现实需求，在科学规划的基础上，优化顶层设计，从全局上调整扶贫车间布局和产业类型，这样才能做到可持续发展和增收致富。只有找到了点，走对了路，才能激发多方活力，才能形成脱贫攻坚合力。

（调研组成员：彭俊铭、张雅兰）

全面建成小康社会与中国县域发展

湖南省株洲市醴陵市

加快建设富强、美丽、幸福、文明新醴陵

——统筹城乡一体发展的全面小康建设之路

中共醴陵市委、醴陵市人民政府

醴陵市位于湖南省东部，东汉置县，两千余年未易其名，近代从这里走出了李立三、左权、耿飚、宋时轮、程潜、陈明仁等一大批革命志士。于1985年全国首批撤县设市，现辖19个镇、4个街道、1个省级经开区、1个"两型"示范区，总面积2157平方公里，总人口106万人，是世界釉下五彩瓷原产地、中国"国瓷""红官窑"所在地和花炮祖师李畋故里、中国花炮之都。

近年来，醴陵市高举习近平新时代中国特色社会主义思想伟大旗帜，以全面建成小康社会总揽发展全局，突出高质量发展主题，打赢打好"三大攻坚战"，深入推进"产业项目建设年"，加快建设富强、美丽、幸福、文明新醴陵。提前三年实现整体脱贫、同步全面小康，到2019年末，全面小康实现程度达95.1%，位列全国县级市全面小康测评第59位、中国幸福百县榜第22位。县域综合实力跃居全国百强前50位，稳居全省前四强。先后获评国家园林城市、全国农村"双创"示范市、全国城市基层党建示范市、省级文明城市、省级平安市、全省实施乡村振兴战略先进市、全省农村人居环境整治先进市、全省脱贫攻坚工作先进单位等200余项省部级荣誉。

一、以"四个醴陵"总揽发展规划，着力构建全面小康格局

醴陵具有深厚的人文底蕴、良好的产业基础、优越的交通区位。如何将传统优势转化为发展胜势，将时代要求纳入工作要求，将小康理念导入醴陵实际，市委、市政府一班人虚心向基层干部群众学习，带头下基层、摸实情，积极谋划全面小康建设的好思路、好举措。在广泛深入调研的基础上，对全市基础设施建设、城市整体提质改造、园区定位开发、旅游资源整合利用、社会事业发展等各个方面进行分领域、分行业、分层面的顶层设计。发展目标上，确立了富强、美丽、幸福、文明"四个醴陵"的定性目标和"千亿县域、千亿产业、千亿园区"的定量目标。工作基调上，确立了"稳中求进，进中争先"的总基调。工作方略上，明确了"一手抓强基固本，一手抓突围升级"的总方略。战略部署上，着力打好"产业突围、城镇提质、项目攻坚、安全保卫"四大战役。主攻方向上，主攻"大城区""大园区""大景区""大产区"四大区域。这些顶层设计，统一了思想，凝聚了人心，明确了方向，为醴陵发展奠定了基础。

二、以"四个十条"引领转型升级，着力夯实全面小康根基

醴陵因产业而生、因产业而强。面对经济持续下行压力，醴陵以"产业项目建设年"活动为抓手，围绕园区招商、陶瓷发展、花炮发展、创新创业四个方面分别制定出台十条政策措施，强化产业发展的政策支撑。目前，已兑现资金 2 亿元，惠及企业 1800 余家次。"产业、实业、企业、创业"已成为醴陵最厚重的底色。

提质升级传统产业。立足"自动化、智能化、国际化、品牌化"，着力将陶瓷产业打造成千亿产业集群，将花炮产业培育成安全、环保、时尚产业。陶瓷产业现拥有五大系列 4000 多个品种，被广泛应用于能源、电子、航空航天、汽车等领域。大力推广生产自动化，已建成 7 条烟花自动化生产线，1 条爆竹自动

化生产线，70 个陶瓷智能制造车间。着力优化花炮产业空间布局，加快淘汰落后产能，花炮企业数量压减至 200 家，压减 46.5%。积极开拓国内外市场，日用瓷全球市场占有率达 12.8%，电瓷全球市场占有率达 33.5%，花炮全球市场占有率达 26.3%。成功创建全国首个出口电瓷质量安全示范区、全国第二个出口日用陶瓷质量安全示范区。近 5 年，陶瓷、花炮产业产值年均分别增长 13.04%、6.3%。

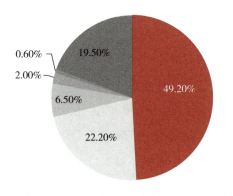

产业分布图

培育壮大新兴产业。围绕玻璃、服饰、轨道交通、电子信息等产业，大力开展产业链招商。按照"百亿产业、玻璃高地"的定位，规划建设面积 4000 亩玻璃产业园，已建成 1500 亩，旗滨玻璃、碲化镉发电玻璃等 9 家企业已入驻，5 年内产值将达到 100 亿元，基本形成了衔接上中下游、覆盖中高低端的完整玻璃产业链。服饰产业以标志服生产为主，拥有企业 594 家，年产值达 56 亿元，被誉为"中国标志服之乡"。对接中车集团产业布局，做大轨道交通配套产业，全国每一台动力机车都有醴陵制造的核心部件。与华为达成合作，建设恒茂鲲鹏计算机配套产业基地。2019 年，全市高新技术产业增加值达 142.2 亿元，5 年内年均增速达 24.2%。电商产业园入驻企业达 100 家，完成电商销售额 10 亿元，华联益嘉成为陶瓷网络销量第一的电商平台。大力发展全域旅游，打造集红色旅游、工业旅游、生态旅游、人文旅游于一体的全域旅游圈。年接待旅游人数增长 46%，达 800 万人次，旅游收入增长 53%，达

83 亿元。第三产业占比由 2015 年的 26.8％提高至 2019 年的 39.8％。

三次产业占比图

打造特色产业园区。紧扣"千亿产业、国家园区"目标，统筹推进五彩陶瓷特色产业小镇、渌江新城、东富工业园三大片区发展，园区面积增至 100 平方公里，入园企业 328 家，五彩陶瓷特色产业小镇发展经验被国家发改委推介，被评为"国家新型工业化产业示范基地"，被列为国家级经开区考察对象。以园区为主阵地，扎实开展"产业项目建设年"活动。2016 年以来，累计实施重点产业项目 600 余个，完成投资 700 余亿元。2019 年，园区实现技工贸总收入 518 亿元。

优化产业服务体系。连续三年深入开展温暖企业"三百"行动，即百家单位帮扶企业、百家企业成长计划、企业问题百日销号。全体市级领导带头走访企业 5000 余家次，搜集各类问题 8000 余个，问题办结率达 95％以上。鼓励发展现代物流、电商等生产性服务业，全市共有物流企业 100 余家。2020 年疫情期间，认真落实减税降费政策，出台支持企业应对疫情"十条"措施、支持外贸企业"十二条"等政策，为企业减负 1.1 亿元，投放支持企业复工复产贷款 10.8 亿元。2020 年上半年，市场主体逆势净增 578 个，总数达 55491 个，"四上"企业新增 23 家，达 915 家。

三、以"三创四化"带动扩容提质，着力提升全面小康品质

坚持"抓城市就是抓发展，抓城市就是抓环境，抓城市就是抓民生""精耕细作和大刀阔斧并重"的理念，深入开展"三创四化"，即创建全国文明城市、国家卫生城市、国家园林城市，绿化、亮化、美化、数字化，让城市变得更高、更大、更配套，既上善若水，又厚重如山。

拓展城市空间。主动融入长株潭城市群一体化和株洲市"一核一圈一廊"空间布局，先后建成东城大道、莲易高速、S333 等城际道路，东富大道、玉瓷路、李畋路等城市道路，境内高速出入口增加到 8 个，"四通八达、说走就走"成为现实。醴陵顺利融入省会、珠三角、长三角的半小时、2 小时和 4 小时经济圈。城市建成区面积增至 42 平方公里，城市人口增至 45.5 万人。

完善城市功能。加大城市管理执法力度，整治"六乱"现象 8000 余处，拆除违法建筑 10000 余平方米。提质改造 127 条大街小巷、10 座公共厕所、83 座公交站台、2000 余处环卫基础设施。完成自来水厂提质扩容，新增城市公共停车位 8000 余个，体育馆、全民健身中心、市民广场、新汽车站等配套设施建成投入使用。新建城市游园 3000 余平方米，植绿补绿 30000 余平方米，城市建成区绿化覆盖率达 39.03%，人均公园绿地面积达 10.97 平方米。一江两岸对外开放，人气高涨，平均日流量超过 3 万人次。渌江书院完成修缮，再现千年书院风采。醴陵瓷谷入选湖南省十大文旅地标，陶瓷博物馆入选湖南省社会科学普及基地。

提升城市品质。全面开展控尘、控车、控排、控烧、控煤"五控"行动，全年空气优良天数达到 340 天，占全年的 93.1%。投入 20 余亿元推进渌江水系综合整治，退养牲猪近 10 万头，拆除网箱 80 万平方米，实现重点水域畜禽全面退养、网箱养鱼全面取缔。渌江水质由 V 类、三类提升到全线 III 类，部分河段达到 II 类标准。建成 5 座城区污水处理设施，城市污水管网达 337.6 公里，城市污水处理率达 100%。严格落实"土十条"要求，强化土壤污染治理，严把环境准入关，严守生态环境红线。垃圾处理厂投入使用，城市生活垃

圾无害化处理率达 94%。近 3 年来，辖区内未发生重大环境污染和生态破坏
事故。

四、以乡村振兴统筹城乡一体，着力丰富全面小康内涵

以兴农富民为目标，推动乡村振兴，让农业更强、农村更美、农民更
幸福。

聚焦产业兴旺，建设实力乡村。突出抓好粮食生产，保粮食安全，粮食
播种面积保持在 100 万亩以上，粮食总产量 10 亿斤以上，粮食总产值 10 亿元
以上，2016—2018 年连续三年被评为"湖南省粮食生产标兵县（市）"。实施"一
镇一业""一村一品"战略，引进和培育了农产品加工企业 979 家，打造了仙
都酱鸭、指上美食、湘醴山茶油等 10 余个特色品牌，建成了 30 万亩油茶产业
基地。吉泰农牧、清泥湾农业 2 家企业在省股交所挂牌；"醴陵玻璃椒"入选
农业农村部"一村一品"名录；"醴陵油茶"在央视农业频道推介。全市现有
农民专业合作社 2138 家，家庭农场 1122 家。

聚焦生态宜居，建设美丽乡村。以"四治一改"为抓手，整合资金 9 亿余
元，深入推进农村人居环境整治，农村生活垃圾实现 100% 无害化处理，生活
污水处理率达 86% 以上，卫生厕所普及率达 97%。实施长达 30 年的封山育林，
森林覆盖率达 56%。

聚焦文化繁荣，建设文明乡村。践行社会主义核心价值观，充分发挥新
时代文明实践阵地作用，建成实践所 24 个，实践站 270 个，实践广场 10 处。
广泛开展文明村镇、星级文明户、文明家庭等群众性精神文明创建活动，刘天
健家庭获评"第一届全国五好文明家庭"。建立村规民约，引导群众摒弃攀比、赌
博等陈规陋习，积极参与各种健康向上的文体活动，农家书屋实现全覆盖。举办
道德模范报告会、村规家训交流会近 100 场，培育了朴实淳厚、文明和谐的乡风
民俗，孙家湾镇获评"全国文明村镇"，沩山村获评"湖南省经典文化村"。

聚焦民生福祉，建设幸福乡村。近年累计新改扩建农村公路 1500 公里，

市、镇、村主干道全部完成硬化改造。完成 40% 行政村、10 万余户农村电网升级改造。建成集中供水工程 80 余处，规模较大的千吨万人水厂 16 处，共解决 60.15 万人农村饮水问题，农村人口自来水普及率达 86.1%。农村路、水、电、气等基础设施进一步完善。

五、以改革开放促进创新创业，着力激发全面小康活力

坚持以改革促开放、以开放带改革，为经济社会发展注入新动力，增添新活力。

全面深化各项改革。围绕发展所需、基层所盼、民心所向，推动改革落准落细落实。在株洲地区率先完成机构改革，政府工作部门精简至 29 个。推进乡镇区划调整改革，26 个乡镇撤并为 19 个镇，"李畋镇""左权镇"等地名成为醴陵"新名片"。稳妥推进并村并组工作，全市村（社区）减少到 270 个，村民小组减少到 3775 个。推进投融资体制改革，市级融资平台仅保留 2 个，将其他平台公司推向市场，实现独立运转、自负盈亏。成功发行地方债券 10 亿元，成为全省第一家成功发债的县级市。完成 254 个村 195715 户农户 70.24 万亩土地确权登记，证书颁发率达到 98%，农村物权得到强化。推进农村集体产权制度改革，核对出全市集体资产总额 27.76 亿元，集体土地总面积 249.84 万亩，界定集体经济成员 93 万余人。成立农村集体经济组织 253 个，建立了符合市场经济要求的农村集体经济运行新机制。2020 年获评第二批全国农村集体产权制度改革试点典型单位。

全面扩大对外开放。主动融入"一带一路"，成功举办 3 届瓷博会、2 届花炮博览会，累计吸引海内外近 2000 家企业参展，成交额超 500 亿元，现场参观人次突破 200 万。坚持政府引导，积极组织陶瓷、花炮企业参加境外展会，拓展"一带一路"沿线国际市场。醴陵陶瓷企业在德国柏林、英国伦敦等欧美地区和非洲设立了境外营销网 30 多家。华联瓷业、吉利烟花在非洲、南美等国家设立境外营销公司。新亚陶瓷在迪拜设立 151 陶瓷经贸平台中心。深

圳盐田港首个县级内陆港、铁海联运"五定班列"在醴投入运营，醴陵至深圳盐田港出口货物物流成本降低20%，时间提速50%。2019年，全市有外商投资企业26家，涉及陶瓷、烟花、机械等行业。拥有自营进出口权的企业427家，外贸进出口总额突破5亿美元关口，达5.2亿美元。

全面优化营商环境。加快推进"最多跑一次"改革，新市民中心投入使用，设置服务窗口209个，涵盖891项行政审批及公共服务事项；完成45个基层政务服务点标准化建设，梳理下放97项公共服务事项审批权限到村级，实现了民众办事便捷、政府管理高效、行政成本降低。深化行政审批制度改革，精简审批事项31项，新办企业落户注册由30天降至7天，项目建设立项开工由270天降至100天。强力推动网上政务服务和电子监察工作，4年来共受理3万余件审批事项，办结率达到99.68%。开办企业审批实现一天办结，醴陵位居全国营商环境第26位。

六、以民生实事推进民生事业，着力共享全面小康成果

坚持以人民为中心，按照"保基本、兜底线、促公平"的工作思路，以"十大民生实事""民生100工程"为抓手，集中力量办成了一大批好事实事。财政民生投入力度持续加大，累计民生支出215亿元，占全市财政支出的比重达76.3%。2019年，城镇居民人均可支配收入、农村居民人均可支配收入分别达到42921元、28737元，是2015年的2.02倍、1.5倍。

深入推进脱贫攻坚。把脱贫攻坚作为第一民生工程，累计投入扶贫资金7亿元，认真落实"五个一批"，累计9643户33280人实现脱贫，17个省级贫困村通过脱贫验收，综合贫困发生率降至0.36%。严格落实"两个帮扶"责任，"两不愁三保障"问题实现动态清零。贫困户分类管理工作被国务院专刊推介。比全国提前3年实现整体脱贫、同步全面小康。连续3年获评全省扶贫工作先进县（市）。

不断完善民生保障。全面落实各项就业政策，累计新增城镇就业33756

（单位：元）

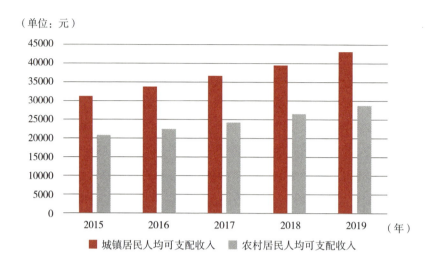

城、乡居民人均可支配收入图

人，农村劳动力转移就业 20244 人，零就业家庭动态清零。全力织牢民生保障网，城乡居民医疗保险参保人数 80.49 万人，参保率 95%，城乡低保、特困供养全面提标。"五化"民政建设获评全省先进。住房保障水平稳步提升，累计完成公租房建设 483 套。残障对象无障碍设施改造被《焦点访谈》专题典型推介。

大力发展社会事业。深入实施教育强市战略，累计投入教育专项资金 48.3 亿元，完成 203 所标准化学校建设、182 所薄弱学校改造。醴陵陶瓷学院建成开学。高考二本及以上上线率持续保持株洲领先，连续 9 年获评株洲市高中教育质量建设先进单位。成立全省第一个中职学校职业教育基金会，获评国家级农村职业教育与成人教育示范县（市）。加快建设"健康醴陵"，建立统一规范的 120 急救指挥中心并投入使用。"湘雅乡情·专家醴陵行"常态化开展，累计惠及 7.4 万人，为群众减负 2600 万余元。医共体建设实现全覆盖，本地就诊率上升至 93.8%，"看病难""看病贵"问题有所缓解，成功创建国家慢性病综合防控示范区。积极兴办文体事业，完成 23 个镇级综合文化站、262 个村级活动中心建设，覆盖率达 97%，公共文化服务体系不断健全。全国重点文物保护单位新添"醴陵群力瓷厂旧址"，增至 5 家。

七、以"三基一网"创新社会治理，着力强化全面小康保障

认真贯彻落实党的十九大和十九届四中全会精神，严格落实湖南省委全面加强基层建设"1+5"系列文件，着力抓基层、打基础、强基本，全面推行网格化服务管理，打通基层治理"最后一公里"，畅通联系群众"最后一米"。

抓基层。坚持力量下沉、重心下移，累计选派 103 名优秀年轻干部到基层任职、挂职锻炼，派出 5449 名干部开展驻村帮扶和结对帮扶。举办各类培训班 220 期，培训基层干部 2 万余人次，"党员夜校"入选中组部典型案例。被列为全省"柔性引才"县级试点，引进医疗、教育等行业紧缺人才近万人。提高村干部待遇，村书记、村主任、其他村干部全年报酬分别达到 57122 元、46722 元、45695 元。树牢"德才兼备、以德为先"用人导向，建立健全"三个区分开来"、激励干部担当作为等制度机制，305 名基层一线干部得到提拔重用，为 323 名干部澄清正名。出台减轻基层负担的六条措施，文件、会议、考核事项分别精简 46%、25%、67%。

打基础。实施"组织力提升工程"，制定出台"六基规则"，规范村级基层组织运行，建成 261 个"五化"支部示范点，完成 81 个村（社区）软弱涣散党组织整顿提升。落实街道社区"大工委制""兼职委员制"实体化运作，推进"在职党员进社区"，城市基层党建基础进一步夯实。圆满完成市、镇两级班子换届和村（社区）"两委"换届。累计投入 2.3 亿元，新建改造 270 个村（社区）综合服务中心。逐年加大支付转移力度，村级运转经费提高到 30 万元 /村、44 万元 / 社区。深入推进扶持壮大村级集体经济三年行动计划，270 个村集体经济"破零"，村级集体经济平均收入达 10.34 万元 / 村。

强基本。深入开展"两学一做""不忘初心、牢记使命"等党内集中教育，保持党员干部先进性和纯洁性。全面推行"第一议题"制，累计组织市委理论学习中心组集中学习 80 余次。从讲政治的高度抓好省委巡视整改，以实际行动体现了对党的绝对忠诚。在全省政治建设考核试点县市区中位居前列。压实意识形态工作责任，积极践行网上群众路线，牢牢掌握舆论工作主动权、话语

权。大力弘扬社会主义核心价值观，涌现出陈自绪、赵石毛、叶志钢、潘尧生等一批道德模范。深入挖掘醴陵红色文化资源，编撰《醴陵名人录》《醴籍烈士名录》《醴陵巾帼风采》等红色书籍，打造了耿传公祠、李立三故居、左家老屋、先农坛、东富寺、袁昌英纪念园等一批有内涵、有影响的红色教育基地，渌江书院、烈士陵园获评省级爱国主义教育基地。认真落实全面从严治党主体责任，以"零容忍"态度保持反腐败高压态势，对扶贫领域的"雁过拔毛"、民生领域的"微腐败"等问题开展集中整治，"四风"问题得到有效遏制。坚持扫黑除恶与打伞破网并重，有力推动了政治生态和社会生态同步净化。市委坚持总揽全局、协调各方，凝聚了全市各个层面各个方面的力量，全市上下形成了令人感动、给人温暖的向心力和凝聚力。

全面推行网格化管理。坚持一网到底、一网无余、一网情深，整合管理资源，全市划分基层网格 820 个，建立微信群 673 个，构建了从市到镇到村到户的四级"全覆盖、无缝隙"网格体系。成立市级网格化服务指挥中心、街道（镇）网格服务分中心、社区（村）网格服务管理站，聘请城乡专（兼）职网格员 820 人，形成上下联动、分级负责的管理格局。建立集社会治理、城市管理、电子政务等于一体的网格化服务管理信息平台，推动信息化进网格、大数据进社区。实施随时巡查制、即时交办制、限时办结制、定时考核制"四时机制"，全面收集社情民意、热点问题，并统一建卡，分类交办，逐项销号。累计收集群众诉求 15000 余件，排查安全生产隐患 900 余处，排查化解矛盾纠纷 600 余件，办结率、化解率达到 100%。实现了 70% 以上问题在基层网格内解决，20% 问题镇村联动解决，不到 10% 问题通过法律途径解决。将社会治安、安全生产、"三创四化"、民政、教育、卫计、党建、人才等工作全部纳入网格，推行信息化、层级化、扁平化、亲情化"四化服务"，累计走访群众 280 万余人次，解决问题 7 万余个，群众满意率达 98%。工作开展以来，网格化服务管理入选全国创新社会治理百佳案例，监督与服务微信群工作获全国创新社会治理最佳案例，醴陵被评为"全国网格标准试点"城市。进京非访数量同比下降 58.2%。连续三年同获全省安全生产、社会综合治理先进单位。

全面建成小康社会是一场总体战、攻坚战、持久战，在统筹推进城乡一体发展，全面建成小康醴陵的生动实践中，我们积累了一些经验，在深入思考中，也带给了我们许多启示。

我们深深体会到：一是必须坚持以习近平新时代中国特色社会主义思想为指导。醴陵市委、市政府深学笃用、知行合一，推动了习近平新时代中国特色社会主义思想在醴陵落地生根见效。各项工作取得明显成效，说到底都是学习贯彻新思想的生动实践。二是必须坚持以人民为中心。醴陵市坚持一切工作都面向基层、服务民生，将70%以上的财力用于民生，集中力量办好了一批顺民意、解民忧、惠民生的好事实事，人民群众自发给党委、政府送来锦旗和感谢信。三是必须坚持"五位一体"高质量发展。醴陵以小康社会为总抓手，始终突出经济总量、发展质量、人均质量"三量齐升"，坚持经济、政治、文化、社会和生态文明"五位一体"，走出了一条符合市情实际、特色鲜明的发展道路。四是必须坚持城乡统筹。醴陵有106万人口，其中70%在农村。充分发挥工业对农业的支持和反哺作用、城市对农村的辐射和带动作用，建立以工促农、以城带乡的长效机制，实现城乡之间和工农之间互补共进、协调发展。五是必须坚持加强和改进党的领导。醴陵市创新实施"四个一"工程（各级党组织每周开展一次集体学习、每月开展一次交流研讨、每季开展一次专题辅导、每月第一个周五开展一次主题党日活动），全面推行马上就办、一线工作法、"五问工作法"，有效提升了广大党员干部干事创业热情。

醴陵具有独特的区位优势、产业优势、生态优势、人文优势，在全面小康实践中，我们把优势转化为胜势，形成了加快发展的强劲动力。

1.把区位优势转化为经济胜势是全面建成小康社会的重要基础。醴陵地处"一部一带"交汇点，"湘赣开放合作试验区"接合部，醴陵把区位优势真正转化成了竞争胜势，物流持续扩容，电商逐步做强，旅游形成气候，商贸更加繁荣，树立与大交通时代相适应的新思想、新思维、新理念，适应形势，顺应趋势，发挥优势，以更加鲜明的特色对接高铁高速时代，放大区位效应。

2.把产业优势转化为发展胜势是全面建成小康社会的重要支撑。紧扣陶瓷、烟花两大特色产业，不断开发新产品新类别，大力发展"陶瓷烟花＋旅游""陶瓷烟花＋会展""陶瓷＋电商""陶瓷＋物流"等新模式新业态，打造传统产业转型升级的新典范、新引擎。积极对接"中国动力谷"，不断延伸、拓展产业链，培育壮大玻璃、装备制造、电子信息等新产业，为经济发展增强了动能。

3. 把生态优势转化为环境胜势是全面建成小康社会的重要载体。醴陵是一座山水洲城，坚持"绿水青山就是金山银山"的理念，依托良好的生态禀赋，探索走出了一条生态保护与经济发展协调的新路，有效推进生产、生活、生态"三生融合"，打造宜居宜业宜游的新乐土。

4. 把人文优势转化为幸福胜势是全面建成小康社会的重要目标。醴陵历史悠久、人文厚重。通过充分挖掘历史文化，修缮渌江书院，打造渌江讲坛品牌，提升城市文化魅力；深入开发产业文化，依托"陶瓷博览会""花炮博览会"平台，打响产业文化名片；大力实施文化惠民工程，持续打造景观文化，启动"瓷城古韵"项目建设，让城市留住了青山绿水，百姓记住了乡愁亲情。通过以文化人，对外树立形象，对内凝聚人心，让五彩醴陵别样精彩，让百万市民共享美好生活。

（调研组成员：胡湘之、董巍、刘海龙）

全面建成小康社会与中国县域发展

内蒙古自治区
呼和浩特市玉泉区

以"融合党建"为引领
建设魅力玉泉

中共呼和浩特市委宣传部

2020 年是全面建成小康社会和"十三五"规划收官之年。为全面反映呼和浩特市在全面建成小康社会非凡历程中取得的辉煌成就、成功经验，根据《中共呼和浩特市委宣传部关于落实中宣部全面建成小康社会"百城千县万村"调研活动的实施方案》，呼和浩特市社科联于 8 月 6 日开始对呼和浩特市玉泉区党建工作进行调研，调研组先后与区委组织部、宣传部等有关单位集体座谈 6 次，下沉小黑河镇大库伦村、寇家营村、苏鲁锭民族手工艺术产业园、呼和浩特市昭君博物院、裕隆工业园区内蒙古红太阳食品有限公司、清泉街社区等实地调研 7 次，从"融合党建"入手，紧扣决胜全面建成小康社会，围绕城市基层党建、农村党建进行调研，力争用鲜活的事例、准确的数字，总结玉泉区干部群众在艰苦创业的奋斗进程中凝聚起来的磅礴力量，展示玉泉区在为民造福的奋发之路进程中迸发出来的蓬勃活力，挖掘玉泉区在更上层楼的奋进之路历程中独具特色的生动实践，进而揭示中国共产党领导和中国特色社会主义制度的显著优势。现将调研情况报告如下。

一、基本情况

玉泉区位于首府呼和浩特城区西南部，常住人口 60 万人，其中蒙古族约

有 3.5 万人。全区共辖 1 个镇、8 个办事处，50 个行政村，60 个社区。全区设
30 个党组，13 个党（工）委，21 个党总支部，333 个党支部，在册党员 7544
名。2019 年，玉泉区地区生产总值同比增长 5.2%；一般公共预算收入完成
19.55 亿元，同比增长 4.8%；民生支出占一般公共预算支出的 77.7%；社会
消费品零售总额完成 252 亿元，同比增长 3%；城镇常住居民人均可支配收入
达到 48405 元，同比增长 7.2%；农村常住居民人均可支配收入达到 22362 元，
同比增长 8.5%。

党的十九大以来，玉泉区以习近平新时代中国特色社会主义思想为指导，
深入贯彻党的十九大和十九届二中、三中、四中全会精神，增强"四个意识"、
坚定"四个自信"、做到"两个维护"，始终不渝加强党的全面领导，突出政治
引领，创新党建工作，以"3441"城市基层党建工作为主体，围绕"六个聚焦"，
推动"四个融合"，实现"四个转变"，以开展"三联三帮三促"活动为抓手，
全力开创玉泉区"全域党建"治理新格局，为全面建成小康社会提供坚强的组
织保障。

二、主要亮点

（一）玉泉区城市基层党建：守正创新，落地落实

习近平总书记强调，要把加强基层党的建设、巩固党的执政基础作为贯
穿社会治理和基层建设的一条红线。近年来，玉泉区委积极探索党建引领基层
治理的有效途径，不断加强和创新社会治理模式，把"处方权"往下放，让基
层当"小郎中"，为玉泉区区域发展大局聚焦聚力，全力构建起全民共建、共
治、共享的社会治理新格局，切实增加群众的"幸福感"和"获得感"。

1."党建 + 品牌"

近年来，玉泉区委共推出 22 个基层党建品牌，通过打造统筹协调的街道
"大工委"、社区"大党委"模式，建立健全责任共担、事务共商、资源共享、
实事共办的工作机制。玉泉区兴隆巷街道办事处清泉街社区，辖有 15 个小区，

48 栋居民楼，2732 户、8800 多个居民。针对社区"三多一差"（即下岗失业人数多、困难居民多、残疾人多，基础设施差）的特点，社区党组织在支部书记武荷香带领下，从"安为重""居为基""乐为先""业为实"四个方面入手，开展一系列便民利民服务，全面提升社区服务水平。把践行"四关"（即关心老的，关爱小的，关怀病的，关照穷的）和"四不"（即衣食住行无所不帮，生老病死无所不问，扶贫济困无所不做，打架斗殴无所不管）常态化。通过开展"1134"活动（即"一管、一联、三带、四满意"，一管是要求社区党员要管好自己，一联是要帮联困难居民，三带是要带好家庭、带好邻居、带好街巷，四满意是让党员满意、让群众满意、让自己满意、以实际行动让组织满意）、"六送"活动（送政策、送信息、送技能、送岗位、送服务、送温暖），建立"武荷香工作室""社区法务室""困难职工帮扶中心"等基层党建特色品牌活动，为辖区、周边以及外省市前来求助的群众解决问题 3000 余件，帮扶困难职工 820 人次。清泉街社区先后荣获"全国和谐社区""全国爱心社区"，武荷香被评为"全国爱心个人"等殊荣。

作为自治区优秀民营企业的内蒙古红太阳食品有限公司，在区委的关心和支持下于 2006 年成立党支部，现有党员 38 人，中高层管理人员党员有 13 人，占 34.2%。公司党支部牢固树立"党建＋品牌"工作理念，通过"党建＋企业发展"彰显党建就是核心竞争力。党支部下设的五个党小组分别牵头负责生产、销售、采购、外事、质检研发和行政人资等部门，做到企业发展到哪里，党的工作就开展到哪里，确保企业步入健康良性的发展轨道。通过"党建＋生产经营"彰显党建就是优质生产力。在公司内部组织"业务尖子、销售能手、生产标兵、五一劳动模范、先进集体、先进个人、优秀党员"等各项"争先创优"活动，真正让员工体会到"基层一线党旗亮、组织带动在身旁"的良好效应。通过"党建＋成果共享"彰显党建就是企业凝聚力。公司累计投入社会扶贫公益款 600 多万元，帮助武川县奎素村发展养羊基地，为土左旗章盖营村打 4 眼机电井，带动 3000 多农户脱贫，连续几年为 300 多名三无、低保和孤寡老人，以及困难家庭的大学生等困难群体送温暖献爱心。自 2017 年至 2019 年，累计出资 100 多万元资助 480 名贫困青少年完成学业。"企业党

建，做实了就是生产力、做细了就是凝聚力、做强了就是竞争力。"正是有了
这样的工作理念，不断深化党建和业务融合互促，为企业健康快速发展提供了
强有力的组织保证。内蒙古红太阳食品有限公司固定资产 1.05 亿元，在岗员
工 2800 人，产品远销全国各地，2019 年完成销售收入 6.6 亿多元，2020 年预
计可完成 9.1 亿元，上缴税费 1 亿元。"草原红太阳"商标被国家工商总局认
定为"中国驰名商标"，公司先后被评为自治区农牧业产业化龙头企业、自治
区扶贫龙头企业、安全生产标准化企业、食品药品安全示范单位。2018 年底，
被自治区党委、政府表彰为全区改革开放 40 周年优秀民营企业，被自治区科
技厅认定为自治区级企业研发中心。2019 年 1 月，被国家科技部认定为高新
技术企业。

2."党建+惠民"

基层是党的执政根基所在。抓基层党建，必须将党建与惠民相结合，让
人民群众切实享受到党的基层治理带来的成果。兴隆巷街道四里营西社区党支
部针对老年人、残疾人较多的实际情况，提出了"为老助残、用爱服务"的口
号，以社区党组织为核心，构建"区域共建，资源互融；协同共建，服务互融；
党群共建，联动互融"多元共建的基层党建新格局。通过实施"三心工程"（即
为老助残的"暖心工程"，化解矛盾的"民心工程"，志愿服务的"联心工程"）
做到社区事务齐抓共管。通过开展"六民"服务（即以办实事为主题的"为民"
服务、以再就业为主题的"助民"服务、以创建平安社区为主题的"安民"服务、
以活跃群众文体活动为主题的"乐民"服务、以方便群众为主题的"便民"服务、
以争做文明市民为主题的"育民"服务）实现服务资源全体居民共享。观音庙
社区是一个典型的老旧城区改造后的新建社区，辖区面积 0.6 平方公里，现有
居民 3160 户、8063 人。观音庙社区党组织坚持以人民为中心，树立"始于服
务、终于满意"的工作理念，创立了"159 城市基层党建工作模式"，助推社
区治理各项工作的有效开展。凝心聚力"一个阵地红心家园"，观音庙社区党
支部作为红心家园的核心，充分发挥党建统领全局的作用，力争把"小社区"
变成"大家园"，实现居民的事大家管，大家的事共同办；践行"五项工作机
制"，打造服务型社区。充分发挥党支部的轴心和纽带作用，社区汇聚各方力

量，将共同参与组织机制、党建责任落实机制、基本建设保障机制、服务群众长效机制和民主管理监督机制五项工作机制贯穿到社区治理始终。观音庙社区在金禾小区成立了呼市首家小区党支部，将党组织链条从社区延伸到小区、楼栋，依托居委会、业主委员会、物业公司等建立党组织，推行社区党委（党总支）、小区党支部、楼栋党小组"小三级"组织构架。通过把党支部建在小区里，解决了一批小区居民反映的热点、难点问题。全力打造"九心"小家（养心、贴心、暖心、惠心、舒心、爱心、欢心、赏心），为社区党员群众提供特色服务，实现了红心家园构筑大党委、五项机制做细大党建、九心小家服务大民生基层党建工作新格局。

3. "党建 + 聚力"

着力构建城市基层党建共建共治共享体系，建立区级党建协调委员会，下设 7 个专业委员会和 9 个街镇党建联席会，形成"1+7+9"的融合党建共同体。积极推行"为民服务三项清单"制度，依托区、街道、社区、小区四级组织架构，调动社区工作者、社会组织、社区志愿者、社会工作者四支力量，切实掌握居民所思所盼所需，提高服务的针对性和群众满意度。2019 年，各社区共收集居民需求 607 条，社区资源 195 条，服务项目 210 条，其中 483 条居民需求已经得到解决，124 条居民需求正在协调上级部门共同解决。完善基本保障，以区级党群活动服务中心为枢纽，带动裕隆工业园区，西菜园、石东路、鄂尔多斯路 3 个街道，60 个社区和 21 个小区党群活动服务中心同频共振、同向发力，构筑起一套区域统筹、资源整合、上下联动的党群活动服务中心联盟体系。大力开展"五个一百"主题活动(开展百堂精品思政课，百个主题党日，重温百部红色电影，百名志愿者助力社区治理，百场群众活动凝聚人心)，吸引党员群众积极参与城市基层治理。

4. "党建 + 抗疫"

让党旗在防控疫情斗争一线高高飘扬。疫情就是命令，防控就是责任。疫情发生后，玉泉区区委吹响抗疫"集结号"，全区 378 个党组织展现出强大的组织力和执行力，迅速成立 148 个临时党支部，7500 余名党员带头开展入户排查和设卡防控，共排查 19.2 万户、43.6 万人。小西街社区面对外来人口众多、人员构成复杂等防控突出难题，在辖区内所有小区实行"一二三四"管控工作法（即"一个封闭"：小区大门每天定时关闭，24 小时专人值守服务。"二个提倡"：提倡居民生活物资一周一采买；提倡居民不出门、勤洗手、窗通风。"三个一律"：外来人员、车辆一律不得进入。只有办理出入证的居民才可入内，如未办理出入证的居民，临时党支部的党员们和志愿者们严格执行住宅小区卡口管控"五询问两核查两告知"的程序。对居家隔离的住户，党员们会为他们购买生活必需品。"四个彻底"：小区消杀彻底，小区垃圾清理彻底，人员排查彻底，发动党员、群众彻底），用实际行动展现新时代共产党员的政治本色和精神风貌。三里营东家兴小区共 618 户，13 栋楼，53 个单元，约 1642 人，疫情发生以来，社区家兴小区第一时间成立疫情防控临时党支部，紧盯重点人员，紧盯小区卡口，紧盯重点场所，建立"3+3+13"管理模式 [即卡口值班实行全天三班倒制度；在职党员和志愿者每三小时一班，确保不落一户，不少一人，落细落实防控任务；在职党员（志愿者）下沉到 13 栋居民楼担任楼栋长，共同开展防疫工作，为小区居民提供志愿服务]，实现了"小区有网、网中有格、格中定人、人负其责"，筑牢疫情防控"安全防线"。区委对在抗疫过程中涌现出来的"最美社区快递员"，"最美守夜人"杨俊爱、李娜等 200 名冲锋在前、投身一线、担当作为、表现突出的优秀共产党员进行通报表扬。

5."党建 + 文化"

玉泉区秉持"宜融则融、能融尽融、以文促旅、以旅彰文"的发展思路，强化"古韵青城·福地玉泉"旅游形象，以大召历史文化旅游区、昭君博物院等两大国家 4A 级特色旅游景区整体形象塑造为抓手，依托厚重的历史文化底蕴和丰富的旅游资源，加强文化旅游核心区建设，推动文旅产业融合。启动"自治区全域旅游示范区"创建工作，编制了玉泉区旅游创意策划方案。围绕"红色文化"，推出土默特文庙、绥蒙抗日救国会旧址等红色爱国教育精品旅游项目。打造了国家级文化产业示范基地大召文化产业群落，建成了展示旅蒙商文化的大盛魁文创园，建设了"呼和浩特烧麦第一街""通顺大巷美食一条街"等传统饮食文化街区，让群众在游览古城美景的同时品味风味小吃，体味玉泉味道。深度研发"玉泉礼物"，推广"互联网 + 旅游"，发展文化创意、文化演艺产业，加强对木偶、皮画等非物质文化遗产的弘扬和传承。统筹实施文化惠民工程，为文化旅游产业注入了新活力。2019年，全区接待游客1290万人（次），旅游综合收入实现11亿元，同比增长15%，荣膺"中华民族文化旅游名片""中国文化生态旅游示范地"等称号。

（二）玉泉区农村基层党建：强基固本，彰显活力

近年来，玉泉区结合基层党建工作实践，创新推行了"三联三帮三促"党建工作机制，整合50个机关、50个社区、50个非公有制经济组织的优势资源对50个行政村进行组团式帮联，着重解决农村基层和群众最关心、最直接、最现实的问题，全面提升农村基层党组织党建工作水平。

1."党建+脱贫攻坚"

按照"党建促脱贫，脱贫强党建"的思路，坚持抓党建与脱贫攻坚"双推进"。推行"1+N+1"党员联系脱贫享受政策户行动，开展精准结对帮扶，齐心协力打赢脱贫攻坚战，助力实现全面建成小康社会。组织1名镇、街道包村领导，由至少1名包联部门专员、1名村"两委"干部、2名农村党员组成的N人包联小组，结对帮扶1户贫困户，大力培育脱贫主体意识，激发内生动力，改善生产生活质量，助力实现脱贫享受政策边缘户精准式脱贫致富，持续巩固脱贫攻坚成果。充分发挥驻村"第一书记"作用，不忘初心，为民解忧。王蒙2015年被选派到玉泉区小黑河镇达赖庄村任驻村"第一书记"，驻村期间，坚持记录"民情日记"，念好"百家诀"，把责任扛在肩上，变"陌生人"为"亲人"。乌兰巴图村"第一书记"倪海龙，在"三联三帮三促"活动中，结合村民需求清单和资源清单，千方百计，解决村民实际问题。针对村民出行难的问题，经过与市公交公司多次协调沟通，村公交线路于2020年1月20日顺利通行。针对村民如厕难的问题，通过多次协调争取，为乌兰巴图村新建青城驿站水冲厕所2处、旱厕改水冲厕所1个，解决了村民冬季如厕难题。同时，在全面摸排掌握村情的基础上，指导村集体经济发展、帮助贫困户脱贫致富，对贫困户"一户一策""因户施策"，制定帮扶措施，确保贫困户收入稳定增加，解决贫困户子女上学、住院治病等后顾之忧。目前，乌兰巴图村建档立卡贫困户已全部稳定脱贫。大力开展项目扶持，通过"一村一品"，发展产业。大库伦

村现有人口 1120 人，全村拥有土地面积 2300 亩，村"两委"干部 5 人，有党员 25 人，村集体经济收入主要靠土地租赁。2019 年，区委开展"三联三帮三促"活动，改变了大库伦村传统经济发展模式，注入扶贫资金 125 万元，成立了以村集体为主体的"内蒙古金佰旺生态农业有限公司"，开发"真人 CS"户外拓展训练基地项目，项目投入使用后预计年盈利可达 50 万元。同时，依托湿地公园的区位优势，打造以垂钓、休闲、餐饮、娱乐为主要内容的庭院经济、农家乐品牌，发展旅游业，形成多元一体的农村特色农业产业。

2."党建 + 乡村振兴"

玉泉区按照"产业兴旺、生态宜居、乡风文明、治理有效、生活富裕"的总要求，统筹推动产业、人才、文化、生态、组织振兴。以推动农业高质量发展为目标，大力引入社会资本，扩大产业发展规模，形成一批特色村、特色产业，推动农业产业升级和农村经济发展，拓宽农民致富增收渠道，助力乡村振兴。如寇家营村位于呼和浩特市西南，全村 465 户、1479 人，现有耕地 2900 亩，为促进农民增收致富，由村"两委"牵头，成立了内蒙古百草园农业合作社，采取"合作社 + 基地 + 农户"的发展模式，为特色农业发展装上了"新引擎"，为村民转变传统产业发展思路吃上了"定心丸"。2020 年，寇家营村依托内蒙古百草园农业合作社，以每亩土地流转费 800 元，流转村民土地 300 多亩，试种金银花茶，每亩产值可达 1.5 万元，收益乐观且市场需求量大，让金银花"开"出致富路。此外，寇家营村先行先试，合理配置资源，积极发展稻田养蟹生态种植模式，为村民脱贫致富奔小康找到了新路子。东甲兰村现代农业示范园，运用科技优势，采用基质无土栽培技术种植方法，种植出来的西红柿，不仅口感好，而且市场销量大。园区的西红柿自 2017 年冬季开始种植推广，历时 3 年打造为玉泉区域品牌，年产可达 240 万斤，主要在超市和网上销售，预计 2020 年园区产量将突破 2000 万斤。

3."党建 + 生态文明"

玉泉区认真贯彻习近平生态文明思想，把生态文明建设各项举措落到实处，让绿色成为玉泉区发展的不变底色，走出一条"绿色生态、现代宜居、产城融合、文旅一体"的发展新路子，不断提升老城区生态文明建设水平。完成

8 家供暖企业燃煤锅炉提标改造，加强燃煤散烧治理，居民清洁化取暖覆盖面持续扩大。严禁农作物秸秆焚烧，引进一太农业服务公司回收秸秆 2.2 万亩，秸秆利用有效加强。水越来越清。扎达盖河、大黑河（玉泉段）河道治理工程稳步推进，拆除大黑河堤防违建 2000 平方米，清淤疏浚河道 10.7 公里，拆除饮用水源井一级保护区违建 6000 平方米，封堵河道排污口 8 处。土越来越净。规模化养殖场设施设备标准化建设快速推进，完成印染、制药等重点企业土壤污染调查。关停"散乱污"企业 134 家，拆除"大棚房"464 处。自 2016 年以来，玉泉区累计在环境保护上投入资金 8.5 亿元，完成了辖区内扎达盖河、大黑河、小黑河、乌素图河黑臭水体治理，依法关停取缔河道周边"小散乱污"企业 27 家，淘汰燃煤锅炉浴炉 228 台，完成禁燃区内 4.9 万户居民取暖清洁化替换工作。大力推进城市环境综合整治，新建公共卫生间、青城驿站 469 座，改造小街巷 450 条，辖区内 375 个老旧小区全部进行了改造提升和准物业化管理，游园绿地总数已由 2016 年的 1 处增加到现在的 35 处，新增绿地约 160 万平方米，玉泉区绿化覆盖率达到 36.3%。

近年来，玉泉区委通过"党建 +N"的模式，走出一条新时代党建的新路子，不断提高全区党建的科学化水平，有力促进全区经济社会各项事业高质量发展，并取得了可喜的成绩，既多次受到上级的肯定和奖励，也得到了广大干部群众的认可和赞扬。今后，继续以习近平新时代中国特色社会主义思想为指导，认真贯彻落实习近平总书记关于党建工作的重要论述，再接再厉、开拓创新、求真务实、扎实抓好党建工作，力争全区党建工作再登新台阶，再创新辉煌。

全面建成小康社会与中国县域发展

内蒙古自治区呼伦贝尔市鄂温克旗

深化民族团结　共建小康社会

中共呼伦贝尔市委宣传部

鄂温克族自治旗地处祖国北疆，呼伦贝尔草原腹地，大兴安岭西麓，是全国三个少数民族自治旗之一。全旗总面积 1.9 万平方公里，辖 4 个镇 5 个苏木 1 个民族乡，共 44 个嘎查，20 个社区，总人口 13.7 万人，以鄂温克族为主体，汉族、蒙古族、达斡尔族等 25 个民族组成，少数民族人口为 59641 人，占总人口的 43.5%；鄂温克族人口为 11882 人，占总人口的 8.7%。近年来，在党的民族政策光辉照耀下，鄂温克旗开创了民族团结和睦、经济快速腾飞、社会和谐稳定的喜人局面，全面绘就了党的民族政策的美好蓝图，体现了民族区域自治制度的优越性，打造了全国生态文明建设的先锋典范，展示了全国民族自治县（旗）科学发展的成果。

一、工作开展情况

（一）深化民族团结进步宣传教育，促进各民族交往交流交融

近年来，全旗上下牢牢把握各民族共同团结奋斗、共同繁荣发展的主题，全面贯彻落实习近平总书记关于民族工作的重要指示精神和关于内蒙古工作的两个重要讲话精神及中央和自治区民族工作会议精神，针对不同群体，分类施教、因人施教，不断加强党的民族政策和法律法规宣传教育，使"三个离不开""五个认同"和中华民族共同体意识深深扎根于各族干部群众心。旗委宣传

部、旗委统战部、旗民委联合下发《鄂温克旗民族团结进步宣传教育实施方案》，形成民族团结进步工作层层有人抓，一级抓一级，层层抓落实的工作格局。把习近平总书记关于民族工作的重要论述和党的民族理论政策列入各党委（党组）理论学习中心组学习内容，2016 年至今，共召开旗委理论学习中心组民族工作学习会 19 次，开展习近平总书记关于民族工作重要讲话指示批示精神宣讲 93 次场，受众人数超过 20000 余人次。引导教育广大干部群众掌握党的民族理论和民族政策的基本观点和基本知识。在传统媒体和新媒体开设民族团结专栏，利用汉语、鄂温克语、蒙古语进行多语种宣传宣讲，让党的民族团结理论政策"飞入寻常百姓家"。注重从娃娃抓起，将民族团结教育内容纳入中小学教学计划，开展各类主题教育实践活动，教育各族学生树立正确的民族观。旗教育局编写《中国·鄂温克——一个被世界传唱的地方》《少数民族歌曲》等乡土教材，在中小学推广使用；各民族学校，根据学生特点和学校实际情况开设具有民族特点的体育、艺术、民族文化校本课程，如鄂温克中学开设抢枢、射箭课程，旗第一实验小学开设蒙古象棋、形体训练舞蹈课，锡尼河学校开设民族传统文化课等。使国家课程、地方课程和校本课程有机结合形成民族团结教育课程体系。

（二）以铸牢中华民族共同体意识为根本方向，巩固深化民族团结进步创建成果

以民族团结进步"六进"工作为主线，充分利用《中华人民共和国民族区域自治法》宣传周、《内蒙古自治区蒙古语言文字工作条例》宣传月、民族团结进步活动月和重大庆典活动、民族传统节日等时机，针对不同对象、群体进行"滴灌式"宣传教育，使各民族"同呼吸、共命运、心连心"的光荣传统发扬光大，中华民族共同体意识深入人心，各族人民和睦相处、和衷共济、和谐发展的良好局面日益巩固。树立培育民族团结进步模范，推动民族团结进步事业向前发展。深入开展民族团结进步模范集体和模范个人表彰活动，培育民族团结进步模范，充分发挥示范带头作用。建旗以来，旗本级共召开民族团结进步表彰大会 11 次，累计表彰模范集体 360 个、表彰模范个人 722 名。2019 年，我旗 1 人被授予全国民族团结进步模范个人称号，旗公安局获得全国民族团结进步示范单位荣誉称号。2020年上半年，积极推荐全区民族团结进步示范单位2个，民族团结进步示范嘎查1个。

（三）以增强中华文化认同为根本，促进各民族共赴小康社会

围绕新时期民族工作主题，加强民族文化保护传承，推动民族文化创新发展，取得了积极成效。我旗建设3万平方米的民族文化产业创业园，以鄂温克民间服饰、鄂温克传统手工皮毛技艺、厄鲁特蒙古族服饰、厄鲁特民歌、达斡尔木雕、达斡尔摇篮、达斡尔糕点瓦特传统制作工艺、布里亚特服饰食品、巴尔虎服饰食品等少数民族传承性项目为主，传承项目种类繁多，保存完好。我旗先后挖掘抢救自治区级以上非物质文化遗产名录21项，目前有77项非物质文化遗产项目，其中国家级2项，自治区级14项，国家级代表性传承人1名，自治区级代表性传承人19名。

典型事例

鄂温克族"太阳姑娘"的光与热

在鄂温克族的传统饰品中，用牛羊的皮毛等制作的"太阳花"是常用的装饰品，皮质的圆心象征太阳，四周的毛针如同阳光一般，乌仁说："这代表我们鄂温克族对温暖和光明的向往。"

乌仁自小在草原上长大，高中毕业后被分配到家乡的乳品厂工作。1995年，乌仁还被推选为自治区劳动模范。然而，当时乳品行业不景气，乌仁家里主要经济来源几乎全靠畜牧养殖，收入并不稳定。

2015年，乌仁团队制作的"希温·乌娜吉"太阳姑娘饰品成为自治区级非遗项目。2016年，乌仁被批准为自治区级非遗项目代表性传承人。与此同时，乌仁积极开展非遗文化保护传承活动，培养了8名"太阳姑娘"非遗项目代表性传承人，并派他们到全国各地参加比赛、交流学习。也是在2016年，鄂温克旗民族文化产业创业园建成，乌仁将公司迁至园区，员工也由最初1人发展到14人，其中5人是贫困户。

民族歌舞剧《彩虹之路》：七彩历史路　大义民族魂

鄂温克自治旗乌兰牧骑创作的反映鄂温克民族可歌可泣却又鲜为人知历史的大型歌舞剧《彩虹之路》在呼伦贝尔上演。据该剧艺术总监、鄂温克族表演艺术家涂们介绍，彩虹寓意鄂温克族的 7 个儿子，也寓意鄂温克民族走过的道路是七彩的。

该剧以清雍正年间鄂温克族索伦部落为了国家安定、疆土永固，毅然从世代生息的大兴安岭西迁至呼伦贝尔草原筑城驻防为背景，艺术化地再现了鄂温克人从日常生活到神秘的宗教祭祀仪式，从森林中的狩猎到草原上的游牧戍边，从传统的竞技游戏到沙场的战火纷飞，从男女情爱的幸福到索伦勇士为国捐躯的悲壮历史。可以说，这是鄂温克民族的一部西迁史，一部戍边史，一部风俗史。

大型原创民族歌舞剧《彩虹之路》荣获呼伦贝尔市第八届文学艺术创作政府奖（骏马奖）和全区第十二届精神文明建设"五个一工程"（戏剧类）优秀作品奖。旗乌兰牧骑先后获得全国"十佳乌兰牧骑""一类乌兰牧骑"称号，排名居全国乌兰牧骑之首。2019 年，乌兰牧骑开展惠民演出 103 场；2020 年乌兰牧骑线上线下相结合进行文艺演出和文艺创作，如蒙汉双语歌曲《白衣战士之歌》《友谊万岁》《祝福祖国美好》，小品《欢喜致富路》等。鄂温克民族传统节日"瑟宾节"、冬季那达慕，以及各类民族文化艺术节已形成独具特色的文化品牌。2020 年上半年受疫情影响，伊慕讷节活动由草原搬到了直播间，通过直播和录播互动的形式开展，并直播和录制了"我的伊慕讷"2020 年鄂温克旗伊慕讷民俗文化展示活动纪录片。文化助力扶贫，2020 年举办了"决胜小康奋斗有我"诗歌朗诵会，大力营造决胜全面建成小康社会的浓厚文化氛围。

（四）以落实各项政策为抓手，决战决胜脱贫攻坚

2011 年，自治旗被列为区级贫困旗，全旗贫困人口 893 户、2104 人，贫困发生率为 11.5%。经过几年多轮次动态调整和识别退出，截至 2020 年，全

旗建档立卡贫困人口 1203 户、2837 人，已全部脱贫，综合贫困发生率将至零。从传统畜牧业到特色产业再到基础设施建设，从思想引领到教育、医疗、卫生扶贫再到社会保障，从财政金融到生态再到社会扶贫，鄂温克旗为贫困户脱贫解困量身定制了 67 项菜单，按照"宜牧则牧、宜林则林、宜游则游、宜商则商"的原则，尽锐出战，聚焦精准，靶向发力，综合施策，打出了一套脱贫攻坚的组合拳。呼伦贝尔市金棘草布里亚特食品厂政府扶持资金 240 万元，产业促脱贫带动三个嘎查 87 户贫困户，每户牧民分红 3300 元。连续分红 5 年，直到所有贫困户稳定脱贫。

典 型 事 例

哈斯格日乐：创业脱贫授人以渔

伊敏苏木红花尔基嘎查鄂温克族牧民哈斯格日乐，因病致贫，2014 年被确定为建档立卡贫困户。2016 年，哈斯格日乐成为非物质文化遗产传承人，并在鄂温克旗民族产业创业园申请到创业基地开始创业。2018 年，哈斯格日乐积极响应旗委、旗政府号召，开始组织服饰制作相关培训，目前带动就业 18 人。

通过特色产业扶贫政策，哈斯格日乐不但自己脱了贫，还带动了 56 个贫困户脱贫致富。如今的哈斯格日乐已是鄂温克民族服饰店的老板，也是当地特色产业精准脱贫的示范户。去年，来自国内外的订单有 500 多单，收入超过 20 万元。2018 年，哈斯格日乐荣获全国脱贫攻坚奋进奖个人提名。

（五）以贯彻新发展理念为出发点和落脚点，助推少数民族聚居区经济社会加快发展

近年来，围绕脱贫攻坚，结合实施乡村振兴战略，全面抓住国家、自治区对人口较少民族聚居地区的扶持倾斜政策，完善牧区各项公共服务设施和基础设施，大力发展嘎查集体经济，鼓励牧区农畜产品加工业发展，进一步解决

群众的生产生活条件，全面建设社会服务设施齐全、生态环境质量良好、人民生活水平较高、民俗文化特色鲜明的现代人口较少民族聚居地区。2016 年以来，少数民族发展项目资金投入 11075 万元，大力扶持牧民发展畜牧业生产，改善居住条件，为少数民族群众脱贫致富注入强大动力。大力推动生态畜牧业，统筹谋划"乳、肉、草、马"振兴发展。加快传统工业经济转型升级，支持煤电企业提质增效、绿色转型，促进牧业机械装备制造企业智能化升级改造。多元化发展战略性新兴产业，以汽车产业园、马产业园、民族文化产业园建设为载体，加快阿里巴巴鄂温克产业带电商运营中心建设，全力推动万达广场商业综合体、二手车交易市场、车管所等项目建设，力促粉煤灰基土壤保水调理剂、生物科技综合提取、羊皮胶原蛋白肽等项目投产达效，不断培育新的经济增长点，坚定走好以生态优先、绿色发展为导向的高质量发展新路子。

典型事例

凝心聚力四项举措　实施乡村振兴战略

从新农村建设，到美丽乡村，再到乡村振兴，无不彰显国家对"三农"工作的高度重视。我旗在脱贫攻坚即将收官之际，紧扣乡村振兴这一中心，推出四项举措，全力推进实施乡村振兴战略。

产业振兴是乡村振兴的根本，也是最重要的一项工作。如何推动牧区产业振兴，鄂温克旗在实施乡村振兴中提出以"绿色兴牧、品牌强牧、生态优牧"为指导，努力做大做强"乳肉草马"四大主导产业，全面激发牧区的发展潜力。扶持奶山羊、奶牛养殖基地建设，大力发展民族特色优质奶制品产业；加强草原短尾羊、本地肉牛育种核心群、扩繁场、品牌、可追溯体系等肉业发展。扶持饲草企业发展，结合已垦草原退耕，全面扩大优质牧草种植面积。加强"三河马"、蒙古马等优良品种保护、繁育，推动马产业蓬勃发展。通过这些举措，实现产业振兴。

在乡村振兴工作中，我旗牢牢把握生态振兴是基础这一理念，建设美丽宜居新牧区。全面落实牧区人居环境整治各项重点任务，高质量推进"厕所革命"，实施畜禽粪资源转化利用，加强牧区生活垃圾收运处理，实施村庄清洁、绿化行动，开展绿化示范嘎查创建工作。大力改善交通条件，健全"四好"农村路建、管、用体系。

为激发新时代牧区活力，我旗提高对人才和载体认识，积极培育家庭牧场、牧民专业合作社等新型经营主体，将牧户融入农牧业产业链，大力培育新型职业牧民，扩大电子商务进牧区的覆盖面，扶持牧民通过电子商务开辟线上销售市场，不断促进牧民增收致富。同时集中整合各类项目资金，扶持壮大嘎查集体经济。

强化城镇服务和保障意识，提高城镇化建设水平。积极推动伊敏电厂长距离供热和中心城区备用水源地建设，改善城市供热供水质量。继续提升城镇管理水平，完善巴彦托海镇、大雁镇、红花尔基镇的基础设施建设。推动巴彦托海镇房地产业、商贸物流业、汽车产业发展。

二、工作中存在的薄弱环节

一是民族文化传承尚需加强，公共文化体育服务设施不够完善，民族文化遗产亟待抢救性保护，急需加大文化资源挖掘整理、保护传承和开发利用力度。二是鄂温克族是只有语言没有文字的民族，随着时代的发展和社会的变革，鄂温克语的发展也面临着挑战，使用母语的鄂温克族人口逐年减少，母语文化的传承形势紧迫。三是少数民族特色产业发展比较滞后，农牧业现代化水平低，结构不合理，农牧业的比较优势尚未发挥；传统手工艺制作和民族特色商品生产层次水平不高。

三、下一步工作建议

一是深化文化体制改革，激发创造力。深化宣传文化体制改革，激活宣传文化单位的内在活力，加强民族文化的传承和保护力度，为民族文化专业人才施展才华创造良好平台和发展环境。

二是传承文化，加大对传统民族文化的传承、保护及发展力度。2009 年鄂温克语被联合国教科文组织列入世界 18 种濒危语言行列。加大抢救保护三少民族语言的政策措施支持，组建民族语言保护传承专门机构，在各民族学校开设民族语言课程，投入科研项目资金实施三少民族语言语料库工程，抢救保护三少民族原始语言环境，留存语言历史档案。

三是加强规划，推动民族团结进步事业纵向发展。针对少数民族聚居区多处于生态脆弱区、产业发展受限的实际，加强规划引导，采取差别化和针对性的产业政策，大力支持少数民族聚居区特色产业的发展，确保少数民族自治旗人民与全国人民同步步入小康社会。

内蒙古自治区
赤峰市宁城县

播下"金点子" 结出"致富果"

——内蒙古自治区赤峰市宁城县农牧业产业化发展调查

中共赤峰市委宣传部

作为全国首批国家级革命老区、位于蒙冀辽三省区交界处的赤峰市宁城县，因发展基础薄弱、资源禀赋不足、经济总量偏低，1994 年被列为国家扶贫开发重点县。在新时代脱贫攻坚铿锵有力的号角声中，宁城县以"时不我待、只争朝夕、舍我其谁、奋勇向前"的精神和勇气，为决战决胜脱贫攻坚、全面建成小康社会贡献着智慧和力量。

宁城县总人口 61.8 万人，是赤峰市第一人口大县。自脱贫攻坚战打响以来，全县人民始终牢记习近平总书记嘱托，在市委、市政府坚强领导下，坚决贯彻落实中央、自治区脱贫攻坚重大决策部署，因地制宜、科学定位、精准施策，把发展产业作为脱贫攻坚根本之策，走出一条"川种菜、山栽果、丘陵地区养肉牛"的产业扶贫之路。

一、设施农业筑牢富民"幸福路"

作为全市第一人口大县的宁城县，农业人口 53.5 万人，建档立卡贫困户 16059 户、45784 人。全县人均耕地面积不足两亩，且多为山坡地，多数农民都靠天吃饭。为打赢脱贫攻坚战这场硬仗，宁城县编制出台了扶贫产业发展规划，确立了"设施农业、林果种植和肉牛养殖"三大产业扶贫格局。

日前，在宁城县右北平镇、大城子镇、汐子镇、小城子镇、三座店镇、八里罕镇等地就设施农业、林果种植、肉牛养殖等产业发展情况调研时获知，为使农民群众早日摆脱贫困过上好日子，早在1996年，宁城县就作出了大力发展设施农业的战略决策。多年来，宁城县矢志不渝、持续发力、奋力推进设施农业产业发展。如今，宁城县设施农业已成为全市乃至全区的一张亮丽名片。目前，全县设施农业总面积达48万亩，覆盖16个镇乡街、199个行政村，从业群众7万余户、17万人，年产蔬菜112万吨、产值44亿元，带动从业贫困群众10230人，人均年增收4000多元。

大城子镇下五家村村民齐平、赵海英夫妇是较早投身设施农业的一个典型。经过多年不懈努力，现已拥有三个暖棚和一个冷棚。由于今年番茄价格高、行情好、产品有点供不应求，每天采摘的番茄可以直接装车运往全国各地，今年全年收入比往年更多了。靠种植番茄获得的收入，如今，不仅把家里的老房子翻盖一新了，还给未成家的儿子购买了楼房。每每提起设施农业带来的变化时，夫妻俩难掩喜悦之情。调研时得知，齐平、赵海英夫妇不仅过日子是把好手，还是蒙汉通婚的典型，邻里间相处的也特别好。

设施农业发展之初，许多干部群众不理解、不支持、不参与，通过广泛宣传发动、组织外出考察、详细算账对比等方式，强力统一思想、广泛凝聚共识、坚定发展定力，宁城县设施农业总量实现了从小到大、由弱到强、从庭院到园区的重大转变。为进一步扩大设施农业产业规模，建设了72个高标准设施农业产业园区。其中，规模超万亩专业园区6处、千亩日光温室园区64处、设施农业专业村58个，打造了3条产业发展示范带，形成了"一乡一业、一园一品"的设施农业发展格局。

谢玉平一家曾是右北平镇北洼子村建档立卡贫困户。她家四口人，两个孩子正在读书。原来仅靠3亩地收入勉强维持家用。农闲时丈夫只好外出打点零工、挣点钱，补贴家里。2019年10月，该镇高标准日光温室产业园建成后，在镇村干部反复算账对比下，她在该园区租赁了一个2亩地的日光温室大棚种植黄瓜。在夫妻俩精心劳作下，仅半年多时间，除去棚租、秧苗、化肥、农药等所有成本，2 亩地黄瓜棚室纯收入 7 万多元。当初租赁温室大棚时，她还是有点犹豫的，现在看来租赁温室大棚种植黄瓜的做法是正确的。如今，在家门口就能实现脱贫致富了，她家里的日子发生了翻天覆地的变化。

脱贫攻坚过程中，宁城县采取"经营主体、产业园区、集体经济"等带贫模式，助力脱贫攻坚。其中，通过大力发展种植大户等新型经营主体、培育合作组织，积极发展配套服务，将广大菜农紧密嵌入到产业链各环节中，带动贫困群众实现脱贫致富。

见到大城子镇上五家村村民郭双凤时，他正在自家合作社收购点忙活着。收购点门前，菜农们人头攒动，往来车辆络绎不绝。她忙着为菜农们过秤、检查蔬菜质量，她严谨的工作态度和热情周到的服务赢得了广大客商认可。十几年前，夫妻俩开始承包日光温室大棚搞蔬菜种植。开始时，因没有市场、打不开销路，夫妻俩就走街串巷进行售卖。销路打开后，自家生产的蔬菜却不够卖了，于是她就联系其他农户一起从事蔬菜种植。随着生意越做越大，她开始帮助其他农户向外销售农产品。经过十几年不懈努力，如今她成立了大城子镇成硕果蔬合作社，为农户提供种子、化肥、秧苗及种植技术咨询等服务。在合作社带动下，200 多户农民群众走上了脱贫致富之路。她用勤劳的双手，从白手起家到年收入百万元，如今她家里不仅建起了两栋楼房，还购买了小轿车，一家人过上了富足而美好的生活。

针对设施农业发展资金难筹、土地难调、人才难找"三难"问题，宁城县积极探索各种方式，集聚资金、土地、人才等各类要素，全力破解产业发展难题。目前，通过大力发展绿色有机设施蔬菜，宁城县已拥有认证无公害绿色有机蔬菜产品 53 个，注册"宁城番茄""宁城黄瓜""宁城尖椒""宁城滑子菇"国家地理标志证明商标 4 件，成功举办宁城设施农业发展论坛，有效提升了宁城县设施农产品知名度和市场竞争力。该县先后荣获了全国蔬菜生产基地重点县、无公害蔬菜生产示范县等国家级荣誉称号。如今，宁城县设施农业产业正以强劲的发展势头，成为全民实现小康梦想的首选产业。

二、林果种植摆脱贫困"摇钱树"

"五山四丘一分川"是宁城县的地貌特征,"山多人多耕地少"是宁城县的真实写照。但这里气候温润、日照充足,发展林果产业得天独厚。经过多年不懈努力,宁城县不断发展壮大的林果产业,现已成为山区群众摆脱贫困的"摇钱树"。

为加快群众脱贫致富步伐,宁城县决定向群山要效益,分别在浅山区、丘陵山区、丘陵坡地、次生林区栽植不同品种果树,再依据区域布局扩大规模,推动林果栽植从分散经营向成坡连片规模化发展转变。为此,还推出"发展规模、补贴资金、考核分值"不设上限政策,通过全县上下共同努力,现已建成万亩以上林果乡镇 5 个、千亩以上林果基地 38 处,集中打造了驿马吐川、坤头河川、黑里河川、热水川 4 条林果产业带。

作为全县万亩以上林果乡镇之一的小城子镇,始终把发展果树经济林作为兴镇富民主导产业来抓。脱贫攻坚战打响后,该镇因地制宜、精准施策,把发展壮大林果产业作为脱贫攻坚"硬核"来强力推进。经过多年发展,全镇林果面积已达 4.1 万亩。其中,盛果期面积 1.8 万亩,年产果品 3.6 万吨,产值 1.8 亿元。通过直接栽植果树,该镇 318 户、978 人建档立卡贫困户实现了稳定脱贫。通过土地流转,无劳动能力贫困户 65 户、195 人实现脱贫。通过到合作社短期务工、果品采摘运输等产业链带动,每年大约有接近 150 人贫困群众实现脱贫。通过发展林果产业,贫困群众年增加收入达 576 万元,人均增收 4500 元。

宁海成一家曾是小城子镇八家村建档立卡贫困户。家里 5 口人,大女儿刚刚毕业,还有两个正在读书的孩子。原来仅靠 6 亩山坡地收入,勉强维持一家人基本生活费用。自 2004 年起,他开始栽植果树。经过十几年辛勤劳动,目前,他家果树栽植面积已发展到 11 亩,年收入 6 万元左右。通过发展林果经济,不仅实现了稳定脱贫,家里日子也今非昔比了。党的政策就是好,这是他反复挂在嘴边的一句话。

为打造属于自己的林果品牌，提升贫困群众林果收益，在初植园建设及丰产园管理标准上，宁城县分别实行"统一整地、苗木、栽植、覆膜"等"四统一"和"统一施肥浇水、整形修剪、疏花疏果、病虫害防治、果实采收"等"五统一"模式，以推动林果产业持续健康发展。经过不断努力，宁城县成功培育出名闻遐迩的宁城富硒苹果，注册了"宁城苹果"国家地理标志证明商标，成立了宁城县果树经济林协会，建设了宁城苹果博物馆，并连续举办5届"宁城苹果节"，持续提升产品知名度和市场竞争力。如今，一张以"红色旅游名镇、塞外林果之乡"为主题的名片，已带着小镇走进全国人民视野中。

在合作社服务标准上，实行市场信息、技术指导、果品营销等统一服务，先后培育林果专业合作社23家。其中，国家级农民合作社示范社2家，带动果农5200户。针对林果产业发展中技术标准不一、市场信息不畅等问题，2007年11月，在该镇柳树营子村原党支部书记白银江等人带领下，率先成立了宁城县百氏兴林果专业合作社，成为国家级农民合作社示范社之一。多年来，该合作社为广大果农定期举办多种形式技术培训、积极引进新技术，针对本地区果品单一、抗寒优质果品品种少等现状，开展科研创新、积极开拓销售渠道等。下一步，该合作社将全方位开展业务、增强与果农沟通协作，实现共赢。

目前，全县果树经济林面积已发展到25万亩，年产果品13.5万吨，产值6.8亿元，带动果农5200户，有3681名贫困群众从事林果产业，人均增收达5500元。该县先后荣获全国经济林建设示范县、蒙富苹果标准化示范区等称号。结合乡村振兴战略，该县正加快林果产业与文旅产业深度融合，持续扩规模、提质增效，使林果产业变得更加葱茏青翠。

三、肉牛养殖走出致富"新路子"

作为全区农业大县、人口大县的宁城县，境内没有草场和草原，发展畜牧业没有优势。但有耕地154万亩，年产玉米60万吨、秸秆70万吨。借助这一资源优势,按照集中、集聚、集约发展思路,拓展致富新途径,下决心发展肉牛养殖产业。经过多年努力,终于走出一条助力脱贫、产业富民的"牛"路子。在肉牛养殖产业发展过程中,宁城县改变了原来一家一户零散式肉牛养殖方式,整合各类资金,向标准化养殖场、规模化集聚区集中投入,以增加肉牛养殖效益。同时,还优化肉牛养殖布局,分别在西部丘陵山区、东部平川区、国道 508 沿线重点发展基础母牛、优质母牛和架子牛、育肥牛,形成"两区一带""西繁东育"的产业发展格局。先后建成肉牛养殖扶贫产业园 9 处、标准化肉牛养殖场 178 处。其中,八里罕镇北梁村和忙农镇三家村 2 处万头肉牛养殖扶贫产业园圈舍 5 万余平方米,发展规模养殖户 1600 余户,千头以上肉牛养殖小区 15 处,标准化肉牛养殖场 20 处。成立于 2017 年的八里罕镇万头肉牛扶贫产业园,由宁城县绿草地养殖合作社统一经营管理。该合作社是一家集购买、育肥、交易、屠宰为一体的现代化肉牛养殖合作组织,2017 年被评为赤峰市农牧业产业化重点龙头企业。该镇有易地搬迁户 276 户。其中,贫困户 248 户、847 人。由于搬迁贫困群众缺少养殖技术、无养殖场地、搬迁后续产业资金额度较大等,该园区有效解决了搬迁贫困群众发展后续产业难问题。贫困群众不但可在园区里打工挣钱,还能学到养殖技术。另外,在征得贫困群众同意的基础上,贫困群众与该合作社签订了后续产业肉牛养殖委托经营协议。合作社用贫困群众搬迁后续产业资金购买肉牛,由合作社运营并承担经营风险,每名贫困户每年可获得纯利润 2600 元左右。八里罕镇北梁村四组村民孔繁虎一家曾是建档立卡贫困户。2016 年,他利用易地搬迁后续产业资金购买 5 头基础母牛。经过合作社肉牛养殖技术培训中心培训后,他开始从事肉牛养殖产业。在他的精心饲养下,目前,除卖掉几头肉牛外,现大小肉牛存栏还有 10 头。他还兼职在扶贫产业园里做肉牛饲喂工作,每月收入 2000 元。如今,他家的日子过得红红火火。"多亏了党的好政策",这是他言语间的真情流露。

在推进规范化经营管理过程中,宁城县还通过大力培育新型经营主体、发挥农牧业产业化重点龙头企业带动作用、建设肉牛交易市场、培育生产经营合作组织及发展经纪人等,不断发展壮大肉牛养殖规模。目前,全县肉牛存栏已达 43 万头。其中,存栏 10 万头以上乡镇 2 个,从业农户达 2 万户,17186

名贫困群众从事肉牛养殖，人均年增收 5000 多元。

"小康路上一个都不能少"，这是习近平总书记对全国人民的庄严承诺。通过大力发展"菜、果、牛"产业，宁城县 15778 户、44210 名贫困人口实现稳定脱贫，贫困村全部出列，贫困发生率由 12.6％降至目前的 0.04％。2019 年 4 月，通过自治区验收，正式退出国贫县序列。

"雄关漫道真如铁，而今迈步从头越。"勤劳智慧的宁城人，将初心如磐、笃定前行，在未来发展征程上，宁城县将继续强化党建引领产业发展，以实施乡村振兴战略为总抓手，以供给侧结构性改革为主线，持续抓好产业发展这一脱贫之基、富民之本、致富之源，为加快乡村振兴步伐贡献力量，奋力书写全面建成小康社会壮美篇章。

全面建成小康社会与中国县域发展

广西壮族自治区
桂林市阳朔县

一乡一张图　全县一幅画

——阳朔县以最美乡村建设助推全面建成小康调研报告

中共桂林市委宣传部

决胜全面建成小康社会，为实现第一个百年奋斗目标收好官，是党的十九大后全党承担的首要历史任务。

阳朔县位于广西东北部，桂林市区南面，建县至今已有 1400 多年历史，拥有中国最典型的喀斯特地貌和独一无二的山水风光，被誉为中国最美县城。如今，这里正在打造另一个"最美"品牌——最美乡村，并以此助推全面小康。

习近平总书记强调，"保护生态环境就是保护生产力，改善生态环境就是发展生产力"。阳朔县从生态文明建设大棋局中找准落子时机，按照"一乡一张图、全县一幅画"的指导思想，围绕生态乡村示范区建设、最美乡村建设等载体，全领域规划，大手笔推进，实现了最美乡村的可持续发展。

一、全面建成农村旅游小康社会概况

阳朔是全国首批旅游对外开放县、首批旅游标准化示范县、首批全域旅游示范区、世界旅游组织确定的最佳休闲度假旅游目的地，漓江景区、遇龙河景区、世外桃源、十里画廊、西街等每天都吸引着成千上万的中外游客。

在生态文明建设大棋局中，阳朔巧做生态"加减法"，助推全面小康社会如期高质量实现。

打造遇龙河生态乡村示范区，是阳朔县生态"加法"的重要一笔。2014年以来，阳朔县以遇龙河沿线为中心，打造生态示范区，涉及阳朔镇、白沙镇、高田镇3个乡镇5个村委19个自然村近9000人，围绕"村屯绿化""饮水净化""道路硬化"，实施村屯整治、道路提升、田园景观营造三大工程。进行房屋立面改造1487户，拆除废弃危旧房419座；修建联网公路7.5公里，观光步道6.2公里，硬化村道4万多平方米；村屯绿化6万多平方米，立体绿化花化3000多盆，联网公路绿化19500平方米，建成"小花园""小果园""小菜园"等"微田园"200多个，村庄建筑乱搭乱建、杂物乱堆乱放、垃圾乱丢乱倒、污水乱泼乱排得到了有效治理。

做生态"加法"不易，做生态"减法"更难。2019年，阳朔县加大工作力度，拓宽工作范围，在自治区"三清三拆"的基础上，在以遇龙河国家级旅游度假区和东线沿305省道、西线沿321国道的"一区两翼"，包括阳朔镇、白沙镇、兴坪镇、福利镇、高田镇、葡萄镇等6个乡镇44个自然村，开展"五拆五清五建"整治提升。仅仅5个月时间，共完成拆违建185处3.7万平方米，拆废弃1258处16.2万平方米，拆围墙8224米，拆乱搭971处6.7万平方米，拆广告570处；清村屯道路890处，清门前屋后1692处，清田园果园290处，清沟渠河道274处，清污水垃圾513处；建统一风貌1811处，建乡村道路129条，建美好家园810户，建五彩田园750亩，建长效机制13项。最美乡村建设，促进了全域旅游的不断提升，增强了人民群众的获得感、幸福感。历村变身最美"月亮村"，鸡窝渡被誉为"凤凰渡"，"一区两翼"走出了一条创新驱动、绿色发展、人民共享的高质量发展新路。

二、全面建成农村旅游小康社会主要做法

一子之动，全盘皆活。在中国最美丽县的最美山水间建设最美乡村，得到了自治区党委的肯定，成为乡村建设的标杆和旗帜，成为自治区文化旅游发

展大会和自治区乡村风貌提升现场推进会的参观点。阳朔县先后荣获全国农村人居环境整治激励县、全国绿化模范县、首批国家全域旅游示范区、首批中国优秀国际乡村旅游目的地。

（一）政府主导，全民参与

政府主导不是包办一切，主要体现在组织发动、部门协调、规划引领、财政引导上，形成整体联动、资源整合、社会共同参与的美丽乡村建设多元参与机制。阳朔县实行"县领导挂帅、镇干部包村、村干部包户"，成立了书记和县长担任组长、相关部门一把手为成员的美丽乡村建设领导小组，全面负责美丽乡村建设的组织协调和指导考核工作，及时了解和帮助解决问题。同时，通过蹲点调研、走村入户、走出去请进来等方式，广泛开展宣传引导，充分调动广大群众的积极性和主动性，有效形成了美丽乡村建设的强大合力。

阳朔县历村在推行旅游小康社会建设中及时进行引导，党员干部挨家挨户和村民促膝谈心，向村民宣传乡村风貌改造的意义，全力推进"五拆、五清、五建"行动，党员干部带头拆除自己的违法建筑和废弃栏圈，村民看到村干部和党员不顾个人得失，也积极加入到这一行动中来，共拆除危房、废弃房、猪牛圈等 139 处 32391 平方米，立面改造 146 户，种花植草 34330 平方米，建成一个波浪起伏、错落有致的生态公园。生活富足的村民晚饭后相邀到月亮山景区散步，听一听鸟语呢喃，闻一闻鲜花淡香，仿佛就住在一个高档社区里。月亮山展现出了前所未有的美丽容颜，历村新晋成为游客和市民的"网红"打卡点。

在实施全面建成农村旅游小康社会过程中，许多村干部也带头出让自己的土地拓宽巷道，带头主动拆除自家废弃房屋和围墙，群众从观望到积极参与进来，以乡村风貌提升为切入点，村容村貌焕然一新。如鸡窝渡村、骥马村 2020 年 7 月 6 日被评为第二届全国乡村旅游重点村。真正实现了习近平总书记提出的"让乡村为城市所向往"的目标。

（二）规划引领，因地制宜

阳朔县美丽乡村建设坚持规划引领，做到统筹兼顾、城乡一体、因地制宜。遵循"绿色、人文、智慧、集约"的规划理念，按照"四美"标准（尊重自然美、侧重现代美、注重个性美、构建整体美），经过"五议两公开"程序（即村党支部提议、村"两委"商议、党员大会审议、村民代表会议决议、群众公开评议，书面决议公开、执行结果公开），综合考虑农村山水肌理、发展现状、人文历史和旅游开发等因素，因地制宜，分类推进，做到"城乡一套图、整体一盘棋"。

——"破"中见"立"。高田镇历村地处著名的景点——月亮山麓，以前靠卖"月亮妈妈饭"每份 8 元，每拍一张月亮山照片收费 6 元，经济附加值不高。当地党委、政府因势利导，以提升乡村风貌为契机，全力实施"五拆五清五建"工程，乡村面貌大有改观，吸引了大批游客纷至沓来。2019 年人均纯收入直线上升，达 2.1 万元，人均住房面积达 80 平方米，村民家庭计算机普及率 90%以上。鸡窝渡村开展"五拆五清五建"行动，旧貌换新颜，村民出租住房给外地人开办中高端民宿。2019 年实现人均纯收入高达 3.7 万元，人均住房面积 70 平方米，恩格尔系数在 20%左右，村民家庭计算机普及率 80%以上。这两个村，恩格尔系数在 20%—30%之间，除了医疗、教育等指标外，其他指标均超过小康水平。

——以"古"胜"今"。骥马村在实施农村旅游小康社会中修旧如旧，只拆除了 37 户猪牛圈，修缮 33 座古民居，将古村内 200 多米巷道全部铺上青石板，再现"古村、古屋、古巷、古树、古井"的古韵。游客来村里寻古探幽，增加了村民的收入。2019 年人均纯收入 2.4 万元，人均住房面积 45 平方米，村民家庭计算机普及率 52%以上，恩格尔系数在 30%—40%之间，医疗、教育达到或超过小康水平。

——留住乡愁。遇龙村看得见山，望得见水，是古村落，还是阳朔县历史上第一位中共党员陈宝箴故居。在建设农村旅游小康社会中以"乡愁"作为建设的主旨，既修旧如旧，修复了陈宝箴故居的门楼和村寨古门楼，还拆除猪牛圈和废弃房，用青石板整治村街巷道，建设微花园、微果园、微菜园，乡村整洁干净，游客慕名而来。2019 年末人均纯收入 1.5 万元，人均住房面积达 60 平方米，恩格尔系数在 30%—40%之间，医疗等指标也基本达到小康水平。

（三）生态优先，突出特色

作为全国旅游名县，阳朔吃的是旅游饭，对"金山银山不如绿水青山，绿水青山就是金山银山"有更深切的体会和理解。建设旅游小康社会中，阳朔县积极探索以生态优先、绿色发展为导向的高质量发展新路子，重在整合资源，坚持各有特点、错位发展，推进"粗放式"向"精细化"转变，以农村生态建设为重点，大力开展农村绿化，加强农村生态屏障（以森林和湿地为主）保护和修复，突出乡村特色，保持田园特色，体现区域文化风格，实现人与自然和谐相处。

——生态环保相结合。坚持经济建设、旅游小康社会建设、生态环境建设同步规划、同步实施、同步发展，把旅游小康社会建设得更加美丽、文明、富饶，不仅望得见山，看得见水，还要记得住乡愁。

——与旅游开发相结合。阳朔县是桂林山水圈的一颗璀璨明珠，通过开展全面建成小康社会与旅游资源的融合，将丰富的人文景观和优美的自然景观资源变成旅游产品，成为阳朔旅游业发展新的支撑点和城乡经济的组成部分，利用旅游业的"催化效应"，优化和推动其他产业的发展。

——与田园综合体建设相结合。阳朔县在全面建成旅游小康社会中，注重发展特色农业产业，以建设梦幻遇龙田园综合体为抓手，打造特色农业、乡村振兴、休闲旅游等业态为一体的产业融合样板，建设山水林田湖生命共同体的小康幸福乡村阳朔模式，构建了稻菜结合、花果纷呈、四季飘香的产业发展模式，创建一批国家级、自治区级的特色农业产业核心示范区和休闲农业与乡村旅游示范点。

（四）壮大龙头，产业集聚

以产业为支撑，促进美丽乡村建设。在美丽乡村建设中，阳朔县发展全域旅游，坚持旅游资源统一规划、整体开发，实现集约发展和标准化建设，推动高等级景区的创建，通过强化产业配套，完善产业链，吸引更多的涉旅企业加入旅游发展行列，从而使旅游产业体系不断得到完善，达到美丽乡村的永续发展。

发挥龙头企业引领作用，带动产业集聚。阳朔县坚持引进与培育相结合，主动对接国内外大型旅游经营企业和旅游投资企业，开展旅游定向招商和专业招商，积极引进有实力的龙头和骨干企业，着力形成"引进一个、带动一批"的聚集效应。

从壮大企业入手，推进农村旅游小康社会建设。阳朔县解决旅游企业少、体量小、经营分散、产业缺乏配套等问题，强化旅游企业上下游之间的联系和无缝对接，旅游基础设施日臻完善，产业实现提挡升级，初步形成了一批旅游产业集群：以悦榕庄、阿玛瑞、阿丽拉、河畔酒店等品牌的高端酒店集群；以益田西街、乌布小镇、戏楼等一批集吃、住、行、游、购、娱为一体的特色商业街区集群；以墨兰山舍、霁云上院、竹窗溪雨、逸龙苑、秘密花园等一批富有民族特色的精品民宿集群；以印象·刘三姐、宋城·桂林千古情、三生三世三千滴等大型文旅演出的文化演艺集群；以攀岩、滑翔、低空飞行、骑行、越野、漂流、慢游等户外健身运动的户外运动集群。这些旅游产业集群为阳朔县全面建成旅游小康社会提供了内在动力和宝贵财富。

（五）文明新风，"四进农家"

美丽人文是美丽乡村建设的灵魂所在，经济生活的小康必须有文化生活的小康相配套。阳朔县着力推进乡村文化建设，推进历史文化村落保护，推进淳朴文明乡风培育，将社会主义核心价值观融入农村旅游小康社会建设之中，实现了文明新风"四进农家"。

文明引导，"礼"进农家。推广文明礼仪知识，利用村规民约，文化长廊、公益广告牌，对广大群众进行文明礼仪知识教育；大力宣传农村明礼守德好人好事，发挥模范榜样力量；组织开展"讲文明、树新风"活动，文明经商，文明待客。通过弘扬文明礼仪传统，提升群众文明素养。

扬善暖民，"德"进农家。开展以"弘扬传统美德"为主题的精神文明创建活动让传统美德深入人心。通过宣讲发生在身边的先进事例，组织开展评选"好婆婆""好媳妇"、关爱"三留人员"活动、德模范评选活动、"星级文明户"创建活动等系列活动，有效提高广大群众的道德素养，促进家风、民风、社会风气的根本好转。

家乡整洁，"美"进农家。以历村和鸡窝渡村为标杆，加大农村环境整治力度，对照文明村和卫生村标准，建立保洁队伍，健全保洁制度，完善保洁设施，同时开展河道清理、垃圾分类、卫生改厕、道路硬化和绿化美化等方面的工作，使农村环境适应建设国际旅游目的地的要求。

文化惠民，"乐"进农家。以文化中心为依托，积极开展农民艺术表演和送文艺演出下乡，丰富群众文化娱乐生活；以农家书屋为依托，2019 年为全县 81 个农家书屋更新图书，平均每个农家书屋补充更新出版物不少于 80 种；以民间艺术团体为主体，积极利用传统节日和民俗习惯，组织引导农民群众开展丰富多彩的文化活动；以加强公共文化服务体系建设为基点，2020 年计划建设完成 24 个行政村的数字农家书屋。

三、全面建成农村旅游小康社会的启示

启示一：创建旅游扶贫品牌，形成小康特色

阳朔县建成旅游小康社会，从每个村的实际出发，村民积极发挥自己的聪明才智，"宜做筏工则筏工，宜做果木则果木，宜做民宿则民宿"，合理布局，特色鲜明，形成了"扶贫一村一品牌，小康一屯一特色"的特点。有些村是引进外地老板开发中高端民宿实现小康；有的村坚持修旧如旧，整治环境完成脱贫致富奔小康；有些村坚持初心使命，建设魅力遇龙完成小康之路；有些村大力整治环境，建设大公园实现从温饱到小康的蝶变。鸡窝渡村以前是个贫困村，该村从整治乡村环境入手，乡村面貌大变样。目前全村 163 户、602 人，改造了 138 户，村里有 20 户房屋主动出让给外地老板开办民宿，实现了小康。

启示二：开展多种扶贫方式，实现乡村振兴

阳朔县在实施旅游精准扶贫，推进建成旅游小康过程中，注意分类指导，重点突出。在一些村实现"政府＋村委＋旅游公司＋果木企业"的模式进行兜底扶贫，还在遇龙河旅游公司设立就业扶贫车间，专门针对贫困户进行旅游扶贫，即使筏工人员满额了，只要是贫困户也可以加入。有的村采取的是"出租民房办民宿＋筏工＋种植体验＋出售农产品"的模式进行旅游兜底扶贫，确

保小康路上不漏一户不漏一人。有些村坚持以"开办民宿＋筏工＋果木种植＋旅游公司务工"进行旅游兜底扶贫；有些村则以"开办民宿＋出售农产品＋筏工＋旅游公司务工"进行旅游兜底扶贫。阳朔县坚持分类施策，因人因地施策，因贫困原因施策，因贫困类型施策，通过扶持生产和就业发展一批，通过生态保护脱贫一批，让每个贫困户实现共享发展，惠及就业、增收、社保、医疗及教育等方方面面，绝不落一人，绝不落一户。全县贫困发生率从2015年的4.1%下降到0.25%。

启示三：绿水青山就是金山银山

阳朔县党委、政府持续秉承"绿水青山就是金山银山"理念，科学协调保护与发展的关系，提出"实施国家重点生态功能区暨漓江风景名胜区综合性生态保护奖补助推脱贫攻坚与乡村振兴"战略，以漓江景区和遇龙河景区竹筏（漂流）年收入的2%作为生态奖补专项基金，与村集体签订生态保护责任协议，设置10项"绿色指数"考核指标，年度没有发生生态破坏行为、经考核合格的村集体每年可获得3万元以上的奖补，通过在全区率先探索实施生态奖补政策，2019年全县80%以上的村集体年稳定收入超过5万元。2020年，阳朔以位列第37名成为广西唯一的全国县域旅游综合实力百强县。阳朔县在中国最美丽县的最美山水间建设最美乡村的做法，得到自治区党委的肯定，成为全区乡村建设的一个标杆、一面旗帜。

启示四：乡村是全面建成小康社会的最基础元素

邓小平同志曾说，中国的改革是从农村开始的。行政村是最基层的区域单位，是中国行政区划体系中最基层的一级，在全面建成小康社会中具有目标性和导向性。阳朔县通过建设最美乡村，使乡村产业发展迎来机遇期，为乡村振兴夯实基础，乡村成为全面建成小康社会的生力军。2017年以来，阳朔农村居民人均可支配收入增幅均超过10%，人民群众的幸福感、获得感不断增强。

启示五：基层党建是全面建成小康社会的中流砥柱

根本固者，华实必茂，农村基层党建工作是美丽乡村建设的基础和保障。农村党支部既要将党和国家关于乡村发展的政策传达给村民，又要成为具体的行动者和实践者，是"指挥部"更是"冲锋队"。基层党员充分发挥先锋模范作用，密切联系群众，敢于担当、积极作为、甘于奉献。有鉴于此，在全面建设小康社会的新形势下，阳朔县通过充分发挥基层党组织战斗堡垒作用和党员先锋模范作用，使其成为推进农村全面建成小康社会的组织者、推动者和实践者，为全面建成旅游小康社会提供坚强的组织保障。

（调研组成员：韦凤云、蒋春华、李耿）

广西壮族自治区
钦州市浦北县

让世界寿乡群众触摸幸福小康的心跳

——广西壮族自治区浦北县引导乡村
脱贫攻坚奔小康实践调查

中共钦州市委宣传部

世界长寿之乡广西壮族自治区浦北县，紧紧围绕党中央决策部署，在决胜脱贫攻坚伟大实践中，充分发挥政治优势、资源优势、创新优势，调动干部群众的积极性、主动性、创造性，用思想引领实践，用汗水浇灌果实，用劳动创造未来。人民群众通过获得感、幸福感去触摸小康的心跳，满怀信心地踏上中华民族百年复兴梦想新征程。

一、这些年，他们体验脱贫攻坚的温度，将政策优势转化为励志脱贫的动力

在浦北县张黄镇阳春社区，文艺队队长陈雪梅把脱贫攻坚编成顺口溜：政府像家长，领着群众奔小康；干部像保姆，跑前跑后忙帮扶；政策像阳光，贫困家庭暖洋洋……几句大白话，诠释了中国共产党一切以人民为中心执政理念在世界长寿之乡的生动实践。

（一）政府像家长，领着群众实干奔小康

"党中央向世界庄严承诺在 2020 年前消除贫困，那么，作为地方党委、政

府，就必须担起属地责任，做到为官一任，就必须造福一方百姓。"浦北县龙门镇党委书记受访时说，"在原有红椎菌传统产业基础上，2016 年龙门镇成立的柑普茶加工企业 21 家，2020 年龙门镇办理生产许可证的柑普茶企业共 26 家，提供务工岗位 3000 多个，农民年均增加务工收入 15000 元。"据浦北县扶贫办主任周捷介绍，全县建立完善"统一收购、统一屠宰（包装）、统一销售"等发展模式，带动 8083 户贫困户发展种养产业，通过全面落实产业以奖代补新政策，完成贫困户第一批产业以奖代补验收 6566 户 2213 万元；第二批产业以奖代补共有 3494 户贫困户申请，奖补资金共 619.04 万元。

（二）干部像保姆，产业扶贫"做媒包生仔"

"做媒包生仔"本是一句歇后语，但用在浦北县扶贫干部身上是再合适不过了。全县 644 名在岗驻村的脱贫攻坚工作队员和 14686 名结对帮扶干部，创新建立"企业＋车间""乡贤＋车间""互联网＋车间"等五种模式。截至 2020 年 7 月 29 日，全县共建成认定 102 个就业扶贫车间，吸纳就业人员 8663 人，其中贫困劳动力 794 人。自治区在浦北召开现场会进行经验推广。在第二届全国创业就业服务展示交流活动中，浦北扶贫车间荣获"优秀项目奖"。该县江城街道青春社区第一书记谢炳远，4 年 7 个月穿破了 7 双山地施工鞋，先后落实扶贫产业项目资金超过 1200 万元，贫困户参与扶贫产业率达 96.3%。社区支部书记黄全东深有感触地说："第一书记这个角色比保姆难当多了，什么都要为贫困户操心。"

（三）政策像阳光，温暖每一个贫困家庭

曾经，对于浦北县官垌镇垌表村的黄永军来说，住新房迁新居那是难于登天的事情，一家 8 口人，5 个孩子上学，2 人精神不健全，只有他一个劳动力，是村里唯一的极度贫困家庭。2019 年按照新的扶贫政策，黄永军获得 63000 元用于危房改造，圆了一家人的新房梦。黄永军受访时说道："党的扶贫政策就是阳光，点亮了我家的生活。"截至 2020 年 6 月 30 日，浦北县通过义务教育保障、医疗保障、住房保障、饮水安全四大战役，确保 2020 年春季学期义务教育家庭经济困难学生生活补助全部发放到位、全县贫困人口 100% 参加城乡居民基本医疗保险、累计拆除危房 2067 户确保住房安全百分百、全县

78 个贫困村饮水安全全部达标、建档立卡贫困户城乡居民基本养老保险应参保 35224 人 100% 参保、60 周岁（含）以上的建档立卡贫困人口 7488 人 100% 落实待遇。

二、这些年，他们见证乡村振兴的力度，将长寿生态转化为品牌农业的底牌

浦北县探索将脱贫攻坚与乡村振兴有机衔接、乡村振兴与文化惠民工程有机融合、乡村振兴与农业现代化有机结合的路子，走活了乡村振兴"一盘棋"。

（一）"金纽带"低成本复制乡愁，实现脱贫攻坚与乡村振兴有机衔接

浦北县"项目＋理事会＋新乡贤＋村民"模式，粗看不起眼，细看很丰富：项目代表政府资金投入，理事会则是村民议事机构，新乡贤代表亲和力，村民则意味着当家作主。靠着这个"金纽带"，脱贫攻坚和风貌提升相得益彰；靠着这个载体，复制留住乡愁满足群众意愿；靠着这个架构，乡土能人出马，大家出钱出力，节约了成本；靠着这个模式，村民积极性、创造性被调动起来，共建共享。目前，该县全面完成了 1852 个基本整治型村庄、132 个设施完善型村庄、16 个精品示范型村庄建设，创造了乡村风貌提升"浦北样板"。

（二）"金粮食"传承传统文化基因，实现乡村振兴与文化惠民有机融合

6 万山区群众既需要普通话表演的"阳春白雪"，也需要用当地土话演出的"下里巴人"。浦北县创新探索成立"村企校"联合体，即村委会组织管理、企业公益资金资助、学校文艺人才支持，有效补齐基层公共服务投入不足、人才缺乏、管理不到位等短板。全县 243 支"村企校"文艺轻骑队，结合本地传统文化常年活跃在基层，他们用采茶、西海调唱群众曲，用鹩剧、木偶演群众戏，把舞麒麟、舞春牛跳给群众看，群众评价说这就是幸福小康的"金粮食"，在乡村振兴中留下文化的"魂"。

（三）"金扁担"挑起现代农业品牌，实现乡村振兴与生态农业有机结合

过去种田看天气、种地靠运气，现在发财看品牌，这就是被浦北干部群众誉为"金扁担"的品牌农业的魅力。它一头挑起世界长寿之乡名片，另一头挑起生态特色农业，将长寿生态优势转化为"浦北红椎菌、浦北香蕉、浦北黑猪、官垌草鱼"等国家地理标志产品；将"富硒大米、红衣花生、浦北黄皮"等品牌农产品转化为群众脱贫新动能，政府出台产业扶贫奖补政策，鼓励社会组织、企业以专业合作社、家庭农场的形式把分散的群众种养改变为标准化、规模化、规范化的种养，品牌农业带动了全县乡村振兴。

三、这些年，他们感受村民自治的热度，将机制创新转化为基层治理的效能

"治大国，若烹小鲜。"基层治理是国家治理现代化的基础，基础不牢地动山摇。浦北县充分发挥党的组织优势，通过机制创新、层组联动、文明实践三大功能载体，把社会治理的"千根线"变成基层治理"一张网"，让村民自治嗨起来。

（一）人民调解管天管地，有事找律师

"法律管天管地管空气，有事找律师"在浦北乡村得到认同。从有事找"江湖人士"私了到有事找律师，折射出基层社会治理成效及民众法律意识提升。这些变化的背后与浦北县司法局推行"人民调解和一村一法律顾问"不无关系。曾几何时，在群众眼中法律顾问是城里人和有钱人的专利，普通百姓想都不敢想，如今，法律顾问送法进村入户，律师成为农民的法律"守护神"，解决了司法服务惠民的"最后一公里"，让人民群众知道碰到矛盾纠纷先行司法调解，既可以大事化小、小事化了，又可以避免打官司伤了邻里乡亲之间的和气和节省诉讼成本。仅 2020 年元月至 7 月 22 日，全县司法行政机关和人民调解组织共排查调解各类社会矛盾纠纷 1327 起，调解成功 1261 起，调解成功率 95%。

（二）微信拉黑管道德，厚植好人生态

浦北县北通镇清湖村委九梅麓村民小组，创新提出了"拉黑约定"，即如果哪位群众违反了村规民约，则被集体"拉黑"，家中红白喜事同村人都不参与，起到很强的约束和自我教育效果。这是该县在基层社会治理中发挥村规民约约束道德行为的一个缩影。另一方面，该县结合文明创城工作，县财政每年拿出 100 万元资金，接续开展文明创建活动和道德模范评选活动，每名县级道德模范奖励 1 万元，凸显好人不吃亏；每年春节、国庆节和生态旅游节等重大节庆集会，县级以上道德模范都作为嘉宾应邀出席，彰显好人受尊敬；获得全国道德模范提名奖的冯恩珍及浦北县道德模范何徽、冯艳等作为县讲师团"草根宣讲员"，在全县现代文明实践大讲堂现身说法，与干部群众分享亲身经历，感动万千群众，折射好人成"网红"。目前，全县荣获"全国文明家庭"2 户、17 人荣登"中国好人榜"、3 人荣获"全国道德模范提名奖"。

（三）共建共享管自己，自治嗨起来

浦北县坚持把群众反映最强烈、利益最集中的问题作为切入点，找到共建共享"最大公约数"，让村民在基层自治中嗨起来、酷起来。一是结合脱贫攻坚，触动村民共建共享兴奋点。2019 年，张黄镇普林村委硬底化道路项目，由于途经的早禾塘、塘底两村历史原因积怨已久，一直推进不了。经村委干部耐心调解，双方冰释前嫌，转而主动参与修路。当长约 1.155 公里的道路竣工，240 名群众告别泥水路，两村村民由此"把路言欢"。二是结合乡村风貌提升，找到共建共享互动点。北通镇清湖村委刘屋村和李屋村，刘李两姓一脉相承，在乡村风貌提升工作中，主动谦让，"三米路"的故事在当地被传为佳话。三是结合新冠肺炎疫情防控，把握共建共享共同点。乐民镇把"村企校"联合体作为共建共享载体，在新冠肺炎疫情防控期间，村干部、企业主、个体工商户、学校老师、家长、学长组成"健康防疫、守望相助"联合体，打响村（社区）新冠肺炎疫情防控阻击战、持久战。

四、这些年，他们触摸幸福小康的心跳，把制度自信转化为民族复兴的底气

习近平总书记指出，一个民族须知自己是谁，从哪来，到哪去。2020 年 5 月以来，一场"做明白人"大讨论在浦北县脱贫户、驻村队员和干部群众中迅速展开。

（一）幸福"姓"什么——吃水不忘挖井人

北通镇清湖村有对百岁夫妻，老爷爷叫黄名绍现年 106 岁，老奶奶叫余秀昌现年 105 岁。每逢有人上门看望，两位经历百年沧桑的老人常说："没有共产党，没有新中国，哪有今天的福气！"在老人心中，幸福就是共产党，幸福就是新时代。争当"明白人"活动，就是为了让人明白家底、明白政策、明白脱贫、明白感恩，从而感恩党和政府制定的扶贫政策，感恩各级干部及社会各界提供的帮扶，最后将感恩之心化为决胜脱贫攻坚的动力，全县先后引导培养建档立卡贫困户"明白人"9883 人。他们表示，党的政策这么好，就要接续奋斗加油干。

（二）幸福哪儿来——汗水浇瓜瓜儿甜

习近平总书记在调研脱贫攻坚时曾反复叮嘱，幸福是奋斗出来的，脱贫致富不能等靠要。浦北县坚持扶贫先扶志，采取励志人物现身说法、金牌草根宣讲员讲课件、身边人讲身边事等形式，先后开展 700 多场宣讲活动，同时设置自强励志奖、带头致富奖等奖项，表彰 1361 户优秀贫困户，传递着"我要脱贫、我能脱贫"的信心和决心。浦北县官垌镇芳田村陈朝强是 2015 年建档立卡的贫困户，他不等不靠，用双手和汗水于 2018 年摘掉贫困帽子，坚持供 4 个小孩读书，目前大女儿、二女儿已大学毕业参加工作，大儿子在大学应征入伍现在部队服役，二儿子今年高考分数过二本线。陈朝强成为村里人人称赞的励志脱贫榜样。

（三）幸福哪里去——吃着碗里看到锅里

针对部分干部群众对小康社会生活期望值过高、享乐主义思想抬头等问

题，浦北县委注重利用大成镇柑子根成立的第一个中共党支部旧址红色革命传统教育基地和大朗书院、凤池书院等 16 个书院及遗址作为红色文化、传统文化教育平台，分别组织党员、干部、群众、学生进行革命传统体验式教育和舞青龙文化实践式教育，继承红色基因，传承民族文化。柑子根村红色宣讲团成员、浦北县大成镇党委副书记、人大主席张福琪深有体会地说，当今世界，国际局势复杂多变，全面小康只不过是沙漠里的绿洲，要实现中华民族由富起来到强起来，除了要具有"吃着锅里看着碗里"的意识，更需发扬革命先烈敢于斗争、敢于牺牲的家国情怀和中国共产党敢于胜利、越是艰险越向前的英雄气概，才能化危为机，实现中华民族复兴百年梦想。

艰苦奋斗，幸福小康不是梦；自强实干，百年复兴从头越……

（调研组成员：黎均富、陈玉玲、唐云建、覃科棵）

广西壮族自治区柳州市鱼峰区

小螺蛳粉撬动大产业 有力助推乡村振兴

中共鱼峰区委宣传部

2020 年新春伊始，在新冠肺炎疫情影响下，全国人民开启了"宅在家里做贡献"的漫长"假期"，"柳州螺蛳粉"在全国网民的热切关注中屡屡登上热搜，与其相关的话题不断被各路媒体热捧，甚至被各路明星蹭热度。一片火热的背后，是实实在在的经济效益。据柳州市商务局提供的数据显示，2020 年上半年袋装螺蛳粉产值已达 49.8 亿元，预计今年全年将达 90 亿元。小小螺蛳粉，撬动大产业，曾经的街头小吃孕育出群众盼富裕的全产业链，百亿产业乘风破浪，渐成规模。

一、鱼峰区螺蛳粉产业兴起的背景

从街头小吃到初成产业。20 世纪 80 年代后期，螺蛳粉店开始在柳州出现，进入 21 世纪前 10 年，柳州螺蛳粉店开始在北京、上海、广州、深圳等城市落脚，规模渐趋壮大，但仍属街头小吃，难登大雅。2012 年，柳州螺蛳粉登上纪录片《舌尖上的中国 1》第一期，螺蛳粉和酸笋开始被全国关注，并出现了短暂火爆。2014 年螺蛳粉迎来了拐点，柳州第一家预包装螺蛳粉企业注册，袋装螺蛳粉走进了线下商场和线上电商。据柳州市螺蛳粉协会会长倪桃阳表示，2015 年柳州形成协会的时候，螺蛳粉年产值在 5 亿元。2015 年底至 2016 年初，正在积极谋划供给侧结构性改革的鱼峰区迅速响应柳州市决策部署，在鱼峰区洛维工业集中区揭牌成立了柳州螺蛳粉产业园，第一期投资 8000 万元，广西味之坊食品科技公司等 7 家企业成为首批签约入驻企业。彼时，柳州螺蛳粉产业园内建有标准厂房 4 栋，园区建筑面积共计约 6.5 万平方米，整合了包括原料供应、加工产品、包装、网络销售、物流配送等一条龙产业。

为鱼峰经济带来新机遇。鱼峰区洛维工业园区开发初期由于园区定位不清晰，产业结构不明确，导致发展后劲不足。为此，鱼峰区委、区政府审时度势，提出了"大健康产业"的定位，致力发展特色食品、生物医药、医养器械等新兴产业。预包装螺蛳粉产业的崛起与洛维工业园区的定位不谋而合，促成了柳州螺蛳粉产业园的成功建立，为鱼峰区洛维工业园产业转型升级注入了一剂良药。在此基础上，鱼峰区拟规划用地约 2000 亩，以龙头企业为依托，以螺蛳粉产业园为支撑，计划引进百余家食品生产企业，打造柳州市最大的食品产业园。目前，螺霸王洛维螺蛳粉产业园项目、嘻螺会智能产业园项目、好欢螺产业园项目等先后带动了其同类企业近 20 家袋装螺蛳粉企业到园区落地投产，同时还带动了上下游 10 多家配套产业企业进入园区，集群效益逐步凸显。空间上的集聚使得预包装螺蛳粉产业链上的企业不再是分散地、零星地野蛮生长，取而代之的将是螺蛳粉产业集群，甚至是集食品配套生产、电商物流、食品研发、检验检疫为一体的新型食品工业的协同发展，为鱼峰区经济发展提供新的增长点。

二、鱼峰区螺蛳粉产业发展的现状

做好顶层设计，落实扶持政策。柳州螺蛳粉产业园是广西食品工业发展史上第一家大型方便装米粉专业生产加工园区。市级层面编制出台了《柳州螺蛳粉产业发展规划（2018—2022 年）》《柳州市全面推进螺蛳粉产业升级发展的若干政策措施》等一系列政策措施，制定了柳州螺蛳粉食品安全地方标准，申请获得"地理标志保护"以及"国家地理标志证明商标"，在柳州职业技术学院成立全国首家螺蛳粉产业学院。鱼峰区研究出台了《关于印发鱼峰区支持螺蛳粉产业升级发展的配套政策措施（试行办法）》《关于鱼峰区加快推进柳州螺蛳粉产业发展实施意见》等配套文件，同时鼓励支持螺蛳粉企业参加大型展会，组织官方媒体上阵宣传，采取划拨转向资金等诸多扶持措施，截至目前共安排了 100 万元螺蛳粉产业专项扶持资金。建立柳州市首个食品产业园检验检测工作站——螺蛳粉产业园检验检测中心工作站。在今年新冠肺炎疫情防控的紧要关头，螺蛳粉企业受到原材料紧缺、工人不足等影响，鱼峰区紧急协调相关部门为企业复工复产采取了允许非湖北地区员工立即上岗开工、紧急协调调运原材料、组织志愿者到非生产线岗位帮忙等多种帮扶措施，帮助企业渡过难关。

规划统一标准，扶持龙头企业。产业园在建园之初就制定了统一招商标准，以"一园两区四平台"为框架布局结构，规划建设标准厂房、综合服务楼等大型综合设施，逐步建设螺蛳粉产品检验、研发、展示、电子商务、快递物流等公共服务平台。目前已依托广西科技大学组建柳州市螺蛳粉工程技术研究中心，为螺蛳粉产业技术提升和食品安全保障提供技术支撑。2018 年底 2019 年初，鱼峰区为螺霸王、沪桂（嘻螺会）、得华（好欢螺）等 3 家螺蛳粉龙头企业安排供地，开创先例。2020 年以来，盘活市场主体厂房 2.6 万平方米，7 月份又有 3 家新入驻以及 5 家已入驻的螺蛳粉企业扩大产能的项目通过入园评审，安排标准厂房近 4 万平方米。

品牌聚集效应显现，带动辖区经济增长。从 2016 年至今，从无到有，孵化培育新增规模以上螺蛳粉企业 8 家。截至目前，入驻企业 37 家，其中袋装螺蛳粉企业 24 家，原材料配套企业 10 家，包材及柳州螺蛳粉自动化设备配套企业 3 家，均已全部投产。培育了好欢螺、螺霸王、嘻螺会、螺状元等全国销量前茅的知名品牌，李子柒、三只松鼠等"网红"品牌螺蛳粉均出自柳州螺蛳粉产业园。园区以"互联网＋"思维，鼓励和引导螺蛳粉企业加强互联网和电商平台的建设和应用，2019 年"双 11"期间，产业园借助互联网平台销量突破 1 亿元。柳州螺蛳粉产业园目前日产能已经达到 120 万袋，比去年翻了一倍还多。园区内的螺蛳粉企业产值占据全市产值的一半，同时不仅提供了 3000 到 4000 个就业岗位，还带动了上下游产业万人就业，年利税收入千万余元。

由 2015 年的产值 5 亿元猛增到 2018 年的将近 40 亿元，再到 2020 年上半年袋装螺蛳粉产值近 50 亿元。螺蛳粉实现工业化、产业化生产，成为供给侧结构性改革的典型范例。

三、鱼峰区螺蛳粉全产业链的延伸布局

鱼峰区的螺蛳粉产业伴不断拓宽延伸。2018 年 6 月，里雍、白沙两镇划归鱼峰区，填补了螺蛳粉产业在辖区内没有原材料基地的空白。鱼峰区适时加速谋划推进螺蛳粉产业升级发展，把螺蛳粉作为"接二连三"的主要载体，结合精准脱贫，促进一二三产深度融合，着力延伸产业链，促进米粉、螺蛳、酸笋、豆角、腐竹等上游产业规模化、产业化、标准化、品牌化发展，带动工业观光旅游等下游产业的兴起。

产业带动，精准脱贫。2019 年，鱼峰区开启自治区级柳州螺蛳粉产业核心示范区建设。示范区含酸料加工区、柳州螺蛳粉产业园以及柳州螺蛳粉原料标准化生产示范基地。其中原料标准化生产示范基地位于王眉村和大电村。依托当地优势资源，积极申请上级资金支持，全面推广"稻—螺""稻—豆""椒—豆"等周年生态种养模式。建有竹笋标准化种植区 1700 亩，豆角标准化种植区 2000 亩，水稻标准化种植区 200 亩，配料（辣椒、毛木耳）标准化种植区 800 亩，螺蛳标准化养殖区 300 亩，配套建设采后处理中心，形成了"五区一中心"的生产发展格局。基地积极构建"龙头企业＋科研院所＋专业合作社＋基地＋家庭农场＋农户"的产业化联合体，与广西农科院、广西沪桂食品集团有限公司、柳州螺蛳粉协会等签订战略合作协议，辐射带动周边贫困户 450 多户，核心示范区农民人均纯收入比面上农民增长 5%，人均增收达到 2000 元，顺利实现全面脱贫。

效益显现，乡村振兴。2016 年为解决村民豆角滞销问题，白沙社区创建腌制食品工厂——白沙酸厂。酸厂通过"公司＋基地＋农户（贫困户）"模式，辐射带动白沙镇 400 多户农民种植竹笋、豆角等螺蛳粉原料作物 1600 多亩。

经历数次扩大生产规模，曾经的小作坊变为产值千万元的规模企业，如今工厂向上游近 600 户农户收购竹笋、豆角等原材料，向下游约 8 家螺蛳粉生产企业和螺蛳粉餐饮店供货，酸品年产量约 6000 吨，年产值约 3000 万元，成功带领乡亲走上致富路。2020 年上半年，实现螺蛳粉原料生产产值 3.82 亿元。在产生经济效益的同时，生态环境效益也逐渐显现。柳州螺蛳粉产业核心示范区持续深入开展乡村振兴建设，农村人居环境整治、乡村风貌提升、"美丽鱼峰·幸福乡村"系列活动渐次推进，先后投入 4000 多万元打造王眉屯、大旺屯等 2 个综合示范村屯，乡村基础设施建设、村容村貌均大幅提升，2019 年，王眉村荣获美丽乡村博鳌国际峰会"全国百佳旅游目的地"。

挖掘内涵，文旅融合。伴随螺蛳粉产业的迅速崛起，鱼峰区加紧挖掘螺蛳粉文化资源，提升工业旅游竞争力。2018 年 1 月，柳州螺蛳粉博物馆在柳州螺蛳粉产业园开馆。博物馆从螺蛳粉历史渊源、发展历程、制作工艺、产业发展等，全方位展现了柳州螺蛳粉文化。产业园区形成了以体验馆、展示区、文化创意区、综合电商区、购物区等为载体，集观光、展示、消费为一体的螺蛳粉工业旅游产业链条，打造全国首个有文化象征的螺蛳粉产业旅游示范园区。2018 年，柳州螺蛳粉产业园成功获批国家 4A 级景区，当年上半年就接待参观者 143 批次近 5000 名。产业园还顺势开发出了螺蛳粉动漫电影、主题游戏、卡通人物、卡通玩偶等文化产品。2019 鱼峰区紫荆花大型文化旅游活动之"赏紫荆花·品螺蛳粉"美拍美食活动的举办、结合鱼峰区乃至柳州市最响亮的文化品牌——"鱼峰歌圩"推出的同名螺蛳粉，无一不在丰富柳州螺蛳粉的文化价值。

四、鱼峰区螺蛳粉产业的发展思路

目前，鱼峰区的螺蛳粉产业仍处于上升趋势，柳州螺蛳粉产业园、柳州螺蛳粉产业核心示范区等仍需加快建设，如在园区基础设施建设、政策扶持、金融支持等方面与企业需求还存在差距；核心区内土地流转程度低，种植比

较零散，规模化和标准化不高等问题亟待解决。下一步，应在五个方面持续
发力：

一是全力推进项目建设，扶持龙头企业。深度、精准谋划一批螺蛳粉项
目，加大土地及标准厂房的供给，确保资源要素。进一步挖掘潜力和空间，持
续培育柳州螺蛳粉企业上规上限。力争到 2022 年实现 2 家以上年产值超 10 亿
元和 3 家以上年产值超 5 亿元的螺蛳粉生产企业，促进柳州螺蛳粉企业集群发
展壮大，为柳州螺蛳粉产业早日实现"双百亿"目标提供强有力支撑。

二是加大政策引导和资金扶持力度。继续出台并落实相应助推螺蛳粉全
产业链发展的扶持政策。统筹落实上级政策资金对柳州螺蛳粉产业重点建设项
目给予支持。用好扶持资金，对符合条件的企业落实相关税收优惠，给予一定
资金奖励。加大螺蛳粉产业融资扶持力度。加强食品质量监管，维护柳州螺蛳
粉品牌形象。

三是加大人才培育引进力度。对符合人才引进、培训政策的单位给予政
策和资金扶持。支持开展校企合作，开设有针对性的螺蛳烹饪培养专业，选拔
优秀人才；对于科技创新人员和优秀企业家，给予政策倾斜；鼓励螺蛳粉培训
机构与企业实训、研发、就业对接，提高就业人员的职业技能，保障与螺蛳饮
食文化相关的餐饮业、旅游业、养殖业等产业的良性发展。

四是加快发展农业核心示范区。加快创建农产品加工聚集区，以自治区
级现代农业示范区王眉村螺蛳粉产业（核心）示范区为引领，不断扩大竹笋、
螺蛳、豆角和优质稻等高效经济作物种植面积，显著提高农民收益，优先带动
保障贫困户增收。

五是深入挖掘促进文旅融合。充分挖掘柳州螺蛳粉产业园的特色资源和
发展潜力，以螺蛳粉产业园工业化为基础，打造一批特色食品、生物医药、红
色教育等相融合的文化旅游项目。依托里雍、白沙两镇，进一步开发乡村健康
服务、古镇文化、森林养老度假等节点项目，打造柳州市区"一小时"康养度
假与文化旅游基地。

（课题组成员：贾丽、黄熹玥、陈稳、张银龙）

重庆市合川区

融合共治　和谐共享

——合川区以社会治理现代化助推全面建成小康社会

中共重庆市合川区委宣传部调研组

　　全面小康社会是社会更加和谐的小康社会。习近平总书记在经济社会领域专家座谈会上指出，要加强和创新基层社会治理，使每个社会细胞都健康活跃，将矛盾纠纷化解在基层，将和谐稳定创建在基层。社会治理现代化既是全面小康社会的重要支柱，又是国家治理现代化的坚实基础。

　　重庆市合川区坚持不懈推进社会治理现代化，创新发展新时代"枫桥经验"，探索完善政治引领、法治保障、自治强基、德治教化、智治支撑"五治融合"机制，着力加强改革举措的系统集成，用一套"组合拳"构建起全方位、立体化的基层社会治理体系，主要是：把党的领导贯穿到社会治理全过程，以党建"一条红线"穿起基层社会治理服务"千条线"，激活社会治理体系的基层细胞；深度融合现代科技与社会治理，用好大数据这个"显微镜""透视镜""望远镜"，构建从"城市大脑"到"微观细胞"的智能化社会治理体系；夯实社会治理基层基础，"五调"机制化矛盾、社会心理服务体系促和谐，释放基层社会治理新效能，让群众带着更多的获得感、幸福感、安全感迈入全面小康社会。

　　经过多年实践探索，合川区社会治理体系不断健全，社会治理能力明显提升，社会矛盾风险有效化解，社会生态得到优化，获评"全国社会治安综合治理工作先进集体""全国防范和处理邪教问题工作先进集体"。2019 年 3 月，中共中央政治局委员、中央书记处书记、中央政法委书记郭声琨来合川调研，高度评价合川社会治理大数据中心"包罗万象、得心应手",要求梳理总结,为制定全国标准提供参考借鉴。2019 年 11 月,中共中央政治局委员、重庆市委书记陈敏尔到合川调研时指出:"合川区运用大数据构建了完整的社会治理体系,全市最好。"合川区的群众安全感连续三年位居重庆市前列,2019 年司法公信力得分为 98.46 分、队伍满意度得分为 98.34 分,排名重庆市第一。《人民日报》、新华社《内参选编》、《半月谈》等中央主流媒体多次报道合川做法。

2017—2019 年合川区政法工作三项重要指标增长图

一、做法与成效

针对社会结构多元、主体多元、诉求多元等新变化,治理单元过大、治理力量分散、治理手段单一、治理效能不高等问题,合川区在基层民主协商自治、大调解体系建设、大数据智能化运用等方面下功夫,推动社会治理从"单一管"向"多方治"转变,从"反应式管理"向"参与式治理"转变。

(一)布红细胞,促微治理:基层党建与基层治理深度融合

推动党组织向基层延伸,每一层都不"挂空挡"。通过健全基层组织,优化设置,理顺隶属关系,创新活动方式,实现了纵向四级联动和横向街道社

区、单位、行业党建的互联互动。

1.红细胞律动，激活基层有机体

党建强基，凝聚大能量。落实党员"网格双报到"制度，红细胞融入基层有机体。一是支部进村居小组。将党支部建到小组（网格）上，每个居民小组长同时也是支部书记和网格管理员，推行居民小组长"支部书记、走访服务、纠纷调解、协商指导、物业管理"五职合一，实行"包户头、包责任、包走访、包任务、包效果"五包责任制，同时吸纳驻村干部、村（社区）干部、驻片民警、楼院长、协管员、志愿者中的党员为支部成员，形成镇街党工委—社区党委—党支部完整组织链条，实现民情由支部掌握、问题在支部中解决、工作由支部推进、干部在支部中锻炼。二是党员进所属社区。创新推出在职党员到所居住社区、小区"双报到"制度，建立正面激励和负面清单两项机制，配套督导考核办法，要求在职党员"站好位、带好头、干好事"，开展联系走访、政策宣讲、议事协调、收集群众意见需求、为社区提出合理建议、认领服务事项、参与志愿服务等，并将党员作用发挥情况纳入年度考核，作为单位内部评先评优、提拔使用的重要依据。截至 2020 年 8 月，合川区 3.4 万余名机关党员已"回归"97 个社区和 389 个小区，帮助解决群众家门口 3000 余个大大小小的难题，有效打通了基层治理的"毛细血管"。

划小网格，发挥大功能。全区治理单元大调整，划分 3633 个网格，采取"5+X"模式配备网格员 1.3 万余人，承担民意采集、治安防控、纠纷调解、突发报告、政策宣传等基层社会治理事务。在城市，取消楼院管理单元，按 500户标准细化居民小组为一网格，配备专职的网格长和网格员，常态化走访民情、了解需求、排查矛盾、发现隐患，将收集的信息录入系统；在农村，把政治素质好、工作能力强、热心公益的党员推选为院落带头人，原则上党小组长就是自治院落带头人，发挥"小喇叭""领路人""监督员""组织者""守护者"五大作用。通过划小治理单元，实现了地域、人员、工作全覆盖，形成了"人在格中走、事在网中办"。整体推行"干部包网、群团联网、志愿者入网"，细化主要的 7 大类 35 项服务，实现一网多能，日均处理各类事项 1800 余件。2017 年以来，办结网格事件 110 万余件，事件回访满意率 90.5%。

2017 年以来网格处理的 7 类及其他事项统计表

（单位：件）

年份 类别	2019 年	2018 年	2017 年
突发事件	1156	1361	2015
矛盾劝解	12462	15813	18376
民生服务	104684	96315	117139
特殊人群服务	31451	23981	13961
治安防控	135340	85583	83919
政策法规宣传	76336	75300	71325
社情民意收集	58203	56629	62111
其他	198388	140428	122687
小计	419632	354982	368846
合计		1143460	

2. 微治理协同，走出共治共享新路子

依托组织，建自治新体系。一是划定自治范围。出台《合川区城乡社区协商事项清单》，明确制度建设类、公共事务类、为民服务类等 9 大类 61 项协商事项，每个治理单元在党组织和党员的带领下，组织群众开展民主协商，解决思想引领、政策传达、物业管理、停车收费、环境整治等各种基层治理问题，实现民事"民议、民定、民管、民享"。二是创新民主协商议事规程。通过 QQ 群、微信群、议事厅等线上线下平台，按照干部问事、群众提事、民主议事、合力办事、主动晒事、办毕评事工作流程，协商解决征地拆迁、物业管理、环境污染等 12 类治理难题，促进遵章办事、协商议事、相安无事。

划小自治单元后，群众利益联系更加紧密，对院落公共事务关注度更高，实现变"被动管理"为"主动参与"。例如，盐井街道的"居民说事"制度，做到让群众话有地说、理有地讲、困难有人帮、事有人办。在沙南社区，居民通过"问、说、议、办、晒、评"六步法的"居民说事"制度，以民主议事为形式，实现变"为民做主"为"让民做主"。

找准路径，筑合作共同体。党建引领焕发社会活力，吸引社会力量的广泛参与。全区登记参与社会治理的社会组织达到 522 个，特别是建立区、镇街、村（社区）三级平安志愿者协会，注册会员 2.3 万余人，每年提供志愿服务近 100 万小时。平安大嫂、"红袖标"、邻里互助组、广场舞信息队等群防群治组织遍布城乡，实现变"政府包办"为"多方配合"。例如，针对前些年社区物业纠纷大量增加的情况，社区党组织领导下的社区居委会、业委会和物业服务企业"四方联动"机制，实行重要事项互相参与、重大问题共商共议，落实物业服务企业退出机制，2020 年上半年物业纠纷同比下降了 30.36%。

（二）理小纠纷，防大矛盾：大调解体系融合社会心理服务

习近平总书记指出："维护国家安全，必须做好维护社会和谐稳定工作，做好预防化解社会矛盾工作，从制度、机制、政策、工作上积极推动社会矛盾预防化解工作。"合川区健全以整合资源、整体联动为核心的大调解体系，完善社会心理服务体系，建立健全矛盾纠纷多元预防调处化解综合机制，将社会矛盾消弭在基层，确保矛盾纠纷不化解不落地。2019 年以来，全区人民调解成功率达 99.75%，矛盾纠纷化解率保持在 98% 以上。

1."五调"化矛盾，构建立体化调解体系

纵向贯通"四级链"。依托区综治中心、部门综治工作站、镇街综治中心、村（社区）综治中心和基础网格，有效整合综治、信访、公安、司法等行政资源和行业社会组织、"两代表一委员"、律师、"五老"、乡贤等第三方力量，自上而下搭建区、镇街（部门）、村（社区）、网格四级调解链。

横向联通"五条线"。建立人民调解、行政调解、司法调解、行业调解、第三方调解"五调"联动和诉调对接、检调对接、警调对接、访调对接、仲调对接的大调解体系。采取委托调解、派驻调解、特邀调解等方式，最大限度地整合各方力量合力化解矛盾纠纷，实现调解程序、调解信息、调解人员、调解业务全衔接。

打造特色"多块牌"。结合区域、行业、群体实际，积极打造独具特色的

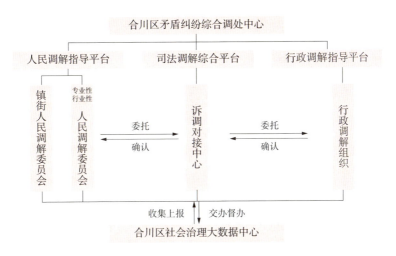

合川区"大调解"组织体系示意图

调解品牌。形成了"五老"调解、"超哥"调解、"申明亭"调解、"老兵"调解等特色调解组织；电视调解、会诊调解、巡回调解等特色调解途径；热心接待、耐心解答、倾心释法、公心调解、暖心回访"五心柔性调解"等特色调解方法，矛盾纠纷调解"接地气、聚人气"。

2."一网"促融合，织密一体化调解网络

整合调解资源。依托矛盾纠纷调处信息系统，有效整合449支基层调解队、13个行业性专业性调解组织、11家律师事务所、120名"调解能手"等资源力量，提供法律咨询、诉讼评估、处理建议等服务。各级各部门对疑难复杂的矛盾纠纷，可随时通过系统申请调用调解资源，实现"组团式"调解。

开展线上调解。大力推广使用"巴渝和事佬"APP、"社区E通"APP和法院系统"合舟共济e+平台"，积极开展在线调解、视频调解，为群众提供远程立案、结果预估、线上调解、司法确认等"网上一站式"服务，实现"纠纷网上走、群众不跑路、矛盾及时消"。截至2020年7月，合川区通过线上成功调解民事纠纷5523件，占民商事案件的30%。对在线提起申请的1665份调解协议进行司法确认，得到当事群众一致好评。

加强多向反馈。建立矛盾纠纷化解信息多向反馈机制，依托信息系统及时将化解结果和群众评价逐级反馈至区、涉事部门和镇街，确保矛盾纠纷情况实时掌握、动态优化。依托信息化大调解体系，主动介入社会热点、难点领域开展调解工作，打通各镇街、相关部门关键环节，确保调解、仲裁、诉讼一网联通，实现矛盾纠纷全流程、闭环式化解。

3.“心防”护稳定，支撑实效化源头预防化解纠纷

聚焦顶层设计，全力引导社会心理服务发展方向。按照"预防为主、防治结合、重点干预、广泛覆盖"的原则，高位谋划社会心理服务体系建设。制定政策支持体系，形成具有合川特色的"1+3"政策体系。完善服务指挥体系，纵向形成区、镇街、村社区"三级"心理服务平台，横向在公、检、法、司、卫健等成员单位和派出所设立心理服务室，分系统、分领域构建"模块化"心理服务平台，最大限度确保"全覆盖、无死角"。

聚焦双线融合，全力提升社会心理服务质量效率。打造"互联网＋心理服务"，依托升级版社会治理信息系统，整合资源力量，线上实时提供心理知识讲解、心理咨询服务、心理疏导预约，线下开展心理健康筛查、心理评价、心理干预，推动社会心理服务线上线下双向优化、互为补充。制定"全面排查、定期筛查、分类疏导、重点干预"工作流程，有效预防个人极端案事件发生。

聚焦服务全局，全力抓好社会心理服务作用发挥。从心入手，注重从心理健康层面加强源头预防，从根源解决治理难题，收到良好效果。培育良好社会心态，以社会心理服务指导中心为统领，协同宣传部、检察院、公安局、司法局、民政局、卫健委、残联等部门，通过政府购买服务的方式，依托平安志愿者联合会、"心连心""景盛"等社会组织，妥善处理未成年人、社区矫正人员、失独家庭、残疾人、优抚对象、困境儿童、婚姻纠纷家庭等人群生活中的各种心理困扰，预防心理问题演变为心理疾病。促进和谐共治，在矛盾纠纷的预防化解中，充分发挥心理服务的支撑作用，促进人们理性平和地表达利益诉求，最大限度地消除社会戾气，预防和减少社会风险。

（三）汇小信息，成大智慧：线上线下融合的社会治理共同体

以大数据智能化为支撑，切实做好信息智能化的"通、聚、用"工作，通过上下贯通、左右联通、内外畅通，构建网上社会治理共同体，推动信息和数

据的聚集融合、社会治理各要素的全面整合，切实利用大数据提高社会治理能力。将大数据技术运用于服务群众、辅助决策、预测风险、优化考评等方面，办理民生事项 32 万余件，预警预防群体事件 12 起，整治突出问题 27 个。

1. 网格化＋综治中心，贯通数据渠道

网格化消除基层治理"空白点"。将网格与大数据技术结合起来，建立网格化服务管理信息系统，各个网格内的基本要素进行技术编码，动态采集、数据录入。在疫情防控期间，大数据＋网格化的模式发挥了重要作用，党员干部、网格员、志愿者等 1.5 万余人深入网格进行全覆盖的排查，同时依托"社区 E 通"APP，对 27199 名重点关注人员实行"一人一档"，全部纳入到网格系统的动态管理之中。

综治中心打通三级治理平台。整合 44 个部门资源，建成区、镇街、村（社区）三级综治中心 448 个。区综治中心作为实体化的工作指挥部，采取综治进驻、部门派驻、专业聘驻、社会邀驻的工作方式；镇街综治中心发挥实战功能，实行网格化服务管理和矛盾纠纷调处"两中心合一"，指挥调度网格化服务管理、矛盾纠纷调处、心理服务、信访稳定、群众服务等工作；村（社区）综治中心致力于打通"最后一公里"，采取"便民服务中心＋综治中心＋网格"的模式建设，设立视频监控、矛盾纠纷调处、心理服务、网格化工作管理、平安建设接待岗"四室一岗"。三级综治中心实行社会治理事项分级收集办理制度，通过三级平台上下联动、层层把关，真正做到把问题解决在基层。

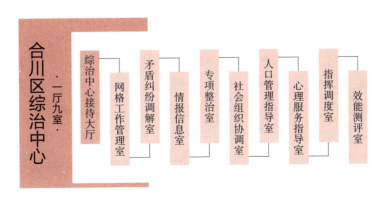

合川区综治中心
一厅九室
综治中心接待大厅
网格工作管理室
矛盾纠纷调解室
情报信息室
专项整治室
社会组织协调室
人口管理指导室
心理服务指导室
指挥调度室
效能测评室

合川区综治中心示意图

2.线上线下"一张网"，汇聚数据信息

大数据中心打造"中央处理器"。率先在重庆市建立社会治理大数据中心，并设定为副处级事业单位，构建大数据云，建立社会治理大数据库，实现了跨系统、跨部门、跨业务的数据共聚共享共用。例如，在抗击疫情中，各项工作在线部署落实、在线跟踪问效，由大数据中心进行统一汇总、多方比对、推送共享。研发出全民战"疫"智能信息平台，以疫情地图、图表等可视化的形式，呈现出疫情态势、高风险地域区域、被确诊病例和密切接触者分布的情况等，还原了 23 名患者的活动轨迹，实时预警预防。

合川区"社会治理大数据云"示意图

规范化标准化破信息壁垒。针对社会治理大数据存在的"信息壁垒"问题，将行之有效的做法集成上升为工作机制、制度规范。首先，创立了"七项标准"。初步形成的《合川区社会治理大数据发展应用规范》，制定出系统标准、功能标准、数据标准、业务标准、技术标准、管理标准和安全标准这七项标准。七项标准成果得到了科技部的肯定。其次，制定了"两张清单"。通过制定大数据共享的正面清单，明确了共享数据的名称、内容、更新的周期、提供的方式等，实现全区 67 个信息系统 356 个数据项共享共用。另外，通过制定大数据共享的负面清单，明确了依法不能向社会公开的数据，保障数据规范使用，确保数据绝对安全。最后，明晰"两个责任"。第一个责任是政法暨社会治理"云长制"，第二个责任是纪委监委、组织部、政法委、大数据发展局等部门协同的信息共享监管责任。制定信息共享交换的管理办法，推进政法专业大数据、政务信息资源大数据、公共服务行业大数据、互联网大数据以及公共安全视频监控大数据的全面汇集，确保全域覆盖、全网共享、全时可用。

3. 打造智慧大脑，提升数据效能

服务群众更便捷。"智慧合川"APP 整合了民生保障、家庭生活、交通、旅游、健康医疗等资源，能为群众提供 100 多项高效、便捷、智能化的服务，致力于"让群众少跑腿、数据多跑路"。同时，将特殊人群管理、纠纷化解、校园安保等 26 项社会治理业务整合在一个系统上，实行公共服务"一网通办"。

智能发力更精准。事前预警，通过构建应用模型，在对历史案例进行深度学习基础上，基于人、地、事、物、情、组织等基础信息对重点人员、重点群体、重大风险进行全方位、立体化画像，根据时、空变化，结合 WIFI 探针、智能摄像头、人脸识别镜头、智能门禁、车位地感、交通信号灯等感知终端的实时数据，进行深度关联分析，进而对可能发生的案事件作出预测并提出解决方案，实现由事后处理向事前治理转变。事中指引，在对历史事件处理成功、失败措施的智能分析基础上，对新发生的案事件自动生成处置指引方案，确保科学高效处置。事后分析，基于社情、警情、案情、舆情，系统自动分种类、分区域、分时段分析研判矛盾纠纷、各类案事件的发展态势，每日、每月、每季度生成分析研判报告，有针对性提出防范应对措施。

辅助决策更有效。通过实时汇聚社情、警情、案情、舆情，进行深度挖掘和全数据分析，以可视化方式呈现辖区各类人口动态、各类案件发展趋势、群众对重大事项态度等分析结果，突出当前治安痛点、社会热点、民生焦点，并逐一提出对策措施，为决策提供参考，变经验决策为数据决策，变样本数据决策为全体数据决策，增强工作针对性、时效性，把工作做到老百姓心坎上。

二、经验与启示

不积跬步，无以行千里，致广大。合川区"以小建大"，通过"小心愿""小服务""微协商""微疏导"推进"大融合""大联动""大智慧"，做好社会治理这篇大文章，在以社会治理现代化助推全面建成小康社会中形成了典型做法，积累了有益经验。

（一）大党建＋共治式新格局

以党的领导为核心，从细处着手，整合政府、市场、社会力量，促进治理体系全覆盖、治理要素全参与。横向上依托行业主管部门、工商联、协会商会等，实现机构、组织、单位全覆盖；纵向上依托基层网格，实现人、地、事、物、情全掌控。

拓展延伸党的组织和工作触角，推进各级党组织建设。全面推行"大党建"，以社区党组织为核心，推动驻（在）社区单位、新兴领域党建区域化"党建联盟"，建立双向责任、双向沟通、双向考核和联席会、轮值制、议事日等机制，形成"党、政、企、社、民"为一体的"五元共治格局"，实现党建联抓、事务联议、治理联动、服务联推、文化联建。推进了基层治理单元的协商自治。理清"公事"与"私事"的边界，做到治理中"利"与"责"相适。探索了"党政牵线、社企联动"互动机制，使第三方成为社会治理的重要力量。

突出干部向群众"点对点"服务，加强"精细化管理、组团式服务"，打通了服务群众"最后一公里"难题，让群众的人身财产更加安全、生产生活更加便捷、精神世界更加充实，人民群众对党委、政府的满意度不断提升，党的执政基础更加稳固。

（二）大数据＋共建型新机制

变"经验主义"的思维定式为大数据治理的思维模式。合川区率先在重庆启动大数据赋能社会治理工作，引导干部切实提升运用大数据开展工作、解决问题的能力水平。由党委把好方向，"牵头抓总"和"统筹协调"，推动解决平台整合、数据共享、资源配置等老大难的问题，形成上下"一盘棋"的工作格局。

切实做到对"数据"本身的创新，打通数据之间的互联互通。全面汇集政法、政务、公共服务、公共安全等多个领域，联通卫健、交通、公安等多个部门的数据信息，破解信息"孤岛"难题。同时，实现数据的标准化与规范化，维护数据信息在开放与安全维度之间的平衡，对全国数据标准的制定作出了突出贡献。

变"力量分散"为"联动融合"。提供多主体的"数字化"平台，为政府部门之间的联动以及社会多元主体之间的沟通建立渠道。通过"政法大数据云"搭建"社会信息资源共享交换、网格化服务管理、公共安全视频监控、矛盾纠纷调解、平安建设民意调查"等五大数字化平台，节约部门之间的沟通成本，以信息化、智能化的社会治理新模式提升政府内部协调联动，增强社会治理的预见性、精准性、高效性。同时，依托大数据技术搭建民情民意汇集、社会组织之家、合事共商三大社会化平台，整合社会力量以实现多主体参与共治。

（三）大调解＋共享全面小康新阶梯

大调解＋共享是以社会矛盾纠纷多元预防调处化解综合机制为支点，找准大调解体系和社会心理服务体系两大抓手，整合多方资源、凝聚工作合力，通过源头预防、及时调处、有效化解，实现案结、事了、人和，达到人人共享和谐全面小康的状态。

将党的群众路线充分贯彻到大调解和心理服务中。从社会主要矛盾变化和人民最新发展要求出发，运用法治、民主、协商的办法正确处理人民内部矛盾和社会矛盾，为广大群众提供优质高效的心理服务，发动全社会一起来做好维护社会稳定工作，切实做到了从群众中寻找解决问题的方案和办法，使矛盾调解、心理服务充分体现民心民意。

将事前源头预防和事后及时化解无缝衔接到大调解和心理服务中。在构建大调解体系推动纠纷易联易解的同时，也注重从心理健康层面加强源头预防。帮助公民促进个性发展和人格完善，妥善处理生活中的各种心理困扰，促进理性平和地表达利益诉求，最大限度地消除社会戾气，预防和减少极端案例发生。实现全方位、无缝隙、闭环式的社会矛盾预防化解。

三、问题与展望

社会治理现代化是一个系统、一个过程。面对全面建成小康社会提出的新要求，社会治理水平同实现国家治理体系和治理能力现代化的要求还未完全匹配。主要是：基层治理规模过大，治理重心没有完全下移，服务群众意识有待加强，引领群众本领需要进一步提升，数据应用安全性有待增强。

将地方"盆景"打造为全国"风景"，需要将顶层设计与地方探索有机结合，将各地在社会治理过程中形成的创新实践、成熟经验进行归纳总结、理论深化，从历史、现实、未来三个时间维度把握新时代社会治理现代化的演变规律，从结构、运行、绩效三个空间维度提炼社会治理体系的内在发展逻辑。面对新时代新任务提出的新要求，需要推动基层社会治理向集成化、多元化、精细化和智能化转变，不断完善共建共治共享的社会治理制度。

（一）理顺"条块关系"，推动社会治理和服务重心向基层下移

提升城乡基层社会治理法治化、科学化、精细化水平，不是各治理主体的简单叠加，而是要构建一个体系和系统。这既需要治理体系每个层面"有为"和"有效"，更需要将各个方面有机统合。建立力量下沉、保障下倾、运行管理高效的机制，使基层社会治理有人、有权、有物。全面落实有关加强基层政权能力建设的政策举措，实行扁平化和网格化管理，把条的管理和块的治理协同起来。健全乡镇街道和部门之间的职责体系，坚持权责利一致原则，将上级部门和乡镇街道"联合"起来，形成上下联动、权责分明的社会治理格局。科学设置区县和乡镇街道的事权，明确各自的职责清单，理顺职责关系。明确区县职能部门、乡镇街道各自的权力清单和责任清单。构建科学合理、权责一致、有统有分、有主有次的职责清单，完善主体责任清单和配合责任清单。

（二）整合"四新"要素，推动治理方式向精细化和智能化转变

智能化已成为破解智慧社会治理难题的"金钥匙""好技术""巧工具"，既为智慧社会治理带来了新理念、提供了新方法，又在治理模式上开辟了新路径、拓展了新空间。充分发挥智能化科学技术在社会治理中的作用，需要我们

树立新理念、掌握新技术、建设新队伍、创新新机制，建立健全运用现代技术
手段构建智慧社会治理的制度规则。在以科技赋能社会治理的过程中，做好社
会治理的"巩固"与"提升"，构建智慧社会治理的新模式。深化运用大数据、
云计算、区块链等信息技术，建好管理云、延伸服务链，拓展大数据在政府管
理、公共服务、社会治理等领域应用示范，着力提升区域治理水平。推进智慧
法院、智慧检务、智慧警务和智慧司法建设。加快构建"用数据来说话、用数
据来管理、用数据来决策、用数据来创新"的智慧社会治理新机制。

（三）践行"核心价值"，推动德治教化全面融入基层社会治理

加强社会领域的价值治理，坚持制度建设与思想建设共同推进，实现"硬
治理"与"软治理"同频共振。进一步强化价值引领，通过教育引导、实践养成、
制度保障，将社会主义核心价值观全方位贯穿、深层次融入社会治理各方面，
使其像空气一样无所不在、无时不有，成为百姓日用而不自觉的行为准则。

重庆市忠县

奋力跑出"病有所医"改革加速度

中共重庆市忠县委员会宣传部调研组

忠县作为全国公立医院综合改革示范县，始终坚持以人民为中心的发展思想，紧扣健康中国战略主线，在大局下谋划，在大势中推进，在大事上作为，驰而不息深化医药卫生体制改革，疏堵点、解痛点，有效地缓解群众"看病贵、看病难"问题。2018 年 4 月、2018 年 11 月、2019 年 5 月三次被国务院通报表扬激励；2020 年 6 月，"纵联横合"医共体"三通"改革经验作为典型案例入选国家《医改蓝皮书》。连续 5 年基层首诊率保持在 70% 以上、县域内就诊率稳定在 90% 以上。

一、改革背景

2014 年，忠县县委、县政府高起点站位，全维度布局，启动县级公立医院改革，虽取得一定成绩，但改革的效果，特别是分级诊疗效果还不十分明显。就县域医联体建设而言：帮联医院职责不清、捆绑不紧、帮扶不力、动力不足、效果不佳；就县级医院而言：特色重点专科不专、专业人才名气不大、指导督导力度不够、人民群众获得感不强；就基层医院而言：职责定位不准、业务能人不多、服务能力不强、发展资金不足、医防融合不好；就村卫生室而言：村医没学历、医技水平低、老化弱化明显。改革之初，县域内就诊率约80%，基层首诊率约 45%，病人下转率约 3.5%，医疗费用增幅达 20% 以上。

2018 年，重庆市委、市政府启动医共体"医通、人通、财通"（简称"三通"）改革试点工作，忠县作为首批试点区县之一，启动了"纵联横合"医共体建设，把"大卫生、大健康"理念融入医共体建设各个方面、各个环节，着力推动分级诊疗新格局的形成。2019 年，忠县"纵联横合"医共体建设纳入了全国紧密型县域医共体建设试点。

二、主要举措

忠县坚持"保基本、强基层、建机制"，以"纵联横合"为核心举措。"纵联"：县人民医院、县中医院分别与 25 家、17 家乡镇卫生院组建两大纵向医共体。"横合"：横向集团化管理 42 家乡镇卫生院，建立人、财、物调剂使用机制。以"纵联"上联下通、提升能力为根本，以"横合"整合资源、夯实基层为依托，形成医通、人通、财通的"三通"局面，构建"人才学科下沉、服务能力提升、资源整合共享的价值医疗一体化发展"新格局。

（一）上下联动促"医通"。以县人民医院、县中医院为龙头，推进医疗技术"纵联"。向上，与"高精尖"医院建立"医联体"，人民医院与北京 301 医院建成远程诊疗中心、远程会诊 1025 人次，重医附一院派出 72 名专家到人民医院坐诊 1256 天、接诊 8200 余人次，两家县级医院加盟市级专科联盟 22 个；向下，人民医院、中医院分别与 25 家、17 家乡镇卫生院及 472 个村卫生室纵向组建两个"医共体"，建成远程会诊、心电、影像、检验、病理"五个中心"，实现"基层检查、县级诊断、结果互认"。全面推开医共体内上下用药衔接试点工作，以 6 种慢病试点，收录 188 个药品品规，落实药品"六统一"，同时由龙头医院对基层开展远程审方，保障用药规范，审方合格率 72.84%。在全县选聘具有中高级职称，涵盖医疗、护理、检验、公卫等各类别专家，组建"专家库"，对 42 家乡镇卫生院实行技术指导，促进技术共享、集团化管理。

（二）互派互转促"人通"。以"医共体"为平台，建立领导、医生、患者"互通"机制。一是互派骨干，龙头医院下派 10 名骨干挂职指导乡镇卫生院发展，开展新技术、新项目 10 个；下派专家 1856 人次，坐诊 2160 天、手术 785 台次、培训医务人员 8845 人次；乡镇卫生院上派 296 名医务人员跟班学习、集中轮训。二是互用编制，重新梳理可使用总编制数（2569 个）建立"编制池"，将空编名额由原各医疗单位必须空编 3%，调整为在全县编制总额内空编 10 名作为紧缺人才引进等应急使用，其余空编纳入"编制池"实行动态调整。设立"职称库"，对中高级职称岗位进行统一管理，鼓励上级医疗机构人员调动到有中、高级职称空余岗位的基层工作，并在调入单位申报或者聘任中高级职称，在调入单位工作满 3—5 年后，可调回原单位且职称优先聘任。改革以来，调剂编制 128 个、高级职称岗位 56 个。三是互转病人，明确 102 种不轻易外传病种、100 种下转病种，建立"乡镇收费、县级诊疗、上下转诊"绿色通道，下转病人 2785 人次，较改革前下转率提升到 20%；上转病人 5439 人次，较改革前上转率保持在 10% 左右。四是共创"三名"，评选名医 12 名、名院 4 家、名院长 2 名，增拨 105 万元建立"名医工作室"5 个。五是城乡一体化，结合村卫生室星级管理，启动"乡聘村用"试点，13 家卫生院派驻 19 名村医，进一步理顺管理协调运行机制。

（三）利益联结促"财通"。以资金分配、设备调剂、项目管理为重点，构建"医共体"利益联结机制。一是建立"资金池"，每年按基层医疗机构医疗收入的 5%、县级医院盈余的 2% 提取资金，另统筹财政专项资金滚动积累，解决了乡镇卫生院"发展难"问题。二是建立"项目库"，按照规划、建设、管理"三统一"，提升项目建设质效，累计实施项目 54 个。三是建立医保资金"打包"机制，采取"总额控制、结余调剂"方式，将医保资金交给"医共体"管理，即医共体医保总额付费实行年初预算、年中调整、次年内部调剂的分配模式。2019 年，对两大医共体共调剂医保资金 892.57 万元。四是建立"设备库"，统筹调配使用 5000 元以上医疗设备 190 余台件。建立增效收益分配机制，实行远程医疗、专科联建、专家坐诊、家庭医生服务等利益共享，2019 年，两大医共体成员内分配增效收益 281 万元。

（四）党建引领促"联通"。县委组织部、县委宣传部、县卫生健康委联合成立"忠县医院党建工作指导委员会"，建立健全党建工作"联建、联评、联考"机制。配齐配强县人民医院、县中医院党委和纪委班子，严格落实党委领导下的院长负责制。创新出台《忠县医共体党支部结对联建工作方案》，2 家龙头医院 31 个党支部分别与乡镇（街道）卫生院 26 个党支部结对，以"五个一"活动为载体，着力从党建、业务、管理等方面开展联建，推动党建、业务互动融合发展。目前，已联合开展主题党日活动 12 次，上党课 11 次，微宣讲 36 次，医疗核心制度讲座、研讨会 15 次。

三、主要成效

通过"纵联"县乡村三级医疗机构，"横合"基层医疗卫生机构，实现了"以资源、技术、服务、信息、管理为纽带形成资源、服务、责任、利益、管理五个共同体"的医改目标，加速改革红利释放。

（一）"县强"。累计投资 10.8 亿元，按三级医院标准新建的人民医院投入使用，新划拨给中医院 5.85 万平方米业务用房并实施改扩建，新增 100 万元以上设备 46 台件。成立胸痛、卒中、创伤等"五大诊疗中心"，引进冠脉支架植入等新技术新项目 100 余项。引进硕士研究生等高层次人才 23 名，培养引进高级职称医务人员 138 人。创建国家级特色专科 1 个、市级重点特色专科 15 个、县级重点特色专科 16 个，疑难、危重病症救治率上升 5.2%。人民医院被纳入全国建立健全现代医院管理制度试点医院。

（二）"乡活"。投资 3.5 亿元完成 42 家乡镇卫生院标准化建设，争取中国初级卫生保健基金会捐赠价值 2.1 亿元的设备 716 台件，乡镇卫生院拥有万元以上的医疗设备 900 余台件。以提升基层首诊 66 个病种规范化诊疗能力、美丽医院建设、等级医院评审、中医药推动大健康产业项目等活动为载体，创建甲级卫生院 2 家、乙级 4 家、丙级 1 家，任家镇卫生院被评为全市"最美基层医疗机构"；建成国家级中医特色乡镇卫生院 1 家、市级 1 家，县级特色专科 6 个，县级重点专科 2 个。推广中医药适宜技术 50 种以上，中医馆实现全覆盖，全市精品中医馆 2 家，中医药服务占比高出全国平均水平 10%，66 个病种首诊率 25.8%。全科医生 291 人，每万名常住人口拥有 3.84 名全科医生，每家乡镇卫生院至少拥有 1 名全科医生。

（三）"村稳"。372 个行政村（社区）建有标准化卫生室 472 个，村医 559 名，大专以上学历 85 人，具有执业（助理）医师资格 78 名，培训乡村中医药实用技术人员 600 余人次，每个卫生室都有 1 名合格村医。为村卫生室配备呼吸器等 20 种基本设备 230 套、中医康复设备 500 余套，健康一体机 581 台。村卫生室诊疗量占基层总诊疗人次 20% 以上，村医年均收入 5 万元以上。

（四）"民康"。全面落实全民医保政策，全县城乡居民基本医疗参保率 96.03%；引进 365 智慧健康科技公司，投资 1000 多万元建成智慧医疗管理平台，对民众健康实施全周期管理；推进全民健身运动，群众积极参与长江三峡国际马拉松、"万步有约"健走激励大赛等赛事活动。2019 年，全县居民健康素养水平达 21.5%，人均寿命 77.26 岁，高于全市 0.7 岁。深入实施"健康扶贫"行动，对建卡贫困群众住院医疗费超过 5000 元以上形成支出性贫困的，由帮扶集团给予临时救助；对新增的因病致贫人口，追溯 12 个月，其住院或特病重病门诊个人支付超过 3 万元的，按自付费用的 60% 给予救助，惠及 39 户、40 人，补助资金 210 余万元，个人最高救助达 14.78 万元。"健康扶贫"行动累计救助 9.33 万人次，支付救助金 4674.74 万元。

（五）"战疫"。2020 年初，面对突如其来的新冠肺炎疫情，"纵联横合"医共体统一调配、优化资源，在打好疫情防控阻击战中发挥了重要作用。人员统一调配：由医共体龙头医院组建 14 个工作指导组，下沉各医疗机构，采取"点对点""一对一"方式，规范乡镇防控措施，规范设立 4 个县级医院发热门诊和 42 家乡镇卫生院预检分检点。由乡镇采样、龙头医院检测，率先将 PCR 检测扩大到十类人群，做到应检尽检，累计核酸检测 32028 例、28611 人次。利用远程医疗"五大中心"，实现县级专家 5 分钟内分诊，乡镇卫生院 1 小时内送诊，龙头医院 10 分钟内接诊、采样，缩短患者等候时间，减少传播风险。统筹调配县域内医疗资源，实现人财物互通共享。调配 1000 余名医务人员，集中支援交通卫生检疫站、社区、集中隔离点等疫情防控一线；支援湖北孝感 46 人、重庆万州 2 人。调用救护车 20 余次，转运患者 300 余人次；为医疗机构调配、捐赠医用口罩 23 万只、N95 口罩 5486 只、防护服 3268 套、消毒液 2 吨、医用酒精 240 桶。组建心理关爱疏导小组，确保隔离不隔爱、隔离不隔心，累计心理疏导 1.2 万人次。

四、主要启示

（一）加强党的领导是根本。忠县医改始终坚持以习近平新时代中国特色社会主义思想为指导，全面贯彻党的十九大和十九届二中、三中、四中全会精神，认真落实党中央、国务院关于实施健康中国战略和深化医药卫生体制改革的决策部署。县委书记、县长担任忠县医药卫生体制改革领导小组双组长，将区域内医改升级为"一把手"工程，促使医院管理、医保支付等各项医改政策产生叠加效应，充分体现"三医联动"。县级公立医院推进现代医院管理制度建设，落实党委领导下的院长负责制；基层医疗卫生机构由县卫生健康委党委联合所属乡镇（街道）党（工）委共建共管，建立党建工作"联建、联评、联考"模式，走出了一条适合忠县实际的医改之路。

（二）以人民为中心是前提。忠县作为全国公立医院综合改革首批试点县，始终坚持以人民为中心的发展思想，切实践行全心全意为人民服务的根本宗旨，紧紧围绕"让人民群众有更多获得感"目标，持续推进深化医改，基本医疗卫生服务的公平性、可及性明显增强，群众"看病贵、看病难"问题得到明显缓解，人民群众的健康水平不断提升。事实证明，把人民拥护不拥护、赞成不赞成、高兴不高兴、答应不答应作为衡量工作得失的根本标准，才能使改革化民忧、解民难、暖民心，调动推动改革的积极性、主动性、创造性。

（三）整合存量资源是基础。通过"两池四库"对基层医疗机构所有的人、财、物资源进行整合化、集团化管理，解决了基层医院中"部分基层医院剩余与部分基层医院缺乏并存"的难题，极大促进了基层医疗资源配置合理化使用，发挥出最大效益。2019 年，"资金池"统筹资金 3100 余万元，"编制池"调剂使用空余编制 128 个，"设备库"调剂使用医疗设备设施 190 余台件，"项目库"

科学实施新建、改扩建及排危等项目 43 个，"专家库"选聘高级职称成立各类别专家组 9 个，有效盘活了基层医疗资源。

（四）建立利益共享机制是核心。提取各医院资金注入"资金池"比例一致，但医院因收入不同导致注入资金亦有不同。经过统筹使用后，形成了"收入高、效益好、发展速度快的医院"支持"收入低、发展较慢的医院""所有医院均能够得到相对均衡的发展、适合新医改发展思路"的创新模式，能够最大化发挥医院资金的使用效率，让所有医院享受改革发展红利。采取"远程诊疗由医共体内协议分成""下派专家坐诊、学科联建的增益部分由龙头单位与基层医院共享"等方式，实行灵活的医共体内部增效收益共享机制，能够确保医共体内部各级医疗机构有长期、充足的动力进行持久、主动的合作共享。

（五）建立责任共担的考核机制是保障。通过几年的努力，忠县建立了一套针对医共体建设绩效考核的指标体系，并将考核结果作为人事任免、评先评优、竞争上岗、培训交流重要指标之一，同时还与相关医务人员绩效工资、职称晋升、福利待遇等挂钩。通过对上下流转病人数等指标的考核，促进分级诊疗在"医共体"内部实现，最大化提高整个医联体的运行效率。同时，也促进了"医共体"内部三级医疗机构均衡、快速和高质量发展。

全面建成小康社会与中国县域发展

重庆市江津区

发展消费品工业　满足群众消费需求

中共重庆市江津区委宣传部调研组

习近平总书记指出，要抓好服务，人民群众的事情就是我们的牵挂，要以问题为导向，力争实现各种服务全覆盖，不断满足百姓提出的新需求。消费是最终需求，发展消费品工业可以更好满足群众消费需求。面对 2020 年突如其来的新冠肺炎疫情和复杂严峻的国内外形势，江津认真贯彻落实市委、市政府的要求，坚持大力发展消费品工业，加快打造全市消费品工业高质量发展示范区，着力满足群众消费需求，为全区经济社会发展注入新活力，为全面建成小康社会贡献新动能。

一、聚焦重点真抓实干——发展消费品工业的江津举措

江津的消费品工业发展条件优越、基础扎实、空间广阔，在稳增长、保民生、促就业等方面发挥着重要作用。近年来，区委、区政府高度重视消费品工业发展，从要素支撑、产业布局和品牌打造等方面出实招、用实功，全力打造全市消费品工业高质量发展示范区。

（一）构建要素保障体系

加强顶层设计、政策扶持和人才支撑等重点要素保障，出台 15 条举措"赋能"消费品工业发展。聚焦顶层设计。成立打造消费品工业高质量发展示范区领导小组，由区委书记任组长、区政府区长任副组长，集合 30 个区级部门、

平台和有关单位共同开展工作。研究制定并出台《江津区打造消费品工业高质量发展示范区行动计划（2020—2022 年)》。明确两个阶段性目标：第一阶段从 2020 年到 2022 年，让全区消费品规模工业产值在 2019 年的基础上翻一番，力争达到 500 亿元；第二阶段从 2023 年到 2025 年，让全区消费品规模工业产值再翻一番，力争达到 1000 亿元。聚焦政策扶持。与市经济信息委、市发展改革委等部门点对点联系，精心梳理形成《打造消费品工业高质量发展示范区请求市级支持政策》，积极争取上级支持。筹措建立 5000 万元消费品工业高质量发展基金，撬动吸引更多社会资金参与消费品工业发展。出台《江津区推进经济转型升级加快高质量发展的若干政策意见》《江津区科技创新激励系列扶持政策》，设立 5000 万元创新创业种子基金。新规划 10 平方公里的消费品工业集聚发展空间，为先锋调味品产业园等提供空间需求保障。聚焦人才支撑。深入实施"津鹰"计划，设立 5000 万元专项资金，对引进和调入的院士、海外高层次人才计划人选等科技人才进行奖励，对荣获国家自然科学奖、国家技术发明奖、国家科学技术进步奖的项目及成果转化等进行奖励。坚持重大科技专项、研发平台资金优先倾斜，重大创新链项目优先支持，重点科技创新企业高端人才引进优先扶持，先后引进周远、石学敏等 6 个院士专家团队，建设院士专家工作站 5 个，博士科研工作站 10 个。

（二）构建重点产业体系

对 85 户规上和 453 户规下消费品工业企业开展调研，结合江津工业经济发展现状，明确五大重点发展产业，以示范基地建设带动重点产业发展。打造国家新型工业化粮油食品示范基地。发挥江津食用油和食品制造产业优势，做大做强益海嘉里、中粮集团、桃李面包等重点企业，围绕"全产业链"目标，形成协同发展的"雁阵效应"。打造西南最大的清香型白酒示范基地。以"振兴渝酒"为目标，依托江小白，打造白沙酒城，形成遵义茅台酱香型、宜宾五粮液浓香型、江津江小白清香型三足鼎立态势，形成中国最大的酒业金三角。打造西南纸制品产业链集群发展示范基地。以玖龙纸业为龙头，延长深化产业链条，通过"互联网+"和"文创+"推动纸制品产业链集群发展。打造新兴智能及高端消费品示范基地。立足明峰医疗、英洛凡 LED 制造等产业基础和团结湖大数据智能产业园，培育一批智能和高端消费精品。打造西南农副产品加工示范基地。发挥富硒产业优势，发展以花椒为主的农副产品加工业，建设江津花椒产业城。利用综保区开放口岸，做好畜禽蛋类和果蔬茶加工，建设综合性冷链产业集聚区。

（三）构建区域品牌体系

充分发挥品牌对增强消费品工业产品市场影响力和消费黏度的突出作用，做靓消费品江津品牌。打造行业性集合品牌。实施"消费品工业重点品牌培育专项行动"，开展年度重点示范试点品牌集中推广，紧密围绕五大重点发展产业，支持打造"一桶健康油、一包调味品、一张生态纸、一瓶文化酒、一篮富硒菜"等行业性集合品牌。热忱服务企业品牌培育，2020 年上半年帮助消费品工业企业注册商标完成 26 件，申报绿色食品 30 个，申报有机食品 15 个，申报富硒产品 22 个。打好智慧智能智造牌。推动互联网、大数据、人工智能、区块链等新一代信息技术与传统消费品工业融合发展，培育新增长点和新动能，建设消费精品智造基地。支持和引导企业开展智能化改造，加快数字化装备普及，广泛开展"生产换线""机器换人""设备换芯"，华茂纸业等企业实施智能化改造项目 114 个，带动工业技改投资增长 33.9%。目前江津数字化车间和智能工厂分别达到 30 余家，总量位居全市第三。讲好江津品牌好故事。举办消费品工业设计赛（会）和以特色食品、健康食品等为主题的博览会，"江津杯"消费品工业设计创新产品大赛、中国·重庆（江津）富硒产业发展大会、"双创"大赛等赛事活动成为企业展示产品、交流业务的重要平台。加强"一江津彩"农产品区域公用品牌的使用和管理，在四季旅游、渝川黔毗邻文化旅游等营销推广活动中扩大品牌效应。通过"津彩五月"直播专场、全市"晒旅游精品·晒文创产品"大型文旅推介活动，区委书记和区长分别出镜网络直播，推介江津消费品。

二、助力实现工业强区——发展消费品工业的江津成效

江津坚持多措并举、真抓实干，立足产业发展实际，持续推动消费品工

业发展，并逐渐成为本地区支柱性产业。

（一）经济运行稳中向好

消费品工业涉及老百姓吃、穿、住、用，是基础性、民生性产业，同时还具备受经济周期影响小、抗风险能力强、成长性较好等特点。面对 2020 年新冠肺炎疫情影响和国际形势，江津全区上下坚持稳中求进工作总基调，扎实做好"六稳"工作，全面落实"六保"任务，大力发展消费品工业，经济社会运行在常态化疫情防控中加快恢复。2020 年上半年，江津实现地区生产总值 490 亿元，同比增长 0.5%，增速较一季度提高 13.7 个百分点；工业增加值 208.7 亿元，同比下降 1.6%，降幅比一季度收窄 16.4 个百分点；城乡常住居民人均可支配收入分别达 22434 元、12050 元，同比增长 3.6%、6%。上半年江津经济先降后升，二季度经济增长由负转正，主要指标恢复性增长，经济运行稳步复苏，基本民生保障有力，市场预期总体向好，社会发展大局稳定。

（二）龙头引领迸发活力

做大做强工业消费品龙头企业规模，提升核心竞争力，建立了包含 106 个项目的消费品工业目标企业库和项目数据库，精心筛选出益海嘉里、江记酒庄、玖龙纸业等 20 余家消费品工业企业重点培育，引导企业加快打造在同行业具有领先地位的优势产品。2020 年上半年，江津 85 户消费品工业规模企业创造产值超 134 亿元，增速达 4.2%，消费品工业网络零售额达到 13 亿元，同比增长 853.7%。江津植物食用油产量占全市的 60%、机制纸及纸板产量占全市的 52%、白酒产量占全市的 42%、卫生陶瓷制品产量占全市的 33%，印染布仅有江津生产，产量达 21346 万米。

（三）引资引智成效明显

江津既坚持一手抓增量，瞄准北上广等重点地区，开展"点对点"招商；又坚持一手抓存量，做深做实消费品工业全产业链的"补链、延链、强链"文章。同时，着力引进一批食品包装、工业设计等配套企业，切实为消费品增添"卖相"、提升"颜值"。2020 年上半年，江津引进消费品工业项目 23 个，协议引资 62.6 亿元。大力引导企业加大科技创新投入，推动江津"制造"向江津"智造"转变。2020 年上半年，江津有效发明专利量达到 1364 件，专利密度达 9.76 件 / 万人，新增专利授权量为 1119 件，新增专利申请量为 1531 件。消费品生产科技化、智能化程度大幅提升，江小白"表达瓶"通过人脸识别技术"量身定制"当下的图片和符合心境的文字的产品包装，借力柔性生产，升级消费体验。

三、内外兼修健康发展——发展消费品工业的江津思考

江津坚持推动高质量发展、创造高品质生活，形成了消费品工业品种丰富、品质优良、品牌响亮的良好局面，为解决消费品工业发展面临的问题和矛盾提供了思考借鉴。

（一）优化环境是发展消费品工业的"软支撑"

企业是消费品工业发展的根，根深才能叶茂。良好的营商环境是发展消费品工业的"软支撑"，只有良好的营商环境才能够滋养消费品工业企业成长壮大。良好的营商环境是吸引力、竞争力，更是创造力、驱动力，也是体现地区消费品工业综合竞争力的客观需求。江津出台《江津区营商环境优化提升工作方案》，优化营商环境工作不断走向法治化、国际化、便利化，"保姆式"的服务获得了消费品工业企业点赞，也成为招商引资中吸引大型消费品工业企业的"金字招牌"。优化发展环境，没有完成时，只有进行时；没有局外人，都是局内人，人人都是参与者。只有持续大力宣传消费品工业发展规划、政策、企业、项目等，才能形成齐抓共管的浓厚氛围。只有进一步降低企业成本，落实减税降费系列政策，才能进一步减轻企业负担，让企业"轻装前行"。

（二）扩大开放是发展消费品工业的"新动力"

虽然当前国际形势复杂多变，但从长远来看经济全球化仍是历史潮流，分工合作、互利共赢是长期趋势。江津紧紧抓住"一带一路"、长江经济带发展、成渝地区双城经济圈建设、重庆市推动西部陆海新通道建设等国家、市级重大战略部署带来的新机遇，持续发挥江津综合保税区、双福国际农贸城、各工业园区等重点平台作用，全力打造重庆对外开放新高地。只有不断扩大开

放，才能更好地应对 2020 年新冠肺炎疫情带来的全球各国出现的消费、生产与物流放缓的不利影响，化"危"为"机"形成消费品工业发展的"新动力"。只有在强合作、促交流上下更多更实的功夫，在加强周边合作交流、开展口岸合作交流、拓展国际合作交流等方面更加积极主动，才能进一步降低物流成本、提升运输效率，推动消费品工业发展进入"快车道"。

（三）改善民生是发展消费品工业的"落脚点"

发展消费品工业，一方面可以进一步满足群众高品质、个性化的消费需求，另一方面也可以更好地促进就业、改善民生。江津通过举办指尖招聘会、"天天招聘会"、民营企业招聘周等活动，搭建消费品工业企业与产业工人间的供需对接平台，让更多群众享受到产业发展带来的"红利"。消费品工业企业只有树立"消费者思维"，在产品设计、包装、销售和配送等方面给予消费者更优质的服务，才能提升企业的综合竞争力。各地区只有在提供企业与消费者、企业与务工人员、企业与第三方合作机构的供需对接平台上多下功夫，才能让消费品工业发展的成果发挥更大的效用，更多地惠及民生。

全面建成小康社会与中国县域发展

四川省广元市苍溪县

实施"三园联动"
实现农业产业精准减贫

中共广元市委宣传部

苍溪县地处四川盆地北缘、秦巴山脉南麓、嘉陵江中游，辖区面积 2330 平方公里，辖 31 个乡镇、372 个村(社区)，总人口 76 万人，其中农业人口 64 万人。苍溪是农业大县，是川陕革命老区、国家级贫困县、秦巴山区连片扶贫开发工作重点县。近年来，苍溪县按照四川省十大优势特色产业和广元市七大全产业链发展布局，以县建现代农业产业园、村建"一村一品"示范园、户建增收脱贫自强增收园"三园联动"为抓手，强化加工转化、品牌营销、新型主体、要素保障"四个带动"，大力推动以红心猕猴桃、中药材、健康养殖"三个百亿产业"为主导的特色产业发展，带动贫困群众实现脱贫致富。截至 2019 年底，全县 214 个贫困村(村社合并调整前数)、26822 户、91837 人退出，贫困发生率降至 0.05%，其中依靠产业脱贫 9095 户、24430 人，贫困户特色产业覆盖率达 89%，实现依托产业人均增收 4500 元以上，占贫困户人均可支配收入的 67.2%。

一、坚持"三园联动"，壮大特色产业扶贫

(一) 县建现代农业产业园，"一县一特"带农增收。按照"建一个万亩产业园，连片增收过亿元"的思路，立足红心猕猴桃等特色主导产业优势，苍溪县每年规划建设 1 个万亩以上现代农业产业园。通过集聚土地、资金、人才、

技术等现代生产要素，推进一二三产业融合发展，建立"产业园＋新型经营主体＋贫困户"的生产经营模式，将区域内的贫困村、贫困户、易地扶贫搬迁安置区纳入产业园建设，联村带户，带动连片增收扶贫。目前，苍溪县建成产村相融、园村一体"基地＋加工＋科技＋品牌营销＋农旅融合"的万亩以上现代农业产业园 19 个，其中，创建国家现代农业产业园 1 个、省级命名的产业园 8 个、市级 10 个。集中连片发展苍溪红心猕猴桃等特色主导产业 20.8 万亩，特色产业覆盖苍溪县 31 个乡镇、214 个贫困村（村社合并调整前数），产业园内贫困户人均实现可支配收入 10700 元。

（二）村建特色产业示范园，"一村一品"扶贫减贫。按照"特色化、绿色化、优质化"的要求，因地制宜，规划建设村特色产业示范园，大力发展以红心猕猴桃为主导，苍溪雪梨、中药材、畜禽水产养殖、特色林果、种苗花卉、休闲观光旅游等为补充的特色产业，带动群众增收脱贫致富。目前，苍溪县在贫困村建成千亩（百亩）"一村一品"示范园 619 个，其中千亩园 69 个。带动贫困户人均实现增收 4100 元。桥溪乡川主村建成 500 亩红心猕猴桃"一村一品"示范园，带动全村 33 户贫困户脱贫。

（三）户建自强脱贫增收园，"一户一园"自主脱贫。围绕"一人一亩自强园、增收脱贫超万元"目标，对有发展意愿、发展能力的贫困户，坚持每户有一个增收自强园、有一名技术明白人、有一条机耕作业道、有一个抗旱微水池的"四有"标准，实行品种统改、技术统训、农资统供、品牌统创、产品统销和贫困户分户生产的"五统一分"带贫经营模式，实施政策资金、订单保单、干部帮联、技术培训"四个到户"的帮扶措施，激发贫困群众内生发展动力，引导贫困户依靠发展产业脱贫致富。2019 年，苍溪县贫困户累计建户园 1.56万个，人均产业实现收入 4500 元。

二、拉长产业链条，提高产业扶贫效益

（一）做长种养循环产业链，带动农户稳定增收脱贫。按照"长线产业增

后劲，短期产业见实效"思路，大力发展红心猕猴桃等长线产业和在水果基地下套种蔬菜、中药材等见效快的短期产业，配套养殖生猪、肉牛羊、小家禽，通过"果＋菜＋药"等立体种植，"果＋养＋沼气"种养循环，确保贫困户稳定增收。目前，苍溪县建成立体种植、种养循环特色产业基地19.5万亩，带动贫困户实现稳定增收。

（二）做长加工转化增值链，促进贫困农户就业增收。大力开展特色农产品产地清洗、分选、保鲜、包装、贴牌等商品化处理，建成产地初加工点339个，特色农产品初加工率达90%。带动贫困户就地就近就业4300余人。建设农产品精深加工中心、东西部扶贫协作加工园和扶贫车间，培育引进规模以上加工企业28家，开发果汁、果酒、含片、酵素、休闲食品等系列加工产品36个，年加工农产品与扶贫产品23万吨。广元果王食品有限公司开发猕猴桃、雪梨等果酒、饮料、含片等系列加工产品，年收购加工农产品2.1万吨，带动贫困户务工就业158人。

（三）做长农旅融合增收链，拓展农业功能带农致富。按照"一特色种植园就是一个旅游景区"的思路，建成农旅融合A级以上景区10个，其中，国家AAAA级、AAA级旅游景区4个。规划建设中国红心猕猴桃博览园、国际猕猴桃风情小镇、五星级猕猴桃主题酒店，成功举办全国红心猕猴桃研讨会和采摘节，大力开发红心猕猴桃、苍溪雪梨礼盒、剪纸、绘画、根雕等旅游商品，成功创建全国农业旅游示范点、全国农村产业融合示范园和全国休闲农业与乡村旅游示范县。2019年，全县旅游等新产业新业态产值达14.7亿元，带动贫困户年人均增收600元。

三、做强品牌营销，产品溢价助农增收

（一）擦亮产业"金字招牌"，打造产业扶贫引擎。按照"统一品牌、商标各异、注明产地、统一管理"的办法，大力实施红心猕猴桃区域公用品牌与企业品牌相结合的"母子"品牌战略，成功注册"红阳"猕猴桃系列商标36

个，苍溪红心猕猴桃先后获得绿色、有机、地理标志产品认证产品 14 个，获得中国驰名商标 1 个，国家级金奖 9 个，被誉为"世界红心猕猴桃原产地""中国红心猕猴桃第一县"，品牌价值达 80.99 亿元，荣登中国品牌价值百强榜。2019 年，苍溪县红心猕猴桃鲜果产地收购价从 2014 年的每公斤 10 元上涨到 20 元，是其他品种猕猴桃的 3—4 倍。销往全国大中城市和欧美等 21 个国家和地区的红心猕猴桃，每公斤售价达 40 元。

（二）强化产销精准对接，扩大扶贫产品营销。强化宣传推介促销，积极参加各类展销活动，连续举办 6 届猕猴桃采摘节和 15 届梨花节，借力多种载体广泛宣传促销农特产品。强化产销精准对接，建立苍溪县扶贫产品加工营销中心，建立扶贫产品目录，摸清扶贫产品家底，为产品营销提供需求信息、产品认证、电商销售、物流配送、农民务工服务等，帮助 27 家企业 54 个产品获得"四川扶贫"商标使用授权，制定扶贫产品质量安全标准 13 个，建基地质量安全初检点 31 个，与沃尔玛、华润万家等 14 家知名商超建立稳定订单销售渠道，在北京等全国大城市开设苍溪特色农产品直销店 25 家。深入开展电商扶贫，在京东等平台开设扶贫产品销售专区 6 个，开设各类网店 600 多家，农产品电商销售占比达 35% 以上。大力促进消费扶贫，创新推行"以购代捐"、定制生产等消费扶贫模式，借力东西部扶贫协作，实施产业协作项目 31 个，建成"浙江三门—四川苍溪农特产品展销馆"，带动 30 余个贫困村、1000 余户贫困户农产品销售。

（三）完善基础设施配套，提高产品流通效率。建成县级冷链物流中心 4 个，乡（镇）、村冷库 339 个，其中贫困村 124 个，年储藏能力 15 万吨，红心猕猴桃等特色农产品产地预冷率达 90%，错峰销售率达 75%，红心猕猴桃每公斤错峰销售增值 8 元以上。苍溪县开通乡镇物流配送专线 6 条，乡（镇）、村物流快递覆盖率分别达 100% 和 67%。通过拓宽扶贫产品营销渠道，强化冷链物流基础配套，红心猕猴桃销往全国 100 多个大中城市和欧盟、美国、日本、新加坡和中国香港等 21 多个国家和地区。

四、培育经营主体，提升精准带贫能力

（一）加大政策扶持，提升主体带贫能力。先后出台资金、土地、人才、税收等各类扶持政策，对基地建设 5000 亩以上的龙头企业，按每亩 3500 元标准实施奖补；对工商企业流转土地 100 亩以上、流转年限 5 年以上，一次性给予每亩 100 元的奖补，同时享受国家有关产业扶持政策；对投资 5000 万元以上的农产品加工企业，按工业用地基准价下降 30% 挂牌出让，行政事业性收费减半征收；对被评定为国家、省、市级重点龙头企业、专业合作社、家庭农场给予一次性奖励。目前，苍溪县共引进培育基础好、实力强、能带贫的国家级龙头企业 1 家、省市级龙头企业 24 家，国家级专业合作示范社 7 个、省市级专业合作示范社 88 个。

（二）创新带贫方式，强化农户发展服务。实施项目扶持与带贫新型主体带贫数量、带贫效果"双挂钩"，创新龙头企业、合作社带贫"五统"服务模式，带动贫困户自主发展产业增收脱贫。陵江镇笋子沟村"勇弘农产品专业合作社"，吸纳 145 户农户入社（其中贫困户 46 户），按照"五统"模式，为贫困户发展产业提供全程服务，农户优质果品生产率从 40% 提高到 90%。2019 年，该村柑橘鲜采均价达 8—9 元 / 公斤，线上售价达 14—15 元 / 公斤，专合社实现柑橘总收入 510 万元，带动户均收入 2.99 万元，贫困户户均增收 5300 元。

（三）深化利益联带贫困户增收脱贫。创新"四保四分红"农企利益联结机制，让农户分享产业发展收益。"四保"：保土地租金。新型经营主体按照土地流转合同，保证每年按时足额支付农户的土地流转资金。保贫困农户就业。合同保障流转土地农户优先务工权，新型主体在生产管理环节优先为当地贫困户提供就业岗位。保农产品订单收购。营销主体与农户提前签订农产品保底收购订单，收购时市场价高于订单价，按市场价收购，低于市场价按订单保底收购。保生产发展风险。按照县财政补贴 75%、果农自交 25% 对特色农产品实施政策性农业保险。"四分红"：生产管理承包超产分红。新型经营主体将基地

按 10 亩 1 个生产单元划分，与贫困户签订托管合同，委托每户贫困户管理 1—2 个生产单元。新型经营主体负责土地租金、物资供应、技术指导、产品销售，贫困户负责按标准生产管理，并约定每亩最低产量。在约定产量内，以市场价计算收入，贫困户与新型经营主体按 4∶6 分成，超产部分按 6∶4 分成。歧坪镇天新产业园托管 1 个生产单元的贫困户年基本收入可实现 3.2 订单收购返利分红。农产品销售主体按订单合同价收购农户的果品后，为鼓励贫困户发展订单生产，对守信贫困户计算二次返利，返利标准按 1 元 / 公斤计算。果品存储增值分红。由村集体土地入股，使用涉农项目资金建水果保鲜库，农户将鲜果存储在保鲜库错峰销售，增值利润部分村集体、农户按 4∶6 分红。村集体分红部分再按 2∶3∶5 分配给村集体、非贫困户、贫困户，村集体分红计入村集体经济收入。集体资产收益分红。推进园区集体资产股份制改革，盘活村集体建设用地、"四荒地"、山坪塘、水库、宅基地等资产，把集体资源资产按 1∶1∶8 股权量化给村集体经济组织、贫困户、集体经济组织成员。

五、强化要素保障，持续推动产业发展

（一）科技人才支撑，提升扶贫产业发展质量。大力实施"科技兴农"战略，坚持创新驱动发展。一是强化借力发力，落实研发创新。深入开展县校合作，建成红心猕猴桃、苍溪雪梨研究院 2 个，院士（专家）工作站 3 个，农业技术联盟 1 个，建乡镇综合农业服务中心 31 个，科技创新服务中心 5 个，选育出红华、红美、红昇等特色农产品新品种 10 个，产品已推广至贵州、云南、陕西等省，实现了"一棵苗"到"一百万亩"的裂变。开展红心猕猴桃病虫防治攻关，研发智慧农业管理 ERP 系统及移动终端 APP，创新五线棚架、靠接换砧、双向嫁接培育、无病毒苗容器等新型栽培技术 12 项，制定全国首个红心猕猴桃绿色、有机生产技术标准，《红阳猕猴桃整形修剪图书》《红阳猕猴桃》等系列书籍被列为中国特色农业实用技术丛书。建成全国最大猕猴桃基因库和红心猕猴桃无病毒育苗繁育中心。开发红心猕猴桃酵素、果

酒、饮料液等精深加工产品 36 种，技术创新获省级及以上奖励 11 项，国家专利 18 个。被评为"四川省科技扶贫示范县"。二是强化成果转化，落实科技服务。采取财政保底、技术入股分红等方式，激励红心猕猴桃种植企业、农户与科研单位签订合同，促进科技成果转化应用。构建县、乡、村（基地）三级技术推广服务体系。成立"科技扶贫在线"运营中心，建强县级农技推广中心和 31 个综合农业服务中心，落实一村一名产业发展技术指导员，红心猕猴桃产业基地配备专职技术员 22 名。大力推广红心猕猴桃良种化、标准化、绿色化生产技术。红心猕猴桃等特色农产品基地良种覆盖面达 90%，统防统治面达 75%，产业园内水肥一体化覆盖产业园 70%，质量可追溯覆盖率达 80%以上。三是强化人才支撑，落实智力保障。县财政每年预算 1000 万元，专项用于产业技术联盟、大专院校、科研单位合作，农民实用技术培训，引进人才安置补助，科技攻关、科研成果奖励。引进美国科学院院士、世界著名生物学家邓兴旺和中科院生物所博导贾燕涛到园区开展溃疡病防治研究，引进博士、硕士 123 人，农业技术专家 35 人，培育农民技术骨干 4612 人，新型职业农民 3264 人。

（二）政策资金扶持，推动扶贫产业做大做强。创设产业发展、品牌建设、市场营销、科技人才及土地使用、用电、用水等各类产业扶持政策 32 条，实施土地增减挂钩，推行"1+N"涉农资金整合方式，创新"政担银企户"等金融扶贫产品。2019 年，苍溪县整合资金 6.4 亿元，撬动新型主体和农户投入 10 亿元，激励金融企业共发放小额扶贫贷款 7.15 亿元、投放"政担银企户"贷款 7197 万元，惠及贫困户 2.4 万户。苍溪县累计交易土地增减挂钩指标 5900 亩，实现财政收入近 15 亿元，其中县本级收入 5 亿元全部用于脱贫攻坚。

（三）强化风险防控，保障扶贫产业持续发展。出台了苍溪大力发展红心猕猴桃等特色产业推进产业扶贫的意见，建立特色产业发展市场风险评估、市场研判专家论证制度和风险防范预警机制，出台了激励农产品订单生产和产业保险的支持政策，苍溪县红心猕猴桃等特色农产品订单生产率达 70%以上，产业保险覆盖率达 80%，产业风险防控能力大幅度提升。

六、后续产业发展的几点建议

作为农业县，苍溪县充分发挥农业特色产业资源和自然生态优势，以"三园联动"为抓手，大力发展以红心猕猴桃、中药材和健康养殖三个"百亿产业"为主导的特色产业，为全县脱贫攻坚提供了强力保障，也为县域经济的长足发展以及乡村振兴战略的实施提供了强大支撑。总结多年的发展经验和不足，下一步将进一步完善农业特色产业发展的长效机制，为脱贫攻坚和乡村振兴提供后续保障。

（一）建立产业基础巩固提升机制。围绕三个"百亿产业"及"3+3"产业体系，深入推进现代农业园区、"一村一品"特色产业园（村集体经济园）、家庭产业园（贫困户增收脱贫自强园）"三园联动"建设，持续壮大增收产业规模。一是全面提升全县 19 个已建现代农业园区，每年新建 1 个万亩现代农业园区，争创 3 个省级星级现代农业园区，每年评定 1 个市级园区。二是按"一村一品"特色产业园建设标准，建强 619 个已建成的"一村一品"特色产业园，每年新建或提升"一村一品"特色产业园 100 个。三是按贫困户脱贫增收自强园建设标准，做实 2.1 万个已建自强园，每年新建或提升自强园 3000 个，确保贫困户收入稳定并逐年增长。

（二）建立产业政策稳定延续机制。一是持续开展各类涉农资金整合，继续加大对发展扶贫产业的财政性投入，确保逐年增加。二是巩固壮大贫困村产业扶持基金规模，落实强化产业奖补政策的兑现，充分调动农户发展产业的积极性。三是继续落实产业扶贫小额信贷等金融扶持政策，确保贫困户持续发展产业的资金需求。

（三）建立带动主体精准培育机制。一是组织龙头企业参与贫困村产业发展，凡县级以上农业龙头企业必须定点参与贫困村产业发展，凡享受财政支持的龙头企业必须带动贫困村贫困户产业发展。二是进一步建强农民合作社，全面开展农民合作社清理规范，指导合作社依章办社、依法登记、规范运行，确保每个贫困村有 1 个合作社，每个发展产业贫困户都有合作社带动。三是健全推广利益联结机制。推行订单式联结，引导龙头企业与合作社、合作社与贫困户签订生产订单，实行价格保底产品包销。推行托管式联结，将产业生产中的耕、种、防、收等全部或部分托管给集体经济组织、专业合作社等，有效解决劳动力缺失、生产效率低下以及土地撂荒等问题。推行代养式联结。鼓励贫困户为大型养殖企业代养畜禽，实现劳务增收。推行车间式联结，采取居家灵活式、企业车间式、专合基地式等方式，实现贫困群众就地就近就业增收。大力推广"四保四分红"机制，积极引导贫困村贫困户与带贫主体利益紧密联结。

（四）建立科技支撑服务保障机制。一是配强县、乡、村三级农业技术服务体系，配强 8 个县级专家服务团、31 个乡镇专业技术服务团、214 个贫困村驻村农技员、527 个非贫困村农业技术巡回服务小组，实行包村包户，立足产业发展开展全程技术指导。二是落实科技示范基地、科技示范户、新型职业农民培育年度计划和长远目标，确保每个乡镇有主导产业科技示范基地、每个村有科技示范户 3 户新型职业农民 1 人以上、每个贫困户有示范带动。三是深入开展县校合作，建立院士（专家）工作站和产业技术联盟，落实全县主导产业品种优化、病虫防控、生产规程的技术攻关。四是落实科技推广、科技奖励及工作开展相关经费的财政预算。五是在地理相邻、产业相近的贫困村、非贫困村，鼓励支持有实力的当地业主单村或联村共建农业社会化服务超市，为贫困户就近提供农资、农机、农技等服务，进一步降低贫困户生产成本。

（五）建立效益提升深度融合机制。一是根据贫困村、贫困户产业发展规模，优先支持建设、升级产地初加工设施，开展清洗、挑选、分级、烘干、保鲜、包装、储藏等商品化处理，优先为贫困户农产品提供储藏错峰增值服务，每年新建农产品初加工设施 10 座以上。二是大力发展农产品精深加工，围绕扶贫主导产业，不断提升农产品加工水平，不断增强对扶贫产品的消纳能力，确保贫困村贫困户的农产品增值增效，每年新开发覆盖三个"百亿产业"的精深加工产品 2 个以上。三是坚持绿色发展，强化农产品质量监测，扩大"三品一标"农产品生产范围，加强贫困村贫困户农产品品牌培育、营销力度，增进市场美誉度，确保农产品实现优质优价，每年增加"三品一标"农产品 2 个以上。四是结合宜居乡村建设、园区景区建设，深入推进农旅融合，努力拓展农业增收新业态，每年新建或提升农业主题公园 1 个、休闲美丽乡村 2 个。

（六）建立产业发展风险防范机制。一是强化基础投入，完善基础建设和设施配套，提高农业产业抵御水旱等自然灾害的能力。二是强化对猕猴桃"溃疡病"等重大疫情防控的技术攻关，完善预警预报体系，落实全域防控措施。三是强化政策争取和协调，落实猕猴桃、中药材、健康养殖等主要特色产业的全域保险。扩大特色产业保险覆盖范围，鼓励拓宽特色产业保险品类，开发物流仓储、设施农业、"互联网+"等险种。探索发展价格保险、产值保险、农业收入保险等新型险种。适度提高保额，适当降低保险费率。进一步加大保险宣传力度，提高贫困户产业参保率，实现农业保险对主要特色优势产业和贫困户种养产业全覆盖。

四川省绵阳市
北川羌族自治县

多措并举抓创建　乡风文明展新貌

——北川羌族自治县农村精神文明建设调研

中共绵阳市委宣传部

　　党的十八大以来，习近平总书记围绕建设美丽乡村、加强农村精神文明建设，提出了一系列富有创见的新思想、新观点、新要求，饱含对农业、农村、农民的深情，不仅为建设美丽乡村、美丽中国指明了前进方向，更为以美丽乡村建设为主题深化农村精神文明建设提供了基本遵循。北川是大禹故里、全国唯一的羌族自治县，位于四川盆地向藏东高原过渡的高山峡谷地带，辖区面积 3083 平方公里，辖 9 镇 10 乡、202 个行政村、33 个社区、23.86 万人，其中农业人口 14.47 万人，是"5·12"特大地震极重灾区、少数民族地区、革命老区、秦巴山连片特困地区、边远山区"五区合一"的贫困县，具体表现为"六多六难"：因灾形成特殊矛盾多，群众认可度提升难；耕居分离失地农民多，疑似贫困现象消除难；因病致贫较多，满足群众期盼难；因灾致残群众较多，稳定增收难；干群因灾心理健康受影响多，精神动力激发难；地震次生自然灾害多，基础设施和产业重建难。多难叠加造成北川县穷村穷人穷问题格外突出，2014 年全县有建档立卡贫困村 93 个，贫困户 6929 户、20384 人，贫困发生率为 14.08%。

　　近年来，北川羌族自治县坚定以习近平新时代中国特色社会主义思想为指导，着眼凝聚群众、引导群众，以文化人、成风化俗，调动各方力量，整合各种资源，创新方式方法，全面深化农村精神文明建设，打通宣传群众、教育群众、关心群众、服务群众的"最后一公里"，为脱贫摘帽和实施乡村振兴凝聚强大精神力量，成功创建 4 个全国文明村镇、3 个省级文明村镇，被列为全国农村精神文明建设示范县创建单位、全国第二批新时代文明实践中心建设试点县，成功创建第三、第四届四川省文明城市，正在创建第五届四川省文明城市，争创全国文明城市县级提名城市。涌现出全国优秀共产党员兰辉，全国最美村官肖琳，全国十佳"最美家乡人"徐兴林，全国十佳"美德孝心少年"任芳芳，全国"最美励志少年"李瑶，"中国好人"任昌会、刘显全等一批道德模范、先进典型。文明之风吹遍每个角落，文明之花遍开羌山大地。

一、主要做法

（一）抓实"四心工作"，筑牢理想信念根基。一是打造"三式、三队、三堂"，强化理论宣讲聚民心。结合民族地区特点，探索出"故事式""演艺式""指尖式"等本土化理论宣传宣讲新模式，推动党的创新理论"飞入寻常百姓家"。通过组建"结亲帮万户宣讲队""草根宣讲队""火塘宣讲队"，组织"大禹智汇讲堂""火塘会""田间微课堂"等形式，将宣传宣讲融入民族习俗、地方文化、生产生活、文艺创作、互联网技术，将理论知识转化为"大白话"，"绘声绘色"地把新思想、新政策、新精神送进群众心中。

二是创新实施"三个一"工程，强化价值引领提信心。积极创新实施社会主义核心价值观宣传教育"三个一"工程，推动社会主义核心价值观落地生根。建立一个"好人信息库"，常态化开展"身边好人""新时代好少年"等先进典型选树工作，3 人获评"中国好人"、3 人获评"全国美德孝心少年"、22 人获评"四川好人"。创作一批具有民族特色的"羌娃"系列公益广告，印制宣传画 10 万余份张贴在文化院坝、公交站点、交通路口等公共场所；制作核心价值观宣传台历 10 万余份，发放到千家万户。每年拍摄一部以"身边好人""美德少年"等先进典型事迹为主题的微电影，通过融媒体中心、微信公众号、短视频等新媒体广泛宣传展播。《独臂天使——"全国美德孝心少年"李瑶》荣获全国社会主义核心价值观主题微电影三等奖。

三是打造"四大品牌"，强化志愿服务暖人心。以党员志愿者"领唱"、专业志愿者"合奏"、农民志愿者"主打"实现志愿者服务同向同行"三部曲"，壮大志愿服务队伍。全县成立各类志愿服务队 420 支，在全国志愿服务信息系统有注册志愿者 3.8 万余人，有服务时长记录的志愿者超过 60%，人均服务时长超过 20 小时，受益群众达 10 余万人次。打造大禹智汇讲堂、羌风新阶层＋公益、羌山应急救援、羌山雏鹰 4 个特色志愿服务品牌，常态化开展理论宣讲、政策宣传、文化传承、邻里互助、助残助老、爱国卫生运动、关爱留守儿童等志愿服务活动，在脱贫攻坚和乡村振兴等中心工作和抗击重大疫情、抗洪抢险等关键时刻能打硬仗。开展"优秀志愿服务项目"评选活动、开办"志愿服务积分兑换超市"，深化志愿服务激励措施。邻里相助的志愿服务活动在北川乡村广泛开展，成为传承弘扬中华优秀传统文化的窗口、培育践行社会主义核心价值观的重要阵地，也引领着感恩奋进的新风尚。大鹏村残疾人张志脱贫后，主动要求到村里的农民夜校讲一次课，分享他的脱贫心得。面对一百多名听众，张志说："别人帮我越多，我越要努力奋斗，这样才对得起党和政府，对得起大家对我的关心、帮助。"

四是建立"四大智库"，强化能人带动心连心。积极建立行业人才、技术人才、致富能人、基层干部"四大智库"，实施优秀农民工定向回引培养工程，培育"新乡贤""田秀才""土专家""非遗传承人"，通过"农民夜校""自然课堂""空中课堂""指尖课堂"等形式开展畜禽养殖、水果栽培、中药材种植、电商销售、羌绣草编等实用技术培训，打造乡村振兴的"生力军"，打好"三张牌"让生产生活好起来。打好"种养牌"。注重绿色品牌效应，不断加快农村改革试验，近年新增市级以上龙头企业 33 家、专合组织 377 个，目前已建成农业产业基地 75 万亩，极大地拓宽了农村群众家庭收入来源，全县"两项收入"增速连续 5 年位列全市第一。打好"旅游牌"。依托生态优势，以统筹融合为路径，以打造品牌为核心，着力建设文旅发展引领区，努力打造旅游业由"景点旅游"向"全域旅游"根本转变的"北川模式"。目前全县建成 1 个 5A 级景区，4 个 4A 级景区，已有 180 家农家乐，辐射带动 1800 多户、5400

余人受益，每年实现户均收入 4 万元以上。成功入围"天府旅游名县"候选县，获评"首批省级全域旅游示范区"。打好"科技牌"。借力网络优势，依托旅游景区、农家乐等游客集中区域精准营销，同时借助村淘等站点网上销售，让农产品插上"互联网 +"翅膀飞出羌山，在为山里山外搭建起沟通平台的同时，创造出极大的经济效益，许多群众因此实现了增收致富。

（二）强化"三大举措"，深化文明创建质效。一是坚持"四带一结对"育文明。以文明城市建设为龙头工程，将文明触角向乡村延伸，坚持以城带乡、以乡带村、以村带户、以户带人、文明结对，着力推进城乡一体化文明进程。制定县级文明村镇、文明单位、文明校园、文明家庭测评体系，明确创建标准和内容；开展"十佳文明乡村""十星级文明户""十星级文明实践所（站、点）"评选活动，制定评选办法，量化标准和特色，明确激励措施，实施动态管理。对评选出的"十佳文明乡村""十星级文明户""十星级文明实践所（站、点）"，召开大会表扬，敲锣打鼓戴红花，广泛宣扬正能量。开展文明单位与贫困村、乡村学校少年宫、文明实践所（站、点）结对共建活动，实施"智""志"双扶、"共育新人""共建实践"工程。

二是开展"三大行动"促文明。深入开展乡村礼仪、清洁、健康"三大行动"，制定《农户待人接物规范及清洁卫生标准》，通过"三字经""打油诗""顺口溜"等接地气的文艺作品宣传展播。从迎客、待客、送客、家庭长幼、邻里相处等方面编写"乡村礼仪三字经"，通过宣传画和快板、小品等形式教育引导群众养成良好的律己、敬人习惯。从清洁家园、清洁田园、清洁能源等方面编写"乡村清洁打油诗"，培养群众爱护清洁的自觉习惯。从个人卫生、良好心态、健康防疫、拒食野味、科学膳食方面编写"乡村健康顺口溜"，广泛开展多种形式的健康生活方式普及活动，引导科学文明的健康生活方式。北川永明村抓住地震灾后重建的契机进行科学规划，将全村划分为居民住宅区、产业发展区、山林保护区三大区域，致力建设幸福美丽新农村。如今，水泥路贯穿全村，路旁立着的一个个详解"忠""信""廉""耻"等传统美德的宣传牌，就像一个个指路牌，引领着群众知礼明德的方向。公路连着的户户新居整洁漂亮，一面面社会主义核心价值观文化墙引人注目。村里摆上了垃圾桶，有了保洁员，村民们笑言，过去是"出门一身土"，如今是"下雨不沾泥"。

三是狠抓"四大主攻方向"助文明。学习推广浙江"千村示范、万村整治"工程经验，把农村人居环境整治工作同乡村振兴、脱贫攻坚等"三农"工作结合起来，以农村生活垃圾、污水治理、"厕所革命"及粪污治理、村容村貌提升为主攻方向，动员各方力量、整合各类项目资金，使一个个乡村破茧成蝶，成为乡村振兴的亮丽"底色"，为农村群众过上美好生活创造更加有利条件。全县畜禽粪污综合利用率达到96%以上，农村户用卫生厕所普及率达到96.79%，95.5%以上的行政村生活垃圾得到治理。全县60%的村达到县级以上文明村，成功创建全国生态文明示范县。

（三）下好"三个功夫"，推进乡村移风易俗。一是在"硬约束"管理上下功夫。立足中央八项规定精神，严格党纪政纪，要求党员干部带好头、做表率，并设立举报热线；有针对性地制定村规民约，将移风易俗内容标准细化量化，依托红白理事会、道德评议会、村民议事会等群众自治组织来互评互议，设立"道德红黑榜"褒扬文明新风、反对不文明行为，实现群众自我约束、自我管理。

二是在"家庭法"伦理上下功夫。用羌民族优秀家规家训推动移风易俗，形成爱国爱家、相亲相爱、向上向善、共建共享的社会主义家庭文明新风尚。引导村民写家训、晒家训，"量身定制"的家训"训"出好风气；开展"我的家风故事"征文比赛、演讲比赛和"文明家庭""最美家庭""好媳妇""好婆婆""好邻居"等先进典型评选活动，引领文明风尚，促进德治教化。

三是在"习惯法"治理上下功夫。探索"三三四四五五"社会治安治理模式，创新羌族"习惯法"，将羌风民俗融入司法调解治理，采取司法、公安、文化等部门与乡镇村社联动，居民代表参与的方式，现场讲法、学法、用法，实施"三羌共治"，调解处理一般民事纠纷，化解社会矛盾，共建和谐社会。

（四）实施"三大工程"，丰富文化内涵气质。一是实施文化传承工程。率先完成了全国第一批数字文化馆和图书馆的试点建设任务，实现了"文化入户数字服务——村村享、户户通、人人用"的目标。通过手机APP、互联网、数字有线电视网络等手段，将北川文化馆、图书馆资源数字化并传送到全县各乡镇、村和社区，丰富了全县人民的精神文化生活，实现了公共文化服务的标准化、均等化。

二是实施文化培育工程。聚焦文旅融合，突出"一村一寨一特色"，大力挖掘、开发民族文化资源，将传统羌绣、草编、水磨漆、手工制茶等非遗项目打造为文化旅游创意产品。通过非遗传承人传习带动，每年参与羌绣、草编、手工制茶等培训的学员达15000余人。以汇德轩、云云羌、和谐旅游等文旅公司为载体，形成了传统羌绣、传统酿酒、手工制茶、草编、水磨漆等非遗产业，羌绣、羌茶、咂酒、水磨漆、草编等1000余种文旅产品走向市场。

三是实施文化引领工程。以文化院坝、密集院落为载体，集中制作一批具有民族特色的社会主义核心价值观宣传墙画，向群众传递爱国爱家、孝老爱亲、敬业奉献、诚实守信等正能量。办好春节、元宵节、清明、端午、七夕、中秋、重阳、羌历年等"我们的节日"主题文化活动，弘扬大禹文化、红色文化、感恩文化。全县20多个文艺协会1000多名文化志愿者，带动2万余名文艺骨干投身文化惠民服务，常态化开展送戏下乡、送文化下乡、乡村民俗文化活动展演等活动。创建省级文化扶贫示范村22个，获评首届中国文化百强县、国家级羌族文化生态保护区、全国红色旅游经典景区、国家级全域旅游示范区创建单位、天府旅游名县候选县等。立足于此，开展"三大活动"，让乡村民风好起来。强化感恩文化教育。北川每年5月举办"感恩文化节"系列活动，开展以"大爱无疆·感恩感动"为主题的宣讲和演讲、征文比赛，邀请山东援建单位回川探亲，与群众联谊。同时，通过"农民夜校""道德讲堂"等形式向群众宣传党的方针政策，倡导群众忆苦思甜、饮水思源、纵向比较、横向看齐，让群众在对比中感恩祖国，敬业奉献。推进村民自治活动。全县各村根据实际情况，从赡养老人、保护环境、崇尚科学、反对迷信等方面制定出文字简单、通俗易记的村规民约，同时发挥村民议事会、红白理事会、道德评议会等群众自治组织的作用，积极推动移风易俗，树立文明乡风。深化精神文明创建。北川深入开展"身边好人"和道德模范评选推荐活动，并利用各种渠道和平台广泛宣传，树立时代楷模。同时不断推进村级文明创建，举办"星级文明户""好媳妇""好公婆""好邻居"等先进典型评选活动，以良好的家风带动乡风民风。深入开展关爱空巢老人、关爱留守儿童、关爱河流山川等农村志愿服务活动，让社会主义核心价值观在每个乡村落地生根。

二、工作成效

作为"5·12"特大地震极重灾区、少数民族地区、革命老区、连片特困地区和边远山区"五区合一"的贫困县，北川将农村精神文明建设作为教育引导群众、激发内生动力、化解社会矛盾的重要抓手，推动了全县经济社会事业全面发展。

（一）文明创建助推发展活力显著增强。精神文明建设的持续深化，激发了基层干部群众增收致富、干事创业的热情，增强了农村发展活力。通过文化扶贫、健康扶贫、教育扶贫等多种方式，不断激发贫困群众的主动脱贫意识和自身"造血"功能，扎实推进精准扶贫。2018年8月被省政府批准退出贫困县序列。物质上的不断丰裕，也让农村群众格外珍惜精神文明建设的成果，两者实现了良性互动。连续五年获评"全省县域经济发展先进县"，连续六年获评"全省农民增收先进县"，连续四年获评"全省脱贫攻坚先进县"，获评"全国民族团结进步示范县"，永昌镇派出所获评全国"枫桥式公安派出所"。

（二）文明创建助推乡风民风显著提升。通过开展"乡风文明十大行动"，有针对性地修改完善村规民约、制定并落实文明创评激励措施、绘制农村文化墙、制作善行义举榜、开设道德评议堂、开办"农民夜校"、制作"身边好人"宣传栏、开展乡村文化活动等措施，以鲜明的主题、丰富的内容宣传和弘扬社会主义核心价值观、乡风民俗等先进文化，让群众在潜移默化中受到教育，从根本上化解社会矛盾、破除陈规陋习、推动移风易俗。比如，永昌镇高安村创新"一个核心、三个结合、六个载体"模式，以精神文明元素有形化展示为依托，成立道德评议会、红白理事会、村民议事会和禁毒禁赌会，着力提升群众文明素养，构建和谐淳朴新民风，有力激发贫困人口的内生动力，有机融合各方帮扶的外在作用力，为决战脱贫攻坚、决胜全面小康提供了强大的精神支撑和不竭的力量源泉，该村先后获评"省级四好村""绵阳市乡村振兴示范点"等荣誉称号。

（三）文明创建助推乡村面貌显著改善。通过创建全国农村精神文明建设示范县，北川农村基础设施、公共服务配套和环卫长效管理机制日趋完善，乡村环境卫生焕然一新，形成了"村点出彩、沿线美丽、面上洁净、村美民富"的农村生活新面貌。同时，农村环境的美丽蜕变，极大地增强了群众的环卫意识，提升了群众参与村庄环境综合治理、参加新农村新生活培训、义务管理房前屋后环境卫生的自觉性和主动性，不良生活习惯逐渐消失，巩固了精神文明建设成果。在阵地完善的基础上，北川着力开展"送文化"和"种文化"活动，一方面把优秀的电影、戏曲、文艺演出等送给农村群众，另一方面努力培育羌族文化领头人和本土文化人才队伍，举办羌绣、口弦、草编培训班，利用春节、元宵节、清明、端午、中秋、重阳、羌历年等传统节日，推动优秀民间文化在新时期的传承发扬。农村文化生活越来越丰富，有力推进了移风易俗、遏制了陈规陋习。在紫霞村，村民们闲暇时便到农家书屋读书下棋，或到文化广场打球健身，玩得不亦乐乎，以前风行的麻将不见了踪影。

三、问题短板

（一）因灾形成特殊社会矛盾较为突出，社会治理难。北川是"5·12"特大地震受灾最严重的县，老县城及唐家山堰塞湖淹没区物权、1600个遇难学生家庭等因灾特殊矛盾交织，部分群众心理文化结构变异，加之抗震救灾及灾后重建政策红利完全消失，少数群众把灾难带来的个人诉求与惠民政策相联系，心理预期落空则频频上访，给社会治理带来较大压力。

（二）精神文明建设主体力量不足，参与创建难。在农村精神文明建设的过程中，农民是最直接的参与者和受益者。建设精神文明的主力军则是那些有文化、有能力、有活力的青年农民。随着经济的快速发展，农村青壮年外出打工成为当代趋势。老人、妇女和儿童因为个体的特殊性，大多数留在了农村，成为当前农村常住人口的主体。尤其是留守老人家庭较为普遍，老人留在家中照顾小孩的农户较多，文化程度低、沟通能力弱、接受新鲜事物难，且对外出务工群体参与创建工作宣传手段有限、效果欠佳，参与群众性精神文明创建的积极性不高。

（三）长效机制还不够健全，深入巩固难。一是管理机制不健全。精神文明建设不是一时就能完成的，需要一个专门的工作部门来专项负责，一批专业的工作人员来推进工作。在调查中，我们发现虽然市、县有农村精神文明建设工作领导小组，制定了一个宏观的指导意见和工作指导思想，但落实到基层，落实到农村，管理机制越来越弱化。大多数村里的工作都是一人兼数职，不能较好保障精神文明建设的长期性和延续性。二是运行机制不完善。农村精神文明建设首先应坚持中国共产党的领导，坚持党的正确路线、方针、政策，通过建立行之有效的运营机制，来引导群众的价值观念养成，巩固党在农村的思想阵地，然而现实很多村的精神文明建设运行机制不完善，在宣传、管理、监督方面做得都不到位。三是培育机制不落实。由于少数基层精神文明建设相关工作人员自身知识水平、理论水平有限，加之培训工作没有完全跟上，在宣传方面往往表现出肤浅化、教条化现象，很难推进精神文明建设深入开展。

四、路径对策

农村精神文明建设意义重大、任务艰巨，做好农村精神文明建设有利于国家的繁荣发展和长治久安。让精神文明唱响乡村振兴战略主旋律，让文明、文化塑造农村的"精气神"，是新时代农村发展的题中应有之义。

（一）完善管理机制，强化党建引领。农村精神文明建设是一项复杂而系统的工程，是当前和今后一段时期各级党委和政府工作的一项重要任务，必须加强领导，精心组织，齐抓共管，形成合力。树立精神文明建设全新工作理念，做好"结合""融合"文章，把精神文明建设各项工作同经济、社会管理等各个方面紧密结合起来，使各条战线、各个部门的工作能够更好地体现和贯彻精神文明建设工作要求，形成党委统一领导、党政群齐抓共管、文明办组织协调、有关部门各负其责、全社会积极参与的社会化格局。组建农村精神文明建设指导小组，成立专门工作班子，为农村精神文明建设提供一定的资金支持，安排专门人员进行全面管理。在每一级，"一把手"负总责并亲自管理，严格按照上级的统一部署，因地制宜地制定切实可行的对策。同时，要充分发挥农村基层党组织、群众组织和非政府组织的作用，政府和非政府组织的共同行动保证社会主义新农村精神文明建设的稳步推进。同时，落实农村基层党组织责任，充分发挥农村党员干部模范带头作用，建立党员干部操办婚丧事宜报备制度，推动党风政风引领文明乡风。

（二）完善考评机制，强化正向引导。尽快研究出台《全国农村精神文明示范县测评体系》，明确创建标准和内容、制定正向激励机制。建立健全农村精神文明建设考评激励机制，设置农村精神文明建设工作专项考核，把考核结果作为各级政府工作实绩考核的重要内容。注重考核结果的运用，对于在农村精神文明建设中表现突出的单位和个人要予以重奖；对于未能完成精神文明建设工作的部门和单位，要根据具体情况进行相应处罚，情况严重的要对其主要负责同志和分管责任人进行约谈；通过奖罚分明，进一步激发农村精神文明建设的活力。同时，要把农村精神文明建设与基层绩效考核相挂钩，采取一票否决制，完不成精神文明建设任务，奖金一律不予发放。加大对基层的表彰力度，对在农村精神文明建设中，作出积极贡献的农村集体和个人予以大力表彰奖励。要高度重视"以城带乡"精神文明共建工作，建立以城带乡、城乡共建的长效机制和考评机制。把城市在精神文明建设方面的优势资源和先进经验与农村共享共通，以城市资源促进农村精神文明建设又好又快的发展。

（三）完善统筹机制，强化协调配合。围绕农村精神文明建设新目标、新要求，要充分发挥政府的主导作用，有效整合文化、民政、卫健、工会、妇联、科协、团委等部门在乡（镇）、村的资金项目资源，加大基础设施建设力度，使精神文明建设得到有效的保障。各单位、各部门要高度重视农村精神文明建设，始终把农村精神文明建设与农村发展、农民增收等工作同部署、同落实，让农村物质文明建设与精神文明建设相互促进、共同发展。同时做好农村精神文明建设与经济发展、乡村振兴、文旅融合、脱贫攻坚等中心工作整体推进，加大考核分值，做实"软实力"，助推"硬实力"。

（四）完善实践机制，强化特色塑造。坚持以建设全国新时代文明实践中心试点县为契机，通过开展感恩奋进传习理论、传习政策、传习价值、传承文化、传扬新风、传授技能、传扬法治七大类实践活动，深入推进全县农村精神文明建设，推动党的创新理论入脑入心，推动移风易俗，形成文明新风尚。织密"项目网"。围绕实施"四大战略""四区"打造、"三县"建设，按照"1234567"的运行模式，细化各部门工作职责，精准摸底群众需求，创新制定传习理论、传习政策、传习价值、传承文化、传扬新风、传授技能、传扬法治七大类，"党员爸妈""草根宣讲团""健康卫士""吴红工作室""童伴计划""小小讲解员""道德积分超市""衢鲜森牵手羌妹子""羌山红旅游警务""北川自然学堂"等 39 项主题"实践项目"。打好"民族牌"。采取"议话坪""转转酒""院坝会"等形式，开展"道德·法治评议"活动，评议推选"好媳妇""好婆婆""好妯娌""好邻居"和"最美家庭"等先进典型，评议惩戒不孝顺、不诚信、不守法等失德失范行为，培育文明新风尚。配好"特色餐"。开展"十星级文明实践所（站、点）"和"优秀志愿服务项目"评选活动，突出标准化和特色化建设，探索"志愿服务积分超市""社区货币泽古"等志愿服务激励机制，激发群众参与积极性，实现"一所一品""一站一貌""一点一韵"。

全面建成小康社会与中国县域发展

贵州省遵义市正安县

贵州正安：一把吉他连接世界

中共正安县委宣传部

习近平总书记指出："农村贫困人口如期脱贫、贫困县全部摘帽、解决区域性整体贫困，是全面建成小康社会的底线任务，是我们作出的庄严承诺。"正安县作为国家扶贫开发工作重点县，下足"绣花"功夫，做好吉他产业扶贫大文章，通过"一把吉他连接世界"，激发了县域经济活力，为高质量实现农村人口全部脱贫奠定了坚实基础。据统计，截至 2019 年底，正安国际吉他产业园产销吉他 650 万把，产值近 65 亿元，出口吉他 200 余万把，出口额达 10 余亿元，产品远销欧美、巴西、日本、韩国等 30 多个国家。吉他工业园区解决就业 14178 人，其中建档立卡贫困户 1374 人，人均月收入近 4000 元，直接带动 6726 人稳步脱贫。2020 年 3 月，省政府发布关于正安等 24 个县（区）退出贫困县序列的公告，标志着正安县彻底撕掉了千百年来绝对贫困的标签。

一、正安县基本情况

正安县位于贵州北部，地处云贵高原与四川盆地的过渡地带，属武陵山集中连片特困地区，是全国扶贫开发重点县，是贵州省 16 个深度贫困县之一，也是遵义市唯一的深度贫困县。全县土地面积 2595 平方公里，辖 16 镇 2 乡 2 街道和 1 个省级经济开发区，154 个村（社区、居委会），总人口 66 万人，有仡佬族、苗族、土家族、布依族、回族、壮族等 23 个少数民族在这里和谐共处，生息繁衍。

早在 1900 多年前，出生于东汉毋敛（今正安新州）的尹珍，自以"生于荒裔，不知礼仪"，冲破樊篱，只身跋涉千里，远赴中原，拜许慎为师，接受中原文化的洗礼，后回乡设堂讲学，教化务本，传授人文思想，首开南域教育文化之先河。尹珍精神影响后世，"敢为人先、学成务本、教化文明、造福桑梓"的文化基因，一直在正安儿女身上流淌！

改革开放前，正安地处偏远、交通滞后。改革开放 40 多年来，正安在中央、省市的支持下，举全县之力，打破封闭，大兴交通建设。目前，全县道路交通从大动脉到小循环全面畅通，高效便捷、覆盖城乡的交通网络全面形成，为融入"两圈"（重庆"1 小时经济圈""泛珠经济圈"）和"两带"（"黔中产业带""长江经济带"）奠定坚实的基础。

正安生态良好、气候宜人、物产丰富。年平均气温 16℃，森林覆盖率达 60.94%，有"天然氧吧"之称。茶园种植面积 23.7 万亩，方竹 38 万亩，核桃 20 万亩，野木瓜 7 万亩，常年存池商品大鲵 10 万尾以上。获评中国白茶之乡、中国野木瓜之乡、中国油桐之乡、中国大鲵之乡、中国特色竹乡和国家生态文明建设示范县。正安素有"天然药库"之称，共有中药材 1524 种，约占全省品种资源的一半，种植面积达 22.5 余万亩，其中白芨 6200 亩，被誉为中国白芨之乡。页岩气资源储量预估可达 1000 亿立方米，经济发展潜力巨大。

2014 年，全县仍有 17 个贫困乡镇、90 个贫困村，建档立卡贫困人口 31298 户、128031 人，贫困发生率为 21.33%。经过几年的努力，全县地区生产总值从 2014 年的 59.81 亿元发展到 2019 年的 120 亿元，年均增长 15%；地方财政总收入从 2014 年的 7.79 亿元上升至 2019 年的 14.15 亿元；金融机构存贷款规模从 2014 年末的 122.42 亿元上升至 2019 年末的 375.78 亿元；农村人均可支配收入从 2014 年的 6786 元上升至 2019 年的 11302 元，较 2014 年增长 66.5%；在全省 47 个非经济强县中，正安县域经济综合测评从 2014 年的第 22 位上升至 2018 年（县域第二方阵）的第 2 位，县域综合实力显著提升。2019 年，正安顺利通过省级第三方评估验收，实现了零错退、零漏评和贫困人口全部清零。

二、一把吉他连接世界的三步曲

正安因群山阻隔，交通不便，工业底子薄、经济增速慢，导致贫困面大、贫困程度深。为了摆脱贫困，正安儿女大力弘扬"团结奋进、拼搏创新、苦干实干、后发赶超"的新时代贵州精神，经历了外出务工、回乡创业、推动高位发展三个阶段，弹奏出"一把吉他连接世界"的三步曲，使正安逐步冲破了贫困的桎梏，谱写了中国减贫奇迹的正安篇章。

（一）首步曲：外出务工的正安人在吉他行业中闯世界

正安与吉他的结缘，要追溯到 1987 年。当年，原正安县劳动服务公司，与当时的广东省番禺县签订了 300 名女青年到该县企业当工人的合同，组织了第一批南下打工大军，开创了贵州省有领导、有规模、有组织地向经济发达地区输出富余劳动力的先河。《人民日报》加编者按刊发了《正安 300 娘子军"出师"广东番禺》的消息。消息发出后，正安县敢为人先的举动在全国引起强烈反响。

1987 年 5 月 23 日，时任贵州省委书记的胡锦涛同志针对正安劳务输出工作遇到的困难和问题作出重要批示，指出："正安县第一次有组织地向省外劳务输出，缺乏经验，出点问题在所难免。只要认真总结经验，坚持下去，就一定能闯出一条路子来。希望正安县一方面做好劳务输出人员的思想工作，另一方面协商解决存在的实际困难，不要半途而废。"

此后，正安历届党委、政府正视县情，不断发展壮大劳务经济，探索创新出技能培训、就业引导、维权服务、创业扶持"四位一体"发展劳务经济的"正安模式"。因劳务经济特色鲜明、成效显著，正安先后获评"全国劳务输出工作示范县""农村劳动力转移就业示范县"等称号。

据劳动部门统计，在 20 余万劳务大军中，约有 5 万人在沿海吉他制造企业务工。在吉他厂里工作的正安人，不仅积累着吉他制造技术和管理经验，腰包里的钞票也逐渐鼓了起来。郑传玖便是其中的佼佼者。但在郑传玖看来，"工资再高，也是帮别人打工"。与其帮别人干，还不如自己当老板。如果把正安老乡集合起来，大家几乎能将选料、组装、喷漆、调音等 180 多道吉他生产工艺全部搞定，不少还是吉他厂的技术和管理骨干，有的还掌握吉他销售的市场资源。在郑传玖的组织动员下，正安人在广州建立起自己的吉他加工厂。几经周折，工厂经营不错，成为日本依班纳等世界知名吉他品牌的代工厂。2007年，郑传玖、郑传祥两兄弟独立创办了"广州神曲乐器厂"。像郑传玖两兄弟一样，不少在外务工的正安人，已经实现了从员工到老板的华丽转变。即使生意做得再大，他们仍怀着对家乡的特殊感情，期待能够"学成务本、造福桑梓"。

（二）二步曲：生产一把正安吉他卖给全世界

2012 年 4 月，贵州省第十一次党代会胜利召开。党代会报告指出："贫困和落后是贵州的主要矛盾，加快发展是贵州的主要任务。"为了冲出"经济洼地"，贵州提出追赶全国"三化"步伐，同步推进工业化、城镇化和农业现代化的后发赶超之路。为此，省委、省政府制定了工业强省和城镇化带动两大战略，同时确定了重点打造 100 个示范工业园区、100 个示范小城镇和 100 个城市综合体。正安经济开发区（正安瑞新工业园区）成立于 2006 年，乘着贵州实施工业强省和城镇化带动两大战略的东风，2012 年 12 月获批省级经济开发区，作为全省 100 个示范工业园区重点打造。如何把正安工业园区做大做强，结合自身实际，寻找一条既突出特色又发挥优势的"差异化"工业发展之路，成为当时县委、县政府必须解决的重大问题。

结合前期引导农民工返乡创业的经验，几经考察调研后，正安把目光瞄向在外务工的 5 万余吉他人，决定集中力量发展吉他产业。于是确定了"从劳务输出品牌入手，引回沿海地区从事吉他行业的老板和务工人员回乡创业"的招商引资思路。县委、县政府立足"乡情"重点突破，引导和鼓励从事吉他制造的正安老乡回乡创业，参与家乡的建设和发展。而"一直想返乡发展，在等合适的机遇"的郑传玖在县委、县政府返乡创业的号召下，决定将公司生产线从广州搬回正安。2014 年 8 月，神曲公司的两条木吉他生产线正式入驻园区并投入生产。在郑氏兄弟的积极引荐推动下，塞维尼亚乐器、鹏联乐器、华成乐器等 8 家吉他制造企业相继落户园区。以商招商，"神曲"引来"金凤凰"，

"孵"出一个特色产业。2015 年 11 月，正安成功申报"中国吉他制造之乡"。2019 年，来自台湾、福建等地的 6 家吉他生产企业又相继落户园区并投产。

为了给企业营造良好的营商环境，正安县重点从两个方面发力。

第一，着力提升园区基础设施"硬环境"。正安在选准产业的基础上，投入了大量资金实施了以标准化厂房为主的产业园区建设。2013 年以来，共建成占地 400 余亩的 A、B 两个吉他产业园，生产办公用房面积达 40 万平方米，并配套建成了 600 套移民安置房、公租房。目前正在建设占地 1000 亩、建筑面积达 65 万平方米的吉他产业园新区，同时对整个吉他产业园作了提挡升级规划。在园区里，每家企业皆独立成院，在保障起码的"七通一平"基础上，对厂房、库房、办公、住宿、食堂、绿化亮化美化等进行高标准规划建设。园区为吉他企业提供的标准厂房，实行前三年租金免费，之后两年租金减半的优惠政策，五年之后收取标准租金，当租金可抵扣厂房建设成本时，园区可将厂房的产权过户给企业。正安吉他产业园改变传统吉他厂"高房租、粉尘大、拥挤不堪"的面貌，让企业在优美的环境中安心生产。

第二，优化政策服务"软环境"。正安县委、县政府对吉他园区企业承诺：墙内的事情企业自己管，墙外的事情政府包。一是实行县领导挂帮企业制度。每一家企业县里都明确了专门的挂帮单位，园区也明确有专门的挂帮处室和干部，为企业解决融资、招工等难题，处理企业反映问题实行限时制，实施企业对服务人员的"投诉制"等，真正让企业享受"保姆般"的优质服务。二是出台支持返乡创业系列政策。根据国家、省、市有关文件精神，将农民工返乡创业工作纳入县域经济社会发展的规划，先后制定并实施了《正安县开展"返乡农民工创业就业大行动"实施意见》《正安县小额贷款贴息实施办法》《正安县扶持微型企业发展的通知》《正安县创建农民工返乡创业示范县工作实施意见》等系列创业促进就业的文件，并联合工商、财政等部门制定并完善了一系列的政策，为民工返乡创业促进就业提供了政策保障。三是为优化营商环境提供司法保障。正安县检察院在出台了服务企业三十六条措施的基础上，专门为吉他产业出台了服务吉他企业十条措施，主要涉及营造吉他企业发展法治环境、吉他企业合法权益、依法保护吉他企业创新创业、重视惩治危害吉他企业发展的刑事犯罪、重视对侵害吉他企业权益刑事监督、重视对涉及吉他企业的民事行政监督、注重对吉他企业的法治宣传、正确区分涉及吉他企业案件性质、保障企业正常生产经营、定期召开工作会议有针对性地解决问题等十个方面，为吉他企业提供司法保障。

（三）三步曲：让正安吉他文化影响世界

人无远虑，必有近忧。在吉他产业蓬勃发展的同时，正安县也认识到产业发展面临的挑战。正如正安县委领导指出的那样："县委、县政府多次深入研讨吉他产业，目前吉他产业发展趋势喜人，但这个'两头在外'的产业，劳动密集，门槛不高。接下来我们要不断优化产业结构，深挖吉他产业的带动价值，让旅游业和文化创意产业成为制造业的补充，进一步将正安吉他品牌的内涵丰富起来。"正安积极探索引入产业发展基金，创新产业发展模式，整合资源，助推上市，使吉他工业做大规模、做大总量、做优品质、做响品牌。以吉他工业为基础，夯实吉他文化基础设施，融入吉他文化元素，大力开展吉他文化"五进"活动，积淀吉他文化氛围，以响亮的吉他文化品牌助推吉他工业的发展。围绕"正安吉他"，从三个方面提升吉他品牌影响力。

一是区域品牌（园区品牌）。正安县委、县政府力图将正安建成全球最集中的吉他制造基地，最终把"正安·国际吉他园"打造成中国第一、世界一流的国际吉他产业示范园。为了打响园区品牌，正安县深化与宣传策划公司、资深主流媒体合作，围绕"中国唯一、世界一流"园区、国家级文化产业示范园区等目标要求，全方位、多角度宣传造势，全力打造"正安·国际吉他园"品牌。

二是产品品牌。进一步加大吉他自主品牌研发力度，大力建设正安吉他地方标准和行业标准，积极开展正安吉他驰名商标培育和申报工作，培育正安自主高端品牌。目前，园区企业自主研发并注册了"格拉苏蒂""维特利""百斯卡""Sevinia""声音花园""0818""wei""威伯""贝加尔""天缘"等34个吉他自主品牌。其中"贝加尔"乐器已成为风靡网络的"网红"乐器品牌，每天在网上能卖出1500把。

三是文化设施品牌。正安坚持高起点规划、高标准建设，着力打造吉他风情街、吉他风情园、吉他音乐特色小镇，建设大型吉他文化广场、大型吉他文化展览馆等旅游文化设施。以吉他文化设施为载体，提升吉他文化的影响力，彰显正安吉他的独特魅力。

四是演艺活动品牌。组织开展技能大赛、演艺大赛、吉他音乐节、吉他文化艺术节等活动，努力打造"正安国际吉他文化艺术节"活动品牌。已成功举办了著名吉他艺术家莫勒正安专场音乐会、纪念正安 300 娘子军南下广东 30 周年吉他演唱会等活动。通过吉他演艺活动，不同民族、不同地域、不同作品、不同风格的吉他音乐在正安汇演，提升正安吉他的文化凝聚力。

五是文化产品品牌。在贵州省委宣传部的帮扶下，通过"四个一"，即一部吉他题材的电视连续剧，一部吉他题材的音乐剧，一首吉他题材的原创歌曲，一部吉他题材的纪实电影，推动正安由"吉他制造之乡"向"吉他文化之乡"的转变。吉他文化音乐剧《吉他·吉他》已在省国际会议中心开演，电视连续剧《吉他兄弟》也进入正式拍摄阶段。

三、几点启示

一把吉他连接世界的"正安实践"，就是中国反贫困实践中如何在深度贫困地区"无中生有"地培育出大产业、激发县域经济活力、实现高质量脱贫的生动案例。"正安实践"有如下启示。

（一）创新是深度贫困地区产业发展的核心动力

正安县委、县政府针对深度贫困的实际，既把中央和省市关于脱贫攻坚和产业发展的决策部署不折不扣贯彻落实到位，又充分结合地方实际走出新路。通过创新产业招商、精准招商、以商招商和服务企业、产业配套、技术升级、品牌打造等体制机制，引进一批市场前景好，发展潜力大的知名企业和战略投资者，形成了良好的集聚效应和辐射效应，打造了具有国际影响力的正安吉他产业园区，走出了从"无中生有"到"有中生优"再到"优中做强"的发展之路。

（二）"正安实践"是经济国内国际双循环的生动体现

面对内部就业机会不足的困境，正安于 20 世纪 80 年代就通过劳务输出，培育了数以万计的吉他产业工人，这些工人也积累了丰富的管理经验和相对雄厚的资金，有的还自主创办起吉他厂。正安在与发达地区联结起的第一次"内循环"中发展了劳务经济，改变了贫困面貌。在此基础上，正安县调整和提出了由"打工经济"向"创业经济"转变、由"输出劳动力"向"回引生产力"转变、由"单向流动"向"双向流动"转变的工作思路，推动了生产要素的第二次"内循环"，培育出吉他产业。同时，"两头在外"的吉他产业又联结起世界市场，实现了经济的"外循环"。

（三）积极把握东部产业转移重大机遇利于形成西部大开发新格局

郑传玖们之所以愿意把吉他厂从广州搬回正安，一方面得益于浓浓的乡情感召、吸引；另一方面，也是因为广州的生产成本比正安高。有人算过这样一笔账，相比在广州设厂生产吉他，正安县具有劳动力、厂房、电费等生产成本的综合优势。而东部地区与西部地区的成本差造成的综合优势，正是西部地区承接东部产业转移的重大契机。牢牢把握当前东部产业转移的重大契机，西部地区还有机会培育更多的优质产业，进而形成西部大开发新格局。

（四）优化营商环境是承接产业转移的关键

正安县通过省级经济开发区这个平台建设，建好标准化厂房，并完善与之对应的配套基础设施，使得吉他企业纷纷"轻装上阵"。同时承诺：墙内的事情企业自己管，墙外的事情政府包。不仅如此，正安县还积极开展营商环境整治活动，有针对性地解决企业发展中面临的问题。正是因为正安县像爱护眼睛一样呵护营商环境，才能把握住东部产业转移的机遇，不断引来知名吉他企业入驻园区，形成产业集聚和综合竞争优势，为打造"中国唯一、世界一流"的吉他产业园奠定坚实的基础。

（五）推进产业融合是提升产业竞争力的关键

正安县在吉他产业发展到一定的规模后，积极引导企业走差异化、专业化和品牌化的发展道路，延伸产业链条，开发吉他上下游延伸产品。并从原材料、配件、包装等方面引进优质企业，形成完整的产业体系，推进相关配套产业融合发展；同时，推动吉他工业、吉他文化、吉他旅游"三位一体"深度融合，形成大产业推动大发展的局面。实践证明，在选准产业的基础上，围绕产业链条推进上下游、工文旅相关产业融合发展，能有效提升区域产业品牌影响力和市场竞争力，推动区域经济高质量发展。

（课题组成员：高刚、蔡贞明、谢敏、赵玉娇、甘泉、王娜）

全面建成小康社会与中国县域发展

贵州省黔南布依族苗族自治州龙里县

新时代文明实践中心试点建设的
"龙里探索"

中共龙里县委宣传部

2018 年 7 月 6 日，中央全面深化改革委员会审议通过《关于建设新时代文明实践中心试点工作的指导意见》（以下简称《意见》），决定在全国县一级建设新时代文明实践中心，旨在推动习近平新时代中国特色社会主义思想更加深入人心，打通宣传群众、教育群众、关心群众、服务群众的"最后一公里"。建设新时代文明实践中心，既是推动习近平新时代中国特色社会主义思想深入人心的重要载体，也是党中央进一步加强改进基层宣传思想文化工作和精神文明建设的战略部署。在全国新时代文明实践中心建设试点工作中，龙里县成为2018 年全国第一批 50 个试点县之一，2020 年 5 月，又成为全国仅有十家、西部仅有两家的中宣部重点联系县之一。

在两年多的试点中，龙里县以广大农村为主阵地，以人民群众为主要力量，以群众实际需求为重要导向，把新时代文明实践作为传播党的新思想、新理论、新政策和培育践行主流价值的重要抓手，作为加强农村思想政治工作的坚强阵地，作为培养时代新人和弘扬时代新风的精神家园，作为开展特色志愿服务的广阔舞台，有效地将试点建设工作与决胜脱贫攻坚结合起来，取得了积极显著的成效，探索形成了可复制、可推广的新时代文明实践中心建设经验。

一、"435"工作法写就"龙里探索"内涵

试点工作开展以来，龙里县始终坚持党建引领，紧紧围绕建立工作体系、搭建服务平台、完善工作机制的试点推进思路，持续深化全县精神文明创建活动成果，探索出了"四级设置"建体系、"三位一体"组队伍、"五项机制"兴文明的"435"工作法，有效推进了文明实践活动的健康发展。

（一）"四级设置"建体系

1.整合资源建平台。龙里县在县建中心、乡镇（街道）建所、村建站的基础上，结合山区地形崎岖、交通不便、少数民族聚居杂居的实际，在大的自然寨（组）设置新时代文明实践点，形成了中心、所、站、点四级联动文明实践体系。整合相关资源建立理论宣讲、教育服务、文化服务、科技与科普服务、健身体育服务"五大服务平台"，深入推进理论宣讲、满意教育、平安村寨、平安出行、健康快递、能人致富、美丽乡村、以文化人、村民自治、村企连心"十大文明实践活动"。

2.各负其责提效率。县新时代文明实践中心负责全县文明实践工作的统筹协调、工作指导和督查考核，指导各单位（部门）、乡镇（街道）、村（社区）开展工作，做好工作规划、人员培训、活动开展等工作。乡镇（街道）文明实践所充分发挥向上对接、向下传导作用，负责辖区文明实践活动和村级文明实践站的规划建设、统筹指导、人员培训等。村（社区）文明实践站和组（寨）文明实践点因地制宜开展各具特色的文明实践活动。

3.联动发力强调度。建立志愿服务"周联席、月调度、季观摩、年评估"制度，由县委副书记任总召集人，不定期召开联席会议，专题研究解决新时代文明实践中心试点建设中遇到的困难和问题。每季度召开一次新时代文明实践中心工作现场观摩推进会，及时总结经验，鼓励先进、鞭策后进。将脱贫攻坚指挥体系逐步转换为德行龙里志愿服务工作指挥体系，推进脱贫攻坚与志愿服务互相融合相互促进。

（二）"三位一体"组队伍

1.行政引导层层统筹。组建由县委书记、县长担任双总队长的"德行龙里志愿服务总队"，设立县志愿服务行动指导中心。县级总队负责统筹全县志愿服务活动项目创设发布管理，指导调度各乡镇（街道）、各专业志愿服务队、社会爱心团队开展志愿服务活动，监控评估志愿服务开展情况。各乡镇（街道）组建面向农村群众的志愿服务队，由脱贫攻坚战区指挥长担任队长，党委（党工委）书记担任常务副队长。各村（社区）组建志愿服务分队，由村（社区）党组织负责人及驻村第一书记担任双队长。

2.单位组队行行出力。教育、农工、卫计、公安、文旅、住建、交通、司法、科协等专业职能部门成立专业志愿服务队，按照各部门功能和职责开展专业志愿服务。同时，成立企业和非公社会组织志愿服务队，为农村送就业、送技术、送项目，拓展"幸福基金"来源渠道。

3.社会招募人人参与。通过发布新时代文明实践志愿者招募令、招募志愿者倡议书等形式，利用民族节日、赶集天等人流量较大的节日开展宣传活动，面向全社会招募"萤火虫"志愿者，借鉴龙里"快递干部"服务模式，将"萤火虫"志愿服务范围覆盖村寨、楼宇、企业，收集群众服务需求。对拟注册成为志愿者的群众进行审核，按照志愿者能力和特长，有针对性地在"志愿贵州"进行实名登记，志愿队伍不断发展壮大。

（三）"五项机制"兴文明

1.需求收集机制。时刻守候，通过悬挂信箱、制作"萤火虫"志愿者公告栏等形式，在村寨设立志愿服务需求收集点。主动出击，"萤火虫"志愿者通过日常了解、发放征求意见表、实地走访、电话来访、院坝会、面对面交流等方式，收集农村群众在生产生活等方面的需求，并及时对群众需求进行整理分类、立项入档，实行台账化跟踪管理，每周将收集的群众需求汇总至所属的村文明实践站，由村文明实践站进行分类发布。

2.宣传引导机制。建立"四化四融入"宣传引导机制，即生活化宣讲，融入日常生活；文艺化宣讲，融入文化需求；民族化宣讲，融入民族习惯；时代化宣讲，融入时代脉搏。结合实际，用布依山歌、苗族古歌、刺绣、苗画等群众喜闻乐见的形式开展党的方针政策宣传宣讲，以县布依文艺志愿者为主体，推出《布依山歌唱响十九大》等具有民族特色的教育宣讲活动。

3. 部门联动机制。立足群众所需，充分整合青少年活动中心、道德讲堂、体育馆、文化馆、农家书屋等资源，打造理论宣讲、教育服务、文化服务、科技与科普、健身体育"五大平台"，明确宣传、教育、公安、交通、卫健等 10 个县直部门作为牵头单位，在全县深入开展理论宣讲、满意教育、平安村寨、平安出行、健康快递、能人致富、美丽乡村、以文化人、村民自治、村企连心等各类组合式文明实践活动。

4. 激励奖惩机制。县文明实践中心对"五大服务平台"进行星级评定，获得五星的为一级平台，四星为二级平台，三星为三级平台，三星以下不评级。出台《龙里县志愿服务积分细则（试行）》《龙里县"萤火虫"志愿者管理制度（试行）》和《龙里县最佳志愿服务队评分细则（试行）》等，建立最美志愿者、最亮"萤火虫"、最佳志愿服务队、最好志愿服务项目的"四最"评选制度，县志愿服务总队每年开展 1 次"四最"评选表彰活动。建立志愿者等级晋升机制，通过每月评选"志愿之星"、季度评比积分排名，对符合升级条件的志愿者给予升级奖励，由龙里志愿服务云平台进行认证。

5. 督查落实机制。坚持县委书记亲自抓、县委副书记具体抓、宣传部部长抓具体，由县委副书记或宣传部部长召集，每周日晚定期召开碰头会议，专题研究解决新时代文明实践中心试点建设中遇到的困难和问题；将新时代文明实践工作列入县委"三个一"（经济建设、招商引资、项目推进）调度内容，每月由县委书记调度 1 次，每季度召开 1 次新时代文明实践中心工作现场观摩推进会，及时总结经验，鼓励先进、鞭策后进。

二、"四新"现象凸显"龙里探索"成效

龙里县通过开展新时代文明实践中心建设试点，初步实现了思想引领有了新平台、基层治理有了新突破、精神文明有了新提升、凝聚群众有了新方法

的"四新"成效。

（一）思想引领有了新平台

聚焦习近平新时代中国特色社会主义思想，采取"民族化宣讲融入民族习惯、文艺化宣讲融入文艺活动、生活化宣讲融入生活场景、时代化宣讲融入时代脉搏"的"四化四融入"理论宣讲方式，创设了"山歌唱响新时代"志愿服务项目，7000多名农村党员群众组成了170支文艺志愿服务队，编写创作了以党的新思想、新政策、新理论为主题的山歌3500余首，依托广场文化活动、村村通、融媒体平台等进行常态化宣讲，累计开展宣讲2000余场次，并因地制宜将传播形式拓展到少数民族刺绣、绘画等技艺传承和美丽村寨建设工作中，实现县镇村搭台、群众宣讲。2019年2月，中央电视台"文明之光·志愿中国"连线活动中，龙里作为全国3个连线点之一参加亮相，500多名文艺志愿者用山歌传唱新思想的方式进行了展示。多位村党总支书记总结，新时代文明实践试点工作带来的最大变化就是群众的内生动力充分得到激发，"等、靠、要"思想已明显发生转变，谁家有困难谁家就会出现志愿者的身影，哪里有灾情哪里就有志愿者的身影。

（二）基层治理有了新突破

聚焦基层治理、村民自治，开展"三能两创三评比"文明实践创建活动，即村级党组织能开会、能议事、能管人，创新时代文明实践典范、创党组织标准化规范化，个人比文明、家庭比和谐、村寨比团结。创造性提出"磁铁行动"，基层党组织的组织力全面提升，群众的向心力不断增强，逐步形成了"自商、自筹、自建、自管"的基层自治发展路径。建立了"贴牌"亮身份、亮承诺、亮行动，"红黑榜"比文明、比服务、比成效等文明创建正负面引导机制。全县79个村（社区）、900多个自然寨召开群众会5400余场次，内容涉及村寨建设、产业发展、环境整治、村（寨）规民约等方方面面，开展各类个人、家庭、村寨文明评比1600余场（次），1.4万余户志愿家庭、店铺、企业等主动"贴牌"。

（三）精神文明有了新提升

聚焦"我为人人·人人为我"的新风尚，在全县组建了162支6400余名以脱贫群众为主的"感党恩志愿服务队";33支840余名以村寨和社区热心公益老人为主的"老年志愿服务队";79支7600多名以脱贫攻坚包保责任人为主的"党员干部结对联亲志愿服务队";针对群众需求收集不精准的问题,组建了一支由2818名农村党员群众、乡贤寨老组成,以收集群众需求为主的"袄玛萤火虫志愿服务队";各地还结合需求组建邻里互助、技术培训、技艺传承、矛盾纠纷调解、移风易俗等各类特色志愿服务队共100多支。根据文明实践志愿服务活动成效,全县创建志愿服务小镇、村寨、街区、校园、景区、企业等85个、190多家企业主动深入农村开展"百企帮百村",形成连产业、连就业、连爱心、连服务的"四连"机制,构建起"企业+农村"的文明实践新平台,推动树文明观、说文明话、办文明事、做文明人、建文明村"五个文明"。

(四)凝聚群众有了新方法

聚焦农村发展、群众所盼,以农村人居环境整治为突破口,每村每寨都组建了一支覆盖农村每家每户的"家乡美志愿服务队",分阶段、分主题、分层次开展"新时代文明实践大比武"志愿服务活动,政府采取以奖代补方式用好用活脱贫攻坚、乡村振兴等各类涉农资金,激活群众的内生动力。2019年3月以来,全县788个自然村寨已经有608个完成了第一轮(乡村环境整治篇)大比武,全县农村群众、党员干部等共10万余人参与其中,人均服务时长约300余小时,政府奖补资金1733.11万余元,群众累计自行筹集资金1559.1万余元,投工投劳折资3000多万元,农村面貌焕然一新,人居环境全面提质。目前,各村(社区)结合全省农村产业革命、脱贫攻坚战,正在开展第二轮(农村产业发展篇)大比武。

三、"三个保障"凝练"龙里探索"经验

龙里县近两年来取得的显著成效,离不开坚强的组织保障、可靠的制度保障和有效的方法保障,而也正是这"三个保障"凝练的"龙里探索"经验,

可为深化新时代文明实践中心试点建设提供一些有益参考。

（一）着眼全力推进新时代文明实践中心建设的组织保障，充分发挥各级党组织政治引领作用

新时代文明实践中心覆盖范围较广，且涉及的基层治理内容较为庞杂和细碎，其建设和运转成效很大程度上取决于组织动员力，龙里县有的放矢打造了具有强大凝聚力的各级党组织，以有效发动群众参与且配合党委和政府的治理工作。一是坚持三级书记带头抓，各部门齐落实。县、镇（街道）、村（社区）三级党组织书记要分别履行中心、所、站第一责任，全县各级各部门主动思考，把新时代文明实践有机融入全县经济社会发展各项工作中，形成高位推动，部门联动，成果共享的工作格局。二是坚持党组织引领，党员带头，群众参与。结合实际以自然寨为单位组建以农村党员、乡贤寨老、致富能手等为主的"寨管委""组管委"，在党支部的统一领导下作为本组本寨动员发动群众的主要力量，织牢织密农村社会治理的网格体系。三是坚持群众主体地位，尊重群众首创精神。坚持"四议两公开"、村（居）民代表会议等制度，探索运用"院坝会""红黑榜"等方法。自 2019 年以来，以村寨为单位召开各类群众会 7000 多场次，场均征集群众对本村本寨建设发展和社会治理的有效意见建议 10 条以上，为推动乡村发展、解决群众期盼夯实了思想基础。

（二）着眼全力推进新时代文明实践中心建设的制度保障，构建新时代文明实践指挥作战体系

新时代文明实践中心的具体实践是一个庞大的社会组织系统行为，尤其关联的基层治理更是涉及社会末梢层面的社会组织系统行动，其可持续推进必须依托于强力制度保障下的各个治理环节的体系性推动。一是完善工作体系有序推进。将脱贫攻坚指挥作战体系转化为新时代文明实践的工作体系，县委书记亲自抓，县委副书记具体抓，其他班子成员挂镇指导、靠前指挥、系统谋划，推动形成县、镇、村三级书记带头抓，多部门齐落实的工作态势和"全县一盘棋"的工作格局。二是围绕重点工作有机融入。龙里县紧扣中央、省、州各阶段中心工作和目标任务，围绕脱贫攻坚、乡村振兴、基层党建、社会治理

等研究制定以新时代文明实践为抓手的贯彻落实措施，出台《关于扎实推进"德行龙里·志愿黔行"新时代文明实践中心建设试点工作的实施意见》《龙里县农村工作组织领导和责任体系及贯彻落实中国共产党农村工作条例〈中国共产党农村基层组织工作条例任务清单〉》等指导性文件。三是高位推动倒逼落实检验成效。将新时代文明实践工作列入县委全会讨论研究，写入政府工作报告，并作为全县十大民生实事抓落实。龙里县研究出台《中共龙里县委关于深入推动新时代文明实践加强农村思想政治工作的决定》，实行"月调度、季评比、年考核"机制，由县委宣传部按月对各镇（街道）和职能部门进行调度，跟踪工作推进情况；由县委书记率队每季度到镇到村到寨进行 1 次实地评比观摩，组织召开 1 次全县新时代文明实践推进会；每年由县委办公室对各单位推进新时代文明实践情况进行综合考核排名。

（三）着眼全力推进新时代文明实践中心建设的方法保障，探索基层思想政治工作有效方式

新时代文明实践中心工作的落地关键在于形成共识性的治理目标认同，其核心便在于解决基层群众符合治理目标要求的价值认同问题，龙里县通过有效的思想政治工作方式，引领基层群众生成了符合中国特色社会主义建设大业的团结奋斗的共同价值理想。一是找准群众集体需求，激发内在活力。龙里县以网格为单位，招募 2800 余名"萤火虫"志愿者，广泛收集群众需求。以农村人居环境整治为突破口，引导群众自商、自筹、自建、自管，全县 788 个自然村寨，有 585 个自然村寨开展了人居环境整治大比武，广大农村群众、党员干部等共 10 万余名志愿者参与其中，推动形成了群众议事新方式、资金来源新渠道、村寨发展新动力、管理服务新机制，农村面貌焕然一新。二是坚持问题目标导向，凝聚群众共识。针对影响农村发展的瓶颈问题，社会治理的难点堵点，广泛发动群众，收集群众意见建议，引导群众与党委和政府同频共振，实现政府治理和社会调节、群众自治良性互动，夯实基层社会治理基础。三是创新群众工作方法，唱响主旋律。紧紧围绕学习宣传贯彻新思想、新理论、新政策，以唱响一首感恩歌为主题，创设"山歌伴飞新思想"文明实践活动，把党的十九大报告、社会主义核心价值观、脱贫攻坚各项惠农政策、近年来群众

生产生活、农村发展变化等创作成山歌等文艺文化作品，用群众听得懂、记得住、体会得到的方式教育引导群众感恩党，听党话，跟党走。

（课题组成员：杨达、段忠贤）

全面建成小康社会与中国县域发展

云南省昭通市鲁甸县

废墟之上崛起新家园

中共鲁甸县委宣传部

云南省昭通市鲁甸县位于云贵川三省接合部，是云南省 27 个深度贫困县之一。全县辖 10 镇 2 乡 97 个村（社区）、1764 个村（居）民小组，国土面积 1484 平方公里，居住着汉族、回族、彝族、苗族、布依族等 14 个民族 47.5 万人。

2014 年，鲁甸县发生 6.5 级地震，造成了重大人员伤亡和巨大经济损失，习近平总书记非常关心鲁甸地震恢复重建工作，2015 年 1 月 19 日到鲁甸地震灾区调研时强调：灾后恢复重建要和扶贫开发一起抓，要深入实施精准扶贫、精准脱贫，项目安排和资金使用都要提高精准度，扶到点上、根上，让贫困群众真正得到实惠，决不能让困难地区和困难群众掉队。

恢复重建的 3 年，鲁甸县委、县政府团结带领灾区人民群众万众一心、众志成城、重建家园，共投资 76.3 亿元，实施 489 个项目，灾区基础设施、社会事业、镇村面貌、群众生活等各方面取得显著的变化。2017 年 1 月 23 日，李克强总理再次来到鲁甸县龙头山镇灾区考察灾后重建，给予了"恢复重建成绩斐然，经济发展生机盎然"的高度肯定。

如今的龙头山镇，一栋栋青瓦白墙的特色民居排列整齐，房前屋后繁花绿草，优美的自然环境、整洁的村容村貌和村民亲切的笑脸让人欣慰。昔日的地震灾区实现跨越式发展，基础设施得到大改善、产业发展驶入快车道、脱贫攻坚深入推进，基本上形成了"户户安居、家家有业、村村提升"的局面。尤其是龙头山镇，花椒种植面积达 6.8 万亩，通过补植补造、提质改造，群众的人均纯收入达 7800 元。

全县坚持精准发力、精准施策，举全县之力决战脱贫攻坚，全县贫困人口从 2014 年底的 32250 户 124561 人降至 2019 年底的 927 户 2865 人，累计减贫 31323 户 121696 人，贫困发生率从 31.94% 降至 0.76%，96 个贫困村全部达标出列，通过省级第三方考核评估，省人民政府批准鲁甸县退出贫困序列。

一、主要做法

全县按照"缺什么补什么"的原则，对标对表补齐短板弱项，确保帮扶措施精准到村到户到人。2014 年以来，在恢复重建投入 76.3 亿元的基础上，再投入扶贫资金 65.9 亿元，其中：财政专项扶贫资金 7.59 亿元；统筹整合财政涉农资金 9.88 亿元；易地扶贫搬迁资金 32.4 亿元；东西部协作财政资金 1.25 亿元；县级扶贫资金 11.68 亿元；社会捐赠资金 3.1 亿元，实施了一大批民生项目，为打赢脱贫攻坚战奠定了坚实基础。

（一）全力落实精准扶贫精准脱贫基本方略。围绕"扶持谁""怎么扶""如何退"等问题，推动"精准"要义落地落实。一是精准识别锁定对象。2015 年至 2019 年先后开展三次建档立卡"回头看"，特别是 2017 年，抽调 2659 名干部组建摸底调查工作队，完成全县 117042 户 430027 人农业人口基本信息摸底调查，剔除识别不精准对象 1794 户 6359 人，新识别纳入 1201 户 4668 人，脱贫返贫 433 户 1665 人，做到了应纳尽纳、应退尽退、应扶尽扶。二是对标对表精准施策。开展易地扶贫搬迁"五清"和解决"两不愁三保障"突出问题"九清"专项行动，通过全覆盖、地毯式、无遗漏排查分析，建立户脱贫、村出列问题清单，扎实整改、补齐短板，确保"群众户户达标、干部人人过关"。坚持"缺什么补什么"的原则，聚焦短板弱项，科学制定村级施工图、乡级路线图和县级项目库。2019 年，统筹整合财政涉农资金 6.5 亿元，实施扶贫项目 168 个。三是严格程序精准退出。对照"两不愁三保障"和贫困退出标准，严格程序、严格考核、严格验收，确保程序公开、数据准确、档案完整、结果公正，脱贫成效经得起历史和人民检验。2020 年 5 月，鲁甸县通过省级第三方评估，全县脱贫人口错退率、漏评率均为零。

（二）全力抓好住房建设保安居。全县投入资金 23 亿元，完成 48606 户民房恢复重建、3809 户地质灾害搬迁避让项目，解决了 5.2 万余户群众住房安居问题。按照"不漏一房、不落一人，应纳尽纳、应改尽改"的原则，扎实推进"4 类""非 4 类"农村危房改造，2016 年以来，累计投入资金 5 亿元，实施农村不安全住房改造 23218 户，其中建档立卡贫困户 9870 户，农村住房安全保障全面达标。按照"危房不住人、住人不危房，以房找人、以户找房"以及农村危房"清零"要求，全面排查拆除农村存量危房。全县累计拆除农村危房 25451 户、38177 间，面积 99.24 万平方米。

（三）全力抓好易地搬迁断穷根。弘扬"搬不动大山就搬人"的新时代愚公精神，按照"能搬则搬、应搬尽搬、整村搬迁"原则，共实施易地扶贫搬迁 4847 户 19847 人。2018 年底，昭通市委、市政府将卯家湾确定为易地扶贫搬迁跨县安置区，承接鲁甸、巧家、永善、盐津、彝良 5 县 8322 户 35585 人。坚持苦拼实干、挑灯夜战，用一个月的时间就完成了土地征迁，搬迁坟墓 445 座，拆迁房屋 1.2 万平方米；用一年的时间就建成了卯家湾砚池新城和"两园两基地"配套产业园，用一个月的时间就完成了 35585 人的搬迁入住；用半年的时间就建立健全了"133454"社区治理模式，成立 6 个社区党组织，将安置区划分为 36 个网格、76 栋楼栋，按照"全方位统筹、高效率工作、精细化管理、保姆式服务"工作理念，确保搬迁群众快速融入新城新生活。

现在的鲁甸县卯家湾易地扶贫搬迁安置区一栋栋崭新的高楼拔地而起，一条条市政大道纵横交错，学校、医院、商超、集贸市场、文化广场等配套设施一应俱全，一座跨县易地扶贫搬迁新城在鲁甸县城北部崛起。一年多前，这片小山坡还是成片的玉米地，经过 17 个月的不懈努力，一个功能完善、环境优美、宜居宜业的美丽新家园如期建成。在各级党委、政府和广大党员干部的帮助下，来自鲁甸、巧家、彝良、永善、盐津 5 个县的偏远山区群众 8322 户 35585 人搬出大山进入县城，开始幸福新生活。

为破解"一方水土养不活一方人"的难题，卯家湾安置区坚持"卡户与随迁户同步、住房建设与各类综合配套同步、人员安置与产业就业同步、硬件建设与建立完善社区管理机制同步"原则，在卯家湾选址一次性规划用地3.31平方公里，其中安置区占地面积3700亩，建设安置房66栋8866套，配套新建2所学校、4所幼儿园、1个卫生院、6个社区卫生室，承接来自鲁甸、巧家、彝良、永善、盐津5个县的搬迁群众。2020年3月31日，最后一批建档立卡贫困群众实现搬迁入住。

为解决好搬迁群众的后续发展问题，鲁甸县抓住东西部扶贫协作机遇，引进广东粤旺集团食用菌项目落地卯家湾安置区，发展特色产业带动搬迁群众增收致富。食用菌产业园负责人介绍："我们规划建设了1000个标准化大棚和4.8万平方米分加工厂房，可帮助卯家湾安置区500户建档立卡贫困群众就近就业，间接带动2000余人就业增收。"

鲁甸县按照"短期靠就业、长期靠产业"的思路，分级建立劳务微信群，成立劳务输出协会，搭建互联网掌上"就业平台"，建立"工作站＋社区＋楼栋长"的网格化就业服务机制，大力推动劳动力安全有序转移就业。制定实施"两园两基地"产业规划，在卯家湾片区建设3000亩现代物流园和2200亩高原特色绿色食品加工园，打造万亩苹果基地、万亩蔬菜基地，带动群众增收致富。配套建设一个4万平方米标准化厂房的扶贫车间，加上安置区配套产业及周边企业可提供的6000个就业岗位，可实现搬迁群众户均一人就近就业。目前卯家湾安置区有劳动力1.8万人，其中外出务工劳动力1.4万人，剩余4000名劳动力将在安置区"两园两基地"实现就近就业。

为了让搬迁群众早日融入新环境、成为新市民，卯家湾安置区临时党工委（管委会）在抓好产业就业支撑的同时，充分利用社区党群服务中心、新时代文明实践站等阵地，常态化开展政策理论、产业就业、人居环境、文明新风等10项文明实践主题活动，把"自强、诚信、感恩"融入易地扶贫搬迁工作全过程，从物质生活、思想认识、致富能力、适应新家园等方面进行全方位帮扶，不断增强搬迁群众的幸福感和获得感。现年67岁的邹文昌来自鲁甸县梭山镇甘田村，老家山高坡陡、道路崎岖、土地贫瘠，他们一家5口挤在狭小破旧的土墙房里。2019年底，在各级干部的帮助下，邹文昌一家欢欢喜喜搬进卯家湾安置区，住进 100 多平方米的新家。

（四）全力抓好产业发展增后劲。按照村村有亮点、组组有看点、户户有支撑和良种良法、高度组织化、"党支部 + 合作社 + 农户""三个全覆盖"要求，把发展产业作为打赢脱贫攻坚战的重要抓手，投入产业扶贫资金 5.03 亿元，大力发展马铃薯、苹果、樱桃、花椒、蔬菜、生猪、肉牛等特色优势产业。引进海升集团，发展高标准苹果产业园 2 万亩，全县苹果种植面积达 10 万亩，2019 年实现总产值 2.68 亿元，带动近 2.2 万户群众增收致富，户均增收 6000 元以上。全县花椒种植面积达 32 万亩，实现总产值 9 亿元，仅龙头山镇年收入 5 万元以上的花椒户就达 1100 余户，"小小花椒树，致富大产业"的定位更加凸显，涌现出了龙头山镇光明村"花椒支书"谭德军等一批致富带头人。成功承办 2018 年中国马铃薯大会鲁甸现场点，高标准建设马铃薯原种组培中心、种薯基地，打造省级龙头企业理世集团，马铃薯产业实现集原种组培、良种覆盖、生产加工、市场销售为一体的全产业链发展，马铃薯种植面积达 22.5 万亩，产值达 3.52 亿元，实现亩均增收 1700 元。分区域布局烤烟、蔬菜、水果和生猪养殖场、肉牛养殖场，多元化、多渠道促进群众持续增收。

云南理世实业（集团）有限责任公司充分利用地方优质而丰富的土豆资源进行"噜咪啦"鲜切马铃薯片深加工，历经二十余年的艰苦磨炼，实现了"小企业、大发展，小土豆、大市场"的梦想，从一个前身并不起眼的小型食品企业，发展成为以食品生产和销售为主、货物运输为辅的集团"小巨人企业"，现有云南鲁甸和水富两个生产基地，实现年产"噜咪啦"鲜切马铃薯片 15000 吨规模，产品目前主要销往云贵川渝、陕甘宁青等十余省市和地区，在职员工 900 余人(建档立卡贫困户 42 人)，2019 年集团实现营收 4.2 亿元。2010 年以来，公司在原挂钩扶贫点马鹿沟村通过建设马铃薯基地取得较好带贫成效，规模逐年扩大。2017 年 11 月接到县委、县政府下达的"钩挂包保"任务后，企业积极响应、快速反应，深入扶贫点水磨镇铁厂社区，对帮扶的上 / 下海子、老屋基、火草地 4 社 80 户 362 人贫困户精准对接，成立了公司扶贫领导小组，落实帮扶责任人 11 名，做到入村入社入户入地，制定年度帮扶方案，全覆盖深挖彻查。通过宣传动员，2019 年 18 户建档立卡户和 13 户非卡户领到理世集团免费发放的优质种薯 20 余吨，打造了 100 余亩示范基地。通过"订单种植、种薯供应、种植管理、技术服务、价格联动、保价回购"方式推动加工型马铃薯种植示范。因前期气候干旱，为维护种植户信心、确保种植户不因减产而减收，企业以每公斤 2.4 元的价格组织车辆上门进行收购，让种植户吃下了定心丸。2020 年种植户对公司信心满满，除包保贫困户外附近村社主动要求种植公司加工型薯，种植面积今年已发展到 1600 余亩，带动成效逐步显现。

企业积极吸纳和优先录用建档立卡户通过培训到公司上岗就业，在公司现有职工中，90%以上为昭鲁籍，绝大多数属农民工，目前鲁甸工厂在岗员工中有 35 名为建档立卡贫困户，根据公司与建档立卡户签订的劳动合同书，年均工资 24000 元，人均可支配收入可增加 3000 元以上，真正实现了一人就业全家脱贫。

公司将加工型马铃薯原料基地建设和推广种植作为"第一车间"来打造。在"订单种植、种薯供应、种植管理、技术服务、价格联动、保价回购"等环节下功夫，通过对加工型马铃薯新品种的不断扩繁和推广，2018 年以来已先后在鲁甸、昭阳、巧家、彝良、永善、威信等地建成冬作、小春优质加工型马铃薯原料供应种植 6000 亩、优质马铃薯大春种植基地 30000 余亩规模，种植涉及合作社 10 个，辐射带动种植农户近 15000 余户（其中贫困户 3500 余户），新增带动农村劳动力就业 10000 人以上，带动农民增收 800 元 / 亩以上，初步形成了公司与农户的利益联结关系，在一定程度上保障了优质原料的供给。

（五）全力抓好基础建设补短板。投入资金 37.34 亿元，新建、改扩建国省干道 137.17 公里、县乡村公路 1914.27 公里，实施县乡村道路安防工程 795 公里，实现了所有行政村通硬化路，贫困地区交通条件不断改善。投入资金 6.2 亿元，实施"五小水利"、人畜饮水、水利基础设施等工程 9268 件，自来水普及率和集中供水率分别达 85.09%、86.12%，解决了 120912 人饮水安全问题，建档立卡贫困群众饮水保障全面达标；扎实推进农村电网改造升级，全县所有贫困村全部通 10 千伏以上动力电；行政村宽带和 4G 网络全覆盖，广播电视信号覆盖率达 100%，公共文化服务设施全部达到出列标准。

（六）全力抓好社会保障惠民生。一是抓好教育保障。投入资金 10.35 亿元，完成 116 所中小学和幼儿园重建、新建、改扩建工程，2017 年通过国家义务教育基本均衡评估认定。累计投入资金 5.7 亿元补助建档立卡户学生 39.47 万人次，义务教育阶段学生无因贫辍学。二是抓好医疗保障。加大医疗基础设施建设，县级公立医院、12 个乡镇卫生院、97 个村卫生室"三个一"建设全部达标；全面落实"三个一批"救治政策，大病救治、慢性病签约和重病兜底保障均实现 100%。建档立卡贫困人口基本医疗保险、大病保险参保率达 100%。严格执行"先诊疗、后付费"制度，有效杜绝了患病贫困群众小病拖大病、大病致返贫的问题。三是抓好民政兜底保障。全面落实特困人员供养、残疾人"两项补贴"等政策，实现了无力可扶、无业可扶的特殊困难群体应兜尽兜、应保尽保。2019 年底，全县纳入低保贫困户 17353 户 23947 人，纳入兜底保障 525 户 924 人，纳入特困供养 847 户 868 人，2019 年发放残疾人"两项补贴"12027 人 663.8 万元。四是抓好就业扶贫。从提高组织化程度入手，强化就业意愿摸底、技能培训、维权服务、劳务补贴等政策支撑，全县劳动力已就业 19.6 万人，就业率达 80.4%；贫困劳动力已就业 6.2 万人，就业率达 90.7%；易迁劳动力已就业 1.9 万人，就业率达 92.2%。开发公服岗位 7638 个，其中公益岗位 5268 个，护林员 2370 个，涵盖保洁员、生态护林员、护路员、护河员、保安等 6 种类型，全部安排建档立卡劳动力担任，有效带动贫困家庭脱贫。五是抓好社会帮扶。积极协调争取中央、省、市各级挂钩帮扶部门帮助支持，努力构建多方参与的大扶贫格局。2019 年，108 家挂钩帮扶单位共投入资金 1141.74 万元，引进各类资金 2228.65 万元，有效帮助挂钩村及贫困户解决了一系列困难问题。扎实开展东西协作，与东莞市全面构建"携手奔小康"体系，共投入帮扶资金 1.7 亿元，其中财政资金 1.25 亿元、社会帮扶资金 4489.69 万元，建设了一大批示范项目，教育、医疗、人才、产业等领域协作不断深化。2018 年，国务院副总理胡春华到鲁甸视察时，对两地东西协作给予了充分肯定。

（七）全力抓好城乡面貌树形象。坚持常态化、制度化、精细化、全民化，深入开展城乡人居环境整治，形成了"县级统筹、乡镇落实、部门协同、社会参与"的人居环境整治大格局。累计拆除农村危房 25451 户 38177 间 99.24 万平方米，拆除"两违"建筑 926 宗 15.23 万平方米。投入资金 3000 万元，采取以奖代补形式，对 4.7 万户 217 万平方米的院坝进行硬化，建立河段、路段、绿化段、垃圾池"四个网格化"管理机制，每年植树 1000 万棵，人居环境有了质的提升。2020 年 7 月，鲁甸县城被正式命名为"国家卫生县城"。

二、成效斐然

通过近几年来的努力，鲁甸县恢复重建、脱贫攻坚取得了决定性胜利，经济社会蓬勃健康发展，很多干部和群众都深切感受到，近几年是鲁甸历史上发展最快、变化最大、群众得实惠最多的时期。

（一）经济社会实现大发展。2014 年至 2019 年，全县生产总值从 44.4 亿元增长至 76 亿元，年均增速 8.8%；城乡居民人均可支配收入分别从 19035 元、6521 元增长至 28481 元、10633 元，年均增速 8.4%、11.3%；地方公共财政预算收入从 2.07 亿元增长至 4.79 亿元，年均增速 18.3%。六年来，地方公共财政预算支出累计达 262.68 亿元。2020 年 8 月 10 日，鲁甸县与云南环秀环保工程有限公司、云南长和企业管理公司、鲁甸兰跃农业开发科技有限公司、浙江舟山璟润能源有限公司 4 家企业进行签约，云南环秀环保工程有限公司将投资 1 亿元在鲁甸建设年产 500 套环保设备生产线，包括污水处理设备、垃圾处理设备、烟气处理设备、粉尘处理设备、自控制设备等环保设备产品，并配套建设污水管道及玻璃钢容器生产线各一条。云南长和企业管理公司将投资 1.2 亿元，建设年产 10000 吨花椒啤酒生产线，预计 10 月 1 日前将生产出第一批啤酒。鲁甸兰跃农业开发科技有限公司将投资 2000 万元，建设年产 5 万件调味品生产线。浙江舟山璟润能源有限公司将投资 1 亿元，建设年产 10 万吨聚羧酸高性能减水剂、速凝剂生产线。

（二）易地搬迁实现大跨越。建设 13 个易地搬迁集中安置点，2315 户 8963 人搬迁群众搬入新居；安置 5 个县 8322 户 35585 人的卯家湾易地扶贫搬迁安置区如期建成入住。44548 名搬迁群众告别边远贫困地区，在鲁甸大地上融入新环境、开启新生活，实现了由贫困山区到现代城镇、由传统农民到城镇市民的直过式跨越。

（三）民生保障实现大突破。通过恢复重建和脱贫攻坚项目的实施，全县城乡基础设施取得了质的突破。住房、交通、水利、电力、通信等长期困扰贫困地区发展的难题得到根本解决，村社公共服务设施得到有效提升。教育扶贫、医疗扶贫、就业扶贫、社会救助等各项扶贫政策得到全面落实，贫困群众获得感、幸福感大幅提升。

（四）城乡面貌实现大改观。随着卯家湾砚池新城快速崛起，县城建成区面积从 5 平方公里扩大到 10.2 平方公里，常住人口从 5 万人增加到 10 万人以上，财政收入从 2014 年的 1.7 亿元增长到 2019 年的 4.79 亿元，实现了"三个翻一番"。建成"四馆一中心"、朱提文化公园、环城路、崇文中学片区等一大批重点项目，公共服务设施提质升级，成功创建国家卫生县城，城市化率达43.8%。

近年来，龙头山镇把习近平总书记的殷切关怀转化为培育优势产业的强劲动力，不断加大花椒种植面积并发展配套产业与其他产业，走上一条特色致富之路，按照"规模化、组织化、标准化、品牌化"发展目标，种植 6.8 万亩花椒、10.3 万亩核桃，2019 年两项产值约 3.5 亿元，成为示范带动山区发展、生态保护、群众增收的绿色产业、致富产业。2020 年，上海东方希望集团大型养殖场落户龙头山镇，年产仔猪 18 万头，将进一步带动群众就近就业，辐射带动大面养殖，全面提升养殖水平。面对突如其来的新冠肺炎疫情，龙头山镇把劳务输出作为当前脱贫攻坚急需重点攻克的难题，通过"点对点、一站式"方式组织转移输出劳动力 2 万余人，有效保障群众务工收入。同时，因地制宜、科学规划，"一村一品"创特色，全镇产业就业支撑能力持续增强。

6 年来，龙头山镇抓重建战脱贫，在灾难中崛起，涅槃重生。4 条公路326 公里，村组公路全覆盖，都香高速公路穿境而过，鲁巧高速路即将开工建设，构建起经济社会发展的微循环和大动脉。实施管饮工程 42 件 268 公里，修建水池水窖 7473 个，饮水安全全覆盖。2017 年实现恢复重建和脱贫摘帽"一个战场、两场胜利"。全镇贫困人口从 2014 年底的 3548 户 11630 人下降到 2019 年底的 11 户 27 人，农民人均纯收入从 3750 元增长到 7836 元，贫困发生率从 20.6% 降至 0.05%。2020 年 5 月，顺利通过省级第三方评估验收，实现了高质量脱贫，为全面小康奠定了坚实的基础。

一步跨越 50 年。如今的龙头山镇，一幢幢民房，一个个新村，一条条油路，满山遍野的花椒和核桃，展现在世人面前。从孩子们琅琅的读书声里，从人们舒缓的笑脸上，从空气缓缓流淌的歌声中，腾飞的龙头山，将成为集历史文化、抗震救灾、乡村振兴为一体的特色旅游小镇，重现"千年银都"风采。

（五）产业结构实现大调整。卯家湾"两园、两基地"配套产业快速发展，花椒、苹果、马铃薯、蔬菜等高原特色农业迅猛发展，全县花椒种植 32 万亩、苹果 10 万亩、马铃薯 22.5 万亩，特别是花椒产业被省委、省政府定位为"一县一业"主打产业，致富带动能力更加强劲。

（六）干部作风实现大转变。全县 3983 名帮扶干部把挂钩帮扶作为"不忘初心、牢记使命"主题教育的实践载体，提升了工作能力，锤炼了优良作风，形成了敢打善拼、苦干实干、坚韧求成的可贵品质。广大党员干部扎根基层，用自己的辛勤付出换来了贫困群众的情感认同和幸福生活。

三、经验启示

认真落实中央、省、市关于脱贫攻坚各项决策部署，着力构建强力攻坚落实机制，坚决克服麻痹思想、厌战情绪、侥幸心理、松劲心态，以"不获全胜决不收兵"的态度决心，持续补齐短板、打牢基础，举全县之力、聚全民之智决战脱贫攻坚。

（一）着力构建高效指挥作战体系。建立健全县、乡、村三级指挥部，构建了目标明确、职责清晰的指挥作战体系。建立"五级调度"制度，层层压实责任，推动工作部署、决策政令直达基层。制定完善《举全县之力打赢扶贫开发攻坚战的实施意见》《脱贫攻坚十个全覆盖专项行动方案》等政策文件，涵盖如何识别、如何帮扶、如何退出等各项重点工作，构建了科学完善的政策体系。实行"一月一调度、一月一研判"，每月召开专题会议研究解决当月存在突出问题、跟踪上月工作落实情况，实行工作后进单位承诺表态制，压实攻坚责任，确保攻坚成效。

（二）着力促进干部队伍作用发挥。以全员下沉、力量集中确保攻坚有力、成效过硬。认真履行挂乡联村责任，任命 12 名县级领导担任 12 个乡镇党委第一书记，将 40 名县级领导一对一挂钩到 40 个深度贫困村，将 53 名县直部门主要领导挂钩到 56 个非深度贫困村，统筹推动脱贫攻坚。坚持尽锐出战，"硬抽人、抽硬人"，组建驻村扶贫工作队 96 支、队员 399 名，3843 名帮扶干部挂钩帮扶到村到户，县直各挂钩部门 80% 以上的干部职工下沉一线。把脱贫攻坚一线作为选人用人的大考场，以鲜明的用人导向引领干事导向，2016 年以来，提拔使用脱贫攻坚基层一线干部占比超过 80%。

（三）着力构建攻坚拔寨的坚强保障。集中整治形式主义、官僚主义问题，大力整治扶贫领域文件多、会议多、检查多、填表多等情况，坚决不搞形象工程、不做表面文章，让基层干部轻装上阵，以作风攻坚促脱贫攻坚。组建专项纪律检查组，直插基层一线加强督查问效，对发现问题现场交办、限时整改，推动脱贫攻坚工作落实、政策落实、责任落实。以"零容忍"的态度严肃查处扶贫领域纪律作风问题，2014 年以来，全县查处扶贫领域问题 64 个，处理 193 人，给予党纪政务处分 61 人，问责 37 人，通报典型案例 16 批 77 人。

（四）在问题整改清零上下功夫。坚持把做好各级巡视考核督查发现问题整改作为重要任务，县委常委会、县政府常务会多次研究部署问题整改工作，把中央脱贫攻坚专项巡视"回头看"反馈意见、2019 年脱贫攻坚成效考核发现问题、各类检查反馈问题的整改与当前脱贫攻坚工作有机结合，举一反三，自查排查，制定问题整改清单，逐一细化整改措施，实行台账式销号管理。目前，中央第十二巡视组对云南省开展脱贫攻坚专项巡视"回头看"反馈的 3 个方面 22 个问题，已全部整改完成，需长期坚持 15 个。中央脱贫攻坚成效考核反馈的 7 个方面 33 个问题，已全部整改完成，需长期坚持 25 个。除中央巡视

"回头看"和成效考核反馈问题外，2020 年中央及省级各类检查考核反馈问题共 97 个，已全部整改完成，需长期坚持 58 个。扎实开展"不忘初心、牢记使命"主题教育，全县共检视问题 4208 条，已整改到位 4195 条，取得阶段性成效并将长期坚持 2675 条。

（五）在抓好疫情防控促脱贫上下功夫。新冠肺炎疫情发生以来，县委、县政府认真学习贯彻习近平总书记关于疫情防控的重要讲话和指示批示精神，及时启动应急响应，以强有力的工作落实、责任落实打好疫情防控阻击战，全县疑似和确诊病例均为零。同时，认真贯彻落实国家出台的一系列克服疫情影响应对支持政策，统筹抓好疫情防控和经济社会发展各项工作。一是积极减轻企业负担。严格落实国家各项扶持政策，2020 年以来，全县为企业减税降费 2111 万元，减免养老、工伤、失业三项保险费 1558.72 万元。全力加快企业复工复产，全县 25 个扶贫车间全部开工，13 家规上企业全面复产。二是狠抓贫困劳动力转移就业。坚持把疫情对劳务输出的影响降到最低，建立了"123456"劳动力转移就业机制（即提供一份保单，组建县乡两级外出务工服务中心，成立县乡村三级劳务输出协会，建立县乡村组四级信息平台，落实"免交通费、免体检费、免防护费、补贴生活费、通讯费"五项补助政策，实施六类职业培训），精准对接工作岗位，精准做好就业服务。全县通过就业服务转移输出 52224 人（建档立卡户 13216 人），其中，组织市外转移就业 43 批次，开通专车 258 辆，"点对点、一站式"转移输出劳动力 1.2 万人，预计可实现市外务工收入 25 亿元。三是狠抓产销对接和消费扶贫。在卯家湾易地搬迁安置区，计划投资 1.8 亿元分三期建设"鲁甸消费扶贫产业园"项目。通过"互联网 + 精准扶贫"模式，把鲁甸优质农产品和东莞巨大市场需求有效连接。2019 年，鲁甸县核桃、花椒、苹果等优质农特产品销往东部省市，销售额达 8096.14 万元。大力开展消费扶贫，党员干部纷纷走进田间地头，通过网络直播的方式推广鲁甸县"噜咪啦"鲜切马铃薯片、蓝莓等农特产品，市场反响良好。

（六）在巩固脱贫成效上下功夫。把实现贫困户长远脱贫作为巩固提升的重要目标，坚持贫困退出后工作力度、政策支持、资金投入、帮扶力量"四个不减"，认真对照 20 条巩固要求，继续保持政策稳定性和连续性。针对脱贫后续巩固，各行业部门结合实际制定了本行业的巩固提升工作方案；对脱贫监测户 1688 户 6913 人、边缘户 1308 户 5279 人持续开展动态监测，重点加强产业扶贫、就业扶贫等政策支持，加大项目资金投入和帮扶力度，确保稳定脱贫。

全面建成小康社会与中国县域发展

云南省文山壮族苗族自治州西畴县

弘扬"西畴精神" 走出石漠化地区脱贫攻坚新路子

中共西畴县委宣传部

习近平总书记强调:"好日子是干出来的,贫困并不可怕,只要有信心、有决心,就没有克服不了的困难。"在决战脱贫攻坚、决胜全面建成小康的伟大征程中,西畴人民发扬"等不是办法,干才有希望"的"西畴精神",走出一条石漠化地区脱贫攻坚新路子。在党委和政府领导下,全县干部群众齐上阵,夯实发展基础,重构生态屏障,狠抓产业发展,大力发展教育,激发群众内生动力,凝聚一切力量,在自强不息、穷则思变追求美好生活的实践中,创造出"六子登科"石漠化综合治理模式、"四轮驱动"农村公路建设模式、"五法治水"治水改水模式等一个个创新谋变的"西畴模式""西畴经验""西畴方案",让"西畴精神"在石旮旯里创造出难以想象的奇迹。

一、调研选题背景

西畴县位于云南省东南部,是世界上北回归线穿过海拔最高的县,集革命老区、少数民族地区、石漠化严重地区、边远贫困山区于一体,基础薄弱、产业滞后、贫困面广程度深是西畴贫困的基本特征,"山大石头多,出门就爬坡,只见石头不见土,玉米长在石窝窝,春种一大片,秋收一小箩"是西畴县自然条件的真实写照。20 世纪 90 年代,西畴县炸石造地、修路种树,解决人多地少、石漠化严重、生态脆弱等难题，创造出了"搬家不如搬石头，苦熬不如苦干，等不是办法，干才有希望"的"西畴精神"，成为石漠化地区脱贫致富的一面旗帜。

西畴县的脱贫攻坚何其艰难。首先，自然环境恶劣。西畴县1506平方公里的国土面积中99.9%属于山区，石漠化面积占75.4%，人均仅有缺水少土的土地0.78亩，是全省乃至全国石漠化最严重的县之一，20世纪90年代被外国专家判定为"基本失去人类生存条件的地方"。其次，受战争影响发展滞后。西畴一直是屯兵积粮的战略重地，援越抗法、援越抗美、自卫还击和"两山轮战"，西畴县全民皆兵，为保家卫国、支持内地建设和发展作出巨大牺牲和奉献，战争给本身条件就不好的西畴再次烙下一块伤疤，直到1992年，西畴县才将工作重心转移到抓经济建设上来，改革开放比内地整整晚了14年。再次，受缺土、缺水、山大石头多等自然条件限制，交通建设滞后，产业发展不足，经济总量小与贫困面大、贫困程度深并重，无钱发展和无资源利用交织，脱贫攻坚极为艰难。

面对贫困，西畴人民没有悲观、埋怨，没有气馁、放弃，始终挺起不屈的精神脊梁。早在1955年，毛主席对西畴作出重要批示，西畴人民从此坚定了听党话、跟党走、守好边关的信念，勇敢向大山宣战、向石漠宣战、向贫困宣战，在脱贫攻坚中，发扬实干兴邦的务实精神、与自然抗争的斗争精神、建设美丽家园的奋斗精神和守土固边的家国情怀，坚持"干"字为先、自力更生，不等不靠不懈怠，苦干实干加油干，在石旮旯里打响了气壮山河的脱贫攻坚战，成为石漠化严重地区脱贫摘帽的榜样。

二、主要做法

（一）认真落实国家政策，在精准对焦、精准聚焦上发力。中央作出打赢脱贫攻坚战的战略部署后，西畴县就把脱贫攻坚作为最大的政治任务和第一民生工程，认真学习贯彻国家脱贫攻坚政策，紧扣"两不愁三保障"目标，大力弘扬新时代"西畴精神"，紧盯"石山区"，聚焦"贫困户"，锁定"老病残"，瞄准"返贫人"，坚持精准方略，全力打赢脱贫攻坚战。

——摸清家底，精细化找准致贫原因。紧扣"三率归零"目标，严格按照"三评四定"工作程序，全面摸清全部农户"两不愁三保障"情况，逐村逐户逐人逐项开展核查。经过动态精准识别管理，全县锁定贫困行政村 62 个，建档立卡贫困户 9964 户 37519 人，贫困发生率为 16.63%。通过分析，西畴县主要致贫原因是因缺技术、缺资金、因病、因残致贫，根本问题是解决产业、就业增加收入问题和落实好保障政策。

——对症下药，差别化因村因户施策。针对不同原因、不同类型的贫困户，紧扣"五个一批"和"两不愁三保障"要求以及主要致贫原因，结合实际细化制定"1+4+N"脱贫政策体系，精准综合施策到村到户，既解决有条件发展的贫困户脱贫，也解决自身没有条件发展的贫困户脱贫。1 项主导政策：即十条脱贫路径，包括医疗健康、合作发展、产业扶持、务工增收、教育帮扶、金融支持、易地搬迁、生态补偿、消费助推、保障兜底 10 个方面；4 项配套政策：解决"两不愁三保障"问题政策措施、贫困群众居住环境改善、主导产业发展补助政策和"5 分钱"工程奖补政策；"N"项行业扶持政策：包括产业扶贫、就业帮扶、教育扶贫、健康扶贫、安全饮水、残疾人扶持、公益性岗位、护林员、电力扶持等。

——补齐短板，对标对表脱贫销号。紧紧围绕"两不愁三保障"要求，制定"一户一策"措施，统筹做好项目落地、资金使用、人力调配、推进实施等工作，逐村逐户逐人逐项对账销号，做到贫困对象家底、致贫原因、帮扶措施、投入产出、帮扶责任、脱贫时序"六清"，确保所有刚性指标达标。

——分区作战，定点定人压实责任精准。一是将全县划分为 9 个战区 29 个片区，由县委常委或人大、政协主要领导任战区指挥长，处级干部担任片区负责人。二是县委书记、县长遍访全县所有村委会，片区指挥长、副指挥长遍访挂钩村所有贫困户，乡（镇）党委书记遍访本乡（镇）所有贫困户，村委会书记遍访本村所有贫困户。三是每个县级单位包一个村委会，实现 69 个村全覆盖，由一名单位班子成员带队，分批次轮流到挂钩村开展工作。组织省、州、县、乡（镇）132个挂包帮单位5934名干部职工开展挂包帮，实现档卡户全覆盖。四是从每个县级部门抽调一名副职到村任第一书记或工作队长，共派驻驻村工作队员332名，实现驻村扶贫工作队全覆盖。五是明确每村分片包干领导责任，明确驻村工作队员、村委会干部包户销号责任。

——整合资金，精准使用。2014年以来，西畴县积极整合涉农资金，吸引社会资金参与扶贫开发，累计投入各类扶贫资金20.4亿元。县级财政每年从有限的资金中拿出1亿元，并保持每年增长10%，用于到村到户帮扶。坚持扶贫资金的科学高效使用，重点用在产业发展、危房改造、就业创业扶持和扶贫企业发展壮大上，确保扶贫资金用在刀刃上，发挥最大效益。

（二）坚持促增收、可持续，在产业发展和群众就业上发力。突出打好产业和就业"两张牌"，实施产业扶持脱贫和务工增收脱贫，强化到户收入支撑。采取"公司＋基地＋农户""合作社＋农户""公司＋合作社＋农户""公司＋村集体＋农户""合作社＋挂联单位＋农户"等多种合作方式，带动贫困户参与抱团合作发展产业。

一是探索"农民四变"改革模式，另辟蹊径拓宽增收新渠道。聚焦"两不愁三保障"，科学制定产业发展规划和就业计划，采取易地扶贫搬迁、发展后续产业、鼓励外出务工、引导经商创业、公益性岗位安置、资产收益分配、社会保障兜底等多种形式，探索形成农民变市民、变股民、变工人、变商人"四变改革"模式，既缓解了石漠化山区生存压力，又促进了贫困群众增收致富。全县有628户贫困户2478人搬迁城镇居住，实现由农民变市民；有9964户贫困人口参与股份合作，实现由农民变股民；有11164人通过培训外出务工，实现由农民变工人；有1000余人贫困群众通过发展二、三产业促进增收，实现由农民变商人。

二是探索"五合"发展模式，解决群众持续增收难题。针对部分贫困户缺技术、缺劳动力、自身发展能力不足等问题，探索形成"信用社＋村集体经济组织"的社信合作、"合作社＋村集体经济组织"的社企合作、"集体经济组织＋贫困户"的社员合作、"合作社＋挂联单位"的消费合作、"公司＋贫困户"的劳务合作五种合作发展模式，成为破解贫困农户持续增收难的一把"金钥匙"。全县共有 2082 户档卡户参与"社信合作"，实现群众增收 260 万元；有 2053 户档卡户参与"社企合作"，实现户均增收 5000 元；有 842 户档卡户参与"社员合作"，年户均增收 500 元；有 226 户档卡户参与"消费合作"，年户均增收 2803 元；有 737 户档卡户参与"劳务代养合作"，年户均增收 2100 元。

三是探索"扶贫车间"脱贫模式，夯实群众增收致富根基。针对全县拥有农村富余劳动力 14 万人的实际，建立输出输入地劳务对接平台，组织开展劳动技能培训，落实外出务工人员交通补贴、稳岗补贴等优惠政策，不断提高劳务输转组织化程度。同时，通过支部牵线搭桥、干部结对帮扶、党员示范带动等方式，采取招商引资、一次性奖补、优先给予创业贷款扶持、整合农村闲置资源等措施，探索"党支部＋扶贫车间"脱贫模式。全县共成立就业协会 72 个，开展就业培训 17544 人，组织 6 万人外出务工（其中档卡户 12944 人）；共建成扶贫车间 13 个，115 名农村富余劳动力就近务工，人均月增收 2000 元以上。

（三）大力夯实发展基础，在解决脱贫攻坚瓶颈上发力。实现脱贫攻坚，必须解决基础不牢的问题。西畴县把夯实发展基础作为重中之重来抓，按照"缺什么补什么"的原则，逐步补齐发展短板，有效解决瓶颈制约。

一是"六子登科"治理模式让石漠荒山变成绿水青山。全力推动石漠化治理与脱贫攻坚相结合，积极探索适合不同区域、不同阶段和群众要求的石漠化治理模式与机制，形成山顶戴帽子（对山头实施植被恢复）、山腰系带子（对山腰石旯旮地进行退耕还林，发展经济林果）、山脚搭台子（对缓坡地和石旯旮地，实施坡改梯和炸石造地，营造生物埂，修建灌沟渠、拦砂坝等设施，形成"保土、保水、保肥"台地）、平地铺毯子（对平坦土地实施中低产田地改造，建设高稳产农田）、村庄移位子（对失去生存条件山区的农户实施易地搬迁，缓解人口对生态环境的压力）的"六子登科"石漠化综合治理模式，走出了一条修复自然生态、释放绿色发展之路，让石漠变绿洲成为现实。全县累计发展特色经济林 28.9 万亩，"绿色银行"发展红利充分释放；累计治理小流域面积 200 平方公里，土地产出率大幅提升；累计改造田地 24.4 万亩，新增耕地近 1 万亩，人均增加耕地 0.4 亩；户均拥有 1 口沼气池和小水池，达到了耕地增加、粮食增产、群众增收、生态增效的"四增"效益，以兴街镇三光村为核心的全省石漠化综合治理示范区,得到了省委、省政府的充分肯定。

二是"五法治水"硬解石漠山区饮水难题。面对山高石头多、用水贵如油的窘境,西畴县探索形成制定规划"引"水、技术到位"建"水、五小水利"蓄"水、推行河长制"管"水、创新机制"活"水的"五法治水"模式,推动农村水利工程建设,有效解决石漠化山区群众吃水难题。全县累计建成"五小水利"工程4.1万余件,新增和改善灌溉面积10.9万亩,有效解决了13.4万人、3.82万头大牲畜的饮水不安全问题。

三是"四轮驱动"模式确解交通瓶颈制约。面对悬崖峭壁、山高壑深、交通滞后问题,积极探索形成"群众主动、精神鼓动、干部带动、党政推动"的"四轮驱动"公路建设模式,率先实行"路长制",推进农村"四好公路"建设,基本形成"以县城为中心、乡镇为节点,连接城镇,辐射乡村,方便快捷"的农村道路客货运网络。2012年以来,全县共补助资金1.6亿元,带动群众自筹资金和投工投劳8.2亿余元,修通农村等外公路3100公里,公路密度273.7公里/百平方公里,是全省平均公路密度的3倍,行政村通公路率、硬化率均达100%,村民小组通公路率达100%、路面硬化率达99%,实施农村道路安全防护工程196.88公里,完成农村公路绿化269.42公里,被列为全省农村公路建设示点县。

四是穷县办富教育解决教育保障问题。以小县办大教育、穷县办富教育的气魄,坚持把最好的土地用来办教育,全力挖掉贫困"穷根子"。2014年以来,累计投入13.44亿元,新建和改扩建校舍15万平方米,新增绿化面积3.2万平方米,2017年全县80所义务教育学校全部达标,并顺利通过国家督导评估验收。累计发放补助资金1180.96万元、受益学生13282名,社会各界爱心资助15578人次647.93万元,与上海虹口区、中国社会福利基金会、高检院、冶金集团等单位建立长期助学合作关系。

(四)坚持自治法治德治融合,在乡村治理上发力。西畴县始终把稳定作为第一责任,切实提高做好群众工作本领,用"心"走好新时代群众路线,在思维上求变、在方法上求新、在效果上求实,推行"人人为我站岗、我为人人放哨"的群防群治,探索形成"治安巡防""保安防范""多警联防""科技防控""四防式"治安防控模式，实现自治和法治、德治的融合治理，刑事案件、治安案件连年下降，人民群众满意度不断提高。2012 年以来，全县刑事发案率仅为 1.5%；1772 个村组中，有 1583 个村连续 10 年矛盾不出村，645 个村连续 10 年不发案，1472 个村 2017 年实现零发案，创造了令人叹服的"发案少、秩序好、乡风文明、社会稳定、群众满意"的"西畴新现象"，是新时代"枫桥经验"在西畴大地生动实践，为加强基层社会治理创新提供了"西畴方案"。

在法治上，把 80% 的警力下沉到基层社区，大力实施"办小事、破小案、化小矛盾、息小信访、送小温暖"新"五小警务"，建立完善全方位服务群众机制、常态化警民沟通机制、多元化矛盾调处机制。推行了"群众工作做在前、安全教育走在前、处置预案定在前"的"三前"工作法，走出了"打不胜打、防不胜防"的怪圈，全县各类群防群治组织达 1795 支 6000 余人。

在德治上，紧紧围绕"突出核心价值观传播、强化入心入脑，突出公民思想道德教育、强化素质提升，突出精神文明创建工作、强化示范引领，突出农村精神文明建设、强化乡风民风转变"的"四突出四强化"思路，深入开展"讲文明、树新风"活动，大力推进新时代文明实践中心省级试点县建设，构建中心、所、站、点四级组织体系，搭建起能容纳 100 人规模开展文明实践教育培训和文明实践活动的综合平台，组建"10+N"文明实践志愿服务队，争取沪滇合作农民实用技术培训项目培训经费 350 万元，累计组织开展文明实践教育培训 17 期，培训人数 1700 余人；县级各文明实践志愿服务队、乡（镇）及村（社区）各文明实践所（站）组织开展文明实践志愿服务活动 19 次，参与志愿者 500 余人（次）；在中国志愿服务网登记注册 3000 余人，广大群众思想道德素质和文明程度大幅度提升，明辨是非、强调自律、坚守道德底线的操守蔚然成风，为平安建设奠定了良好基础。

在自治上，推行"123"巡防机制（零星小村寨的定位巡逻，两个相邻村寨的交叉巡逻，三个相邻村寨为一片，3 家为一组，3 人为一班的守望巡逻），实现了互联互防，守望相助。将勤俭节约、尊老爱幼、邻里和睦、卫生治理纳入村规民约，起到了积极的约束作用。创新"道德银行"积分制，建设"幸福超市"，把弘扬传统美德和文明风尚作为"道德银行"主要内容进行积分，采取以劳动换工分，破除"等靠要"思想，引导群众勤劳致富、崇德向善。实施"5分钱"工程，群众按每天节约5分钱、每年节约18元的标准筹集保洁费用，县委、县政府采取"以奖代补"的办法，对参加"5分钱"工程的村小组按月补助，聘请贫困群众担任保洁员，深入开展乡村环境整治工作，探索形成环境整治村内事、村民定、村民建、村民管的自治模式，产生农村环境整治效益、就业脱贫增收效益、基层村组自治效益的"三重"效益，农村人居环境实现从"脏乱差"到"洁净美"的华丽蝶变，被省委、省政府作为基层"六小创新"经验之一在全省推广。

（五）突出党建引领，在建强党组织、发挥党员先锋模范上发力。坚持一手抓党建一手抓扶贫，以党建带扶贫，以扶贫促党建，切实强化农村基层党组织在带领农民致富、密切联系群众、维护农村稳定、推进农村发展方面的核心作用，不断提升脱贫攻坚整体水平。

围绕脱贫攻坚选干部、配班子、强组织、凝人心的思路，坚持问题导向、抓住关键、聚焦重点，突出党组织政治建设，通过搭建党建教育平台、创建新时代弘扬"西畴精神"讲习所，通过搭建基层党组织规范化服务平台、探索"十有十能"党建模式，通过搭建实干担当平台、激励基层干部干事创业活力，通过搭建村集体经济发展平台、增强村级组织带动能力"四个平台"，切实把党建资源转化为扶贫资源、把党建优势转化为脱贫优势、把党建活力转化为攻坚动力，实现了基层党建与脱贫攻坚相得益彰。

（六）弘扬"西畴精神"，在激发群众内生动力上发力。始终把弘扬新时代"西畴精神"作为强大内生动力，成立"西畴精神"讲习所，大力开展"自强、诚信、感恩"主题教育活动，用西畴县涌现出的"肖家塘四愚公"，王廷位、刘登荣带领村民在石旮旯里刨出600多亩"三保"台地，李华明带领15户人家12年打通脱贫致富"最后一公里"，身患癌症的女党员谢成芬带领群众3年硬化8公里水泥路等先进典型事迹教育群众，激发群众自己的家园自己建的内生动力，取得实实在在的效果。一是自己造地，解决吃饭难题。群众靠双手造地10多万亩，用石头所垒的地埂长达5万多公里，人均增加耕地0.4亩以上。二是自己修路，解决出行难题。村村寨寨立下"要致富，先修路""与其等着看、不如自己干"的誓言，群众自发开挖进村公路3000多公里。三是自己治水，解决吃水难题。从群众自建小水窖到实施水利工程项目，实施集中式供水392件，建成配套供水管网217.7公里，目前户均拥有1—2口小水窖，用水保障率达100%，集中供水率、自来水普及率达78.88%。四是自己种树，解决生存难题。大力植树造林、封山育林、退耕还林，荒漠变成了绿洲；大力建设沼气池，安装太阳能，解决多种树少砍树的问题；大力组织劳务输出，常年外出务工人员达6万人，减少对生态环境的压力。

三、经验和启示

对照贫困户退出、村出列、县摘帽的指标要求，至2018年底，西畴县累计脱贫退出9141户34857人，出列60个贫困行政村，全县贫困发生率下降到1.17%。2019年4月30日，西畴县在文山州率先脱贫摘帽，实现整体脱贫退出。西畴县以"高标准、高质量、示范性"脱贫摘帽，采取超常规举措，举全县之力推进脱贫攻坚，以"绣花"的功夫，精准把脉、精准施策、补齐短板、全面推进，保持了时序进度，提升了脱贫质量，在打好打赢脱贫攻坚战中，走出了一条具有特色的脱贫攻坚路子。

（一）坚持物质脱贫与精神脱贫并重。通过梳理贫困原因，我们发现精神贫困远比物质贫困更可怕，贫困群众更多是思想、文化和发展能力的贫困。因此，必须坚持物质脱贫和精神脱贫"两轮驱动"，在注重外因物质扶贫的同时，更需注重内因精神扶贫，把"输血"和"造血"相结合，力推扶贫先扶"志"和"智"，以"精神高地"走出"物质洼地"。一方面，立足当前，给足物质，治好脱贫之标。紧扣"两不愁三保障"，对标对表，加大投入，大力实施基础脱贫、产业脱贫、就业脱贫、易地搬迁脱贫、危房改造脱贫、生态脱贫、教育脱贫、健康脱贫等具体行动，稳定解决贫困基本生活需求和公共服务需求。另一方面，立足长远，鼓足精神，治好脱贫之本，脱贫致富终究要靠贫困群众用自己的辛勤劳动来实现。要治干劲之贫，在贫困群众中广泛开展"自强、诚信、感恩"主题实践活动，让贫困地区、贫困群众抛弃"等靠要"的思想，心怀对美好生活的向往、对党和政府的感恩之情，激发不甘落后、艰苦奋斗、自强脱贫的内生动力。要治素质之贫，狠抓教育脱贫工程，落实好贫困家庭教育保障政策，不让一个孩子因为贫困而辍学、退学，从根本上阻断贫困代际传递。要治能力之贫，针对不同年龄层次的贫困群众强化定向、订单、定岗开展劳动力技能培训，让每户贫困户掌握1—2项实用技术和生活技能，对初、高中毕业未能升学的贫困家庭学生实行100%的免费职业技能培训，不断提高贫困群众的劳动技能，增强增收能力。要治文明之贫，实施农村文明素质提升行动，制定和推广农村文明行为规范，提高群众科学文化素质、文明卫生素质、持家理财素质，改变落后生活方式，养成现代文明的生产生活方式。

（二）坚持大建设、大开发与大保护、大生态并重。贫困地区往往也是生态良好、生态敏感的地区，处理好扶贫开发与环境保护的关系极为重要。要把生态保护摆在优先位置，积极探索生态脱贫新路子。一要科学编制扶贫开发与生态保护并重的总体规划，基础设施、产业项目要充分考虑生态保护因素，实现扶贫开发与生态环境协同发展。二要大力实施退耕还林还草、天然林保护、石漠化治理、水生态治理等重大生态工程，增加退耕农户的现金收入和粮食补助。三要认真落实国家主体功能区规划，加大生态建设资金安排、转移支付和生态补偿，让有劳动能力的贫困人口转换为护林员和生态保护员，打通"绿水青山"和"金山银山"的转换通道，让绿水青山的守护者共享发展成果。

（三）坚持生产布局优化与乡村治理重构并重。优质的生产发展和井然有序的农村社会治理格局，是实现贫困地区农业强、农村美、农民富的重要保障。要以产业布局为核心，结合乡村振兴战略，立足农村资源特色，加快优势特色产业、农产品加工业、乡村休闲旅游、农村电商等发展。加快培育新型经营主体，加快土地流转，鼓励发展家庭农场、种养大户等适度规模经营，形成"一县一业、一村一品"发展格局。推进"公司＋基地＋农户"的发展模式，积极引进有实力、有爱心的企业到贫困地区发展，帮助贫困群众稳定增收。加快县乡村三级物流服务网络和节点建设，推动电商进农村，促进城乡商品双向流通。大力发展休闲旅游、农耕体验、健康养生等乡村旅游，让乡村优美环境、绿水青山、良好生态成为农村新的经济增长点。要统筹考虑村庄新布局，以"七改三清"为载体，不断完善乡村的基础体系、公共设施，使具备条件的农村全部建成"产业美、生态美、风气美、治理美、生活美"的美丽乡村。要加快形成农村法治、德治、自治相结合的治理模式。要加强农村法治宣传教育，完善农村法治服务，加快完善乡村法律服务体系，努力推动基层依法治理的良好法治环境。要注重塑造乡村德治秩序，广泛开展移风易俗、弘扬时代新风等行动，不断提升农村文明程度和农民文明素质。要推动社会治理和服务重心下移，制定村规民约，积极推广村务理事会、扶贫理事会、道德评议会、红白理事会等做法，教育和引导贫困群众移风易俗，养成健康文明生产生活方式。

（四）坚持帮助贫困群众脱贫与推动贫困地区区域发展并重。实现更高层次、更高标准的全面小康，不仅要加大贫困人口脱贫力度，更要统筹和推动贫困地区加速发展。要坚持以脱贫攻坚统揽经济社会发展全局，注重贫困群众脱贫与贫困地区持续发展"两条腿走路"，瞄准特定的群体、人口、区域，因地制宜、分类施策，确保每一个贫困人口、每一个村都得到扶持和帮助。要在解决贫困群众脱贫的基础上，通过脱贫攻坚让贫困地区的经济综合实力有大的提升，基础有大的改变，产业有大的发展，民生有大的改善，生态有大的保护，使贫困人口不断增强稳定脱贫、长远发展的保障能力。要加强对贫困地区整体区域发展的统筹谋划，挖掘发展潜力，加速推进基础设施建设、产业培育发展、科技创新驱动、体制机制改革，积极适应经济向高质量发展转型的趋势，推动区域经济跨越式发展。加快发展现代化产业体系，在提高发展质量的同时，努力保持应有的发展速度，提升发展效益，实现三者的协调统一，不断提升贫困地区经济综合实力。

四、下步工作意见建议

脱贫攻坚不仅给广大农村群众特别是建档立卡贫困群众带来直接利益，

更对整个农业农村带来了广泛而深刻的变革，就像一只有力的巨手，推动着广大农业农村发生了历史性、根本性巨变，为乡村振兴奠定了坚实基础。在下步工作中，应持续弘扬践行新时代"西畴精神"，坚持以"西畴精神"来引领、统一干部群众干事创业的思想自觉、行动自觉，使各族群众在理想信念、价值理念、道德观念上紧紧团结在一起，汇聚起各族儿女奋进新时代、开启新征程的磅礴力量。

（一）建立健全"西畴精神"宣传弘扬长效机制。构建学习教育、理论研究、宣传宣讲、实践创新"西畴精神"的制度体系，挖掘选树好"西畴精神"典型，建好"西畴精神"百人宣讲团，讲好西畴故事。完善"西畴精神"宣传机制，纵向沟通、横向对接，使"西畴精神"在媒体平台上保持持续化、常态化的热度。深化"西畴精神"理论研究工作，组织"西畴精神"大学习、大调研、大讨论活动，邀请省内外知名社科专家调研提炼"西畴精神"，把"重读、重解、重用西畴精神"的工作做细做实做深，掀起学习弘扬"西畴精神"的新热潮。加强组织策划，创作一批反映"西畴精神"的文艺精品，丰富"西畴精神"宣传弘扬形式。继续推动"西畴精神""六进"活动，让新时代"西畴精神"热在西畴、学在西畴、干在西畴。

（二）完善"西畴精神"学习阵地建管用机制。借助"西畴精神"品牌优势，积极创新学习阵地建管用体制机制，从组织体系、学习方式、资源整合、资金投入等方面，推进三光、岩头、摸石谷等一批新时代"西畴精神"现场教学点建设，加快新时代文明实践中心（所、站、点）建设，充分发挥"西畴精神"志愿服务队作用，打造一条现场体验、现场调研精品学习路线，打响"西畴精神"现场教学品牌。

（三）构建"西畴精神"实践带动体制机制。以"西畴精神"为依托，大力实施"西畴精神＋"工程，把"西畴精神"融入产业发展、重大项目、城乡建设、文化旅游等方方面面，策划、设计、开发、营销一批"西畴精神"产品，构建"西畴精神"可复制、可推广、可借鉴的实践带动体制机制，推动精神资源转化为物质财富，成为县域经济新的增长点。

全面建成小康社会与中国县域发展

云南省曲靖市会泽县

引导十万人进城　再建一座新城市

——会泽县打赢易地扶贫搬迁攻坚战调研报告

中共云南省委宣传部

　　会泽，因其境内金沙江、小江、牛栏江、以礼河等三江十河交汇而得名。自汉晋以来，会泽就是人才荟萃、文化昌明之地，由于地处出滇入川重要孔道、盛产铜矿而几度繁荣辉煌。后受地理区位、自然条件等的客观因素限制，经济社会发展缓慢，是云南省 27 个深度贫困县和 9 个未摘帽贫困县之一、曲靖市唯一未摘帽的贫困县，贫困面大、贫困程度深。2013 年末有建档立卡贫困对象 129238 户 438485 人，贫困发生率 47.99%，全县 25 个乡（镇、街道）中有 16 个贫困乡，389 个村（居）委会（社区）中有 355 个贫困村。会泽县委、县政府坚决贯彻落实习近平总书记关于扶贫工作的重要论述，团结带领全县各族人民，坚持以脱贫攻坚统领经济社会发展全局，以贫困不除、愧对历史的责任担当，群众不富、寝食难安的为民情怀，小康不达、誓不罢休的坚定意志，全县 105068 人通过易地扶贫搬迁实现"挪穷窝、换穷业、斩穷根"，向历史、向党和人民交出了一份易地扶贫搬迁攻坚战的优异答卷。截至 2020 年 8 月，建档立卡对象脱贫 70319 户 272066 人，贫困发生率 7.67%。2020 年计划将剩余的 170 个贫困村、19906 户 69676 人贫困对象全部退出，千百年来会泽的绝对贫困问题将历史性地得到解决，会泽人民将如期同全国人民一道迈入全面小康社会。

一、"十万群众进城、万名干部会战、解决千年贫困"

2013 年，习近平总书记在湖南省十八洞村调研时首次提出精准扶贫，标志着我国的扶贫开发全方位转入到精准扶贫、精准脱贫模式。2015 年，在部分省区市扶贫攻坚与"十三五"时期经济社会发展座谈会上及中央扶贫开发工作会议上，习近平总书记先后提出"六个精准""五个一批"，为解决好精准扶贫"扶持谁""谁来扶""怎么扶""如何退"的问题指明了方式方法、规划了方向路线，尤其针对"居住在生存条件恶劣、生态环境脆弱、自然灾害频发等'一方水土养活不了一方人'地区的贫困群众""怎么扶"的问题，总书记明确指出，这些地方"通水、通路、通电等成本很高，贫困人口很难实现就地脱贫，需要实施易地搬迁。这是一个不得不为的措施，也是一项复杂的系统工程，政策性强、难度大，需要把工作做深做细"。随后，在全国各地考察易地移民搬迁工作时，习近平总书记多次强调，实施易地搬迁工程是解决深度贫困的好办法，要总结推广好典型经验，多多关心易地搬迁后异地生活的群众，帮助移民更好融入当地社会。

会泽，地处滇东北乌蒙山主峰地段，位于小江断裂带，境内山高坡陡谷深，沟壑纵横，山区面积占比高达 95.7%，地形主要为"两槽子、三坝子、五大梁子"，集深山、石山、冷凉、干热河谷、泥石流滑坡地区为一体，滑坡、崩塌、滚石以及泥石流等次生灾害易发频发，多数贫困村落自然条件较为恶劣，生态环境敏感脆弱，2018 年前全县有接近 40 万人生活在这些地区，属于典型的"一方水土养不起一方人"的情况，易地扶贫搬迁成了会泽打赢脱贫攻坚战的重头戏和最难啃的硬骨头。

党的十八大以来，会泽县的贫情状况引起各级各部门高度重视、成为社会各界关注的焦点，省委书记多次到会泽调研指导工作，并挂钩帮扶，为会泽县全面打好打赢易地扶贫搬迁攻坚战这场硬仗提供了坚强组织保障和强大精神动力。会泽县委、县政府始终以较高政治站位和强烈责任担当，充分发挥党的政治优势、组织优势和群众工作优势，认真落实脱贫攻坚责任制，对"搬到哪里去、搬迁后干什么、搬迁后收入哪里来"进行统筹谋划思考，深入开展调研，广泛听取民意，提出实施方案。最终，结合本地城镇化率（39.5%）实际，大手笔作出"引导 10 万人进城"、在县城西部"再建一座新城市"的重大部署，以易地搬迁助推城市化、以城市化发展支撑脱贫攻坚。具体方案以县城安置区为重点、统筹乡镇安置点，总投资约 150 亿元、一次性规划 10 平方公里新城建设项目，其中易地扶贫搬迁项目分三期建设，净用地 1902 亩，总建筑面积 236 万平方米，总投资 83.6 亿元，2019 年 12 月 31 日前完成建设竣工、2020 年完成搬迁入住。

自易地扶贫搬迁工作启动以来，会泽县坚决以习近平总书记关于扶贫工作的重要论述为指引，紧紧围绕决战脱贫攻坚、决胜全面小康目标，深入贯彻执行中央、省、市关于易地扶贫搬迁的决策部署，把易地搬迁作为打赢脱贫攻坚战翻身仗、实现贫困群众高质量脱贫的有力抓手和根本途径，作为解决"一方水土养不起一方人"、阻断贫困代际传递、解决区域性贫困的治本之策。全县几万名党员干部进村入户动员群众搬迁，施工队伍夜以继日加快搬迁安置区建设，贫困群众搬出大山喜迁新居、发展产业保障就业、融入城市生活，充分展现了各级党组织和党员干部在脱贫攻坚这场政治大考、时代大考、能力大考中的担当精神。会泽逐渐走出了一条富有自身特色的易地扶贫搬迁之路，向历史、向党和人民交上了一份优异答卷。

据统计，"十三五"期间，会泽县作为全省易地搬迁任务最重的县，共实施搬迁安置 27293 户 105068 人，涉及 24 个乡（镇、街道）、323 个行政村、2346 个村民小组，其中县城搬迁安置人口涉及 22 个乡（镇、街道）、293 个行政村，整体搬迁 337 个自然村，搬迁建档立卡贫困人口占全县建档立卡贫困人口的 24.5%。易地扶贫搬迁以集中安置为主，共建设集中安置点 125 个（乡镇集镇安置点 31 个、农村安置点 88 个、县城安置点 6 个），其中 119 个乡镇集中安置点，搬迁安置 7995 户 23811 人（建档立卡 6692 户 20859 人，同步搬迁人口 1303 户 2952 人），占搬迁人口总规模的 22.7%；6 个县城集中安置点，搬迁安置 19298 户 81257 人（建档立卡 14835 户 62768 人，同步搬迁人口 4463 户 18489 人），占搬迁人口总规模的 77.3%。

"十三五"期间会泽县易地扶贫搬迁项目实施计划表

	乡镇安置					县城安置				
	安置点	建档立卡贫困人口		同步搬迁人口		安置点	建档立卡贫困人口		同步搬迁人口	
	个数	户数	人数	户数	人数	个数	户数	人数	户数	人数
2016 年	38	1684	5528	292	940	—	—	—		
2017 年	52	2740	10472	238	832	—	—	—		
2018 年	8	350	1410			1	5140	20361		
2019 年	21	1918	3449	773	1180	5	9695	42407	4463	18489
小计 1	119	6692	20859	1303	2952	6	14835	62768	4463	18489
小计 2	119	7995 户 23811 人				6	19298 户 81257 人			
总计	安置点 125 个，搬迁 27293 户 105068 人									

目前，全县建档立卡贫困人口和同步搬迁人口入住率 100％，其中乡镇易地扶贫搬迁人口于 2020 年 4 月 30 日前全部搬迁入住；县城易地扶贫搬迁建档立卡贫困人口于 2020 年 4 月 30 日前全部搬迁入住，同步搬迁人口于 2020 年 6 月 20 日全部搬迁入住。与此同步，严格执行易地扶贫搬迁搬新必须拆旧的政策和农村宅基地 "一户一宅" 政策规定，大力推进复垦复绿。同时，搬迁安置区还深入实施了安居、就业、保障、培训、维稳 "五大工程"，成立党群服务、就业创业服务、综治维稳、新时代文明实践 "四个中心"，全力以赴做好安置小区的管理和后续扶持。自搬迁入住以来，小区做到了 "挪穷窝" 与 "换穷业" 并举、安居与乐业并重、搬迁与脱贫并进，"两案" 发生率为零，矛盾调处率达100％，搬迁新城秩序井然，群众生产生活安定有序。

二、"黄沙百战穿金甲，不破楼兰终不还"

习近平总书记指出，"实施易地搬迁，按规划、分年度、有计划组织实施，确保搬得出、稳得住、能致富"。会泽县牢牢把握 "搬迁是手段，脱贫是目的" 的原则要求，不仅鼓励贫困人口搬迁、更着重解决好移民搬迁后的可持续发展问题，举全县之力，以"敢教日月换新天"的气魄、"咬定青山不放松"的韧劲，以"等不起""慢不得""坐不住"的危机感、紧迫感、责任感，深入开展攻坚行动，在乌蒙山腹地展开了一场改天换日、攻城拔寨、全民参与的易地扶贫搬迁大会战。

一是强基础。"九层之台，起于垒土"。易地扶贫搬迁是一项复杂的系统工程和社会工程，会泽县切实强化易地扶贫搬迁工作基础，确保根基扎实稳定。

强化组织保障体系。县委、县政府切实提高政治站位，坚决落实易地扶贫搬迁工作主体责任，构建坚强有力的组织保障体系，把易地扶贫搬迁作为脱贫攻坚的重中之重和头号工程统筹推进。根据全县 2018 年及新增任务主要集中在县城集中安置的实际，在全县成立易地扶贫搬迁项目建设领导小组和新城建设指挥部，组建易地扶贫搬迁新城建设指挥部党工委，下设 5 个工作组，县委、县政府、人大、政协四班子领导合力推进新城建设，县直部门明确专人协助指挥部开展工作。逐级签订责任书，立下"军令状"，对脱贫攻坚完不成年度目标任务、影响全县考核的乡镇或县直部门"党政一把手"就地免职，实行党政主要领导负总责、县级干部分片承包责任制，把工作重心转移到脱贫攻坚一线，建立每日工作报告群，开展领导干部作表率活动，构建一线工作推进机制。建立易地扶贫搬迁安置点"双点长"负责制，由一名县级领导干部和一名施工企业项目经理同时担任点长，共同负责做好安置点项目前期工作、建设管理、后续帮扶的组织实施。建立易地扶贫搬迁工作会议制度，适时召开易地扶贫搬迁工作推进会，研究解决易地扶贫搬迁工作推进过程中遇到的问题和困难，安排部署下步工作。实行承包责任制，全体党员干部挂包搬迁户，包宣传、包搬迁、包后续，不稳定脱贫不脱钩。

强化政策保障体系。易地扶贫搬迁工作政策性强、纪律要求高，会泽县认真学习并严格执行中央、省、市易地扶贫搬迁相关政策要求，结合本地实际，细化实化配套政策，为易地扶贫搬迁工作规范化、合规化、有序化提供有力的政策支撑和制度保障。制定出台《会泽县打赢易地扶贫搬迁攻坚战实施方案》《会泽县易地扶贫搬迁项目管理办法》等文件，对易地扶贫搬迁全过程、全环节进行规范，搭建起易地扶贫搬迁的"四梁八柱"。根据 2018 年和新增任务搬迁规模，对比对照先进做法，研究制定易地扶贫搬迁项目实施意见，明确易地扶贫搬迁工作的目标任务、责任分工、质量要求、时间节点、工作措施等具体内容。全面保障深化易地扶贫搬迁县城安置工作，聚焦安置点安居、就业、保障、培训、稳定等方面的"50个工作目标"，制定《易地扶贫搬迁县城安置工作方案》和《易地扶贫搬迁县城安置配置公共资源和加强社会管理实施方案》，细化工作措施，为搬迁群众均等享受城市资源、快速融入城市生活，实现市民化提供坚实保障。

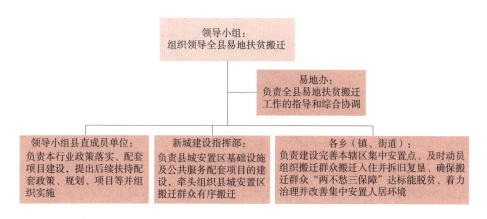

强化搬迁对象精准锁定。精准锁定搬迁对象是实施易地扶贫搬迁的基础，会泽县认真贯彻中央对"一方水土养不起一方人"实施扶贫搬迁的决策，按照省委、省政府提出的"到县城安置比例不低于75%"的要求，结合会泽县贫困地区基础设施薄弱、山高坡陡、产业发展难，仍有近40万群众（其中建档立卡贫困户4.2万户12.25万人）居住在高寒、冷凉、干热河谷地区，这些地区资源承载能力严重不足、公共配套成本过大、难见效、易返贫的实际，把易地搬迁作为阻断贫困代际传递、实现特困地区群众脱贫的主要手段，对符合"六类地区"标准，集中居住30户以下、贫困发生率较高，基础设施和公共服务尚未达到脱贫出列条件的自然村下决心实施搬迁，严格把握"户申请、村评议公示、乡复核公示、县审定公示"5个环节，精准锁定易地扶贫搬迁对象。

二是强引领。会泽县易地扶贫搬迁规模大、任务重、时间紧，搬迁群众构成不一、环境不同、需求多样、情况复杂。会泽县坚持以党建为统领，切实强化对搬迁群众的引领，有序推进易地扶贫搬迁工作。

强化党组织战斗堡垒作用。"党组织是易地扶贫搬迁最坚强、最有力的战斗堡垒"，凝聚党组织力量是解决易地扶贫搬迁重点、难点最有效的措施。会泽县持续强化党建工作，充分发挥党组织战斗堡垒作用。第一，县委抓总，当好"一线指挥部"。县委系统谋划决策，按照"产城融合、功能配套、彰显文化"的理念，一次性规划占地 10 平方公里、8 个组团、分二期建设、功能完备的现代新城，吹响了向贫困宣战的"集结号"，并以全会的形式作出决定，制定出台《关于易地扶贫搬迁进城安置的实施意见》《安置群众生计保障和后续发展工作推进实施方案》《搬迁农村土地生产经营管理工作方案》等，形成"1+N"脱贫机制，强力推进"四个三"（盘活"三块地"、夯实"三大保障"、推进"三就"、建设"三个中心"）工作落实。第二，部门党组织协同，当好"一线作战部"。各部门党委（组）牢固树立"一盘棋"思想，实行"马上就办""一线工作法"，动员一切可以动员的力量，利用一切可以利用的资源，迅速投入易地扶贫搬迁新城建设工作，明确责任分工和工作目标，做到责任到人、任务到岗、措施到位，及时将县委各项决策部署落到实处。强化督查巡查，整合督查力量，加大对安置前期工作、项目进度、资金使用等方面的督促检查力度，实行一月一督查、一月一通报，推动政策举措落地，督促问题整改。第三，基层党组织联动，当好"一线前沿哨"。各乡（镇、街道）党（工）委针对因易地搬迁造成党员转出原有党组织、整村搬迁导致迁出地党组织隶属关系缺失等问题，从地域和领域积极两个方面协调，及时在迁出地和迁入地建立党支部或临时党支部，避免出现党员脱离党组织的情况。同时，各级基层党组织充分调动党员干事创业的积极性，入户动员易地扶贫搬迁党员"带头搬、带头拆"，充分发挥党员先锋模范作用，积极投身易地扶贫搬迁工作，营造了自愿搬迁、主动搬迁的良好氛围。

强化"三联""三争"机制。将"三联""三争"机制作为提高易地扶贫搬迁组织化建设的有力抓手，不断强化"三联""三争"机制。通过组织联平台、资源联市场、利益联农户的"三联"，推动平台联建实现实体运行、资源联合实现集约发展、利益联结实现互利共赢。通过基层支部争红旗建强脱贫攻坚堡垒、党员干部争标兵发挥先锋模范作用、农民群众争积分自强自立的"三争"，提升基层党组织组织力、激发搬迁群众内生动力。

强化社会力量参与。搬迁工作是个艰巨的任务，迫切需要把社会各方力量组织起来，形成人人关心、人人支持的良好局面。会泽县积极招商引资增动力，以商招商，引进温氏集团、云南白药、云川油橄榄、阿穆尔鲟鱼等多家生产企业，发展万头生猪、万亩中药材、五千亩油橄榄，建成亚洲最大的鲟鱼鱼子酱加工基地，吸纳1.2万名贫困劳动力就业，为经济社会发展注入新动力。积极推进上海市宝山区开展重点结对帮扶"携手奔小康行动"，目前，上海宝山区顾村镇已与迤车镇签订"携手奔小康"协议。组织民营企业与深度贫困村开展"万企帮万村"精准扶贫行动，动员社会组织和个人广泛参与深度贫困地区脱贫攻坚。在新城建设中，省建投集团切实承担起更多社会责任，按照1300元/平方米单价建设人均20平方米的住房，并进行简单装修，实现群众拎包入住。

三是强动力。易地扶贫搬迁主体是群众，唯有激发搬迁群众内生动力，提振搬迁群众克服困难、脱贫致富的信心决心，才能真正达到易地扶贫搬迁的目的。会泽县积极引导贫困户接受新思想，提振脱贫信心，激发"跟着走"的内在动力。

强化宣传发动。充分发挥脱贫攻坚讲习所"接地气"的优势，用老百姓听得懂的话语向群众点对点、面对面讲解易地扶贫搬迁政策，让搬迁群众明白党的好政策，教育群众要懂得感恩，抓住机遇，改变贫穷命运。针对部分群众思想陈旧、故土难离、"占老的山坡不嫌陡"观念浓厚的实际，乡（镇、街道）、村委会、村民小组干部深入一线，利用板凳会、院坝会、火塘会等方式挨家挨户地和群众点对点、面对面做工作。比如，古城街道厂沟村结合外出务工人员较多的情况，创建外出务工人员微信群、QQ群进行宣传动员，晓之以理、动之以情，通过反复做思想工作，让他们想搬、愿意搬。驻村工作人员也反复深入符合搬迁条件的农户家中，从现实和长远的角度，把不搬的隐患和搬迁后的好处讲清楚，帮助群众算清账，争取群众的理解、支持和参与。

强化技能培训。一方面，是对搬迁群众劳动技能的培训，以增加其自我发展的能力；本着"缺什么补什么""需要什么培训什么"的原则，因人而异、量身定制、按需供给，实现每个贫困家庭劳动力至少掌握一门增收致富技能；定期收集致富项目、劳务输出、就业招聘等方面的信息，利用电视、广播、公开栏定期发布给贫困群众。另一方面，是对搬迁群众的用火用电用气、交通出行、安全知识等生活技能的培训，以增加其城市生活能力。

强化群众参与。积极探索有利于激发群众干劲的新帮扶路子，结合实际，采取以工代赈、生产奖补、劳务补贴等方式，组织动员贫困群众参与帮扶项目实施。优化爱心帮扶方式，探索推广以表现换积分、以积分换物品的"爱心公益超市"等自助式帮扶做法。大力开发就业岗位，在村庄环境卫生整治、护林护路护河道、治安巡逻、基础设施建设中优先为贫困群众提供劳动机会，广泛动员企业积极开发适合贫困群众的就业岗位，有计划吸收贫困群众到企业就业。鼓励支持各类市场主体和贫困群众以股份合作、订单帮扶、产业捆绑等形式，建立完善利益联结机制，创新整合财政扶贫资金建设扶贫农场、扶贫车间、创业园区等，最大限度激发贫困户潜能，提升贫困群众的参与度和获得感。

四是强保障。聚焦搬迁群众安置住房、配套服务设施、社会保障等保障体系建设，全面提升搬迁群众获得感和幸福感。

强化安置点建设。认真贯彻落实习近平总书记"一定要把易地扶贫搬迁工程建设好，保质保量让村民们搬入新居"的要求，坚守工程质量安全"生命线"。首先，优化选址，严格按照"三符合""四避开"的原则，高起点、高标准、高品位编制安置点规划，充分考虑资源环境承载能力，遵循先勘察、后设计、再施工的基本程序，所有安置点在开工前都完成了选址意见、建设规划、地质灾害评估报告等要件，确保选址科学、合理，特别是县城安置点，用最好的地块来安置搬迁群众，结合新一轮城市规划修编，聘请同济大学规划设计院，一次性高水准规划了 10 平方公里现代新城，把易地扶贫搬迁县城建设项目放在新城内，距县城中心仅 2 公里，区位优势明显。其次，严守建设程序，严格执行项目基本建设程序，实行法人责任制、招标投标制、建设监理制、合同管理制等"七制"，同时做好进度、成本控制。坚持安置点基础设施及公共服务设施与住房项目同步设计、同步招标、同步实施、同步验收，确保群众按期入住。再次，加快建设进度，对照时间节点倒排工期、挂图作战，加大协调力度，对影响、制约工程推进的遗留问题进行全面清理，扫除一切障碍。加大对施工方的督促力度，确保施工人员、机械及建筑材料及时到位。与各乡（镇、街道）签订责任状，严格按照乡镇安置点 2019 年 10 月底建成，12 月底搬迁入住，县城安置点 12 月底建成，2020 年春节前搬迁入住的要求，千方百计加快工程进度。最后，严把质量，遵从"时间服从质量"的原则，坚守工程质量安全底线，严把选址、规划、监理、验收等关键环节，完善监管工作机制，建立建设、勘察、设计、施工、监理、图审、检测等 7 方质量安全终生责任制，对质量安全问题"零容忍"；加强统筹协调和部门联动，确保工程质量安全监管实现"无缝对接"，狠抓工程质量督查，主动接受社会监督，对全县安置点住房及附属设施等质量安全隐患进行全面拉网式排查和不定期抽查督查。

强化配套设施建设。进一步优化安置方案、科学合理配置资源，补齐公共资源短板。完善教育配套设施，新建学校 10 所（幼儿园 4 所、小学 4 所、初中 1 所、九年一贯制 1 所），扩建学校 4 所（小学 1 所、中学 3 所），新增学位 15840 个（学前 3240 个、小学 7600 个、初中 5000 个），解决 15705 人的就学难题。完善卫生配套设施，新建街道卫生服务中心 2 个、社区卫生服务中心 7 个，满足搬迁群众就近就医需求。改扩建县第一人民医院、县中医院，增设 780 个床位，启动县人民医院床位增设、县中医院业务用房建设、1 个社区卫生服务站建设，进一步提升医疗保障水平。完善市政配套设施：

筹建日供水量 4 万立方米的水厂 1 座和配套管网设施、筹建 110 千伏变电站 1 座和配套电力设施和强电电缆项目，满足易地搬迁县城安置点群众的用水用电需求；开建市政道路 21 条，总长 19.14 公里，覆盖所有安置点，并与县城区道路互联互通；改扩建县污水处理厂，新增污水处理能力 2 万立方米 / 日，新建生活垃圾处理厂 1 座、垃圾中转站 1 个、垃圾转运站 3 个，目前污水处理厂即将进入动工阶段、垃圾处理设施正在进行规划选址。完善便民配套设施：建设公厕 19 个，小区内活动广场 22 个，小区外节点广场 5 个，社区为民服务站 7 个，街道产业就业综合培训中心 2 个，农贸市场 3 个，购物中心 5 个，目前 2 个社区为民服务站正进行内部装修，其他设施正在进行规划设计。

会泽县易地扶贫搬迁安置区学校建设项目统计表

序号	类别	需安置就学人数（人）	建设项目		提供学位	
			性质	学校名称（地点）	小计	合计
1	幼儿园	3194	新建	一期幼儿园	810	3240
2				北片区幼儿园	810	
3				西片区幼儿园	810	
4				东南片区幼儿园	810	
5	小学	7267	新建	以礼小学	1800	7600
6				钟屏小学	1800	
7				红石岩小学	1800	
8				清水碾小学	1800	
9			扩建	马武小学	400	
10	初中	4368	新建	双岔河初级中学	2100	5000
11				中河初级中学	1800	
12			扩建	以礼中学	400	
13				钟屏中学	400	
14				金钟三中	300	
	合计	14829				15840

强化搬迁群众"三保"保障。整合各方资源，从高从优落实政策，夯实低保、医保、养老保险保障。强化低保保障，落实最低生活保障政策，对无劳动能力的 1426 户 3468 人（乡镇安置 514 户 1006 人，县城安置 912 户 2462 人），全部纳入低保或特困人员救助范围。强化医保保障，做好搬迁群众参加城乡居民基本医疗保险工作、做到应保尽保，做好医疗保障衔接工作、做到搬迁群众迁入后 100% 参加城乡居民基本医疗保险。强化养老保障，做好易地扶贫搬迁安置群众城乡居民养老保险关系转移、衔接工作，落实就地、就近参保及补贴待遇，年满 60 周岁享受城乡居民基本养老保险金的搬迁安置群众搬迁后仍享受安置地城乡居民基本养老保险金。提供优质服务，在易地扶贫搬迁安置区设立便民服务窗口，为搬迁群众办理"三类保障"转接手续，提供"一站式"即时结算服务。

五是强支撑。搬迁是手段，脱贫才是目的。会泽县聚焦搬迁群众后续发展问题，紧紧围绕"两不愁三保障"的总体目标，按照"以岗定搬、以业定迁"的原则，"挪穷窝"与"换穷业"并举，大力实施产业脱贫、就业脱贫、资产入股分红等措施，强力支撑搬迁群众增收致富，确保实现"搬迁一户、脱贫一户"。

强化产业支撑。着力提高产业发展全要素组织化程度、推动分散问题集中解决，坚持"大产业＋新主体＋新平台"的发展思路，将蔬菜、高产燕麦和中药材作为主攻方向，建立健全平台联建、资源联合、利益联结"三联"机制，全面提升产业扶贫组织化水平。注入运行资金 2000 万元，整合国有资产资源 1.8 亿元，成立县扶贫开发投资经营管理有限公司，按照"县有总公司、乡有分公司、村有扶贫合作社"的组织体系，加快推进乡级分公司和村级扶贫专业合作社的组建，规划实施产业扶贫项目 265 个，带动 3.78 万户贫困户 14 万余人户均增收 5000 元左右。由迁出地乡镇和村盘活易地搬迁进城人员闲置和复垦土地"两块地"，通过土地流转和代种托管等形式，发展 2 万亩马铃薯种薯和商品薯基地，5 万亩高产燕麦，1.1 万亩花椒、水果、香椿等经济林果，在不适宜发展经济林和经济作物的地区种植旱冬瓜等生态树种或生态经济兼用树种 9 万余亩，带动贫困户 1.6 万余户、6.6 万余人户均增收 2000 余元。建成 200 余亩现代农业产业园区，流转土地建设 5600 亩设施蔬菜产业扶贫基地，可吸纳安置户 3000 余户到基地务工。整合搬迁进城安置户人均 1500 元计产业扶持资金 9313.95 万元，折股量化到产业园区和产业基地，实现"8%的保底分红＋收益分成"，提高脱贫质量和持续发展能力。

强化就业支撑。切实提高转移就业全流程组织化程度，推动无序问题有序解决，把劳动力转移就业作为重点产业来开发，精准盘清建档立卡贫困户劳动力底数，高质量建设扶贫工厂，高频率开展技能培训。高效率开发公益岗位，大力组织劳动力转移就业，确保有劳动能力的搬迁家庭户均 1 人以上就业。加强劳务产业班子建设，组建环渤海、长三角、珠三角等 6 个工作组具体负责劳动力转移，在昆明成立 3 个党总支、14 个驻昆党支部，在省外成立3 个驻外党支部并成立劳务工作站，设立转移就业小分队，全流程跟踪做好服务，制定出台培训补贴、交通补助、用工补贴等 26 项优惠政策，推动贫困劳动力有组织、成建制地转移出去，实现稳定就业。

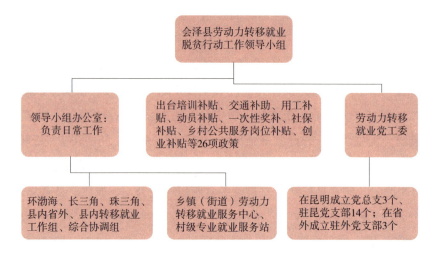

六是强治理。按照构建"管理有序、服务完善、治理良好、环境优美、文明祥和"的新社区要求，强化安置点社会治理，实现基层自治、社会调节良性互动，持续构建和谐社区。

强化管理机构。易地扶贫搬迁县城安置工作刚启动，就开始筹备在安置区增设以礼、钟屏 2 个街道办事处和 7 个社区，2019 年第 1 批搬迁户入住时，钟屏街道筹备组就正常运转。目前，2 个街道已经成立，相关负责人已确定，工作人员已到岗，正围绕就业、产业、就学等扎实开展工作，对搬迁入住群众组织了用水用电用气等生活技能培训，并提前筛选、选派部分社区干部到城市社区工作，熟悉工作情况和环境。

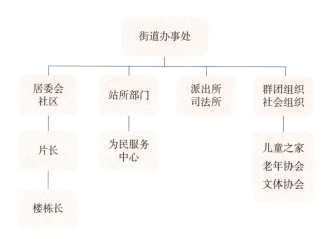

强化综合管理。其一，科学构建党组织管理体系。抓实 2 个街道办事处安置区管理工作，明确楼栋长、治安信息员、单元管理员，建立了"街道党工委—社区党总支—组团党支部—楼栋党小组—党员中心户"的管理体系，实现党建网格与社会治理网格"双网合一"，制定完善社区、小区、楼栋的自治章程和居民公约。其二，科学开展风险评估。2018 年 6 月，商请中国工程院，将会泽县纳入贫困地区扶贫开发战略举措课题研究，中国工程战略研究云南分院牵头，组织专家开展研究，为科学推进易地扶贫搬迁和社会治理，提供决策依据。2020 年 3 月 20 日，聘请云南天启工程咨询有限公司进驻会泽，从安置点资源环境承载能力、公共服务配套支撑、资金使用风险防控、社会稳定风险管控等 10 个方面进行风险评估并上报省级评审。其三，科学实施综合治理。加强群团组织和社会组织建设，成立职工之家、青少年之家等群团组织，老年协会、业主委员会等社会组织，老人小孩临时看护中心、红白理事会等互助组织，积极参与到创新社会治理和维护社会稳定中；在钟屏、以礼街道设立派出所，设置 2 个中心警务室，把警力派驻到基层一线，及时处理刑事、治安事件，确保安置区平安稳定。在钟屏、以礼街道设置司法所、信访办，在 7 个社

区设置调解室、信访室，配置调解员，为群众提供法律援助，接待群众来信来访，及时排查、调处、化解群众间的矛盾纠纷。

强化群众教育。围绕"感恩新时代、展示新风尚、建设新家园、实现新作为、争当新市民"主题，出台《会泽县易地扶贫搬迁县城安置区思想政治工作和精神文明建设工作实施方案》，建设新时代文明实践中心，让党的创新理论"飞入寻常百姓家"，提高广大群众对党的理论的知晓程度，提高基层党员对党的理论的熟悉程度。大力宣传社会主义核心价值观，开展"自强、诚信、感恩"教育，引导群众树立"幸福都是奋斗出来的"意识，转变思想观念，更新生活习惯。同时，为让搬迁群众留住乡愁，组织建设村史馆，引导群众忆苦思甜、感恩奋进；并专门组织党员开展志愿服务活动，为搬迁群众提供全方位的服务，引导他们尽快适应新环境、融入新生活。

三、经验启示

与世界上其他国家和地区的减贫模式不同，我国的易地扶贫搬迁工作是正在探索实施的精准扶贫方略的重要举措，是具有中国特色社会主义制度鲜明特点的扶贫模式。这种模式是政府主导的、群众自愿的、社会监督的，目的是通过贫困人口的易地搬迁打破"贫困—环境恶化—再贫困"的恶性循环，实现搬迁群众脱贫致富和迁出地生态环境改善的双重目标。会泽县在气势恢宏、可歌可泣的易地扶贫搬迁过程中，奋力向深度贫困发起总攻，坚决把那些生活在不具备发展条件的贫困山区、生态脆弱地区的群众搬出大山，真正让人搬到人该待的地方、让树长到树该长的地方，守住了发展与生态两条底线，逐渐把易地搬迁安置点新城区打造成经济新增长点，培植起后发优势，实现了贫困群众"挪穷窝""断穷根"。

一是习近平总书记率先垂范、践行人民至上理念，是决战决胜的"主心骨"。党的十八大以来，习近平总书记以"不获全胜决不收兵"的决心，以"不让一个少数民族、一个地区掉队"的担当，亲自部署、亲自挂帅、亲自出征、亲自督战，与全国人民一道向贫困发起总攻。在河北阜平同困难群众共商脱贫致富之策，翻山越岭来到湖南湘西十八洞村实地考察，在延安主持召开陕甘宁革命老区脱贫致富座谈会，在贵阳主持召开涉及武陵山、乌蒙山、滇桂黔集中连片特困地区脱贫攻坚座谈会，召开中央扶贫开发工作会议，在银川主持召开东西部扶贫协作座谈会，在太原主持召开深度贫困地区脱贫攻坚座谈会，在重庆主持召开解决"两不愁三保障"突出问题座谈会，在疫情防控关键时期召开决战决胜脱贫攻坚座谈会……在伟大的脱贫攻坚实践中，习近平总书记统揽全局、运筹帷幄，提出一系列新理念新思想新战略，作出一系列重要论述和重大部署，带领贫困地区人民摆脱千百年来的贫困，实现全面小康的幸福生活目标，兑现中国共产党对人民的庄严承诺，指引会泽易地扶贫搬迁取得历史性成就。

二是始终坚持党的领导，不断强化责任担当。习近平总书记指出，"打赢脱贫攻坚战，组织领导是保证"，"脱贫攻坚战越是到最后，越要加强和改善党的领导。各级党委（党组）一定要履职尽责、不辱使命"。中国共产党领导是中国特色社会主义最本质的特征，是中国特色社会主义的最大优势。历史和实践反复证明，中国共产党代表的是全中国人民的根本利益、长远利益，中国共产党始终坚持把消除贫困、改善民生、实现共同富裕作为社会主义的本质要求，把为民族谋复兴、为人民谋幸福作为自己的初心使命。在会泽县木府易地搬迁安置点，当地指挥部党工委就高效发挥领导作用，切实把党员干部聚集起来、把搬迁群众动员起来、把攻坚力量整合起来，守土有责、守土担责、守土尽责，倒排工期、挂图作战，在短短半年内，就完成了89栋5414套40.7万平方米的安置房及配套设施建设，实现了质量好、进度快、造价低三个目标，创造了"会泽速度"，充分体现了中国共产党的领导是打赢脱贫攻坚战的根本保证。

三是始终秉守精准战略，提升脱贫攻坚实效。习近平总书记指出，"扶贫开发推进到今天这样的程度，贵在精准，重在精准，成败之举在精准"，要"根据致贫原因有针对性地制定方案，对不同原因不同类型的贫困采取不同措施，因人因户因村施策，对症下药、精准滴灌、靶向治疗"。会泽县始终认真贯彻中央对"一方水土养不起一方人"地区的贫困群众实施易地搬迁的决策，深入最贫困、最艰苦的地区进行调研，充分听取民意。广大群众尤其是贫困群众普遍认为，"山顶搬山腰、村头搬村尾、坎上搬坎下"的传统做法，不能从根本上解决贫困问题，只有搬迁到基础条件较好的城镇地区，才能彻底摆脱贫困，才能享受更好的教育、医疗、交通等公共资源。在此基础上，县委、县政府主动组织召开专题会、县委常委会、县委全会和县"两会"，对是否搬迁、搬哪里、搬多少、如何建、如何搬、如何扶等问题进行了深入研究和讨论。为充分论证易地扶贫搬迁县城安置工作的合理性和可行性，还专门委托具有甲级资质的评估机构进行工作评估。最终，县委、县政府因势而谋、顺势而为，作出了"引导10万人搬迁进城"的重大决策，17049名干部深入323个行政村、2436个自然村，全面开展摸底调查、精准识别，精准锁定搬迁对象，啃下了脱贫攻坚战场上的硬骨头。

四是始终整合各类资源，汇聚形成最大合力。习近平总书记指出，"坚持社会动员，凝聚各方力量。脱贫攻坚，各方参与是合力。必须坚持充分发挥政府和社会两方面力量作用，构建专项扶贫、行业扶贫、社会扶贫互为补充的大扶贫格局，调动各方面积极性，引领市场、社会协同发力，形成全社会广泛参与脱贫攻坚格局"。坚持全国一盘棋，调动各方面积极性，聚焦重大关切进行力量调度，集中力量办大事是我国国家制度和国家治理体系的显著优势之一。正因为如此，精准扶贫才获得了巨大资金、物资等各方面资源支持。易地扶贫搬迁工程本身是一项宏大社会系统工程，加之会泽又作为全省最大的易地搬迁安置点，整个工程规模宏大、耗资巨伟，后续管理烦琐。中国农工党、中国工程院、云南省委统战部及各民主党派、云南省政府办公厅、云南省审计厅等挂包帮单位对此精心制定、实施帮扶方案，作为东西部扶贫协作方的上海市宝山区认真落实帮扶措施，其他社会各方力量也倾心尽力、真帮实扶，为会泽县的易地扶贫搬迁工作作出积极贡献。

五是始终注重志智双扶，激发群众内生动力。习近平总书记指出，"贫困群众既是脱贫攻坚的对象，更是脱贫致富的主体。要加强扶贫同扶志、扶智相结合，激发贫困群众积极性和主动性，激励和引导他们靠自己的努力改变命运，使脱贫具有可持续的内生动力"。实践证明，"造血式"扶贫才是治本之策，做好对贫困地区干部群众的宣传、教育、培训、组织工作，让他们心热起来、行动起来，把贫困群众积极性和主动性充分调动起来，才能激发造血"干细胞"的活性，增强他们改变贫困面貌的干劲和决心。会泽县除有效发挥新时代文明实践中心、志愿服务团队作用外，还组织成立"县委新思想宣讲团"，组建12个政策宣讲小组，并在每村成立1个群众宣讲组，采用板凳会、院坝会、火塘会等接地气、灵活多样的方式进行巡回宣讲，选取重点大学优秀贫困学子、致富带头人以及光荣脱贫的群众代表组成"百姓宣讲团"，开展"会泽减贫故事"脱贫攻坚主题宣传活动，让群众了解掌握脱贫攻坚取得的成绩和身边发生的实实在在变化，全面提升满意度；同时，还依托"爱心超市"等平台推行"以工代赈""按劳取酬"，并组建乡土文艺团队、编写《共产党好》《中央政策好》等山歌，有效激发贫困群众内生动力。

六是始终党建扶贫融合，夯实稳固基层基础。习近平总书记指出，"抓好党建促脱贫攻坚，是贫困地区脱贫致富的重要经验"，"帮钱帮物，不如帮助建个好支部"，"要把夯实农村基层党组织同脱贫攻坚有机结合起来"。基层党组织是党在基层全部工作和战斗力的基础，是贯彻落实党的扶贫开发工作部署的战斗堡垒，在带领贫困群众脱贫致富、维护稳定的过程中起到坚强领导核心作用。会泽县顺应广大群众新期待，坚持党建引领"共建共治共享"的社会治理新实践，紧紧围绕抓党建促易地扶贫搬迁组织化，着力抓好搬迁群众后续管理服务工作，不断扩大基层党的组织覆盖和工作覆盖，充分调动各方力量深度参与社会治理，切实将党建优势转化为服务优势、将组织活力转化为社会治理动力，为加快推动全县治理体系和治理能力现代化夯实了基础，真正让居住于易地搬迁安置点的广大群众由"聚拢"变"聚力"、由"揪心"变"安心"、由"闲人"变"能人"、由"农民"变"市民"。

会聚百家能融和、泽润万物而不争。易地扶贫搬迁是乌蒙大地上一个惊天动地的壮举，更是一次能够载入会泽史册的人口大迁徙。在习近平新时代中国特色社会主义思想指引下，会泽县委、县政府团结带领全县广大干部群众，经过艰苦卓绝的不懈奋斗，奏响了可歌可泣的易地扶贫搬迁攻坚战新时代赞歌，10 万群众离开贫瘠土地、迁入城市生活，实现了华丽蜕变，从农民完成向新市民转变。"惟其艰难，方显勇毅；惟其磨砺，始得玉成"。会泽人在这场史无前例的脱贫攻坚战役中，创造了"会泽速度"、提供了"会泽方案"、书写了"会泽篇章"。相信下一步，会泽县委、县政府定会继续紧抓发展机遇期，团结带领全县 106 万人民群众，充分发掘国家历史文化名城等资源潜力，全面打赢脱贫攻坚战、开启乡村振兴新航程，与全国一道迈入全面小康社会。

全面建成小康社会与中国县域发展

西藏自治区昌都市贡觉县

下足"绣花"功夫决胜脱贫攻坚
坚决夺取全面小康伟大胜利

中共昌都市委宣传部

中共贡觉县委宣传部

习近平总书记在决战决胜脱贫攻坚座谈会上强调指出，"到 2020 年现行标准下的农村贫困人口全部脱贫，是党中央向全国人民作出的郑重承诺，必须如期实现，没有任何退路和弹性"。2015 年以来，习近平总书记就打赢脱贫攻坚战召开了 6 个专题会议：2015 年在延安召开革命老区脱贫致富座谈会，在贵阳召开部分省区市扶贫攻坚与"十三五"时期经济社会发展座谈会；2016 年在银川召开东西部扶贫协作座谈会；2017 年在太原召开深度贫困地区脱贫攻坚座谈会；2018 年在成都召开打好精准脱贫攻坚战座谈会；2019 年在重庆召开解决"两不愁三保障"突出问题座谈会，每次围绕一个主题，同时也提出工作要求，站在全面建成小康社会、实现中华民族伟大复兴的战略高度，把脱贫攻坚摆到治国理政突出位置，提出一系列新思想新观点，作出一系列新决策新部署，实现了马克思主义反贫困理论的创新发展，走出了一条中国特色扶贫开发道路，脱贫攻坚战取得决定性进展。目前，已经到了全面决战决胜脱贫攻坚的关键时期，我们更要认识脱贫攻坚工作的重大意义，坚守使命和初心，动员全党全国全社会力量，以更大决心、更强力度推进脱贫攻坚，确保取得最后胜利。

贡觉县作为贫中之贫、困中之困、难中之难、坚中之坚的深度贫困县，为了取得脱贫攻坚战的全面胜利，县委、县政府为贡觉县如期打赢脱贫攻坚战把脉问诊、开出良方，切实抓好落实、抓出成效。

2016 年以来，贡觉县不仅认真贯彻落实各级扶贫开发工作会议精神，严格执行"五个一批""六个精准""两不愁三保障"政策措施，按照"真、准、实、细、严"的要求，坚持问题导向，补齐短板、夯实基础、对标聚焦、精准施策，举全县之力，集中力量攻坚克难，全面完成脱贫目标任务。紧抓脱贫任务对照"三率一度"（贫困发生率、脱贫人口错退率、贫困人口漏评率，群众满意度）和"两不愁三保障"（不愁吃、不愁穿，义务教育、基本医疗和住房安全有保障）的标准，实现 17687 名建档立卡贫困人口脱贫目标。按照"一确保，两完善"（确保贫困发生率降至 3% 以下；基础设施基本完善，公共服务基本完善）的要求，整体实现 149 个贫困村退出目标。

为打赢脱贫攻坚战，坚决夺取脱贫攻坚的全面胜利。贡觉县结合工作实际，干在实处、走在前列，深入贯彻落实习近平总书记"建立中国特色脱贫攻坚制度体系"的重要指示精神，加强党对脱贫攻坚工作的全面领导，建立健全"各负其责、各司其职、强化保障、广泛参与、合力攻坚"的制度体系，建立健全 4 个体系。一是健全组织工作体系。深刻领会"消除贫困、改善民生、逐步实现共同富裕是社会主义的本质要求"的重要思想，从践行党的根本宗旨、巩固党的执政基础、发展中国特色社会主义的高度深化认识，增强打赢脱贫攻坚的责任担当、使命担当，充分发挥县委领导核心作用，压实"三级书记"抓扶贫的主体责任，组建了由县委书记任组长，相关单位主要负责人为成员的县扶贫开发领导小组，并组建了由县长任指挥长的县脱贫攻坚指挥部，成立了脱贫攻坚指挥部办公室和 13 个专项组。12 个乡（镇）、149 个村（居）也相应成立了由党组织书记为第一责任人的脱贫攻坚工作专班，选优配强扶贫专干，各级党委和政府落实政治责任，亲力亲为，熟悉情况，钻研业务，履职尽责，合力攻坚，构建了责任清晰、上下联动、统一协调的脱贫攻坚责任体系，激发脱贫攻坚新活力。通过落实县级领导包乡（镇）、乡（镇）领导包片、党员干部帮户的工作机制，形成了包片全覆盖、帮扶"零"距离、结对不断档、齐抓共管帮扶机制。2016 年以来，县委书记深入 12 个乡（镇）149 个行政村 456 户贫困家庭开展调研 50 余次，召开现场办公会议 25 次；县长走访 12 个乡（镇）149 个行政村 683 户贫困家庭，现场解决脱贫攻坚实际问题 50 余件。二是健全政策投入体系。深刻领会"扶贫开发要坚持实事求是、因地制宜、分类指导"的重要思想，结合自身实际，科学编制了《贡觉县"十三五"脱贫攻坚规划》《贡觉县深度贫困地区脱贫攻坚规划》《贡觉县脱贫攻坚三年行动方案》《贡觉县产业发展脱贫"十三五"规划》《贡觉县脱贫攻坚巩固提升实施方案》等规划方案。持续加大资金投入，利用财政涉农资金整合平台，以"多个渠道进水、一个池子蓄水、一个龙头放水"的资金整合机制，将纳入统筹整合范围的涉农资金进行整合，充分发挥涉农资金在脱贫攻坚中的重要作用。三是健全督查考核体系。深刻领会"要严把退出关，坚决杜绝数字脱贫、虚假脱贫"的重要思想，制定了《贡觉县脱贫攻坚工作成效考核办法》《贡觉县脱贫攻坚指挥部工作职责》《贡觉县脱贫攻坚工作督查制度》等制度办法，按时间节点细化工作任务，实行"挂图作战"，初期全面部署，中期全面推进，全程督查督导，促进政策落实，到村到户到人。推行脱贫攻坚一票否决和督查问责机制，将脱贫攻坚作为重要内容纳入乡（镇）和部门目标考核，倒逼责任上肩，任务落地。进一步严肃了全县上下抓脱贫攻坚的政治意识、大局意识、纪律意识和责任意识。四是健全巩固提升体系。深刻领会"脱贫摘帽不是终点，而是新生活、新奋斗的起点"的重要思想，坚持"四个不摘"（摘帽不摘责任、摘帽不摘政策、摘帽不摘帮扶、摘帽不摘监管），制定了《贡觉县巩固提升脱贫攻坚成果实施方案》，建立健全稳定脱贫、防止返贫的长效机制，保持现行脱贫攻坚相关政策的稳定性、连续性，持续加大产业扶持、就业扶持，促进脱贫人口收入不断提高；持续加强基础设施建设，着力改善生产生活条件；持续提升民生保障水平，促进义务教育、基本医疗、公共文化服务等民生事业发展；持续落实生态补偿、社会保障政策等，不断将脱贫攻坚的短板补得更扎实，基础打得更牢靠，全力以赴巩固脱贫攻坚成果。

为了攻克我县坚中之坚、难中之难，我县把发展产业脱贫作为主攻方向，把易地搬迁扶贫作为重要补充、把生态补偿作为双赢之策、把发展教育医疗事业作为治本之策、把社会保障兜底作为基本防线、把群众就业增收作为致富之基，强化7个措施，推进目标任务完成。

1.积极推进产业扶贫。做好农牧林民族手工业者四篇大文章。紧盯"一个核心"。以激发贫困群众内生动力，以就业创业热情为核心，以顶层设计为切入，以政策引导为抓手，以技能培训为基础，以创业基金为载体，引导扶持群众创办小企业合作社参与大产业。培育"两个市场"。一是培育城乡农贸市场体系，紧盯干部群众"菜篮子"，打造全县农贸市场体系，2016年以来，建成县城、阿旺、则巴蔬菜温室109座，新建农贸市场3处，带动212名建档立卡贫困群众直接就业。二是培育县城服务业体系，以易地搬迁安置点为依托，建设扶贫商铺50余个，带动600余户建档立卡户创业增收。为满足群众日益增长的服务需求，组建贡觉县扶贫物业管理服务公司，在15个小区、10余家酒店提供物业管理服务，带动72名建档立卡贫困户年人均增收20000元。打造"四大板块"。一是打造阿旺绵羊板块，建成占地151亩的阿旺绵羊育肥基地，配备饲料加工厂、有机肥加工厂、屠宰分割厂、冷链存储物流体系、阿旺绵羊主题餐厅及电商信息化平台，实现年育肥12000只，年产值860万元，利税350余万元，解决就业岗位38个。同时，实施阿旺绵羊养殖到户工程，扶持阿旺绵羊专业养殖示范村26个，培育养殖示范大户165户，为853户贫困群众发放阿旺绵羊种苗15569只。二是打造种植养殖业板块，建设饲草基地2.33万亩，实施犏奶牛养殖到户工程，为976户建档立卡贫困户发放犏奶牛4773头。三是打造民族特色手工业板块，投资1053万元建成相皮乡桑珠荣民族手工艺传承创业孵化基地，入驻农牧民合作社13家，带动85名建档立卡群众就业。投资2457万元建设了县城民族手工艺产业基地，入驻合作组织4家，带动73名建档立卡群众就业。同时，还扶持33家专合组织，带动贫困户308人，年人均增收2200元。四是打造劳务输出板块，开展了挖掘驾驶技术、建筑施工、普通工人等技能培训，成立了县劳务输出中心，2016年以来，全县1000余名群众在扶贫工程中年人均增收2000元以上。待川藏铁路和贡觉县机场开工建设，依托川藏铁路和贡觉县机场即将开工建设机遇，积极与施工单位对接，将群众引导到重大项目建设中来，可组织2000余名劳动力投入到工程建设中。

2.积极做好易地扶贫搬迁。认真制定搬迁工作方案，对搬迁人员及物资的接、送、交、安等均作出详细安排。目前，报名搬迁1344户8438人，已有995户6030人顺利搬迁至拉萨、林芝等地。注重示范引领，加强项目建设、资金使用和安全质量监管。严把标准，严守政策底线，加大资金投入，优先安排实施易地搬迁集中安置区的基础设施、公共服务设施建设和产业发展布局，按照"人均住房面积不超过 25 平方米、户均自筹款不超过 1 万元的标准"，实施 8 个水、电、路、信等基础设施配套齐全的易地扶贫搬迁安置点，862 户4571 名建档立卡贫困户实现入住，入住率达 100%，同步谋划推进搬迁户脱贫产业配套措施，通过产业先行，配套建设 37 个产业，保障 80% 的搬迁户可依托产业增收，确保做到"挪穷窝"与"换穷业"并举，安居与乐业并重。

3. 强力教育扶贫工程。按照"治贫先治愚，扶贫先扶智"的要求，坚持将"两个大计"（国之大计、党之大计）转化为教育优先发展的实际行动，全面推进义务教育均衡发展。一是巩固提升基础教育水平。通过巩固义务教育基本均衡发展工作，夯实义务教育发展基础，均衡配置教育资源，同步推进城乡义务教育均衡发展。落实义务教育控辍保学责任，建立健全区域内义务教育学生流动趋势和管控。充分利用中小学生学籍信息管理系统，加强义务教育适龄儿童少年入学、转学等学籍管理。巩固在校生，确保不让一个贫困家庭学生因贫失学。大力发展职业教育。紧紧依托县中学，面向市场需求，以招收本地生源为主，逐年扩大办学规模。重点开办唐卡、绘画、三产服务等专业，形成鲜明办学特色。二是落实各类教育惠民政策。建立各级教育结对帮扶关系和学生结对帮扶关系，继续管好用好教育"三包"政策资金"营养改善计划"资金，确保从学前到初中农牧民子女、城镇困难家庭子女全部接受免费教育，实现通过教育阻断贫困代际传递目标。三是改善学校办学条件。进一步完善校点布局，改善办学条件，确保随迁农牧民子女、进城务工人员子女全部就近入学。目前，全县共有幼儿园 12 所，小学 16 所，教学点 9 个，中学 1 所，实现了乡乡有小学。四是加强教师队伍的培训。提升师资水平和教育质量，建立教师关怀机制，充分调动教师的工作积极性，加强师法师风教育，人人争当人类灵魂工程师。

4. 深化健康扶贫行动。一是做好农牧民大病统筹补充医疗保险制度实施，认真落实公共卫生和新农合信息化建设，认真落实重特大补充保险的执行标准。二是加大对计划生育家庭的奖励、优待和扶持力度，帮助计划生育贫困家庭率先脱贫。三是实施公共卫生保障行动，通过精准实施免费健康体检及基本公共卫生服务，强化预防接种工作，认真落实儿童入托、入学时查验接种证制度，加强传染病监测，对高发传染病做到早发现、早诊断、早报告、早治疗、早隔离。四是为农村户籍人口购买大额补充保险。对唇腭裂、先天性心脏病、白内障、包虫病等特殊疾病实施免费治疗。加强对建档立卡人员的健康体检和救治工作。探索建立农牧民群众的市县两级 5 家定点医院住院绿色通道，进一步完善方便群众新农合出院网上结算报销制度。

5.提高兜底保障水平。一是完善农村低保制度，切实做好兜底保障。按保户原则，进行全面清查和调整，用有限的名额兜最贫困的人口，让可利用资金用在最困难的人身上。二是提高五保集中供养率。进一步核实，清查全县五保对象，将符合条件的五保对象一个不落的纳入集中供养兜底中，实现有意愿集中供养率 100% 的目标。三是完善医疗救助制度。将全县贫困对象中的特困供养人员（低保、五保、孤儿、困难特殊家庭）、重点优抚对象作为医疗救助重点对象，并逐步扩大到其他建档立卡贫困对象中的老年人、未成年人、重度残疾人、重病患者和县规定的其他对象。资助重点救助对象参加基本医疗保险，对于个人缴费部分给予定额资助，实现医疗救助兜底。四是进一步做好社会救助工作，完善临时救助和流浪乞讨救助制度。

6.加快转移就业培训。2016 年以来，共组织各类培训 4839 人（其中：建档立卡贫困人口 3937 人），培训后通过产业、合作社、建筑领域、驾驶、餐饮服务等就地就近引导转移就业 2699 人（其中：建档立卡贫困人口 2194 人）。在转移就业脱贫上，一是有针对性地引导富余劳动力有序参加"服务行业、建筑、农机维修、摩托车维修、农业、电工维修、藏式绘画、经济林木种植"等工种的培训，并以就地就近引导参训人员实现转移。二是发挥主导产业吸纳贫困劳动力就业作用。依托本地优势产业发展，积极发挥基层就业服务平台作用，以开展公共就业服务活动为契机，搭建用工对接平台，有针对性地推荐贫困劳动力就业，进一步增强主导产业吸纳贫困劳动力就业的能力。三是鼓励贫困劳动力自主创业脱贫。对有创业意愿并具备一定创业条件的贫困劳动力，给予免费创业培训和创业指导等政策扶持，符合规定条件的给予小额担保贷款贴息扶持。对在电商网络平台开办"网店"的贫困劳动力，可认定为灵活就业人员，享受灵活就业人员扶持政策，并按规定享受上述小额担保贷款贴息政策。

7.推进生态保护脱贫。一是加强对新增的管护员的管理力度，切实发挥其应有的作用。二是积极规划退耕还林、退牧还草工作，让更多群众吃上生态饭。三是加强建设项目使用林地审核审批，严厉打击毁林开垦、非法占用林地等破坏森林资源的行为，通过林地补偿、林木补偿资金增加贫困人口现金收入。四是加大贫困地区生态保护修复力度，认真实施好天保工程生态公益林建设、防护林建设、森林抚育等林业重点项目工程，提高贫困人口参与度和受益水平。通过项目的实施，使生态环境得到显著改善，林地退化得到基本遏制，水土流失得到基本控制，实现治理大于破坏的历史性转变。深入实施国土绿化和退耕还林、还草工程，完成人工造林4.31万亩，实施退耕还林3.5万余亩，累计兑现退耕还林资金1909.66万元，实施退耕还草2717亩，落实天然林保护资金6760万元、草原生态补助奖励资金2623.13万元。"其作始也简，其将毕也必巨。"要全面夺取脱贫攻坚战的最后胜利，就一定要紧绷这根弦，不停顿、不大意、不放松，坚持脱贫攻坚标准不降、节奏不变、力度不减，定能夺取脱贫攻坚战全面胜利！

全面建成小康社会与中国县域发展

西藏自治区
阿里地区札达县

边陲巨变

中共阿里地委宣传部
中共札达县委宣传部

引 言

在距离首都北京 5000 多公里，距西藏首府拉萨 1500 公里的西部边陲，喜马拉雅的群山之中，深藏着一个海拔只有 3700 米的县城——阿里地区札达县。作为西藏 74 个县之一，札达县和全西藏一道于 2019 年 12 月，基本消除绝对贫困，实现整体脱贫，正走在通往全面小康的路上。

资料显示，2000 年该县地区生产总值 3049.58 万元，农牧民人均纯收入 1153.84 元。20 世纪末尚有一个区三个乡（民主改革后为一个乡三个村）未进行民主改革。近些年，札达县聚焦"水电路网、教科文卫"等基础设施和公共服务的提升，边境地区道路通达率和生产生活条件得到较快改善。破旧的民居开始被抗震、保温、美观的藏式新房代替。广播、电视、网络实现全覆盖，柏油公路、电网、宽带等通村进户，学校、医院、文化广场、生态产业纷纷落地，逐步成为设施完善、产业兴旺、生态良好、宜居宜业的社会主义富裕文明小康村。2019 年政府工作报告显示，全县农牧民年人均纯收入达到 1.2 万元，农牧民群众有技能，能就业，不愁吃、不愁穿、不愁住，小孩有学上，医疗有保障。20 年间，该县生产总值增长和农牧民人均收入达到原来的 10 倍多。群众生活状况的改善不仅体现在收入上，生活环境、医疗保障、教育程度、思想状况都有了极大的变化。

这个平均海拔 4500 米以上，土地面积只有 2.75 万平方公里，总人口不足万人的县，农牧民群众怎样实现脱贫致富奔小康的目标？群众生活、精神的现状如何？背后有什么样的推动力量？是本次调研所要探索的问题。

本次调研经过前期认真选题，制定方案，采用实地走访、咨询、查阅资料、实地体验等方式展开，探访了该县 6 个乡（镇）15 个村（居）中的 4 个乡（镇）6 个村（居），行程 2000 多公里。

群众收入构成分析

全县辖 1 个镇：托林镇；5 个乡：萨让乡、达巴乡、底雅乡、香孜乡、曲松乡。共有 1 个居委会、14 个行政村。2020 年，全县耕地面积 13403 亩，其中农作物播种面积 6695 亩、经济作物播种面积 128 亩、饲草料播种面积 1800 亩，草地可利用面积 1750.24 万亩。2019 年，全县完成地区生产总值 3.46 亿元，完成固定资产投资 9.86 亿元，实现本级财政收入 3214.86 万元，社会消费品零售总额 8496.58 万元，农牧民年人均纯收入达到 1.2 万元，城镇居民年人均可支配收入达到 3.02 万元。

在 2016 年的贫困户统计识别时，札达县有 3578 户 7885 人，其中建档立卡贫困人口共 448 户 1401 人。通过三年脱贫攻坚，到 2018 年，累计脱贫 436 户 1375 人，全县贫困人口减少到 12 户 26 人，贫困发生率由 2015 年底的 24.03% 降至 0.45%，建档立卡贫困人口人均可支配收入超过 2018 年 4454 元的脱贫标准线，实现"两不愁三保障"，各项脱贫指标符合国家、西藏自治区规定的贫困县脱贫摘帽标准。由于建档立卡贫困户脱贫是札达县发展变化的集中体现，所以本文把建档立卡贫困户作为主要研究对象。尽管他们已经脱贫摘帽，为叙述方便，仍称其为建档立卡贫困户。

农牧民群众收入粗略划分，大概分为转移性收入、农牧业收入、劳务收入、经营收入、财产性收入。

劳务收入是农牧民群众除农牧业生产收入以外最大的非转移性收入来源。这也是政府推动的结果，县里规定重大项目建设中农牧民劳务用工须达到用工总量的60%以上，对政府投资在400万元以下可由农牧民施工企业（队）承建的项目，须由农牧民施工企业（队）承建，并建立台账，确保农牧民收益。同时，县乡政府还主动为困难群众安排工作，增加收入，地处偏远的楚鲁松杰乡的强巴卓玛在乡政府的帮助下有一份在乡食堂帮厨的工作，年工资收入4.8万元。

各个村庄都有部分农牧民群众通过自筹或贷款的方式兴办个体小卖店，从事饮食业、服务业、修理业，增加收入。萨让乡萨让村的小卖店、农家旅馆多达五六家。政府要求，凡工作组下乡应当住在群众开办的旅馆，增加他们的收入。

旅游收入只有在具有地理优势和旅游资源的乡村才有。托林镇因为紧靠县城，境内有土林、托林寺、古格王朝遗址等著名景点，发展旅游优势明显，该乡在旅游兴县有战略中受益最大。最具优势的托林镇札布让村38户居民中有32户开办了家庭旅馆，年均接待游客6万人次以上，户均旅游收入18万多元。

建档立卡贫困户档案显示，转移性收入在家庭财产中占比重较大。

2018年全县转移就业劳务输出735人，实现劳务创收700余万元。兑现林补资金821.2万元，兑现草补资金2792.73万元，兑现草原监测员奖励资金54万元，兑现农牧科技特派员生活补助18万元，兑现生态岗位资金821.2万元，兑现定向补助资金7.098万元，兑现医疗救助资金135.49万元，兑现边境补贴1292.24万元，兑现区、地、县在校大学生资助资金169.51万元。

作为边境半农半牧县，全县所有农牧民均享受"三项补贴"（边民补贴、草场补贴、林业补贴）。政府还会根据家庭成员习得技能情况，分配科技特派员、生态监测员、草原监测员工作，发放一定数额补贴。这些补贴是农牧民群众转移性收入的主要来源。如楚鲁松杰乡楚松村的欧珠加措每年的补贴收入是：边民补贴每人每年4200元，草场补贴每人每年5500元，林业补贴每人每年3557元，生态保护员每年补贴3500元，上大学的女儿每个月有500元生活补助。札布让村的达瓦次仁边民补贴每人每年 4200 元，草场补贴每人每年 5000 元，林业补贴每人每年 1060 元，高龄老人补贴每人每年 5800 元。

下面，以交通最为不便的萨让乡建档立卡贫困户为例，详细加以说明。

2019 年，萨让乡全乡总人口 236 户 631 人，从事牧业 187 人，富余劳动力 164 人，农牧民人均纯收入 8704.5 元，其中经营性收入 22.78 万元，工资性收入 82.78 万元，财产性收入 155.18 万元，已转移就业 87 人，创收达 83.43 万元。

经过调查了解萨让乡建档立卡贫困户中经济状况最好的是萨让村萨让组村民旦增朗杰，经济状况最差的是日巴村曲色组的嘎玛拉姆。旦增朗杰今年 35 岁，家庭成员 3 人，既是科技特派员(年补贴 6000 元)，也是村务监督员(年补贴 7082 元)，还是乡里的合同制司机（年收入 21000 元左右）。嘎玛拉姆今年 65 岁，家庭成员 1 人。因其年龄较大，且家庭困难，乡里照顾性地安排了生态岗位和农村公路养护员（年收入 5250 元左右）。2019 年，旦增朗杰家庭年收入 68217.5 元，其中转移性收入 28133.5 元（包括生态补偿金 18733.5 元和其他转移性收入 9400 元）、工资性收入 37582 元、财产性收入 2502 元，减去年支出 13882 元，该户年纯收入 54335.5 元，人均纯收入 18111.3。转移性收入占总收入的 41.2%。2019 年，嘎玛拉姆家庭年收入 18032 元，其中转移性收入 13362 元（包括生态补偿金 8662 元和其他转移性收入 4700 元）、工资性收入 3500 元、财产性收入 1170 元，家庭只有一人也即人均纯收入 18032 元。其中，转移性收入占总收入的 74.1%。

综合全县建档立卡贫困户收入情况，可以说各项补贴等转移性收入（是指国家、单位、社会团体对居民家庭的各种转移支付和居民家庭间的收入转移包括计划生育补贴、低保金、五保金、养老保险金、生态补偿金、边民补贴等，除以上各类补贴外，还包括政府、非行政事业单位、社会团体对农户转移的退休金、社会救济和补助、救灾款、经常性捐赠和赔偿等。）占到家庭年总收入的 40%—75%，部分极端情况可能达到 90% 以上。

生活变迁示例

示例一　71 岁的楚松村村民欧珠加措有着丰富的建房、搬家经历。30 年前，欧珠加措家建了一间低矮的土坯房，大小只有 10 多平方米。进出是一个高不足 1.5 米的门洞，没有窗户，漆黑一片。在这么大一块儿地方，做饭、睡觉，没有床，一家人就直接躺在地上。后来，在老房子的旁边，欧珠加措家建了一座两层高的土木房，上下两层约有 80 平方米，地面和墙壁都是夯土，檩子、椽子和柱子都十分稀疏，安全性极差。再后来，欧珠加措一家从山沟里搬了出来，在国家补助下，建起了令自己稍微满意的藏式房屋，客厅和卧室都吊了顶，画有藏族风格的图案。但好景不长，由于选址问题，这座房子后来被洪水淹了。

2016 年，欧珠加措搬进了楚松村边境小康示范村——坐落在如许藏布江边红白相间的藏式独院。屋内家具齐全，客厅里摆满了崭新的藏式家具。正前方的墙壁上，挂着领袖像和唐卡，还有家人的相框。现代化的电器并不只是摆设，这里也通上了长明电，冰箱里放满了酥油和牛羊肉。院子里太阳能灶烧水、做饭，他们早已懂得利用自然能源。网络和手机信号都有，微信和抖音也很受年轻人欢迎。

边境小康示范村项目始于 2017 年，2017 年 7 月西藏自治区人民政府决定对全区 628 个边境一、二线行政村（其中边境一线行政村 427 个、二线行政村 201 个及察隅农场）实施小康村建设，涉及边民 6.2 万户 24.2 万人，主要建设内容包括住房改善，基础设施、公共服务设施、产业建设、生态与人居环境建设。截至 2019 年，札达县共建设小康示范住房 907 套，占总套数 929 套的 98%；维修改造住房 87 套，占改造总套数 116 套的 75%。根据群众经济状况，象征性地交 5000 元至几万元不等就能住进人均 25 平方米的现代化住房。

示例二　星期五晚上，吃过晚饭的萨让村民三三两两地来到了位于高坡上的村委会活动中心，参加 21 点开始的集体学习。今天的学习内容是"四讲四爱"（西藏全区开展的以"讲党恩爱核心、讲团结爱祖国、讲贡献爱家园、讲文明爱生活"为主要内容的群众教育实践活动）的有关内容，组织者是驻村工作队队长——札达县科技局郭局长，主讲人是村党支部书记普布次仁。

村委会活动中心的正式名字叫"萨让村党群综合活动中心"，包含有会议室、讲习所、图书室、农资超市、便民服务站、党员活动室，房屋宽敞明亮，配套齐全。活动室还建设了宽大的玻璃暖廊，保证冬天的温暖。活动室前面竖立着旗杆，重要节日，村民们会在这里集中唱国歌、升国旗。

活动中心不仅是党员群众学习的阵地，也是休闲娱乐的好去处。大型节日里，群众也会在活动中心举行文体活动，跑步、跳绳、看电影、乒乓球比赛、文艺演出等，多彩的文娱活动丰富了群众的生活。

这样的活动中心，全县共有 15 个。建设标准、规范大体一致，由便民服务大厅、乡村荣誉室、综合文化活动广场、卫生室、综合办公室、综合活动室、综合会议室、便民超市、甜茶馆、驻村工作队宿舍组成，配套有完善的国旗台、旗杆、阳光暖棚、救灾仓库、兽医室、公共网络等设施。布局合理、设施配套、功能齐全、美观实用的村级组织活动场所是服务群众、帮助群众解决问题维护利益的阵地，是党员和村干部联系群众、教育群众、凝聚群众的阵地。

示例三 多布杰是楚鲁松杰乡教学点的校长，每天清晨，他都敲响起床铃，唤醒住校的学生，然后为师生们烹煮酥油茶。不久，国歌声响起，五星红旗在校园里冉冉升起。早读结束，学生围在多布杰身旁喝酥油茶、吃糌粑，这是他们的早饭。多布杰是札达县本地人，在此工作已经六年了。他不仅是老师，还兼职义务做饭。这个教学点共有学前班、一年级、二年级 3 个班，开设有汉语文、藏语文、数学、体育、美术等课，学生全部寄宿。学生读完二年级，需转学到山外的香孜乡完小就读。

这个教学点距札达县城 300 多公里，一年中有长达半年多时间被大雪封闭，最初靠牦牛、马匹驮来建筑材料建成校舍。在这样艰苦的环境中，目前从这里走出去的学生有 200 多名，100 多人考进了高等学府。

多布杰介绍说：以前条件限制，这里农牧民子女没地方上学，由于劳动力不足家长也不愿意送小孩上学，现在大家看到了受教育的好处，学校都办到了家门口，政府"三包"外出上学家里也没有负担（西藏自 1985 年实施的教育"三包"政策内容是在免费接受义务教育的基础上，对农牧民子女实行包吃、包住、包学习费用的"三包"政策，对城镇困难家庭子女实行了同等标准的助学金制度和财政补助政策），送子女上学的积极性也大大提高了。

从以上示例看出，边境群众物质生活丰富的同时，精神生活也极大丰富，人们更加重视教育，思想观念发生了很大变化。

发展变迁原因试析

直观感受是，群众生活条件的改善、经济收入的增加、思想观念的转变，都离不开政府行为的强大推动。事实上也是如此。

一是得益于持续加强的乡村基础设施建设。水利工程、农田水利建设、中小河流治理、"五小"水利工程建设不断加强，提高了农田、草场有效灌溉率。乡村能源建设加快，水能、风能、生物质能、太阳能因地制宜得到发展。乡村道路建设不断加强，实施了乡（镇）、建制村通畅工程。5 个乡（镇）通乡公路完成硬化，公路通畅率达 71.43%。完成 12 个行政村通村公路硬化、公路通畅率达 75%。完成 37 个作业组通组公路硬化，通畅率达 63.79%，基层贫困地区与外界的交通联系被打通。农牧区通信基础设施建设不断完善，实现移动网络、宽带网络广覆盖。基层防减灾基础设施建设不断推进，因灾致贫现象减少。

二是得益于精准扶贫措施和精准施策。1.因地制宜精准实施脱贫攻坚工作。该县围绕落实党中央和自治区党委、政府精准扶贫的重大决策部署，坚持一切为了群众、一切依靠群众，重心始终在精准扶贫工作上，做到一户一本台账、一户一个脱贫计划、一户一套帮扶措施，提高贫困人口的参与度和受益水平。2.坚持发展生产。坚持"宜农则农、宜牧则牧、宜工则工、宜商则商、宜游则游"的原则，依托各地资源禀赋和扶贫对象自身实际，种植业、养殖业、加工业、文化旅游业、藏医药业、民族手工业、电商扶贫等均得到不同程度发展。

引导农牧户土地、草场流转，走出家门，务工经商，使户户有致富门路、人人有活干、经常有收入，确保贫困人口人均可支配收入年均增长13%以上。3.推动易地搬迁。政府积极引导，在群众自愿的基础上，按就地就近，积极稳妥的原则，采取以集中为主、集中与分散相结合的安置方式，对居住在"一方水土养活不了一方人"地方的贫困家庭实施易地扶贫搬迁。全县44个易地搬迁点均已完成竣工验收，搬迁入住率100%。4.社会保障兜底。把建档立卡贫困人口作为享受社会保障的主要对象，将符合低保条件的贫困户全部纳入最低生活保障范围。有意愿的五保户对象集中供养和孤儿集中收养率100%。完善残疾人社会保障体系和服务体系建设，加大生产扶助和生活救助力度，提高残疾人基本素质和生存发展能力。健全以免费医疗为基础的农牧区医疗制度，医疗救助与基本医疗保险、大病保险、慈善救助进行了有效衔接。5.转移就业脱贫。以实现贫困家庭户户有门路、人人有活干、经常有收入为目标，加大了就业专项资金转移支付力度，进一步拓展了就业创业领域和范围。加大农牧民职业技能培训投入和贫困人口的就业扶持，积极引导劳务输出，建立和完善建档立卡贫困人口输出与输入地劳务对接机制，拓展劳动力外出就业空间。2019年，40%以上技能培训达到"订单定向式"标准，建成2个农牧民培训基地，本地农牧民务工人员占全县务工人员30%以上，农牧民技能培训556人（其中"以工代训"298人，贫困户118人），农牧民转移就业630人，劳务性收入增长达到20%以上。6.吸纳社会帮扶。组织全区党政机关、人民团体、企事业单位、驻藏部队和社会组织大力开展定点帮扶工作，不脱贫不脱钩。进一步加强对口援藏帮扶，进一步深化干部驻村工作，实现扶贫解困与强基惠民驻村工作的有机对接。加大涉农资金整合力度和援藏资金投入比例，确保扶贫资金投入与打赢脱贫攻坚战的任务相适应。

三是得益于全面小康的科学发展思路。不仅富口袋，还要富脑袋。1.教育事业方面。持续推行"教育优先、向教育倾斜"的战略方针，推进素质教育，稳步改变传统教育方式，构建更加科学、符合实际的教学体系。完成1镇6乡幼儿园建设与设备配备，完成达巴、底雅、萨让、楚鲁松杰四乡五人制足球场建设。县九年一贯制学校完成了信息化建设。2019年对211名建档立卡大学生资助49.5万元。加强控辍保学，继续对因残因病的适龄儿童开展"送教入户"活动。2.卫生事业方面。大力推进县级公立医院和藏医院改革各项工作，进一步加强藏医院建设，推动藏医药研发和藏药加工厂运行，自制藏药8种。县人民医院完成"二乙"等级医院创建，完成乡卫生院、县妇幼保健站新建、改扩建。对建档立卡贫困户实施家庭医生签约服务。农牧区新型农村合作医疗参合率达100%。落实卫生惠民政策，实施"先诊疗后付费"工作模式。3.文化事业方面。不断推进公共文化设施建设，深化文化体制改革，加快构建县乡村三级综合文化体系，巩固扩大"村村通""户户通""舍舍通"覆盖面，完成"党的恩情照边疆、阿里人民心向党"基层宣传思想文化阵地建设，开展"四讲四爱"教育实践活动。支持群众性文化活动，民间艺术团每年演出不少于60场次。切实发挥村级活动场所作用，开展文化活动，丰富各族群众精神文化生活。不断提高农牧区公共文化服务均等化水平，大力加强农牧区特色文化产业建设，建设了一批文化乡村服务点，成为贫困家庭增收脱贫的富民产业。推进重点文化惠民工程，加大公共文化设施免费开放、送戏下乡、农民阅读推广、文化艺术普及培训等文化惠民项目实施力度。倡导现代文明理念和生活方式，改变陈规陋习，淡化宗教的消极影响，激发贫困人口自力更生、勤劳致富的内生动力，群众思想观念发生了巨大转变。

四是得益于政府强大的组织能力。1.组织领导强大，责任全面落实。县乡政府始终把脱贫攻坚作为全县经济社会发展的头等大事和第一民生工程，坚持党委领导、政府主导，充分发挥政治优势和制度优势。2.组织机构健全。设立了脱贫攻坚指挥部，县委书记任组长，设立各个专项组，集中办公、专项落实，统筹指挥脱贫工作。3.层层压实责任。实行党政一把手负总责、各级书记抓落实，签订责任书，层层分解任务，层层压实责任，构建了责任清晰、各负其责、合力攻坚的责任体系，坚持不脱贫不脱钩的原则。4.强化工作落实。县乡两级党委、政府自觉在思想上政治上行动上同以习近平同志为核心的党中央保持高度一致，以对党中央的核心、全党的核心的绝对忠诚坚定打赢脱贫攻坚战的信心和决心。及时对全县脱贫攻坚工作进行动员部署，凝聚全力打赢脱贫攻坚的广泛共识。加强日常调度和部署，及时召开扶贫开发和脱贫攻坚会议，专题研究部署重点工作，协调推进各项工作。

五是得益于强大的财政支持。1. 财政资金投入。中央财政扶贫发展资金在财政转移支付、惠民项目等多方面发挥了主体和主导作用。仅财政补助项目就有 8 大类，76 项。2. 金融扶贫投入。明确易地扶贫搬迁、产业扶贫等 19 类信贷支持政策和两类保险金融服务。形成了产业扶贫、搬迁扶贫、到户扶贫等对应的各类主体"应贷尽贷"的金融扶贫政策体系。3. 援藏扶贫投入。坚持对口援藏资金向基层倾斜、向贫困地区、向贫困人口倾斜，积极配合援藏省市和援藏企业，帮助开发高原种养业、旅游文化、藏医藏药、清洁能源、矿泉水、民族手工业、高原特色生物产品等优势产业，带动贫困群众就业创业、增收致富。4. 社会扶贫投入。弘扬中华民族扶贫济困的优良传统，开展"10·17"全国扶贫日活动。积极鼓励社会投资用于脱贫，组织动员企业捐赠资金。

几点思考

札达县这样一个地处偏僻、资源匮乏、基础设施落后的边陲小县，能在短短十多年时间实现经济快速发展，顺利完成脱贫攻坚任务，人民群众走上全面小康之路，背后的原因归结于社会主义制度的优越性、归结于习近平新时代中国特色社会主义思想的指导，归结于习近平总书记治边稳藏重要战略思想在基层的成功实践，归结于中国共产党的领导和各级组织在党的领导下以民为本、为人民谋发展谋幸福、"不忘初心、牢记使命"的不懈奋斗。

尽管札达县初步打赢了脱贫攻坚战，为农牧民群众指引了全面小康之路，但在前进的路途中仍然有诸多制约因素和艰难险阻。一是产业基础薄弱。产业发展不协调、结构单一、支撑经济发展的能力不足，新型产业发展缓慢，抵御市场风险的能力不强，实体经济支撑长足发展的力量十分有限。农业生产方式粗放落后，农畜产品创新缓慢、品种不多，特别是不能有效解决商品率低的问题。同时工业化发展水平严重不足。服务业发展缓慢，消费性服务占比畸高，生产性服务业和现代服务业发展滞后。二是内生动力不足。受自身因素影响，全县经济总量小、基础薄弱，发展不平衡不充分的问题仍然突出，消费市场小、档次低、价格高、观念滞后、增长缺乏后劲，经济发展过度依赖投资拉动，长期积累的结构性矛盾突出，经合组织、旅游发展均处于起步阶段。三是环境制约严重。基础设施领域短板突出、历史欠账多，乡镇、行政村道路畅通率偏低，用水、用电困难仍未彻底解决，基础公共服务供给能力不足。生存环境恶劣、生态环境脆弱，行政成本、服务成本、生活成本过高，交通、能源、通信、水利、教育、医疗等方面建设发展存在诸多困难，需要下大力气加以解决。四是转变农牧思想任重道远。"等靠要"思想仍不同程度存在，宗教消极影响仍不同程度存在。在群众脑子里搞建设的任务比修路、建房、发电更加艰巨，需要更加持续用力，久久为功。

结　语

在为期十多天的调研过程中，每每为札达县取得的成就所欣慰，每每为这里的群众赶上了一个好时代而高兴，既由衷地感到社会主义制度有着不可比拟的优越性，也自豪于中国共产党无往不胜的坚强领导。

由于时间短，人手不足，未能深入全部的乡、村、组进行走访，涉及范围较小，选取样本较少，掌握资料有限，此次调研难免走马观花，失之偏颇。

衷心感谢札达县委宣传部、扶贫办、萨让乡党委政府、萨让村萨让组和札达县科技局驻萨让村萨让组工作队提供的帮助。

全面建成小康社会与中国县域发展

陕西省铜川市宜君县

陕西宜君的小康影像

中共铜川市委宣传部调研组

森林走进了县城，绿色遍布乡村，人人安居乐业，10 万宜君人民过上了抬头有蓝天、开门见青山，田园风光、鸟语花香的美好生活⋯⋯近年来，宜君县立足资源禀赋，传承红色基因，激活绿色脉动，全县经济社会发展质量和效益持续提升，连续三届获得"全国平安建设先进县"荣誉称号，先后被评为"国家卫生县城""国家园林县城""全省改善农村人居环境工作先进县""全省县城建设先进县"等。

坚持生态立县，实施绿色战略，绿色效应扬起小康之帆

近年来，宜君扎实践行"绿水青山就是金山银山"理念，系统化构建生态文明建设体系，多元化发展绿色产业，夯实群众致富基础，先后被授予国家级生态示范区、全国绿化模范县等荣誉称号。

体系化搭建顶层设计，绿色道路让宜君更"宜人"。制定生态文明建设实施方案，印发示范县规划，积极抢抓被纳入黄河流域生态环境保护国家重点生态功能区的机遇，率先谋划县域环境保护重大项目和重点任务，有序开展了"十四五"生态环境保护规划的编制工作，奠定坚实工作基础。同时，坚持以产业发展为重要抓手，构建起了"3+4+N"产业发展格局，大力发展"龙头企业＋村集体经济＋农户"的模式，大力支持陕果集团、天河农业等龙头知名

企业投资合作，形成产业发展新格局。

多元化推进绿色产业，绿色经济让宜君更"宜创"。通过实施产业扶贫项目 309 个，涉及资金 4.3 亿元，全县累计种植中药材 7 万亩、苹果 24 万亩、玉米 35 万亩、核桃 42 万亩；建成涵盖县乡两级，10 余种类别的规模以上农业种养殖基地、产业扶贫基地（工厂、车间）100 多个。紧抓国家实施扶持和促进中医药事业发展战略机遇，培育优质中药材、发展中医药产业，本草堂万亩中药材 GAP 种植和饮片加工基地、淌泥河旅游康养示范村建设等成效初显。

系统化实施污染防治，绿色环境让宜君更"宜居"。集中开展污染源全面达标等十大专项行动，加强大气污染网格化管理，打好环保组合拳，做好空气质量监测，精心呵护"宜君蓝"。持续开展"绿盾行动"，系统推进河湖治水保碧水，统筹推进生态保护修复、造林绿化攻坚、森林质量提升、绿色产业富民"四大工程"，森林覆盖率达 52.63％，空气质量综合指数持续稳居陕西关中地区首位。

推进文旅融合，打造全景宜君，创新发展书写小康之途

宜君围绕"全域旅游、全景宜君"战略，倾力打造"中国避暑城"旅游品牌，形成了"一心一轴两门两翼七区多园"全域旅游格局，文化旅游事业取得长足进步。

全力打造精品景区，宜君"宜于君来"。以重大项目为引擎，加快推进基础设施建设和旅游产品开发，重点打造花溪谷、旱作梯田、战国魏长城、福地湖等六大景区，形成避暑养生、休闲度假、农耕体验等六大聚集区。2014 年，战国魏长城遗址作为长城的一部分，被国家文物局认定为世界文化遗产。自 2016 年以来，累计投入资金 1.93 亿元，占财政收入的 31.9％。目前，全县有 A 级以上景区 5 家。2020 年虽然受疫情影响较大，但截至 7 月底，全县共接待旅游人数仍超过 84.6 万人次，旅游综合收入依然达 4.66 亿元。

发展特色乡村旅游，宜君"愿君常驻"。按照"宿在民居、乐在田间、游

在山水"的思路，将美丽乡村建设与休闲民俗体验有机融合，不断完善政策措施体系，先后建成一批休闲观光采摘园、推出一系列代表性旅游商品。建成市级乡村旅游示范村 10 个，培育集旅游服务、康养示范、农产品零售等功能于一体的脱贫巩固、乡村振兴三产融合村（集群）8 个，各类特色产业点 70 多户，实现了产业联动"高融合""高效益"。

实施"旅游+"战略，宜君"愿君常来"。不断创新"旅游+"模式，延伸产业链条，出台了《加快工业经济和商贸服务业发展十条意见》和《支持办法》，明确对创业孵化基地、产业示范园、评星酒店及特色餐饮给予奖补。建成哭泉旱作梯田、大棚蔬菜采摘基地，及非遗传习所、文化产品展示中心等。创新"线上+线下"推介营销模式，举办梯田旅游季、魏长城遗址保护，利用高峰论坛及网上直播推介活动，农产品销售转换率由最初的 0.02% 提高到现在的 3%。

厚植为民情怀，激活绿色脉动，脱贫攻坚筑牢小康之基

社区内把工厂建，群众就业在门前，宽敞明亮住楼房，吃水上学有保障，头疼脑热有村医，如今的宜君农民生活幸福指数满满的。

宜君县哭泉镇哭泉村，梅广灵在家门口社区毛绒玩具厂打工，他虽是残疾人，但操作却很娴熟，每月能挣一千七八。他除了享受产业扶贫、健康扶贫、生态扶贫、低保保障等措施，还住上了镇集中安置点的楼房。

凝心聚力攻坚，实现脱贫摘帽，宜君更"宜民"。脱贫攻坚战打响以来，宜君通过建档立卡"回头看"共识别贫困村 57 个。全县 117 支驻村工作队 2666 名扶贫干部持续作战，永保革命年代红宜县委成立时 17 名共产党人的奋斗精神，坚守对人民群众的赤子之心，党员群众齐携手、社会各界共参与，强化资金投入，注重扶志扶智，脱贫攻坚工作取得明显成效，各项指标高质量达标，2019 年 5 月宜君县整体脱贫摘帽。

坚持精准施策，实施绿色带动，宜君更"宜业"。实施菜单式产业扶贫项

目，因村施治、因户施策、因人施法，累计投资 2985 万元支持贫困户自主发展种养殖业和"技术＋工具"家庭创业，户均支持资金达到 1 万元，实现每年户均增收 5000 元以上，每户均有 2—3 个长短线增收产业。支持新型农业经营主体发展产业带动贫困户，培育县级国有龙头企业 6 个。实施新型农业经营主体带贫产业项目 16 个，向 34 家新型农业经营主体发放产业扶贫贷款 3540 万元，覆盖了产业脱贫户 5710 户，为持续巩固脱贫成效、增加群众收入奠定了坚实基础。

勇于改革创新，构建长效机制，宜君更"宜享"。统筹谋划 3 个决定和 4 个实施意见，出台 34 个配套文件，确保脱贫攻坚精准推进；脱贫摘帽后"四个不摘"实施意见，保证频道不换、靶心不变；动态监测帮扶、资金资产管理、基础设施管护、益贫带贫规范等长效机制建设，精准识别"六步法"、扶贫扶志"宜馨超市"、普惠金融"宜君指数"，保障脱贫成效稳定提升。同时，以"三变改革"为契机，创新实施"一股三带"扶贫模式，发展村集体经济，累计投资 8940 万元支持 90 个村集体经济组织发展产业，建成自营产业项目村达 49 个，覆盖全部 2658 户产业脱贫户，形成了符合宜君实际、具有宜君特色的脱贫攻坚绿色发展新路径。

传承红色基因，牢记初心使命，凝心聚力铺就小康之路

从 4:30 起床，直到 21:00 结束一天劳作，麻利干练、没有间歇。面对残疾的妻子、患病的父母和年幼的孩子，宜君县哭泉镇马前尧村贫困户孙小军积极阳光、自强不息。

《孙小军的一天》是宜君县"宜民讲习所"微纪录片讲述的贫困户励志故事，他顽强脱贫的精神感动了广大干部群众，这也是全县上下共同奋进奔向小康的一个缩影。

坚持党建引领，夯实基层基础。以党的政治建设为统领，始终把传承和践行先辈英烈革命精神作为推动宜君追赶超越高质量发展的有力武器用足用

好，为决胜全面小康决战脱贫攻坚凝心聚力。围绕对县域内红宜县委、雁门支队等红色文化的挖掘延续，把红色基因融入基层血脉枝干，探索实施强基固本、素质提升、组织振兴"四项工程"，完善推行基层党建"10+1"措施，各领域党建标准化、规范化水平全面提升、整体过硬，持续推动全县各级党员干部保持奋发有为的精神状态和实干兴邦的优良作风。

弘扬时代新风，促进和谐发展。深入挖掘群众身边的典型事迹，大力开展评选表彰活动，迷家塔"10·19"先进群体入选"中国好人榜"，200余位道德模范、身边好人引领全县形成崇德尚善的良好风尚。广泛开展以"四和四美"为核心的文明社区创建、以"美丽乡村·文明家园"为核心的文明村镇建设等精神文明创建活动。农家书屋、文化活动室、文化广场等基础设施建设不断完善，文明一条街、善行义举榜随处可见，群众思想道德水平不断提升。目前，全县共有全国文明村2个，省级文明村3个，省级文明社区1个，创建覆盖率达70.9%。

深化文明实践，推进基层治理。以新时代文明实践中心（所、站）建设为依托，探索推出"一传一讲，两参与，五必到"的新时代文明实践宜君模式，因地制宜开展疫情防控、文明餐桌行动、文明旅游、关爱老人等新时代文明实践活动。增强群众主体意识和责任意识，广泛建立村民议事会、道德评议会、红白理事会、禁毒禁赌会、家文化推广会，带动群众广泛开展道德评议、乡风评议、"传家训、立家规、扬家风"等活动，引导群众参与农村管理、社区管理，推动基层治理能力不断提高。

全面建成小康社会与中国县域发展

陕西省西安市雁塔区

全面小康"领头雁"
塔入云霄"六强区"

——西部第一强区西安市雁塔区全面小康社会调研报告

中共西安市雁塔区委宣传部课题组

党中央 1979 年提出建设小康社会，随着实践的推进和理论的创新，党的十九大明确要求，到建党一百年时，建成经济更加发展、民主更加健全、科教更加进步、文化更加繁荣、社会更加和谐、人民生活更加殷实的小康社会。2020 年全面建成小康社会，这是我们党"两个一百年"奋斗目标的第一个宏伟目标。全面建成小康社会，是我们党向人民、向历史作出的庄严承诺，是实现中华民族伟大复兴中国梦的关键一步，是值得浓墨重彩载入史册的伟大壮举。

根据《全面建设小康社会统计监测方案》（国统字 [2008] 77 号）和《陕西省统计局关于开展全面建成小康社会县级统计监测试点工作的通知》（陕统办字 [2016] 10 号）文件精神，统计大监测的指标体系由经济发展、社会和谐、生活质量、民主法制、文化教育、资源环境等 6 个方面 23 项指标组成。以此为衡量标准，课题组于 2020 年 8 月，运用"综合评价方法"，按照中宣部及省市委宣传部开展全面建成小康社会"百城千县万村"调研活动的要求，对全区全面小康的实现程度，进行了深入系统的调研。

一、总书记的指导和小康标准的引导

在全面建成小康社会的伟大历史进程中，习近平同志先后 3 次来到西安市雁塔区考察。第 1 次是 2009 年 11 月 15 日，时任国家副主席的习近平同志来到雁塔区红专南路社区考察，充分肯定了学习型社区的建设经验，要求在全国建立学习型支部、学习型机关、学习型企业、学习型社区、学习型村庄。第 2 次是 2015 年 2 月 15 日，习近平总书记到陕西考察，对陕西提出了"追赶超越"的目标定位和"五个扎实"的要求。习近平总书记来到雁塔区 205 所社区考察，给社区居民拜年，他说："我看到你们社区各方面都很好，特别是服务中心办得很好，我们也希望，你们在这里生活过得更加祥和，各方面服务更加周到，家庭幸福美满。"第 3 次是 2020 年 4 月 22 日，在统筹推进疫情防控和经济社会发展的关键时期，习近平总书记亲临陕西考察，提出了"推动经济社会高质量发展迈出更大步伐、打造内陆改革开放高地、推动生态环境质量持续好转、加强民生保障和社会建设、推动全面从严治党向纵深发展"和强调"六稳""六保"的要求。习近平总书记在毗邻大雁塔的大唐不夜城步行街考察时强调，要在科学防控疫情的前提下，有序推动各类商场、市场复商复市，努力恢复正常生活秩序。

2019 年 10 月 14 日，李克强总理曾来到雁塔区考察，就做好民生工作和老旧小区改造提出了许多要求，给予了大力的支持。

雁塔区因辖区内拥有闻名世界的历史文化遗产大雁塔而得名，地处西安城南，1949 年 5 月西安解放后沿用第九区称谓，1954 年 12 月，更名为雁塔区，后经西安市多次变更区划，于 1980 年 4 月恢复建置，当年总人口仅 25.85 万人。1982 年 2 月，雁塔区在原西安市第九区基础上划入长安县等其他区县部分地区，最后形成了今天的行政区划。全区土地面积 152 平方公里，下辖 10 个街道办事处（其中鱼化寨、丈八 2 个街道办事处于 2018 年 9 月托管至高新区），自管 134 个社区、45 个行政村，2018 年常住人口达到 134.32 万人。辖区西有高新区，东有浐灞生态、曲江新区，南有航天基地等 4 个国家级开发区。随着近年主城区南扩，长安区北靠，雁塔区呈现出"南北簇拥，东西拉动，一区多制"的发展格局，吸引着各种要素资源加速聚集，已成为经济社会发展的重要高地和增长点。

按照国家《全面建设小康社会统计监测方案》，全面建设小康社会指标体系由经济发展、社会和谐、生活质量、民主法制、文化教育和资源环境 6 个方面 23 项指标组成，每项指标按照在整体指标体系中的重要程度给出权重，6 个发展方面的权重值由各自指标的权重汇总得出，整体指标体系权重值为 100。总体实现程度采用综合评价方法，即各子体系或全面建成小康社会实现程度由单个指标评价结果结合该指标权重加权计算，单个指标的评价分正指标、逆指标和区间指标。评价办法规定，综合评价程度达到 90% 以上，为基本实现全面小康；综合评价程度达到 100%，表明全部指标达到全面实现小康的目标。全面建成小康社会实现程度是一种综合指数，是各监测指标实际值除以标准值，再经加权综合而得的。实现程度 60 为总体小康，100 为全面小康，也就是说，全国建成小康社会进程是以 60 为起点，100 为终点。

全面建成小康社会统计监测指标体系

监测指标	权重（%）	标准值（2020 年）	单位
一、经济发展	29	—	—
1. 人均 GDP	12	≥ 31400	元
2. R&D 经费支出占 GDP 比重	4	≥ 2.5	%
3. 第三产业增加值占 GDP 比重	4	≥ 50	%
4. 城镇人口比重	5	≥ 60	%
5. 失业率（城镇）	4	≤ 6	%
二、社会和谐	15	—	—
6. 基尼系数	2	≤ 0.4	—
7. 城乡居民收入比	2	≤ 2.80	以农为 1
8. 地区经济发展差异系数	2	≤ 60	%
9. 基本社会保险覆盖率	6	≥ 90	%
10. 高中阶段毕业生性别差异系数	3	=100	%
三、生活质量	19	—	—
11. 居民人均可支配收入	6	≥ 15000	元
12. 恩格尔系数	3	≤ 40	%

续表

监测指标	权重（%）	标准值（2020 年）	单位
13. 人均住房使用面积	5	≥ 27	平方米
14.5 岁以下儿童死亡率	2	≤ 12	‰
15. 平均预期寿命	3	≥ 75	岁
四、民主法制	11	—	—
16. 公民自身民主权利满意度	5	≥ 90	%
17. 社会安全指数	6	≥ 100	%
五、文化教育	14	—	—
18. 文化产业增加值占 GDP 比重	6	≥ 5	%
19. 居民文教娱乐服务支出占家庭消费支出比重	2	≥ 16	%
20. 平均受教育年限	6	≥ 10.5	年
六、资源环境	12	—	—
21. 单位 GDP 能耗	4	≤ 0.84	吨标准 / 万元
22. 耕地面积指数	2	≥ 94	%
23. 环境质量指数	6	=100	%

基尼系数是反映居民收入分配差异程度的一项重要指标。其经济含义是：在全部居民收入中，用于进行不平均分配的那部分收入占总收入的比重，因此，其最大为"1"，最小等于"0"。前者表示居民之间的收入分配绝对不平均，即 100% 的收入被一个人占有了；而后者则表示居民之间的收入分配绝对平均，即每个人的收入完全相同。一般情况下，基尼系数处于 0 和 1 之间。联合国有关组织规定：若低于 0.2 表示收入绝对平均；0.2—0.3 表示比较平均；0.3—0.4 表示相对合理；0.4—0.5 表示收入差距较大；0.5 以上表示收入差距悬殊。

恩格尔系数是食品支出总额占个人消费支出总额的比重。19 世纪德国统计学家恩格尔根据统计资料，对消费结构的变化得出一个规律：一个家庭收入越少，家庭收入中（或总支出中）用来购买食物的支出所占的比例就越大，随着家庭收入的增加，家庭收入中（或总支出中）用来购买食物的支出比例则会下降。推而广之，一个国家、城市、区县越穷，每个国民的平均收入中（或平均支出中），用于购买食物的支出所占比例就越大，随着富裕的提升，这个比例呈下降趋势。恩格尔系数是根据城镇居民家庭恩格尔系数、农村居民家庭恩格尔系数以及城、乡常住人口比重加权平均计算得到的结果。

基本社会保险覆盖率是指已参加基本养老保险和基本医疗保险人口占政策规定应参加人口的比重。基本社会保险主要包括基本养老保险、基本医疗保险、失业保险、工伤保险和生育保险等五项，其中基本养老保险、基本医疗保险最为重要，所以在计算基本社会保险覆盖率时只计算基本养老保险和基本医疗保险的覆盖率。

"全面建成小康社会统计监测指标体系"，在雁塔区具有重大的导向作用，是对政府职能转变的导向。这一指标体系不仅仅包括经济发展指标，而且包括社会发展和生态环境指标。其中社会发展指标占了很大比重，包括 R&D 经费支出占 GDP 比重、高中教育性别比、社会保障覆盖面、人民群众对社会治安的满意度等等，以保证每个人获得能力提升的均等机会，获得生存、健康、教育、安全的基本权利。为了全面达标，雁塔区委、区政府努力转变职能，从单纯抓经济转变为统筹经济与社会、人与自然的协调发展。

二、西安市雁塔区华丽蝶变为"六强区"

全力以赴发展经济是全面小康社会建设的首要任务，以经济建设为中心，是党的基本路线的核心。雁塔区在历届区委、区政府的正确领导下，风雨兼程，艰苦创业，改革创新，砥砺奋进，逐步走出一条符合雁塔特色的发展道路。

（一）经济发展强——西部第一强区，指标实现 519%

调研感悟：习近平总书记要求陕西"追赶超越"，陕西省追赶四川省，西安市追赶成都市，雁塔区追赶渝北区。2017 年雁塔区地区生产总值首次突破 1500 亿元，超越重庆渝北区，成为西部第一强区。"追赶型经济增长理论"认为，以人的全面发展为根本内容的生产力发展，是经济增长的本质，强调科学的体制改革和制度创新所释放的新能量，对经济发展具有巨大的正向促进作用。雁塔区具有敢于大改革、敢于大创新、敢设大目标、敢立军令状、敢于立潮头、敢为天下先的"领头雁精神"！

习近平总书记陕西考察，给陕西提出了"追赶超越"的目标定位和"五个扎实"的要求，雁塔区委、区政府认真贯彻落实这一目标和要求，全区上下认真落实中央和省、市级各项决策部署，按照争创一流、西部领先总要求，在全省率先建成小康社会，建成经济繁荣、城市宜居、社会和谐的国际化大都市主城区，大力实施强三优二、板块推进、民生优先、共建融合四大战略，经济运行实现了量速齐增、质效双提，主动适应、引领和把握新常态，改革创新求突破，真抓实干促发展，雁塔区在全省率先全面建成小康社会，就是对标建成小康社会评估指标体系，不缺项、没有短板地全面实现小康社会，在时间上要走在全市 13 区县前列、全省 107 个区县前列，在 2020 年，把雁塔区建成更高水平、更高质量的全面小康社会，全区经济和社会的发展取得了长足进步，让市民生活更加幸福，创造了辉煌的成绩。

"经济发展"包括人均 GDP、R&D 经费支出占 GDP 比重、第三产业增加值占 GDP 比重、城镇人口比重和失业率（城镇）五项监测指标，主要反映经济方面的发展情况。经过 40 年的奋斗与实践，积贫积弱的雁塔郊区焕发生机，人民生活由温饱不足向小康全面迈进，城市面貌发生深刻变化，经济结构实现了历史性转变，综合实力大幅提升。2000 年以来，雁塔区始终坚持以实现率先发展为目标，不断优化产业结构，增强自主创新能力，转变经济发展方式，全区经济在新一轮增长周期的高平台上稳步增长，雁塔区也由一个以农业为主体、贫穷落后的郊区，在历经 40 年的风雨沧桑、几代人的艰辛耕耘后，逐渐发展成为文商旅融合发展的科教文化名，成为西安市的中心城区之一，铸就了辉煌的今天。

1980 年，建设小康社会刚刚提出，雁塔区恢复建置时，只是一个以农业经济为主的郊区，经济发展和科教文卫等各项社会事业十分落后，三次产业结构比为 50.99：32.51：16.50。伴随着改革开放的不断深化，雁塔区凭借地处近郊的优势，昔日以种植业生产为单一型的农业经济迅速得到改变，地区生产总值由 1980 年的不足亿元，到 2000 年生产总值突破百亿元达到 109.82 亿元，2010 年生产总值突破 500 亿元，2014 年迈过 1000 亿元大关，实现了从 100 亿元到 500 亿元再到 1000 亿元的精彩"三级跳"。2016 年一产消亡，三次产业占比调整为 0：27.36：72.64，产业结构实现了从"一二三"到"三二"的跨时代转型，2019 年雁塔区三产占比为 77%。

特别值得强调的是，2017 年雁塔区地区生产总值首次突破 1500 亿元，超越重庆渝北区，成为西部第一强区，形成了以制造业、建筑业、商贸业、旅游文化业为主，多产业并存的产业布局，开创了迈向高质量发展的新时代。2018年，雁塔区经济总量达到 1757.98 亿元，三次产业结构调整为 0：22.96：77.04，连续 11 年蝉联陕西城区经济社会发展五强区之首。2019 年，雁塔区实现生产总值 2271.01 亿元，增速 8%，较全国、全省、全市分别高 1.9、2 和 1 个百分点，总量占全市四分之一，提前完成"十三五"规划目标。

2019 年雁塔区把稳就业摆在重要位置，城镇新增就业 1.4 万人，城镇登记失业率控制在 3.2% 以内，多年来失业率一直保持在目标范围内，实现程度为100%。财政收入完成 45.93 亿元，总量跃居全市第一，税收占比达到 86.4%。在全市目标考核中，排名优化发展区第 1 名。2010 年雁塔区城镇化率实现100%。2015 年雁塔区人均 GDP 已达到 16000 美元，迈入高收入地区行列，2019 年雁塔区人均 GDP 为 23499 美元。按照工信部最新标准，在《2019 中国城区高质量发展百强研究》中，排名全国第 30 位。在《求是》杂志旗下《小康》杂志社发布的"2020 中国最具发展潜力百佳县市"榜单中排名第三。

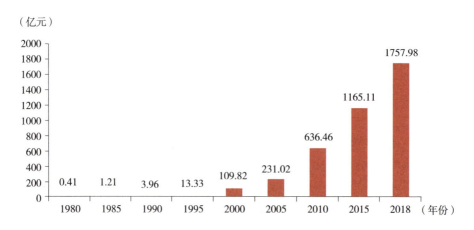

（亿元）

1980—2018 年雁塔区地区生产总值完成情况

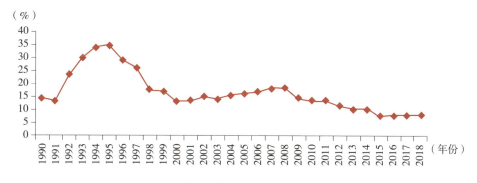

1990—2018 年雁塔区地区生产总值增速情况

综上所述，根据上述调研的数据和事实，对照全面建成小康社会统计监测指标体系的数值，雁塔区"经济发展"指标中，2019 年雁塔区人均地区生产总值为 23499 美元，按照目前 1 美元 =6.9318 人民币的汇率计算，2019 年西安市雁塔区人均地区生产总值已经达到 162890.37 元人民币，是监测标准值 31400 元人民币的 5.19 倍，即标准值要求的 519%，充分展现了经济强区的亮点，实现了习近平总书记"追赶超越"的目标定位和"五个扎实"的要求。"城镇人口比重"指标要求城镇人口超过 60%，2016 年雁塔区城镇化率达到 100%，这在全国区县中也是少有的可喜现象。"第三产业增加值占 GDP 比重"指标要求是超过 50%，2019 年雁塔区三产占比为 77%，这远远超过了指标的要求，成为全国转型升级区县的成功典范。"失业率（城镇）"指标要求小于 6%，2019 年城镇登记失业率控制在 3.2% 以内。这在近年来就业艰难、新冠肺炎疫情使就业难上加难的大背景下，更是难能可贵。"R&D 经费支出占 GDP 比重"指标要求大于 2.5%，2019 年雁塔为 2.32%，在 2020 年，定会奋力一搏，实现指标。显而易见，雁塔区已经率先超额完成了全面建成小康社会经济发展的 5 项指标，经济发展在全省和全国都处于领先地位。

（二）社会和谐强——各种关系和顺，指标实现 99%

调研感悟：和谐社会是我党提出的社会发展战略目标，是全面建成小康社会的鲜明标志之一。和谐社会是一种天人和睦、阶层融洽、齐心协力、良性运行的社会状态。家庭和谐，社区和谐，企业和谐，学校和谐，机关和谐，阶层和谐。走进雁塔区，德行天下，天人合一，和风顺畅，和善为邻，和声细语，和气生财，和颜悦色，和蔼可亲。此情此景，让人不由得联想到大唐芙蓉园门外，那几百羽可爱的和平鸽。雁塔区处处体现着和衷共济、以和为贵、和字为先的"和平鸽精神"。

习近平总书记 2020 年 4 月在陕西考察时特别强调，民生是人民幸福之基、社会和谐之本。要坚持以人民为中心的发展思想，扎实办好民生实事。要瞄准突出问题精准施策，做好剩余贫困人口脱贫工作，因地制宜发展区域特色产业，加快建立防止返贫监测和帮扶机制，加强易地扶贫搬迁后续扶持，多措并举巩固脱贫成果。要做好高校毕业生、农民工、退役军人等重点群体就业工作，多渠道促进就业创业。要加强和创新社会治理，坚持和完善新时代"枫桥经验"，深化扫黑除恶专项斗争。

社会和谐是全面建成小康社会的社会关系指标。"社会和谐"包括基尼系数、城乡居民收入比、地区经济发展差异系数、基本社会保险覆盖率和高中阶段毕业生性别差异系数五项监测指标，主要反映社会发展的协调程度。

雁塔区始终坚持以人民为中心的发展理念，聚焦民生短板、难事，一般公共预算支出超八成用于民生，努力把发展成果更充分地转化为惠民实效。随着雁塔区经济快速发展，越来越多的外来人员扎根雁塔，为雁塔的经济腾飞作出贡献。建区初期，雁塔区仅有人口 25.85 万人，其中农业人口 14.95 万人，占总人口数的 57.8%。随着经济实力逐步增强，人民生活明显改善，城市化进程不断加快，2018 年底全区常住人口达到 134.32 万人，是 1980 年的 5.2 倍，平均每年增加人口 2.85 万人，年平均增长 4.4%，占西安市 2018 年常住人口的 13.4%。随着人口的不断增加，雁塔区社会保障体系也不断完善，"雁塔区社会保障网"开通运行，在全市率先实行四险"一柜式"办理，广覆盖、高水平的社会保险体系全面建成。2018 年坚持以培训提升技能，以创业带动就业，以社保强化兜底，2018 年培训各类学员 3000 余人，办理创业担保贷款 6000余万元，实现城镇新增就业 1.6 万人，发放城乡低保金和老龄补贴超过 6400万元，审批保障性住房 6200 余户，新建 10 个社区居家养老服务站，新增养老床位 455 张。目前，全区 134 个社区创建和谐示范社区 93 个，建成率 80%。

2019 年，雁塔区扎实推进精准扶贫，帮扶的周至县 14 个贫困村、223 户贫困户脱贫成效进一步巩固；启动对口安康汉滨区帮扶工作，消费、产业、就业等领域扶贫措施有序推进。2019 年城乡居民基本养老保险和医疗保障参保率分别高达 99％和 98.5％，基尼系数 0.27，10 个街道办事处地区经济发展差异系数 42.97％，高中阶段毕业生性别差异系数为 99.25％，2019 年雁塔区城镇居民人均可支配收入 48685 元，总量继续保持全省第一。

典 型 人 物

"最美奋斗者"闫中华

闫中华，男，汉族，1953 年 3 月 9 日出生，中共党员，大专学历，陕西延长人，红专南路社区书记、主任，红专南路社区民族乐团团长（兼职）。从事社区工作 18 年，他不忘初心、牢记使命，领导的红专南路社区，以社会主义核心价值观为指导，坚持党建为引领，党建联席会为桥梁，发挥网格化管理优势，贯彻"群众需求无小事"的工作方针，以"传统小家打造现代社区大家"为抓手，开展"树六德""建九家"活动，在平凡中探索，在繁琐中创新，以"敢为人先"的创新精神，连续创造出多个全省第一，成为全国社区建设的先进典型。社区红专南路社区先后获得"全国先进基层党组织""全国文明单位""全国最美志愿服务社区""全国民主法治示范社区""全国和谐社区建设示范社区"等 160 多项荣誉。2019 年 10 月 1 日上午，闫中华同志受邀在天安门广场现场观礼。习近平、赵乐际等中央领导先后来社区视察，给予了充分肯定。工作经验被中宣部和省、区、市宣传推广，全国多个省、区、市和国家有关部委，以及澳大利亚、新西兰、韩国、越南等国外政府和民间团体来社区参观考察学习。

综上所述，全面建成小康社会统计监测指标基本社会保险覆盖率要求达到 90％，2019 年雁塔区城乡居民基本养老保险和医疗保障参保率分别高达 99％和 98.5％，远远高于指标的要求，处于全国领先水平。城乡居民收入比由

全面建成小康社会与中国县域发展（下卷）

于雁塔区 2000 年已经没有农村居民，城镇化率达到 100%，无农村居民人均纯收入指标，无法计算城乡居民收入比，收入状况就用 2019 年雁塔区城镇居民人均可支配收入 48685 元来体现。基尼系数 0.27，属于比较平均。地区经济发展差异系数监测指标要求小于 60%，雁塔区为 42.97%，低于检测指标。高中阶段毕业生性别差异系数为 99.25%，计监测指标达到 100%，基本符合监测指标的要求。这些充分说明，雁塔区各种社会关系协调，社会保障日臻完善，社会和谐度达到了 99%，雁塔区社会和谐指标处于全国领先水平。

（三）生活质量强——出现质的飞跃，指标实现 325%

调研感悟：不断满足人民日益增长的美好生活需要，是党和政府的永恒目标。民生连着民心，民心凝聚民力，人民生活质量涉及千家万户每个人的利益，与群众联系最紧，与百姓贴得最近，不断提高市民生活质量是雁塔区全部工作的出发点和落脚点。良好的民生是人民幸福之源，是全面小康之本。雁塔区为了提高市民生活质量，不怕千辛万苦，不顾千难万险，想尽千方百计，显示出勤劳无私、不舍昼夜、甘于奉献的"小蜜蜂精神"。

人民生活质量的提高是全面建成小康社会的最终目的。生活质量包括居民人均可支配收入、恩格尔系数、人均住房使用面积、5 岁以下儿童死亡率和平均预期寿命五项监测指标，主要反映居民生活的发展变化情况。

习近平总书记陕西考察，给陕西提出了"追赶超越"的目标定位和"五个扎实"的要求，其中之一就是扎实推进和保障民生。雁塔区始终将保障和改善民生放在首位，坚持财政两个"80%"用于民生建设，大力实施惠民实事和民生工程，有效解决了一批群众最关心的住房、就业、教育、医疗等问题，公共服务均等化水平显著提升。

雁塔区健康中国理念深入人心。自雁塔区恢复建置以来，人人争做自己的健康第一责任人，卫生健康事业有序发展，不断加大医疗卫生事业投入，完善医疗基础设施，着力改善群众就医环境，持续提高居民健康水平，卫生机构床位数由 1980 年的 49 张增长至 2017 年的 9582 张，增长了 195.6 倍；卫生技术人员由 2000 年的 2220 人增加到 2018 年的 17617 人，增长了 7.9 倍，仅 2018 年，新建 5 所社区卫生服务机构，列支 400 余万元更新区中医医院设备，建成紧密型医联体 2 个，二三级医院专家下沉社区坐诊近 2000 人次，接诊病人 7600 余人次，重点人群家庭医生签约率达 61.5%，城乡居民医保统筹区域政策性报销比例达到 77%。持续完善分级诊疗体系，大力开展"名医进社区"活动，医药卫生体制改革保持全省 10 个地市领先水平，荣获"国家卫生城市复审先进单位"称号，2019 年 5 岁以下儿童死亡率为 1.7‰，极大提高了人民群众的预期寿命，平均预期寿命 78 岁。

典型人物

全国"最美志愿者"邓景元

邓景元，男，51 岁，现任西安交通大学第一附属医院康复医学中心副主任，西安雁塔邓景元社区康复志愿服务中心主任。自 2011 年 5 月 28 日，交大一附院团委在红专南路社区成立"青年志愿者服务基地"至今 8 年多的时间里，为探索社区康复的模式，无论刮风下雨还是烈日炎炎，邓景元都会牺牲每周六的时间早早来到社区，带领他的康复团队义务为社区残疾人及居民进行康复诊疗和训练。8 年多来，在邓景元医生的带动影响下，他的志愿者康复治疗团队已发展到 300 多人，团队总计服务时长 2462 小时，中医诊断及开具中药方剂 7640 人次，针灸、推拿及康复训练治疗 37960 人次，进行健康知识讲座 61 次，建立慢性病管理档案 320 份，并先后赠送社区康复设备近 10 万余元。

因为长年义诊的善举，邓医生先后获得"雁塔榜样""雁塔劳模"，西安市、陕西省"优秀志愿者""西安好人""陕西好人""中国好人"，2016 年区、市、省、全国"百姓学习之星"及全国事迹特别感人的"百姓学习之星"，2017 年度全国"最美志愿者"等称号，得到国家、省、市各界媒体的广泛关注，并受到中国残联主席张海迪同志和中国志愿者服务联合会会长刘淇同志等领导的亲切接见，都赞扬他是"雷锋式的好医生"。从医 26 年、获誉不少的邓景元认为，"患者的认可是一名医生最大的幸福。为社区群众义诊，我会坚持一辈子"。

雁塔区居民收入大幅提升。随着整体经济社会不断蓬勃发展，收入、支出水平连年突破新高。2008年国家在雁塔区开展城镇住户调查，当年城镇居民可支配收入为15695元。2018年，我区城镇居民可支配收入达到44995元，是2008年的2.9倍，年均增速11.1%，2019年雁塔区城镇居民人均可支配收入48685元，总量多年稳居全省第一。2019年恩格尔系数降至38%，人均住房使用面积达到30平方米。2019年，雁塔区居民每百户洗衣机、电冰箱(柜)、空调拥有量分别达到96.0台、100.9台和115.6台，每百户家用汽车拥有量达35.3辆，比2010年增长1.1倍。

综上所述，全面建成小康社会统计监测指标体系的人均可支配收入要求达到15000元，2019年雁塔区城镇居民人均可支配收入48685元，是标准的3.25倍，雁塔区干部群众在经济收入上早已远远超过小康标准，过上了比较富裕的生活，提前达到全面小康的收入标准。监测指标恩格尔系数要求控制在40%，多年来，雁塔区恩格尔系数均保持在35%—38%，处于合理范围之内。监测指标人均住房使用面积要求达到27平方米，雁塔区人均住房使用面积已经达到30平方米。监测指标5岁以下儿童死亡率要求控制在12‰，雁塔区5岁以下儿童死亡率降低至1.7‰。监测指标平均预期寿命要求达到75岁，2019年雁塔区达到了78岁。这些充分说明，雁塔区生活质量指标已经高于全面建成小康社会监测指标，在西部属于高品质的生活质量。

（四）民主法治强——建设不断优化，指标实现95%

调研感悟：20世纪，曾经有一段时间，小偷猖獗，被盗屡发。问10个市民，至少有3个说被偷过，笔者就被小偷用刀子把衣服划破，偷走手机和钱包。老百姓把小偷称为"提皮子的"，对其咬牙切齿，恨之入骨。雁塔区急民之所忧，解民之所恨，公安、城管、"天网"、"红袖章"、"防控网"齐上阵，20年来，"提皮子的"不见了，想抓个小偷还真不容易，想丢个东西也不容易，法行天下，天下无贼，市民安全感大增。扫黑除恶不手软，为民普法心最软。生产上"安全线就是生命线"，生活上"民以食为天，食以安为先"。雁塔区处处彰显着平安为大、安全是天的"守护神精神"。

民主法治是全面建成小康社会的制度保障。民主法治包括公民自身民主权利满意度和社会安全指数两项监测指标。公民自身民主权利满意度指公民对自身的政治、经济和文化权益得到切实尊重和保障的满意程度，此指标是一项主观性指标，其数据通过抽样调查取得。社会安全指数是一个合成指数，表示社会安全的状态，指一定时期内，社会安全的几个主要方面（社会治安、交通安全、生活安全、生产安全等）的总体变化情况。其中，社会治安采用万人刑事犯罪率指标；交通安全采用万人交通事故（含道路交通、水上交通、铁路、民航等）死亡率指标；生活安全采用万人火灾事故死亡率指标；生产安全采用万人工伤事故死亡率指标。

在民主权利方面，雁塔区党的领导、人民当家作主、依法治国有机统一的制度建设持续全面加强，坚持党总揽全局、协调各方，加强党的全面领导，坚持全面从严治党，科学执政、民主执政、依法执政水平明显提高。雁塔区始终认真贯彻落实《法治政府建设实施纲要（2015—2020年）》，推进依法行政和社会治理，落实好简政放权，加强和改善行政执法，完善绩效考核制度。强化行政执法机关内部监督制约，加强监察、审计监督力度，保证行政执法活动合法合规。深入开展"七五"普法，健全依法决策机制，增强法治宣传教育实效，健全公民和组织守法信用制度，促进法治雁塔建设，维护社会和谐稳定。自觉接受人大法律监督以及政协、"两院"的民主、司法监督。持续推进政务公开，加大政府信息公开力度，接受社会监督。人民群众通过区"两会"代表行使当家作主的权利，使国家权力制度不断完善，社会主义协商民主优越性充分发挥，爱国统一战线更加巩固。严格执法、公正司法、全民守法深入推进，各项法律在雁塔区得到全面贯彻实施，涌现出205所社区"法律墙"等一系列亮点，公民自身民主权利满意度达到95%。

在社会治安方面，雁塔区全力维护社会稳定大局，筑牢社会治安立体防控网，深入开展重点行业领域扫黑除恶和反恐维稳专项整治工作，不断总结经验，形成长效机制，确保城市安全、社会安定、市民安宁，加快三级综治中心及其信息化建设，推进基层社会治理，2020年，实现危害国家安全犯罪、严重破坏经济秩序犯罪、刑事案件总量逐步下降，刑事和治安案件同比下降18.3%和20.7%，2019年公众安全感指数达到94.4%。

在生产安全方面，雁塔区秉持"安全线就是生命线"理念，全面压实安全生产监管责任，深入开展建筑施工、消防安全、道路交通等重点行业领域专项整治，坚决遏制较大以上生产安全事故发生。雁塔区持续强化城市公共安全，四期技防系统建成使用，高标准开展人防综合演练，重特大安全事故、重大群体性事件总量逐步下降。

在生活安全方面，雁塔区圆满完成国家食品安全城市创建，顺利完成食品药品管理体制改革，强化市民"舌尖上的安全"监管，完成"明厨亮灶"500户，新增餐饮服务食品安全示范街2条，人民群众"米袋子"和"菜篮子"质量安全更有保障，扎实开展食品安全检查，荣获"陕西省食品安全示范区"称号。

综上所述，全面建成小康社会监测指标体系的公民自身民主权利满意度要求达到90%，2009年雁塔区公民自身民主权利满意度达到95%，超过了指标要求。监测指标体系的社会安全指数要求达到100%，2019年公众安全感指数达到94.4%，距离指标要求还有一定差距，需要2020年继续努力，等待新一年调查数据的验证。

（五）文化教育强——水平不断提升，指标实现99%

调研感悟：西安市民公认，南郊是文教大区。这主要是指在西安南部的雁塔区等，市民买房教子都首选南郊。老百姓说，你就是月子娃，在南郊住着，渗也渗你一肚子墨水。雁塔区教育文化双轮驱动，如大鹏展开双翅，翱翔蓝天，彰显出崇尚文教、文以载道、以文化人的"大人文精神"。

文化教育是全面建成小康社会的基础。文化教育包括文化产业增加值占GDP比重、居民文教娱乐服务支出占家庭消费支出比重和平均受教育年限三项监测指标，主要反映文化教育方面的发展情况。全民族教育文化素质明显提高，是全面小康建设的目的之一。

文化建设方面，在全面建成小康社会的历史进程中，雁塔区大力弘扬以24字社会主义核心价值观为主体的良好思想道德风尚，全面建立公共文化服务体系，文化事业蓬勃发展，扎实推进文体惠民，基层综合文化服务中心达标率超过80%，连续出台《雁塔区十三五文化体育发展规划》《关于补短板加快雁塔文化产业发展的若干政策》《雁塔区文化产业倍增计划》《雁塔区"书香之城"实施方案》等促进文化产业政策，深入推进"书香之城"建设，启动嘉汇汉唐书城业态调整，完成万邦关中大书房改造升级，新建西西弗等 4 家新业态书店和 22 个书香西安阅读吧，实体书店达到 363 家，"新华书店·西电 1931"荣获"年度大学书店"。

雁塔区文化产业快速发展，2019 年，文化产业营收增速是 15.5%，文化产业增加值占国内生产总值比重为 5.2%。全力打造文化产业重点项目雁塔区美术馆、工业设计和文化创意项目、丝路文化特色街区。联合西安交通大学、西安美术学院、西安电子科技大学等 13 所高校举办三届雁塔大学生青春设计博览会，成立了由 30 家招才引智工作站组成的"雁塔区招才引智工作联盟"，将驻地高校、孵化基地及优秀企业汇聚成推动人才工作的新动能，进一步释放人才发展活力，吸引人才留在雁塔。兴善寺西街文化聚合效应持续扩大，举办"文动雁塔、西街雅集"主题活动近 50 期，管委会办公室荣获"全国商业街先进集体"荣誉称号。文旅融合优势明显。拓展"旅游+"理念，创新发展"旅游+教育""旅游+文化""旅游+高校"模式。成功举办"网眼聚焦领头雁"、樱花节、毕业季等主题活动 70 余场。全力以赴打造旅游品牌，推出《雁塔旅游护照》和旅游宣传册等系列产品。荣获"2019 文化旅游优选城区"和"2019文旅融合影响力节庆"两项大奖。2019 年全年接待游客 4500 万人次，实现旅游收入 300 亿元；举办各类文化惠民活动 1000 余场，位居全市 13 区县前列。2019 年居民文教娱乐服务支出占家庭消费支出比重 15.3%。

教育发展方面，在全面建成小康社会的历史进程中，雁塔区坚持教育优先的发展理念，把教育作为头号民生工程，深入贯彻落实全市教育大会精神，雁塔区全面落实《基础教育提升三年行动方案》，结合区域发展和人口变化，重点做好入学矛盾突出区域的学校布点和建设，以城镇小区配套幼儿园整治为契机，进一步加大公办园和普惠性民办园建设力度，确保普惠性幼儿园覆盖率达到 80%，确保幼儿毛入园率达到 100%。不断加大教育师资力量的投入，在校中小学教师人数由 2000 年的 4784 人增长至 2018 年的 9876 人，教师人数翻了一番多；在校中小学生人数由 1985 年的 45400 人增长至 2018 年的 168382 人，增长 3.7 倍。截至 2018 年底，全区共有中学 36 所、小学 58 所、幼儿园 150 所、职业中学 9 所，其中省级示范高中 5 所、省级标准化高中 12 所、市级重点职业学校 3 所、省级示范幼儿园 13 所、市一级幼儿园 17 所、省级素质教育优秀学校 13 所、市级素质教育优秀学校 30 所。针对学龄儿童激增与优质教育资源不足的矛盾，雁塔区 2018 年建成投用 6 所公办学校，实施 14 所学校硬件设施提升改造，在两所学校开展九年一贯制办学试点。积极推进"名校+"战略，组建 5 个市级和 3 个区级教育联合体，新增义务段学位 6500 个。2019 年完成航天小学等 18 所学校改扩建和基础设施提升，新增义务段学位近 6000 个；新开工建设翠华路小学海亮新英里分校等 8 所学校，增加义务段学位近 9000 个。雁塔区先后荣获 2019 年国家义务教育质量监测县级优秀组织单位荣誉等等称号，建成全市首个省级"双高双普区"。雁塔区在全省城区中率先创建为省级教育强区，是全省唯一的"全国中小学心理健康教育示范区"。

雁塔区是名副其实的中国科教文化名区，区内高校、科研院所众多，陕西师范大学、西北政法大学、西安外国语大学、长安大学、西安财经大学、西安交大经济金融学院、西安邮电大学、西安美术学院、西安音乐学院等众多高校都在雁塔区。这些高校和科研院所的人才达 14 万之众，加上众多享誉世界的盛唐文化符号，更令雁塔成为高考热门的上佳选地。

综上所述，全面建成小康社会统计监测指标体系，要求文化产业增加值占 GDP 比重达到 5%，2019 年雁塔区文化产业增加值占国内生产总值比重为 5.2%。监测指标居民文教娱乐服务支出占家庭消费支出比重达到 16%，2019 年雁塔区居民文教娱乐服务支出占家庭消费支出比重达到 15.3%，2020 年底能够达到指标。监测指标平均受教育年限要求达到 10.5 年，雁塔区 2015 年时全区主要劳动年龄人口受教育年限就已经达到 13 年，提前 5 年超过了指标。这些都充分彰显了雁塔区在全省和全国是文教大区的鲜明特色。

（六）资源环境强——生态新高度，指标实现 97%

调研感悟："秦岭四宝"之一朱鹮，属稀世珍禽，羽毛洁白，头冠艳红，长嘴墨黑，双脚细长，性格温顺，神韵翩仙，民间称为"吉祥鸟"，更为鸟中"东方宝石"，被日本视为"圣鸟"。朱鹮对生态环境极为挑剔，过去，因为资源环境恶化，全球数量急剧减少至 7 只；现在，生态恢复良好，逐渐增多至近 2000 只，常常作为国礼。雁塔区的生态资源环境也是从差到好，更多良禽择雁塔而居。生态资源环境关系着鸟类种群的生存质量，同样也关系着雁塔区的兴衰。雁塔区深刻认识到，保护生态资源环境，就像保护朱鹮种群一样，也是在保护人类。雁塔区已经形成了珍爱生态、节约资源、呵护绿色、碧水长流的"护朱鹮精神"。

资源环境是全面建成小康社会的生态文明指标。资源环境包括单位 GDP 能耗、耕地面积指数和环境质量指数三项监测指标，主要反映资源利用状况和环境保护成果。环境质量是包括水环境、大气环境、土壤环境、生态环境、地质环境、噪声环境等要素优劣的一个综合概念。由于环境统计数据的限制，环境质量指数的计算暂由城市空气质量达标率、地表水达标率和国土绿化达标率组成。

习近平总书记 2020 年 4 月 20 日至 23 日在陕西省考察时强调，陕西生态环境保护，不仅关系自身发展质量和可持续发展，而且关系全国生态环境大局。要牢固树立"绿水青山就是金山银山"理念，统筹山水林田湖草系统治理，优化国土空间开发格局，调整区域产业布局，发展清洁生产，推进绿色发展，打好蓝天、碧水、净土保卫战。要坚持不懈开展退耕还林还草，推进荒漠化、水土流失综合治理，推动黄河流域从过度干预、过度利用向自然修复、休养生息转变，改善流域生态环境质量。

雁塔区始终坚持绿色发展理念。以实现可持续发展为目标，全力创建国家森林城市，坚持增绿、治污、减排、监管的基本思路，培育先进文明的生产方式和消费模式，促使生态环境持续优化，城市面貌显著改善，人居环境质量大幅提高，最终建成可循环发展的生态文明示范区。生态环境有效改善，持续加大增绿扩绿力度，顺利完成新修市政道路绿化等一系列绿化工程，三环绿色景观长廊、文化景观街区共同构建了独具魅力的城市景观和生态系统，抓好"五路"增绿，践行"大树＋草坪＋鲜花＋微地形＋景观树"城市绿化理念，持续开展道路绿化、景观提升、量化提升，初步形成"一路一景观、一街一特色"的格局。2019 年，雁塔区完成经十四路等 9 条道路绿化、电子四路等 9

条道路景观提升，新建提升 6 座绿地广场，修建西安城市生态公园绿道等 20 公里，新增城市绿地 30 余万平方米，形成了绿廊、绿道、绿心相结合的三维生态体系。目前，绿化覆盖率为 39.57%，人均公园绿地面积 12 平方米以上，荣获全市 13 区县中的美丽城区荣誉和"中国风景园林学会优秀管理奖"。

雁塔区铁腕治霾和整治"散乱污"工作全面推进。2018 年削减煤炭 8.4 万吨，清理整顿"散乱污"企业 477 家，完成燃气锅炉低氮改造 573 台，实现加油站三次油气回收全覆盖，空气质量优良天数达到 175 天，同比增加 28 天。万元生产总值能耗降低 6.36%，空气质量综合指数 6.86%。2019 年，雁塔区地表水达标率 95.625%。城区面貌、人居环境日新月异，清洁之区、绿色之区、花园之区建设全面提速。2019 年，雁塔区打好污染防治攻坚战，落实最严格的环境保护制度，严厉打击环境违法行为，坚决守住生态环境安全底线。严格扬尘污染管控，推进工业污染减排和挥发性有机物治理，全力抓好高排放机动车淘汰治理工作，使重污染天数明显减少，空气质量明显改善。按照"治用保引管"的思路，大力推进全域治水，配合市级部门建设雁塔齐王再生水厂等设施，同步配套建设雨污水管网，加强污泥无害化处理处置工作，确保重点河流水质得到改善，逐步实现"碧水长流、鱼翔浅底"的愿景。PM10、PM2.5 持续下降，优良天数达到 221 天，同比增加 20 天。黑臭水体、"大棚房"整治全面完成，地表水达标率 95.625%，受到国家生态环境部和住建部的一致好评和充分肯定。

雁塔区深入推进节能减排。建设完成地铁周边主要街道污水管网配套工程，提高我区污水收集率；建成鱼化工业园污水处理厂，使建成区污水处理率达到 98% 以上，辖区河流水质达到国家生态区考核标准，形成大水大绿大环境。严格控制噪声污染，强化施工噪声污染防治，实施城市夜间施工审批管理，推进噪声自动监测系统，对建筑施工进行实时监督。加强交通噪声污染防治，严格实施禁鸣、限行、限速等措施。加强固体污染物防治，积极支持生产工艺革新的研究，促进企业之间进行废弃物交换利用，工业固体废弃物处置利用率达到 99% 以上。危险废物处理率达到 100%。深入推进节能降耗，按照"总量控制、削减增量、梯次释放"的原则，落实能源消费总量和能源消耗强度下降"三级双控"机制，单位 GDP 综合能耗累计降低 16%。2018 年雁塔区万元生产总值能耗为 0.299 吨标准煤 / 万元。雁塔区大力加强与开发区的协调配合，统筹全面推动工业节能、建筑节能、社会节能等重点领域节能降耗，大力发展绿色清洁能源。加快发展绿色建筑，引导企业发展节能降耗省地型建筑，将"绿色、低碳、环保"的理念贯穿于决策、设计、施工、使用、管理的全过程，保证建筑的外观、结构、功能使用都与所在区域的自然、社会和谐共生。大力开展节水型社会建设，强化节约用水管理，加强水政执法工作，落实最严格的水资源管理制度，推进皂河生态公园建设，加快水生态系统保护与修复，为建设水生态文明示范区打下坚实基础。

综上所述，"全面建成小康社会统计监测指标体系"的单位 GDP 能耗要求达到 0.84 吨标准煤 / 万元，2018 年雁塔区万元生产总值能耗为 0.299 吨标准煤 / 万元，节能环保工作进入上游水平。耕地面积指数要求达到 94%，由于雁塔区城镇化率已经实现了 100%，现在没有耕地面积，所以无法计算耕地面积指数。环境质量指数要求达到 100%，2019 年雁塔区空气质量综合指数 6.86%，绿化覆盖率为 39.57%，地表水达标率 95.625%，由三者组成的环境质量指数已经接近标准，等待 2020 年的最终统计数据验证。

总而言之，归根结底，党和政府的正确领导，人民群众的奋力拼搏，这是西安市雁塔区全面建成小康社会的决定性因素。全面建成小康社会，充分彰显了我们党的初心使命和丰功伟绩，深刻揭示了中国共产党为什么"能"、马克思主义为什么"行"、中国特色社会主义为什么"好"。西安市雁塔区从 1980 年开始建设小康社会，到 2010 年基本建成小康社会，到 2019 年全面建成小康社会，无愧于西部"领头雁"的地位。

三、西安市雁塔区全面建成小康社会的困难和问题

调研感悟：成绩不夸跑不了，问题不抓不得了。"木桶效应"的经济学原理告诉我们，一只木桶能装多少水，决定于最短的那块木板。最薄弱的环节决

定着雁塔区全面建成小康社会的整体质量，补齐短板是全面建成小康社会的燃眉之急和当务之急。

党中央1979年提出建设小康社会以来，西安市雁塔区全面建成小康社会取得辉煌的历史性成就，这是本质和主流。但是在全面建成小康社会决胜年的2020年，个别短板必须加快补上，宁可超一点，不可差一点。

（一）建成小康社会的全面性有待提升

全面建成小康社会，其核心在于"全面"，包含两层重要含义：一是小康社会所覆盖的人群是全面的，就是要使全体人民都享受到经济发展带来的成果；二是小康社会的建设领域是全面的，它不仅仅是要提高人民物质生活水平，而且还要加强政治文明、精神文明和生态文明建设，促进城乡、区域、经济、社会、人与自然协调发展，实现全民共享、全面进步。因此，全面小康的6大一级指标和23个二级指标都起着至关重要的作用，缺一不可，缺一不全。只有所有指标都达到全面小康目标值的标准，才能实现真正意义上的"全面小康社会"。"全面建成小康社会统计监测指标体系"的"社会安全指数"要求达到100%，2019年雁塔区公众安全指数仅达到94.4%，监测指标的"R&D经费支出占GDP比重"要求大于2.5%，2019年雁塔为2.32%。这些数值，虽然已经非常接近指标要求，但是，还需要进行重点突破，在2020年完全实现。

（二）教育、医疗、养老水平有待提升

目前，我国社会主要矛盾已经转化为人民日益增长的美好生活需要和不平衡不充分的发展之间的矛盾。习近平总书记关于人民对幸福生活的追求作出了重要论述："我们的人民热爱生活，期盼有更好的教育、更稳定的工作、更满意的收入、更可靠的社会保障、更高水平的医疗卫生服务、更舒适的居住条件、更优美的环境，期盼孩子们能成长得更好、工作得更好、生活得更好。"雁塔区教育、医疗、养老发展不平衡不充分的一些突出问题尚未根本解决，学校、医院等民生规划相对滞后，"供需比""师生比""生园比"差距比较明显，"超班额"现象时有发生，教育、医疗、养老等领域优质供给还不充足，满足群众日益增长的美好生活还有距离，实现追赶超越高质量发展仍然需用精耕细作。

四、西安市雁塔区全面建成小康社会的对策建议

调研感悟：存在困难和问题不可怕，没有对症下药的对策最可怕。针对短板，强化人、财、物的"硬件"，优化政策、机制、信息的"软件"，解决问题指日可待。

雁塔区解决上述问题，迫切需要以习近平总书记赴陕重要讲话精神为指针，牢固树立五大新发展理念，全面提升用新发展理念决胜全面小康的本领，才能不负人民重托！

（一）全力以赴强化公共安全指数

全面建成小康社会统计监测指标体系的社会安全指数要求达到100％，2019年雁塔区公众安全感指数达到94.4％，距离指标要求还有一定差距。要深入剖析问题形成的根源，多措并举，多管齐下，将雁塔区公共安全规划纳入区城市总体规划，以制度保障和预案管理为重点，建立城市安全规划指标体系，健全以社会治安防控、食品药品安全、安全生产、防灾减灾救灾等为基本内容的公共安全体系，对公共安全体系的主体构建、具体运作方向、运作方式和程序、责任机构和人员作出详细的规定，特别是要提高社会治安防控能力，通过系统治理、依法治理、综合治理、源头治理，持续扫黑除恶，推进平安雁塔建设法治化、社会化和信息化，迅速提高全区干部群众的安全感。

（二）全力以赴抓好 R&D 经费投入

西安市雁塔区要大力提高全面小康社会23个监测指标中数值较低的指标，"R&D 经费支出占 GDP 比重"指标要求大于2.5％，2019年雁塔为2.32％，2020年必须奋力一搏，实现指标，要在加大科技投入的同时，完善以政府为引导、企业为主体、社会投入为补充的科技投入体系；完善以市场为导向、企业为主体、产学研联动的技术创新体系。在2020年全面建成小康社会决胜之年，大力宣传雁塔区全面建成小康社会的巨大成就和领先地位，让全省信服，让全国信服，让全球信服。

（三）全力以赴像抓经济一样抓好教育和医疗

雁塔区各种建设项目在规划时就要预留教育、卫生等社会事业用地，科学制定学校和医院的布局规划和基本建设规划，确保在旧城改造、城市新建小区、成片开发的城市新区、新型城镇化重点地区实现教育和医疗设施同步配套建设。根据雁塔区行政区划调整、人口规模布局变化和经济功能区的设置情况，适时配置、调整医疗卫生机构及相关卫生资源，新增医疗资源按照每千常住人口 1.6 张床位预留规划空间，鼓励通过迁建、合并、转型等多种形式，推动医疗资源从配置富余地区向配置短缺地区转移。

（四）全力以赴推行"医养结合养老模式"

养和医是老人最基本的两个需求。雁塔区要鼓励基层医疗卫生机构与居家社区养老服务组织在设施设备、人员、服务等方面开展合作共建，多建医养结合的养老院和社区卫生中心。加快发展医疗进社区，特别是卫生部门要把社区医疗作为今后医疗体制改革和解决百姓医疗保健问题的一个关键性措施积极推进。从某种意义上讲，老年人是医疗资源最大的需求对象，要让各地社区在医疗发展过程当中，一定给急需医疗服务的老年人建立起医疗卫生档案，让社区及时掌握他们的健康状况，从而能及时预防和治疗。有条件的地方应该及时改建和新建医院和养老院在一起的医养结合医院。

2020 年，雁塔区已站在全新的历史起点上，在完成了全面建成小康社会的宏伟蓝图之后，将向下一个百年奋斗目标前进，经济社会发展进入了新的时代，面对新形势、新任务、新机遇、新挑战，雁塔区将在习近平新时代中国特色社会主义思想指引下，继续坚持稳中求进工作总基调，以建成西安国家中心城市核心区为使命、坚持新发展理念，创新驱动，统筹推进经济社会发展各项工作，在陕西"追赶超越"和西安国家中心城市建设的实践中，在下一个百年奋斗目标的历程中，当好"主力军"，再做"领头雁"！

全面建成小康社会与中国县域发展

甘肃省定西市陇西县

一株中药材如何嬗变为县域大产业

——陇西县中医药产业发展助推脱贫攻坚调查报告

中共陇西县委宣传部

近年来，陇西县坚持以打造"中国药都"为目标，致力建设"丝路重镇李氏源、千年药乡养生地"，按照全产业链打造、全过程监测、全生命周期服务的理念，坚持"以医带药、以药促医、医养结合、康养结合"，突出中医药产业向大健康转型的鲜明导向，全面贯彻落实促进中医药传承创新发展政策措施，加快建设和推广集 GAP 种植、GMP 认证、GSP 流通、GLP 检测、GCP 应用为一体的标准化体系，全力创建国家中医药产业发展综合试验区核心区。2019 年，全县中医药产业总产值达到 235 亿元，对 GDP 的贡献率 25.6%，对十大生态产业增加值的贡献率 26%，对财政收入的贡献率 20.8%，对农民人均可支配收入的贡献率主产区约 40%、全县接近三分之一，中医药产业已真正成为支撑县域经济发展的首位产业。

一、陇西县中医药产业发展的历史和现状

（一）中医药产业具备良好的发展基础。陇西自古盛产药材，素有"千年药乡"和"天下药仓"之美称，"老子炼丹""封衡济世""药王山""药圣村"等经典传诵至今。早在南北朝时期，陶弘景所著《本草经集注》中就有"黄芪

第一出陇西，色黄白，甜美，今亦难得"的记载。北宋《太平御览》所引的南北朝《秦州记》中更有言："陇西襄武县出黄芪"（襄武县即今陇西县）。据《陇西县志》记载，陇西县黄芪产量大、质量好，明清以来黄芪等中药材就是陇西的重要物产。目前，全县建成标准化中药材种子种苗繁育基地5.5万亩，年生产种苗3万吨、各类中药材种子800吨，全国统一普查的363个中药材主要品种中陇西有96种、占26.4%，常用的130多个品种陇西有93种、占72%；年种植面积稳定在35万亩（党参8.5万亩、黄芪7.8万亩、黄芩5.5万亩、款冬花2.3万亩、柴胡2.7万亩、关防风1.2万亩，红花、独活、金银花、太子参等其他药材7万亩），占总耕地面积的21.1%，种植面积居全国县区首位，年产量达到9万吨，其中党参产量约占全国产量的60%、黄芪产量约占全国产量的70%，是党参、黄芪等道地药材价格形成中心和全国中药材产业知名品牌创建示范区。年加工转化各类中药材30万吨，交易量达100多万吨，是全国最大的中药材加工基地、全国中药系列产品生产基地和全国重要的中药材交易信息中心。特别是在新冠肺炎疫情防治中，辨证论治开出"陇西方剂"，以甘肃中药材交易中心为平台连续组织召开五期道地药材线上产销对接活动，累计组织县内企业、合作社与省内外300多家企业开展对接合作。2020年以来，甘肃中药材交易中心完成交易3.63万吨、实现交易额8.11亿元。

（二）中医药产业发展条件得天独厚。一是自然禀赋独特。陇西地处中纬内陆，黄土高原和青藏高原过渡地带，海拔1600—2500米之间，属温带大陆性季风气候，湿度小、光照足、通风好，干而不燥，凉而不阴，年均降雨量为380—580毫米，常年实际温度-10—25℃，相对湿度25%—75%，独特的地理地质和气候造就了适宜多类药材生长仓储的自然条件，陇西也被称为中药材种植的"黄金地带"和中药材的"天然药库"。二是区位优势明显。位于甘肃中部的陇西，陇海铁路纵贯东西，宝兰二线横跨境内，定陇公路、连霍高速穿境而过，多条国、省公路与铁路在"旱码头"文峰镇交会，成为连接兰州、天水、临夏、陇南等数十个市州县的交通枢纽，便利的交通让全国各地的中药材，沿着高速公路和陇海铁路倒流回陇西进行仓储和存放，不仅促成了"南药北储、东药西储"的格局，甚至还有东南亚等地的进口药材大量进入，呈现出国际化的发展趋势。三是政策叠加支持。党的十八大以来，习近平总书记就发展中医药作出系列重要指示批示，为传承发展中医药事业和产业提供了根本遵循和行动指南。党中央、国务院把中医药摆在更加突出的地位，颁布实施中医药法，印发中医药发展战略规划纲要，要求坚持中西医并重卫生健康方针，中医药振兴和发展迎来了天时、地利、人和的大好时机。同时，省上大力发展中医药产业，市上着力打造"中国药都"，形成国家、省和市各级的政策组合拳，这些为陇西发展中医药事业和产业提供了良好的政策优势。

（三）中医药产业发展的成效特色鲜明。通过多年的培育、发展和壮大，陇西县中医药产业正朝着种植向标准化、加工向精深化、市场向专业化、仓储向规模化、产品向品牌化、中医向多元化发展。一是中药材种植逐步走向标准化。坚持把标准化种植作为产业发展的重要前提和基础，突出"有机、绿色、道地"品牌，依托中国药都·陇西药圃园，积极开展新品种引进示范、提纯复壮和野生品种驯化、种子种苗繁育、标准化种植试验、中药材品种选育、中药材标本制作等工作，先后制定了黄芪、黄芩、党参、甘草等 18 个标准化种子、种苗培育和栽培技术操作规程，并通过原省质监局评审，颁布为甘肃省中药材地方标准，为推进中药材标准化种植提供了重要的技术支持和科学指导。采取"公司牵头建基地、协会搭桥连农户、技术部门搞指导、乡镇配合抓面积、县上适当拿补助"的运作模式，每年筹措专项扶持资金 400 多万元，对标准化种植基地及核心育苗区每亩补贴 200—500 元，鼓励制药企业通过土地流转和"公司＋基地＋农户"等方式建立标准化药源基地，引导广大药农推广应用无公害种植、秸秆生物反应堆等技术，杜绝壮根灵、农药等化学药剂使用，降低农药和重金属残留，建立标准化中药材种子种苗繁育基地 5 万亩、标准化种植基地 20 万亩，从源头上保证了中药材道地品质，被国家工信部确定为"国家级中医药原料生产供应保障基地"。二是中药材加工逐步走向精深化。按照"园区承载、龙头带动、技术支撑"的工作思路，规划建设了占地 9 平方公里的中医药循环经济产业园，累计投入 35 亿元完善基础设施建设，先后引进入驻天津天士力集团、中国中医药集团、湖南千金药业、甘肃奇正藏药、普尔康药业等知名中医药加工企业 26 家。在园区和龙头的辐射带动下，全县有较大规模加工企业 52 家，其中省级龙头企业 10 家，GMP 认证企业 27 家，引进国药准字号产品 63 个，研发健字号、食字号各类保健产品 26 个，促进就业 5000 多人。规划建设总投资 18.8 亿元的甘肃陇药标准化生态产业园，推动全县中药材初加工向规范化、标准化、规模化发展。产业园建成投产运营后，园区中药材规范化加工能力将达到 45 万吨，提取物研发与生产可以年转化 4 万吨尾料提取增值，可实现 6 亿元增值。三是中药材市场逐步走向专业化。充分发挥"天然药仓"的自然气候优势、"陇上旱码头"的交通区位优势和"千年药乡"的产业基础优势，依托并整合原有文峰和首阳两个药材市场资源，结合陇西中医药循环经济产业园规划建设，由甘肃江能医药科技集团投资 5 亿元，在首阳镇规划建设了占地 200 亩、总建筑面积 5.3 万平方米，集公共服务中心、检测中心和培训中心、中药材交易商铺、原药材交易大棚和现代化江能饮片展销厅等多种功能为一体的首阳地产药材交易市场，已吸纳经销商户 3000 多户，年交易原药材和饮切片 50 万吨以上，年交易额近百亿元。特别是甘肃中药材交易中心于 2018 年 1 月正式上线运营，通过运用"互联网＋中药产业＋金融服务＋现代物流"的服务模式，有效解决了产业上下游客户信息不对称、商品质量不确定、融资难、交易成本高等问题，2019 年已实现交易额 4.54 亿元，交易量为 1.55 万吨。截至目前，全县有各类中药材交易市场 23 处，建成惠森集团"药材盈"等中药材电子商务交易平台 3 个、专业信息服务网站 13 个、电子商务应用企业 40 家，各类个体网店 440 家，发展货运信息中介组织 58 家、运输专线 30 多条；中药材经营企业 500 多家，其中 77 家通过 GSP 认证，18 家获得自营进出口经营权证，本地营销人员达 3 万多人，常驻外地客商 2000 多人，集散各类中药材 1000 多个品种，年交易量 49 万吨，交易额 138.8 亿元，在全国市场上的占有份额达到 20％以上，党参、黄芪等部分品种占到全国一半以上。四是中药材仓储逐步走向规模化。按照"盘活存量、提升增量"的思路，采取新建和改造"两手抓"的办法，实现了仓储环节的规模扩大和仓储质量的有效保证。一方面，积极扶持现有的仓储企业对传统仓储库进行改造扩容，广泛采用辐照灭菌、低温干燥、红外线干燥等储存技术，积极推广应用低温充氮技术，切实保障中药材储存环节的质量安全。另一方面，鼓励大中型中医药企业投资发展仓储业，成功引进广东康美药业集团投资 50 亿元、建设了占地 1000 亩、建筑面积 100 万平方米的康美甘肃西部中药城，其中，中药材和饮切片、中成药仓库 50 万平方米，中医药博览园及配套服务 10 万平方米，半成品和产成品交易用房 20 万平方米，饮切片加工厂房 20 万平方米。目前，全县已有的中天药业、惠森药业、江能集团等千吨以上仓储物流企业达到 35 家，静态仓储能力 120 万吨，仓储品种 320 多个，年周转量达到 200 万吨，基本实现了"药在陇西最全、储在陇西最优"的目标。五是中药材产品逐步走向品牌化。着眼提升中医药产业核心竞争力，大力实施品牌战略，积极开展宣传推介，2008 年至 2015 年连续承办了八届"中国·陇西中医药产业发展大会"，并举办了"2018 中国（甘肃）中医药产业博览会"。按照省委、省政府提出的打造"永不落幕的中医药行业盛会"的目标，2019 年、2020 年，又连续成功举办了两届中国（甘肃）中医药产业博览会，累计签约合同项目 73个、签约金额 110.1 亿元。陇西先后被中国农学会命名为"中国黄芪之乡"，"陇西黄芪""陇西白条党参"获得原国家质检总局原产地标记注册认证，"华夏药都""天下药仓"两大类 19 个类别的产品和服务商标通过原国家工商总局审查注册，陇西县被原国家质检总局命名为"全国中药材（黄芪、党参）产业知名品牌示范区"，"陇西黄芪"被原国家工商总局认定为中国驰名商标。目前，全县累计申报注册"惠森""中天泰科""陇山渭水""陇元贵宝"等中药产品商标 30 多个，其中，中天药业生产的"红芪口服液"具有完全知识产权，是全国独家准字号绿色非处方类药品，中医药产品品牌知名度和影响力得到进一步提升。六是中医药事业逐步走向多元化。坚持"以医带药、以药促医、医养结合、康养结合"，大力发展以中医药养生保健、基本医疗、健康养老、慢性病调理等为主要业态的中医药健康服务体系，成功创建为全国基层中医药工作先进单位和全省中医药工作示范县。健全完善中医机构，县内设有专门的中医医院和中西医结合医院，所有县级综合医院均设置了中医科、中药房、理疗室和中医病房，在西医科室设有中医综合治疗室，提供针灸、火罐、中医康复等多项中医药特色服务；各乡镇卫生院和社区卫生服务中心均建有不同规模和特色的中医馆，所有村卫生室基本掌握拔火罐、针灸、刮痧、中药敷贴等常用中医药服务技术。培育壮大中医队伍，加大中医人才引进培养力度，加强中医药适宜技术培训推广，启动实施中医药五级师承教育，全县有 2 人被评为"甘肃省名中医"、8 人被评为"甘肃省基层名中医"、7 人被评为"甘肃省乡村名中医"、14 人被评为"定西市名中医"。创新开展中医服务，县中医医院初步形成以省级重点针灸专科为龙头、市级重点中风病科为枢纽、县级重点中医专科急诊科和肝病科等为基础的"大专科小综合"办院模式，各级医疗机构均能开展针灸、蜡疗、药浴等 15 项以上中医服务和 6 项食疗保健服务，乡村两级医疗机构均能运用中医药适宜技术诊疗病人，全县门诊和住院病人中医药参与治疗率达 85%。

二、陇西县中医药产业发展存在的困难和问题

经过多年的培育和发展，陇西中医药产业发展已具备了良好的基础和优势，但在全国各地竞相发展的大格局中，陇西县中医药产业在种植、加工、销售、仓储和品牌建设等方面还存在一些困难和问题。在种植环节上，由于扩大种植面积、土地倒茬利用不够，加上个别药农施用化肥、农药、生长调节剂等原因，造成白条党参、陇西黄芪等道地药材的品质有所退化。在加工环节上，一方面，产地初加工规范化水平低，个体加工户清洗（浸泡）、烘干、分拣等流程技术不高，使用烤床烘干致使原药有效成分流失，且易造成二次污染；另一方面，企业科技创新能力还不够强，拥有自主知识产权的核心技术和创新产品还不够多，示范带动效应还不够明显。在市场流通环节上，中药材市场交易准入缺少严格的政策支持，特别是作为特殊的农副产品，国家尚未出台相关的专业化、针对性管理政策，在招标采购中容易造成质优价不优、劣品驱良品的现象。在仓储环节上，部分中药材经营户仓储设施规模较小，设计标准不够高，机械化、堆码智能化、信息化等现代化的仓储物流技术应用不足；仓储管理规范化水平低，部分药商为降低储存成本，多种中药材堆积存放，容易造成储存过程中的二次污染。在品牌打造上，虽然申报注册的商标品牌不少，但在

经营品牌、发挥效益上思路还不够活、办法还不够多，企业重基础建设和生产投入、轻品牌打造和产权保护的现象大量存在，打造"拳头产品"的力度不够。

三、推动陇西县中医药产业加快发展的对策建议

中医药作为中华民族的瑰宝，是历经千年、经由亿万生命检验并得到验证的伟大医学，也是独具原创优势的宝贵科技资源和战略资源。进一步发展壮大中医药产业，对于推动县域经济发展具有十分重要的意义。陇西县要紧紧抓住建设国家中医药产业发展综合试验区核心区的难得机遇，充分利用陇西的中医药资源优势，全力打造"中国药都"，真正实现中医药产业更高层次更广空间的发展。

一是坚持道地生态，在种植上提质增效。高度重视道地中药材良种的改良和选育工作，积极协调高校、科研机构和重点企业，在产地建立道地药材育种基地，全面开展各类药材种籽的改良、选育和扩繁建设，提高种籽纯度，扩大良种覆盖，增强抗旱抗灾能力。着眼于彻底解决中药材目前面临的品质退化、污染加重、质量下降等紧迫问题，要贯彻中共中央关于深化农村改革的指示精神，学习借鉴发达地区先进经验，扶持引进中医药加工企业在产地参与"三变"改革，建立中药材 GAP 种植基地，提高药材质量，提升中药材在国内市场影响力，确保药农收入稳定增长。要加快中药材质量安全检测及追溯体系建设，依托甘肃数字本草检验中心和甘肃省中药材种籽种苗质量检测中心，健全种植环境评价监测和质量检验检测体系，进一步加强对中药材产地环境动态评价、中药材质量的检验检测、中药材种籽种苗质量检验检测、原药有害成分鉴定、中药材有效成分分析及农产品、农药残留量及重金属检测、农业投入品的检测化验等工作。

二是坚持园区引领，在加工上引强培优。要全面提升园区承载能力，按照"一园一策""一企一策""一事一议"要求，进一步提升陇西中医药循环经济产业园规划层次和建设水平，大力改善园区道路管网等基础条件，力争建设

成为国家级中医药循环经济产业园区和国家级新型工业化示范基地。要进一步
加强中医药、保健品新产品研发和成果转化，鼓励企业建设国家级、省级工程
技术中心，推动中天药业、普尔康药业等企业（合作社）加入组建陇药产业集
团，鼓励江能、扬子江、正大、效灵、志奇等企业通过联合、兼并、参股、控
股等形式与省内外企业进行战略重组，扶持一方、中天、三迪、普尔康等企业
扩大产能，开发市场前景好、科技含量高的药品、食品、保健品、化妆品等高
附加值产品，推动大健康产品开发，提升产业附加值。要加大力度规范初级加
工，不断完善全县道地中药材产地初加工管理办法和技术规范，鼓励个体加工
户引进标准化烘干、切片、储藏、包装等设备，加强生产过程质量安全控制。
积极推进特色药材小镇建设，加快江能药业、扬子江药业饮片加工基地建设项
目实施和招商运营，全力打造"中国（首阳）饮片城"。

三是坚持创新发展，在流通上建管并重。要加快构建以专业市场为主体、
产地市场为补充、现代市场为拓展的中药材市场体系，全力抓好康美现代仓储
物流及交易中心建设和首阳地产药材交易市场改造，加快完善质量检测、信息
发布、担保融资、集中结算等配套功能；在陇西建设全国重要的中药饮片加工
基地和中药材交易自由贸易区，增设中药材和药品进出口口岸，规划建设外贸
服务一站式窗口，支持中药材企业积极拓展国外市场，促进中医药产业国际
化。要促进甘肃中药材交易中心规范运营，加强和提升中药材市场检验检测服
务能力，实行中药材入市全面检测，引导中医药加工企业在交易中心线上采购
原料，实现网上选购、网上交易和统一配送。要大力推进电子商务，鼓励有条
件有实力的企业依托自身品牌开设网络旗舰店、专卖店，开展中药材销售、广
告宣传、售后服务等一系列活动。要加大市场管理力度，制定出台中药材市场
交易管理的措施办法，从经营主体准入、产品质量把关、交易费用收取、违法
行为追究等方面作出明确规定，采取有效措施加强日常监管，规范市场交易行
为，保障交易主体权益。

四是坚持改造提升，在仓储上换挡提速。一方面，要推进规范化仓储设
施建设，鼓励县内企业对传统仓储库进行改造升级，推广运用智能化堆码、气
调储存养护、低温养护等先进仓储技术和管护标准，引导广大药农和药商对中

药材进行规范晾晒、分拣和烘干，并依托骨干仓储企业和相关专业机构制定中药材现代化仓储地方标准，加快完善提升全县中药材规范化、标准化仓储能力。另一方面，要推进中药材流通追溯体系建设，依托首阳地产药材交易市场和中天、普尔康、正大、志奇药业等全省中药材流通追溯体系建设试点企业以及中药材质量安全追溯信息平台，整合现有各类中药材溯源资源，运用现代信息技术，建设中药材市场流通追溯子系统、大型中医药企业流通追溯子系统与省级地方追溯管理平台、国家平台对接的追溯机制，建立道地中药材从种植、加工、收购、储存、运输、销售到使用全过程的质量责任可追溯链条，实现道地中药材来源可知、去向可追、质量可查、责任可究，打造道地安全中药材生产体系。

五是坚持树强品牌，在政策上倾力支持。要做大优势产品品牌，指导县内中医药加工企业研发生产更多拥有自主知识产权、科技含量高的品牌产品，打造一批陇药饮片、药膳、保健品知名品牌，尤其要扶持中天药业、普尔康药业对红芪口服液、复方胚肝铁铵片等优势产品从工艺改进、营销创新上进行二次开发，力争打造成为年销售过 5000 万元的大品种、大品牌。要提升产业知名品牌，持续抓好知名品牌示范区建设工作，鼓励引导企业在产品生产和销售过程中规范使用"陇西黄芪""陇西白条党参""西北药市""天下药仓"等区域性品牌和资源性品牌，充分发挥公共商标和公共品牌效应。要打造特色节会品牌，以每年举办中国（甘肃）中医药产业博览会为有力平台，积极向参会宾客全方位介绍展示全县中医药产品特色和品牌优势，着力扩大产业和产品的影响力、知名度。要加大招商引资力度，围绕现代制药、大健康产品开发等重点，加强与修正集团、汇仁集团、仁和集团等国内知名大型中医药企业的精准对接联系，加大对龙头项目和产业链缺失环节的招商引资和项目引进，切实推动中医药产业全链条发展。

全面建成小康社会与中国县域发展

甘肃省庆阳市环县

大发羊财育金羊　喜喜洋洋奔小康

——环县大力发展肉羊产业助力脱贫攻坚纪实

中共庆阳市委宣传部

　　环县地处甘肃省东部，庆阳市北部，总面积9236平方公里，辖10镇10乡251个行政村，是六盘山特困片区脱贫攻坚重点县之一，全县总人口36.1万人，其中农村人口32.59万人。2013年建档立卡时，贫困发生率为39.28%。近年来，环县把种草养羊作为脱贫攻坚、乡村振兴的首位产业，坚持"漫山遍野种草，千家万户养羊"，以构建产业联合体为抓手，大力推行"龙头企业＋合作社＋农户"的"331+"产业扶贫模式，形成了"种养加销"一条龙全产业链条，走出了一条绿色循环高质量的肉羊产业扶贫之路。截至2019年底，全县共有4.8万户农户种草养羊，羊只饲养量达到189万只，养羊收入超过3万元的达到2.5万户、5万元以上的达到1万户，发展产业脱贫7490户，占到2019年脱贫总户数的81%。"环县羊羔肉"荣登全国十佳羊肉品牌榜首，获得全国绿色农业十佳畜牧地标品牌，同时环县羊肉已走出国门，出口至阿联酋等地。环县也被列为"全国农民专业合作社质量提升整县推进试点县"，入选省级现代农业产业园示范县，并列入甘肃"甘味"肉羊产业集群。在羊产业坚强引领和支撑下，环县贫困发生率下降至1.1%，提前一年实现整县脱贫。

集中优势　对接羊业大市场

环县充分发挥政府政策导向优势、龙头企业市场优势、合作社主体优势、村集体组织优势、农户基础优势，坚持各方优势互补、利益共享，全面构建政、企、社、村、户"五位一体"肉羊产业联合体，促进小农户对接大市场，推动肉羊产业高质量发展。党委和政府统筹谋划，强化政策支持。县上专门成立了肉羊产业发展工作领导小组，编制了《环县现代肉羊产业发展总体规划》，出台了40多项配套政策，羊产业发展的各类主体、各个环节都有项目资金支持。县乡村成立羊产业发展工作领导小组，每年召开1次羊产业大会，每月召开1次领导小组会，及时研究解决相关问题，高位推进羊产业发展。龙头企业示范引领，发挥带头作用。紧盯全国羊产业发展导向，引进3家农业产业化龙头企业，建办精深加工厂2处，万只肉羊良种繁育场3处、奶羊繁育场1处、肉羊制种基地1个。依托繁育场、制种场，向合作社及农户供应良种肉羊、奶羊，实行保护价收购，统一加工销售。扶持培育本土技术服务公司、草业公司发展壮大，实现各环节都有龙头企业带动。推行横向专业合作，支持自主发展。扶持创办带贫养殖合作社368个，合作社纵向联企带户，横向帮带联合，推行1个示范社帮带1个一般合作社、引领100户群众共同发展的"1帮1带100"技术帮带机制，区域联合组建20个乡镇联合社，行业联合组建3个专业联合社，组织起来搞生产，联合起来创市场。按照"四类分类法"，对三、四类贫困户采取"户托社养"模式带动，对其他农户，采取"社托户养"、订单养殖、投羊还羔、吸纳就业、技术指导等模式带动，通过种羊、棚圈、草棚、饲草机械"四项物化补助"支持自主发展。通过全覆盖带动、全方位扶持，全县养羊农户达到4.8万户。持续推进"村社合一"，增强集体实力。坚持把党支部建在产业链上，成立企业、合作社党支部27个、党小组119个，选派党建指导员204名，从养殖能手、返乡能人、合作社创办人、复转军人、养羊大学生等"五类人员"中培养选拔村党支部书记200名，全县活跃在产业链上的农民党员3480名。设立3.7亿元村集体经济发展基金，创办合作社或者参股龙头企业，每年按不低于 6% 分红，村集体收入均达到 6 万元以上。

延伸链条创建肉羊大品牌

环县坚持用好地、种好草、育好羊、出好品、卖好价的"五好标准"，2019 年地膜种草 73 万亩，县级国有草业公司与农户签订种植订单，免费种、免费割、保价收；与养殖企业和合作社签订供给合同，定点贮存、统一配送、成本价供应。同时，大力推广科学饲料配方，从"有什么喂什么"向"需什么喂什么"转变，依靠科学良法推动羔羊成活率达到 97% 以上。坚持好地好肥种好草。坚持草畜配套、种养结合、农牧循环，用高产田，施生物肥，种有机草，扶持龙头企业种好商品草，合作社就近流转土地种好订单草，千家万户种好自用草，全县每年梯田种草 70 万亩以上，紫花苜蓿留存面积达到 120 万亩。购置投放 1.4 万台（套）牧草种收机械，组建了 65 个专业服务队、23 个机械收购服务队，全程机械化作业，种草效益较种粮提高了 1.6 倍。坚持好草好方配好料。实行配方饲喂，建成 12 万吨饲料加工厂，开展精补料和浓缩料加工。牧康丰茂草产业联合社开展秸秆收储加工，依托庆环饲料加工车间和营养分析中心，向全县各个专业合作社、养殖户试点供应全混合日粮、全发酵日粮。全面推行"分圈养""分灶吃"的健康养殖模式，聘请 12 名养殖专家定期指导，提高生产效率。全县湖羊基础母羊单胎平均产羔 2.1 只，成活率达到 90% 以上。坚持好料好种育好羊。建成全国最大的纯进口良种奶山羊繁育基地，扩繁萨能等良种奶山羊 1 万只。建成庆环肉羊制种基地，引进南丘羊、无角陶赛特羊、白头萨福克羊等世界最优良种，大力推广"四个一"制种技术，培育环州肉羊新品种，每年提供优质父本种羊 1 万只以上。补齐育肥环节短板，合作社、专业户杂交羔羊二月龄全部转入育肥场，应用最优配方、配套最好设施进行集中育肥，使养殖周期缩短 20 天、综合效益提升 10%。目前已建成育肥场 4 个，年出栏规模 40 万只，形成 211、314 国道线两条"百公里、两百万只"育成示范带。坚持好羊好厂出好品。中盛公司建成国内最先进的百万只肉羊屠宰加工生产线、10万级低温净化车间，开发"中盛环有"系列产品80多种。支持伟赫乳业建办18万吨乳制品加工厂，对接国际标准，配置德国、瑞士全进口设备，打造30亿元级有机高端羊乳产业链。坚持好品好评卖好价。大力实施品牌战略，发布了"环乡人"农产品区域公共品牌，"环县羊羔肉"获得全国绿色农业十佳畜牧地标品牌，成为第四届中国农业（博鳌）论坛指定产品和上榜品牌，带动环县羊肉平均溢价20%以上。环县成为优质羊肉供应地，一鲜到底配送，产品畅销内地、远销香港、出口迪拜、阿联酋。"山童牧歌"系列陇东黑山羊产品被认证为绿色食品A级产品、有机产品，获得中国绿色食品博览会金奖。同步开拓线上市场，培育羊肉电商企业10家，累计销售羊肉1300多吨，实现销售额1.2亿元。大学生刘国宁创办的"古耕农夫"公司去年羊肉销售额达2950万元，被商务部列为电子商务先进典型。

提质增效　构建产业大体系

环县构建起多要素、全方位的肉羊产业保障体系，坚持应防尽防，在全省首家开展无规定动物疫病示范县创建，全面降低布病、包虫病发病率，杜绝小反刍兽疫发生，使养殖效益提高10%以上；坚持一业一保、一户一保、无保不养，构建立体化风险保障网，实现所有特色产业、所有贫困户保险全覆盖；注入担保及风险基金2亿元，撬动聚合财政资金及各类信贷资金20亿元以上，对龙头企业、合作社、养殖户给予全方位金融支持。疫病防控专业化。在全省率先开展无规定动物疫病区创建，通过全覆盖检测、无害化处理，净化养殖环境，严格落实羊只调引落地免疫制度，确保内疫不发生、外疫不传入，逐步实现环县肉羊全国免检。按照每只羊5元的标准，每年安排防疫经费1000万元用于专业化防疫，有效增加了防疫密度，提高了防疫质量。风险保障立体化。坚持无保不养，推行羊羊全覆盖、户户全覆盖、社社全覆盖，投保不出村、理赔不出户的"三全两不"服务，县财政每年列支2000万元保险补贴，通过商业保险与政策保险相结合、目标价格保险与自然灾害保险全覆盖，构建立体化的风险保障网，为羊产业发展提供了高达 14 亿元的风险保障。养殖团队知识化。大力实施引进"百名高端人才"、留住"千名大学生"、培养"万名职业农民"的"百千万"人才引育工程，引进澳大利亚戴维德博士等 32 名外国高级专家组建"国际队"，中国农科院、西北农林科技大、甘农大等科研院校 63 名专家组建"国家队"，市县两级 15 名畜牧兽医工程师组建"地方队"，百名专家合力推动肉羊养殖降本提质增效。实施大学生养羊"三年千人计划"，吸引 500 名大学生逆流回乡当了"羊倌"，支持 95 名大学生承包场社当了场长，输送 37 人到陕西榆林等地就业。支持 16 名事业单位专业技术人员离岗创办合作社（高级畜牧师 1 人、畜牧师 3 人、兽医师 4 人、助理农艺师 8 人），带动全县 1.35 万名职业农民从事专业养羊。资金保障多元化。深化"政银担"三方合作，注入担保及风险基金 2 亿元，累计撬动信贷资金 55 亿元发展羊产业。在养羊专业村，发放"金羊产业贷"，全面推行零担保、零抵押、零跑路，贷款不出村、还款不出户、资金不乱用的"三零三不"信贷模式，彻底打通金融服务"最后一公里"。责任落实全员化。全面落实任务分解到乡、合作社覆盖到村、干部包抓到社、服务蹲点到户、奖惩兑现到人的"五到责任"，实行乡镇科级干部"十帮包抓"，每村派驻 1 名产业指导员，每社派驻 1 名辅导员，全方位推动羊产业发展。每年列支 200 万元，通过重奖激励，推动羊产业持续发展壮大。

念活"养羊经"，拓宽致富路。2019 年，环县畜牧业产值达到 20 亿元，羊、草加工业产值达到 10 亿元，餐饮、物流等服务业产值达到 10 亿元，草羊业总产值达到 40 亿元以上，全县农民人均来自草羊业收入由 2018 年底的 3000 元增加到了 4000 元以上，预计 2020 年将达到 6000 元以上。如今，环县立足得天独厚的资源优势，肉羊产业得到快速发展，已成为富民增收的主导产业，成为推动县域经济发展的重要产业，成为环县群众脱贫致富奔小康的"铁杆庄稼"。

（调研组成员：梁龙、张莉、杨丽、孙全刚）

青海省玉树藏族自治州称多县

感恩奋进砥砺前行

中共称多县委宣传部

以习近平新时代中国特色社会主义思想为指导，深入贯彻落实党的十九大和十九届二中、三中、四中、五中全会精神，增强"四个意识"，坚定"四个自信"，做到"两个维护"，决胜全面建成小康社会、决战脱贫攻坚，通过不懈努力，称多各族人民坚定信心、凝心聚力、坚守初心，敢于奋进，各项事业发生了翻天覆地的变化，各个领域取得跨越式发展，农牧民群众生活的更有底气、更有自信，满意度、幸福感稳步提升。

近年来，称多县坚持思想不松、要求不变、标准不降、力度不减，认真贯彻落实科学发展观，深入学习贯彻习近平新时代中国特色社会主义思想，始终坚持"以人民为中心"的发展思想，携手全县干部群众，敢为人先、自我加压，埋头苦干、奋勇争先，政治生态、社会生态、自然生态融合并进、良性互促，各项事业持续健康发展。全县经济实现历史性跨越、基础设施根本改善、社会事业全面进步、生活水平极大改善、农牧民群众住上了好房子、过上了好日子、党的执政能力明显提升，谱写了新的华丽篇章。

一、秉持感恩奋进，加快转型升级，经济实现历史性跨越

近年来，我们牢固树立人民至上原则，在中央和省州各级组织的大力支持和社会各界朋友的大力帮助下，全县干部群众众志成城、勠力拼搏、攻坚克

难，盯紧"三年苦干，跨越二十年"的重建目标，以"五加二、白加黑"的实干精神，全面完成灾后重建任务，加快推进经济又好又快发展。2019年，全县完成地区生产总值较2009年增长约1倍；完成社会消费品零售总额14938.7万元，约为2009年的3倍；完成固定资产投资5.1亿元，较2009年增长57%；城镇常住居民人均可支配收入33704元，约为2009年的2倍；常住农牧民家庭人均可支配收入8876元，约为2009年的3倍。

（一）发展的理念更加明确。认真贯彻落实科学发展观，深入学习贯彻党的十八大、十九大精神，深耕地理、传统、文化资源优势，在实践中摸索，在摸索中思考，在思考中前行，逐渐形成以"七个称多"（富裕、文明、和谐、绿色、法治、活力、实干）建设为总体目标，以"一二三四五"为发展思路（围绕生态立县"一条"主线，共创教育强县、文化名县"两大"目标全州领先，攻克农牧民增收、畜牧业标准化、易地扶贫搬迁"三大"难点，抓好生态畜牧业、设施农牧业、文化产业、乡村旅游"四大"产业，实现脱贫摘帽、民族团结、社会和谐、党建品牌、干部作风"五大"突破），以"粮改饲、饲补畜、畜支农"为发展方式，以"生态＋农牧业""生态＋文化旅游业"为突破点，走社会认同、群众欢迎、符合实际的发展道路。以"生态＋农牧业"为基本点，全面实现"三整合四解放"（三整合：整合草场、整合劳动力、整合牲畜；四解放：解放生态、解放劳动力、解放生产力、解放思想），积极争取上级部门资金支持，统筹协调各级部门单位"集团化"作战，走股份制经营模式，引导鼓励支持合作社建设，大力购进良种牲畜，扩大饲草料种植基地，完善运作机制，形成规模，以推进工业园建设为载体，增加畜产品附加值，为社会提供高品质畜产品。以"生态＋文化旅游业"为动力点，深度挖掘"马术之乡""拉布乡古藏村""八思巴讲经台"等文化旅游资源，强化基础设施建设，包装高品质特色旅游资源，形成资源间无缝连接，利用传统节庆活动、调查研究等契机扩大县域生态文化品牌影响力，同时发挥宣传媒介作用，积极参加省内外各项活动，提高县域特色文化的知名度和认可度。两点中，"生态＋畜牧业"是经济发展的基础，"生态＋文化旅游业"是经济发展的动力源，以畜牧业发展为现实支撑，以文化旅游业发展为持久动力，不断形成经济发展、社会稳定的良好局面。

（二）发展基础更加扎实。称多与全州其他各市县相比，一直以来就存在"缺人少耕地、缺草少牲畜、缺产业少收入"的劣势。面对高寒缺氧的恶劣环境，称多人没有懈怠、没有犹豫、没有停步；面对地震冰雪灾害，称多人从未后退、从未趴下、从未放弃，始终埋头苦干实干，统筹协调各要素资源，重点弥补城乡差距、短板，狠抓基础设施建设，不断改善农牧民群众生产生活条件，为经济社会发展打基筑底。做好顶层设计规划。完成"十二五"规划各项目标任务，"十三五"规划目标任务正在加速冲刺中，并紧紧按照中央和省州部署，加快推进乡村振兴战略，先期确定拉布乡拉司通村为全州两个乡村振兴示范点之一，相继编制完成《清水河镇、扎朵镇城市总体建设规划》《清水河镇、扎朵镇控制性详细规划》《清水河镇、扎朵镇建设风貌规划》《拉司通村乡村振兴发展规划（2018—2022年)》。农牧民群众住得越来越好。全面完成灾后重建7750套（其中，城镇住房3525套，农村住房4225套）城乡居民住房和22座寺院建设任务，加快推进高原美丽乡村、高原美丽城镇建设项目，大力实施棚户区改造、危旧房改造等重点民生工程，完成棚户区改造项目800套和危旧房改造项目1759户（农牧民、寺院住房），告别了传统的游牧帐篷时代。农牧民群众出行越来越便捷。加快推进县乡村灾区和非灾区公路网建设，实现57个行政村道路通畅，全力实施自然村道路通达项目。截至目前，全县通车里程约2448公里，是2009年的4倍左右，拥有桥梁78座，比2009年多出24座，致富小康有了保障。农民群众饮水越来越安全。全面完成4个安置点人饮、1个安置点防洪工程，实施16项饮水安全工程、土井2077眼、机井589眼的灾后重建任务，实施防洪工程5项，修建防洪堤坝16.9公里，农牧民群众吃上了洁净水、用上了便利水。农牧民群众生活条件不断改善。县乡村通电全覆盖，全面完成独立光伏电站建设、县城电网改造项目，全面实现乡镇移动电信宽带网络全覆盖，57个行政村移动电信普遍服务点亮工程全覆盖、建设完工"厕所革命"项目912座、建设完成投资1800万元的县级广场、表演中心、主干道配套设施提升项目，配齐重点区域照明灯、景观灯等设施，称多的夜晚更亮、更美，农牧民群众的生活更加丰富多彩。

（三）发展方式更可持续。近年来，全县紧紧按照中央和省州各项工作部署，加快推进供给侧结构性改革，集中精力聚焦短板弱项，深化县情社情民情认识，以"粮改饲、饲补畜、畜支农"为总体思路，加大资金、人才、技术等资源要素投入，扩大农业种植效益，提升牧业发展质量，不断深化农牧业融合，推进农牧产业持续、高效发展。农业上，全力坚守耕地红线，回避传统种植业劣势，积极鼓励农牧民群众开垦撂荒地，不断扩大耕地资源供给，加快农业机械化耕作步伐，加大经济作物、饲草料种植力度，深加工经济作物和饲草，农牧民群众获得三份收益，第一份是经济作物的收益，第二份是饲草自足牲畜收益，第三份是饲草向外发售收益，耕地利用效率显著提升。2019 年，全县现有耕地 5.22 万亩，种植经济作物约 1300 亩，开发芫根饮料销往全州，种植优质燕麦草 5000 亩，不断实现饲草料的自给自足，畜牧业发展成本逐渐降低。牧业上，称多坚持集约、有机、品牌发展方向，按照"企业 + 合作社 + 农牧户"运作模式，把农牧民群众的饭碗牢牢端在自己手中，推进畜牧业产业化发展。积极争取省州支农资金、对口支援资金、扶贫产业资金，加强饲草料种植基地、牲畜养殖基地、牲畜棚、贮草棚、生态牧场等基础设施建设，加快推动草地生态畜牧业试验区建设，大力扶持种植、养殖大户，为牲畜缴纳保险。面对恶劣的气候地理条件，年年遭受雪灾的窘境，加大宣传教育力度，村"两委"班子带头讲、带头做，转变农牧民群众传统思想，加快"三整合四解放"步伐，回避单户经营风险大收益低的劣势，不断做大做强合作社，推进牲畜规模化养殖，实现牲畜、草场、劳动力效益最大化，并大力购进良种牲畜，优化种畜结构，繁育"强、健、壮"牲畜，提高牲畜出栏率、屠宰率，提高牲畜市场供给率，增加畜产品附加值，打造"羊羔花""巴颜喀拉饮品"等畜牧业品牌，市场知名度、认可度不断提高。2019 年，全县共有合作社 57 家，实现分红盈利 19 家，合作社实现从无到有、从有到强的跨越式发展，各类牲畜存栏 23.5 万头只匹，出栏率 28%，牧民收入稳步提高。

特别值得一提的是：农牧民群众"等、靠、要"的思想正在成为过去，自主发展的愿望越来越强，特别是 2019 年初，全县遭受了几十年一遇的特大雪灾，在省委、省政府的亲切关怀和州委、州政府的坚强领导下，全县干部群众共同努力，创造了大灾之年"无人员死亡、牲畜数量无大损、无疫情发生"的抗雪救灾奇迹。去冬今春，称多县再次遭受不同程度的雪灾，县委、县政府第一时间动员部署，保人、保畅、保畜，购买颗粒饲料4402吨、草料3520吨，运费全部由县委、县政府承担，其中，群众自发购买饲料达50%以上，向上向好的精神力量在汇集，一条绿色、高端、品牌、质量的兴农富民之路正在铺就。

二、秉持感恩奋进，厚植绿水青山，生态强县逐步实现

农牧民群众既是生态的参与者，更是受益者，生态既是社会责任，又是政治责任，更是历史责任。近年来，全县加快推进生态立县、生态活县、生态美县、生态强县战略，扎扎实实开展生态环保各项工作。

（一）生态环保的自觉性加强。党的十九大以来，全县深入学习贯彻习近平新时代中国特色社会主义思想和习近平总书记关于"四个扎扎实实"的重大要求及生态环保的重要指示批示精神，始终牢记肩负的政治责任和历史担当，用绿色感恩，用生态报国，严守生态保护红线，坚定不移地推进生态立县战略，进一步校准巩固生态环保思想、理念、方法，在全县干部群众思想行动上狠下功夫，全面营造共建共享氛围。千百年来，藏民族因生产生活、生存环境、宗教信仰等因素，逐渐形成以"游牧文化"为主的生态系统，系统中自行修复、生态保护是天然优势，生态资源高度富集，人与自然和谐共处共生。近年来，中央和省州加大投入，加快推进三江源自然保护区建设，县委、县政府以落实重大工程项目发展经济，从历史中找经验，从现实中补短板，从未来中寻方向，围绕发展与保护课题，扎实开展实地调研和意见征询，充分运用牧民、牲畜、动植物相互依存的生态链条，以稳步推进"生态＋农牧业"思路，实现经济发展、生态和谐。通过全国各大网络新媒体等载体，借船出海，做好外宣工作。定期召开大小会议、举办传统节庆活动等契机，大力开展宣传教育活动，在农田牧场倾听农牧民群众心声，听取老党员、老牧人农牧发展、生态保护的

意见建议，在密切党群干群关系的同时，调动广大农牧民群众的积极性，不打折扣、不讲条件贯彻落实中央和省州有关生态建设和环境保护的方针政策，不断提高党员干部生态安全"红线意识"，把生态环保纳入村规民约，让农牧民群众主动参与生态保护，及时纠正破坏生态的事，全县生态自觉、生态自强、生态自信的意识更强，生态工作迈上新台阶。特别是 2019 年初的雪灾中，农牧民抵严寒踏冰雪，自发为野生动物送饲草，用大爱温暖动物，用淳朴民风珍护生态，用行动阐释称多人的生态历史担当。

（二）生态资源底数不断充实。始终以有限财政总量最大限度建生态、保生态、固生态，加大资金、人员、设备等关键要素投入，生态资源趋于丰富。顶层规划到位，制定印发《称多县生态环境保护工作责任人规定（试行）》《称多县进一步加强生态环境保护工作意见》《称多县生态文明建设目标评价考核办法》等制度。深入实施退牧还草、三江源二期湿地保护工程、黑土滩综合治理、草原有害生物防控等重点项目，以生态项目的实施，增加农牧民收入，推动其他事业发展。截至 2018 年，全县累计封育湿地 42 万亩、治理黑土滩 65.74 万亩、完成 300 万亩草原鼠害治理、60 万亩虫害防治、15 万亩毒草防治。加大县级财政投入力度，动态监测辖区空气、水质、土质质量，年度各项基本数据均达标且保持稳定。全面完成县城污水处理厂建设，铺设污水管线覆盖城区 80%生活区域，调整完成生态红线划定工作，现有生态保护红线面积 10324.33 平方公里，占县域国土总面积 67.48%。深入开展灾后重建砂石料场、砂金过采区等生态修复工作，先后完成通天河沿岸 52 处砂石过采区生态修复任务，修复面积达 6500 亩，完成县境共玉高速、国道 214 沿线公路 94 处料场及临时用地复垦任务，修复面积达 1800 亩。大力开展爱绿植绿护绿活动，在砂石过采复坑区建立绿化造林示范区，人工造林 577 亩，全县现有林地面积 479.45 万亩，较 2012 年约增加 237 万亩。探索建立生态环境保护网格化监管体系、现代化林业"三防"智能防控体系，加强野生动物监测力度，持续做好草原森林防火、病虫害防治等工作，根据红外相机记录，辖内有金钱豹、白唇鹿、棕熊、猞猁、荒漠猫等濒危动物活动踪迹，且据最佳记录有 300 余只黑颈鹤、20 余只雪豹活动，原真原生跃然草原，人与自然和谐圆融、生生不息。

严格落实生态环保负面清单内容，进一步整顿和规范土地管理秩序，坚决制止乱批乱占、乱建滥搭、私自转让出租、变相买卖土地等违法行为，立案查处违法用地积案，坚决依法取缔污染明显、群众反映强烈、危害公共安全和利益的企业，追究当事人法律责任。

（三）城乡环境面貌日趋改善。坚持"政府引导、社会帮扶、农牧民自治"的原则，持续加大投入力度，巩固农村环境集中连片整治项目成效，加大县级财政投入力度，积极组织干部群众和个体工商户，集中清理城区、乡镇、村（社区）积存暴露垃圾和其他废弃物，与全县683户个体经营户签订环境卫生综合整治目标责任书，大力整治县容县貌和村容村貌，优化人居环境。严格执行环境影响评价和"三同时"制度，实现年度入驻工程项目环评备案全覆盖，完成县城集中式饮用水源地调整变更工作，设立标识宣传牌、交通警示牌、防撞护栏、事故导流槽等相关设施。加大投入力度，修建垃圾临时收集点27处，实现农村牧区环境垃圾清运设备全覆盖。根据省州文件精神，制定印发《称多县全面推行河长制工作方案》，健全完善党委和政府主要领导任"双总"河湖长治理体系，党委和政府一把手定期不定期开展河湖巡查，辖内河湖环境面貌得到改善。加强基层机构和队伍建设，调剂增加人员编制，调整充实县联合执法大队，加强环境保护工作执法力量，加大重点领域和区域环境污染治理、垃圾清理力度，特别是加强锅炉燃煤烟雾排放和加油站、汽车维修点的调查防控。加强组织领导，统筹安排部署，扎实推动三江源国家公园建设，深入开展中央环境保护督察组"2018绿盾行动"反馈问题整改工作，辖内拉贡水电站予以保留，关停尕朵水电站，聚焦督察反馈共性、个性问题，举一反三、自查自纠，确保生态保护不出任何问题，让称多的山更青、水更秀、湖更净、草更绿。

三、秉持感恩奋进，关注切身利益，社会民生事业大幅改善

始终把人民满意不满意、人民高兴不高兴、人民赞成不赞成作为一切工

作的标准，狠抓教育、医疗、社会保障、脱贫攻坚工作，民生事业不断改善。

（一）农牧民群众生活得更有尊严，教育事业企暖回温。教育是称多最亮的品牌，也是让老百姓真正得实惠的公益事业。通过多年总结、探索、实践，全县教育质量明显提升，得到省州肯定、社会认可、群众点赞。2016 年以来，59 名教师获得省州级优秀教师、优秀班主任等荣誉称号，占专任教师总数11.3%。各级各类学校实现信息技术教育全覆盖。2019 年，全县小学、初中、高中在校生 1082 人，较 2009 年增加 75 人。一是凝聚教育兴县力量。自 1953年至今，全县教育经历领先—追随—并行—赶超—领先，特别是党的十八大以来，称多县全面完成灾后重建任务，把教育作为先导性、全局性和基础性的工作，严格遵循中央和省州规划设计，严格执行各项政策制度，把普惠政策落到实处，通过历年大小会议、专项活动、基层调研，把抓教育熔铸进干群思想行动中，全县发展教育的认识更高了、信心更足了、措施更实了，"党以重教为先、政以兴教为本、民以助教为荣、师以乐教为责"的氛围更浓。二是学前教育学校从"1"到"40"的飞跃。2010 年以前，全县只有 1 所幼儿园。为切实加快学前教育发展步伐，认真贯彻落实中央和省州各项决策部署，积极推进"学前教育三年行动计划"，加快幼儿园建设步伐，规范幼儿园管理机制，充实幼儿园保教、保育人员。2019 年，全县共有幼儿园 40 所，入园人数 2988 人，较 2009 年增加 2917 人，基本满足适龄幼儿童就近入园的需求。三是义务教育扎实推进。2017 年，全县义务教育均衡发展率先在全州通过国家验收，小学、初中学校达到省定办学基本标准 100%。全面完成 20 所中小学"全面改薄"项目，基本满足全县 20 所义务教育学校（含教学点）办学需求。2019 年，共有 10 所小学和初中，9926 名学生，升学率 100%，较 2009 年增长 11.17 %。四是高中教育全面开花。2019 年，全县有 1 所州级高中 900 名学生，教师人数 64 名，与受教育学生人数不相匹配，结合教育发展需要，积极沟通州级部门单位，申请完成建设玉树州第三民族高级中学，目前，学校已投入使用。聚焦长远发展需要，定位教育强县目标，我们主动走出去，积极借鉴经验，经数十次沟通协调，与河北省衡水中学达成教育帮扶协议，为提升教育质量，储备人才奠定基础。经过历年发展，高考升学考试成绩不俗。2019 年，全县参加高中毕业考试学生 304 名（含外籍考生），大专上线率 100%，本科上线率 14.3%，较 2009 年增加 581 人，总体成绩排全州第一，农牧民群众受教育愿望更强烈，对教育的信心更加坚定，教育兴县战略稳步迈进。

（二）农牧群众生活得更加健康，医疗卫生服务极大改善。"没有全民健康，就没有全面小康"，近年来，我们坚持提前预防，不断提升医疗服务质量，全力做好看病难、看病贵的"减法"。2019 年，医药卫生事业县级财政资金投入约为 580 万元，较 2009 年增加 350 余万元左右，接受诊疗人数约为 5.12 万人次，较 2009 年约增加 2.3 万人次，医疗卫生综合实力全面提升。一是认真做好源头预防。结合健康扶贫，扎实开展健康教育宣传，倡导农牧民群众养成健康生活方式，提高地方病、传染病和医疗政策等基本常识知晓率，加大包虫病人群筛查和救治力度，从 2016 年开始，累计筛查 78233 人次，查出包虫病患者 1479 人，开展手术 410 人，纳入药物治疗 1314 人。加强医药市场监督管理，每年会同其他相关单位，大力开展专项整治活动，坚决取缔"黑诊所"，严厉打击"游医、假医"和超范围执业情况，监督检查学校、饭馆等公共场所环境卫生，让农牧民群众生活环境更加洁净。扎实开展常规免疫、强化免疫接种工作，两项接种率均达 95% 以上，较 2009 年增长 25%，实现新生、入托、入学接种查验全覆盖。二是加快医药卫生改革步伐。聚焦医疗保障体系、公共服务体系、医疗服务体系、药品供应保障体系，深化基层医疗卫生机构综合改革，加大基础设施建设力度，提升医疗卫生综合实力。2019 年，全县有医疗卫生机构 12 家 331 人，较 2009 年增加 126 人，其中，卫生技术人员 245 名（占总人数 74%），较 2009 年增加 126 名，全县床位数 275 张，较 2009 年增长 47.30%，并注重人才培养工作，通过定向招录、蹲点培训、进修学习、岗位培训等形式，不断提升从业人员综合素质。让医疗卫生的普惠性切实落地，加大政府购买公共服务力度，2019 年，公共服务人口约 6.2 万人，人均补助标准 60 元，服务项目 15 类，与 2009 年相比，服务人口增长约 42%，服务项目增加 6 类，人均补助标准提高 75%，家庭医生签约服务实现全覆盖，现有家庭医生团队 44 个 182 人，村干部签约服务团队 57 个。扎实推进分级诊疗，既盘活医疗资源，又让病患得到及时救治，2019 年，上级医院转诊 482 人，乡镇卫生院转诊 168 人。克服因病致贫、因药致贫的窘境，让农牧民群众用上平价药，实现基本药物网上集中采购。截至 2019 年，县、乡医疗机构分别采购基本药物 430 种以上，累计采购金额 320 万元，配送金额 320 万元，入库金额 268 万元。同时，严格控制医疗费用不合理增长，公立医院医疗费用平均增幅控制在 10% 以下。三是加大医疗卫生服务力度。加大医疗帮扶协作力度，积极沟通北京石景山区医院、省红十字医院、广州中山医院附属医院等机构，加大医疗帮扶协作力度，省红十字医院定期派专家开展手术、会诊、培训，为称多县捐赠价值 680 万元的一台核磁共振仪，解决价值 1101 万元配套设施，并为手术包虫病患者补助 10350 元 / 人，医疗卫生服务面貌得到极大改善。加快医疗机构信息化建设，县医院开通 120 急救系统，实现与省红十字医院远程会诊，病患及时救治有了保障。医疗卫生服务能力明显提升，2009 年之前，全县根本无法开展手术，2015 年开始才具备开展手术的基本能力，到 2019 年已能实施 162 例三级手术，接收孕妇患者达 890 人，孕产妇死亡率 30.12/10 万，较 2009 年下降 39.23%，全县生育率不断提升。农牧民群众能看得上病、看好病了，幸福生活成为看得见、摸得着的现实。

（三）农牧民群众生活的更加安心，社保体系更加健全。按照中央和省州部署要求，全力以赴保工资、保运转，促就业、促收入，加强"金保工程"平台运用，坚持"一线工作法"，加大医保政策宣传力度，以爱心、耐心、细心、责任心，按时完成征缴报销任务，实现城乡医保、社会保险全覆盖，此项工作历年均走在全州前列。加大就业岗位开发力度，多方位、多渠道安置再就业和下岗失业人员，加大技能就业培训力度，逐年提升就业率，让农牧民群众劳有所得、干有所值，有实现人生价值的机会。2013 年以来，全县累计开发各类公益性岗位 556 个，2018—2019 年，与北京市石景山区开展劳务协作项目，就近就地开发扶贫专岗公益性岗位 150 个，加快助力脱贫攻坚事业。2013 年以来，全县高校毕业生累计登记 1474 人，就业率达 87%，每年超额完成就业目标任务，年均失业率控制在 3.5% 以内。同时，严格执行农民工工资支付保证金制度，不断化解矛盾纠纷，保证农民工有钱拿、回得了家。2012 年至今，累计签订劳动合同 392 家，缴纳农民工工资保证金 2840.71 万元，退还 1892.78

万元。受理农民工工资拖欠案 129 起，涉及人数 1388 人，涉及金额 1894 万元，处理 129 起，责令支付农民工工资 1834 万元，涉及人数 1388 人。坚持应保尽保、动态管理原则，全面落实救助制度、救助标准，加大县级配套资金支持，加强各项救助制度的监管，按时足额发放社会保障资金，不断加强社会救助和福利，让弱势群体感受到党的温暖，同享发展成果。2019 年，发放城镇低保金 1135.74 万元，约是 2011 年的 2 倍，惠及 977 人，比 2011 年减少 1062 人；发放农村低保金 6992.4 万元，约是 2011 年的 4 倍，惠及 16176 人，比 2011 年减少 9515 人；发放特困供养资金 1356.97 万元，约是 2011 年的 9 倍，惠及 570 人，比 2011 年减少 297 人。目前，全县共有敬老院 11 个，并依托救助系统向流浪乞讨的 801 人发放救助金 20 万余元。

（四）农牧民群众生活的更加幸福，完成脱贫摘帽任务。党的十八大以来，称多县深入贯彻落实中央和省州党委、政府脱贫攻坚各项决策部署，坚持精准扶贫、精准脱贫基本方略不动摇，严格执行脱贫攻坚责任、政策、投入、动员、监督、考核等制度，举全县之力、集全民之智、聚全民之心，统筹谋划、分类实施、分步推进，脱贫攻坚工作取得明显成效，顺利实现摘帽任务。2015 年，全县精准识别出贫困村 23 个，贫困户 5470 户 18363 人。2018 年底，23 个贫困村全部退出，贫困村退出率 100%，脱贫 5468 户 20099 人，贫困发生率降至 0.28%，低于国家标准 3%，农牧民人均可支配收入 7709 元，贫困群众内生动力明显增强，收入稳定，幸福指数不断提升。一是加强组织领导，强化责任担当。县委、县政府认真履行牵头抓总、整体谋划、统筹协调的工作责任，"县—乡—村"层层成立领导小组和工作机构，严格落实党政一把手"双组长"制，督促脱贫攻坚工作谋划、部署、落实三到位。人大、政协对脱贫攻坚工作加大监督指导和调研，各乡镇、各联点帮扶单位、各驻村"第一书记"及工作队作为脱贫攻坚主攻队，为贫困牧民群众送教育转思想、送物资给温暖、出点子解难题，有力地推动脱贫攻坚工作扎实有效开展。二是注重宣传教育，凝聚脱贫共识。县级层面通过集中学习、以会代训、专题培训等方式，反复讲、经常说，使各级党员领导干部充分认识精准扶贫工作的重要性，进一步增强开展精准扶贫工作的紧迫感和责任感。各乡镇、各部门单位在悬挂横幅、发放宣传资料、入户宣传等传统宣传方式的基础上，积极开展群众通俗易懂、喜闻乐见的宣传活动，做到精准扶贫政策家喻户晓、深入人心。三是健全制度机制，推动政策落地。按照"六个精准""十个一批"的要求，分阶段研究出台"第一书记"和扶贫驻村干部管理、资金审计等多项工作制度，精准制定涉及交通、水利、教育、医疗等行业的专项扶贫方案，"十个一批"脱贫计划以及监督、考核、管理等保障机制，组建57个联点单位，选派57名省州县级干部担任"第一书记"，建立"54321"工作帮扶机制（县级干部帮扶5户、副县级干部帮扶4户、科级干部帮扶3户、党员干部帮扶2户、一般干部帮扶1户），组织全县2738名干部职工深入村社与5509户20258人结对认亲，形成责任明确、任务清晰的长效工作机制。通过三年的帮扶，各级联点单位和干部为贫困村、户落实项目64个，累计帮扶资金6961.65万元。四是加强措施运用，狠抓工作落实。脱贫攻坚战打响之初，我们咬定"两不愁三保障"，坚持精准识别对象、措施到户、项目安排、驻村选派、脱贫成效，稳步夯实脱贫攻坚基础。具体运用培训就业服务、金融借贷支持、医疗救助服务、生态岗位补助、生态保护奖补、免费教育补助、光荣脱贫奖励、民政低保补助到村到户，不断拓宽群众增收渠道。重点聚焦打造特色产业、完善基础设施建设、实施易地扶贫搬迁项目，持续提升发展条件，真正实现"挪穷窝""拔穷根"。通过各类项目的有效实施，全县基础设施和公共服务设施水平显著提升，高原特色产业体系基本建立，生态系统步入良性循环，可持续发展能力明显改善，扶贫对象自我发展能力显著增强，实现了区域经济社会可持续发展。

四、秉持感恩奋进，引导正确舆论导向，讲好"称多故事"

县委、县政府牢牢掌握意识形态领域工作主动权，积极培育社会主义核心价值观，激扬向善向上向好力量，传递正言正行正能量，为"七个称多"建设提供思想保证、舆论支持、道德约束和文化条件。

（一）牢牢抓好意识形态。全县按照中央和省州部署，坚持党对意识形态工作的绝对领导，把党员干部思想行动统一起来，使全县干部群众心往一处想、智往一处谋、劲往一处使。严格落实意识形态一把手工作责任制，制定出台《称多县意识形态领域责任制分工方案》，逐年签订《称多县意识形态工作目标责任书》，在全州首先制定《称多县意识形态工作制度》。每年集中开展 2 次意识形态领域分析研判会，专门形成意识形态情况报告。各党组（委）将意识形态工作作为重点纳入重要学习内容，定期开展县中心组理论学习活动，创新设立"12345"学习制度（一巩固、二下沉、三网络、四交流、五总结），年均集中学习 12 次，专题研讨若干次。建立"四群一发布一推送"平台，实现信息资源共享，加大"文艺＋宣传"力度，创新宣传方式，围绕县委、县政府中心工作，大力宣传习近平新时代中国特色社会主义思想和党的十九大精神及中央和省州县会议文件精神，凝聚起思想共识，提升县域竞争实力。编辑出版《通天河》《称多民俗》《美丽称多》等刊物，成立县作家协会，全面加强意识形态管控力度，把网络意识形态工作延伸到基层，及时处置应对网络舆情，确保网络意识形态主流导向明确、旗帜鲜明、引导有力，全面体现"感恩、自强、包容、创新、和美"的新玉树精神和"善于团结、勤于奉献、敢于担当、勇于创新"的称多精神。

（二）深度挖掘文化潜力。立足定位不一、方向不一、模式不一、效果不一，在"特色"上下功夫，扎实开展文化惠民活动，加大基础设施建设力度，先后完成拉布民俗村景区、嘎觉吾文化广场、县民族体育场、县观景台建设任务，其中，县民族体育场规模为全州第二。激活文化沉淀活力，先后有 55 人入选中国民族舞蹈学术资源库，全县现有 5 处省级文化保护单位、42 处县级文明保护单位，完成 13 处重点文化和抢修工作，5 名工匠艺人为非物质文化遗产工艺大师。抓住自然景观独特、历史文化厚重、民族特色浓郁的特点，点上突破、线上推进、面上推广，文化名县享誉三江。点上突破，重点打造核心区。紧紧依托乡村振兴战略项目，彰显拉布古色（古藏村落）、绿色（人工园林）、红色（党性教育基地），聚人气造声势提能力，优化产业布局，全面完成"发现中国魅力小城"基础设施建设项目。线上推进，做优线路规划，形成"九点一线"（三江源纪念碑、文成公主进藏白塔渡口、拉布民俗村、孕觉吾神山、巴颜喀拉山生态文化景区、嘎称多嘉嘎隆巴生态旅游景区、嘉塘草原、歇武生态长廊、赛巴寺）环县旅游圈景区，目前，有关景点现已纳入建设规划。面上推广，提升品牌知名度。全力克服财政资源紧缺的窘境，积极争取资金支持，接力举办23项传统、非传统文化体育活动，吸引各方宾朋和媒体记者，主动走出去，加强交往交流交融，参加省内外各项活动。近年来，我们成功举办了西部地区规模最大的传统古村落峰会，成功举办了建政以来最大最隆重最受欢迎的庆祝新中国成立70周年、青海解放70周年暨第七届三江源嘎觉吾文化旅游节，珍秦马术代表省州参加内蒙古第十一届全国少数民族传统体育运动会，荣获四个项目二等奖骄人业绩，雪吾武士舞走出国门，受邀参加吉尔吉斯斯坦《全球各民族史诗艺术节》活动，"嘎域神韵·人文称多"品牌更加响亮，更多的人知道了称多、了解了称多、喜欢上了称多。2019年，全县共接待国内外游客15.78万人次，同比增长32.16%；旅游收入1.0257亿元，同比增长32.16%。

（三）深化精神文明创建。大力弘扬习近平新时代中国特色社会主义思想和社会主义核心价值观，持续弘扬玉树抗震救灾精神，不断挖掘丰富称多精神内涵，持续开展社会公德、职业道德、家庭美德、个人品德教育，扎实推进"文明六进"活动，深化感恩教育，讲好称多故事，积极打造精神高地。积极学习借鉴州级"玉树好人"评选做法，借助县民创平台大力推广"称多好人"，将一般好人好事纳入"称多好人"，把特别优秀的纳入县民创平台、称多发布，统一发布曾在称多工作的老干部感人事迹，以提高公民思想道德素质为核心，创新内容、创新形式，扎实开展群众性精神文明创建活动，认真开展好"学雷锋讲文明树新风""志愿服务月系列活动"，文明单位、文明乡镇、文明村镇创建活动，"最美玉树人""最美孝心少年"等推荐评选，"五星级文明户"创建等活动，"我推荐、我评议身边好人"活动，"称多好人"事迹宣传报道活动，未成年人思想道德教育活动，举办干部职工马拉松比赛、"颂党恩"主体歌咏比赛和年度"嘎觉吾杯"篮球公开赛、文明诚信创建活动等一系列活动。加强教育示范基地运用，深挖选树榜样典型，不断充实"称多好人"数据库。

时间的年轮，刻印下奋斗者的足迹。实践证明，称多人有战胜任何艰难险阻的勇气、智慧和力量，称多的发展没有迈不过去的坎。始终凝聚着中央和省州的坚强领导和亲切关怀，凝聚着各级部门单位、对口支援帮扶单位和社会各界的无私援助，特别是党的十九大以来，以习近平同志为核心的党中央给予高原民族地区更多的政策支持和惠民举措，让称多获得不同民族、不同地域、不同条件的同等发展地位，同步迈进全面小康社会，社会各项事业取得巨大成就。称多各族人民衷心感谢中央和省州各级单位，衷心感谢长期以来支持称多发展的社会各界组织。通过调研发现称多人从内心激发出"四个深刻体会"。

称多人深刻体会到：只有始终坚持中国共产党领导，坚定不移走中国特色社会主义道路，全面落实党的民族政策，充分发挥集中力量办大事的制度优势，同心同向、同力同行，才能凝聚起建设社会主义新称多的强大正能量。

称多人深刻体会到：只有始终坚持习近平新时代中国特色社会主义思想，牢固树立"以人民为中心"的发展思想，把中央和省州支持发达地区支援和自身奋斗有机结合起来，乡村振兴才能实现，农牧民群众才能过上更加美好的生活。

称多人深刻认识到：只有始终坚持不懈全面从严治党，着力加强思想、组织、队伍、作风建设，充分发挥党组织战斗堡垒和党员先锋模范作用，党的创造力、凝聚力、战斗力不断提高，中华民族伟大复兴中国梦才有可靠保障。

称多人深刻体会到：只有始终牢牢把握民族团结这条生命线，牢固树立稳定压倒一切的思想认识，深化"三个离不开""四个认同""五个维护"，加快推进法治称多建设步伐，积极推进治理体系、治理能力现代化，才能筑起称多长治久安的铜墙铁壁。

一切伟大成就都是接续奋斗的结果，一切伟大事业都需要在继往开来中推进。回顾过去奋斗历程，称多人深感无比骄傲和自豪；展望与全国同步全面建成小康社会，实现中华民族伟大复兴的光明前景，称多人充满必胜的信心和力量。更加需要撸起袖子加油干。称多人更加紧密地团结在以习近平同志为核心的党中央周围，高举中国特色社会主义伟大旗帜，坚持"五位一体"总体布局和"四个全面"战略布局，深入贯彻"创新、协调、绿色、开放、共享"发展理念，省委"一优两高"和州委"两个越来越好"精神，用党员干部的"辛苦指数"换取农牧民群众的"幸福指数"，共同谱写好中华民族伟大复兴中国梦的称多篇章！

青海省海西蒙古族藏族自治州格尔木市

坚持以人民为中心践行新发展理念 坚定不移走好高质量发展 高品质生活之路

中共格尔木市委宣传部

根据省委宣传部《关于印发〈青海省全面建成小康社会"百城千县万村"调研活动工作方案〉的通知》要求和州委宣传部统一部署，现就格尔木市"推动经济高质量发展，创造高品质生活"调研情况报告如下。

一、基本情况

格尔木系蒙古语音译，意为"河流密集的地方"，地处青海省西部、青藏高原腹地，辖区面积 11.92 万平方公里，是 20 世纪 50 年代，因青藏公路修建和柴达木盆地资源开发而崛起的一座多民族聚居、多文化交融的新兴工业城市。现设 3 个工行委、2 个乡、2 个镇、5 个街道办事处和 1 个国家级经济技术开发区。目前，城市总体规划面积为 262 平方公里，建成区面积 50.3 平方公里，有汉、蒙古、藏、回等 35 个民族，总人口 30 万人，城镇化率近 90%。是"一带一路"枢纽性节点城市、陆港型国家物流枢纽承载城市、全国性综合交通枢纽、青海省副中心城市。

二、主要做法

党的十八大以来特别是近三年来，格尔木市依托青海省副中心城市建设，以重大项目建设为抓手，深入实施项目带动战略，加快促进重点项目落地实施，加快推动实体经济发展，助推全市经济高质量发展，经济总量规模和质量效益迅速跃升，人民群众幸福感、获得感不断增强。

一是坚持把发展经济作为高质量发展高品质生活的基本前提。发展是硬道理，抓好市域经济发展、推动经济增长，是新时代高质量发展高品质生活的基本要求，是稳增长与惠民生的重要基石。2020年以来，格尔木市在充分做好疫情防控的基础上，稳妥推动经济回暖，开展"百日攻坚""会战黄金季"等专项行动，在全省率先研究出台推动企业复产复工20条措施，深入开展"消费促进月"，印发《格尔木市优化营商环境实施方案》，落实电力直接交易、优惠气价、电费缓交等政策，加强上下游产业对接，打好促进经济发展组合拳。71户规上工业企业复工率达到98.6%。全力支持服务业发展，58户限上批零企业、24户服务业企业全部复工营业，新增市场主体1750户；接待游客80.73万人次、旅游收入4.24亿元；积极培育夜市、地摊经济等新业态，设置各类摊位400余个；青藏电商产业园、果蔬同城配送等电商平台累计完成交易额4220.8万元；格尔木综合物流园区日均货物吞吐量1.5万吨。加大金融帮扶力度。全力支持实体经济发展，降低小微型企业贷款利率，放贷12.58亿元；办理无还本续贷2.83亿元，为46家企业办理贴现15.55亿元；培植小微企业112户，新增贷款2.59亿元。

二是坚持把深化改革作为高质量发展高品质生活的必然路径。当前格尔木正处于发展理念转变的阵痛期、经济爬坡过坎的关键期，必须坚持不懈把全面深化改革落到实处，担当作为、蹄疾步稳，着力补短板、强弱项、激活力、抓落实，让社会发展更有活力。年初以来，格尔木市持续深化供给侧结构性改革，大力发展"四种经济形态"，全面落实"六稳""六保"工作任务，深化国企国资改革，初步建立国有企业绩效考核及薪酬分配体系，实现了市属国有企业全员绩效考核。稳步推进全市事业单位机构改革，持续推进"放管服"改革，进一步优化"互联网＋政务"服务模式，实现行政审批、公共服务事项"全域可办""一网通办"全覆盖。26 项行政审批事项实现"一网通办"，118 项政务服务事项实现"一网通办"。优化城市管理体制机制，全面放开外来人口落户限制，优化创（就）业服务，推动"警城联动"工作机制，推进公共文化服务场所免费开放及延伸服务，城市精细化管理水平不断提升。

三是坚持把巩固脱贫成效作为高质量发展高品质生活的政治任务。坚持一个也不能少、一个也不能掉队，让贫困人口和贫困地区同全国一道进入全面小康社会是我党的庄严承诺，是格尔木市委、市政府的使命担当。脱贫攻坚工作开展以来，格尔木市紧扣整体脱贫摘帽及巩固提升脱贫攻坚成果目标任务，紧紧围绕"两不愁三保障"和 18 项脱贫攻坚指标，统筹兼顾非贫困村和非贫困户，以前所未有的力度推进建档立卡脱贫户 237 户 741 名（目前动态调整为 232 户 745 人）、建档立卡退出村 16 个的脱贫攻坚工作，贫困人口稳定达到"两不愁三保障"要求。在此基础上，以巩固提升脱贫成效为主要任务，构建"1+7+10+3"精细化保障体系，脱贫任务逐一项目化、实物化、具体化、精确化，让农牧区生活更富足。抓好产业扶贫。构建"户有增收项目、村有集体经济、市有扶贫产业园""三位一体"的产业扶贫体系。到户产业项目全面到户并产生效益，着力构建企业与建档立卡户、村长期受益共赢机制。推行电商扶贫。新建村级电商服务点 16 个，成功打造了青藏电商工业园、昆仑梦工厂以及格尔木创业孵化基地等一批电商服务点。通过直销店、"互联网＋"销售平台等成功走入上海、广州等城市，让困难群众更多地分享了农牧业全产业链和价值链增值收益。促进转移就业。认真落实政府补贴和"雨露计划"技能培训等政策，累计为 8841 人次农牧区富余劳动力提供技能培训，帮助 6.99 万人次农牧区富余劳动力转移就业，劳务收入达 3.6 亿元；共计帮助 370 名建档立卡劳动力就业，实现建档立卡家庭劳动力就业全覆盖。扩大医疗救助。扎实推进"大病救治一批、慢病签约一批、重病兜底一批"工作，所有建档立卡户基本医疗和大病保险实现全覆盖。全面落实贫困群众医疗"六减十覆盖"政策，形成了"基本医疗＋大病保险＋医疗救助＋补充医疗保险"的保障体系。

四是坚持把推进公共服务作为高质量发展高品质生活的重点环节。高质量公共服务供给是高质量发展高品质生活的基础性工作。不断满足人民群众对公共服务供给的期盼，让人民群众有更多获得感、幸福感，是高质量发展高品质生活的应有之义。格尔木市补齐民生短板，加快推动新区、老城区、"北五"片区和工业园区"四区同建"，推进小岛人工湖生态湿地公园、河滩绿化工程、拆后绿地及小广场、小文体设施等利民设施建设。提高教育质量，认真贯彻落实 15 年免费教育，深化教育教学改革，强化校际合作交流，实现智慧教育"十个全覆盖"。推进医疗体系建设，全面开展县域紧密型医共体建设，完善智慧医疗信息化平台建设和双向转诊机制，落实医共体内对口帮扶，发展远程会诊，"五位一体"医共体框架基本建成。做好社会保障，落实就业创业优惠政策，多渠道促进就近就地就业，确保零就业家庭动态清零。提升"一老一小"服务能力，实现"中央厨房＋统一配送＋爱心食堂"的助餐送餐配餐服务体系和 3 岁以下婴幼儿托育机构正式运行。配套完善公共设施，实施生活垃圾分类处理、城乡广场改造亮化、城市照明、公共卫生间改造等基础设施项目 19 个；在医院、银行、车站、办事大厅等公共场所建设无障碍设施，博物馆、文化馆、图书馆、体育馆等公共文化场所全部免费开放；全市共设置市民体育集中活动点 12 处，28 个社区均安装了健身器材，老年活动室、日间照料中心等健康设施深受好评。

五是坚持把生态环保作为高质量发展高品质生活的政治要求。环境就是民生，保护生态环境、提供优质生态产品满足了各族群众对美好生活的期盼。牢固树立"绿水青山就是金山银山"理念，不断深化对"三个最大"的理解，统筹推进好山水林田湖草系统治理，让城市生活更美好。编制"十四五"时期推进生态环境总体思路、规划、承载力报告，深入推进"百乡千村"示范工程和农村人居环境整治三年行动，全面完成"厕所革命"三年行动目标任务。扎实做好水、大气、土壤等污染防治工作，对已建成的 4 个地表水水质自动监测站开展 9 项水质参数指标 24 小时连续监测。稳步推进"煤改气"工作，全市禁燃区内除驻格部队燃煤锅炉外已基本清零。持续加大环境执法监管力度，关停"散乱污"企业 16 家。推动河湖长制落实落细，全面开展"清四乱"整治工作。

截至 2020 年 7 月，全市环境空气质量优良天数比率为 93.3%，地表水水质优良率 100%。继续推进长江源头生态第一镇建设，着力推进国土绿化、"三北"防护林、森林质量提升、国家重点公益林等重点生态工程。

三、经验启示

高质量发展高品质生活必须要以党的坚强领导作为根本保证。党政军学民，东西南北中，党是领导一切的。实现经济高质量发展创造高品质生活必须把党的坚强领导作为首要政治任务，不断增强政治意识、大局意识、核心意识、看齐意识，坚决维护党中央权威和集中统一领导。近年来，格尔木市加强党的政治建设，持续巩固深化"不忘初心、牢记使命"主题教育成果，始终把学习习近平新时代中国特色社会主义思想作为市委常委会和各党（工）委、党组中心组学习的规定动作和政治规矩，在实践中推动理论学习走深走实。积极发挥了市委常委会把方向、谋大局、抓落实的作用。统筹疫情防控和经济发展，在对疫情带来的严峻考验，经济形势非常艰难，不确定、不可控因素较多的情况下，市委及时组织成立疫情防控处置工作领导小组和指挥部，持续抓紧抓实抓细"外防输入、内防反弹"工作，确保了确诊和疑似病例"双零"的良好局面；审时度势，积极稳妥推进复产复工，上半年，地区生产总值增长 0.2%，全体居民人均可支配收入 14995 元、增长 4.1%，有力推动了经济持续健康发展。主攻脱贫攻坚和巩固脱贫成效，把脱贫攻坚作为政治任务，严格执行脱贫攻坚双组长责任制，亲自安排督战脱贫攻坚工作，对退出村、脱贫户遍访全覆盖，推动工作责任落实到位；制定乡村振兴战略示范点规划和方案，成立格尔木市乡村振兴战略示范试点工作领导小组，加快乡村振兴省州两级示范试点村建设，脱贫质量不断提高。全力打造宜居城市，以创建全国文明城市为契机，充实以市委书记和市长为双组长的创城工作领导小组，建立市级领导联点创城工作制度，34 名市级领导示范联点 416 个重点场所，对城市建设短板弱项调研督导，协调解决困难问题；加强市级领导联点河湖长制建设，市级领导巡河巡湖成为常态，山水林田湖草生命共同体建设持续深入。实践证明，只有全面完善党的领导的体制机制，把党的领导的政治优势转化为推动各项工作的制度优势，才能面对严峻的经济发展和疫情防控形势，统筹协调、兼顾各方，坚定发展信心、增强发展定力，落实稳中求进的总要求，团结带领全市各族群众，把握发展规律、顺应发展形势，不断开创发展新局面。

高质量发展高品质生活必须要以社会文明进步作为持久力量。高质量发展高品质生活最深厚的积淀、最持久的动力来源于社会文明的不断发展、持续进步，来源于群众文明素养和城市文明程度的不断提升。格尔木市坚持思想道德引领。以文明创建活动为抓手，深化思想道德建设，传承"我们的节日"，培育了一批国家、省、州、市级先进典型和道德模范，举办第二届"格尔木好人"评选活动，不断弘扬践行社会主义核心价值观。深入开展"五星级文明户"、文明餐桌、文明交通、文明旅游、文明单位和文明诚信市场、文明诚信企业、文明诚信个体工商户等"文明格尔木"细胞创建工作，为格尔木市经济社会发展提供有力的思想道德支撑。涵养城市文化。投资400余万元，打造11条"创城宣传景观街道"，设立各类景观小品100余处；广泛建设文化楼道（墙）、文化广场、文化长廊等阵地；打造昆仑山世界地质博物馆、格尔木博物馆、将军楼主题公园等一批爱国主义教育、党史教育基地，不断营造崇德向善城市环境。加强志愿服务。全力推进新时代文明实践中心试点，健全"1+6+N"的志愿服务体系，围绕格尔木市疫情防控、全国文明城市创建、脱贫攻坚、乡村振兴、生态环保、民族团结进步等重点工作，充分利用"群众点单、基层报单、中心派单、队伍接单、群众和中心评单"工作模式，开展"主题式""普惠式""特惠式"文明实践服务活动。实践证明，只有传承中华民族传统文化，深入弘扬培育社会主义核心价值观，在潜移默化、润物无声中提升城市文明品质，才能为城市建设发展源源不断提供深厚的精神道德滋养，才能为高质量发展高品质生活构筑强有力的格尔木精神、格尔木力量。

高质量发展高品质生活必须要以生态保护优先作为发展先机。提高生态环境质量，是各族人民群众对美好生活的热切期盼。格尔木市坚持以人民为中心的工作导向，顺应民心，回应民愿，坚持像保护眼睛一样保护生态环境，向对待生命一样对待生态环境。牢固树立问题导向，认真做好第一、二轮中央环保督察反馈问题和信访举报案件整改工作，2017 年第一轮中央生态环境保护督察转办的 52 件环境信访案件全部办结，反馈的 7 项问题中，已完成整改 5 项，其余 2 项达到进度要求；2019 年第二轮中央生态环境保护督察转办的 35 项信访案件中已办结 33 项（重复一项），剩余 2 项阶段性办结，交办的 9 项问题，已完成整改 8 项，正在整改 1 项。加强农牧区生态动态平衡。认真落实农牧民补助奖励政策，实施禁牧和草畜平衡草原面积 4130.83 万亩，草原生态保护补助奖金每年兑现资金 6680.66 万元；落实枸杞有机肥全替代化肥及农作物病虫害绿色防控试点 3.1 万亩；紧紧围绕"三清、五改、治六乱"要求，深入推进农村垃圾治理、污水治理、"厕所革命"和村容村貌提升，齐心协力共同建设美丽农村人居环境。实践证明，只有贯彻习近平生态文明思想，加强生态文明建设，挖掘生态潜力，实行最严格的生态保护制度，坚定走生产发展、生活富裕、生态良好的文明发展道路，才能为各族群众创造良好生产生活环境，让高质量发展高品质生活更可持续。

高质量发展高品质生活必须要以增进民生福祉作为内生动力。保障和改善民生是发展的根本目的。必须坚持"小财政"办好"大民生"，紧紧依靠人民，充分发挥人民主体作用，多谋民生之利，多解民生之忧，在改善民生中凝聚民心激发合力。坚持农牧业优势，巩固脱贫成效。完成各类农作物播种面积 11.7 万亩，累计繁育仔畜 15 万头只，牲畜存栏 39.5 万头只，牲畜出栏 7.5 万头只；特色生物扶贫产业园加快推进，认证无公害农产品生产基地 7 个、无公害农产品 26 个，有机认证枸杞种植面积 3 万亩；发放各类就业补贴 665.24 万元，实现城镇新增就业 5069 人次，农牧区富余劳动力转移就业 11121 人次，为 336 家企业发放稳岗返还资金 359.13 万元。坚持社保兜底，满足群众基本生活需求，社保提标扩面、大病医保、医疗救助等各项政策全面落实，农村特困供养人员月人均标准提高到 1191 元，累计投入城镇危旧房改造、住房条件改善等资金 2.27 亿元；积极打好疫情阻击战，满足民生基本保障，储备大米 641 吨、面粉 819 吨、菜籽油 199 吨。坚持服务发展，为企业发展排忧解难。减税降费 4.19 亿元，减免企业社保费 1.36 亿元；工业气价下调 20%，大宗货物铁路运费下调 5%—10%，累计拨付企业纾困转贷等专项资金 8444 万元；帮助 16 家重点企业完成上下游产业对接 24.85 亿元，为园区 82 家企业发放政策奖补资金 786.15 万元。实践证明，只有坚持以人民为中心，牢记民生为本，推动各族群众在共建共享发展成果中有更多获得感和幸福感，通过发展不断补齐民生短板、促进社会公平正义，才能赢得群众信任、获得群众拥护，工作才能真正让历史认可、让人民信服。

四、存在问题及工作建议

在党中央和省州党委、政府的正确领导下，在全市人民的共同努力下，格尔木市经济社会发展取得了积极成效。但对照中央和省州全面建成小康社会的目标任务，对照人民群众的期望要求，还存在一些不足和短板。主要表现为：受疫情影响，经济运行不确定因素增加，与预期相差很大，形势十分严峻，经济下行压力仍然很大；脱贫攻坚巩固提升成效不高，农牧业产业化发展水平总体不高，村集体经济初级加工为主，对发展带动和引领作用不明显；生态环保由于干旱少雨，风沙大，自然环境恶劣，生态环境仍很脆弱。下一步，将按照党中央、省州决策部署，紧紧围绕决胜全面建成小康社会，深入贯彻新发展理念，让全面小康成色得到人民认可、经得起实践检验，以扎实有效的工作，推动经济高质量发展创造高品质生活。

一是始终坚持旗帜鲜明讲政治。始终以习近平新时代中国特色社会主义思想为指引，持续深入贯彻党的十九大、十九届二中、三中、四中、五中全会精神和省州委全会精神，积极教育引导全市党员干部用党的创新理论武装头脑，始终在思想上政治上行动上同党中央保持高度一致，按照党中央和省州委安排部署，持续增强抓贯彻落实的思想自觉和行动自觉，切实增强"四个意识"，坚定"四个自信"，做到"两个维护"。

二是持续抓好常态化疫情防控和经济社会发展各项工作。将思想和行动统一到党中央和省州市政府关于疫情防控的各项安排部署上来，毫不放松抓好外防输入、内防反弹工作。继续深化供给侧结构性改革，大力发展"四种经济形态"，全面落实"六稳""六保"工作任务，严格落实省政府"二十七条措施"及补充规定，进一步深化领导联点、帮扶纾困、银企对接，税收优惠延期缴税等政策落实落细，确保疫情防控和经济发展"两手抓、两不误、两促进"。

三是持续打好三大攻坚战。扎实开展脱贫成果巩固提升行动计划，深入推进脱贫后续"九大"巩固行动和"补针点睛"专项行动。坚决打赢脱贫攻坚战，落实好大气、水、土壤污染防治行动计划和河湖长制工作，打好污染防治八大标志性战役，稳步提升空气、水、土壤质量。加强政府债务规模核算和限额管理，妥善处理举债和发展的关系，确保不发生系统性、区域性金融风险。

四是决胜全面建成小康社会。按照《格尔木市全面建成小康社会指标体系(47项指标)》要求和《格尔木市决胜全面小康社会"四实现"合账工作清单》内容，充分考虑格尔木市发展实际和优势特色，在经济发展、公共服务、生态环保、社会进步等方面，精准施策全面补齐短板弱项。聚焦城乡医疗教育服务能力、科技创新力度、培育战略性新兴产业、提升新型城镇化水平、促进非公有制经济发展等方面发力提速，坚决跑赢全面小康"最后一公里"。

宁夏回族自治区
吴忠市盐池县

攻克贫困追求美好生活的"盐池答卷"

中共吴忠市委宣传部联合调研组

  盐池县位于陕甘宁蒙四省交界地带，地处毛乌素沙漠南缘，既是革命老区，也是宁夏中部干旱带上国家级贫困县。自然环境恶劣，水利、交通等基础设施薄弱，教育、医疗等公共服务滞后，农民生活水平还处于较低层次，贫困人口数量多，是全区贫困人口最集中、贫困程度最深、脱贫难度最大的县域。改革开放特别是党的十八大以来，盐池县坚持以习近平新时代中国特色社会主义思想为指引，坚决贯彻落实党中央和自治区决策部署，把脱贫攻坚、决胜全面建成小康社会作为最大政治任务和第一民生工程，举全县之力，坚持精准扶贫精准脱贫，抓重点、补短板、强弱项，着力促进基本公共服务均等化，不断强化产业扶贫，贫困群众的收入水平大幅提高，"两不愁"质量水平明显提升，义务教育、基本医疗、住房安全有了保障。基本公共服务日益完善，"金融扶贫"模式不断创新，积极开展"点单式""配送式"就业培训，着力构建可持续发展与贫困人口稳定脱贫的长效机制，实现了产业发展与生态保护的"双赢"，精准扶贫精准脱贫取得了显著成效，为全面建成小康社会打下了坚实的基础。截至2017年底，盐池县减贫10792户32078人，建档立卡贫困户人均可支配收入达到8145元，贫困发生率由2014年的24.5%下降到2017年的0.66%，贫困群众不愁吃、不愁穿问题得到解决，全县74个贫困村基本公共服务领域主要指标接近全国平均水平。2017年国家贫困县退出专项评估检查结果显示，盐池县综合贫困发生率为0.66%，群众认可度97.71%，错退率和漏评率为零，符合贫困县退出条件，盐池县成为宁夏9个国家级贫困县区中首个脱贫摘帽县。

一、逐梦全面小康社会实践中积累的宝贵经验

坚决打赢脱贫攻坚战是党中央向全国人民发出的总动员令，是 2020 年全面建成小康社会必须完成的一项基础性工作，也是一项极为严肃而艰巨的政治任务。在打赢脱贫攻坚战中，盐池县严格按照"六个精准""五个一批"脱贫攻坚要求，坚持因地制宜，不断创新产业扶贫、教育扶贫模式，实现了现行标准下贫困人口全部脱贫，兑现了"一户不落、一人不少"的庄严承诺。同时，严格按照"摘帽不摘责任、摘帽不摘政策、摘帽不摘帮扶、摘帽不摘监管"要求，不断巩固提升脱贫攻坚成果。2018 年，盐池县荣获全国脱贫攻坚组织创新奖，成功入选全国 20 个脱贫攻坚示范县之一。连续五年（2014—2018 年）荣获宁夏扶贫工作考核一等奖。认真总结盐池县在全面建成小康社会实践中积累的宝贵经验，对于其他县区完成精准扶贫精准脱贫目标任务，实施对症下药和综合施策具有一定的借鉴意义。

（一）"一面旗帜"飞扬，党建引领凝聚澎湃动力。党政军民学，东西南北中，党是领导一切的。一是强化村级党组织在农村的领导核心地位。盐池县按照党的组织全覆盖、党的工作全覆盖的要求，把党的领导落实到脱贫攻坚各领域、各环节，不断增强村级党组织的政治领导力、思想引领力、群众组织力。全面推行行政村党支部书记通过法定程序担任村委会主任，完善村党支部领导各类村级组织的具体形式，健全村级（社区）重要事项、重大问题由党组织研究讨论机制；充分发挥农村党支部在脱贫攻坚中主心骨作用。深入开展"三大三强"行动、"两个带头人"工程，选拔 32 名"三型"村党组织书记、137 名农村致富带头人进入村"两委"班子。打造村级"党建+"示范点 20 个、功能党小组 169 个，成立特色种养殖合作社（协会）368 家、家庭农场 320 个，贫困村村集体经济收入稳定在 22 万元以上。提高了村党支部服务群众能力，使行政村党支部真正成为带领群众脱贫致富奔小康的主心骨，筑牢党在农村的执政基础。

（二）打通交通"血脉"，通衢奔小康。要想富，先修路。盐池县已形成了

以县城为中心、三条高速公路为骨架、十条国省级干线公路为依托、县乡公路为支脉的"三纵八横"覆盖城乡的交通网络。"十三五"以来，盐池县公路基础设施建设持续加快，建设完成杨庄台至杜记圈、S201 线至旺四滩、青山至月儿泉、惠安堡至向阳等农村公路，完成 G307 线盐池至高沙窝段、G338 线宁蒙届至惠安堡段国省干道改造工程，加快推进银百高速、G338 线冯记沟乡沉陷区段改线、S308 郑记堡至石沟驿盐池段改造项目加快实施。2019 年，盐池县修建通村公路 132 公里、村组道路 190 公里，完成扬黄灌区和库井灌区主干道硬化 100 公里，实现了"县城通二级、乡镇通三级、建制村通沥青（水泥）公路"的目标，极大地改善了农村通行条件。

（三）夯实住房饮水质量根基，绘就新画卷。着力保障和改善民生，增强人民群众的获得感、幸福感、安全感，是全面建成小康社会的内在要求。危窑危房改造项目的实施，解决了 7314 户贫困群众的住房问题。同时，盐池县着力在农村饮水安全上下功夫，持续推进农村饮水改造工程建设，实施了麻黄山、尖山湾、萌城管网延伸及城西滩等农村饮水改造工程，有效解决全县 6.11 万人的饮水安全问题。特别是 2018 年，通过实施郑记堡、惠萌、刘四渠等农村饮水安全巩固提升改造工程，巩固提升了全县 8 个乡镇 103 个行政村 265 个自然村 1.54 万户 4.9 万人（建档立卡贫困户 4842 户 1.49 万人）的饮水安全。截至目前，累计投入人饮建设资金 5 亿元，实施农村人饮解困、农村饮水安全巩固提升改造、人饮监测监控等 31 项工程，全县农村自来水集中供水率达到 100%、供水水质达标率 100%，农村自来水普及率稳定在 99.7% 以上，有效解决了全县 102 个行政村 656 个自然村 14.3 万人（其中建档立卡户 11203 户 32998 人）的饮水安全问题，饮水安全保障水平居于全区前列。

（四）阻断贫困代际传递，人人享有出彩机会。教育扶贫是阻断贫困代际传递的重要手段。盐池县把人民满意作为做好教育工作的第一目标，充分发挥教育扶贫在脱贫攻坚中的基础性作用，按照"学前教育抓普惠、义务教育抓均衡、高中教育抓优质、职业教育抓融合"的要求，不断创新思路，强化举措，走出了一条具有盐池特色的教育扶贫之路。2016 年以来，改扩建学校 16 所，新建中小学校、幼儿园 8 所，实现了乡镇幼儿园全覆盖。以保障义务教育为核心，建立控辍保学长效机制，九年义务教育阶段持续保持"零辍学"。义务教育"三免一补"政策的实施，极大地减轻了贫困学生的家庭负担，营养改善计划每年惠及5920名学生。加快推进"互联网＋教育"，完善中小学在线互动课堂，打造互联网特色课堂学校18所以上，重点提高教师信息技术和教育资源运用水平，全面实现优质教育资源共享，促进了教育均衡发展，2017年，盐池县被评为全国义务教育发展基本均衡县。坚持把高中教育作为基础教育的龙头，推动高中教育快速优质发展，贫困家庭通过高中教育通道摆脱贫困。职业教育中心围绕市场需求，突出特色，打造了48个专业实训室和汽修多功能实训车间、工程机械实训车间，着力培养与市场需求对接的技能型人才。增强了培训的针对性，提高了就业能力。

（五）创新扶贫机制，做活扶贫大文章。一是建立了脱贫攻坚责任制。为了更好更快地实现贫困群众脱贫致富，盐池县严格执行县委一把手负总责，三级书记抓扶贫的"大包干"脱贫责任制。同时，县、乡、村层层签订脱贫攻坚责任书，立下军令状。二是精准脱贫工作机制初步建立。扶贫攻坚工作要取得实效，就必须在"扶贫对象精准"上下功夫，关键是要建立健全精准识别机制。盐池县探索总结出的"一看房、二看牛和羊、三看劳力强不强、四看儿女上学堂、五看信用良不良"的"五看识别法"识别贫困户，再严格经过"户申请、组提名、村初评、入户查、乡复核、县审批、三公示、一公告、系统管、动态调"的"十步法"标准和程序，确保扶贫对象村不漏户、户不漏人，从而确保贫困户认定透明公开。并按程序公示建档，进一步弄清了"要扶谁"的问题。精准脱贫工作机制的建立健全，使盐池县扶贫工作实现了由"大水漫灌"向"精准滴灌"的根本转变。

（六）产业扶贫进活力，激活脚下的土地。产业是一个地方脱贫致富的重要支撑。盐池县把发展特色产业与扶贫开发有机结合，扎实推进滩羊、牧草、小杂粮、黄花菜、中药材等特色产业发展，大幅提高了贫困户的收入水平。2019年，以滩羊为主的畜牧业产值达到11.2亿元，农业增加值8.13亿元，同比分别增长了4.6%和4.2%，农村居民可支配收入达到12127元，增长13.5%。一是"金羊羊"领头走出脱贫致富路。作为滩羊核心产区和国家级种质资源核心保护区，盐池县坚持把滩羊产业作为全县一号富民产业，着力打造以规模化养殖、标准化生产、产业化经营、品牌化发展、信息化管理、社会化服务为基本特征的现代畜牧业生产体系，狠抓"保种、提质、稳量、增效"四个关键，突出"龙头企业带动、市场拓展、优质优价"三个重点，积极推进滩羊大数据平台建设，从养殖、加工及销售等环节实现数据共享分析，不断强化种草、养羊、加工、销售全产业链培育。建设滩羊基因鉴定室，实现了3小时速测甄别。培育扶持鑫海等龙头企业18家，发展滩羊养殖合作社等新型经营主体500家，组建滩羊基础母羊核心群32万只，建设滩羊养殖棚圈3.3万座，滩羊规模养殖基地326个，规模化养殖比例达60%以上。2012年，盐池县荣获"全国肉羊标准化养殖示范县"称号。目前，全县建成畜产品定点屠宰批发市场2个，城乡活羊交易市场7个。"盐池滩羊肉""二毛裘皮"通过农业农村部农产品地理标志认证，"盐池滩羊"地理证明商标授权企业66家。开发滩羊肉系列产品36种，年加工盐池滩羊肉产品5200吨，盐池滩羊肉进入全国28个省（区、市）45个大中城市，153家连锁超市、262家餐饮企业。2016年9月至今，盐池滩羊肉"四上国宴"。"盐池滩羊"品牌价值达到71亿元。通过"企业＋协会＋养殖示范村（场）＋规模养殖园区（场）＋养殖户"的一体化经营模式，带动了1.98万户贫困户脱贫致富，滩羊产业真正成为贫困群众脱贫致富的支柱产业。二是"黄花花"种出幸福好日子。盐池县出台了黄花种植、晒场建设、托盘购置、生产加工、市场开拓等一系列扶贫政策，制定了全区唯一的《宁夏露地黄花菜生产技术规程》《黄花菜制干技术规程》等生产标准规范，打造2个万亩黄花标准化种植示范基地，指导农户实行绿色标准化种植，在黄花主产区采取推广测土配方施肥、有机肥替代化肥、病虫害统防统治和绿色防控等农艺措施，新引进好运来、艳阳天等食用、观赏一体黄花菜优新品种18个。在惠安堡镇开工建设集生活服务、交易洽谈、初级加工、历史文化等为一体的宁夏黄花产业融合发展示范园。"盐池黄花菜"入选第一批全国名特优新农产品名录。截至2019年底，全县黄花菜种植面积达8.1万亩，年产黄花鲜菜1.8万吨，实现产值2.5亿元。仅惠安堡镇大坝村种植户亩均产值高达3000元以上，户均纯收入2万余元，辐射带动了全县3950户农民种植黄花菜，极大地提高了农户的自我发展能力。三是生态扶贫掘"金矿"。干旱少雨、风大沙多、水资源匮乏、生态脆弱是盐池县最大的县情。近年来，盐池县牢固树立"绿水青山就是金山银山"理念，坚决贯彻生态立区战略，持续推进防沙治沙、造林种草、封山育林等生态建设。通过实施"三北"防护林等重点生态建设工程，建成哈巴湖国家级自然保护区等 21 个省部级以上防沙治沙综合治理示范区。全县 200 多万亩沙化土地全部得到有效治理，森林覆盖率达到 21.8%，实现了"人进沙退、山川披绿"的历史性逆转。通过生态补偿机制，为建档立卡贫困户增加收入，荒山造林、防沙治沙等重大生态工程项目的实施，盐池县人工造林 4.8 万亩，封育治理 2.7 万亩。实施了施天池、张平庄、武记掌、松记水、高记沟、柳叶洼等 6 条水土保持小流域综合治理工程，新增水土流失治理面积 55 平方公里。2018 年，全县生态效益补偿兑现 1200 万元，涉及农户20888 户，其中建档立卡贫困户 5338 户，兑付生态效益补偿资金 297.5 万元。大力发展沙产业，充分利用沙区资源优势，大力发展柠条、沙柳产业，建立灌木采种基地 100 万亩，沙柳资源基地 40 万亩，各种灌木饲料加工等企业 20 多家，年创收 9000 多万元，增加了贫困户收入。聘任建档立卡贫困人员为生态护林员，自 2016 年生态护林员项目实施以来，聘任 1180 名建档立卡贫困人口为生态护林员，年均增收 1 万元。四是小杂粮产业培"富根"。通过加大对小杂粮规范化种植、社会化服务以及产品加工营销等环节扶持力度，在南部绿色小杂粮产业带，年种植以荞麦为主的绿色小杂粮 40 万亩以上，培育扶持了环太、对了、山野香、山逗子等小杂粮加工企业 10 余家，年加工生产各类杂粮达到 1.2 万吨，杂粮产品远销北京、上海、天津、香港等地，部分产品出口日本、韩国等国家。麻黄山乡何新庄村村民何彦彬种植小杂粮 30 多年，于 2013年成立了兴农家庭农场，先后在麻黄山乡何新庄村、井滩子村、大水坑镇圈湾子村等地流转土地 4600 余亩用于种植小杂粮，引进了信农一号、南瓜等优质优良新品种，带动麻黄山、大水坑两地及周边 360 余户群众种植优新品种小杂粮，种植面积达 2 万亩以上，荞麦平均每亩增收 60 元以上，南瓜每亩增收1000 元以上。五是光伏扶贫"照亮"致富路。制定了《盐池县农户屋顶光伏精准扶贫实施方案》，通过实施"光伏＋屋顶光伏扶贫"项目，已建成 74 个贫困村村级光伏电站，每年可为村集体增收 22 万元。3238 户符合条件的生态移民及贫困户安装屋顶光伏，每年每户收益 3000 元以上。

（七）扶贫保撑起脱贫的保护伞。盐池县大胆探索实践，不断创新，采取"政府补助保费 + 农户根据自身产业发展需要选择险种"模式，推出了滩羊基础母羊养殖保险、滩羊肉价格指数险、荞麦、黄花种植收益险等 10 种特色产业保险，为群众发展产业增收致富保驾护航，增强了群众保险意识。2019 年，全县滩羊养殖保险 77 万只，滩羊收益保险 16.9 万只，能繁母猪保险 4007 头，黄花种植保险 2 万亩，荞麦产量保险 51 万亩，解决了群众脱贫风险大问题，扶贫保经验被中央深改办向全国推广。

（八）公共服务优质高效，提升群众幸福感。全面小康是不断满足人民群众美好生活需要的小康。盐池县持续提升公共服务水平，102 个村级文化服务中心、村卫生室全部达到标准化建设，配套建设文化广场 115 个，实现了所有行政村通客车、所有行政村宽带网络全覆盖、所有自然村通信信号全覆盖，广播电视覆盖率达到 100%。实施美丽村庄、环境卫生整治等重点工程，高标准建成美丽村庄 104 个，扎实推进"厕所革命"，累计改造农厕 1.7 万户，"小厕所"成就了大民生，乡村面貌焕然一新。

（九）激发内生动力，杜绝"保姆式"扶贫。摆脱贫困的意志和毅力是斩断穷根的利剑。盐池县坚持扶贫与扶志扶智相结合，着力激发贫困群众脱贫致富的积极性、主动性，真正树立起向贫困宣战的信心、决心和勇气。只有把政府的外在推力和贫困户的内生动力紧紧结合起来，激发内力，形成合力，才能增强贫困农户的自我发展能力。一是在贫困村全面推广"一富带百贫"模式，充分发挥致富带头人作用，让他们带着群众干，贫困户跟着学、跟着干，一户带多户，多户带全村，影响带动贫困农户转变观念，由"要我富"变为"我要富"，实现脱贫致富。二是培育发展一批有实力的龙头企业，带动贫困户脱贫致富。由龙头企业通过若干个合作社链接贫困户，通过"公司 + 合作社 + 农户 + 基地""合作社 + 农户"等运作模式，由合作社为贫困户提供技术服务、种子种苗、产品回收、加工销售等服务。这一"龙头带动"模式将贫困户链接在滩羊、黄花菜、小杂粮牧草等优势产业上，一方面增加了贫困群众的经济收入，另一方面通过学习掌握实用技术，增强"造血"能力。

（十）打响产业品牌，小康路上"羊"眉吐气。品牌不仅是一个企业的信誉和无形资产，而且是一个地区综合经济实力的象征。盐池县充分发挥"中国滩羊之乡""中国甘草之乡""中国荞麦之乡"等品牌效应，加快培育特色农产品品牌，积极扶持龙头企业，通过培育市场，开拓名优产品和名牌商标。组建了滩羊选育场、滩羊繁育中心，制定了滩羊饲喂、屠宰、加工等27项生产技术规范，培育了320个标准化滩羊养殖园区和40个养殖专业村，特别是利用基因重组测序等方法研发出盐池滩羊基因鉴定技术，为盐池滩羊的品牌培育和保护构筑了一道坚固的防火墙。盐池滩羊肉"四上国宴"，品牌效应持续扩大，品牌价值达71亿元，贫困户人均可支配收入突破了9000元。

（十一）金融扶贫闯出"盐池模式"，为贫困户解资金之"渴"。针对贫困户存在的资金需求小、融资担保难、还贷能力低、融资需求多元化的现状，盐池县积极创新金融扶贫模式，积极主动与宁夏黄河农村商业银行对接，宁夏黄河农村商业银行打造的"富农卡""滩羊通"等金融产品，建立了乡、村、组、户四级信用评定系统，通过"小额信贷"社区互助模式，使贫困农户"贷得出、用得好、有效益"。目前，盐池县村级互助社已发展到102个，累计贷款31.02亿元，其中建档立卡贫困户贷款6.74亿元。有效破解了金融扶贫小额信贷全国性"十大难题"，走出了一条"依托金融创新推动产业发展、依靠产业发展带动贫困群众增收"的富民之路。实践证明，盐池县金融扶贫不仅使"有借有还、再借不难"观念植根于农户心中，极大地改善了农村信用环境，而且创新了银行的评级授信系统，收到了"双赢"的效果，这一做法成功入选国务院扶贫办扶智扶志典型案例，金融扶贫"盐池经验"在全国交流推广。

（十二）打好健康扶贫"组合拳"，力阻病根变穷根。盐池县始终把人民群众生命安全和身体健康放在第一位，组建县域医疗健康总院，成立县级卫生发展基金，乡级医院医疗水平明显提高，所有行政村卫生室全部达到标准化，提前实现了"乡镇有卫生院、行政村有卫生室"的目标。大力推进"互联网＋医疗健康"，90个行政村开通远程门诊，严格落实"一免一降四提高一兜底"保障措施，把医疗保险和救助政策向贫困人口倾斜，全面实行"先住院后付费"

和"一站式"结算服务，确保建档立卡贫困患者住院医疗费用报销比例不低于90%，年度累计住院医疗费用不超过5000元。支付制度经验在第四届中国县域卫生发展论坛上交流，结核病和布病"三位一体"防治模式在全区推广，群众满意度不断增强。盐池县荣获2018年度"中国县域医改样板医院"和"国家健康扶贫工程先进县"称号。

（十三）旗帜鲜明讲政治，奏响脱贫致富的时代最强音。盐池县委、县政府始终坚持把脱贫攻坚工作作为首要政治任务，一是坚持把习近平总书记关于扶贫工作重要论述和重要指示精神，特别是习近平总书记视察宁夏重要讲话精神，作为打赢脱贫攻坚战的根本遵循、科学指南和力量源泉，认真学习"必读篇"、跟进学习"最新篇"、深入学习"宁夏篇"，坚持不懈在学懂弄通做实上下功夫。坚持学而信，不断筑牢信仰之基，补足精神之钙，把稳思想之舵。坚持学而通，深学细悟、融会贯通其中的立场观点方法，掌握马克思主义世界观和方法论。坚持学而行，把对以习近平同志为核心的党中央高度的思想认同、政治认同、情感认同转化为高度的思想自觉、政治自觉、行动自觉，全面加强政治历练，不断提高把稳政治立场、强化政治担当、永葆政治本色的能力。二是始终把脱贫攻坚的责任扛在肩上。盐池县定期召开县委常委会、政府常务会、扶贫开发领导小组会，研究推进脱贫攻坚巩固提升工作，严格落实"三级书记抓脱贫"工作责任，全面推行"三包五到位"工作法，建立了县委牵头总抓、四套班子主要领导分块包抓、人大、政协联系领导专项督查的"1+4+7"重点工作推进机制，县委书记遍访贫困村、乡镇党委书记遍访贫困户、村党支部书记遍访农户均达100%，形成了县、乡、村三级组织抓扶贫、全县动员促富民的生动局面。2019年，盐池县委被自治区党委评为"干事创业好班子"。

二、盐池县逐梦全面小康社会实践中得到的重要启示

启示一：精准扶贫精准脱贫工作要走向制度化。精准扶贫政策的落实，涉及金融支持、社会救助、产业发展等多个领域，要形成完整的精准扶贫体系。

盐池县精准扶贫与精准脱贫实践表明，在脱贫攻坚中，应针对各类脱贫举措，如产业扶贫、教育扶贫、健康扶贫、职业技能培训、整村推进、易地搬迁、保障兜底等扶贫开发工作的"主轴"，建立完善的体制机制，确保这些举措有序开展，顺利实施，将精准扶贫精准脱贫转变为培育地方经济新的增长极。在经济结构和产业调整上，找到贫困地区新的效益生长点，从而形成规模效应，为区域经济的发展带来新的空间和机遇。

启示二：精准扶贫精准脱贫工作要坚持共享理念。党的十八届五中全会提出共享发展的理念，共享发展要守住民生的底线，要帮助农村贫困人口"摘帽脱贫"，这是全面建成小康社会必须补齐的短板，也是践行共享发展理念的应有之义。在脱贫攻坚实践中，要坚持发展为了人民、发展依靠人民、发展成果由人民共享，使人民群众在脱贫致富道路上，在共建共享发展中有更多的获得感，增强发展动力，朝着共同富裕方向稳步前进。

启示三：精准扶贫精准脱贫工作要与新型城镇化建设协调推进。当前，宁夏正处于新型城镇化快速推进时期，一是贫困地区要抓住优惠政策叠加的机遇，充分发挥自身优势和潜力，把推进新型城镇化建设和精准扶贫工作有机结合起来，将交通、生态等城乡规划与扶贫开发计划、产业发展、项目实施等相关规划结合起来，建立完整的城镇化规划体系和脱贫实施整体方案，协调推进，互动发展。二是贫困地区要积极利用资源优势，大力发展乡村旅游和电商、物流等新兴服务业，探索多元化扶贫模式，在脱贫致富的同时实现城镇化。

（项目负责人：高建博；调研组成员：马瑞英、李自仙、张金成、贾永锋、胡建军、曹军、高巧仙、李锐、陈文森、陈艳宁）

全面建成小康社会与中国县域发展

宁夏回族自治区固原市彭阳县

绿水青山就是金山银山

——彭阳县生态文明建设的生动实践

中共固原市委宣传部联合调研组

彭阳县位于宁夏东南部边缘，六盘山东麓，地处黄土高原中部丘陵沟壑区，境内地貌类型复杂多样，山多川少，沟壑纵横，为全国重点水土流失区。自 1983 年建县以来，历届县委、县政府认真践行"绿水青山就是金山银山"理念，一任接着一任干、一代接着一代干，一张蓝图绘到底，走出了一条独具特色的"生态立县"发展之路。

一、基本情况

三十多年来，县委、县政府坚持"生态立县"方针不动摇，团结带领全县广大干部群众，发扬"勇于探索、团结务实、锲而不舍、艰苦创业"的"彭阳精神"和"领导苦抓、干部苦帮、群众苦干"的"三苦"作风，按照"山顶林草戴帽子，山腰梯田系带子，沟头库坝穿靴子"的治理模式，以小流域为单元，实行山水田林路统一规划，梁峁沟坡综合治理，工程、生物、耕作措施相配套，乔灌草种植相结合，抓点带面，整体推进，有效推动了全县生态建设。经过几代人不懈努力，全县林木累计保存面积达到 203.87 万亩，其中退耕地造林 75.6 万亩，森林覆盖率由建县初的 3% 提高到目前的 30.6%，湿地保护率

65%。累计治理小流域 134 条 1780 平方公里，治理程度由建县初的 11.1% 提高到 76.3%，年减少泥沙流量 680 万吨。

近年来，彭阳县把"四个一"林草产业工程作为践行"两山"理念的大胆实践、守好改善生态环境生命线的具体行动、调整产业结构的主要抓手，全县动员、全民参与、全面推广，积极融入全市"一屏一带一线三区五城"和"四个融合产业"的总体布局，结合实际，在试验示范的基础上，围绕"水利工程补短板，上山入户进梯田"的工作思路，不断拓宽"四个一"林草产业工程的发展空间，走选育科学化、种植规模化、生产现代化、营销市场化路子，取得了初步成效。2017 年底至 2018 年，引种试验示范，筛选种植 147 个品种 3475 亩，选育出苹果等适宜品种 40 个。2019 年，逐步推广，围绕 40 个品种种植 48 万亩，建设示范园 20 个，示范点 30 个。2020 年全面推广，出成果、见效益，把实施的重点放在"上山入户"上，分类布局，系统配套，全面推进，推广种植 52 万亩("一棵树"10 万亩、"一株苗"0.5 万亩、"一枝花"3.5 万亩、"一棵草"38 万亩)。

二、取得的成效

(一) 森林资源增长快，人居环境大为改善。通过 37 年坚持不懈的综合治理，林木保存面积由建县初的 27 万亩增加到 203.87 万亩，昔日的荒山秃岭得到了绿化，初步实现了水不下山、泥不出沟的良好生态环境。先后荣获"全国绿化模范县""全国经济林建设示范县、先进县""全国营造林工作先进单位""全国封山育林先进单位""全国生态建设先进县、生态建设突出贡献先进集体""全国退耕还林先进县""国家级林下经济示范基地""三北防护林体系二期工程建设先进单位""全国集体林权制度改革先进集体""全国园林县城"等称号；荣获全国粮食生产大县、全国休闲农业示范县、国家科技进步县、全国农村集体三资管理示范县和"中国辣椒之乡"等殊荣；茹河瀑布风景区、阳洼流域分别被命名为国家级和区级水利风景区，彭阳旱作梯田入选"中国美丽田园"，杨

坪村被评为"中国最美村镇"，彭阳县被命名为"宁夏摄影创作基地"，2017
年荣登"最美中国榜"。

（二）特色产业发展力度大，农民收入明显增加。与生态经济相结合，全
县累计发展以山杏为主的经济林 53.2 万亩，其中以红梅杏、苹果为主的优质
经果林 18 万亩，正常年份经济林产值达 2.5 亿元，提供主产区农民人均纯收
入 3450 元。2017 年以来，发展"四个一"林草产业 100 万亩，带动参与群众
人均增收 1100 元。农村人均可支配收入从建县初的 174 元增加到 2019 年的
11000 元，向"山绿民富"的目标迈进了一大步。林业等产业的大发展、快发展，
改善了农民生产生活环境，改变了山区群众的传统耕种习惯，促使单一农业发
展方式向林果、草畜、蔬菜、劳务四大特色产业及二、三产业过渡，农业综合
产出实现翻番。

（三）森林生态功能日趋完善，社会影响力不断增强。全面启动国家生态
文明示范县创建活动，因地制宜，尊重自然科学，合理规划，重点围绕 309 国
道、203 省道、彭青一级公路及红茹河流域、安家川流域，将全县划分为：北
部丘陵沟壑区水土保持林发展区、中南部红茹河谷残塬区生态经济林发展区、
西南部土石质山区水源涵养林发展区 3 个区域，统筹兼顾，分区域综合治理，
整体推进生态林业建设提升。依托退耕还林、"三北"防护林等国家林业重点
工程，坚持人工造林、封山育林并举，加快建设综合防护林体系，继续着力治
理水土流失等生态问题。在城镇、村庄、道路、地埂等区域，加快建设生态景
观林体系，着力改善人居环境，促进城乡面貌大提升。同时，通过限额采伐、
低效林改造、拓宽造林绿化领域等措施，林业生态体系初步形成，保水固土、
涵养水源成效明显，林区生物种群日益丰富，享受国家生态补偿的公益林面积
达 63 万亩。生态建设给彭阳带来了翻天覆地的变化，经济社会发展速度超过
周边同类县区，群众生产生活条件明显改善，生活水平明显提高，人居环境明
显改观，实实在在的变化使彭阳广大干部群众深切体会到了生态建设的实惠，
建设生态彭阳已经成为全县上下的共同愿望。

（四）生态旅游逐步兴起，生态文明水平显著提升。在生态建设中，围绕
"天蓝、地绿、水清、城净、宜居、宜游"旅游发展定位，突出温馨、休闲、

观光、慢行、体验主题，以打造西部独具特色的乡村旅游目的地为目标，以创建全区全域旅游示范县为抓手，深入挖掘生态、历史、红色、人文、民俗资源，融合脱贫攻坚、城乡居民健康休闲、三次产业提升、新型城镇化等关键元素，着力打造茹河瀑布、金鸡坪梯田公园和乔家渠红军长征毛泽东宿营地旧址3个景区，全力推进"两河"流域百里画廊"五彩景观梯田"（青云湾深红系、栖霞滩粉红系、金鸡坪橙黄系、桃花山金黄系、麻喇湾深黄系）建设，持续提升彭阳旅游知名度，全县旅游业实现了从无到有、从小到大的跨越，形成了百万亩桃杏花海、百万亩景观梯田、百条生态治理示范流域等独具特色的自然景观，旅游框架已初具雏形。目前，全县共有宾馆（饭店）40多家，累计扶持发展农家乐61家，旅游接待能力和服务质量显著提高。以"看山花、赏瀑布、游梯田"为特色的生态旅游逐步打响做亮。

三、主要做法

（一）认准路子，坚持"生态立县"的方针不变。认识决定思路，思路决定出路。建县伊始，面对荒山秃岭、水土流失严重的现状，县委、县政府认真分析论证，深刻认识到山区贫困的根子在山，发展的潜力在林。无论形势如何变化，无论思路如何调整，无论领导如何更替，但是历届县委、县政府始终坚持"生态立县"的方针没有变，一任接着一任干、一代接着一代干，一张蓝图绘到底的优良传统没有丢，三十多年如一日，保证了生态建设的持续性。先后制定出台一系列决定、方案、规划，探索推行"三三制"农业经营模式（农、林、牧各占三分之一）和"1335"家庭单元模式（户均1眼井窖，人均3亩基本农田，户均3头大家畜，人均5亩经济林）。提出"10年初见成效、20年大见成效、30年实现彭阳山川秀美"的宏伟目标，建设"生态型新农村"，并全面启动实施"813"生态提升工程（用3—5年时间，打造8个生态乡镇、100个生态村、30000户生态户），力争将彭阳建设成为"生态经济强县、生态文化大县、生态人居名县"。提出了建设以"大花园、大果园"为蓝图的"生态家园、致富田园、和谐乐园""生态彭阳、宜居彭阳、富裕彭阳、诚信彭阳、和谐彭阳""山变绿、地变平、水变清、人变富、城变美"等长远和阶段性建设目标。近年来，通过设立乡镇生态绿化基金，整山头、逐流域巩固造林成效，加速成林转变。突出生态修复、生态保护和生态开发，加快推进生态环境良性发展，促进人与自然和谐发展。深入推进生态文明建设，全面启动国家生态文明示范县创建活动，开展国家重点生态功能区建设与管理试点县工作。推广"上保（山顶塬面修建高标准基本农田，保障口粮）、中培（山腰培育特色经果林，发展林果业）、下开发（川道发展设施农业、生态移民、整治河道、坝地利用）"的综合治理模式，提升流域治理水平，提高流域生态经济效益，争创国家级小流域治理风景区。实施生态移民迁出区生态修复工程，全力推进生态文明和绿色彭阳建设。全面落实规划设计、造林小班、造林模式、造林措施、项目管理、成林转化"六个精准"要求，确保实现精准造林助推精准扶贫的目标。启动实施六盘山重点生态功能区降雨量 400 毫米以上区域造林绿化工程，着力推进生态增量、林业增效、农民增收和社会增彩的"四增目标"，全面推进生态文明建设。这些思路和举措，不仅从方向上确立了生态建设在县域经济发展中的主导地位，而且找到了干旱半干旱地区生态建设与经济社会发展的最佳结合点，有效推动了全县生态建设快速发展。

（二）持之以恒，弘扬艰苦奋斗的精神不变。彭阳县立地条件差，造林难度大，建县 37 年能取得今天的成就，靠的是锲而不舍的信念、团结务实的作风、艰苦奋斗的精神。在生态建设中，县委统一领导，党政齐抓共管；各级领导身体力行，率先垂范；广大干部积极行动，一呼百应。特别是走出过去就林业抓林业、就水利抓水利、就农业抓农业，九龙治水、单打独斗的被动局面，全县上下九牛爬坡，个个出力。铁锹、布鞋、遮阳帽是彭阳干部的"三件宝"，每年春秋两季停止办公两周义务植树从不间断，仅县直机关单位义务植树基地达 30 处，造林 13 万亩，形成了阳洼、大沟湾、麻喇湾等一批示范流域，做给群众看，带着群众干，有力调动和激发了群众的积极性。广大群众勤劳肯干，由以宅基为单位，家家户户在房前屋后、路畔地埂零星植树，发展到以村为单位、小规模会战，到跨乡镇若干村数万人联合的"大兵团"作战，再到目前的人人植树、处处造林，形成了全民动手、绿化家园的生动局面，涌现出一批造林绿化的带头人，倾尽心血培育浇灌了 10 万亩针叶林的"全国劳模"吴志胜，身残志坚、孑身一人染绿和沟村 200 亩荒山沟道的"全国绿化祖国突击手"李志远，营建果园 160 多亩、创建"杨万珍模式"的"全国劳模"杨万珍，带领 100 多名农民技术员组成的专业造林队伍，足迹遍及彭阳梁梁峁峁、沟沟岔岔的"全国先进工作者"杨凤鹏等，他们用自己的模范事迹和不改变家乡面貌誓不罢休的"愚公"精神，潜移默化影响着更多的干部群众参与到生态文明建设中来，形成了以干部为先锋、以农民为主体、全民共同参与的生态建设合力。多年来，共有 6 人获得全国绿化奖章。

（三）集成创新，实行综合治理的模式不变。彭阳县降雨量少且集中在秋季，既缺水又水土流失严重，恶劣的自然环境决定了绿化不仅仅是简单的栽树，而是改土治水与植树造林兼容的综合工程。县委、县政府始终坚持因地制宜，积极吸收外地先进经验，并不断集成创新，探索出以小流域为单元的综合治理模式，即"山顶林草戴帽子，山腰梯田系带子，沟头库坝穿靴子（山顶封山育林，涵养水源；山坡退耕还林还草，保持水土；坡耕地修建高标准水平梯田，蓄积天上水；干支毛沟修建谷坊、塘坝、水窖，拦蓄径流发展灌溉，并适当开发沟坝地）"，推行山、水、田、林、路统一规划，梁、峁、沟、坡、塬一体整治的综合治理，重点抓了以农田为主的温饱工程、以窖坝为主的集雨工程、以林草为主的生态工程和以道路为主的通达工程"四大工程"，形成了"农田建设先行开路，林草措施镶嵌配套，水保工程截流补充，科技培训提高素质，扶贫开发促进增收"的格局。总结推广鱼鳞坑、水平沟整地，截杆深栽、雨季抢播柠条等旱作林业技术体系，特别是"88542"（沿等高线开挖深 80 厘米、宽 80 厘米的水平沟，筑高 50 厘米、顶宽 40 厘米的外埂，回填后面宽 2 米）隔坡反坡水平沟整地技术，通过扩穴深挖和表土回填，不仅改善了土壤结构和质地，而且有效增加了土壤含水量，大大提高了苗木成活率和生长量。据测算，目前全县"88542"工程整地带可以绕地球三圈半，被国际友人称为"中国生态长城"。近年来，结合"新农村建设、产业培育、区域经济发展、当地群众意愿"，采用"上保（山顶塬面修建高标准基本农田，保水保土，保障口粮）、中培（山腰坡耕地培育优质高效特色经济林，退耕还林区嫁接改良，调整种植结构，增加农民收入）、下开发（川道区发展设施农业，推动农业现代化，实施生态移民，实现生态修复，整治河道改善环境）"的生态经济开发治理模式，实现了生态、经济和社会效益相统一。

（四）开辟新渠道，生态促脱贫的途径不变。多年来，彭阳县始终发动干部群众积极投身生态建设，在坚持"增绿"的同时，坚持"增收"目标不动摇，结合实施精准扶贫工作，坚持把生态林业资源作为贫困群众发展"有土""离土"扶贫产业的优势资源，创出了建档立卡贫困户深度参与的生态扶贫新路径，取得了生态改善、产业发展与贫困户增收的多赢效果。一是把贫困户组织成林业工程建设的"先锋队"，以山川增绿促增收。注重山绿与民富相结合，造林优先使用建档立卡贫困户劳力和苗木，就近吸纳建档立卡贫困户组建造林工程队，高标准实施六盘山重点生态功能区降雨量400毫米以上区域造林绿化工程、生态移民迁出区生态修复工程等。二是把贫困户培育成林业产业发展的"带头人"，以产业增效促增收。注重念好"山水经"、种好"摇钱树"、打好"生态牌"，坚持市场导向、政府推动、群众参与原则，引种驯化适应本地发展的"一棵树、一株苗、一枝花、一棵草"，建立以林下养鸡、中药材种植、生态养蜂为主的"林蜂药"特色产业增效模式，引导广大群众大力发展苗木、林果和林下经济产业，为农民培育增收的"绿色银行"，给群众留下"恒产"。三是把贫困户打造成林业资源管护的"主力军"，以管护增岗促增收。在护林员聘用上，按照"生态补偿脱贫一批"要求，通过政府购买非全日制公益性岗位，全县共选聘护林员1432名（其中生态护林员1090名），年人均增收1万元。通过资源管护，有效增加了贫困群众工资性收入。四是把贫困户培养成林木鼠害防治的"专业队"，以资源增量促增收。全县12个乡镇以村或乡镇为单位组建贫困户（建档立卡贫困户优先）为主的防鼠队，选有管理经验的捕鼠能手任队长，由乡镇和村统一管理，就近组织防治，每捕打一只鼢鼠兑现补助费10元。通过组建以贫困户（特别是建档立卡贫困户）为主的防鼠队，把保护生态环境与脱贫攻坚、增加贫困户收入有效结合，实现"双赢"。

（五）产业跟进，发展绿色经济的目标不变。既要绿水青山，也要金山银山。生态文明建设特别是退耕还林工程的实施，"逼"着农民转变土地经营方式，县委、县政府因势利导，大力调整农业产业结构，总结推广"53211"（户均养殖5头牛或30只羊、种植2栋蔬菜大棚、输出技能劳务工1人、实现人均收入1万元）产业扶贫模式，着力发展绿色经济，在种植面积减少的情况下，农业产出不降反增，为生态建设注入了强大的动力。一是大力发展林果产业，推行"绿色＋"发展模式，坚持生态效益与经济效益并重，大力推进"四个一"林草产业试验示范工程，采取少量引种，多点试验，循序渐进，逐步推广的方式，积极发展以自根砧矮化密植苹果、花椒、大果榛子、大果山楂、油用牡丹、金银草等为主的"一棵树、一株苗、一枝花、一棵草"的"四个一"林草产业，累计示范推广适宜品种40种100万亩，打造示范园20个，示范点30个，带动群众人均增收1600元。积极扶持培育新型农业经营主体，培育农村致富带头人295名、家庭农场139个、专业合作社147家，登记备案农民专业合作社237家，入社成员4160人，带动非成员农户20197户。大力发展经果林，进一步巩固提升退耕还林成果，积极引导退耕农户发展林下经济，全县累计发展以杏子、苹果、核桃、花椒为主的特色经济林53.2万亩，其中以红梅杏、苹果为主的庭院经济林达到10万亩，2019年经济林产值达3.88亿元，提供主产区农民人均纯收入3450元。先后打造千亩以上特色经济林示范园10个，培育庭院经济林大户200余户。发展林下养鸡、养蜂及种植中药材，提供总产值1.08亿元。二是大力发展草畜产业，大力实施粮食产业优化提升行动，全面完成粮食生产功能区划定，高标准基本农田34.36万亩，发展节水灌溉1万亩，全县粮食作物播种面积77.5万亩，总产量达到21.7万吨。全县种植优质饲草18.5万亩，饲草配送中心2个，标准化养殖暖棚210万平方米，培育肉牛养殖示范村13个，全县畜禽饲养总量稳定在230万个羊单位。三是大力发展旅游产业，县博物馆、金鸡坪梯田公园拟评定为国家3A级景区，姚河塬西周遗址列入第八批全国重点文物保护单位古遗址项目，成功举办山花文化旅游节、梯田花儿节，全年接待游客60万人次，实现社会综合收入2.4亿元，彭阳成为全国"网红"，吸引游客近7万人次，旅游收入达2100万元，生态彭阳成为宁夏旅游的名片之一。得到区市领导充分肯定。打造"云耕彭阳"品牌，推进农村电商服务，乡村物流配送站 100 个，完成线上销售 0.8 亿元。四是大力发展劳务产业，通过退耕还林，把一部分农民从繁重的土地耕作中解放出来，自发外出务工；县委、县政府因势利导，强化服务，发展壮大劳务中介组织和经纪人队伍，推动劳务产业转型升级。全县稳定转移就业 5.7 万人，创收 11 亿元。同时，生态文明建设中打造的示范流域和红色文化资源的开发，使以"红色"和"绿色"为品牌的"一线双色"旅游业格局正在逐步形成。同时，着力提升全域旅游接待能力，2019 年共接待游客近 60 万余人次，实现旅游业总收入 2.4 亿元。全县农家乐接待 38.8 万人次，实现经营收入达 1941 万元。

（六）建管并重，创新长效推进的机制不变。彭阳县是一个生态脆弱地区，能取得今天的成效十分不易。尤其随着新一轮退耕还林工程、"三北"防护林工程、天然林保护工程和生态移民迁出区生态修复工程等项目的实施，森林资源管护面积逐年增加，林分质量不断提高，管护任务越来越重。县委、县政府牢固树立"三分造七分管"的思想，不断完善体制机制，切实巩固生态建设成果。在责任机制上，大力推行"年初建账、年中检查、年底结账"的工作责任制，把生态建设纳入年终考核，统一进行考核验收。实行县级领导包乡、部门包村、乡镇干部包点的目标责任制，逐级签订责任书，使级级有压力，人人有担子，形成了一级抓一级，层层抓落实的良好局面。在投入机制上，农、林、水、牧等资金捆绑，项目联合，集中使用，使有限的资金发挥最大的效益。在服务机制上，全面推行科技承包责任制，组织科技人员深入一线，严把关键环节，跟踪指导服务，并定期不定期地举办不同类型的综合治理培训班，提高了生态文明建设的科技含量。在管理机制上，严格落实护林员管理办法，完善管理监督网络，严格目标管理，确保治理一片，巩固一片，见效一片。加快国有林场建设，将移民迁出区生态修复与建设纳入林场统一管理。严格推行禁牧封育，改变了传统养殖方式，实现了舍饲圈养和草原植被全面恢复的历史性转变，提高了生态环境的自我修复能力。

四、经验启示

彭阳地处黄土高原核心区,自然条件严酷,生态环境脆弱,经济社会发展滞后,曾经是黄土高原水土流失最严重的县域之一,水土流失面积之大、程度之深、危害之重,均居宁夏之首。"山光、水浊、田瘦、人穷"是当时的真实写照。然而,正是这样一个生态与经济问题相互交织、双重贫困的小县,通过37年的艰苦奋斗,生态环境和城乡面貌发生了巨大变化,森林面积和森林覆盖率大幅提升,水土流失面积和土壤侵蚀模数大幅下降,初步取得了"山变绿、水变清、地变平、人变富"的成效。彭阳这种"小县也能办大事、穷县也能出精品"的成功实践,为黄土高原综合治理树立了样板和典范。

(一)坚持生态立县不动摇,"彭阳理念"值得学习。37年来,历届县委、县政府始终秉承发展经济是政绩、改善生态同样是政绩这一理念不改变,全县一切工作都以是否有利于生态环境保护与建设为最高衡量标准,宁可经济发展慢一点,也绝不破坏生态环境。11任县委书记、10任县长以"功成不必在我任期"的工作信念,不贪一时之功、不图一时之名,坚持把植树造林、改善生态作为执政为民的第一要求,带领干部群众摸爬滚打在植树造林第一线,一任接着一任干、一代接着一代干,一张蓝图绘到底,取得了实实在在的建设成效。"彭阳理念"在整个黄土高原地区具有重要的启示意义。

(二)坚持艰苦奋斗不松劲,"彭阳精神"值得弘扬。在彭阳,义务植树是各级机关干部的必修课,"球鞋、铁锹、遮阳帽"是必备的"三件宝"。每年造林之时,各级干部既当指挥员,又当战斗员,义无反顾,冲锋到前,许多乡镇书记成了"林书记",不少部门领导成了"林局长"。人民群众是造林绿化的主力军。每逢植树造林季节,回汉群众背上干粮,麻呼呼上山,热呼呼一天,黑呼呼回家,一干就是十天半个月,用一把永不生锈的铁锹改变并主宰着自身的命运。37年的艰苦奋斗孕育了"勇于探索、团结务实、锲而不舍、艰苦创业"的"彭阳精神"。"彭阳精神"是"三北精神"的重要组成部分,是新时期激励广大干部群众建设生态文明和美丽中国的强大精神动力,在整个黄土高原地区生态治理中值得发扬光大。

（三）坚持综合治理不停歇，"彭阳路子"值得推广。37年来，彭阳坚持以小流域综合治理为基本单元，以蓄水保土、护农促牧、兴林富民为根本目标，在实践中勇于探索、大胆创新，走出了一条黄土高原综合治理的成功路子。在治理模式上，从最初的"山顶林草戴帽子，山腰梯田系带子，沟头库坝穿靴子"的立体治理模式，到实施山、水、田、林、路统一规划，梁、峁、沟、坡、塬一体整治的综合治理模式，实现了工程措施、生物措施、技术措施的有机统一。在整地模式上，从鱼鳞坑、带子田到"88542"（沿等高线开挖深80厘米、宽80厘米的水平沟，筑高50厘米、顶宽40厘米的外埂，回填后面宽2米）水平沟抗旱集雨技术，大大提高了流域治理水平。近年来，又推行"山顶塬面建高标准农田保口粮、山腰坡耕地培育特色林果增收入、川道区发展设施农业搞开发"的生态经济一体化发展模式，收到了生态文明建设与民生改善的"双赢"效果。

（四）坚持规模推进不换挡，"彭阳速度"值得借鉴。规模决定效益。30多年来，彭阳坚持一架山、一面坡、一条沟规模治理模式，以年均完成造林保存面积6.7万亩、年均提高森林覆盖率0.8个百分点的速度向前推进，在昔日的光山秃岭营造起近200万亩的人工防护林基地，累计治理小流域134条共1780平方公里，书写了黄土高原生态治理的奇迹。县域生态环境发生了翻天覆地的变化，水土保持能力和水源涵养能力明显增强，由过去的不旱则涝、旱涝交替，变成现在的水不下山，泥不出沟，境内主要河流由过去的季节河变成了现在的长年河，有近一半的小流域由干沟变成溪流。水土流失治理程度由建县初的11.1%提高到76.3%，年均治理达2%；年减少泥沙680万吨，降雨量由建县初不足350毫米增加到2019年的756.9毫米，减少农业面源污染，空气质量优良天数比例达到93%以上，县境内红河、茹河、安家川河三条主要河流地表水水质平均为Ⅲ类及以上。

一部彭阳的植树造林史，就是一部改土治山史，也是一部艰苦奋斗史。为了生存和发展，彭阳人民不等不靠，不屈不挠，栉风沐雨，用铁锹、锄头、心血、汗水甚至生命，在满目疮痍，沟壑纵横的黄土地上树起了一座感天动地的绿色丰碑，演绎了一曲气壮山河的绿色乐章。彭阳的实践证明，只要遵循自然规律，坚持科学态度，发扬艰苦创业精神，锲而不舍，埋头苦干，恶劣的生态环境是可以治理的，穷山恶水的生态面貌是可以改变的，建设生态文明和美丽中国的目标是完全能够实现的。

（项目负责人：吴会军；调研组成员：马生林、马宁、
何少庸、田鹏飞、安振杰、贺永顺、王霖）

全面建成小康社会与中国县域发展

宁夏回族自治区
中卫市海原县

海原县走出脱贫致富"牛"路子

中共中卫市委宣传部联合调研组

西海固是宁夏回族自治区贫困地区的代名词，联合国教科文组织曾称这里"不适宜人类居住"，如今这里换了新模样。

西海固的"海"指的是海原县。近年来，海原县深入挖掘肉牛养殖的传统产业优势，把以高端肉牛为主的草畜产业确定为全县产业发展的首位。如今，海原县以高端肉牛为主的肉牛饲养量已从"十二五"末的 18.35 万头增加到 2019 年底的 27.8 万头。经测算，村民养殖一头基础母牛一年后的收益在 3000 元以上，比传统养殖的收益高出 2000 元以上，海原县在致富路上"牛"气冲天。

选好产业筑牢脱贫基石

地处干旱带的海原县，位于宁夏中南部，没有得到大江大河的滋润。境内丘陵起伏、沟壑纵横，年均降水不足 360 毫米，且降水大多集中在秋季，素有"十年九旱"之称，是宁夏最为干旱的县区之一。让这块贫瘠的土地上的贫困户脱贫，必须要有产业。老百姓脱贫致富，要因地制宜。经过调研，很多贫困户都有养牛的意愿，也懂一些技术，因此海原县将肉牛产业作为战略性主导产业，以创建国家级肉牛产业技术体系示范县和自治区级肉牛良种繁育基地示范县为目标，全力推动肉牛产业高质量发展。

华润模式助力百姓脱贫

　　解决了产业，可是牛、饲草料、水等都要钱，钱从何来？在助推产业扶贫中，海原县积极探索，勇于创新，大胆拓展资金变资产、资产变资本、资本变股金的产业扶贫新模式，大力推广"华润基础母牛银行"产业扶贫模式。一是打造华润基础母牛银行模式。华润集团无偿捐赠 3.85 亿元，成立海原华润农业有限公司和润农合作联社，选派专业技术团队，按照"龙头企业 + 合作联社 + 养殖合作社 + 专业村 + 养殖户"的思路，顶层搭建"华润基础母牛银行"产业扶贫模式，1.2 亿元作为肉牛产业发展基金重点用于向贫困户赊销基础母牛，2.65 亿元用于建设育肥场、饲草料加工厂，服务科学养殖和后端品牌加工销售。龙头企业有了，产业选准了，围绕如何让贫困户参与养牛和养好牛、挣到钱能脱贫致富三个关键问题。华润以赊销方式把基础母牛投放给建档立卡贫困户，每头价值 1 万元左右的基础母牛，华润提供 6000 元的赊销款，政府提供 2000 元帮扶资金，贫困户只需自筹 2000 元左右就领回 1 头优质基础母牛；农户饲养母牛一年后即可产犊，对所产的公犊牛（10—12 月龄）由华润回购，抵顶农户每头 6000 元的赊销款，华润对回购的犊牛进行集中育肥后统一对外销售。在华润集团 1.2 亿元产业发展基金的基础上，海原整合投入 1 亿元产业扶贫资金，壮大肉牛产业发展基金，加快引进赊销西门塔尔基础母牛，出台赊销扶持奖补政策，使有养殖意愿、养殖能力的贫困群众都能通过养殖高端肉牛脱贫致富。二是推行"投母收犊"基础母牛银行赊销模式。重点向脱贫销号村与建档立卡贫困户赊销西门塔尔基础母牛。累计引进 33903 头，向 17 个乡镇 1 个管委会 117 个村 9957 户赊销 32571 头，2019 年以来赊销 3249 户 9073 头，全县高端肉牛存栏量达到 7.8 万头。已建成存栏 8000 头的肉牛育肥场和 2000 头基础母牛繁育场、年产饲草 20 万吨的饲草加工场。带动形成高端肉牛养殖专业村 32 个、养殖户 1.7 万户、养殖专业合作社 21 个，全县肉牛饲养量从"十二五"末的 18.35 万头增加到 2019 年底的 27.8 万头。三是推行助残助弱"托管代养"模式。海原县残疾贫困人口多、发展能力弱，主要靠政府救济生活，是全县攻克贫困的"坚中之坚"。为了带动残疾困难群众脱贫致富，海原县在"华润基础母牛银行"模式的基础上，创新建立助残助弱托管代养产业脱贫模式，即从全县试先选择150户病残特殊困难农户，按照县财政、农户、企业2∶2∶6的比例，筹集资金450万元，由华润基地"托管代养"西门塔尔基础母牛450头，每户3头，每头牛1万元（其中政府补贴2000元，农户自筹2000元，华润提供3年期无息借款6000元），3年一个返还周期，第一年返还6000元，第二、第三年各返还7000元，除去农户6000元自筹贷款和政府6000元补贴，三年纯收益8000元。三年期满本金继续滚动，持续发挥"造血"功能。这种模式的实施，一方面解决了特殊困难群众保障水平低、发展能力不足的问题。通过政府2000元财政扶贫资金撬动，让特殊困难群众既利用了银行贴息贷款又享受了政府补贴，增加了分红收益。另一方面解决了企业养殖资金问题。通过银行贷款、政府补贴，减轻了企业融资压力，降低了养殖风险和成本，壮大了养殖规模，实现了"政府四两拨千斤、企业融资无风险、群众增收无压力"的"三赢"效益。

一步一个台阶进军全产业链

海原县坚持近期目标与长远发展相结合，着眼精准脱贫与乡村振兴一起抓，建设高端肉牛"七大体系"，延长产业链，提升产业质量与效益。一是夯实基础母牛扩繁体系。立足扩规增量，2020年批复新建规模牛场31个，全县规模牛场、肉牛养殖合作社、家庭牛场累计达到158家、肉牛养殖示范村57个（千头以上养牛示范村10个），万头养牛乡镇4个，年内新增肉牛4.3万头，预计年底肉牛饲养量达到30万头。二是夯实品种改良体系。立足提质增效，建设自治区级肉牛良种繁育中心，聘请中国肉牛体系专家团队，科学制定了海原县肉牛良繁体系方案，确定了"育种中心＋规模繁育场＋养殖户"良种肉牛繁育方向和种质扩繁目标，筹资75万元采购1万支高品质美系西门塔尔肉牛冻精，投放规模牛场开展扩繁改良。三是夯实饲草料加工与配送体系。立足资源培植，加强留床紫花苜蓿田间管理，全县紫花苜蓿保有量达到 60 万亩；压减 12 万亩籽粒玉米调整为青贮玉米、抢种禾草 20 万亩。引入宁夏大田新天地草业公司，启动建设李旺镇集牧草收储、加工、配送、销售于一体的大型饲草配送中心。实施肉牛营养行动计划，完成了不同牛群、不同个体饲草料营养标准配方制定并全面推广。四是夯实科技服务与人才培养体系。立足产业振兴，加快乡土人才培养和专业大户培训，培训县级技术人员 60 人、乡镇技术人员 175 人、规模场户实用技术 2000 人。出台《海原县牛医网格化管理实施方案》，采取"政府拿一点、企业投一点、银行出一点、自己挣一点"的方式，筛选了 88 名乡土牛医，委托西北农林科技大学进行了短期强化培训，结业后进行了选聘颁证，专业从事牛病诊疗、冷配等服务，确保了每 2 个村有 1 名牛医。母牛数字化、信息化管理试点工作正在同步推进中。五是夯实疾病防治与疫病防控体系。立足筑牢"防火墙"，坚持政府保密度、部门保质量原则，全面加强了春季重大疫病程序性、强制性免疫接种工作，做到应免尽免，不留死角，牛群免疫密度、标识佩戴率均达到了 100%。充分发挥西海固高端牛产业研究院技术优势，针对母牛繁殖系统、犊牛消化系统等牛病多发常发的问题，组织专家跟踪诊疗，逐项攻关，上门服务。加快实验室"双认证"工作，选调5 名专业技术人员，充实力量，县级兽医实验室综合诊疗功能得到全面强化。六是夯实肉牛精深加工与品牌营销体系。立足融合发展，紧盯华润 6 万头肉牛全产业链精深加工项目，一期屠宰线工程已试产，注册了海原五丰肉类食品有限公司，目前正在围绕红白脏器、心脏瓣膜等牛副产品深加项目全面启动招商。老城区屠宰厂正在加快建设。七是加快金融支持体系建设。立足补齐短板弱项，完善"基础母牛＋银行"模式，针对赊牛款 3 年期满的建档立卡户，由银行发放 3—5 万元三年期贴息小额信贷资金，用于偿还每头 6000 元的赊销款，将原华润赊销牛款垫资部分置换出来，减轻养殖户压力，置换资金用于扩大再生产。积极加强与黄河农村商业银行全面合作，围绕牛产业做大做强，签订扶持发展合作协议，三年授信 30 亿元用于扶持全县肉牛产业发展。截至目前，已向种植养殖大户、规模场、合作社、家庭农场等新型经营主体发放贷款 23686 户 20.93 亿元，设立了海原县牛产业担保基金 3000 万元，扶持肉牛产业发展；县财政在肉牛保险方面，承担保费补贴 1320 万元，为肉牛健康发展提供保障。

（项目负责人：叶宪静；调研组成员：王越宏、
张广军、张晓辉、于建涛、周鹏、孙振华）

新疆维吾尔自治区 喀什地区喀什市

"五个精准"助推就业扶贫见实效

中共喀什市委宣传部调研组

就业是"民生之本，脱贫之路"，是高质量打赢脱贫攻坚战的重要内容，也是实现全面建成小康社会的重要途径。习近平总书记强调，一人就业、全家脱贫，增加就业是最有效最直接的脱贫方式，长期坚持还可以有效解决贫困代际传递问题。为确保高质量打赢脱贫攻坚战，喀什市牢牢扭住保障贫困群众就业这个最直接最有效的帮扶方式，以落实"五个精准"举措为抓手，通过在发展产业、扩大就业、注重扶持、激励就业上做文章，切实拓宽贫困户增收渠道，实现了贫困家庭"户户有能人、家家有致富好手"和劳动力"人人有活干，月月有收入"的大好局面。

一、喀什市坚持"五个精准"助推就业扶贫的创新实践

习近平总书记指出，要坚持精准扶贫、精准脱贫，重在提高脱贫攻坚成效。喀什市地处新疆西南部，曾是全疆 22 个深度贫困县市之一，11 个乡镇中有 3 个深度贫困乡，82 个贫困村中有 27 个是深度贫困村，脱贫攻坚任务极重、难度极大。总的来看，该市能否取得脱贫攻坚战的全面胜利，关键在于是否能找准路子、构建好的体制机制。为了写好决战决胜脱贫攻坚这篇大文章，喀什市坚持以就业扶贫为抓手，立足区域中心城市的产业集聚优势，创新提出"五个精准"就业帮扶举措，把精准帮扶的理念贯穿于就业扶贫的全过程，形成

了精准摸排、精准匹配、精准服务、精准监测、精准"托""转"的工作格局，有效推动城乡富余劳动力特别是建档立卡贫困户就业，取得了贫困群众"一人就业、全家脱贫"的积极成效。

（一）精准摸排，夯实基础助就业。就业扶贫工作要取得实效，关键是解决好"扶持谁""谁来扶""怎么扶"的问题，必须切实摸清情况，从而做到对症下药、靶向治疗。喀什市坚持将摸清贫困劳动力底数作为就业工作的首要任务和关键环节来抓，由市委书记带头，各市级领导包联贫困村，通过深入基层调研、解剖麻雀，因人因村研究具体帮扶措施，实现督战、包联、帮扶"三位一体"的工作体系。成立喀什市就业专班，进一步统筹全市就业扶贫工作，组织各乡镇干部及帮扶干部，以入户摸排等方式，建立就业实名制台账，以抽查核查的方式精准摸排就业信息，切实把每个贫困人口和困难家庭劳动力情况摸清摸透摸准，结合劳动力个人意愿、文化程度、技能水平、年龄阶段、健康状况、家庭情况，因地制宜、因户因人建立"一户一策""一人一岗"台账，为人岗相适、精准到人、稳定就业奠定了基础。

（二）精准匹配，拓宽渠道增就业。为增加贫困群众就业岗位，喀什市始终秉持精准理念，既在提升本地就业吸纳能力上出实招，还在统筹疆内疆外就业资源、抓好转移就业上想办法。一方面，充分激活本地企事业单位吸纳就业能力，统筹交通、医保、卫健、民政、应急管理等12个系统单位，累计开发各类就业岗位2405个，开展精准匹配实现就业1794人。如，按照属地分类、精准匹配的工作原则，喀什市就业专班梳理汇总各市直单位、乡镇街道和社会企业招聘信息，按属地进行分类后统一推送至各乡镇街道促进就业匹配，既帮助群众就近实现岗位就业，又通过双向选择机制保障了上岗群众稳定就业。另一方面，拓宽异地就业渠道，抓好劳动力输出等转移就业工作，实现本地群众异地就业，切实帮助外出就业群众增加劳动收入。如，喀什市按照精准匹配的工作要求，牢牢把握"两个实际"（具有外出就业意愿群众的家庭实际、劳动力输入地的工作岗位实际），通过疆内外务工工作站，认真筛选、精准匹配，有序组织意愿群众到疆内其他城市和内地省市就业，有效提升了异地转移就业的帮扶工作水平。

（三）精准服务，落实措施促就业。喀什市立足本地企业实际，成立稳就业工作专班，及时掌握企业急需员工、务工人员数量波动变化，采取"送服务上门"的形式，搭建起用工企业和就业群众之间的服务桥梁，有效帮助用工企业保障稳定就业。为做好工业园区企业和就业群众两方面的精准服务工作，喀什市统筹市就业专班、园区管委会及驻村干部等力量，向企业较为集中的工业园区派驻乡镇稳工专班，既帮助园区企业做好稳工工作，又通过常态化落实免费公交接送、免费午餐、政府稳工全勤奖等保障措施，做好园区就业人员精准服务，切实保障就业人员长期稳定就业。为提高产业园区企业和乡村生产车间就业人员积极性，喀什市采取发放就业培训补贴、开展就业人员全勤奖落实情况周通报等措施，倒逼各乡镇落实主体责任，有效巩固就业扶贫成果。

（四）精准监测，化解风险保就业。为化解因收入较低和就业不稳定导致失业返贫的风险，喀什市专门建立就业人员定期排查机制，对建档立卡贫困户开展常态化走访，针对劳动力就业情况进行回访检查，确保就业台账、信息系统、实际就业信息动态更新。同时，发挥脱贫攻坚大数据平台智慧监测作用，对一人一岗就业信息建立实名制、动态化台账，每月对就业人员信息、就业工资低于 1000 元和不稳定就业人员进行监测预警，及时采取有效措施，坚决杜绝因失业出现致贫、返贫的现象发生。

（五）精准"托""转"，强化保障稳就业。增强就业扶贫的长期性、稳定性，推动实现贫困群众由乡村农民向产业工人的有效转变，必须为外出就业人员消除后顾之忧。为此，喀什市通过采取精准"托""转"措施，着重在既"保"又"扩"上动脑筋、做文章，不但提供坚实有力的"后方保障"，也扩展了乡村留守人员的就业渠道。所谓精准"托""转"，就是通过大力推广以托幼儿、托老人，流转耕地、牲畜等生产资料为主要内容的"两托一转"模式，切实将劳动力从田间地头转移出来。如，喀什市依托前程养殖专业合作社、凯璧达喜养殖专业合作社等 13 家养殖合作社，对全市 4900 余户贫困户的 3.1 万只羊进行了三年托养，并对外出务工人员的土地进行了流转，在增加贫困户收入的同时，又解放了劳动力。在"保"的方面，喀什市建设托幼所 141 个、乡村幸福养老院 94 个，通过加强对留守老人和幼儿的关心关爱，既解决了老人和幼儿日间照料问题，又解决了外出务工人员无法照顾老人和孩子的后顾之忧。在"扩"的方面，依托这些养殖合作社、幸福养老院和托儿所，开发多种公益性岗位，扩展了新的就业渠道，有效确保了无法外出务工人员就地就近就业。

二、落实"五个精准"就业扶贫举措取得的实效

习近平总书记强调，脱贫致富终究要靠贫困群众用自己的辛勤劳动来实现，从尊重贫困群众的主体地位和首创精神、实现稳定脱贫可持续发展的战略高度"激发内生动力"。喀什市通过落实"五个精准"就业扶贫举措，抓就业促扶贫，重塑了贫困家庭的"造血"功能，改变了贫困群众固有的就业观念，增进了贫困家庭的内生动力，使更多的群众通过自己勤劳的双手脱贫致富，取得了"响当当""硬邦邦"的脱贫成效。

（一）就近就业暖人心。喀什市因地制宜，持续强化就业扶持政策落实，使得群众既可以选择在村里的卫星工厂、托幼所、幸福大院、合作社就业，也能自主创业实现就业，幸福指数不断攀升。如，喀什市阿瓦提乡亚贝希村村民布哈里奇·吐尔迪每天到本村里的扶贫车间拖把厂制作拖把，根据完成的工作量，她每个月的收入都超过 1200 元。不仅如此，因为工作场所离家较近，她还可以照顾 3 岁的孩子和年迈的公婆。哈里奇·吐尔迪高兴地说："就业扶贫政策让我在家门口就能打到工、挣到钱，我家去年就已经脱贫，日子越过越好了。"目前，喀什市已有 72 个乡村扶贫车间、1800 余人实现了在家门口就业增收。

（二）发展产业稳人心。喀什市坚持"产业促发展、发展带就业、就业稳人心"基本思路，以加强基础设施建设突破瓶颈制约，狠抓产业扶贫规划落实，以发展特色优势产业解决增收难题，以产业带动就业阻断贫困代际传递。持续优化产业结构，在全市建立蔬菜基地 3 万亩、蔬菜专业村 30 个，日光温室拱棚数量达到 1.6 万多座，同时，依托北部产业园 46 家劳动密集型企业和城乡三产服务业，实现 2.2 万名村民实现就近就地就业，推动扶贫工作从"输血式"

向"造血式"转变，为贫困群众开辟了稳定的就业增收渠道。

（三）思想转变强信心。喀什市以推进就业扶贫为重点，坚持"志智双扶""输血造血"并重的帮扶理念，切实引导贫困群众牢固树立"一人务工、全家脱贫"思想认识，有效激发其内生动力。如，喀什市夏马勒巴格镇斯尔克其村的再努尔·艾力在三年前还是一名家庭主妇，没有什么经济来源，当村里成立了热合提被褥合作社，再努尔·艾力主动来到了合作社找工作。三年后的今天，再努尔·艾力月收入达到 2000 多元，彻底改变了生活面貌。同时，她已经成了合作社"传帮带"的老师傅，成为"昨天贫穷靠帮扶、今天富裕带乡亲"的脱贫典型。总的来说，喀什市通过推动就业扶贫，让一大批贫困群众实现了"从灶台到机台、从田间到车间、从农民到产业工人"的"华丽转身"。

三、理顺"四个关系"，推动"五个精准"迈上新台阶

通过坚持不懈的努力，喀什市在狠抓贫困群众就业、助力打赢脱贫攻坚战方面切实取得了一些工作成效。在新的阶段下，需要进一步深化对"四个关系"的认识和理解，总结提升"五个精准"就业扶贫成效，切实巩固来之不易的就业扶贫工作成果。

（一）处理好党政推动与群众自主的关系。习近平总书记强调，要坚持开发式扶贫方针，实行内源扶贫。几年来喀什市推进就业扶贫工作的实践充分证明，只有积极推进开发式脱贫，才能抓住关键，扶到根本，取得实效。脱贫攻坚工作，千难万难，发动群众就不难。脱贫攻坚必须注重调动贫困群众的积极性、主动性、创造性，激发群众自主脱贫的内生动力。总结提升喀什市"五个精准"就业扶贫经验，必须做到党政推动与群众自主相统一、相促进，坚持政策扶持与激发内源动力相结合，专项扶贫、行业扶贫、社会扶贫共同推进，政府、市场、社会共同发力，切实提高贫困地区和贫困户的内生发展能力。

（二）处理好企业发展与稳定就业的关系。习近平总书记指出，企业在加快自身发展的同时，也要在产业扶贫过程中发挥好推动作用，先富帮后富，实

现共同富裕。企业是吸收贫困群众就业的重要载体，必须做好社会扶贫动员引导工作，推动企业从资金、技术、人才和市场营销等方面挂钩帮扶经济薄弱村，共同开发各类资源，发展特色产业，帮助农民充分就业和发展生产。喀什市通过向工业园区派驻稳工专班，增加就业人员全勤奖励以及做好配套服务的方式，有效促进了就业群众的稳定就业。但也要看到，企业的发展与高素质的劳动力是分不开的，依然存在贫困劳动力就业能力不足、语言沟通障碍等无法满足企业用工需求的现实问题。

（三）处理好压实责任与鼓励担当的关系。习近平总书记强调，越是进行脱贫攻坚战，越是要加强和改善党的领导。做好就业扶贫工作离不开广大基层干部的参与，特别是广大扶贫工作干部和各级帮扶干部的辛勤付出。这其中，最重要的就是明确各级干部的工作职责，既压实工作职责，又强化监督问责，使"六个精准"中的每项工作措施都看得见、落得下。同时，总结提升"五个精准"就业扶贫经验，要更加注重激发基层干部群众的首创精神，积极鼓励和支持基层大胆实践、敢于担当、勇于创新，让帮扶干部真正做到带着感情、带着真情开展工作，把就业扶贫工作做实做细，做到群众的身边。

（四）处理好就业扶贫与产业振兴的关系。习近平总书记指出，就业扶贫要解决劳务组织化程度低的问题，要加强易地扶贫搬迁就业安置工作，想方设法为搬迁人口创造就业机会，保障他们的稳定收入。总结提升"五个精准"就业扶贫经验，必须坚持产业、就业"两轮"驱动发展战略，更加注重扩大就业规模与推进产业振兴相结合、落实政策与优化服务相结合、提高能力素质与参与区域发展相结合，着力提高就业扶贫劳务组织化程度，建立更加稳定的利益联结机制，积极加强与各类企业、合作社的用人衔接，做好动态岗位储备，着力推进"一户一人""一户多人"稳定就业，确保贫困家庭拔掉穷根、稳定增收。

新疆维吾尔自治区
阿克苏地区柯坪县

脱贫攻坚与乡村振兴有机衔接的"柯坪探索"

中共柯坪县委宣传部调研组

柯坪县位于新疆阿克苏地区最西端，处于天山支脉阿尔塔格山南麓、塔里木盆地北缘，总面积 8912 平方公里，辖三镇两乡，37 个行政村、6 个社区。全县总人口 5.47 万人，其中少数民族人口占 98.4%。柯坪县是一个传统的农业县，全县耕地面积 16.4 万亩，由于水资源匮乏且矿化度高、干旱盐碱严重，农牧民人均纯收入低，贫困人口多，1985 年被确定为国家级贫困县，2001 年被列为扶贫开发工作重点县，2017 年 10 月被纳入深度贫困县。近年来，柯坪县坚持把脱贫攻坚作为最大的政治责任、最大的民生工程、最大的发展机遇，坚定坚决贯彻落实习近平总书记关于扶贫工作重要讲话和重要指示批示精神，扎实推动脱贫攻坚各项目标任务落地落实。

一、主要做法

（一）就业扶贫，拉动稳定增收。柯坪县始终把就业作为最有效的重要抓手，强化措施，狠抓落实，实现了贫困家庭有劳动能力人员全就业。一是转变就业观念。坚持打通"就业惠民"服务"最后一公里"，鼓励农村劳动力走出去，组织贫困家庭人员到企业观摩，了解工作生活情况，引导贫困家庭劳动力增强主体意识，激发内生动力，转变陈旧思想观念，推动就业成为增收致富新潮

流。二是发展劳动密集型企业。2016 年以来，通过制定出台企业吸纳劳动力
稳岗补贴、社保补贴、人才引进补贴、岗前培训补贴等系列优惠政策，成功引
进诺顿服饰、铭发服饰等劳动密集型企业入驻扶贫厂房（车间），为农牧民群
众提供就业岗位。三是开展就业培训。以贫困家庭劳动力和用工单位需求为目
标，以稳定就业为导向，统筹人社、农业、林业、农机等职能部门，在全县形
成整体联动、同步推进的就业培训工作格局，帮助贫困群众掌握实用技术、生
产技能和务工技能，切实提高贫困劳动力培训后稳定就业率。强化实用技术和
技能培训，组织开展蔬菜种植、畜牧养殖、林果种植实用技术和务工技能培训
200 余期，帮助贫困群众提高生产技能和务工技能。比如，浙江湖州援疆指挥
部指挥长、柯坪县委副书记沈孔鸿，带领全体湖州援疆干部人才全力实施湖州
援疆"181"工程，坚持"迎活水""促造血"，通过引进、培育、做强"三步
并走"，以产业促就业；紧紧依靠后方物流优势、市场优势、信息优势，拓展
市场营销，帮助农牧民就业增收脱贫。三年来落实援疆资金 2.8543 亿元，完
成六大类援疆项目 51 个，协调联系后方捐赠物资 2000 多万元，为柯坪县全面
打赢脱贫攻坚战贡献湖州智慧和湖州力量。

（二）产业扶贫，夯实增收基础。坚持宜农则农、宜牧则牧、宜林则林，
壮大支柱产业，培养特色产业。一是持续巩固种植业基础地位。建立有基地、
有专利、有品牌、有平台的小麦全产业链生产销售模式。依托现有 4 万亩绿色
小麦种植基地，用好县内扶贫龙头企业全国唯一"冷磨面粉"专利，打造面粉
知名品牌。依托农民合作社，用好优质面粉原料，建成标准化的馕 SC 生产车
间，拉长优质小麦产业链，占稳"盒马鲜生""老爸评测"等专柜，打通淘宝、
天猫等网售平台，实现小麦全产业链增产增收，种植有机小麦亩产收益达到普
通小麦的 2 倍以上。实施播有良种、管有良法、售可优价的棉花升级措施，以
"纺织企业＋合作社＋农户"的模式带动棉花订单生产，推动形成全县宜棉区
"一主两辅"棉花品种格局，提升棉花品质。深入推进棉花"价格保险＋期货"
工作，化解棉花市场风险，实现棉花种植户人均收入达到 3100 元以上。二是
不断扩大特色种植。借助柯坪恰玛古国家农产品地理标志产品优势，加大品牌
宣传力度，培育消费市场，推动恰玛古种植面积增加到 1.6 万亩；培育引进恰

玛古深加工企业，提高产品附加值。建立蔬菜种植"四级"体系，采取蔬菜订单生产模式，引导贫困户参与蔬菜种植。通过技术改造，柯坪县温室大棚实现全年蔬菜反季节上市、冷棚做到"春提早、秋延后"错季增收、小拱棚为贫困户在家门口提供便利的"菜篮子"。村村组建果蔬合作社，推广"龙头企业＋专业合作社＋贫困户"产供销模式，确保蔬菜产品"种得出、卖得好、能增收"。三是做大做强畜牧产业。按照"用好一个标识、建好一个基地、培育一个品系、建成一个体系、形成一张销售网络"思路，发挥"柯坪羊肉"国家地理标志保护产品标识优势，依托本地扶贫龙头企业和畜牧养殖基地，推广"公司繁殖＋基地杂交＋农户育肥"模式，培育杜泊—湖羊多胎杂交商品代肉羊新品系，每只杂交羊比本地羊增收 200 元以上；建立"县有良繁场、乡有扩繁场、村有改良站"三级良繁体系，建立集分割、包装、销售一体化的屠宰场，实现了羊肉从农产品到商品的转变，畜牧业从业人员人均收入达到 2700 元以上。大力发展骆驼养殖产业，建成日生产能力 3 吨的驼奶加工厂，进一步拓宽贫困户增收渠道。

（三）政策扶持，破解脱贫难题。坚持在用足用活用好扶贫政策上持续用力，着力为困难群众解决实际问题。落实生态补偿政策。对现聘的 614 名生态护林员、150 名草场管护员实行实名制管理，按照每人每年补助 1 万元的标准落实生态补偿政策。建立长效管理机制，加强"两员"业务培训。用好土地清理政策。依法依规清理土地 1.47 万亩，建立完善土地经营与贫困户和贫困村直接挂钩的利益分配机制，开发公益性岗位 110 个，并为 22 个贫困村补充村集体经济。落实社会兜底保障政策。按照评审程序，将符合条件的 789 名建档立卡贫困人口全部纳入综合社会保障兜底范围，做到应兜尽兜。推进易地搬迁扶贫。于 2017 年实施易地扶贫搬迁工程，搬迁 104 户 534 人，实现了当年搬迁、当年入住。易地搬迁注重后续产业增收，引导扶持搬迁户发展庭院种植，扩大畜牧养殖，并按照农户自愿的原则，将耕地有序流转，对解放出的劳动力组织就近就地转移就业，人均收入从搬迁前的不足 3000 元增长至目前的 9000 元以上。

（四）民生改善，推进民生保障。落实教育扶贫政策。将发展教育作为阻断贫困代际传递最有效的手段，全力实施教育扶贫工程，全县现有幼儿园 29 所，实现了"应建尽建""应入尽入"目标。全面推进 15 年免费教育，义务教

育阶段入学率达到 100%，辍学率保持零控制。落实各级各类资助政策，建立
对高中教育、高等教育和职业教育各项资助实名制名单，做到精准识别、精准
资助，全县没有一个贫困家庭学生因贫失学。大力推进农村教育条件改善，配
齐配强教师队伍，填平补齐教学设施、设备，优化了教育资源，促进了教育
公平。推进县、乡、村三级医疗卫生机构建设，实现县有二级综合医院，每
个乡（镇）有标准化卫生院和至少 1 名合格执业（助理）医师或全科医生，村
村有标准化卫生室和至少有 1 名合格村医。落实城乡居民基本医疗保险、大病
保险、医疗救助、补充医疗保险政策，贫困人口合规医疗费用报销比例达到
95%。实施大病专项救治，对患大病的建档立卡贫困人口开展及时有效的分
类救治，确保大病救治率达到 100%。扎实开展慢性病签约服务，实现应签尽
签，做到"签约一人、履约一人、做实一人"。实施"先诊疗后付费"和"一
单式结算"政策，极大方便了贫困群众看病就医。严格落实农村危房改造政策，
截至 2019 年柯坪县已完成了所有农村安居工程建设任务，实现了农村安居房
应建尽建、所有建档立卡贫困户有安全住房、所有农户住房安全达标、生活用
电配套全覆盖。

（五）基础设施，加大建设力度。一是实施城乡饮水安全工程。柯坪县城
乡饮水安全工程于 2018 年 10 月底全面完工并通水入户，让全县人民喝上了"安
全水""幸福水"，为柯坪县如期稳定脱贫奠定了坚实基础。二是加强水利设施
建设。苏巴什水库建成并投入使用，切实解决了灌区季节性缺水的矛盾，使柯
坪河水资源利用率大幅提高，满足了农业灌溉用水需求，提高了灌溉保证率。
三是加大电网升级改造。围绕电网架构、供电能力、供电可靠性等方面，大力
实施农村电网改造提升工程，实现了村村通动力电、城乡居民生活用电全覆
盖。四是加大农村公路建设。全县农村公路总里程达到 650 余公里，实现了村
村通硬化路全覆盖，畅乡通村达组到户的局面基本实现，农村公路服务农业、
农村、农民的水平进一步提升。五是加大通信网络建设。2018 年，全县 35 个
行政村已全部通光纤、4G 通信或宽带网络，实现了村村通通信网络全覆盖。
六是加大广播电视建设。在实现广播电视村村通、户户通全覆盖的基础上，加
大对设备的检查维护力度，确保贫困群众精神文化生活得到有效保障。

二、取得的成效

（一）如期实现脱贫摘帽。2019 年，全县城镇居民人均可支配收入 30500 元，农牧民人均纯收入 11185 元，建档立卡贫困人口人均纯收入达到 9772 元。全县各建档立卡贫困村"一降五通七有"、贫困户"两不愁三保障"均已达标。2020 年 1 月 24 日，新疆维吾尔自治区人民政府发布贫困县摘帽公告，柯坪县如期实现脱贫摘帽。

（二）生产方式深刻变化。长期以来，当地农民多以分散经营的"小农经济"为主，农业发展基础单薄，种植业经营模式固化，养殖业也不发达，经济效益一般化。实施脱贫攻坚后，村民的生产方式发生了显著变化。如，从传统农业中挖掘增收"潜力点"，建立有基地、有专利、有品牌、有平台的高端小麦全产业链生产销售模式，建立"龙头企业＋专业合作社＋贫困户"产供销模式，确保蔬菜产品"种得出、卖得好、能增收"。如，阿恰勒镇盖孜力克村的农民阿布都拉·马木提和阿依加玛丽·热扎克夫妇，家里原有一片空地，在村委会和驻村工作队的指导帮助下，申请贴息贷款建起了面粉加工坊。在技术人员的培训指导下，他们掌握了面粉加工的流程和技巧。如今足不出户，这个面粉坊每月也能给他们家带来至少 4000 元的纯收入。

（三）内生动力明显增强。利用每日一学、入户走访等有利时机，深入开展政策宣传、思想引导，帮助基层群众把心思用到接受现代化文明生活方式，发展生产、脱贫致富上来。开展脱贫光荣宣传活动，挖掘脱贫攻坚典型案例，把群众身边的先进典型作为最接地气的"乡土教材"，引导群众从"要我脱贫"向"我要脱贫"转变，夯实了稳定脱贫的精神基础。2018 年以来，累计推选出自治区级脱贫攻坚奖获得对象 9 名、地区级脱贫攻坚奖获得对象 48 名、县级脱贫攻坚奖获得对象 165 名。通过发挥榜样的示范引领作用，在全社会引起共鸣、形成共识，进一步激发了贫困群众脱贫攻坚的内生动力。

三、工作思考

全面打赢脱贫攻坚战，必须严格落实脱贫攻坚各项举措，巩固提升脱贫攻坚成果，确保坚决打赢脱贫攻坚战，与乡村振兴实现有效衔接。

一稳，即稳政策、稳机制、稳提升。柯坪县严格落实"四个不摘""八个不变"要求，对 25 个已退出贫困村和 3001 户 14694 名建档立卡贫困人口继续强化帮扶措施，保持扶贫政策举措总体稳定。压紧压实县、乡、村、帮扶干部"四级组织体系"，做到"工作力度、资金投入、政策支持、帮扶力度"只增不减，全面巩固提升脱贫质量。

二强，即强产业、强就业、强增收。坚持把就业作为最有效的增收措施，紧盯"两不愁三保障""一降五通七有"脱贫标准，扭住贫困群众增收这个"牛鼻子"，狠抓就业稳岗，确保有劳动能力的贫困人口人人有就业、天天有收入、脱贫有保障。把产业增收作为稳定脱贫的根本之策，从传统农业中挖掘增收"潜力点"，从特色产业中寻求突破，借助柯坪恰玛古国家农产品地理标志产品优势，培育和引进恰玛古深加工企业，提高产品附加值。通过就业覆盖、产业提升，带动增收促巩固，保持了贫困人口收入的稳定性和可持续性。

三防，即防返贫、防致贫、防风险。全面排查解决影响脱贫攻坚质量和成色的短板弱项，提升已退出村基础设施水平和公共服务能力。推行"一户一对策、一人一办法"，全力把各项工作抓实、抓细、抓落地。落实"四色灯"预警监测机制，加强对脱贫监测户和边缘户的动态监测预警工作，对出现收入下滑，特别是收入骤减、支出骤增的情形，及时分析查找原因，采取针对性措施，多渠道增加收入，确保已脱贫人口一个不返贫、非贫困人口一个不致贫、全面小康路上一个不掉队。

全面建成小康社会与中国县域发展

新疆生产建设兵团 三师四十四团

以连队居住区综合整治为抓手
助力脱贫攻坚

新疆生产建设兵团第三师图木舒克市党委宣传部调研组

解决贫困户住房安全问题是实现"两不愁三保障"的关键所在，是打赢脱贫攻坚战、维护民族团结和社会稳定的重要举措。作为深度贫困团场之一的新疆生产建设兵团第三师图木舒克市四十四团，按照"先建机制、后建工程"原则，围绕"民为主、连引导、团服务、师实施、兵团统筹"的工作机制，坚持以抓好连队居住区综合整治为目标，把幸福连队建设与巩固脱贫攻坚成果有机结合起来，一体谋划、统筹实施，不断为全面建成小康社会打造良好的人居环境，持续增强各族职工群众的获得感和幸福感。现将相关调研情况报告如下。

一、基本情况

四十四团现有户籍 9492 户 33092 人，常住人口 8353 户共计 29420 人，其中少数民族 5671 户共计 22147 人，是少数民族聚居团场，也是深度贫困团场之一。全团共 22 个农业连队、4 个社区，贫困连队 11 个，其中深度贫困连队 2 个。2017 年，全团建档立卡贫困户 662 户 3092 人，贫困发生率 9.99%。2019 年，全团 11 个综合整治连队建档立卡 646 户 2952 人，占 11 个综合整治连队总数的 13%，总人数的 15.1%。该团场呈现出"一高、两集中、三差"的贫困特点。"一高"：贫困发生率高、贫困程度深。"两集中"：一是集中在低学历群体；二是集中在少数民族聚居的集体所有制连队。"三差"：一是团场发展能力差；二是连队基础设施和基本公共服务差；三是居住环境差。2019 年，通过连队居住区综合整治，全团 11 个综合整治连队新建 6 个连队居住区，安置 5249 户，其中建设一户一院式平房 1660 套，共 15.91 万平方米，保障性住房安置 2692 户，基础设施和公共服务实现了"五通七有"，团场辖区内面貌焕然一新，职工群众住上了安居房、舒适房，实现了贫困户全面脱贫，于 2019 年 12 月退出贫困团场。

二、主要做法

（一）精心谋划部署，突出制度保障。四十四团党委和连队党支部在充分调研的基础上，结合连队实际，制定了一系列行之有效的措施，做到了脱贫攻坚工作全局谋划、一体推进。一是团党委将幸福连队建设作为深入实施乡村振兴战略、打赢脱贫攻坚战、推进连队人居环境整治的"一把手工程"。各级各部门深入学习贯彻落实党中央、自治区、兵团和三师图木舒克市党委的重大决策部署，统一思想、凝聚共识，成立工作领导小组，理清工作思路，研究连队居住区布局，编制幸福连队建设规划，确保了连队居住区综合整治工作顺利开展。二是完善制度体系保障，建立健全连队居住区各项制度，完善基层民主管理体系，制定"连规民约"、《门前"五包"责任制》、《"美丽连队"积分管理办法》等示范文本，让各族群众参与到居住区整治过程中来，激发共建共享美好家园的热情。

（二）健全和转变"政"的职能，突出服务功能。一是做好基础性服务工作。全面调研和掌握连情民意，摸清基础数据，查勘连队山、水、田、路、渠现状分布，在充分征求群众意见的基础上，做好居住区规划、项目申报、工程造价设置等基础性工作。二是强化监督，保障质量进度。选派职能部门基建骨干下沉一线，积极发挥连队"两委"、监理单位和群众理事会作用，对建设工程关键环节全程进行监管，严格把控工程质量和进度。三是多措并举，做好搬迁安置服务。采取多元安置方式，制定落户奖励政策，按标准发放临时过渡安置生活补贴，保障搬迁群众基本生活需求。四是依法依规，打造廉洁工程。在工作过程中进一步强化法治思维，严格依法依规办事，自觉接受群众和纪检、审计等部门的监督，积极打造廉洁工程、标杆工程。

（三）发挥"两委"作用，突出基层引导。一是消除群众疑虑，及时召开连队党员大会、群众代表大会、群众座谈会，了解群众思想动态，及时为群众答疑解惑，消除群众顾虑。二是摸清群众底数，团场党委及时组织连队"两委"、结亲干部、设计单位深入各连队挨家挨户走访，向群众发放调查表和意见表，全面掌握群众家庭成员情况、住房状况、经济来源、收入水平、建房意愿等方面的内容，广泛听取职工群众对新区规划设计、户型面积、外观效果的意见建议，引导群众自觉投身到幸福连队建设中去。三是做好基层宣传引导，积极开展"幸福连队建设群众谈"活动，充分运用问答式宣传提纲、宣传版面、流动宣传车、连队大喇叭等各种形式，大力宣传党中央对兵团、师市深度贫困团场的关心关爱，深入解读连队居住区综合整治和幸福连队建设的目的和意义，营造坚决打赢脱贫攻坚战的良好氛围。

（四）鼓励群众参与，突出群众主体地位。一是组建群众理事会，群众的事情群众办。各连队按照"群众推、党员议、大会评"程序组建群众理事会，全程参与管理和监督。住房户型、面积让群众自己定，施工队伍和监理单位交给群众自己选，建房价格由群众自己谈，大宗建材采购招标和商务谈判有群众理事会代表全程参与。二是扶贫与扶志扶智相结合，促进贫困群众增收。将连队居住区整治、幸福连队建设作为扶贫与扶志扶智的重点工作，组织1000余名群众参加瓦工、抹灰工、钢筋工培训，引导群众投工投劳、学工创收，把贫困群众主动脱贫的志气和智力"扶"起来，激发群众用勤劳双手增收致富、建设美好家园的热情。

（五）发掘集体经济潜力，突出发展活力。一是因地制宜发展庭院经济。鼓励群众利用庭院发展林上经济和林上养殖，通过兴办专业合作社，加大科技应用，连队特色产业规模和效益不断提升。十八连270余户群众将近万只牲畜集中在连队养殖合作社养殖，实现了管理集约化、科学化，节省了人力、物力和财力。二是鼓励连队群众大力发展服务业。充分发掘连队旅游资源，将休闲农业、垂钓、葡萄采摘、美食广场等项目引入到连队，促进产业结构调整，带动了群众增收致富。2020年争取援疆资金676万元，实施十八连生态旅游项目，打造图木舒克市旅游观光的后花园。三是团场连队采取"团连主导、能人牵头、职工入股、共同参与、合作经营"的形式，整合现有土地、产业、合作社、店铺等资源，推动一二三产融合发展，激发团场经济发展活力。

（六）创建环境优美连队，突出舒适宜居性。一是不断强化团容连貌提升措施。以建设美好家园、改善人居环境、打造环境优美连队为目标，实施连队"三清一拆"和环境卫生整治行动，按照"绿化一条线、林木一条线、围墙一条线、道路一条线"和"路灯亮起来"的工作要求，全力对环境面貌进行改善。2020年投资1500万元，实施2个连队环境综合整治项目，全面改造提升道路、绿化、路灯、环卫设施，完善二十连绿水灌溉系统。二是不断加大人居环境整治力度，实施连队美化亮化工程。污水排放、垃圾处理有固定场所，实现围墙美化、街道亮化，达到街道整洁、卫生达标、环境优美、生活舒适的要求。通过"厕所革命"，在10个连队新建10座水冲式公共厕所，为13个连队购买果皮箱2870个，垃圾箱185个，彻底改善连队职工群众的生活居住环境。

三、存在的问题

四十四团通过连队居住区综合整治、幸福连队建设，在现行的标准下实现了脱贫摘帽，脱贫攻坚工作取得了阶段性成效。但在巩固脱贫攻坚的过程中，面临的困难和挑战依然艰巨，还存在一些亟须研究解决的问题。

（一）增收致富难度大。团场发展起步较晚、底子薄、基础弱，贫困涉及面广、贫困程度深、致贫原因复杂。作为深度贫困团场之一，前期贫困人数基数较大，虽然实现了脱贫摘帽，但是在增收致富上与其他师团相比还有很大差距，比如居民基本收入、生活保障方面，还远远达不到城区标准。

（二）区域、城乡差距较大。作为毗邻城区的团场，在教育、医疗、住房、交通等重点民生领域与城区差距较大，社会公共服务和基础设施建设还不完善。

（三）产业脱贫基础不牢固。很多种植业和养殖项目还处在生产初级产品阶段，没有形成后续深加工、包装、销售等完整的产业链条，而且还存在着销售风险，产业发展的可持续化和市场化机制有待完善。目前，第三产业发育弱、配套差，发展水平低，产业结构层次低，第一产业和第二产业所占比重较大，特色产业项目较少，项目投资需求缺口大，致富增收渠道和动力不足的结构化问题仍将长期存在。

（四）贫困人口脱贫内生动力不足。有些脱贫户思想保守、落后，有些缺少致富本领、技术和经营管理能力，有些缺少劳动力，导致致富能力变弱。部分群众脱贫致富的主体意识不强，自我脱贫的技能和内在动力不足，"等靠要"依赖思想依然不同程度存在。

四、对策建议

推进团场脱贫攻坚，要抓住连队居住区综合整治、人居环境整治、幸福连队建设、庭院经济发展等机遇，统筹经济社会发展全局，奋力夺取全面胜利。

（一）加强党的领导，在发挥基层党组织作用上下功夫。一是强化组织领导，层层压实责任，形成团、连两级书记抓幸福连队建设的责任机制。二是持续推进党支部标准化、规范化建设，强力整顿软弱涣散党组织，对党支部进行改造升级，发挥好战斗堡垒作用。三是以"党建工作年"为契机，在抓特色出亮点上做文章，激活支部建设的"内动力"，实现"党建+"工作目标。四是实施连队党支部带头人优化提升工程，拓宽渠道选优配强连队党支部班子，发挥好"领头雁"作用。

（二）强化思想解放，在大胆借鉴鲜活样板上下功夫。一是解放思想，开阔视野，大胆借鉴内地"美丽乡村建设"先进经验，尤其是浙江"千万工程"经验，结合团场连队实际，因地制宜改善团容连貌。二是通过免租、奖励等手段，推动劳动力、人才、资金、技术等要素向连队聚拢，推动资金进连队、青年回连队、人才留连队。三是稳步开展"厕所革命"、生活垃圾治理、生活污水治理等行动，努力提升职工群众的文明素质，缩小思想差距。

（三）坚持以人为本，在连队"三个起来"上下功夫。一是统筹疫情防控，以"五清三化一改"为抓手，全面启动人居环境集中整治项目，让连队"美起来"。二是以连队合作社、集体经济和庭院经济为抓手，大力实施"能人牵头""一连一品""一户一策"战略，调优、调精、调强种植业结构，推动农业提质增效。培育新型农业经营主体和服务主体，在特色林果业、养殖业、设施农业上做文章，引导职工群众创办小旅馆、农家乐、小饭馆等个体经济，利用距市区近的优势，打造图木舒克市"肉篮子、菜篮子、果篮子"，让连队"富起来"。三是以保障改善民生为关键点，以脱贫攻坚取得的成效为基础，完善"连规民约"，推行网格化管理、积分激励等方式，健全基础设施管护机制，创新基层综合治理，让连队"好起来"。

（四）发挥自身优势，在用活资源要素上下功夫。一是充分利用四十四团的沙漠、胡杨、唐王城、美食等旅游文化名片，结合自身资源优势，大力发展旅游业，带动其他产业的发展。二是充分利用团场毗邻图木舒克市的地理优势，深入推进团场产业融合发展。依托援疆项目、特色项目资源，延伸产业链，促进团场农业产品深加工、仓储物流、冷链配置的发展，提升经济发展动力。三是利用土地资源和农业资源，吸引更多项目在团场落地。积极营造良好的招商引资环境，提升服务质量，引进团场需要的、合理的投资项目，提高资源的有效配置，进而促使劳动力转移，优化产业结构。

（五）紧盯贫困区域，在巩固脱贫攻坚成果上下功夫。一是按照"四个不摘"要求，建立健全巩固脱贫攻坚长效机制。盯住存在返贫和致贫风险的重点群体，及时做好返贫人口和新发生贫困人口的监测和帮扶，持续巩固脱贫攻坚成果。二是强化就业扶贫力度，加强贫困群众农业科技和创业技能培训，提高自我发展能力，坚决做到有劳动能力的人员全部就业，实现就业率、稳固就业率100%，使他们有心志脱贫，又有能力致富，确保脱贫人口稳定可持续脱贫、不返贫，防止产生新的贫困人口。三是将实施乡村振兴战略与连队居住区综合整治、建设幸福连队结合起来，持续推进人居环境治理，加大资金投入，着力补齐团场连队基础设施和公共服务短板，打造群众满意的生活居住环境。

（六）挖掘人口潜力，在推动产业发展上下功夫。一是调整农业结构，提升农业集约化水平，提高农业单位产出效益，使同等面积土地聚集更多人口。二是大力发展城郊经济。围绕小城镇建设，逐点、逐篇谋划，不断提升小城镇综合承载力。依托图木舒克市和唐王城机场，加快推进休闲度假、观光旅游等产业发展，吸引外来人口，带动新的经济增长点。三是借助师市在团场推行"工业＋土地""三产＋土地"集聚人口新模式之机，通过土地集体所有和分配自留地安置，集聚更多人口。认真落实新招入人员在住房、子女入学、社会保障等方面的政策，解决好新引进人员的后顾之忧，达到"引得进、住得稳、过得好"目标，确保团场完成今年集聚人口目标。

（七）做好思想引领，在加强思想教育上下功夫。一是利用广播、宣传栏、博物馆等宣传阵地，向群众宣传社会主义核心价值观、中国梦和中国优秀传统文化，弘扬兵团精神、胡杨精神、老兵精神，积极推进爱国主义教育和公民思想道德建设，着力提升广大群众的思想道德水平，促进文化认同。二是利用各团场百姓大舞台、文化广场，大力开展各种群众性文化活动，丰富群众文化生活。通过喜闻乐见的形式宣传脱贫致富典型，加强对贫困群众的教育引导，教育群众自立自强。通过电影流动放映、电视转播方式，及时把我国全面小康美好图景、安居乐业的美好面貌展示给人民群众，把国家民生政策传递给人民群众，更好凝聚人心，充分调动群众的积极性。三是借助综合整治成果，做好民族团结进步创建工作的"后半篇"文章，将民族团结教育融入反恐维稳、深化改革、向南发展各项工作中去，增强民族认同感，加大国家通用语言推广普及力度，提升普通话水平，促进各民族交往交流，发挥好"大熔炉"作用，将各族群众智慧和力量汇聚成推动发展的强大动力。四是以连队居住区整治为抓手，抓好团场连队爱国卫生运动、三新生活、感恩教育活动、文明团场建设、文明连队建设等，从软件和硬件上提升综合素质，转变原有的生活方式，强力拉入现代生活，不断为全面建成小康社会提供强大思想力量。

全面建成小康社会与中国县域发展

吉林省长春市宽城区

"五治融合"构建基层社会治理新格局

——长春市宽城区推广"长山花园社区模式"基层治理创新经验

中共长春市委宣传部调研组

　　民为邦本，本固邦宁。习近平总书记强调，让老百姓过上好日子，是我们一切工作的出发点和落脚点。深入贯彻党的十九届四中全会精神、推进城乡基层治理制度创新和能力建设，这是满足人民群众对美好生活新期待的重大举措。"基层治，则天下安"。进入新时代，在社会主要矛盾已经转化为"人民日益增长的美好生活需要和不平衡不充分的发展之间的矛盾"的背景下，长春市宽城区以人为本，贯彻落实中央和省委、市委有关会议精神，充分总结、提炼、推广长山花园社区基层治理创新经验，着力构建党组织领导的自治、法治、德治、智治和共治"五治融合"的治理格局，着力解决群众的操心事、烦心事、揪心事，推动基层治理实现共建共治共享，不断提升人民群众的安全感、归属感、获得感和幸福感。

　　尤其值得一提的是，在决胜全面建成小康社会、开启全面建设社会主义现代化国家新征程的关键节点，2020 年 7 月 23 日，习近平总书记来到宽城区团山街道长山花园社区，了解社区党建、基层治理、为民服务工作情况，对长山花园社区创建的"四级"社区党建网络工作体系和"三长"社区管理体系表示肯定。创造幸福、传递幸福、共享幸福……我们在调研过程中发现，在长山花园社区这个"明星式典型"的强力带动下，宽城区"五治融合"推动基层社会治理创新的实践硕果累累，折射着长春这座"中国十大美好生活城市"的奋斗与收获，也为全国基层治理制度创新和能力建设提供了鲜活的参考案例与借鉴样本。

【自治篇】"红帆领航"激活居民自治"细胞"居民拥抱"大家庭"喜耕"幸福田"

"欲筑室者，先治其基。"基层是国家治理的最末端，是服务群众的最前沿。党建则是引领社会治理的主阵地，是基层治理的核心和龙头。近年来，宽城区坚持以人为本＋党建引领，将"红帆领航"作为推动城市基层治理转型升级的基础性、系统性、整体性工程，让群众在打造共建共治共享的城市治理新格局中看到党的形象，感受到党的力量，以党员带头示范引领群众人人参与，推动基层治理从"靠政府"变为"靠大家"，群众行动从"要我干"变为"我要干"。

一、从党员带头到"三长联动"：党建引领激发居民自治活力

星星之火，可以燎原。在宽城区基层治理创新实践中，一名党员就是一颗火种，一名党员就是一面旗帜，引领和带动群众积极、广泛而深入地参与基层社会治理。尤其是长山花园社区，始终坚持党建引领社区治理，真心实意关心照顾退休党员生活，让他们在社区生活中"受尊重、有尊严"，从而有参与基层治理的积极性，进而发挥党员先锋模范作用，引领群众积极、主动投身基层治理当中，形成了人人参与基层治理、人人共享治理成果的浓厚氛围。

——延伸党建触角，红色引擎发力。宽城区团山街道长山花园社区地处城乡接合部，辖区面积 0.73 平方公里，占地面积 5.3 万平方米，建筑面积 4.8 万平方米，有居民 3100 户、近 7000 人，党员 168 名。社区内的楼房区前身系吉林省胜利零件厂职工家属区，由于小区建成年份早、基础设施差，人居环境很差，"屋冷过不了冬、房漏遮不了雨、窗破挡不了风、门破防不了盗、路差走不了车"。在企业政策性破产后，3892 名职工全员失业，小区内的居民"下岗失业人员多、流动人口多、老年人口多、残疾弱势群体多、有稳定收入家庭少"。面对这"五个不了""四多一少"现实，长山花园社区不等不靠，在社区

党委成立后，将党的领导、党的建设贯穿基层治理，构建基层党组织网络体系，将党组织触角延伸到基层，努力做到党组织离群众最近、了解群众最多、帮群众最快。

——构建"四级"党建网络体系，激活"神经末梢"。以加强基层党组织建设为切入点，充分调动广大党员的积极性，通过党员模范带头，带动群众共同参与社区治理。2003 年初，在宽城区委组织部的协调下，长山花园社区一次性接收企业退休回归社区党员 194 名，开创了长春市社区成规模接收企业退休回归党员的先河。为了充分发挥这些党员的先锋模范作用，长山花园社区党委创新性地将党建网格建在楼宇，建立 10 个楼栋党支部、成立 14 个单元党小组、216 个楼栋党员家庭户，构建起"社区党委—楼栋党支部—单元党小组—党员家庭户"的"四级"党建网络工作体系，实现了"楼宇有组织，楼栋有支部，处处有党员"的局面。根据党员意愿和特点，社区依靠党员组建了 14 支志愿服务队，涵盖医疗、法律、治安、志愿服务等方面，实打实凿地为居民开展全方位服务，满足居民的多种需求。2005 年，长山花园社区还成立了由居民党员组成的"红袖标志愿巡逻队"，如今队员的平均年龄高达 75 岁，却已连续 14 年风雨无阻地穿梭在小区内，为小区居民的安全保驾护航。

——"红帆领航"基层治理，"三长联动"激发居民自治活力。长山花园社区运用"双引双服"，实现了党委引领党员，党员引领群众，党委服务党员，党员服务群众的良好态势，这也是宽城区"红帆领航"工程在基层开花结果的鲜活案例。近年来，宽城区始终坚持把加强城市基层党建作为贯穿基层治理的一条红线，构建区委领导、街道统筹、社区兜底的"三级联动"城市治理工作运行体系。针对居民小区这一基层治理最基本单元，在居民中选任有一定威信、处事公道、热心公益的退休老党员担任党支部书记，把党的组织覆盖到城市基层治理的每个院落、楼栋，把党组织划小，让党员骨干增多。2020 年，宽城区委成立"三长联动"工作领导小组，重新划分 578 个网格，广泛动员党员志愿者、退役军人以及工作能力强、群众威望高的居民，组建 1.7 万余名"三长"（网格长—楼栋长—单元长）队伍，解决服务群众"最后一米"问题，也更加激发了居民自治的活力。

二、从"要我干"到"我要干"：居民人人"管家"又"耕田"

社区工作做得好不好，辖区居民群众说了算；小区怎么治理，居民商量着办。在基层治理创新实践中，宽城区积极引导居民参加社区议事协商，激发了居民参与社区建设、参与社区治理的活力，推动基层治理从"靠政府"变为"靠大家"，群众行动从"要我干"变为"我要干"，人人把社区当成邻里团结的大家庭，将小区视为安身立命的"责任田"，携手共建共治共享美好生活。

——引入民主协商机制，打造基层治理新格局。"有事好商量，众人的事情由众人商量，是人民民主的真谛。"党的十九大报告中的这句话，也是长山花园社区引导居民自治始终秉承和遵循的核心理念。被物业公司弃管后，长山花园社区党委积极探索自治管理模式，即搭建以社区"两委"为核心，以居民代表、社区工作者组成的"居民自治管理委员会"为辅助的管理架构，形成了政府总管、街道主管、社区代管、居民监管的"四管合一"管理体制，由居民自管会负责小区物业的日常管理和财务管理。2010年，在长山花园社区的支持下，"居民事务志愿服务站"正式成立，服务站实行民主选举、民主决策、民主管理和民主监督，凡是涉及社区规划、设施建设、物业管理、环境整治等关系居民利益的事项，全部召开居民议事会进行民主决策。2003年，居民提出小区内应有一块健身场地，但苦于没有充足的资金支持。没钱，健身场地还建不建？怎么建？社区带领服务站召开了居民议事会，最终发出了"自觉出工、自动献物、自发捐款"的倡议，并得到了居民的广泛认可和支持。在长山花园社区的启发和带动下，站前街道白菊路社区也积极"试水"民主协商，针对辖区内铁路小区院内"杂草丛生、地面泥泞，到处是居民种的菜地"的乱象，组织小区居民代表召开民情征询会，最终达成对小区庭院进行改造的共识。如今，铁路小区内铺设了方砖、搭建了凉亭、安装了晾衣架和健身器材，成为居民休闲、娱乐、健身的好地方。

——激发居民主人翁意识，共同参与小区自治。长山花园社区的自治共建倡议得到认可后，不仅很快筹集到3808元捐款，而且在修建健身场地过程中，男女老少齐上阵，出工出力大家干，自发平地、种花栽树、铺设场地，平整洼地500多平方米，铺设方砖4000多块，种植树木近4000株，成为17年来居民休闲娱乐的好去处。此后，居民事务志愿服务站讨论决定，还为小区 150 个下水井每年清掏两次，安装了 11 栋 45 个单元防盗门、223 扇楼道窗户，200 块预制板，常年维修楼道声控灯……真正实现了共建共治共享。在凯旋街道一心街社区，友谊花园小区同样也是一个多年前就被物业公司弃管的小区。面对"治安管理难、自治推动难、居民矛盾纠纷调解难"等问题，一心街社区以小区党支部为核心，以"三长"为骨干力量，搭建"小区党支部＋红色业委会＋三长五员＋社会组织"的四级运行体系，实行"三长"＋志愿者工作推进法，进一步做实"定点、定岗、定人、定事"的网格化、精细化管理，明确小区网格长、楼栋长、单元长等志愿者干什么、谁来干、干到什么标准"三本账"，引导楼栋长、单元长组成自治队伍，与网格长互联互动，带动小区自治建设。眼下，友谊花园小区花团锦簇、井然有序，邻里亲如一家、共享幸福。

三、从"不知谁管"到"四步议事"：百姓的事百姓自己办

万丈高楼平地起，离不开"建筑师"的精心设计，也离不开"建设者"的辛勤劳动。如果把社会比作一幢高楼，那千千万万的百姓，就是基层治理中的"建设者"。在推进基层治理创新过程中，宽城区一直坚持以民生需求为导向，让居民积极参与到治理之中，逐步提高居民的自治能力。其中，长山花园社区更是探索出一条社区党委提议—社区"两委"商议—党员和居民代表审议—社区公示决议的"四步议事"工作法。

——实现由"为民做主"向"由民做主"转变。几年来，长山花园社区依托基层党建抓综合治理，对小区公共设施、生活设施进行改造提升。社区的每一笔党组织服务群众专项经费的使用都必按照"四步议事"工作法，经居民议事协商委员会讨论通过之后方可使用。随着居民生活水平的提高，小区车辆与日俱增，停车难和乱停车现象时有发生。为切实方便小区居民有序停车，经居民议事协商委员会商议后，小区规划了 51 个专属停车位和 100 余个路边停车位，安装了 235 个挡车柱，并重修了小区大门。多年以来，小区居民一直都在使用煤气罐，在安装燃气管道这个问题上，群众的呼声一直很高。为切实满足居民便捷用气需求，社区党委多次组织召开居民议事会，商议安装煤气管道，采取"四步议事"工作法，经过多次走访、调查、协商，相关部门终于为小区

进行了燃气改造，让所有居民都用上了管道燃气。近年来，通过"四步议事"工作法，长山花园社区陆续帮居民解决了小区更换楼宇门和塑钢窗、下水管网改造、取缔小锅炉、房屋修缮等一大批"老大难"问题，赢得了居民群众的广泛认可，也让居民的主人翁意识得到显著提高。

——推广"四步议事"党建引领基层治理模式。有事好商量，众人的事情由众人商量，是人民民主的真谛，也是党的群众工作的重要法宝。党建搭台、居民说事，小区的问题大家办，找到社情民意的最大公约数，提高居民主人翁意识，推动辖区居民有序参与共建共治。长山花园社区"四步议事"工作法的成功经验，眼下已在宽城区城乡全面推行。其中，团山街道团山街社区近水楼台，抢先将"四步议事"融会贯通，改良成适合本社区施行的"团山街版本"：以改善民生为第一目标，探索运行"三建、三常、三解"这一党建引领基层治理工作模式，通过"建网格、建台账、建信任"知民情；通过"常走、常问、常听"察民意；通过"解忧、解困、解矛盾"得民心，将群众真正置于主人翁的地位，有力地维护了社区的和谐稳定。

【法治篇】多方联动厚植基层法治"土壤"让社区居民生活更有安全感

法治筑坦途，全面奔小康。基层治理法治化，是依法治国在基层的具体实践，也是基层治理取得长效的根本保证。近年来，宽城区根据基层纷繁复杂的新情况新问题，积极总结提炼基层实践探索中行之有效的好做法好经验，大力支持基层政权和司法机关依法履职、鼓励支持基层自治组织、调解机构依法解决社会矛盾，建立以法治方式实现基层社会善治的认识自觉，不断提高基层治理法治化水平。

一、居民遇事不憋屈，"说事点"里敞开唠

创新"枫桥经验"，用好"百姓说事点"，畅通群众诉求渠道。如今，在宽城区，小到家长里短、邻里矛盾，大到房屋拆迁、土地纠纷，与群众生产生活

息息相关的各类问题，都能到"百姓说事点"讲个理儿，让老百姓在家门口通过"唠家常"的形式获取便捷、精准的公共法律服务，切实把矛盾解决在萌芽状态、化解在基层。近三年来，宽城区通过"百姓说事点"收集、调处矛盾纠纷1700余件，举办各种法治宣传活动百余场，发放法律知识宣传册2万余册，解答法律咨询300余人次。

——法治融入社区生活，搭建百姓说事平台。自2011年开展"百姓说事点"工作以来，宽城区坚持以创新为引领，以管用为标准，高位统筹、积极推进，共建立"百姓说事点"464个。为弥补室内、室外固定"百姓说事点"被动受理的弊端，宽城区还专门配备了1辆"流动说事车"，搜集信息、化解纠纷、普法宣传。室内、室外、流动三种类型的"百姓说事点"互为补充，构建全方位的服务网络。在长山花园社区，这样的"百姓说事点"就有10多个。每年，宽城区通过"百姓说事点"收集、调处矛盾纠纷近千件，解答法律咨询200余人次。2020年1月至4月，共调解纠纷367件，调解成功率达到98%以上，调解协议涉及金额189.4万元。

——法治引入专业人才，说事平台提挡升级。宽城区把"百姓说事点"置于构建共建共治共享基层治理格局的大局中去创新、去发展，定期组织法律顾问团、法律援助律师在"点"上解答法律咨询、举办普法讲堂、宣讲法律援助政策和公证指南，不断将"百姓说事点"打造成矛盾纠纷的化解点、法律常识的宣传站、群众意见的收集器，为群众提供更加便捷、优质的法律服务。目前，"百姓说事点"服务队伍不仅由熟悉群众工作的信息员组成，还有专职法律服务人员的加入。同时，根据居民的需求，宽城区还引导卫生、就业等部门到"点"上开展各类惠民讲座，拓展"百姓说事点"的内生动力，将其打造成社情民意收集点、矛盾纠纷化解点、公共法律服务点、致富信息宣传点、干群关系联系点。

——法治激发典型效应，推进平台高效惠民。为推动"百姓说事点"提质增效，宽城区坚持以典型为引领，通过教育培训、经验交流、演讲比赛等方式，培育出吴亚琴等一批说事能手、调解能手，并将业务能手所在的"百姓说事点"转型升级成个人调解室，打造新时代"百姓说事点"的"领头雁"方阵。在长山花园社区，吴亚琴在调解群众矛盾纠纷过程中总结摸索出"和面团法""滴水穿石""釜底抽薪"等民事调解十二法，多年来，累计调解案例 500 余起，调解成功率达 98%。据统计，长山花园社区已连续十几年实现零上访、零吸毒、零犯罪、零辍学、零治安案件、零矛盾升级、零家庭暴力。在长山花园社区的辐射带动下，宽城区凯旋街道一心街社区以党建为引领，在"百姓说事点"服务民生的 7 个小凉亭里建立了民情驿站和协商驿站，由 66 名党员担任"百姓说事点"信息员，三年来处理旧城改造拆违等问题 125 个，解决老旧楼房下水堵塞 63 处。

二、居民纠纷"解疙瘩" 律师帮忙给支招

把纠纷化解在诉前，将矛盾化解在源头。这是基层治理法治化的努力方向。近年来，随着人民群众的法律意识、维权意识不断增强，各类诉讼案件急剧增加。为了健全诉调对接工作机制，缓解人民法院"案多人少"的矛盾，宽城区整合资源、因势利导，探索建立了司法局驻人民法院律师调解工作室，在大幅降低办案成本的同时，也有效避免了诉讼双方矛盾升级转化。

——把律师调解工作室"搬"进人民法院。2018 年，宽城区采取政府购买的形式，组建了一支由专职律师和退休老法官组成的专业素养高、敬业精神强的调解员队伍，探索建立了全省第一家司法局驻人民法院律师调解工作室，重点开展诉前调解工作，受理区法律援助中心委托的法律援助案件，参与处理区法院委派的涉法涉诉信访案件，为当事人提供免费法律咨询和诉讼引导，提供公证办理指引服务等。通过发挥律师、退休法官在预防化解矛盾纠纷和提供法律服务中的专业优势、职业优势和实践优势，为当事人提供集法律咨询、诉前调解、法律援助和其他功能于一体的"一站式"服务，让居民省时省钱又省事。

——把法律服务送到百姓身边。进社区、进小区、进讲堂……宽城区不仅把律师调解工作室搬进了法院，还引导律师调解工作室的专职调解员走出办公室，来到群众身边，开展法律咨询，发放《常见法律问题以案释法 100 例》《公共法律服务一本通》《人民调解服务指南》，为群众解答关于债务债权、继承、合同等方面的法律问题。居民不用去律师事务所付费找律师咨询，在家门口就能得到免费的法律解答，赢得了过往群众的普遍欢迎。过去一年，律师调解工作室累计为申请人提供免费法律咨询 3300 余次，调解结案的案件 240 余件。

三、"巡回法庭"进社区，为民服务"零距离"

"解决一件，教育一片"。为深入推进基层治理法治化，为居民提供人性化、精准化的法律服务，宽城区政法部门创新便民利民举措，充分发挥主观能动性，转变传统坐堂办案观念，坚持走出去延伸司法为民触角，充分利用法官工作站、巡回审判点、诉讼联络点积极践行司法为民宗旨，通过选取一些具有典型性、有普法教育意义的案件，将"巡回法庭"开进社区、搬上炕头，实现为民服务零距离。

——开进社区，"巡回法庭"为民服务零距离。2009 年 3 月，"巡回法庭"走进长山花园社区，开庭审理一件财产纠纷案和一件遗产继承案。旁听区域内，社区居民群众 200 余人，聚精会神地观摩现场庭审、学习相关法律知识，同时也让不便出行的原告免于奔波，真正实现了为民服务"零距离"。为避免无遗嘱纠纷案件再次发生，长山花园社区党委随后召开居民议事会研究决定，在社区建立遗嘱库，至今已有 235 名老人向社区遗嘱库递交了遗嘱。

——搬上炕头，"巡回法庭"彰显人文关怀。"巡回法庭"还走进农村，在农民的炕头上举案说法、巡回办案。2019 年，宽城区人民法院在受理了原告某银行诉被告朱某借款合同纠纷一案时，了解到被告朱某是残疾人，行动不便，且居住在偏僻的农村。为减轻当事人诉累，宽城区人民法院决定到被告人家中现场开庭审理此案。开庭当日，村民们听说"巡回法庭"进村，纷纷前来围观。庭审结束后，法官就案讲法，对旁听村民进行了普法宣传，同时对村民提出的问题一一进行了解答。

【德治篇】文明创建破解社区德治"密码""文明指数"拉升居民"幸福指数"

基层社会治理，需要物质文明和精神文明齐驱并进；一个文明、和谐的现代城市，既要有发达的经济和活跃的市场，也要有繁荣的文化和昂扬的精神。近年来特别是党的十八大以来，宽城区把精神文明建设的进程内化作基层治理有序惠民的动力，通过开展"社区好人""文明家庭""文明社区"等评比活动，选树出一批批体现时代精神的可亲可敬可信可学的先进典型，在全社会范围内掀起了一种比学赶超争做好人的风潮，为基层社会治理凝聚起磅礴的内生动力。

一、"小积分"撬动大变化，"好人有好报"挺起道德灯塔

做好事不难，难的是经常做好事。推进基层社会治理，必须营造"好人有好报"的社会环境，让评好人、学好人、做好人蔚然成风。近年来，宽城区连续开展"宽城好人""社区好人""文明社区""文明家庭"评选，以物质奖励、组织关爱、工作关心、宣传报道、积分兑换等多种形式，第一时间扩散"好人效应"，在全区范围内形成崇德向善的良好风气，积淀基层社会治理的文明底色。

——推广好人文化，温暖一座城市。一个好人能带动一批好人，一批好人则能带动全社会托起一座文明城。在长山花园社区，居民耿大爷是一名退休钳工，掌握一定的器械打磨技术，邻里经常拿自家用钝了的刀剪，求耿大爷帮忙"专业打磨"。十五年来，耿大爷来者不拒，不知道为邻居磨了多少刀剪，耗费了多少油石，但他却不求任何回报。正如长山花园社区党委书记吴亚琴说得好，学古时英雄太远，不如学身边好人。在社区好人评选中，长山花园社区将耿大爷这样的平凡好人选树为社区的道德模范，除了制作好人榜、张贴告示栏之外，还通过自编宣传语、文艺节目等方式，将好人的正能量传播出去，让更多的居民以他们为榜样，在社区中形成互帮互助、争做好事的风尚。

——推行奖励机制，形成良性发展。从社会行为的框架下看，善行往往需要激励，才可持续，并形成规模。近年来，宽城区结合居民需求和辖区资源设计活动载体，鼓励居民参与志愿服务，通过服务换取积分、积分兑换商品或服务的方式，引导居民参与社区建设，共建和谐家园。对于长山花园社区耿大爷这样长期为社区居民提供服务的好人，社区通过志愿者积分激励制度来对其进行激励，奖品小到一条毛巾，大到家用电器。目前，长山花园社区将志愿服务

规范化，设立了"红马甲志愿服务处和积分兑换处"，将居民参与志愿服务的次数和时长以及所做好事折合成积分，用于兑换生活用品、报刊或公益服务，形成"奉献—回报—奉献"的"好人有好报"模式，引导和激励更多人自觉参与志愿服务。

——推动好人效应，营造向善精神。目前，宽城区已逐步探索建立了好人挖掘、选树、宣传、礼遇的工作体系，通过开展系列评选，进一步宣传和践行社会主义核心价值观，弘扬好人精神，传承中华民族传统美德，用身边人身边事弘扬社会主义核心价值观，潜移默化效果明显，特别是此次面对新冠肺炎疫情时，各个社区的"好人"都挺身而出，义务巡逻、义务消杀、义务值守……志愿参加活动，守护居民的安全，带动更多居民参与到志愿服务当中，在社区营造了文明向善的良好氛围，增强了居民对社区的认同感、归属感、责任感和荣誉感。

二、"红色文化"点亮居民生活，精神文明促进社会和谐

文化兴则国运兴，文化强则国家强。近年来，宽城区坚持社区文化德治基层治理工作理念，充分利用传习所、道德讲堂等场所，开展丰富多彩的文化活动，用"红色文化"点亮居民生活，巩固社区的党建阵地、文化阵地，为基层治理工作奠定了坚实的文化基础。

——开展文娱活动，送上精神大餐。物质生活提升，精神食粮更需要充实。近年来，长山花园社区以新时代传习所、道德讲堂、三点半课堂、科普大学为阵地，积极开展党建、精神文明、中华传统文化教育。在中秋节、端午节等传统节日，都会举办文化节、体育节等活动，社区居民自发成立了长山艺术团、合唱队、乒乓球协会、书画协会等团体，其中艺术团自编自演文艺节目，连续20多年在"五一""七一""十一"举办大型文艺汇演，多次深入部队、养老院等地演出，送上文明社区的精神大餐。宽城区群英街道西道口社区注重运用民族文化、红色文化、健康文化，在民族传统节日组织掷柶戏、象帽舞等朝鲜族特色文体活动，利用闲暇时间开展歌舞、棋牌、故事分享等文娱活动，促进民族团结，激发爱党情怀。

——好人引领风尚，社区蔚然成风。为营造学好人、做好人的氛围，长山

花园社区每年都组织"文明家庭""长山好人""党员家庭户"评选，引导广大居民自觉践行社会主义核心价值观，学习身边好人、争做身边好事，形成"人人为我、我为人人"的良好风尚。"一人是好人，全家是好家庭"，在长山花园社区，有居民因为拾金不昧被评为"长山好人"后，整个家庭都变得和睦、和善起来。社区通过定期开展"长山好人""优秀共产党员""优秀居民""好儿女""好儿媳""文明和谐家庭户"评选及公示活动，倡导居民用自己的实际行动让社会变得更加美好、和谐，充满正能量，让好人风尚在社区中蔚然成风。

——发展社区教育，文化熏陶民风。文明社会人人爱，人人参与更精彩。多年来，长山花园社区党委坚持在寓教于乐中培育崇德向善的良好风气，在共建共治共享的氛围中，注重"插柳成荫、见缝插针"教育引导方法，根据社会发展中凸显的教育瓶颈问题，分类施教，集社会资源储备师资人才库，开展道德讲堂、丽人学堂、早教课堂等，满足居民多元化学习需求，补齐社区教育短板。截至目前，早教课堂受益人数达1440人，导师培训课堂受益人数达2万余人；"走出去"近百次，"引进来"交流互学800余次，受益10万余人。

三、提升服务能力，放大德治效应

人们对美好生活的向往，无外乎幼有所育、学有所教、老有所养、病有所医。近年来，宽城区坚持以人为本，支持社区工作者和专业社工领办、创办社会组织，依托社会组织来开展服务，形成社区、社会组织、专业社工"三社联动"的载体机制，为辖区居民提供人性化、精细化、精准化的服务，如"十送"服务等，以真诚的服务、善良的德行，换来居民的笑脸相迎和真心拥护。

——开展居家养老"十送"服务。在长山花园社区，60岁以上的老人有1153名，占人口总数的18%。为妥善解决居民养老难题，社区成立了居家养老志愿服务队，安排6名专职人员，开展居家养老服务，并注册成立一家养老服务组织——康乐之家老年服务中心，探索家庭自助式、邻里互助式、功能输出式和外力援助式等康养结合的养老服务模式，成为宽城区乃至长春市范围内，第一个承接政府向社会组织购买居家养老服务项目的社会组织。该中心面向辖区老人开展送理发、送洗澡、送配餐、送医药、送健康、送欢乐、送家政卫生、送代买代办、送法律援助、送心理疏导"十送"服务，为居民提供优质、便捷、贴心的服务。目前，在宽城区，"康乐老人快乐行"项目及"乐享夕阳"社区定制式康养结合为老服务示范项目惠及全区 57 个社区，直接受益人达 5000 余人，间接受益人达 5 万余人。

——开展社区定制式服务。长山花园社区依托社区、社会组织、社工的"三社联动"服务模式，为辖区居民开展形式多样的服务活动。想吃什么? 自己点餐，社区开办社区食堂，为老人提供早午餐;秋季储藏秋菜，各楼宇党支部书记统计各家需要哪些菜、多少斤，统一上报社区，社区统一采买……长山花园社区先后成立 21 家社会组织，开展专业化社工服务，覆盖了居民生活的方方面面。此外，社区还通过居民议事会，及时收集居民需要，再根据需求提供相应服务。定制式服务在较好满足老年人需求的同时，也为社区今后转型升级积累宝贵经验。

——开展"抚小"服务。服务是最好的管理。长山花园社区依据重点人群，对接社会资源，通过服务善治工作法，把服务真正做到了实处，帮助居民解决实际困难。尤其值得一说的是，该社区整合社区、社会以及政府部门资源，为未成年人提供救助、教育、司法、就业、医疗、精神及生活等七大方面保护及关爱服务，建立起政府、社会、家庭、学校"四位一体"的保护体系，形成"主动发现—及时保护—跟踪反馈"环环相扣的长效保护机制。2007 年以来，社区党委共资助 20 多户特困家庭子女解决了上大学的费用问题，为 50 多人次申请了助学金，为 1000 多户居民办理了医疗保险。

【智治篇】"互联网+"出基层治理"智慧翅膀"百姓关心问题"网上说马上办"

5G 浪潮扑面而来，为技术革命带来新的挑战，也为基层治理揭开新的篇章。为切实解决居民参与基层治理"最后一公里"问题，宽城区以互联网思维谋划基层治理工作，充分利用微信、QQ、网站等互联网技术与平台，探索为民服务、基层治理提质增效的新路径，还开发建设了智慧城市管理系统，将分散的信息、数据资源进行整合管理，建立政府各部门之间、公众之间的信息共享和良性互动，做到"用智慧说话，用技术行动"，构建和谐人居环境，提高基层治理水平。

一、百姓的事儿"网上说马上办"

随着互联网科技的迅速普及，基层治理智能化应运而生。近年来，宽城区积极利用信息化手段，科学有序推动基层治理创新，引导基层干部上网"触电"，充分利用电脑、手机，通过微信、QQ和互联网，及时了解社情民意，第一时间解决居民生产生活中遇到的难题。

——用好微信群号，构建"一分钟服务圈"。在柳影街道富丰家园小区，大多数小区居民手机里都有一个名叫"风雨同舟"的微信群，这是党支部书记张秀英发起建立的。只要群里有人发布了需求信息，党员志愿者、楼栋管理小分队成员还有热心群众便会第一时间回应。小小微信群搭建起党支部和家家户户的连心桥，切实打造出一个倾听民声、汇聚民意、化解民忧的党群互动平台。欣园街道建立的"魅力欣园"微信公众号功能更是强大，不仅设有"党建·领""治理·活""服务·优"三个子栏目，还开辟了"共驻共建、党员报到、资源共享、需求认领"等功能，借助高德二维地图引擎，建立起"民呼我应"的信息平台，融合物业服务、公益服务、自治服务、平安警务等多种政务信息源，方便群众生活，利于基层治理。

——打造智慧社区，提升基层治理智能化水平。眼下，在宽城区，以科技赋能基层治理，每个社区都在行动，长山花园社区与长春市"12349"养老便民服务中心合作，为全市居民和老年人开展养老便民服务；欣园街道对400平方米房屋进行改造和重组，打造了智慧的独立综治中心，按照信息化、可视化、智能化要求，将辖区公安、社区视频监控系统接入综治中心信息平台，实现从"发现问题—派遣任务—出勤解决—督促检查—信息反馈"的闭合环路。目前，街道与所属4个社区1个村全部实现视频互联互通，实现视频监控全覆盖。

——"互联网+养老"，为老人定制防走失二维码。由于辖区老年人多，老龄问题日益凸显，老人走失和发生意外现象频频发生，长山花园社区率先开展了"我们帮您找家"试点工作，通过"互联网+"的方式，将辖区60岁以上的老人和残障人群照片、姓名、家庭地址、家属联系方式、过往病史、过敏药物等内容"打包"，生成独立的身份识别二维码，悬挂在有需求老人的胸前。目前，已制作卡片 650 个，可随身携带，只需手机扫一扫，便可轻松获取全部信息，帮助老人联系家人和社区。截至目前，通过防走失二维码识别，已成功找回两名走失老人。

二、"智慧城管"助力基层治理水平新跃升

在长春市加快建设东北亚区域性中心城市，打造经济量级、城市能级、民生改善、社会治理、生态文明"五个升级版"，特别是在省、市加快推进智慧城市建设的进程中，如何运用数字化管理手段，提高城市精细化管理水平，建立城市管理长效化，成为当前城市建设管理创新的重中之重。近年来，宽城区紧跟时代步伐，大力推动智慧化管理服务体系建设，促进了城市功能完善、城市品质提升，基层治理水平跃升。

——弯道超车，"宽城速度"冲刺数字化。2018 年，宽城区成立城市综合管理服务中心，借助物联网、大数据、AI 智能应用技术，搭建了一个智慧化城市治理平台，将感知设备应用到城市的每个角落，打造了一个可供全区 19个职能部门和 10 街 1 镇共享的"智慧城管"，不仅可以线上受理居民投诉、跟踪督办案件、反馈处理结果，还有信息采集车流动巡查动态采集信息。截至目前，宽城区城市综合管理服务中心共采集、受理案件 171024 件，已结案143793 件，结案率达 84.08％。2019 年，宽城区城市综合管理服务系统项目数据及软件系统建设项目被中国地理信息产业协会评为"2019 中国地理信息产业优秀工程银奖"，也助推该区基层治理智慧化进入"快车道"。

——拓宽渠道，发现问题不再"迟"。宽城区城市综合管理服务中心将政法委、政府办、应急局、行政执法局等多个部门现有的数字化管理平台整合到一起，多点面开放信息收集渠道，主动采集城市管理信息，及时发现城市管理问题，其中包括信息采集监督员现场采集、城管"12319"热线举报、"全民城管"APP 市民投诉、"智慧宽城"微信公众号、17000 多名"三长"参与、视频智能采集立案、"巡街宝"巡查采集、领导交办件等。目前，该中心已成功对接共享了市综治办"雪亮工程"3200 余路视频监控探头、公安交通 1600 余

路视频监控探头，实现了区、街（镇）、社区三级视频监控全覆盖，并在欣园街道办事处进行了试点，双方实现了互联互通、信息共享、实时监控、综合监测，第一时间发现问题，第一时间解决问题。

——升级管理，案件处置不再"慢"。突出"智慧城管"的机制创新和技术创新，着眼于"流程再造、功能升级、扁平应用、精细管理"的宽城区城市综合管理服务中心，已基本实现了平台轻量化、办公移动化、管理扁平化、服务全时化，将传统的采集上报、立案派遣、任务处理、督查反馈、现场核查、审核结案、综合评价的"七步闭环"流程搬到了云端和移动终端，不论是指挥员、采集员还是处置员，都可以通过手中的手持移动终端，随时随地发布指令、接收任务、反馈信息，大大地提高了指挥调度和基层问题处置的效率。

三、社区干部学院变身基层治理"充电桩"

步入新时代，社会主要矛盾已经转化为"人民日益增长的美好生活需要和不平衡不充分的发展之间的矛盾"，基层干部也要与时俱进，不断加强学习。2019年，吉林长春社区干部学院建成运行，填补了吉林省基层干部教育培训的空白，更在全国开辟了独立设置社区干部学院的先河。形式多样、内涵丰富的教学培训，为广大社区工作者进一步做好基层治理工作"加油充电"。

——开创办学新模式，为社区输送人才。由吉林省、长春市、宽城区共建的吉林长春社区干部学院，内设"五部一中心"，即综合服务部、教务教研部、培训管理部、合作拓展部、后勤保障部和城市基层党建研究中心。学院以社区工作者为培训对象主体，兼顾基层干部、党务干部、社会组织和社工人才，立足长春、服务全省、面向全国，帮助社区工作者提升综合素质能力，特别是实务实操等方面。运行一年时间以来，学院已举办了31期培训班，累计培训社区工作者4500余人，开创了社区工作者职业化、专业化培训的新模式，探索出一条新时代党建引领基层治理提质增效的新路子。

——高专精教师授业，"理论+实践"打造优秀队伍。吉林长春社区干部学院"师资库"中师资雄厚，聘请272名专家学者、知名人士、英模人物作为学院兼职教师，开设"理论课+专业课""党建课+治理课""基础课+实务课"等课程，贴近岗位和学员需求，有效扩大培训供给。与此同时，学院还编写了

《社区工作者职业化专业化培训教学大纲》，出版了《吴亚琴社区工作法》，把吴亚琴社区工作经验做法推向全区、全市乃至全省。另外，学院还选取长山花园社区等城乡社区典型、城市基层党建示范点、基层治理重点项目、红色教育4个类型69个基地，通过现场讲学、研学、评学，打造"车轮上的课堂"，培育一批好书记，建设一支好队伍，推广一批好经验。

——"充电桩"持续放电，为基层治理增添新动力。吉林长春社区干部学院成立以来，组织开展了形式多样、内涵丰富的教学培训，宽城区凯旋街道一心街社区党委书记王蕾便是受益者之一。作为一名社区工作者，王蕾三次走进学院学习，收获满满，更是把所学运用到实际工作中。结合一心街社区的实际，该社区探索出了一条以党委为核心，以"三长"为主要力量，以"党委吹哨、资源报到"的形式，提升了社区治理和服务的水平，使社区的党建迈向了3.0时代。一心街社区还以自治、共治、法治、德治为抓手，建立"四治"管理模式，全面提升社区治理和服务能力。

【共治篇】凝神聚力点燃多元共治"火焰"社区居民共享社会发展成果

"大厦之成，非一木之材也；大海之阔，非一流之归也。"习近平总书记指出，实现中国梦必须凝聚中国力量。实践也证明，基层社会治理不是孤岛，需要众人划桨、合力推进。近年来，宽城区坚持和完善"共建共治共享"的社会治理制度，通过党建引领凝聚多方资源，合力化解民生"急、难、愁、盼"，点燃了社区多元共治的星星之火，让越来越多的居民品尝到社会发展的喜人成果。

一、"红色物业"撬动共治"大格局"

在基层社会治理中，老旧散小区一直是个"老大难"问题。如何有效破解这一难题？近年来，宽城区广泛推广"自助物业""项目物业""公益物业"三种治理模式，建立小区党组织引领下的"红色管家"队伍，推广"红色物业"

分类治理服务模式,积极参与社区多元共治,引导居民参与自治,合力共建和谐稳定、安居乐业的幸福家园。

——打造"红色物业联盟"。在宽城区群英街道西道口社区,沈铁新苑和万龙台北明珠小区都有"红色物业联盟",两个小区分别成立了由居民党员和物业党员组成的党支部,社区"两委"成员任物业"监管员",党员和业主有序参与、监督服务,形成物业、业主、律师、民警等多方参与的"1+3+N"协调联动机制,较好地解决了小区环境改造、公共设施改善、公共部位使用等突出问题。在水产新居安小区,退役军人白彦鹏家超市建起"百姓服务点",配备大型扳手、管钳、电钻等工具,免费为居民提供应急工具箱服务,保证居民随到随取随用。人居环境美丽,小区和谐了,居民更有安全感、归属感和获得感。

——开展"一心三长四治"新模式。针对老旧散小区"无人管、无人治"等问题,凯旋街道一心街社区友谊花园小区组建"红色业委会",实施"自助物业",即以小区党支部为核心,以"三长"为骨干力量,带动小区业主实施自治、法治、德治、共治的"一心三长四治"新模式,在小区内形成了"广泛提议、人人参与"的多元共治氛围,彻底告别长达8年物业弃管的历史,实现了全封闭式管理,居民由怨声载道变成了交口称赞。与此同时,小区还积极引进社会组织,积极盘活小区闲置资产,为居民带来实实在在的利益。

——打造小区共治"联盟队"。依托"1+1"社区大党委组织连接作用,完善党组织领导各类组织、协同各方力量、聚焦各方资源的工作机制,不断满足居民群众对美好生活的需要。一心街社区有效整合驻区单位、社会组织、非公企业、小区商户等共建资源,建立协商议事联盟,将每月15日固定为联盟民主协商日,通过"收—议—办—评"的工作机制,研究解决困扰居民的烦心事、闹心事、揪心事。16支联盟队伍共解决了地铁名典小区物业收费难、地铁名典E区土路重新铺建等问题10余件,群众满意率达90%以上。由平安志愿巡逻队、邻里调解代表团、线上隐患搜集员组成的"平安守望联盟",每天早中晚各开展一次安全巡逻,排查解决小区矛盾隐患。在宏煜小区,"毁绿种菜"现象频现,"平安守望联盟"成员仅用两天时间,就集中清理50余处"居民菜地"，恢复公共绿化带 4500 余平方米。

二、"五站合一"凝聚基层多元共治合力

党的十九届四中全会提出建设人人有责、人人尽责、人人享有的社会治理共同体，构建共建共治共享的基层社会治理新格局。针对街道"治理资源分散、服务形式单一"等问题，宽城区积极探索构建街道社区党组织领导下的基层党建、工会、共青团、妇联、社会组织"五站合一"工作模式，指导孵化各类社会组织 252 个，最大限度地凝聚服务群众合力，使基层治理工作由以往的"封闭小循环"走向党组织引导、各方参与的"开放大循环"。

——共建共联项目，盘活党建资源。近年来，欣园街道党工委主动适应城市社会群体结构和社会组织架构变化，坚持"从需求处入手、问题处着力、矛盾处突破"，以"全员谋党建、集体议党建、齐心抓党建"的工作理念和决心魄力，聚焦党员群众多元需求与优质服务供给不足、区域资源联而不动等突出矛盾，以区域党建联建项目作为基层社会治理工作的切入点和总抓手，以民生需求定项目、组织引领联项目、互促共赢换项目、书记专班抓项目、机制牵动评项目的联动模式，找准利益契合点、深化条块融合、盘活党建资源，汇聚民意民力，构建区域多元共治新格局。

——找准契合点，以党建促多元共治。欣园街道通过广泛征集，精准识别治理堵点、百姓痛点、发展难点，让"吹哨"更有针对性、"报到"更有实效性。把驻区单位发展与街道未来紧密联系在一起，找准利益契合点，通过组织联建、信息共享、资源共用，推动项目联动共建。其中，万龙国际城 3 期因占地补偿问题延迟开工，街道党工委通过与征拆方进行 15 轮谈判磋商，推动占地补偿问题圆满解决，为企业节约资金 8000 余万元。万龙集团"投桃报李"，为街道无偿捐建建筑面积为 2200 平方米的红帆"城市共享家园"，解决了辖区居民活动没有场地的问题。中冶集团在欣园街道投资开发的中冶蓝城一、二期项目在一段时间内滞销，欣园街道党工委积极帮企业宣传、推介，很快解决了阶段性发展难题，为此，中冶集团积极认领共建项目，为街道捐建了可容纳 300 人演出的礼堂。

——推广可行模式，实现共治与发展齐头并进。为破除典型培树一峰独

秀、群山俯首的现象，宽城区不搞作秀式"盆景"，致力将党组织服务群众的典型成熟经验转化为全区基层治理的可复制、可推广工作模式，推动基层社会治理与发展并驾齐驱。柳影街道富丰家园党支部在工作中发现，仅靠党支部的力量，推动小区建设势单力薄，必须整合小区各方的优势资源，在辖区实行"多元共治"。几年来，党支部多方奔走协调，积极推动小区党支部、业主委员会、物业公司、社区和周边商户形成合力，建立"五方联席会议"制度，在深化共驻共建上做文章，签订共建项目书，为小区治理争取最大化的支持。

三、"党建联盟"打造基层多元共治"大循环"

党的十九大报告明确提出要建立共建共治共享的社会治理格局，社区与辖区单位共建共治，互相补充，能够极大满足居民群众的多样性需求。在推进基层多元共治过程中，宽城区坚持党建引领，引导街道、社区组建"党建联盟"，与共建单位形成互利共赢的合作机制，促进基层多元共治科学、有序、长效发展。截至目前，累计落实 142 个联建项目，撬动共建单位投入治理服务资金达 1585 万元。

——用好社会资源，基层治理"独唱变合唱"。长山花园社区探索成立党建工作联盟，组织驻区 10 多个会员单位构建社区治理联动机制，建立起共治共赢的合作模式。如针对双职工家庭工作忙，孩子放学后无人看管和照料，社区与吉林工程技术师范学院建立合作关系，由学校选派志愿者，帮学生辅导功课、开展课外活动。社区还先后争取"服务 e 家""12349 养老便民服务"等20 多个各级财政支持项目进驻社区，吸引 24 家社会组织、100 多名专业人才，参与社区公共服务，合力提升基层多元共治水平。

——打造"民生服务联盟"，为基层多元共治汇爱心、集力量。凯旋街道一心街社区党委携手广源宾馆、马赛口腔、中西医诊所、幼儿教育机构等共建单位，推出"左邻右舍惠民卡"，为辖区居民提供不同折扣优惠服务百余次；联手长春义善堂大药房连锁药店、"白云山"和"黄中药"党支部等，举办"温暖回家路、爱心伴您行"主题活动，连续 4 年向辖区农民工赠送返乡车票，先后帮助 100 余人次在春节前踏上回家路；与吉林工程技术师范学院联合成立爱心驿站，500 余名大学生志愿者为 8 名家庭困难的学生义捐助学款……在各类社会共建力量的助力下，辖区居民碰到难事有人帮、遇到难题有人解，架起了一座党建引领基层多元共治的"连心桥"。

经过一段时间的调研，我们真切地体会到了长山花园社区由昔日"烂泥坑"到如今"大花园"的发展与变迁，也深刻感受到了宽城区在基层社会治理创新方面的铿锵奋进。回顾调研过程，通过所见所闻，梳理样本、总结经验，我们对基层社会治理创新和能力建设有了更多的理解和感悟，也从调研中得到一些启示。

启示一：推进基层社会治理，必须坚持以人为本，将以人民为中心的发展思想贯穿统筹推进基层社会治理创新和能力建设总体布局全过程。推进基层社会治理，必须以改善人民生活为核心，特别是把人民最期盼、最迫切、最急需解决的民生问题作为创新社会治理的切入点、着力点，让人民群众的合理诉求得到及时回应，不断提高人民生活水平；要以实现人民共享为宗旨，加大政府购买服务力度，在制度安排和政策导向上促进分配公平，缩小收入差距，让人民群众从改革发展中取得实实在在的利益和实惠；要以增进人民幸福为目标，坚持需求导向，突出雪中送炭，进一步坚持和完善统筹城乡的民生保障制度，注重加强普惠性、基础性、兜底性民生建设，切实增强群众获得感、幸福感、安全感。

启示二：推进基层社会治理，必须坚持党建引领，把加强党建引领作为提升基层社会治理能力的根本路径。习近平总书记强调要"推动社会治理重心向基层下移"。这为我们加强社会治理工作提供了根本遵循和科学指南。推进社会治理，关键在党，重心在基层。这就迫切需要增强基层社会治理的组织力和政治引领力。推进基层社会治理创新和能力建设，必须坚持党建引领，完善党委领导、政府负责、社会协同、公众参与、法治保障的社会治理体制，提高基层社会治理的社会化、法治化、智能化、专业化水平。坚持把加强党建引领作为提升基层社会治理能力的根本路径，深化"党建引领+"体系建设，注重把党的政治优势和组织优势转化为基层社会治理优势，努力打造共建共治共享的社会治理格局。

启示三：推进基层社会治理，必须充分调动多方资源与力量，构建基层社

会治理多元协商共治模式，打造共建共治共享的"开放大循环"。党的十九大
报告指出，打造共建共治共享的社会治理格局，并提出"要完善党委领导、政
府负责、社会协同、公众参与、法治保障的社会治理体制"。在推进基层社会
治理中，由政府、社区、非政府组织和社会公民等多元主体，就某个共同关心
的公共事务进行广泛交流、平等协商，从而达成社会共识并共同参与基层社会
治理，可有效整合基层社会治理资源、提升基层社会治理水平，是实现基层社
会治理现代化的必由之路。在构建基层社会治理多元协商共治模式中，要引导
基层干部树立多元治理思维，加强法治化、制度机制建设，培育社会组织等社
会力量，形成合力推进社会治理现代化。

全面建成小康社会与中国县域发展

吉林省吉林市桦甸市

做好绿水青山大文章

中共吉林市委宣传部调研组

桦甸市位于吉林省东南部，所依长白山余脉多白桦树林，所傍松花江两岸多繁茂草甸，故而得名"桦甸"。这座城市自开埠以来，便一直拥有独特的禀赋，让世人领略着春看白桦、夏览湖色、秋赏红叶、冬享雪韵的美妙景色……

近年来，桦甸市委、市政府紧紧抓住东北全面振兴全方位振兴迎来的各种机遇，围绕"新型能源强市、健康产业基地、生态旅游新城"发展定位，以发展旅游业为龙头推动服务业提挡升级，绿色转型已成为该市奋进的底色，陆续制定出台了一系列优惠政策，打造了优质的营商环境，为保护生态和产业转型升级提供了打造全域旅游的发展方案。

在全域旅游资源视角下，从资源的时空观角度出发，不局限于传统的国家风景名胜区、自然保护区、文物保护单位等资源的固有格局，不断挖掘工旅融合、农旅融合、文旅融合的接驳点，梳理桦甸市旅游资源的景区景点、风景栈道、资源聚集区的空间关系，重新认识肇大鸡山、白山湖、红石湖等核心旅游资源区，红石国家森林公园等旅游资源融合区、旅游资源拓展区的价值。逐渐形成了发展全面统筹、布局全面优化、服务全面配套、环境全面治理的综合协调发展布局。保住"绿水青山"，用好"绿水青山"，以发展全域旅游为支柱产业，开辟了一条通向全面小康社会的康庄大道。

一、依托资源，谋划发展全域旅游的新路径

坐落在松花江畔的吉林省桦甸市面积 6521 平方公里，总人口 42.6 万人。素有"八山一水一分田"之称的桦甸市，曾是流金淌银的资源宝地，境内能源、金属矿产、非金属矿产资源极其丰富。截至 2000 年底，桦甸全市已发现的矿产共 55 种，已探明储量的有 31 种，已开发利用的有 26 种。全市矿业企业达到了 247 户，靠山吃山，靠资源吃饭。在 2000 年前后，桦甸矿业产业实现工业总产值占到全市工业总产值的三分之一，成为桦甸市的支柱产业。夹皮沟金矿被中国黄金协会授予"中国黄金第一矿"，"北国金城"的美誉也由此得来。不仅矿产资源丰富，桦甸市的森林覆盖率达 65.4%，被评为"省级森林城市"，木材产业曾是桦甸市的又一支柱产业。2013 年以前，矿产和林业支撑着桦甸市 70% 的财政收入。随着国家相继出台有关政策，严控矿产资源开采和森林采伐，近两年，桦甸市来自矿产和林木业的财政收入已下降到占比不足 10%，经济发展受到严重制约。随着总体经济增速放缓，经济下行的压力持续加大，面对严峻形势，如何调整产业结构，实现产业转型升级成为桦甸市发展的新课题。

（一）困则思变：以发展全域旅游促转型升级

党的十八大以来，推进经济结构战略性调整，是加快转变经济发展方式的主攻方向。桦甸市亟须寻找新的经济增长点。2015 年 11 月，习近平总书记主持召开中央财经领导小组第十一次会议，正式提出了供给侧结构性改革，强调供给侧结构性改革的根本目的是提高社会生产力水平，落实好以人民为中心的发展思想。2018 年，习近平总书记在东北三省考察时高屋建瓴地指出，东北在体制机制、经济结构、对外开放、思想观念方面存在"四大短板"。同时，以习近平同志为核心的党中央将生态文明建设放到治国理政的重要位置。国家新一轮改革大潮涌起，党中央、国务院出台一系列推进旅游业改革发展的政策措施，为桦甸市发展全域旅游注入了强劲动力。

桦甸市委、市政府抓住有利契机，打破思想观念陈旧、落后、产业结构

不合理和过度依赖资源的短板，就如何走上一条质量更高、效益更好、结构更优、优势充分释放的振兴发展新路，开展了解放思想大讨论、谋发展活动，最终确定了桦甸市绿色转型发展的核心任务。根据国家"十三五"旅游业发展规划、《吉林省人民政府办公厅关于促进旅游业改革发展的实施意见》，制定了《桦甸市推进旅游业快速发展五年行动计划》，提出了按照国家文化和旅游部关于创建国家全域旅游示范区的标准要求，以创建吉林省全域旅游示范区为抓手，实现旅游产业转型升级、提质增效，把旅游业培育成为桦甸市经济发展的先导性产业，全力加速推进桦甸市进入全域旅游"新时代"。

（二）天赋异禀：让绿水青山变成金山银山

让绿水青山变成金山银山，承载着桦甸市人对实现美好生活的期盼。从此，桦甸市走上了以发展全域旅游，探索绿色发展的转型升级新路。

自然资源得天独厚。"一江秀水、百里桦林、千顷湿地、万山红叶"是对桦甸市旅游资源的形象概括，也成为这里围绕白桦红叶做文章、打造全域旅游的金字招牌。桦甸市森林旅游资源葱绿繁茂，红石、肇大鸡山两座国家森林公园既是天然氧吧，也是立体资源宝库。东北黑土地上的母亲河——松花江蜿蜒流经全境，三座梯级电站形成了白山湖、红石湖、松花湖"三湖联珠"奇观，这"一江三湖"正是桦甸市旅游资源的重要组成部分。

历史人文一脉相承。早在16万年前，桦甸寿山仙人洞就留下人类早期活动的文化遗存，翻开了吉林省人类历史发展的第一页。这里还有众多的"西团山文化"遗址。苏密城是唐渤海国五京十五府之长岭府所在地，明代锐意经营的东疆"丝绸之路"重要驿站，韩边外建立的长白山下"黄金国"。康熙帝第三次东巡驻跸于桦甸寿山，乾隆皇帝也曾追寻祖父的足迹，发出"仙境原来非梦幻，随风飘荡在人间"的感慨。这些都见证了桦甸市文明的世代传承。

乡土民俗历久弥新。先锋村获评"中国美丽休闲乡村"，晓光村获评"中国少数民族特色村寨"。知青记忆、关东风情、萨满文化都成为桦甸市民俗文化的新亮点。桦郊乡、常山镇、红石镇等诸多乡村旅游景点开发了集生态观光、农场体验、民宿休闲于一体的乡村旅游。

抗联历史生生不息。在峥嵘岁月，桦甸市是红色的革命老区，铸就了东北人民坚贞不屈的伟大丰碑，谱写了红色抗联的壮美篇章。目前，桦甸市拥有红色战迹地遗址 30 余处，其中魏拯民殉国地被列为吉林省重点文物保护单位，杨靖宇密营被列入吉林省首批东北抗联红色教育基地。

文化品牌色彩斑斓。"白桦之约"中国桦甸白桦节系列活动连续举办 15 年，正在成为城市的品牌。桦甸市还是"中国现代民间绘画之乡""中国民间文化艺术之乡"，桦甸市农民画和桦甸市歌舞团享誉全国。国内影视剧组相继到桦甸市拍摄了《激战无名川》《河弯弯路弯弯》《绝地枪王》《关东金王》《静静的白桦林》《夺金》等 40 余部影视作品。桦甸市还是美国《国家地理》杂志和《纽约时报》、韩国、意大利、荷兰、塞尔维亚著名风光摄影家采风圣地。

处处皆风景，徐徐入眼来。以旅游业为龙头拉动服务业的整体跃升，不仅是桦甸人追求幸福的过程，而且让桦甸市声名远播，五彩金城吸引了无数来自五湖四海的关注目光。桦甸市全域旅游人数逐年递增，2016 年至 2019 年共接待游客 395.6 万人次，实现旅游收入总计 23.75 亿元。通过发展全域旅游，颠覆了以前产业发展的定式。现在，"城市即景区、乡村即景点、农户即景观、文化即生活"的桦甸市旅游模式，备受瞩目。

二、全面开发，谱写发展全域旅游的新篇章

（一）齐抓共管，统筹全面发展

桦甸市紧紧围绕创建全域旅游示范区标准，党政齐抓共管，部门协同联动，全面深入开展工作。桦甸市明确提出，"打造长吉旅游中心服务区、长白山下最美驿站，建设生态旅游新城"，将旅游产业作为绿色转型发展新引擎。以发展全域旅游为统领，着力打造"城市即景区、乡村即景点、农户即景观、文化即生活"的"桦甸旅游模式"。

为了彻底改变过去旅游产业规划管理政出多门的局面，变"九龙治水"为"攥指成拳"，桦甸市主动探索成立市旅游产业发展委员会，集中研究解决旅游发展重大事项。同时，组建文化旅游发展有限公司，实现文化旅游资源经营一

体化。在逐步建立旅游产业发展党政齐抓共管的格局基础上，积极尝试建立旅游合作机制，加强与邻近地区、长白山旅游沿线区域、省内外各大旅行社交流合作，为旅游产业发展创造有利条件。

通过一系列体制机制变革，桦甸市将全域旅游发展纳入经济社会发展工作的全局，形成全域旅游"全面抓、全面管、全面建"的统筹推进机制。将建设旅游桦甸与大美桦甸、绿色桦甸、幸福桦甸等一体化推进。

（二）精思善构，布局全面优化

发展全域旅游，需要按景区的标准理念规划建设，要整体优化环境、优美景观，推进全域环境景观化，形成处处是景观，处处欣赏美、传播美的优美景区环境。在拆掉景点景区间看得见的围墙的同时，通过道路交通等基础设施建设，逐步拆除景点景区之间的"时空围墙"，最终实现景点景区内外一体化，丰富游客体验，提高游客满意度。按照全域景区化的建设和服务标准，推进景观全域覆盖，创造优美旅游环境，将有吸引力的资源、产业、元素都转化为旅游新产品和新的吸引点。强化全域景区景点的生态保护，落实"绿水青山就是金山银山""望得见山、看得见水、记得住乡愁"理念，划定生态保护红线，守住生态底线。

制度设计。桦甸市聘请专业团队完成了《桦甸市旅游发展总体创意、重点区域概念性规划及重点建筑初步概念设计》《"雾凇奇湖·松江画廊"松花江红石湖影壁峰综合接待区修建性详细规划》《吉林桦甸夹皮沟"中国黄金第一矿"工业旅游区开发可行性研究》《肇大鸡山国家森林公园建设工程总体规划》《红石国家森林公园总体规划》，同时启动《桦甸市全域总体规划》修编和《桦甸市冰雪产业发展规划》编制，为桦甸市旅游产业有序开发、建设奠定了基础。

项目运营。"绿水青山就是金山银山"，"冰天雪地也是金山银山"。桦甸市在大力发展山水旅游的同时，积极打造寒地冰雪经济，坚持以改革创新为动力，市场需求为导向，大力优化产品设施，改革供给，突出发展冰雪旅游和避暑休闲旅游等核心产品，推动重大项目建设，促进产业融合，壮大市场主体，优化发展环境，加快培育旅游业成为该市绿色发展的生态产业，形成以"雾凇冰雪、自然山水、休闲养生、历史文化、工业旅游"为核心的四季全域旅游格局，逐步将桦甸打造成吉林市"一江三湖"旅游经济带的核心景观区、长吉长旅游服务中心城市、长白山下最美驿站、一座生态旅游新城。

（三）统筹优化，服务全面配套

推进旅游要素和服务全地域覆盖，在桦甸市构建随处可及的温馨便捷服务，更加注重公共服务的系统配套，旅游保障要素配置全域化，统筹建设旅游目的地。以游客体验为中心，以提高游客满意度为目标，整体优化旅游服务的全过程。

资金配套。通过加大资金投入，以项目补助、贷款贴息、以奖代补等方式扶持企业发展，有效引导社会资本投向旅游开发。截至 2019 年末，累计投入资金近 20 亿元，完成游客服务中心、特产展销中心、长白山特产商贸城、吉林国贸桦甸购物中心、白云国际酒店、乐活里美食中心等项目建设；新建现代城市公交站点 247 个，设置旅游标识 123 块，景区内交通状况显著改善，增强了旅游景区的通达性，极大改善了全市旅游交通条件。

政策配套。通过落实优惠政策，对旅游招商项目给予扶持，对符合条件的重大旅游项目优先安排用地指标。在此基础上，启动智慧旅游城市建设。开通旅游门户网站、电视频道和微信平台，开发"逛桦甸"手机应用程序，打造网上桦甸。

设施配套。食在桦甸，桦甸市具有自身独特的地域饮食文化品牌，如开江鱼、林蛙、朝鲜族餐饮等，名优品牌有桦甸黄牛肉品、眼镜小猫瓜子、田谷有机酸菜、吉粮大豆油和饮料、吉元坚果食品等。现已完成"乐活里"夜市等建设。住在桦甸，桦甸市现有星级宾馆、旅游山庄、时尚宾馆、快捷酒店等100 余家、5000 余张床铺，目前正在逐步推进民宿建设。旅在桦甸，桦甸市交通日益完善，等级公路全线开通，延长高速公路即将开工，红石"森林秘境"旅游观光小火车项目进入实质性洽谈阶段，市区形成了"六纵五横一环"路网结构。游在桦甸，桦甸市现有大小景区景点 49 个。其中，A 级及以上景区景点 4 个，工业旅游示范点 2 个。娱在桦甸，桦甸市有全地区最大的室内水上乐园、金沙峡谷漂流，城区有丹枫园、白桦园、金城公园和清水绿堤"十里荷塘"等。

（四）破颈排障，环境全面治理

围绕适应旅游综合产业发展需求，创新县域治理体系，提升治理效能，实现区域综合化管理，破除制约资源要素分属多头的管理瓶颈和体制障碍，更好地发挥党委集中统一领导和政府的导向引领作用，充分发挥市场在资源配置中的决定性作用。

桦甸市委、市政府将旅游作为该市转型升级发展的头等大事，坚持突出产业转型升级核心要务，着力构建"431"产业新体系，把旅游业作为服务业发展的龙头，在人力、物力、财力上给予大力支持，与此同时成立了软环境办公室，陆续制定出台了一系列促进旅游产业发展的优惠政策，为旅游业的快速发展打造了极佳的政策环境，全力推进旅游产业快速发展。

软环境建设成效凸显。桦甸市全面贯彻落实国务院《优化营商环境条例》，对标先进发达地区，科学制定该市营商环境评价体系，致力打造全省最优投资营商环境。为企业发展排忧解难，深入开展市级领导联系重点企业和"百人助百企"行动，落实企业手续代办机制，帮助企业破解人才瓶颈和资金难题，提升"保姆式"服务水平，构建"亲""清"新型政商关系。为企业发展松绑减负，及时足额兑现降本减费和资金、人才等各类扶持激励政策，降低企业用地、用工、用能和物流成本，2019年全年为企业降成本1.4亿元以上。为企业发展保驾护航，依法开展市场监管，规范行使行政裁量权，完善跨部门、跨领域"双随机、一公开"监管执法机制，严厉打击涉企违法犯罪行为，切实维护企业家合法权益。为企业发展破除壁垒，持续提升政务诚信、商务诚信、社会诚信和司法公信建设，加强知识产权保护服务力度，消除招投标不合理限制和壁垒，打造民营企业公平竞争环境。

硬环境改造日趋完善。曾几何时，铁路、公路一直是制约当地旅游产业发展的巨大瓶颈。通过积极争取资金政策，正在建设中的高速公路到2021年将全线贯通，域内高速公路总长374公里，是长春通往长白山北坡最捷径的一条高速公路。桦甸市将成为长春与长白山的重要物流、人流中转站，依托长白山、长春市和吉林市，桦甸市未来将定位于服务长白山、长春市、吉林市中心节点城市。

生态环境保护日见成效。桦甸市内河十里荷塘，今年盛夏，香风阵阵。来自吉林市的游客建德锋赞叹道："浮香绕曲岸，圆影覆华池。"但人们不会想到，这片"华池"，从前却是一条饱受诟病的"臭水沟"。"人民群众日益增长的对美好生活的需求，就是改变内河的要求！"近年来，桦甸市委、市政府以群众的需求为中心，按照生态宜居标准，坚持努力治理内河，改善水生态，投入了巨量资金。2019年，是当地水生态治理大放异彩的一年，重点打造十里荷塘，投入资金1480万元，建设了3900米长、占地12万平方米的湿地河道，栽种荷花11万平方米、芦苇4400平方米、千屈菜4500平方米、菖蒲4100平方米、丁香465株、银杏350株、垂柳250株、白桦185株。

2016年以来，全市共植树近6000万株；建设旅游厕所18座，实现旅游景区、乡村旅游示范点旅游厕所建设全覆盖。八道河子镇新开河村和桦郊乡天平村，打造美丽庭院1530户、干净人家2060户，评出A级标准示范村24个、2A级标准示范村16个、3A级标准示范村3个，评定A级乡村旅游示范经营单位7家。

三、富民强市，发展全域旅游助推全面小康

（一）利业：工旅互通，农旅互动

在工旅互通上，桦甸市近年来加快推进传统采掘业、电力热力燃气及水生产和供应业等产业与旅游业的有机融合，加快发展旅游商品加工业，扶持一批工业旅游示范企业。

桦甸市工业旅游资源极具典型性。夹皮沟采金史可追溯到唐朝天宝年间，距今已有1800多年。累计探明黄金储量250吨。创造了三个黄金历史之最，即开采历史最长、新中国接管最早（1945年10月）、竖井最深（1365米），被中国黄金协会授予"中国黄金第一矿"称号。此外，松花江上三座电站有两座在桦甸市域内（白山电站、红石电站）。白山电站是东北最大的地下水电站，被评为国家工业旅游示范点；夹皮沟金矿及白山水电站，已开发成为全国著名

的工业旅游示范地。

传统工业、加工制造业记录着白山黑水的丰盈物产。"饭姑娘""眼睛小猫"等一批食品加工企业，依靠当地得天独厚的种植资源，不仅培育了一批远近闻名的行业品牌，同时也通过组织消费者参观工厂，展示规模化生产基地，规范化管理，取得了消费者的认同和信赖，扩大了品牌的影响力。

桦甸市通过工业旅游积极展示地方传统工业传承，依托桦甸市丰富的林业资源和木帮文化，随着林木行业整体转型，桦甸森工林业局不断积极对林业加工生产区域进行改建提升，打造木帮文化广场、林业博物馆、东北民俗展示馆和林业文化主题餐饮场所。定期举办研学、拍摄节等活动，展示桦甸市独有的林业文化魅力。

在农旅互动上，桦甸市依托中国长白山林蛙之都、国家野山参标准化示范区等农业品牌资源，开发出了一系列旅游名镇、民俗村和农家乐项目，促进了农旅融合、农民增收。

名峰山庄，是吉林市休闲农业十大景区之一，不仅设施齐全，有多样的娱乐、运动设施，独特的观赏景点，还有绿色无公害的果蔬采摘园区等，是集保健养生、休闲娱乐、餐饮旅游于一体的大型综合性度假村。这里群山环抱，风景秀美宜人，被游客誉为"世外桃源"。随着"旅游＋农业"模式的不断开发，桦郊乡红星村"知青旅店"、晓光朝鲜族民俗村"民俗游"等一大批以农业为终端的特色旅游项目先后涌现。目前，观光农业、生态农业，已经成为桦甸市发展的亮点。

（二）利企：龙头带动，雁阵齐翔

推进全域旅游发展，桦甸市注重做好点与面结合的文章。路径之一就是做大龙头、培育极点，以点带面。他们持续做深做大做强苏密古城、枫雪谷、红石国家森林公园、南楼山等综合性景区，不断扶植名峰生态度假村、梦心农庄、蒿子湖居家等综合性农业休闲观光基地和乡村游示范单位，壮大了该市旅游经济的总体规模。重点旅游品牌景区形成了多极支撑。在市场上，各具特色的多极形成多种吸引力，构建成复合型市场，吸引了不同人群、八方来客。在空间上，形成了多个集聚核，构建成各具特色的区域旅游板块。

在不断发挥龙头带动作用的同时，桦甸市积极引导本地企业家回乡建设，民营资本的投入让桦甸市全域旅游形成了雁阵齐翔的格局。

枫雪部落，是从吉林市进入桦甸市的第一个旅游景区。枫雪部落位于吉林省肇大鸡山国家森林公园红叶景区，景区以本土满族历史文化和关东森林文化为主题，以传统文化、民俗文化、科教文化为重点，按照东北民俗风格打造。景区绵延10余公里，此间河谷纵横，森植茂密。大山脚下窝风向阳的地理优势，造就了"春有百花秋红叶，夏浴凉风冬赏雪"的旅游佳境。枫雪部落总投资近5000万元，没有任何融资，全部资金来自桦甸市归乡企业家张中全。张中全选中回乡投资，主要看重的是桦甸市现在的招商引资政策比较好，当地政府支持的力度大。枫雪部落的建设，不仅通过用工方式给当地村民带去了眼前的经济收入，更通过自身发展带动了当地旅游农居的长远经济效益提高。

（三）利民：乡村发展，农民增收

小康不小康，关键看老乡。发展全域旅游，要有利于共建共享美好生活、共建共享基础设施、共建共享公共服务、共建共享生态环境，要把旅游业打造成为富民增收的产业，幸福快乐的事业，和谐发展的功业。桦甸市发展全域旅游的出发点和归宿点，就是为了富民强市，提高全市人民的收入，让城乡居民过上好日子。

目前，桦甸市乡村发展的常态，正是全域旅游的极致追求。他们在全市打造15个生态宜居示范村，环境整治提升屯153个、美丽庭院1530个、干净人家2060户，创建省级美丽乡村2个、美丽移民示范村3个、3A标准示范村43个。一些村屯打造的旅游特色景点远近闻名，先锋村获评"中国美丽休闲乡村"，晓光村获评"中国少数民族特色村寨"。"旅游+"在桦甸市各个乡镇奉为至宝。八道河子镇钟爱的是"旅游+生态农业"，桦郊乡力行的是"旅游+工业"；其他乡镇开发的"旅游+冰雪""旅游+影视""旅游+体育"等等，可谓百花齐放。

在枫雪部落旅游景区内的八道河子镇新开河村，每年夏秋的旅游季，近百名当地农民景区打工增收入近万元。名峰山庄采用"公司+农户"的模式，成立肇大鸡山稻花香合作社，实现周边农户耕地成功流转，农民增收明显。桦郊乡友谊村花海建成三年来，村集体经济收入达到 200 余万元，带动 50 多名当地农民稳定就业，近百余人成功创业，村民年人均收入增长近 2000 元，友谊花海每年吸引了大量外地客人，当地农民出租房屋、出售农产品户均增收 1.5 万元以上。红石林业局国家森林公园实现年旅游收入 400 多万元，解决了部分职工因林木禁伐带来的就业难题，景区居民都成了发展旅游产业的受益者。

（四）利市：创投驱动，盘存扩增

桦甸市在寻求发展全域旅游新突破上，除了整合盘活存量外，还大力推进旅游的供给侧结构性改革，以项目建设为载体，通过投资和创新驱动，加快开发培育新产品、新产业，突破既有，补充未有，巩固所有，以更好的新项目、新产品开发，满足日益变化的旅游消费新需求，形成新的增长点、新的引爆点、新的消费热点。

近四年，桦甸市的旅游人数年均增长 14.6%、旅游收入年均增长 24.14%。仅 2019 年，全市接待旅游者 118.5 万人次，实现旅游收入 7.8 亿元，同比增长 11.3% 和 22.8%。目前，该市拥有国家 A 级景区 3 个（红石国家森林公园 3A 级景区、肇大鸡山国家森林公园南楼山 3A 级景区、苏密枫雪谷 A 级景区），旅行社及门市部 15 家，星级宾馆 1 家（红林宾馆三星级），乡村旅游示范点 7 家，规模农家乐 20 余家，时尚宾馆、快捷酒店近百家。

桦甸市先后被国家文化和旅游部评为中国最佳旅游目的地、美丽中国优秀旅游县（市）、中国最具绿色（旅游）投资价值城市，被新华网评为首批国民休闲旅游胜地，被中国品质旅游峰会评为"新时代·中国最佳生态康养旅游名城"，被中国互联网新闻中心评为"首批中国最佳品质旅游胜地"，还先后被中国摄影报社、上海市摄协、吉林省摄协、湖北省摄协、湖南省摄协、山西省摄协、浙江省摄协、杭州市摄协等 12 家机构设为"摄影创作基地"，美国《国家地理》杂志和《纽约时报》、韩国、意大利、荷兰、塞尔维亚著名风光摄影家纷纷来桦采风。桦甸市成为全国小有名气的自然风光摄影基地、影视剧拍摄基地、垂钓基地和雾凇冰雪之乡。该市红石镇和夹皮沟镇被评为中国特色旅游名镇、二道甸子镇被评为"中国经典特色小镇"。

　　"绿水青山就是金山银山"，"冰天雪地也是金山银山"。桦甸市各级党委和政府以习近平新时代中国特色社会主义思想为指导，面对困难不低头，不忘初心，牢记使命，锐意进取，大胆实践，带领全市人民在发展全域旅游上走出了一条从自发到自觉的道路。"两山"理念指引着桦甸人把绿水青山这样特有的自然资源转变成了财富，写下了依靠绿水青山实现转型发展的大文章。全域旅游铺就了桦甸市全面建成小康社会的科学发展之路，在东北全面振兴全方位振兴进程中增添了浓墨重彩的一笔。

　　祝愿桦甸市的明天更加美好！

黑龙江省
牡丹江市绥芬河市

敢为人先砥砺奋进
从边陲小镇迈向国际口岸名城

中共牡丹江市委宣传部

东经 131°9′，北纬 44°23′，黑龙江省东南部与俄罗斯滨海边疆区相毗邻的边境线上，绥芬河，这座百年历史的口岸城市，宛如镶嵌在沿边开放带上的一颗璀璨明珠。

绥芬河市面积 460 平方公里，下辖绥芬河镇、阜宁镇，常住人口 15 万人。绥芬河市有公路、铁路两个国家一类口岸，距符拉迪沃斯托克自由港 190 公里，向东经俄远东港口群联接韩、日及我国南方港口，向西经俄西伯利亚大铁路通达欧洲腹地，是黑龙江省最便捷的"出海口"，被列入"一带一路"规划"中俄蒙经济走廊"重要节点和枢纽。

这是一片神奇的热土，这是一座充满生机活力的口岸，这是一座正在崛起的现代化国境商都，在太平洋浪潮的拍击声里，绥芬河在日新月异地变化着。

徜徉在群山和绿色森林环抱的城市，这座国境商业都市特有的异国风情和繁华总是扑面而来。现代气息的高楼中随处点缀着人头楼、大白楼、东正教堂等百年历史的欧式建筑，街头流连的金发碧眼的俄罗斯人更成为一道亮丽风景线。入夜，市内大小酒吧是俄罗斯人放松休闲的天地，他们跳舞、唱歌，尽情地抒发着在这个异国城市的愉悦感受。

绥芬河是一座商旅名城。这座商业都市广告招牌都用中俄文两种文字书写，市民们几乎都能操一口流利的俄语。这里也是最大的俄罗斯商品大市场，

也是中国商品的集散地，有来自全国近 30 多个省市的人员在此旅游、经商和
生活。

绥芬河是中国最繁忙的国际口岸之一。铁路口岸，大型吊车轰轰隆隆，
忙着换装从俄罗斯运来的木材、化肥，再从这里发往全国各地。中国的蔬菜、
水果、肉类也源源不断地装上列车，运往俄罗斯。公路口岸，中俄两国的大型
集装箱货车也在穿梭不停。

几十年沧桑巨变，几十年艰苦奋斗，曾经边远封闭、贫穷落后的边陲小
镇已经成长为一座繁荣开放、富有活力的国际口岸名城，发生了翻天覆地的变
化。科技、医疗、文化、体育、卫生等社会各项事业呈现出勃勃生机，城市的
生活环境、生态环境、人文环境不断完善，城市安定繁荣，人民安居乐业。

这样的一组数字，显示出绥芬河人今天的骄傲和荣誉：2000 年中国最发
达 100 名县（市）排名，绥芬河在全国百强县市综合位次排 51 位，2002 年中
国县级市最有竞争力排名中绥芬河市名列第 36 位，东北三省中皆名列第 1 位。
多次进入全省县域经济十强县，先后荣获全国文明城市、中国优秀旅游城市、
中国木业之都等称号，被国家确定为"改革开放三十年中国特色发展之路 18
个典型地区之一"。

绥芬河的发展，引起了中外国家领导人的高度重视。2005 年，朱镕基同
志来此视察，对绥芬河评价说："小城不大，蛮好"，并欣然题词"百年口岸"。
2007 年，普京总统给绥芬河市题词："俄中友谊就是相互理解、信任、共同的
价值观和利益。我们将铭记过去，展望未来。"

开放的历程

绥芬河口岸有着百年的通商历史。1897 年，中东铁路开始施工，1903
年中东铁路全面通车，绥芬河成为通商口岸。20 世纪初，绥芬河曾与哈尔
滨、海参崴同步发展。二三十年代，因其独特的地域优势，曾有英、法、
日、韩、美等 18 个国家的商人于此经商，各国商业旗帜临风飘扬，盛极一

时，时称"旗镇"。1933 年绥芬河被日寇占领，口岸凋敝。1949 年新中国成立后，绥芬河承担国家一类口岸货运任务，进入了社会主义发展时期。1975 年，绥芬河获批建市。1992 年，绥芬河市被国务院批准为进一步扩大开放城市后，实现了由省级通贸兴边试验区向国家级沿边开放城市的历史性跨越，同年，边境经济合作区获批。1996 年，绥芬河市获批中俄绥芬河—波格拉尼奇内互市贸易区。2009 年，黑龙江绥芬河综合保税区获批，这是全省第一家综合保税区。2016 年，绥芬河—东宁重点开发开放试验区获批。2019 年，中国（黑龙江）自由贸易试验区绥芬河片区获批；同年，国家跨境电商综合试验区获批。

绥芬河因铁路而建，因贸易而兴。对外开放以来，绥芬河的进出口货运量约占黑龙江省的 85％，进出口贸易额居全国边境陆路口岸前列。改革开放四十多年来，绥芬河始终走在中俄沿边开放的前列，发挥着开拓、示范、引领的生力军作用，是中俄全面战略协作伙伴关系在地方蓬勃发展的生动体现。

回顾绥芬河几十年的奋斗和发展历程，大体可归纳为五个发展阶段。

起步发展阶段（1982—1987 年）

1975 年建市时，绥芬河还是一个人口不足 1 万人，地方财政收入 9 万元的小城，"一条马路一盏灯，一个喇叭全城听，吃饭看天气，财政靠补贴"，有人这样形容 20 世纪 80 年代初的绥芬河。穷则思变，改革的春风吹遍神州大地，目光敏锐勇于开拓的绥芬河人瞄准了国境那边的俄罗斯，开始依托口岸，打起了开展双边贸易富民强市的致富谱。经过绥芬河人的努力，1982 年 4 月，中苏两国换文，绥芬河与毗邻城市波格拉尼奇内成为通商口岸。1984 年 8 月，时任中共中央总书记的胡耀邦同志视察绥芬河，对绥芬河市的对外开放作出指示，他说："要解放思想，要前进，要搞好贸易"。1986 年 12 月，省委、省政府作出"南联北开、全方位开放"的部署，为绥芬河边贸发展提供了政策环境。受到鼓舞的绥芬河人，以"西瓜外交"拉开了边境贸易大幕。1987 年 10 月，绥芬河乘势而上，与波格拉尼奇内区政府签订了《苏联（波格拉尼奇内）和中国（绥芬河）两个边境地区逐步开展易货贸易议定》，打破了中苏沿边开放和边境贸易"坚冰"。

快速发展阶段（1988—1993 年）

对苏贸易的开展，让昔日沉寂的口岸焕发了生机。1988 年，绥芬河成为省委、省政府通贸兴边试验区。绥芬河人抢抓机遇，对苏易货贸易迅速发展，一度成为对外贸易主要方式。1988 年当年贸易额就实现 3500 万瑞士法郎。1989 年再翻三番，进出口贸易额实现 1.2 亿瑞士法郎。1992 年，绥芬河成为国务院批准的国家首批沿边扩大开放城市，并设立绥芬河边境经济合作区。对外开放的大举措，推动了绥芬河跨越式的发展，外贸额由 1987 年的 415 万美元增加到 1993 年的 2.6 亿美元，海关征税由 1987 年的 300 万美元增加到 1993 年的 2.23 亿元。

恢复发展阶段（1994—2005 年）

前进的路上，有波峰就有波谷。随着苏联的解体，西方国家通过资本输出在俄罗斯倾销大量库存商品，日本和韩国廉价消费品也大举进入俄远东市场，绥芬河边境贸易受到了巨大的冲击，对外贸易降至高峰时的 1/2 左右，1994 年外贸额实现 1.2 亿美元，下降 55％。1998 年开始，随着关税、增值税"双减半"等边贸政策实行和俄罗斯局势逐步稳定，绥芬河市再次抓住历史机遇，扩大对外贸易范围，开始实现恢复发展。2001—2005 年，口岸过货量完成 3000 万吨，占全省 70％以上；外贸额实现 103 亿美元，占全省 40％以上。

升级发展阶段（2006—2010 年）

这一时期，绥芬河人坚持"以贸兴业、富民强市，建设现代化国境商都"，推动了边境贸易加快发展。2007 年，口岸过货 951 万吨，进出境人数 139.3 万人次，外贸额突破 46 亿美元。2009 年，受国际金融危机冲击和俄罗斯提高关税、打击"灰色清关"等政策影响，边境贸易出现下滑，当年外贸额为 35 亿美元，下降 39.8％。为扭转被动局面，绥芬河提出开放向依靠特殊功能区支撑、向新型口岸经济区、向贸易与投资合作并重"三个转变"，2010 年外贸额实现 60.53 亿美元，增长 173％，创当时历史最高水平。

创新发展阶段（2011 年至今）

国家出台了一系列支持沿边开发开放政策，特别是 2013 年，习近平总书记提出"一带一路"建设的伟大构想，更给绥芬河插上了腾飞之翼。作为中俄开放的平台和桥头堡，绥芬河市积极推进"一带一路"建设，加快构建全面开放新格局。一方面，绥芬河市积极应对新常态下口岸经济下行压力挑战，另一方面，绥芬河市抢抓战略机遇，畅通陆海联运，搭建产业平台，延伸合作触角，优化政策环境，培育实体经济和新业态、新商业模式，成功申建自贸试验区、重点开发开放试验区，对外开放向贸易、加工、旅游、电商、人文等更宽领域、更高层次迈进，全力服务国家沿边开放大局。

数字看变化

一步一个坚实脚印。沿边开放以来，绥芬河的发展取得了历史性成就，经济实力、人民生活、城市面貌发生了根本变化，特别是边境贸易的蓬勃发展激活了人民群众的聪明才智和创造精神，使社会财富的源泉充分涌流，探索出一条全民创业致富奔小康的发展道路。

开放促进了经济指标裂变式增长

2019 年与 1978 年相比，地区生产总值增长 548 倍；全口径财政收入由 54 万元增加到 8.6 亿元，增长 1593 倍，年均递增 20.2%；社会消费品零售总额由 606 万元增加到 34.4 亿元，增长 567 倍，年均递增 17.2%；金融机构存贷

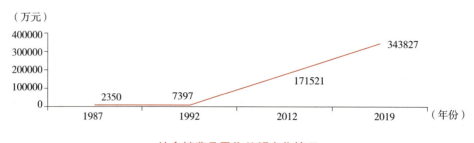

社会销费品零售总额变化情况

（万元）

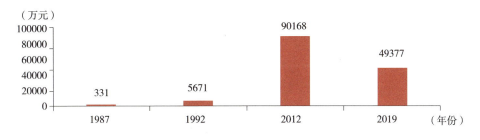

公共预算收入变化情况

（万元）

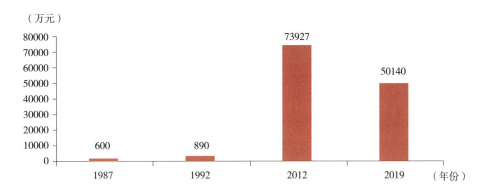

规模以上工业增加值变化情况

款余额由 174 万元增加到 189.4 亿元，增长 10885 倍，年均递增 26.2%。产业
结构不断优化，进出口加工业从无到有，规模不断扩大，门类日益增加，2019
年，规模以上工业增加值约为 5 亿元，是 1988 年有统计以来的 84 倍，年均递
增 14.8%。

开放带动了对外贸易的繁荣发展

绥芬河不断提升口岸互联互通水平。2019 年，口岸过货量达到 1170 万
吨，创历史高峰，是 1987 年恢复开通边贸时的 12 倍，年均递增 7.8%；口岸
过客量实现 120.7 万人次，是 1987 年的 49 倍，年均递增 12.5%。2019 年实现
进出口总额 23.45 亿美元，是 1987 年的 565 倍，年均递增 21.2%，其中进口
额 18.54 亿美元，是 1987 年的 1117 倍，年均递增 23.7%；出口额 4.91 亿美元，
是 1987 年的 197 倍，年均递增 17.4%。

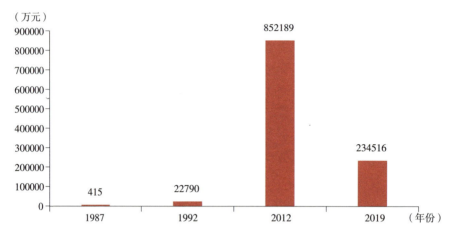

（万元）

852189

234516

22790

415

1987　　1992　　2012　　2019　（年份）

外贸进出口变化情况

开放改善了人民群众的生活水平

绥芬河，边贸兴盛，百业兴旺，几乎没有人为就业发愁。2019 年，城镇居民人均可支配收入 39600 元，农村居民人均可支配收入 22520 元，保持全省领先。2019 年，城乡居民人均储蓄存款余额 155858 元，为 1987 年的 229 倍，年均增长 17.9%。生活质量状况是城乡居民对社会发展成果体验最真切的最深的发展指标，现在的绥芬河市，农民手中有钱，城市居民追求生活质量，小轿车、电脑等高档消费品已经进入农民家庭，城乡居民由如何吃饱向如何吃好、吃得有营养、吃得更健康转变。

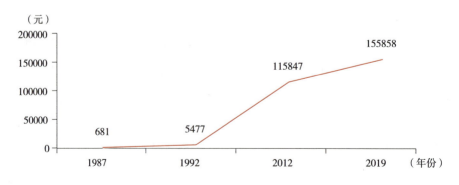

（元）

200000

150000

100000

50000

0

155858

115847

681　　5477

1987　　1992　　2012　　2019　（年份）

城乡居民人均储蓄存款变化情况

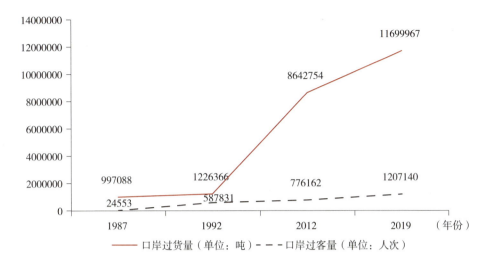

口岸过货量、口岸过客量变化情况

特色振兴之路

改革开放是国家繁荣发展的必由之路。习近平同志指出："融入世界经济是历史大方向，中国经济要发展，就要敢于到世界市场的汪洋大海中去游泳，如果永远不敢到大海中去经风雨、见世面，总有一天会在大海中溺水而亡。所以，中国勇敢迈向了世界市场。"

绥芬河是百年口岸，因开放而兴。正如绥芬河人所说：开放，绥芬河就是口袋嘴儿；封闭，绥芬河就是口袋底儿；大开放大发展，小开放小发展，不开放难发展。可以说，对外开放政策抚育了绥芬河，也成就了绥芬河。在这个划时代的进程中，绥芬河坚定开放道路，勇于领全国、全省沿边开放风气之先，到大洋中弄潮扬帆，闯出了一条独具特色的振兴发展之路，成为沿边开放辉煌成就的生动缩影和写照。

通海达洋的畅通之路

计划经济时代的绥芬河口岸，主要担负观察瞭望守护职责，不允许过客，仅运输少量物资，年过货量 2 万吨左右。1982 年以后，中苏关系逐渐缓和，两国贸易逐年增加，为了满足口岸过货量的迅猛增长，绥芬河口岸先后实施三轮扩能改造，口岸设施也从简陋的"一道栏杆"变成了气势恢宏、设备先进的现代化通关大楼，总过货能力提升到 3850 万吨，为构建"东出西联、南下北上"的交通格局提供了畅达的通道保障。

打通"出海口"一直是龙江人的梦想。早在 20 世纪 90 年代，敢想敢干、敢闯敢试的绥芬河人就借道俄罗斯东方港将货物运送到日本、韩国，但受制于基础设施、运输政策、通关效率等因素，始终没有实现常态运行。绥芬河人没有放弃，经过十几年的向上争取、对外谈判，终于在 2016 年实现了这条陆海联运大通道常态化运行，开通了中外中、中外外和外中外三种模式，货物可运达韩国、日本，以及国内上海、宁波等 17 个港口。截至目前，累计过境中欧班列 220 列、18766 个标准箱；发运"哈绥俄亚"陆海联运班列 246 列、26558 个标准箱，货值 23.9 亿元。这条通道的开通，彻底打开边境地区对内对外联系大门，畅通了龙江"出海口"，增强了企业竞争能力，扩大了对外开放合作，也加快了实体产业的集聚发展。

实现口岸互联互通，不仅要在完善基础设施上下功夫，更要在提升口岸通关效率上做文章，实现跨境设施"软联通"。近年来，绥芬河口岸加快推进电子口岸建设，促进口岸通关便利化，目前，全省首条客车一站式通道查验系统已在绥芬河公路口岸启用，大幅简化了验放流程，进出境客车的驾驶员只需通过扫描证件、录入指纹、"刷脸"三步，就能完成进出境车辆的查验，通关时间从原来的 15 分钟，缩至最短 20 秒，口岸通关时间已达到海关总署提出的压缩三分之一的目标，优于全国水平。在跨境货物运输上，绥芬河海关推行无纸化报关，实施大宗商品审单直放、先放后验，"单一窗口"申报率达 99%，"舱单归并""中俄监管互认"逐步扩大商品范围，报关单量减少 31%。正如一家外贸企业业务员所说："过去通关时间以'分'计，现在实现了以'秒'计，大大节约了企业的通关成本。"

如今，绥芬河已建成我省最大陆路口岸和全国沿边第三大铁路口岸，高速公路、高铁、航空立体化交通网络基本形成，近十年口岸货运量累计实现 9171 万吨，占全省 85%；进口木材 5651 万立方米、铁矿砂 1962 万吨、肥料

818万吨、煤炭1435万吨、纸浆171万吨，成为我国重要的战略物资进口口岸。

内联外开的合作之路

开放以来，敞开胸怀，内联外开，实现共同繁荣是绥芬河开放和发展的理念。20世纪80年代中期，中苏友协副会长、绥芬河铁路车站站长徐君术带着500公斤西瓜，访问了毗邻的俄罗斯波格拉尼奇内区，闻名于世的"西瓜外交"奏响了绥芬河对苏、对俄经贸合作序曲，吸引了来自全国各地的淘金客、创业者，福建、浙江商会会员最多时达到4000人，近400名机关干部下海经商，投身"欠欠"市场，开启了"全民创业"之路，涌现出一大批搏击商海的时代"弄潮儿"。

绥芬河市女企业家王颖冬，被当地人喻为"商界花木兰"。1993年7月，从师范学院毕业后，王颖冬进入学校当了教师。当时，对俄边境贸易正悄然兴起，经过一番考察，王颖冬坚定地说："放下铁饭碗，下海经商去！"于是，她说服了父母及亲朋，通过向亲戚、朋友借钱，从银行贷款等方式筹措资金，于1995年注册成立了绥芬河市蓝洋经贸有限责任公司，从事对俄果蔬出口生意，她从牡丹江、佳木斯、鸡西等周边市县采购地产蔬菜，从山东、陕西、辽宁、山西、福建、四川、海南等地采购新鲜的甘蓝、番茄、胡萝卜、苹果、柚子、芒果等蔬菜水果销往俄罗斯远东地区，仅用不到3年的时间，蓝洋公司不断发展壮大，成为我省对俄果蔬出口规模较大的贸易公司之一。如今，她的公司已在东宁、抚远、同江、黑河等边境口岸设立了7个子公司，拥有员工300余人，果蔬市场已拓展到俄罗斯滨海边区、犹太自治州、哈巴罗夫斯克边疆区、阿穆尔州等州区的大中城市，年果蔬出口创汇额超1亿美元，成为俄罗斯远东地区的"菜篮子"。

对外开放不仅带动了贸易发展，许多企业在完成资本积累后，走上了对外投资开发的道路，宝国经贸公司的刘建平就是其中典型代表。早年，刘建平从事边境贸易赚得了"第一桶金"，在长期对俄合作中，他发现俄罗斯粮食种植成本低，利用绥芬河综合保税区政策，发展俄粮回运加工具有广阔的市场前景，于是他投资在俄罗斯远东建设了两座现代化农场，种植面积达16.5万亩，并在绥芬河综保区内建设粮食加工基地，一期占地4万平方米，日产256吨蒸汽压片玉米，已经投产。从贸易到投资，开放合作的层次不断提升，实现"两个市场、两种资源"的有机整合，打通了跨境合作产业链条，拉动沿边开放走向深入。

如今，沿边开放已从易货贸易起步，形成了贸易投资并举，一般贸易、边境贸易、服务贸易、互市贸易、电商贸易多元发展的良好局面，并借助自贸试验区、综合保税区、重点开发开放试验区等高层次、高水平对外开放平台，不断延伸合作触角，提升开发开放水平。

实体经济的崛起之路

绥芬河是一座传统的商贸城市，工业基础十分薄弱，1975 年建市之初，工业企业仅有 7 户，总产值不足 300 万元。沿边开放以来，边境贸易异军突起，吸引并占用了大量资本，导致实体产业发展缓慢，对外贸易"一柱擎天"的经济结构、财源结构长期得不到改变。针对产业结构单一、经济抗风险能力不足、易大起大落的状况，绥芬河转变思路，扬进口资源之"长"，补落地加工之"短"，坚定不移走贸工一体、贸工融合、贸工并举的发展道路，培育出一批特色鲜明的口岸产业，推动通道经济向加工经济转变。

森雅木业是绥芬河边境经济合作区内的一家木材加工企业，几年前，这家企业负责人认为原木进口、初级加工这种粗放型发展模式，同质竞争将会日益激烈、利润会越来越微薄，难以支撑企业长远发展，便将眼光瞄准了实木橱柜、实木家具领域，确定走贸、工、研一体化，产、供、销联合发展之路，利用资源优势、成本优势，自己做设计、搞生产、抓销售，先后投资 6000 多万元从德国、意大利引进国际顶尖的橱柜加工生产线，打造"泰舍特"整屋实木定制品牌，开发出 20 多款各种风格的橱柜产品，远销欧美、俄罗斯、东南亚等十几个国家和地区，扭转了长期以来"给别人做嫁衣"的被动局面。

俄式食品是绥芬河近几年培育形成的另一重要产业。在俄货市场持续火爆的带动下，一些嗅觉敏锐的贸易商，决定聘请俄罗斯专业食品师，在国内开发生产更符合国人口味的俄式食品，早期还被误认为是"假俄货"，而现在已经形成了自主品牌的影响力。迈克西盟公司是当中的"佼佼者"，这家公司生产的俄式提拉米苏蛋糕热销全国，单日生产能力达 4 万块，日销售额实现 50

万元以上，成功打入哈尔滨、沈阳、北京、上海等大中城市商超，并在天猫和
京东等电商平台上开设了旗舰店，获得消费者的广泛认可。

如今，绥芬河已构建起以木材、食品、清洁能源为主导的实体产业体系，
成为口岸经济发展的"顶梁柱"。目前，全市工业企业已经增加到439家，累
计培育规模以上工业企业55家，其中木材加工企业182家，木业规上企业49
家，占全省同行业规上企业总数的29%，全市阔叶单板年产量达1500万平方
米，占全国70%市场份额，成为国内最大的供销集散地。

敢为人先的创新之路

沿边开放从不允许到允许，从允许到松绑，从松绑到放开手脚大干，绥
芬河始终站在时代最前沿，这一历史性成就背后的"基因密码"，就是解放思
想、敢闯敢试。

进入外贸转型升级新阶段，巨狐科技总经理李大成瞄准了跨境电商这一
新兴产业，依托口岸优势资源，利用互联网销售俄罗斯商品，实现错位经营、
抱团发展。2018年巨狐中俄跨境电商产业园被省工信委认定为全省小微企业
创业创新基地，2019年又被牡丹江市认定为牡丹江市创业孵化基地。目前，
电商园平均每天业务量8000多单，旺季时每天可达2万单，俄罗斯商品销量
在淘宝、1688等大型电商平台上位列前10名，直接和间接带动就业500多人。

互市贸易发展同样如火如荼。绥芬河贸易商人彦江以前从事木材生意，
占用资金大回款慢，发展不理想，了解到互市贸易政策后他开始尝试在互贸
区内经营俄罗斯食品，从最初的几种做到现在的200余种商品，生意越来越
红火，他还带动多位亲友参与到互贸生意当中，相互支持、共同发展。截至
2020年5月，绥芬河互贸区累计完成交易额27.46亿元，交易量28.1万吨，累
计上缴税收6170.67万元，参贸人数达到66.5万多人次，使广大边民得到了真
正的实惠，数以千计的从业者在这里走向富裕。

如今，沿边开放进入创新发展新时代，绥芬河以自贸试验区、绥东试验
区为平台，大力推进先行先试，已复制推广143项国家改革试点经验，复制推
广率达73.7%，形成第一批21项制度创新案例成果，3个案例入选省级案例，
政策效应、发展活力显著增强，正在成为沿边地区改革创新的新高地。

成果共享的民生之路

民生连着民心，民心关乎发展。1975 年建市之初，绥芬河人口只有 1 万多人，全市职工人均年工资仅 553 元，城市居民人均储蓄存款余额仅有 25 元，人均住房面积不足 2 平方米，还是个封闭落后的边陲小城。

绥芬河地处山区，海拔较高，历史上就是缺水的城市，解决吃水问题也一直是绥芬河人的梦想。现年 79 岁曾经担任绥芬河市副市长的老干部卢秀亭回忆道，自 1975 年建市以来，历届市委、市政府班子都认识到水对于绥芬河的重要性，想了很多办法，力图从根本上解决。到了 1988 年，卢秀亭主管城建和供水工作，绥芬河先修了天长山水库，后来又在朝阳河打深水井，采取很多措施，都没有解决水源和蓄水量不足问题。每逢冬天枯水期，一些小区就吃不上水，要安排消防车为居民送水。1991 年，市委、市政府决定，在五花山兴修大型水库。说起来容易做起来难，经过 20 多年，几届市委、市政府班子的持续努力，克服了重重困难，终于在 2014 年建成了人们期盼已久的五花山水库，困扰全市发展的缺水难题彻底得到解决，供水量能够满足绥芬河未来几十年乃至上百年的用水需求。

近两年，绥芬河市加大社会事业投入力度，对民生领域专项支出 33.96 亿元，占公共预算支出的 76.28%，办成了一批群众期盼、群众满意的民生实事。实施"智慧教育"工程和"名师名校"工程，完善中小学硬件设施，推动义务教育均衡发展。新建中医院、妇幼保健院投入使用。每年举办"魅力边城·精彩绥芬河"系列文体活动 40 多项，公共文化服务基层覆盖率达到 90%。完善社会保障体系建设。城乡医保政策完成并轨，实现跨省异地直接结算。建立相对贫困人员社会救助制度，对退出精准扶贫的建档立卡户加大帮扶和跟踪力度，城乡低保救助标准全省领先。优化人居环境。建成区面积达 28.33 平方公里，市区道路总长度 119.27 公里，累计建设供热管网合计 320 公里，集中供热面积 730 万平方米。群众居住生活条件全面改善，市区内基本消除棚户区，取而代之的是一栋栋高标准、集中供热、统一物业管理的公寓楼。

全面小康，农村不能掉队，农民不能缺席。在乡村振兴进程中，绥芬河注重发挥龙头企业的带动作用，让农民致富有了着落。维多宝公司是全国黑木

耳行业的领军企业，公司发展壮大不忘回馈老乡，与建新村签订了 500 亩有机
黑木耳种植基地项目，目前一期工程已建智能大棚 130 栋，晾晒大棚 131 栋，
实现春秋两季循环种植，达到年产 100 万斤黑木耳规模。公司培养农民成为管
理人员、技术人员，解决了 200 多名农民长期就业，年收入超过 5 万元，并在
进菌、翻袋、打孔、挂袋、采摘、晾晒等阶段为农民提供短期就业，春秋两季
种植期每名农民能增收两万多元，解决 1000 余名农村劳动力就业问题，成为
农民增收致富的平台。

如今，绥芬河城镇和农村居民人均可支配收入分别达到 39600 元和 22520
元，人均生产总值、人均住房面积、人均储蓄存款、人均拥有小汽车数量等多
项经济指标始终保持全省领先，率先完成了脱贫攻坚任务，办成了一批群众期
盼、群众满意的民生实事，人民群众获得感不断提升。

山清水秀的生态之路

习近平总书记指出："小康全面不全面，生态环境质量很关键"。生态环境
与生活质量息息相关，良好的生态环境是最公平的公共产品，是最普惠的民生
福祉。20 世纪 60 年代的绥芬河，家家住平房，需要打柴、点火、烧煤、做饭、
取暖，房前屋后是柴垛和煤堆。现如今，供热有暖气，做饭有煤气，人们的生
活方式彻底转变，过去上山砍烧柴，现在已经不需要了，周边山林一片绿色，
全市林木覆盖率达到 80.2%，年空气良好天数达到 348 天，空气负氧离子每立
方厘米 2.2 万个，是天然的氧吧。如今的绥芬河，春天山花烂漫，莺歌燕舞；
夏天群山环抱，气爽清凉；秋天层林尽染，五彩缤纷；冬天白雪皑皑，分外妖
娆，是一座夏季避暑、冬季冰雪旅游的胜景佳地，每年都吸引大量的省内外游
客到绥芬河避暑观光。

多年在外务工返乡的游子感叹："绥芬河在发展中既注重经济建设，也注
重生态环境保护，在招商引资的时候，拒绝污染企业。这样的选择非常明智，
因为环境是用金钱买不来的。"更有来绥芬河避暑的北京、上海房车游客这样
描绘绥芬河的风景，"一路上崇山峻岭，山峦叠嶂，一眼望不到边际，美得一
塌糊涂。到达后，感觉真实的绥芬河比电视里的要崭新、漂亮、干净、规整，
入城大道宽敞气派，城市建设国际风范，俄罗斯风情独一无二，治安状况良

好，感觉不虚此行"。

生态就是资源、生态就是生产力。如今，绥芬河市正积极践行"绿水青山就是金山银山"的发展理念，坚持保护优先、预防为主的原则，划定生态保护红线，全面打响原生态、蓝天、碧水、净土和美丽乡村"五场保卫战"，城乡环境面貌得到整体提升。

经验和启示

作为国家首批沿边扩大开放城市，绥芬河在中俄沿边开放中始终走在前列，多年来，培育了商贸物流、进出口加工、跨境旅游等外向型产业体系，形成了沿边对俄经贸合作先导经验。几十年的发展成就，是中国特色社会主义改革开放发展道路的缩影，是上级党委、政府正确领导、亲切关怀的结果，是中省直部门及社会各界人士鼎力支持、共建美好家园的结果，是历届领导班子和老领导老同志团结奋进、锐意进取、科学谋划的结果，更是绥芬河人民不断解放思想，发扬敢闯敢试、敢为人先的开拓精神，自我加压、奋勇前行、苦干实干的结果。绥芬河的发展路径和做法虽然具有地域性和特殊性，但其中的经验和启示具有一定的普遍性和规律性。

必须持续深入解放思想，持续拓宽发展视野

绥芬河发展进程中有三次大的思想解放，第一次是20世纪80年代中期，市委和市政府作出了尽快打通对苏贸易的决定，提出"以友谊促贸易，以民间促官方，以下级促上级"的工作思路和具体措施，全市干部群众为之振奋，迅速展开相关工作，加快了中苏边贸恢复开通的进程。第二次思想解放以应对2008年国际金融危机为标志，绥芬河提出开放向依靠特殊功能区支撑、向新型口岸经济区、向贸易与投资合作并重"三个转变"，成功带领绥芬河走出危机，实现二次跨越。党的十九大后，沿边开放进入创新发展新时代，绥芬河掀起了第三次思想解放，改变以政策优惠为条件、以数量扩张为重点的路径依赖，树立大胆闯、大胆试、自主改的发展理念，借助自贸平台，推进对俄经贸

合作战略全面升级。可以讲，三次思想解放拓宽了绥芬河发展之路，它所揭示的道理是：只有解放思想，才能更新观念，观念变、一变百变；只有解放思想，才能理顺思路，思路通、一通百通。解放思想是绥芬河最成功、最重要的发展经验，只有坚持用好思想解放"金钥匙"，才能不断更新思想观念，理顺发展思路，勇立时代潮头。

必须扩大对外交流合作，巩固商贸传统优势

近年来，绥芬河充分利用自贸区、综保区、边合区、互贸区、绥东试验区等特殊功能区，以及卢布现钞使用、俄公民入境免签、离境退税等政策，拓展市场深度和广度，加快外贸转型发展，推动贸易领域向多边合作拓展、贸易结构向多元支撑转变、贸易往来向便利通关提升，形成以加工贸易、服务贸易、互市贸易、采购贸易、旅游贸易、电子商务贸易为支撑的大商贸格局。实践证明，开放合作是加快发展的必由之路，绥芬河因开放而富裕、繁荣、美丽，因开放充满勃勃生机和活力。只有不断扩大对外开放，坚持与世界良性互动，才能实现经济发展、社会进步、人民幸福。

必须发挥区位特色优势，夯实口岸通道地位

口岸通道是支撑绥芬河发展的"首位资源"。绥芬河在经济发展中坚持高站位、宽视野，以集疏运体系建设为核心，围绕建设"面向欧亚物流枢纽区"发展定位，打通边境地区对内对外联系大通道，累计投入 15.7 亿元实施公路、铁路口岸改造工程，不断提升口岸过货能力，主动融入东北亚开放和中俄战略合作大局，加强与远东自由港对接，将自由贸易的"单边试验"推向"嵌入发展"，打造了对俄合作桥头堡和先行区，深度挖掘"百年口岸"通道优势，在通道基础、通关能力、通过效率等方面再创新、再突破、再优化，为龙江开放提供了畅达的通道保障。

必须构建多元产业体系，筑牢振兴发展根基

过去，绥芬河产业结构单一，外贸"一柱擎天"，供给侧短板问题突出，发展空间有限，没有腹地、没有纵深，导致资源的配置和功能明显不匹配。现在，绥芬河加快发展方式转变和产业转型升级，推动贸易和加工并举、境内和境外联动、口岸和内陆协同，推进老字号重振、原字号强筋、新字号培育"三

大工程"，加快互贸加工产业园、莞绥工业园、中医药健康产业园、龙运国际物流园、清洁能源储运加工园等产业平台建设，打造木材、俄粮、水产、食品加工及清洁能源等一批兴实体、攒后劲、稳增长的产业项目，加快形成上下游产业链配套的优势加工业，发展产业集群，做强"头"在境外、"尾"在境内的全产业链经济，形成吸引境内外投资的"强磁场"。

必须坚持以人民为中心，不断增进民生福祉

必须把改善民生作为经济社会发展的"最终归宿"。只有始终把人民利益摆在至高无上的地位，让改革发展成果更多更公平地惠及全体人民，才能不断增进人民福祉，实现共同富裕。坚持以人民为中心的发展思想，不是一个抽象的、玄奥的概念，不能只停留在口头上、止步于思想环节，而要体现在经济社会发展各个环节，推动人的全面发展、社会全面进步。绥芬河市委、市政府始终把人民利益摆在至高无上的地位，让改革发展成果更多更公平惠及全体人民，朝着实现共同富裕的远大目标不断迈进。绥芬河追求的发展是造福人民的发展，追求的富裕是全市人民共同富裕，既矢志于推动经济持续健康发展、把"蛋糕"做大，又致力于促进人民共享改革发展成果、把"蛋糕"分好。绥芬河在加速经济发展同时，持续加大民生投入力度，扎实推进民生实事，提升群众获得感、幸福感、安全感。

必须坚持加强党的领导，把牢正确前进方向

党政军民学，东西南北中，党是领导一切的。实践证明，坚持和加强党的领导是推动经济社会发展的根本保证，只有充分发挥党总揽全局、协调各方的领导核心作用，才能凝聚起同心共筑中国梦的磅礴力量，才能迎来中华民族伟大复兴的光明前景。党的好政策是绥芬河发展的"源动力"。沿边开放以来，中央、黑龙江省和牡丹江市先后赋予绥芬河多项含金量高、优惠度强的好政策，为口岸发展创造了良好政策环境。基层党组织使边民创业创富有了"主心骨"。绥芬河始终致力于提升基层党组织的政治引领力、发展推动力、组织凝聚力，持续整顿党组织软弱涣散，完善党组织领导下的基层治理机制，将党支部建在"两新"组织上、建在产业链上、建在产业园区上，充分发挥基层党组织的战斗堡垒作用，形成了树一面旗帜、兴一项产业、富一方百姓的生动局面。

愿景与展望

党的十九大报告指出：我国经济已由高速增长阶段转向高质量发展阶段。在习近平新时代中国特色社会主义思想特别是经济发展思想的指引下，推动经济高质量发展，是绥芬河今后一段时期经济发展的战略目标。

不忘初心，继续前行。未来的绥芬河，面临调结构促转型的关键期、补短板快发展的攻坚期，机遇与挑战并存，机遇大于挑战。绥芬河市将以习近平新时代中国特色社会主义思想为指引，紧抓对外开放不放松，坚持创新理念，高质量发展理念，不断实现新跨越，描绘国际商贸旅游名城的新画卷。

在创新发展上实现新跨越

践行创新发展理念，以特殊功能区为载体，搭建集成创新平台，推动制度创新、机制创新、模式创新和业态创新，加快形成政府推动、市场主导、企业主体、人才支撑、社会参与、产学研相结合的创新体系，当好全国沿边创新发展的先行者。

在扩大开放上实现新跨越

践行开放发展理念，以世界眼光和开放胸怀海纳百川、协同发展，形成巩固对俄开放、扩大对韩日和欧美开放、深化对国内开放的大开放格局，构建通道物流、对外经贸、投资合作、国际交流、区域合作双向开放、深度融合的大开放体系。

在结构调整上实现新跨越

践行协调发展理念，抓住转型发展的最佳窗口期，摆脱原有路径依赖，变中求新、变中求进、变中突破、多元发展，推动财源结构由外贸"一柱擎天"，向现代物流、商贸、加工、旅游、平台经济等产业多点多极支撑跨越。

在城市建设上实现新跨越

践行绿色发展理念，实施城市建设"国际化提速、功能提升、城市扩容"发展战略，拉伸城市发展框架，放大生态资源优势，完善城市综合功能，提升城市要素集聚度，推动配套设施、城市文化、公共服务水平和营商环境国际化，建设功能完善、特色鲜明、品位厚重的口岸商贸旅游名城。

在民生福祉上实现新跨越

践行共享发展理念，持续加大民生投入力度，切实办好民生实事，实现好、维护好、发展好最广大人民群众的根本利益，让人民享有更满意的收入、更稳定的工作、更优质的教育、更高水平的医疗、更宜居的环境、更可靠的保障，民生水平和社会事业发展保持全省前列，让绥芬河的发展更有温度，让人民的日子一年比一年红火，让百年口岸焕发更蓬勃的生机。

全面建成小康社会与中国县域发展

黑龙江省伊春市铁力市

铁力市立足"四大特色产业"加速全面建成小康社会

中共伊春市委宣传部

近年来，铁力市始终围绕全面建成小康社会的任务目标和"生态立市、旅游强市"的发展定位，久久为功、持续发力，利用区域内农业、药材、旅游、矿产等优势做大做强"四大产业"，全力以赴夺取全面建成小康社会最后胜利。

以"农业产业"为核心，不断提高多元化供给水平

民之大事在农，习近平总书记强调："农业农村工作，说一千、道一万，增加农民收入是关键"，而产业强不强，直接反映农业强不强；农业强不强，直接影响农民富不富。尤其是 2020 年以来，铁力市坚持以供给侧结构性改革为主线，围绕"三线两链"（绿特色产业、生猪产业、中药材产业三条主线和提升价值链、产业链两个链条）精准发力，大力发展高质量农业，促进农民持续增收，不断提升农民群众获得感、幸福感、安全感。

做优做活绿特色产业

按照"稳粮豆、扩经饲"的工作思路，科学调整种植计划，2020 年，铁力市实际播种总面积 150 万亩，其中三大粮食作物实播种面积 146 万亩。新增绿色水稻 1000 亩，总面积达到 40.69 万亩，占全市水稻播种面积的 59%。同

时，积极推进绿色有机产品认证 41 个，种类包括大米、粘玉米、蜂蜜、木耳、饮用泉水等，全市绿色有机食品生产企业现已全部纳入农产品质量安全追溯体系。此外，以"粮头食尾、农头工尾"为抓手，推动农副产品粗加工、初加工向精深加工转变，不断提高产品附加值。以九河泉、澳骊源、隆泰、伊林菌脉等为代表的稻米、乳制品、豆制品、速冻食品、食用菌等食品及林下产品深加工阵容不断壮大，农业产业化龙头企业发展到 20 家。水稻、粘玉米、乳制品年加工能力分别达到 60 万吨、4 万吨和 15 万吨，2019 年农业产业化产值 5.3 亿元，有效助力我市经济社会发展。

全市三大粮食作物实际播种面积（万亩）

绿色有机水稻面积（万亩）

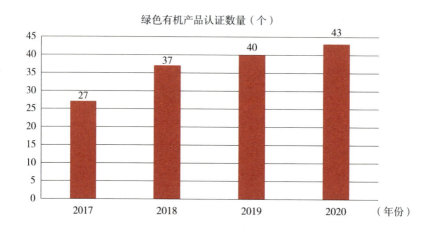

绿色有机产品认证数量（个）

做特做强畜牧产业

近年来，铁市大力发展现代畜牧业，全市生猪饲养量达到 31.01 万头，家禽饲养量达到 148.36 万只，奶牛存栏达到 570 头。共有规模以上农业企业达到 19 家，养殖专业户 786 户，各类养殖专业大户 143 户，全市在农业农村部备案的规模化养殖场 68 家，国家级畜禽养殖标准化示范场 2 家。同时，通过招商引资等方式，积极引进国内生猪龙头企业落地，其中，金新农生态农牧有限公司计划投资 20 亿元，已累计完成投资 8.9 亿元，2020 年其生猪饲养量可达 25 万头；新希望生猪养殖项目计划投资 3 亿元，建设规模 15.8 万头生猪养殖项目；松风食品百万头生猪屠宰项目计划投资 2.5 亿元，建设年屠宰能力 100 万头屠宰场 1 处。以上项目达产后，年可实现销售收入 35 亿元，利税 2.5 亿元，铁力市生猪产业实力显著提升。

做大做深现代农业产业

为进一步推动现代农业产业化规模和质效，铁力市围绕质量品牌提升价值链，围绕融合发展提升产业链，不断做足强链、延链、补链文章。坚持把绿色有机品牌建设和营销摆上重要位置，"九河泉"品牌被评为全国驰名商标，铁力大米通过国家地理标志保护产品认证和地理标志证明商标认证，绿色粘玉米获得国家 A 级绿色食品认证，并统筹全市资源办好、参与好各类展销推介活动。同时，强化新型经营主体支撑，成立农民专业合作社 205 个，家庭农场 9 个，带动全市流转土地 25 万亩，现代农业产业规模不断扩大。此外，以"互联网＋农业"高标准示范基地建设为契机，鼓励合作社和企业与全国知名营销企业和电商企业建立长期稳定合作关系，推进农业由"种的好"向"销的好"转变。2020 年，投资 3900 万元，在双丰镇建立"2 个产业带、1 个精品农业示范区、1 个洁净加工区"，形成一个特色鲜明、结构合理、功能完备的农业产业示范强镇，并投资 8771 万元，实施 6.95 万亩高标准农田项目，补强现代农业基础设施。

以"北药产业"为提升，切实提升集约化发展质效

近年来，铁力市围绕中医药产业发展，以北药种植开发为基础，以精深加工、打造品牌为重点，以发展交易集散、休闲康养为延伸，立足自身优势，突出打好资源、效益和发展"三张牌"，中药材产业呈现出集约化发展的良好态势。

立足自然优势，打好中药材"资源牌"

铁力市东枕小兴安岭群山，西接松嫩平原，境内中药材资源蕴藏十分丰富，被誉为小兴安岭上的"绿色宝库"。依托资源禀赋，打造地域品牌。良好的自然优势，孕育了大量的野生药材，经全国第二次药材资源普查，全市区域内野生中药材种类达 400 余种，总蓄积量 50 万吨，具有开发前景的药材 80 多种，可种植中药材品种 20 余个，2020 年中药材种植面积将达到 5.95 万亩。"铁力平贝母""铁力北五味子""中国铁力林蛙油"先后通过了国家市场监督管理总局地理标志性产品认证，"中国铁力人参"也成功通过欧盟有机食品认证，铁力品牌逐渐走入人们的视野。壮大北药种植，夯实发展基础。全市种植平贝母、人参、黄芪等北药面积超 10 万亩，其中平贝母、人参连片优质中药材标准化生产基地面积达 7.8 万亩，是全省北药种植面积最大区域，可辐射带动周边林下改培约 23 万亩，形成了千亩以上规模种植基地 3 个、园区示范基地 1 个。通过规模化种植，使得铁力市部分北药商品占据了市场主动权，以平贝母为例，铁力市平贝母干品年商品量为 600—700 吨，占全国三分之一以上，掌

握着平贝母市场交易定价权。

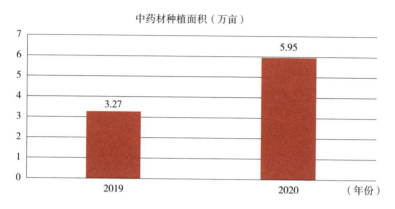

中药材种植面积（万亩）

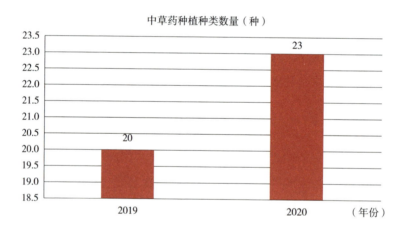

中草药种植种类数量（种）

立足产业优势，打好中药材"效益牌"

近年来，铁力市着力打造"产加销"一体化的中药材产业发展格局，成立了中医药产业发展工作领导小组，瞄准现有产业基础，出台多项有效措施加快北药产业链发展。在"加工"上做文章。持续加大政策、资金、人才等要素支持力度，做足做大精深加工文章，新建满村红贝、利源堂和丰瑞德中药材有限公司等中药材无硫烘干加工公司（厂）7处，中药材初加工能力达4000吨以上。同时，与省中医药大学、东北林业大学实现了产学研联合，为中药材产业发展提供有力技术支撑。在"销售"上下功夫。铁力市不断支持鼓励医药企业向中药行业发展，现有药品生产企业5家，2020年葵花药业计划投资1.02亿元，实施中药前处理提取车间扩建项目，建成后年产各类中成药 40 万件，产值将达 3 亿元，可实现利税 1.1 亿元；东鹿药业计划投资 2000 万元，实施改扩建项目，新建中药饮片车间；喜人药业加入规上企业；四宝生物科技有限公司完成新三板上市，为全市中药材产业发展提供了良好市场保障和效益保障。在提升公共服务能力上花力气。投资 1500 万元建设中药材检验检测中心 1 处，可有效提高中药材重金属、农药残留检测水平；投资 1000 万元建设中药材科技服务中心，加强中药材研发、品种展示能力建设；投资 1000 万元建设数字农业，运用物联网数据监测中药材种植温湿度、病虫害、质量安全全程可追溯体系建设。

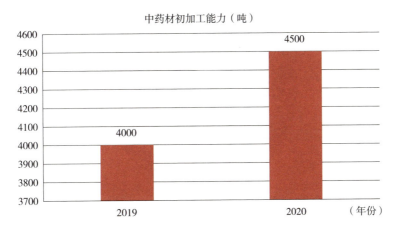

中药材初加工能力（吨）

立足区位优势，打好中药材"发展牌"

铁力市位于全省中心位置，加之现有物流网络和高铁建成后的便利交通条件，使得中药材产业具有极为广阔的发展空间。主动出击，申报国家现代农业产业园。2019 年，铁力市国家现代农业产业园成功获批，主导产业为北药种植开发，并获得国家补贴资金 1 亿元用于产业园项目建设。瞄准机遇，实施北药仓储冷链物流项目。依托区位优势和国家现代农业产业园政策优势，计划总投资 2.5 亿元，建设北药仓储冷链物流项目。主要建设道路、供电、供水等基础设施以及北药交易中心、北药展示中心、冷藏恒温库房、检验中心、研究所等多个板块。创新发展，为种植者夯实种植保障。创新性制定落实中药材发展相关政策，实施中药材贷款贴息项目，对区域从事中药材种植、加工、经营、中药材设备及专用肥料的研发、生产的种植大户、家庭农场、合作社、企业发生的贷款按照年利率5.5%进行贴息；实施中药材种植保险项目，与人保财险公司合作，对区域内种植企业、合作社、公司、家庭农场、种植户种植中药材参加保险的保额进行补贴，政府承担总保费的80%，投保种植户承担总保费的20%。通过政策的扶持，拉动中药材种植面积的扩大，同时建立保险机制，让种植户解除种植中药材因灾返贫的顾虑。通过多措并举、多点发力，铁力市中药材产业特色不断凸显、产业实力不断壮大、影响力不断提升。

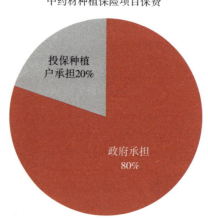

中药材种植保险项目保费

以"旅游产业"为抓手，持续推动品牌化旅游发展

铁力市认真落实伊春市关于发展全域旅游的战略部署，深入挖掘冬季旅游资源，创新谋划特色冬季旅游项目，努力把"冷资源"变成"热经济"，促进全域旅游经济的蓬勃发展。春之铁力冰凌花开生机盎然，山花俏丽融清溪；夏之铁力林海茫茫风吹荡漾，碧波轻舟画中旅；秋之铁力五花山色醉人心脾，天气飒爽宜登高；冬之铁力银装素裹白雪皑皑，温泉度假拾闲趣。近年来，相继获得中国优秀生态旅游城市、中国最佳生态旅游城市、中国最佳生态旅游目的地、全国休闲农业与乡村旅游示范县、中国天然氧吧等多项"国字号"荣誉。

强化景点建设，打造特色产品

立足资源特色，初步形成了森林漂流、滑雪狩猎、登山探险、温泉养生、民俗风情、修学观光等六大精品旅游项目，深度促进乡村旅游发展。充分挖掘民俗体验、田园采摘等特色优势资源，以自营和集体运营的方式，助力乡村企业发展民宿。年丰乡成子渔村和工农乡北星村建设了 41 处民宿，其中成子渔村已打造 26 户民宿，可同时容纳 270 余人住宿；北星村民宿通过村民自建的方式，打造了 15 户民宿，可同时容纳 80 人住宿。发挥冰雪优势，促进冬季旅游项目落地。"铁力冰雪欢乐谷"冬季室外旅游项目连续三年在西大河建造丰富了冬季旅游产品供给；"成子民宿"在吃、住、游基础上开发"成子民宿冬季乡村游"项目延伸了乡村旅游产业链条。强化品牌保障，推进景区基础设施建设。目前，透龙山风景区就原有山门、登山步道、凉亭进行改造，新建拱桥 1 座、森林书屋 1 座，安装入门闸机并完善现有接待中心，景区基础提挡升级工作已完毕。桃山桃源湖景区正就住宿、餐饮、玉温泉、木质栈道等设施进行重新装修。

强化宣传营销，拓展客源市场

积极强化旅游品牌对外输出。取铁力市年丰乡成子度假村和铁力市益灵山猪度假村获得"省级乡村旅游示范点"荣誉称号。年丰乡长山村获得"黑龙江省乡村旅游重点村"荣誉称号并入选"全国乡村旅游重点村"名录。工农乡北星村、双丰镇前进村获得"黑龙江省乡村旅游重点村"荣誉称号。近年来，先后印制了铁力区域旅游交通图、铁力旅游宣传片、《铁力旅游手绘地图（指南)》、旅游招商手册、招商宣传折页、旅游宣传册；连续两年在《东方之旅》杂志开设铁力旅游宣传专版；参加黑龙江省、伊春市及铁力市组织的各种对外推介会并利用文旅公众号定期发布旅游资讯。借助文艺演出开展省外营销，充分发挥骊马合唱团、群芳模特队等文艺团体省外出演出的契机进行旅游外宣工作。创新旅游宣传营销策略，紧跟时代发展变革，助推智慧旅游平台建设，目前平台一期的网站和页面功能模块已完成，已具备查询功能。智慧旅游平台二期将最终实现"一部手机玩转铁力"。

强化顶层设计，提升接待水平

铁力市立足区位和资源禀赋，通过区域携手，精心组织旅游节庆活动，先后两次举办了"山水铁力·快乐家园"铁力区域旅游大集、啤酒美食节暨厨艺大赛，千人同时挑战最多人同时玩陀螺的吉尼斯世界纪录，"赏冰乐雪冻感铁力"奥运冠军助力打造冰雪名城系列活动、"爱上铁力的夏天"铁力首届区域旅游文化节系列活动、第二届区域旅游文化节暨"大白鲸杯 2019 中国铁力小兴安岭国际自行车赛"和 2019 冬季森林冰雪欢乐季活动。随着近年旅游节庆活动的不断举办，铁力的知名度和影响力不断提升，旅游人数和旅游收入逐年增长，2019 年全市旅游收入 213781 万元，同比增长 14.34%，旅游人数 2380301 人，同比增长 12.41%。2020 年为提振疫情防控常态化期间旅游市场，铁力市积极落实惠企政策，为 3 家旅行社申报"暂退 80%旅游服务质量保证金" 40 万元，为日月峡滑雪场申报"滑雪场补助政策" 15 万元，为透龙山之旅旅行社申报"退团退费旅行社政策" 1.764 万元，为 5 家旅行社对上申请"旅行社责任保险统保示范项目保费减免优惠"政策。为推进旅游行业疫情防控和旅游市场快速复苏，制定了《铁力市常态化疫情防控和有序推进旅游业复工复产工作方案》，推出五大主题产品和四条旅游精品线路并举办"铁力市第三届区域旅游文化节"系列活动，丰富旅游产品供给。同时，制定《铁力市机关事业单位干部职工"走流程游家乡"活动方案》，投入资金 106.2 万元，发放 21240 张旅游专项消费券，鼓励干部职工深入景区景点体验防疫流程，拉动旅游消费增长。

以"矿山产业"为主导，加速推进绿色化转型升级

铁力市地处黑龙江省重要的铁多金属成矿区域，金属矿产成矿条件优越，境内有大小 112 处矿床，截至 2019 年全市已发现各类矿种 30 种，占全省发现 135 种矿产 22.22%。其中，能源矿产 3 种，金属矿产 9 种，建材及其他非金属矿产 17 种，水气矿产 1 种（矿泉水）。翠宏山二股成矿亚带上有着黑龙江省

最重要的铅、锌、铁、钼矿集区,其中,钼矿石量 10 亿吨,单体矿规模亚洲第一。

科学编制规划,规范矿区管理

截至 2019 年底,铁力市共有矿山企业 8 家。铁力市积极指导企业根据各自实际情况,组织编制建设规划,明确矿区管理的标准和措施,并结合《关于加强砂、石、土矿产资源开发利用管理的通知》要求,为矿山企业办理采矿权提供良好的服务及技术协调。

加快矿山整合,优化矿权设置

积极帮助矿山企业实行整合重组,实现矿区生产的规模化、集约化,施行开采与加工分立,逐步改变一个采矿权多家生产主体的情况,逐步实现矿区统一规划、统一设计、统一完整的开拓运输系统、统一采掘进度计划、严格协调生产组织的目标。

坚持科学开采,促进节约利用

坚持自上而下、分台阶、无缝开采,从源头上杜绝管理层面上造成的资源浪费及残留矿体对生态、环境、景观的破坏,为以后的土地复垦复绿及节约集约利用创造有利的条件。积极开展科技创新和技术革新,不断改进和优化开采工艺与技术,淘汰落后工艺与设备,始终保持开采技术先进水平。

经验启示与未来展望

随着近年来经济社会发展要求高、难度大、任务重,经济下行压力加大,以及农垦、森工改革的持续深入,特别是 2020 年面临全面打好疫情防控人民战争,铁力市坚持科学规划,久久为功,面对复杂形势,保持定力和韧劲,坚定发展信心和决心,加快推动经济恢复增长,千方百计稳住经济基本盘。

抓好主导产业发展

围绕补链、延链、强链抓招商,积极完善上下游产业配套,推动食品及林下产品深加工、中医药、矿业及矿产品深加工、旅游康养产业做大做优。加强工业经济运行预警监测，坚持推行处级干部包保重点工业企业制度，落实信贷支持、要素保障和减税降费措施，着力解决企业生产运营中存在的突出问题，积极培育成熟企业"入规纳统"。

提升农业产业质效

以"粮头食尾、农头工尾"为抓手，科学转变农业发展方式，加快发展现代农业，大力发展农副产品精深加工业，切实保障粮食安全，深研农业和畜牧产业"产加销"的良好方式和路径，确保粮食质量、粮食产量和生猪产量稳步向好，让"米袋子""菜篮子"满起来，切实当好国家粮食安全的"压舱石"。同时，着重创强化农业科技支撑，千方百计补齐农业科技短板和人才短板，切实提升农业科技发展质效。

激发保护市场主体

深入贯彻落实习近平总书记在企业家座谈会上的重要讲话精神，对国家和省市出台的稳企惠企政策，逐条逐项精准落实，不折不扣地兑现贷款贴息、社保返还、减税降费等政策，助力企业纾困发展，留住青山，赢得未来。

持续深化改革开放

坚持把改革作为破解发展难题的"金钥匙"，持续向改革要动力、要效益，用好"一会三函"、容缺后补等好的经验做法，深入推进"放管服"改革。继续深化农村宅基地和集体产权制度改革，全面推进自然资源确权登记，实现产权有效激励，要素自由流动。

积极培育新兴产业

坚持把新兴产业作为助力发展的"加速器"，抓住物联网、大数据、"夜经济"等技术创新和消费投资热点，紧盯疫情暴露的医疗卫生、公共服务等短板，聚焦疫情催生的网络销售等数字经济新业态，培育发展新的经济增长点。

全面建成小康社会与中国县域发展

黑龙江省大庆市肇州县

打造工业强县建设高质小康
全力谱写肇州富民强县新篇章

中共大庆市委宣传部

肇州县地处黑龙江省西南部，面积 2445 平方公里，辖 6 镇 6 乡 2 场，104 个行政村，732 个自然屯，总人口 42.7 万人。新中国成立 70 多年来，肇州大地发生翻天覆地沧桑巨变，实现了从贫困到温饱再到全面小康的历史性跨越。

推进全面小康建设不断取得新成效

近年来，肇州县深入学习贯彻习近平总书记重要讲话和重要指示精神，贯彻落实党的十八大、十九大、省委十二届、市委九届历次全会精神，在省委、市委坚强领导下，紧紧围绕全面建成小康社会使命任务，加快实施"工业兴县"战略，凝心聚力打赢"三大攻坚战"，聚精会神做好"三篇大文章"，深入推进"两头两尾"，以工业做大做强牵动农业和服务业发展，促进三次产业深度融合，带动城乡群众致富增收，夺取全面建成小康社会和东北振兴伟大胜利。

经济发展跨上新台阶

主要经济指标稳定增长。2019 年，地区生产总值增长 12.7%，规模以上工业增加值增长 16.8%，固定资产投资增长 7.6%，全口径财政收入增长 9%，一般公共预算收入增长 9%，城镇和农村居民人均可支配收入分别增长 7% 和

7.5%，工业经济强力牵动。经开区"一园三区"经济发展主阵地作用充分发挥，积极推进招商引资和项目建设，工业集聚效应明显。2019 年，推进 500 万元以上重点产业项目 22 个，纳入全省"百大项目"4 个、"百千万工程"企业 1 个；12 个市级"百项开工"重点产业项目开复工率 100%；签约引进项目 9 个，实现合同引资额 30.7 亿元。现代农业加快发展。以"62111"工程为引领，大力推进 3 带 6 园建设。加大新型经营主体培育，农村个体户、手工作坊达到 2902 家；探索"企业＋基地＋合作社＋农户"模式，农业产业化龙头企业、专业合作社、家庭农场、种养大户分别达 41 家、708 家、186 家和 3334 户，土地规模流转 80 万亩，粮食年产量达 20 亿斤；规模化、标准化养殖场达 70 个，规模化饲养率达 65%以上。第三产业焕发活力。全县组织大型企业积极参加全国性展会和专项推介会，深化企业与国家部委食堂、昆仑好客公司

合作，发展电商产业、直播带货等新兴业态，大庆"一口猪"、心源泡菜、托古小米、永胜绿色瓜菜、二井镇原博蒜黄等地产品拓展外销，2019 年进出口额增长 202%。县域经济快速发展带动了农民增收，为推动小康社会建设打牢基础。

城乡建设展现新面貌

城乡建设水平既决定群众生活条件，又是经济发展的基础和载体。全县坚持科学规划引领，基础建设先行，城乡面貌焕发新颜。城镇建设不断加快，2017 年以来，实施棚改项目 8 个，稳妥推进 1050 户居民回迁，加快化解办理历史遗留小区产权证，城镇居民住房条件大为改观。投资 8500 万元，实施南北城道路改造、城区巷道维修项目 31 条、27 公里，推进集中供热扩容、分户供暖改造和自来水管网改造，城镇污水处理厂、垃圾处理厂相继建成投用，空气环境质量优良天数超 300 天。乡村振兴全面夯实，大力实施乡村振兴战略，补齐小康社会建设短板。巩固拓展前期工作成果，2019 年又改造完成农村危房 2592 户、室内厕所 1621 户，建设农村饮水安全工程 89 处、中心村文化广场 8 个、爱心驿站 50 个、绿化村屯 56 个，农村人居环境进一步改善。生态环境日益优化，全力打好打赢"污染防治攻坚战"，推进河湖"清四乱"，秸秆禁烧，"绿卫""绿盾"行动等工作，实施生物质热电联产、供热管网改造、燃煤小锅炉淘汰等工程，深化中央环境保护督察及"回头看"问题整改工作，生态文明建设更加有力。交通条件持续改善，实施大广高速、明沈公路等大型公路项目，投资 1.15 亿元建设农村道路 260 公里、安防工程 78.5 公里，哈肇高速正在建设，松肇铁路纳入规划，城乡路网纵横交错，交通环境更加顺畅。

民生事业实现新跨越

小康不小康，关键看老乡，根本看收入、看幸福指数。肇州县统筹抓好疫情防控和经济社会发展，着力做好各项民生工作，2017 年以来，城乡居民人均可支配收入增长率保持在 7% 以上。举全县之力打赢疫情防控阻击战。在 2020 年 1 月 22 日发现全省第 2 例、全市第 1 例新冠肺炎疫情后，第一时间启动Ⅰ级响应机制，迅速成立疫情防控指挥部和 15 个工作小组，先后召开各类会议 50 余次研究部署，率先实行全面封村、封屯、封城交通管制和商超、宾馆、市场、学校、养老院等场所防控以及医疗、卫生、药店等重点哨点管理；
投入 3000 万元，启动隔离宾馆 6 个，建立核酸实验室 1 个，开展人员排查 92
万人次，集中和居家隔离 4000 人，核酸检测 3.2 万份；6000 多名党员干部下
沉基层参与"网格化"管控，3000 多名老党员和志愿者主动冲锋一线，为群
众织密疫情防控"安全网"。经此一"疫"，干群关系更加密切，群众愈发向心
向党。各项事业蓬勃发展，实施农村薄弱学校改造、九年一贯制学校建设、中
医院移址新建、人民医院综合楼项目建设等民生项目。深化与东北师大"县校
合作"，引进高素质专业教师。公立医院全部取消药品加成，获得省级卫生县
城、省级慢病示范区、国家中医药先进县荣誉称号。开展文化闹冬、激情之夏
等系列演出，举办农民丰收节、全国油画名家肇州采风、魅力肇州——中国名
家油画作品展等大型活动，年送戏下乡 40 场、送电影下乡 1200 场，群众文娱
生活更加丰富。此外，持续深化"放管服"改革，优化行政审批流程，创新乡
镇服务大厅"2+N"运行机制，群众办事更加方便快捷。群众获得感显著提升，
2017 年以来，新增就业 1.6 万人，登记失业率控制在 2.5% 以内，医保、社保、
新农合参保率均达 96% 以上。依法清理公益岗、低保户，实行低保动态管理，
及时足额发放低保、优抚安置、医疗等救助金，落实机关事业单位人员增资，
民生保障更加有力。

肇州县城乡常住居民人均可支配收入增速（%）

党的建设创造新业绩

主题教育成效明显。深入开展"不忘初心、牢记使命"主题教育，围绕
"五个目标"，贯穿"四项举措"，落实"两个清单"，全县 403 个基层党组织、

1.1 万多名党员实现全覆盖。意识形态阵地平稳可控。落实意识形态工作领导责任，坚持属地管理、分级负责、部门联动，守牢意识形态阵地安全。干部队伍建设有力。推进事业编转任、乡镇本土科级干部交流和重要岗位股级干部轮岗，全面完成村党组织书记、村委会主任"一肩挑"，公开选拔村级后备干部，基层党组织堡垒作用得到加强。廉政建设从严从实。保持反腐高压态势，驰而不息纠治"四风"，综合运用"四种形态"，查处群众身边腐败问题，进一步优化党风、政风和社会风气，政治生态不断向好。

推进全面小康建设主要举措

实施政治引领，在决胜全面小康中强化坚强保障

把全面建成小康社会作为首要政治任务，提高认识、明确目标、加快行动，着力提升全面小康质量成色。认识上实现了再深化。全面小康是全党向人民作出的庄严承诺，更是各级党委和政府必须完成好的重大政治任务。全县始终把全面小康建设作为决策的出发点，始终把全面小康建设作为推动高质量发展的立足点，始终把全面小康建设作为提升百姓获得感的着眼点，坚持以经济建设为中心，以经济发展带动社会进步和民生改善，促进全面小康社会加快建成。目标上做到了再聚焦。科学定指标，合理定增速，全力促增收。召开县委全会为全年工作定下主基调，将县委工作重心聚焦到全面建成小康社会上来，确立了"工业兴县"发展战略，推动县域经济高质量发展，每年地区生产总值增速保持在 6% 以上。行动上强化了再跟进。围绕全面建成小康社会这一中心工作，层层压实小康社会建设责任，逐级明确小康社会建设目标任务。全县上下瞄准经济建设、民生发展、改革开放、营商环境优化等重点工作再深化再加压，确保决战决胜全面建成小康社会。

更新发展理念，在决胜全面小康中找准行动路径

肇州县深入贯彻落实习近平总书记在东北和黑龙江考察调研时的重要指示精神，瞄准"两头两尾"，咬住"两山"理论不放松，以经济发展为轴心促

进肇州全面振兴、全面小康。扬长补短明思路。肇州县把发展工业作为经济工作的重中之重，科学分析"三长三短"县情，充分依托国家农村产业融合发展示范园、国家一二三产融合发展先导区、国家农业科技园区"两区一园"政策契机，以"粮头食尾、农头工尾"为方向，明确实施"工业兴县"战略，坚持以工业为带动，倒逼农业"第一车间""种的好""养的好"；发挥县域农牧资源优势，培育壮大农副产品深加工11条主导产业，推进生产服务业提挡升级，以"卖的好"带动"加工的更好"，着力构建一二三产业深度融合高质量发展的现代产业体系，促进农业增效、工业升级、商贸繁荣、百姓富裕。强化招商上项目，既抓顶天立地的大项目，又抓铺天盖地的小项目，大力发展民营经济，落实县处级领导包保产业链机制，围绕汉麻、粮食、肉牛、生猪、肉羊、禽类、蛋品、果蔬等11条特色产业链，绘制产业链闭合招商图谱，完善采取"产权分割销售""先租后让"等相关招商政策，大力开展产业链招商、"产业梯次转移性"招商、专业化招商、工业地产招商、以商招商、以企招商、以优势资源招商。2017年以来，引进招商项目40个，合同引资额超90亿元。推行"五制"服务，落实领导包保、部门一把手担任"首席服务员"等制度，坚持月会商、季调度，实行动态监测，加强跟踪服务，大力推进重点产业项目落地生根，为小康社会建设打牢项目支撑。培育企业优服务，坚持"想您所想、尽我所能；帮您发财、共赢发展"服务理念，通过搭建政银企对接、县校企共建等平台，积极为企业提供融资担保，增强企业产品提级、品类创新能力，2017年以来，累计发放担保贷款5亿元。抓住政策机遇，推进与金融机构深度合作，设立发放稳企稳岗基金1.8亿元，解决企业融资难题。制定《肇州县抓招商促发展的六条措施》等招商引资、项目建设优惠政策，定期帮助企业组织招聘活动，引进高精尖人才，打造一支"南腔北调"企业家队伍。

聚焦工业兴县，在决胜全面小康中打造强劲引擎

以"工业兴县"战略为主线，以肇州经开区为主阵地，激发全面小康发展活力。着力打造农业第一车间。在"农头"支撑上，更加注重基地规模化、标准化建设，确保总量充足、品质优良、种类丰富的原料供给。强化农田基础设施建设，年新增高标准农田7.2万亩，推广玉米生产全程机械化试验基地2

万亩，免耕播种 85 万亩。发展大型农机合作社，年均购置各类农机具 500 台（套），农业机械化率达 93.3%，获"全国主要农作物生产全程机械化示范县"称号。加强政策引导和示范带动，创新合作模式，不断培育壮大种植养殖基地规模，全县农作物总播种面积 225 万亩，其中汉麻、白菜、大蒜、中药材等特色种植 30 万亩以上；肉牛、生猪、蛋鸡、肉鸡、肉羊、大鹅等饲养品种更优、总量更大，优质原料总体支撑率达 50% 以上。全力做强园区载体平台。举全县之力，打造工业园区、推动产业集聚，成为全县上下一致共识。肇州经开区累计投资 6 亿多元，总规划面积 20 平方公里，开发面积 7 平方公里，建成污水处理厂、金融财税中心、物流园、综合管廊等配套设施，基础设施达到"七通一平"。入驻广东百森、山东六和、天津中升、长春皓月肉牛、辽宁正华集团、山西宏象集团等大中型企业 71 家，成功培育国家、省市级农业产业化龙头企业 39 家，发展高新技术企业 3 家、省级工程技术中心 3 家。2013—2014年，先后晋升省级开发区、全省十佳开发区，并跻身国家农业科技园区行列；2016—2019 年，相继获批国家级农畜产品深加工知名品牌创建示范区、国家三产融合发展先导区、国家农村产业融合发展示范园；2020 年，被授予国家农村创新创业园区。以园区企业为龙头，以电商产业和现代物流体系为依托，构建"头尾相接、首尾支撑、深度融合、质效并重"全产业链融合发展新格局。大力推进中升"阿骨羊"、天木金年汉麻加工、老街基农副产品等"产加销"一体化项目，推动传统产业向精深加工转变、向市场终端延伸。努力推动一二三产融合发展。出台《肇州县一二三产融合发展实施意见》，明确融合路径，紧密利益联结。发展新兴业态，自建《中国特产肇州馆》电商平台，全县"供销 e 家"服务网点发展到 120 个，年电商交易额接近 1 亿元；开展"公益直播带货"，连线小沈龙等国内知名主播推介肇州特色农产品，单次销售额可达 80 万元。发展对外贸易，心源食品等企业年可实现进出口额 6000 万元以上。与国家部委和省直机关食堂对接，大庆"一口猪"、托古小米、老街基食品等农产品进入国家机关部委食堂，有效提升了肇州农产品知名度。

激发内生动力，在决胜全面小康中补齐脱贫短板

习近平总书记指出，"全面建成小康社会，一个也不能少；共同富裕路上，

一个也不能掉队"。肇州县强化党委集中统一领导，把抓紧抓实脱贫攻坚作为全面建成小康社会的前提和基础。全县7个建档立卡贫困村全部达到"三通三有"标准、脱贫出列，958户2224名贫困人口全部脱贫。坚持三级书记带头抓脱贫。落实县、乡、村党委（党组织）书记抓脱贫攻坚主体责任，坚持头雁引领、以上率下，纵深推进全县脱贫工作。严格执行党政"一把手"负总责的脱贫攻坚责任制，健全县、乡、村三级脱贫攻坚组织体系，县与乡、乡与村层层签订责任书，逐级立下军令状，明确硬任务、硬指标，压实落靠脱贫攻坚责任。定期组织召开县委常委会、政府常务会、扶贫开发领导小组会，学习贯彻习近平总书记等中央领导同志关于脱贫攻坚的重要讲话和重要指示精神，传达落实有关扶贫重要会议精神，听取脱贫攻坚工作推进落实情况；针对遇到的新情况、新问题，缜密研究、精心施策，推进脱贫攻坚工作取得实效。坚持做好产业扶贫大文章。聚焦"三大产业"，增强"造血"功能。抓特色产业，采取"带资入社、带地入社"入股分红模式，将788户贫困户吸附到玉米、小麦、烤烟等42个种植业合作社和生猪、黄牛、大鹅等27个养殖业合作社中，带动户均增收3000元左右；抓金融产业，建立"龙头企业＋农商银行＋贫困户"利益联结机制，投放产业扶贫贷款4200万元，带动全县贫困户年人均增收1000元；抓光伏产业，投资2200余万元，建设7个贫困村光伏电站，总容量3245千瓦，带动无劳动能力贫困户385户，户均增收2000—3000元，受益年限20年。同时，通过点对点向外埠企业和园区企业输送贫困劳动力、扶持贫困户发展"庭院经济"、直播带货销售特色农产品等手段，促进贫困户持续稳定增收。坚持推进短板问题整改。坚持滚动排查，围绕"三精准、三落实、三保障"，拉网、滚动开展"回头看"，形成脱贫攻坚问题整改台账，倒排工期、挂图作战，由县处级领导逐一包保，职能部门和属地乡镇逐项落实整改。2020年6月，脱贫攻坚"回头看"排查出3类1012个问题全部完成整改。

着眼强乡富民，在决胜全面小康中实现乡村振兴

打造产业强乡。立足各乡镇产业基础现状和资源条件，以农业供给侧结构性改革为抓手，推进种植、养殖业结构调整，倾力打造一乡一业、一村一品的特色乡村产业，乡域产业不断融合发展，乡村经济逐步壮大。比如，传统产业强镇兴城镇，以种植业结构调整为重点，依托肇州经开区"农字号"产业优势，积极对接园区农产品加工企业。按照"企业＋合作社＋市场"的运营模式，集中成片流转土地，发展订单农业，着力打造东部粮稻烟、西部瓜菜豆、中部红辣椒的新型产业格局，将兴城镇建成区域性杂粮、蔬菜主要产出地和重点贸易集散地。2020年，兴城镇入选农业农村部、财政部发布的2020年全国农业产业强镇建设名单。改善人居环境。制发《肇州县农村人居环境整治三年行动方案》《农村人居环境整治长效管理机制的指导意见》等指导性方案，开展春季农村人居环境整治大会战。按照"村收集、镇转运、县处理"模式，积极推进城乡环卫一体化建设项目，破解农村生活垃圾处理难题。2017年以来，实施饮水安全工程325处、危房改造5600户、农村路网建设300公里以上，建设高效节水示范区、秸秆综合利用、畜禽粪便无害化处理等项目，推动农村基础设施再提挡再升级。涵养文明乡风。筹建新时代文明实践中心（站、所），整合理论讲堂、农家书屋、文化广场等资源，建立健全志愿服务机制，年均开展法律援助、扶贫济困、心理疏导等志愿服务活动70次。利用乡村宣传栏、文化墙、路灯道旗、电子屏等载体，推进社会主义核心价值观进村屯、进农家。积极开展文明乡镇创建，双发乡、永乐镇永乐村等被评为第十九届省级精神文明创建先进集体，永胜乡、朝阳乡等被命名为市级文明单位（标兵）。定期组织开展"红色文艺轻骑兵"小分队下基层演出活动，送去大秧歌、广场舞、书法绘画培训，满足村民精神文化需求。104个行政村全面建立村规民约，以"一约四会"为核心，推进移风易俗，弘扬文明乡风。

聚焦党的建设，在决胜全面小康中筑牢基层堡垒

习近平总书记强调，形成风清气正的政治生态，是锻造优良党风政风、确保改革发展目标顺利实现的重要保障。肇州县坚持党建引领，夯实组织保障，打通全面小康建设"最后一公里"。强化落实责任。坚持党要管党、从严治党，压实落靠"两个责任"，履行好"第一责任人""一岗双责"责任，落实"两个清单"，层层传导压力、层层落实责任，切实做到真管真严、敢管敢严、长管长严。高标建设队伍。聚焦"七个结合"选用导向，选强配齐干部队伍，加大轮岗交流、归口任职和人才引进力度，开展村级后备干部考录工作，选拔致

富带头人、返乡创业青年担任村党组织书记或委员，更好发挥基层战斗堡垒作用，夯实基层党组织致富增收能力，持续带动农民致富奔小康。完善激励机制和容错纠错机制，为敢担当、敢负责的基层干部撑腰鼓劲，努力提振队伍"精气神"。从严监督执纪。发挥巡察"利剑"作用，用好监督执纪"四种形态"，强化"关键少数"监督，切实将问题解决在萌芽。加大执纪问责力度，坚持无禁区、零容忍，重点惩处脱贫攻坚、惠民惠农等领域腐败问题，形成不敢腐、不能腐、不想腐的有力震慑。

深化全面小康社会建设的前景展望

2021 年是"十四五"开局之年，也是加快社会主义现代化建设进程的起始之年。肇州县将坚持以习近平新时代中国特色社会主义思想为指导，全面贯彻落实党的十九届五中全会、省委十二届七次全会和市委九届七次全会精神，秉承"五个结合"原则，科学研究编制"十四五"规划，落实各项重点任务，全力建设高水平小康社会。

以新发展理念为统领，打造更加强劲的经济引擎，全面增强县域实力

把发展作为第一要务，把全民小康作为第一责任，促进生产要素向园区集聚，实现项目向园区集中、资金向园区聚拢、政策向园区倾斜，全力打造县域经济高质量发展"主引擎"。狠抓产业提挡升级，围绕 11 个特色产业在延链、补链、壮链上下功夫。建设国家级、省级、市级、县级"四级"重点项目库，规划实施松肇铁路、引嫩入肇、通用机场、智慧城市等重大项目，打造"百亿级"项目集群，以大企业、大项目牵动县域经济，力争"十四五"期间地区生产总值增速保持在 5%以上，为更高质量小康打下坚实基础。

以保障农畜安全为己任，打造优质高效的"第一车间"，推进现代农业提挡升级

深入推进"藏粮于地""藏粮于技"战略，稳定粮食种植面积，建设规模化高标准良田，巩固粮食产能，保障粮食安全。深化种植业结构调整，形成稳定的粮、经、饲三元种植结构，打造现代农业优势产业区；推进大庆皓月5000头奶牛养殖场、大北农生猪一体化等规模养殖基地建设，壮大畜牧养殖规模，推动现代农业不断发展，为工业经济提供更加优质高效的原料供给。力争2025年，全县粮食产量稳定在21亿斤左右，畜牧规模化养殖率达到80%，农作物耕种收综合机械化率达到98%，农业产业化龙头企业、农民专业合作社、家庭农场、种养大户分别发展到55家、750家、230户和3500户，土地规模流转经营面积120万亩。

以商贸服务业为重点，打造更富活力的新兴业态，培育壮大经济发展新动能

强化商贸功能规划引导，集中开发功能载体项目，推动商业设施现代化、集群化，打造重点核心商圈。加大电商园区投资建设力度，谋划建设绿色食品、畜禽肉制品等面向省内、覆盖全国的垂直电商平台，培育一批具有带动作用的电商企业和带货主播。继续加强与国家部委和省级机关食堂合作，利用农博会、绿博会等展会拓展外销，巩固渠道、保障品质、扩大增量，提高肇州县农产品外埠市场知名度和营销能力。

以基础设施建设为牵动，打造民生保障的安全网，持续提升群众的获得感幸福感

坚持以人民为中心的发展理念，做好"基本民生"、关注"热点民生"、保障"底线民生"。完善市政设施，优化城乡路网，构建覆盖全县、通达顺畅的城乡一体化交通体系。统筹推进中心城区基础设施建设和改造工作，提升中心城区整体功能，推动城区建设更规范、管理上水平、面貌有改观。加大创业就业扶持力度、兜底社会保障力度，巩固脱贫攻坚成果，构建均衡、普惠、共享的社会服务体系，提升群众获得感和幸福感。

以"二十字方针"为根本，打造美丽富强新农村，推动乡村振兴

巩固做好农村人居环境整治三年行动收官，重点推进农村垃圾治理、安全饮水、厕所改造等项目，加快推进秸秆还田、离田综合利用进度，农村环境更加美丽宜居。完善乡村基础设施，发展特色庭院经济，打造肇州镇"民俗馆"、丰乐"非遗小镇"等乡村旅游景点，激发农村经济发展活力。深入推进移风易俗，大力弘扬社会主义核心价值观，营造文明和谐乡风。

以党的建设为抓手，打造坚强有力党组织，夯实发展组织保障

推进全面从严治党向基层延伸，促进党的建设取得显著成效。强化主体责任落实，层层传导、逐级加压，推动从严管党治党纵深发展。严格执行中央八项规定精神，力戒形式主义官僚主义，驰而不息纠正"四风"。坚持"四不三直"调研，常态化开展"走流程"，切实转变工作作风。树牢"抓整改就是抓落实"意识，倒排工期、挂图作战，确保应改尽改、见底清零。